2024
国家统一法律职业资格考试

刷透十年
客观题

2014—2023

飞跃考试辅导中心 编

中国法制出版社
CHINA LEGAL PUBLISHING HOUSE

图书在版编目（CIP）数据

2024 国家统一法律职业资格考试刷透十年客观题：2014—2023 / 飞跃考试辅导中心编 . —北京：中国法制出版社，2024.4

ISBN 978-7-5216-4265-0

Ⅰ. ①2… Ⅱ. ①飞… Ⅲ. ①法律工作者-资格考试-中国-习题集 Ⅳ. ①D920.4

中国国家版本馆 CIP 数据核字（2024）第 045555 号

责任编辑：成知博（chengzhibo@ zgfzs.com）　　　　　　　　　　　　封面设计：杨鑫宇

2024 国家统一法律职业资格考试刷透十年客观题：2014—2023
2024 GUOJIA TONGYI FALÜ ZHIYE ZIGE KAOSHI SHUATOU SHI NIAN KEGUANTI：2014—2023

编者/飞跃考试辅导中心
经销/新华书店
印刷/北京联兴盛业印刷股份有限公司
开本/787 毫米×1092 毫米　16 开　　　　　　　　　　　印张/ 35.25　字数/ 1157 千
版次/2024 年 4 月第 1 版　　　　　　　　　　　　　　2024 年 4 月第 1 次印刷

中国法制出版社出版
书号 ISBN 978-7-5216-4265-0　　　　　　　　　　　　　　　　定价：109.00 元

北京市西城区西便门西里甲 16 号西便门办公区
邮政编码：100053　　　　　　　　　　　　　　　　传真：010-63141600
网址：http：//www. zgfzs.com　　　　　　　　　　编辑部电话：010-63141809
市场营销部电话：010-63141612　　　　　　　　　印务部电话：010-63141606

（如有印装质量问题，请与本社印务部联系。）

编写说明

《2024 国家统一法律职业资格考试刷透十年客观题：2014—2023》的前身是中国法制出版社飞跃考试辅导中心于 2014 年推出的《2014 国家司法考试十年真题集训（试卷版）》一书。自初版以来，已成为众多考生必备的刷题神器，伴随历届考生一起走过数载司法考试征程。

为方便广大考生复习备考，飞跃考试辅导中心推出了《2024 国家统一法律职业资格考试刷透十年客观题：2014—2023》一书。本书精心遴选了 2014 年至 2017 年司法考试真题和 2018 年至 2023 年法考考生回忆版仿真题，参考法考组卷模式合理编排，题解分离，并根据最新法律法规、司法解释等予以解析，致力于更好地服务于广大考生。

以下就本书的编写思路、特点及版块设置做说明如下：

第一，本书收录的 2018 年至 2023 年题目为部分考生回忆版仿真题，结合考生回忆内容予以梳理整合，编写时力求题干完整、考点全面、解析到位。题目个别细节如与实际考题有所出入，望广大考生朋友谅解。对仿真题的练习应侧重于掌握题目所涉知识点，学会举一反三。

第二，对于 2014 年至 2017 年司法考试真题，根据最新法考大纲，本书精心筛选，去粗取精，摒弃了法考不再考查、已无备考价值的题目（如外国法制史、相关规定已废止且无新法可供解析的题目等）。另外，部分题目题干部分涉及旧法名称及条文序号（如《民法通则》《合同法》等）、历次机构改革前的旧机构名称（如工商局、国土资源局、环保局等），以上变化不影响考生作答的，本书维持考试当年题目原貌，不再予以逐一标注提示。

第三，出于"解析就是考点，吃透解析就是巩固考点"这一初心，本书根据最新法律、法规和司法解释等修订历年真题的答案和解析，以保证真题解析的时效性、准确性。对于答案有变化的（如原为单选现为多选、原为多选现为单选、现无答案等），在题干部分予以标注提示考生。

关于本书的建议与疑问，读者可关注图书封底二维码微信公众号"中国法制出版社"并在后台留言，我们收到您的留言后会及时反馈。

"因为专业，所以卓越"。科学合理的学习是迅速提高考试成绩的有效手段。愿我们的专业出版能给广大考生带来卓越不凡的成绩，成功飞跃 2024 年国家统一法律职业资格考试！

飞跃考试辅导中心

目　录

试　题

法 理 学

2014 年

1. 法律格言说："法律不能使人人平等，但在法律面前人人是平等的。"关于该法律格言，下列哪一说法是正确的？（2014/1/9，单选）

A. 每个人在法律面前事实上是平等的

B. 在任何时代和社会，法律面前人人平等都是一项基本法律原则

C. 法律可以解决现实中的一切不平等问题

D. 法律面前人人平等原则并不禁止在立法上作出合理区别的规定

2. 关于法的规范作用，下列哪一说法是正确的？（2014/1/10，单选）

A. 陈法官依据诉讼法规定主动申请回避，体现了法的教育作用

B. 法院判决王某行为构成盗窃罪，体现了法的指引作用

C. 林某参加法律培训后开始重视所经营企业的法律风险防控，反映了法的保护自由价值的作用

D. 王某因散布谣言被罚款 300 元，体现了法的强制作用

3. 尹老汉因女儿很少前来看望，诉至法院要求判决女儿每周前来看望 1 次。法院认为，根据《老年人权益保障法》第十八条规定，家庭成员应当关心老年人的精神需求，不得忽视、冷落老年人；与老年人分开居住的家庭成员，应当经常看望或问候老年人。而且，关爱老人也是中华传统美德。法院遂判决被告每月看望老人 1 次。关于此案，下列哪一说法是错误的？（2014/1/11，单选）

A. 被告看望老人次数因法律没有明确规定，由法官自由裁量

B. 《老年人权益保障法》第十八条中没有规定法律后果

C. 法院判决所依据的法条中规定了积极义务和消极义务

D. 法院判决主要是依据道德作出的

4. 原告与被告系亲兄弟，父母退休后与被告共同居住并由其赡养。父亲去世时被告独自料理后事，未通知原告参加。原告以被告侵犯其悼念权为由诉至法院。法院认为，按照我国民间习惯，原告有权对死者进行悼念，但现行法律对此没有规定，该诉讼请求于法无据，判决原告败诉。关于此案，下列哪一说法是错误的？（2014/1/12，单选）

A. 本案中的被告侵犯了原告的经济、社会、文化权利

B. 习惯在我国是一种非正式的法的渊源

C. 法院之所以未支持原告诉讼请求，理由在于被告侵犯的权利并非法定权利

D. 在本案中法官对判决进行了法律证成

5. 张林遗嘱中载明：我去世后，家中三间平房归我妻王珍所有，如我妻今后嫁人，则归我侄子张超所有。张林去世后王珍再婚，张超诉至法院主张平房所有权。法院审理后认为，婚姻自由是宪法基本权利，该遗嘱所附条件侵犯了王珍的婚姻自由，违反《婚姻法》规定，因此无效，判决张超败诉。对于此案，下列哪一说法是错误的？（2014/1/13，单选）

A. 婚姻自由作为基本权利，其行使不受任何法律限制

B. 本案反映了遗嘱自由与婚姻自由之间的冲突

C. 法官运用了合宪性解释方法

D. 张林遗嘱处分的是其财产权利而非其妻的婚姻自由权利

6. 《最高人民法院、最高人民检察院关于办理赌博刑事案件具体应用法律若干问题的解释》第二条规定："以营利为目的，在计算机网络上建立赌博网站，或者为赌博网站担任代理，接受投注的，属于刑法第三百零三条规定的'开设赌场'"。关于该解释，下列哪一说法是不正确的？（2014/1/14，单选）

A. 属于法定解释

B. 对刑法条文做了扩大解释

C. 应当自公布之日起 30 日内报全国人大常委会备案

D. 运用了历史解释方法

7. 关于法与人权的关系，下列哪一说法是错误的？（2014/1/15，单选）

A. 人权不能同时作为道德权利和法律权利而存在

B. 按照马克思主义法学的观点，人权不是天赋的，也不是理性的产物

C. 人权指出了立法和执法所应坚持的最低的人道主义标准和要求

D. 人权被法律化的程度会受到一国民族传统、经济和文化发展水平等因素的影响

8. 《侵权责任法》第八十七条规定：从建筑物中抛掷物品或者从建筑物上坠落的物品造成他人损害，难以确定具体侵权人的，除能够证明自己不是侵权人的外，由可能加害的建筑物使用人给予补偿。关于该条文，下列哪些说法是正确的？（2014/1/51，多选）

A. 规定的是责任自负原则的例外情形

B. 是关于法律解释方法位阶的规定

C. 规定的是确定性规则

D. 是体现司法公正原则的规定

9. 新郎经过紧张筹备准备迎娶新娘。婚礼当天迎亲车队到达时，新娘却已飞往国外，由其家人转告将另嫁他人，离婚手续随后办理。此事对新郎造成严重伤害。法院认为，新娘违背诚实信用和公序良俗原则，侮辱了新郎人格尊严，判决新娘赔偿新郎财产损失和精神抚慰金。关于本案，下列哪些说法可以成立？（2014/1/52，多选）

A. 由于缺乏可供适用的法律规则，法官可依民法基本原则裁判案件

B. 本案法官运用了演绎推理

C. 确认案件事实是法官进行推理的前提条件

D. 只有依据法律原则裁判的情形，法官才需提供裁判理由

10. 王某恋爱期间承担了男友刘某的开销计 20 万元。后刘某提出分手，王某要求刘某返还开销费用。经过协商，刘某自愿将该费用转为借款并出具了借条，不久刘某反悔，以不存在真实有效借款关系为由拒绝还款，王某诉至法院。法院认为，"刘某出具该借条系本人自愿，且并未违反法律强制性规定"，遂判决刘某还款。对此，下列哪些说法是正确的？（2014/1/53，多选）

A. "刘某出具该借条系本人自愿，且并未违反法律强制性规定"是对案件事实的认定

B. 出具借条是导致王某与刘某产生借款合同法律关系的法律事实之一

C. 因王某起诉产生的民事诉讼法律关系是第二性法律关系

D. 本案的裁判是以法律事件的发生为根据作出的

11. 关于我国司法解释，下列哪些说法是错误的？（2014/1/54，多选）

A. 林某认为某司法解释违背相关法律，遂向全国人大常委会提出审查建议，这属于社会监督的一种形式

B. 司法解释的对象是法律、行政法规和地方性法规

C. 司法解释仅指最高法院对审判工作中具体应用法律、法令问题的解释

D. 全国人大法律委员会和有关专门委员会经审查认为司法解释同法律规定相抵触的，可以直接撤销

12. 甲骑车经过乙公司在小区内的某施工场地时，由于施工场地湿滑摔倒致骨折，遂诉至法院请求赔偿。由于《民法通则》对"公共场所"没有界定，审理过程中双方对施工场地是否属于《民法通则》中的"公共场所"产生争议。法官参考《刑法》、《集会游行示威法》等法律和多个地方性法规对"公共场所"的规定后，对"公共场所"作出解释，并据此判定乙公司承担赔偿责任。关于此案，下列哪些选项是正确的？（2014/1/55，多选）

A. 法官对"公共场所"的具体含义的证成属于外部证成

B. 法官运用了历史解释方法

C. 法官运用了体系解释方法

D. 该案表明，同一个术语在所有法律条文中的含义均应作相同解释

13. 下列构成法律责任竞合的情形是：（2014/1/91，不定项）

A. 方某因无医师资格开设诊所被卫生局没收非法所得，并被法院以非法行医罪判处 3 年有期徒刑

B. 王某通话时，其手机爆炸导致右耳失聪，可选择以侵权或违约为由追究手机制造商法律责任

C. 林某因故意伤害罪被追究刑事责任和民事责任

D. 戴某用 10 万元假币购买一块劳力士手表，其行为同时触犯诈骗罪与使用假币罪

14. "法律人适用法律的最直接目标就是要获得一个合理的决定。在法治社会，所谓合理的法律决定就是指法律决定具有可预测性和正当性。"对于这一段话，下列说法正确的是：（2014/1/92，不定项）

A. 正当性是实质法治的要求

B. 可预测性要求法律人必须将法律决定建立在既存的一般性的法律规范的基础上

C. 在历史上，法律人通常借助法律解释方法缓解可预测性与正当性之间的紧张关系

D. 在法治国家，法律决定的可预测性是理当崇尚的一个价值目标

15. 关于法的发展、法的传统与法的现代化，下列说法正确的是：（2014/1/93，不定项）

A. 中国的法的现代化是自发的、自下而上的、渐进变革的过程

B. 法律意识是一国法律传统中相对比较稳定的部分

C. 外源型法的现代化进程带有明显的工具色彩，一般被要求服务于政治、经济变革

D. 清末修律标志着中国法的现代化在制度层面上的正式启动

2015 年

1. 临产孕妇黄某由于胎盘早剥被送往医院抢救，若不尽快进行剖宫产手术将危及母子生命。当时黄某处于昏迷状态，其家属不在身边，且联系不上。经医院院长批准，医生立即实施了剖宫产手术，挽救了母子生命。该医院的做法体现了法的价值冲突的哪一解决原则？（2015/1/9，单选）

    A. 价值位阶原则　　　B. 自由裁量原则
    C. 比例原则　　　　　D. 功利主义原则

2. 《刑事诉讼法》第五十四条规定："采取刑讯逼供等非法方法收集的犯罪嫌疑人、被告人供述和采用暴力、威胁等非法方法收集的证人证言、被害人陈述，应当予以排除。"对此条文，下列哪一理解是正确的？（2015/1/10，单选）

    A. 运用了规范语句来表达法律规则
    B. 表达的是一个任意性规则
    C. 表达的是一个委任性规则
    D. 表达了法律规则中的假定条件、行为模式和法律后果

3. 律师潘某认为《母婴保健法》与《婚姻登记条例》关于婚前检查的规定存在冲突，遂向全国人大常委会书面提出了进行审查的建议。对此，下列哪些说法是错误的？（2015/1/11，原为单选，现为多选）

    A. 《母婴保健法》的法律效力高于《婚姻登记条例》
    B. 如全国人大常委会审查后认定存在冲突，则有权改变或撤销《婚姻登记条例》
    C. 全国人大相关专门委员会和常务委员会工作机构需向潘某反馈审查研究情况
    D. 潘某提出审查建议的行为属于社会监督

4. 张某到某市公交公司办理公交卡退卡手续时，被告知：根据本公司公布施行的《某市公交卡使用须知》，退卡时应将卡内 200 元余额用完，否则不能退卡，张某遂提起诉讼。法院认为，公交公司依据《某市公交卡使用须知》拒绝张某要求，侵犯了张某自主选择服务方式的权利，该条款应属无效，遂判决公交公司退还卡中余额。关于此案，下列哪一说法是正确的？（2015/1/12，单选）

    A. 张某、公交公司之间的服务合同法律关系属于纵向法律关系
    B. 该案中的诉讼法律关系是主法律关系
    C. 公交公司的权利能力和行为能力是同时产生和同时消灭的
    D. 《某市公交卡使用须知》属于地方规章

5. 赵某因涉嫌走私国家禁止出口的文物被立案侦查，在此期间逃往 A 国并一直滞留于该国。对此，下列哪一说法是正确的？（2015/1/13，单选）

    A. 该案涉及法对人的效力和空间效力问题
    B. 根据我国法律的相关原则，赵某不在中国，故不能适用中国法律
    C. 该案的处理与法的溯及力相关
    D. 如果赵某长期滞留在 A 国，应当适用时效免责

6. 卡尔·马克思说："法官是法律世界的国王，法官除了法律没有别的上司。"对于这句话，下列哪一理解是正确的？（2015/1/14，单选）

    A. 法官的法律世界与其他社会领域（政治、经济、文化等）没有关系
    B. 法官的裁判权不受制约
    C. 法官是法律世界的国王，但必须是法律的奴仆
    D. 在法律世界中（包括在立法领域），法官永远是其他一切法律主体（或机构）的上司

7. 关于法的适用，下列哪一说法是正确的？（2015/1/15，单选）

    A. 在法治社会，获得具有可预测性的法律决定是法的适用的唯一目标
    B. 法律人查明和确认案件事实的过程是一个与规范认定无关的过程
    C. 法的适用过程是一个为法律决定提供充足理由的法律证成过程
    D. 法的适用过程仅仅是运用演绎推理的过程

8. 2011 年，李某购买了刘某一套房屋，准备入住前从他处得知该房内两年前曾发生一起凶杀案。李某诉至法院要求撤销合同。法官认为，根据我国民俗习惯，多数人对发生凶杀案的房屋比较忌讳，被告故意隐瞒相关信息，违背了诚实信用原则，已构成欺诈，遂判决撤销合同。关于此案，下列哪些说法是正确的？（2015/1/56，多选）

    A. 不违背法律的民俗习惯可以作为裁判依据
    B. 只有在民事案件中才可适用诚实信用原则
    C. 在司法判决中，诚实信用原则以全有或全无的方式加以适用
    D. 诚实信用原则可以为相关的法律规则提供正当化基础

9. 某法院在一起疑难案件的判决书中援引了法学教授叶某的学说予以说理。对此，下列哪些说法是正确的？（2015/1/57，多选）

    A. 法学学说在当代中国属于法律原则的一种
    B. 在我国，法学学说中对法律条文的解释属于非正式解释
    C. 一般而言，只能在民事案件中援引法学学说
    D. 参考法学学说有助于对法律条文作出正确理解

10. 徐某被何某侮辱后一直寻机报复，某日携带尖刀到何某住所将其刺成重伤。经司法鉴定，徐某作

案时辨认和控制能力存在，有完全的刑事责任能力。法院审理后以故意伤害罪判处徐某有期徒刑 10 年。关于该案，下列哪些说法是正确的？（2015/1/58，多选）

A. "徐某作案时辨认和控制能力存在，有完全的刑事责任能力"这句话包含对事实的法律认定

B. 法院判决体现了法的强制作用，但未体现评价作用

C. 该案中法官运用了演绎推理

D. "徐某被何某侮辱后一直寻机报复，某日携带尖刀到何某住所将其刺成重伤"是该案法官推理中的大前提

11. 张某出差途中突发疾病死亡，被市社会保障局认定为工伤。但张某所在单位认为依据《工伤保险条例》，只有"在工作时间和工作岗位突发疾病死亡"才属于工伤，遂诉至法院。法官认为，张某为完成单位分配任务，须经历从工作单位到达出差目的地这一过程，出差途中应视为工作时间和工作岗位，故构成工伤。关于此案，下列哪些说法是正确的？（2015/1/59，多选）

A. 解释法律时应首先运用文义解释方法

B. 法官对条文作了扩张解释

C. 对条文文义的扩张解释不应违背立法目的

D. 一般而言，只有在法律出现漏洞时才需要进行法律解释

12. 《最高人民法院关于适用〈中华人民共和国合同法〉若干问题的解释（二）》第十九条规定："对于合同法第七十四条规定的'明显不合理的低价'，人民法院应当以交易当地一般经营者的判断，并参考交易当时交易地的物价部门指导价或者市场交易价，结合其他相关因素综合考虑予以确认。"关于该解释，下列哪些说法是正确的？（2015/1/60，多选）

A. 并非由某个个案裁判而引起

B. 仅关注语言问题而未涉及解释结果是否公正的问题

C. 具有法律约束力

D. 不需报全国人大常委会备案

13. 张某因其妻王某私自堕胎，遂以侵犯生育权为由诉至法院请求损害赔偿，但未获支持。张某又请求离婚，法官调解无效后依照《婚姻法》中"其他导致夫妻感情破裂的情形"的规定判决准予离婚。对此，下列选项中正确的是：（2015/1/88，不定项）

A. 王某与张某婚姻关系的消灭是由法律事件引起的

B. 张某主张的生育权属于相对权

C. 法院未支持张某的损害赔偿诉求，违反了"有侵害则有救济"的法律原则

D. "其他导致夫妻感情破裂的情形"属于概括性立法，有利于提高法律的适应性

14. 李某因热水器漏电受伤，经鉴定为重伤，遂诉至法院要求厂家赔偿损失，其中包括精神损害赔偿。庭审时被告代理律师辩称，一年前该法院在审理一起类似案件时并未判决给予精神损害赔偿，本案也应作相同处理。但法院援引最新颁布的司法解释，支持了李某的诉讼请求。关于此案，下列认识正确的是：（2015/1/89，不定项）

A. "经鉴定为重伤"是价值判断而非事实判断

B. 此案表明判例不是我国正式的法的渊源

C. 被告律师运用了类比推理

D. 法院生效的判决具有普遍约束力

15. "法学作为科学无力回答正义的标准问题，因而是不是法与是不是正义的法是两个必须分离的问题，道德上的善或正义不是法律存在并有效力的标准，法律规则不会因违反道德而丧失法的性质和效力，即使那些同道德严重对抗的法也依然是法。"关于这段话，下列说法正确的是：（2015/1/90，不定项）

A. 这段话既反映了实证主义法学派的观点，也反映了自然法学派的基本立场

B. 根据社会法学派的看法，法的实施可以不考虑法律的社会实效

C. 根据分析实证主义法学派的观点，内容正确性并非法的概念的定义要素

D. 所有的法学学派均认为，法律与道德、正义等在内容上没有任何联系

2016 年

1. 《治安管理处罚法》第 115 条规定："公安机关依法实施罚款处罚，应当依照有关法律、行政法规的规定，实行罚款决定与罚款收缴分离；收缴的罚款应当全部上缴国库。"关于该条文，下列哪一说法是正确的？（2016/1/8，单选）

A. 表达的是禁止性规则

B. 表达的是强行性规则

C. 表达的是程序性原则

D. 表达了法律规则中的法律后果

2. 全兆公司利用提供互联网接入服务的便利，在搜索引擎讯集公司网站的搜索结果页面上强行增加广告，被讯集公司诉至法院。法院认为，全兆公司行为违反诚实信用原则和公认的商业道德，构成不正当竞争。关于该案，下列哪一说法是正确的？（2016/1/9，单选）

A. 诚实信用原则一般不通过"法律语句"的语句形式表达出来

B. 与法律规则相比，法律原则能最大限度实现法的确定性和可预测性

C. 法律原则的着眼点不仅限于行为及条件的共性，而且关注它们的个别性和特殊性

D. 法律原则是以"全有或全无"的方式适用于个案当中

3. 甲和乙系夫妻，因外出打工将女儿小琳交由甲母照顾两年，但从未支付过抚养费。后甲与乙闹离婚且均不愿抚养小琳。甲母将甲和乙告上法庭，要求支付抚养费2万元。法院认为，甲母对孙女无法定或约定的抚养义务，判决甲和乙支付甲母抚养费。关于该案，下列哪一选项是正确的？（2016/1/10，单选）

A. 判决是规范性法律文件
B. 甲和乙对小琳的抚养义务是相对义务
C. 判决在原被告间不形成法律权利和义务关系
D. 小琳是民事诉讼法律关系的主体之一

4. 有法谚云："法律为未来作规定，法官为过去作判决"。关于该法谚，下列哪一说法是正确的？（2016/1/11，单选）

A. 法律的内容规定总是超前的，法官的判决根据总是滞后的
B. 法官只考虑已经发生的事实，故判案时一律选择适用旧法
C. 法律绝对禁止溯及既往
D. 即使案件事实发生在过去，但"为未来作规定"的法律仍然可以作为其认定的根据

5. 在宋代话本小说《错斩崔宁》中，刘贵之妾陈二姐因轻信刘贵欲将她休弃的戏言连夜回娘家，路遇年轻后生崔宁并与之结伴同行。当夜盗贼自刘贵家盗走15贯钱并杀死刘贵，邻居追赶盗贼遇到陈、崔二人，因见崔宁刚好携带15贯钱，遂将二人作为凶手捉拿送官。官府当庭拷讯二人，陈、崔屈打成招，后被处斩。关于该案，下列哪一说法是正确的？（2016/1/12，单选）

A. 话本小说《错斩崔宁》可视为一种法的非正式渊源
B. 邻居运用设证推理方法断定崔宁为凶手
C. "盗贼自刘贵家盗走15贯钱并杀死刘贵"所表述的是法律规则中的假定条件
D. 从生活事实向法律事实转化需要一个证成过程，从法治的角度看，官府的行为符合证成标准

6.《全国人民代表大会常务委员会关于〈中华人民共和国刑法〉第一百五十八条、第一百五十九条的解释》中规定："刑法第一百五十八条、第一百五十九条的规定，只适用于依法实行注册资本实缴登记制的公司。"关于该解释，下列哪一说法是正确的？（2016/1/13，单选）

A. 效力低于《刑法》
B. 全国人大常委会只能就《刑法》作法律解释
C. 对法律条文进行了限制解释
D. 是学理解释

7. 王某参加战友金某婚礼期间，自愿帮忙接待客人。婚礼后王某返程途中遭遇车祸，住院治疗花去费用1万元。王某认为，参加婚礼并帮忙接待客人属帮工行为，遂将金某诉至法院要求赔偿损失。法院认为，王某行为属由道德规范的情谊行为，不在法律调整范围内。关于该案，下列哪一说法是正确的？（2016/1/14，单选）

A. 在法治社会中，法律可以调整所有社会关系
B. 法官审案应区分法与道德问题，但可进行价值判断
C. 道德规范在任何情况下均不能作为司法裁判的理由
D. 一般而言，道德规范具有国家强制性

8. 林某与所就职的鹏翔航空公司发生劳动争议，解决争议中曾言语威胁将来乘坐鹏翔公司航班时采取报复措施。林某离职后在选乘鹏翔公司航班时被拒载，遂诉至法院。法院认为，航空公司依《合同法》负有强制缔约义务，依《民用航空法》有保障飞行安全义务。尽管相关国际条约和我国法律对此类拒载无明确规定，但依航空业惯例航空公司有权基于飞行安全事由拒载乘客。关于该案，下列哪些说法是正确的？（2016/1/56，多选）

A. 反映了法的自由价值和秩序价值之间的冲突
B. 若法无明文规定，则法官自由裁量不受任何限制
C. 我国缔结或参加的国际条约是正式的法的渊源
D. 不违反法律的行业惯例可作为裁判依据

9. 耀亚公司未经依法批准经营危险化学品，2003年7月14日被区工商分局依据《危险化学品安全管理条例》罚款40万元。耀亚公司以处罚违法为由诉至法院。法院查明，《安全生产法》规定对该种行为的罚款不得超过10万元。关于该案，下列哪些说法是正确的？（2016/1/57，多选）

A. 《危险化学品安全管理条例》与《安全生产法》的效力位阶相同
B. 《安全生产法》中有关行政处罚的法律规范属于公法
C. 应适用《安全生产法》判断行政处罚的合法性
D. 法院可在判决中撤销《危险化学品安全管理条例》中与上位法相抵触的条款

10. 特别法优先原则是解决同位阶的法的渊源冲突时所依凭的一项原则。关于该原则，下列哪些选项是正确的？（2016/1/58，多选）

A. 同一机关制定的特别规定相对于同时施行或在前施行的一般规定优先适用
B. 同一法律内部的规则规定相对于原则规定优先适用
C. 同一法律内部的分则规定相对于总则规定优先适用

D. 同一法律内部的具体规定相对于一般规定优先适用

11. 李某向王某借款 200 万元，由赵某担保。后李某因涉嫌非法吸收公众存款罪被立案。王某将李某和赵某诉至法院，要求偿还借款。赵某认为，若李某罪名成立，则借款合同因违反法律的强制性规定而无效，赵某无需承担担保责任。法院认为，借款合同并不因李某犯罪而无效，判决李某和赵某承担还款和担保责任。关于该案，下列哪些说法是正确的？（2016/1/59，多选）

A. 若李某罪名成立，则出现民事责任和刑事责任的竞合

B. 李某与王某间的借款合同法律关系属于调整性法律关系

C. 王某的起诉是引起民事诉讼法律关系产生的唯一法律事实

D. 王某可以免除李某的部分民事责任

12. 王某向市环保局提出信息公开申请，但未在法定期限内获得答复，遂诉至法院，法院判决环保局败诉。关于该案，下列哪些说法是正确的？（2016/1/60，多选）

A. 王某申请信息公开属于守法行为

B. 判决环保局败诉体现了法的强制作用

C. 王某起诉环保局的行为属于社会监督

D. 王某的诉权属于绝对权利

13. "法律只是在自由的无意识的自然规律变成有意识的国家法律时，才成为真正的法律。哪里法律成为实际的法律，即成为自由的存在，哪里法律就成为人的实际的自由存在。"关于该段话，下列说法正确的是：（2016/1/88，不定项）

A. 从自由与必然的关系上讲，规律是自由的，但却是无意识的，法律永远是不自由的，但却是有意识的

B. 法律是"人的实际的自由存在"的条件

C. 国家法律须尊重自然规律

D. 自由是评价法律进步与否的标准

14. 王某在未依法取得许可的情况下购买氰化钠并存储于车间内，被以非法买卖、存储危险物质罪提起公诉。法院认为，氰化钠对人体和环境具有极大毒害性，属于《刑法》第 125 条第 2 款规定的毒害性物质，王某未经许可购买氰化钠，虽只有购买行为，但刑法条文中的"非法买卖"并不要求兼有买进和卖出的行为，王某罪名成立。关于该案，下列说法正确的是：（2016/1/89，不定项）

A. 法官对"非法买卖"进行了目的解释

B. 查明和确认"王某非法买卖毒害性物质"的过程是一个与法律适用无关的过程

C. 对"非法买卖"的解释属于外部证成

D. 内部证成关涉的是从前提到结论之间的推论是否有效

15. 在莎士比亚喜剧《威尼斯商人》中，安东尼与夏洛克订立契约，约定由夏洛克借款给安东尼，如不能按时还款，则夏洛克将在安东尼的胸口割取一磅肉。期限届至，安东尼无力还款，夏洛克遂要求严格履行契约。安东尼的未婚妻鲍西娅针锋相对地向夏洛克提出：可以割肉，但仅限一磅，不许相差分毫，也不许流一滴血，惟其如此方符合契约。关于该故事，下列说法正确的是：（2016/1/90，不定项）

A. 夏洛克主张有约必践，体现了强烈的权利意识和契约精神

B. 夏洛克有约必践（即使契约是不合理的）的主张本质上可以看作是"恶法亦法"的观点

C. 鲍西娅对契约的解释运用了历史解释方法

D. 安东尼与夏洛克的约定遵循了人权原则而违背了平等原则

2017 年

1. 秦某以虚构言论、合成图片的手段在网上传播多条"警察打人"的信息，造成恶劣影响，县公安局对其处以行政拘留 8 日的处罚。秦某认为自己是在行使言论自由权，遂诉至法院。法院认为，原告捏造、散布虚假事实的行为不属于言论自由，为法律所明文禁止，应承担法律责任。对此，下列哪一说法是正确的？（2017/1/8，单选）

A. 相对于自由价值，秩序价值处于法的价值的顶端

B. 法官在该案中运用了个案平衡原则解决法的价值冲突

C. "原告捏造、散布虚假事实的行为不属于言论自由"仅是对案件客观事实的陈述

D. 言论自由作为人权，既是道德权利又是法律权利

2. 《民法总则》第 187 条规定："民事主体因同一行为应当承担民事责任、行政责任和刑事责任的，承担行政责任或者刑事责任不影响承担民事责任；民事主体的财产不足以支付的，优先用于承担民事责任。"关于该条文，下列哪一说法是正确的？（2017/1/9，单选）

A. 表达的是委任性规则

B. 表达的是程序性原则

C. 表达的是强行性规则

D. 表达的是法律责任的竞合

3. 王甲经法定程序将名字改为与知名作家相同的"王乙"，并在其创作的小说上署名"王乙"以增加销量。作家王乙将王甲诉至法院。法院认为，公民虽享有姓名权，但被告署名的方式误导了读者，侵害了原告的合法权益，违背诚实信用原则。关于该案，下列哪一选项是正确的？（2017/1/10，单选）

A. 姓名权属于应然权利，而非法定权利

B. 诚实信用原则可以填补规则漏洞

C. 姓名权是相对权

D. 若法院判决王甲承担赔偿责任，则体现了确定法与道德界限的"冒犯原则"

4. 某法院在审理一起合同纠纷案时，参照最高法院发布的第15号指导性案例所确定的"法人人格混同"标准作出了判决。对此，下列哪一说法是正确的？（2017/1/11，单选）

A. 在我国，指导性案例是正式的法的渊源

B. 判决是规范性法律文件

C. 法官在该案中运用了类比推理

D. 在我国，最高法院和各级法院均可发布指导性案例

5. "当法律人在选择法律规范时，他必须以该国的整个法律体系为基础，也就是说，他必须对该国的法律有一个整体的理解和掌握，更为重要的是他要选择一个与他确定的案件事实相切合的法律规范，他不仅要理解和掌握法律的字面含义，还要了解和掌握法律背后的意义。"关于该表述，下列哪一理解是错误的？（2017/1/12，单选）

A. 适用法律必须面对规范与事实问题

B. 当法律的字面含义不清晰时，可透过法律体系理解其含义

C. 法律体系由一国现行法和历史上曾经有效的法构成

D. 法律的字面含义有时与法律背后的意义不一致

6. 有学者这样解释法的产生：最初的纠纷解决方式可能是双方找到一位共同信赖的长者，向他讲述事情的原委并由他作出裁决；但是当纠纷多到需要占用一百位长者的全部时间时，一种制度化的纠纷解决机制就成为必要了，这就是最初的法律。对此，下列哪一说法是正确的？（2017/1/13，单选）

A. 反映了社会调整从个别调整到规范性调整的规律

B. 说明法律始终是社会调整的首要工具

C. 看到了经济因素和政治因素在法产生过程中的作用

D. 强调了法律与其他社会规范的区别

7. 关于法的现代化，下列哪一说法是正确的？（2017/1/14，单选）

A. 内发型法的现代化具有依附性，带有明显的工具色彩

B. 外源型法的现代化是在西方文明的特定历史背景中孕育、发展起来的

C. 外源型法的现代化具有被动性，外来因素是最初的推动力

D. 中国法的现代化的启动形式是司法主导型

8. 某区质监局以甲公司未依《食品安全法》取得许可从事食品生产为由，对其处以行政处罚。甲公司认为，依特别法优先于一般法原则，应适用国务院《工业产品生产许可证管理条例》（以下简称《条例》）而非《食品安全法》，遂提起行政诉讼。对此，下列哪些说法是正确的？（2017/1/56，多选）

A. 《条例》不是《食品安全法》的特别法，甲公司说法不成立

B. 《食品安全法》中规定食品生产经营许可的法律规范属于公法

C. 若《条例》与《食品安全法》抵触，法院有权直接撤销

D. 《条例》与《食品安全法》都属于当代中国法的正式渊源中的"法律"

9. 赵某在行驶中的地铁车厢内站立，因只顾看手机而未抓扶手，在地铁紧急制动时摔倒受伤，遂诉至法院要求赔偿。法院认为，《侵权责任法》规定，被侵权人对损害的发生有过失的，可以减轻经营者的责任。地铁公司在车厢内循环播放"站稳扶好"来提醒乘客，而赵某只看手机未抓扶手，故存在重大过失，应承担主要责任。综合各种因素，判决地铁公司按40%的比例承担赔偿责任。对此，下列哪些说法是正确的？（2017/1/57，多选）

A. 该案中赵某是否违反注意义务，是衡量法律责任轻重的重要标准

B. 该案的民事诉讼法律关系属第二性的法律关系

C. 若经法院调解后赵某放弃索赔，则构成协议免责

D. 法官对责任分摊比例的自由裁量不受任何限制

10. 甲公司派员工伪装成客户，设法取得乙公司盗版销售其所开发软件的证据并诉至法院。审理中，被告认为原告的"陷阱取证"方式违法。法院认为，虽然非法取得的证据不能采信，但法律未对非法取证行为穷尽式列举，特殊情形仍需依据法律原则具体判断。原告取证目的并无不当，也未损害社会公共利益和他人合法权益，且该取证方式有利于遏制侵权行为，应认定合法。对此，下列哪些说法是正确的？（2017/1/58，多选）

A. 采用穷尽式列举有助于提高法的可预测性

B. 法官判断原告取证是否违法时作了利益衡量

C. 违法取得的证据不得采信，这说明法官认定的裁判事实可能同客观事实不一致

D. 与法律规则相比，法律原则应优先适用

11. 法律格言云："不确定性在法律中受到非难，但极度的确定性反而有损确定性"。对此，下列哪些说法是正确的？（2017/1/59，多选）

A. 在法律中允许有内容本身不确定，而是可以援引其他相关内容规定的规范

B. 借助法律推理和法律解释，可提高法律的确定性

C. 通过法律原则、概括条款，可增强法律的适应性

D. 凡规定义务的，即属于极度确定的；凡规定权利的，即属于不确定的

12. 依《刑法》第 180 条第 4 款之规定，证券从业人员利用未公开信息从事相关交易活动，情节严重的，依照第 1 款的规定处罚；该条第 1 款规定了"情节严重"和"情节特别严重"两个量刑档次。在审理史某利用未公开信息交易一案时，法院认为，尽管第 4 款中只有"情节严重"的表述，但仍应将其理解为包含"情节严重"和"情节特别严重"两个量刑档次，并认为史某的行为属"情节特别严重"。其理由是《刑法》其他条款中仅有"情节严重"的规定时，相关司法解释仍规定按照"情节严重"、"情节特别严重"两档量刑。对此，下列哪些说法是正确的（2017/1/60，多选）

A. 第 4 款中表达的是准用性规则

B. 法院运用了体系解释方法

C. 第 4 款的规定可以避免法条重复表述

D. 法院的解释将焦点集中在语言上，并未考虑解释的结果是否公正

13. 在小说《悲惨世界》中，心地善良的冉阿让因偷一块面包被判刑，他认为法律不公并屡次越狱，最终被加刑至 19 年。他出狱后逃离指定居住地，虽隐姓埋名却仍遭警探沙威穷追不舍。沙威冷酷无情，笃信法律就是法律，对冉阿让舍己救人、扶危济困的善举视而不见，直到被冉阿让冒死相救，才因法律信仰崩溃而投河自尽。对此，下列说法正确的是：（2017/1/88，不定项）

A. 如果认为不公正的法律不是法律，则可能得出冉阿让并未犯罪的结论

B. 沙威"笃信法律就是法律"表达了非实证主义的法律观

C. 冉阿让强调法律的正义价值，沙威强调法律的秩序价值

D. 法律的权威源自人们的拥护和信仰，缺乏道德支撑的法律无法得到人们自觉的遵守

14. 许某与妻子林某协议离婚，约定 8 岁的儿子小虎由许某抚养，林某可随时行使对儿子的探望权，许某有协助的义务。离婚后两年间林某从未探望过儿子，小虎诉至法院，要求判令林某每月探视自己不少于 4 天。对此，下列说法正确的是：（2017/1/89，不定项）

A. 依情理林某应探望儿子，故从法理上看，法院可判决强制其行使探望权

B. 从理论上讲，权利的行使与义务的履行均具有其界限

C. 林某的探望权是林某必须履行一定作为或不作为的法律约束

D. 许某的协助义务同时包括积极义务和消极义务

15. 据《二刻拍案惊奇》，大儒朱熹作知县时专好锄强扶弱。一日有百姓诉称："有乡绅夺去祖先坟茔作了自家坟地"。朱熹知当地颇重风水，常有乡绅强占百姓风水吉地之事，遂亲往踏勘。但见坟地山环水绕，确是宝地，遂问之，但乡绅矢口否认。朱熹大怒，令掘坟验证，见青石一块，其上多有百姓祖先名字。朱熹遂将坟地断给百姓，并治乡绅强占田土之罪。殊不知青石是那百姓暗中埋下的，朱熹一片好心办了错案。对此，下列说法正确的是：（2017/1/90，不定项）

A. 青石上有百姓祖先名字的生活事实只能被建构为乡绅夺去百姓祖先坟茔的案件事实

B. "有乡绅夺去祖先坟茔作了自家坟地"是一个规范语句

C. 勘查现场是确定案件事实的必要条件，但并非充分条件

D. 裁判者自身的价值判断可能干扰其对案件事实的认定

2018 年

1. 关于法律规则、法律原则和法律条文，下列选项错误的是：（2018 年仿真题）

A. 法律规则在逻辑上由假定条件、行为模式和法律后果三部分组成，上述任何一个部分，在具体条文的表述中，均可能被省略

B. 在诉讼过程中，与当事人有利害关系的，应当回避，这是一个法律原则，其行为模式为应为模式

C. 法律条文既可以表达法律规则，也可以表达法律原则，还可以表达规则或原则以外的内容，而规范性条文就是直接表达法律规则的条文

D. 法律规则与法律条文的关系为内容与形式的关系，因此，法律规则既可以通过法律条文来表达，也可以通过法律条文以外的形式来表达，典型如判例和习惯

2. 关于法律规则和法律原则的区别，下列选项正确的是：（2018 年仿真题）

A. 对一般情形之个案，需穷尽规则，方可适用原则

B. 对一般情形之个案，可以先适用原则再适用规则

C. 对一般情形之个案，两个冲突规则，一个有效，另一个就无效

D. 对一般情形之个案，两个竞争原则，一个有分量，另一个就无分量

3. 《合同法》第 155 条规定："出卖人交付的标的物不符合质量要求的，买受人可以依照本法第一百一十一条的规定要求承担违约责任。"该条属于下列哪一项规则？（2018 年仿真题）

A. 授权性规则和准用性规则

B. 授权性规则和委任性规则

C. 任意性规则和委任性规则

D. 命令性规则和准用性规则

4. 某家具厂老板张某与员工李某发生口角，张某威胁李某不给其发工资，李某一气之下随手拿杯子砸向张某，但没有砸中，后张某找人把李某打成重伤。李某报案后，公安局逮捕了张某，检察机关提起公诉，李某提起刑事附带民事诉讼，法院依法作出裁判。本案发生前，检察院和张某签订了一份家具买卖合同。关于本案，下列选项错误的是：（2018 年仿真题）

A. 张某和李某之间既有调整性法律关系又有保护性法律关系

B. 张某和公安机关之间是调整性法律关系

C. 张某和检察院之间的买卖合同属于横向法律关系

D. 张某与法院之间是纵向法律关系

5. 下列运用法律解释得出的结论，说法正确的是：（2018 年仿真题）

A. 法官甲在审理案件中认为刑法中"伪造货币罪"中的货币不包括生肖纪念币。该解释属于有权解释、文义解释

B. 乙将其仇人坟墓掘开并将尸骨扔掉，其认为尸骨不属于尸体，否认其构成侮辱尸体罪。该解释属于无权解释、主观目的解释

C. 丙认为组织他人卖淫罪中"他人"不仅包括女性，还应包括男性。其理由是目前组织男性卖淫的现象很普遍，危害性很大，要发挥法律的社会功能将男性包含于"他人"之中。该解释属于客观目的解释

D. 最高人民法院副院长丁在接受媒体采访时表示，《刑法修正案（八）》中规定的"醉驾入刑"应结合《刑法》总则当中的"情节显著轻微，危害不大，不认为是犯罪"的规定来理解，因此并非只要醉驾就一定入刑。该解释属于体系解释

6. 关于法的移植与法的继承，下列说法正确的是：（2018 年仿真题）

A. 法律继承的对象，必须局限于本民族的古代的法律

B. 法的移植的对象是外国的法律，国际法律和惯例不属于移植对象

C. 与法律继承不同，法律移植的主要原因在社会发展和法的发展的不平衡性

D. 当前我国对外国诉讼法的借鉴不属于法律移植

7. 无人驾驶汽车能否在公共交通道路行驶引发网友关注，网友围绕其是否违法、事故后是否担责、如何加强立法进行规制等问题展开讨论。关于下列网友的观点，说法正确的是：（2018 年仿真题）

A. 科技发展引发的问题只能通过法律解决

B. 只有当科技发展造成了实际危害后果时，才能动用法律手段干预

C. 若无人驾驶汽车上路行驶引发民事纠纷被诉至法院，因法无明文规定，法院不得作出裁判

D. 现行交通法规对无人驾驶汽车上路行驶尚无规定，这反映了法律的局限性

2019 年

1. 甲与乙结婚后，乙在婚姻存续期间又与丙同居。后乙因车祸死亡，此前乙曾订立遗嘱并进行公证，承诺其死后将名下的豪车赠与丙。丙依据此遗嘱诉至法院，向甲主张车辆所有权。法院认为，该遗嘱内容虽然真实，但因乙和丙的行为有违公序良俗，故协议无效。对此，下列说法正确的是：（2019 年仿真题）

A. 法官在审理案件时进行了事实判断和价值判断

B. 法院审理案件时运用的公序良俗原则属于公理性原则

C. 法院基于公序良俗原则，对遗嘱有关的法律规则创设了例外

D. 法院选择适用公序良俗原则的目的是实现个案正义，属于内部证成

2. 陈某与林某结婚后育有一子陈某宝。陈某宝七岁时，陈某与林某离婚，陈某宝由母亲林某抚养。后林某与王某再婚，王某擅自将陈某宝姓名改为王某宝。陈某诉至法院要求恢复其子原姓名。法官认为，陈某宝为无民事行为能力人，其变更姓名需要经亲生父母同意，故判决林某恢复其子原姓名。对此，下列选项正确的是：（2019 年仿真题）

A. 姓名权具有相对性

B. 陈某宝是无民事行为能力的人，不享有任何民事权利

C. 法院判决体现了法的评价作用

D. 法院判决是规范性法律文件

3. 某危重病人被送往医院就医，因其拒绝在手术同意书上签字，医生未对其进行手术抢救，最终该病人因病情加重不治身亡。关于本案，下列说法正确的是：（2019 年仿真题）

A. 患者同意权在任何情况下都不应该被侵犯，这体现了个案中的比例原则

B. 医生应当严守法律，哪怕危及患者生命，这是法律实证主义的要求

C. 危重病人应该排除在同意权规定的适用范围之外，这是方法论上的目的论的扩张

D. 立法者应当允许不经患者同意采取必要的医疗措施，这体现了伤害原则

4. 因开发商甲公司未能在合同规定的期限内为其办理房产证，乙将甲公司诉至某法院，请求解除双方之间的商品房买卖合同。法院认为，因延迟办理房产证而形成的解除权的合理期限，现行法律并未作出规定，但为维护商品经济秩序、平衡买卖合同双方利益，需要对该期限进行合理限制。对此，法官援引了司法解释中与延迟办理房产证具有一定相似性的迟延交房解除权的合理期限规定，从而作出相应的判决。结合本案，下列选项正确的是：（2019年仿真题）

A. 本案中存在的法律漏洞属于嗣后漏洞
B. 若需要认定法律漏洞，则需要探究立法目的
C. 平衡买卖双方的利益和维护交易秩序稳定，体现了法的价值
D. 法官在作出判决时运用了类比推理

5. 甲、乙二人分吃两个梨，一大一小。甲捷足先登拿走了大梨，乙责怪甲说："你怎么这样自私？"甲反问："要是你先拿，你要哪一个？"乙说："我先拿就拿小梨。"甲笑道："小梨还在啊，如此说来，我的拿法完全符合你的愿望。"根据该故事，结合对法治和德治观念的理解，下列选项正确的是：（2019年仿真题）

A. 适用不同的程序可能对同样的结果赋予不同的意义
B. 提前约定好事情的处理方案，对于解决矛盾、避免纠纷起到至关重要的作用
C. 道德缺乏强制力，不能保障人在同样的情形下作出一致的选择
D. 法律可以从外部约束人的行为，但对道德领域难题的解决并无帮助

6.《全国人民代表大会常务委员会关于〈中华人民共和国刑法〉第二百二十八条、第三百四十二条、第四百一十条的解释》规定："刑法第四百一十条规定的'非法批准征收、征用、占用土地'，是指非法批准征收、征用、占用耕地、林地等农用地以及其他土地。"对该法律解释的理解，下列说法正确的是：（2019年仿真题）

A. 全国人大常委会对"土地"采取了扩大解释
B. 全国人大常委会的立法解释属于法定解释，属于我国的正式的法的渊源，其效力与法律并无不同
C.《刑法》第410条的规定需要进一步明确具体含义时，最高人民法院有权作出司法解释
D. 最高人民法院针对《刑法》所作的司法解释，其效力与全国人大常委会针对此条文所作的立法解释并无不同

2020 年

1. 法谚云："习惯在于自觉遵守，而法律在于强制服从。"关于法律和习惯的说法，下列选项正确的是：（2020年仿真题）

A. 习惯不具有强制力
B. 法律不被遵守则不具有强制力
C. 习惯具有成文性
D. 法律不被公布则不能生效

2. 法谚云："法官是会说话的法律。"关于此法律谚语的理解，下列理解正确是：（2020年仿真题）

A. 法律不经法官，没有效力
B. 法律不经法官，则无从解释
C. 法律不经解释，则不可适用
D. 法律不经裁判，不产生义务

3. "居有其所"是每个人最基本的生存需求，随着我国经济社会发展，居住权益保障问题日益成为人们普遍关注的社会热点问题，在这一背景下，《民法典》第366条对居住权作出了规定。对此，下列表述正确的是：（2020年仿真题）

A. 居住权既是道德权利，也是法律权利
B. 居住权作为一项人权，其产生先于《民法典》的规定
C. 凡是道德需求的，都应当纳入法律的调整范围之内
D. 法律设定居住权有利于弱势群体的权益保障

4. 某日，甲与乙一同吃饭后前往乙家中，到家后二人发生争吵，甲被乙关在门外。乙强行踹门而入，殴打谩骂乙。丙闻声下楼，将甲推倒在地并朝甲腹部踩了一脚，致甲重伤二级。后丙被刑事拘留，社会舆论一片哗然，后经检察机关纠正，认定丙构成正当防卫，依法不负刑事责任。2020年8月28日，最高人民法院、最高人民检察院、公安部印发《关于依法适用正当防卫制度的指导意见》的通知。关于本案，下列说法错误的是：（2020年仿真题）

A. 检察机关认定丙构成正当防卫，依法不负刑事责任，属于法的强制作用
B.《关于依法适用正当防卫制度的指导意见》对人们如何进行正当防卫具有指引作用
C.《关于依法适用正当防卫制度的指导意见》有助于维持社会治安，体现法的规范作用
D. 本案有利于统一执法标准，明确正当防卫与防卫过当的界限，有助于公众在面对类似案例时作出正确的行为，体现法的预测作用

5. 关于法的现代化，下列说法错误的是：（2020年仿真题）

A. 从清末开始，中国法的现代化是司法主导型

B. 外源型法的现代化具有自发性和渐进性特征

C. 法的现代化仅要求法律制度的变革

D. 法的现代化要求法具备形式合理性

2021 年

1. 法谚云："语言是法律精神的体现。"对此，下列说法正确的是：（2021年仿真题）

A. 若语言相通，则法律必然相通

B. 若语言有歧义，则法律无效力

C. 若语言可被翻译，则法律可被移植

D. 若语言表达规范，则规范就是法律

2. 法谚云："一切规则皆有例外，例外也明示规则。"对此，下列说法正确的是：（2021年仿真题）

A. "规则有漏洞，原则无歧义"

B. "规则乃原则之例外"

C. "规则乃共通原则，原则系特别规则"

D. "规则具化原则，原则证成规则"

3. 甲入职乙公司，双方在劳动合同中约定，乙公司不为甲缴纳工伤保险。后甲反悔起诉到法院，要求乙公司为其购买工伤保险。乙公司以劳动合同事先有约定，甲违背了诚实信用原则为由抗辩。法院认为，虽然甲违背了诚实信用原则，但根据《工伤保险条例》第2条第1款的规定："中华人民共和国境内的企业、事业单位、社会团体、民办非企业单位、基金会、律师事务所、会计师事务所等组织和有雇工的个体工商户（以下称用人单位）应当依照本条例规定参加工伤保险，为本单位全部职工或者雇工（以下称职工）缴纳工伤保险费。"用人单位为职工缴纳工伤保险属于法律的强制性规定，甲与乙公司在劳动合同中的相关约定属于无效条款，最终认定乙公司败诉。结合本案，下列说法错误的是：（2021年仿真题）

A. 《工伤保险条例》第2条第1款属于陈述句

B. 《工伤保险条例》第2条第1款的规定体现了法律家长主义原则

C. 原则是规则的前提和基础，违背诚实信用原则的行为应属无效，法院应当判决公司胜诉

D. 用人单位为员工缴纳工伤保险属于绝对义务

4. 《中华人民共和国人民警察法》第23条规定："人民警察必须按照规定着装，佩带人民警察标志或者持有人民警察证件，保持警容严整，举止端庄。"对于该条文的理解，下列说法正确的是：（2021年仿真题）

A. 这条表达的是委任性规则

B. 这条表达的是强行性规则

C. 这条表达的是命令性规则

D. 这条没有表达法律后果

5. 2020年12月，甲开车载好友乙同乘出游，行驶中因不明来源的石子击穿挡风玻璃致乙重伤。2021年1月，乙诉至法院要求甲赔偿。调解过程中，法官告知双方当事人，根据《民法典》第1217条规定："非营运机动车发生交通事故造成无偿搭乘人损害，属于该机动车一方责任的，应当减轻其赔偿责任，但是机动车使用人有故意或者重大过失的除外。"甲的行为构成出于情谊的"好意同乘"行为。经沟通，乙同意减轻甲的责任，最终双方以调解结案。对此，下列说法正确的是：（2021年仿真题）

A. 甲属于道德责任，法院无权裁判

B. 甲的责任被减轻，属于协议免责

C. 法官以《民法典》为依据调解，体现了法的强制作用

D. 本案适用《民法典》，体现了时间效力中的"有利追溯"

6. 甲在乙保险公司为其电动车购买了保险。保险合同约定，保险公司应当赔偿火灾导致的电动车损失。后甲的电动车因自燃损坏，甲向乙保险公司索赔，乙保险公司拒绝赔付。甲向法院起诉。庭审过程中，甲和乙保险公司就电动车自燃是否属于火灾产生了争议。甲认为火灾就是因火燃烧造成的灾害，自燃当然属于火灾。乙保险公司认为自燃不属于火灾。法官审理过程中认为，在日常生活中，自燃属于火灾范围内，保险合同对火灾概念进行界定时虽未明确排除自燃情形，但是，保险合同对自燃情形作了单独约定，因此保险合同规定的火灾并不包括自燃在内，遂判决甲败诉。关于本案，下列说法错误的是：（2021年仿真题）

A. 甲对火灾进行了文义解释

B. 法官对火灾进行了比较解释

C. 法官对火灾进行了体系解释

D. 本案体现了法律解释方法的冲突适用模式

2022 年

1. 关于法的概念与本质，下列说法正确的是：（2022年仿真题）

A. 是否承认法律是最低限度的道德，是区分实证主义与非实证主义的主要标准

B. 是否承认社会实效是法的构成要素，是区分分析法学派与社会法学派的主要标准

C. 按照马克思主义法学的观点，法律是社会共同体意志的体现

D. 每一条法律的存在和内容完全是由社会渊源决定的，是排他性法律实证主义的观点

2. 甲向乙公司投递简历，乙公司以其户籍地为丙省为由拒绝。甲以就业歧视为由将乙公司诉至法院。法院认为，根据《就业促进法》第三条规定，

劳动者就业，不因民族、种族、性别、宗教信仰等不同而受歧视。乙公司以甲的户籍地为丙省为由拒绝甲，是以与"工作内在要求"无必然联系的因素对劳动者进行无正当理由的差别对待。因此，法院判决乙公司向甲赔礼道歉。关于该案，下列说法正确的是：（2022年仿真题）

A. 劳动者不受歧视的权利属于相对权
B. 《民法典》和《就业促进法》属于同一法律部门
C. 法官判决乙公司赔礼道歉，体现的是法的强制作用
D. 《就业促进法》第三条规定的原则属于政策性原则

2023 年

《最高人民法院关于适用〈中华人民共和国民法典〉时间效力的若干规定》提出，《民法典》施行前的法律事实引起的民事纠纷案件，当时的法律、司法解释没有规定而《民法典》有规定的，可以适用《民法典》的规定。对此，下列说法正确的是：（2023年仿真题）

A. 《民法典》具有溯及力
B. 该规定的效力等同于法律
C. 该规定表明新法优于旧法
D. 该规定需要在全国人大常委会备案

宪 法

2014 年

1. 关于我国宪法修改，下列哪一选项是正确的？（2014/1/22，单选）

A. 我国修宪实践中既有对宪法的部分修改，也有对宪法的全面修改

B. 经十分之一以上的全国人大代表提议，可以启动宪法修改程序

C. 全国人大常委会是法定的修宪主体

D. 宪法修正案是我国宪法规定的宪法修改方式

2. 根据《宪法》和法律的规定，关于特别行政区，下列哪一选项是正确的？（2014/1/23，单选）

A. 澳门特别行政区财政收入全部由其自行支配，不上缴中央人民政府

B. 澳门特别行政区立法会举行会议的法定人数为不少于全体议员的三分之二

C. 非中国籍的香港特别行政区永久性居民不得当选为香港特别行政区立法会议员

D. 香港特别行政区廉政公署独立工作，对香港特别行政区立法会负责

3. 王某为某普通高校应届毕业生，23 岁，尚未就业。根据《宪法》和法律的规定，关于王某的权利义务，下列哪一选项是正确的？（2014/1/24，单选）

A. 无需承担纳税义务

B. 不得被征集服现役

C. 有选举权和被选举权

D. 有休息的权利

4. 根据《宪法》和法律的规定，关于基层群众自治，下列哪一选项是正确的？（2014/1/25，单选）

A. 村民委员会的设立、撤销，由乡镇政府提出，经村民会议讨论同意，报县级政府批准

B. 有关征地补偿费用的使用和分配方案，经村民会议讨论通过后，报乡镇政府批准

C. 居民公约由居民会议讨论通过后，报不设区的市、市辖区或者它的派出机关批准

D. 居民委员会的设立、撤销，由不设区的市、市辖区政府提出，报市政府批准

5. 根据《监督法》的规定，关于监督程序，下列哪一选项是不正确的？（2014/1/26，单选）

A. 政府可委托有关部门负责人向本级人大常委会作专项工作报告

B. 以口头答复的质询案，由受质询机关的负责人到会答复

C. 特定问题调查委员会在调查过程中，应当公布调查的情况和材料

D. 撤职案的表决采用无记名投票的方式，由常委会全体组成人员的过半数通过

6. 我国宪法明确规定："中华人民共和国的一切权力属于人民"，执法为民是社会主义法治的本质要求。关于执法为民，下列哪些理解是正确的？（2014/1/59，多选）

A. 要求执法机关及其工作人员理性执法、文明执法，冷静处置各种复杂问题

B. 要求科学合理地设置执法流程，减少不必要环节，减轻当事人负担

C. 要围绕"个人权利至上"理念，引导公民从容自如、有尊严地生活在社会主义法治社会

D. 是"立党为公、执政为民"执政理念在法治领域的具体贯彻

7. 根据《宪法》和法律的规定，关于国家机构，下列哪些选项是正确的？（2014/1/60，多选）

A. 全国人民代表大会代表受原选举单位的监督

B. 中央军事委员会实行主席负责制

C. 地方各级审计机关依法独立行使审计监督权，对上一级审计机关负责

D. 市辖区的政府经本级人大批准可设立若干街道办事处，作为派出机关

8. 根据《立法法》的规定，下列哪些选项是不正确的？（2014/1/61，多选）

A. 国务院和地方各级政府可以向全国人大常委会提出法律解释的要求

B. 经授权，行政法规可设定限制公民人身自由的强制措施

C. 专门委员会审议法律案的时候，应邀请提案人列席会议，听取其意见

D. 地方各级人大有权撤销本级政府制定的不适当的规章

9. 根据《选举法》的规定，关于选举制度，下列哪些选项是正确的？（2014/1/62，多选）

A. 全国人大和地方人大的选举经费，列入财政预算，由中央财政统一开支

B. 全国人大常委会主持香港特别行政区全国人大代表选举会议第一次会议，选举主席团，之后由主席团主持选举

C. 县级以上地方各级人民代表大会举行会议的时候，三分之一以上代表联名，可以提出对由该级人民代表大会选出的上一级人大代表的罢免案

D. 选民或者代表 10 人以上联名，可以推荐代表候选人

10. 根据《宪法》和法律的规定，关于民族区域自治制度，下列哪些选项是正确的？（2014/1/63，多选）

A. 民族自治地方法院的审判工作，受最高法院和上级法院监督

B. 民族自治地方的政府首长由实行区域自治的民族的公民担任，实行首长负责制

C. 民族自治区的自治条例和单行条例报全国人大批准后生效

D. 民族自治地方自主决定本地区人口政策，不实行计划生育

11. 关于宪法效力的说法，下列选项正确的是：（2014/1/94，不定项）

A. 宪法修正案与宪法具有同等效力

B. 宪法不适用于定居国外的公民

C. 在一定条件下，外国人和法人也能成为某些基本权利的主体

D. 宪法作为整体的效力及于该国所有领域

12. 根据《宪法》规定，关于我国基本经济制度的说法，下列选项正确的是：（2014/1/95，不定项）

A. 国家实行社会主义市场经济

B. 国有企业在法律规定范围内和政府统一安排下，开展管理经营

C. 集体经济组织实行家庭承包经营为基础、统分结合的双层经营体制

D. 土地的使用权可以依照法律的规定转让

13. 根据《宪法》规定，关于行政建置和行政区划，下列选项正确的是：（2014/1/96，不定项）

A. 全国人大批准省、自治区、直辖市的建置

B. 全国人大常委会批准省、自治区、直辖市的区域划分

C. 国务院批准自治州、自治县的建置和区域划分

D. 省、直辖市、地级市的人民政府决定乡、民族乡、镇的建置和区域划分

2015 年

1. 宪法的制定是指制宪主体按照一定程序创制宪法的活动。关于宪法的制定，下列哪一选项是正确的？（2015/1/20，单选）

A. 制宪权和修宪权是具有相同性质的根源性的国家权力

B. 人民可以通过对宪法草案发表意见来参与制宪的过程

C. 宪法的制定由全国人民代表大会以全体代表的三分之二以上的多数通过

D. 1954 年《宪法》通过后，由中华人民共和国主席根据全国人民代表大会的决定公布

2. 宪法的渊源即宪法的表现形式。关于宪法渊源，下列哪一表述是错误的？（2015/1/21，单选）

A. 一国宪法究竟采取哪些表现形式，取决于历史传统和现实状况等多种因素

B. 宪法惯例实质上是一种宪法和法律条文无明确规定、但被普遍遵循的政治行为规范

C. 宪法性法律是指国家立法机关为实施宪法典而制定的调整宪法关系的法律

D. 有些成文宪法国家的法院基于对宪法的解释而形成的判例也构成该国的宪法渊源

3. 国家的基本社会制度是国家制度体系中的重要内容。根据我国宪法规定，关于国家基本社会制度，下列哪一表述是正确的？（2015/1/22，单选）

A. 国家基本社会制度包括发展社会科学事业的内容

B. 社会人才培养制度是我国的基本社会制度之一

C. 关于社会弱势群体和特殊群体的社会保障的规定是对平等原则的突破

D. 社会保障制度的建立健全同我国政治、经济、文化和生态建设水平相适应

4. 根据《宪法》和法律法规的规定，关于我国行政区划变更的法律程序，下列哪一选项是正确的？（2015/1/23，单选）

A. 甲县欲更名，须报该县所属的省级政府审批

B. 乙省行政区域界线的变更，应由全国人大审议决定

C. 丙镇与邻近的一个镇合并，须报两镇所属的县级政府审批

D. 丁市部分行政区域界线的变更，由国务院授权丁市所属的省级政府审批

5. 根据《宪法》和法律的规定，关于民族自治地方自治权，下列哪一表述是正确的？（2015/1/24，单选）

A. 自治权由民族自治地方的权力机关、行政机关、审判机关和检察机关行使

B. 自治州人民政府可以制定政府规章对国务院部门规章的规定进行变通

C. 自治条例可以依照当地民族的特点对宪法、法律和行政法规的规定进行变通

D. 自治县制定的单行条例须报省级人大常委会批准后生效，并报全国人大常委会备案

6. 中华人民共和国公民在法律面前一律平等。关于平等权，下列哪一表述是错误的？（2015/1/25，单选）

A. 我国宪法中存在一个关于平等权规定的完整规范系统

B. 犯罪嫌疑人的合法权利应该一律平等地受到法律保护

C. 在选举权领域，性别和年龄属于宪法所列举的禁止差别理由

D. 妇女享有同男子平等的权利，但对其特殊情况可予以特殊保护

7. 中华人民共和国中央军事委员会领导全国武装力量。关于中央军事委员会，下列哪一表述是错误的？（2015/1/26，单选）

A. 实行主席负责制

B. 每届任期与全国人大相同

C. 对全国人大及其常委会负责

D. 副主席由全国人大选举产生

8. 我国《宪法》第三十八条明确规定："中华人民共和国公民的人格尊严不受侵犯。"关于该条文所表现的宪法规范，下列哪些选项是正确的？（2015/1/61，多选）

A. 在性质上属于组织性规范

B. 通过《民法通则》中有关姓名权的规定得到了间接实施

C. 法院在涉及公民名誉权的案件中可以直接据此作出判决

D. 与法律中的有关规定相结合构成一个有关人格尊严的规范体系

9. 关于国家文化制度，下列哪些表述是正确的？（2015/1/62，多选）

A. 我国宪法所规定的文化制度包含了爱国统一战线的内容

B. 国家鼓励自学成才，鼓励社会力量依照法律规定举办各种教育事业

C. 是否较为系统地规定文化制度，是社会主义宪法区别于资本主义宪法的重要标志之一

D. 公民道德教育的目的在于培养有理想、有道德、有文化、有纪律的社会主义公民

10. 甲市乙县人民代表大会在选举本县的市人大代表时，乙县多名人大代表接受甲市人大代表候选人的贿赂。对此，下列哪些说法是正确的？（2015/1/63，多选）

A. 乙县选民有权罢免受贿的该县人大代表

B. 乙县受贿的人大代表应向其所在选区的选民提出辞职

C. 甲市人大代表候选人行贿行为属于破坏选举的行为，应承担法律责任

D. 在选举过程中，如乙县人大主席团发现有贿选行为应及时依法调查处理

11. 某村村委会未经村民会议讨论，制定了土地承包经营方案，侵害了村民的合法权益，引发了村民的强烈不满。根据《村民委员会组织法》的规定，下列哪些做法是正确的？（2015/1/64，多选）

A. 村民会议有权撤销该方案

B. 由该村所在地的乡镇级政府责令改正

C. 受侵害的村民可以申请法院予以撤销

D. 村民代表可以就此联名提出罢免村委会成员的要求

12. 某设区的市的市政府依法制定了《关于加强历史文化保护的决定》。关于该决定，下列哪些选项是正确的？（2015/1/65，多选）

A. 市人大常委会认为该决定不适当，可以提请上级人大常委会撤销

B. 法院在审理案件时发现该决定与上位法不一致，可以作出合法性解释

C. 与文化部有关文化保护的规定具有同等效力，在各自的权限范围内施行

D. 与文化部有关文化保护的规定之间对同一事项的规定不一致时，由国务院裁决

13. 党的十八届四中全会《决定》明确指出："完善以宪法为核心的中国特色社会主义法律体系。"据此，下列哪些做法是正确的？（2015/1/66，多选）

A. 建立全国人大及其常委会宪法监督制度，健全宪法解释程序机制

B. 健全有立法权的人大主导立法工作的体制，规范和减少政府立法活动

C. 探索委托第三方起草法律法规草案，加强立法后评估，引入第三方评估

D. 加快建立生态文明法律制度，强化生产者环境保护的法律责任

14. 我国《宪法》第二条明确规定："人民行使国家权力的机关是全国人民代表大会和地方各级人民代表大会。"关于全国人大和地方各级人大，下列选项正确的是：（2015/1/91，不定项）

A. 全国人大代表全国人民统一行使国家权力

B. 全国人大和地方各级人大是领导与被领导的关系

C. 全国人大在国家机构体系中居于最高地位，不受任何其他国家机关的监督

D. 地方各级人大设立常务委员会，由主任、副主任若干人和委员若干人组成

15. 某县政府以较低补偿标准进行征地拆迁。张某因不同意该补偿标准，拒不拆迁自己的房屋。为此，县政府责令张某的儿子所在中学不为其办理新学期注册手续，并通知财政局解除张某的女婿李某（财政局工勤人员）与该局的劳动合同。张某最终被迫签署了拆迁协议。关于当事人被侵犯的权利，下列选项正确的是：（2015/1/92，不定项）

A. 张某的住宅不受侵犯权

B. 张某的财产权

C. 李某的劳动权

D. 张某儿子的受教育权

16. 预算制度的目的是规范政府收支行为，强化预算监督。根据《宪法》和法律的规定，关于预算，下列表述正确的是：（2015/1/93，不定项）

A. 政府的全部收入和支出都应当纳入预算

B. 经批准的预算，未经法定程序，不得调整

C. 国务院有权编制和执行国民经济和社会发展计划、国家预算

D. 全国人大常委会有权审查和批准国家的预算和预算执行情况的报告

17. 宪法解释是保障宪法实施的一种手段和措施。关于宪法解释，下列选项正确的是：（2015/1/94，不定项）

A. 由司法机关解释宪法的做法源于美国，也以美国为典型代表

B. 德国的宪法解释机关必须结合具体案件对宪法含义进行说明

C. 我国的宪法解释机关对宪法的解释具有最高的、普遍的约束力

D. 我国国务院在制定行政法规时，必然涉及对宪法含义的理解，但无权解释宪法

2016 年

1. 综观世界各国成文宪法，结构上一般包括序言、正文和附则三大部分。对此，下列哪一表述是正确的？（2016/1/21，单选）

A. 世界各国宪法序言的长短大致相当

B. 我国宪法附则的效力具有特定性和临时性两大特点

C. 国家和社会生活诸方面的基本原则一般规定在序言之中

D. 新中国前三部宪法的正文中均将国家机构置于公民的基本权利和义务之前

2. 我国《立法法》明确规定："宪法具有最高的法律效力，一切法律、行政法规、地方性法规、自治条例和单行条例、规章都不得同宪法相抵触。"关于这一规定的理解，下列哪一选项是正确的？（2016/1/22，单选）

A. 该条文中两处"法律"均指全国人大及其常委会制定的法律

B. 宪法只能通过法律和行政法规等下位法才能发挥它的约束力

C. 宪法的最高法律效力只是针对最高立法机关的立法活动而言的

D. 维护宪法的最高法律效力需要完善相应的宪法审查或者监督制度

3. 社会主义公有制是我国经济制度的基础。根据现行《宪法》的规定，关于基本经济制度的表述，下列哪一选项是正确的？（2016/1/23，单选）

A. 国家财产主要由国有企业组成

B. 城市的土地属于国家所有

C. 农村和城市郊区的土地都属于集体所有

D. 国营经济是社会主义全民所有制经济，是国民经济中的主导力量

4. 根据《选举法》和相关法律的规定，关于选举的主持机构，下列哪一选项是正确的？（2016/1/24，单选）

A. 乡镇选举委员会的组成人员由不设区的市、市辖区、县、自治县的人大常委会任命

B. 县级人大常委会主持本级人大代表的选举

C. 省人大在选举全国人大代表时，由省人大常委会主持

D. 选举委员会的组成人员为代表候选人的，应当向选民说明情况

5. 澳门特别行政区依照《澳门基本法》的规定实行高度自治，享有行政管理权、立法权、独立的司法权和终审权。关于中央和澳门特别行政区的关系，下列哪一选项是正确的？（2016/1/25，单选）

A. 全国性法律一般情况下是澳门特别行政区的法律渊源

B. 澳门特别行政区终审法院法官的任命和免职须报全国人大常委会备案

C. 澳门特别行政区立法机关制定的法律须报全国人大常委会批准后生效

D. 《澳门基本法》在澳门特别行政区的法律体系中处于最高地位，反映的是澳门特别行政区同胞的意志

6. 某乡政府为有效指导、支持和帮助村民委员会的工作，根据相关法律法规，结合本乡实际作出了下列规定，其中哪一规定是合法的？（2016/1/26，单选）

A. 村委会的年度工作报告由乡政府审议

B. 村民会议制定和修改的村民自治章程和村规民约，报乡政府备案

C. 对登记参加选举的村民名单有异议并提出申诉的，由乡政府作出处理并公布处理结果

D. 村委会组成人员违法犯罪不能继续任职的，由乡政府任命新的成员暂时代理至本届村委会任期届满

7. 2015 年 10 月，某自治州人大常委会出台了一部《关于加强本州湿地保护与利用的决定》。关于该法律文件的表述，下列哪一选项是正确的？（2016/1/27，单选）

A. 由该自治州州长签署命令予以公布

B. 可依照当地民族的特点对行政法规的规定作出变通规定

C. 该自治州所属的省的省级人大常委会应对《决定》的合法性进行审查

D. 与部门规章之间对同一事项的规定不一致不能确定如何适用时，由国务院裁决

8. 《全国人民代表大会常务委员会关于实行宪法宣誓制度的决定》于 2016 年 1 月 1 日起实施。关于宪法宣誓制度的表述，下列哪些选项是正确的？（2016/1/61，多选）

A. 该制度的建立有助于树立宪法的权威

B. 宣誓场所应当悬挂中华人民共和国国旗或者国徽

C. 宣誓主体限于各级政府、法院和检察院任命的国家工作人员

D. 最高法院副院长、审判委员会委员进行宣誓的仪式由最高法院组织

9. 我国的基本社会制度是基于经济、政治、文化、社会、生态文明五位一体的社会主义建设的需要，在社会领域所建构的制度体系。关于国家的基本社会制度，下列哪些选项是正确的？（2016/1/62，多选）

A. 我国的基本社会制度是国家的根本制度

B. 社会保障制度是我国基本社会制度的核心内容

C. 职工的工作时间和休假制度是我国基本社会制度的重要内容

D. 加强社会法的实施是发展与完善我国基本社会制度的重要途径

10. 张某对当地镇政府干部王某的工作提出激烈批评，引起群众热议，被公安机关以诽谤他人为由行政拘留 5 日。张某的精神因此受到严重打击，事后相继申请行政复议和提起行政诉讼，法院依法撤销了公安机关《行政处罚决定书》。随后，张某申请国家赔偿。根据《宪法》和法律的规定，关于本案的分析，下列哪些选项是正确的？（2016/1/63，多选）

A. 王某因工作受到批评，人格尊严受到侵犯

B. 张某的人身自由受到侵犯

C. 张某的监督权受到侵犯

D. 张某有权获得精神损害抚慰金

11. 根据《宪法》和法律的规定，关于全国人大代表的权利，下列哪些选项是正确的？（2016/1/64，多选）

A. 享有绝对的言论自由

B. 有权参加决定国务院各部部长、各委员会主任的人选

C. 非经全国人大主席团或者全国人大常委会许可，一律不受逮捕或者行政拘留

D. 有五分之一以上的全国人大代表提议，可以临时召集全国人民代表大会会议

12. 国家实行审计监督制度。为加强国家的审计监督，全国人大常委会于 1994 年通过了《审计法》，并于 2006 年进行了修正。关于审计监督制度，下列哪些理解是正确的？（2016/1/65，多选）

A. 《审计法》的制定与执行是在实施宪法的相关规定

B. 地方各级审计机关对本级人大常委会和上一级审计机关负责

C. 国务院各部门和地方各级政府的财政收支应当依法接受审计监督

D. 国有的金融机构和企业事业组织的财务收支应当依法接受审计监督

13. 甲市政府对某行政事业性收费项目的依据和标准迟迟未予公布，社会各界意见较大。关于这一问题的表述，下列哪些选项是正确的？（2016/1/66，多选）

A. 市政府应当主动公开该收费项目的依据和标准

B. 市政府可向市人大常委会要求就该类事项作专项工作报告

C. 市人大常委会组成人员可依法向常委会书面提出针对市政府不公开信息的质询案

D. 市人大举行会议时，市人大代表可依法书面提出针对市政府不公开信息的质询案

14. 我国宪法规定了"一切权力属于人民"的原则。关于这一规定的理解，下列选项正确的是：（2016/1/91，不定项）

A. 国家的一切权力来自并且属于人民

B. "一切权力属于人民"仅体现在直接选举制度之中

C. 我国的人民代表大会制度以"一切权力属于人民"为前提

D. "一切权力属于人民"贯穿于我国国家和社会生活的各领域

15. 我国宪法明确规定："国家为了公共利益的需要，可以依照法律规定对公民的私有财产实行征收或者征用并给予补偿。"关于公民财产权限制的界限，下列选项正确的是：（2016/1/92，不定项）

A. 对公民私有财产的征收或征用构成对公民财产权的外部限制

B. 对公民私有财产的征收或征用必须具有明确的法律依据

C. 只要满足合目的性原则即可对公民的财产权进行限制

D. 对公民财产权的限制应具有宪法上的正当性

16. 宪法修改是指有权机关依照一定的程序变更宪法内容的行为。关于宪法的修改，下列选项正确的是：（2016/1/93，不定项）

A. 凡宪法规范与社会生活发生冲突时，必须进行宪法修改

B. 我国宪法的修改可由五分之一以上的全国人大代表提议

C. 宪法修正案由全国人民代表大会公告公布施行

D. 我国 1988 年《宪法修正案》规定，土地的使用权可依照法律法规的规定转让

17. 根据《宪法》和法律，关于我国宪法监督方式的说法，下列选项正确的是：（2016/1/94，不定项）

A. 地方性法规报全国人大常委会和国务院备案，属于事后审查

B. 自治区人大制定的自治条例报全国人大常委会批准后生效，属于事先审查

C. 全国人大常委会应国务院的书面审查要求对某地方性法规进行审查，属于附带性审查

D. 全国人大常委会只有在相关主体提出对某规范性文件进行审查的要求或建议时才启动审查程序

2017 年

1. 成文宪法和不成文宪法是英国宪法学家提出的一种宪法分类。关于成文宪法和不成文宪法的理解，下列哪一选项是正确的？（2017/1/21，单选）

A. 不成文宪法的特点是其内容不见于制定法

B. 宪法典的名称中必然含有"宪法"字样

C. 美国作为典型的成文宪法国家，不存在宪法惯例

D. 在程序上，英国不成文宪法的内容可像普通法律一样被修改或者废除

2. 最高法院印发的《人民法院民事裁判文书制作规范》规定："裁判文书不得引用宪法……作为裁判依据，但其体现的原则和精神可以在说理部分予以阐述。"关于该规定，下列哪一说法是正确的？（2017/1/22，单选）

A. 裁判文书中不得出现宪法条文

B. 当事人不得援引宪法作为主张的依据

C. 宪法对裁判文书不具有约束力

D. 法院不得直接适用宪法对案件作出判决

3. 根据我国民族区域自治制度，关于民族自治县，下列哪一选项是错误的？（2017/1/23，单选）

A. 自治机关保障本地方各民族都有保持或改革自己风俗习惯的自由

B. 经国务院批准，可开辟对外贸易口岸

C. 县人大常委会中应有实行区域自治的民族的公民担任主任或者副主任

D. 县人大可自行变通或者停止执行上级国家机关的决议、决定、命令和指示

4. 根据《宪法》和《香港特别行政区基本法》规定，下列哪一选项是正确的？（2017/1/24，单选）

A. 行政长官就法院在审理案件中涉及的国防、外交等国家行为的事实问题发出的证明文件，对法院无约束力

B. 行政长官对立法会以不少于全体议员 2/3 多数再次通过的原法案，必须在 1 个月内签署公布

C. 香港特别行政区可与全国其他地区的司法机关通过协商依法进行司法方面的联系和相互提供协助

D. 行政长官仅从行政机关的主要官员和社会人士中委任行政会议的成员

5. 某市执法部门发布通告："为了进一步提升本市市容和环境卫生整体水平，根据相关规定，全市范围内禁止设置各类横幅标语。"根据该通告，关于禁设横幅标语，下列哪一说法是正确的？（2017/1/25，单选）

A. 涉及公民的出版自由

B. 不构成对公民基本权利的限制

C. 在目的上具有正当性

D. 涉及宪法上的合理差别问题

6. 根据《国家勋章和国家荣誉称号法》规定，下列哪一选项是正确的？（2017/1/26，单选）

A. 共和国勋章由全国人大常委会提出授予议案，由全国人大决定授予

B. 国家荣誉称号为其获得者终身享有

C. 国家主席进行国事活动，可直接授予外国政要、国际友人等人士"友谊勋章"

D. 国家功勋簿是记载国家勋章和国家荣誉称号获得者的名录

7. 某县人大闭会期间，赵某和钱某因工作变动，分别辞去县法院院长和检察院检察长职务。法院副院长孙某任代理院长，检察院副检察长李某任代理检察长。对此，根据《宪法》和法律，下列哪一说法是正确的？（2017/1/27，单选）

A. 赵某的辞职请求向县人大常委会提出，由县人大常委会决定接受辞职

B. 钱某的辞职请求由上一级检察院检察长向该级人大常委会提出

C. 孙某出任代理院长由县人大常委会决定，报县人大批准

D. 李某出任代理检察长由县人大常委会决定，报上一级检察院和人大常委会批准

8. 我国《宪法》第 13 条规定："公民的合法的私有财产不受侵犯。国家依照法律规定保护公民的私有财产权和继承权。"关于这一规定，下列哪些说法是正确的？（2017/1/61，多选）

A. 国家不得侵犯公民的合法的私有财产权

B. 国家应当保护公民的合法的私有财产权不受他人侵犯

C. 对公民私有财产权和继承权的保护和限制属于法律保留的事项

D. 国家保护公民的合法的私有财产权，是我国基本经济制度的重要内容之一

9. 某省人大选举实施办法中规定："本行政区域各选区每一代表所代表的人口数应当大体相等。各选区每一代表所代表的人口数与本行政区域内每一代表所代表的平均人口数之间相差的幅度一般不超过百分之三十。"关于这一规定，下列哪些说法是正确的？（2017/1/62，多选）

  A. 是选举权的平等原则在选区划分中的具体体现

  B. "大体相等"允许每一代表所代表的人口数之间存在差别

  C. "百分之三十"的规定是对前述"大体相等"的进一步限定

  D. 不保证各地区、各民族、各方面都有适当数量的代表

10.《全国人民代表大会常务委员会关于〈中华人民共和国民法通则〉第九十九条第一款、〈中华人民共和国婚姻法〉第二十二条解释》规定："公民依法享有姓名权。公民行使姓名权，还应当尊重社会公德，不得损害社会公共利益。"关于该解释，下列哪些选项是正确的？（2017/1/64，多选）

  A. 我国宪法明确规定了姓名权，故该解释属于宪法解释

  B. 与《民法通则》和《婚姻法》具有同等效力

  C. 由全国人大常委会发布公告予以公布

  D. 法院可在具体审判过程中针对个案对该解释进行解释

11. 我国宪法规定，法院、检察院和公安机关办理刑事案件，应当分工负责，互相配合，互相制约。对此，下列哪些选项是正确的？（2017/1/65，多选）

  A. 分工负责是指三机关各司其职、各尽其责

  B. 互相配合是指三机关以惩罚犯罪分子为目标，通力合作，互相支持

  C. 互相制约是指三机关按法定职权和程序互相监督

  D. 公、检、法三机关之间的这种关系，是权力制约原则在我国宪法上的具体体现

12. 根据《立法法》，关于规范性文件的备案审查制度，下列哪些选项是正确的？（2017/1/66，多选）

  A. 全国人大有关的专门委员会可对报送备案的规范性文件进行主动审查

  B. 自治县人大制定的自治条例与单行条例应按程序报全国人大常委会和国务院备案

  C. 设区的市市政府制定的规章应报本级人大常委会、市所在的省级人大常委会和政府、国务院备案

  D. 全国人大宪法和法律委员会经审查认为地方性法规同宪法相抵触而制定机关不予修改的，应向委员长会议提出予以撤销的议案或者建议

13. 我国宪法序言规定："中国共产党领导的多党合作和政治协商制度将长期存在和发展。"关于中国人民政治协商会议，下列选项正确的是：（2017/1/91，不定项）

  A. 由党派团体和界别代表组成，政协委员由选举产生

  B. 全国政协委员列席全国人大的各种会议

  C. 是中国共产党领导的多党合作和政治协商制度的重要机构

  D. 中国人民政治协商会议全国委员会和各地方委员会是国家权力机关

14. 人民代表大会制度是我国的根本政治制度。关于人民代表大会制度，下列表述正确的是：（2017/1/92，不定项）

  A. 国家的一切权力属于人民，这是人民代表大会制度的核心内容和根本准则

  B. 各级人大都由民主选举产生，对人民负责，受人民监督

  C. "一府两院"都由人大产生，对它负责，受它监督

  D. 人民代表大会制度是实现社会主义民主的唯一形式

15. 杨某与户籍在甲村的村民王某登记结婚后，与甲村村委会签订了"不享受本村村民待遇"的"入户协议"。此后，杨某将户籍迁入甲村，但与王某长期在外务工。甲村村委会任期届满进行换届选举，杨某和王某要求参加选举。对此，下列说法正确的是：（2017/1/93，不定项）

  A. 王某因未在甲村居住，故不得被列入参加选举的村民名单

  B. 杨某因与甲村村委会签订了"入户协议"，故不享有村委会选举的被选举权

  C. 杨某经甲村村民会议或村民代表会议同意之后方可参加选举

  D. 选举前应当对杨某进行登记，将其列入参加选举的村民名单

16. 基本权利的效力是指基本权利规范所产生的拘束力。关于基本权利效力，下列选项正确的是：（2017/1/94，不定项）

  A. 基本权利规范对立法机关产生直接的拘束力

  B. 基本权利规范对行政机关的活动和公务员的行为产生拘束力

  C. 基本权利规范只有通过司法机关的司法活动才产生拘束力

  D. 一些国家的宪法一定程度上承认基本权利规范对私人产生拘束力

2018 年

1. 宪法作为国家根本法，在国家和社会中发挥重要作用。关于宪法作用和宣誓制度，下列选项正确的是：（2018 年仿真题）

A. 宪法为避免法律体系内部冲突，提供了具体机制

B. 宪法宣誓制度有助于宪法作用发挥

C. 宪法能够为司法活动提供明确直接依据

D. 宪法的修改是宪法作用发挥的重要前提

2. 2018 年进行了宪法修正，将 1982 年宪法第 70 条第 1 款中"法律委员会"修改为"宪法和法律委员会"。关于宪法和法律委员会，下列说法正确的是：（2018 年仿真题）

A. 成员人选由全国人大主席团在全国人大代表中决定

B. 为全国人大常委会设立的专门委员会

C. 统一审议向全国人大或其常委会提出的法律草案

D. 为合宪性审查的专门机关

3. 下列关于宪法的分类，说法正确的是：（2018 年仿真题）

A. 在成文宪法国家，宪法典就是通常意义上的宪法，而在不成文宪法国家，其宪法往往体现为实质意义上的宪法性法律、宪法惯例等形式

B. 中国是典型的刚性宪法国家，宪法的修改程序严于普通法律，宪法修正案要求全国人大全体代表的三分之二以上多数通过，普通法律只需要二分之一以上通过即可

C. 世界上第一部宪法是 1787 年的《美国宪法》，欧洲的第一部宪法是 1791 年的《法国宪法》

D. 1889 年的《明治宪法》和 1830 年的《法国宪法》是两部典型的钦定宪法

4. 关于《宪法》对人身自由的规定，下列选项正确的是：（2018 年仿真题）

A. 禁止非法搜查公民身体

B. 禁止非法搜查或非法侵入公民住宅

C. 禁止用任何方法对公民进行侮辱、诽谤和诬告陷害

D. 在诉讼过程中，为了搜集证据，法院可以对公民的电话进行监听

5. 根据我国《宪法》的规定，下列说法错误的是：（2018 年仿真题）

A. 宅基地、自留地、自留山属于集体所有

B. 土地的所有权可以依照法律的规定转让

C. 国家为了公共利益的需要，可以对土地实行征收或征用并给予补偿

D. 城市的土地属于国家所有，农村和城市郊区的土地，除有法律规定属于国家所有的以外，属于集体所有

6. 关于一般议案和质询案，下列说法正确的是：（2018 年仿真题）

A. 5 名以上乡级人大代表可以向本级人大提出议案和质询案

B. 本级法院、检察院可以向本级人大和本级人大常委会提出议案

C. 县级以上人大的专门委员会可以向本级人大和本级人大常委会提出议案

D. 一个代表团或者是 30 名以上的全国人大代表，可以向本级人大和本级人大常委会提出议案和质询案

7. 出现下列哪些情况，需终止人大代表的代表资格？（2018 年仿真题）

A. 被行政拘留的

B. 丧失行为能力的

C. 被判处管制并附加剥夺政治权利

D. 未经批准一次不出席本级人大会议

8. 关于村庄治理，下列说法正确的是：（2018 年仿真题）

A. 村民代表应当向其推选户或者村民小组负责，接受村民监督

B. 村务监督机构成员向村民委员会负责，可以列席村民委员会会议

C. 村民委员会工作移交由村民选举委员会主持，由乡、民族乡、镇的人民政府监督

D. 村民会议有权撤销或者变更村民委员会不适当的决定；有权撤销或者变更村民代表会议不适当的决定

2019 年

1. 《中国人民政治协商会议共同纲领》是中国共产党主持制定的一个具有临时宪法作用的文件，于 1949 年 9 月 29 日经中国人民政治协商会议第一届全体会议通过。对于该文件，下列选项正确的是：（2019 年仿真题）

A. 该文件为社会主义性质的宪法文件

B. 该文件规定人民有选举权和被选举权

C. 中华人民共和国的国家政权属于人民

D. 中国人民政治协商会议的一项工作是在普选的全国人大召开之前行使全国人大的职权

2. 选民王某，35 岁，外出打工期间本村进行乡人大代表的选举。王某因路途遥远和工作繁忙不能回村参加选举，于是打电话嘱咐 14 岁的儿子帮他投本村李叔 1 票。根据上述情形，下列选项正确的是：（2019 年仿真题）

A. 王某以电话委托他人投票，必须征得选举委员会的同意

B. 王某仅以电话通知受托人的方式，尚不能发生有效的委托投票授权

C. 王某不能电话委托儿子投票，因为其儿子还没有选举权

D. 王某必须同时以电话通知受托人和村民委员会，才能发生有效的委托投票授权

3.《选举法》以专章规定了对人大代表的监督、罢免和补选的措施。关于代表的罢免，下列选项符合《选举法》的规定的是：（2019 年仿真题）

A. 罢免间接选举产生的代表须经原选举单位过半数的代表通过

B. 罢免直接选举产生的代表须经原选区过半数的选民通过

C. 罢免间接选举产生的代表，在代表大会闭会期间，须经常委会成员 2/3 多数通过

D. 罢免直接选举产生的代表，须将决议报送上一级人大常委会备案

4. 国务院，即中央人民政府，是最高国家权力机关的执行机关、最高国家行政机关。根据《宪法》以及相关法律的规定，下列关于国务院的说法正确的是：（2019 年仿真题）

A. 有权制定有关行政拘留的规范性文件

B. 领导和管理民政、司法行政、民族事务和监察监督等工作

C. 国务院司法部与教育部联合制定的规章的效力与地方政府规章的效力相同

D. 行政法规的效力高于省级人大制定的法规，因此部门规章的效力高于市级人大制定的法规

5. 根据《地方组织法》规定，关于地方各级人民政府工作部门的设立，下列选项正确的是：（2019 年仿真题）

A. 县人民政府应当设立审计机关

B. 县人民政府在必要时，经上级人民政府批准，可以设立若干区公所作为派出机关

C. 县人民政府工作部门的设立、增加、减少或者合并由县人大批准，并报上一级人民政府备案

D. 县人民政府的工作部门受县人民政府统一领导，并且依照法律或者行政法规的规定受上级人民政府主管部门的业务指导或者领导

6. 根据《宪法》和《全国人民代表大会常务委员会关于实行宪法宣誓制度的决定》，关于我国宪法宣誓制度，下列选项正确的是：（2019 年仿真题）

A. 宪法宣誓制度规定宣誓仪式只可采取集体宣誓的方式

B. 宪法宣誓制度规定所有国家工作人员就职时都应当进行宪法宣誓

C. 直辖市人大常委会制定的关于本市国家工作人员的宣誓组织办法报全国人大常委会备案

D. 全国人大常委会任命或者决定任命的最高人民法院副院长的宪法宣誓仪式由全国人大常委会委员长会议组织

7. 2017 年 11 月 21 日，国务院常务会议通过《行政区划管理条例》，该条例自 2018 年 10 月 10 日公布，并于 2019 年 1 月 1 日起实施。关于《行政区划管理条例》，下列选项正确的是：（2019 年仿真题）

A. 省、自治区、直辖市的行政区域界线的变更，报全国人民代表大会批准

B. 由国务院总理签署，以国务院令形式公布

C. 若该条例违反上位法，全国人大常委会有权撤销该条例

D. 应在 2018 年 10 月 10 日后的 30 日内，报全国人大常委会备案

2020 年

1. 宪法惯例形成的前提是，书面的宪法文件对某些宪法事项没有作出明确规定，而政治实践中又需要一定的政治规则。关于宪法惯例，下列选项正确的是：（2020 年仿真题）

A. 宪法惯例并非我国的宪法渊源

B. 具有规范性，其含义由权威机关加以解释确认

C. 可以采取成文的形式

D. 由国家的强制力来保障实施，违反宪法惯例会直接导致一定的法律后果

2. 关于合宪性审查和备案审查，下列选项正确的是：（2020 年仿真题）

A. 备案审查是指对规范性文件的事前审查

B. 合宪性审查的对象包括规范性文件和具体行为

C. 合宪性审查的主体是全国人大宪法和法律委员会

D. 全国人大常委会备案审查的对象包括行政法规、规章、司法解释

3. 根据《宪法》和《民族区域自治法》的规定，下列选项不正确的是：（2020 年仿真题）

A. 民族自治地方的国家机关既是地方国家机关，又是自治机关

B. 民族区域自治以少数民族聚居区为基础，是民族自治和区域自治的结合

C. 上级国家机关应该在收到自治机关变通执行或者停止有关决议、决定执行的报告之日起 60 日内给予答复

D. 自治机关自主地管理本地方的教育、科学、文化、卫生、体育事业、保护和整理本民族的文化遗产、发展和繁荣民族文化

4. 2020年5月28日，十三届全国人大三次会议表决通过了《全国人民代表大会关于建立健全香港特别行政区维护国家安全的法律制度和执行机制的决定》。关于香港特别行政区制定维护国家安全法的宪制责任，下列说法正确的是：（2020年仿真题）

A. 维护国家主权统一和领土完整是香港特别行政区的宪制责任

B. 香港特别行政区应当尽早完成香港特别行政区基本法规定的维护国家安全立法。香港特别行政区行政机关、立法机关、司法机关应当依据有关法律规定有效防范、制止和惩治危害国家安全的行为和活动

C. 全国人大常委会有权力有责任维护香港特别行政区宪制秩序

D. 国家应当采取必要措施建立健全香港特别行政区维护国家安全的法律制度和执行机制，依法防范、制止和惩治危害国家安全的行为和活动

5. 关于县人大代表的选举，下列说法正确的是：（2020年仿真题）

A. 县人大代表的选举由县人大主席团主持

B. 10个选民联名有权提出县人大代表候选人

C. 县人大代表的选举与罢免，均要求全体选民过半同意

D. 县人大代表选举时，候选人的人数比应选代表人数至少应多出1/5，至多多出1/2

6. 某村集体土地被征收，村里制定了有关征地补偿费的使用和分配方案，但遭到了部分村民反对，关于该方案，下列说法正确的是：（2020年仿真题）

A. 需要经过村民会议讨论决定

B. 反对者可以申请法院予以撤销

C. 反对者可以申请乡镇政府予以撤销

D. 经村民会议授权，由村民代表会议讨论决定

7. 监察委员会是国家的监察机关，根据《宪法》和法律，下列说法正确的是：（2020年仿真题）

A. 国家监察委员会和地方各级监察委员会是监督与被监督的关系

B. 地方监察委员会主任由本级人大选举产生，任期五年，且没有连任限制

C. 监察机关可以制定监察法规

D. 上级监察机关必要时可以办理所辖各级监察机关管辖范围内的监察事项

2021年

1. 《宪法》第5条第3款规定："一切法律、行政法规和地方性法规都不得同宪法相抵触。"关于该条文，下列说法正确的是：（2021年仿真题）

A. 该条文表达的宪法规范规定了行为模式

B. 该条文表达的宪法规范属于确认性规范

C. 该条文表达的宪法规范没有规定法律后果

D. 该条文表达的宪法规范属于宣言性规范

2. 《全国人民代表大会和地方各级人民代表大会选举法》第17条规定："全国人民代表大会代表名额，由全国人民代表大会常务委员会根据各省、自治区、直辖市的人口数，按照每一代表所代表的城乡人口数相同的原则，以及保证各地区、各民族、各方面都有适当数量代表的要求进行分配。省、自治区、直辖市应选全国人民代表大会代表名额，由根据人口数计算确定的名额数、相同的地区基本名额数和其他应选名额数构成。全国人民代表大会代表名额的具体分配，由全国人民代表大会常务委员会决定。"根据本条规定，下列说法正确的是：（2021年仿真题）

A. 宪法规定的平等权禁止一切选举权上的差异对待

B. 城市和农村代表人数相同

C. 各区的代表人数按照各地区人口比例计算

D. 保证各地区、各民族、各方面都有适当数量的代表

3. 关于我国的国家的标志，下列说法正确的是：（2021年仿真题）

A. 我国的国家标志包括国歌、国旗、国徽、国家主席

B. 各级政府应当每日升挂国旗

C. 港口、火车站、机场应当每日升挂国旗

D. 宪法宣誓场所应当悬挂国徽

4. 根据《香港特别行政区维护国家安全法》的规定，下列说法正确的是：（2021年仿真题）

A. 《国家安全法》是《香港特别行政区维护国家安全法》的重要立法依据

B. 香港特别行政区安全委员会下设秘书处，秘书长由行政长官任命

C. 警务处维护国家安全部门负责人由驻香港特别行政区安全公署提名，行政长官任命

D. 香港特别行政区国家安全委员会作出的决定不受司法复核

5. 关于国家勋章和国家荣誉称号，下列说法正确的是：（2021年仿真题）

A. 国家勋章和国家荣誉称号为国家最高荣誉

B. 全国人大常委会有权决定授予国家勋章和国家荣誉称号

C. 全国人大常委会有权决定撤销国家勋章和国家荣誉称号

D. 国务院有权向全国人大常委会提出授予国家勋章和国家荣誉称号的议案

6. 2020 年 8 月 10 日，在第十三届全国人民代表大会常务委员会第二十一次会议上，全国人大常委会首次听取国家监委专项工作报告——《国家监察委员会关于开展反腐败国际追逃追赃工作情况的报告》。对此，下列说法正确的是：（2021 年仿真题）

A. 国家监察委员会做专项报告是接受全国人大常委会监督并对其负责的方式之一

B. 加强对反腐国际追逃和防逃工作的组织协调是国家监察委员会的重要职责

C. 全国人大常委会组成人员可依法对国家监察委员会工作进行询问和质询

D. 全国人大常委会听取国家监察委员会的报告可邀请全国人大代表列席

2022 年

1. 关于区域协同立法，下列说法正确的是：（2022 年仿真题）

A. 区域协同立法不能同宪法、法律、行政法规相抵触

B. 省、自治区、直辖市、设区的市、自治州可以开展区域协同立法

C. 上级政府应当对下级政府的区域合作工作进行指导、协调和监督

D. 县级以上政府可以共同建立跨行政区划的区域协同发展工作机制，加强区域合作

2. 国家监察委员会为执行某法律的规定而制定了监察法规。关于该监察法规，下列说法正确的是：（2022 年仿真题）

A. 应当经国家监察委员会全体会议决定

B. 需报全国人大常委会备案

C. 需报全国人大常委会批准

D. 由国家监察委员会报全国人大常委会发布公告予以公布

2023 年

我国《宪法》规定："在特别行政区内实行的制度按照具体情况由全国人民代表大会以法律规定。"对此，下列说法正确的是：（2023 年仿真题）

A. 该规定写在宪法的总纲部分

B. 该规定中的法律在香港特别行政区指的是《香港特别行政区基本法》

C. 全国人大常委会有权决定特别行政区进入紧急状态

D. 全国性法律一般不在特别行政区内实施

宪
法

中国法律史

2014 年

1. 秦律明确规定了司法官渎职犯罪的内容。关于秦朝司法官渎职的说法，下列哪一选项是不正确的？（2014/1/16，单选）

A. 故意使罪犯未受到惩罚，属于"纵囚"

B. 对已经发生的犯罪，由于过失未能揭发、检举，属于"见知不举"

C. 对犯罪行为由于过失而轻判者，属于"失刑"

D. 对犯罪行为故意重判者，属于"不直"

2. 《唐律·名例律》规定："诸断罪而无正条，其应出罪者，则举重以明轻；其应入罪者，则举轻以明重"。关于唐代类推原则，下列哪一说法是正确的？（2014/1/17，单选）

A. 类推是适用法律的一般形式，有明文规定也可"比附援引"

B. 被类推定罪的行为，处罚应重于同类案件

C. 被类推定罪的行为，处罚应轻于同类案件

D. 唐代类推原则反映了当时立法技术的发达

3. 根据清朝的会审制度，案件经过秋审或朝审程序之后，分四种情况予以处理：情实、缓决、可矜、留养承嗣。对此，下列哪一说法是正确的？（2014/1/18，单选）

A. 情实指案情属实、罪名恰当者，奏请执行绞监候或斩监候

B. 缓决指案情虽属实，但危害性不能确定者，可继续调查，待危害性确定后进行判决

C. 可矜指案情属实，但有可矜或可疑之处，免于死刑，一般减为徒、流刑罚

D. 留养承嗣指案情属实、罪名恰当，但被害人有亲老丁单情形，奏请皇帝裁决

4. 武昌起义爆发后，清王朝于 1911 年 11 月 3 日公布了《宪法重大信条十九条》。关于该宪法性文件，下列哪一说法是错误的？（2014/1/19，单选）

A. 缩小了皇帝的权力

B. 扩大了人民的权利

C. 扩大了议会的权力

D. 扩大了总理的权力

5. 中国古代关于德与刑的关系理论，经历了一个长期的演变和发展过程。下列哪些说法是正确的？（2014/1/56，多选）

A. 西周时期确立了"以德配天，明德慎罚"的思想，以此为指导，道德教化与刑罚处罚结合，形成了当时"礼"、"刑"结合的宏观法制特色

B. 秦朝推行法家主张，但并不排斥礼，也强调"德主刑辅，礼刑并用"

C. 唐律"一准乎礼，而得古今之平"，实现了礼与律的有机统一，成为了中华法系的代表

D. 宋朝以后，理学强调礼和律对治理国家具有同等重要的地位，二者"不可偏废"

6. 明太祖朱元璋在洪武十八年（公元 1385 年）至洪武二十年（公元 1387 年）间，手订四编《大诰》，共 236 条。关于明《大诰》，下列哪些说法是正确的？（2014/1/57，多选）

A. 《大明律》中原有的罪名，《大诰》一般都加重了刑罚

B. 《大诰》的内容也列入科举考试中

C. "重典治吏"是《大诰》的特点之一

D. 朱元璋死后《大诰》被明文废除

2015 年

1. 《左传》云："礼，所以经国家，定社稷，序民人，利后嗣者也"，系对周礼的一种评价。关于周礼，下列哪一表述是正确的？（2015/1/16，单选）

A. 周礼是早期先民祭祀风俗自然流传到西周的产物

B. 周礼仅属于宗教、伦理道德性质的规范

C. "礼不下庶人"强调"礼"有等级差别

D. 西周时期"礼"与"刑"是相互对立的两个范畴

2. 唐永徽年间，甲由祖父乙抚养成人。甲好赌欠债，多次索要乙一祖传玉坠未果，起意杀乙。某日，甲趁乙熟睡，以木棒狠击乙头部，以为致死（后被救活），遂夺玉坠逃走。唐律规定，谋杀尊亲处斩，但无致伤如何处理的规定。对甲应当实行下列哪一处罚？（2015/1/17，单选）

A. 按"诸断罪而无正条，其应入罪者，则举轻以明重"，应处斩刑

B. 按"诸断罪而无正条，其应出罪者，则举重以明轻"，应处绞刑

C. 致伤未死，应处流三千里

D. 属于"十恶"犯罪中的"不孝"行为，应处极刑

3. 鸦片战争后，清朝统治者迫于内外压力，对原有的法律制度进行了不同程度的修改与变革。关于清末法律制度的变革，下列哪一选项是正确的？（2015/1/18，单选）

A. 《大清现行刑律》废除了一些残酷的刑罚手段，如凌迟

B. 《大清新刑律》打破了旧律维护专制制度和封建伦理的传统

C. 改刑部为法部，职权未变

D. 改四级四审制为四级两审制

2016 年

1. 西周商品经济发展促进了民事契约关系的发展。《周礼》载："听买卖以质剂"。汉代学者郑玄解读西周买卖契约形式："大市谓人民、牛马之属，用长券；小市为兵器、珍异之物，用短券。"对此，下列哪一说法是正确的？（2016/1/15，单选）

A. 长券为"质"，短券为"剂"

B. "质"由买卖双方自制，"剂"由官府制作

C. 契约达成后，交"质人"专门管理

D. 买卖契约也可采用"傅别"形式

2. 春秋时期，针对以往传统法律体制的不合理性，出现了诸如晋国赵鞅"铸刑鼎"，郑国执政子产"铸刑书"等变革活动。对此，下列哪一说法是正确的？（2016/1/16，单选）

A. 晋国赵鞅"铸刑鼎"为中国历史上首次公布成文法

B. 奴隶主贵族对公布法律并不反对，认为利于其统治

C. 打破了"刑不可知，则威不可测"的壁垒

D. 孔子作为春秋时期思想家，肯定赵鞅"铸刑鼎"的举措

3. 元代人在《唐律疏议序》中说："乘之（指唐律）则过，除之则不及，过与不及，其失均矣。"表达了对唐律的敬畏之心。下列关于唐律的哪一表述是错误的？（2016/1/17，单选）

A. 促使法律统治"一准乎礼"，实现了礼律统一

B. 科条简要、宽简适中、立法技术高超，结构严谨

C. 是我国传统法典的楷模与中华法系形成的标志

D. 对古代亚洲及欧洲诸国产生了重大影响，成为其立法渊源

4. 南宋时，霍某病故，留下遗产值银 9000 两。霍某妻子早亡，夫妻二人无子，只有一女霍甲，已嫁他乡。为了延续霍某姓氏，霍某之叔霍乙立本族霍丙为霍某继子。下列关于霍某遗产分配的哪一说法是正确的？（2016/1/18，单选）

A. 霍甲 9000 两

B. 霍甲 6000 两，霍丙 3000 两

C. 霍甲、霍乙、霍丙各 3000 两

D. 霍甲、霍丙各 3000 两，余 3000 两收归官府

5. 1903 年，清廷发布上谕："通商惠工，为古今经国之要政，急应加意讲求，著派载振、袁世凯、伍廷芳，先定商律，作为则例。"下列哪一说法是正确的？（2016/1/19，单选）

A. 《钦定大清商律》为清朝第一部商律，由《商人通例》、《公司律》和《破产律》构成

B. 清廷制定商律，表明随着中国近代工商业发展，其传统工商政策从"重农抑商"转为"重商抑农"

C. 商事立法分为两阶段，先由新设立商部负责，后主要商事法典改由修订法律馆主持起草

D. 《大清会典》、《大清新刑律》、《大清民律草案》与《大清商律草案》同属清末修律成果

2017 年

1. 《汉书·陈宠传》就西周礼刑关系描述说："礼之所去，刑之所取，失礼则入刑，相为表里。"关于西周礼刑的理解，下列哪一选项是正确的？（2017/1/15，单选）

A. 周礼分为五礼，核心在于"亲亲""尊尊"，规定了政治关系的等级

B. 西周时期五刑，即墨、劓、剕（刖）、宫、大辟，适用于庶民而不适用于贵族

C. "礼"不具备法的性质，缺乏国家强制性，需要"刑"作为补充

D. 违礼即违法，在维护统治的手段上"礼""刑"二者缺一不可

2. 秦统治者总结前代法律实施方面的经验，结合本朝特点，形成了一些刑罚适用原则。对于秦律原则的相关表述，下列哪一选项是正确的？（2017/1/16，单选）

A. 关于刑事责任能力的确定，以身高作为标准，男、女身高六尺二寸以上为成年人，其犯罪应负刑事责任

B. 重视人的主观意识状态，对故意行为要追究刑事责任，对过失行为则认为无犯罪意识，不予追究

C. 对共犯、累犯等加重处罚，对自首、犯后主动消除犯罪后果等减轻处罚

D. 无论教唆成年人、未成年人犯罪，对教唆人均实行同罪，加重处罚

3. 唐代诉讼制度不断完善，并具有承前启后的特点。下列哪一选项体现了唐律据证定罪的原则？（2017/1/17，单选）

A. 唐律规定，审判时"必先以情，审察辞理，反复参验，犹未能决，事须拷问者，立案同判，然后拷讯，违者杖六十"

B.《断狱律》说："若赃状露验，理不可疑，虽不成引，即据状断之"

C. 唐律规定，对应议、请、减和老幼残疾之人"不合拷讯"

D.《断狱律》说："（断狱）皆须具引律、令、格、式正文，违者答三十"

4. 随着商品经济的繁荣，两宋时期的买卖、借贷、租赁、抵押、典卖、雇佣等各种契约形式均有发展。据此，下列哪一说法是错误的？（2017/1/18，单选）

A. 契约的订立必须出于双方合意，对强行签约违背当事人意愿的，要"重棍典宪"

B. 买卖契约中的"活卖"，是指先以信用取得出卖物，之后再支付价金，且须订立书面契约

C. 付息的消费借贷称为出举，并有"（出举者）不得迴利为本"的规定，防止高利贷盘剥

D. 宋代租佃土地契约中，可实行定额租，佃农逾期不交租，地主可诉请官府代为索取

2018 年

1. 关于先秦时期的法制内容，下列说法正确的是：（2018 年仿真题）

A. 西周时期奉行"德主刑辅"的治国思想，要求统治者应具有"敬天、敬祖、保民"的道德品行

B. 西周时期，男女离婚的法定理由称为"七出"，即若具法定七种理由之男女即可离婚

C. 西周时期，张三和李四就买卖一头黄牛所签订之契约称为"质剂"，因此产生的纠纷法官审理称为"听讼"

D.《法经》是中国历史上第一部比较系统的成文法典，具有六篇制的法典结构，其中《具法》相当于现代刑法的总则部分，置于法典最后

2.《唐律》开篇言明"德礼为政教之本，刑罚为政教之用"，如唐太宗所说"失礼之禁，著在刑书"，根据上述说法，下列选项错误的是：（2018 年仿真题，多选）

A.《唐律》"礼律合一"的统治方法体现了对西周"德主刑辅，礼刑并用"的法律思想的承袭

B.《唐律》与春秋战国时期法家思想同受西周法律思想影响，都主张和实行礼刑合一

C.《唐律》注重"礼律合一"的理论基础，是汉代中期儒家提出的"以德配天，明德慎刑"的策略思想

D.《唐律》具有继往开来、承前启后的重要地位，其"礼律合一"的思想和方法对后世产生深远影响

3. 关于《唐律》中公罪和私罪，下列说法正确的是：（2018 年仿真题）

A. 缘公事致罪就是公罪

B. "公罪"处刑从重

C. "私罪"处刑从轻

D. 不缘公事，私自犯者是私罪

4. 关于宋代的法律制度，下列说法错误的是：（2018 年仿真题）

A.《宋刑统》是中国历史上第一部刊印颁行的法典，全称为《宋建隆重详定刑统》

B. 张三借李四纹银十两，约定三个月后归还十两五钱，此种借贷宋朝称为"出举"

C. 南宋宋慈所著之《洗冤集录》是中国也是世界历史上第一部系统的法医学著作

D. 宋朝法律承认绝户之在室女与继子的继承权，具体比例为在室女继承三分之一，继子继承三分之一，另三分之一收为官有

5. 在我国封建法制中，国家对死刑的适用及执行非常重视，专门确立了死刑复奏制度。关于死刑复奏制度，下列说法正确的是：（2018 年仿真题）

A. 汉代根据"天人感应"的理论，规定除谋反大逆等"决不待时"者外，一般死刑犯须在秋天霜降以后、冬至以前执行

B. 死刑复奏制度是在北魏太武帝时正式确立的

C. 明代的死刑复奏制度叫朝审

D. 清代的秋审是对刑部判决的重案及京师附近绞、斩监候案件进行的复审

2019 年

1. 秦代的刑罚比较繁杂，关于秦代的刑罚及其适用，下列选项错误的是：（2019 年仿真题）

A. 秦代的刑罚既包括主刑，也包括附加刑

B. 秦代流放刑中的迁刑适用于犯罪的官吏

C. 秦代规定，教唆未成年人犯罪者从轻处罚

D. 秦律在处罚侵犯财产罪上共同犯罪较个体犯罪处罚从重，5 人以上的集团犯罪较一般犯罪处罚从重

2. 关于隋唐的法律制度，下列说法错误的是：（2019 年仿真题）

A. 隋朝的《开皇律》确立了传统五刑：笞、杖、徒、流、死

B. 官员在执行公务时不慎出现差错而犯罪，是为"公罪"

C. 张某杀人碎尸，按《唐律》当定"不道"之罪

D. 唐代的刑部行使中央司法审判权

3.《大清民律草案》是清末立法修律的重要成果之一，关于该法，下列选项错误的是：（2019 年仿真题）

A. 清末民律的修订由沈家本、伍廷芳、俞廉三等人主持，同时还聘请了外国法律专家参与

B. 在民律草案修订过程中，立法机关曾派员赴全国各省进行民事习惯的调查

C.《大清民律草案》共分总则、债权、物权、亲属、继承五编

D.《大清民律草案》最后两编吸收了大量的西方资产阶级民法的理论、制度和原则

2020 年

1. 董仲舒《春秋繁露·精华》记载："春秋之听狱也，必本其事而原其志。志邪者不待成，首恶者罪特重，本直者其论轻。"《后汉书·章帝传》记载，东汉章帝元和二年重申"王者生杀，宜顺时气。其定律：无以十一月、十二月报囚。"关于汉代的"春秋决狱"与"秋冬行刑"，下列说法错误的是：（2020 年仿真题）

A. "春秋决狱"是法律儒家化在司法领域的反映，即只能依据儒家经典《春秋》审判案件

B. "春秋决狱"强调，审案时应重视行为人在案情中的主观动机，实行"论心定罪"的原则

C. 汉代统治者根据"天人感应"，规定春夏不得执行死刑

D. 唐律规定"立春后不决死刑"，即源于汉代"秋冬行刑"制度

2. 很多成语来源于古代法律，关于下列成语与古代法律的关系，下列选项正确的是：（2020 年仿真题）

A. 媒妁之言：西周以来婚姻关系成立的条件之一

B. 大逆不道："大逆""不道"分别是《北齐律》重罪十条的两个罪名

C. 作奸犯科："科"是隋唐主要的法律形式之一，能够补充和变通律令

D. 就地正法：宋代以来死刑的主要行刑制度

3. 白居易《井底引银瓶》曰："……感君松柏化为心，暗合双鬟逐君去。到君家舍五六年，君家大人

频有言。聘则为妻奔是妾，不堪主祀奉蘋蘩。终知君家不可住，其奈出门无去处。……"关于古代妻妾制度，下列说法正确的是：（2020 年仿真题）

A. 妻妾均通过三书六礼的仪式迎娶进门

B. 妾所生的庶长子没有主祭祀权

C. 休弃妾只需要满足"七出"即可，不需要满足"三不去"

D.《中华民国民法》在立法上废除了妻妾制度

2021 年

1. 秦朝时，某人偷桑叶，其子将该人举报到官府。官府查明桑叶价值不满一钱，经过详议之后，官府判其赀徭三旬：其子告发父亲的犯罪，予以奖励。但是，有官员反对奖励其子，理由是秦律规定"子告父母，臣告主，非公室告，勿听"。对此，下列选项正确的是：（2021 年仿真题）

A. "详议"这一做法为后世所继承，成为魏晋时期"八议"之一

B. 秦朝鼓励告奸，"告奸者与斩敌首同赏"，奖励子告其父合乎法律

C. 某人被判处"赀徭三旬"的"赀"刑即为赎刑，属于独立的刑种

D. 盗采人桑叶而赀徭三旬，体现了秦朝时法家"轻罪重刑"的特点

2. 唐朝开元年间，刘某娶张氏女为妻，后张氏女因为父亲重病、无人照顾，向刘某提出离婚归家的要求，刘某同意。对此，下列选项正确的是：（2021 年仿真题）

A. 根据"和离"，刘某、张氏女可以离婚

B. 根据"三不去"，刘某不得休妻

C. 根据"七出"，刘某有权休妻

D. 根据"义绝"，政府可以强制刘某、张氏女二人离婚

2022 年

1.《孟子·尽心章句上》记载，学生桃应问孟子："如果舜做天子，皋陶执行法律，要是舜的父亲瞽瞍杀了人，应该怎么办？"孟子说："应先把他父亲抓起来，然后舜放弃天子之位，夜晚偷偷地背上父亲逃跑。"对此，下列说法正确的是：（2022 年仿真题）

A. 舜的做法体现了孝道与守法不能两全

B. 孟子的主张体现了"亲亲""尊尊"的礼的精神原则

C. 孟子认为，即使是帝王也不能滥用权力

D. 本案体现了不能忽视法律的社会意义和伦理意义

2. 清道光三年（1823），张张氏因被公公张起坤强行奸污，同夫张安将张起坤殴伤身死。除张安依律凌迟处死外，张张氏依律凌迟处死。刑部核议后认为，惟死者强奸子妇已成，本属渎伦伤化，该氏被污不甘，一时忿激，并非无故逞凶干犯。后将张张氏改为斩监候。对此，下列说法正确的是：（2022年仿真题）

A. 若张张氏当场杀死公公，则儿媳不构成犯罪

B. 若张张氏和丈夫只有杀公公的想法，但尚未实施杀人的行为，也应定罪

C. 卑犯尊应比尊犯卑判处更重的刑罚

D. 清代刑部负责复核，没有最终审判权

2023 年

《晋书·刑法志》载，晋元帝审问一案，主张鞭父母以问子女。卫展上书："相隐之道离，则君臣之义废。君臣之义废，则犯上之奸生矣。"对此，下列说法正确的是：（2023 年仿真题）

A. 晋元帝重伦理轻法律

B. 亲情伦理可以抗御刑讯

C. 伦理与刑罚之间的冲突不可调和

D. 亲亲相隐在东晋已成为正式法律制度

国 际 法

2014 年

1. 甲国分立为"东甲"和"西甲",甲国在联合国的席位由"东甲"继承,"西甲"决定加入联合国。"西甲"与乙国(联合国成员)交界处时有冲突发生。根据相关国际法规则,下列哪一选项是正确的?(2014/1/32,单选)

A. 乙国在联大投赞成票支持"西甲"入联,一般构成对"西甲"的承认

B. "西甲"认为甲国与乙国的划界条约对其不产生效力

C. "西甲"入联后,其所签订的国际条约必须在秘书处登记方能生效

D. 经安理会9个理事国同意后,"西甲"即可成为联合国的会员国

2. 甲国是群岛国,乙国是甲国的隔海邻国,两国均为《联合国海洋法公约》的缔约国。根据相关国际法规则,下列哪一选项是正确的?(2014/1/33,单选)

A. 他国船舶通过甲国的群岛水域均须经过甲国的许可

B. 甲国为连接其相距较远的两岛屿,其群岛基线可隔断乙国的专属经济区

C. 甲国因已划定了群岛水域,则不能再划定专属经济区

D. 甲国对其群岛水域包括上空和底土拥有主权

3. 王某是定居美国的中国公民,2013 年 10 月回国为父母购房。根据我国相关法律规定,下列哪一选项是正确的?(2014/1/34,单选)

A. 王某应向中国驻美签证机关申请办理赴中国的签证

B. 王某办理所购房产登记需提供身份证明的,可凭其护照证明其身份

C. 因王某是中国公民,故需持身份证办理房产登记

D. 王某回中国后,只要其有未了结的民事案件,就不准出境

4. 甲乙丙三国因历史原因,冲突不断,甲国单方面暂时关闭了驻乙国使馆。艾诺是甲国派驻丙国使馆的二秘,近日被丙国宣布为不受欢迎的人。根据相关国际法规则,下列哪些选项是正确的?(2014/1/74,多选)

A. 甲国关闭使馆应经乙国同意后方可实现

B. 乙国驻甲国使馆可用合法手段调查甲国情况,并及时向乙国作出报告

C. 丙国宣布艾诺为不受欢迎的人,须向甲国说明理由

D. 在丙国宣布艾诺为不受欢迎的人后,如甲国不将其召回或终止其职务,则丙国可拒绝承认艾诺为甲国驻丙国使馆人员

5. 甲国某公司与乙国驻甲国使馆因办公设备合同产生纠纷,并诉诸甲国法院。根据相关国际法规则,下列哪些选项是正确的?(2014/1/75,多选)

A. 如合同中有适用甲国法律的条款,则表明乙国放弃了其管辖的豁免

B. 如乙国派代表出庭主张豁免,不意味着其默示接受了甲国的管辖

C. 如乙国在本案中提起了反诉,则是对管辖豁免的默示放弃

D. 如乙国曾接受过甲国法院的管辖,甲国法院即可管辖本案

6. 甲乙丙三国为某投资公约的缔约国,甲国在参加该公约时提出了保留,乙国接受该保留,丙国反对该保留,后乙丙丁三国又签订了涉及同样事宜的新投资公约。根据《维也纳条约法公约》,下列哪些选项是正确的?(2014/1/76,多选)

A. 因乙丙丁三国签订了新公约,导致甲乙丙三国原公约失效

B. 乙丙两国之间应适用新公约

C. 甲乙两国之间应适用保留修改后的原公约

D. 尽管丙国反对甲国在原公约中的保留,甲丙两国之间并不因此而不发生条约关系

7. 甲乙两国就海洋的划界一直存在争端,甲国在签署《联合国海洋法公约》时以书面声明选择了海洋法法庭的管辖权,乙国在加入公约时没有此项选择管辖的声明,但希望争端通过多种途径解决。根据相关国际法规则,下列选项正确的是:(2014/1/97,不定项)

A. 海洋法法庭的设立不排除国际法院对海洋活动争端的管辖

B. 海洋法法庭因甲国单方选择管辖的声明而对该争端具有管辖权

C. 如甲乙两国选择以协商解决争端，除特别约定，两国一般没有达成有拘束力的协议的义务

D. 如丙国成为双方争端的调停国，则应对调停的失败承担法律后果

2015 年

1. 联合国大会由全体会员国组成，具有广泛的职权。关于联合国大会，下列哪一选项是正确的？（2015/1/32，单选）

A. 其决议具有法律拘束力

B. 表决时安理会 5 个常任理事国的票数多于其他会员国

C. 大会是联合国的立法机关，三分之二以上会员国同意才可以通过国际条约

D. 可以讨论《联合国宪章》范围内或联合国任何机关的任何问题，但安理会正在审议的除外

2. 甲国公民汤姆于 2012 年在本国故意杀人后潜逃至乙国，于 2014 年在乙国强奸一名妇女后又逃至中国。乙国于 2015 年向中国提出引渡请求。经查明，中国和乙国之间没有双边引渡条约。依相关国际法及中国法律规定，下列哪一选项是正确的？（2015/1/33，单选）

A. 乙国的引渡请求应向中国最高人民法院提出

B. 乙国应当作出互惠的承诺

C. 最高人民法院应对乙国的引渡请求进行审查，并由审判员组成合议庭进行

D. 如乙国将汤姆引渡回本国，则在任何情况下都不得再将其转引

3. 甲国与乙国基于传统友好关系，兼顾公平与效率原则，同意任命德高望重并富有外交经验的丙国公民布朗作为甲乙两国的领事官员派遣至丁国。根据《维也纳领事关系公约》，下列哪一选项是正确的？（2015/1/34，单选）

A. 布朗既非甲国公民也非乙国公民，此做法违反《公约》

B. 《公约》没有限制，此做法无须征得丁国同意

C. 如丁国明示同意，此做法是被《公约》允许的

D. 如丙国与丁国均明示同意，此做法才被《公约》允许

4. 中国公民王某与甲国公民彼得于 2013 年结婚后定居甲国并在该国产下一子，取名彼得森。关于彼得森的国籍，下列哪些选项是正确的？（2015/1/75，多选）

A. 具有中国国籍，除非其出生时即具有甲国国籍

B. 可以同时拥有中国国籍与甲国国籍

C. 出生时是否具有甲国国籍，应由甲国法确定

D. 如出生时即具有甲国国籍，其将终生无法获得中国国籍

5. 依据《中华人民共和国缔结条约程序法》及中国相关法律，下列哪些选项是正确的？（2015/1/76，多选）

A. 国务院总理与外交部长参加条约谈判，无需出具全权证书

B. 由于中国已签署《联合国国家及其财产管辖豁免公约》，该公约对我国具有拘束力

C. 中国缔结或参加的国际条约与中国国内法有冲突的，均优先适用国际条约

D. 经全国人大常委会决定批准或加入的条约和重要协定，由全国人大常委会公报公布

2016 年

1. 联合国会员国甲国出兵侵略另一会员国。联合国安理会召开紧急会议，讨论制止甲国侵略的决议案，并进行表决。表决结果为：常任理事国 4 票赞成、1 票弃权；非常任理事国 8 票赞成、2 票否决。据此，下列哪一选项是正确的？（2016/1/32，单选）

A. 决议因有常任理事国投弃权票而不能通过

B. 决议因非常任理事国两票否决而不能通过

C. 投票结果达到了安理会对实质性问题表决通过的要求

D. 安理会为制止侵略行为的决议获简单多数赞成票即可通过

2. 甲乙两国边界附近爆发部落武装冲突，致两国界标被毁，甲国一些边民趁乱偷渡至乙国境内。依相关国际法规则，下列哪一选项是正确的？（2016/1/33，单选）

A. 甲国发现界标被毁后应尽速修复或重建，无需通知乙国

B. 只有甲国边境管理部门才能处理偷渡到乙国的甲国公民

C. 偷渡到乙国的甲国公民，仅能由乙国边境管理部门处理

D. 甲乙两国对界标的维护负有共同责任

3. 关于国际法院，依《国际法院规约》，下列哪一选项是正确的？（2016/1/34，单选）

A. 安理会常任理事国对法官选举拥有一票否决权

B. 国际法院是联合国的司法机关，有诉讼管辖和咨询管辖两项职权

C. 联合国秘书长可就执行其职务中的任何法律问题请求国际法院发表咨询意见

D. 国际法院做出判决后，如当事国不服，可向联合国大会上诉

4. 关于领土的合法取得，依当代国际法，下列哪些选项是正确的？（2016/1/75，多选）

A. 甲国围海造田，未对他国造成影响

B. 乙国屯兵邻国边境，邻国被迫与其签订条约割让部分领土

C. 丙国与其邻国经平等协商，将各自边界的部分领土相互交换

D. 丁国最近二十年派兵持续控制其邻国部分领土，并对外宣称拥有主权

5. "青田"号是甲国的货轮、"前进"号是乙国的油轮、"阳光"号是丙国的科考船，三船通过丁国领海。依《联合国海洋法公约》，下列哪些选项是正确的？（2016/1/76，多选）

A. 丁国有关对油轮实行分道航行的规定是对"前进"号油轮的歧视

B. "阳光"号在丁国领海进行测量活动是违反无害通过的

C. "青田"号无须事先通知或征得丁国许可即可连续不断地通过丁国领海

D. 丁国可以对通过其领海的外国船舶征收费用

2017 年

1. 乘坐乙国航空公司航班的甲国公民，在飞机进入丙国领空后实施劫机，被机组人员制服后交丙国警方羁押。甲、乙、丙三国均为 1963 年《东京公约》、1970 年《海牙公约》及 1971 年《蒙特利尔公约》缔约国。据此，下列哪一选项是正确的？（2017/1/32，单选）

A. 劫机发生在丙国领空，仅丙国有管辖权

B. 犯罪嫌疑人为甲国公民，甲国有管辖权

C. 劫机发生在乙国航空器上，仅乙国有管辖权

D. 本案涉及国际刑事犯罪，应由国际刑事法院管辖

2. 甲、乙两国均为《维也纳外交关系公约》缔约国，甲国拟向乙国派驻大使馆工作人员。其中，杰克是武官，约翰是二秘，玛丽是甲国籍会计且非乙国永久居留者。依该公约，下列哪一选项是正确的？（2017/1/33，单选）

A. 甲国派遣杰克前，无须先征得乙国同意

B. 约翰在履职期间参与贩毒活动，乙国司法机关不得对其进行刑事审判与处罚

C. 玛丽不享有外交人员的特权与豁免

D. 如杰克因参加斗殴意外死亡，其家属的特权与豁免自其死亡时终止

3. 甲、乙、丙三国对某海域的划界存在争端，三国均为《联合国海洋法公约》缔约国。甲国在批准公约时书面声明海洋划界的争端不接受公约的强制争端解决程序，乙国在签署公约时口头声明选择国际海洋法法庭的管辖，丙国在加入公约时书面声明选择

国际海洋法法庭的管辖。依相关国际法规则，下列哪一选项是正确的？（2017/1/34，单选）

A. 甲国无权通过书面声明排除公约强制程序的适用

B. 国际海洋法法庭对该争端没有管辖权

C. 无论三国选择与否，国际法院均对该争端有管辖权

D. 国际海洋法法庭的设立排除了国际法院对海洋争端的管辖权

4. 中国公民李某与俄罗斯公民莎娃结婚，婚后定居北京，并育有一女李莎。依我国《国籍法》，下列哪些选项是正确的？（2017/1/75，多选）

A. 如李某为中国国家机关公务员，其不得申请退出中国国籍

B. 如莎娃申请中国国籍并获批准，不得再保留俄罗斯国籍

C. 如李莎出生于俄罗斯，不具有中国国籍

D. 如李莎出生于中国，具有中国国籍

5. 马萨是一名来华留学的甲国公民，依中国法律规定，下列哪些选项是正确的？（2017/1/76，多选）

A. 马萨入境中国时，如出入境边防检查机关不准其入境，可以不说明理由

B. 如马萨留学期间发现就业机会，即可兼职工作

C. 马萨留学期间在同学家中短期借住，应按规定向居住地的公安机关办理登记

D. 如马萨涉诉，则不得出境

2018 年

1. 甲乙两国都是联合国会员国，现因领土争端，甲国欲向国际法院提起诉讼，关于该问题以下说法正确的是：（2018 年仿真题）

A. 如国际法院受理该案件，发现主审法官中有甲国公民，则乙国可以申请该法官回避

B. 如审理案件中甲国发现法官中有乙国法官，则可以申请增加本国国籍的法官为专案法官

C. 如法院判乙国败诉又不执行该判决，则甲国可以申请国际法院强制执行该判决

D. 如果国际法院作出判决，则该判决可以成为国际法渊源，对所有联合国成员国都有约束力

2. 甲乙两国因政治问题交恶，甲国将其驻乙国的大使馆降级为代办处。后乙国出现大规模骚乱，某乙国公民试图翻越围墙进入甲国驻乙国代办处，被甲国随员汤姆开枪打死。根据该案情，以下说法正确的是：（2018 年仿真题）

A. 因甲国主动将驻乙国使馆降级为代办处，根据相关公约的规定代办处不再受到外交法的保护

B. 随员汤姆的行为是为了保护代办处的安全，因此不负任何刑事责任

C. 乙国可以因随员汤姆的开枪行为对其采取刑事强制措施

D. 如果甲国明示放弃汤姆的外交豁免权，则乙国可以对汤姆采取刑事强制措施

3. 中国人张某在甲国将甲国公民杀死后逃至乙国，已知甲国和乙国之间没有签订引渡条约，但是中国和甲乙两国都有引渡条约。下列说法正确的是：（2018 年仿真题）

A. 中国外交部可以向乙国政府请求将张某先行采取强制措施再行引渡

B. 如甲国向乙国申请引渡，乙国无正当理由不得拒绝引渡

C. 如果乙国未经中国同意将张某引渡给甲国，则中国可以向乙国提起外交保护

D. 如乙国将张某引渡给中国后，甲国向中国提请引渡张某，中国政府应当予以拒绝

4. 强峰公司为甲国的一家国有公司，因开发甲乙两国边界的地下资源与甲国政府签订了一份特许协议。在开发边界资源过程中，强峰公司与乙国就领土发生争端。已知甲乙两国均为联合国会员国，现因领土争端，甲国欲向国际法院提起诉讼。根据国际法相关规则和原则，下列说法正确的是：（2018 年仿真题）

A. 强峰公司的行为可以归因于甲国的国家行为

B. 如在国际法院审理该案的法官中有乙国法官，甲国可以申请增加本国国籍的法官为专案法官

C. 如国际法院判决乙国败诉，乙国不执行该判决，甲国可以申请国际法院强制执行该判决

D. 国际法院作出的判决是国际法的渊源，约束所有会员国

2019 年

1. 顺河是甲乙两国的界河，甲乙两国对界河的划界使用没有另行约定。根据国际法相关规则，下列选项正确的是：（2019 年仿真题）

A. 乙国发生旱灾，可不经甲国许可炸开自己一方堤坝灌溉农田

B. 甲国渔民可在整条河流上捕鱼

C. 乙国可不经甲国许可，在顺河乙国一侧修建堤坝

D. 因突发狂风，甲国渔船为紧急避险，可未经许可停靠乙国河岸

2. 根据《联合国海洋法公约》，甲国在本国专属经济区的下列行为，符合公约规定的是：（2019 年仿真题）

A. 拆除乙国铺设的海底电缆

B. 击沉海面上丙国的军舰

C. 击落上空的丁国无人机

D. 在其专属经济区上修建风力发电站

3. 甲国人汉斯因公务赴中国，在中国北京连续居住 2 年。根据中国相关法律规定，下列选项正确的是：（2019 年仿真题）

A. 中国北京是汉斯的经常居所地

B. 汉斯和中国籍妻子生育一女，此女可取得中国国籍

C. 汉斯利用周末假期在某培训机构兼职教课，属于非法就业

D. 汉斯有尚未完结的民事诉讼，边检机关可限制其出境

4. 甲国公民史密斯在乙国旅游期间，乙国应丙国要求将史密斯扣留，之后丙国向乙国请求引渡史密斯。根据国际法相关规则和实践，下列选项正确的是：（2019 年仿真题）

A. 如果史密斯的行为同时违反乙、丙两国的法律，丙国可以引渡

B. 如果史密斯的行为只违反丙国法律，乙国应当拒绝引渡

C. 因史密斯为甲国公民，乙国无权将史密斯引渡给丙国

D. 如果史密斯是政治犯，乙国应当拒绝引渡

5. 因甲国驻乙国大使汤姆斯对乙国元首发表不当言论，乙国宣布汤姆斯为"不受欢迎的人"。根据国际法相关规则，下列选项正确的是：（2019 年仿真题）

A. 甲国有权要求乙国说明汤姆斯不受欢迎的理由

B. 甲国应立即将汤姆斯召回

C. 假如甲国不将汤姆斯召回或终止其职务，则乙国可要求汤姆斯限期离境

D. 甲国应立即终止汤姆斯的大使职务

6. 甲乙两国均为《维也纳外交关系公约》的缔约国，甲国公民汉斯为甲国派往乙国大使馆的武官。下列说法正确的是：（2019 年仿真题）

A. 甲国大使馆非经许可，汉斯不得私自安装无线电发报机

B. 乙国应该为甲国大使馆提供免费物业服务

C. 甲国驻乙国大使馆突发传染性疾病，乙国卫生防疫人员可以强行进入使馆馆舍消毒

D. 汉斯射杀 3 名翻墙进入使馆的乙国人，乙国司法部门不得对其进行刑事审判

2020 年

1. 根据中国法律、司法解释和国际法相关规定，下列选项正确的是：（2020 年仿真题）

A. 联合国某专门机构在中国专属经济区开展海洋科考，无需经中国主管机关批准

B. 甲国潜艇通过中国毗连区须在海面航行，并展示其旗帜

C. 乙国渔民在中国大陆架非法捕捞并杀害濒危海龟，依照中国刑法追究刑事责任

D. 丙国军用飞机非经中国政府批准或接受，不得进入中国毗连区上空

2. 甲国与乙国联合发射的气象卫星在外层空间与丙国发射的遥感卫星相撞，造成遥感卫星坠落。遥感卫星的碎片与在丁国境内正在飞行的丁国民航客机相撞并使其坠落。同时坠落的卫星碎片又造成了丁国地面人员及财产的损害。已知甲乙丙丁均为外空相关国际公约的缔约国，对此，下列选项正确的是：（2020 年仿真题）

A. 任何国家都享有探索和利用外空的权利，并应为全人类谋取利益

B. 甲乙两国联合发射的气象卫星应由甲乙两国共同登记

C. 对于两个卫星之间的相撞，应适用过错责任原则

D. 卫星碎片造成的丁国民航客机的坠落，甲乙丙国应承担绝对责任

3. 甲国人托马斯申请加入中国国籍。根据《中华人民共和国国籍法》，下列选项正确的是：（2020 年仿真题）

A. 托马斯的申请一旦被批准，则其今后不得申请退出中国国籍

B. 托马斯加入中国国籍的申请由中国外交部审批

C. 托马斯加入中国国籍后，可以保留其甲国国籍

D. 托马斯的申请被批准前与中国女子在中国厦门所生的儿子具有中国国籍

4. 甲乙两国为《维也纳外交关系公约》及《维也纳领事关系公约》的缔约国，依该两公约，下列选项正确的是：（2020 年仿真题）

A. 乙国驻甲国总领事馆办公楼发生重大火灾，甲国消防部门在总领事馆反对的情况下，紧急进入办公楼灭火

B. 乙国驻甲国大使馆可对被甲国通缉的丙国人予以庇护

C. 甲国反恐部门掌握乙国驻甲国领事馆的邮袋藏有危险炸药的确凿证据，如乙国拒绝则甲国不能强行拆开

D. 乙国宣布甲国外交人员为"不受欢迎的人"时，必须说明理由

5. 甲乙丙丁四国均为某多边条约缔约国，条约规定"缔约国之间就该条约产生的纠纷应提交国际法院解决"。甲国对此规定声明保留。乙国表示接受甲国的保留。丙国表示反对甲国的保留，并且还主张条约在甲丙两国之间不发生效力。丁国反对甲国的保留，但不反对条约其他条款在甲丁两国之间的适用。甲乙丙丁四国均为《维也纳条约法公约》缔约国，对此，下列选项正确的是：（2020 年仿真题）

A. 甲乙两国之间因该条约产生的纠纷应由国际法院管辖

B. 丙国可反对甲国的保留，但不能主张条约在甲丙两国之间不发生效力

C. 甲丁两国之间条约有效，但保留所涉条款在两国之间视为不存在

D. 乙丁两国之间因该条约产生的纠纷应由国际法院管辖

2021 年

1. 乙国民航客机因机械故障坠落在甲乙两国边境，致甲国森林发生火灾，并致甲乙两国界碑损毁。乙国救援人员救火时未注意，擅自越过甲乙两国边境数十米。根据国际法的相关规则，下列说法正确的是：（2021 年仿真题）

A. 乙国救援人员未经甲国同意越过边境救火，构成国际不法行为

B. 乙国通知甲国后可以修复界碑

C. 乙国可修复界碑后再通知甲国

D. 乙国无需承担因飞机失事着火造成的国际法律责任

2. 甲乙丙三国均为《联合国海洋法公约》缔约国，关于三国在我国有管辖权水域的行为，下列说法正确的是：（2021 年仿真题）

A. 甲国民用飞机可以无害通过我国领海上空

B. 甲国军舰有权无害通过我国领海

C. 丙国可在我国大陆架铺设海底电缆和管道，但路线划定需经我国主管机关同意

D. 我国军舰对违反我国毗连区规定的乙国走私船行使紧追权，在其进入公海时紧追应终止

3. 2005 年，中国孤儿乙被甲国夫妇收养，随养父母去甲国定居并取得甲国国籍，并改名为艾琳。2019 年，艾琳被中国上海某高校录取前往中国读书。依据《中华人民共和国国籍法》及《中华人民共和国出境入境管理法》的规定，下列说法正确的是：（2021 年仿真题）

A. 艾琳可以同时拥有甲国国籍和中国国籍

B. 艾琳可以不用办理签证直接入华

C. 艾琳可以利用周末假期前往快餐店兼职打工

D. 甲国夫妇前往中国看望艾琳，但甲国暴发严重的呼吸道传染病，中国出入境边防检查机关可以拒绝其入境并不说明理由

4. 依据《维也纳外交关系公约》及相关国际法规则，下列行为符合国际法规定的是：（2021 年仿真题）

A. 甲国的外交邮袋可以托交该国商业飞机机长转递

B. 甲乙两国宣战后，甲国查封乙国大使馆的核心档案文件

C. 即使甲国驻乙国大使馆长期处于撤离状态，乙国也不得进入其馆舍搜查档案文件

D. 甲国驻乙国大使馆有权庇护被乙国通缉的丙国逃犯丁

5. 甲乙两国发生武装冲突，丙国元首出面协调，甲乙两国于丙国首都达成三方停火协议。后由于甲乙两国对停火协议产生歧义再次爆发战争。依据海牙体系规则及相关国际法规则，下列说法正确的是：（2021 年仿真题）

A. 丙国元首的行为构成调停

B. 丙国应对三方达成的停火协议承担法律责任

C. 甲乙两国宣战后，甲国可以没收乙国驻甲国大使馆的财产

D. 甲乙两国宣战后，甲乙两国的商业条约自动废除

2022 年

1. 甲国和乙国爆发重大武装冲突，甲国难民大量流入乙国。甲乙两国都是《联合国难民公约》的缔约国。对此，下列说法错误的是：（2022 年仿真题）

A. 乙国接收甲国难民属于国际法上的庇护

B. 难民未经许可进入乙国，乙国可对其进行惩罚

C. 难民以难民身份获准留在乙国，可从事营利性活动

D. 如难民回国将面临生命安全威胁，乙国不能将其遣返

2. 甲、乙两国边界发生局部武装冲突，甲国封锁了乙国边境，丙国邀请两国到丙国谈判。按照现有国际法规则，下列说法正确的是：（2022 年仿真题）

A. 甲、乙两国元首到丙国前，两国可以通过网络秘密谈判

B. 甲、乙两国元首到丙国谈判时，丙国元首可以参加谈判

C. 甲、乙两国元首到丙国谈判时，丙国元首可以主持谈判

D. 甲国可派军舰封锁乙国海岸，禁止乙国海军前往乙国海峡

2023 年

甲国公民杰克是甲国派驻乙国使馆的一名武官，关于其在乙国的行为，根据《维也纳外交关系公约》，下列说法正确的是：（2023 年仿真题）

A. 如参与刑事违法活动，需要承担责任

B. 如涉及民事诉讼，可以书面放弃管辖豁免

C. 不得因为维护甲国利益而参与乙国反动组织的游行

D. 周末可以利用自己的特长参加专业技能方面的商业活动

司法制度和法律职业道德

2014 年

1. 司法公正体现在司法活动各个方面和对司法人员的要求上。下列哪一做法体现的不是司法公正的内涵？（2014/1/45，单选）

A. 甲法院对社会关注的重大案件通过微博直播庭审过程

B. 乙法院将本院公开审理后作出的判决书在网上公布

C. 丙检察院为辩护人查阅、摘抄、复制案卷材料提供便利

D. 丁检察院为暴力犯罪的被害人提供医疗和物质救助

2. 关于法官在司法活动中如何理解司法效率，下列哪一说法是不正确的？（2014/1/46，单选）

A. 司法效率包括司法的时间效率、资源利用效率和司法活动的成本效率

B. 在遵守审理期限义务上，对法官职业道德上的要求更加严格，应力求在审限内尽快完成职责

C. 法官采取程序性措施时，应严格依法并考虑效率方面的代价

D. 法官应恪守中立，不主动督促当事人或其代理人完成诉讼活动

3. 关于检察官职业道德和纪律，下列哪一做法是正确的？（2014/1/47，单选）

A. 甲检察官出于个人对某类案件研究的需要，私下要求邻县检察官为其提供正在办理的某案情况

B. 乙检察官与其承办案件的被害人系来往密切的邻居，因此提出回避申请

C. 丙检察官发现所办案件存在应当排除的证据而未排除，仍将其作为起诉意见的依据

D. 丁检察官为提高效率，在家里会见本人所承办案件的被告方律师

4. 某律师事务所一审代理了原告张某的案件。一年后，该案再审。该所的下列哪一做法与律师执业规范相冲突？（2014/1/48，单选）

A. 在代理原告案件时，拒绝与该案被告李某建立委托代理关系

B. 在拒绝与被告李某建立委托代理关系时，承诺可在其他案件中为其代理

C. 得知该案再审后，主动与原告张某联系

D. 张某表示再审不委托该所，该所遂与被告李某建立委托代理关系

5. 关于法律职业人员职业道德，下列哪一说法是不正确的？（2014/1/49，单选）

A. 法官职业道德更强调法官独立性、中立地位

B. 检察官职业道德是检察官职业义务、职业责任及职业行为上道德准则的体现

C. 律师职业道德只规范律师的执业行为，不规范律师事务所的行为

D. 公证员职业道德应得到重视，原因在于公证证明活动最大的特点是公信力

6. 某法律援助机构实施法律援助的下列做法，哪一项是正确的？（2014/1/50，单选）

A. 经审查后指派律师担任甲的代理人，并根据甲的经济情况免除其80%的律师服务费

B. 指派律师担任乙的辩护人以后，乙自行另外委托辩护人，故决定终止对乙的法律援助

C. 为未成年人丙指派熟悉未成年人身心特点但无律师执业证的本机构工作人员担任辩护人

D. 经审查后认为丁的经济状况较好，不符合法律援助的经济条件，故拒绝向其提供法律咨询

7. 司法与行政都是国家权力的表现形式，但司法具有一系列区别于行政的特点。下列哪些选项体现了司法区别于行政的特点？（2014/1/83，多选）

A. 甲法院审理一起民事案件，未按照上级法院的指示作出裁判

B. 乙法院审理一起刑事案件，发现被告人另有罪行并建议检察院补充起诉，在检察院补充起诉后对所有罪行一并作出判决

C. 丙法院邀请人大代表对其审判活动进行监督

D. 丁法院审理一起行政案件，经过多次开庭审理，在原告、被告及其他利害关系人充分举证、质证、辩论的基础上作出判决

8. 《中共中央关于全面深化改革若干重大问题的决定》提出，应当改革司法管理体制，推动省以下地方检察院人财物统一管理，探索建立与行政区划适当分离的司法管辖制度。关于上述改革措施，下列哪些理解是正确的？（2014/1/84，多选）

A. 有助于检察权独立行使

B. 有助于检察权统一行使

C. 有助于检务公开

D. 有助于强化检察机关的法律监督作用

9. 根据有关规定，我国法律职业人员因其职业的特殊性，业外活动也要受到约束。下列哪些说法是正确的？（2014/1/85，多选）

A. 法律职业人员在本职工作和业外活动中均应严格要求自己，维护法律职业形象和司法公信力

B. 业外活动是法官、检察官行为的重要组成部分，在一定程度上也是司法职责的延伸

C. 《律师执业行为规范》规定了律师在业外活动中不得为的行为

D. 《公证员职业道德基本准则》要求公证员应当具有良好的个人修养和品行，妥善处理个人事务

2015 年

1. 保证公正司法，提高司法公信力，一个重要的方面是加强对司法活动的监督。下列哪一做法属于司法机关内部监督？（2015/1/45，单选）

A. 建立生效法律文书统一上网和公开查询制度

B. 逐步实行人民陪审员只参与审理事实认定、不再审理法律适用问题

C. 检察院办案中主动听取并重视律师意见

D. 完善法官、检察官办案责任制，落实谁办案谁负责

2. 职业保障是确保法官、检察官队伍稳定、发展的重要条件，是实现司法公正的需要。根据中央有关改革精神和《法官法》、《检察官法》规定，下列哪一说法是错误的？（2015/1/46，单选）

A. 对法官、检察官的保障由工资保险福利和职业（履行职务）两方面保障构成

B. 完善职业保障体系，要建立符合职业特点的法官、检察官管理制度

C. 完善职业保障体系，要建立法官、检察官专业职务序列和工资制度

D. 合理的退休制度也是保障制度的重要组成部分，应予高度重视

3. 根据中央司法体制改革要求及有关检察制度规定，人民监督员制度得到进一步完善和加强。关于深化人民监督员制度，下列哪一表述是错误的？（2015/1/47，单选）

A. 是为确保职务犯罪侦查、起诉权的正确行使，根据有关法律结合实际确定的一种社会民主监督制度

B. 重点监督检察机关查办职务犯罪的立案、羁押、扣押冻结财物、起诉等环节的执法活动

C. 人民监督员由司法行政机关负责选任管理

D. 参与具体案件监督的人民监督员，由选任机关从已建立的人民监督员信息库中随机挑选

4. 王某和李某斗殴，李某与其子李二将王某打伤。李某在王某提起刑事自诉后聘请省会城市某律师事务所赵律师担任辩护人。关于本案，下列哪一做法符合相关规定？（2015/1/48，单选）

A. 赵律师同时担任李某和李二的辩护人，该所钱律师担任本案王某代理人

B. 该所与李某商定辩护事务按诉讼结果收取律师费

C. 该所要求李某另外预交办案费

D. 该所指派实习律师代赵律师出庭辩护

5. 某检察院对王某盗窃案提出二审抗诉，王某未委托辩护人，欲申请法律援助。对此，下列哪一说法是正确的？（2015/1/49，单选）

A. 王某申请法律援助只能采用书面形式

B. 法律援助机构应当严格审查王某的经济状况

C. 法律援助机构只能委派律师担任王某的辩护人

D. 法律援助机构决定不提供法律援助时，王某可以向该机构提出异议

6. 关于我国公证的业务范围、办理程序和效力，下列哪一选项符合《公证法》的规定？（2015/1/50，单选）

A. 申请人向公证机关提出保全网上交易记录，公证机关以不属于公证事项为由拒绝

B. 自然人委托他人办理财产分割、赠与、收养关系公证的，公证机关不得拒绝

C. 因公证具有较强的法律效力，要求公证机关在办理公证业务时不能仅作形式审查

D. 法院发现当事人申请执行的公证债权文书确有错误的，应裁定不予执行并撤销该公证书

7. 根据中国特色社会主义法治理论有关内容，关于加强法治工作队伍建设，下列哪些表述是正确的？（2015/1/83，多选）

A. 全面推进依法治国，必须大力提高法治工作队伍思想政治素质、业务工作能力、职业道德水准

B. 建立法律职业人员统一职前培训制度，有利于他们形成共同的法律信仰、职业操守和提高业务素质、职业技能

C. 加强律师职业道德建设，需要进一步健全完善律师职业道德规范制度体系、教育培训及考核机制

D. 为推动法律服务志愿者队伍建设和鼓励志愿者发挥作用，可采取自愿无偿和最低成本方式提供社会法律服务

8. 法律职业人员在业内、业外均应注重清正廉洁，严守职业道德和纪律规定。下列哪些行为违反了相关职业道德和纪律规定？（2015/1/84，多选）

A. 赵法官参加学术研讨时无意透露了未审结案件的内部讨论意见

B. 钱检察官相貌堂堂，免费出任当地旅游局对外宣传的"形象大使"

C. 孙律师在执业中了解到委托人公司存在严重的涉嫌偷税犯罪行为，未向税务机关举报

D. 李公证员代其同学在自己工作的公证处申办学历公证

9. 法律职业人员应自觉遵守回避制度，确保司法公正。关于法官、检察官、律师和公证员等四类法律职业人员的回避规定，下列哪些判断是正确的？（2015/1/85，多选）

A. 与当事人（委托人）有近亲属关系，是法律职业人员共同的回避事由

B. 法律职业人员的回避，在其《职业道德基本准则》中均有明文规定

C. 法官和检察官均有任职回避的规定，公证员则无此要求

D. 不同于其他法律职业，律师回避要受到委托人意思的影响

10. 审判组织是我国法院行使审判权的组织形式。关于审判组织，下列说法错误的是：（2015/1/98，不定项）

A. 独任庭只能适用简易程序审理民事案件，但并不排斥普通程序某些规则的运用

B. 独任法官发现案件疑难复杂，可以转为普通程序审理，但不得提交审委会讨论

C. 再审程序属于纠错程序，为确保办案质量，应当由审判员组成合议庭进行审理

D. 不能以审委会名义发布裁判文书，但审委会意见对合议庭具有重要的参考作用

11. 关于我国法律职业人员的入职条件与业内、业外行为的说法：①法官和检察官的任职禁止条件完全相同；②被辞退的司法人员不能担任律师和公证员；③王某是甲市中院的副院长，其子王二不能同时担任甲市乙县法院的审判员；④李法官利用业余时间提供有偿网络法律咨询，应受到惩戒；⑤刘检察官提出检察建议被采纳，效果显著，应受到奖励；⑥张律师两年前因私自收费被罚款，目前不能成为律所的设立人。对上述说法，下列判断正确的是：（2015/1/99，不定项）

A. ①⑤正确   B. ②④错误

C. ②⑤正确   D. ③⑥错误

12. 为促进规范司法，维护司法公正，最高检察院要求各级检察院在诉讼活动中切实保障律师依法行使执业权利。据此，下列选项正确的是：（2015/1/100，不定项）

A. 检察院在律师会见犯罪嫌疑人时，不得派员在场

B. 检察院在案件移送审查起诉后律师阅卷时，不得派员在场

C. 律师收集到犯罪嫌疑人不在犯罪现场的证据，告知检察院的，其相关办案部门应及时审查

D. 法律未作规定的事项，律师要求听取意见的，检察院可以安排听取

2016 年

1. 司法活动的公开性是体现司法公正的重要方面，要求司法程序的每一阶段和步骤都应以当事人和社会公众看得见的方式进行。据此，按照有关文件和规定精神，下列哪一说法是正确的？（2016/1/45，单选）

A. 除依法不在互联网公布的裁判文书外，法院的生效裁判文书均应在互联网公布

B. 检察院应通过互联网、电话、邮件、检察窗口等方式向社会提供案件程序性信息查询服务

C. 监狱狱务因特殊需要不属于司法公开的范围

D. 律师作为诉讼活动的重要参与者，其制作的代理词、辩护词等法律文书应向社会公开

2. 根据法官、检察官纪律处分有关规定，下列哪一说法是正确的？（2016/1/46，单选）

A. 张法官参与迷信活动，在社会中造成了不良影响，可予提醒劝阻，其不应受到纪律处分

B. 李法官乘车时对正在实施的盗窃行为视而不见，小偷威胁失主仍不出面制止，其应受到纪律处分

C. 何检察官在讯问犯罪嫌疑人时，反复提醒犯罪嫌疑人注意其聘请的律师执业不足2年，其行为未违反有关规定

D. 刘检察官接访时，让来访人前往国土局信访室举报他人骗取宅基地使用权证的问题，其做法是恰当的

3. 检察一体原则是指各级检察机关、检察官依法构成统一的整体，下级检察机关、下级检察官应当根据上级检察机关、上级检察官的批示和命令开展工作。据此，下列哪一表述是正确的？（2016/1/47，单选）

A. 各级检察院实行检察委员会领导下的检察长负责制

B. 上级检察院可建议而不可直接变更、撤销下级检察院的决定

C. 在执行检察职能时，相关检察院有协助办案检察院的义务

D. 检察官之间在职务关系上可相互承继而不可相互移转和代理

4. 法院、检察院、公安机关、国家安全机关、司法行政机关应当尊重律师，健全律师执业权利保障制度。下列哪一做法是符合有关律师执业权利保障制度的？（2016/1/48，单选）

A. 县公安局仅告知涉嫌罪名，而以有碍侦查为由拒绝告知律师已经查明的该罪的主要事实

B. 看守所为律师提供网上预约会见平台服务，并提示律师如未按期会见必须重新预约方可会见

C. 国家安全机关在侦查危害国家安全犯罪期间，多次不批准律师会见申请并且说明理由

D. 在庭审中，作无罪辩护的律师请求就被告量刑问题发表辩护意见，合议庭经合议后当庭拒绝律师请求

5. 某律师事务所律师代理原告诉被告买卖合同纠纷案件，下列哪一做法是正确的？（2016/1/49，单选）

A. 该律师接案时，得知委托人同时接触他所律师，私下了解他所报价后以较低收费接受委托

B. 在代书起诉状中，律师提出要求被告承担精神损害赔偿 20 万元的诉讼请求

C. 在代理合同中约定，如胜诉，在 5 万元律师代理费外，律师事务所可按照胜诉金额的一定比例另收办案费用

D. 因律师代理意见未被法庭采纳，原告要求律师承担部分诉讼请求损失，律师事务所予以拒绝

6. 关于公证制度和业务，下列哪一选项是正确的？（2016/1/50，单选）

A. 依据统筹规划、合理布局设立的公证处，其名称中的字号不得与国内其他公证处的字号相同或者相近

B. 省级司法行政机关有权任命公证员并颁发公证员执业证书，变更执业公证处

C. 黄某委托其子代为办理房屋买卖手续，其住所地公证处可受理其委托公证的申请

D. 王某认为公证处为其父亲办理的放弃继承公证书错误，向该公证处提出复议的申请

7. 法律在社会中负有分配社会资源、维持社会秩序、解决社会冲突、实现社会正义的功能，这就要求法律职业人员具有更高的法律职业道德水准。据此，关于提高法律职业道德水准，下列哪些表述是正确的？（2016/1/83，多选）

A. 法律职业道德主要是法律职业本行业在职业活动中的内部行为规范，不是本行业对社会所负的道德责任和义务

B. 通过长期有效的职业道德教育，使法律职业人员形成正确的职业道德认识、信念、意志和习惯，促进道德内化

C. 以法律、法规、规范性文件等形式赋予法律职业道德以更强的约束力和强制力，并加强道德监督，形成他律机制

D. 法律职业人员违反法律职业道德和纪律的，应当依照有关规定予以惩处，通过惩处教育本人及其他人员

8. 法院的下列哪些做法是符合审判制度基本原则的？（2016/1/84，多选）

A. 某法官因病住院，甲法院决定更换法官重新审理此案

B. 某法官无正当理由超期结案，乙法院通知其三年内不得参与优秀法官的评选

C. 对某社会高度关注案件，当地媒体多次呼吁法院尽快结案，丙法院依然坚持按期审结

D. 因人身损害纠纷，原告要求被告赔付医疗费，丁法院判决被告支付全部医疗费及精神损害赔偿金

9. 根据《法律援助条例》和《关于刑事诉讼法律援助工作的规定》，下列哪些表述是正确的？（2016/1/85，多选）

A. 区检察院提起抗诉的案件，区法院应当通知区法律援助中心为被告人甲提供法律援助

B. 家住 A 县的乙在邻县涉嫌犯罪被邻县检察院批准逮捕，其因经济困难可向 A 县法律援助中心申请法律援助

C. 县公安局没有通知县法律援助中心为可能被判处无期徒刑的丙提供法律援助，丙可向市检察院提出申诉

D. 县法院应当准许强制医疗案件中的被告丁以正当理由拒绝法律援助，并告知其可另行委托律师

10. 司法人员恪守司法廉洁，是司法公正与公信的基石和防线。违反有关司法廉洁及禁止规定将受到严肃处分。下列属于司法人员应完全禁止的行为是：（2016/1/98，不定项）

A. 为当事人推荐、介绍诉讼代理人、辩护人

B. 为律师、中介组织介绍案件

C. 在非工作场所接触当事人、律师、特殊关系人

D. 向当事人、律师、特殊关系人借用交通工具

11. 银行为孙法官提供了利率优惠的房屋抵押贷款，银行王经理告知孙法官，是感谢其在一年前的合同纠纷中作出的公正判决而进行的特殊安排，孙法官接受该笔贷款。关于法院对孙法官行为的处理，下列说法正确的是：（2016/1/100，不定项）

A. 法院认为孙法官的行为系违反廉政纪律的行为

B. 如孙法官主动交代，并主动采取措施有效避免损失的，法院应从轻给予处分

C. 由于孙法官行为情节轻微，如经过批评教育后改正，法院可免予处分

D. 确认属于违法所得的部分，法院可根据情况
作出责令退赔的决定

2017 年

1. 加强人权司法保障是司法机关的重要职责，
也是保证公正司法的必然要求。下列哪一做法符合上
述要求？（2017/1/45，单选）

    A. 某公安机关第一次讯问犯罪嫌疑人时告知其
有权委托辩护人，但未同时告知其如有经济
困难可申请法律援助

    B. 某省法院修订进入法庭的安检流程，明确
"禁止对律师进行歧视性安检"

    C. 某法官在一伤害案判决书中，对被告人及律
师"构成正当防卫"的证据和意见不采信而
未做回应和说明

    D. 某法庭对辩护律师在辩论阶段即将结束时提
出的"被告人庭前供述系非法取得"的意见
及线索，未予调查

2. 中国特色社会主义司法制度是一个科学系统，
既包括体制机制运行体系，也包括理念文化等丰富内
容。关于我国司法制度的理解，下列哪一选项是正确
的？（2017/1/46，单选）

    A. 我国司法制度主要由四个方面的体系构成：
司法规范体系、司法组织体系、司法制度体
系、司法文化体系

    B. 司法组织体系主要包括审判组织体系、律师
组织体系、公证组织体系

    C. 人民调解制度和死刑复核制度是独具中国特
色的司法制度，司法解释制度和案例指导制
度是中外通行的司法制度

    D. 各项司法制度既是司法机关职责分工、履行
职能的依据和标准，也是监督和规范司法行
为的基本规则

3. 随着法院案件受理制度改革的落实，当事人
诉权得到进一步保障。关于行政诉讼立案登记制的
理解和执行，下列哪一选项是正确的？（2017/1/47，
单选）

    A. 立案登记制有助于实现司法效率，更有助于
强化司法的应然功能

    B. 对当事人提交的起诉状存在的欠缺和错误，
法院应主动给予指导和释明，并一次性告知
需要补正的内容

    C. 如不能当场判定起诉是否符合规定，法院应
接收起诉状，并口头告知当事人注意接听电
话通知

    D. 对法院既不立案也不做出不予立案裁定的，
当事人可以向上一级法院投诉，但不可向上
一级法院起诉

4. 张法官与所承办案件当事人的代理律师系某
业务培训班同学，偶有来往，为此张法官向院长申请
回避，经综合考虑院长未予批准。张法官办案中与该
律师依法沟通，该回避事项虽被对方代理人质疑，但
审判过程和结果受到一致肯定。对照《法官职业道
德基本准则》，张法官的行为直接体现了下列哪一要
求？（2017/1/48，单选）

    A. 严格遵守审限   B. 约束业外活动
    C. 坚持司法便民   D. 保持中立地位

5. 律师事务所应当建立健全执业管理和各项内
部管理制度，履行监管职责，规范本所律师执业行
为。根据《律师事务所管理办法》，某律师事务所下
列哪一做法是正确的？（2017/1/49，单选）

    A. 委派钟律师担任该所出资成立的某信息咨询
公司的总经理

    B. 合伙人会议决定将年度考核不称职的刘律师
除名，报县司法局和律协备案

    C. 对本所律师执业表现和遵守职业道德情况进
行考核，报律协批准后给予奖励

    D. 对受到 6 个月停止执业处罚的祝律师，在其
处罚期满 1 年后，决定恢复其合伙人身份

6. 公证制度是司法制度重要组成部分，设立公
证机构、担任公证员具有严格的条件及程序。关于公
证机构和公证员，下列哪一选项是正确的？（2017/1/
50，单选）

    A. 公证机构可接受易某申请为其保管遗嘱及遗
产并出具相应公证书

    B. 设立公证机构应由省级司法行政机关报司法
部依规批准后，颁发公证机构执业证书

    C. 贾教授在高校讲授法学 11 年，离职并经考核
合格，可以担任公证员

    D. 甄某交通肇事受过刑事处罚，因此不具备申
请担任公证员的条件

7. 法律职业道德具有不同于一般职业道德的职
业性、实践性、正式性及更高标准的特征。关于法律
职业道德的表述，下列哪些选项是正确的？（2017/1/
83，多选）

    A. 法律职业人员专业水平的发挥与职业道德水
平的高低具有密切联系

    B. 法律职业道德基本原则和规范的形成，与法
律职业实践活动紧密相连

    C. 纵观伦理发展史和法律思想史，法律职业
道德的形成与"实证法"概念的阐释密切
相关

    D. 法律职业道德基本原则是对每个法律从业人
员职业行为进行职业道德评价的标准

8. 2016 年 10 月 20 日，《检察人员纪律处分条
例》修订通过。关于规范检察人员的行为，下列哪
些说法是正确的？（2017/1/84，多选）

A. 领导干部违反有关规定组织、参加自发成立的老乡会、校友会、战友会等，属于违反组织纪律行为

B. 擅自处置案件线索，随意初查或者在初查中对被调查对象采取限制人身自由强制措施的，属于违反办案纪律行为

C. 在分配、购买住房中侵犯国家、集体利益的，属于违反廉洁纪律行为

D. 对群众合法诉求消极应付、推诿扯皮，损害检察机关形象的，属于违反群众纪律行为

9. 律师在推进全面依法治国进程中具有重要作用，律师应依法执业、诚信执业、规范执业。根据《律师执业管理办法》，下列哪些做法是正确的？（2017/1/85，多选）

A. 甲律师依法向被害人收集被告人不在聚众斗殴现场的证据，提交检察院要求其及时进行审查

B. 乙律师对当事人及家属准备到法院门口静坐、举牌、声援的做法，予以及时有效的劝阻

C. 丙律师在向一方当事人提供法律咨询中致电对方当事人，告知对方诉讼请求缺乏法律和事实依据

D. 丁律师在社区普法宣传中，告知群众诉讼是解决继承问题的唯一途径，并称其可提供最专业的诉讼代理服务

10. 建立领导干部、司法机关内部人员过问案件记录和责任追究制度，规范司法人员与当事人、律师、特殊关系人、中介组织接触交往行为，有利于保障审判独立和检察独立。据此，下列做法正确的是：（2017/1/98，不定项）

A. 某案承办检察官告知其同事可按规定为案件当事人转递涉案材料

B. 某法官在参加法官会议时，提醒承办法官充分考虑某案被告家庭现状

C. 某检察院副检察长依职权对其他检察官的在办案件提出书面指导性意见

D. 某法官在参加研讨会中偶遇在办案件当事人的律师，拒绝其研讨案件的要求并向法院纪检部门报告

11. 最高法院设立巡回法庭有利于方便当事人诉讼、保证案件审理更加公平公正。关于巡回法庭的性质及职权，下列说法正确的是：（2017/1/99，不定项）

A. 巡回法庭是最高法院的派出机构、常设审判机构

B. 巡回法庭作出的一审判决当事人不服的，可向最高法院申请复议一次

C. 巡回法庭受理本巡回区内不服高级法院一审民事、行政裁决提起的上诉

D. 巡回区内应由最高法院受理的死刑复核、国家赔偿等案件仍由最高法院本部审理或者办理

12. 来某县打工的农民黄某欲通过法律援助帮其讨回单位欠薪。根据《法律援助条例》等规定，有关部门下列做法正确的是：（2017/1/100，不定项）

A. 县法律援助中心以黄某户籍不在本县为由拒绝受理其口头申请，黄某提出异议

B. 县司法局受理黄某异议后函令县法律援助中心向其提供法律援助

C. 县某律所拒绝接受县法律援助中心指派，县司法局对该所给予警告的行政处罚

D. 县法院驳回了黄某以"未能指派合格律师、造成损失应予赔偿"为由对县法律援助中心的起诉

2018 年

1. 关于保证公正司法，提高司法公信力，下列说法错误的是：（2018年仿真题）

A. 要逐步实行办案质量终身负责制和错案责任倒查问责制

B. 要逐步实行人民陪审员不单审理事实认定，而且还参与法律适用问题，切实保障人民群众参与司法

C. 改革法院案件受理制度，变立案登记制度为立案审查制度

D. 依法规范司法人员与当事人、律师、特殊关系人、中介组织的接触、交往行为

2. 《中华人民共和国法官职业道德基本准则》为加强法官职业道德建设，保证法官正确履行法律赋予的职责，规定了相关内容，下列说法正确的是：（2018年仿真题）

A. 法官应当严格遵守法定办案时限，提高审判执行效率，及时化解纠纷，注重节约司法资源，杜绝玩忽职守、拖延办案等行为，符合司法为民的要求

B. 法官认真贯彻司法公开原则，尊重人民群众的知情权，自觉接受法律监督和社会监督，同时避免司法审判受到外界的不当影响，符合司法公正的要求

C. 法官加强自身修养，培育高尚道德操守和健康生活情趣，杜绝与法官职业形象不相称、与法官职业道德相违背的不良嗜好和行为，遵守社会公德和家庭美德，维护良好的个人声誉，符合司法忠诚的要求

D. 法官不从事或者参与营利性的经营活动，不在企业及其他营利性组织中兼任法律顾问等

职务，不就未决案件或者再审案件给当事人及其他诉讼参与人提供咨询意见，符合司法中立的要求

3. 小张为某仲裁委员会的仲裁员，根据《仲裁法》的规定，下列说法正确的是：（2018 年仿真题）

A. 在调解过程中，受仲裁庭安排单独会见一方当事人，不属于违纪行为

B. 接受当事人的请客送礼，情节严重，被仲裁委员会除名

C. 保守仲裁秘密，不向外界透露任何与案件有关的实体与程序问题

D. 在仲裁案件时向当事人索取贿赂，枉法裁决，被人民检察院提起公诉

4. 律师事务所应当建立利益冲突审查制度，在接受委托之前，应当进行利益冲突审查。办理委托事务的律师与委托人之间存在利害关系或利益冲突的，不得承办该业务并主动提出回避。以下构成利益冲突应该回避的情形有：（2018 年仿真题）

A. 甲曾是行政执法人员，曾承办对甲公司的行政处罚案件。1 年后甲成为律师，受甲公司委托担任甲公司的法律顾问委托

B. 在张某诉王某侵权案中，张某解除对赵律师的委托关系后，在后续审理中，赵律师接受了王某的委托

C. 在非诉业务中，各方当事人共同委托甲律师事务所的律师同时担任各方当事人的代理人

D. 汪律师接受张某委托，担任张某的辩护人，而同所的方律师是该案被害人的近亲属，张某尚不知情

5. 下列哪些做法不符合公证员职业道德的要求？（2018 年仿真题）

A. 王公证员在做好公证工作外，还自己开办了一家工厂

B. 某公证机构的公证员，经常利用节假日到街上发传单，对自己所在的公证机构进行大肆炫耀

C. 某公证机构的业务做得很好，深受当地人们的信赖，于是此公证机构找到了市行政部门，通过行政部门支持对当地的公证业务进行垄断

D. 公证员为一些当事人进行公证，给当事人带来了很大的益处，有时接受当事人的答谢款待也是人之常情

2019 年

1. 根据法官职业道德规范，下列对于法官行为的评价，说法正确的是：（2019 年仿真题）

A. 于法官在庭审时无故打断被告的发言。评论：法官的行为违反其职业道德

B. 于法官在开庭时，为营造轻松和谐的气氛，与一方当事人谈笑风生。评论：法官的行为违反法庭规则

C. 于法官以法官身份出席老同学私人投资的公司开业典礼，并在此公司入股。评论：法官的此行为违反了不得以职业、身份、声誉谋取利益的义务

D. 于法官正在承办一刑事案件。该案被告向法官的儿子表示，愿将一辆汽车相送，条件是法官罗云在办理案件时网开一面。法官知道后未置一词。评论：法官的行为违反了应当约束家庭成员的义务

2. 深化司法改革，护航公平正义。为了全面贯彻党的十九大报告精神，以司法改革促进社会公平，全面落实司法责任制。下列做法中，没有体现此项精神的是：（2019 年仿真题）

A. 法官助理协助法官办理委托鉴定、评估、组织庭前证据交换、调解以及草拟调解文书等工作

B. 法官、检察官从符合条件的法官助理、检察官助理和书记员中间遴选

C. 在检察长的授权下，检察官可行使检察长的部分职权并签发法律文书

D. 审判委员会在召开刑事案件会议时，邀请检察长和律师列席

3. 关于我国司法制度，下列说法正确的是：（2019 年仿真题）

A. 两审终审、人民陪审员、审判公开都是我国的审判制度

B. 基层法院除审判案件外，还需要指导人民调解委员会的业务

C. 检察机关有权实行立案监督、侦查监督、审判监督，以实现对诉讼活动的法律监督

D. 检察官独立不同于法官独立，下级检察院要服从上级检察院的领导

4. 最高人民检察院检察长在十三届全国人大二次会议上作报告指出，2018 年全国各级检察机关加强对刑事立案、侦查、审判活动的监督，督促侦查机关撤案近 2 万件，同比上升 32%，对不构成犯罪或证据不足的决定不批捕 16 万余人，不起诉 3 万余人，对此，下列说法错误的是：（2019 年仿真题）

A. 检察监督能够减少逮捕率，有利于贯彻宪法精神，尊重和保障人权

B. 检察机关与侦查机关对于实现个案正义的目标并不相同

C. 检察监督制度减少了不必要的逮捕、起诉，从而节约了司法审判资源

D. 检察机关通过督促侦查机关撤案的方式行使监督的权力

5. 根据《律师法》的规定，下列说法正确的是：（2019 年仿真题）

    A. 律师服务机构一般采用合伙形式

    B. 律师事务所变更名称、负责人、章程、合伙协议的，应当报原审核部门批准

    C. 设立个人律师事务所，设立人应当是具有五年以上执业经历的律师

    D. 律师事务所采用特殊的普通合伙形式的，当个别合伙人因故意或重大过失造成对外债务时，应当承担无限责任或者无限连带责任

6. 关于法律援助，下列说法错误的是：（2019 年仿真题）

    A. 法律援助机构须对人民检察院抗诉的案件进行经济状况审查

    B. 律师事务所拒绝法律援助机构的指派，不安排本所律师办理法律援助案件的，情节严重的给予停业整顿的处罚

    C. 我国的法律援助实行无偿服务

    D. 检察院审查批准逮捕时，认为公安机关对犯罪嫌疑人应当通知辩护而没有通知的，应当通知公安机关予以纠正，公安机关应当将纠正情况通知检察院

7. 关于法官、检察官的任职条件，下列说法错误的是：（2019 年仿真题）

    A. 甲律师的律师执业证书被注销，则甲律师不得担任法官

    B. 乙法官可以担任仲裁员，但不得收取任何费用

    C. 丙法官从法院离任后 2 年内，不得以律师身份担任原任职法院的诉讼代理人或者辩护人

    D. 丁检察官被辞退后，不得担任诉讼代理人或者辩护人，但是作为当事人的监护人或者近亲属代理诉讼或者进行辩护的除外

8. 关于公职律师，下列说法错误的是：（2019 年仿真题）

    A. 公职律师丰富了我国的律师队伍

    B. 公职律师任职期间，只能为本单位服务，接受本单位考核。公职律师任职满 3 年，且最后一次年度考核称职的，可转为社会律师

    C. 曾被吊销律师、公证员执业证书的，不得担任公职律师

    D. 曾经担任过法官、检察官或律师 2 年以上，满足其他条件，经申请人所在单位同意，由申请人所在单位向司法行政机关提出申请

2020 年

1. 下列做法中，体现了公检法机关相互配合、相互制约、相互监督的是：（2020 年仿真题）

    A. 律师在监狱为犯罪嫌疑人提供法律援助

    B. 法院建议检察院作不起诉决定，后公安机关撤销案件

    C. 检察院就某案向法院提起抗诉

    D. 省检察院可抽调下级院检察官办理案件，体现了检察一体化

2. 关于审判组织和检察组织，下列说法正确的是：（2020 年仿真题）

    A. 最高人民法院、最高人民检察院发布的指导性案例，可以由审判委员会、检察委员会讨论通过

    B. 最高人民法院、最高人民检察院在一定期限内可将担任法官、检察官的学历放宽到高等院校本科毕业生

    C. 法官、检察官员额应该考虑偏远地区和基层法院检察院的办案数量来相应增减

    D. 法院院长和检察长的担任，应从办案法官、检察官和其他法官、检察官中产生

3. 关于人民检察院的性质与组织体系，下列选项正确的是：（2020 年仿真题）

    A. 检察院内设业务机构的负责人对本部门的办案活动进行监督管理

    B. 检察官在检察长领导下开展工作，办案事项均由检察长决定

    C. 检察官在法庭审理中提交证明被告人构成坦白的证据，体现了检察一体化

    D. 上级检察院可以调用下级检察院的检察官办理案件并代表上级检察院出庭支持公诉，体现了检察一体化

4. 关于检察官的惩戒，下列说法错误的是：（2020 年仿真题）

    A. 某省设立检察官惩戒委员会，负责从专业角度审查认定检察官是否违反审判职责，提出构成故意违反职责、存在重大过失、存在一般过失或者没有违反职责等审查意见

    B. 惩戒委员会由检察官代表、其他从事法律职业的人员和有关方面代表组成，其中检察官代表不少于三分之一

    C. 惩戒委员会提出审查意见后，人民检察院依照有关规定作出是否予以惩戒的决定，并给予相应处理

    D. 对于惩戒委员会的意见，当事检察官有异议的，可向上一级检察院申诉

5. 关于律师，下列说法错误的是：（2020 年仿真题）

    A. 专职执业律师担任上市公司董事的，应当注销律师执业证

    B. 从事法律职业 2 年以上的，可以担任公职律师

    C. 为了体现社会责任，帮助社会弱势群体，某律师未经当事人委托，仍然以律师名义为某案件受害人提供服务

D. 公司律师任职满 3 年，且最后一次年度考核称职的，可转为社会律师，公司律师经历计入社会律师执业年限

2021 年

1. 关于法律职业道德，下列说法正确的是：（2021 年仿真题）

A. 法律职业道德的基本内容可以从大众朴素的道德体系中推出

B. 法律职业人员的程序性思维等可能与大众观念价值存在差异

C. 与一般道德相比，法律职业道德更关注法律实务问题

D. 立法本身存在的矛盾直接导致了法律职业道德与大众观念的差异

2. 关于审判制度与检察制度，下列说法正确的是：（2021 年仿真题）

A. 最高人民检察院和省级人民检察院检察官可以从下两级人民检察院遴选

B. 检察权一体化行使原则决定了检察机关不宜实行司法责任制

C. 省、自治区、直辖市设立法官遴选委员会，负责初任法官人选专业能力的审核并任命法官

D. 法院人才分为员额法官、审判辅助人员、司法行政人员三类，其中法官助理属于员额法官的一种

3. 甲公司与乙公司发生合同纠纷，按照合同约定申请仲裁，委托于律师代理仲裁。仲裁结果为甲公司败诉。关于本案，下列说法正确的是：（2021 年仿真题）

A. 仲裁庭没有采纳于律师依据事实和法律提出的代理意见，导致甲公司败诉，甲公司有权要求赔偿损失

B. 若于律师因重大过失导致甲公司败诉，则甲公司可向于律师要求赔偿损失

C. 于律师曾经以法官的身份审理过该案，经甲公司同意，于律师可以代理本案

D. 若本案仲裁员因重大过失导致错判，该仲裁员不承担本案的民事赔偿责任

2022 年

1. 下列法官、检察官的行为中，违反法律职业道德的有：（2022 年仿真题）

A. 赵律师代理某疑难案件，向其同学钱法官咨询，钱法官收取 1 万元咨询费

B. 孙法官将同事李法官的家庭住址、电话号码告知周律师

C. 吴检察官办理某未成年人犯罪案件，告知其监护人聘请熟悉未成年人心智的辩护律师

D. 郑法官、王检察官和冯律师同堂培训后一起在食堂进行研讨

2. 秦律师在甲律师事务所执业期间，以乙法律服务中心的名义在某网络平台发布视频，配字"提供法律咨询、代写文书等服务"，用于个人宣传。关于秦律师的行为，下列评价正确的是：（2022 年仿真题）

A. 在网络平台进行业务推广，违反律师执业规范

B. 干扰了正常的诉讼和仲裁活动

C. 以非律师身份宣传，并不违背律师执业规范

D. 属于以不正当方式承揽业务

2023 年

公正是法治的生命线，公正司法是维护社会公平正义的最后一道防线。下列论断符合公正司法的要求的是：（2023 年仿真题）

A. 保障犯罪嫌疑人的辩护权利体现了司法的参与性

B. 法院杜绝不正之风体现了司法的公开性

C. 检察院禁止收受礼金体现了司法结果的正确性

D. 禁止司法人员与诉讼参与人私下接触体现了司法的中立性

刑 法

1. 关于公平正义理念与罪刑相适应原则的关系，下列哪一选项是错误的？（2014/2/1，单选）

A. 公平正义是人类社会的共同理想，罪刑相适应原则与公平正义相吻合

B. 公平正义与罪刑相适应原则都要求在法律实施中坚持以事实为根据、以法律为准绳

C. 根据案件特殊情况，为做到罪刑相适应，促进公平正义，可由最高法院授权下级法院，在法定刑以下判处刑罚

D. 公平正义的实现需要正确处理法理与情理的关系，罪刑相适应原则要求做到罪刑均衡与刑罚个别化，二者并不矛盾

2. 甲怀疑医院救治不力致其母死亡，遂在医院设灵堂、烧纸钱，向医院讨说法。结合社会主义法治理念和刑法规定，下列哪一看法是错误的？（2014/2/2，单选）

A. 执法为民与服务大局的理念要求严厉打击涉医违法犯罪，对社会影响恶劣的涉医犯罪行为，要依法从严惩处

B. 甲属于起哄闹事，只有造成医院的秩序严重混乱的，才构成寻衅滋事罪

C. 如甲母的死亡确系医院救治不力所致，则不能轻易将甲的行为认定为寻衅滋事罪

D. 如以寻衅滋事罪判处甲有期徒刑 3 年、缓刑 3 年，为有效维护医疗秩序，法院可同时发布禁止令，禁止甲 1 年内出入医疗机构

3. 关于刑法用语的解释，下列哪一选项是正确的？（2014/2/3，单选）

A. 按照体系解释，刑法分则中的"买卖"一词，均指购买并卖出；单纯的购买或者出售，不属于"买卖"

B. 按照同类解释规则，对于刑法分则条文在列举具体要素后使用的"等"、"其他"用语，应按照所列举的内容、性质进行同类解释

C. 将明知是捏造的损害他人名誉的事实，在信息网络上散布的行为，认定为"捏造事实诽谤他人"，属于当然解释

D. 将盗窃骨灰的行为认定为盗窃"尸体"，属于扩大解释

4. 关于构成要件要素，下列哪一选项是错误的？（2014/2/4，单选）

A. 传播淫秽物品罪中的"淫秽物品"是规范的构成要件要素、客观的构成要件要素

B. 签订、履行合同失职被骗罪中的"签订、履行"是记述的构成要件要素、积极的构成要件要素

C. "被害人基于认识错误处分财产"是诈骗罪中的客观的构成要件要素、不成文的构成要件要素

D. "国家工作人员"是受贿罪的主体要素、规范的构成要件要素、主观的构成要件要素

5. 关于不作为犯罪的判断，下列哪一选项是错误的？（2014/2/5，单选）

A. 小偷翻墙入院行窃，被护院的藏獒围攻。主人甲认为小偷活该，任凭藏獒撕咬，小偷被咬死。甲成立不作为犯罪

B. 乙杀丙，见丙痛苦不堪，心生悔意，欲将丙送医。路人甲劝阻乙救助丙，乙遂离开，丙死亡。甲成立不作为犯罪的教唆犯

C. 甲看见儿子乙（8 周岁）正掐住丙（3 周岁）的脖子，因忙于炒菜，便未理会。等炒完菜，甲发现丙已窒息死亡。甲不成立不作为犯罪

D. 甲见有人掉入偏僻之地的深井，找来绳子救人，将绳子的一头扔至井底后，发现井下的是仇人乙，便放弃拉绳子，乙因无人救助死亡。甲不成立不作为犯罪

6. 关于因果关系的判断，下列哪一选项是正确的？（2014/2/6，单选）

A. 甲伤害乙后，警察赶到。在警察将乙送医途中，车辆出现故障，致乙长时间得不到救助而亡。甲的行为与乙的死亡具有因果关系

B. 甲违规将行人丙撞成轻伤，丙昏倒在路中央，甲驾车逃窜。1 分钟后，超速驾驶的乙发现丙时已来不及刹车，将丙轧死。甲的行为与丙的死亡没有因果关系

C. 甲以杀人故意向乙开枪，但由于不可预见的原因导致丙中弹身亡。甲的行为与丙的死亡没有因果关系

D. 甲向乙的茶水投毒，重病的乙喝了茶水后感觉更加难受，自杀身亡。甲的行为与乙的死亡没有因果关系

7. 关于事实认识错误，下列哪一选项是正确的？（2014/2/7，单选）

A. 甲本欲电话诈骗乙，但拨错了号码，对接听电话的丙实施了诈骗，骗取丙大量财物。甲的行为属于对象错误，成立诈骗既遂

B. 甲本欲枪杀乙，但由于未能瞄准，将乙身旁的丙杀死。无论根据什么学说，甲的行为都成立故意杀人既遂

C. 事前的故意属于抽象的事实认识错误，按照法定符合说，应按犯罪既遂处理

D. 甲将吴某的照片交给乙，让乙杀吴，但乙误将王某当成吴某予以杀害。乙是对象错误，按照教唆犯从属于实行犯的原理，甲也是对象错误

8. 甲深夜盗窃 5 万元财物，在离现场 1 公里的偏僻路段遇到乙。乙见甲形迹可疑，紧揪住甲，要甲给 5000 元才能走，否则就报警。甲见无法脱身，顺手一拳打中乙左眼，致其眼部受到轻伤，甲乘机离去。关于甲伤害乙的行为定性，下列哪一选项是正确的？（2014/2/8，单选）

A. 构成转化型抢劫罪

B. 构成故意伤害罪

C. 属于正当防卫，不构成犯罪

D. 系过失致人轻伤，不构成犯罪

9. 甲架好枪支准备杀乙，见已患绝症的乙跚跚走来，顿觉可怜，认为已无杀害必要。甲收起枪支，但不小心触动扳机，乙中弹死亡。关于甲的行为定性，下列哪一选项是正确的？（2014/2/9，单选）

A. 仅构成故意杀人罪（既遂）

B. 仅构成过失致人死亡罪

C. 构成故意杀人罪（中止）、过失致人死亡罪

D. 构成故意杀人罪（未遂）、过失致人死亡罪

10. 关于共同犯罪的论述，下列哪一选项是正确的？（2014/2/10，单选）

A. 无责任能力者与有责任能力者共同实施危害行为的，有责任能力者均为间接正犯

B. 持不同犯罪故意的人共同实施危害行为的，不可能成立共同犯罪

C. 在片面的对向犯中，双方都成立共同犯罪

D. 共同犯罪是指二人以上共同故意犯罪，但不能据此否认片面的共犯

11. 甲因在学校饭堂投毒被判处 8 年有期徒刑。服刑期间，甲认真遵守监规，接受教育改造，确有悔改表现。关于甲的假释，下列哪一说法是正确的？（2014/2/11，单选）

A. 可否假释，由检察机关决定

B. 可否假释，由执行机关决定

C. 服刑 4 年以上才可假释

D. 不得假释

12. 甲（民营企业销售经理）因合同诈骗罪被捕。在侦查期间，甲主动供述曾向国家工作人员乙行贿 9 万元，司法机关遂对乙进行追诉。后查明，甲的行为属于单位行贿，行贿数额尚未达到单位行贿罪的定罪标准。甲的主动供述构成下列哪一量刑情节？（2014/2/12，单选）

A. 坦白   B. 立功

C. 自首   D. 准自首

13. 乙（15 周岁）在乡村公路驾驶机动车时过失将吴某撞成重伤。乙正要下车救人，坐在车上的甲（乙父）说："别下车！前面来了许多村民，下车会有麻烦。"乙便驾车逃走，吴某因流血过多而亡。关于本案，下列哪一选项是正确的？（2014/2/13，单选）

A. 因乙不成立交通肇事罪，甲也不成立交通肇事罪

B. 对甲应按交通肇事罪的间接正犯论处

C. 根据司法实践，对甲应以交通肇事罪论处

D. 根据刑法规定，甲、乙均不成立犯罪

14. 关于破坏社会主义市场经济秩序罪的认定，下列哪一选项是错误的？（2014/2/14，单选）

A. 采用运输方式将大量假币运到国外的，应以走私假币罪定罪量刑

B. 以暴力、胁迫手段强迫他人借贷，情节严重的，触犯强迫交易罪

C. 未经批准，擅自发行、销售彩票的，应以非法经营罪定罪处罚

D. 为项目筹集资金，向亲戚宣称有高息理财产品，以委托理财方式吸收 10 名亲戚 300 万元资金的，构成非法吸收公众存款罪

15. 关于故意杀人罪、故意伤害罪的判断，下列哪一选项是正确的？（2014/2/15，单选）

A. 甲的父亲乙身患绝症，痛苦不堪。甲根据乙的请求，给乙注射过量镇剂致乙死亡。乙的同意是真实的，对甲的行为不应以故意杀人罪论处

B. 甲因口角，捅乙数刀，乙死亡。如甲不顾乙的死伤，则应按实际造成的死亡结果认定甲构成故意杀人罪，因为死亡与伤害结果都在甲的犯意之内

C. 甲谎称乙的女儿丙需要移植肾脏，让乙捐肾给丙。乙同意，但甲将乙的肾脏摘出后移植给丁。因乙同意捐献肾脏，甲的行为不成立故意伤害罪

D. 甲征得乙（17 周岁）的同意，将乙的左肾摘出，移植给乙崇拜的歌星。乙的同意有效，甲的行为不成立故意伤害罪

16. 甲男（15 周岁）与乙女（16 周岁）因缺钱，共同绑架富商之子丙，成功索得 50 万元赎金。甲担心丙将来可能认出他们，提议杀丙，乙同意。乙给甲

一根绳子，甲用绳子勒死丙。关于本案的分析，下列哪一选项是错误的？（2014/2/16，单选）

A. 甲、乙均触犯故意杀人罪，因而对故意杀人罪成立共同犯罪

B. 甲、乙均触犯故意杀人罪，对甲以故意杀人罪论处，但对乙应以绑架罪论处

C. 丙系死于甲之手，乙未杀害丙，故对乙虽以绑架罪定罪，但对乙不能适用"杀害被绑架人"的规定

D. 对甲以故意杀人罪论处，对乙以绑架罪论处，与二人成立故意杀人罪的共同犯罪并不矛盾

17. 公司保安甲在休假期内，以"第二天晚上要去医院看望病人"为由，欺骗保安乙，成功和乙换岗。当晚，甲将其看管的公司仓库内价值 5 万元的财物运走变卖。甲的行为构成下列哪一犯罪？（2014/2/17，单选）

A. 盗窃罪　　　　　B. 诈骗罪

C. 职务侵占罪　　　D. 侵占罪

18. 乙（16 周岁）进城打工，用人单位要求乙提供银行卡号以便发放工资。乙忘带身份证，借用老乡甲的身份证以甲的名义办理了银行卡。乙将银行卡号提供给用人单位后，请甲保管银行卡。数月后，甲持该卡到银行柜台办理密码挂失，取出 1 万余元现金，拒不退还。甲的行为构成下列哪一犯罪？（2014/2/18，单选）

A. 信用卡诈骗罪　　　B. 诈骗罪

C. 盗窃罪（间接正犯）　D. 侵占罪

19. 乙购物后，将购物小票随手扔在超市门口。甲捡到小票，立即拦住乙说："你怎么把我购买的东西拿走？"乙莫名其妙，甲便向乙出示小票，两人发生争执。适逢交警丙路过，乙请丙判断是非，丙让乙将商品还给甲，有口难辩的乙只好照办。关于本案的分析（不考虑数额），下列哪一选项是错误的？（2014/2/19，单选）

A. 如认为交警丙没有处分权限，则甲的行为不成立诈骗罪

B. 如认为盗窃必须表现为秘密窃取，则甲的行为不成立盗窃罪

C. 如认为抢夺必须表现为乘人不备公然夺取，则甲的行为不成立抢夺罪

D. 甲虽未实施恐吓行为，但如乙心生恐惧而交出商品的，甲的行为构成敲诈勒索罪

20. 首要分子甲通过手机指令所有参与者"和对方打斗时，下手重一点"。在聚众斗殴过程中，被害人被谁的行为重伤致死这一关键事实已无法查明。关于本案的分析，下列哪一选项是正确的？（2014/2/20，单选）

A. 对甲应以故意杀人罪定罪量刑

B. 甲是教唆犯，未参与打斗，应认定为从犯

C. 所有在现场斗殴者都构成故意杀人罪

D. 对积极参加者按故意杀人罪定罪，对其他参加者按聚众斗殴罪定罪

21. 交警甲和无业人员乙勾结，让乙告知超载司机"只交罚款一半的钱，即可优先通行"；司机交钱后，乙将交钱司机的车号报给甲，由在高速路口执勤的甲放行。二人利用此法共得 32 万元，乙留下 10 万元，余款归甲。关于本案的分析，下列哪一选项是错误的？（2014/2/21，单选）

A. 甲、乙构成受贿罪共犯

B. 甲、乙构成贪污罪共犯

C. 甲、乙构成滥用职权罪共犯

D. 乙的受贿数额是 32 万元

22. 下列哪些选项不违反罪刑法定原则？（2014/2/51，多选）

A. 将明知是痴呆女而与之发生性关系导致被害人怀孕的情形，认定为强奸"造成其他严重后果"

B. 将卡拉 OK 厅未经著作权人许可大量播放其音像制品的行为，认定为侵犯著作权罪中的"发行"

C. 将重度醉酒后在高速公路超速驾驶机动车的行为，认定为以危险方法危害公共安全罪

D.《刑法》规定了盗窃武装部队印章罪，未规定毁灭武装部队印章罪。为弥补处罚漏洞，将毁灭武装部队印章的行为认定为毁灭"国家机关"印章

23. 严重精神病患者乙正在对多名儿童实施重大暴力侵害，甲明知乙是严重精神病患者，仍使用暴力制止了乙的侵害行为，虽然造成乙重伤，但保护了多名儿童的生命。

观点：

①正当防卫针对的"不法侵害"不以侵害者具有责任能力为前提

②正当防卫针对的"不法侵害"以侵害者具有责任能力为前提

③正当防卫针对的"不法侵害"不以防卫人是否明知侵害者具有责任能力为前提

④正当防卫针对的"不法侵害"以防卫人明知侵害者具有责任能力为前提

结论：

a. 甲成立正当防卫

b. 甲不成立正当防卫

就上述案情，观点与结论对应错误的是下列哪些选项？（2014/2/52，多选）

A. 观点①②与 a 结论对应；观点③④与 b 结论对应

B. 观点①③与 a 结论对应；观点②④与 b 结论对应

C. 观点②③与 a 结论对应；观点①④与 b 结论
对应

D. 观点①④与 a 结论对应；观点②③与 b 结论
对应

24. 甲为杀乙，对乙下毒。甲见乙中毒后极度痛
苦，顿生怜意，开车带乙前往医院。但因车速过快，
车右侧撞上电线杆，坐在副驾驶位的乙被撞死。关于
本案的分析，下列哪些选项是正确的？（2014/2/53，
多选）

A. 如认为乙的死亡结果应归责于驾车行为，则
甲的行为成立故意杀人中止

B. 如认为乙的死亡结果应归责于投毒行为，则
甲的行为成立故意杀人既遂

C. 只要发生了构成要件的结果，无论如何都不
可能成立中止犯，故甲不成立中止犯

D. 只要行为人真挚地防止结果发生，即使未能
防止犯罪结果发生的，也应认定为中止犯，
故甲成立中止犯

25. 下列哪些选项中的甲属于犯罪未遂？（2014/
2/54，多选）

A. 甲让行贿人乙以乙的名义办理银行卡，存入
50 万元，乙将银行卡及密码交给甲。甲用该
卡时，忘记密码，不好意思再问乙。后乙得
知甲被免职，将该卡挂失取回 50 万元

B. 甲、乙共谋傍晚杀丙，甲向乙讲解了杀害丙
的具体方法。傍晚乙如约到达现场，但甲却
未去。乙按照甲的方法杀死丙

C. 乙欲盗窃汽车，让甲将用于盗窃汽车的钥匙
放在乙的信箱。甲同意，但错将钥匙放入丙
的信箱，后乙用其他方法将车盗走

D. 甲、乙共同杀害丙，以为丙已死，甲随即离
开场。一个小时后，乙在清理现场时发现
丙未死，持刀杀死丙

26. 关于刑罚的具体运用，下列哪些选项是错误
的？（2014/2/55，多选）

A. 甲 1998 年因间谍罪被判处有期徒刑 4 年。
2010 年，甲因参加恐怖组织罪被判处有期徒
刑 8 年。甲构成累犯

B. 乙因倒卖文物罪被判处有期徒刑 1 年，罚金
5000 元；因假冒专利罪被判处有期徒刑 2 年，
罚金 5000 元。对乙数罪并罚，决定执行有期
徒刑 2 年 6 个月，罚金 1 万元。此时，即使
乙符合缓刑的其他条件，也不可对乙适用
缓刑

C. 丙因无钱在网吧玩游戏而抢劫，被判处有期
徒刑 1 年缓刑 1 年，并处罚金 2000 元，同时
禁止丙在 12 个月内进入网吧。若在考验期限
内，丙仍常进网吧，情节严重，则应对丙撤
销缓刑

D. 丁系特殊领域专家，因贪污罪被判处有期徒
刑 8 年。丁遵守监规，接受教育改造，有悔
改表现，无再犯危险。1 年后，因国家科研
需要，经最高法院核准，可假释丁

27. 1999 年 11 月，甲（17 周岁）因邻里纠纷，
将邻居杀害后逃往外地。2004 年 7 月，甲诈骗他人
5000 元现金。2014 年 8 月，甲因扒窃 3000 元现金，
被公安机关抓获。在讯问阶段，甲主动供述了杀人、
诈骗罪行。关于本案的分析，下列哪些选项是错误
的？（2014/2/56，多选）

A. 前罪的追诉期限从犯后罪之日起计算，甲所
犯三罪均在追诉期限内

B. 对甲所犯的故意杀人罪、诈骗罪与盗窃罪应
分别定罪量刑后，实行数罪并罚

C. 甲如实供述了公安机关尚未掌握的罪行，成
立自首，故对盗窃罪可从轻或者减轻处罚

D. 甲审判时已满 18 周岁，虽可适用死刑，但鉴
于其有自首表现，不应判处死刑

28. 关于危害公共安全罪的论述，下列哪些选项
是正确的？（2014/2/57，多选）

A. 甲持有大量毒害性物质，乙持有大量放射性
物质，甲用部分毒害性物质与乙交换了部分
放射性物质。甲、乙的行为属于非法买卖危
险物质

B. 吸毒者甲用毒害性物质与贩毒者乙交换毒品。
甲、乙的行为属于非法买卖危险物质，乙的
行为另触犯贩卖毒品罪

C. 依法配备公务用枪的甲，将枪赠与他人。甲
的行为构成非法出借枪支罪

D. 甲父去世前告诉甲"咱家院墙内埋着 5 支
枪"，甲说"知道了"，但此后甲什么也没
做。甲的行为构成非法持有枪支罪

29. 关于生产、销售伪劣商品罪，下列哪一判决
是正确的？（2014/2/58，多选）

A. 甲销售的假药无批准文号，但颇有疗效，销
售金额达 500 万元，如按销售假药罪处理会
导致处罚较轻，法院以销售伪劣产品罪定罪
处罚

B. 甲明知病死猪肉有害，仍将大量收购的病死
猪肉，冒充合格猪肉在市场上销售。法院以
销售有毒、有害食品罪定罪处罚

C. 甲明知贮存的苹果上使用了禁用农药，仍将
苹果批发给零售商。法院以销售有毒、有害
食品罪定罪处罚

D. 甲以为是劣药而销售，但实际上销售了假药，
且对人体健康造成严重危害。法院以销售劣
药罪定罪处罚

30. 甲为要回 30 万元赌债，将乙扣押，但 2 天
后乙仍无还款意思。甲等 5 人将乙押到一处山崖上，

对乙说："3 天内让你家人送钱来，如今天不答应，就摔死你。"乙勉强说只有能力还 5 万元。甲刚说完"一分都不能少"，乙便跳崖。众人慌忙下山找乙，发现乙已坠亡。关于甲的行为定性，下列哪些选项是错误的？（2014/2/59，多选）

A. 属于绑架致使被绑架人死亡

B. 属于抢劫致人死亡

C. 属于不作为的故意杀人

D. 成立非法拘禁，但不属于非法拘禁致人死亡

31. 甲的下列哪些行为属于盗窃（不考虑数额）？（2014/2/60，多选）

A. 某大学的学生进食堂吃饭时习惯于用手机、钱包等物占座后，再去购买饭菜。甲将学生乙用于占座的钱包拿走

B. 乙进入面馆，将手机放在大厅 6 号桌的空位上，表示占座，然后到靠近窗户的地方看看有没有更合适的座位。在 7 号桌吃面的甲将手机拿走

C. 乙将手提箱忘在出租车的后备厢。后甲搭乘该出租车时，将自己的手提箱也放进后备厢，并在下车时将乙的手提箱一并拿走

D. 乙全家外出打工，委托邻居甲照看房屋。有人来村里购树，甲将乙家山头上的树谎称为自家的树，卖给购树人，得款 3 万元

32. 甲的下列哪些行为成立帮助毁灭证据罪（不考虑情节）？（2014/2/61，多选）

A. 甲、乙共同盗窃了丙的财物。为防止公安人员提取指纹，甲在丙报案前擦掉了两人留在现场的指纹

B. 甲、乙是好友。乙的重大贪污罪行被丙发现。甲是丙的上司，为防止丙作证，将丙派往境外工作

C. 甲得知乙放火致人死亡后未清理现场痕迹，便劝说乙回到现场毁灭证据

D. 甲经过犯罪嫌疑人乙的同意，毁灭了对乙有利的无罪证据

33. 根据《刑法》与司法解释的规定，国家工作人员挪用公款进行营利活动、数额达到 1 万元或者挪用公款进行非法活动、数额达到 5000 元的，以挪用公款罪论处。国家工作人员甲利用职务便利挪用公款 1.2 万元，将 8000 元用于购买股票，4000 元用于赌博，在 1 个月内归还 1.2 万元。关于本案的分析，下列哪些选项是错误的？（2014/2/62，多选）

A. 对挪用公款的行为，应按用途区分行为的性质与罪数；甲实施了两个挪用行为，对两个行为不能综合评价，甲的行为不成立挪用公款罪

B. 甲虽只实施了一个挪用公款行为，但由于既未达到挪用公款进行营利活动的数额要求，

也未达到挪用公款进行非法活动的数额要求，故不构成挪用公款罪

C. 国家工作人员购买股票属于非法活动，故应认定甲属于挪用公款 1.2 万元进行非法活动，甲的行为成立挪用公款罪

D. 可将赌博行为评价为营利活动，认定甲属于挪用公款 1.2 万元进行营利活动，故甲的行为成立挪用公款罪

34. 丙实施抢劫犯罪后，分管公安工作的副县长甲滥用职权，让侦办此案的警察乙想办法使丙无罪。乙明知丙有罪，但为徇私情，采取毁灭证据的手段使丙未受追诉。关于本案的分析，下列哪些选项是正确的？（2014/2/63，多选）

A. 因甲是国家机关工作人员，故甲是滥用职权罪的实行犯

B. 因甲居于领导地位，故甲是徇私枉法罪的间接正犯

C. 因甲实施了两个实行行为，故应实行数罪并罚

D. 乙的行为同时触犯徇私枉法罪与帮助毁灭证据罪、滥用职权罪，但因只有一个行为，应以徇私枉法罪论处

郑某等人多次预谋通过爆炸抢劫银行运钞车。为方便跟踪运钞车，郑某等人于 2012 年 4 月 6 日杀害一车主，将其面包车开走（事实一）。后郑某等人制作了爆炸装置，并多次开面包车跟踪某银行运钞车，了解运钞车到某储蓄所收款的情况。郑某等人摸清运钞车情况后，于同年 6 月 8 日将面包车推下山崖（事实二）。同年 6 月 11 日，郑某等人将放有爆炸装置的自行车停于储蓄所门前。当运钞车停在该所门前押款人员下车提押款时（当时附近没有行人），郑某遥控引爆爆炸装置，致 2 人死亡 4 人重伤（均为运钞人员），运钞车中的 230 万元人民币被劫走（事实三）。

请回答第 35~37 题。

35. 关于事实一（假定具有非法占有目的），下列选项正确的是：（2014/2/86，不定项）

A. 抢劫致人死亡包括以非法占有为目的故意杀害他人后立即劫取财物的情形

B. 如认为抢劫致人死亡仅限于过失致人死亡，则对事实一只能认定为故意杀人罪与盗窃罪（如否认死者占有，则成立侵占罪），实行并罚

C. 事实一同时触犯故意杀人罪与抢劫罪

D. 事实一虽是为抢劫运钞车服务的，但依然成立独立的犯罪，应适用"抢劫致人死亡"的规定

36. 关于事实二的判断，下列选项正确的是：（2014/2/87，不定项）

A. 非法占有目的包括排除意思与利用意思

B. 对抢劫罪中的非法占有目的应与盗窃罪中的非法占有目的作相同理解

C. 郑某等人在利用面包车后毁坏面包车的行为，不影响非法占有目的的认定

D. 郑某等人事后毁坏面包车的行为属于不可罚的事后行为

37. 关于事实三的判断，下列选项正确的是：（2014/2/88，不定项）

A. 虽然当时附近没有行人，郑某等人的行为仍触犯爆炸罪

B. 触犯爆炸罪与故意杀人罪的行为只有一个，属于想象竞合

C. 爆炸行为亦可成为抢劫罪的手段行为

D. 对事实三应适用"抢劫致人重伤、死亡"的规定

甲在强制戒毒所戒毒时，无法抗拒毒瘾，设法逃出戒毒所。甲径直到毒贩陈某家，以赊账方式买了少量毒品过瘾。后甲逃往乡下，告知朋友乙详情，请乙收留。乙让甲住下（事实一）。甲对陈某的毒品动起了歪脑筋，探知陈某将毒品藏在厨房灶膛内。某夜，甲先用毒包子毒死陈某的 2 条看门狗（价值 6000 元），然后翻进陈某院墙，从厨房灶膛拿走陈某 50 克纯冰毒（事实二）。甲拿出 40 克冰毒，让乙将 40 克冰毒和 80 克其他物质混合，冒充 120 克纯冰毒卖出（事实三）。

请回答第 38～40 题。

38. 关于事实一，下列选项正确的是：（2014/2/89，不定项）

A. 甲是依法被关押的人员，其逃出戒毒所的行为构成脱逃罪

B. 甲购买少量毒品是为了自吸，购买毒品的行为不构成犯罪

C. 陈某出卖毒品给甲，虽未收款，仍属于贩卖毒品既遂

D. 乙收留甲的行为构成窝藏罪

39. 关于事实二的判断，下列选项正确的是：（2014/2/90，不定项）

A. 甲翻墙入院从厨房取走毒品的行为，属于入户盗窃

B. 甲进入陈某厨房的行为触犯非法侵入住宅罪

C. 甲毒死陈某看门狗的行为是盗窃预备与故意毁坏财物罪的想象竞合

D. 对甲盗窃 50 克冰毒的行为，应以盗窃罪论处，根据盗窃情节轻重量刑

40. 关于事实三的判断，下列选项正确的是：（2014/2/91，不定项）

A. 甲让乙卖出冰毒应定性为甲事后处理所盗赃物，对此不应追究甲的刑事责任

B. 乙将 40 克冰毒掺杂、冒充 120 克纯冰毒卖出的行为，符合诈骗罪的构成要件

C. 甲、乙既成立诈骗罪的共犯，又成立贩卖毒品罪的共犯

D. 乙在冰毒中掺杂使假，不构成制造毒品罪

2015 年

1. 关于因果关系，下列哪一选项是正确的？（2015/2/1，单选）

A. 甲跳楼自杀，砸死行人乙。这属于低概率事件，甲的行为与乙的死亡之间无因果关系

B. 集资诈骗案中，如出资人有明显的贪利动机，就不能认定非法集资行为与资金被骗结果之间有因果关系

C. 甲驾车将乙撞死后逃逸，第三人丙拿走乙包中贵重财物。甲的肇事行为与乙的财产损失之间有因果关系

D. 司法解释规定，虽交通肇事重伤 3 人以上但负事故次要责任的，不构成交通肇事罪。这说明即使有条件关系，也不一定能将结果归责于行为

2. 关于责任年龄与责任能力，下列哪一选项是正确的？（2015/2/2，单选）

A. 甲在不满 14 周岁时安放定时炸弹，炸弹于甲已满 14 周岁后爆炸，导致多人伤亡。甲对此不负刑事责任

B. 乙在精神正常时着手实行故意伤害犯罪，伤害过程中精神病突然发作，在丧失责任能力时抢走被害人财物。对乙应以抢劫罪论处

C. 丙将毒药投入丁的茶杯后精神病突然发作，丁在丙丧失责任能力时喝下毒药死亡。对丙应以故意杀人罪既遂论处

D. 戊为给自己杀人壮胆而喝酒，大醉后杀害他人。戊不承担故意杀人罪的刑事责任

3. 警察带着警犬（价值 3 万元）追捕逃犯甲。甲枪中只有一发子弹，认识到开枪既可能只打死警察（希望打死警察），也可能只打死警犬，但一枪同时打中二者，导致警察受伤、警犬死亡。关于甲的行为定性，下列哪一选项是错误的？（2015/2/3，单选）

A. 如认为甲只有一个故意，成立故意杀人罪未遂

B. 如认为甲有数个故意，成立故意杀人罪未遂与故意毁坏财物罪，数罪并罚

C. 如甲仅打中警犬，应以故意杀人罪未遂论处

D. 如甲未打中任何目标，应以故意杀人罪未遂论处

4. 鱼塘边工厂仓库着火，甲用水泵从乙的鱼塘抽水救火，致鱼塘中价值 2 万元的鱼苗死亡。仓库中价值 2 万元的商品因灭火及时未被烧毁。甲承认仓库边还有其他几家鱼塘，为报复才从乙的鱼塘抽

水。关于本案，下列哪一选项是正确的？（2015/2/4，单选）

A. 甲出于报复动机损害乙的财产，缺乏避险意图

B. 甲从乙的鱼塘抽水，是不得已采取的避险行为

C. 甲未能保全更大的权益，不符合避险限度要件

D. 对 2 万元鱼苗的死亡，甲成立故意毁坏财物罪

5. 下列哪一行为成立犯罪未遂？（2015/2/5，单选）

A. 以贩卖为目的，在网上订购毒品，付款后尚未取得毒品即被查获

B. 国家工作人员非法收受他人给予的现金支票后，未到银行提现现金即被查获

C. 为谋取不正当利益，将价值 5 万元的财物送给国家工作人员，但第二天被退回

D. 发送诈骗短信，受骗人上当后汇出 5 万元，但因误操作汇到无关第三人的账户

6. 甲以杀人故意放毒蛇咬乙，后见乙痛苦不堪，心生悔意，便开车送乙前往医院。途中等红灯时，乙声称其实自己一直想死，突然跳车逃走，三小时后死亡。后查明，只要当时送医院就不会死亡。关于本案，下列哪一选项是正确的？（2015/2/6，单选）

A. 甲不对乙的死亡负责，成立犯罪中止

B. 甲未能有效防止死亡结果发生，成立犯罪既遂

C. 死亡结果不能归责于甲的行为，甲成立犯罪未遂

D. 甲未能阻止乙跳车逃走，应以不作为的故意杀人罪论处

7. 15 周岁的甲非法侵入某尖端科技研究所的计算机信息系统，18 周岁的乙对此知情，仍应甲的要求为其编写侵入程序。关于本案，下列哪一选项是错误的？（2015/2/7，单选）

A. 如认为责任年龄、责任能力不是共同犯罪的成立条件，则甲、乙成立共犯

B. 如认为甲、乙成立共犯，则乙成立非法侵入计算机信息系统罪的从犯

C. 不管甲、乙是否成立共犯，都不能认为乙成立非法侵入计算机信息系统罪的间接正犯

D. 由于甲不负刑事责任，对乙应按非法侵入计算机信息系统罪的片面共犯论处

8. 关于结果加重犯，下列哪一选项是正确的？（2015/2/8，单选）

A. 故意杀人包含了故意伤害，故意杀人罪实际上是故意伤害罪的结果加重犯

B. 强奸罪、强制猥亵妇女罪的犯罪客体相同，强奸、强制猥亵行为致妇女重伤的，均成立结果加重犯

C. 甲将乙拘禁在宾馆 20 楼，声称只要乙还债就放人。乙无力还债，深夜跳楼身亡。甲的行为不成立非法拘禁罪的结果加重犯

D. 甲以胁迫手段抢劫乙时，发现仇人丙路过，于是立即杀害丙。甲在抢劫过程中杀害他人，因抢劫致人死亡包括故意致人死亡，故甲成立抢劫致人死亡的结果加重犯

9. 甲窃得一包冰毒后交乙代为销售，乙销售后得款 3 万元与甲平分。关于本案，下列哪一选项是错误的？（2015/2/9，单选）

A. 甲的行为触犯盗窃罪与贩卖毒品罪

B. 甲贩卖毒品的行为侵害了新的法益，应与盗窃罪实行并罚

C. 乙的行为触犯贩卖毒品罪、非法持有毒品罪、转移毒品罪与掩饰、隐瞒犯罪所得罪

D. 对乙应以贩卖毒品罪一罪论处

10. 关于累犯，下列哪一选项是正确的？（2015/2/10，单选）

A. 对累犯和犯罪集团的积极参加者，不适用缓刑

B. 对累犯，如假释后对所居住的社区无不良影响的，法院可决定假释

C. 对被判处无期徒刑的累犯，根据犯罪情节等情况，法院可同时决定对其限制减刑

D. 犯恐怖活动犯罪被判处有期徒刑 4 年，刑罚执行完毕后的第 12 年又犯黑社会性质的组织犯罪的，成立累犯

11. 下列哪一选项成立自首？（2015/2/11，单选）

A. 甲挪用公款后主动向单位领导承认了全部犯罪事实，并请求单位领导不要将自己移送司法机关

B. 乙涉嫌贪污被检察院讯问时，如实供述将该笔公款分给了国有单位职工，辩称其行为不是贪污

C. 丙参与共同盗窃后，主动投案并供述其参与盗窃的具体情况。后查明，系因分赃太少、得知举报有奖才投案

D. 丁因纠纷致程某轻伤后，报警说自己伤人了。报警后见程某举拳冲过来，丁以暴力致其死亡，并逃离现场

12. 关于假释的撤销，下列哪一选项是错误的？（2015/2/12，单选）

A. 被假释的犯罪分子，在假释考验期内犯新罪的，应撤销假释，按照先减后并的方法实行并罚

B. 被假释的犯罪分子，在假释考验期内严重违反假释监督管理规定，即使假释考验期满后才被发现，也应撤销假释

C. 在假释考验期内，发现被假释的犯罪分子在判决宣告前还有同种罪未判决的，应撤销假释

D. 在假释考验期满后，发现被假释的犯罪分子在判决宣告前有他罪未判决的，应撤销假释，数罪并罚

13. 下列哪一行为应以危险驾驶罪论处？（2015/2/13，单选）

A. 醉酒驾驶机动车，误将红灯看成绿灯，撞死2名行人

B. 吸毒后驾驶机动车，未造成人员伤亡，但危及交通安全

C. 在驾驶汽车前吃了大量荔枝，被交警以呼气式酒精检测仪测试到酒精含量达到醉酒程度

D. 将汽车误停在大型商场地下固定卸货车位，后在醉酒时将汽车从地下三层开到地下一层的停车位

14. 下列哪一犯罪属抽象危险犯？（2015/2/14，单选）

A. 污染环境罪　　B. 投放危险物质罪
C. 破坏电力设备罪　　D. 生产、销售假药罪

15. 下列哪一行为不成立使用假币罪（不考虑数额）？（2015/2/15，单选）

A. 用假币缴纳罚款

B. 用假币兑换外币

C. 在朋友结婚时，将假币塞进红包送给朋友

D. 与网友见面时，显示假币以证明经济实力

16. 甲以伤害故意砍乙两刀，随即心生杀意又砍两刀，但四刀中只有一刀砍中乙并致其死亡，且无法查明由前后四刀中的哪一刀造成死亡。关于本案，下列哪一选项是正确的？（2015/2/16，单选）

A. 不管是哪一刀造成致命伤，都应认定为一个故意杀人罪既遂

B. 不管是哪一刀造成致命伤，只能分别认定为故意伤害罪既遂与故意杀人罪未遂

C. 根据日常生活经验，应推定是后两刀中的一刀造成致命伤，故应认定为故意伤害罪未遂与故意杀人罪既遂

D. 根据存疑时有利于被告人的原则，虽可分别认定为故意伤害罪未遂与故意杀人罪未遂，但杀人与伤害不是对立关系，故可按故意伤害（致死）罪处理本案

17. 李某乘正在遛狗的老妇人王某不备，抢下王某装有4000元现金的手包就跑。王某让名贵的宠物狗追咬李某。李某见状在距王某50米处转身将狗踢死后逃离。王某眼见一切，因激愤致心脏病发作而亡。关于本案，下列哪一选项是正确的？（2015/2/17，单选）

A. 李某将狗踢死，属事后抢劫中的暴力行为

B. 李某将狗踢死，属对王某以暴力相威胁

C. 李某的行为满足事后抢劫的当场性要件

D. 对李某的行为应整体上评价为抢劫罪

18. 乙全家外出数月，邻居甲主动帮乙照看房屋。某日，甲谎称乙家门口的一对石狮为自家所有，将石狮卖给外地人，得款1万元据为己有。关于甲的行为定性，下列哪一选项是错误的？（2015/2/18，单选）

A. 甲同时触犯侵占罪与诈骗罪

B. 如认为购买者无财产损失，则甲仅触犯盗窃罪

C. 如认为购买者有财产损失，则甲同时触犯盗窃罪与诈骗罪

D. 不管购买者是否存在财产损失，甲都触犯盗窃罪

19. 菜贩刘某将蔬菜装入袋中，放在居民小区路旁长条桌上，写明"每袋20元，请将钱放在铁盒内"。然后，刘某去3公里外的市场卖菜。小区理发店的店员经常好奇地出来看看是否有人偷菜。甲数次公开拿走蔬菜时假装往铁盒里放钱。关于甲的行为定性（不考虑数额），下列哪一选项是正确的？（2015/2/19，单选）

A. 甲乘人不备，公然拿走刘某所有的蔬菜，构成抢夺罪

B. 蔬菜为经常出来查看的店员占有，甲构成盗窃罪

C. 甲假装放钱而实际未放钱，属诈骗行为，构成诈骗罪

D. 刘某虽距现场3公里，但仍占有蔬菜，甲构成盗窃罪

20. 甲杀人后将凶器忘在现场，打电话告诉乙真相，请乙帮助扔掉凶器。乙随即把凶器藏在自家地窖里。数月后，甲生活无着落准备投案自首时，乙向甲汇款2万元，使其继续在外生活。关于本案，下列哪一选项是正确的？（2015/2/20，单选）

A. 乙藏匿凶器的行为不属毁灭证据，不成立帮助毁灭证据罪

B. 乙向甲汇款2万元不属帮助甲逃匿，不成立窝藏罪

C. 乙的行为既不成立帮助毁灭证据罪，也不成立窝藏罪

D. 甲虽唆使乙毁灭证据，但不能认定为帮助毁灭证据罪的教唆犯

21. 根据《刑法》规定，国家工作人员利用本人职权或者（1）形成的便利条件，通过其他（2）职务上的行为，为请托人谋取（3），索取请托人财物或者收受请托人财物的，以（4）论处。这在刑法理论上称为（5）。将下列哪一选项内容填充到以上相应位置是正确的？（2015/2/21，单选）

A. （1）地位（2）国家机关工作人员（3）利益（4）利用影响力受贿罪（5）间接受贿

B.（1）职务（2）国家工作人员（3）利益（4）受贿罪（5）斡旋受贿

C.（1）职务（2）国家机关工作人员（3）不正当利益（4）利用影响力受贿罪（5）间接受贿

D.（1）地位（2）国家工作人员（3）不正当利益（4）受贿罪（5）斡旋受贿

22. 关于刑法解释，下列哪些选项是错误的？（2015/2/51，多选）

A.《刑法》规定"以暴力、胁迫或者其他手段强奸妇女的"构成强奸罪。按照文理解释，可将丈夫强行与妻子性交的行为解释为"强奸妇女"

B.《刑法》对抢劫罪与强奸罪的手段行为均使用了"暴力、胁迫"的表述，且二罪的法定刑相同，故对二罪中的"暴力、胁迫"应作相同解释

C. 既然将为了自己饲养而抢劫他人宠物的行为认定为抢劫罪，那么，根据当然解释，对于了自己收养而抢劫他人婴儿的行为更应认定为抢劫罪，否则会导致罪刑不均衡

D. 对中止犯中的"自动有效地防止犯罪结果发生"，既可解释为自动采取措施使得犯罪结果未发生；也可解释为自动采取防止犯罪结果发生的有效措施，而不管犯罪结果是否发生

23. 关于不作为犯罪，下列哪些选项是正确的？（2015/2/52，多选）

A. 儿童在公共游泳池溺水时，其父甲、救生员乙均故意不救助。甲、乙均成立不作为犯罪

B. 在离婚诉讼期间，丈夫误认为自己无义务救助落水的妻子，致妻子溺水身亡的，成立过失的不作为犯罪

C. 甲在火灾之际，能救出母亲，但为救出女友而未救出母亲。如无排除犯罪的事由，甲构成不作为犯罪

D. 甲向乙的咖啡投毒，看到乙喝了几口后将咖啡递给丙，因担心罪行败露，甲未阻止丙喝咖啡，导致乙、丙均死亡。甲对乙是作为犯罪，对丙是不作为犯罪

24. 关于因果关系，下列哪些选项是正确的？（2015/2/53，多选）

A. 甲驾车经过十字路口右拐时，被行人乙扔出的烟头击中面部，导致车辆失控撞死丙。只要肯定甲的行为与丙的死亡之间有因果关系，甲就应当承担交通肇事罪的刑事责任

B. 甲强奸乙后，威胁不得报警，否则杀害乙。乙报警后担心被甲杀害，便自杀身亡。如无甲的威胁乙就不会自杀，故甲的威胁行为与乙的死亡之间有因果关系

C. 甲夜晚驾车经过无照明路段时，不小心撞倒丙后继续前行，随后的乙未注意，驾车从丙身上轧过。即使不能证明是甲直接轧死丙，也必须肯定甲的行为与丙的死亡之间有因果关系

D. 甲、乙等人因琐事与丙发生争执，进而在电梯口相互厮打，电梯门受外力挤压变形开启，致丙掉入电梯通道内摔死。虽然介入了电梯门非正常开启这一因素，也应肯定甲、乙等人的行为与丙的死亡之间有因果关系

25. 关于单位犯罪，下列哪些选项是正确的？（2015/2/54，多选）

A. 就同一犯罪而言，单位犯罪与自然人犯罪的既遂标准完全相同

B.《刑法》第一百七十条未将单位规定为伪造货币罪的主体，故单位伪造货币的，相关自然人不构成犯罪

C. 经理赵某为维护公司利益，召集单位员工殴打法院执行工作人员，拒不执行生效判决的，成立单位犯罪

D. 公司被吊销营业执照后，发现其曾销售伪劣产品20万元。对此，应追究相关自然人销售伪劣产品罪的刑事责任

26. 关于故意与违法性的认识，下列哪些选项是正确的？（2015/2/55，多选）

A. 甲误以为买卖黄金的行为构成非法经营罪，仍买卖黄金，但事实上该行为不违反《刑法》。甲有犯罪故意，成立犯罪未遂

B. 甲误以为自己盗窃枪支的行为仅成立盗窃罪。甲对《刑法》规定存在认识错误，因而无盗窃枪支罪的犯罪故意，对甲的量刑不能重于盗窃罪

C. 甲拘禁吸毒的陈某数日。甲认识到其行为剥夺了陈某的自由，但误以为《刑法》不禁止普通公民实施强制戒毒行为。甲有犯罪故意，应以非法拘禁罪追究刑事责任

D. 甲知道自己的行为有害，但不知是否违反《刑法》，遂请教中学语文教师乙，被告知不违法后，甲实施了该行为。但事实上《刑法》禁止该行为。乙的回答不影响甲成立故意犯罪

27. 甲在乙骑摩托车必经的偏僻路段精心设置路障，欲让乙摔死。丙得知甲的杀人计划后，诱骗仇人丁骑车经过该路段，丁果真摔死。关于本案，下列哪些选项是正确的？（2015/2/56，多选）

A. 甲的行为和丁死亡之间有因果关系，甲有罪

B. 甲的行为属对象错误，构成故意杀人罪既遂

C. 丙对自己的行为无认识错误，构成故意杀人罪既遂

D. 丙利用甲的行为造成丁死亡，可能成立间接正犯

28. 甲和女友乙在网吧上网时，捡到一张背后写有密码的银行卡。甲持卡去 ATM 机取款，前两次取出 5000 元。在准备再次取款时，乙走过来说："注意，别出事"，甲答："马上就好。"甲又分两次取出 6000 元，并将该 6000 元递给乙。乙接过钱后站了一会儿说："我走了，小心点。"甲接着又取出 7000 元。关于本案，下列哪些选项是正确的？（2015/2/57，多选）

A. 甲拾得他人银行卡并在 ATM 机上使用，根据司法解释，成立信用卡诈骗罪

B. 对甲前两次取出 5000 元的行为，乙不负刑事责任

C. 乙接过甲取出的 6000 元，构成掩饰、隐瞒犯罪所得罪

D. 乙虽未持银行卡取款，也构成犯罪，犯罪数额是 1.3 万元

29. 甲在公园游玩时遇见仇人胡某，顿生杀死胡某的念头，便欺骗随行的朋友乙、丙说："我们追逐胡某，让他出洋相。"三人捡起木棒追逐胡某，致公园秩序严重混乱。将胡某追到公园后门偏僻处后，乙、丙因故离开。随后甲追上胡某，用木棒重击其头部，致其死亡。关于本案，下列哪些选项是正确的？（2015/2/58，多选）

A. 甲触犯故意杀人罪与寻衅滋事罪

B. 乙、丙的追逐行为是否构成寻衅滋事罪，与该行为能否产生救助胡某的义务是不同的问题

C. 乙、丙的追逐行为使胡某处于孤立无援的境地，但无法预见甲会杀害胡某，不成立过失致人死亡罪

D. 乙、丙属寻衅滋事致人死亡，应从重处罚

30. 关于缓刑的适用，下列哪些选项是正确的？（2015/2/59，多选）

A. 甲犯重婚罪和虐待罪，数罪并罚后也可能适用缓刑

B. 乙犯遗弃罪被判处管制 1 年，即使犯罪情节轻微，也不能宣告缓刑

C. 丙犯绑架罪但有立功情节，即使该罪的法定最低刑为 5 年有期徒刑，也可能适用缓刑

D. 丁 17 岁时因犯放火罪被判处有期徒刑 5 年，23 岁时又犯伪证罪，仍有可能适用缓刑

31. 关于追诉时效，下列哪些选项是正确的？（2015/2/60，多选）

A. 甲犯劫持航空器罪，即便经过 30 年，也可能被追诉

B. 乙于 2013 年 1 月 10 日挪用公款 5 万元用于结婚，2013 年 7 月 10 日归还。对乙的追诉期限应从 2013 年 1 月 10 日起计算

C. 丙于 2000 年故意轻伤李某，直到 2008 年李某才报案，但公安机关未立案。2014 年，丙因他事被抓。不能追诉丙故意伤害的刑事责任

D. 丁与王某共同实施合同诈骗犯罪。在合同诈骗罪的追诉期届满前，王某单独实施抢夺罪。对丁合同诈骗罪的追诉时效，应从王某犯抢夺罪之日起计算

32. 下列哪些行为（不考虑数量），应以走私普通货物、物品罪论处？（2015/2/61，多选）

A. 将白银从境外走私进入中国境内

B. 走私国家禁止进出口的旧机动车

C. 走私淫秽物品，有传播目的但无牟利目的的

D. 走私无法组装并使用（不属于废物）的弹头、弹壳

33. 甲与乙（女）2012 年开始同居，生有一子丙。甲、乙虽未办理结婚登记，但以夫妻名义自居，周围群众公认二人是夫妻。对甲的行为，下列哪些分析是正确的？（2015/2/62，多选）

A. 甲长期虐待乙的，构成虐待罪

B. 甲伤害丙（致丙轻伤）时，乙不阻止的，乙构成不作为的故意伤害罪

C. 甲如与丁（女）领取结婚证后，不再与乙同居，也不抚养丙的，可能构成遗弃罪

D. 甲如与丁领取结婚证后，不再与乙同居，某日采用暴力强行与乙性交的，构成强奸罪

34. 下列哪些行为触犯诈骗罪（不考虑数额）？（2015/2/63，多选）

A. 甲对李某家的保姆说："李某现在使用的手提电脑是我的，你还给我吧。"保姆信以为真，将电脑交给甲

B. 甲对持有外币的乙说："你手上拿的是假币，得扔掉，否则要坐牢。"乙将外币扔掉，甲乘机将外币捡走

C. 甲为灾民募捐，一般人捐款几百元。富商经过募捐地点时，甲称："不少人都捐一、二万元，您多捐点吧。"富商信以为真，捐款 2 万元

D. 乙窃取摩托车，准备骑走。甲觉其可疑，装成摩托车主人的样子说："你想把我的车骑走啊？"乙弃车逃走，甲将摩托车据为己有

甲送给国有收费站长吴某 3 万元，与其约定：甲在高速公路另开出口帮货车司机逃费，吴某想办法让人对此不予查处，所得由二人分成。后甲组织数十人，锯断高速公路一侧隔离栏、填平隔离沟（恢复原状需 3 万元），形成一条出口。路过的很多货车司机知道经过收费站要收 300 元，而给甲 100 元即可绕过收费站继续前行。甲以此方式共得款 30 万元，但骗吴某仅得 20 万元，并按此数额分成。

请回答第 35~37 题。

35. 关于甲锯断高速公路隔离栏的定性，下列分析正确的是：（2015/2/86，不定项）

　　A. 任意损毁公私财物，情节严重，应以寻衅滋事罪论处

　　B. 聚众锯断高速公路隔离栏，成立聚众扰乱交通秩序罪

　　C. 锯断隔离栏的行为，即使得到吴某的同意，也构成故意毁坏财物罪

　　D. 锯断隔离栏属破坏交通设施，在危及交通安全时，还触犯破坏交通设施罪

36. 关于甲非法获利的定性，下列分析正确的是：（2015/2/87，不定项）

　　A. 擅自经营收费站收费业务，数额巨大，构成非法经营罪

　　B. 即使收钱时冒充国有收费站工作人员，也不构成招摇撞骗罪

　　C. 未使收费站工作人员基于认识错误免收司机过路费，不构成诈骗罪

　　D. 骗吴某仅得 20 万元的行为，构成隐瞒犯罪所得罪

37. 围绕吴某的行为，下列论述正确的是：（2015/2/88，不定项）

　　A. 利用职务上的便利侵吞本应由收费站收取的费用，成立贪污罪

　　B. 贪污数额为 30 万元

　　C. 收取甲 3 万元，利用职务便利为甲谋利益，成立受贿罪

　　D. 贪污罪与受贿罪成立牵连犯，应从一重罪处断

　　朱某系某县民政局副局长，率县福利企业年检小组到同学黄某任厂长的电气厂年检时，明知该厂的材料有虚假、残疾员工未达法定人数，但朱某以该材料为准，使其顺利通过年检。为此，电气厂享受了不应享受的退税优惠政策，获取退税 300 万元。黄某动用关系，帮朱某升任民政局局长。检察院在调查朱某时发现，朱某有 100 万元财产明显超过合法收入，但其拒绝说明来源。在审查起诉阶段，朱某交代 100 万元系在澳门赌场所赢，经查证属实。

　　请回答第 38~40 题。

38. 关于朱某帮助电气厂通过年检的行为，下列说法正确的是：（2015/2/89，不定项）

　　A. 其行为与国家损失 300 万元税收之间，存在因果关系

　　B. 属滥用职权，构成滥用职权罪

　　C. 属徇私舞弊，使国家税收遭受损失，同时构成徇私舞弊不征、少征税款罪

　　D. 事后虽获得了利益（升任局长），但不构成受贿罪

39. 关于朱某 100 万元财产的来源，下列分析正确的是：（2015/2/90，不定项）

　　A. 其财产、支出明显超过合法收入，这是巨额财产来源不明罪的实行行为

　　B. 在审查起诉阶段已说明 100 万元的来源，故不能以巨额财产来源不明罪提起公诉

　　C. 在澳门赌博，数额特别巨大，构成赌博罪

　　D. 作为国家工作人员，在澳门赌博，应依属人管辖原则追究其赌博的刑事责任

40. 关于黄某使电气厂获取 300 万元退税的定性，下列分析错误的是：（2015/2/91，不定项）

　　A. 具有逃税性质，触犯逃税罪

　　B. 具有诈骗属性，触犯诈骗罪

　　C. 成立逃税罪与提供虚假证明文件罪，应数罪并罚

　　D. 属单位犯罪，应对电气厂判处罚金，并对黄某判处相应的刑罚

2016 年

1. 关于不作为犯罪，下列哪一选项是正确的？（2016/2/1，单选）

　　A. "法无明文规定不为罪"的原则当然适用于不作为犯罪，不真正不作为犯的作为义务必须源于法律的明文规定

　　B. 在特殊情况下，不真正不作为犯的成立不需要行为人具有作为可能性

　　C. 不真正不作为犯属于行为犯，危害结果并非不真正不作为犯的构成要件要素

　　D. 危害公共安全罪、侵犯公民人身权利罪、侵犯财产罪中均存在不作为犯

2. 关于因果关系的认定，下列哪一选项是正确的？（2016/2/2，单选）

　　A. 甲重伤王某致其昏迷。乞丐目睹一切，在甲离开后取走王某财物。甲的行为与王某的财产损失有因果关系

　　B. 乙纠集他人持凶器砍杀李某，将李某逼至江边，李某无奈跳江被淹死。乙的行为与李某的死亡无因果关系

　　C. 丙酒后开车被查。交警指挥丙停车不当，致石某的车撞上丙车，石某身亡。丙的行为与石某死亡无因果关系

　　D. 丁敲诈勒索陈某。陈某给丁汇款时，误将 3 万元汇到另一诈骗犯账户中。丁的行为与陈某的财产损失无因果关系

3. 关于刑事责任能力，下列哪一选项是正确的？（2016/2/3，单选）

　　A. 甲第一次吸毒产生幻觉，误以为伍某在追杀自己，用木棒将伍某打成重伤。甲的行为成立过失致人重伤罪

　　B. 乙以杀人故意刀砍陆某时突发精神病，继续猛砍致陆某死亡。不管采取何种学说，乙都成立故意杀人罪未遂

C. 丙因实施爆炸被抓，相关证据足以证明丙已满15周岁，但无法查明具体出生日期。不能追究丙的刑事责任

D. 丁在14周岁生日当晚故意砍杀张某，后心生悔意将其送往医院抢救，张某仍于次日死亡。应追究丁的刑事责任

4. 农民甲醉酒在道路上驾驶拖拉机，其认为拖拉机不属于《刑法》第133条之一规定的机动车。关于本案的分析，下列哪一选项是正确的？（2016/2/4，单选）

A. 甲未能正确评价自身的行为，存在事实认识错误

B. 甲欠缺违法性认识的可能性，其行为不构成犯罪

C. 甲对危险驾驶事实有认识，具有危险驾驶的故意

D. 甲受认识水平所限，不能要求其对自身行为负责

5. 吴某被甲、乙合法追捕。吴某的枪中只有一发子弹，认识到开枪既可能打死甲也可能打死乙。设定吴某对甲、乙均有杀人故意，下列哪一分析是正确的？（2016/2/5，单选）

A. 如吴某一枪没有打中甲和乙，子弹从甲与乙的中间穿过，则对甲、乙均成立故意杀人罪未遂

B. 如吴某一枪打中了甲，致甲死亡，则对甲成立故意杀人罪既遂，对乙成立故意杀人罪未遂，实行数罪并罚

C. 如吴某一枪同时打中甲和乙，致甲死亡、乙重伤，则对甲成立故意杀人罪既遂，对乙仅成立故意伤害罪

D. 如吴某一枪同时打中甲和乙，致甲、乙死亡，则对甲、乙均成立故意杀人罪既遂，实行数罪并罚

6. 关于正当防卫与紧急避险，下列哪一选项是正确的？（2016/2/6，单选）

A. 为保护国家利益实施的防卫行为，只有当防卫人是国家工作人员时，才成立正当防卫

B. 为制止正在进行的不法侵害，使用第三者的财物反击不法侵害人，导致该财物被毁坏的，对不法侵害人不可能成立正当防卫

C. 为摆脱合法追捕而侵入他人住宅的，考虑到人性弱点，可认定为紧急避险

D. 为保护个人利益免受正在发生的危险，不得已也可通过损害公共利益的方法进行紧急避险

7. 甲、乙、丙共同故意伤害丁，丁死亡。经查明，甲、乙都使用铁棒，丙未使用任何凶器；尸体上除一处致命伤外，再无其他伤害；可以肯定致命伤不是丙造成的，但不能确定是甲造成还是乙造成的。关于本案，下列哪一选项是正确的？（2016/2/7，单选）

A. 因致命伤不是丙造成的，尸体上也没有其他伤害，故丙不成立故意伤害罪

B. 对甲与乙虽能认定为故意伤害罪，但不能认定为故意伤害（致死）罪

C. 甲、乙成立故意伤害（致死）罪，丙成立故意伤害罪但不属于伤害致死

D. 认定甲、乙、丙均成立故意伤害（致死）罪，与存疑时有利于被告的原则并不矛盾

8.《刑法》第64条前段规定："犯罪分子违法所得的一切财物，应当予以追缴或者责令退赔"。关于该规定的适用，下列哪一选项是正确的？（2016/2/8，单选）

A. 甲以赌博为业，但手气欠佳输掉200万元。输掉的200万元属于赌资，应责令甲全额退赔

B. 乙挪用公款炒股获利500万元用于购买房产（案发时贬值为300万元），应责令乙退赔500万元

C. 丙向国家工作人员李某行贿100万元。除向李某追缴100万元外，还应责令丙退赔100万元

D. 丁与王某共同窃取他人财物30万元。因二人均应对30万元负责，故应向二人各追缴30万元

9. 关于职业禁止，下列哪一选项是正确的？（2016/2/9，单选）

A. 利用职务上的便利实施犯罪的，不一定都属于"利用职业便利"实施犯罪

B. 行为人违反职业禁止的决定，情节严重的，应以拒不执行判决、裁定罪定罪处罚

C. 判处有期徒刑并附加剥夺政治权利，同时决定职业禁止的，在有期徒刑与剥夺政治权利均执行完毕后，才能执行职业禁止

D. 职业禁止的期限均为3年至5年

10. 关于追诉时效，下列哪一选项是正确的？（2016/2/10，单选）

A.《刑法》规定，法定最高刑为不满5年有期徒刑的，经过5年不再追诉。危险驾驶罪的法定刑为拘役，不能适用该规定计算危险驾驶罪的追诉时效

B. 在共同犯罪中，对主犯与从犯适用不同的法定刑时，应分别计算各自的追诉时效，不得按照主犯适用的法定刑计算从犯的追诉期限

C. 追诉时效实际上属于刑事诉讼的内容，刑事诉讼采取从新原则，故对刑法所规定的追诉时效，不适用从旧兼从轻原则

D. 刘某故意杀人后逃往国外 18 年，在国外因伪造私人印章（在我国不构成犯罪）被通缉时潜回国内。4 年后，其杀人案件被公安机关发现。因追诉时效中断，应追诉刘某故意杀人的罪行

11. 关于法条关系，下列哪一项是正确的（不考虑数额）？（2016/2/11，单选）

A. 即使认为盗窃与诈骗是对立关系，一行为针对同一具体对象（同一具体结果）也完全可能同时触犯盗窃罪与诈骗罪

B. 即使认为故意杀人与故意伤害是对立关系，故意杀人罪与故意伤害罪也存在法条竞合关系

C. 如认为法条竞合仅限于侵害一犯罪客体的情形，冒充警察骗取数额巨大的财物时，就会形成招摇撞骗罪与诈骗罪的法条竞合

D. 即便认为贪污罪和挪用公款罪是对立关系，若行为人使用公款赌博，在不能查明其是否具有归还公款的意思时，也能认定构成挪用公款罪

12. 甲对拆迁不满，在高速公路中间车道用树枝点燃一个焰高约 20 厘米的火堆，将其分成两堆后离开。火堆很快就被通行车辆轧灭。关于本案，下列哪一项是正确的？（2016/2/12，单选）

A. 甲的行为成立放火罪

B. 甲的行为成立以危险方法危害公共安全罪

C. 如认为甲的行为不成立放火罪，那么其行为也不可能成立以危险方法危害公共安全罪

D. 行为危害公共安全，但不构成放火、决水、爆炸等犯罪的，应以以危险方法危害公共安全罪论处

13. 陈某欲制造火车出轨事故，破坏轨道时将螺栓砸飞，击中在附近玩耍的幼童，致其死亡。陈某的行为被及时发现，未造成火车倾覆、毁坏事故。关于陈某的行为性质，下列哪一项是正确的？（2016/2/13，单选）

A. 构成破坏交通设施罪的结果加重犯

B. 构成破坏交通设施罪的基本犯与故意杀人罪的想象竞合犯

C. 构成破坏交通设施罪的基本犯与过失致人死亡罪的想象竞合犯

D. 构成破坏交通设施罪的结果加重犯与过失致人死亡罪的想象竞合犯

14. 甲急需 20 万元从事养殖，向农村信用社贷款时被信用社主任乙告知，一个身份证只能贷款 5 万元，再借几个身份证可多贷。甲用自己的名义贷款 5 万元，另借用 4 个身份证贷款 20 万元，但由于经营不善，不能归还本息。关于本案，下列哪一项是正确的？（2016/2/14，单选）

A. 甲构成贷款诈骗罪，乙不构成犯罪

B. 甲构成骗取贷款罪，乙不构成犯罪

C. 甲构成骗取贷款罪，乙构成违法发放贷款罪

D. 甲不构成骗取贷款罪，乙构成违法发放贷款罪

15. 甲为勒索财物，打算绑架富商之子吴某（5岁）。甲欺骗乙、丙说："富商欠我 100 万元不还，你们帮我扣押其子，成功后给你们每人 10 万元。"乙、丙将吴某扣押，但甲无法联系上富商，未能进行勒索。三天后，甲让乙、丙将吴某释放。吴某一人在回家路上溺水身亡。关于本案，下列哪一项是正确的？（2016/2/15，单选）

A. 甲、乙、丙构成绑架罪的共同犯罪，但对乙、丙只能适用非法拘禁罪的法定刑

B. 甲未能实施勒索行为，属绑架未遂；甲主动让乙、丙放人，属绑架中止

C. 吴某的死亡结果应归责于甲的行为，甲成立绑架致人死亡的结果加重犯

D. 不管甲是绑架未遂、绑架中止还是绑架既遂，乙、丙均成立犯罪既遂

16. 贾某在路边将马某打倒在地，劫取其财物。离开时贾某为报复马某之前的反抗，往其胸口轻踢了一脚，不料造成马某心脏骤停死亡。设定贾某对马某的死亡具有过失，下列哪一分析是正确的？（2016/2/16，单选）

A. 贾某踢马某一脚，是抢劫行为的延续，构成抢劫致人死亡

B. 贾某踢马某一脚，成立事后抢劫，构成抢劫致人死亡

C. 贾某构成抢劫罪的基本犯，应与过失致人死亡罪数罪并罚

D. 贾某构成抢劫罪的基本犯与故意伤害（致死）罪的想象竞合犯

17. 关于诈骗罪的认定，下列哪一项是正确的（不考虑数额）？（2016/2/17，单选）

A. 甲利用信息网络，诱骗他人点击虚假链接，通过预先植入的木马程序取得他人财物。即使他人不知点击链接会转移财产，甲也成立诈骗罪

B. 乙虚构可供交易的商品，欺骗他人点击付款链接，取得他人财物的，由于他人知道自己付款，故乙触犯诈骗罪

C. 丙将钱某门前停放的摩托车谎称是自己的，卖给孙某，让其骑走。丙就钱某的摩托车成立诈骗罪

D. 丁侵入银行计算机信息系统，将刘某存折中的 5 万元存款转入自己的账户。对丁应以诈骗罪论处

18. 乙女在路上被铁丝绊倒，受伤不能动，手中钱包（内有现金 5000 元）摔出七八米外。路过的甲捡起钱包时，乙大喊"我的钱包不要拿"，甲说"你不要喊，我拿给你"，乙信以为真没有再喊。甲捡起钱包后立即逃走。关于本案，下列哪一选项是正确的？（2016/2/18，单选）

    A. 甲以其他方法抢劫他人财物，成立抢劫罪

    B. 甲以欺骗方法使乙信以为真，成立诈骗罪

    C. 甲将乙的遗忘物据为己有，成立侵占罪

    D. 只能在盗窃罪或者抢夺罪中，择一定性甲的行为

19. 甲杀丙后潜逃。为干扰侦查，甲打电话让乙将一把未留有指纹的斧头粘上丙的鲜血放到现场。乙照办后报案称，自己看到"凶手"杀害了丙，并描述了与甲相貌特征完全不同的"凶手"情况，导致公安机关长期未将甲列为嫌疑人。关于本案，下列哪一选项是错误的？（2016/2/20，单选）

    A. 乙将未留有指纹的斧头放到现场，成立帮助伪造证据罪

    B. 对乙伪造证据的行为，甲不负刑事责任

    C. 乙捏造事实诬告陷害他人，成立诬告陷害罪

    D. 乙向公安机关虚假描述"凶手"的相貌特征，成立包庇罪

20. 国家工作人员甲听到有人敲门，开门后有人扔进一个包就跑。甲发现包内有 20 万元现金，推测是有求于自己职务行为的乙送的。甲打电话问乙时被告知"不要问是谁送的，收下就是了"（事实上是乙安排丙送的），并重复了前几天的请托事项。甲虽不能确定是乙送的，但还是允诺为乙谋取利益。关于本案，下列哪一选项是正确的？（2016/2/21，单选）

    A. 甲没有主动索取、收受财物，不构成受贿罪

    B. 甲没有受贿的直接故意，间接故意不可能构成受贿罪，故甲不构成受贿罪

    C. 甲允诺为乙谋取利益与收受 20 万元现金之间无因果关系，故不构成受贿罪

    D. 即使认为甲不构成受贿罪，乙与丙也构成行贿罪

21. 关于罪刑法定原则与刑法解释，下列哪些选项是正确的？（2016/2/51，多选）

    A. 对甲法条中的"暴力"作扩大解释时，就不可能同时再作限制解释，但这并不意味着对乙法条中的"暴力"也须作扩大解释

    B. 《刑法》第 237 条规定的强制猥亵、侮辱罪中的"侮辱"，与《刑法》第 246 条规定的侮辱罪中的"侮辱"，客观内容相同、主观内容不同

    C. 当然解释是使刑法条文之间保持协调的解释方法，只要符合当然解释的原理，其解释结论就不会违反罪刑法定原则

    D. 对刑法分则条文的解释，必须同时符合两个要求：一是不能超出刑法用语可能具有的含义，二是必须符合分则条文的目的

22. 甲、乙共同对丙实施严重伤害行为时，甲误打中乙致乙重伤，丙乘机逃走。关于本案，下列哪些选项是正确的？（2016/2/52，多选）

    A. 甲的行为属打击错误，按照具体符合说，成立故意伤害罪既遂

    B. 甲的行为属对象错误，按照法定符合说，成立故意伤害罪既遂

    C. 甲误打中乙属偶然防卫，但对丙成立故意伤害罪未遂

    D. 不管甲是打击错误、对象错误还是偶然防卫，乙都不可能成立故意伤害罪既遂

23. 关于犯罪未遂的认定，下列哪些选项是正确的？（2016/2/53，多选）

    A. 甲以杀人故意将郝某推下过街天桥，见郝某十分痛苦，便拦下出租车将郝某送往医院。但郝某未受致命伤，即便不送医院也不会死亡。甲属于犯罪未遂

    B. 乙持刀拦路抢劫周某。周某说"把刀放下，我给你钱"。乙信以为真，收起刀子，伸手要钱。周某乘乙不备，一脚踢倒乙后逃跑。乙属于犯罪未遂

    C. 丙见商场橱柜展示有几枚金锭（30 万元/枚），打开玻璃门拿起一枚就跑，其实是值 300 元的仿制品，真金锭仍在。丙属于犯罪未遂

    D. 丁资助林某从事危害国家安全的犯罪活动，但林某尚未实施相关犯罪活动即被抓获。丁属于资助危害国家安全犯罪活动罪未遂

24. 关于罪数，下列哪些选项是正确的（不考虑数额或情节）？（2016/2/54，多选）

    A. 甲使用变造的货币购买商品，触犯使用假币罪与诈骗罪，构成想象竞合犯

    B. 乙走私毒品，又走私假币构成犯罪的，以走私毒品罪和走私假币罪实行数罪并罚

    C. 丙先后三次侵入军人家中盗窃军人制服，后身穿军人制服招摇撞骗。对丙应按牵连犯从一重罪处罚

    D. 丁明知黄某在网上开设赌场，仍为其提供互联网接入服务。丁触犯开设赌场罪与帮助信息网络犯罪活动罪，构成想象竞合犯

25. 判决宣告以前一人犯数罪，数罪中有判处（1）和（2）的，执行（3）；数罪中所判处的（4），仍须执行。将下列哪些选项内容填入以上相应括号内是正确的？（2016/2/55，多选）

    A.（1）死刑（2）有期徒刑（3）死刑（4）罚金

B. （1）无期徒刑 （2）拘役 （3）无期徒刑 （4）没收财产

C. （1）有期徒刑 （2）拘役 （3）有期徒刑 （4）附加刑

D. （1）拘役 （2）管制 （3）拘役 （4）剥夺政治权利

26. 乙成立恐怖组织并开展培训活动，甲为其提供资助。受培训的丙、丁为实施恐怖活动准备凶器。因案件被及时侦破，乙、丙、丁未能实施恐怖活动。关于本案，下列哪些选项是正确的？（2016/2/56，多选）

A. 甲构成帮助恐怖活动罪，不再适用《刑法》总则关于从犯的规定

B. 乙构成组织、领导恐怖组织罪

C. 丙、丁构成准备实施恐怖活动罪

D. 对丙、丁定罪量刑时，不再适用《刑法》总则关于预备犯的规定

27. 关于生产、销售伪劣商品罪，下列哪些选项是正确的？（2016/2/57，多选）

A. 甲既生产、销售劣药，对人体健康造成严重危害，同时又生产、销售假药的，应实行数罪并罚

B. 乙为提高猪肉的瘦肉率，在饲料中添加"瘦肉精"。由于生猪本身不是食品，故乙不构成生产有毒、有害食品罪

C. 丙销售不符合安全标准的饼干，足以造成严重食物中毒事故，但销售金额仅有500元。对丙应以销售不符合安全标准的食品罪论处

D. 丁明知香肠不符合安全标准，足以造成严重食源性疾患，但误以为没有毒害而销售，事实上香肠中掺有有毒的非食品原料。对丁应以销售不符合安全标准的食品罪论处

28. 关于侵犯公民人身权利罪的认定，下列哪些选项是正确的？（2016/2/58，多选）

A. 甲征得17周岁的夏某同意，摘其一个肾脏后卖给他人，所获3万元全部交给夏某。甲的行为构成故意伤害罪

B. 乙将自己1岁的女儿出卖，获利6万元用于赌博。对乙出卖女儿的行为，应以遗弃罪追究刑事责任

C. 丙为索债将吴某绑于地下室。吴某挣脱后，驾车离开途中发生交通事故死亡。丙的行为不属于非法拘禁致人死亡

D. 丁和朋友为寻求刺激，在大街上追逐、拦截两位女生。丁的行为构成强制猥亵罪

29. 下列哪些行为构成盗窃罪（不考虑数额）？（2016/2/59，多选）

A. 酒店服务员甲在帮客人拎包时，将包中的手机放入自己的口袋为己有

B. 客人在小饭馆吃饭时，将手机放在收银台边上充电，请服务员乙帮忙照看。乙假意答应，却将手机据为己有

C. 旅客将行李放在托运柜台旁，到相距20余米的另一柜台问事时，机场清洁工丙将该行李拿走据为己有

D. 顾客购物时将车钥匙遗忘在收银台，收银员问是谁的，丁谎称是自己的，然后持该钥匙将顾客的车开走

30. 2016年4月，甲利用乙提供的作弊器材，安排大学生丙在地方公务员考试中代替自己参加考试。但丙考试成绩不佳，甲未能进入复试。关于本案，下列哪些选项是正确的？（2016/2/60，多选）

A. 甲组织他人考试作弊，应以组织考试作弊罪论处

B. 乙为他人考试作弊提供作弊器材，应按组织考试作弊罪论处

C. 丙考试成绩虽不佳，仍构成代替考试罪

D. 甲让丙代替自己参加考试，构成代替考试罪

31. 关于毒品犯罪，下列哪些选项是正确的？（2016/2/61，多选）

A. 甲无牟利目的，为江某代购仅用于吸食的毒品，达到非法持有毒品罪的数量标准。对甲应以非法持有毒品罪定罪

B. 乙为蒋某代购仅用于吸食的毒品，在交通费等必要开销之外收取了若干"劳务费"。对乙应以贩卖毒品罪论处

C. 丙与曾某互不知情，受雇于同一雇主，各自运输海洛因500克。丙将海洛因从一地运往另一地后，按雇主吩咐交给曾某，曾某再运往第三地。丙应对运输1000克海洛因负责

D. 丁盗窃他人200克毒品后，将该毒品出卖。对丁应以盗窃罪和贩卖毒品罪实行数罪并罚

32. 关于贿赂犯罪的认定，下列哪些选项是正确的？（2016/2/62，多选）

A. 甲是公立高校普通任课教师，在学校委派其招生时，利用职务便利收受考生家长10万元。甲成立受贿罪

B. 乙是国有医院副院长，收受医药代表10万元，承诺为病人开处方时多开相关药品。乙成立非国家工作人员受贿罪

C. 丙是村委会主任，在村集体企业招投标过程中，利用职务收受他人财物10万元，为其谋利。丙成立非国家工作人员受贿罪

D. 丁为国有公司临时工，与本公司办理采购业务的副总经理相勾结，收受10万元回扣归二人所有。丁构成受贿罪

33. 关于渎职犯罪，下列哪些选项是正确的？（2016/2/63，多选）

A. 县财政局副局长秦某工作时擅离办公室，其他办公室人员操作电炉不当，触电身亡并引发大火将办公楼烧毁。秦某触犯玩忽职守罪

B. 县卫计局执法监督大队队长武某，未能发现何某在足疗店内非法开诊所行医，该诊所开张三天即造成一患者死亡。武某触犯玩忽职守罪

C. 负责建房审批工作的干部柳某，徇情为拆迁范围内违规修建的房屋补办了建设许可证，房主凭此获得补偿款 90 万元。柳某触犯滥用职权罪

D. 县长郑某擅自允许未经环境评估的水电工程开工，导致该县水域内濒危野生鱼类全部灭绝。郑某触犯滥用职权罪

甲将私家车借给无驾照的乙使用。乙夜间驾车与其叔丙出行，途中遇刘某过马路，不慎将其撞成重伤，车辆亦受损。丙下车查看情况，对乙谎称自己留下打电话叫救护车，让乙赶紧将车走开。乙离去后，丙将刘某藏匿在草丛中离开。刘某因错过抢救时机身亡。（事实一）

为逃避刑事责任，乙找到有驾照的丁，让丁去公安机关"自首"，谎称案发当晚是丁驾车。丁照办。公安机关找甲取证时，甲想到若说是乙造成事故，自己作为被保险人就无法从保险公司获得车损赔偿，便谎称当晚将车借给了丁。（事实二）

后甲找到在私营保险公司当定损员的朋友陈某，告知其真相，请求其帮忙向保险公司申请赔偿。陈某遂向保险公司报告说是丁驾车造成事故，并隐瞒其他不利于甲的事实。甲顺利获得 7 万元保险赔偿。（事实三）

请回答第 34~36 题。

34. 关于事实一的分析，下列选项正确的是：（2016/2/86，不定项）

A. 乙交通肇事后逃逸致刘某死亡，构成交通肇事逃逸致人死亡

B. 乙交通肇事且致使刘某死亡，构成交通肇事罪与过失致人死亡罪，数罪并罚

C. 丙与乙都应对刘某的死亡负责，构成交通肇事罪的共同正犯

D. 丙将刘某藏匿致使其错过抢救时机身亡，构成故意杀人罪

35. 关于事实二的分析，下列选项错误的是：（2016/2/87，不定项）

A. 伪证罪与包庇罪是相互排斥的关系，甲不可能既构成伪证罪又构成包庇罪

B. 甲的主观目的在于骗取保险金，没有妨害司法的故意，不构成妨害司法罪

C. 乙唆使丁代替自己承担交通肇事的责任，就此构成教唆犯

D. 丁的"自首"行为干扰了司法机关的正常活动，触犯包庇罪

36. 关于事实三的分析，下列选项正确的是：（2016/2/88，不定项）

A. 甲对发生的保险事故编造虚假原因，骗取保险金，触犯保险诈骗罪

B. 甲既触犯保险诈骗罪，又触犯诈骗罪，由于两罪性质不同，应数罪并罚

C. 陈某未将保险金据为己有，因欠缺非法占有目的不构成职务侵占罪

D. 陈某与甲密切配合，骗取保险金，两人构成保险诈骗罪的共犯

甲是 A 公司（国有房地产公司）领导，因私人事务欠蔡某 600 万元。蔡某让甲还钱，甲提议以 A 公司在售的商品房偿还债务，蔡某同意。甲遂将公司一套价值 600 万元的商品房过户给蔡某，并在公司财务账目上记下自己欠公司 600 万元。三个月后，甲将账作平，至案发时亦未归还欠款。（事实一）

A 公司有工程项目招标。为让和自己关系好的私营公司老板程某中标，甲刻意安排另外两家公司与程某一起参与竞标。甲让这两家公司和程某分别制作工程预算和标书，但各方约定，若这两家公司中标，就将工程转包给程某。程某最终在 A 公司预算范围内以最优报价中标。为感谢甲，程某花 5000 元购买仿制古董赠与甲。甲以为是价值 20 万元的真品，欣然接受。（事实二）

甲曾因公务为 A 公司垫付各种费用 5 万元，但由于票据超期，无法报销。为挽回损失，甲指使知情的程某虚构与 A 公司的劳务合同并虚开发票。甲在合同上加盖公司公章后，找公司财务套取"劳务费" 5 万元。（事实三）

请回答第 37~39 题。

37. 关于事实一的分析，下列选项正确的是：（2016/2/89，不定项）

A. 甲将商品房过户给蔡某的行为构成贪污罪

B. 甲将商品房过户给蔡某的行为构成挪用公款罪

C. 甲虚假平账，不再归还 600 万元，构成贪污罪

D. 甲侵占公司 600 万元，应与挪用公款罪数罪并罚

38. 关于事实二的分析，下列选项正确的是：（2016/2/90，不定项）

A. 程某虽与其他公司串通参与投标，但不构成串通投标罪

B. 甲安排程某与他人串通投标，构成串通投标罪的教唆犯

C. 程某以行贿的意思向甲赠送仿制古董，构成行贿罪既遂

D. 甲以受贿的意思收下程某的仿制古董，构成受贿罪既遂

39. 关于事实三的分析，下列选项错误的是：（2016/2/91，不定项）

A. 甲以非法手段骗取国有公司的财产，构成诈骗罪

B. 甲具有非法占有公共财物的目的，构成贪污罪

C. 程某协助甲对公司财务人员进行欺骗，构成诈骗罪与贪污罪的想象竞合犯

D. 程某并非国家工作人员，但帮助国家工作人员贪污，构成贪污罪的帮助犯

2017 年

1. 关于刑事司法解释的时间效力，下列哪一选项是正确的？（2017/2/1，单选）

A. 司法解释也是刑法的渊源，故其时间效力与《刑法》完全一样，适用从旧兼从轻原则

B. 行为时无相关司法解释，新司法解释实施时正在审理的案件，应当依新司法解释办理

C. 行为时有相关司法解释，新司法解释实施时正在审理的案件，仍须按旧司法解释办理

D. 依行为时司法解释已审结的案件，若适用新司法解释有利于被告人的，应依新司法解释改判

2. 关于危害结果，下列哪一选项是正确的？（2017/2/2，单选）

A. 危害结果是所有具体犯罪的构成要件要素

B. 抽象危险是具体犯罪构成要件的危害结果

C. 以杀死被害人的方法当场劫取财物的，构成抢劫罪的结果加重犯

D. 骗取他人财物致使被害人自杀身亡的，成立诈骗罪的结果加重犯

3. 关于刑事责任能力的认定，下列哪一选项是正确的？（2017/2/3，单选）

A. 甲先天双目失明，在大学读书期间因琐事致室友重伤。甲具有限定刑事责任能力

B. 乙是聋哑人，长期组织数名聋哑人在公共场所扒窃。乙属于相对有刑事责任能力

C. 丙服用安眠药陷入熟睡，致同床的婴儿被压迫窒息死亡。丙不具有刑事责任能力

D. 丁大醉后步行回家，嫌他人小汽车挡路，将车砸坏，事后毫无记忆。丁具有完全刑事责任能力

4. 关于正当防卫与紧急避险的比较，下列哪一选项是正确的？（2017/2/4，单选）

A. 正当防卫中的不法"侵害"的范围，与紧急避险中的"危险"相同

B. 对正当防卫中不法侵害是否"正在进行"的认定，与紧急避险中危险是否"正在发生"的认定相同

C. 对正当防卫中防卫行为"必要限度"的认定，与紧急避险中避险行为"必要限度"的认定相同

D. 若正当防卫需具有防卫意图，则紧急避险也须具有避险意图

5. 甲冒充房主王某与乙签订商品房买卖合同，约定将王某的住房以220万元卖给乙，乙首付100万元给甲，待过户后再支付剩余的120万元。办理过户手续时，房管局工作人员识破甲的骗局并报警。根据司法解释，关于甲的刑事责任的认定，下列哪一选项是正确的？（2017/2/5，单选）

A. 以合同诈骗罪220万元未遂论处，酌情从重处罚

B. 以合同诈骗罪100万元既遂论处，合同诈骗120万元作为未遂情节加以考虑

C. 以合同诈骗罪120万元未遂论处，合同诈骗100万元既遂的情节不再单独处罚

D. 以合同诈骗罪100万元既遂与合同诈骗罪120万元未遂并罚

6. 甲欲前往张某家中盗窃。乙送甲一把擅自配制的张家房门钥匙，并告甲说，张家装有防盗设备，若钥匙打不开就必须放弃盗窃，不可入室。甲用钥匙开张家房门，无法打开，本欲依乙告诫离去，但又不甘心，思量后破窗进入张家窃走数额巨大的财物。关于本案的分析，下列哪一选项是正确的？（2017/2/6，单选）

A. 乙提供钥匙的行为对甲成功实施盗窃起到了促进作用，构成盗窃罪既遂的帮助犯

B. 乙提供的钥匙虽未起作用，但对甲实施了心理上的帮助，构成盗窃罪既遂的帮助犯

C. 乙欲帮助甲实施盗窃行为，因意志以外的原因未能得逞，构成盗窃罪的帮助犯未遂

D. 乙的帮助行为的影响仅延续至甲着手开门盗窃时，故乙成立盗窃罪未遂的帮助犯

7. 甲欲杀丙，假意与乙商议去丙家"盗窃"，由乙在室外望风，乙照办。甲进入丙家将丙杀害，出来后骗乙说未窃得财物。乙信以为真，悻然离去。关于本案的分析，下列哪一选项是正确的？（2017/2/7，单选）

A. 甲欺骗乙望风，构成间接正犯。间接正犯不影响对共同犯罪的认定，甲、乙构成故意杀人罪的共犯

B. 乙企图帮助甲实施盗窃行为，却因意志以外的原因未能得逞，故对乙应以盗窃罪的帮助犯未遂论处

C. 对甲应以故意杀人罪论处，对乙以非法侵入住宅罪论处。两人虽然罪名不同，但仍然构成共同犯罪

D. 乙客观上构成故意杀人罪的帮助犯，但因其仅有盗窃故意，故应在盗窃罪法定刑的范围内对其量刑

8. 关于罪数的判断，下列哪一选项是正确的？（2017/2/8，单选）

A. 甲为冒充国家机关工作人员招摇撞骗而盗窃国家机关证件，并持该证件招摇撞骗。甲成立盗窃国家机关证件罪和招摇撞骗罪，数罪并罚

B. 乙在道路上醉酒驾驶机动车，行驶 20 公里后，不慎撞死路人张某。因已发生实害结果，乙不构成危险驾驶罪，仅构成交通肇事罪

C. 丙以欺诈手段骗取李某的名画。李某发觉受骗，要求丙返还，丙施以暴力迫使李某放弃。丙构成诈骗罪与抢劫罪，数罪并罚

D. 已婚的丁明知杨某是现役军人的配偶，却仍然与之结婚。丁构成重婚罪与破坏军婚罪的想象竞合犯

9. 关于自首，下列哪一选项是正确的？（2017/2/9，单选）

A. 甲绑架他人作为人质并与警察对峙，经警察劝说放弃了犯罪。甲是在"犯罪过程中"而不是"犯罪以后"自动投案，不符合自首条件

B. 乙交通肇事后留在现场救治伤员，并报告交管部门发生了事故。交警到达现场询问时，乙否认了自己的行为。乙不成立自首

C. 丙故意杀人后如实交代了自己的客观罪行，司法机关根据其交代认定其主观罪过为故意，丙辩称其为过失。丙不成立自首

D. 丁犯罪后，仅因形迹可疑而被盘问、教育，便交代了自己所犯罪行，但拒不交代真实身份。丁不属于如实供述，不成立自首

10. 王某多次吸毒，某日下午在市区超市门口与同居女友沈某发生争吵。沈某欲离开，王某将其按倒在地，用菜刀砍死。后查明：王某案发时因吸毒出现精神病性障碍，导致辨认控制能力减弱。关于本案的刑罚裁量，下列哪一选项是错误的？（2017/2/10，单选）

A. 王某是偶犯，可酌情从轻处罚

B. 王某刑事责任能力降低，可从轻处罚

C. 王某在公众场合持刀行凶，社会影响恶劣，可从重处罚

D. 王某与被害人存在特殊身份关系，可酌情从轻处罚

11. 在符合"执行期间，认真遵守监规，接受教育改造"的前提下，关于减刑、假释的分析，下列哪一选项是正确的？（2017/2/11，单选）

A. 甲因爆炸罪被判处有期徒刑 12 年，已服刑 10 年，确有悔改表现，无再犯危险。对甲可以假释

B. 乙因行贿罪被判处有期徒刑 9 年，已服刑 5 年，确有悔改表现，无再犯危险。对乙可优先适用假释

C. 丙犯贪污罪被判处无期徒刑，拒不交代贪污款去向，一直未退赃。丙已服刑 20 年，确有悔改表现，无再犯危险。对丙可假释

D. 丁因盗窃罪被判处有期徒刑 5 年，已服刑 3 年，一直未退赃。丁虽在服刑中有重大技术革新，成绩突出，对其也不得减刑

12. 关于危害公共安全罪的认定，下列哪一选项是正确的？（2017/2/12，单选）

A. 猎户甲合法持有猎枪，猎枪被盗后没有及时报告，造成严重后果。甲构成丢失枪支不报罪

B. 乙故意破坏旅游景点的缆车的关键设备，致数名游客从空中摔下。乙构成破坏交通设施罪

C. 丙吸毒后驾车将行人撞成重伤（负主要责任），但毫无觉察，驾车离去。丙构成交通肇事罪

D. 丁被空姐告知"不得打开安全门"，仍拧开安全门，致飞机不能正点起飞。丁构成破坏交通工具罪

13. 甲系外贸公司总经理，在公司会议上拍板：为物尽其用，将公司以来料加工方式申报进口的原材料剩料在境内销售。该行为未经海关许可，应缴税款 90 万元，公司亦未补缴。关于本案，下列哪一选项是正确的？（2017/2/13，单选）

A. 虽未经海关许可，但外贸公司擅自销售原材料剩料的行为发生在我国境内，不属于走私行为

B. 外贸公司的销售行为有利于物尽其用，从利益衡量出发，应认定存在超法规的犯罪排除事由

C. 外贸公司采取隐瞒手段不进行纳税申报，逃避缴纳税款数额较大且占应纳税额的 10% 以上，构成逃税罪

D. 如海关下达补缴通知后，外贸公司补缴应纳税款，缴纳滞纳金，接受行政处罚，则不再追究外贸公司的刑事责任

14. 关于诈骗犯罪的论述，下列哪一选项是正确的（不考虑数额）？（2017/2/14，单选）

A. 与银行工作人员相勾结，使用伪造的银行存单，骗取银行巨额存款的，只能构成票据诈骗罪，不构成金融凭证诈骗罪

B. 单位以非法占有目的骗取银行贷款的，不能以贷款诈骗罪追究单位的刑事责任，但可以该罪追究策划人员的刑事责任

C. 购买意外伤害保险，制造自己意外受重伤假象，骗取保险公司巨额保险金的，仅构成保险诈骗罪，不构成合同诈骗罪

D. 签订合同时并无非法占有目的，履行合同过程中才产生非法占有目的，后收受被害人货款逃匿的，不构成合同诈骗罪

15. 关于侵犯公民人身权利的犯罪，下列哪一选项是正确的？（2017/2/15，单选）

A. 甲对家庭成员负有扶养义务而拒绝扶养，故意造成家庭成员死亡。甲不构成遗弃罪，成立不作为的故意杀人罪

B. 乙闯入银行营业厅挟持客户王某，以杀害王某相要挟，迫使银行职员交给自己20万元。乙不构成抢劫罪，仅成立绑架罪

C. 丙为报复周某，花5000元路费将周某12岁的孩子带至外地，以2000元的价格卖给他人。丙虽无获利目的，也构成拐卖儿童罪

D. 丁明知工厂主熊某强迫工人劳动，仍招募苏某等人前往熊某工厂做工。丁未亲自强迫苏某等人劳动，不构成强迫劳动罪

16. 关于诬告陷害罪的认定，下列哪一选项是正确的（不考虑情节）？（2017/2/16，单选）

A. 意图使他人受刑事追究，向司法机关诬告他人介绍卖淫的，不仅触犯诬告陷害罪，而且触犯侮辱罪

B. 法官明知被告人系被诬告，仍判决被告人有罪的，法官不仅触犯徇私枉法罪，而且触犯诬告陷害罪

C. 诬告陷害罪虽是侵犯公民人身权利的犯罪，但诬告企业犯逃税罪的，也能追究其诬告陷害罪的刑事责任

D. 15周岁的人不对盗窃负刑事责任，故诬告15周岁的人犯盗窃罪的，不能追究行为人诬告陷害罪的刑事责任

17. 郑某冒充银行客服发送短信，称张某手机银行即将失效，需重新验证。张某信以为真，按短信提示输入银行卡号、密码等信息后，又将收到的编号为135423的"验证码"输入手机页面。后张某发现，其实是将135423元汇入了郑某账户。关于本案的分析，下列哪一选项是正确的？（2017/2/17，单选）

A. 郑某将张某作为工具加以利用，实现转移张某财产的目的，应以盗窃罪论处

B. 郑某虚构事实，对张某实施欺骗并导致张某处分财产，应以诈骗罪论处

C. 郑某骗取张某的银行卡号、密码等个人信息，应以侵犯公民个人信息罪论处

D. 郑某利用电信网络，为实施诈骗而发布信息，应以非法利用信息网络罪论处

18. 下列哪一行为成立侵占罪？（2017/2/18，单选）

A. 张某欲向县长钱某行贿，委托甲代为将5万元贿赂款转交钱某。甲假意答应，拿到钱后据为己有

B. 乙将自己的房屋出售给赵某，虽收取房款却未进行所有权转移登记，后又将房屋出售给李某

C. 丙发现洪灾灾区的居民已全部转移，遂进入居民房屋，取走居民来不及带走的贵重财物

D. 丁分期付款购买汽车，约定车款付清前汽车由丁使用，所有权归卖方。丁在车款付清前将车另售他人

19. 《刑法》第310条第1款规定了窝藏、包庇罪，第2款规定："犯前款罪，事前通谋的，以共同犯罪论处。"《刑法》第312条规定了掩饰、隐瞒犯罪所得罪，但没有规定"事前通谋的，以共同犯罪论处。"关于上述规定，下列哪一说法是正确的？（2017/2/19，单选）

A. 若事前通谋之罪的法定刑低于窝藏、包庇罪的法定刑，即使事前通谋的，也应以窝藏、包庇罪论处

B. 即使《刑法》第310条没有第2款的规定，对于事前通谋事后窝藏、包庇的，也应以共同犯罪论处

C. 因缺乏明文规定，事前通谋事后掩饰、隐瞒犯罪所得的，不能以共同犯罪论处

D. 事前通谋事后掩饰、隐瞒犯罪所得的，属于想象竞合，应从一重罪处罚

20. 关于盗伐林木罪，下列哪一选项是正确的？（2017/2/20，单选）

A. 甲盗伐本村村民张某院落外面的零星树木，如果盗伐数量较大，构成盗伐林木罪

B. 乙在林区盗伐珍贵林木，数量较大，如同时触犯其他法条构成其他犯罪，应数罪并罚

C. 丙将邻县国有林区的珍贵树木移植到自己承包的林地精心养护使之成活的，不属于盗伐林木

D. 丁在林区偷扒数量不多的具有药用价值的树皮，致使数量较大的林木枯死的，构成盗伐林木罪

21. 国有甲公司领导王某与私企乙公司签订采购合同，以10万元的价格向乙公司采购一批设备。后王某发现，丙公司销售的相同设备仅为6万元。王某虽有权取消合同，但却与乙公司老总刘某商议，由王某花6万元从丙公司购置设备交给乙公司，再由乙公司以10万元的价格卖给甲公司。经王某签字批准，甲公司将10万元货款支付给乙公司后，刘某再将10万元返给王某。刘某为方便以后参与甲公司采购业务，完全照办。关于本案的分析，下列哪一选项是正确的？（2017/2/21，单选）

A. 王某利用职务上的便利套取公款，构成贪污罪，贪污数额为10万元

B. 王某利用与乙公司签订合同的机会谋取私利，应以职务侵占罪论处

C. 刘某为谋取不正当利益，事后将货款交给王某，刘某行为构成贪污罪

D. 刘某协助王某骗取公款，但因其并非国家工作人员，故构成诈骗罪

22. 根据有关司法解释，关于利用互联网实施的犯罪行为，下列哪些说法是正确的？（2017/2/51，多选）

A. 在网络上建立赌博网站的，属于开设赌场

B. 通过网络传播淫秽视频的，属于传播淫秽物品

C. 在网络上传播电子盗版书的，属于复制发行他人文字作品

D. 盗用他人网络账号、密码上网，造成他人电信资费损失的，属于盗窃他人财物

23. 关于因果关系，下列哪些选项是正确的？（2017/2/52，多选）

A. 甲以杀人故意用铁棒将刘某打昏后，以为刘某已死亡，为隐藏尸体将刘某埋入雪沟，致其被冻死。甲的前行为与刘某的死亡有因果关系

B. 乙夜间驾车撞倒李某后逃逸，李某被随后驶过的多辆汽车辗轧，但不能查明是哪辆车造成李某死亡。乙的行为与李某的死亡有因果关系

C. 丙将海洛因送给13周岁的王某吸食，造成王某吸毒过量身亡。丙的行为与王某的死亡有因果关系

D. 丁以杀害故意开车撞向周某，周某为避免被撞跳入河中，不幸溺亡。丁的行为与周某的死亡有因果关系

24. 甲、乙合谋杀害丙，计划由甲对丙实施砍杀，乙持枪埋伏于远方暗处，若丙逃跑则伺机射杀。案发时，丙不知道乙的存在。为防止甲的不法侵害，丙开枪射杀甲，子弹与甲擦肩而过，击中远处的乙，致乙死亡。关于本案，下列哪些选项是正确的？（2017/2/53，多选）

A. 丙的行为属于打击错误，依具体符合说，丙对乙的死亡结果没有故意

B. 丙的行为属于对象错误，依法定符合说，丙对乙的死亡结果具有故意

C. 不论采取何种学说，丙对乙都不能构成正当防卫

D. 不论采用何种学说，丙对甲都不构成故意杀人罪未遂

25. 甲知道乙计划前往丙家抢劫，为帮助乙取得财物，便暗中先赶到丙家，将丙打昏后离去（丙受轻伤）。乙来到丙家时，发现丙已昏迷，以为是丙疾病发作晕倒，遂从丙家取走价值5万元的财物。关于本案的分析，下列哪些选项是正确的？（2017/2/54，多选）

A. 若承认片面共同正犯，甲对乙的行为负责，对甲应以抢劫罪论处，对乙以盗窃罪论处

B. 若承认片面共同正犯，根据部分实行全部责任原则，对甲、乙二人均应以抢劫罪论处

C. 若否定片面共同正犯，甲既构成故意伤害罪，又构成盗窃罪，应从一重罪论处

D. 若否定片面共同正犯，乙无须对甲的故意伤害行为负责，对乙应以盗窃罪论处

26. 关于数罪并罚，下列哪些选项是正确的？（2017/2/55，多选）

A. 甲犯某罪被判处有期徒刑2年，犯另一罪被判处拘役6个月。对甲只需执行有期徒刑

B. 乙犯某罪被判处有期徒刑2年，犯另一罪被判处管制1年。对乙应在有期徒刑执行完毕后，继续执行管制

C. 丙犯某罪被判处有期徒刑6年，执行4年后发现应被判处拘役的漏罪。数罪并罚后，对丙只需再执行尚未执行的2年有期徒刑

D. 丁犯某罪被判处有期徒刑6年，执行4年后被假释，在假释考验期内犯应被判处1年管制的新罪。对丁再执行2年有期徒刑后，执行1年管制

27. 关于缓刑的适用，下列哪些选项是错误的？（2017/2/56，多选）

A. 甲犯抢劫罪，所适用的是"三年以上十年以下有期徒刑"的法定刑，缓刑只适用于被判处拘役或者3年以下有期徒刑的罪犯，故对甲不得判处缓刑

B. 乙犯故意伤害罪与代替考试罪，分别被判处6个月拘役与1年管制。由于管制不适用缓刑，对乙所判处的拘役也不得适用缓刑

C. 丙犯为境外非法提供情报罪，被单处剥夺政治权利，执行完毕后又犯帮助恐怖活动罪，被判处拘役6个月。对丙不得宣告缓刑

D. 丁17周岁时犯抢劫罪被判处有期徒刑5年，刑满释放后的第4年又犯盗窃罪，应当判处有期徒刑2年。对丁不得适用缓刑

28. 下列哪些行为构成投放危险物质罪？（2017/2/57，多选）

A. 甲故意非法开启实验室装有放射性物质的容器，致使多名实验人员遭受辐射

B. 乙投放毒害性、放射性、传染病病原体之外的其他有害物质，危害公共安全

C. 丙欲制造社会恐慌气氛，将食品干燥剂粉末冒充炭疽杆菌，大量邮寄给他人

D. 丁在食品中违法添加易使人形成瘾癖的罂粟壳粉末，食品在市场上极为畅销

29. 关于信用卡诈骗罪，下列哪些选项是错误的？（2017/2/58，多选）

A. 以非法占有目的，用虚假身份证明骗领信用卡后又使用该卡的，应以妨害信用卡管理罪与信用卡诈骗罪并罚

B. 根据司法解释，在自动柜员机（ATM机）上擅自使用他人信用卡的，属于冒用他人信用卡的行为，构成信用卡诈骗罪

C. 透支时具有归还意思，透支后经发卡银行两次催收，超过3个月仍不归还的，属于恶意透支，成立信用卡诈骗罪

D. 《刑法》规定，盗窃信用卡并使用的，以盗窃罪论处。与此相应，拾得信用卡并使用的，就应以侵占罪论处

30. 下列哪些行为构成侵犯公民个人信息罪（不考虑情节）？（2017/2/59，多选）

A. 甲长期用高倍望远镜偷窥邻居的日常生活

B. 乙将单位数据库中病人的姓名、血型、DNA等资料，卖给某生物制药公司

C. 丙将捡到的几本通讯簿在网上卖给他人，通讯簿被他人用于电信诈骗犯罪

D. 丁将收藏的多封50年代的信封（上有收件人姓名、单位或住址等信息）高价转让他人

31. 关于抢劫罪的认定，下列哪些选项是正确的？（2017/2/60，多选）

A. 甲欲进王某家盗窃，正撬门时，路人李某经过。甲误以为李某是王某，会阻止自己盗窃，将李某打昏，再从王某家窃走财物。甲不构成抢劫既遂

B. 乙潜入周某家盗窃，正欲离开时，周某回家，进屋将乙堵在卧室内。乙掏出凶器对周某进行恐吓，迫使周某让其携带财物离开。乙构成入户抢劫

C. 丙窃取刘某汽车时被发现，驾刘某的汽车逃跑，刘某乘出租车追赶。途遇路人陈某过马路，丙也未减速，将陈某撞成重伤。丙构成抢劫致人重伤

D. 丁抢夺张某财物后逃跑，为阻止张某追赶，出于杀害故意向张某开枪射击。子弹未击中张某，但击中路人汪某，致其死亡。丁构成抢劫致人死亡

32. 关于毒品犯罪，下列哪些选项是正确的？（2017/2/61，多选）

A. 甲容留未成年人吸食、注射毒品，构成容留他人吸毒罪

B. 乙随身携带藏有毒品的行李入关，被现场查获，构成走私毒品罪既遂

C. 丙乘广州至北京的火车运输毒品，快到武汉时被查获，构成运输毒品罪既遂

D. 丁以牟利为目的容留刘某吸食毒品并向其出卖毒品，构成容留他人吸毒罪和贩卖毒品罪，应数罪并罚

33. 关于受贿罪，下列哪些选项是正确的？（2017/2/62，多选）

A. 国家工作人员明知其近亲属利用自己的职务行为受贿的，构成受贿罪

B. 国家工作人员虚假承诺利用职务之便为他人谋利，收取他人财物的，构成受贿罪

C. 国家机关工作人员实施渎职犯罪并收受贿赂，同时构成渎职罪和受贿罪的，除《刑法》有特别规定外，以渎职罪和受贿罪数罪并罚

D. 国家工作人员明知他人有请托事项而收受其财物，视为具备"为他人谋取利益"的构成要件，是否已实际为他人谋取利益，不影响受贿的认定

34. 关于渎职罪，下列哪些选项是正确的？（2017/2/63，多选）

A. 省渔政总队验船师郑某，明知有8艘渔船存在套用船号等问题，按规定应注销，却为船主办理船检证书，船主领取国家柴油补贴640万元。郑某构成滥用职权罪

B. 刑警曾某办理冯某抢劫案，明知冯某被取保候审后未定期到派出所报到，曾某也未依法传唤冯某或将案件移送起诉或变更强制措施。期间，冯某再次犯罪。曾某构成徇私枉法罪

C. 律师于某担任被告人马某的辩护人，从法院复印马某贪污案的案卷材料，允许马某亲属朱某查阅。朱某随后游说证人，使数名证人向于某出具了虚假证明材料。于某构成故意泄露国家秘密罪

D. 公安局协警闫某，在协助抓捕行动中，向领导黑社会性质组织的李某通风报信，导致李某等主要犯罪分子潜逃。闫某构成帮助犯罪分子逃避处罚罪

某小区五楼刘某家的抽油烟机发生故障，王某与李某上门检测后，决定拆下搬回维修站修理。刘某同意。王某与李某搬运抽油烟机至四楼时，王某发现其中藏有一包金饰，遂暗自将之塞入衣兜。（事实一）

王某与李某将抽油烟机搬走后，刘某想起自己此前曾将金饰藏于其中，追赶前来，见王某神情可疑，便要其返还金饰。王某为洗清嫌疑，乘乱将金饰转交李某，李某心领神会，接过金饰藏于裤兜中。刘某确定王某身上没有金饰后，转身再找李某索要。李某突然一拳击倒刘某，致其倒地重伤。李某与王某随即逃走。（事实二）

后王某建议李某将金饰出售，得款二人平分，李某同意。李某明知金饰价值1万元，却向亲戚郭某谎称金饰为朋友委托其出售的限量版，售价5万元。郭某信以为真，花5万元买下金饰。拿到钱后，李某心生贪念，对王某称金饰仅卖得1万元，分给王某

5000 元。（事实三）

请回答第 35~37 题。

35. 关于事实一的分析，下列选项正确的是：（2017/2/86，不定项）

A. 王某从抽油烟机中窃走金饰，破除刘某对金饰的占有，构成盗窃罪

B. 王某未经李某同意，窃取李某与其共同占有的金饰，应构成盗窃罪

C. 刘某客观上已将抽油烟机及机内金饰交给王某代为保管，王某取走金饰的行为构成侵占罪

D. 刘某将金饰遗忘在抽油烟机内，王某将其据为己有，是非法侵占他人遗忘物，构成侵占罪

36. 关于事实二的分析，下列选项正确的是：（2017/2/87，不定项）

A. 李某接过金饰，协助王某拒不返还他人财物，构成侵占罪的帮助犯

B. 李某帮助王某转移犯罪所得的金饰，构成掩饰、隐瞒犯罪所得罪

C. 李某为窝藏赃物将刘某打伤，属事后抢劫，构成抢劫（致人重伤）罪

D. 王某利用李某打伤刘某的行为顺利逃走，也属事后抢劫，构成抢劫罪

37. 关于事实三的分析，下列选项正确的是：（2017/2/88，不定项）

A. 李某对郭某进行欺骗，导致郭某以高价购买赃物，构成诈骗罪

B. 李某明知金饰是犯罪所得而出售，构成掩饰、隐瞒犯罪所得罪

C. 李某欺骗王某放弃对剩余 2 万元销赃款的返还请求，构成诈骗罪

D. 李某虽将金饰卖得 5 万元，但王某所犯财产犯罪的数额为 1 万元

某地政府为村民发放扶贫补贴，由各村村委会主任审核本村申请材料并分发补贴款。某村村委会主任王某、会计刘某以及村民陈某合谋伪造申请材料，企图每人套取 5 万元补贴款。王某任期届满，周某继任村委会主任后，政府才将补贴款拨到村委会。周某在分发补贴款时，发现了王某、刘某和陈某的企图，便只发给三人各 3 万元，将剩余 6 万元据为己有。三人心知肚明，但不敢声张。（事实一）

后周某又想私自非法获取土地征收款，欲找县国土局长张某帮忙，欲送给县工商局局长李某 10 万元，托其找张某说情。李某与张某不熟，送 5 万元给县财政局局长胡某，让胡某找张某。胡某找到张某后，张某碍于情面，违心答应，但并未付诸行动。（事实二）

周某为感谢胡某，从村委会账户取款 20 万元购

买玉器，并指使会计刘某将账做平。周某将玉器送给胡某时，被胡某拒绝。周某只好将玉器退还商家，将退款 20 万元返还至村委会账户，并让刘某再次平账。（事实三）

请回答第 38~40 题。

38. 关于事实一的分析，下列选项正确的是：（2017/2/89，不定项）

A. 王某拿到补贴款时已经离任，不能认定其构成贪污罪

B. 刘某参与伪造申请材料，构成贪污罪，贪污数额为 3 万元

C. 陈某虽为普通村民，但参与他人贪污行为，构成贪污罪

D. 周某擅自侵吞补贴款，构成贪污罪，贪污数额为 6 万元

39. 关于事实二的分析，下列选项正确的是：（2017/2/90，不定项）

A. 周某为达非法目的，向国家工作人员行贿，构成行贿罪

B. 李某请托胡某帮忙，并送给胡某 5 万元，构成行贿罪

C. 李某未利用自身职务行为为周某谋利，但构成受贿罪既遂

D. 胡某收受李某财物进行斡旋，但未成功，构成受贿罪未遂

40. 关于事实三的分析，下列选项正确的是：（2017/2/91，不定项）

A. 周某挪用村委会 20 万元购买玉器行贿，属挪用公款进行非法活动，构成挪用公款罪

B. 周某使用村委会 20 万元购买玉器，属贪污行为，但后又将 20 万元还回，构成犯罪中止

C. 刘某第一次帮周某将账面做平，属于帮周某成功实施犯罪行为，与周某构成共同犯罪

D. 刘某第二次帮周某将账面做平，属于作假证明掩护周某的犯罪行为，构成包庇罪

2018 年

1. 关于刑法的解释，下列说法正确的是：（2018 年仿真题）

A. 根据当然解释，生产、销售假药罪的假药是指没有治疗效果的药，因此有治疗效果的药就不属于假药

B. 为境外非法提供国家情报罪中的情报，根据目的解释，情报可以解释为关系国家安全和利益的没有公开或者依法不应该公开的信息

C. 将在同种商品上使用与已注册商标类似的商标，解释为在同种商品上使用与其注册商标相同的商标，不符合罪刑法定原则

D. 非法制造飞机、坦克的行为危害性高于非法制造枪支，所以将非法制造飞机、坦克解释为非法制造枪支罪不违反罪刑法定原则

2. 关于犯罪形态，下列说法正确的是：（2018 年仿真题）

A. 张三在地下工厂制造假保健品，价值达到 30 万元，尚未出售即被公安机关抓获，张三构成生产、销售伪劣产品罪的既遂

B. 李四以营利为目的，生产淫秽物品，后担心违法，将其全部销毁，因为李四以营利为目的，但主动销毁，所以构成犯罪中止

C. 赵、钱、孙、李四人共谋越狱，某日发生地震，赵某趁机放火制造混乱，成功逃出，其余人被抓回，剩余三人构成脱逃罪既遂

D. 甲为了谋杀仇人乙，破坏乙汽车的刹车系统，经查乙外出九天后才回家，甲构成破坏交通工具罪的未遂

3. 关于单位犯罪的说法，下列说法正确的是：（2018 年仿真题）

A. 甲、乙为了实施走私而成立了单位，后该公司实施了走私犯罪。公司的走私行为不能认定为是单位犯罪

B. 某国有公司高管集体研究决定，将该单位的 50 万元在 5 个高管中平均分配。该行为不能认定为单位犯罪（私分国有资产罪）

C. 甲公司实施单位犯罪后，甲公司被乙公司兼并了。既要追究甲公司原直接责任人的刑事责任，亦应追究甲公司的刑事责任

D. 甲实施拐卖儿童行为，借用其所在的单位的车及司机帮忙运送被拐卖儿童，该单位参与拐卖儿童的行为亦构成单位犯罪

4. 关于追诉期限，下列说法错误的是：（2018 年仿真题）

A. 国家工作人员在工作中严重失职，玩忽职守，多年后才发生致使国家利益遭受重大损失的危害结果，其追诉期限应当自重大损失的结果发生之日起计算

B. 共同犯罪案件中，在追诉期限内又犯新罪的共犯人，其前罪的追诉期限从犯后罪之日起重新计算，其他未犯新罪的共犯人的追诉期限也应一并中断

C. 追诉期限为 15 年的共同犯罪案件，部分犯罪人被追究刑事责任，其他未被立案侦查的共犯人，在追诉期满后可以立案追究其刑事责任

D. 法定最高刑为 10 年以上有期徒刑的故意犯罪，经过 15 年后，司法机关认为犯罪分子罪行严重，具有极大社会危险性的，应当立案追究其刑事责任

5. 丁某为精神病人，丁某之妻郭某系丁某监护人。一日，二人到丁某父母家吃饭时，丁某和其父母争吵，拿起菜刀将其父母砍死（实际未死），郭某未制止，未呼救也未报警，而是关门离开，丁某父母流血休克而亡，郭某事后还洗了丁某的血衣。事后证明，丁某当时精神病发作没有责任能力。关于郭某，下列说法错误的是：（2018 年仿真题）

A. 妻子郭某构成不作为犯的故意杀人罪和帮助毁灭证据罪，应数罪并罚

B. 妻子郭某构成不作为的故意杀人罪

C. 如果认为即使及时送医仍会死亡，也不应认为与妻子郭某不作为的故意杀人无因果关系

D. 妻子构成帮助毁灭证据罪

6. 关于不作为犯，下列说法正确的是：（2018 年仿真题）

A. 甲、乙共同入户抢劫丙，进入被害人丙家，甲将丙捆绑后，二人共同实施了抢劫行为。之后，乙临时起意杀了丙，甲站在一旁观看没有制止。乙的杀人行为成立故意杀人罪，甲对此构成不作为犯的故意杀人罪

B. 母亲甲生一女，怕婆家嘲笑，甲让自己的亲妹妹乙把孩子遗弃至菜市场。妹妹在法律上不是抚养人，仍构成遗弃罪（不作为犯）

C. 失主甲空手追赶小偷乙，乙逃至河边，为摆脱甲的追赶而跳河，欲游至对岸。乙游至河心时因体力不支，向甲呼救。甲心想："淹死也算活该。"甲未对乙施救，乙溺亡。甲的行为构成不作为的故意杀人罪

D. 父亲甲过失将自己的孩子摔在地上，看孩子没有哭闹，就没有送往医院。三天后孩子死亡，经查明，死亡原因是脑部受到重创导致的。但查明受伤太严重，就算被摔当时送往医院也救不活。甲的行为不构成不作为的故意杀人罪

7. 甲的邻居乙家中着火，甲便冲入乙家救火。因火势太大，甲无法将位于乙家中的婴儿丙（1 岁）带出，甲便将丙从二楼窗户上扔下。后甲自己从大火中逃出，赶紧将被摔伤的丙送往医院，最终造成丙轻伤。关于甲的行为，下列说法错误的是：（2018 年仿真题）

A. 甲的行为属于紧急避险

B. 甲的行为在客观上都不属于犯罪行为，不需要通过正当防卫、紧急避险等排除犯罪性事由将其从犯罪中排除出去，不属于紧急避险，不构成犯罪

C. 甲的行为在客观上降低了丙的风险，不构成犯罪

D. 甲的行为成立过失致人重伤罪

8. 某公司为制造保健品的公司，甲系该公司股东，乙女系该公司总经理，甲追求乙未果，遂调查

公司产品，发现产品并没有保健功能，甲将其股权全部出售，将调查结果公布于众并告知公众乙为总经理，公司股价大跌，为了消除影响，公司将乙开除。关于本案，下列说法正确的是：（2018 年仿真题）

A. 将乙是公司总经理的信息发布在网上，构成侵犯公民个人信息罪

B. 甲利用内幕信息以外的其他未公开信息，构成利用未公开信息交易罪

C. 无论甲出于什么目的将调查结果发布在网上，都不构成侵犯公司名誉犯罪

D. 甲的行为造成公司股价下跌构成破坏生产经营罪

9. 甲自制迷药在网上销售，明知乙具有犯罪意图，仍出售，并告知乙使用方法，乙用迷药多次迷倒他人并拿走他人财物。关于本案，下列说法正确的是：（2018 年仿真题）

A. 乙用迷药将他人迷倒后拿走财物，构成盗窃罪

B. 甲卖药的行为属于生产经营行为，与乙不构成共同犯罪

C. 乙多次用迷药迷倒他人，危害不特定多数人的生命，构成危害公共安全罪

D. 无论乙是否利用迷药，甲都构成传授犯罪方法罪

10. 赵、钱、孙、李四人一起谋杀周某，其中两人使用木棍，第三人用拳头击打，第四人用铁管助威，周某死亡，经查周某死亡原因是头部出血。关于本案，下列说法正确的是：（2018 年仿真题）

A. 第三人用拳不可能造成该致命伤，所以不对死亡承担责任

B. 第四人没有参与共同犯罪不承担责任

C. 赵、钱、孙、李四人不构成共同犯罪

D. 不管哪一人的行为造成死亡结果，四人构成共同犯罪

11. 甲、乙合谋窃取丙的银行卡并平分取出的现金，乙将偷窥到的银行卡密码告诉甲，两人再趁丙醉酒之际将其银行卡窃走。甲持卡到 ATM 机取钱，乙为其望风，甲发现卡内有 7 万元，便取出 2 万元，对乙称卡内只有 1 万元，分给乙 5000 元，乙信以为真。一周后，甲独自通过 ATM 机将卡内剩余 5 万元取走。关于本案的分析，下列说法正确的是：（2018 年仿真题）

A. 甲对乙构成诈骗罪，诈骗数额为 3 万元

B. 乙对丙构成盗窃罪，盗窃数额为 2 万元

C. 甲对丙构成盗窃罪，盗窃数额为 7 万元

D. 乙对丙构成盗窃罪，盗窃数额为 1 万元

12. 甲是某汽车修理店老板，为了让司机们前来补胎，在高速公路路口撒许多铁钉，致使许多车辆爆胎，险些发生重大事故。有些司机来到甲的修理店补胎，但不知道是甲撒的铁钉。下列说法正确的是：（2018 年仿真题）

A. 甲构成破坏交通设施罪

B. 甲构成破坏交通工具罪

C. 甲构成故意毁坏财物罪

D. 甲欺骗司机来补胎，构成诈骗罪

13. 甲交通肇事后，其父协助公安机关抓获甲。下列说法错误的是：（2018 年仿真题）

A. 甲的行为不成立自首，因为甲并没有自动投案

B. 甲父协助公安机关抓获甲，可以认定为代甲自首，故甲的行为成立自首

C. 甲的父亲协助公安机关抓获甲，可以认定为立功，但该立功也是为了甲，故可认定为甲成立立功

D. 甲的行为虽然不能成立自首，但对于甲父协助公安机关抓获甲的行为，在对甲量刑时可以酌情从轻处罚

14. 甲拿着包坐在公园长椅上，乙看着就默默坐他旁边。甲离开时忘记将自己的包拿走，乙见甲离开，迅速将包拿走。甲走出十米突然想起了自己的包，返回原处未看见包与乙。下列说法正确的是：（2018 年仿真题）

A. 乙的行为构成盗窃罪

B. 甲虽然离开，但该包仍然归甲占有

C. 乙的行为构成侵占罪

D. 甲忘记将该包拿走，该包就是无人占有的财产

15. 关于黑社会性质组织犯罪，下列说法错误的是：（2018 年仿真题）

A. 甲是某有组织犯罪的首要分子，该组织成立两年后甲中途离开，后该组织未被认定为黑社会性质组织。甲不需要对其离开后该组织实施的犯罪行为负责

B. 对黑社会性质组织的首要分子的处罚一定比其他成员的处罚重

C. 对黑社会性质组织的首要分子的处罚一定比实行者重

D. 具有保护伞不是认定黑社会性质组织的必备条件

16. 村民甲为了多获土地补偿款，找到负责核定土地面积的国家机关工作人员乙，让其核定面积时多写面积，并且送了 10 万元感谢费给乙。乙答应照办，甲因此多获得 40 万元的土地补偿款。下列说法错误的是：（2018 年仿真题）

A. 甲、乙二人成立贪污罪的共犯，贪污的金额为 40 万元

B. 甲送给乙 10 万元，构成行贿罪

C. 乙收受甲提供的 10 万元，构成受贿罪

D. 甲送给乙的 10 万元，不应从其贪污的 40 万元补偿款中扣除

2019 年

1. 关于刑法解释，下列说法错误的是：（2019 年仿真题）

A. 将虐待罪的对象"家庭成员"解释为包括保姆在内，属于类推解释

B. 根据体系解释，传播淫秽物品罪与传播性病罪中"传播"的含义一致

C. 将副乡长冒充市长招摇撞骗解释为冒充国家机关工作人员招摇撞骗，违反文理解释

D. 根据论理解释，倒卖文物罪中倒卖是指以牟利为目的，买入或者卖出国家禁止经营的文物

2. 以下属于正当防卫的是：（2019 年仿真题）

A. 身材魁梧的甲看到一个身材瘦小的乙想要非法入侵自己的住宅，甲用菜刀砍伤乙致其轻伤。甲的行为仍构成正当防卫

B. 甲深夜在家中听到厨房有动静走去一看，发现一身材瘦小的小偷乙正试图从窗口爬进他家盗窃，下半身还卡在窗外，于是拿起菜刀把乙砍成重伤。甲成立正当防卫

C. 甲撞见歹徒乙持刀抢劫其女儿，与乙发生激斗，最终将歹徒反杀，甲属于正当防卫

D. 甲、乙有纠纷，甲想把乙推下船，但自己不小心掉入河中，乙害怕救助甲后，其继续伤害自己而没有施救，后其他人将甲救起。乙构成正当防卫

3. 关于故意、过失的论述，下列说法错误的是：（2019 年仿真题）

A. 只有当故意无法认定时，才能根据事实认识错误来认定故意

B. 司机遵守交通规则，正常驾车行驶，行人横穿马路，造成交通事故被撞死，司机不存在过失

C. 在所有的故意犯罪中，不可能存在只能由间接故意构成而不能由直接故意构成的犯罪

D. 如果故意和过失存在位阶关系，那么在认定犯罪时，只能由故意降格为过失，而不能由过失升格为故意

4. 关于罪数的判断，下列说法错误的是：（2019 年仿真题）

A. 周某抢劫陈某后，担心暴露，故意杀害了陈某，构成抢劫致人死亡和故意杀人的想象竞合

B. 二人以上轮奸是"以暴力、胁迫或其他手段强奸妇女"的加重规定，而不是特别法条

C. 将盗窃的仿真品（价值 4000 元）冒充真品古董卖给第三人，是不可罚的事后行为

D. 钱某两次入户抢劫、一次持枪抢劫，触犯了两个不同加重犯，应数罪并罚

5. 关于不作为犯，下列说法错误的是：（2019 年仿真题）

A. 派出所民警甲在抓捕吸毒的犯罪嫌疑人乙时，乙有一个 5 岁女儿独自在家。乙将该情况告知甲，甲因疏忽而忘记此事。甲成立不作为的故意杀人罪

B. 吸毒人员甲常常把自己年幼的孩子独自留在家中而出去吸毒。某日，甲出门后 10 日才回家，其年幼的孩子在被隔绝的家中饿死。甲成立不作为的故意杀人罪

C. 甲明知邻居乙患有严重的心脏病，出于故意而与乙吵架，使其发病。在乙发病的情况下故意不救助导致其死亡。甲的行为成立不作为的故意杀人罪

D. 甲驾车撞倒行人乙之后，为逃避法律责任，将乙拖到隐蔽处的洞里，后乙死亡。甲构成不作为的故意杀人罪

6. 甲公司与乙公司（甲公司的子公司）共同实施了吸收公众存款的行为，涉嫌非法吸收公众存款罪，共吸收存款 5 亿元。甲公司的直接责任人员为自然人丙，乙公司的直接责任人员为自然人丁。关于单位犯罪，下列说法正确的是：（2019 年仿真题）

A. 如果甲公司和乙公司均构成单位犯罪，则二者可构成共同犯罪

B. 如果甲公司构成单位犯罪，但无法认定乙公司构成单位犯罪，则可以追究丁的责任，且丁与甲公司可以构成共同犯罪

C. 如果乙公司构成单位犯罪，但无法认定甲公司构成单位犯罪，则可以追究丙的责任，且丙与乙公司可以构成共同犯罪

D. 如果无法认定甲公司、乙公司构成单位犯罪，则可以追究丙、丁的责任，且丙、丁可以构成共同犯罪

7. 关于被害人承诺理论，下列说法错误的是：（2019 年仿真题）

A. 甲组织贩卖人体器官，与乙约定将其肾脏移植给他人，并向乙支付报酬 10 万元。乙的承诺无效

B. 乙误以为自己的宠物身患绝症，要求兽医对其进行安乐死。兽医知道市面上已经有治疗该疾病的靶向药，但未告知乙，仍实施了安乐死。乙的承诺无效

C. 乙外出务工常年不在家，乙的邻居甲发信息询问乙是否可以拆除乙家的院墙。乙本想回复"不行"，手误输入了"行"。甲便将乙家的院墙拆除。乙的承诺有效

D. 因庆典霓虹灯反射到室内，乙误以为家里着火，因未找到钥匙，恳求甲破门灭火。甲知道真相，但没有告知乙，并按乙的要求打开房门。乙的承诺有效

8. 下列行为中，属于盗窃（不考虑数额）行为的是：（2019 年仿真题）

A. 甲将共享单车放置自家门口，方便自己扫码使用

B. 乙将上锁的共享单车，偷偷运到村里，供村民免费使用

C. 丙将共享单车停到自己家中，仅供自己使用

D. 丁将已上锁的共享单车锁破坏，用自己的锁将共享单车锁上供自己使用

9. 甲在公交车上抢夺张某的钱包，夺下钱包后就跑下公交车。正好路过该处的民警乙看到甲在逃跑，便追赶甲。之后甲、乙两人扭打在一起，甲逃往马路对面，民警乙在追赶过程中被车撞身亡。下列说法错误的是：（2019 年仿真题）

A. 甲的行为构成抢夺罪，不需要对乙的死亡结果负责

B. 甲的行为构成抢劫罪，不需要对乙的死亡结果负责

C. 甲的行为构成抢劫罪，是抢劫致人死亡的结果加重犯

D. 甲的行为构成抢劫罪，属于在公共交通工具上抢劫

10. 关于财产犯罪，下列选项错误的是（不考虑数额和情节）：（2019 年仿真题）

A. 甲以毁坏财物的意思窃取他人财物，之后又将其出售，甲成立故意毁坏财物罪与盗窃罪，应当并罚

B. 甲趁乙出差之际，将其电视机搬回家中观看世界杯足球比赛，之后原样归还，甲成立盗窃罪

C. 甲、乙分别收藏某艺术家现存于世的两部雕塑作品。甲为使自己的收藏品成为该艺术家的唯一存世作品，将乙收藏的作品砸碎，致甲收藏的作品升值，甲成立盗窃罪

D. 甲在路边捡到一包裹，回家后发现里面是仇人乙新买的手机，遂将其砸坏的，甲成立侵占罪与故意毁坏财物罪，数罪并罚

11. 甲和乙相约喝酒，聚会结束后，甲请求醉酒的乙开甲的车送自己回家，乙拒绝，甲反复央求，乙遂同意。乙驾驶途中，在路口闯红灯撞死行人丙。下列说法正确的是：（2019 年仿真题）

A. 甲构成交通肇事罪

B. 乙构成交通肇事罪

C. 甲构成交通肇事罪的教唆犯

D. 甲、乙均构成交通肇事罪，但不以共同犯罪论处

12. 甲、乙共同商议制造、出售假药，甲生产假药，乙假冒医生给他人治病的时候出售该假药。经查，该假药对人体损害极大。据此，甲、乙构成的犯罪为：（2019 年仿真题）

A. 诈骗罪和生产、销售假药罪，数罪并罚

B. 生产、销售假药罪和非法行医罪，数罪并罚

C. 诈骗罪和非法行医罪的想象竞合犯

D. 生产假药罪和销售假药罪，数罪并罚

13. 甲捡到了乙的手机，打开手机里的 App，发现该 App 绑定了储蓄卡，经尝试后得出了支付密码，将乙账上的 3 万元转到自己账户上。关于甲的行为，下列评价正确的是：（2019 年仿真题）

A. 甲属于冒用他人信用卡信息资料的行为，构成信用卡诈骗罪

B. 甲属于拾得信用卡并使用的行为，构成信用卡诈骗罪

C. 甲实际上未使用银行卡，构成诈骗罪

D. 甲实际上未使用银行卡，构成盗窃罪

14. 甲盗窃了一张信用卡，对乙谎称是"捡了一张信用卡"并让其去使用，乙用该信用卡买了 3.8 万元的物品。下列说法错误的是：（2019 年仿真题）

A. 甲、乙构成信用卡诈骗罪的共同犯罪

B. 乙构成信用卡诈骗罪，甲是乙的帮助犯

C. 甲构成盗窃罪，乙构成信用卡诈骗罪

D. 甲、乙构成盗窃罪的共同犯罪

15. 某国企公司里，保险柜须由钥匙和密码共同打开，会计甲掌管钥匙，出纳乙掌握密码。下列表述正确的是：（2019 年仿真题）

A. 乙捡到甲的钥匙据为己有，并打开保险柜取走财物，属于利用职务便利

B. 乙骗取甲的钥匙据为己有，并打开保险柜取走财物，属于利用职务便利

C. 甲和乙共谋打开保险柜，并取走财物，属于利用职务便利

D. 甲偷看乙的密码，并打开保险柜取走财物，属于利用职务便利

16. 陈某欲得到一建设工程，送给非国家工作人员刘甲 100 万元，希望其能够向管理工程的副市长刘乙（刘甲胞弟）说情。刘甲将收受 100 万元现金的情况以及陈某的请求告诉刘乙，刘乙说："这事儿我知道了，钱你留着。"之后陈某顺利拿到工程项目。关于本案，下列说法正确的是：（2019 年仿真题）

A. 刘甲构成受贿罪，刘乙不构成受贿罪，陈某构成行贿罪

B. 刘甲和刘乙构成受贿罪的共同犯罪，陈某构成对有影响力的人行贿罪

C. 刘甲构成利用影响力受贿罪，刘乙构成受贿罪，陈某构成对有影响力的人行贿罪

D. 刘甲构成利用影响力受贿罪，刘乙不构成受贿罪，陈某构成对有影响力的人行贿罪

2020 年

1. 下列行为中，构成不作为犯罪的是：（2020 年仿真题）

A. 丈夫在岳母家看到妻子伤害岳母而不制止，构成不作为的故意伤害罪

B. 哥哥亲眼看到 18 岁的弟弟杀害自己的父亲而不制止，构成不作为的故意杀人罪

C. 祖母看到女儿遗弃自己的孩子而不管不问的，构成遗弃罪

D. 母亲看到自己的 12 岁儿子实施盗窃行为而不制止，构成盗窃罪

2. 关于行为主体，下列说法错误的是：（2020 年仿真题）

A. 单位犯罪本质上是单位主管人员、直接责任人员构成的特殊的共同犯罪

B. 犯罪集团和聚众犯罪的首要分子是一种特殊的身份犯

C. 单位分支机构或内设机构不是独立法人单位，不能成为单位犯罪的主体

D. 已满 14 周岁不满 16 周岁的人绑架杀人的，对杀人行为具备责任年龄，对绑架行为不具备责任年龄

3. 甲在乙家以杀害的故意殴打乙，乙为制止甲，将燃烧的炭盆推翻。甲将乙击昏后，发现推翻的炭盆已经引燃室内杂物，为烧死乙并毁灭罪证，甲未将火势扑灭便离开现场。随后火势增大，将乙家和邻居的数栋房屋烧毁。乙在大火中因吸入过量有毒气体而死亡。甲以为乙是被烧死的。关于本案，下列说法错误的有：（2020 年仿真题）

A. 甲以为乙是被烧死的，实际上乙是吸入有毒气体而死亡的，故甲对乙的死亡仅构成故意杀人罪未遂

B. 虽然大火是乙引起的，但甲有灭火义务，故甲构成放火罪

C. 甲的行为既有作为也有不作为，但作为与不作为互相排斥，故对甲不能数罪并罚

D. 不论如何评价甲的行为，在本案中对甲仅能以一个罪名处罚

4. 甲持水果刀抢劫某超市，超市员工乙奋起反抗并夺下水果刀，将刀扔给同事丙，但不慎击中丙头部致其重伤。甲见抢劫未遂且刀被夺，意图骑自行车逃跑，乙为阻止甲逃跑，连人带车抱摔倒地，乙重伤，甲轻伤。关于本案，下列说法正确的是：（2020 年仿真题）

A. 乙的行为属于防卫过当，应负刑事责任

B. 乙的行为属于正当防卫，不负刑事责任

C. 丙的重伤结果系乙所致，甲对此不负刑事责任

D. 乙的重伤结果系本人所致，甲不构成抢劫致人重伤

5. 甲在非法网站上购买爆炸物，但是由于卖家失误，寄来了子弹。关于本案，下列说法正确的是：（2020 年仿真题）

A. 不管甲的行为定性如何，都只成立一罪

B. 甲主观上欲购买爆炸物，客观上购买到了子弹，成立非法买卖爆炸物罪未遂，不成立非法买卖弹药罪

C. 由于仅有子弹，没有枪支，客观上不影响公共安全，因此甲不成立危害公共安全罪

D. 由于甲的主观认识和客观行为不一致，不能认定为非法买卖弹药罪

6. 甲对乙实施杀害行为，一击并未致命，但致乙重伤昏迷，随时有生命危险。甲于心不忍，抱起乙准备送医抢救却不慎滑倒，乙原本已生命垂危，因摔倒再次遭受创伤而死亡。对此，下列说法正确的是：（2020 年仿真题）

A. 甲构成故意杀人罪既遂，救助行为不能认定为犯罪中止

B. 无论如何评价，甲均须对死亡结果负责

C. 甲的行为构成犯罪中止，由于造成了损害，应当减轻处罚

D. 甲对乙死亡的因果进程产生了错误认识，构成故意杀人罪未遂

7. 甲、乙合谋去某地盗窃，约定乙开车将甲送至该地，乙在门口等候，待甲得手后一起逃跑。甲窃取财物后刚到门口，即被保安发现，甲边跑边叫乙下车一起帮忙，两人与保安发生扭打，致保安轻伤。关于本案，下列说法正确的是：（2020 年仿真题）

A. 甲、乙在盗窃罪范围内成立共同犯罪，但甲以抢劫罪一罪论处，乙以盗窃罪一罪论处

B. 甲、乙同时成立盗窃罪与故意伤害罪的共同犯罪，二人均应数罪并罚

C. 甲、乙二人均成立转化型抢劫，均以抢劫罪一罪论处

D. 无论如何定性，甲、乙罪名应一致，都成立该罪的共同犯罪

8. 下列情形中，属于绑架罪中"杀害被绑架人"的情形是：（2020 年仿真题）

A. 以勒索财物为目的绑架人质后，故意伤害被绑架人，致其死亡

B. 绑架人质后，用毛巾堵住被绑架人的嘴巴，致被绑架人窒息而死

C. 以勒索财物为目的的实施绑架的过程中，遭到被绑架人的强烈反抗，用绳子勒死被绑架人

D. 绑架人质并拿到赎金之后，释放了被绑架人，但担心被指认，驾车追赶 3 公里将其撞死

9. 下列行为中，成立抢劫致人重伤的是：（2020 年仿真题）

A. 钱某犯抢夺罪时被当场发现后立即逃跑，被害人追赶钱某时摔倒在地造成重伤

B. 赵某盗窃罪被发现后逃跑，被害人紧追不舍。赵某跨越栏杆时，过失导致栏杆倒下砸中被害人致其重伤

C. 李某犯抢夺罪后，为抗拒抓捕而逃跑，逃跑时猛推刚好挡道的行人，致其倒地后重伤

D. 孙某犯盗窃罪时被马某发现，马某在犹豫是否报警时，孙某担心被马某抓捕而对马某实施暴力，造成马某重伤

10. 甲男以嫖娼为名网约乙女，甲男携带电棍，以印有警察字样的钱包冒充警察工作证，以乙女从事卖淫违法行为为由，责令乙女缴纳1000元罚款。关于甲男的行为性质，下列说法正确的是：（2020年仿真题）

A. 电棍通常是暴力或者暴力威胁的工具，甲男构成抢劫罪

B. 乙女交付财物是基于恐惧、害怕的心理，甲男构成敲诈勒索罪

C. 用印有警察字样的钱包冒充警察工作证，甲男构成招摇撞骗罪

D. 乙女交付财物是对甲男警察身份产生错误认识，甲男构成诈骗罪

11. 甲通过某C2C电商平台从入驻商家处购买了30部手机，将新手机主板卸下，换上旧主板，利用7天无理由退货方式申请退款。关于本案，下列说法正确的是：（2020年仿真题）

A. 退款的行为构成诈骗罪

B. 换主板的行为构成诈骗罪

C. 换主板的行为构成盗窃罪

D. 退换整机的行为构成诈骗罪

12. 张某为谋取不正当利益，准备给国家工作人员李某行贿，对李某妻子钱某说，我已经和李某沟通过了，你帮我转交10万元钱。李某知道后义正词严地拒绝并要钱某将钱退回，钱某并未将钱退回而是用于个人使用。下列说法正确的是：（2020年仿真题）

A. 张某构成行贿罪未遂

B. 张某构成行贿罪既遂

C. 钱某构成非国家人员受贿罪

D. 钱某构成受贿罪共犯

2021年

1. 根据现行《刑法》关于刑事责任年龄的规定，以下说法错误的是：（2021年仿真题）

A. 15岁的丁投毒应负刑事责任，投放其他危害物质不负刑事责任

B. 已满14岁不满16岁的甲运输、贩卖毒品，应以运输、贩卖毒品罪论罪

C. 户口簿显示丙已满16岁，但有多方证据证明实际未满16岁，应认定为未满16岁

D. 已满12岁不满14岁的乙以危险方法危害公共安全，造成众多人员伤亡的，不负刑事责任

2. 关于不作为犯罪，下列说法错误的是：（2021年仿真题）

A. 甲公司事后发现自己销售的一批药品不合格，但并未召回，致一名患者死亡。由于销售劣药罪的行为只能是作为，且必须具有故意，故甲公司不构成犯罪

B. 甲夜间在办公室用电磁炉煮面时，某文件滑落至电磁炉上后被点燃，火势本可立即扑灭，但甲担心因文件被毁而被开除，便迅速离开，最终酿成大火。甲构成不作为的放火罪

C. 甲用手抚摸乙饲养的宠物狗，不料宠物狗撕咬甲。乙在一旁并未制止，导致甲被咬成重伤。由于甲自己制造了危险，故乙不构成不作为犯罪

D. 甲在荒山发现一名弃婴，将弃婴抱回家，打算长期抚养。由于妻子强烈反对，甲次日将弃婴放至某菜市场门口，被他人抱走不知去向。甲构成遗弃罪

3. 关于因果关系的判断，下列说法错误的是：（2021年仿真题）

A. 甲高空抛物，不慎砸中乙，致乙死亡。虽然高空抛物造成伤害的概率很低，但是甲的行为与乙的死亡具有因果关系

B. 甲盗窃乙用于治病的资金，乙求生无望，自杀身亡。甲的盗窃行为与乙的死亡具有因果关系

C. 甲驾驶出租车搭载乘客乙，途中甲选择了一条与手机导航路线不同的偏航路线，乙误以为甲要加害自己，迅速跳车导致重伤。实际上甲没有加害意思。甲的偏航行为与乙的重伤具有因果关系

D. 甲向乙家纵火，乙观察火势不大，便入户抢救贵重物品。随后火势猛增，导致乙被烧死。甲的纵火行为与乙的死亡没有因果关系

4. 关于刑法上的故意、过失的认定，下列说法错误的是：（2021年仿真题）

A. 甲误以为乙是不满14周岁的男童而出卖给他人，实际上乙是15周岁的少女。由于主客观不一致，因此甲不成立犯罪

B. 甲雇凶手伤害乙，反复叮嘱切勿伤乙性命，但凶手仍致乙死亡。甲对死亡结果有过失

C. 甲误以为自己运输的是假美元，实际是假欧元。甲的认识错误属于具体的事实认识错误，甲成立运输假币罪

D. 甲以为眼前财物是乙的遗忘物而拿走该财物，实际上是丙占有的财物。甲没有盗窃的故意，只有侵占的故意

5. 甲（男）与乙有婚外情，乙唆使甲用毒牛奶杀害其妻丙。甲听从了乙的提议。几天后，甲将一瓶毒牛奶递给丙。丙不知道牛奶有毒，又将牛奶递给身边的孩子丁喝。甲只说了一句"他喝过了，不用喝了"后便走开，没有实施其他阻止行为。丁喝了毒牛奶后死亡。对此，下列说法正确的是：（2021年仿真题）

A. 甲对丁构成故意杀人罪既遂

B. 甲对丙构成故意杀人罪未遂

C. 乙对丁构成故意杀人罪既遂

D. 乙对丙构成故意杀人罪未遂

6. 关于共同犯罪，下列说法正确的是：（2021 年仿真题）

A. 乙入户盗窃，甲看到后主动为乙望风，乙对此不知情。其间屋主丙归家，甲拦住丙假意聊天拖延时间。乙盗窃既遂。甲构成盗窃罪的片面帮助犯

B. 乙入户盗窃，甲看到后主动为乙望风，乙对此不知情。其间并无异常，乙盗窃既遂后，出来得知甲为自己望风，给甲 100 元以示酬谢。甲构成盗窃罪的片面帮助犯

C. 甲承诺在乙杀害丙后，将乙藏匿起来。乙得手后要求甲帮助藏匿，甲拒绝。甲构成窝藏罪和故意杀人罪的共犯

D. 甲、乙没有意思联络，分别向丙开枪。丙死亡，能够查明只有一颗子弹击中，但无法查明谁发射的这颗子弹。甲、乙均构成故意杀人罪未遂

7. 关于自首的认定，下列说法错误的是：（2021 年仿真题）

A. 甲与乙共同犯罪。甲知道乙被抓后，担心乙会供出自己，便前往公安机关主动投案。实际上乙已经如实供述了甲的罪行。甲不构成自首

B. 甲与乙共同犯罪。甲主动投案，如实供述了自己的罪行，但未供述同案犯乙的共同犯罪事实。甲不构成自首

C. 甲明知货物是易爆物品，还将其储存在仓库中。仓库爆炸后，甲前往公安机关供述了自己的罪行。甲不构成自首

D. 甲醉酒驾驶导致路人乙重伤。甲前往公安机关投案，导致乙未得到及时救助而死亡。甲供述了案件事实，但坚称自己不是故意，甲不构成自首

8. 关于拐卖妇女罪，下列说法错误的是：（2021 年仿真题）

A. 甲欲拐卖妇女，将妇女控制后，没有找到卖家，便与妇女以夫妻名义共同生活。甲仍构成拐卖妇女罪

B. 乙欲拐卖妇女，将妇女控制后，没有找到卖家，构成拐卖妇女罪的未遂

C. 丙收买被拐卖的妇女后，将其关押，剥夺其人身自由，后又将其卖掉，应仅以拐卖妇女罪论处

D. 成年妇女丁欲离开原居住地，向戊谎称自己卖身救母，需要 50 万元。戊支付丁 50 万元将其带回家。戊不构成收买被拐卖的妇女罪

9. 关于侵犯财产罪的既遂，下列说法错误的是：（2021 年仿真题）

A. 甲盗窃自行车，保安乙通过监控发现了甲的行为，乙故意等甲骑走车后几分钟才追赶，并抓到甲。甲成立盗窃罪既遂

B. 甲入户盗窃乙家被乙的邻居发现。邻居报警后守在乙家门口，导致甲无法逃脱。随后警察赶到，在甲的背包中发现了所窃财物。甲构成盗窃罪既遂

C. 甲敲诈勒索乙，要求乙将 10 万元现金放入指定的垃圾桶内。乙按照甲的要求放入后，10 万元现金被清洁工捡走。乙以为甲取走了 10 万元。甲成立敲诈勒索罪既遂

D. 甲在某购物网站上销售假酒。乙不知情而购买，并向购物网站支付了货款（货款暂存于购物网站的支付平台）。乙收到货后发现是假酒，便向支付平台申请退款，支付平台予以办理。甲构成诈骗罪既遂

10. 关于侵犯财产罪的认定（不考虑数额和情节），下列说法错误的是：（2021 年仿真题）

A. 某班级家长将学生的生活费发到家长微信群中，在班主任接收前，家长甲迅速收走了其中的 5000 元。甲的行为构成抢夺罪

B. 甲趁乙熟睡时，用乙的手机将乙微信账户中的 5000 元转入自己的微信账户。甲的行为构成盗窃罪

C. 甲趁乙熟睡时，用乙的手机将乙银行卡中的 5000 元转入乙的微信账户，然后转至自己的微信账户。甲的行为构成盗窃罪

D. 甲趁乙熟睡时，用乙的手机将乙的银行卡与乙的微信绑定，然后利用乙的微信支付信息，从乙的微信账户将 5000 元转入自己的微信账户。甲构成信用卡诈骗罪

11. 关于侵犯财产罪（不考虑数额与情节），下列说法错误的是：（2021 年仿真题）

A. 甲非法闯入他人住宅，当着 9 岁儿童的面，取走其家中价值未达"数额较大"的财物。如果认为盗窃罪包括公开盗窃，则甲属于入户盗窃，构成盗窃罪

B. 乙非法闯入他人住宅，当着 90 多岁老人的面，取走其家中价值未达"数额较大"的财物。如果否认盗窃罪可以公开进行，则乙不构成任何财产犯罪

C. 丙驾驶大卡车在高速公路上行驶，在收费站处突然紧跟前车闯过收费关口，没有缴纳过路费。丙的行为不构成诈骗罪

D. 丁骑摩托车抢夺行人戊的背包。戊紧抓背包带不放手，丁加速行驶，将戊拖行三十多米后戊才放手。对丁应以抢夺罪论处

12. 甲仅有伤害的故意，以下情况中，成立抢劫罪的是：（2021 年仿真题）

　　A. 伤害乙后，乙晕倒，甲看到乙掉落的手机捡起

　　B. 伤害乙后，乙要求甲送其去医院，甲要求乙给 1 万元，否则不送

　　C. 伤害乙后，乙承诺给甲 5000 元，甲索要 1 万元，否则将继续殴打，乙无奈同意

　　D. 伤害乙后，乙捂住自己的手机，甲以为是钱包，继续殴打乙，随即将乙手中的东西抢走

13. 甲网购手机一部，快递员去送货的时候，甲正好看到自己的快递，便乘机取走，后以未收到快递为由，向商家索要赔偿，商家对甲予以赔付。以下选项正确的是：（2021 年仿真题）

　　A. 甲仅对取手机行为构成盗窃罪

　　B. 甲仅对手机的赔付价款构成诈骗罪

　　C. 甲对取手机的行为构成诈骗罪，对商家构成盗窃罪

　　D. 甲对取手机的行为构成盗窃，对商家构成诈骗罪

14. 下列关于高空抛物中对"高空"的解释，说法正确的是：（2021 年仿真题）

　　A. 高空抛物就是从地面向高空抛物

　　B. 高空抛物就是从很高的地方向下抛

　　C. 高空抛物只有造成人员重伤或死亡才能定罪

　　D. 高空抛物不一定要从很高的建筑物上抛下

2022 年

1. 张某涉嫌诈骗罪被抓获归案，在刑事拘留期间潜逃。在潜逃期间，裴某向张某称自己有他人犯罪的线索，愿以 3 万元卖给张某。张某遂花 3 万元买到该犯罪线索。张某打电话将该犯罪线索提供给公安机关。该犯罪线索是某国有公司总经理的受贿罪事实，经查证属实。然后张某自动投案，如实供述了诈骗罪和潜逃的事实。下列说法正确的是：（2022 年仿真题）

　　A. 张某的潜逃行为构成脱逃罪

　　B. 张某提供犯罪线索的行为不构成立功

　　C. 张某自动投案，如实供述，针对脱逃罪成立自首

　　D. 张某自动投案，如实供述，针对诈骗罪成立自首

2. 关于刑法上的因果关系，下列说法正确的是：（2022 年仿真题）

　　A. 甲、乙互不知情，均想毒杀丙，乙到达现场后暗中发现甲向丙的水中投放了毒药，乙便没有再下毒，后丙喝下毒水后死亡。甲、乙与丙的死亡之间有因果关系

　　B. 甲、乙互不知情，在暗处分别向丙开了一枪，且均打中非要害部位，丙因为两处受伤失血过多而死。甲、乙的行为与丙的死亡之间具有因果关系

　　C. 甲在申请贷款时按照乙银行相关人员的要求，提供了伪造材料，后因经营受损甲未能归还贷款。甲伪造材料的行为与银行的损失之间没有因果关系

　　D. 乙溺水，在即将抓住一个可以救命的漂浮物时，漂浮物的所有权人甲立即拿走了漂浮物，乙未能获救而死亡。甲的行为和乙的死亡之间具有因果关系

2023 年

关于财产犯罪，下列说法错误的是：（2023 年仿真题）

　　A. 张某在肉摊小贩身后偷走小贩的剔骨刀，后张某趁于某不备，用剔骨刀割开于某的挎包背带，夺走挎包后逃走。张某构成抢夺罪

　　B. 徐某潜入陆某的家中偷窃珠宝，翻找过程中陆某回家，徐某为逃避抓捕，将陆某打倒后逃脱（未构成轻伤）。徐某构成抢劫罪未遂

　　C. 唐某为洗车店员工，在为刘某洗车过程中发现刘某汽车方向盘后和副驾上有两张彩票，遂偷走兑奖，其中一张彩票中奖 2 万元，另一张未中奖。无论是哪张彩票中奖，唐某均构成盗窃既遂

　　D. 程某发现范某将电脑放置在商场一层维修部维修，便在商场关门后前往商场门口，对门内的清洁工蒋某说维修部的电脑是自己的，让蒋某帮忙递给自己，蒋某遂将电脑交给程某。程某对蒋某构成诈骗罪

刑法

刑事诉讼法

2014 年

1. 社会主义法治公平正义的实现，应当高度重视程序的约束作用，避免法治活动的任意性和随意化。据此，下列哪一说法是正确的？（2014/2/22，单选）

A. 程序公正是实体公正的保障，只要程序公正就能实现实体公正

B. 刑事程序的公开与透明有助于发挥程序的约束作用

C. 为实现程序的约束作用，违反法定程序收集的证据均应予以排除

D. 对复杂程度不同的案件进行程序上的繁简分流会限制程序的约束作用

2. 社会主义法治要通过法治的一系列原则加以体现。具有法定情形不予追究刑事责任是《刑事诉讼法》确立的一项基本原则，下列哪一案件的处理体现了这一原则？（2014/2/23，单选）

A. 甲涉嫌盗窃，立案后发现涉案金额 400 余元，公安机关决定撤销案件

B. 乙涉嫌抢夺，检察院审查起诉后认为犯罪情节轻微，不需要判处刑罚，决定不起诉

C. 丙涉嫌诈骗，法院审理后认为其主观上不具有非法占有他人财物的目的，作出无罪判决

D. 丁涉嫌抢劫，检察院审查起诉后认为证据不足，决定不起诉

3. 关于刑事诉讼构造，下列哪一选项是正确的？（2014/2/24，单选）

A. 刑事诉讼价值观决定了刑事诉讼构造

B. 混合式诉讼构造是当事人主义吸收职权主义的因素形成的

C. 职权主义诉讼构造适用于实体真实的诉讼目的

D. 当事人主义诉讼构造与控制犯罪是矛盾的

4. 关于被害人在刑事诉讼中的权利，下列哪一选项是正确的？（2014/2/25，单选）

A. 自公诉案件立案之日起有权委托诉讼代理人

B. 对因作证而支出的交通、住宿、就餐等费用，有权获得补助

C. 对法院作出的强制医疗决定不服的，可向作出决定的法院申请复议一次

D. 对检察院作出的附条件不起诉决定不服的，可向上一级检察院申诉

5. 钱某涉嫌纵火罪被提起公诉，在法庭审理过程中被诊断患严重疾病，法院判处其有期徒刑 8 年，同时决定予以监外执行。下列哪一选项是错误的？（2014/2/26，单选）

A. 决定监外执行时应当将暂予监外执行决定抄送检察院

B. 钱某监外执行期间，应当对其实行社区矫正

C. 如钱某拒不报告行踪、脱离监管，应当予以收监

D. 如法院作出收监决定，钱某不服，可向上一级法院申请复议

6. 关于证据的关联性，下列哪一选项是正确的？（2014/2/27，单选）

A. 关联性仅指证据事实与案件事实之间具有因果关系

B. 具有关联性的证据即具有可采性

C. 证据与待证事实的关联度决定证据证明力的大小

D. 类似行为一般具有关联性

7. 下列哪一选项所列举的证据属于补强证据？（2014/2/28，单选）

A. 证明讯问过程合法的同步录像材料

B. 证明获取被告人口供过程合法，经侦查人员签名并加盖公章的书面说明材料

C. 根据被告人供述提取到的隐蔽性极强、并能与被告人供述和其他证据相印证的物证

D. 对与被告人有利害冲突的证人所作的不利被告人的证言的真实性进行佐证的书证

8. 关于鉴定人与鉴定意见，下列哪一选项是正确的？（2014/2/29，单选）

A. 经法院通知，鉴定人无正当理由拒不出庭的，可由院长签发强制令强制其出庭

B. 鉴定人有正当理由无法出庭的，法院可中止审理，另行聘请鉴定人重新鉴定

C. 经辩护人申请而出庭的具有专门知识的人，可向鉴定人发问

D. 对鉴定意见的审查和认定，受到意见证据规则的规制

9. 未成年人郭某涉嫌犯罪被检察院批准逮捕。在审查起诉中，经羁押必要性审查，拟变更为取保候审并适用保证人保证。关于保证人，下列哪一选项是正确的？（2014/2/30，单选）

A. 可由郭某的父亲担任保证人，并由其交纳 1000 元保证金

B. 可要求郭某的父亲和母亲同时担任保证人

C. 如果保证人协助郭某逃匿，应当依法追究保证人的刑事责任，并要求其承担相应的民事连带赔偿责任

D. 保证人未履行保证义务应处罚款的，由检察院决定

10. 关于犯罪嫌疑人的审前羁押，下列哪一选项是错误的？（2014/2/31，单选）

A. 基于强制措施适用的必要性原则，应当尽量减少审前羁押

B. 审前羁押是临时性的状态，可根据案件进展和犯罪嫌疑人的个人情况予以变更

C. 经羁押必要性审查认为不需要继续羁押的，检察院应及时释放或变更为其他非羁押强制措施

D. 案件不能在法定办案期限内办结的，应当解除羁押

11. 韩某和苏某共同殴打他人，致被害人李某死亡、吴某轻伤，韩某还抢走吴某的手机。后韩某被抓获，苏某在逃。关于本案的附带民事诉讼，下列哪一选项是正确的？（2014/2/32，单选）

A. 李某的父母和祖父母都有权提起附带民事诉讼

B. 韩某和苏某应一并列为附带民事诉讼的被告人

C. 吴某可通过附带民事诉讼要求韩某赔偿手机

D. 吴某在侦查阶段与韩某就民事赔偿达成调解协议并全部履行后又提起附带民事诉讼，法院不予受理

12. 关于期间的计算，下列哪一选项是正确的？（2014/2/33，单选）

A. 重新计算期限包括公检法的办案期限和当事人行使诉讼权利的期限两种情况

B. 上诉状或其他法律文书在期满前已交邮的不算过期，已交邮是指在期间届满前将上诉状或其他法律文书递交邮局或投入邮筒内

C. 法定期间不包括路途上的时间，比如有关诉讼文书材料在公检法之间传递的时间应当从法定期间内扣除

D. 犯罪嫌疑人、被告人在押的案件，在羁押场所以外对患有严重疾病的犯罪嫌疑人、被告人进行医治的时间，应当从法定羁押期间内扣除

13. 关于勘验、检查，下列哪一选项是正确的？（2014/2/34，单选）

A. 为保证侦查活动的规范性与合法性，只有侦查人员可进行勘验、检查

B. 侦查人员进行勘验、检查，必须持有侦查机关的证明文件

C. 检查妇女的身体，应当由女工作人员或者女医师进行

D. 勘验、检查应当有见证人在场，勘验、检查笔录上没有见证人签名的，不得作为定案的根据

14. 检察院对孙某敲诈勒索案审查起诉后认为，作为此案关键证据的孙某口供系刑讯所获，依法应予排除。在排除该口供后，其他证据显然不足以支持起诉，因而作出不起诉决定。关于该案处理，下列哪一选项是错误的？（2014/2/35，单选）

A. 检察院的不起诉属于存疑不起诉

B. 检察院未经退回补充侦查即作出不起诉决定违反《刑事诉讼法》的规定

C. 检察院排除刑讯获得的口供，体现了法律监督机关的属性

D. 检察院不起诉后，又发现新的证据，符合起诉条件时，可提起公诉

15. 刑事审判具有亲历性特征。下列哪一选项不符合亲历性要求？（2014/2/36，单选）

A. 证人因路途遥远无法出庭，采用远程作证方式在庭审过程中作证

B. 首次开庭并对出庭证人的证言质证后，某合议庭成员因病无法参与审理，由另一人民陪审员担任合议庭成员继续审理并作出判决

C. 某案件独任审判员在公诉人和辩护人共同参与下对部分证据进行庭外调查核实

D. 第二审法院对决定不开庭审理的案件，通过讯问被告人，听取被害人、辩护人和诉讼代理人的意见进行审理

16. 关于自诉案件的程序，下列哪一选项是正确的？（2014/2/37，单选）

A. 不论被告人是否羁押，自诉案件与普通公诉案件的审理期限都相同

B. 不论在第一审程序还是第二审程序中，在宣告判决前，当事人都可和解

C. 不论当事人在第一审还是第二审理中提出反诉的，法院都应当受理

D. 在第二审程序中调解结案的，应当裁定撤销第一审裁判

17. 甲乙丙三人共同实施故意杀人，一审法院判处甲死刑立即执行、乙无期徒刑、丙有期徒刑 10 年。丙以量刑过重为由上诉，甲和乙未上诉，检察院未抗诉。关于本案的第二审程序，下列哪一选项是正确的？（2014/2/38，单选）

A. 可不开庭审理

B. 认为没有必要的，甲可不再到庭

C. 由于乙没有上诉，其不得另行委托辩护人为其辩护

D. 审理后认为原判事实不清且对丙的量刑过轻，发回一审法院重审，一审法院重审后可加重丙的刑罚

18. 甲和乙共同实施拐卖妇女、儿童罪，均被判处死刑立即执行。最高法院复核后认为全案判决认定事实正确，甲系主犯应当判处死刑立即执行，但对乙可不立即执行。关于最高法院对此案的处理，下列哪一选项是正确的？（2014/2/39，单选）

A. 将乙改判为死缓，并裁定核准甲死刑

B. 对乙作出改判，并判决核准甲死刑

C. 对全案裁定不予核准，撤销原判，发回重审

D. 裁定核准甲死刑，撤销对乙的判决，发回重审

19. 甲因邻里纠纷失手致乙死亡，甲被批准逮捕。案件起诉后，双方拟通过协商达成和解。对于此案的和解，下列哪一选项是正确的？（2014/2/40，单选）

A. 由于甲在押，其近亲属可自行与被害方进行和解

B. 由于乙已经死亡，可由其近亲属代为和解

C. 甲的辩护人和乙近亲属的诉讼代理人可参与和解协商

D. 由于甲在押，和解协议中约定的赔礼道歉可由其近亲属代为履行

20. A市原副市长马某，涉嫌收受贿赂2000余万元。为保证公正审判，上级法院指令与本案无关的B市中级法院一审。B市中级法院受理此案后，马某突发心脏病不治身亡。关于此案处理，下列哪一选项是错误的？（2014/2/41，单选）

A. 应当由法院作出终止审理的裁定，再由检察院提出没收违法所得的申请

B. 应当由B市中级法院的同一审判组织对是否没收违法所得继续进行审理

C. 如裁定没收违法所得，而马某妻子不服的，可在5日内提出上诉

D. 如裁定没收违法所得，而其他利害关系人不服的，有权上诉

21. 下列哪一选项不属于犯罪嫌疑人、被告人逃匿、死亡案件违法所得没收程序中的"违法所得及其他涉案财产"？（2014/2/42，单选）

A. 刘某恐怖活动犯罪案件中从其住处搜出的管制刀具

B. 赵某贪污案赃款存入银行所得的利息

C. 王某恐怖活动犯罪案件中制造爆炸装置使用的所在单位的仪器和设备

D. 周某贿赂案受贿所得的古玩

22. 关于"宪法是静态的刑事诉讼法、刑事诉讼法是动态的宪法"，下列哪些选项是正确的？（2014/2/64，多选）

A. 有关刑事诉讼的程序性条款，构成各国宪法中关于人权保障条款的核心

B. 刑事诉讼法关于强制措施的适用权限、条件、程序与辩护等规定，都直接体现了宪法关于公民人身、住宅、财产不受非法逮捕、搜查、扣押以及被告人有权获得辩护等规定的精神

C. 刑事诉讼法规范和限制了国家权力，保障了公民享有宪法规定的基本人权和自由

D. 宪法关于人权保障的条款，都要通过刑事诉讼法保证刑法的实施来实现

23. 关于刑事诉讼基本原则，下列哪些说法是正确的？（2014/2/65，多选）

A. 体现刑事诉讼基本规律，有着深厚的法律理论基础和丰富的思想内涵

B. 既可由法律条文明确表述，也可体现于刑事诉讼法的指导思想、目的、任务、具体制度和程序之中

C. 既包括一般性原则，也包括独有原则

D. 与规定具体制度、程序的规范不同，基本原则不具有法律约束力，只具有倡导性、指引性

24. 某县破获一抢劫团伙，涉嫌多次入户抢劫，该县法院审理后认为，该团伙中只有主犯赵某可能被判处无期徒刑。关于该案的移送管辖，下列哪些选项是正确的？（2014/2/66，多选）

A. 应当将赵某移送中级法院审理，其余被告人继续在县法院审理

B. 团伙中的未成年被告人应当一并移送中级法院审理

C. 中级法院审查后认为赵某不可能被判处无期徒刑，可不同意移送

D. 中级法院同意移送的，应当书面通知其同级检察院

25. 林某盗版销售著名作家黄某的小说涉嫌侵犯著作权罪，经一审和二审后，二审法院裁定撤销原判，发回原审法院重新审判。关于该案的回避，下列哪些选项是正确的？（2014/2/67，多选）

A. 一审法院审判委员会委员甲系林某辩护人妻子的弟弟，黄某的代理律师可申请其回避

B. 一审书记员乙系林某的表弟而未回避，二审法院可以此为由裁定发回原审法院重审

C. 一审合议庭审判长丙系黄某的忠实读者，应当回避

D. 丁系二审合议庭成员，如果林某对一审法院重新审判作出的裁判不服再次上诉至二审法院，丁应当自行回避

26. 刘某涉嫌特别重大贿赂犯罪被指定居所监视居住，律师洪某担任其辩护人。关于洪某在侦查阶段参与刑事诉讼，下列哪些选项是正确的？（2014/2/68，多选）

A. 会见刘某应当经公安机关许可

B. 可申请将监视居住的地点变更为刘某的住处

C. 可向刘某核实有关证据

D. 会见刘某不受监听

27. 某地法院审理齐某组织、领导、参加黑社会性质组织罪，关于对作证人员的保护，下列哪些选项是正确的？（2014/2/69，多选）

A. 可指派专人对被害人甲的人身和住宅进行保护

B. 证人乙可申请不公开真实姓名、住址等个人信息

C. 法院通知侦查人员丙出庭说明讯问的合法性，为防止黑社会组织报复，对其采取不向被告人暴露外貌、真实声音的措施

D. 为保护警方卧底丁的人身安全，丁可不出庭作证，由审判人员在庭外核实丁的证言

28. 关于讯问犯罪嫌疑人，下列哪些选项是正确的？（2014/2/70，多选）

A. 在拘留犯罪嫌疑人之前，一律不得对其进行讯问

B. 在拘留犯罪嫌疑人之后，可在送看守所羁押前进行讯问

C. 犯罪嫌疑人被拘留送看守所之后，讯问应当在看守所内进行

D. 对于被指定居所监视居住的犯罪嫌疑人，应当在指定的居所进行讯问

29. 关于庭前会议，下列哪些选项是正确的？（2014/2/71，多选）

A. 被告人有参加庭前会议的权利

B. 被害人提起附带民事诉讼的，审判人员可在庭前会议中进行调解

C. 辩护人申请排除非法证据的，可在庭前会议中就是否排除作出决定

D. 控辩双方可在庭前会议中就出庭作证的证人名单进行讨论

30. 方某涉嫌在公众场合侮辱高某和任某，高某向法院提起自诉。关于本案的审理，下列哪些选项是正确的？（2014/2/72，多选）

A. 如果任某担心影响不好不愿起诉，任某的父亲可代为起诉

B. 法院通知任某参加诉讼并告知其不参加的法律后果，任某仍未到庭，视为放弃告诉，该案宣判后，任某不得再行自诉

C. 方某的弟弟系该案关键目击证人，经法院通知其无正当理由不出庭作证的，法院可强制其到庭

D. 本案应当适用简易程序审理

31. 关于简易程序，下列哪些选项是正确的？（2014/2/73，多选）

A. 甲涉嫌持枪抢劫，法院决定适用简易程序，并由两名审判员和一名人民陪审员组成合议庭进行审理

B. 乙涉嫌盗窃，未满16周岁，法院只有在征得乙的法定代理人和辩护人同意后，才能适用简易程序

C. 丙涉嫌诈骗并对罪行供认不讳，但辩护人为其做无罪辩护，法院决定适用简易程序

D. 丁涉嫌故意伤害，经审理认为可能不构成犯罪，遂转为普通程序审理

32. 关于有期徒刑缓刑、拘役缓刑的执行，下列哪些选项是正确的？（2014/2/74，多选）

A. 对宣告缓刑的罪犯，法院应当核实其居住地

B. 法院应当向罪犯及原所在单位或居住地群众宣布犯罪事实、期限及应遵守的规定

C. 罪犯在缓刑考验期内犯新罪应当撤销缓刑的，由原审法院作出裁定

D. 法院撤销缓刑的裁定，一经作出立即生效

33. 关于审判监督程序，下列哪些选项是正确的？（2014/2/75，多选）

A. 只有当事人及其法定代理人、近亲属才能对已经发生法律效力的裁判提出申诉

B. 原审法院依照审判监督程序重新审判的案件，应当另行组成合议庭

C. 对于依照审判监督程序重新审判后可能改判无罪的案件，可中止原判决、裁定的执行

D. 上级法院指令下级法院再审的，一般应当指令原审法院以外的下级法院审理

赵某、石某抢劫杀害李某，被路过的王某、张某看见并报案。赵某、石某被抓获后，2名侦查人员负责组织辨认。

请回答第34~35题。

34. 关于辨认的程序，下列选项正确的是：（2014/2/92，不定项）

A. 在辨认尸体时，只将李某尸体与另一尸体作为辨认对象

B. 在2名侦查人员的主持下，将赵某混杂在9名具有类似特征的人员中，由王某、张某个别进行辨认

C. 在对石某进行辨认时，9名被辨认人员中的4名民警因紧急任务离开，在2名侦查人员的主持下，将石某混杂在5名人员中，由王某、张某个别进行辨认

D. 根据王某、张某的要求，辨认在不暴露他们身份的情况下进行

35. 关于辨认笔录的审查与认定，下列选项正确的是：（2014/2/93，不定项）

A. 如对尸体的辨认过程没有录像，则辨认结果不得作为定案证据

B. 如侦查人员组织辨认时没有见证人在场，则辨认结果不得作为定案的根据

C. 如在辨认前没有详细向辨认人询问被辨认对象的具体特征，则辨认结果不得作为定案证据

D. 如对赵某的辨认只有笔录，没有赵某的照片，无法获悉辨认真实情况的，也可补正或进行合理解释

黄某（17 周岁，某汽车修理店职工）与吴某（16 周岁，高中学生）在餐馆就餐时因琐事与赵某（16 周岁，高中学生）发生争吵，并殴打赵某致其轻伤。检察院审查后，综合案件情况，拟对黄某作出附条件不起诉决定，对吴某作出不起诉决定。

请回答第 36~38 题。

36. 关于本案审查起诉的程序，下列选项正确的是：（2014/2/94，不定项）

A. 应当对黄某、吴某的成长经历、犯罪原因和监护教育等情况进行社会调查

B. 在讯问黄某、吴某和询问赵某时，应当分别通知他们的法定代理人到场

C. 应当分别听取黄某、吴某的辩护人的意见

D. 拟对黄某作出附条件不起诉决定，应当听取赵某及其法定代理人与诉讼代理人的意见

37. 关于对黄某的考验期，下列选项正确的是：（2014/2/95，不定项）

A. 从宣告附条件不起诉决定之日起计算

B. 不计入检察院审查起诉的期限

C. 可根据黄某在考验期间的表现，在法定范围内适当缩短或延长

D. 如黄某违反规定被撤销附条件不起诉决定而提起公诉，已经过的考验期可折抵刑期

38. 关于本案的办理，下列选项正确的是：（2014/2/96，不定项）

A. 在对黄某作出附条件不起诉决定、对吴某作出不起诉决定时，必须达成刑事和解

B. 检察院对黄某作出附条件不起诉决定、对吴某作出不起诉决定时，可要求他们向赵某赔礼道歉、赔偿损失

C. 在附条件不起诉考验期内，检察院可将黄某移交有关机构监督考察

D. 检察院对黄某作出附条件不起诉决定，对吴某作出不起诉决定后，均应将相关材料装订成册，予以封存

2015 年

1. 关于刑事诉讼价值的理解，下列哪一选项是错误的？（2015/2/22，单选）

A. 公正在刑事诉讼价值中居于核心的地位

B. 通过刑事程序规范国家刑事司法权的行使，是秩序价值的重要内容

C. 效益价值属刑事诉讼法的工具价值，而不属刑事诉讼法的独立价值

D. 适用强制措施遵循比例原则是公正价值的应有之义

2. 关于证人证言与鉴定意见，下列哪一选项是正确的？（2015/2/23，单选）

A. 证人证言只能由自然人提供，鉴定意见可由单位出具

B. 生理上、精神上有缺陷的人有时可以提供证人证言，但不能出具鉴定意见

C. 如控辩双方对证人证言和鉴定意见有异议的，相应证人和鉴定人均应出庭

D. 证人应出庭而不出庭的，其庭前证言仍可能作为证据；鉴定人应出庭而不出庭的，鉴定意见不得作为定案根据

3. 甲涉嫌盗窃室友乙存放在储物柜中的笔记本电脑一台并转卖他人，但甲辩称该电脑系其本人所有，只是暂存于乙处。下列哪一选项既属于原始证据，又属于直接证据？（2015/2/25，单选）

A. 侦查人员在乙储物柜的把手上提取的甲的一枚指纹

B. 侦查人员在室友丙手机中直接提取的视频，内容为丙偶然拍下的甲打开储物柜取走电脑的过程

C. 室友丁的证言，内容是曾看到甲将一台相同的笔记本电脑交给乙保管

D. 甲转卖电脑时出具的现金收条

4. 下列哪一选项属于传闻证据？（2015/2/26，单选）

A. 甲作为专家辅助人在法庭上就一起伤害案的鉴定意见提出的意见

B. 乙了解案件情况但因重病无法出庭，法官自行前往调查核实的证人证言

C. 丙作为技术人员"就证明讯问过程合法性的同步录音录像是否经过剪辑"在法庭上所作的说明

D. 丁曾路过发生杀人案的院子，其开庭审理时所作的"当时看到一个人从那里走出来，好像喝了许多酒"的证言

5. 郭某涉嫌报复陷害申诉人蒋某，侦查机关因郭某可能毁灭证据将其拘留。在拘留期限即将届满时，因逮捕郭某的证据尚不充足，侦查机关责令其交纳 2 万元保证金取保候审。关于本案处理，下列哪一选项是正确的？（2015/2/27，单选）

A. 取保候审由本案侦查机关执行

B. 如郭某表示无力全额交纳保证金，可降低保证金数额，同时责令其提出保证人

C. 可要求郭某在取保候审期间不得进入蒋某居住的小区

D. 应要求郭某在取保候审期间不得变更住址

6. 章某涉嫌故意伤害致人死亡，因犯罪后企图逃跑被公安机关先行拘留。关于本案程序，下列哪一选项是正确的？（2015/2/28，单选）

A. 拘留章某时，必须出示拘留证

B. 拘留章某后，应在 12 小时内将其送看守所羁押

C. 拘留后对章某的所有讯问都必须在看守所内进行

D. 因怀疑章某携带管制刀具，拘留时公安机关无需搜查证即可搜查其身体

7. 王某涉嫌在多个市县连续组织淫秽表演，2014年 9 月 15 日被刑事拘留，随即聘请律师担任辩护人，10 月 17 日被检察院批准逮捕，12 月 5 日被移送检察院审查起诉。关于律师提请检察院进行羁押必要性审查，下列哪一选项是正确的？（2015/2/29，单选）

A. 10 月 14 日提出申请，检察院应受理

B. 11 月 18 日提出申请，检察院应告知其先向侦查机关申请变更强制措施

C. 12 月 3 日提出申请，由检察院承担监所检察工作的部门负责审查

D. 12 月 10 日提出申请，由检察院公诉部门负责审查

8. 法院可以受理被害人提起的下列哪一附带民事诉讼案件？（2015/2/30，单选）

A. 抢夺案，要求被告人赔偿被夺走并变卖的手机

B. 寻衅滋事案，要求被告人赔偿所造成的物质损失

C. 虐待被监管人案，要求被告人赔偿因体罚虐待致身体损害所产生的医疗费

D. 非法搜查案，要求被告人赔偿因非法搜查所导致的物质损失

9. 甲公司以虚构工程及伪造文件的方式，骗取乙工程保证金 400 余万元。公安机关接到乙控告后，以尚无明确证据证明甲涉嫌犯罪为由不予立案。关于本案，下列哪一选项是正确的？（2015/2/32，单选）

A. 乙应先申请公安机关复议，只有不服复议决定的才能请求检察院立案监督

B. 乙请求立案监督，检察院审查后认为公安机关应立案的，可通知公安机关立案

C. 公安机关接到检察院立案通知后仍不立案的，经省级检察院决定，检察院可自行立案侦查

D. 乙可直接向法院提起自诉

10. 甲、乙、丙、丁四人涉嫌多次结伙盗窃，公安机关侦查终结移送审查起诉后，甲突然死亡。检察

院审查后发现，甲和乙共同盗窃 1 次，数额未达刑事立案标准；乙和丙共同盗窃 1 次，数额刚达刑事立案标准；甲、丙、丁三人共同盗窃 1 次，数额巨大，但经两次退回公安机关补充侦查后仍证据不足；乙对其参与的 2 起盗窃有自首情节。关于本案，下列哪一选项是正确的？（2015/2/33，单选）

A. 对甲可作出酌定不起诉决定

B. 对乙可作出法定不起诉决定

C. 对丙应作出证据不足不起诉决定

D. 对丁应作出证据不足不起诉决定

11. 我国刑事审判模式正处于由职权主义走向控辩式的改革过程之中，2012 年《刑事诉讼法》修改内容中，下列哪一选项体现了这一趋势？（2015/2/34，单选）

A. 扩大刑事简易程序的适用范围

B. 延长第一审程序的审理期限

C. 允许法院强制证人出庭作证

D. 增设当事人和解的公诉案件诉讼程序

12. 罗某作为人民陪审员参与 D 市中级法院的案件审理工作。关于罗某的下列哪一说法是正确的？（2015/2/35，单选）

A. 担任人民陪审员，必须经 D 市人大常委会任命

B. 同法官享有同等权利，也能担任合议庭审判长

C. 可参与中级法院二审案件审理，并对事实认定、法律适用独立行使表决权

D. 可要求合议庭将案件提请院长决定是否提交审委会讨论决定

13. 关于我国刑事诉讼中起诉与审判的关系，下列哪一选项是正确的？（2015/2/36，单选）

A. 自诉人提起自诉后，在法院宣判前，可随时撤回自诉，法院应准许

B. 法院只能就起诉的罪名是否成立作出裁判

C. 在法庭审理过程中，法院可建议检察院补充、变更起诉

D. 对检察院提起公诉的案件，法院判决无罪后，检察院不能再次起诉

14. 某国有银行涉嫌违法发放贷款造成重大损失，该行行长因系直接负责的主管人员也被追究刑事责任，信贷科科长齐某因较为熟悉银行贷款业务被确定为单位的诉讼代表人。关于本案审理程序，下列哪一选项是正确的？（2015/2/37，单选）

A. 如该案在开庭审理前召开庭前会议，应通知齐某参加

B. 齐某无正当理由拒不出庭的，可拘传其到庭

C. 齐某可当庭拒绝银行委托的辩护律师为该行辩护

D. 齐某没有最后陈述的权利

15. 黄某倒卖文物案于 2014 年 5 月 28 日一审终结。6 月 9 日（星期一），法庭宣判黄某犯倒卖文物罪，判处有期徒刑 4 年并立即送达了判决书，黄某当即提起上诉，但于 6 月 13 日经法院准许撤回上诉；检察院以量刑畸轻为由于 6 月 12 日提起抗诉，上级检察院认为抗诉不当，于 6 月 17 日向同级法院撤回了抗诉。关于一审判决生效的时间，下列哪一选项是正确的？（2015/2/38，单选）

A. 6 月 9 日　　　　　B. 6 月 17 日
C. 6 月 19 日　　　　　D. 6 月 20 日

16. 关于审判监督程序中的申诉，下列哪一选项是正确的？（2015/2/39，单选）

A. 二审法院裁定准许撤回上诉的案件，申诉人对一审判决提出的申诉，应由一审法院审理
B. 上一级法院对未经终审法院审理的申诉，应直接审理
C. 对经两级法院依照审判监督程序复查均驳回的申诉，法院不再受理
D. 对死刑案件的申诉，可由原核准的法院审查，也可交由原审法院审查

17. 关于刑事裁判涉财产部分执行，下列哪一说法是正确的？（2015/2/40，单选）

A. 对侦查机关查封、冻结、扣押的财产，法院执行时可直接裁定处置，无需侦查机关出具解除手续
B. 法院续行查封、冻结、扣押的顺位无需与侦查机关的顺位相同
C. 刑事裁判涉财产部分的裁判内容应明确具体，涉案财产和被害人均应在判决书主文中详细列明
D. 刑事裁判涉财产部分，应由与一审法院同级的财产所在地的法院执行

18. 关于减刑、假释案件审理程序，下列哪一选项是正确的？（2015/2/41，单选）

A. 甲因抢劫罪和绑架罪被法院决定执行有期徒刑 20 年，对甲的减刑，应由其服刑地高级法院作出裁定
B. 乙因检举他人重大犯罪活动被报请减刑的，法院应通知乙参加减刑庭审
C. 丙因受贿罪被判处有期徒刑 5 年，对丙的假释，可书面审理，但必须提讯丙
D. 丁因强奸罪被判处无期徒刑，对丁的减刑，可聘请律师到庭发表意见

19. 依法不负刑事责任的精神病人的强制医疗程序是一种特别程序。关于其特别之处，下列一说法是正确的？（2015/2/42，单选）

A. 不同于普通案件奉行的不告不理原则，法院可未经检察院对案件的起诉或申请而启动这一程序

B. 不同于普通案件审理时被告人必须到庭，可在被申请人不到庭的情况下审理并作出强制医疗的决定
C. 不同于普通案件中的抗诉或上诉，被决定强制医疗的人可通过向上一级法院申请复议启动二审程序
D. 开庭审理时无需区分法庭调查与法庭辩论阶段

20. 关于程序法定，下列哪些说法是正确的？（2015/2/64，多选）

A. 程序法定要求法律预先规定刑事诉讼程序
B. 程序法定是大陆法系国家法定原则的重要内容之一
C. 英美国家实行判例制度而不实行程序法定
D. 以法律为准绳意味着我国实行程序法定

21. 关于公检法机关的组织体系及其在刑事诉讼中的职权，下列哪些选项是正确的？（2015/2/65，多选）

A. 公安机关统一领导、分级管理，对超出自己管辖的地区发布通缉令，应报有权的上级公安机关发布
B. 基于检察一体化，检察院独立行使职权是指检察系统整体独立行使职权
C. 检察院上下级之间是领导关系，上级检察院认为下级检察院二审抗诉不当的，可直接向同级法院撤回抗诉
D. 法院上下级之间是监督指导关系，上级法院如认为下级法院审理更适宜，可将自己管辖的案件交由下级法院审理

22. 关于刑事诉讼当事人中的被害人的诉讼权利，下列哪些选项是正确的？（2015/2/66，多选）

A. 撤回起诉、申请回避
B. 委托诉讼代理人、提起自诉
C. 申请复议、提起上诉
D. 申请抗诉、提出申诉

23. 未成年人小付涉嫌故意伤害袁某，袁某向法院提起自诉。小付的父亲委托律师黄某担任辩护人，袁某委托其在法学院上学的儿子担任诉讼代理人。本案中，下列哪些人有权要求审判人员回避？（2015/2/68，多选）

A. 黄某　　　　　　　B. 袁某
C. 袁某的儿子　　　　D. 小付的父亲

24. 关于有效辩护原则，下列哪些理解是正确的？（2015/2/69，多选）

A. 有效辩护原则的确立有助于实现控辩平等对抗
B. 有效辩护是一项主要适用于审判阶段的原则，但侦查、审查起诉阶段对辩护人权利的保障是审判阶段实现有效辩护的前提

C. 根据有效辩护原则的要求，法庭审理过程中一般不应限制被告人及其辩护人发言的时间

D. 指派没有刑事辩护经验的律师为可能被判处无期徒刑、死刑的被告人提供法律援助，有违有效辩护原则

25. 关于补充侦查，下列哪些选项是正确的？（2015/2/70，多选）

A. 审查批捕阶段，只有不批准逮捕的，才能通知公安机关补充侦查

B. 审查起诉阶段的补充侦查以两次为限

C. 审判阶段检察院应自行侦查，不得退回公安机关补充侦查

D. 审判阶段法院不得建议检察院补充侦查

26. 全国人大常委会关于《刑事诉讼法》第二百七十一条第二款的解释规定，检察院办理未成年人刑事案件，在作出附条件不起诉决定以及考验期满作出不起诉决定前，应听取被害人的意见。被害人对检察院作出的附条件不起诉的决定和不起诉的决定，可向上一级检察院申诉，但不能向法院提起自诉。关于这一解释的理解，下列哪些选项是正确的？（2015/2/71，多选）

A. 增加了听取被害人陈述意见的机会

B. 有利于对未成年犯罪嫌疑人的转向处置

C. 体现了对未成年犯罪嫌疑人的特殊保护

D. 是刑事公诉独占主义的一种体现

27. 高某利用职务便利多次收受贿赂，还雇凶将举报他的下属王某打成重伤。关于本案庭前会议，下列哪些选项是正确的？（2015/2/72，多选）

A. 高某可就案件管辖提出异议

B. 王某提起附带民事诉讼的，可调解

C. 高某提出其口供系刑讯所得，法官可在审查讯问时同步录像的基础上决定是否排除口供

D. 庭前会议上出示过的证据，庭审时举证、质证可简化

28. 律师邹某受法律援助机构指派，担任未成年人陈某的辩护人。关于邹某的权利，下列哪些说法是正确的？（2015/2/73，多选）

A. 可调查陈某的成长经历、犯罪原因、监护教育等情况，并提交给法院

B. 可反对法院对该案适用简易程序，法院因此只能采用普通程序审理

C. 可在陈某最后陈述后进行补充陈述

D. 可在有罪判决宣告后，受法庭邀请参与对陈某的法庭教育

29. 甲、乙系初三学生，因涉嫌抢劫同学丙（三人均不满 16 周岁）被立案侦查。关于该案诉讼程序，下列哪些选项是正确的？（2015/2/74，多选）

A. 审查批捕讯问时，甲拒绝为其提供的合适成年人到场，应另行通知其他合适成年人到场

B. 讯问乙时，因乙的法定代理人无法到场而通知其伯父到场，其伯父可代行乙的控告权

C. 法庭审理询问丙时，应通知丙的法定代理人到场

D. 如该案适用简易程序审理，甲的法定代理人不能到场时可不再通知其他合适成年人到场

30. 甲因琐事与乙发生口角进而厮打，推搡之间，不慎致乙死亡。检察院以甲涉嫌过失致人死亡提起公诉，乙母丙向法院提起附带民事诉讼。关于本案处理，下列哪些选项是正确的？（2015/2/75，多选）

A. 法院可对附带民事部分进行调解

B. 如甲与丙经法院调解达成协议，调解协议中约定的赔偿损失内容可分期履行

C. 如甲提出申请，法院可组织甲与丙协商以达成和解

D. 如甲与丙达成刑事和解，其约定的赔偿损失内容可分期履行

鲁某与关某涉嫌贩卖冰毒 500 余克，B 省 A 市中级法院开庭审理后，以鲁某犯贩卖毒品罪，判处死刑立即执行，关某犯贩卖毒品罪，判处死刑缓期二年执行。一审宣判后，关某以量刑过重为由向 B 省高级法院提起上诉，鲁某未上诉，检察院也未提起抗诉。

请回答第 31~33 题。

31. 关于本案侦查，下列选项正确的是：（2015/2/94，不定项）

A. 本案经批准可采用控制下交付的侦查措施

B. 对鲁某采取技术侦查的期限不得超过 9 个月

C. 侦查机关只有在对鲁某与关某立案后，才能派遣侦查人员隐匿身份实施侦查

D. 通过技术侦查措施收集到的证据材料可作为定案的依据，但须经法庭调查程序查证属实或由审判人员在庭外予以核实

32. 如 B 省高级法院审理后认为，本案事实清楚、证据确实充分，对鲁某的量刑适当，但对关某应判处死刑缓期二年执行同时限制减刑，则对本案正确的做法是：（2015/2/95，不定项）

A. 二审应开庭审理

B. 由于未提起抗诉，同级检察院可不派员出席法庭

C. 高级法院可将全案发回 A 市中级法院重新审判

D. 高级法院可维持对鲁某的判决，并改判关某死刑缓期二年执行同时限制减刑

33. 如 B 省高级法院审理后认为，一审判决认定事实和适用法律正确、量刑适当，裁定驳回关某的上诉，维持原判，则对本案进行死刑复核的正确程序是：（2015/2/96，不定项）

A. 对关某的死刑缓期二年执行判决，B省高级法院不再另行复核

B. 最高法院复核鲁某的死刑立即执行判决，应由审判员三人组成合议庭进行

C. 如鲁某在死刑复核阶段委托律师担任辩护人的，死刑复核合议庭应在办公场所当面听取律师意见

D. 最高法院裁定不予核准鲁某死刑的，可发回A市中级法院或B省高级法院重新审理

2016 年

1. 《中共中央关于全面深化改革若干重大问题的决定》提出"让审理者裁判、由裁判者负责"。结合刑事诉讼基本原理，关于这一表述的理解，下列哪一选项是正确的？（2016/2/22，单选）

A. 体现了我国刑事诉讼职能的进一步细化与完善

B. 体现了刑事诉讼直接原则的要求

C. 体现了刑事审判的程序性特征

D. 体现了刑事审判控辩式庭审方式改革的方向

2. 关于监狱在刑事诉讼中的职权，下列哪一选项是正确的？（2016/2/23，单选）

A. 监狱监管人员指使被监管人体罚虐待其他被监管人的犯罪，由监狱进行侦查

B. 罪犯在监狱内犯罪并被发现判决时所没有发现的罪行，应由监狱一并侦查

C. 被判处有期徒刑罪犯的暂予监外执行均应当由监狱提出书面意见，报省级以上监狱管理部门批准

D. 被判处有期徒刑罪犯的减刑应当由监狱提出建议书，并报法院审核裁定

3. 法官齐某从A县法院辞职后，在其妻洪某开办的律师事务所从业。关于齐某与洪某的辩护人资格，下列哪一选项是正确的？（2016/2/25，单选）

A. 齐某不得担任A县法院审理案件的辩护人

B. 齐某和洪某不得分别担任同案犯罪嫌疑人的辩护人

C. 齐某和洪某不得同时担任同一犯罪嫌疑人的辩护人

D. 洪某可以律师身份担任A县法院审理案件的辩护人

4. 郭某涉嫌参加恐怖组织罪被逮捕，随后委托律师姜某担任辩护人。关于姜某履行辩护职责，下列哪一选项是正确的？（2016/2/26，单选）

A. 姜某到看守所会见郭某时，可带1—2名律师助理协助会见

B. 看守所可对姜某与郭某的往来信件进行必要的检查，但不得截留、复制

C. 姜某申请法院收集、调取证据而法院不同意的，法院应书面说明不同意的理由

D. 法庭审理中姜某作无罪辩护的，也可当庭对郭某从轻量刑的问题发表辩护意见

5. 根据《刑事诉讼法》的规定，辩护律师收集到的下列哪一证据应及时告知公安机关、检察院？（2016/2/27，单选）

A. 强奸案中被害人系精神病人的证据

B. 故意伤害案中犯罪嫌疑人系正当防卫的证据

C. 投放危险物质案中犯罪嫌疑人案发时在外地出差的证据

D. 制造毒品案中犯罪嫌疑人犯罪时刚满16周岁的证据

6. 王某系聋哑人，因涉嫌盗窃罪被提起公诉。关于本案，下列哪一选项是正确的？（2016/2/28，单选）

A. 讯问王某时，如有必要可通知通晓聋哑手势的人参加

B. 王某没有委托辩护人，应通知法律援助机构指派律师为其提供辩护

C. 辩护人经通知未到庭，经王某同意，法院决定开庭审理

D. 因事实清楚且王某认罪，实行独任审判

7. 公安机关发现一具被焚烧过的尸体，因地处偏僻且天气恶劣，无法找到见证人，于是对勘验过程进行了全程录像，并在笔录中注明原因。法庭审理时，辩护人以勘验时没有见证人在场为由，申请排除勘验现场收集的物证。关于本案证据，下列哪一选项是正确的？（2016/2/29，单选）

A. 因违反取证程序的一般规定，应当排除

B. 应予以补正或者作出合理解释，否则予以排除

C. 不仅物证应当排除，对物证的鉴定意见等衍生证据也应排除

D. 有勘验过程全程录像并在笔录中已注明理由，不予排除

8. 关于《刑事诉讼法》规定的证明责任分担，下列哪一选项是正确的？（2016/2/30，单选）

A. 公诉案件中检察院负有证明被告人有罪的责任，证明被告人无罪的责任由被告方承担

B. 自诉案件的证明责任分配依据"谁主张，谁举证"的法则确定

C. 巨额财产来源不明案中，被告人承担说服责任

D. 非法持有枪支案中，被告人负有提出证据的责任

9. 甲与邻居乙发生冲突致乙轻伤，甲被刑事拘留期间，甲的父亲代为与乙达成和解，公安机关决定对甲取保候审。关于甲在取保候审期间应遵守的义务，下列哪一选项是正确的？（2016/2/31，单选）

A. 将驾驶证件交执行机关保存

B. 不得与乙接触

C. 工作单位调动的，在24小时内报告执行机关

D. 未经公安机关批准，不得进入特定的娱乐场所

10. 甲乙二人涉嫌猥亵儿童，甲被批准逮捕，乙被取保候审。案件起诉到法院后，乙被法院决定逮捕。关于本案羁押必要性审查，下列哪些选项是正确的？（2016/2/32，已改编，现为多选）

A. 在审查起诉阶段对甲进行审查，由检察院公诉部门办理

B. 对甲可进行公开审查并听取被害儿童法定代理人的意见

C. 检察院可依职权对乙进行审查

D. 经审查发现乙系从犯、具有悔罪表现且可能宣告缓刑、不予羁押不致发生社会危险性的，检察院应要求法院变更强制措施

11. 甲乙二人在餐厅吃饭时言语不合进而互相推搡，乙突然倒地死亡，县公安局以甲涉嫌过失致人死亡立案侦查。经鉴定乙系特殊体质，其死亡属意外事件，县公安局随即撤销案件。关于乙的近亲属的诉讼权利，下列哪一选项是正确的？（2016/2/33，单选）

A. 就撤销案件向县公安局申请复议

B. 就撤销案件向县公安局的上一级公安局申请复核

C. 向检察院侦查监督部门申请立案监督

D. 直接向法院对甲提起刑事附带民事诉讼

12. 某地发生一起以爆炸手段故意杀人致多人伤亡的案件。公安机关立案侦查后，王某被确定为犯罪嫌疑人。关于本案辨认，下列哪一选项是正确的？（2016/2/34，单选）

A. 证人甲辨认制造爆炸物的工具时，混杂了另外4套同类工具

B. 证人乙辨认犯罪嫌疑人时未同步录音或录像，辨认笔录不得作为定案的依据

C. 证人丙辨认犯罪现场时没有见证人在场，辨认笔录不得作为定案的依据

D. 王某作为辨认人时，陪衬物不受数量的限制

13. 甲、乙共同实施抢劫，该案经两次退回补充侦查后，检察院发现甲在两年前曾实施诈骗犯罪。关于本案，下列哪一选项是正确的？（2016/2/35，单选）

A. 应将全案退回公安机关依法处理

B. 对新发现的犯罪自行侦查，查清犯罪事实后一并提起公诉

C. 将新发现的犯罪移送公安机关侦查，待公安机关查明事实移送审查起诉后一并提起公诉

D. 将新发现的犯罪移送公安机关立案侦查，对已查清的犯罪事实提起公诉

14. 法院在审理胡某持有毒品案时发现，胡某不仅持有毒品数量较大，而且向他人出售毒品，构成贩卖毒品罪。关于本案，下列哪一选项是正确的？（2016/2/36，单选）

A. 如胡某承认出售毒品，法院可直接改判

B. 法院可在听取控辩双方意见基础上直接改判

C. 法院可建议检察院补充或者变更起诉

D. 法院可建议检察院退回补充侦查

15. 甲犯抢夺罪，法院经审查决定适用简易程序审理。关于本案，下列哪一选项是正确的？（2016/2/37，单选）

A. 适用简易程序必须由检察院提出建议

B. 如被告人已提交承认指控犯罪事实的书面材料，则无需再当庭询问其对指控的意见

C. 不需要调查证据，直接围绕罪名确定和量刑问题进行审理

D. 如无特殊情况，应当庭宣判

16. 龚某因生产不符合安全标准的食品罪被一审法院判处有期徒刑5年，并被禁止在刑罚执行完毕之日起3年内从事食品加工行业。龚某以量刑畸重为由上诉，检察院未抗诉。关于本案二审，下列哪一选项是正确的？（2016/2/38，单选）

A. 应开庭审理

B. 可维持有期徒刑5年的判决，并将职业禁止的期限变更为4年

C. 如认为原判认定罪名不当，二审法院可在维持原判刑罚不变的情况下改判为生产有害食品罪

D. 发回重审后，如检察院变更起诉罪名为生产有害食品罪，一审法院可改判并加重龚某的刑罚

17. 甲和乙因故意杀人被中级法院分别判处死刑立即执行和无期徒刑。甲、乙上诉后，高级法院裁定维持原判。关于本案，下列哪一选项是正确的？（2016/2/39，单选）

A. 高级法院裁定维持原判后，对乙的判决即已生效

B. 高级法院应先复核再报请最高法院核准

C. 最高法院如认为原判决对乙的犯罪事实未查清，可查清后对乙改判并核准甲的死刑

D. 最高法院如认为甲的犯罪事实不清、证据不足，不予核准死刑的，只能使用裁定

18. 关于生效裁判执行，下列哪一做法是正确的？（2016/2/40，单选）

A. 甲被判处管制1年，由公安机关执行

B. 乙被判处有期徒刑1年宣告缓刑2年，由社区矫正机构执行

C. 丙被判处有期徒刑1年6个月，在被交付执行前，剩余刑期5个月，由看守所代为执行

D. 丁被判处10年有期徒刑并处没收财产，没收财产部分由公安机关执行

19. 下列哪一案件可以适用当事人和解的公诉案件诉讼程序？（2016/2/41，单选）

A. 甲因侵占罪被免除处罚2年后，又涉嫌故意伤害致人轻伤

B. 乙涉嫌寻衅滋事，在押期间由其父亲代为和解，被害人表示同意

C. 丙涉嫌过失致人重伤，被害人系限制行为能力人，被害人父亲愿意代为和解

D. 丁涉嫌破坏计算机信息系统，被害人表示愿意和解

20. 甲将乙杀害，经鉴定甲系精神病人，检察院申请法院适用强制医疗程序。关于本案，下列哪一选项是正确的？（2016/2/42，单选）

A. 法院审理该案，应当会见甲

B. 甲没有委托诉讼代理人的，法院可通知法律援助机构指派律师担任其诉讼代理人

C. 甲出庭的，应由其法定代理人或诉讼代理人代为发表意见

D. 经审理发现甲具有部分刑事责任能力，依法应当追究刑事责任的，转为普通程序继续审理

21. 刑事诉讼法的独立价值之一是具有影响刑事实体法实现的功能。下列哪些选项体现了这一功能？（2016/2/64，多选）

A. 被告人与被害人达成刑事和解而被法院量刑时从轻处理

B. 因排除犯罪嫌疑人的口供，检察院作出证据不足不起诉的决定

C. 侦查机关对于已超过追诉期限的案件不予立案

D. 只有被告人一方上诉的案件，二审法院判决时不得对被告人判处重于原判的刑罚

22. 关于保障诉讼参与人的诉讼权利原则，下列哪些选项是正确的？（2016/2/65，多选）

A. 是对《宪法》和《刑事诉讼法》尊重和保障人权的具体化

B. 保障诉讼参与人的诉讼权利，核心在于保护犯罪嫌疑人、被告人的辩护权

C. 要求诉讼参与人在享有诉讼权利的同时，还应承担法律规定的诉讼义务

D. 保障受犯罪侵害的人的起诉权和上诉权，是这一原则的重要内容

23. 甲驾车将昏迷的乙送往医院，并垫付了医疗费用。随后赶来的乙的家属报警称甲驾车撞倒乙。急救中，乙曾短暂清醒并告诉医生自己系被车辆撞倒。医生将此话告知警察，并称从甲送乙入院时的神态看，甲应该就是肇事者。关于本案证据，下列哪些选项是正确的？（2016/2/67，多选）

A. 甲垫付医疗费的行为与交通肇事不具有关联性

B. 乙告知医生"自己系被车辆撞倒"属于直接证据

C. 医生基于之前乙的陈述，告知警察乙系被车辆撞倒，属于传来证据

D. 医生认为甲是肇事者的证词属于符合一般生活经验的推断性证言，可作为定案依据

24. 辩护律师在庭审中对控方证据提出异议，主张这些证据不得作为定案依据。对下列哪些证据的异议，法院应当予以支持？（2016/2/68，多选）

A. 因证人拒不到庭而无法当庭询问的证人证言

B. 被告人提供了有关刑讯逼供的线索及材料，但公诉人不能证明讯问合法的被告人庭前供述

C. 工商行政管理部门关于查处被告人非法交易行为时的询问笔录

D. 侦查人员在办案场所以外的地点询问被害人所获得的被害人陈述

25. 下列哪些选项属于刑事诉讼中的证明对象？（2016/2/69，多选）

A. 行贿案中，被告人知晓其谋取的系不正当利益的事实

B. 盗窃案中，被告人的亲友代为退赃的事实

C. 强奸案中，用于鉴定的体液检材是否被污染的事实

D. 侵占案中，自诉人申请期间恢复而提出的其突遭车祸的事实，且被告人和法官均无异议

26. 下列哪些情形，法院应当变更或解除强制措施？（2016/2/70，多选）

A. 甲涉嫌绑架被逮捕，案件起诉至法院时发现怀有身孕

B. 乙涉嫌非法拘禁被逮捕，被法院判处有期徒刑2年，缓期2年执行，判决尚未发生法律效力

C. 丙涉嫌妨害公务被逮捕，在审理过程中突发严重疾病

D. 丁涉嫌故意伤害被逮捕，因对被害人伤情有异议而多次进行鉴定，致使该案无法在法律规定的一审期限内审结

27. 甲、乙殴打丙，致丙长期昏迷，乙在案发后潜逃，检察院以故意伤害罪对甲提起公诉。关于本案，下列哪些选项是正确的？（2016/2/71，多选）

A. 丙的妻子、儿子和弟弟都可成为附带民事诉讼原告人

B. 甲、乙可作为附带民事诉讼共同被告人，对故意伤害丙造成的物质损失承担连带赔偿责任

C. 丙因昏迷无法继续履行与某公司签订的合同造成的财产损失不属于附带民事诉讼的赔偿范围

D. 如甲的朋友愿意代为赔偿，法院应准许并可作为酌定量刑情节考虑

28. 公安机关获知有多年吸毒史的王某近期可能从事毒品制售活动，遂对其展开初步调查工作。关于这一阶段公安机关可以采取的措施，下列哪些选项是正确的？（2016/2/72，多选）

A. 监听

B. 查询王某的银行存款

C. 询问王某

D. 通缉

29. 某基层法院就郭某敲诈勒索案一审适用简易程序,判处郭某有期徒刑 4 年。对于一审中的下列哪些情形,二审法院应以程序违法为由,撤销原判发回重审?(2016/2/73,多选)

A. 未在开庭 10 日前向郭某送达起诉书副本

B. 由一名审判员独任审理

C. 公诉人没有对被告人进行发问

D. 应公开审理但未公开审理

30.《最高人民法院关于适用〈中华人民共和国刑事诉讼法〉的解释》第 386 条规定,除检察院抗诉的以外,再审一般不得加重原审被告人的刑罚。关于这一规定的理解,下列哪些选项是正确的?(2016/2/74,多选)

A. 体现了刑事诉讼惩罚犯罪和保障人权基本理念的平衡

B. 体现了刑事诉讼具有追求实体真实与维护正当程序两方面的目的

C. 再审不加刑有例外,上诉不加刑也有例外

D. 审判监督程序的纠错功能决定了再审不加刑存在例外情形

31. 未成年人小天因涉嫌盗窃被检察院适用附条件不起诉。关于附条件不起诉可以附带的条件,下列哪些选项是正确的?(2016/2/75,多选)

A. 完成一个疗程四次的心理辅导

B. 每周参加一次公益劳动

C. 每个月向检察官报告日常花销和交友情况

D. 不得离开所居住的县

甲、乙(户籍地均为 M 省 A 市)共同运营一条登记注册于 A 市的远洋渔船。某次在公海捕鱼时,甲乙二人共谋杀害了与他们素有嫌隙的水手丙。该船回国后首泊于 M 省 B 市港口以作休整,然后再航行至 A 市。从 B 市启航后,在途经 M 省 C 市航行至 A 市过程中,甲因害怕乙投案自首一直将乙捆绑拘禁于船舱。该船于 A 市靠岸后案发。

请回答第 32~34 题。

32. 关于本案管辖,下列选项正确的是:(2016/2/92,不定项)

A. 故意杀人案和非法拘禁案应分别由中级法院和基层法院审理

B. A 市和 C 市对非法拘禁案有管辖权

C. B 市中级法院对故意杀人案有管辖权

D. A 市中级法院对故意杀人案有管辖权

33. 关于本案强制措施的适用,下列选项正确的是:(2016/2/93,不定项)

A. 拘留甲后,应在送看守所羁押后 24 小时以内通知甲的家属

B. 如有证据证明甲参与了故意杀害丙,应逮捕甲

C. 拘留乙后,应在 24 小时内进行讯问

D. 如乙因捆绑拘禁时间过长致身体极度虚弱而生活无法自理的,可在拘留后转为监视居住

34. 本案公安机关开展侦查。关于侦查措施,下列选项正确的是:(2016/2/94,不定项)

A. 讯问甲的过程应当同步录音或录像

B. 可在讯问乙的过程中一并收集乙作为非法拘禁案的被害人的陈述

C. 在该船只上进行犯罪现场勘查时,应邀请见证人在场

D. 可查封该船只进一步收集证据

甲女与乙男在某社交软件互加好友,手机网络聊天过程中,甲女多次向乙男发送暧昧言语和色情图片,表示可以提供有偿性服务。二人于酒店内见面后因价钱谈不拢而争吵,乙男强行将甲女留在房间内,并采用胁迫手段与其发生性关系。后甲女向公安机关报案,乙男则辩称双方系自愿发生性关系。

请回答第 35~36 题。

35. 乙男提供了二人之前的网络聊天记录。关于这一网络聊天记录,下列选项正确的是:(2016/2/95,不定项)

A. 属电子数据的一种

B. 必须随原始的聊天时使用的手机移送才能作为定案的依据

C. 只有经甲女核实认可后才能作为定案的依据

D. 因不具有关联性而不得作为本案定罪量刑的依据

36. 本案后起诉至法院,关于本案审理程序,下列选项正确的是:(2016/2/96,不定项)

A. 应当不公开审理

B. 甲女因出庭作证而支出的交通、住宿的费用,法院应给予补助

C. 甲女可向法院提起附带民事诉讼要求乙男赔偿因受侵害而支出的医疗费

D. 公诉人讯问乙男后,甲女可就强奸的犯罪事实向乙男发问

2017 年

1. 关于我国刑事诉讼构造,下列哪一选项是正确的?(2017/2/22,单选)

A. 自诉案件审理程序适用当事人主义诉讼构造

B. 被告人认罪案件审理程序中不存在控辩对抗

C. 侦查程序已形成控辩审三方构造

D. 审查起诉程序中只存在控辩关系

2. 1996 年 11 月，某市发生一起故意杀人案。2017 年 3 月，当地公安机关根据案发时现场物证中提取的 DNA 抓获犯罪嫌疑人陆某。2017 年 7 月，最高检察院对陆某涉嫌故意杀人案核准追诉。在最高检察院核准前，关于本案处理，下列哪一选项是正确的？（2017/2/23，单选）

A. 不得侦查本案

B. 可对陆某先行拘留

C. 不得对陆某批准逮捕

D. 可对陆某提起公诉

3. 齐某在 A 市 B 区利用网络捏造和散布虚假事实，宣称刘某系当地黑社会组织"大哥"，A 市中级法院院长王某为其"保护伞"。刘某以齐某诽谤为由，向 B 区法院提起自诉。关于本案处理，下列哪一选项是正确的？（2017/2/24，单选）

A. B 区法院可以该案涉及王某为由裁定不予受理

B. B 区法院受理该案后应请求上级法院指定管辖

C. B 区法院受理该案后，王某应自行回避

D. 齐某可申请 A 市中级法院及其下辖的所有基层法院法官整体回避

4. 成年人钱甲教唆未成年人小沈实施诈骗犯罪，钱甲委托其在邻市检察院担任检察官助理的哥哥钱乙担任辩护人，小沈由法律援助律师武某担任辩护人。关于本案处理，下列哪一选项是正确的？（2017/2/25，单选）

A. 钱甲被拘留后，钱乙可为其申请取保候审

B. 本案移送审查起诉时，公安机关应将案件移送情况告知钱乙

C. 检察院讯问小沈时，武某可在场

D. 如检察院对钱甲和小沈分案起诉，法院可并案审理

5. 下列哪一证据规则属于调整证据证明力的规则？（2017/2/26，单选）

A. 传闻证据规则　　B. 非法证据排除规则

C. 关联性规则　　　D. 意见证据规则

6. 甲涉嫌盗窃罪被逮捕。在侦查阶段，甲父向检察院申请进行羁押必要性审查。关于羁押必要性审查的程序，下列哪一选项是正确的？（2017/2/27，单选）

A. 由检察院侦查监督部门负责

B. 审查应不公开进行

C. 检察院可向公安机关了解本案侦查取证的进展情况

D. 如对甲父的申请决定不予立案的，应由检察长批准

7. 甲系某地交通运输管理所工作人员，在巡查执法时致一辆出租车发生重大交通事故，司机乙重伤，乘客丙当场死亡，出租车严重受损。甲以滥用职权罪被提起公诉。关于本案处理，下列哪一选项是正确的？（2017/2/28，单选）

A. 乙可成为附带民事诉讼原告人

B. 交通运输管理所可成为附带民事诉讼被告人

C. 丙的妻子提起附带民事诉讼的，法院应裁定不予受理

D. 乙和丙的近亲属可与甲达成刑事和解

8. 卢某妨害公务案于 2016 年 9 月 21 日一审宣判，并当庭送达判决书。卢某于 9 月 30 日将上诉书交给看守所监管人员黄某，但黄某因忙于个人事务直至 10 月 8 日上班时才交出，上诉书于 10 月 10 日寄到法院。关于一审判决生效，下列哪一选项是正确的？（2017/2/29，单选）

A. 一审判决于 9 月 30 日生效

B. 因黄某耽误上诉期间，卢某将上诉书交予黄某时，上诉期间中止

C. 因黄某过失耽误上诉期间，卢某可申请期间恢复

D. 上诉书寄到法院时一审判决尚未生效

9. 环卫工人马某在垃圾桶内发现一名刚出生的婴儿后向公安机关报案，公安机关紧急将婴儿送医成功抢救后未予立案。关于本案的立案程序，下列哪一选项是正确的？（2017/2/30，单选）

A. 确定遗弃婴儿的原因后才能立案

B. 马某对公安机关不予立案的决定可申请复议

C. 了解婴儿被谁遗弃的知情人可向检察院控告

D. 检察院可向公安机关发出要求说明不立案理由通知书

10. 关于侦查辨认，下列哪一选项是正确的？（2017/2/31，单选）

A. 强制猥亵案，让犯罪嫌疑人对被害人进行辨认

B. 盗窃案，让犯罪嫌疑人到现场辨认藏匿赃物的房屋

C. 故意伤害案，让犯罪嫌疑人和被害人一起对凶器进行辨认

D. 刑讯逼供案，让被害人在 4 张照片中辨认犯罪嫌疑人

11. 叶某涉嫌飞车抢夺行人财物被立案侦查。移送审查起诉后，检察院认为实施该抢夺行为的另有其人。关于本案处理，下列哪一选项是正确的？（2017/2/32，单选）

A. 检察院可将案卷材料退回公安机关并建议公安机关撤销案件

B. 在两次退回公安机关补充侦查后，检察院应作出证据不足不起诉的决定

C. 检察院作出不起诉决定后，被害人不服向法院提起自诉，法院受理后，不起诉决定视为自动撤销

D. 如最高检察院认为对叶某的不起诉决定确有错误的，可直接撤销不起诉决定

12. 下列哪一选项属于两审终审制的例外？（2017/2/33，单选）

- A. 自诉案件的刑事调解书经双方当事人签收后，即具有法律效力，不得上诉
- B. 地方各级法院的第一审判决，法定期限内没有上诉、抗诉，期满即发生法律效力
- C. 在法定刑以下判处刑罚的判决，报请最高法院核准后生效
- D. 法院可通过再审，撤销或者改变已生效的二审判决

13. 下列哪一案件可适用简易程序审理？（2017/2/34，单选）

- A. 甲为境外非法提供国家秘密案，情节较轻，可能判处3年以下有期徒刑
- B. 乙抢劫案，可能判处10年以上有期徒刑，检察院未建议适用简易程序
- C. 丙传播淫秽物品案，经审查认为，情节显著轻微，可能不构成犯罪
- D. 丁暴力取证案，可能被判处拘役，丁的辩护人作无罪辩护

14. 在一审法院审理中出现下列哪一特殊情形时，应以判决的形式作出裁判？（2017/2/35，单选）

- A. 经审理发现犯罪已过追诉时效且不是必须追诉的
- B. 自诉人未经法庭准许中途退庭的
- C. 经审理发现被告人系精神病人，在不能控制自己行为时造成危害结果的
- D. 被告人在审理过程中死亡，根据已查明的案件事实和认定的证据，尚不能确认其无罪的

15. 段某因贩卖毒品罪被市中级法院判处死刑立即执行，段某上诉后省高级法院维持了一审判决。最高法院复核后认为，原判认定事实清楚，但量刑过重，依法不应当判处死刑，不予核准，发回省高级法院重新审判。关于省高级法院重新审判，下列哪一选项是正确的？（2017/2/36，单选）

- A. 应另行组成合议庭
- B. 应由审判员5人组成合议庭
- C. 应开庭审理
- D. 可直接改判死刑缓期2年执行，该判决为终审判决

16. 甲纠集他人多次在市中心寻衅滋事，造成路人乙轻伤、丙的临街商铺严重受损。甲被起诉到法院后，乙和丙提起附带民事诉讼。法院判处甲有期徒刑6年，罚金1万元，赔偿乙医疗费1万元，赔偿丙财产损失4万元。判决生效交付执行后，查明甲除1辆汽车外无其他财产，且甲曾以该汽车抵押获取小额贷款，尚欠银行贷款2.5万元，银行主张优先受偿。法院以8万元的价格拍卖了甲的汽车。关于此8万元的执行顺序，下列哪一选项是正确的？（2017/2/37，单选）

- A. 医疗费→银行贷款→财产损失→罚金
- B. 医疗费→财产损失→银行贷款→罚金
- C. 银行贷款→医疗费→财产损失→罚金
- D. 医疗费→财产损失→罚金→银行贷款

17. 张某居住于甲市A区，曾任甲市B区某局某局长，因受贿罪被B区法院判处有期徒刑5年，执行期间突发严重疾病而被决定暂予监外执行。张某在监外执行期间违反规定，被决定收监执行。关于本案，下列哪一选项是正确的？（2017/2/38，单选）

- A. 暂予监外执行由A区法院决定
- B. 暂予监外执行由B区法院决定
- C. 暂予监外执行期间由A区司法行政机关实行社区矫正
- D. 收监执行由B区法院决定

18. 未成年人小周涉嫌故意伤害被取保候审，A县检察院审查起诉后决定对其适用附条件不起诉，监督考察期限为6个月。关于本案处理，下列哪一选项是正确的？（2017/2/39，单选）

- A. 作出附条件不起诉决定后，应释放小周
- B. 本案审查起诉期限自作出附条件不起诉决定之日起中止
- C. 监督考察期间，如小周经批准迁居B县继续上学，改由B县检察院负责监督考察
- D. 监督考察期间，如小周严格遵守各项规定，表现优异，可将考察期限缩短为5个月

19. 董某（17岁）在某景点旅游时，点燃荒草不慎引起大火烧毁集体所有的大风公司林地，致大风公司损失5万元，被检察院提起公诉。关于本案处理，下列哪一选项是正确的？（2017/2/40，单选）

- A. 如大风公司未提起附带民事诉讼，检察院可代为提起，并将大风公司列为附带民事诉讼原告人
- B. 董某与大风公司既可就是否对董某免除刑事处分达成和解，也可就民事赔偿达成和解
- C. 双方刑事和解时可约定由董某在1年内补栽树苗200棵
- D. 如双方达成刑事和解，检察院经法院同意可撤回起诉并对董某适用附条件不起诉

20. 甲在公共场所实施暴力行为，经鉴定为不负刑事责任的精神病人，被县法院决定强制医疗。甲父对决定不服向市中级法院申请复议，市中级法院审理后驳回申请，维持原决定。关于本案处理，下列哪一选项是正确的？（2017/2/41，单选）

- A. 复议期间可暂缓执行强制医疗决定，但应采取临时的保护性约束措施
- B. 应由公安机关将甲送交强制医疗
- C. 强制医疗6个月后，甲父才能申请解除强制医疗
- D. 申请解除强制医疗应向市中级法院提出

21. W 国人约翰涉嫌在我国某市 A 区从事间谍活动被立案侦查并提起公诉。关于本案诉讼程序，下列哪一选项是正确的？（2017/2/42，单选）

A. 约翰可通过 W 国驻华使馆委托 W 国律师为其辩护

B. 本案由 A 区法院一审

C. 约翰精通汉语，开庭时法院可不为其配备翻译人员

D. 给约翰送达的法院判决书应为中文本

22. 某市发生一起社会影响较大的绑架杀人案。在侦查阶段，因案情重大复杂，市检察院提前介入侦查工作。检察官在开展勘验、检查等侦查措施时在场，并就如何进一步收集、固定和完善证据以及适用法律向公安机关提出了意见，对已发现的侦查活动中的违法行为提出了纠正意见。关于检察院提前介入侦查，下列哪些选项是正确的？（2017/2/64，多选）

A. 侵犯了公安机关的侦查权，违反了侦查权、检察权、审判权由专门机关依法行使的原则

B. 体现了分工负责，互相配合，互相制约的原则

C. 体现了检察院依法对刑事诉讼实行法律监督的原则

D. 有助于严格遵守法律程序原则的实现

23. 某案件经中级法院一审判决后引起社会的广泛关注。为回应社会关注和保证办案质量，在案件由高级法院作出二审判决前，基于我国法院和检察院的组织体系与上下级关系，最高法院和最高检察院可采取下列哪些措施？（2017/2/65，多选）

A. 最高法院可听取高级法院对该案的汇报并就如何审理提出意见

B. 最高法院可召开审判业务会议对该案的实体和程序问题进行讨论

C. 最高检察院可听取省检察院的汇报并对案件事实、证据进行审查

D. 最高检察院可决定检察机关在二审程序中如何发表意见

24. 在袁某涉嫌故意杀害范某的案件中，下列哪些人员属于诉讼参与人？（2017/2/66，多选）

A. 侦查阶段为袁某提供少数民族语言翻译的翻译人员

B. 公安机关负责死因鉴定的法医

C. 就证据收集合法性出庭说明情况的侦查人员

D. 法庭调查阶段就范某死因鉴定意见出庭发表意见的有专门知识的人

25. 犯罪嫌疑人、被告人在刑事诉讼中享有的诉讼权利可分为防御性权利和救济性权利。下列哪些选项属于犯罪嫌疑人、被告人享有的救济性权利？（2017/2/67，多选）

A. 侦查机关讯问时，犯罪嫌疑人有申辩自己无罪的权利

B. 对办案人员人身侮辱的行为，犯罪嫌疑人有提出控告的权利

C. 对办案机关应退还取保候审保证金而不退还的，犯罪嫌疑人有申诉的权利

D. 被告人认为一审判决量刑畸重，有提出上诉的权利

26. 甲涉嫌利用木马程序盗取 Q 币并转卖他人，公安机关搜查其住处时，发现一个 U 盘内存储了用于盗取账号密码的木马程序。关于该 U 盘的处理，下列哪些选项是正确的？（2017/2/69，多选）

A. 应扣押 U 盘并制作笔录

B. 检查 U 盘内的电子数据时，应将 U 盘拆分过程进行录像

C. 公安机关移送审查起诉时，对 U 盘内提取的木马程序，应附有该木马程序如何盗取账号密码的说明

D. 如 U 盘未予封存，且不能补正或作出合理解释的，U 盘内提取的木马程序不得作为定案的根据

27. 关于我国刑事诉讼的证明主体，下列哪些选项是正确的？（2017/2/70，多选）

A. 故意毁坏财物案中的附带民事诉讼原告人是证明主体

B. 侵占案中提起反诉的被告人是证明主体

C. 妨害公务案中就执行职务时目击的犯罪情况出庭作证的警察是证明主体

D. 证明主体都是刑事诉讼主体

28. 我国强制措施的适用应遵循变更性原则。下列哪些情形符合变更性原则的要求？（2017/2/71，多选）

A. 拘传期间因在身边发现犯罪证据而直接予以拘留

B. 犯罪嫌疑人在取保候审期间被发现另有其他罪行，要求其相应地增加保证金的数额

C. 犯罪嫌疑人在取保候审期间违反规定后对其先行拘留

D. 犯罪嫌疑人被羁押的案件，不能在法律规定的侦查羁押期限内办结的，予以释放

29. 甲、乙涉嫌非法拘禁罪被取保候审。本案提起公诉后，法院认为对甲可继续适用取保候审，乙因有伪造证据的行为而应予逮捕。对于法院适用强制措施，下列哪些选项是正确的？（2017/2/72，多选）

A. 对甲可变更为保证人保证

B. 决定逮捕之前可先行拘留乙

C. 逮捕乙后应在 24 小时内讯问

D. 逮捕乙后，同级检察院可主动启动对乙的羁押必要性审查

30. 在朱某危险驾驶案的辩护过程中，辩护律师查看了侦查机关录制的讯问同步录像。同步录像中的下列哪些行为违反法律规定？（2017/2/73，多选）

A. 后续讯问的侦查人员与首次讯问的侦查人员完全不同

B. 朱某请求自行书写供述，侦查人员予以拒绝

C. 首次讯问时未告知朱某可聘请律师

D. 其中一次讯问持续了 14 个小时

31. 《关于推进以审判为中心的刑事诉讼制度改革的意见》第 13 条要求完善法庭辩论规则，确保控辩意见发表在法庭。法庭应当充分听取控辩双方意见，依法保障被告人及其辩护人的辩论辩护权。关于这一规定的理解，下列哪些选项是正确的？（2017/2/74，多选）

A. 符合我国刑事审判模式逐步弱化职权主义色彩的发展方向

B. 确保控辩意见发表在法庭，核心在于保障被告人和辩护人能充分发表意见

C. 体现了刑事审判的公开性

D. 被告人认罪的案件的法庭辩论，主要围绕量刑进行

32. 王某因间谍罪被甲省乙市中级法院一审判处死刑，缓期 2 年执行。王某没有上诉，检察院没有抗诉。判决生效后，发现有新的证据证明原判决认定的事实确有错误。下列哪些机关有权对本案提起审判监督程序？（2017/2/75，多选）

A. 乙市中级法院

B. 甲省高级法院

C. 甲省检察院

D. 最高检察院

甲、乙二人系药材公司仓库保管员，涉嫌 5 次共同盗窃其保管的名贵药材，涉案金额 40 余万元。一审开庭审理时，药材公司法定代表人丙参加庭审。经审理，法院认定了其中 4 起盗窃事实，另 1 起因证据不足未予认定，甲和乙以职务侵占罪分别被判处有期徒刑 3 年和 1 年。

请回答第 33~35 题。

33. 关于本案证据，下列选项正确的是：（2017/2/92，不定项）

A. 侦查机关制作的失窃药材清单是书证

B. 为查实销赃情况而从通信公司调取的通话记录清单是书证

C. 甲将部分销赃所得 10 万元存入某银行的存折是物证

D. 因部分失窃药材不宜保存而在法庭上出示的药材照片是物证

34. 关于丙参与法庭审理，下列选项正确的是：（2017/2/93，不定项）

A. 丙可委托诉讼代理人参加法庭审理

B. 公诉人讯问甲和乙后，丙可就犯罪事实向甲、乙发问

C. 丙可代表药材公司在附带民事诉讼中要求甲和乙赔偿被窃的药材损失

D. 丙反对适用简易程序的，应转为普通程序审理

35. 一审判决作出后，乙以量刑过重为由提出上诉，甲未上诉，检察院未抗诉。关于本案二审程序，下列选项正确的是：（2017/2/94，不定项）

A. 二审法院受理案件后应通知同级检察院查阅案卷

B. 二审法院可审理并认定一审法院未予认定的 1 起盗窃事实

C. 二审法院审理后认为乙符合适用缓刑的条件，将乙改判为有期徒刑 2 年，缓刑 2 年

D. 二审期间，甲可另行委托辩护人为其辩护

某小学发生一起猥亵儿童案件，三年级女生甲向校长许某报称被老师杨某猥亵。许某报案后，侦查人员通过询问许某了解了甲向其陈述的被杨某猥亵的经过。侦查人员还通过询问甲了解到，另外两名女生乙和丙也可能被杨某猥亵，乙曾和甲谈到被杨某猥亵的经过，甲曾目睹杨某在课间猥亵丙。讯问杨某时，杨某否认实施猥亵行为，并表示他曾举报许某贪污，许某报案是对他的打击报复。

请回答第 36~37 题。

36. 关于本案侦查措施，下列选项正确的是：（2017/2/95，不定项）

A. 经出示工作证件，侦查人员可在学校询问甲

B. 询问乙时，可由学校的其他老师在场并代行乙的诉讼权利

C. 可通过侦查实验确定甲能否在其所描述的时间、地点看到杨某猥亵丙

D. 搜查杨某在学校内的宿舍时，可由许某在场担任见证人

37. 关于本案证据，下列选项正确的是：（2017/2/96，不定项）

A. 甲向公安机关反映的情况，既是被害人陈述，也是证人证言

B. 关于甲被猥亵的经过，许某的证言可作为甲陈述的补强证据

C. 关于乙被猥亵的经过，甲的证言属于传闻证据，不得作为定案的依据

D. 甲、乙、丙因年幼，其陈述或证言必须有其他证据印证才能采信

2018 年

1. 下列说法体现刑事诉讼效率原则的是：（2018 年仿真题）

A. 扩大陪审员审理案件范围

B. 因证人在国外，短期之内无法回国，法官准许其不出庭作证

C. 法律援助机构指派值班律师到看守所为嫌疑人提供法律援助

D. 对在看守所的犯人采取远程视频审讯

2. 《关于开展刑事案件律师辩护全覆盖试点工作的办法》规定：二审法院如果发现一审法院未履行通知辩护的职责，导致被告人在一审期间未获得律师辩护的，应当撤销原判，发回原审法院重新审判。对此规定，下列理解正确的是：（2018 年仿真题）

A. 被告人未获得律师辩护可能影响案件的事实查明

B. 体现了实体公正优先于程序公正的原则

C. 表明律师对维护法律正确实施具有重要作用

D. 被告人的辩护权是司法人权保障的重点之一

3. 张某涉嫌诈骗罪被甲县公安局立案侦查。侦查人员在 3 日内讯问了张某两次，但在第二次讯问时才告知其有权委托律师、亲友等人担任辩护人。张某遂委托了王律师担任其辩护人。王律师向甲县公安局提出了会见张某以及了解案件有关情况的请求。关于本案，下列说法正确的是：（2018 年仿真题）

A. 甲县公安局在第二次讯问张某时告知其有权委托辩护人，符合《刑事诉讼法》的规定

B. 对于王律师的会见请求，甲县公安局批准其会见张某并派员在场，是依法保障律师执业权利的表现

C. 甲县公安局告知张某有权委托亲友担任辩护人，充分保障了张某的辩护权

D. 若甲县公安局以妨碍侦查为由拒绝告知王律师本案的有关情况，则侵犯了王律师的诉讼权利

4. 未成年人小姜涉嫌寻衅滋事，被移送审查起诉的第 2 天，小姜年满 18 周岁，1 个月后检察院决定对小姜适用附条件不起诉并监督考察 6 个月，在监督考察期间，小姜因实施新的犯罪被撤销附条件不起诉的决定并被提起公诉。关于本案处理，下列选项正确的是：（2018 年仿真题）

A. 本案应由少年法庭审理

B. 本案如适用简易程序审理，应征得小姜法定代理人的同意

C. 本案审理和宣判应公开进行，但不得组织人员旁听

D. 因审查起诉时小姜已年满 18 周岁，检察院对其适用附条件不起诉违反法律规定

5. 李某认为一个企业生产不符合安全标准的食品，遂将该企业告到了市场监督管理局，市场监督管理局审查后认为可能涉及犯罪，就移送给了公安局，公安局审查后决定不立案。下列说法正确的是：（2018 年仿真题）

A. 李某向作出不立案决定的公安机关申请复议

B. 李某对复议不服，向上级公安机关申请复核

C. 市场监督管理局向不立案的公安机关申请复议

D. 市场监督管理局对不立案决定不服，向上级公安机关申请复核

6. 幼儿园老师经常用针扎不听话的甲，甲的好朋友乙回家告诉自己的妈妈，甲被老师用针扎了。乙的妈妈打电话报了警。下列选项正确的是：（2018 年仿真题）

A. 甲的妈妈可以在审判阶段代甲与扎针的老师和解

B. 乙的妈妈的行为属于报案

C. 乙的妈妈的行为属于举报

D. 如果侦查机关组织辨认，不能让未成年人进行辨认

7. 张三、李四两人住在甲市，后二人出国留学。在国外，张三和一个外国人切断了李四与国内的联系，谎称李四被绑架，勒索其家人。事后张三和该外国人一起从乙市入境回国，后住在丙市，李四从丁市入境回国。对该案具有管辖权的法院是：（2018 年仿真题）

A. 甲市   B. 乙市

C. 丙市   D. 丁市

8. 赵某、钱某、孙某、李某四人抢劫商场，赵某被逮捕，钱某被拘留，孙某和李某被取保候审，后法院一审宣判赵某无期徒刑，钱某 10 年有期徒刑，孙某免予刑事处罚，李某无罪，四名被告人均未上诉，检察院未抗诉。法院宣判后，下列强制措施的处理正确的是：（2018 年仿真题）

A. 对孙某应当释放或者变更强制措施

B. 对李某应当释放

C. 对赵某逮捕羁押的期间折抵刑期

D. 对钱某拘留的期间折抵刑期

9. 以下证据属于非法证据应予以排除的是：（2018 年仿真题）

A. 公安机关凌晨抓住犯罪嫌疑人，突击审讯到天亮获取的供述

B. 犯罪嫌疑人被呛水，无法忍受痛苦作了有罪供述

C. 侦查人员威胁犯罪嫌疑人说：如果不说，就通知税务部门调查你的偷税漏税情况

D. 证人的辨认笔录未经证人签字

10. 甲因为抢劫罪被判 12 年有期徒刑，服刑 4 年后因为确有悔改表现，被决定减刑。关于减刑，下列说法正确的是：（2018 年仿真题）

A. 人民陪审员可以参与案件的审理

B. 对甲可以书面审理

C. 庭审中可以要求证人出庭就甲具有悔罪表现作证

D. 应当通知甲的辩护人出庭

11. 甲犯合同诈骗罪，法院经审查决定适用简易程序审理。关于本案，下列说法正确的是：（2018 年仿真题）

A. 本案开庭审理时，检察院应当派员出席法庭

B. 法院若认为本案可能判处 3 年以下有期徒刑，可由审判员一人独任审判

C. 在法庭审理中，被告人对被指控的犯罪事实无异议，但认为本案构成诈骗罪，而非合同诈骗罪，法院于是转为普通程序重新审理

D. 法院于 2018 年 9 月 10 日对本案开庭审判，于 2018 年 10 月 12 日判决甲有期徒刑 5 年，则本案已超过法定审判期限

12. 法院对黄某盗窃罪判处刑罚后，下列盗窃赃物应当予以追缴的是：（2018 年仿真题）

A. 价值 100 万元但卖给古玩店 10 万元的古董

B. 1 万元的礼物赠予女友

C. 6000 元的电脑在二手市场以市场价卖出

D. 4 万元偿还赌债

13. 监察机关将刘某受贿案移送检察院审查起诉，检察院审查起诉后认为证据不足。关于本案的处理，下列说法正确的是：（2018 年仿真题）

A. 检察院经过二次退回补充调查，仍无法证明有罪的，可以决定不起诉

B. 检察院不得自行侦查

C. 监察机关对刘某的留置在移送审查起诉期间尚未期满，检察院可以继续留置

D. 如果检察院作出了不起诉的决定，监察机关不服的，可以向同级检察院提请复议

14. 马某盗窃案被公安机关立案侦查。关于本案侦查阶段辩护人的行为，合法的是：（2018 年仿真题）

A. 找目击证人核实证据

B. 侦查终结，找侦查机关复制起诉意见书

C. 检察院审查批捕期间，申请检察院调查嫌疑人无罪的证据

D. 将获得的犯罪嫌疑人不在犯罪现场的证据告知公安机关

15. 段某因故意杀人罪被市中级人民法院判决死刑立即执行，段某未上诉。最高人民法院核准后认为，原判事实清楚，但量刑过重，依法不应当判决死刑，不予核准，发回省高级人民法院重新审理。关于省高级人民法院的重新审判，下列说法正确的是：（2018 年仿真题）

A. 应另行组成合议庭

B. 应当由审判员 5 人组成合议庭

C. 应当开庭审理

D. 可直接改判死刑缓期二年执行，该判决为终审判决

16. 韦某故意伤害致人重伤一案侦查终结后，检察院在审查起诉时经鉴定发现韦某系依法不负刑事责任的精神病人，于是向法院提出强制医疗的申请。关于本案的处理，下列说法正确的是：（2018 年仿真题）

A. 检察院可对韦某采取临时保护性约束措施

B. 对韦某作精神病鉴定的期间不计入办案期限

C. 法院应组成合议庭进行审理

D. 法院审理后认为韦某具有部分刑事责任能力的，可直接对韦某定罪量刑

2019 年

1. 效率是刑事诉讼的基本理念之一。下列体现了刑事诉讼效率理念的选项有：（2019 年仿真题）

A. 被告人人数较多、案情较为复杂的案件在正式开庭审理前可以召开庭前会议

B. 检察机关可不经逮捕程序而直接起诉涉嫌交通肇事罪的犯罪嫌疑人

C. 不满 18 周岁的犯罪嫌疑人符合条件的，可以适用附条件不起诉

D. 辩护人可通过申请在法庭审理中播放特定时间段的讯问录像的方式来调查口供收集的合法性

2. 下列关于刑事诉讼职能的说法正确的是：（2019 年仿真题）

A. 无论是公诉案件还是自诉案件，被害人均承担控诉职能

B. 检察机关只有在审判阶段才能对有利于被告人的量刑事实行使控诉职能

C. 某证人出庭证明被告人的口供系刑讯逼供所得，其承担的是辩护职能

D. 公安机关侦查终结的案件移送检察院审查起诉，检察院排除了其非法取得的证据，检察院此行为体现的是控诉职能

3. 司法工作人员甲在办理案件的过程中涉嫌刑讯逼供被检察院立案侦查，检察院在侦查过程中发现甲在另一起案件的办理中涉嫌受贿和暴力取证。关于本案的处理，下列说法正确的是：（2019 年仿真题）

A. 对于甲涉嫌的刑讯逼供案，检察院可以根据需要采取技术侦查措施

B. 对于甲涉嫌的暴力取证案，检察院可以立案侦查

C. 对于甲涉嫌的受贿案，检察院与监察委员会沟通后，认为由检察院管辖更为适宜的，可以由检察院立案侦查

D. 在甲涉嫌的暴力取证案中，法院对于被害人提起的附带民事诉讼应当不予受理

4. 甲公司与耿某签订买卖合同订购一批电子产品，双方约定甲公司预先支付货款 80 万元，甲公司按照约定支付款项后，耿某因生产机器出现故障而无法在约定的期限内完成相应电子产品的交付。后耿某

因涉嫌合同诈骗罪被公安机关立案侦查，同时其资产也被采取冻结措施，关于本案的处理，下列说法正确的是：（2019年仿真题）

A. 涉案买卖合同原件已丢失，合同复印件不能作为证据出示

B. 公安机关告知辩护律师杨某，其主张耿某不具有非法占有目的的辩护意见应当以书面形式提出

C. 辩护律师杨某申请检察院调取耿某积极履行合同义务的相关证据，检察院在进行调取时，杨某可以在场

D. 案件移送审查起诉后，耿某在被检察院作出不起诉决定的同时，其资产的冻结自动解除

5. 张甲涉嫌在火车上扒窃被立案侦查并提起公诉，王乙和陈丙在案发时与张甲处于同一车厢，两人在侦查阶段作为目击证人提供了证人证言。关于本案的处理，下列选项正确的是：（2019年仿真题）

A. 公安机关向法院提交的讯问笔录虽然没有经过被讯问人张甲核对签名确认，但是如果可以补正或作出合理解释，法院可以采纳作为定案依据

B. 辩护人柳丁向法院申请王乙出庭作证，法院告知柳丁应当说明其拟证明的案件事实

C. 在庭前会议中，控辩双方对于王乙的证言没有争议，在法庭调查阶段可以不再出示该证言

D. 在法庭审理中，陈丙无正当理由拒不出庭，法院以其在侦查阶段提供的证言作为定案依据，法院的做法不符合法律规定

6. 证明责任也称举证责任，是诉讼法和证据法中的一项基本制度，是指人民检察院或某些当事人应当收集或提供证据证明应予认定的案件事实或有利于自己的主张的责任，否则将承担其主张不能成立的危险。下列法庭审理中的行为体现了刑事诉讼证明责任的承担的是：（2019年仿真题）

A. 郑某因涉嫌侵占罪被起诉至法院，后其向法庭提供证据证明电脑原本就为自己所有

B. 任某抢劫一案中，辩护人提供了案发时被告人正在出差途中的证据

C. 申某故意杀人一案中，被告人指出自己被羁押后曾被带至看守所之外进行讯问，法院由此对被告人口供的合法性有所怀疑，检察院提供证据解释说明

D. 李某被指控犯绑架罪，被告人当庭要求排除之前的有罪供述，理由是曾被侦查人员打伤肋骨，同时提供了被羁押前就医时所拍的X光片

7. 甲于2018年3月份生产、销售了一批不符合食品安全标准的膨化零食，在市场流通后多人因食用而出现不适症状，于是检察院以甲涉嫌生产、销售不

符合安全标准的食品罪向法院提起公诉，另外检察院认为甲的行为致多人出现健康问题，损害了不特定消费者的生命健康权，在提起公诉的同时提起附带民事公益诉讼。关于本案的处理，下列选项正确的是：（2019年仿真题）

A. 本案应由中级法院管辖，因其涉及公益诉讼

B. 检察院可以就附带民事公益诉讼判决提起上诉

C. 检察院可以在提起附带民事公益诉讼的同时，要求甲通过公开媒体向社会公众赔礼道歉

D. 法院对甲判处罚金的同时要求甲向检察院交付赔偿款，法院的做法符合法律规定

8. 出租车司机张三被乘客举报贩卖毒品，A区公安机关接到线索后立即对张三进行初查，发现其确有重大嫌疑，便正式对该案进行立案侦查。关于本案的侦查行为，下列选项正确的是：（2019年仿真题）

A. 区公安机关在初查过程中可对张三实施监听，但要经上一级公安局局长批准

B. 在公安机关查明张三确有毒品准备出售时，侦查人员可以隐匿身份，向张三表示希望购买毒品，以便更好地获取犯罪证据

C. 在毒品交易现场对张三进行拘留时，侦查人员在无搜查证的情况下对张三当时驾驶的汽车进行搜查符合法律规定

D. 对于张三的毒品交易经县级公安机关负责人批准可以实施控制下交付

9. 罗辉与郭鹏系大学好友，两人毕业后共同出资在甲省M市设立佳绩公司经营日化用品。公司设立后不久，二人分别以公司的名义骗取银行的贷款，贷款到期后佳绩公司以现有资金无法支付本金及利息，案发后罗辉和郭鹏被M市公安机关立案侦查，罗辉得知消息后潜逃至相邻的乙省，公安机关只抓捕到郭鹏一人，关于本案的处理，下列说法正确的是：（2019年仿真题）

A. 如果公安机关对于郭鹏的骗取贷款行为和其他相关事实已调查清楚，可以将郭鹏单独移送检察院审查起诉

B. 公安机关移送审查起诉后，检察院在审查时如果认为本案系单位犯罪，事实清楚，证据确实、充分，可以直接增加佳绩公司为犯罪嫌疑人

C. 对于罗辉，M市公安机关不能直接发布通缉令，而应当逐级报请公安部发布

D. 案件诉至法院后，法院应当在作出判决前调查郭鹏的财产状况

10. 张三因故意伤害罪被检察院提起公诉，后张三觉得侦查人员收集证据的程序不合法便向法院申请排除非法证据，合议庭因此召开了庭前会议，其后法

院对此案开庭审理，法庭审理包括了下列环节：①公诉人对被告人张三进行讯问；②辩方证人李四出庭作证；③公诉人宣读起诉书；④张三对控方出示的作案工具匕首进行辨认；⑤法庭宣布庭前会议对证据收集合法性的审查情况。关于以上庭审环节的先后顺序，排列正确的一项是：（2019 年仿真题）

    A. ③①⑤②④   B. ③⑤①②④
    C. ⑤③①②④   D. ③⑤①④②

11. 某人民法院一审张某涉嫌抢劫罪一案后，以证据不足而宣告了被告人无罪，本案无人上诉，检察院未抗诉后生效。生效后检察院发现了新的证据能够证明张某构成抢劫罪。关于本案，下列说法符合法律规定的是：（2019 年仿真题）

    A. 检察院应当通过抗诉启动审判监督程序对本案进行监督

    B. 检察院可以新证据为由重新提起公诉

    C. 检察院可以重新提起公诉但必须要求原审法院撤销原一审判决

    D. 检察院需要先向原法院提交原判决无效的司法建议书，才能再行公诉

12. 高某抢劫一案在甲市 A 县法院开庭审理，审理过程中高某的辩护律师林某存在扰乱法庭秩序的不当行为，被多次提醒、制止、警告后仍置之不理，审判长遂指令法警将其带出法庭，旁听人员谢某因强烈支持辩方而对法院的做法大为不满，一气之下殴打了法警，后被法院移送 A 县公安机关处理。关于本案扰乱法庭秩序行为的处理，下列说法正确的是：（2019 年仿真题）

    A. 林某被带出法庭后，高某要求自行辩护的，庭审应当继续进行

    B. 林某被带出法庭后，高某要求另行委托辩护人的，法院应当决定延期审理

    C. 林某对 A 县法院将其强行带出法庭的做法不服，可以向甲市检察院申诉

    D. 如果 A 县检察院以扰乱法庭秩序罪将谢某起诉至 A 县法院，A 县法院可以请求将案件移送甲市法院管辖

13. 林杨案、余周案、楚凌案和潘武案均事实清楚，证据确实充分，检察院在提起公诉时建议法院适用速裁程序审理，法院接受检察院的建议对四个案件适用速裁程序集中开庭审理。关于这些案件的审理，下列选项正确的是：（2019 年仿真题）

    A. 法院可以安排值班律师为没有委托辩护人的林杨进行辩护

    B. 法院在受理余周涉嫌危险驾驶罪一案后，应当在 10 日内审结

    C. 对于楚凌案，法院认为检察院所指控的罪名需要变更，可以在庭后听取控辩双方的意见，定期作出宣判

    D. 在潘武案的审理过程中，法院如果认为其应当判处的刑罚不符合速裁程序的适用条件，应当组成合议庭重新审理该案

14. 2015 年 3 月 6 日，李某因涉嫌盗窃罪被公安机关立案侦查，检察院提起公诉后李某外出办公因意外事故下落不明，法院遂作出中止审理的裁定。2016 年 7 月 8 日，李某到案，法院裁定恢复审理，检察院以刑法规定的盗窃罪定罪标准已提高不再可追究李某刑事责任为由，要求撤回起诉。关于本案的处理，下列选项正确的是：（2019 年仿真题）

    A. 法院对于检察院撤回起诉的要求，均应裁定准许

    B. 若法院准许检察院撤回起诉，李某对该裁定不服的，可以提起上诉

    C. 检察院要求撤回起诉并经法院准许后，应决定对李某酌定不起诉

    D. 检察院撤回起诉后，不得针对李某的盗窃行为再次提起公诉

15. 公安机关接举报称本市张大明为牟取非法利益而贩卖毒品，后立案展开侦查。侦查过程中，公安机关提请逮捕张大明并获检察院批准，最终张大明因涉嫌贩卖毒品罪被检察院提起公诉，但其始终辩称是被冤枉的，声称侦查人员在其家中查获的毒品并非自己所有，而是被恶人栽赃陷害。一审法院经审理认为，现有证据无法排除合理怀疑，遂判决宣告张大明无罪。检察机关认为一审判决确有错误，向上一级法院提起抗诉，在二审开庭前检察院发现了关于毒品来源的关键证据。关于本案的处理，下列选项正确的是：（2019 年仿真题）

    A. 法院应当通知辩方查阅、摘抄或复制检察机关发现的新证据

    B. 因二审开庭前本案出现新的关键性证据，二审法院审理后认为一审判决事实不清、证据不足的，应撤销原判、发回重审

    C. 依据全面贯彻证据裁判规则的要求，本案中一审法院作出无罪判决并无不当

    D. 张大明应于一审宣判后立即被释放，检察机关可对其另行适用取保候审的强制措施

16. 甲一审被 A 省高院判处了死刑立即执行，本案无人上诉、检察院未抗诉，后生效。关于本案，下列说法正确的有：（2019 年仿真题）

    A. 甲不服生效判决可以向 A 省高院申诉

    B. 甲不服生效判决可以向 A 省检察院申诉

    C. 本案 A 省高院可以自行决定启动再审程序

    D. 本案最高检可以向最高院抗诉启动再审程序

17. 关于死刑立即执行的暂停执行及处理结果，下列说法正确的有：（2019 年仿真题）

    A. 重大立功如果查明不影响继续执行死刑，应当裁定继续执行

    B. 法院发现没有其他因素影响执行死刑的，应当直接继续执行死刑

C. 发现罪犯怀孕 6 个月，法院应当撤销原判发回重审

D. 发现有其他需要追诉，法院应当一并判决执行

18. 关于缺席审理程序，下列说法正确的是：（2019 年仿真题）

A. 具有终局性的特点，是两审终审的例外

B. 是诉讼效率原则的体现

C. 是亲历性的例外

D. 是控审分离的例外

2020 年

1. 控审分离是现代刑事诉讼的要求之一，其含义为未经起诉主体起诉的事项，审判主体不得审判，审判范围受到起诉内容的制约。下列选项体现控审分离理念的是：（2020 年仿真题）

A. 法院在审理中发现被告人是不负刑事责任的精神病人，遂直接决定适用强制程序

B. 法院在审理中发现检察院控诉的罪名不当，可以建议检察院把盗窃罪改成抢劫罪

C. 在审理中法院发现检察院公诉的案件存在遗漏罪行，只能建议检察院补充起诉

D. 检察院发现罪犯不符合减刑条件中的良好表现，对法院的减刑提出意见

2. 关于分工负责、相互配合、相互制约原则在认罪认罚案件中的适用，下列说法正确的是：（2020 年仿真题）

A. 侦查阶段没有适用认罪认罚，审查起诉阶段继续开展认罪认罚体现了互相配合

B. 检察院提出量刑建议的认罪认罚案件，法院没有适用，检察院抗诉，体现了互相制约

C. 认罪认罚贯穿刑事诉讼全过程，这体现了三机关各自分工不同

D. 法律援助机构为认罪认罚的犯罪嫌疑人、被告人提供法律援助体现了分工配合

3. 李某有事外出托朋友赵某照看自己价值 6000 元的乌龟，赵某随后将乌龟出售，并告知李某丢失。李某以盗窃罪向公安机关报案，公安机关经调查以盗窃罪移送检察院，检察院以盗窃罪向法院提起公诉，法院认为该行为属于侵占而非盗窃。对于本案，检察院拒不撤回起诉时，法院的处理方法正确的是：（2020 年仿真题）

A. 裁定驳回起诉

B. 裁定终止审理

C. 径行作出无罪判决

D. 以侵占罪作出有罪判决

4. 关于检察院办理刑事案件，下列说法正确的是：（2020 年仿真题）

A. 检察委员会可以对部分办案事项作出决定并承担相应司法责任

B. 检察官办案组办理案件时应请求检察长或副检察长主办

C. 检察官可以授权助理签发相应的法律文书

D. 上级检察院认为下级检察院作出不起诉决定错误的，可以撤回不起诉决定

5. 中国公民甲和乙乘坐 M 国的船舶，当船舶在公海上航行时，两人因为琐事互殴致使乙死亡。对本案有管辖权的法院是：（2020 年仿真题）

A. 甲的入境地　　　　B. 甲的登陆地

C. 甲入境后的居住地　D. 乙离境前的居住地

6. 杨某通过非法手段获得公民的个人信息注册某支付软件，并制作公民的 3D 头像通过人脸识别，以此获取邀请注册奖励红包。关于本案，说法正确的是：（2020 年仿真题）

A. 某支付软件公司报案时提取的电子记录等需在立案后重新提取才可以作为定案根据

B. 存储个人信息的 U 盘需要扣押封存并随案移送

C. 某支付软件公司可提出附带民事诉讼要求杨某返还红包

D. 侵犯公民个人信息罪和诈骗罪，应择一重罪处罚

7. 根据非法证据排除规则，下列应当依法排除的证据是：（2020 年仿真题）

A. 侦查人员跟王某说不老实交代就让他准备法考来作证，王某担心耽误儿子前途于是供述

B. 侦查人员连续审讯犯罪嫌疑人 22 小时，但是期间保证了正常的饮食

C. 侦查人员以泄露证人刘某的隐私相威胁，刘某担心会影响自己的生活而作出的证言

D. 侦查人员用欺骗方式获取有罪供述，第二次讯问时犯罪嫌疑人因为暴力威胁作出相同供述

8. 杜某以性交易为名通过网络约失足女到酒店，杜某身穿警服，以带有警察字样的钱包，跟失足女说自己是警察，向失足女要钱，还以警棍相威胁。下列关于证据的运用说法正确的是：（2020 年仿真题）

A. 手机中的聊天记录可以直接证明杜某的犯罪目的

B. 警服、钱包可以用作证明招摇撞骗罪的物证

C. 警棍可以证明犯罪的手段

D. 失足女本身的行为违法所以可以从宽

9. 张某涉嫌犯罪被公安机关决定取保候审，张某缴纳了保证金 1 万元，但是在侦查阶段张某多次未经批准离开所居住的市县，公安机关发现后决定没收张某的保证金，并对其重新适用取保候审。关于本案，下列说法正确的是：（2020 年仿真题）

A. 公安机关可视情况决定没收张某保证金 8000 元

B. 新的取保候审中可以要求张某既缴纳保证金又提供保证人

C. 取保候审的期间累计计算

D. 公安机关可以要求张某上交驾驶证

10. 检察院进行羁押必要性审查时，下列属于检察院可以建议办案机关变更强制措施的情形的是：（2020年仿真题）

A. 年满65周岁且身体较弱

B. 自愿认罪认罚

C. 身患疾病且生活不能自理

D. 达成的和解协议约定，待解除强制措施后予以履行

11. 老王让小王（15周岁，老王之子）、小马（13周岁）多次碰瓷骗取车主财物，造成小马重伤，检察院以诈骗罪和故意伤害罪对老王提起公诉。关于本案，下列说法错误的是：（2020年仿真题）

A. 本案小马既是被害人也是证人

B. 可强制小王到庭作证

C. 本案小马可自行提起附带民事诉讼要求老王赔偿医疗费、护理费

D. 由于老王对小王故意犯罪，法院可以在附带民事诉讼一并对其撤销监护人资格

12. 甲带女儿到医院就诊，医生宋某发现女童身上有勒痕，怀疑女童是被父亲虐待，但是父亲坚持说是女童顽皮自己摔伤的。于是宋某选择向公安机关报警，后侦查人员赶到现场。关于本案，下列说法正确的是：（2020年仿真题）

A. 由于父亲有作案嫌疑，故公安机关可以就小女孩的勒痕在医院单独询问小女孩

B. 本案中侦查人员可以在现场讯问甲

C. 侦查人员可以口头传唤女童父亲甲到派出所调查

D. 宋某的行为构成控告

13. 关于认罪认罚，下列说法正确的是：（2020年仿真题）

A. 甲犯数罪，但只认一罪，对其全案不得适用认罪认罚从宽，法院也不得对其从宽

B. 对于穷凶极恶的杀人犯，即使他认罪认罚并且积极赔偿并取得了被害人的谅解，也可对其不从宽

C. 在审查起诉阶段未认罪认罚，到了审判阶段不可以适用认罪认罚从宽

D. 在审查起诉阶段认罪认罚，到了审判阶段反悔，不得对其适用认罪认罚从宽

14. 王某和周某因共同贩卖海洛因2000克被M省L市中级法院以贩卖毒品罪责令分别判处死刑立即执行和死刑缓期二年执行，经最高院和M省高院各自核准后，二人被交付执行。关于本案的处理，下列选项正确的是：（2020年仿真题）

A. 如周某在死刑缓期执行期间故意犯罪，由M省高院一审后再报最高院核准

B. 周某只有在最高院核准王某的死刑立即执行后才可以交付执行

C. 王某在执行死刑立即执行之前有权会见其妻子

D. 周某在死刑缓期执行期间不得暂予监外执行

15. 李某涉嫌犯罪被甲市A区人民法院判处有期徒刑，执行期间李某被甲市中院裁定假释，在甲市B区执行社区矫正期间，李某多次违反监督管理规定被给予治安管理处罚。关于本案，下列说法正确的是：（2020年仿真题）

A. 裁定假释后李某需要自行到矫正机构报到

B. 社区矫正机构可以对李某适用电子监控

C. 社区矫正机构认为李某有逃跑的可能性，可以提请法院逮捕李某

D. 李某假释的撤销应当由甲市中级人民法院作出

16. 王某涉嫌受贿罪被立案侦查，在调查阶段王某逃跑，不知去向。后甲市检察院向甲市中级人民法院申请启动违法所得没收程序。关于本案，下列选项正确的是：（2020年仿真题）

A. 如果本案事实清楚、证据确实充分，检察院可以依法公诉至法院，启动缺席判决程序

B. 王某妻子以涉案财产中有其合法财产为由申请参加诉讼，需要提供证明夫妻关系的证明材料

C. 王某妻子对财产中其婚前所得应承担提出证据的责任，不需要承担说服责任

D. 经市级监察委决定可以限制王某出境，但需要公安机关执行

2021年

1. 甲寻衅滋事一案，人民检察院对甲决定逮捕。甲在侦查阶段拒不认罪，在审查起诉之后甲自愿认罪认罚，但是在赔偿方面未与被害人乙达成一致意见。关于本案认罪认罚程序的适用，人民检察院的下列处理，做法正确的是：（2021年仿真题）

A. 人民检察院应及时对甲进行羁押必要性审查

B. 人民检察院可积极促成甲与乙进行刑事和解

C. 若人民检察院认为可以对甲使用非监禁刑，可以自行进行社会调查

D. 人民检察院向人民法院提起公诉时，可以建议法院适用速裁程序审理

2. 甲涉嫌职务犯罪被提起公诉。关于本案的认罪认罚从宽制度，下列选项正确的是：（2021年仿真题）

A. 在监察机关调查阶段，甲可以认罪认罚

B. 甲如果不同意适用速裁程序，对甲不能适用认罪认罚从宽制度

C. 甲在审查起诉过程中转移财产，对甲不能适用认罪认罚从宽制度

D. 对甲移送审查起诉后，人民检察院应当告知甲享有认罪认罚从宽的权利

3. 下列可以由人民检察院直接立案侦查的案件是：（2021 年仿真题）

A. 警察利用职务之便为境外刺探情报

B. 副检察长在办公大楼的招标过程中收受巨额贿赂、巨额财物

C. 某政府官员隐瞒了患高度危险传染病的事实，参加聚会并致使多人感染

D. 海警工作站站长在办理刑事案件期间询问证人，然后对证人进行殴打，并且致其重伤

4. 张某因涉嫌故意杀人罪被批准逮捕，在公安侦查期间，发现张某还涉嫌贪污罪。人民检察院以故意杀人罪和贪污罪一并向人民法院提起公诉。在法院审理期间，张某自杀身亡。关于本案，下列说法正确的是：（2021 年仿真题）

A. 涉嫌贪污罪的犯罪线索交给监察机关立案调查后，逮捕措施自动解除

B. 应将贪污罪的犯罪线索移送监察机关，由公安机关主侦查，监察机关协助调查

C. 法院缺席审理后认为张某并非故意杀人案的真凶，应当作出无罪宣判并对贪污罪裁定中止审理

D. 人民检察院对张某涉嫌贪污罪的违法所得启动没收程序，可以依法向审理张某贪污罪的法院提出申请

5. 某音像店限量黑胶唱片失窃，防盗门有划痕，店主提供了失窃唱片清单，侦查人员在甲家中找到了失窃的黑胶唱片。关于本案的证据，下列表述正确的是：（2021 年仿真题）

A. 店内记录犯罪行为的监控录像属于传来证据

B. 防盗门的划痕属于原始证据

C. 失窃的黑胶唱片属于间接证据

D. 唱片清单属于实物证据

6. 甲是七人合议庭中的人民陪审员，关于甲的权利，下列说法正确的是：（2021 年仿真题）

A. 判决书副本应当送交甲

B. 开庭前可以查阅案卷

C. 庭审中经审判长同意可以询问

D. 合议庭评议，可以就法律问题发表意见

2022 年

1. 张某涉嫌诈骗一案由甲市乙县法院法官王某担任审判长，林某担任书记员。一审判决张某有期徒刑 5 年，张某以事实不清为由提起上诉。二审由甲市中院法官赵某担任审判长，后裁定发回重审。重审期间，王某被任命为乙县法院的专职审委会委员。该案经合议庭报请审委会讨论后，改判张某有期徒刑 4 年，张某不服再次上诉。下列说法正确的是：（2022 年仿真题）

A. 二审法院应当开庭审理

B. 该案被发回重审后，林某不能担任继续担任该案的书记员

C. 王某不能参与审委会对该案的讨论

D. 张某再次提起上诉后，赵某不能作为该案的审判长

2. 甲手写并复印了多份恐吓信敲诈乙，后案发，甲被逮捕。在讯问时，甲供述了自己敲诈勒索的过程，乙向公安机关提交了自己书写的关于被敲诈的情况说明。甲在看守所羁押期间把自己作案的过程告诉了同监室的丙，丙向看守所管理人员举报了甲。对此，下列说法错误的是：（2022 年仿真题）

A. 恐吓信是言词证据

B. 甲复印的恐吓信是传来证据

C. 乙提交的情况说明是传闻证据

D. 丙的证言可以对甲的口供补强

2023 年

某地发生命案，侦查人员在勘验现场时邀请当地村委会主任刘某作为见证人。下列说法正确的是：（2023 年仿真题）

A. 刘某属于本案的诉讼参与人

B. 刘某如请求公安机关予以安全保护，公安机关应采取保护措施

C. 刘某应在勘验笔录上签字或者盖章

D. 勘验笔录的真实性有争议时，法庭可通知刘某出庭

行政法与行政诉讼法

1. 国家税务总局为国务院直属机构。就其设置及编制，下列哪一说法是正确的？（2014/2/43，单选）

A. 设立由全国人大及其常委会最终决定

B. 合并由国务院最终决定

C. 编制的增加由国务院机构编制管理机关最终决定

D. 依法履行国务院基本的行政管理职能

2. 王某经过考试成为某县财政局新录用的公务员，但因试用期满不合格被取消录用。下列哪一说法是正确的？（2014/2/44，单选）

A. 对王某的试用期限，由某县财政局确定

B. 对王某的取消录用，应当适用辞退公务员的规定

C. 王某不服取消录用向法院提起行政诉讼的，法院应当不予受理

D. 对王某的取消录用，在性质上属于对王某的不予录用

3. 某县公安局开展整治非法改装机动车的专项行动，向社会发布通知：禁止改装机动车，发现非法改装机动车的，除依法暂扣行驶证、驾驶证 6 个月外，机动车所有人须到指定场所学习交通法规 5 日并出具自行恢复原貌的书面保证，不自行恢复的予以强制恢复。某县公安局依此通知查处 10 辆机动车，要求其所有人到指定场所学习交通法规 5 日并出具自行恢复原貌的书面保证。下列哪一说法是正确的？（2014/2/45，单选）

A. 通知为具体行政行为

B. 要求 10 名机动车所有人学习交通法规 5 日的行为为行政指导

C. 通知所指的暂扣行驶证、驾驶证 6 个月为行政处罚

D. 通知所指的强制恢复为行政强制措施

4. 《计算机信息网络国际联网安全保护管理办法》于 1997 年 12 月 11 日经国务院批准，由公安部于 1997 年 12 月 30 日以公安部部令发布。该办法属于哪一性质的规范？（2014/2/46，单选）

A. 行政法规　　　　B. 国务院的决定

C. 规章　　　　　　D. 一般规范性文件

5. 某区公安分局以非经许可运输烟花爆竹为由，当场扣押孙某杂货店的烟花爆竹 100 件。关于此扣押，下列哪一说法是错误的？（2014/2/47，单选）

A. 执法人员应当在返回该分局后立即向该分局负责人报告并补办批准手续

B. 扣押时应当制作现场笔录

C. 扣押时应当制作并当场交付扣押决定书和清单

D. 扣押应当由某区公安分局具备资格的行政执法人员实施

6. 某乡属企业多年未归还方某借给的资金，双方发生纠纷。方某得知乡政府曾发过 5 号文件和 210 号文件处分了该企业的资产，遂向乡政府递交申请，要求公开两份文件。乡政府不予公开，理由是 5 号文件涉及第三方，且已口头征询其意见，其答复是该文件涉及商业秘密，不同意公开，而 210 号文件不存在。方某向法院起诉。下列哪些说法是正确的？（2014/2/48，已改编，现为多选）

A. 方某申请时应当出示有效身份证明或者证明文件

B. 对所申请的政府信息，方某不具有申请人资格

C. 乡政府不公开 5 号文件合法

D. 方某能够提供 210 号文件由乡政府制作的相关线索的，可以申请法院调取证据

7. 某区环保局因某新建水电站未报批环境影响评价文件，且已投入生产使用，给予其罚款 10 万元的处罚。水电站不服，申请复议，复议机关作出维持处罚的复议决定书。下列哪一说法是正确的？（2014/2/49，单选）

A. 复议机构应当为某区政府

B. 如复议期间案件涉及法律适用问题，需要有权机关作出解释，行政复议终止

C. 复议决定书一经送达，即发生法律效力

D. 水电站对复议决定不服向法院起诉，应由复议机关所在地的法院管辖

8. 甲市乙县法院强制执行生效民事判决时执行了案外人李某的财产且无法执行回转。李某向乙县法院申请国家赔偿，遭到拒绝后申请甲市中级法院赔偿委员会作出赔偿决定。赔偿委员会适用质证程序审理。下列哪一说法是正确的？（2014/2/50，单选）

A. 乙县法院申请不公开质证，赔偿委员会应当予以准许

B. 李某对乙县法院主张的不利于自己的事实，既未表示承认也未否认的，即视为对该项事实的承认

C. 赔偿委员会根据李某的申请调取的证据，作为李某提供的证据进行质证

D. 赔偿委员会应当对质证活动进行全程同步录音录像

9. 高效便民是行政管理的基本要求，是服务型政府的具体体现。下列哪些选项体现了这一要求？（2014/2/76，多选）

A. 简化行政机关内部办理行政许可流程

B. 非因法定事由并经法定程序，行政机关不得撤回和变更已生效的行政许可

C. 对办理行政许可的当事人提出的问题给予及时、耐心的答复

D. 对违法实施行政许可给当事人造成侵害的执法人员予以责任追究

10. 程序正当是当代行政法的基本原则，遵守程序是行政行为合法的要求之一。下列哪些做法违背了这一要求？（2014/2/77，多选）

A. 某环保局对当事人的处罚听证，由本案的调查人员担任听证主持人

B. 某县政府自行决定征收基本农田 35 公顷

C. 某公安局拟给予甲拘留 10 日的治安处罚，告知其可以申请听证

D. 乙违反治安管理的事实清楚，某公安派出所当场对其作出罚款 500 元的处罚决定

11. 廖某在某镇沿街路边搭建小棚经营杂货，县建设局下发限期拆除通知后强制拆除，并对廖某作出罚款 2 万元的处罚。廖某起诉，法院审理认为廖某所建小棚未占用主干道，其违法行为没有严重到既需要拆除又需要实施顶格处罚的程度，判决将罚款改为 1000 元。法院判决适用了下列哪些原则？（2014/2/78，多选）

A. 行政公开　　　　B. 比例原则

C. 合理行政　　　　D. 诚实守信

12. 某公安局以刘某引诱他人吸食毒品为由对其处以 15 日拘留，并处 3000 元罚款的处罚。刘某不服，向法院提起行政诉讼。下列哪些说法是正确的？（2014/2/79，多选）

A. 公安局在作出处罚决定前传唤刘某询问查证，询问查证时间最长不得超过 24 小时

B. 对刘某的处罚不应当适用听证程序

C. 如刘某为外国人，可以附加适用限期出境

D. 刘某向法院起诉的期限为 3 个月

13.《反不正当竞争法》规定，当事人对监督检查部门作出的处罚决定不服的，可以自收到处罚决定之日起 15 日内向上一级主管机关申请复议；对复议决定不服的，可以自收到复议决定书之日起 15 日内向法院提起诉讼；也可以直接向法院提起诉讼。某县

工商局认定某企业利用广告对商品作引人误解的虚假宣传，构成不正当竞争，处 10 万元罚款。该企业不服，申请复议。下列哪些说法是正确的？（2014/2/80，多选）

A. 复议机关应当为该工商局的上一级工商局

B. 申请复议期间为 15 日

C. 如复议机关作出维持决定，该企业向法院起诉，起诉期限为 15 日

D. 对罚款决定，该企业可以不经复议直接向法院起诉

14. 代履行是行政机关强制执行的方式之一。有关代履行，下列哪些说法是错误的？（2014/2/81，多选）

A. 行政机关只能委托没有利害关系的第三人代履行

B. 代履行的费用均应当由负有义务的当事人承担

C. 代履行不得采用暴力、胁迫以及其他非法方式

D. 代履行 3 日前应送达决定书

15. 在行政诉讼中，针对下列哪些情形，法院应当判决驳回原告的诉讼请求？（2014/2/82，多选）

A. 起诉被告不作为理由不能成立的

B. 受理案件后发现起诉不符合起诉条件的

C. 被诉具体行政行为合法，但因法律变化需要变更或者废止的

D. 被告在一审期间改变被诉具体行政行为，原告不撤诉的

16. 王某认为社保局提供的社会保障信息有误，要求该局予以更正。该局以无权更正为由拒绝更正。王某向法院起诉，法院受理。下列哪些说法是正确的？（2014/2/83，多选）

A. 王某应当提供其向该局提出过更正申请以及政府信息与其自身相关且记录不准确的事实根据

B. 该局应当对拒绝的理由进行举证和说明

C. 如涉案信息有误但该局无权更正的，法院即应判决驳回王某的诉讼请求

D. 如涉案信息有误且该局有权更正的，法院即应判决在 15 日内更正

17. 2009 年 3 月 15 日，严某向某市房管局递交出让方为郭某（严某之母）、受让方为严某的房产交易申请表以及相关材料。4 月 20 日，该局向严某核发房屋所有权证。后因家庭纠纷郭某想出售该房产时发现房产已不在名下，于 2013 年 12 月 5 日以该局为被告提起诉讼，要求撤销向严某核发的房屋所有权证，并给自己核发新证。一审法院判决维持被诉行为，郭某提出上诉。下列哪一说法是正确的？（2014/2/84，已改编，现为单选）

A. 本案的起诉期限为 2 年

B. 本案的起诉期限从 2009 年 4 月 20 日起算

C. 如诉讼中郭某解除对诉讼代理人的委托，在其书面报告法院后，法院应当通知其他当事人

D. 第二审法院应对一审法院的裁判和被诉具体行政行为是否合法进行全面审查

18. 根据《公务员法》的规定，下列哪些选项属于公务员交流方式？（2014/2/85，多选）

A. 调任　　　　　　B. 转任

C. 挂职锻炼　　　　D. 接受培训

19. 有关规章的决定和公布，下列说法正确的是：（2014/2/97，不定项）

A. 审议规章草案时须由起草单位作说明

B. 地方政府规章须经政府全体会议决定

C. 部门联合规章须由联合制定的部门首长共同署名公布，使用主办机关的命令序号

D. 规章公布后须及时在全国范围内发行的有关报纸上刊登

20. 经夏某申请，某县社保局作出认定，夏某晚上下班途中驾驶摩托车与行人发生交通事故受重伤，属于工伤。夏某供职的公司认为其发生交通事故系醉酒所致，向法院起诉要求撤销认定。某县社保局向法院提交了公安局交警大队交通事故认定书、夏某住院的病案和夏某同事孙某的证言。下列说法正确的是：（2014/2/98，不定项）

A. 夏某为本案的第三人

B. 某县社保局提供的证据均系书证

C. 法院对夏某住院的病案是否为原件的审查，系对证据真实性的审查

D. 如有证据证明交通事故确系夏某醉酒所致，法院应判决撤销某县社保局的认定

21. 有关具体行政行为的效力和合法性，下列说法正确的是：（2014/2/99，不定项）

A. 具体行政行为一经成立即生效

B. 具体行政行为违法是导致其效力终止的唯一原因

C. 行政机关的职权主要源自行政组织法和授权法的规定

D. 滥用职权是具体行政行为构成违法的独立理由

22. 某县公安局以沈某涉嫌销售伪劣商品罪为由将其刑事拘留，并经县检察院批准逮捕。后检察院决定不起诉。沈某申请国家赔偿，赔偿义务机关拒绝。下列说法正确的是：（2014/2/100，不定项）

A. 县公安局为赔偿义务机关

B. 赔偿义务机关拒绝赔偿，应当书面通知沈某

C. 国家应当给予沈某赔偿

D. 对拒绝赔偿，沈某可以向县检察院的上一级检察院申请复议

2015 年

1. 行政机关公开的信息应当准确，是下列哪一项行政法原则的要求？（2015/2/43，单选）

A. 合理行政　　　　B. 高效便民

C. 诚实守信　　　　D. 程序正当

2. 根据《公务员法》规定，下列哪一选项不是公务员应当履行的义务？（2015/2/44，单选）

A. 公道正派　　　　B. 忠于职守

C. 恪守职业道德　　D. 参加培训

3. 甲市某县环保局与水利局对职责划分有异议，双方协商无法达成一致意见。关于异议的处理，下列哪一说法是正确的？（2015/2/45，单选）

A. 提请双方各自上一级主管机关协商确定

B. 提请县政府机构编制管理机关决定

C. 提请县政府机构编制管理机关提出协调意见，并由该机构编制管理机关报县政府决定

D. 提请县政府提出处理方案，经甲市政府机构编制管理机关审核后报甲市政府批准

4. 某地连续发生数起以低价出售物品引诱当事人至屋内后实施抢劫的事件，当地公安局通过手机短信告知居民保持警惕以免上当受骗。公安局的行为属于下列哪一性质？（2015/2/46，单选）

A. 履行行政职务的行为

B. 负担性的行为

C. 准备性行政行为

D. 强制行为

5. 食品药品监督管理局向一药店发放药品经营许可证。后接举报称，该药店存在大量非法出售处方药的行为，该局在调查中发现药店的药品经营许可证系提供虚假材料欺骗所得。关于对许可证的处理，该局下列哪一做法是正确的？（2015/2/47，单选）

A. 撤回

B. 撤销

C. 吊销

D. 待有效期限届满后注销

6. 公安局以田某等人哄抢一货车上的财物为由，对田某处以 15 日行政拘留处罚，田某不服申请复议。下列哪一说法是正确的？（2015/2/48，单选）

A. 田某的行为构成扰乱公共秩序

B. 公安局对田某哄抢的财物应予以登记

C. 公安局对田某传唤后询问查证不得超过 12 小时

D. 田某申请复议的期限为 6 个月

7. 在行政强制执行过程中，行政机关依法与甲达成执行协议。事后，甲应当履行协议而不履行，行政机关可采取下列哪一措施？（2015/2/49，单选）

A. 申请法院强制执行

B. 恢复强制执行

C. 以甲为被告提起民事诉讼

D. 以甲为被告提起行政诉讼

8. 某环保公益组织以一企业造成环境污染为由提起环境公益诉讼，后因诉讼需要，向县环保局申请公开该企业的环境影响评价报告、排污许可证信息。环保局以该组织无申请资格和该企业在该县有若干个基地，申请内容不明确为由拒绝公开。下列哪一说法是正确的？（2015/2/50，单选）

A. 该组织提出申请时应出示其负责人的有效身份证明

B. 该组织的申请符合根据自身生产、生活、科研等特殊需要要求，环保局认为其无申请资格不成立

C. 对该组织的申请内容是否明确，环保局的认定和处理是正确的

D. 该组织所申请信息属于依法不应当公开的信息

9. 关于公务员的辞职和辞退，下列哪些说法是正确的？（2015/2/76，多选）

A. 重要公务尚未处理完毕的公务员，不得辞去公职

B. 领导成员对重大事故负有领导责任的，应引咎辞去公职

C. 对患病且在规定的医疗期内的公务员，不得辞退

D. 被辞退的公务员，可根据国家有关规定享受失业保险

10. 对下列哪些拟作出的决定，行政机关应告知当事人有权要求听证？（2015/2/77，多选）

A. 税务局扣押不缴纳税款的某企业价值 200 万元的商品

B. 交通局吊销某运输公司的道路运输经营许可证

C. 规划局发放的建设用地规划许可证，直接涉及申请人与附近居民之间的重大利益关系

D. 公安局处以张某行政拘留 10 天的处罚

11. 某公安交管局交通大队民警发现王某驾驶的电动三轮车未悬挂号牌，遂作出扣押的强制措施。关于扣押应遵守的程序，下列哪些说法是正确的？（2015/2/78，多选）

A. 由两名以上交通大队行政执法人员实施扣押

B. 当场告知王某扣押的理由和依据

C. 当场向王某交付扣押决定书

D. 将三轮车及其车上的物品一并扣押，当场交付扣押清单

12. 沈某向住建委申请公开一企业向该委提交的某危改项目纳入危改范围的意见和申报材料。该委以信息中有企业联系人联系电话和地址等个人隐私为由

拒绝公开，沈某起诉，法院受理。下列哪些说法是正确的？（2015/2/79，多选）

A. 在作出拒绝公开决定前，住建委无需书面征求企业联系人是否同意公开的意见

B. 本案的起诉期限为 6 个月

C. 住建委应对拒绝公开的根据及履行法定告知和说明理由义务的情况举证

D. 住建委拒绝公开答复合法

13. 某区工商分局对一公司未取得出版物经营许可证销售电子出版物 100 套的行为，予以取缔，并罚款 6000 元。该公司向市工商局申请复议。下列哪些说法是正确的？（2015/2/80，多选）

A. 公司可委托代理人代为参加行政复议

B. 在复议过程中区工商分局不得自行向申请人和其他有关组织或个人收集证据

C. 市工商局应采取开庭审理方式审查此案

D. 如区工商分局的决定明显不当，市工商局应予以撤销

14. 法院审理行政案件，对下列哪些事项，《行政诉讼法》没有规定的，适用《民事诉讼法》的相关规定？（2015/2/81，多选）

A. 受案范围、管辖

B. 期间、送达、财产保全

C. 开庭审理、调解、中止诉讼

D. 检察院对受理、审理、裁判、执行的监督

15. 李某不服区公安分局对其作出的行政拘留 5 日的处罚，向市公安局申请行政复议，市公安局作出维持决定。李某不服，提起行政诉讼。下列哪些选项是正确的？（2015/2/82，多选）

A. 李某可向区政府申请行政复议

B. 被告为市公安局和区公安分局

C. 市公安局所在地的法院对本案无管辖权

D. 如李某的起诉状内容有欠缺，法院应给予指导和释明，并一次性告知需要补正的内容

16. 关于行政诉讼简易程序，下列哪些说法是正确的？（2015/2/83，多选）

A. 对第一审行政案件，当事人各方同意适用简易程序的，可以适用

B. 案件涉及款额 2000 元以下的发回重审案件和上诉案件，应适用简易程序审理

C. 适用简易程序审理的行政案件，由审判员一人独任审理

D. 适用简易程序审理的行政案件，应当庭宣判

17. 梁某酒后将邻居张某家的门、窗等物品砸坏。县公安局接警后，对现场进行拍照、制作现场笔录，并请县价格认证中心作价格鉴定意见，对梁某作出行政拘留 8 日处罚。梁某向法院起诉，县公安局向法院提交照片、现场笔录和鉴定意见。下列哪些说法是正确的？（2015/2/84，多选）

A. 照片为书证

B. 县公安局提交的现场笔录无当事人签名的，不具有法律效力

C. 县公安局提交的鉴定意见应有县价格认证中心的盖章和鉴定人的签名

D. 梁某对现场笔录的合法性有异议的，可要求县公安局的相关执法人员作为证人出庭作证

18. 丁某以其房屋作抵押向孙某借款，双方到房管局办理手续，提交了房产证原件及载明房屋面积100平方米、借款50万元的房产抵押合同，该局以此出具房屋他项权证。丁某未还款，法院拍卖房屋，但因房屋面积只有70平方米，孙某遂以该局办理手续时未尽核实义务造成其15万元债权无法实现为由，起诉要求认定该局行为违法并赔偿损失。对此案，下列哪些说法是错误的？（2015/2/85，多选）

A. 法院可根据孙某申请裁定先予执行

B. 孙某应对房管局的行为造成其损失提供证据

C. 法院应对房管局的行为是否合法与行政赔偿争议一并审理和裁判

D. 孙某的请求不属国家赔偿范围

19. 下列选项属于行政诉讼受案范围的是：（2015/2/98，不定项）

A. 方某在妻子失踪后向公安局报案要求立案侦查，遭拒绝后向法院起诉确认公安局的行为违法

B. 区房管局以王某不履行双方签订的房屋征收补偿协议为由向法院起诉

C. 某企业以工商局滥用行政权力限制竞争为由向法院起诉

D. 黄某不服市政府发布的征收土地补偿费标准直接向法院起诉

20. 某镇政府以一公司所建钢架大棚未取得乡村建设规划许可证为由责令限期拆除。该公司逾期不拆除，镇政府现场向其送达强拆通知书，组织人员拆除了大棚。该公司向法院起诉要求撤销强拆行为。如一审法院审理认为强拆行为违反法定程序，可作出的判决有：（2015/2/99，不定项）

A. 撤销判决　　　　B. 确认违法判决

C. 履行判决　　　　D. 变更判决

21. 某县公安局以涉嫌诈骗为由将张某刑事拘留，并经县检察院批准逮捕，后县公安局以证据不足为由撤销案件，张某遂申请国家赔偿。下列说法正确的是：（2015/2/100，不定项）

A. 赔偿义务机关为县公安局和县检察院

B. 张某的赔偿请求不属国家赔偿范围

C. 张某当面递交赔偿申请书，赔偿义务机关应当场出具加盖本机关专用印章并注明收讫日期的书面凭证

D. 如赔偿义务机关拒绝赔偿，张某可向法院提起赔偿诉讼

2016 年

1. 根据规定，地方的事业单位机构和编制管理办法由省、自治区、直辖市人民政府机构编制管理机关拟定，报国务院机构编制管理机关审核后，由下列哪一机关发布？（2016/2/43，单选）

A. 国务院

B. 省、自治区、直辖市人民政府

C. 国务院机构编制管理机关

D. 省、自治区、直辖市人民政府机构编制管理机关

2. 为落实淘汰落后产能政策，某区政府发布通告：凡在本通告附件所列名单中的企业两年内关闭。提前关闭或者积极配合的给予一定补贴，逾期不履行的强制关闭。关于通告的性质，下列哪一选项是正确的？（2016/2/44，单选）

A. 行政规范性文件　　B. 具体行政行为

C. 行政给付　　　　　D. 行政强制

3. 李某多次发送淫秽短信、干扰他人正常生活，公安机关经调查拟对李某作出行政拘留10日的处罚。关于此处罚决定，下列哪一做法是适当的？（2016/2/45，单选）

A. 由公安派出所作出

B. 依当场处罚程序作出

C. 应及时通知李某的家属

D. 紧急情况下可以口头方式作出

4. 下列哪一行政行为不属于行政强制措施？（2016/2/46，单选）

A. 审计局封存转移会计凭证的被审计单位的有关资料

B. 公安交通执法大队暂扣酒后驾车的贾某机动车驾驶证6个月

C. 税务局扣押某企业价值相当于应纳税款的商品

D. 公安机关对醉酒的王某采取约束性措施至酒醒

5. 甲公司与乙公司发生纠纷向工商局申请公开乙公司的工商登记信息。该局公开了乙公司的名称、注册号、住所、法定代表人等基本信息，但对经营范围、从业人数、注册资本等信息拒绝公开。甲公司向法院起诉，法院受理。关于此事，下列哪一说法是正确的？（2016/2/47，单选）

A. 甲公司应先向工商局的上一级工商局申请复议，对复议决定不服再向法院起诉

B. 工商局应当对拒绝公开的依据以及履行法定告知和说明理由义务的情况举证

C. 本案审理不适用简易程序

D. 因相关信息不属政府信息，拒绝公开合法

6. 某区食品药品监管局以某公司生产经营超过保质期的食品违反《食品安全法》为由，作出处罚

决定。公司不服，申请行政复议。关于此案，下列哪一说法是正确的？（2016/2/48，单选）

A. 申请复议期限为 60 日

B. 公司不得以电子邮件形式提出复议申请

C. 行政复议机关不能进行调解

D. 公司如在复议决定作出前撤回申请，行政复议中止

7. 某区卫计局以董某擅自开展诊疗活动为由作出没收其违法诊疗工具并处 5 万元罚款的处罚。董某向区政府申请复议，区政府维持了原处罚决定。董某向法院起诉。下列哪一说法是正确的？（2016/2/49，单选）

A. 如董某只起诉区卫计局，法院应追加区政府为第三人

B. 本案应以区政府确定案件的级别管辖

C. 本案可由区卫计局所在地的法院管辖

D. 法院应对原处罚决定和复议决定进行合法性审查，但不对复议决定作出判决

8. 某县公安局于 2012 年 5 月 25 日以方某涉嫌合同诈骗罪将其刑事拘留，同年 6 月 26 日取保候审，8 月 11 日检察院决定批准逮捕方某。2013 年 5 月 11 日，法院以指控依据不足为由判决方某无罪，方某被释放。2014 年 3 月 2 日方某申请国家赔偿。下列哪一说法是正确的？（2016/2/50，单选）

A. 县公安局为赔偿义务机关

B. 赔偿义务机关可就赔偿方式和数额与方某协商，但不得就赔偿项目进行协商

C. 方某 2012 年 6 月 26 日至 8 月 11 日取保候审，不属于国家赔偿范围

D. 对方某的赔偿金标准应按照 2012 年度国家职工日平均工资计算

9. 财政局干部李某在机关外兼职。关于李某兼职，下列哪些说法是正确的？（2016/2/76，多选）

A. 为发挥个人专长可在外兼职

B. 兼职应经有关机关批准

C. 不得领取兼职报酬

D. 兼职情况应向社会公示

10. 某省会城市的市政府拟制定限制电动自行车通行的规章。关于此规章的制定，下列哪些说法是正确的？（2016/2/77，多选）

A. 应先列入市政府年度规章制定工作计划中，未列入不得制定

B. 起草该规章应广泛听取有关机关、组织和公民的意见

C. 此规章送审稿的说明应对制定规章的必要性、规定的主要措施和有关方面的意见等情况作出说明

D. 市政府法制机构认为制定此规章基本条件尚不成熟，可将规章送审稿退回起草单位

11. 《执业医师法》规定，执业医师需依法取得卫生行政主管部门发放的执业医师资格，并经注册后方能执业。关于执业医师资格，下列哪些说法是正确的？（2016/2/78，多选）

A. 该资格属于直接关系人身健康，需按照技术规范通过检验、检测确定申请人条件的许可

B. 对《执业医师法》规定的取得资格的条件和要求，部门规章不得作出具体规定

C. 卫生行政主管部门组织执业医师资格考试，应公开举行

D. 卫生行政主管部门组织执业医师资格考试，不得组织强制性考前培训

12. 关于行政许可的设定权限，下列哪些说法是不正确的？（2016/2/79，多选）

A. 必要时省政府制定的规章可设定企业的设立登记及其前置性行政许可

B. 地方性法规可设定应由国家统一确定的公民、法人或者其他组织的资格、资质的行政许可

C. 必要时国务院部门可采用发布决定的方式设定临时性行政许可

D. 省政府报国务院批准后可在本区域停止实施行政法规设定的有关经济事务的行政许可

13. 关于一个行政机关行使有关行政机关的行政许可权和行政处罚权的安排，下列哪些说法是正确的？（2016/2/80，多选）

A. 涉及行政处罚的，由国务院或者经国务院授权的省、自治区、直辖市政府决定

B. 涉及行政许可的，由经国务院批准的省、自治区、直辖市政府决定

C. 限制人身自由的行政处罚只能由公安机关行使，不得交由其他行政机关行使

D. 由公安机关行使的行政许可，不得交由其他行政机关行使

14. 下列哪些行政行为不属于行政处罚？（2016/2/81，多选）

A. 质监局对甲企业涉嫌冒用他人商品识别代码的产品予以先行登记保存

B. 食品药品监管局责令乙企业召回已上市销售的不符合药品安全标准的药品

C. 环保局对排污超标的丙企业作出责令停产 6 个月的决定

D. 工商局责令销售不合格产品的丁企业支付消费者 3 倍赔偿金

15. 某工商局因陈某擅自设立互联网上网服务营业场所扣押其从事违法经营活动的电脑 15 台，后作出没收被扣电脑的决定。下列哪些说法是正确的？（2016/2/82，多选）

A. 工商局应制作并当场交付扣押决定书和扣押清单

B. 因扣押电脑数量较多，作出扣押决定前工商局应告知陈某享有要求听证的权利

C. 对扣押的电脑，工商局不得使用

D. 因扣押行为系过程性行政行为，陈某不能单独对扣押行为提起行政诉讼

16. 对于下列起诉，哪些不属于行政诉讼受案范围？（2016/2/83，多选）

A. 某公司与县政府签订天然气特许经营协议，双方发生纠纷后该公司以县政府不依法履行协议向法院起诉

B. 环保局干部孙某对定期考核被定为不称职向法院起诉

C. 李某与房屋征收主管部门签订国有土地上的房屋征收补偿安置协议，后李某不履行协议，房屋征收主管部门向法院起诉

D. 县政府发布全县征地补偿安置标准的文件，村民万某以文件确定的补偿标准过低为由向法院起诉

17. 交警大队以方某闯红灯为由当场处以50元罚款，方某不服起诉。法院适用简易程序审理。关于简易程序，下列哪些说法是正确的？（2016/2/84，多选）

A. 由审判员一人独任审理

B. 法院应在立案之日起30日内审结，有特殊情况需延长的经批准可延长

C. 法院在审理过程中发现不宜适用简易程序的，裁定转为普通程序

D. 对适用简易程序作出的判决，当事人不得提出上诉

18. 甲、乙两村因土地使用权发生争议，县政府裁决使用权归甲村。乙村不服向法院起诉撤销县政府的裁决，并请求法院判定使用权归乙村。关于乙村提出的土地使用权归属请求，下列哪些说法是正确的？（2016/2/85，多选）

A. 除非有正当理由的，乙村应于第一审开庭审理前提出

B. 法院作出不予准许决定的，乙村可申请复议一次

C. 法院应单独立案

D. 法院应另行组成合议庭审理

市工商局认定豪美公司的行为符合《广告法》第28条第2款第2项规定的"商品或者服务有关的允诺等信息与实际情况不符，对购买行为有实质性影响"情形，属发布虚假广告，予以行政处罚。豪美公司向省工商局申请行政复议，省工商局受理。

请回答第19~21题。

19. 关于此案的复议，下列说法正确的是：（2016/2/97，不定项）

A. 豪美公司委托代理人参加复议，应提交授权委托书

B. 应由2名以上行政复议人员参加审理

C. 省工商局应为公司查阅有关材料提供必要条件

D. 如处罚决定认定事实不清，证据不足，省工商局不得作出变更决定

20. 如省工商局在法定期限内不作出复议决定，下列说法正确的是：（2016/2/98，不定项）

A. 有监督权的行政机关可督促省工商局加以改正

B. 可对省工商局直接负责的主管人员和其他直接负责人员依法给予警告、记过、记大过的行政处分

C. 豪美公司可向法院起诉要求省工商局履行复议职责

D. 豪美公司可针对原处罚决定向法院起诉市工商局

21. 如省工商局在复议时认定，豪美公司的行为符合《广告法》第28条第2款第4项规定的"虚构使用商品或者接受服务的效果"情形，亦属发布虚假广告，在改变处罚依据后维持了原处罚决定。公司不服起诉。下列说法正确的是：（2016/2/99，不定项）

A. 被告为市工商局和省工商局

B. 被告为省工商局

C. 市工商局所在地的法院对本案有管辖权

D. 省工商局所在地的法院对本案无管辖权

22. 行政法规条文本身需进一步明确界限或作出补充规定的，应对行政法规进行解释。关于行政法规的解释，下列说法正确的是：（2016/2/100，不定项）

A. 解释权属于国务院

B. 解释行政法规的程序，适用行政法规制定程序

C. 解释可由国务院授权国务院有关部门公布

D. 行政法规的解释与行政法规具有同等效力

2017 年

1. 关于国务院行政机构设置和编制管理的说法，下列哪一选项是正确的？（2017/2/43，单选）

A. 国务院议事协调机构的撤销经由国务院常务会议讨论通过后，由国务院总理提交国务院全体会议讨论决定

B. 国务院行政机构增设司级内设机构，由国务院机构编制管理机关提出方案，报国务院决定

C. 国务院议事协调机构的编制根据工作需要单独确定

D. 国务院行政机构的编制在国务院行政机构设立时确定

2. 某县工商局科员李某因旷工被给予警告处分。关于李某的处分，下列哪一说法是正确的？（2017/2/44，单选）

A. 处分决定可以口头方式通知李某

B. 处分决定自作出之日起生效

C. 受处分期间为 12 个月

D. 李某在受处分期间不得晋升工资档次

3. 关于行政法规的立项，下列哪一说法是正确的？（2017/2/45，单选）

A. 省政府认为需要制定行政法规的，可于每年年初编制国务院年度立法工作计划前向国务院报请立项

B. 国务院法制机构根据有关部门报送的立项申请汇总研究，确定国务院年度立法工作计划

C. 列入国务院年度立法工作计划的行政法规项目应适应改革、发展、稳定的需要

D. 国务院年度立法工作计划一旦确定不得调整

4. 行政机关所实施的下列行为中，哪一项属于具体行政行为？（2017/2/46，单选）

A. 公安交管局在辖区内城市快速路入口处悬挂"危险路段，谨慎驾驶"的横幅

B. 县公安局依照《刑事诉讼法》对李某进行拘留

C. 区政府对王某作出房屋征收决定

D. 因民间纠纷引起的打架斗殴双方经公安派出所调解达成的协议

5. 天龙房地产开发有限公司拟兴建天龙金湾小区项目，向市规划局申请办理建设工程规划许可证，并提交了相关材料。下列哪一说法是正确的？（2017/2/47，单选）

A. 公司应到市规划局办公场所提出申请

B. 公司应对其申请材料实质内容的真实性负责

C. 公司的申请材料不齐全的，市规划局应作出不受理决定

D. 市规划局为公司提供的申请格式文本可收取工本费

6. 某市质监局发现王某开设的超市销售伪劣商品，遂依据《产品质量法》对发现的伪劣商品实施扣押。关于扣押的实施，下列哪一说法是错误的？（2017/2/48，单选）

A. 因扣押发生的保管费用由王某承担

B. 应制作现场笔录

C. 应制作并当场交付扣押决定书和扣押清单

D. 不得扣押与违法行为无关的财物

7. 下列哪一选项属于法院行政诉讼的受案范围？（2017/2/49，单选）

A. 张某对劳动争议仲裁裁决不服向法院起诉的

B. 某外国人对出入境边检机关实施遣送出境措施不服申请行政复议，对复议决定不服向法院起诉的

C. 财政局工作人员李某对定期考核为不称职不服向法院起诉的

D. 某企业对县政府解除与其签订的政府特许经营协议不服向法院起诉的

8. 某市公安局以朱某涉嫌盗窃罪于 2013 年 7 月 25 日将其刑事拘留，经市检察院批准逮捕。2015 年 9 月 11 日，市中级法院判决朱某无罪，朱某被释放。2016 年 3 月 15 日，朱某以无罪被羁押为由申请国家赔偿，要求支付侵犯人身自由的赔偿金，赔礼道歉，赔偿精神损害抚慰金 200 万元。下列哪一说法是正确的？（2017/2/50，单选）

A. 市检察院为赔偿义务机关

B. 朱某不能以口头方式提出赔偿申请

C. 限制人身自由的时间是计算精神抚慰金的唯一标准

D. 侵犯朱某人身自由的每日赔偿金应按照 2014 年度职工日平均工资计算

9. 根据《公务员法》规定，经省级以上公务员主管部门批准，机关根据工作需要可以对下列哪些职位实行聘任制？（2017/2/76，多选）

A. 涉及国家秘密的职位

B. 专业性较强的职位

C. 辅助性职位

D. 机关急需的职位

10. 关于规章的起草和审查，下列哪些说法是正确的？（2017/2/77，多选）

A. 起草规章可邀请专家参加，但不能委托专家起草

B. 起草单位就规章起草举行听证会，应制作笔录，如实记录发言人的主要观点和理由

C. 起草规章应广泛听取有关机关、组织和公民的意见

D. 如制定规章的基本条件不成熟，法制机构应将规章送审稿退回起草单位

11. 下列哪些情形中，行政机关应依法办理行政许可的注销手续？（2017/2/78，多选）

A. 某企业的产品生产许可证有效期限届满未申请延续的

B. 某企业的旅馆业特种经营许可证被认定为以贿赂手段取得而被撤销的

C. 某房地产开发公司取得的建设工程规划许可证被吊销的

D. 拥有执业医师资格证的王医生死亡的

12. 某公安派出所以李某放任所饲养的烈性犬恐吓张某为由对李某处以 500 元罚款。关于该处罚决定，下列哪些说法是正确的？（2017/2/79，多选）

A. 公安派出所可以自己名义作出决定

B. 可当场作出处罚决定

C. 应将处罚决定书副本抄送张某

D. 如李某不服处罚决定向法院起诉，应以该派出所所属的公安局为被告

13. 下列哪些规范无权设定行政强制执行？（2017/2/80，多选）

    A. 法律   B. 行政法规

    C. 地方性法规   D. 部门规章

14. 林某在河道内修建了"农家乐"休闲旅社，在紧急防汛期，防汛指挥机构认为需要立即清除该建筑物，林某无法清除。对此，下列哪些说法是正确的？（2017/2/81，多选）

    A. 防汛指挥机构可决定立即实施代履行

    B. 如林某提起行政诉讼，防汛指挥机构应暂停强制清除

    C. 在法定节假日，防汛指挥机构也可强制清除

    D. 防汛指挥机构可与林某签订执行协议约定分阶段清除

15. 根据相关法律规定，在行政决定作出前，当事人有权就下列哪些情形要求举行听证？（2017/2/82，多选）

    A. 区工商分局决定对个体户王某销售的价值 10 万元的假冒他人商标的服装予以扣押

    B. 县公安局以非法种植罂粟为由对陈某处以 3000 元罚款

    C. 区环保局责令排放污染物严重的某公司停业整顿

    D. 胡某因酒后驾车，被公安交管部门吊销驾驶证

16. 关于行政复议案件的审理和决定，下列哪些说法是正确的？（2017/2/83，多选）

    A. 行政复议期间涉及专门事项需要鉴定的，当事人可自行委托鉴定机构进行鉴定

    B. 对重大、复杂的案件，被申请人提出采取听证方式审理的，行政复议机构应采取听证方式审理

    C. 申请人在行政复议决定作出前自愿撤回行政复议申请的，经行政复议机构同意，可以撤回

    D. 行政复议人员调查取证时应向当事人或者有关人员出示证件

17. 县食药局认定某公司用超保质期的食品原料生产食品，根据《食品安全法》没收违法生产的食品和违法所得，并处 5 万元罚款。公司不服申请行政复议。下列哪些说法是正确的？（2017/2/84，多选）

    A. 公司可向市食药局申请行政复议，也可向县政府申请行政复议

    B. 公司可委托 1 至 2 名代理人参加行政复议

    C. 公司提出行政复议申请时错列被申请人的，行政复议机构应告知公司变更被申请人

    D. 对县食药局的决定，申请行政复议是向法院起诉的必经前置程序

18. 关于民事、行政诉讼中的司法赔偿，下列哪些说法是正确的？（2017/2/85，多选）

    A. 对同一妨害诉讼的行为重复采取罚款措施的，属于违法采取对妨害诉讼的强制措施

    B. 执行未生效法律文书的，属于对判决、裁定及其他生效法律文书执行错误

    C. 受害人对损害结果的发生或者扩大也有过错的，国家不承担赔偿责任

    D. 因正当防卫造成损害后果的，国家不承担赔偿责任

某环保联合会对某公司提起环境民事公益诉讼，因在诉讼中需要该公司的相关环保资料，遂向县环保局提出申请公开该公司的排污许可证、排污口数量和位置等有关环境信息。申请书中载明了单位名称、住所地、联系人及电话并加盖了公章、获取信息的方式等。县环保局收到申请后，要求环保联合会提供申请人身份的证明材料。环保联合会提供了社会团体登记证复印件。县环保局以申请公开的内容不明确为由拒绝公开，该环保联合会遂提起行政诉讼。

请回答第 19~21 题。

19. 关于本案的信息公开申请及其处理，下列说法正确的是：（2017/2/97，不定项）

    A. 环保联合会可采用数据电文形式提出信息公开

    B. 环保联合会不具有提出此信息公开申请的资格

    C. 县环保局有权要求环保联合会提供申请人身份的证明材料

    D. 县环保局认为申请内容不明确的，应告知环保联合会作出更改、补充

20. 关于本案的起诉，下列说法正确的是：（2017/2/98，不定项）

    A. 本案由县环保局所在地法院或者环保联合会所在地的法院管辖

    B. 起诉期限为 6 个月

    C. 如法院当场不能判定起诉是否符合条件的，应接受起诉状，出具注明收到日期的书面凭证，并在 7 日内决定是否立案

    D. 如法院当场不能判定起诉是否符合条件，经 7 日内仍不能作出判断的，应裁定暂缓立案

21. 若法院受理此案，关于此案的审理，下列说法正确的是：（2017/2/99，不定项）

    A. 法院审理第一审行政案件，当事人各方同意适用简易程序的，可适用简易程序

    B. 县环保局负责人出庭应诉的，可另委托 1 至 2 名诉讼代理人

    C. 县环保局应当对拒绝的根据及履行法定告知和说明理由义务的情况举证

    D. 法院应要求环保联合会对其所申请的信息与其自身生产、生活、科研等需要的相关性进行举证

22. 县政府以某化工厂不符合国家产业政策、污染严重为由，决定强制关闭该厂。该厂向法院起诉要求撤销该决定，并提出赔偿请求。一审法院认定县政府决定违法，予以撤销，但未对赔偿请求作出裁判，县政府提出上诉。下列说法正确的是：（2017/2/100，不定项）

A. 本案第一审应由县法院管辖

B. 二审法院不得以不开庭方式审理该上诉案件

C. 二审法院应对一审法院的判决和被诉行政行为进行全面审查

D. 如二审法院经审查认为依法不应给予该厂赔偿的，应判决驳回其赔偿请求

2018 年

1. 某机关干部王某因玩忽职守被要求引咎辞职。该引咎辞职属于：（2018 年仿真题）

A. 刑事处罚的必经程序

B. 取消公务员资格

C. 行政处分

D. 行政问责

2. 2018 年 7 月，国内有媒体报道法国某集团旗下婴儿配方奶粉在英国被曝引起婴儿呕吐及胃肠不适，引起广泛关注。海关总署发布公告称，报道涉及的相关产品还没有通过一般贸易渠道进口到中国，也未通过跨境电商形式将该产品引入中国市场，提醒广大消费者谨慎从境外直邮等方式购买该产品。下列选项正确的是：（2018 年仿真题）

A. 海关总署为国务院直属事业单位

B. 海关总署主管特定业务

C. 海关总署发布公告行为属于具体行政行为

D. 海关总署发布公告行为属于事实行为

3. 关于无效的行政行为，下列选项错误的是：（2018 年仿真题）

A. 行政行为的实施主体不具有行政主体资格，属于无效行政行为

B. 负担性行政行为没有法律规范依据，属于无效行政行为

C. 行政行为的内容客观上不可能实施，属于无效的行政行为

D. 当事人向法院申请确认 2015 年 5 月 1 日之前作出的行政行为无效，法院应当立案

4. 《快递暂行条例》于 2018 年 2 月 7 日在国务院第 198 次常务会议通过，经国务院总理签署后，应当在下列哪些地方刊载？（2018 年仿真题）

A. 国务院公报

B. 中国政府法制信息网

C. 全国人大常委会公报

D. 全国范围内发行的报纸

5. 关于省、自治区、直辖市政府规章的设定权，下列说法正确的是：（2018 年仿真题）

A. 可以设定临时性行政许可

B. 可以设定行政强制措施

C. 可以设定行政强制执行

D. 可以设定吊销企业营业执照的处罚

6. 县政府根据《城市道路管理条例》规定，不允许流动摊贩在菜市场占道经营。县综合行政执法局发现甲推着人力三轮车占道经营，在多次劝导未果后，扣押了人力三轮车及车上的物品，并对整个扣押过程全程现场摄像。下列选项正确的是：（2018 年仿真题）

A. 应当制作现场笔录

B. 扣押不得在夜间或者法定节假日实施

C. 应当制作扣押决定书和扣押清单一式两份

D. 对扣押进行全程现场摄像是《行政强制法》的规定

7. 甲未办理《林木采伐许可证》将杨树沟村集体所有的 2 株白杨树砍伐。县林业局告知甲拟对其罚款 300 元、责令补种 10 株白杨树。甲辩称白杨树是他自己的自留山上养育的林木，无须办证就可以采伐。县林业局认为甲抗拒执法，决定给予甲罚款 500 元，并同时作出《责令补种树木通知书》，内容为：责令甲补种 10 株白杨树，补种时间自 2018 年 3 月 1 日至 2018 年 6 月 3 日止，地点为杨树沟村。下列选项正确的是：（2018 年仿真题）

A. 县林业局的罚款决定合法

B. 《责令补种树木通知书》属于行政强制措施

C. 甲在规定补种期限内拒绝补种的，县林业局可以按日加处 3% 的罚款

D. 甲在规定补种期限内拒绝补种或补种不符合国家规定的，县林业局经催告后可以代为补种

8. 甲不堪小区长期施工的噪声骚扰，向市城乡规划局申请公开"整体规划图和整体红线图"。城乡规划局向甲作出《答复》：你所申请的政府信息不存在。甲不服提起行政诉讼，下列选项正确的是：（2018 年仿真题）

A. 法院判决城乡规划局在一定期限内公开

B. 申请政府信息公开，甲应当说明用途

C. 城乡规划局应当证明尽到合理的查找、检索义务

D. 甲能够提供政府信息制作或保存线索的，可以申请法院调取证据

9. 下列案件，属于行政诉讼受案范围的是：（2018 年仿真题）

A. 甲因试用期不合格被县环保局取消录用而提起诉讼

B. 乙不服公安局的调解行为提起诉讼

C. 市政府发布《关于建立房地产市场平稳健康发展城市主体责任制的通知》，要求自文件印发之日起新出让土地建设的商品住房实行现房销售，丙公司不服提起诉讼

D. 市公安局发布《会议纪要》，指定丁公司统一负责全市新型防伪印章系统软件的开发建设，软件开发商戊公司不服《会议纪要》向法院起诉

10. 老于游玩某景区时在清代大铜缸上刻下"到此一游"，位于甲市乙区的市公安局依据《治安管理处罚法》第 26 条有关任意损毁公私财物的规定，决定对其作出拘留 10 日的处罚，并处罚款 300 元。老于不服向位于甲市丙区的市政府申请复议，市政府依据《治安管理处罚法》第 63 条关于刻划、涂污或者以其他方式故意损坏国家保护的文物或名胜古迹的规定，决定维持处罚决定。老于不服，提起行政诉讼。下列选项正确的是：（2018 年仿真题）

A. 本案的被告为市政府

B. 本案的被告为市政府和市公安局

C. 老于可以向乙区法院提起诉讼

D. 老于可以向甲市中级法院提起诉讼

11. 甲在西餐厅用餐期间多次偷瞄乙的女友丙，乙殴打甲致轻微伤。区公安分局给予乙拘留 7 日和罚款 300 元的处罚。乙不服，提起行政诉讼。下列选项正确的是：（2018 年仿真题）

A. 区公安分局在作出处罚决定前传唤乙询问查证，询问查证时间最长不得超过 24 小时

B. 乙的起诉期限为 3 个月

C. 法院通知甲作为第三人参加诉讼，甲庭审中退庭不影响案件继续审理

D. 区公安分局申请证人出庭作证的，应当承担证人因履行出庭作证义务而支出的交通、住宿、就餐等必要费用

12. 甲省乙市政府成立城市管理委员会，授权该委员会解决制约城市管理工作的重大问题。丙公司向市规划局报送古建筑的修缮方案，市规划局经初步审核后上报城市管理委员会。城市管理委员会经讨论研究后形成了《关于历史建筑保护修缮工程方案的会议纪要》（以下简称《会议纪要》），认为丙公司修缮方案针对性和可操作性不强，不同意市规划局批准丙公司的修缮方案。市规划局根据《会议纪要》作出不予批准丙公司修缮方案的决定。丙公司不服不予批准决定，申请行政复议，复议机关作出维持决定。下列选项正确的是：（2018 年仿真题）

A. 被申请人为市规划局

B. 复议机关为市政府

C. 甲公司申请复议的期限为 60 日

D. 复议机关在复议阶段收集的证据，可以用来证实原行政行为的合法性

13. 区公安分局以涉嫌诈骗罪为由将甲拘留，区检察院批准逮捕后以职务侵占罪移送起诉，区法院判处甲职务侵占罪，免予刑事处罚。甲上诉，市中级法院改判甲无罪。甲请求国家赔偿，赔偿义务机关以甲没有受到刑事处罚为由作出不予赔偿决定。下列选项正确的是：（2018 年仿真题）

A. 区法院为赔偿义务机关

B. 甲可以向市检察院申请复议

C. 因甲没有受到刑事处罚，不予赔偿决定合法

D. 甲可以向市中级法院赔偿委员会申请作出赔偿决定

14. 区公安分局民警甲在抓嫖过程中，将乙左眼打伤，后经鉴定构成七级伤残，乙申请国家赔偿。下列不属于国家赔偿范围的是：（2018 年仿真题）

A. 医疗费

B. 残疾赔偿金

C. 残疾生活辅助具费

D. 乙扶养的无劳动能力人的生活费

2019 年

1. 李某在金桥花园合法购买了一套 450 平方的别墅并取得不动产权证书，后因修建高铁站需要拆迁，该商品房被征收，区政府依法给予李某一定的补偿金。区政府的这一行为体现了行政法的原则是：（2019 年仿真题）

A. 诚实守信　　　　B. 权责一致

C. 高效便民　　　　D. 程序正当

2. 甲省乙市政府拟将本市的规划局与自然资源局合并为自然资源与规划局，应当报下列哪一机关批准？（2019 年仿真题）

A. 国务院　　　　　B. 乙市政府

C. 甲省政府　　　　D. 乙市人大常委会

3. 关于公务员的考核和录用，下列选项正确的是：（2019 年仿真题）

A. 民警甲系公安局二级科员，对其定期考核可以采取年度考核的方式

B. 乙曾被行政拘留不能被录用为公务员

C. 民政局丙专项考核结果为不称职的，应当降低一个职级任职

D. 丁在留党察看期间不能被录用为公务员

4. 幸福里小区涉及旧村改造，区政府经过一系列论证和听证，向该小区居民发布公告：自本公告发布之日起 180 日内，所有居民必须搬离本小区，并与政府签订安置补偿协议。该公告性质上属于：（2019 年仿真题）

A. 行政指导　　　　B. 行政规范性文件

C. 行政协议　　　　D. 单方行政行为

5. 下列关于具体行政行为的表述，下列选项正确的是：（2019年仿真题）

A. 具体行政行为是指对特定人或者特定事项的一次性处理

B. 授益性具体行政行为与裁量性具体行政行为是相对应的

C. 2014年修改的行政诉讼法中并未出现"具体行政行为"这一用语

D. 确定力是指具体行政行为一经生效行政机关和相对人必须遵守

6. 《行政区划管理条例》于2017年11月22日国务院第193次常务会议通过，2018年10月10日公布，自2019年1月1日起施行。对于该行政法规，下列选项正确的是：（2019年仿真题）

A. 该法规应当由总理签署总理令公布

B. 该法规应当由总理签署国务院令公布

C. 该法规应当由国务院办公厅自2017年11月22日起30日内向全国人大常委会备案

D. 该法规应当由国务院办公厅自2018年10月10日起30日内向全国人大常委会备案

7. 某县行政审批局向甲颁发《林木采伐许可证》，后查明甲在申请林木采伐许可证时提供了虚假材料，遂将之前颁发给甲的《林木采伐许可证》予以撤销。下列选项正确的是：（2019年仿真题）

A. 颁发《林木采伐许可证》不得收取费用

B. 撤销《林木采伐许可证》的性质为行政处罚

C. 《林木采伐许可证》被撤销后，县行政审批局应当将其注销

D. 作出撤销《林木采伐许可证》决定前，应当听取甲的陈述和申辩

8. 李某故意划破博物馆里的文物，区公安分局决定对其行政拘留10日并处罚款300元。李某不服，向法院提起诉讼。下列选项正确的是：（2019年仿真题）

A. 李某的行为属于妨碍社会管理的行为

B. 区公安分局作出处罚决定前不可以举行听证

C. 李某不服处罚决定的，也可以向区政府申请行政复议

D. 应当暂缓执行李某的行政拘留处罚决定

9. 关于省、自治区、直辖市政府规章的设定权，下列选项正确的是：（2019年仿真题）

A. 可以设定临时性行政许可

B. 可以设定一定数量的罚款

C. 可以设定扣押财物的行政强制措施

D. 可以设定划拨的行政强制执行

10. 交警大队以甲的货车未经年检为由将该车扣留。甲随后交验了该车的年检手续，并缴纳了罚款。交警大队在核实过程中发现该车的车架号码看不到，以此为由对该车继续扣留。后甲虽提供了该车的来历证明、机动车行驶证、检验合格证以及更换发动机缸体、车架用钢板铆钉加固致使车架号码被遮盖等证明材料，但交警大队一直扣留该车，未出具书面扣留决定，也不积极调查核实车辆来历。对此，下列选项正确的是：（2019年仿真题）

A. 交警大队的扣留行为在性质上属于行政处罚

B. 交警大队不出具书面扣留决定违法

C. 甲不服扣留行为的，有权以交警大队为被告向法院提起行政诉讼

D. 交警大队的扣留行为构成滥用职权

11. 2019年6月，甲驾驶货车装载31头生猪，准备开到县城定点屠宰场宰杀，因撞坏道路设施被交警大队扣留车辆。甲称生猪会因为受热而死亡，请求交警大队待其将货车开到屠宰厂卸下生猪后再行扣留，但是交警大队不予理会。后大部分生猪因过热而死，损失30万元。甲提起行政诉讼。下列选项正确的是：（2019年仿真题）

A. 交警大队对损失不承担赔偿责任

B. 交警大队对扣押的财物应当妥善保管

C. 因为甲存在违法行为，所以损失由其自行承担

D. 交警大队的行为违反了比例原则

12. 市场监督管理局在执法过程中现场发现甲超市售卖超过保质期的火腿，当场扣押了这些火腿，后作出没收火腿并处1万元罚款的决定。下列选项正确的是：（2019年仿真题）

A. 扣押火腿应当通知当事人到场

B. 逾期不缴纳罚款的，市场监督管理局可以每日按罚款数额的3%加处罚款

C. 可以将没收的火腿拍卖，所获得款项抵缴罚款

D. 罚款不可以分期缴纳

13. 自2019年3月开始，甲连续55次向镇政府申请公开抗险救灾的信息，2019年6月又向镇政府申请领导干部抗险救灾信息。对于镇政府可以采取的处理方式，下列选项正确的是：（2019年仿真题）

A. 可以收取甲相应的信息处理费

B. 可以以甲不具备申请资格为由不予公开

C. 可以要求甲说明申请理由

D. 以甲此前多次重复申请为由不予重复处理

14. 甲系某区综合执法局的工作人员，在拆除违建房屋时与房主乙发生肢体冲突，致其轻微伤。区公安分局对甲作出拘留5日并处罚款200元。甲向区政府申请复议，区政府认为甲系公务员，在履行公务过程中致使乙受伤，撤销了区公安分局的处罚决定。乙不服，提起行政诉讼。对此，下列选项错误的是：（2019年仿真题）

A. 乙若不服区公安分局对甲的处罚决定不能提起行政诉讼

B. 本案被告是区政府

C. 本案由中级人民法院管辖

D. 甲的行为是否属于执行职务是本案的争议焦点

15. 某公司员工甲在下班途中醉驾引发交通事故身亡，公司向市人社局申请工伤认定，人社局认为甲属于酒后驾驶引发交通意外事故，驳回了该公司的工伤认定请求。甲的妻子乙不服，向市政府申请行政复议，下列选项正确的是：（2019 年仿真题）

A. 工伤认定的性质属于行政裁决

B. 乙不具有复议申请人资格

C. 市政府认为人社局决定违法，可以向其制作复议意见书

D. 公司可以委托代理人参加乙申请的行政复议案件

16. 县国土资源局认定某采砂厂未履行用地审批手续占用林地建采砂厂，以违反《土地管理法》为由作出责令停产停业的处罚决定。该厂不服，提起行政诉讼。法院经审理认为该厂不存在非法占地的违法事实，撤销了县国土资源局的决定。采砂厂不服，申请赔偿，下列选项属于国家赔偿的范围的是：（2019 年仿真题）

A. 留守的员工工资　　B. 厂房租金

C. 缴纳的水利资源费　D. 可预期的利润

2020 年

1. 某自然资源与规划局以甲未取得建筑工程规划许可证在其经营的商铺外侧加建小棚为由，作出责令立即停止建设通知书，同时，查封了违法建设施工现场和正在经营的商铺。该查封违反了下列原则的是：（2020 年仿真题）

A. 诚实守信　　　　B. 高效便民

C. 权责一致　　　　D. 合理行政

2. 2018 年 3 月，为加强市场的综合监督管理，将国家工商行政管理总局的职责、国家质量监督检验检疫总局的职责、国家食品药品监督管理总局的职责等职责进行整合，组建国家市场监督管理总局，作为国务院直属机构。关于国家市场监督管理总局，下列选项正确的是：（2020 年仿真题）

A. 由国务院机构编制管理机关提出方案，报全国人大常委会决定

B. 主管特定业务，行使行政管理职能

C. 在设立国家市场监督管理总局时，应当确定人员编制

D. 无权制定部门规章

3. 根据《公务员法》的规定，聘任制公务员实行协议工资制，关于协议工资制具体办法的制定，下列选项正确的是：（2020 年仿真题）

A. 由中央公务员主管部门制定

B. 由省级以上公务员主管部门制定

C. 由国务院人力资源和社会保障主管部门制定

D. 由省级人力资源和社会保障主管部门制定

4. 《外国人来华登山管理办法》于 1991 年 7 月 31 日经国务院批准，1991 年 8 月 29 日由国家体育运动委员会发布施行。关于《外国人来华登山管理办法》的性质，下列选项正确的是：（2020 年仿真题）

A. 部门规章

B. 行政法规

C. 部门行政规范性文件

D. 国务院作出的具有普遍约束力的决定

5. 某炒货店系核准经营字号的个体工商户，在店内墙壁张贴有自行设计和打印的广告"本店销售全国最佳、最优品质的燕山栗子"。该广告张贴 3 天后，被市场监督管理局在执法过程中发现，市场监督管理局根据《广告法》对其作出罚款 20 万元的处罚决定。炒货店店主不服，提起行政诉讼。法院经审理认为炒货店虽有违法行为，但该广告只张贴 3 天且只在店内张贴，罚款 20 万元明显不当，故变更为罚款 10 万元。下列选项错误的是：（2020 年仿真题）

A. 《广告法》属于行政法规

B. 法院的判决体现了过罚相当

C. 法院将罚款 20 万元变更为罚款 10 万元，体现了合理行政原则

D. 市场监督管理局作出罚款决定前，需要与炒货店协商一致

6. 2020 年 5 月 6 日，甲因驾驶货车载物超过核定载重 30%，违反道路交通信号灯通过的行为，被分别处以罚款 1800 元、记 6 分和罚款 200 元、记 6 分。2020 年 6 月 10 日，某市交警支队以甲在一个记分周期内有记满 12 分记录为由，扣留甲机动车驾驶证，并根据公安部制定的《机动车驾驶证申领和使用规定》决定注销甲机动车驾驶证最高准驾车型驾驶资格。甲对注销行为不服，向法院提起行政诉讼，下列选项错误的是：（2020 年仿真题）

A. 对罚款 200 元、记 6 分的处理，甲有权提起行政诉讼

B. 扣留甲机动车驾驶证为行政处罚

C. 注销行为违法

D. 注销行为属于行政强制措施

7. 某县政府为保障水上交通安全，对辖区一水库库区内的船舶清理整顿。因沈某的船舶未到港务监督机构进行登记，县政府发出通知，要求沈某将船只驶向指定地点，限期不得驶离。关于这一通知的性质，下列选项正确的是：（2020 年仿真题）

A. 属于查封设施

B. 属于扣押财物

C. 属于行政强制执行

D. 属于其他行政强制措施

8. 某镇政府向县政府提交《关于征收某村集体土地有关问题的请示》，村民甲以 EMS 邮政快递的方式向镇政府申请公开该请示，镇政府以该信息属于内部事务信息为由拒绝公开。下列哪一选项是准确的？（2020 年仿真题）

A. 镇政府拒绝公开的理由合法

B. 甲若不服镇政府拒绝公开的决定，申请复议的期限为 60 日

C. 镇政府收到政府信息公开申请的时间为甲和镇政府双方确认之日

D. 甲申请公开该请示，应当是根据自身生产、生活、科研等特殊需要

9. 2020 年 6 月，某区政府设立临时机构后湖指挥部，负责后湖片区村庄整合房屋征收安置工作。甲与后湖指挥部签订《房屋拆迁安置协议》，约定安置房面积为 200 平方米。后湖指挥部以甲隐瞒在村庄整合中已享受安置房为由拒绝分配约定的房屋。甲不服，提起行政诉讼，请求法院判决确认协议有效，并判令被告继续履行协议。下列选项正确的是：（2020 年仿真题）

A. 《房屋拆迁安置协议》为行政协议

B. 后湖指挥部为本案被告

C. 被告可以请求法院判令甲退还安置房

D. 本案的诉讼时效参照民事法律规范确定

10. 甲依法取得相关许可后，在县大亚山下养家禽。2019 年，县政府发布《关于将大亚山纳入禁养区范围的通知》，县畜牧局依据通知要求甲限期关闭养殖场。下列选项错误的是：（2020 年仿真题）

A. 甲可直接对通知提起诉讼

B. 如果甲对限期关闭行为起诉，被告为县畜牧局

C. 如果甲对限期关闭行为起诉，可一并请求对通知进行审查

D. 县政府制定通知应参照《规章制定程序条例》规定的程序执行

11. 2020 年 4 月 10 日，县政府为甲颁发林地使用权证，同时告知了利害关系人乙。5 月 25 日，乙认为县政府颁证行为侵犯了自己已经取得的林地使用权，向市政府申请复议，市政府认为乙的复议申请超过了复议申请期限，于是驳回了乙的复议申请。6 月 25 日，乙就县政府颁发林地使用权证行为向法院提起行政诉讼。下列说法正确的是：（2020 年仿真题）

A. 乙申请复议超过了申请期限

B. 法院应当以未经过复议为由，裁定不予立案

C. 针对乙的起诉，法院可以立案审理

D. 县政府和市政府为本案的共同被告

12. 县政府征用丽朵公司名下的酒店作为急性传染性病毒密切接触者的隔离酒店，丽朵公司不服，申请行政复议。市政府认为丽朵公司的复议申请超过了法定期限，不予受理。丽朵公司不服，提起行政诉讼。对此，下列选项错误的是：（2020 年仿真题）

A. 本案县政府和市政府为共同被告

B. 丽朵公司不服征用决定提起行政诉讼的，被告是县政府

C. 当事人各方同意适用简易程序的，法院可以适用简易程序审理

D. 本案为复议前置案件，丽朵公司对征用决定不服提起行政诉讼的，法院不予立案

13. 区自然资源与规划局执法监察大队认为甲公司的煤矿未按照规定建设配套煤炭洗选设施，区自然资源与规划局依据现场笔录、询问笔录等证据，依据《大气污染防治法》作出责令关闭煤矿决定。甲公司申请行政复议，区政府作出维持决定。甲公司不服，提起行政诉讼。对此，下列选项正确的是：（2020 年仿真题）

A. 现场笔录为书证

B. 责令关闭性质为行政强制

C. 本案区自然资源与规划局和区政府为共同被告

D. 区政府和区自然资源与规划局对责令关闭决定的合法性承担共同举证责任

14. 方某因为与白某发生冲突，用砖头砸向白某儿子小白（9 周岁），致其脚部受伤。经法医鉴定构成轻微伤。县公安局决定对方某处以行政拘留 10 日的处罚。方某申请行政复议，对此，下列选项正确的是：（2020 年仿真题）

A. 因未成年人受到伤害，对方某应从重处罚

B. 因方某申请行政复议，应先中止执行行政拘留决定

C. 方某可以向县政府申请行政复议

D. 白某是行政复议中的第三人

15. 县政府认为甲违法设置广告牌，向甲送达《责令限期拆除违法广告牌通知书》。甲逾期未拆除，镇政府组织人员拆除了广告牌。甲将县政府起诉至法院，要求确认强制拆除行为违法并赔偿经济损失 50 万元。下列选项正确的是：（2020 年仿真题）

A. 法院应当通知甲变更被告为镇政府

B. 法院应当通知镇政府作为第三人

C. 法院应当将镇政府追加为共同被告

D. 法院应当就确认强制拆除行为违法和赔偿经济损失分别立案

16. 2017 年 9 月 10 日，张某因涉嫌合同诈骗罪被市公安局刑事拘留，后被逮捕，市检察院向市中级人民法院提起公诉，市中级人民法院判处张某有期徒刑 13 年，张某提出上诉，省高级人民法院于 2019 年 10 月 30 日宣告张某无罪。张某于 2019 年

12月5日申请国家赔偿。下列选项错误的是：（2020年仿真题）

- A. 本案的赔偿义务机关为市检察院
- B. 对侵犯张某人身自由的每日赔偿金应按照国家2017年度职工日平均工资计算
- C. 如果张某向省高级人民法院赔偿委员会申请作出赔偿决定，赔偿委员会应当开庭审理
- D. 若张某不服赔偿义务机关作出的赔偿决定，可以向赔偿义务机关的上一级机关申请复议

2021年

1. 县政府印发《招商引资意见》，允许招商成功后按照实际到位资金1%给予招商引资介绍人奖励金。甲介绍乙公司与县招商局签订投资协议，以建设经营移交（BOT）的方式投资5000万元建设垃圾焚烧厂并运营至今。经甲多次催促，县政府支付甲10万元后，拒绝支付剩余奖励金，甲不服，提起行政诉讼。下列选项正确的是：（2021年仿真题）

- A.《意见》属于行政行为
- B. 甲获得的10万元奖励金可免缴个人所得税
- C. 县政府拒绝支付剩余奖励金的行为违反了信赖利益保护原则
- D. 投资协议履行过程中发生争议的，乙公司可以提起行政诉讼

2. 国务院扶贫开发领导小组是国务院的议事协调机构。为了建立防止返贫的长效机制，保证脱贫成效持续稳定发展，2021年2月，在国务院扶贫开发领导小组办公室的基础上组建国务院的直属机构国家乡村振兴局。对此，下列选项正确的是：（2021年仿真题）

- A. 国务院扶贫开发领导小组有独立的人员编制
- B. 国务院扶贫开发领导小组主管特定业务，行使行政管理职能
- C. 国家乡村振兴局的设立由国务院决定
- D. 国家乡村振兴局无权制定规章

3. 某县人社局副局长甲在2020年度考核中被确定为不称职等次，对此，下列选项错误的是：（2021年仿真题）

- A. 对甲按照规定降低一个职务层次任职
- B. 甲的考核等次确定不属于人事处理
- C. 甲可以按照国家规定享受2020年的年终奖金
- D. 甲的考核等次由县人社局局长或其授权的考核委员会确定

4. 下列行为中，属于具体行政行为的是：（2021年仿真题）

- A. 市场监督管理局发文要求某电商平台合法合规经营
- B. 防汛指挥部发布大雨蓝色预警，提醒市民出行注意安全

- C. 中国证监会对某公司负责人采取终身禁入证券市场措施
- D. 某省证监局向某证券公司出具警示函，指出其执业过程中存在的问题并责令采取整改措施

5. 为促进甲市自由贸易试验区的发展，有关机关决定在甲市暂时停止实施行政法规《国际海运运输条例》的部分规定。对该决定，由下列哪一主体作出？（2021年仿真题）

- A. 国务院
- B. 甲市人民政府
- C. 甲市人民代表大会
- D. 全国人大常委会

6. 国家市场监督管理总局和生态环境部联合制定《机动车排放召回管理规定》，对于该文件，下列选项错误的是：（2021年仿真题）

- A. 应当在国务院公报刊载
- B. 该规章的解释主体是国家市场监督管理总局
- C. 普通公民认为该规章同法律抵触的，可以向国务院书面提出审查建议
- D. 国家市场监督管理总局责令甲企业召回已上市销售的不符合排放标准的机动车属于行政处罚

7. 某市公安交通管理局发布《关于对本市部分道路采取限制通行交通管理措施的通告》，决定于2021年7月20日至27日，工作日每日7时至9时、17时至19时，对部分路段采取限制通行措施。某交警大队根据交通技术监控设备记录认定甲驾驶货车在限制道路上行驶，决定给予甲罚款200元。甲向市公安交通管理局申请行政复议被维持。甲不服，提起行政诉讼。对此，下列选项错误的是：（2021年仿真题）

- A. 市公安交通管理局和交警大队是共同被告
- B. 对甲的处罚可以适用简易程序
- C. 交通技术监控设备记录未经审核不得作为处罚决定的证据
- D. 市公安交通管理局发布通告的性质是行政行为

8. 乙殴打甲，乙因故意伤害被县公安局给予行政拘留7日并处罚款300元。乙不服，向法院提起行政诉讼。甲认为该处罚决定过轻，也向法院提起行政诉讼。下列选项错误的是：（2021年仿真题）

- A. 县公安局作出处罚决定前，可以组织听证
- B. 应当暂缓执行乙的行政拘留处罚决定
- C. 法院应当合并审理
- D. 经审理被诉处罚决定明显不当的，法院可以变更为行政拘留10日并处罚款300元

9. 某税务局认定甲公司构成外资出口"假自营、真代理"的违规行为，遂作出《税务行政处理决定书》，决定追缴其所骗取的出口退税500万元。甲公司拒绝上缴，后税务局从甲公司银行账户强制扣缴500万元。甲公司不服追缴决定，向上一级税务局申请行政复议。上一级税务局作出维持决定。甲公司不

服，提起行政诉讼。下列选项正确的是：（2021 年仿真题）

A. 甲公司复议申请期限为 90 日

B. 追缴决定属于行政处罚

C. 税务局和上一级税务局为共同被告

D. 强制扣缴属于行政强制执行

10. 甲通过电子邮件的形式向区政府申请书面公开作出违法强拆决定的《会议纪要》，区政府作出《答复》：经查你所申请的政府信息本机关未制作，该政府信息客观不存在。甲不服，向法院提起行政诉讼。下列选项正确的是：（2021 年仿真题）

A.《会议纪要》属于内部事务信息，即使区政府已制作也可以不予公开

B. 区政府收到政府信息公开申请的时间为收到电子邮件的日期

C. 区政府应举证证明已尽合理的检索、查找义务

D. 若甲能提供证据证明该会议纪要存在或由区政府制作，法院应当判决区政府在一定期限内公开

11. 某森林公安局对未办理《林木采伐许可证》砍伐林木的某公司罚款 3 万元，但没有责令其恢复原状。检察院认为应当责令该公司恢复原状，对森林公安局提出检察建议，但森林公安局没有根据建议要求该公司恢复原状，检察院将森林公安局起诉至法院。下列选项正确的是：（2021 年仿真题）

A. 环保公益组织不提起诉讼的，检察院才能起诉

B. 此诉讼为行政公益诉讼

C. 检察院的起诉期限为 6 个月

D. 检察院在提起诉讼前应先向森林公安局提出检察建议

12. 区政府发布 6 号文指定立升公司实施全区的废弃物清理回收。为落实 6 号文，区城市管理局专门发文要求本区五家生猪屠宰场应当与立升公司签订废弃物回收协议，否则将予以行政处罚。五家生猪屠宰场向法院起诉。下列选项错误的是：（2021 年仿真题）

A. 6 号文是具有普遍约束力的行政规范性文件

B. 6 号文不属于行政复议的受案范围

C. 五家屠宰场享有原告资格，可以区城市管理局为被告向法院起诉

D. 区城市管理局的行为属于行政确权

13. 2018 年 8 月 25 日，甲因涉嫌挪用公款罪和非法利用信息网络罪被区公安分局刑事拘留。同年 9 月 2 日，区检察院批准逮捕。2021 年 5 月 29 日，区法院判决甲挪用公款罪有期徒刑一年缓期一年执行、非法利用信息网络罪二年缓期二年执行，合并执行二年，缓期二年零六个月执行，甲当日释放。甲上诉。市中级人民法院维持原判。甲申诉，省高级人民法院启动再审，认定甲不构成挪用公款罪，遂判决：维持原审关于非法利用信息网络罪二年缓期二年执行部分的判决，撤销原审关于挪用公款罪部分的判决。下列选项错误的是：（2021 年仿真题）

A. 因甲经再审仍被判构成非法利用信息网络罪，国家不承担赔偿责任

B. 市中级人民法院为赔偿义务机关

C. 律师费不属于国家赔偿范围

D. 因甲被判处有期徒刑缓期执行，国家不承担赔偿责任

2022 年

1. 国务院印发《国务院关于取消和下放一批行政许可事项的决定》，取消 29 项行政许可事项。对此，下列说法正确的是：（2022 年仿真题）

A. 该文件属于行政法规

B. 该文件可以作为地方政府制定地方规章的依据

C. 法院可以该文件进行附带性审查

D. 体现高效便民原则

2. 老王和小王是父子关系，老王是户主。小王以老王的名义与区政府签订了房屋征收补偿协议。后老王以不知情为由向法院提起诉讼，请求确认该协议无效。对此，下列说法正确的是：（2022 年仿真题）

A. 法院不能通过民事诉讼程序确认协议无效

B. 法院应当审查区政府签订协议行为的合法性

C. 若协议约定发生争议后案件由区法院管辖，则该约定内容无效

D. 若协议无效事由在一审法庭辩论终结前消除，法院可驳回原告起诉

2023 年

甲见义勇为，县政府承诺为其颁发奖励，但一直未兑现，甲先向市政府申请复议，在市政府作出维持决定后提起诉讼，县长出庭承诺履行，作出承诺后甲撤诉。关于本案，下列说法正确的是：（2023 年仿真题）

A. 负责人出庭是执法行为合理性的体现

B. 承诺后撤诉是积极守法行为

C. 诚实守信是政府公信力的体现

D. 应判决确认县政府违法

民 法

2014 年

1. 薛某驾车撞死一行人，交警大队确定薛某负全责。鉴于找不到死者亲属，交警大队调处后代权利人向薛某预收了6万元赔偿费，商定待找到权利人后再行转交。因一直未找到权利人，薛某诉请交警大队返还6万元。根据社会主义法治理念公平正义要求和相关法律规定，下列哪一表述是正确的？（2014/3/1，单选）

A. 薛某是义务人，但无对应权利人，让薛某承担赔偿义务，违反了权利义务相一致的原则

B. 交警大队未受损失而保有6万元，形成不当得利，应予退还

C. 交警大队代收6万元，依法行使行政职权，与薛某形成合法有效的行政法律关系，无须退还

D. 如确实未找到权利人，交警大队代收的6万元为无主财产，应收归国库

2. 张某和李某达成收养协议，约定由李某收养张某6岁的孩子小张；任何一方违反约定，应承担违约责任。双方办理了登记手续，张某依约向李某支付了10万元。李某收养小张1年后，因小张殴打他人赔偿了1万元，李某要求解除收养协议并要求张某赔偿该1万元。张某同意解除但要求李某返还10万元。下列哪一表述是正确的？（2014/3/2，单选）

A. 李某、张某不得解除收养关系

B. 李某应对张某承担违约责任

C. 张某应赔偿李某1万元

D. 李某应返还不当得利

3. 甲公司和乙公司在前者印制的标准格式《货运代理合同》上盖章。《货运代理合同》第四条约定："乙公司法定代表人对乙公司支付货运代理费承担连带责任。"乙公司法定代表人李红在合同尾部签字。后双方发生纠纷，甲公司起诉乙公司，并要求此时乙公司的法定代表人李蓝承担连带责任。关于李蓝拒绝承担连带责任的抗辩事由，下列哪一表述能够成立？（2014/3/3，单选）

A. 第四条为无效格式条款

B. 乙公司法定代表人未在第四条处签字

C. 乙公司法定代表人的签字仅代表乙公司的行为

D. 李蓝并未在合同上签字

4. 宗某患尿毒症，其所在单位甲公司组织员工捐款20万元用于救治宗某。此20万元存放于专门设立的账户中。宗某医治无效死亡，花了15万元医疗费。关于余下5万元，下列哪一表述是正确的？（2014/3/4，单选）

A. 应归甲公司所有

B. 应归宗某继承人所有

C. 应按比例退还员工

D. 应用于同类公益事业

5. 甲公司向乙公司催讨一笔已过诉讼时效期限的10万元货款。乙公司书面答复称："该笔债务已过时效期限，本公司本无义务偿还，但鉴于双方的长期合作关系，可偿还3万元。"甲公司遂向法院起诉，要求偿还10万元。乙公司接到应诉通知后书面回函甲公司称："既然你公司起诉，则不再偿还任何货款。"下列哪一选项是正确的？（2014/3/5，单选）

A. 乙公司的书面答复意味着乙公司需偿还甲公司3万元

B. 乙公司的书面答复构成要约

C. 乙公司的书面回函对甲公司有效

D. 乙公司的书面答复表明其丧失了10万元的时效利益

6. 张某与李某共有一台机器，各占50%份额。双方共同将机器转卖获得10万元，约定张某和李某分别享有6万元和4万元。同时约定该10万元暂存李某账户，由其在3个月后返还给张某6万元。后该账户全部款项均被李某债权人王某申请法院查封并执行，致李某不能按期返还张某款项。下列哪一表述是正确的？（2014/3/6，单选）

A. 李某构成违约，张某可请求李某返还5万元

B. 李某构成违约，张某可请求李某返还6万元

C. 李某构成侵权，张某可请求李某返还5万元

D. 李某构成侵权，张某可请求李某返还6万元

7. 甲公司通知乙公司将其对乙公司的10万元债权出质给了丙银行，担保其9万元贷款。出质前，乙公司对甲公司享有2万元到期债权。如乙公司提出抗辩，关于丙银行可向乙公司行使质权的最大数额，下列哪一选项是正确的？（2014/3/7，单选）

A. 10万元   B. 9万元

C. 8万元   D. 7万元

8. 甲公司欠乙公司货款 100 万元，先由甲公司提供机器设备设定抵押权、丙公司担任保证人，后由丁公司提供房屋设定抵押权并办理了抵押登记。甲公司届期不支付货款，下列哪一表述是正确的？（2014/3/8，单选）

A. 乙公司应先行使机器设备抵押权

B. 乙公司应先行使房屋抵押权

C. 乙公司应先行请求丙公司承担保证责任

D. 丙公司和丁公司可相互追偿

9. 张某拾得王某的一只小羊拒不归还，李某将小羊从张某羊圈中抱走交给王某。下列哪一表述是正确的？（2014/3/9，单选）

A. 张某拾得小羊后因占有而取得所有权

B. 张某有权要求王某返还占有

C. 张某有权要求李某返还占有

D. 李某侵犯了张某的占有

10. 甲公司与乙公司达成还款计划书，约定在 2012 年 7 月 30 日归还 100 万元，8 月 30 日归还 200 万元，9 月 30 日归还 300 万元。丙公司对三笔还款提供保证，未约定保证方式和保证期间。后甲公司同意乙公司将三笔还款均顺延 3 个月，丙公司对此不知情。乙公司一直未还款，甲公司仅于 2013 年 3 月 15 日要求丙公司承担保证责任。关于丙公司保证责任，下列哪一表述是正确的？（2014/3/10，单选）

A. 丙公司保证担保的主债权为 300 万元

B. 丙公司保证担保的主债权为 500 万元

C. 丙公司保证担保的主债权为 600 万元

D. 因延长还款期限未经保证人同意，丙公司不再承担保证责任

11. 方某为送汤某生日礼物，特向余某定做一件玉器。订货单上，方某指示余某将玉器交给汤某，并将订货情况告知汤某。玉器制好后，余某委托朱某将玉器交给汤某，朱某不慎将玉器碰坏。下列哪一表述是正确的？（2014/3/11，单选）

A. 汤某有权要求余某承担违约责任

B. 汤某有权要求朱某承担侵权责任

C. 方某有权要求朱某承担侵权责任

D. 方某有权要求余某承担违约责任

12. 甲公司向乙公司购买小轿车，约定 7 月 1 日预付 10 万元，10 月 1 日预付 20 万元，12 月 1 日乙公司交车时付清尾款。甲公司按时预付第一笔款。乙公司于 9 月 30 日发函称因原材料价格上涨，需提高小轿车价格。甲公司于 10 月 1 日拒绝，等待乙公司答复未果后于 10 月 3 日向乙公司汇去 20 万元。乙公司当即拒收，并称甲公司迟延付款构成违约，要求解除合同，甲公司则要求乙公司继续履行。下列哪一表述是正确的？（2014/3/12，单选）

A. 甲公司不构成违约

B. 乙公司有权解除合同

C. 乙公司可行使先履行抗辩权

D. 乙公司可要求提高合同价款

13. 胡某于 2006 年 3 月 10 日向李某借款 100 万元，期限 3 年。2009 年 3 月 30 日，双方商议再借 100 万元，期限 3 年。两笔借款均先后由王某保证，未约定保证方式和保证期间。李某未向胡某和王某催讨。胡某仅于 2010 年 2 月归还借款 100 万元。关于胡某归还的 100 万元，下列哪一表述是正确的？（2014/3/13，单选）

A. 因 2006 年的借款已到期，故归还的是该笔借款

B. 因 2006 年的借款无担保，故归还的是该笔借款

C. 因 2006 年和 2009 年的借款数额相同，故按比例归还该两笔借款

D. 因 2006 年和 2009 年的借款均有担保，故按比例归还该两笔借款

14. 孙某与李某签订房屋租赁合同，李某承租后与陈某签订了转租合同，孙某表示同意。但是，孙某在与李某签订租赁合同之前，已经把该房租给了王某并已交付。李某、陈某、王某均要求继续租赁该房屋。下列哪一表述是正确的？（2014/3/14，单选）

A. 李某有权要求王某搬离房屋

B. 陈某有权要求王某搬离房屋

C. 李某有权解除合同，要求孙某承担赔偿责任

D. 陈某有权解除合同，要求孙某承担赔偿责任

15. 张某从甲银行分支机构乙支行借款 20 万元，李某提供保证担保。李某和甲银行又特别约定，如保证人不履行保证责任，债权人有权直接从保证人在甲银行及其支行处开立的任何账户内扣收。届期，张某、李某均未还款，甲银行直接从李某在甲银行下属的丙支行账户内划转了 18 万元存款用于偿还张某的借款。下列哪一表述是正确的？（2014/3/15，单选）

A. 李某与甲银行关于直接在账户内扣划款项的约定无效

B. 李某无须承担保证责任

C. 乙支行收回 20 万元全部借款本金和利息之前，李某不得向张某追偿

D. 乙支行应以自己的名义向张某行使追索权

16. 甲的房屋与乙的房屋相邻。乙把房屋出租给丙居住，并为该房屋在 A 公司买了火灾保险。某日甲见乙的房屋起火，唯恐大火蔓延自家受损，遂率家人救火，火势得到及时控制，但甲被烧伤住院治疗。下列哪一表述是正确的？（2014/3/20，单选）

A. 甲主观上为避免自家房屋受损，不构成无因管理，应自行承担医疗费用

B. 甲依据无因管理只能向乙主张医疗费赔偿，因乙是房屋所有人

C. 甲依据无因管理只能向丙主张医疗费赔偿，因丙是房屋实际使用人

D. 甲依据无因管理不能向 A 公司主张医疗费赔偿，因甲欠缺为 A 公司的利益实施管理的主观意思

17. 甲电器销售公司的安装工人李某在为消费者黄某安装空调的过程中，不慎从高处掉落安装工具，将路人王某砸成重伤。李某是乙公司的劳务派遣人员，此前曾多次发生类似小事故，甲公司曾要求乙公司另派他人，但乙公司未予换人。下列哪一选项是正确的？（2014/3/21，单选）

A. 对王某的赔偿责任应由李某承担，黄某承担补充责任

B. 对王某的赔偿责任应由甲公司承担，乙公司承担补充责任

C. 甲公司与乙公司应对王某承担连带赔偿责任

D. 对王某的赔偿责任承担应采用过错责任原则

18. 欣欣美容医院在为青年女演员欢欢实施隆鼻手术过程中，因未严格消毒导致欢欢面部感染，经治愈后面部仍留下较大疤痕。欢欢因此诉诸法院，要求欣欣医院赔偿医疗费并主张精神损害赔偿。该案受理后不久，欢欢因心脏病急性发作猝死。网络名人洋洋在其博客上杜撰欢欢吸毒过量致死。下列哪一表述是错误的？（2014/3/22，单选）

A. 欣欣医院构成违约行为和侵权行为

B. 欢欢的继承人可继承欣欣医院对欢欢支付的精神损害赔偿金

C. 洋洋的行为侵犯了欢欢的名誉权

D. 欢欢的母亲可以欢欢的名义对洋洋提起侵权之诉

19. 甲（男）、乙（女）结婚后，甲承诺，在子女出生后，将其婚前所有的一间门面房，变更登记为夫妻共同财产。后女儿丙出生，但甲不愿兑现承诺，导致夫妻感情破裂离婚，女儿丙随乙一起生活。后甲又与丁（女）结婚。未成年的丙因生重病住院急需医疗费 20 万元，甲与丁签订借款协议从夫妻共同财产中支取该 20 万元。下列哪一表述是错误的？（2014/3/23，单选）

A. 甲与乙离婚时，乙无权请求将门面房作为夫妻共同财产分割

B. 甲与丁的协议应视为双方约定处分共有财产

C. 如甲、丁离婚，有关医疗费按借款协议约定处理

D. 如丁不同意甲支付医疗费，甲无权要求分割共有财产

20. 甲有乙、丙和丁三个女儿。甲于 2013 年 1 月 1 日亲笔书写一份遗嘱，写明其全部遗产由乙继承，并签名和注明年月日。同年 3 月 2 日，甲又请张律师代书一份遗嘱，写明其全部遗产由丙继承。同年 5 月 3 日，甲因病被丁送至医院急救，甲又立口头遗嘱一份，内容是其全部遗产由丁继承，在场的赵医生和李

护士见证。甲病好转后出院休养，未立新遗嘱。如甲死亡，下列哪一选项是甲遗产的继承权人？（2014/3/24，单选）

A. 乙   B. 丙

C. 丁   D. 乙、丙、丁

21. 甲房产开发公司在交给购房人张某的某小区平面图和项目说明书中都标明有一个健身馆。张某看中小区健身方便，决定购买一套商品房并与甲公司签订了购房合同。张某收房时发现小区没有健身馆。下列哪些表述是正确的？（2014/3/51，多选）

A. 甲公司不守诚信，构成根本违约，张某有权退房

B. 甲公司构成欺诈，张某有权请求甲公司承担缔约过失责任

C. 甲公司恶意误导，张某有权请求甲公司双倍返还购房款

D. 张某不能滥用权利，在退房和要求甲公司承担违约责任之间只能选择一种

22. 吴某是甲公司员工，持有甲公司授权委托书。吴某与温某签订了借款合同，该合同由温某签字、吴某用甲公司合同专用章盖章。后温某要求甲公司还款。下列哪些情形有助于甲公司否定吴某的行为构成表见代理？（2014/3/52，多选）

A. 温某明知借款合同上的盖章是甲公司合同专用章而非甲公司公章，未表示反对

B. 温某未与甲公司核实，即将借款交给吴某

C. 吴某出示的甲公司授权委托书载明甲公司仅授权吴某参加投标活动

D. 吴某出示的甲公司空白授权委托书已届期

23. 下列哪些请求不适用诉讼时效？（2014/3/53，多选）

A. 当事人请求撤销合同

B. 当事人请求确认合同无效

C. 业主大会请求业主缴付公共维修基金

D. 按份共有人请求分割共有物

24. 杜某拖欠谢某 100 万元。谢某请求杜某以登记在其名下的房屋抵债时，杜某称其已把房屋作价 90 万元卖给赖某，房屋钥匙已交，但产权尚未过户。该房屋市值为 120 万元。关于谢某权利的保护，下列哪些表述是错误的？（2014/3/54，多选）

A. 谢某可请求法院撤销杜某、赖某的买卖合同

B. 因房屋尚未过户，杜某、赖某买卖合同无效

C. 如谢某能举证杜某、赖某构成恶意串通，则杜某、赖某买卖合同无效

D. 因房屋尚未过户，房屋仍属杜某所有，谢某有权直接取得房屋的所有权以实现其债权

25. 刘某借用张某的名义购买房屋后，将房屋登记在张某名下。双方约定该房屋归刘某所有，房屋由刘某使用，产权证由刘某保存。后刘某、张某因房屋所有权归属发生争议。关于刘某的权利主张，下列哪

些表述是正确的？（2014/3/55，多选）

A. 可直接向登记机构申请更正登记

B. 可向登记机构申请异议登记

C. 可向法院请求确认其为所有权人

D. 可依据法院确认其为所有权人的判决请求登记机关变更登记

26. 季大与季小兄弟二人，成年后各自立户，季大一直未婚。季大从所在村集体经济组织承包耕地若干。关于季大的土地承包经营权，下列哪些表述是正确的？（2014/3/56，多选）

A. 自土地承包经营权合同生效时设立

B. 如季大转让其土地承包经营权，则未经变更登记不发生转让的效力

C. 如季大死亡，则季小可以继承该土地承包经营权

D. 如季大死亡，则季小可以继承该耕地上未收割的农作物

27. 2013年2月1日，王某以一套房屋为张某设定了抵押，办理了抵押登记。同年3月1日，王某将该房屋无偿租给李某1年，以此抵王某欠李某的借款。房屋交付后，李某向王某出具了借款还清的收据。同年4月1日，李某得知房屋上设有抵押后，与王某修订租赁合同，把起租日改为2013年1月1日。张某实现抵押权时，要求李某搬离房屋。下列哪些表述是正确的？（2014/3/57，多选）

A. 王某、李某的借款之债消灭

B. 李某的租赁权可对抗张某的抵押权

C. 王某、李某修订租赁合同行为无效

D. 李某可向王某主张违约责任

28. 某小区徐某未获得规划许可证和施工许可证便在自住房前扩建一个门面房，挤占小区人行通道。小区其他业主多次要求徐某拆除未果后，将该门面房强行拆除，毁坏了徐某自住房屋的墙砖。关于拆除行为，下列哪些表述是正确的？（2014/3/58，多选）

A. 侵犯了徐某门面房的所有权

B. 侵犯了徐某的占有

C. 其他业主应恢复原状

D. 其他业主应赔偿徐某自住房屋墙砖毁坏的损失

29. 刘某欠何某100万元货款届期未还且刘某不知所踪。刘某之子小刘为替父还债，与何某签订书面房屋租赁合同，未约定租期，仅约定："月租金1万元，用租金抵货款，如刘某出现并还清货款，本合同终止，双方再行结算。"下列哪些表述是错误的？（2014/3/59，多选）

A. 小刘有权随时解除合同

B. 何某有权随时解除合同

C. 房屋租赁合同是附条件的合同

D. 房屋租赁合同是附期限的合同

30. 甲公司与小区业主吴某订立了供热合同。因吴某要出国进修半年，向甲公司申请暂停供热未果，遂拒交上一期供热费。下列哪些表述是正确的？（2014/3/60，多选）

A. 甲公司可以直接解除供热合同

B. 经催告吴某在合理期限内未交费，甲公司可以解除供热合同

C. 经催告吴某在合理期限内未交费，甲公司可以中止供热

D. 甲公司可以要求吴某承担违约责任

31. 甲公司员工魏某在公司年会抽奖活动中中奖，依据活动规则，公司资助中奖员工子女次年的教育费用，如员工离职，则资助失效。下列哪些表述是正确的？（2014/3/61，多选）

A. 甲公司与魏某成立附条件赠与

B. 甲公司与魏某成立附义务赠与

C. 如魏某次年离职，甲公司无给付义务

D. 如魏某次年未离职，甲公司在给付前可撤销资助

32. 甲（男）与乙（女）结婚，其子小明20周岁时，甲与乙离婚。后甲与丙（女）再婚，丙子小亮8周岁，随甲、丙共同生活。小亮成年成家后，甲与丙甚感孤寂，收养孤儿小光为养子，视同己出，未办理收养手续。丙去世，其遗产的第一顺序继承人有哪些？（2014/3/65，多选）

A. 小明　　　　　B. 小亮

C. 甲　　　　　　D. 小光

33. 甲家盖房，邻居乙、丙前来帮忙。施工中，丙因失误从高处摔下受伤，乙不小心撞伤小孩丁。下列哪些表述是正确的？（2014/3/66，多选）

A. 对丙的损害，甲应承担赔偿责任，但可减轻其责任

B. 对丙的损害，甲不承担赔偿责任，但可在受益范围内予以适当补偿

C. 对丁的损害，甲应承担赔偿责任

D. 对丁的损害，甲应承担补充赔偿责任

34. 甲参加乙旅行社组织的旅游活动。未经甲和其他旅游者同意，乙旅行社将本次业务转让给当地的丙旅行社。丙旅行社聘请丁公司提供大巴运输服务。途中，由于丁公司司机黄某酒后驾驶与迎面违章变道的个体运输户刘某货车相撞，造成甲受伤。甲的下列哪些请求能够获得法院的支持？（2014/3/67，多选）

A. 请求丁公司和黄某承担连带赔偿责任

B. 请求黄某与刘某承担连带赔偿责任

C. 请求乙旅行社和丙旅行社承担连带赔偿责任

D. 请求刘某承担赔偿责任

张某、方某共同出资，分别设立甲公司和丙公司。2013年3月1日，甲公司与乙公司签订了开发某房地产项目的《合作协议一》，约定如下："甲公

司将丙公司10%的股权转让给乙公司，乙公司在协议签订之日起三日内向甲公司支付首付款4000万元，尾款1000万元在次年3月1日之前付清。首付款用于支付丙公司从某国土部门购买A地块土地使用权。如协议签订之日起三个月内丙公司未能获得A地块土地使用权致双方合作失败，乙公司有权终止协议。"

《合作协议一》签订后，乙公司经甲公司指示向张某、方某支付了4000万元首付款。张某、方某配合甲公司将丙公司的10%的股权过户给了乙公司。

2013年5月1日，因张某、方某未将前述4000万元支付给丙公司致其未能向某国土部门及时付款，A地块土地使用权被收回挂牌卖掉。

2013年6月4日，乙公司向甲公司发函："鉴于土地使用权已被国土部门收回，故我公司终止协议，请贵公司返还4000万元。"甲公司当即回函："我公司已把股权过户到贵公司名下，贵公司无权终止协议，请贵公司依约支付1000万元尾款。"

2013年6月8日，张某、方某与乙公司签订了《合作协议二》，对继续合作开发房地产项目做了新的安排，并约定："本协议签订之日，《合作协议一》自动作废。"丁公司经甲公司指示，向乙公司送达了《承诺函》："本公司代替甲公司承担4000万元的返还义务。"乙公司对此未置可否。

请回答第35~40题。

35. 关于《合作协议一》，下列表述正确的是：（2014/3/86，不定项）
- A. 是无名合同
- B. 对股权转让的约定构成无权处分
- C. 效力待定
- D. 有效

36. 关于2013年6月4日乙公司向甲公司发函，下列表述正确的是：（2014/3/87，不定项）
- A. 行使的是约定解除权
- B. 行使的是法定解除权
- C. 有权要求返还4000万元
- D. 无权要求返还4000万元

37. 关于2013年5月1日张某、方某未将4000万元支付给丙公司，应承担的责任，下列表述错误的是：（2014/3/88，不定项）
- A. 向乙公司承担违约责任
- B. 与甲公司一起向乙公司承担连带责任
- C. 向丙公司承担违约责任
- D. 向某国土部门承担违约责任

38. 关于甲公司的回函，下列表述正确的是：（2014/3/89，不定项）
- A. 甲公司对乙公司解除合同提出了异议
- B. 甲公司对乙公司提出的异议理由成立
- C. 乙公司不向甲公司支付尾款构成违约

- D. 乙公司可向甲公司主张不安抗辩权拒不向甲公司支付尾款

39. 关于张某、方某与乙公司签订的《合作协议二》，下列表述正确的是：（2014/3/90，不定项）
- A. 有效
- B. 无效
- C. 可变更
- D. 《合作协议一》被《合作协议二》取代

40. 关于丁公司的《承诺函》，下列表述正确的是：（2014/3/91，不定项）
- A. 构成单方允诺
- B. 构成保证
- C. 构成并存的债务承担
- D. 构成免责的债务承担

2015 年

1. 甲以自己的名义，用家庭共有财产捐资设立以资助治疗麻风病为目的的基金会法人，由乙任理事长。后因对该病的防治工作卓有成效使其几乎绝迹，为实现基金会的公益性，现欲改变宗旨和目的。下列哪一选项是正确的？（2015/3/1，单选）
- A. 甲作出决定即可，因甲是创始人和出资人
- B. 乙作出决定即可，因乙是法定代表人
- C. 应由甲的家庭成员共同决定，因甲是用家庭共有财产捐资的
- D. 应由基金会法人按照程序申请，经过上级主管部门批准

2. 甲以23万元的价格将一辆机动车卖给乙。该车因里程表故障显示行驶里程为4万公里，但实际行驶了8万公里，市值为16万元。甲明知有误，却未向乙说明，乙误以为真。乙的下列哪些请求是错误的？（2015/3/2，已改编，现为多选）
- A. 以甲欺诈为由请求法院变更合同，在此情况下法院不得判令撤销合同
- B. 请求甲减少价款至16万元
- C. 以重大误解为由，致函甲请求撤销合同，合同自该函到达甲时即被撤销
- D. 请求甲承担缔约过失责任

3. 张某和李某设立的甲公司伪造房产证，以优惠价格与乙企业（国有）签订房屋买卖合同，以骗取钱财。乙企业交付房款后，因甲公司不能交房而始知被骗。关于乙企业可以采取的民事救济措施，下列哪一选项是正确的？（2015/3/3，单选）
- A. 以甲公司实施欺诈损害国家利益为由主张合同无效
- B. 只能请求撤销合同
- C. 通过乙企业的主管部门主张合同无效
- D. 可以请求撤销合同，也可以不请求撤销合同而要求甲公司承担违约责任

4. 甲公司与15周岁的网络奇才陈某签订委托合同，授权陈某为甲公司购买价值不超过50万元的软件。陈某的父母知道后，明确表示反对。关于委托合同和代理权授予的效力，下列哪一表述是正确的？（2015/3/4，单选）

A. 均无效，因陈某的父母拒绝追认

B. 均有效，因委托合同仅需简单智力投入，不会损害陈某的利益，其父母是否追认并不重要

C. 是否有效，需确认陈某的真实意思，其父母拒绝追认，甲公司可向法院起诉请求确认委托合同的效力

D. 委托合同因陈某的父母不追认而无效，但代理权授予是单方法律行为，无需追认即有效

5. 甲与乙签订《协议》，由乙以自己名义甲购房，甲全权使用房屋并获取收益。乙与开发商和银行分别签订了房屋买卖合同和贷款合同。甲把首付款和月供款给乙，乙再给开发商和银行，房屋登记在乙名下。后甲要求乙过户，乙主张是自己借款购房。下列哪一选项是正确的？（2015/3/5，单选）

A. 甲有权提出更正登记

B. 房屋登记在乙名下，甲不得请求乙过户

C. 《协议》名为代购房关系，实为借款购房关系

D. 如乙将房屋过户给不知《协议》的丙，丙支付合理房款则构成善意取得

6. 甲将一套房屋转让给乙，乙再转让给丙，相继办理了房屋过户登记。丙翻建房屋时在地下挖出一瓷瓶，经查为甲的祖父埋藏，甲是其祖父唯一继承人。丙将该瓷瓶以市价卖给不知情的丁，双方钱物交割完毕。现甲、乙均向丙和丁主张权利。下列哪一选项是正确的？（2015/3/6，单选）

A. 甲有权向丙请求损害赔偿

B. 乙有权向丙请求损害赔偿

C. 甲、乙有权主张丙、丁买卖无效

D. 丁善意取得瓷瓶的所有权

7. 甲乙为夫妻，共有一套房屋登记在甲名下。乙瞒着甲向丙借款100万元供个人使用，并将房屋抵押给丙。在签订抵押合同和办理抵押登记时乙冒用甲的名字签字。现甲主张借款和抵押均无效。下列哪一表述是正确的？（2015/3/7，单选）

A. 抵押合同无效

B. 借款合同无效

C. 甲对100万元借款应负连带还款义务

D. 甲可请求撤销丙的抵押权

8. 乙欠甲货款，二人商定由乙将一块红木出质并签订质权合同。甲与丙签订委托合同授权丙代自己占有红木。乙将红木交付与丙。下列哪一说法是正确的？（2015/3/8，单选）

A. 甲乙之间的担保合同无效

B. 红木已交付，丙取得质权

C. 丙经甲的授权而占有，甲取得质权

D. 丙不能代理甲占有红木，因而甲未取得质权

9. 甲去购买彩票，其友乙给甲10元钱让其顺便代购彩票，同时告知购买号码，并一再嘱咐甲不要改变。甲预测乙提供的号码不能中奖，便擅自更换号码为乙购买了彩票并替乙保管。开奖时，甲为乙购买的彩票中了奖，二人为奖项归属发生纠纷。下列哪一分析是正确的？（2015/3/9，单选）

A. 甲应获得该奖项，因按乙的号码无法中奖，甲、乙之间应类推适用借贷关系，由甲偿还乙10元

B. 甲、乙应平分该奖项，因乙出了钱，而甲更换了号码

C. 甲的贡献大，应获得该奖项之大部，同时按比例承担彩票购买款

D. 乙应获得该奖项，因乙是委托人

10. 甲与乙公司签订的房屋买卖合同约定："乙公司收到首期房款后，向甲交付房屋和房屋使用说明书；收到二期房款后，将房屋过户给甲。"甲交纳首期房款后，乙公司交付房屋但未立即交付房屋使用说明书。甲以此为由行使先履行抗辩权而拒不支付二期房款。下列哪一表述是正确的？（2015/3/10，单选）

A. 甲的做法正确，因乙公司未完全履行义务

B. 甲不应行使先履行抗辩权，而应行使不安抗辩权，因乙公司有不能交付房屋使用说明书的可能性

C. 甲可主张解除合同，因乙公司未履行义务

D. 甲不能行使先履行抗辩权，因甲的付款义务与乙公司交付房屋使用说明书不形成主给付义务对应关系

11. 甲将房屋租给乙，在租赁期内未通知乙就把房屋出卖并过户给不知情的丙。乙得知后劝丙退出该交易，丙拒绝。关于乙可以采取的民事救济措施，下列哪一选项是正确的？（2015/3/11，单选）

A. 请求解除租赁合同，因甲出卖房屋未通知乙，构成重大违约

B. 请求法院确认买卖合同无效

C. 主张由甲承担侵权责任，因丙侵犯了乙的优先购买权

D. 主张由甲承担赔偿责任，因甲出卖房屋未通知乙而侵犯了乙的优先购买权

12. 甲、乙两公司签订协议，约定甲公司向乙公司采购面包券。双方交割完毕，面包券上载明"不记名、不挂失，凭券提货"。甲公司将面包券转让给张某，后张某因未付款等原因被判处合同诈骗罪。面包券全部流入市场。关于协议和面包券的法律性质，下列哪一表述是正确的？（2015/3/12，单选）

A. 面包券是一种物权凭证

B. 甲公司有权解除与乙公司的协议

C. 如甲公司通知乙公司停止兑付面包券，乙公司应停止兑付

D. 如某顾客以合理价格从张某处受让面包券，该顾客有权请求乙公司兑付

13. 方某、李某、刘某和张某签订借款合同，约定："方某向李某借款 100 万元，刘某提供房屋抵押，张某提供保证。"除方某外其他人都签了字。刘某先把房本交给了李某，承诺过几天再作抵押登记。李某交付 100 万元后，方某到期未还款。下列哪一选项是正确的？（2015/3/13，单选）

A. 借款合同不成立

B. 方某应返还不当得利

C. 张某应承担保证责任

D. 刘某无义务办理房屋抵押登记

14. 刘某与甲房屋中介公司签订合同，委托甲公司帮助出售房屋一套。关于甲公司的权利义务，下列哪一说法是错误的？（2015/3/15，单选）

A. 如有顾客要求上门看房时，甲公司应及时通知刘某

B. 甲公司可代刘某签订房屋买卖合同

C. 如促成房屋买卖合同成立，甲公司可向刘某收取报酬

D. 如促成房屋买卖合同成立，甲公司自行承担居间活动费用

15. 老夫妇王冬与张霞有一子王希、一女王楠，王希婚后育有一子王小力。王冬和张霞曾约定，自家的门面房和住房属于王冬所有。2012 年 8 月 9 日，王冬办理了公证遗嘱，确定门面房由张霞和王希共同继承。2013 年 7 月 10 日，王冬将门面房卖给他人并办理了过户手续。2013 年 12 月，王冬去世，不久王希也去世。关于住房和出售门面房价款的继承，下列哪一说法是错误的？（2015/3/21，单选）

A. 张霞有部分继承权

B. 王楠有部分继承权

C. 王小力有部分继承权

D. 王小力对住房有部分继承权、对出售门面房的价款有全部继承权

16. 甲、乙、丙三家公司生产三种不同的化工产品，生产场地的排污口相邻。某年，当地大旱导致河水水位大幅下降，三家公司排放的污水混合发生化学反应，产生有毒物质致使河流下游丁养殖场的鱼类大量死亡。经查明，三家公司排放的污水均分别经过处理且符合国家排放标准。后丁养殖场向三家公司索赔。下列哪一选项是正确的？（2015/3/22，单选）

A. 三家公司均无过错，不承担赔偿责任

B. 三家公司对丁养殖场的损害承担连带责任

C. 本案的诉讼时效是 2 年

D. 三家公司应按照污染物的种类、排放量等因素承担责任

17. 某洗浴中心大堂处有醒目提示语："到店洗浴客人的贵重物品，请放前台保管"。甲在更衣时因地滑摔成重伤，并摔碎了手上价值 20 万元的定情信物玉镯。经查明：因该中心雇用的清洁工乙清洁不彻底，地面湿滑导致甲摔倒。下列哪一选项是正确的？（2015/3/23，单选）

A. 甲应自行承担玉镯损失

B. 洗浴中心应承担玉镯的全部损失

C. 甲有权请求洗浴中心赔偿精神损害

D. 洗浴中心和乙对甲的损害承担连带责任

18. 甲的儿子乙（8 岁）因遗嘱继承了祖父遗产 10 万元。某日，乙玩耍时将另一小朋友丙的眼睛划伤。丙的监护人要求甲承担赔偿责任 2 万元。后法院查明，甲已尽到监护职责。下列哪一说法是正确的？（2015/3/24，单选）

A. 因乙的财产足以赔偿丙，故不需用甲的财产赔偿

B. 甲已尽到监护职责，无需承担侵权责任

C. 用乙的财产向丙赔偿，乙赔偿后可在甲应承担的份额内向甲追偿

D. 应由甲直接赔偿，否则会损害被监护人乙的利益

19. 自然人甲与乙签订了年利率为 30%、为期 1 年的 1000 万元借款合同。后双方又签订了房屋买卖合同，约定："甲把房屋卖给乙，房款为甲的借款本息之和。甲须在一年内以该房款分 6 期回购房屋。如甲不回购，乙有权直接取得房屋所有权。"乙交付借款时，甲出具收到全部房款的收据。后甲未按约定回购房屋，也未把房屋过户给乙。因房屋价格上涨至 3000 万元，甲主张偿还借款本息。下列哪些选项是正确的？（2015/3/51，多选）

A. 甲乙之间是借贷合同关系，不是房屋买卖合同关系

B. 应在不超过银行同期贷款利率的四倍以内承认借款利息

C. 乙不能获得房屋所有权

D. 因甲未按约定偿还借款，应承担违约责任

20. 某旅游地的纪念品商店出售秦始皇兵马俑的复制品，价签标名为"秦始皇兵马俑"，2800 元一个。王某购买了一个，次日，王某以其购买的"秦始皇兵马俑"为复制品而非真品属于欺诈为由，要求该商店退货并赔偿。下列哪些表述是错误的？（2015/3/52，多选）

A. 商店的行为不属于欺诈，真正的"秦始皇兵马俑"属于法律规定不能买卖的禁止流通物

B. 王某属于重大误解，可请求撤销买卖合同

C. 商店虽不构成积极欺诈，但构成消极欺诈，因其没有标明为复制品

D. 王某有权请求撤销合同，并可要求商店承担缔约过失责任

21. 甲向某银行贷款，甲、乙和银行三方签订抵押协议，由乙提供房产抵押担保。乙把房本交给银行，因登记部门原因导致银行无法办理抵押物登记。乙向登记部门申请挂失房本后换得新房本，将房屋卖给知情的丙并办理了过户手续。甲届期未还款，关于贷款、房屋抵押和买卖，下列哪些说法是正确的？（2015/3/53，多选）

A. 乙应向银行承担违约责任

B. 丙应代为向银行还款

C. 如丙代为向银行还款，可向甲主张相应款项

D. 因登记部门原因未办理抵押登记，但银行占有房本，故取得抵押权

22. 2014 年 7 月 1 日，甲公司、乙公司和张某签订了《个人最高额抵押协议》，张某将其房屋抵押给乙公司，担保甲公司在一周前所欠乙公司货款 300 万元，最高债权额 400 万元，并办理了最高额抵押登记，债权确定期间为 2014 年 7 月 2 日到 2015 年 7 月 1 日。债权确定期间内，甲公司因从乙公司分批次进货，又欠乙公司 100 万元。甲公司未还款。关于有抵押担保的债权额和抵押权期间，下列哪些选项是正确的？（2015/3/54，多选）

A. 债权额为 100 万元

B. 债权额为 400 万元

C. 抵押权期间为 1 年

D. 抵押权期间为主债权诉讼时效期间

23. 下列哪些情形下权利人可以行使留置权？（2015/3/55，多选）

A. 张某为王某送货，约定货物送到后一周内支付运费。张某在货物运到后立刻要求王某支付运费被拒绝，张某可留置部分货物

B. 刘某把房屋租给方某，方某退租搬离时尚有部分租金未付，刘某可留置方某部分家具

C. 何某将丁某的行李存放在火车站小件寄存处，后丁某取行李时认为寄存费过高而拒绝支付，寄存处可留置该行李

D. 甲公司加工乙公司的机器零件，约定先付费后加工。付费和加工均已完成，但乙公司尚欠甲公司借款，甲公司可留置机器零件

24. 甲拾得乙的手机，以市价卖给不知情的丙并交付。丙把手机交给丁维修。修好后丙拒付部分维修费，丁将手机扣下。关于手机的占有状态，下列哪些选项是正确的？（2015/3/56，多选）

A. 乙丢失手机后，由直接占有变为间接占有

B. 甲为无权占有、自主占有

C. 丙为无权占有、善意占有

D. 丁为有权占有、他主占有

25. 根据甲公司的下列哪些《承诺（保证）函》，如乙公司未履行义务，甲公司应承担保证责任？（2015/3/57，多选）

A. 承诺："积极督促乙公司还款，努力将丙公司的损失降到最低"

B. 承诺："乙公司向丙公司还款，如乙公司无力还款，甲公司愿代为清偿"

C. 保证："乙公司实际投资与注册资金相符"。实际上乙公司实际投资与注册资金不符

D. 承诺："指定乙公司与丙公司签订保证合同"。乙公司签订了保证合同但拒不承担保证责任

26. 赵某从商店购买了一台甲公司生产的家用洗衣机，洗涤衣物时，该洗衣机因技术缺陷发生爆裂，叶轮飞出造成赵某严重人身损害并毁坏衣物。赵某的下列哪些诉求是正确的？（2015/3/58，多选）

A. 商店应承担更换洗衣机或退货、赔偿衣物损失和赔偿人身损害的违约责任

B. 商店应按违约责任更换洗衣机或者退货，也可请求甲公司按侵权责任赔偿衣物损失和人身损害

C. 商店或者甲公司应赔偿因洗衣机缺陷造成的损害

D. 商店或者甲公司应赔偿物质损害和精神损害

27. 甲将其临街房屋和院子出租给乙作为汽车修理场所。经甲同意，乙先后两次自费扩建多间房屋作为烤漆车间。乙在又一次扩建报批过程中发现，甲出租的全部房屋均未经过城市规划部门批准，属于违章建筑。下列哪些选项是正确的？（2015/3/59，多选）

A. 租赁合同无效

B. 因甲、乙对于扩建房屋都有过错，应分担扩建房屋的费用

C. 因甲未告知乙租赁物为违章建筑，乙可解除租赁合同

D. 乙可继续履行合同，待违章建筑被有关部门确认并影响租赁物使用时，再向甲主张违约责任

28. 郭某意外死亡，其妻甲怀孕两个月。郭某父亲乙与甲签订协议："如把孩子顺利生下来，就送十根金条给孩子。"当日乙把八根金条交给了甲。孩子顺利出生后，甲不同意由乙抚养孩子，乙拒绝交付剩余的两根金条，并要求甲退回八根金条。下列哪些选项是正确的？（2015/3/60，多选）

A. 孩子为胎儿，不具备权利能力，故协议无效

B. 孩子已出生，故乙不得拒绝赠与

C. 八根金条已交付，故乙不得要求退回

D. 两根金条未交付，故乙有权不交付

29. 甲遗失其为乙保管的迪亚手表，为偿还乙，甲窃取丙的美茄手表和 4000 元现金。甲将美茄手表

交乙，因美茄手表比迪亚手表便宜 1000 元，甲又从 4000 元中补偿乙 1000 元。乙不知甲盗窃情节。乙将美茄手表赠与丁，又用该 1000 元的一半支付某自来水公司水费，另一半购得某商场一件衬衣。下列哪些说法是正确的？（2015/3/61，多选）

A. 丙可请求丁返还手表

B. 丙可请求甲返还 3000 元、请求自来水公司和商场各返还 500 元

C. 丙可请求乙返还 1000 元不当得利

D. 丙可请求甲返还 4000 元不当得利

30. 董楠（男）和申蓓（女）是美术学院同学，共同创作一幅油画作品《爱你一千年》。毕业后二人结婚育有一女。董楠染上吸毒恶习，未经申蓓同意变卖了《爱你一千年》，所得款项用于吸毒。因董楠恶习不改，申蓓在女儿不满 1 周岁时提起离婚诉讼。下列哪些说法是正确的？（2015/3/65，多选）

A. 申蓓虽在分娩后 1 年内提出离婚，法院应予受理

B. 如调解无效，应准予离婚

C. 董楠出售《爱你一千年》侵犯了申蓓的物权和著作权

D. 对董楠吸毒恶习，申蓓有权请求离婚损害赔偿

31. 张某毕业要去外地工作，将自己贴身生活用品、私密照片及平板电脑等装箱交给甲快递公司运送。张某在箱外贴了"私人物品，严禁打开"的字条。张某到外地收到快递后察觉有异，经查实，甲公司工作人员李某曾翻看箱内物品，并损坏了平板电脑。下列哪些选项是正确的？（2015/3/66，多选）

A. 甲公司侵犯了张某的隐私权

B. 张某可请求甲公司承担精神损害赔偿责任

C. 张某可请求甲公司赔偿平板电脑的损失

D. 张某可请求甲公司和李某承担连带赔偿责任

32. 关于动物致害侵权责任的说法，下列哪些选项是正确的？（2015/3/67，多选）

A. 甲 8 周岁的儿子翻墙进入邻居院中玩耍，被院内藏獒咬伤，邻居应承担侵权责任

B. 小学生乙和丙放学途经养狗的王平家，丙故意逗狗，狗被激怒咬伤乙，只能由丙的监护人对乙承担侵权责任

C. 丁下夜班回家途经邻居家门时，未看到邻居饲养的小猪趴在路上而绊倒摔伤，邻居应承担侵权责任

D. 戊带女儿到动物园游玩时，动物园饲养的老虎从破损的虎笼蹿出将戊女儿咬伤，动物园应承担侵权责任

甲公司、乙公司签订的《合作开发协议》约定，合作开发的 A 区房屋归甲公司、B 区房屋归乙公司。乙公司与丙公司签订《委托书》，委托丙公司对外销售房屋。《委托书》中委托人签字盖章处有乙公司盖章和法定代表人王某签字，王某同时也是甲公司法定代表人。张某查看《合作开发协议》和《委托书》后，与丙公司签订《房屋预订合同》，约定："张某向丙公司预付房款 30 万元，购买 A 区房屋一套。待取得房屋预售许可证后，双方签订正式合同。"丙公司将房款用于项目投资，全部亏损。后王某向张某出具《承诺函》：如张某不闹事，将协调甲公司卖房给张某。但甲公司取得房屋预售许可后，将 A 区房屋全部卖与他人。张某要求甲公司、乙公司和丙公司退回房款。张某与李某签订《债权转让协议》，将该债权转让给李某，通知了甲、乙、丙三公司。因李某未按时支付债权转让款，张某又将债权转让给方某，也通知了甲、乙、丙三公司。

请回答第 33～35 题。

33. 关于《委托书》和《承诺函》，下列说法正确的是：（2015/3/86，不定项）

A. 乙公司是委托人

B. 乙公司和王某是共同委托人

C. 甲公司、乙公司和王某是共同委托人

D. 《承诺函》不产生法律行为上的效果

34. 关于《房屋预订合同》，下列说法正确的是：（2015/3/87，不定项）

A. 无效

B. 对于甲公司而言，丙公司构成无权处分

C. 对于乙公司而言，丙公司构成有效代理

D. 对于张某而言，丙公司构成表见代理

35. 关于 30 万元预付房款，下列表述正确的是：（2015/3/88，不定项）

A. 由丙公司退给李某

B. 由乙公司和丙公司退给李某

C. 由丙公司退给方某

D. 由乙公司和丙公司退给方某

顺风电器租赁公司将一台电脑出租给张某，租期为 2 年。在租赁期间内，张某谎称电脑是自己的，分别以市价与甲、乙、丙签订了三份电脑买卖合同并收取了三份价款，但张某把电脑实际交付给了乙。后乙的这台电脑被李某拾得，因暂时找不到失主，李某将电脑出租给王某获得很高收益。王某租用该电脑时出了故障，遂将电脑交给康成电脑维修公司维修。王某和李某就维修费的承担发生争执。康成公司因未收到修理费而将电脑留置，并告知王某如 7 天内不交费，将变卖电脑抵债。李某听闻后，于当日潜入康成公司偷回电脑。

请回答第 36～38 题。

36. 关于张某与甲、乙、丙的合同效力，下列选项正确的是：（2015/3/89，不定项）

A. 张某非电脑所有权人，其出卖为无权处分，与甲、乙、丙签订的合同无效

B. 张某是合法占有人，其与甲、乙、丙签订的合同有效

C. 乙接受了张某的交付，取得电脑所有权

D. 张某不能履行对甲、丙的合同义务，应分别承担违约责任

37. 如乙请求李某返还电脑和所获利益，下列说法正确的是：（2015/3/90，不定项）

A. 李某向乙返还所获利益时，应以乙所受损失为限

B. 李某应将所获利益作为不当得利返还给乙，但可以扣除支出的必要费用

C. 乙应以所有权人身份而非不当得利债权人身份请求李某返还电脑

D. 如李某拒绝返还电脑，需向乙承担侵权责任

38. 关于康成公司的民事权利，下列说法正确的是：（2015/3/91，不定项）

A. 王某在 7 日内未交费，康成公司可变卖电脑并自己买下电脑

B. 康成公司曾享有留置权，但当电脑被偷走后，丧失留置权

C. 康成公司可请求李某返还电脑

D. 康成公司可请求李某支付电脑维修费

2016 年

1. 根据法律规定，下列哪一种社会关系应由民法调整？（2016/3/1，单选）

A. 甲请求税务机关退还其多缴的个人所得税

B. 乙手机丢失后发布寻物启事称："拾得者送还手机，本人当面酬谢"

C. 丙对女友书面承诺："如我在上海找到工作，则陪你去欧洲旅游"

D. 丁作为青年志愿者，定期去福利院做帮工

2. 甲企业是由自然人安琚与乙企业（个人独资）各出资 50% 设立的普通合伙企业，欠丙企业货款 50 万元，由于经营不善，甲企业全部资产仅剩 20 万元。现所欠货款到期，相关各方因货款清偿发生纠纷。对此，下列哪一表述是正确的？（2016/3/2，单选）

A. 丙企业只能要求安琚与乙企业各自承担 15 万元的清偿责任

B. 丙企业只能要求甲企业承担清偿责任

C. 欠款应先以甲企业的财产偿还，不足部分由安琚与乙企业承担无限连带责任

D. 就乙企业对丙企业的应偿债务，乙企业投资人不承担责任

3. 潘某去某地旅游，当地玉石资源丰富，且盛行"赌石"活动，买者购买原石后自行剖切，损益自负。潘某花 5000 元向某商家买了两块原石，切开后发现其中一块为极品玉石，市场估价上百万元。商家深觉不公，要求潘某退还该玉石或补交价款。对此，下列哪一选项是正确的？（2016/3/3，单选）

A. 商家无权要求潘某退货

B. 商家可基于公平原则要求潘某适当补偿

C. 商家可基于重大误解而主张撤销交易

D. 商家可基于显失公平而主张撤销交易

4. 甲公司员工唐某受公司委托从乙公司订购一批空气净化机，甲公司对净化机单价未作明确限定。唐某与乙公司私下商定将净化机单价比正常售价提高 200 元，乙公司给唐某每台 100 元的回扣。商定后，唐某以甲公司名义与乙公司签订了买卖合同。对此，下列哪一选项是正确的？（2016/3/4，单选）

A. 该买卖合同以合法形式掩盖非法目的，因而无效

B. 唐某的行为属无权代理，买卖合同效力待定

C. 乙公司行为构成对甲公司的欺诈，买卖合同属可变更、可撤销合同

D. 唐某与乙公司恶意串通损害甲公司的利益，应对甲公司承担连带责任

5. 蔡永父母在共同遗嘱中表示，二人共有的某处房产由蔡永继承。蔡永父母去世前，该房由蔡永之姐蔡花借用，借用期未明确。2012 年上半年，蔡永父母先后去世，蔡永一直未办理该房屋所有权变更登记，也未要求蔡花腾退。2015 年下半年，蔡永因结婚要求蔡花腾退，蔡花拒绝搬出。对此，下列哪一选项是正确的？（2016/3/5，单选）

A. 因未办理房屋所有权变更登记，蔡永无权要求蔡花搬出

B. 因诉讼时效期间届满，蔡永的房屋腾退请求不受法律保护

C. 蔡花系合法占有，蔡永无权要求其搬出

D. 蔡永对该房屋享有物权请求权

6. 甲被法院宣告失踪，其妻乙被指定为甲的财产代管人。3 个月后，乙将登记在自己名下的夫妻共有房屋出售给丙，交付并办理了过户登记。在此过程中，乙向丙出示了甲被宣告失踪的判决书，并将房屋属于夫妻二人共有的事实告知丙。1 年后，甲重新出现，并经法院撤销了失踪宣告。现甲要求丙返还房屋。对此，下列哪一说法是正确的？（2016/3/6，单选）

A. 丙善意取得房屋所有权，甲无权请求返还

B. 丙不能善意取得房屋所有权，甲有权请求返还

C. 乙出售夫妻共有房屋构成家事代理，丙继受取得房屋所有权

D. 乙出售夫妻共有房屋属于有权处分，丙继受取得房屋所有权

7. 甲借用乙的山地自行车，刚出门就因莽撞骑行造成自行车链条断裂，甲将自行车交给丙修理，

约定修理费 100 元。乙得知后立刻通知甲解除借用关系并告知丙，同时要求丙不得将自行车交给甲。丙向甲核实，甲承认。自行车修好后，甲、乙均请求丙返还。对此，下列哪一选项是正确的？（2016/3/7，单选）

A. 甲有权请求丙返还自行车

B. 丙如将自行车返还给乙，必须经过甲当场同意

C. 乙有权要求丙返还自行车，但在修理费未支付前，丙就自行车享有留置权

D. 如乙要求丙返还自行车，即使修理费未付，丙也不得对乙主张留置权

8. 甲、乙二人按照 3 : 7 的份额共有一辆货车，为担保丙的债务，甲、乙将货车抵押给债权人丁，但未办理抵押登记。后该货车在运输过程中将戊撞伤。对此，下列哪一选项是正确的？（2016/3/8，单选）

A. 如戊免除了甲的损害赔偿责任，则应由乙承担损害赔偿责任

B. 因抵押权未登记，戊应优先于丁受偿

C. 如丁对丙的债权超过诉讼时效，仍可在 2 年内要求甲、乙承担担保责任

D. 如甲对丁承担了全部担保责任，则有权向乙追偿

9. 甲、乙就乙手中的一枚宝石戒指的归属发生争议。甲称该戒指是其在 2015 年 10 月 1 日外出旅游时让乙保管，属甲所有，现要求乙返还。乙称该戒指为自己所有，拒绝返还。甲无法证明对该戒指拥有所有权，但能够证明在 2015 年 10 月 1 日前一直合法占有该戒指，乙则拒绝提供自 2015 年 10 月 1 日后从甲处合法取得戒指的任何证据。对此，下列哪一说法是正确的？（2016/3/9，单选）

A. 应推定乙对戒指享有合法权利，因占有具有权利公示性

B. 应当认定甲对戒指享有合法权利，因其证明了自己的先前占有

C. 应当由甲、乙证明自己拥有所有权，否则应判决归国家所有

D. 应当认定由甲、乙共同共有

10. 甲单独邀请朋友乙到家中吃饭，乙爽快答应并表示一定赴约。甲为此精心准备，还因炒菜被热油烫伤。但当日乙因其他应酬而未赴约，也未及时告知甲，致使甲准备的饭菜浪费。关于乙对甲的责任，下列哪一说法是正确的？（2016/3/10，单选）

A. 无须承担法律责任

B. 应承担违约责任

C. 应承担侵权责任

D. 应承担缔约过失责任

11. 清风艺术馆将其收藏的一批古代名家绘画扫描成高仿品，举办了"古代名画精品展"，并在入场券上以醒目方式提示"不得拍照、摄影"。唐某购票

观展时趁人不备拍摄了展品，郑某则购买了该批绘画的纸质高仿版，扫描后将其中"清风艺术馆珍藏、复制必究"的标记清除。事后，唐某、郑某均在某电商网站出售各自制作的该批绘画的高仿品，也均未注明来源于艺术馆。艺术馆发现后，向电商发出通知，要求立即将两人销售的高仿品下架。对此，下列哪一说法是正确的？（2016/3/11，单选）

A. 唐某、郑某侵犯了艺术馆的署名权

B. 郑某实施了删除权利管理信息的违法行为

C. 唐某未经许可拍摄的行为构成违约

D. 电商网站收到通知后如不采取措施阻止唐某、郑某销售该高仿品，应向艺术馆承担赔偿责任

12. 甲为出售一台挖掘机分别与乙、丙、丁、戊签订买卖合同，具体情形如下：2016 年 3 月 1 日，甲胁迫乙订立合同，约定货到付款；4 月 1 日，甲与丙签订合同，丙支付 20% 的货款；5 月 1 日，甲与丁签订合同，丁支付全部货款；6 月 1 日，甲与戊签订合同，甲将挖掘机交付给戊。上述买受人均要求实际履行合同，就履行顺序产生争议。关于履行顺序，下列哪一选项是正确的？（2016/3/12，单选）

A. 戊、丙、丁、乙　　B. 戊、丁、丙、乙

C. 乙、丁、丙、戊　　D. 丁、戊、乙、丙

13. 乙起诉离婚时，才得知丈夫甲此前已着手隐匿并转移财产。关于甲、乙离婚的财产分割，下列哪一选项是错误的？（2016/3/18，单选）

A. 甲隐匿转移财产，分割财产时可少分或不分

B. 就履行离婚财产分割协议事宜发生纠纷，乙可再起诉

C. 离婚后发现甲还隐匿其他共同财产，乙可另诉再次分割财产

D. 离婚后因发现甲还隐匿其他共同财产，乙再行起诉不受诉讼时效限制

14. 钟某性情暴躁，常殴打妻子柳某，柳某经常找同村未婚男青年杜某诉苦排遣，日久生情。现柳某起诉离婚，关于钟、柳二人的离婚财产处理事宜，下列哪一选项是正确的？（2016/3/19，单选）

A. 针对钟某家庭暴力，柳某不能向其主张损害赔偿

B. 针对钟某家庭暴力，柳某不能向其主张精神损害赔偿

C. 如柳某婚内与杜某同居，则柳某不能向钟某主张损害赔偿

D. 如柳某婚内与杜某同居，则钟某可以向柳某主张损害赔偿

15. 刘山峰、王翠花系老夫少妻，刘山峰婚前个人名下拥有别墅一栋。关于婚后该别墅的归属，下列哪一选项是正确的？（2016/3/20，单选）

A. 该别墅不可能转化为夫妻共同财产

B. 婚后该别墅自动转化为夫妻共同财产

C. 婚姻持续满八年后该别墅即依法转化为夫妻
共同财产

D. 刘、王可约定婚姻持续八年后该别墅转化为
夫妻共同财产

16. 贡某立公证遗嘱：死后财产全部归长子贡文
所有。贡文知悉后，自书遗嘱：贡某全部遗产归弟弟
贡武，自己全部遗产归儿子贡小文。贡某随后在贡文
遗嘱上书写：同意，但还是留 10 万元给贡小文。其
后，贡文先于贡某死亡。关于遗嘱的效力，下列哪些
选项是正确的？（2016/3/21，已改编，现为多选）

A. 贡某遗嘱已被其通过书面方式变更

B. 贡某遗嘱因贡文先死亡而不生效力

C. 贡文遗嘱被贡某修改的部分合法有效

D. 贡文遗嘱涉及处分贡某财产的部分有效

17. 下列哪一情形构成对生命权的侵犯？（2016/
3/22，单选）

A. 甲女视其长发如生命，被情敌乙尽数剪去

B. 丙应丁要求，协助丁完成自杀行为

C. 戊为报复欲置己于死地，结果将己打成重伤

D. 庚医师因误诊致辛出生即残疾，辛认为庚应
对自己的错误出生负责

18. 田某突发重病神志不清，田父将其送至医
院，医院使用进口医疗器械实施手术，手术失败，田
某死亡。田父认为医院在诊疗过程中存在一系列违规
操作，应对田某的死亡承担赔偿责任。关于本案，下
列哪一选项是正确的？（2016/3/23，单选）

A. 医疗损害适用过错责任原则，由患方承担举
证责任

B. 医院实施该手术，无法取得田某的同意，可
自主决定

C. 如因医疗器械缺陷致损，患方只能向生产者
主张赔偿

D. 医院有权拒绝提供相关病历，且不会因此承
担不利后果

19. 张小飞邀请关小羽来家中做客，关小羽进入
张小飞所住小区后，突然从小区的高楼内抛出一块砚
台，将关小羽砸伤。关于砸伤关小羽的责任承担，下
列哪一选项是正确的？（2016/3/24，单选）

A. 张小飞违反安全保障义务，应承担侵权责任

B. 顶层业主通过证明当日家中无人，可以免责

C. 小区物业违反安全保障义务，应承担侵权责任

D. 如查明砚台系从 10 层抛出，10 层以上业主
仍应承担补充责任

20. 甲、乙为夫妻，长期感情不和。2010 年 5 月
1 日甲乘火车去外地出差，在火车上失踪，没有发现
其被害尸体，也没有发现其在何处下车。2016 年 6 月
5 日法院依照法定程序宣告甲死亡。之后，乙向法院
起诉要求铁路公司对甲的死亡进行赔偿。关于甲被宣
告死亡，下列哪些说法是正确的？（2016/3/51，多选）

A. 甲的继承人可以继承其财产

B. 甲、乙婚姻关系消灭，且不可能恢复

C. 2016 年 6 月 5 日为甲的死亡日期

D. 铁路公司应当对甲的死亡进行赔偿

21. 甲 8 周岁，多次在国际钢琴大赛中获奖，并
获得大量奖金。甲的父母乙、丙为了甲的利益，考虑
到甲的奖金存放银行增值有限，遂将奖金全部购买了
股票，但恰遇股市暴跌，甲的奖金损失过半。关于
乙、丙的行为，下列哪些说法是正确的？（2016/3/
52，多选）

A. 乙、丙应对投资股票给甲造成的损失承担责任

B. 乙、丙不能随意处分甲的财产

C. 乙、丙的行为构成无因管理，无须承担责任

D. 如主张赔偿，甲对父母的诉讼时效期间在进
行中的最后 6 个月内因自己系无行为能力人
而中止，待成年后继续计算

22. 甲、乙、丙、丁按份共有一艘货船，份额分
别为 10%、20%、30%、40%。甲欲将其共有份额转
让，戊愿意以 50 万元的价格购买，价款一次付清。
关于甲的共有份额转让，下列哪些选项是错误的？
（2016/3/53，多选）

A. 甲向戊转让其共有份额，须经乙、丙、丁同意

B. 如乙、丙、丁均以同等条件主张优先购买权，
则丁的主张应得到支持

C. 如丙在法定期限内以 50 万元分期付款的方式
要求购买该共有份额，应予支持

D. 如甲改由向乙转让其共有份额，丙、丁在同
等条件下享有优先购买权

23. 河西村在第二轮承包过程中将本村耕地全部
发包，但仍留有部分荒山，此时本村集体经济组织以
外的 Z 企业欲承包该荒山。对此，下列哪些说法是正
确的？（2016/3/54，多选）

A. 集体土地只能以家庭承包的方式进行承包

B. 河西村集体之外的人只能通过招标、拍卖、
公开协商等方式承包

C. 河西村将荒山发包给 Z 企业，经 2/3 以上村
民代表同意即可

D. 如河西村村民黄某也要承包该荒山，则黄某
享有优先承包权

24. 甲对乙享有债权 500 万元，先后在丙和丁的
房屋上设定了抵押权，均办理了登记，且均未限定抵
押物的担保金额。其后，甲将其中 200 万元债权转让
给戊，并通知了乙。乙到期清偿了对甲的 300 万元债
务，但未能清偿对戊的 200 万元债务。对此，下列哪
些选项是错误的？（2016/3/55，多选）

A. 戊可同时就丙和丁的房屋行使抵押权，但对
每个房屋价款优先受偿权的金额不得超过
100 万元

B. 戊可同时就丙和丁的房屋行使抵押权，对每个房屋价款优先受偿权的金额依房屋价值的比例确定

C. 戊必须先后就丙和丁的房屋行使抵押权，对每个房屋价款优先受偿权的金额由戊自主决定

D. 戊只能在丙的房屋价款不足以使其债权得到全部清偿时就丁的房屋行使抵押权

25. 王某向丁某借款 100 万元，后无力清偿，遂提出以自己所有的一幅古画抵债，双方约定第二天交付。对此，下列哪些说法是正确的? (2016/3/56，多选)

A. 双方约定以古画抵债，等同于签订了另一份买卖合同，原借款合同失效，王某只能以交付古画履行债务

B. 双方交付古画的行为属于履行借款合同义务

C. 王某有权在交付古画前反悔，提出继续以现金偿付借款本息方式履行债务

D. 古画交付后，如果被鉴定为赝品，则王某应承担瑕疵担保责任

26. 甲公司借用乙公司的一套设备，在使用过程中不慎损坏一关键部件，于是甲公司提出买下该套设备，乙公司同意出售。双方还口头约定在甲公司支付价款前，乙公司保留该套设备的所有权。不料在支付价款前，甲公司生产车间失火，造成包括该套设备在内的车间所有财物被烧毁。对此，下列哪些选项是正确的? (2016/3/57，多选)

A. 乙公司已经履行了交付义务，风险责任应由甲公司负担

B. 在设备被烧毁时，所有权属于乙公司，风险责任应由乙公司承担

C. 设备虽然已经被烧毁，但甲公司仍然需要支付原定价款

D. 双方关于该套设备所有权保留的约定应采用书面形式

27. 乙向甲借款 20 万元，借款到期后，乙的下列哪些行为导致无力偿还甲的借款时，甲可申请法院予以撤销? (2016/3/58，多选)

A. 乙将自己所有的财产用于偿还对他人的未到期债务

B. 乙与其债权人约定放弃对债务人财产的抵押权

C. 乙在离婚协议中放弃对家庭共有财产的分割

D. 乙父去世，乙放弃对父亲遗产的继承权

28. 甲隐瞒了其所购别墅内曾发生恶性刑事案件的事实，以明显低于市场价的价格将其转卖给乙; 乙在不知情的情况下，放弃他人以市场价出售的别墅，购买了甲的别墅。几个月后乙获悉实情，向法院申请撤销合同。关于本案，下列哪些说法是正确的? (2016/3/59，多选)

A. 乙须在得知实情后一年内申请法院撤销合同

B. 如合同被撤销，甲须赔偿乙在订立及履行合同过程当中支付的各种必要费用

C. 如合同被撤销，乙有权要求甲赔偿主张撤销时别墅价格与此前订立合同时别墅价格的差价损失

D. 合同撤销后乙须向甲支付合同撤销前别墅的使用费

29. 居民甲将房屋出租给乙，乙经甲同意对承租房进行了装修并转租给丙。丙擅自更改房屋承重结构，导致房屋受损。对此，下列哪些选项是正确的? (2016/3/60，多选)

A. 无论有无约定，乙均有权于租赁期满时请求甲补偿装修费用

B. 甲可请求丙承担违约责任

C. 甲可请求丙承担侵权责任

D. 甲可请求乙承担违约责任

30. 周某以 6000 元的价格向吴某出售一台电脑，双方约定五个月内付清货款，每月支付 1200 元，在全部价款付清前电脑所有权不转移。合同生效后，周某将电脑交给吴某使用。期间，电脑出现故障，吴某将电脑交周某修理，但周某修好后以 6200 元的价格将该电脑出售并交付给不知情的王某。对此，下列哪些说法是正确的? (2016/3/61，多选)

A. 王某可以取得该电脑所有权

B. 在吴某无力支付最后一个月的价款时，周某可行使取回权

C. 如吴某未支付到期货款达 1800 元，周某可要求其一次性支付剩余货款

D. 如吴某未支付到期货款达 1800 元，周某可要求解除合同，并要求吴某支付一定的电脑使用费

31. 屈赞与曲玲协议离婚并约定婚生子屈曲由屈赞抚养，另口头约定曲玲按其能力给付抚养费并可随时探望屈曲。对此，下列哪些选项是正确的? (2016/3/65，多选)

A. 曲玲有探望权，屈赞应履行必要的协助义务

B. 曲玲连续几年对屈曲不闻不问，违背了法定的探望义务

C. 屈赞拒不履行协助曲玲探望的义务，经由裁判可依法对屈赞采取拘留、罚款等强制措施

D. 屈赞拒不履行协助曲玲探望的义务，经由裁判可依法强制从屈赞处接领屈曲与曲玲会面

32. 熊某与杨某结婚后，杨某与前夫所生之子小强由二人一直抚养，熊某死亡，未立遗嘱。熊某去世前杨某孕有一对龙凤胎，于熊某死后生产，产出时男婴为死体，女婴为活体但旋即死亡。关于对熊某遗产的继承，下列哪些选项是正确的? (2016/3/66，多选)

A. 杨某、小强均是第一顺位的法定继承人

B. 女婴死亡后，应当发生法定的代位继承

C. 为男婴保留的遗产份额由杨某、小强继承

D. 为女婴保留的遗产份额由杨某继承

33. 4名行人正常经过北方牧场时跌入粪坑，1人获救3人死亡。据查，当地牧民为养草放牧，储存牛羊粪便用于施肥，一家牧场往往挖有三四个粪坑，深者达三四米，之前也发生过同类事故。关于牧场的责任，下列哪些选项是正确的？（2016/3/67，多选）

A. 应当适用无过错责任原则

B. 应当适用过错推定责任原则

C. 本案情形已经构成不可抗力

D. 牧场管理人可通过证明自己尽到管理职责而免责

甲、乙、丙三人签订合伙协议并开始经营，但未取字号，未登记，也未推举负责人。其间，合伙人与顺利融资租赁公司签订融资租赁合同，租赁淀粉加工设备一台，约定租赁期限届满后设备归承租人所有。合同签订后，出租人按照承租人的选择和要求向设备生产商丁公司支付了价款。

请回答第34~36题。

34. 如果承租人不履行支付价款的义务，出租人起诉，适格被告是：（2016/3/86，不定项）

A. 合伙企业

B. 甲、乙、丙全体

C. 甲、乙、丙中的任何人

D. 丁公司

35. 乙在经营期间发现风险太大，提出退伙，甲、丙表示同意，并通知了出租人，但出租人表示反对，认为乙退出后会加大合同不履行的风险。下列说法正确的是：（2016/3/87，不定项）

A. 经出租人同意，乙可以退出

B. 乙可以退出，无需出租人同意

C. 乙必须向出租人提供有效担保后才能退出

D. 乙退出后对合伙债务不承担责任

36. 如租赁期间因设备自身原因停机，造成承租人损失。下列说法正确的是：（2016/3/88，不定项）

A. 出租人应减少租金

B. 应由丁公司修理并赔偿损失

C. 承租人向丁公司请求承担责任时，出租人有协助义务

D. 出租人与丁公司承担连带责任

甲、乙双方于2013年5月6日签订水泥供应合同，乙以自己的土地使用权为其价款支付提供了最高额抵押，约定2014年5月5日为债权确定日，并办理了登记。丙为担保乙的债务，也于2013年5月6日与甲订立最高额保证合同，保证期间为一年，自债权确定日开始计算。

请回答第37~39题。

37. 水泥供应合同约定，将2013年5月6日前乙欠甲的货款纳入了最高额抵押的担保范围。下列说法正确的是：（2016/3/89，不定项）

A. 该约定无效

B. 该约定合法有效

C. 如最高额保证合同未约定将2013年5月6日前乙欠甲的货款纳入最高额保证的担保范围，则丙对此不承担责任

D. 丙有权主张减轻其保证责任

38. 甲在2013年11月将自己对乙已取得的债权全部转让给丁。下列说法正确的是：（2016/3/90，不定项）

A. 甲的行为将导致其最高额抵押权消灭

B. 甲将上述债权转让给丁后，丁取得最高额抵押权

C. 甲将上述债权转让给丁后，最高额抵押权不随之转让

D. 2014年5月5日前，甲对乙的任何债权均不得转让

39. 乙于2014年1月被法院宣告破产，下列说法正确的是：（2016/3/91，不定项）

A. 甲的债权确定期届至

B. 甲应先就抵押物优先受偿，不足部分再要求丙承担保证责任

C. 甲可先要求丙承担保证责任

D. 如甲未申报债权，丙可参加破产财产分配，预先行使追偿权

2017 年

1. 甲、乙二人同村，宅基地毗邻。甲的宅基地倚山、地势较低，乙的宅基地在上将其环绕。乙因琐事与甲多次争吵而郁闷难解，便沿二人宅基地的边界线靠己方一侧，建起高5米围墙，使甲在自家院内却有身处监牢之感。乙的行为违背民法的下列哪一基本原则？（2017/3/1，单选）

A. 自愿原则　　　　B. 公平原则

C. 平等原则　　　　D. 诚信原则

2. 肖特有音乐天赋，16岁便不再上学，以演出收入为主要生活来源。肖特成长过程中，多有长辈馈赠：7岁时受赠口琴1个，9岁时受赠钢琴1架，15岁时受赠名贵小提琴1把。对肖特行为能力及其受赠行为效力的判断，根据《民法总则》相关规定，下列哪一选项是正确的？（2017/3/2，单选）

A. 肖特尚不具备完全的民事行为能力

B. 受赠口琴的行为无效，应由其法定代理人代理实施

C. 受赠钢琴的行为无效，因与其当时的年龄智力不相当

D. 受赠小提琴的行为无效，因与其当时的年龄智力不相当

3. 齐某扮成建筑工人模样，在工地旁摆放一尊廉价购得的旧蟾蜍石雕，冒充新挖出文物等待买主。甲曾以 5000 元从齐某处买过一尊同款石雕，发现被骗后正在和齐某交涉时，乙过来询问。甲有意让乙也上当，以便要回被骗款项，未等齐某开口便对乙说："我之前从他这买了一个貔貅，转手就赚了，这个你不要我就要了。"乙信以为真，以 5000 元买下石雕。关于所涉民事法律行为的效力，下列哪一说法是正确的？（2017/3/3，单选）

A. 乙可向甲主张撤销其购买行为

B. 乙可向齐某主张撤销其购买行为

C. 甲不得向齐某主张撤销其购买行为

D. 乙的撤销权自购买行为发生之日起 2 年内不行使则消灭

4. 甲公司开发的系列楼盘由乙公司负责安装电梯设备。乙公司完工并验收合格投入使用后，甲公司一直未支付工程款，乙公司也未催要。诉讼时效期间届满后，乙公司组织工人到甲公司讨要。因高级管理人员均不在，甲公司新录用的法务小王，擅自以公司名义签署了同意履行付款义务的承诺函，工人们才散去。其后，乙公司提起诉讼。关于本案的诉讼时效，下列哪一说法是正确的？（2017/3/4，单选）

A. 甲公司仍可主张诉讼时效抗辩

B. 因乙公司提起诉讼，诉讼时效中断

C. 法院可主动适用诉讼时效的规定

D. 因甲公司同意履行债务，其不能再主张诉讼时效抗辩

5. 庞某有 1 辆名牌自行车，在借给黄某使用期间，达成转让协议，黄某以 8000 元的价格购买该自行车。次日，黄某又将该自行车以 9000 元的价格转卖给了洪某，但约定由黄某继续使用 1 个月。关于该自行车的归属，下列哪一选项是正确的？（2017/3/5，单选）

A. 庞某未完成交付，该自行车仍归庞某所有

B. 黄某构成无权处分，洪某不能取得自行车所有权

C. 洪某在黄某继续使用 1 个月后，取得该自行车所有权

D. 庞某既不能向黄某，也不能向洪某主张原物返还请求权

6. 甲遗失手链 1 条，被乙拾得。为找回手链，甲张贴了悬赏 500 元的寻物告示。后经人指证手链为乙拾得，甲要求乙返还，乙索要 500 元报酬，甲不同意，双方数次交涉无果。后乙在桥边玩耍时手链掉入河中被冲走。下列哪一选项是正确的？（2017/3/6，单选）

A. 乙应承担赔偿责任，但有权要求甲支付 500 元

B. 乙应承担赔偿责任，无权要求甲支付 500 元

C. 乙不应承担赔偿责任，也无权要求甲支付 500 元

D. 乙不应承担赔偿责任，有权要求甲支付 500 元

7. 村民胡某承包了一块农民集体所有的耕地，订立了土地承包经营权合同，未办理确权登记。胡某因常年在外，便与同村村民周某订立土地承包经营权转让合同，将地交周某耕种，未办理变更登记。关于该土地承包经营权，下列哪一说法是正确的？（2017/3/7，单选）

A. 未经登记不得处分

B. 自土地承包经营权合同生效时设立

C. 其转让合同自完成变更登记时起生效

D. 其转让未经登记不发生效力

8. 甲以某商铺作抵押向乙银行借款，抵押权已登记，借款到期后甲未偿还。甲提前得知乙银行将起诉自己，在乙银行起诉前将该商铺出租给不知情的丙，预收了 1 年租金。半年后经乙银行请求，该商铺被法院委托拍卖，由丁竞买取得。下列哪一选项是正确的？（2017/3/8，单选）

A. 甲与丙之间的租赁合同无效

B. 丁有权请求丙腾退商铺，丙有权要求丁退还剩余租金

C. 丁有权请求丙腾退商铺，丙无权要求丁退还剩余租金

D. 丙有权要求丁继续履行租赁合同

9. 甲经乙公司股东丙介绍购买乙公司矿粉，甲依约预付了 100 万元货款，乙公司仅交付部分矿粉，经结算欠甲 50 万元货款。乙公司与丙商议，由乙公司和丙以欠款人的身份向甲出具欠条。其后，乙公司未按期支付。关于丙在欠条上签名的行为，下列哪一选项是正确的？（2017/3/9，单选）

A. 构成第三人代为清偿

B. 构成免责的债务承担

C. 构成并存的债务承担

D. 构成无因管理

10. 陈老伯考察郊区某新楼盘时，听销售经理介绍周边有轨道交通 19 号线，出行方便，便与开发商订立了商品房预售合同。后经了解，轨道交通 19 号线属市域铁路，并非地铁，无法使用老年卡，出行成本较高；此外，铁路房的升值空间小于地铁房。陈老伯深感懊悔。关于陈老伯可否反悔，下列哪一说法是正确的？（2017/3/10，单选）

A. 属认识错误，可主张撤销该预售合同

B. 属重大误解，可主张撤销该预售合同

C. 该预售合同显失公平，陈老伯可主张撤销该合同

D. 开发商并未欺诈陈老伯，该预售合同不能被撤销

11. 甲与乙公司订立美容服务协议，约定服务期为半年，服务费预收后逐次计扣，乙公司提供的协议格式条款中载明"如甲单方放弃服务，余款不退"（并注明该条款不得更改）。协议订立后，甲依约支

付 5 万元服务费。在接受服务 1 个月并发生费用 8000 元后，甲感觉美容效果不明显，单方放弃服务并要求退款，乙公司不同意。甲起诉乙公司要求返还余款。下列哪一选项是正确的？（2017/3/11，单选）

A. 美容服务协议无效

B. "如甲单方放弃服务，余款不退"的条款无效

C. 甲单方放弃服务无须承担违约责任

D. 甲单方放弃服务应承担继续履行的违约责任

12. 德凯公司拟为新三板上市造势，在无真实交易意图的情况下，短期内以业务合作为由邀请多家公司来其主要办公地点洽谈。其中，真诚公司安排授权代表往返十余次，每次都准备了详尽可操作的合作方案，德凯公司佯装感兴趣并屡次表达将签署合同的意愿，但均在最后一刻推脱拒签。期间，德凯公司还将知悉的真诚公司的部分商业秘密不当泄露。对此，下列哪一说法是正确的？（2017/3/12，单选）

A. 未缔结合同，则德凯公司就磋商事宜无需承担责任

B. 虽未缔结合同，但德凯公司构成恶意磋商，应赔偿损失

C. 未缔结合同，则商业秘密属于真诚公司自愿披露，不应禁止外泄

D. 德凯公司也付出了大量的工作成本，如被对方主张赔偿，则据此可主张抵销

13. 甲、乙两公司约定：甲公司向乙公司支付 5 万元研发费用，乙公司完成某专用设备的研发生产后双方订立买卖合同，将该设备出售给甲公司，价格暂定为 100 万元，具体条款另行商定。乙公司完成研发生产后，却将该设备以 120 万元卖给丙公司，甲公司得知后提出异议。下列哪一选项是正确的？（2017/3/13，单选）

A. 甲、乙两公司之间的协议系承揽合同

B. 甲、乙两公司之间的协议系附条件的买卖合同

C. 乙、丙两公司之间的买卖合同无效

D. 甲公司可请求乙公司承担违约责任

14. 高甲患有精神病，其父高乙为监护人。2009 年高甲与陈小美经人介绍认识，同年 12 月陈小美以其双胞胎妹妹陈小丽的名义与高甲登记结婚，2011 年生育一子高小甲。2012 年高乙得知儿媳的真实姓名为陈小美，遂向法院起诉。诉讼期间，陈小美将一直由其抚养的高小甲户口迁往自己原籍，并将高小甲改名为陈龙，高乙对此提出异议。下列哪一选项是正确的？（2017/3/17，单选）

A. 高甲与陈小美的婚姻属无效婚姻

B. 高甲与陈小美的婚姻属可撤销婚姻

C. 陈小美为高小甲改名的行为侵害了高小甲的合法权益

D. 陈小美为高小甲改名的行为未侵害高甲的合法权益

15. 刘男按当地习俗向戴女支付了结婚彩礼现金 10 万元及金银首饰数件，婚后不久刘男即主张离婚并要求返还彩礼。关于该彩礼的返还，下列哪一选项是正确的？（2017/3/18，单选）

A. 因双方已办理结婚登记，故不能主张返还

B. 刘男主张彩礼返还，不以双方离婚为条件

C. 已办理结婚登记，未共同生活的，可主张返还

D. 已办理结婚登记，并已共同生活的，仍可主张返还

16. 小强现年 9 周岁，生父谭某已故，生母徐某虽有抚养能力，但因准备再婚决定将其送养。徐某的姐姐要求收养，其系华侨富商，除已育有一子外符合收养人的其他条件；谭某父母也为退休教师，也要求抚养。下列哪些选项是正确的？（2017/3/19，已改编，现为多选）

A. 徐某因有抚养能力不能将小强送其姐姐收养

B. 徐某的姐姐因有子女不能收养小强

C. 谭某父母有优先抚养的权利

D. 收养应征得小强同意

17. 张某因出售公民个人信息被判刑，孙某的姓名、身份证号码、家庭住址等信息也在其中，买方是某公司。下列哪一选项是正确的？（2017/3/20，单选）

A. 张某侵害了孙某的身份权

B. 张某侵害了孙某的名誉权

C. 张某侵害了孙某对其个人信息享有的民事权益

D. 某公司无须对孙某承担民事责任

18. 摄影爱好者李某为好友丁某拍摄了一组生活照，并经丁某同意上传于某社交媒体群中。蔡某在社交媒体群中看到后，擅自将该组照片上传于某营利性摄影网站，获得报酬若干。对蔡某的行为，下列哪一说法是正确的？（2017/3/21，单选）

A. 侵害了丁某的肖像权和身体权

B. 侵害了丁某的肖像权和李某的著作权

C. 侵害了丁某的身体权和李某的著作权

D. 不构成侵权

19. 姚某旅游途中，前往某玉石市场参观，在唐某经营的摊位上拿起一只翡翠手镯，经唐某同意后试戴，并问价。唐某报价 18 万元（实际进货价 8 万元，市价 9 万元），姚某感觉价格太高，急忙取下，不慎将手镯摔断。关于姚某的赔偿责任，下列哪一选项是正确的？（2017/3/22，单选）

A. 应承担违约责任

B. 应赔偿唐某 8 万元损失

C. 应赔偿唐某 9 万元损失

D. 应赔偿唐某 18 万元损失

20. 刘婆婆回家途中，看见邻居肖婆婆带着外孙小勇和另一家邻居的孩子小囡（均为 4 岁多）在小

区花园中玩耍，便上前拿出几根香蕉递给小勇，随后离去。小勇接过香蕉后，递给小囡一根，小囡吞食时误入气管导致休克，经抢救无效死亡。对此，下列哪一选项是正确的？（2017/3/23，单选）

A. 刘婆婆应对小囡的死亡承担民事责任

B. 肖婆婆应对小囡的死亡承担民事责任

C. 小勇的父母应对小囡的死亡承担民事责任

D. 属意外事件，不产生相关人员的过错责任

21. 王某因全家外出旅游，请邻居戴某代为看管其饲养的宠物狗。戴某看管期间，张某偷狗，被狗咬伤。关于张某被咬伤的损害，下列哪一选项是正确的？（2017/3/24，单选）

A. 王某应对张某所受损害承担全部责任

B. 戴某应对张某所受损害承担全部责任

C. 王某和戴某对张某损害共同承担全部责任

D. 王某或戴某不应对张某损害承担全部责任

22. 余某与其妻婚后不育，依法收养了孤儿小翠。不久后余某与妻子离婚，小翠由余某抚养。现余某身患重病，为自己和幼女小翠的未来担忧，欲作相应安排。下列哪些选项是正确的？（2017/3/51，多选）

A. 余某可通过遗嘱指定其父亲在其身故后担任小翠的监护人

B. 余某可与前妻协议确定由前妻担任小翠的监护人

C. 余某可与其堂兄事先协商以书面形式确定堂兄为自己的监护人

D. 如余某病故，应由余某父母担任小翠的监护人

23. 甲出境经商下落不明，2015年9月经其妻乙请求被K县法院宣告死亡，其后乙未再婚，乙是甲唯一的继承人。2016年3月，乙将家里的一辆轿车赠送给了弟弟丙，交付并办理了过户登记。2016年10月，经商失败的甲返回K县，为还债将登记于自己名下的一套夫妻共有住房私自卖给知情的丁；同年12月，甲的死亡宣告被撤销。下列哪些选项是正确的？（2017/3/52，多选）

A. 甲、乙的婚姻关系自撤销死亡宣告之日起自行恢复

B. 乙有权赠与该轿车

C. 丙可不返还该轿车

D. 甲出卖房屋的行为无效

24. 黄逢、黄现和金耘共同出资，拟设立名为"黄金黄研究会"的社会团体法人。设立过程中，黄逢等3人以黄金黄研究会名义与某科技园签了为期3年的商铺租赁协议，月租金5万元，押3付1。此外，金耘为设立黄金黄研究会，以个人名义向某印刷厂租赁了一台高级印刷机。关于某科技园和某

印刷厂的债权，下列哪些选项是正确的？（2017/3/53，多选）

A. 如黄金黄研究会未成立，则某科技园的租赁债权消灭

B. 即便黄金黄研究会未成立，某科技园就租赁债权，仍可向黄逢等3人主张

C. 如黄金黄研究会未成立，则就某科技园的租赁债务，由黄逢等3人承担连带责任

D. 黄金黄研究会成立后，某印刷厂就租赁债权，既可向黄金黄研究会主张，也可向金耘主张

25. 甲、乙、丙、丁按份共有某商铺，各自份额均为25%。因经营理念发生分歧，甲与丙商定将其份额以100万元转让给丙，通知了乙、丁；乙与第三人戊约定将其份额以120万元转让给戊，未通知甲、丙、丁。下列哪些选项是正确的？（2017/3/54，多选）

A. 乙、丁对甲的份额享有优先购买权

B. 甲、丙、丁对乙的份额享有优先购买权

C. 如甲、丙均对乙的份额主张优先购买权，双方可协商确定各自购买的份额

D. 丙、丁可仅请求认定乙与戊之间的份额转让合同无效

26. 甲公司以一地块的建设用地使用权作抵押向乙银行借款3000万元，办理了抵押登记。其后，甲公司在该地块上开发建设住宅楼，由丙公司承建。甲公司在取得预售许可后与丁订立了商品房买卖合同，丁交付了80%的购房款。现住宅楼已竣工验收，但甲公司未能按期偿还乙银行借款，并欠丙公司工程款1500万元，乙银行和丙公司同时主张权利，法院拍卖了该住宅楼。下列哪些选项是正确的？（2017/3/55，多选）

A. 乙银行对建设用地使用权拍卖所得价款享有优先受偿权

B. 乙银行对该住宅楼拍卖所得价款享有优先受偿权

C. 丙公司对该住宅楼及其建设用地使用权的优先受偿权优先于乙银行的抵押权

D. 丙公司对该住宅楼及其建设用地使用权的优先受偿权不得对抗丁对其所购商品房的权利

27. 2016年3月3日，甲向乙借款10万元，约定还款日期为2017年3月3日。借款当日，甲将自己饲养的市值5万元的名贵宠物鹦鹉质押交付给乙，作为债务到期不履行的担保；另外，第三人丙提供了连带责任保证。关于乙的质权，下列哪些说法是正确的？（2017/3/56，多选）

A. 2016年5月5日，鹦鹉产蛋一枚，市值2000元，应交由甲处置

B. 因乙照管不善，2016年10月1日鹦鹉死亡，乙需承担赔偿责任

C. 2017 年 4 月 4 日，甲未偿还借款，乙未实现质权，则甲可请求乙及时行使质权

D. 乙可放弃该质权，丙可在乙丧失质权的范围内免除相应的保证责任

28. 2016 年 8 月 8 日，玄武公司向朱雀公司订购了一辆小型客用汽车。2016 年 8 月 28 日，玄武公司按照当地政策取得本市小客车更新指标，有效期至 2017 年 2 月 28 日。2016 年底，朱雀公司依约向玄武公司交付了该小客车，但未同时交付机动车销售统一发票、合格证等有关单证资料，致使玄武公司无法办理车辆所有权登记和牌照。关于上述购车行为，下列哪些说法是正确的？（2017/3/57，多选）

A. 玄武公司已取得该小客车的所有权

B. 玄武公司有权要求朱雀公司交付有关单证资料

C. 如朱雀公司一直拒绝交付有关单证资料，玄武公司可主张购车合同解除

D. 朱雀公司未交付有关单证资料，属于从给付义务的违反，玄武公司可主张违约责任，但不得主张合同解除

29. 甲欠乙 30 万元到期后，乙多次催要未果。甲与丙结婚数日后即办理离婚手续，在《离婚协议书》中约定将甲婚前的一处住房赠与知悉甲欠乙债务的丙，并办理了所有权变更登记。乙认为甲侵害了自己的权益，聘请律师向法院起诉，请求撤销甲的赠与行为，为此向律师支付代理费 2 万元。下列哪些选项是正确的？（2017/3/58，多选）

A. 《离婚协议书》因恶意串通损害第三人利益而无效

B. 如甲证明自己有稳定工资收入及汽车等财产可供还债，法院应驳回乙的诉讼请求

C. 如乙仅以甲为被告，法院应追加丙为被告

D. 如法院认定乙的撤销权成立，应一并支持乙提出的由甲承担律师代理费的请求

30. 冯某与丹桂公司订立商品房买卖合同，购买了该公司开发的住宅楼中的一套住房。合同订立后，冯某发现该房屋存在问题，要求解除合同。就冯某提出的解除合同的理由，下列哪些选项是正确的？（2017/3/59，多选）

A. 房屋套内建筑面积与合同约定面积误差比绝对值超过 5% 的

B. 商品房买卖合同订立后，丹桂公司未告知冯某又将该住宅楼整体抵押给第三人的

C. 房屋交付使用后，房屋主体结构质量经核验确属不合格的

D. 房屋存在质量问题，在保修期内丹桂公司拒绝修复的

31. 居民甲经主管部门批准修建了一排临时门面房，核准使用期限为 2 年，甲将其中一间租给乙开餐馆，租期 2 年。期满后未办理延长使用期限手续，甲

又将该房出租给了丙，并签订了 1 年的租赁合同。因租金问题，发生争议。下列哪些选项是正确的？（2017/3/60，多选）

A. 甲与乙的租赁合同无效

B. 甲与丙的租赁合同无效

C. 甲无权将该房继续出租给丙

D. 甲无权向丙收取该年租金

32. 甲融资租赁公司与乙公司签订融资租赁合同，约定乙公司向甲公司转让一套生产设备，转让价为评估机构评估的市场价 200 万元，再租给乙公司使用 2 年，乙公司向甲公司支付租金 300 万元。合同履行过程中，因乙公司拖欠租金，甲公司诉至法院。下列哪些选项是正确的？（2017/3/61，多选）

A. 甲公司与乙公司之间为资金拆借关系

B. 甲公司与乙公司之间为融资租赁合同关系

C. 甲公司与乙公司约定的年利率超过 24% 的部分无效

D. 甲公司已取得生产设备的所有权

33. 甲房地产开发公司开发一个较大的花园公寓项目，作为发包人，甲公司将该项目的主体工程发包给了乙企业，签署了建设工程施工合同。乙企业一直未取得建筑施工企业资质。现该项目主体工程已封顶完工。就相关合同效力及工程价款，下列哪一说法是正确的？（2017/3/62，已改编，现为单选）

A. 该建设工程施工合同无效

B. 因该项目主体工程已封顶完工，故该建设工程施工合同不应认定为无效

C. 该项目主体工程经竣工验收合格，则乙企业可参照合同约定请求甲公司支付工程价款

D. 该项目主体工程经竣工验收不合格，经修复后仍不合格的，乙企业不能主张工程价款

34. 乙女与甲男婚后多年未生育，后甲男发现乙女因不愿生育曾数次擅自中止妊娠，为此甲男多次殴打乙女。乙女在被打住院后诉至法院要求离婚并请求损害赔偿，甲男以生育权被侵害为由提起反诉，请求乙女赔偿其精神损害。法院经调解无效，拟判决双方离婚。下列哪些选项是正确的？（2017/3/65，多选）

A. 法院应支持乙女的赔偿请求

B. 乙女侵害了甲男的生育权

C. 乙女侵害了甲男的人格尊严

D. 法院不应支持甲男的赔偿请求

35. 韩某于 2017 年 3 月病故，留有住房 1 套、存款 50 万元、名人字画 10 余幅及某有限责任公司股权等遗产。韩某在 2014 年所立第一份自书遗嘱中表示全部遗产由其长子韩大继承。在 2015 年所立第二份自书遗嘱中，韩某表示其死后公司股权和名人字画留给 7 岁的外孙女婷婷。2017 年 6 月，韩大在未办理韩某遗留房屋所有权变更登记的情况下以自己的名义

与陈卫订了商品房买卖合同。下列哪些选项是错误的？（2017/3/66，多选）

A. 韩某的第一份遗嘱失效

B. 韩某的第二份遗嘱无效

C. 韩大与陈卫订立的商品房买卖合同无效

D. 婷婷不能取得某有限责任公司股东资格

36. 甲、乙、丙三家毗邻而居，甲、乙分别饲养山羊各一只。某日二羊走脱，将丙辛苦栽培的珍稀药材悉数啃光。关于甲、乙的责任，下列哪些选项是正确的？（2017/3/67，多选）

A. 甲、乙可各自通过证明已尽到管理职责而免责

B. 基于共同致害行为，甲、乙应承担连带责任

C. 如能确定二羊各自啃食的数量，则甲、乙各自承担相应赔偿责任

D. 如不能确定二羊各自啃食的数量，则甲、乙平均承担赔偿责任

蒋某是 C 市某住宅小区 6 栋 3 单元 502 号房业主，入住后面临下列法律问题，请根据相关事实予以解答。

请回答第 37~39 题。

37. 小区地下停车场设有车位 500 个，开发商销售了 300 个，另 200 个用于出租。蒋某购房时未买车位，现因购车需使用车位。下列选项正确的是：（2017/3/86，不定项）

A. 蒋某等业主对地下停车场享有业主共有权

B. 如小区其他业主出售车位，蒋某等无车位业主在同等条件下享有优先购买权

C. 开发商出租车位，应优先满足蒋某等无车位业主的需要

D. 小区业主如出售房屋，其所购车位应一同转让

38. 该小区业主田某将其位于一楼的住宅用于开办茶馆，蒋某认为此举不妥，交涉无果后向法院起诉，要求田某停止开办。下列选项正确的是：（2017/3/87，不定项）

A. 如蒋某是同一栋住宅楼的业主，法院应支持其请求

B. 如蒋某能证明因田某开办茶馆而影响其房屋价值，法院应支持其请求

C. 如蒋某能证明因田某开办茶馆而影响其生活质量，法院应支持其请求

D. 如田某能证明其开办茶馆得到多数有利害关系业主的同意，法院应驳回蒋某的请求

39. 对小区其他业主的下列行为，蒋某有权提起诉讼的是：（2017/3/88，不定项）

A. 5 栋某业主任意弃置垃圾

B. 7 栋某业主违反规定饲养动物

C. 8 栋顶楼某业主违章搭建楼顶花房

D. 楼上邻居因不当装修损坏蒋某家天花板

甲服装公司与乙银行订立合同，约定甲公司向乙银行借款 300 万元，用于购买进口面料。同时，双方订立抵押合同，约定甲公司以其现有的以及将有的生产设备、原材料、产品为前述借款设立抵押。借款合同和抵押合同订立后，乙银行向甲公司发放了贷款，但未办理抵押登记。之后，根据乙银行要求，丙为此项贷款提供连带责任保证，丁以一台大型挖掘机作质押并交付。

请回答第 40~42 题。

40. 关于甲公司的抵押，下列选项正确的是：（2017/3/89，不定项）

A. 该抵押合同为最高额抵押合同

B. 乙银行自抵押合同生效时取得抵押权

C. 乙银行自抵押登记完成时取得抵押权

D. 乙银行的抵押权不得对抗在正常经营活动中已支付合理价款并取得抵押财产的买受人

41. 如甲公司违反合同约定将借款用于购买办公用房，则乙银行享有的权利有：（2017/3/90，不定项）

A. 提前收回借款

B. 解除借款合同

C. 请求甲公司按合同约定支付违约金

D. 对甲公司所购办公用房享有优先受偿权

42. 如甲公司未按期还款，乙银行欲行使担保权利，当事人未约定行使担保权利顺序，下列选项正确的是：（2017/3/91，不定项）

A. 乙银行应先就甲公司的抵押实现债权

B. 乙银行应先就丁的质押实现债权

C. 乙银行可选择就甲公司的抵押或丙的保证实现债权

D. 乙银行可选择就甲公司的抵押或丁的质押实现债权

2018 年

1. 世界陶艺大师甲在录制某电视节目时表示，其创作的某件艺术品的制作手法堪称世界之谜，如果有人能仿造出来，就将自己价值 1600 万元的房产赠送给仿造者。节目在全国播出后，某陶瓷爱好者仿造出了此作品。关于甲的行为，其性质应为：（2018 年仿真题）

A. 戏谑行为

B. 显失公平的合同

C. 赠与合同

D. 悬赏广告

2. 在甲 6 周岁时，甲的爷爷将家中祖传的一幅价值 200 万元的名画赠与甲。甲的母亲得知此事后，坚决表示反对。在甲 8 周岁生日时，甲的爷爷又将自己价值 27500 元的名贵手表赠与甲。甲的母亲亦明确

表示反对。关于本案，下列说法正确的是：（2018年仿真题）

A. 爷爷将名画赠与甲的行为因甲的母亲反对而无效

B. 爷爷将名画赠与甲的行为因纯获法律上的利益而有效

C. 爷爷将手表赠与甲的行为因甲的母亲反对而无效

D. 爷爷将手表赠与甲的行为因纯获法律上的利益而有效

3. 甲（男，51周岁，有配偶）依法收养了孤儿乙（女，11周岁）为养女，后甲多次对乙实施性侵，致乙先后产下两名女婴。2年后，当地群众向公安机关匿名举报，媒体也纷纷曝光此事。当地法院判决甲构成强奸罪，判处有期徒刑3年。关于本案，下列说法错误的是：（2018年仿真题）

A. 县民政部门可以直接撤销甲的监护人资格

B. 甲被人民法院撤销监护资格后可以不再给付抚养费

C. 甲出狱后，如确有悔改表现的，经其申请，人民法院可以恢复其监护人资格

D. 乙对甲的损害赔偿请求权的诉讼时效期间自甲的法定代理终止之日起计算

4. 甲应乙的请求，帮其发送某商城的销售广告，约定一条短信0.1元。后甲购买了伪基站设备，并携带该设备驾车在市区范围内群发广告。随后甲被公安机关抓获。经查，甲群发短信10万条，同时还获取了相应手机用户的个人信息，并将信息打包出售给了一家房地产开发公司，获利1万元。关于本案，下列说法错误的是：（2018年仿真题）

A. 甲和乙之间的约定无效

B. 甲和乙之间的约定效力待定

C. 甲可以请求乙给付自己1万元报酬

D. 甲侵害了他人对其个人信息享有的民事权益

5. 下列情形中，当事人的请求权不适用诉讼时效的是：（2018年仿真题）

A. 甲与乙的房屋相邻，乙装修房屋时将大量建筑垃圾堆放在门前，妨碍甲的通行，甲请求乙排除妨碍的权利

B. 甲的名贵轿车（登记在甲名下）被丁强行夺走，甲基于所有权人的身份请求丁返还名贵轿车的权利

C. 甲将自己的房屋出租给丙居住，租期届满后，甲基于所有权人的身份请求丙搬离房屋的权利

D. 甲与妻子戊离婚，法院判决婚生子小甲（6岁）与戊共同生活，甲按月给付抚养费，小甲请求甲给付抚养费的权利

6. 甲购买商品房（位于某小区2号楼）后在自家卧室对应的外墙上安装空调外机。隔壁业主乙认为2号楼外墙属于全楼业主共有，如甲安装空调外机应获得全楼2/3以上业主同意并支付相应的使用费。关于本案，下列说法正确的是：（2018年仿真题）

A. 外墙属于全楼业主共有

B. 甲安装空调外机须交纳合理费用

C. 甲有权无偿利用与其专有部分相对应的外墙面

D. 甲未经其他业主同意在外墙安装空调外机的行为构成侵权

7. 甲前往超市购物途中，恰逢乙牵着自己家的宠物狗迎面走来。宠物狗突然发狂上前追咬甲，路人丙为救甲，拿起旁边丁的伞与宠物狗打斗起来。最后甲得救，丙被狗咬伤，花去医药费2000元。关于本案，下列说法正确的是：（2018年仿真题）

A. 丙的行为构成无因管理

B. 丙的行为不构成无因管理

C. 丙可以请求甲支付2000元医药费

D. 丙可以请求乙支付2000元医药费

8. 甲从乙处租得房屋一套，双方在合同中约定："合同在行政机关备案后生效。"后甲出差，乙工作繁忙，双方一直未到行政机关办理备案手续，乙亦未将房屋交付给甲。对此，以下说法正确的是：（2018年仿真题）

A. 合同已经生效

B. 因为没有备案，合同未生效

C. 甲有权未经备案使用该房屋

D. 该合同即使经过备案也无效

9. 金牛山一带有陨石坠落，当地村民寻获后卖给闻讯而来的收藏者，获利颇丰。潘某路过村民肖某家菜地时拾得一小块陨石，肖某知道后向潘某索要遭拒绝。关于该陨石所有权的归属，下列说法正确的是：（2018年仿真题）

A. 陨石所有权归国家所有

B. 潘某拾得陨石行为不应由民法调整

C. 潘某可取得陨石所有权

D. 肖某可取得陨石所有权

10. 卢某是甲公司负责行政、人事、财务的副总经理，因工作需要，甲公司为其配置公务用车一辆。后卢某因拒绝接受岗位调整且旷工，被甲公司依法辞退。经查，甲公司辞退卢某时，尚欠其部分工资、社保金及经济赔偿金未予发放；甲公司辞退卢某后，卢某一直使用该汽车。卢某就工资问题向劳动仲裁委员会申请仲裁，仲裁期间，甲公司向法院起诉，要求卢某交还公司为其配置的公务用车，并支付辞退后卢某使用该汽车的使用费。卢某则主张留置该汽车。对此，以下说法正确的是：（2018年仿真题）

民
法

A. 因卢某已经申请仲裁，故甲公司不能向法院提起诉讼

B. 卢某被公司辞退后继续使用该汽车，应向甲公司交付汽车使用费

C. 卢某不可以留置该汽车

D. 卢某可以留置该汽车

11. 甲欠乙两笔债务：A债务30万元，双方约定年利率20%，2018年4月1日到期，应乙之要求，甲将其汽车为该债务设定了抵押。B债务30万元，双方约定年利率6%，2018年5月1日到期，无任何担保。2018年5月26日，甲让丙帮助其偿还A债务，随即丙向乙转账30万元，备注写"还清A债务"。乙收到该款后，表示应该归还的是B债务。对此，以下说法正确的是：（2018年仿真题）

A. 归还了A债务

B. 归还了B债务

C. 丙可请求乙返还30万元

D. 甲让丙还债应经过乙的同意

12. 老谭与妻子郭某一直居住在单位公租房内，郭某去世后，老谭雇佣保姆赵某照料自己，后二人登记结婚。老谭用婚后领取的10万元退休金，购买了该公租房，并将房产所有权登记在自己名下。后老谭将该房屋出卖于他人，买方交付了房款。对此，下列选项正确的是：（2018年仿真题）

A. 房屋属老谭、郭某共有

B. 房屋属老谭、赵某共有

C. 房屋属老谭所有

D. 房款属老谭所有

2019 年

1. 甲男与乙女在离婚协议中约定：婚生女小萍随乙女一起生活。为了小萍的健康成长，乙女若再婚，不可再生育子女。该约定违反民法中的哪一项原则？（2019年仿真题）

A. 公序良俗原则　　B. 平等原则

C. 自愿原则　　　　D. 公平原则

2. 70周岁的甲早年丧偶，有一对成年子女，均已经独立生活。甲与已丧偶的50周岁的乙情投意合，双方签订监护协议，约定："甲向乙支付其本人全部财产的50%，当甲丧失行为能力时，由乙负责照顾甲。"对此，下列说法正确的是：（2019年仿真题）

A. 甲可以自己选择监护人

B. 甲处分其财产的行为无效

C. 该协议在甲死亡后方发生效力

D. 甲的行为因侵犯其子女的权益而无效

3. 甲公司经营规模较大，乙公司为甲公司下设的分公司。乙公司的负责人张某以个人名义向李某借款，借款合同签订后，李某要求张某在保证人后面加

盖乙公司的公章，张某告知李某，乙公司提供保证已超出公司章程对分公司的授权，但是李某坚决要求盖章，张某无奈之下只好加盖了乙公司的公章。对此，下列说法正确的是：（2019年仿真题）

A. 张某的行为构成无权代理

B. 李某可以主张张某的行为构成表见代理

C. 因张某是乙公司的负责人，张某所借款项应由乙公司负责偿还

D. 因乙公司是甲公司的分公司，张某所借款项应由甲公司负责偿还

4. 甲和定居国外的乙系多年未见的好友。某日，乙来到甲的家中做客，看见甲的妻子丙怀有身孕，表示"如果孩子出生，就送十万元给孩子"。后孩子顺利出生，乙并未履行诺言。关于本案，下列说法正确的是：（2019年仿真题）

A. 赠与合同的受赠人为甲的孩子，而非甲

B. 甲的孩子出生前，赠与合同成立但未生效

C. 甲的孩子出生后，赠与合同生效

D. 乙有权行使任意撤销权

5. 甲得知某公司在公墓附近修路时，不慎触挖其舅舅乙的墓地，将乙的骨灰盒轻微碰裂。甲遂向该公司索要精神损害赔偿100万元。该公司承认碰裂事实，但主张修路是为了公共利益，加之及时修复，不应支付高额赔偿。甲遂向法院提起诉讼。对此，法院的处理应为：（2019年仿真题）

A. 不予受理

B. 驳回甲的诉讼请求

C. 支持甲的全部诉讼请求

D. 酌情支持甲的部分诉讼请求

6. 甲和乙离婚，育有一子小甲（9周岁），由甲抚养。后甲经常殴打小甲，且将小甲的祖父母赠送给小甲的家传玉佩用于偿还赌债。关于本案，下列说法错误的是：（2019年仿真题）

A. 甲将玉佩用于偿还赌债，应对小甲承担赔偿责任

B. 乙有权向法院提起诉讼撤销甲的监护人资格

C. 小甲向甲主张支付抚养费，不适用诉讼时效规定

D. 小甲向甲主张损害赔偿的诉讼时效期间，自年满18周岁之日起计算

7. 甲公司分别从乙公司、丙公司处各借款100万元，现两笔借款均已到期。甲公司有房屋和古董花瓶可供抵押。某日，乙公司法定代表人拿着礼物找到甲公司的法定代表人，对其说，你公司的现有资产只足够偿还我的借款，不如和我公司签订抵押合同。于是甲公司和乙公司订立抵押合同，合同签订后并未办理抵押登记。下列说法正确的是：（2019年仿真题）

A. 乙公司不享有抵押权

B. 甲公司、乙公司的抵押合同不成立

C. 丙公司可主张甲公司、乙公司的抵押合同无效

D. 丙公司可以主张撤销甲公司、乙公司之间的抵押合同

8. 甲向乙借款，以其自有房屋设定抵押并登记。后甲向丙借款，以该房屋为丙设定抵押并登记。后甲未经乙、丙同意，又与丁签订了该房屋的买卖合同。对此，下列说法正确的是：（2019 年仿真题）

A. 乙的抵押权消灭

B. 丙的抵押权消灭

C. 乙、丙的抵押权均不消灭

D. 房屋买卖合同无效

9. 柳某有房屋一套，2016 年 6 月租给郭某，双方签订了租赁合同，郭某办理了登记备案手续。2016 年 9 月，柳某又将该房屋出租给韩某，双方也签订了租赁合同，柳某让韩某入住了该房屋。对此，下列说法正确的是：（2019 年仿真题）

A. 柳某和韩某之间的合同应认定为无效

B. 柳某和郭某之间的合同签订在先，应确定郭某为房屋的承租人

C. 郭某办理了登记备案手续，应确定郭某为房屋的承租人

D. 韩某已经入住该房屋，应确定韩某为房屋的承租人

10. 洪某无施工资质，借用昊天建筑公司的资质，投标承包了恒达房地产开发公司的一个住宅楼工程。洪某与恒达公司签订了中标合同。其后，洪某与恒达公司另签订了一份建设工程施工合同，所约定的工程款与中标合同存在差异。其后，洪某以昊天建筑公司的名义与丙签订合作协议，约定把该工程全部转由丙建设。现工程竣工，经验收不合格。对此，下列说法正确的是：（2019 年仿真题）

A. 合作协议无效

B. 恒达公司不能要求昊天公司赔偿

C. 恒达公司可以要求丙赔偿

D. 如果工程质量合格，恒达公司应按照建设工程施工合同所载明的数额向洪某支付工程款

11. 甲醉酒后乘坐出租车回家，下车时，甲用微信支付车费，误将车费 80 元输成 8080 元，司机收到后也并未提醒甲。关于本案，下列说法正确的是：（2019 年仿真题）

A. 甲可以该运输合同系显失公平而主张予以撤销

B. 甲虽然醉酒，但也不应影响该运输合同的效力

C. 甲多付的 8000 元，应理解为甲赠与司机

D. 司机应将 8000 元返还给甲

12. 60 岁的张某和 25 岁的余某是夫妻。二人在婚前约定：结婚后张某将自己的一套房屋赠与余某；在张某生活不能自理时，由余某承担扶养义务。婚后，张某按约定将房屋过户到余某名下。此后，余某性情大变。后张某因患病生活不能自理，余某经常打

骂张某，直至将其赶出家门。对此，下列说法正确的是：（2019 年仿真题）

A. 张某可以主张赠与合同无效

B. 张某可以主张与余某的婚姻无效

C. 张某可以主张撤销赠与合同

D. 张某可以主张撤销与余某的婚姻

13. 姚某是老姚的独生子。姚某于 15 年前死亡，其配偶田某一直悉心照顾老姚。3 年前，田某与丁某结婚，并生育一子小丁。1 年前，田某因故死亡。半年前，老姚也因病死亡。关于小丁对老姚遗产的继承，下列说法正确的是：（2019 年仿真题）

A. 小丁无继承权

B. 小丁可以转继承

C. 小丁可以代位继承

D. 小丁可以主张分得适当遗产

14. 甲驾车行驶过程中未尽安全义务，刷蹭老人乙，导致乙严重性骨折。交通事故书认定，甲就此次事故负全责。事后经鉴定，乙因从小缺钙而患有骨质疏松，其所受的损失中个人体质因素占比 25%。关于甲的赔偿责任，下列说法正确的是：（2019 年仿真题）

A. 承担部分赔偿责任

B. 不需承担赔偿责任

C. 本案应适用过错相抵

D. 乙骨质疏松不减轻甲的赔偿责任

2020 年

1. 陆某因诈骗罪入狱服刑，妻子孟某与其协议离婚，约定 12 岁儿子小勇由陆某抚养。由于陆某在监狱服刑，小勇实际上由陆某父母抚养。对此，下列说法正确的是：（2020 年仿真题）

A. 陆某为小勇的唯一监护人

B. 孟某为小勇的唯一监护人

C. 陆某父母为小勇的监护人

D. 陆某、孟某为小勇的监护人

2. 苗某未经邻居陈某的同意，将其平日里作业用的大型油罐车停在了陈某家的院子里，并骑走了陈某家未上锁的自行车，陈某当天即知道了苗某的上述行为。3 年后，针对陈某的下列哪些请求权，苗某可以主张诉讼时效抗辩？（2020 年仿真题）

A. 停止侵害　　　　B. 消除危险

C. 返还原物　　　　D. 损害赔偿

3. 甲向乙借 100 万元，同时甲以其房屋作为抵押。甲、乙签订抵押合同，其中约定如果甲到期不能偿还借款，乙可以取得房屋所有权。合同签订后，双方办理了抵押登记。借款到期后，甲不能偿还债务。对此，下列说法正确的是：（2020 年仿真题）

A. 抵押合同因属虚假行为而无效

B. 虽然抵押合同无效，但由于办理了抵押登记，乙取得了抵押权

C. 双方关于乙取得房屋所有权的约定不发生相应效力

D. 乙可以请求拍卖房屋，并就其价款优先受偿

4. 甲、乙、丙、丁四人签订一份合伙合同，共同从事某合伙事业，但四人并未登记为合伙企业。其后，甲、乙、丙推选丁作为合伙事务的执行人，丁在执行合伙事务的过程中，因经营方法问题，对外欠戊10万元债务。戊欲追究相关当事人的责任，对此，下列说法正确的是：（2020 年仿真题）

A. 丁应承担责任

B. 合伙本身应就此承担用人单位责任

C. 甲、乙、丙不应承担责任

D. 甲、乙、丙应与丁承担连带责任

5. 甲欲给乙赠送贵重礼物，提前电话通知乙提醒其领取。丙在网上购买电脑一台，快递员丁送货上门时，看错了门牌号，将该电脑送至乙家，乙误以为这是甲给自己的礼物，遂予以签收。当天晚上，乙家突发火灾，电脑被烧坏。对此，下列说法错误的是：（2020 年仿真题）

A. 乙和丁对丙承担连带责任

B. 乙对丙不负赔偿责任

C. 丙有权要求乙交付同种型号、同样配置的电脑

D. 丙有权要求甲向自己交付给乙的礼品

6. 某日深夜，乙擅自将自己的轿车停放在甲的停车位上。甲驾车回来时，无法联系到乙，也无其他停车位可供停车，遂致电拖车公司把乙的车拖走，并支付拖车费 300 元。对此，下列说法错误的是：（2020 年仿真题）

A. 甲有权要求乙承担缔约过失责任

B. 乙构成不当得利

C. 甲有权请求乙赔偿因支付拖车费造成的损失

D. 乙侵害了甲对停车位享有的物权

7. 甲和乙长相酷似，一日乙得知甲将获得一荣誉称号并有金钱奖励，于是乙伪造甲的身份证，并持该身份证到有关机关签字冒领奖金。对于乙行为的认定，下列选项错误的是：（2020 年仿真题）

A. 乙侵犯了甲的姓名权

B. 乙侵犯了甲的荣誉权

C. 乙侵犯了甲的名誉权

D. 乙构成不当得利

8. 某小区跑入几条流浪狗，业主将这一情况向小区物业公司进行了反映。一日，王大妈下楼倒垃圾，由于垃圾袋破裂，导致垃圾散落一地，但王大妈并未清扫。流浪狗闻味跑来，正巧小学生小军拿着香肠路过，被流浪狗咬伤。此时物业公司巡视的工作人员正好经过，赶紧将流浪狗赶走，并对垃圾进行了清扫。对于小军的受伤，责任承担者应为：（2020 年仿真题）

A. 王大妈

B. 小区物业公司

C. 小区物业公司和王大妈承担连带责任

D. 本案属于意外事件，物业公司和王大妈无须承担责任

9. 小东将汽车借给小南使用。一天，小南在行驶汽车的途中，停车去旁边的超市买烟，但是汽车并未熄火，也未关车门。这时，小西（15 岁）和小北（13 岁）看到这辆车，小西对小北说："这辆车和我家的一模一样，我都开过，你也试试。"于是，小西和小北共同进入汽车内，在小西的指导下，小北掌握方向盘驾驶汽车。在驾驶一百余米之后进入人行道，将路上的行人小中撞伤。对此，下列说法错误的是：（2020 年仿真题）

A. 小东应对小中承担赔偿责任

B. 小南应对小中承担赔偿责任

C. 小西的监护人应对小中承担赔偿责任

D. 小北的监护人应对小中承担赔偿责任

10. 肖某经营的餐厅因扩大经营需要资金，戴某表示愿意向其提供借款 100 万元，但要求与肖某签订一份合伙协议，约定合作期限 3 年，戴某不承担任何经营风险，仅每年固定获取收益，第三年年底获得本息合计 110 万元。肖某遂与戴某签订该合伙协议，并获得 100 万元资金用于餐厅经营。关于合伙协议和借款合同的性质与效力，下列说法正确的是：（2020 年仿真题）

A. 合伙协议性质为合伙合同

B. 合伙协议无效

C. 借款合同有效

D. 性质为借款合同

11. 孕妇甲身体不适，前往乙医院就诊，乙医院医生因重大过失开错药，致甲身体受损，孩子小甲出生后即患有残疾。根据《民法典》的规定，下列说法正确的是：（2020 年仿真题）

A. 仅甲可要求医院承担损害赔偿责任

B. 仅小甲可要求医院承担损害赔偿责任

C. 甲和小甲均可要求医院承担损害赔偿责任

D. 乙医院和医生对甲和小甲承担连带责任

2021 年

1. 舞蹈家甲观看某文艺演出时，发现 10 岁女孩乙极具舞蹈天赋，遂对乙表示愿意赠与其 100 万元，该笔资金只能用于舞蹈培训，助其成为舞蹈艺术家。乙当场接受，乙的父母知悉后，明确表示拒绝。对此，下列说法正确的是：（2021 年仿真题）

A. 乙可以独立判断，赠与有效

B. 乙的父母可拒绝接受，赠与无效

C. 乙获得赠与属于纯获利益，赠与有效

D. 乙的父母应维护乙的利益，赠与有效

2. 甲有一批珍贵红木，委托乙找买家，丙出价 600 万元，丁出价 400 万元。乙以甲的名义与丙缔约时，丁找到乙表示愿意给乙 50 万元回扣，出价 350 万元购入该红木，乙同意。后乙告知甲红木市场状况欠佳，只能以该价卖出。乙与丁签订了合同。关于乙的行为，下列说法错误的是：（2021 年仿真题）

A. 乙为无权代理

B. 乙与丁应对甲的损失承担连带责任

C. 该合同当然无效

D. 该合同当然有效

3. 甲、乙、丙三人系好友，三人商定由甲出资 5000 元，乙出资 2 万元，丙出资 5000 元共同购买玉石，约定三人按照出资比例共有。后丙将玉石作价 3.6 万元卖给了甲，乙收到 2.4 万元款项时才知情。对此，下列说法错误的是：（2021 年仿真题）

A. 甲有优先购买权

B. 乙有优先购买权

C. 丙构成无权处分

D. 丙构成份额转让

4. 甲与乙签订租赁合同，约定甲以 100 万元向乙购买一套房屋，再由乙向甲租赁该房屋，租期一年，月租金 10 万元，丙为乙的租金支付承担连带责任保证。经查，该房屋不存在，甲和乙均知情，丙不知情。对此，下列说法错误的是：（2021 年仿真题）

A. 名为租赁合同，实为借款合同

B. 租赁合同有效，保证合同无效

C. 租赁合同无效，保证合同无效

D. 租赁合同无效，保证合同可撤销

5. 2021 年 5 月，甲向乙短期借款，将汽车抵押给乙作为担保，但未办理抵押登记。同年 6 月，甲与丙订立买卖合同，将该车所有权转让给丙，未实际交付，也未办理过户登记，约定甲能继续有偿使用 2 个月。同年 7 月，甲驾车发生交通事故，将车送至丁的修车行修理，修理完毕后，甲未前来取车，也未付修理费。对此，下列说法错误的是：（2021 年仿真题）

A. 未办理抵押登记，不影响乙依生效抵押合同取得抵押权

B. 未实际交付，也未办理过户登记，不影响丙取得该车所有权

C. 修车费与汽车价值相差太大，丁不能行使留置权

D. 该车已不是甲的财产，丁不能行使留置权

6. 大华公司因经营情况不佳，将公司名下房屋分别与甲乙丙丁四人签订租赁合同，现四人均要求大华公司履行合同，交付房屋。对此，下列说法正确的是：（2021 年仿真题）

A. 应交付给甲，因其最先签订合同

B. 应交付给乙，因其约定的租金最高

C. 应交付给丙，因其合同进行了登记

D. 应交付给丁，因其已交租金

7. 甲因家门口临时堆放装修材料，故安装了一个监控摄像头，邻居乙偶然发现该摄像头拍摄范围过大，可完整拍到乙家人员进出情况，遂要求甲拆除。甲表示可以调整拍摄范围，只拍自家门口即可，无须拆除，但乙态度强硬，要求必须拆除。甲被激怒，不仅拒绝拆除，也拒绝调整。对此，下列说法错误的是：（2021 年仿真题）

A. 甲的行为是合法行使财产权

B. 乙有权要求甲拆除摄像头，排除妨碍

C. 甲的行为侵害了乙的隐私权

D. 甲的行为侵害了乙的名誉权

8. 乙 80 多岁，与外甥甲达成书面协议，约定在自己丧失或部分丧失行为能力时，由甲担当自己的监护人。乙的儿子丙认为自己也愿意担任乙的监护人，并且也完全有能力担任监护人，要求乙和自己签订协议，改由自己担任监护人，乙拒绝。2 年后，乙智力严重下降，法院认定乙为限制民事行为能力人，乙提出想去养老院住 1 年，甲不同意。对此，以下说法正确的是：（2021 年仿真题）

A. 乙有能力决定的事，甲不能干涉

B. 因丙不是乙的监护人，因此对乙不承担赡养义务

C. 乙去世后，甲作为监护人享有继承权

D. 丙对乙的遗产没有继承权

9. 甲为九旬老人，一直受邻居乙照顾，想将房子赠与乙，担心子女不同意，经咨询律师，拟为乙设定房屋居住权。对此，下列说法正确的是：（2021 年仿真题）

A. 乙死亡后，居住权不得继承

B. 甲可以以口头或书面形式设定居住权

C. 居住权合同生效后，未经登记，乙的居住权不得对抗善意第三人

D. 居住权设定后，乙可以将居住权转让给他人

10. 某房地产开发商建设完某小区后，即与甲物业服务公司签订了前期物业服务合同。业主乙入住后，因为停车位常被他人占用，不满意物业公司服务并提出抗议。对此，下列说法错误的是：（2021 年仿真题）

A. 乙可以未参与合同订立为由主张自己不受前期物业服务合同的约束

B. 乙可以无权代理为由主张前期物业服务合同对自己无约束力

C. 甲公司可在必要情况下以停止供水、供热的方式催交物业费

D. 乙可以自己在外地打工没有享受物业服务为由拒绝支付物业费

2022 年

1. 甲开发商对 A 小区的物业管理处享有独立产权，并在其附近建造了一个新的会所，但该会所未获得规划许可。会所建造完毕后，甲开发商以物业管理处做抵押，从乙银行获得 200 万元贷款，双方签订抵押合同后办理了抵押登记。对此，下列说法正确的是：（2022 年仿真题）

A. 甲开发商与乙银行之间的抵押合同有效

B. 甲开发商与乙银行之间的抵押合同无效

C. 抵押财产包括新建的会所

D. 抵押财产包括物业管理处占用范围内的建设用地使用权

2. 甲以 1 万元的价格向乙购买一个玉琮，约定 3 日后交付，并支付定金 5000 元。合同签订后，甲得知丙正在以 10 万元的价格收购玉琮，遂与丙以该价格签订了买卖合同，约定 3 日后交付，丙支付定金 1 万元。交货当日，乙不慎将玉琮摔碎。对此，下列说法正确的是：（2022 年仿真题）

A. 甲有权请求乙支付双倍定金 1 万元

B. 丙有权请求甲支付双倍定金 2 万元

C. 丙有权请求乙赔偿损失

D. 丙请求甲双倍返还定金时，甲有权请求减少定金

2023 年

王某在李某的手机店内购买一部新手机，使用一个月后出现故障，遂去张某店里维修，发现该手机在购买前有使用记录，属于翻新机。对此，王某的下列做法错误的是：（2023 年仿真题）

A. 请求李某返还部分手机款

B. 解除手机买卖合同

C. 基于显失公平撤销手机买卖合同

D. 基于欺诈撤销手机买卖合同

知识产权法

1. 甲研究院研制出一种新药技术，向我国有关部门申请专利后，与乙制药公司签订了专利申请权转让合同，并依法向国务院专利行政主管部门办理了登记手续。下列哪一表述是正确的？（2014/3/16，单选）

A. 乙公司依法获得药品生产许可证之前，专利申请权转让合同未生效

B. 专利申请权的转让合同自向国务院专利行政主管部门登记之日起生效

C. 专利申请权的转让自向国务院专利行政主管部门登记之日起生效

D. 如该专利申请因缺乏新颖性被驳回，乙公司可以不能实现合同目的为由请求解除专利申请权转让合同

2. 甲展览馆委托雕塑家叶某创作了一座巨型雕塑，将其放置在公园入口，委托创作合同中未约定版权归属。下列行为中，哪一项不属于侵犯著作权的行为？（2014/3/17，单选）

A. 甲展览馆许可乙博物馆异地重建完全相同的雕塑

B. 甲展览馆仿照雕塑制作小型纪念品向游客出售

C. 个体户冯某仿照雕塑制作小型纪念品向游客出售

D. 游客陈某未经著作权人同意对雕塑拍照纪念

3. 甲电视台经过主办方的专有授权，对篮球俱乐部联赛进行了现场直播，包括在比赛休息时舞蹈演员跳舞助兴的场面。乙电视台未经许可截取电视信号进行同步转播。关于乙电视台的行为，下列哪一表述是正确的？（2014/3/18，单选）

A. 侵犯了主办方对篮球比赛的著作权

B. 侵犯了篮球运动员的表演者权

C. 侵犯了舞蹈演员的表演者权

D. 侵犯了主办方的广播组织权

4. 甲公司在汽车产品上注册了"山叶"商标，乙公司未经许可在自己生产的小轿车上也使用"山叶"商标。丙公司不知乙公司使用的商标不合法，与乙公司签订书面合同，以合理价格大量购买"山叶"小轿车后售出，获利100万元以上。下列哪一说法是正确的？（2014/3/19，单选）

A. 乙公司的行为属于仿冒注册商标

B. 丙公司可继续销售"山叶"小轿车

C. 丙公司应赔偿甲公司损失100万元

D. 工商行政管理部门不能对丙公司进行罚款处罚

5. 甲创作了一首歌曲《红苹果》，乙唱片公司与甲签订了专有许可合同，在聘请歌星丙演唱了这首歌曲后，制作成录音制品（CD）出版发行。下列哪些行为属于侵权行为？（2014/3/62，多选）

A. 某公司未经许可翻录该CD后销售，向甲、乙、丙寄送了报酬

B. 某公司未经许可自聘歌手在录音棚中演唱了《红苹果》并制作成DVD销售，向甲寄送了报酬

C. 某商场购买CD后在营业时间作为背景音乐播放，经过甲许可并向其支付了报酬

D. 某电影公司将CD中的声音作为电影的插曲使用，只经过了甲许可

6. 中国甲公司的一项发明在中国和A国均获得了专利权。中国的乙公司与甲公司签订了中国地域内的专利独占实施合同。A国的丙公司与甲公司签订了在A国地域内的专利普通实施合同并制造专利产品，A国的丁公司与乙公司签订了在A国地域内的专利普通实施合同并制造专利产品。中国的戊公司、庚公司分别从丙公司和丁公司进口这些产品到中国使用。下列哪些说法是正确的？（2014/3/63，多选）

A. 甲公司应向乙公司承担违约责任

B. 乙公司应向甲公司承担违约责任

C. 戊公司的行为侵犯了乙公司的专利独占实施权

D. 庚公司的行为侵犯了甲公司的专利权

7. 甲公司是《保护工业产权巴黎公约》成员国A国的企业，于2012年8月1日向A国在牛奶产品上申请注册"白雪"商标被受理后，又于2013年5月30日向我国商标局申请注册"白雪"商标，核定使用在牛奶、糕点和食品容器这三类商品上。下列哪些说法是错误的？（2014/3/64，多选）

A. 甲公司应委托依法设立的商标代理机构代理申请商标注册

B. 甲公司必须提出三份注册申请，分别在三类商品上申请注册同一商标

C. 甲公司可依法享有优先权

D. 如商标局在异议程序中认定"白雪"商标为驰名商标，甲公司可在其牛奶包装上使用"驰名商标"字样

2015 年

1. 甲、乙合作创作了一部小说，后甲希望出版小说，乙无故拒绝。甲把小说上传至自己博客并保留了乙的署名。丙未经甲、乙许可，在自己博客中设置链接，用户点击链接可进入甲的博客阅读小说。丁未经甲、乙许可，在自己博客中转载了小说。戊出版社只经过甲的许可就出版了小说。下列哪一选项是正确的？（2015/3/16，单选）

A. 甲侵害了乙的发表权和信息网络传播权
B. 丙侵害了甲、乙的信息网络传播权
C. 丁向甲、乙寄送了高额报酬，但其行为仍然构成侵权
D. 戊出版社侵害了乙的复制权和发行权

2. 甲、乙、丙、丁相约勤工俭学。下列未经著作权人同意使用他人受保护作品的哪一行为没有侵犯著作权？（2015/3/17，单选）

A. 甲临摹知名绘画作品后廉价出售给路人
B. 乙收购一批旧书后廉价出租给同学
C. 丙购买一批正版录音制品后廉价出租给同学
D. 丁购买正版音乐CD后在自己开设的小餐馆播放

3. 2010 年 3 月，甲公司将其研发的一种汽车零部件向国家有关部门申请发明专利。该专利申请于 2011 年 9 月公布，2013 年 7 月 3 日获得专利权并公告。2011 年 2 月，乙公司独立研发出相同零部件后，立即组织生产并于次月起持续销售给丙公司用于组装汽车。2012 年 10 月，甲公司发现乙公司的销售行为。2015 年 6 月，甲公司向法院起诉。下列哪一选项是正确的？（2015/3/18，单选）

A. 甲公司可要求乙公司对其在 2013 年 7 月 3 日以前实施的行为支付赔偿费用
B. 甲公司要求乙公司支付适当费用的诉讼时效已过
C. 乙公司侵犯了甲公司的专利权
D. 丙公司没有侵犯甲公司的专利权

4. 佳普公司在其制造和出售的打印机和打印机墨盒产品上注册了"佳普"商标。下列未经该公司许可的哪一行为侵犯了"佳普"注册商标专用权？（2015/3/19，单选）

A. 甲在店铺招牌中标有"佳普打印机专营"字样，只销售佳普公司制造的打印机
B. 乙制造并销售与佳普打印机兼容的墨盒，该墨盒上印有乙的名称和其注册商标"金兴"，但标有"本产品适用于佳普打印机"

C. 丙把购买的"佳普"墨盒装入自己制造的打印机后销售，该打印机上印有丙的名称和其注册商标"东升"，但标有"本产品使用佳普墨盒"
D. 丁回收墨水用尽的"佳普"牌墨盒，灌注廉价墨水后销售

5. 应出版社约稿，崔雪创作完成一部儿童题材小说《森林之歌》。为吸引儿童阅读，增添小说离奇色彩，作者使用笔名"吹雪"，特意将小说中的狗熊写成三只腿的动物。出版社编辑在核稿和编辑过程中，认为作者有笔误，直接将"吹雪"改为"崔雪"、将狗熊改写成四只腿的动物。出版社将《森林之歌》批发给书店销售。下列哪些说法是正确的？（2015/3/62，多选）

A. 出版社侵犯了作者的修改权
B. 出版社侵犯了作者的保护作品完整权
C. 出版社侵犯了作者的署名权
D. 书店侵犯了作者的发行权

6. 甲公司获得一项智能手机显示屏的发明专利权后，将该技术以在中国大陆独占许可方式许可给乙公司实施。乙公司付完专利使用费并在销售含有该专利技术的手机过程中，发现丙公司正在当地电视台做广告宣传具有相同专利技术的手机，便立即通知甲公司起诉丙公司。法院受理该侵权纠纷后，丙公司在答辩期内请求宣告专利无效。下列哪些说法是错误的？（2015/3/63，多选）

A. 乙公司获得的专利使用权是债权，在不通知甲公司的情况下不能直接起诉丙公司
B. 专利无效宣告前，丙公司侵犯了专利实施权中的销售权
C. 如专利无效，则专利实施许可合同无效，甲公司应返还专利使用费
D. 法院应中止专利侵权案件的审理

7. 河川县盛产荔枝，远近闻名。该县成立了河川县荔枝协会，申请注册了"河川"商标，核定使用在荔枝商品上，许可本协会成员使用。加入该荔枝协会的农户将有"河川"商标包装的荔枝批发给盛联超市销售。超市在销售该批荔枝时，在荔枝包装上还加贴了自己的注册商标"盛联"。下列哪些说法是正确的？（2015/3/64，多选）

A. "河川"商标是集体商标
B. "河川"商标是证明商标
C. "河川"商标使用了县级以上行政区划名称，应被宣告无效
D. 盛联超市的行为没有侵犯商标权

2016 年

1. 甲公司与乙公司签订买卖合同，以市场价格购买乙公司生产的设备一台，双方交付完毕。设备投

入使用后，丙公司向法院起诉甲公司，提出该设备属于丙公司的专利产品，乙公司未经许可制造并销售了该设备，请求法院判令甲公司停止使用。经查，乙公司侵权属实，但甲公司并不知情。关于此案，法院下列哪一做法是正确的？（2016/3/14，单选）

 A. 驳回丙公司的诉讼请求

 B. 判令甲公司支付专利许可使用费

 C. 判令甲公司与乙公司承担连带责任

 D. 判令先由甲公司支付专利许可使用费，再由乙公司赔偿甲损失

2. 奔马公司就其生产的一款高档轿车造型和颜色组合获得了外观设计专利权，又将其设计的"飞天神马"造型注册为汽车的立体商标，并将该造型安装在车头。某车行应车主陶某请求，将陶某低价位的旧车改装成该高档轿车的造型和颜色，并从报废的轿车上拆下"飞天神马"标志安装在改装车上。陶某使用该改装车提供专车服务，收费高于普通轿车。关于上述行为，下列哪一说法是错误的？（2016/3/15，单选）

 A. 陶某的行为侵犯了奔马公司的专利权

 B. 车行的行为侵犯了奔马公司的专利权

 C. 陶某的行为侵犯了奔马公司的商标权

 D. 车行的行为侵犯了奔马公司的商标权

3. W研究所设计了一种高性能发动机，在我国和《巴黎公约》成员国L国均获得了发明专利权，并分别给予甲公司在我国、乙公司在L国的独占实施许可。下列哪一行为在我国构成对该专利的侵权？（2016/3/16，单选）

 A. 在L国购买由乙公司制造销售的该发动机，进口至我国销售

 B. 在我国购买由甲公司制造销售的该发动机，将发动机改进性能后销售

 C. 在我国未经甲公司许可制造该发动机，用于各种新型汽车的碰撞实验，以测试车身的防撞性能

 D. 在L国未经乙公司许可制造该发动机，安装在L国客运公司汽车上，该客车曾临时通过我国境内

4. 营盘市某商标代理机构，发现本市甲公司长期制造销售"实耐"牌汽车轮胎，但一直未注册商标，该机构建议甲公司进行商标注册，甲公司负责人鄢某未置可否。后鄢某辞职新创立了乙公司，鄢某委托该商标代理机构为乙公司进行轮胎类产品的商标注册。关于该商标代理机构的行为，下列哪一选项是正确的？（2016/3/17，单选）

 A. 乙公司委托注册"实耐"商标，该商标代理机构不得接受委托

 B. 乙公司委托注册"营盘轮胎"商标，该商标代理机构不得接受委托

 C. 乙公司委托注册普通的汽车轮胎图形作为商标，该商标代理机构不得接受委托

 D. 该商标代理机构自行注册"捷驰"商标，用于转让给经营汽车轮胎的企业

5. 著作权人Y认为网络服务提供者Z的服务所涉及的作品侵犯了自己的信息网络传播权，向Z提交书面通知要求其删除侵权作品。对此，下列哪些选项是正确的？（2016/3/62，多选）

 A. Y的通知书应当包含该作品构成侵权的初步证明材料

 B. Z接到书面通知后，可在合理时间内删除涉嫌侵权作品，同时将通知书转送提供该作品的服务对象

 C. 服务对象接到Z转送的书面通知后，认为提供的作品未侵犯Y的权利的，可以向Z提出书面说明，要求恢复被删除作品

 D. Z收到服务对象的书面说明后应即恢复被删除作品，同时将服务对象的说明转送Y的，则Y不得再通知Z删除该作品

6. 甲作曲、乙填词，合作创作了歌曲《春风来》。甲拟将该歌曲授权歌星丙演唱，乙坚决反对。甲不顾反对，重新填词并改名为《秋风起》，仍与丙签订许可使用合同，并获报酬10万元。对此，下列哪些选项是正确的？（2016/3/63，多选）

 A. 《春风来》的著作权由甲、乙共同享有

 B. 甲侵害了《春风来》歌曲的整体著作权

 C. 甲、丙签订的许可使用合同有效

 D. 甲获得的10万元报酬应合理分配给乙

7. 2010年，甲饮料厂开始制造并销售"香香"牌果汁并已产生一定影响。甲在外地的经销商乙发现甲尚未注册"香香"商标，就于2014年在果汁和碳酸饮料两类商品上同时注册了"香香"商标，但未实际使用。2015年，乙与丙饮料厂签订商标转让协议，将果汁类"香香"商标转让给了丙。对此，下列哪些选项是正确的？（2016/3/64，多选）

 A. 甲可随时请求宣告乙注册的果汁类"香香"商标无效

 B. 乙应将注册在果汁和碳酸饮料上的"香香"商标一并转让给丙

 C. 乙就果汁和碳酸饮料两类商品注册商标必须分别提出注册申请

 D. 甲可在果汁产品上附加区别标识，并在原有范围内继续使用"香香"商标

2017 年

1. 某电影公司委托王某创作电影剧本，但未约定该剧本著作权的归属，并据此拍摄电影。下列哪一未经该电影公司和王某许可的行为，同时侵犯二者的

著作权？（2017/3/14，单选）

A. 某音像出版社制作并出版该电影的 DVD

B. 某动漫公司根据该电影的情节和画面绘制一整套漫画，并在网络上传播

C. 某学生将该电影中的对话用方言配音，产生滑稽效果，并将配音后的电影上传网络

D. 某电视台在"电影经典对话"专题片中播放30分钟该部电影中带有经典对话的画面

2. 关于下列成果可否获得专利权的判断，哪一选项是正确的？（2017/3/15，单选）

A. 甲设计的新交通规则，能缓解道路拥堵，可获得方法发明专利权

B. 乙设计的新型医用心脏起搏器，能迅速使心脏重新跳动，该起搏器不能被授予专利权

C. 丙通过转基因方法合成一种新细菌，可过滤汽油的杂质，该细菌属动物新品种，不能被授予专利权

D. 丁设计的儿童水杯，其新颖而独特的造型既富美感，又能防止杯子滑落，该水杯既可申请实用新型专利权，也可申请外观设计专利权

3. 韦某开设了"韦老四"煎饼店，在当地颇有名气。经营汽车配件的个体户肖某从外地路过，吃过后赞不绝口。当发现韦某尚未注册商标时，肖某就餐饮服务注册了"韦老四"商标。关于上述行为，下列哪一说法是正确的？（2017/3/16，单选）

A. 韦某在外地开设新店时，可以使用"韦老四"标识

B. 如肖某注册"韦老四"商标后立即起诉韦某侵权，韦某并不需要承担赔偿责任

C. 肖某的商标注册恶意侵犯韦某的在先权利，韦某可随时请求宣告该注册商标无效

D. 肖某注册商标核定使用的服务类别超出了肖某的经营范围，韦某可以此为由请求宣告该注册商标无效

4. 牛博朗研习书法绘画30年，研究出汉字的独特写法牛氏"润金体"。"润金体"借鉴了"瘦金体"，但在布局、线条、勾画、落笔以及比例上自成体系，多出三分圆润，审美价值很高。牛博朗将其成果在网络上发布，并注明"版权所有，未经许可，不得使用"。羊阳洋公司从该网站下载了九个"润金体"字，组成广告词"小绵羊、照太阳、过海洋"，为其从国外进口的羔羊肉做广告。关于"润金体"及羊阳洋公司的行为，下列哪些选项是正确的？（2017/3/63，多选）

A. 字体不属于著作权保护的范围，故羊阳洋公司不构成侵权

B. "润金体"具有一定的独创性，可认定为美术作品而受著作权法保护

C. 羊阳洋公司只是选取了有限的数个汉字，不构成对"润金体"整体著作权的侵犯

D. 羊阳洋公司未经牛博朗同意，擅自使用"润金体"汉字，构成对牛博朗著作权的侵犯

5. 甲、乙两公司各自独立发明了相同的节水型洗衣机。甲公司于2013年6月申请发明专利权，专利局于2014年12月公布其申请文件，并于2015年12月授予发明专利权。乙公司于2013年5月开始销售该种洗衣机。另查，本领域技术人员通过拆解分析该洗衣机，即可了解其节水的全部技术特征。丙公司于2014年12月看到甲公司的申请文件后，立即开始制造并销售相同的洗衣机。2016年1月，甲公司起诉乙、丙两公司侵犯其发明专利权。关于甲公司的诉请，下列哪些说法是正确的？（2017/3/64，多选）

A. 如甲公司的专利有效，则丙公司于2014年12月至2015年11月使用甲公司的发明构成侵权

B. 如乙公司在答辩期内请求专利复审委员会宣告甲公司的专利权无效，则法院应中止诉讼

C. 乙公司如能证明自己在甲公司的专利申请日之前就已制造相同的洗衣机、且仅在原有制造能力范围内继续制造，则不构成侵权

D. 丙公司如能证明自己制造销售的洗衣机在技术上与乙公司于2013年5月开始销售的洗衣机完全相同，法院应认定丙公司的行为不侵权

2018 年

1. 甲创作歌曲《春花》，乙在某商业场合对其进行了演唱，丙公司将乙的演唱制成唱片，丁酒店把该唱片买回后在大厅作为背景音乐播放，戊广播电台在《秋月》栏目中进行了播出，下列选项正确的是：（2018 年仿真题）

A. 乙演唱该歌曲需要经过甲的同意并付费

B. 丙公司把乙的演唱制成唱片，不需要经过甲的同意并付费

C. 丁酒店在酒店大厅将该歌曲作为背景音乐播放，不需要经过甲的同意并付费

D. 戊广播电台的播放行为需要经过甲的同意并付费

2. 根据《商标法》的规定，下列选项正确的是：（2018 年仿真题）

A. 声音也可被注册为商标

B. 商标注册申请人通过一份申请只能就一个类别的商品申请注册同一商标

C. 同中央国家机关的名称、标志相同的，不得作为商标使用

D. 经营者不得将驰名商标字样用于商品的广告宣传当中

3. 甲、乙、丙三人利用业余时间共同完成一幅绘画作品，他们的共同好友丁提供了一些创作上的建议，并提出在署名的时候最好把自己的名字署名，这样可以利用自己的知名度提高作品的影响力，甲、乙、丙三人一致同意。乙提议将作品公开发表，甲希望低调一些，自己欣赏即可，丙则不置可否。乙不顾甲的反对把作品在某公开场合进行了展览，结果被路人戊看中，出价 1000 元予以购买，甲、乙、丙三人均表示同意。戊购买后随即拍照在微博上进行发布，一时引起热议。下列选项正确的是：（2018年仿真题）

A. 丁对作品的完成提出了建议，应是作者

B. 甲、乙、丙三人同意丁在作品上署名，丁也表示同意，该署名行为合法

C. 乙不顾甲的反对将作品发表的做法合法

D. 戊购买后随即拍照在微博上进行发布的行为合法

4. 根据《专利法》的规定，下列行为中属于侵犯专利权的行为是：（2018年仿真题）

A. 发明专利权申请公布后，专利局公告授权之前，第三人未经同意实施该技术的行为

B. 专利权人制造的专利产品售出后，使用该产品的行为

C. 专为科学研究而制造有关专利产品的

D. 为生产经营目的使用不知道是未经专利权人许可制造而售出的专利产品，能证明本产品合法来源的

2019 年

1. 甲在网上发表了侮辱英烈的小说，丙据此改编成电视剧。乙根据小说绘制了漫画。对此，下列选项正确的：（2019年仿真题）

A. 英烈的近亲属可以起诉甲侵犯英烈的名誉

B. 英烈的近亲属可以起诉乙侵犯英烈的名誉

C. 丙侵犯了甲的著作权

D. 乙侵犯了甲的著作权

2. 甲创作了小说《校园爱情故事》，乙读后将该小说扫描并上传到 M 文学论坛网站。丙是 M 论坛管理员，看到后将该帖子及小说电子版资源下载链接置顶"精华区"版块。丁在县中学旁经营一家书店，在论坛上下载了小说电子版，并印制成册，出租给学校学生。戊租借两天，将小说内容朗读后录制成有声书在班级播放。对此，下列说法正确的是：（2019年仿真题）

A. 乙的行为构成侵权，需承担赔偿责任

B. M 论坛的行为构成侵权，需承担赔偿责任

C. 丁的行为构成侵权，需承担赔偿责任

D. 戊的行为构成侵权，需承担赔偿责任

3. 某杂志社出版的杂志是国内知名的时事类期刊，每期内容均精心挑选编排，广受读者好评。甲网站未经许可转载了该期刊每期所有的文章，并且未标明出处和不得转载，后大量网民从甲网站下载了杂志里收录的文章。对此，下列说法正确的是：（2019年仿真题）

A. 甲网站既侵犯了杂志社的权利，也侵犯了作者的权利

B. 甲网站只侵犯作者的著作权

C. 如果甲网站给作者付费，就不构成侵犯著作权

D. 如果杂志社未经作者同意收录文章，则甲网站转载不侵犯杂志社的权利

4. 出生于 A 国的 Jone. Labe 因获得世界"王者联盟"联赛大满贯而名声大噪，甲从中发现了商机，在其所卖的游戏用品上注册了"Jone"的商标，并且销售使用了该商标的游戏用品。乙发现甲没有设立专门的公司来销售游戏用品，于是乙设立了"Jone 游戏用品公司"，并在其销售的游戏用品上突出展示"Jone"的标志。对此，下列说法正确的：（2019年仿真题）

A. 在甲起诉乙侵权时，乙以甲的注册商标侵犯他人权利为由进行抗辩的，甲无法获得赔偿

B. 在甲起诉乙侵权时，乙以公司名称经过合法登记为由抗辩的，甲对乙的使用行为无权禁止

C. 如果 Jone. Labe 想宣告甲的注册商标无效，那么其只能在注册之日起五年内提出申请

D. Jone. Labe 仅对"Jone. Labe"享有姓名权，不能以"Jone"注册商标侵犯其姓名权为由请求宣告该注册商标无效

2020 年

1. 甲中学委托乙美术学院设计学校标志，双方约定该标志的著作权由甲中学享有。乙美术学院在接受委托后组织实施中，因自己的设计人员设计稿不尽如人意，又委托丙美术馆设计，丙美术馆将该设计工作交给丁，丁没有时间设计便找戊完成设计该标志，但对该标志的著作权的归属均未再约定。后乙美术学院将戊的作品交给甲中学，甲中学十分满意。现各方对该标志的著作权归属产生争议。对此，著作权应归属于：（2020年仿真题）

A. 甲中学　　　　　B. 丙美术馆

C. 丁　　　　　　　D. 戊

2. 摄影师甲于 1955 年拍摄了一张黑白风景照片并于同年出版，照片右下角签署甲的名字。甲于 2010 年去世。未经甲的继承人许可，下列行为侵犯著作权的有：（2020年仿真题）

A. 请画家精准描摹并出版该绘画

B. 去除甲的署名，并将照片在网络上传播

C. 公开展览该照片的复印件

D. 采用数字技术将照片转化为彩色照片出版

3. 甲电视台请乙在电视讲座节目中讲解养生之道，并经乙许可，制作和销售节目录像光盘。丙电视台购入该光盘后，擅自在其电视节目上播出。关于丙电视台的行为，下列说法正确的是：（2020 年仿真题）

A. 侵犯了甲电视台的广播组织权

B. 侵犯了乙的著作权

C. 侵犯了乙的表演者权

D. 侵犯了甲电视台的录像制作权

4. 甲发明了一种轻薄口罩，口罩具有良好的过滤效果，申请了某项专利，专利的技术参数是 A+B。后乙改进了工艺，使这款口罩更加轻薄，过滤效果更好，专利技术参数是 A+B+C。据此，下列选项正确的是：（2020 年仿真题）

A. 乙应当经过甲的同意

B. 丙公司若要生产 A+C 型口罩，需要经过乙的同意

C. 丙公司若要生产 A+B+C+D 的口罩，需要经过甲乙的同意

D. 丙公司若要生产 A+B+C+D 的口罩，只需要经乙的同意

5. 奔兔公司在其制造和销售的箱包上使用"奔兔"商标，产生了一定影响，但未进行商标注册。其经销商甲发现该商标未获注册后，就在箱包产品上注册了"奔兔"商标，并在箱包产品上使用"奔兔"商标。乙公司以囤积商标为业，其预料奔兔公司今后会制造和销售皮带，就在皮带商品上注册了"奔兔"商标，以期高价出售给奔兔公司，故从未使用。对此，下列选项正确的是：（2020 年仿真题）

A. 奔兔公司只能在甲公司注册"奔兔"商标后五年内请求其注册商标无效

B. 如奔兔公司在皮带上使用"奔兔"商标三年后，乙公司对其提起商标侵权之诉，要求其赔偿损失，奔兔公司可以乙公司此前未曾使用进行抗辩

C. 如果甲公司起诉奔兔公司在箱包上使用"奔兔"商标侵犯其注册商标专用权，奔兔公司可以自己率先使用为由进行抗辩

D. 奔兔公司只能在乙公司注册"奔兔"商标后五年内请求其注册商标无效

2021 年

1. 艺术大师甲欲将自己的传奇人生记录下来，遂聘请作家乙执笔，由甲口述，创作完成了 20 万字的小说《我这一辈子》，二人未约定著作权归属。后甲和乙在一次旅游途中因车祸去世，乙的儿子丙在整理遗物时发现了原著手稿。丙欲将其出版，甲的儿子丁反对。对此，下列说法正确的是：（2021 年仿真题）

A. 丙有权向丁主张支付报酬

B. 因手稿在丙手中，该自传的著作权归丙享有

C. 原著手稿的所有权归丙所有

D. 丁主张其享有自传出版著作权，能够得到法院支持

2. 甲公司通过新方法培育出 A 级对虾，并将养殖方法申请了专利。乙公司未经允许私自使用甲公司的专利方法培育出了该品种对虾。丙公司购买了乙公司培育的对虾并制成了虾酱。丁超市从丙公司处购买并出售该虾酱。戊研究所使用甲公司的养殖方法培养对虾，研究发现培育出来的虾成活率不高，后在此基础上研究出了新型培育对虾的养殖方法。据此，下列说法正确的是：（2021 年仿真题）

A. 乙公司侵犯了甲公司专利

B. 丙公司侵犯了甲公司专利

C. 丁超市侵犯了甲公司专利

D. 戊研究所侵犯了甲公司专利

3. 甲公司从 M 图片网站购买了一张徽标图片，以该徽标作为公司产品的商标，并于 2015 年 8 月获得商标注册。乙公司与甲公司签订了该商标使用许可合同，在销售具有该商标标识的产品 2 年后，于 2018 年 7 月停止使用该商标。2019 年 10 月 11 日，丙在超市中发现乙公司产品使用的商标是自己的画作，遂请求商标评审委员会宣告该注册商标无效。在审理过程中，M 图片网站辩称，该商标是自己创作的并办理了版权登记，并向法院提起诉讼，请求确认该徽标著作权归自己所有。对此，下列选项正确的是：（2021 年仿真题）

A. 如该注册商标被宣告无效，乙公司无权请求甲公司返还商标使用许可费

B. 因已过诉讼时效，丙无权请求宣告该注册商标无效

C. 商标评审委员会应中止审查程序

D. 因 M 图片网站办理了版权登记，丙无权请求宣告该注册商标无效

2022 年

1. 某舞蹈团拟参加某电视台联欢晚会，委托甲设计了一支舞蹈。晚会上由舞蹈团的乙领舞表演了该舞蹈。丙在晚会现场录制了乙的舞蹈表演，并上传到短视频平台供用户观看下载。对此，下列说法正确的是：（2022 年仿真题）

A. 丙侵犯了甲的著作权

B. 丙侵犯了乙的著作权

C. 丙侵犯了乙的表演者权

D. 丙侵犯了舞蹈团的表演者权

2. 佳嘉咖啡店经营状况良好，开设多家分店。"佳嘉"商标虽未注册，但 2020 年"佳嘉"被认定为驰名商标（第 43 类餐饮住宿 430024 咖啡馆）。佳嘉咖啡店员工乙离职后经营一家餐饮店，店铺装潢与员工服装均与佳嘉咖啡店一致。佳嘉咖啡店计划发展餐饮业务时，发现"佳嘉"已经被乙开设的餐饮店注册，且超过 5 年。对此，下列说法错误的是：（2022 年仿真题）

A. 佳嘉咖啡店有权向法院申请宣告餐饮店的注册商标无效，能够获得人民法院的支持

B. 佳嘉咖啡店有权要求餐饮店赔偿损失能够得到人民法院的支持

C. 佳嘉咖啡店有权要求餐饮店停止使用"佳嘉"商标，能够得到人民法院的支持

D. 乙的行为属于恶意注册，任何主体均可向国家知识产权局申请宣告其注册商标无效

2023 年

周某经常在微信公众号发布自己制作美食的视频，其中《周记爆炒小龙虾》火爆网络，点赞过百万。李某看到后，使用 AI 换脸技术，替换成自己的头像，并将视频标题改为《李记爆炒小龙虾》并在网络上进行发布，同样火爆。李某的行为侵犯了周某的何种权利？（2023 年仿真题）

A. 肖像权

B. 姓名权

C. 名誉权

D. 著作权

商　法

2014 年

1. 玮平公司是一家从事家具贸易的有限责任公司，注册地在北京，股东为张某、刘某、姜某、方某四人。公司成立两年后，拟设立分公司或子公司以开拓市场。对此，下列哪一表述是正确的？（2014/3/25，单选）

A. 在北京市设立分公司，不必申领分公司营业执照

B. 在北京市以外设立分公司，须经登记并领取营业执照，且须独立承担民事责任

C. 在北京市以外设立分公司，其负责人只能由张某、刘某、姜某、方某中的一人担任

D. 在北京市以外设立子公司，即使是全资子公司，亦须独立承担民事责任

2. 甲与乙为一有限责任公司股东，甲为董事长。2014 年 4 月，一次出差途中遭遇车祸，甲与乙同时遇难。关于甲、乙股东资格的继承，下列哪一表述是错误的？（2014/3/26，单选）

A. 在公司章程未特别规定时，甲、乙的继承人均可主张股东资格继承

B. 在公司章程未特别规定时，甲的继承人可以主张继承股东资格与董事长职位

C. 公司章程可以规定甲、乙的继承人继承股东资格的条件

D. 公司章程可以规定甲、乙的继承人不得继承股东资格

3. 严某为鑫佳有限责任公司股东。关于公司对严某签发出资证明书，下列哪一选项是正确的？（2014/3/27，单选）

A. 在严某认缴公司章程所规定的出资后，公司即须签发出资证明书

B. 若严某遗失出资证明书，其股东资格并不因此丧失

C. 出资证明书须载明严某以及其他股东的姓名、各自所缴纳的出资额

D. 出资证明书在法律性质上属于有价证券

4. 某经营高档餐饮的有限责任公司，成立于2004 年。最近四年来，因受市场影响，公司业绩逐年下滑，各董事间又长期不和，公司经营管理几近瘫痪。股东张某提起解散公司诉讼。对此，下列哪一表

述是正确的？（2014/3/28，单选）

A. 可同时提起清算公司的诉讼

B. 可向法院申请财产保全

C. 可将其他股东列为共同被告

D. 如法院就解散公司诉讼作出判决，仅对公司具有法律拘束力

5. 2014 年 5 月，甲、乙、丙三人共同出资设立一家有限责任公司。甲的下列哪一行为不属于抽逃出资行为？（2014/3/29，单选）

A. 将出资款项转入公司账户验资后又转出去

B. 虚构债权债务关系将其出资转出去

C. 利用关联交易将其出资转出去

D. 制作虚假财务会计报表虚增利润进行分配

6. 2010 年 5 月，贾某以一套房屋作为投资，与几位朋友设立一家普通合伙企业，从事软件开发。2014 年 6 月，贾某举家移民海外，故打算自合伙企业中退出。对此，下列哪一选项是正确的？（2014/3/30，单选）

A. 在合伙协议未约定合伙期限时，贾某向其他合伙人发出退伙通知后，即发生退伙效力

B. 因贾某的退伙，合伙企业须进行清算

C. 退伙后贾某可向合伙企业要求返还该房屋

D. 贾某对退伙前合伙企业的债务仍须承担无限连带责任

7. 2014 年 6 月经法院受理，甲公司进入破产程序。现查明，甲公司所占有的一台精密仪器，实为乙公司委托甲公司承运而交付给甲公司的。关于乙公司的取回权，下列哪一表述是错误的？（2014/3/31，单选）

A. 取回权的行使，应在破产财产变价方案或和解协议、重整计划草案提交债权人会议表决之前

B. 乙公司未在规定期限内行使取回权，则其取回权即归于消灭

C. 管理人否认乙公司的取回权时，乙公司可以诉讼方式主张其权利

D. 乙公司未支付付相关运输、保管等费用时，保管人可拒绝其取回该仪器

8. 依票据法原理，票据具有无因性、设权性、流通性、文义性、要式性等特征。关于票据特征的表述，下列哪一选项是错误的？（2014/3/32，单选）

A. 没有票据，就没有票据权利

B. 任何类型的票据都必须能够进行转让

C. 票据的效力不受票据赖以发生的原因行为的影响

D. 票据行为的方式若存在瑕疵，不影响票据的效力

9. 依据我国《海商法》和《物权法》的相关规定，关于船舶所有权，下列哪一表述是正确的？（2014/3/33，单选）

A. 船舶买卖时，船舶所有权自船舶交付给买受人时移转

B. 船舶建造完成后，须办理船舶所有权的登记才能确定其所有权的归属

C. 船舶不能成为共同共有的客体

D. 船舶所有权不能由自然人继承

10. 甲公司代理人谢某代投保人何某签字，签订了保险合同，何某也依约交纳了保险费。在保险期间内发生保险事故，何某要求甲公司承担保险责任。下列哪一表述是正确的？（2014/3/34，单选）

A. 谢某代签字，应由谢某承担保险责任

B. 甲公司承保错误，无须承担保险责任

C. 何某已经交纳了保险费，应由甲公司承担保险责任

D. 何某默认谢某代签字有过错，应由何某和甲公司按过错比例承担责任

11. 2014 年 5 月，甲乙丙丁四人拟设立一家有限责任公司。关于该公司的注册资本与出资，下列哪些表述是正确的？（2014/3/68，多选）

A. 公司注册资本可以登记为 1 元人民币

B. 公司章程应载明其注册资本

C. 公司营业执照不必载明其注册资本

D. 公司章程可以要求股东出资须经验资机构验资

12. 关于有限责任公司股东名册制度，下列哪些表述是正确的？（2014/3/69，多选）

A. 公司负有置备股东名册的法定义务

B. 股东名册须提交于公司登记机关

C. 股东可依据股东名册的记载，向公司主张行使股东权利

D. 就股东事项，股东名册记载与公司登记之间不一致时，以公司登记为准

13. 因公司章程所规定的营业期限届满，蒙玛有限公司进入清算程序。关于该公司的清算，下列哪些选项是错误的？（2014/3/70，多选）

A. 在公司逾期不成立清算组时，公司股东可直接申请法院指定组成清算组

B. 公司在清算期间，由清算组代表公司参加诉讼

C. 债权人未在规定期限内申报债权的，则不得补充申报

D. 法院组织清算的，清算方案报法院备案后，清算组即可执行

14. 关于公司的财务行为，下列哪些选项是正确的？（2014/3/71，多选）

A. 在会计年度终了时，公司须编制财务会计报告，并自行审计

B. 公司的法定公积金不足以弥补以前年度亏损时，则在提取本年度法定公积金之前，应先用当年利润弥补亏损

C. 公司可用其资本公积金来弥补公司的亏损

D. 公司可将法定公积金转为公司资本，但所留存的该项公积金不得少于转增前公司注册资本的百分之二十五

15. 顺昌有限公司等五家公司作为发起人，拟以募集方式设立一家股份有限公司。关于公开募集程序，下列哪些表述是正确的？（2014/3/72，多选）

A. 发起人应与依法设立的证券公司签订承销协议，由其承销公开募集的股份

B. 证券公司应与银行签订协议，由该银行代收所发行股份的股款

C. 发行股份的股款缴足后，须经依法设立的验资机构验资并出具证明

D. 由发起人主持召开公司创立大会，选举董事会成员、监事会成员与公司总经理

16. 通源商务中心为一家普通合伙企业，合伙人为赵某、钱某、孙某、李某、周某。就合伙事务的执行，合伙协议约定由赵某、钱某二人负责。下列哪些表述是正确的？（2014/3/73，多选）

A. 孙某仍有权以合伙企业的名义对外签订合同

B. 对赵某、钱某的业务执行行为，李某享有监督权

C. 对赵某、钱某的业务执行行为，周某享有异议权

D. 赵某以合伙企业名义对外签订合同时，钱某享有异议权

17. 甲公司因不能清偿到期债务且明显缺乏清偿能力，遂于 2014 年 3 月申请破产，且法院已受理。经查，在此前半年内，甲公司针对若干债务进行了个别清偿。关于管理人的撤销权，下列哪些表述是正确的？（2014/3/74，多选）

A. 甲公司清偿对乙银行所负的且以自有房产设定抵押担保的贷款债务的，管理人可以主张撤销

B. 甲公司清偿对丙公司所负的且经法院判决所确定的货款债务的，管理人可以主张撤销

C. 甲公司清偿对丁公司所负的为维系基本生产所需的水电费债务的，管理人不得主张撤销

D. 甲公司清偿对戊所负的劳动报酬债务的，管理人不得主张撤销

18. 甲向乙购买原材料，为支付货款，甲向乙出具金额为 50 万元的商业汇票一张，丙银行对该汇票

进行了承兑。后乙不慎将该汇票丢失，被丁拾到。乙立即向付款人丙银行办理了挂失止付手续。下列哪些选项是正确的？（2014/3/75，多选）

A. 乙因丢失票据而确定性地丧失了票据权利

B. 乙在遗失汇票后，可直接提起诉讼要求丙银行付款

C. 如果丙银行向丁支付了票据上的款项，则丙应向乙承担赔偿责任

D. 乙在通知挂失止付后十五日内，应向法院申请公示催告

19. 关于投保人在订立保险合同时的告知义务，下列哪些表述是正确的？（2014/3/76，多选）

A. 投保人的告知义务，限于保险人询问的范围和内容

B. 当事人对询问范围及内容有争议的，投保人负举证责任

C. 投保人未如实告知投保单询问表中概括性条款时，则保险人可以此为由解除合同

D. 在保险合同成立后，保险人获悉投保人未履行如实告知义务，但仍然收取保险费，则保险人不得解除合同

王某、张某、田某、朱某共同出资 180 万元，于2012 年 8 月成立绿园商贸中心（普通合伙）。其中王某、张某各出资 40 万元，田某、朱某各出资 50 万元；就合伙事务的执行，合伙协议未特别约定。

请回答第 20~22 题。

20. 2013 年 9 月，鉴于王某、张某业务能力不足，经合伙人会议决定，王某不再享有对外签约权，而张某的对外签约权仅限于每笔交易额 3 万元以下。关于该合伙人决议，下列选项正确的是：（2014/3/92，不定项）

A. 因违反合伙人平等原则，剥夺王某对外签约权的决议应为无效

B. 王某可以此为由向其他合伙人主张赔偿其损失

C. 张某此后对外签约的标的额超过 3 万元时，须事先征得王某、田某、朱某的同意

D. 对张某的签约权限制，不得对抗善意相对人

21. 2014 年 1 月，田某以合伙企业的名义，自京顺公司订购价值 80 万元的节日礼品，准备在春节前转销给某单位。但对这一礼品订购合同的签订，朱某提出异议。就此，下列选项正确的是：（2014/3/93，不定项）

A. 因对合伙企业来说，该合同标的额较大，故田某在签约前应取得朱某的同意

B. 朱某的异议不影响该合同的效力

C. 就田某的签约行为所产生的债务，王某无须承担无限连带责任

D. 就田某的签约行为所产生的债务，朱某须承担无限连带责任

22. 2014 年 4 月，朱某因抄底买房，向刘某借款50 万元，约定借期四个月。四个月后，因房地产市场不景气，朱某亏损不能还债。关于刘某对朱某实现债权，下列选项正确的是：（2014/3/94，不定项）

A. 可代位行使朱某在合伙企业中的权利

B. 可就朱某在合伙企业中分得的收益主张清偿

C. 可申请对朱某的合伙财产份额进行强制执行

D. 就朱某的合伙份额享有优先受偿权

2015 年

1. 张某与潘某欲共同设立一家有限责任公司。关于公司的设立，下列哪一说法是错误的？（2015/3/25，单选）

A. 张某、潘某签订公司设立书面协议可代替制定公司章程

B. 公司的注册资本可约定为 50 元人民币

C. 公司可以张某姓名作为公司名称

D. 张某、潘某二人可约定以潘某住所作为公司住所

2. 荣吉有限公司是一家商贸公司，刘壮任董事长，马姝任公司总经理。关于马姝所担任的总经理职位，下列哪一选项是正确的？（2015/3/26，单选）

A. 担任公司总经理须经刘壮的聘任

B. 享有以公司名义对外签订合同的法定代理权

C. 有权制定公司的劳动纪律制度

D. 有权聘任公司的财务经理

3. 李桃是某股份公司发起人之一，持有 14% 的股份。在公司成立后的两年多时间里，各董事之间矛盾不断，不仅使公司原定上市计划难以实现，更导致公司经营管理出现严重困难。关于李桃可采取的法律措施，下列哪一说法是正确的？（2015/3/27，单选）

A. 可起诉各董事履行对公司的忠实义务和勤勉义务

B. 可同时提起解散公司的诉讼和对公司进行清算的诉讼

C. 在提起解散公司诉讼时，可直接要求法院采取财产保全措施

D. 在提起解散公司诉讼时，应以公司为被告

4. 甲公司是一家上市公司。关于该公司的独立董事制度，下列哪一表述是正确的？（2015/3/28，单选）

A. 甲公司董事会成员中应当至少包括 1/3 的独立董事

B. 任职独立董事的，至少包括一名会计专业人士和一名法律专业人士

C. 除在甲公司外，各独立董事在其他上市公司同时兼任独立董事的，不得超过 5 家

D. 各独立董事不得直接或间接持有甲公司已发行的股份

5. 某普通合伙企业为内部管理与拓展市场的需要，决定聘请陈东为企业经营管理人。对此，下列哪一表述是正确的？（2015/3/29，单选）

A. 陈东可以同时具有合伙人身份

B. 对陈东的聘任须经全体合伙人的一致同意

C. 陈东作为经营管理人，有权以合伙企业的名义对外签订合同

D. 合伙企业对陈东对外代表合伙企业权利的限制，不得对抗第三人

6. 李军退休后于2014年3月，以20万元加入某有限合伙企业，成为有限合伙人。后该企业的另一名有限合伙人退出，李军便成为唯一的有限合伙人。2014年6月，李军不幸发生车祸，虽经抢救保住性命，但已成为植物人。对此，下列哪一表述是正确的？（2015/3/30，单选）

A. 就李军入伙前该合伙企业的债务，李军仅需以20万元为限承担责任

B. 如李军因负债累累而丧失偿债能力，该合伙企业有权要求其退伙

C. 因李军已成为植物人，故该合伙企业有权要求其退伙

D. 因唯一的有限合伙人已成为植物人，故该有限合伙企业应转为普通合伙企业

7. 关于破产重整的申请与重整期间，下列哪一表述是正确的？（2015/3/31，单选）

A. 只有在破产清算申请受理后，债务人才能向法院提出重整申请

B. 重整期间为法院裁定债务人重整之日起至重整计划执行完毕时

C. 在重整期间，经债务人申请并经法院批准，债务人可在管理人监督下自行管理财产和营业事务

D. 在重整期间，就债务人所承租的房屋，即使租期已届至，出租人也不得请求返还

8. 甲从乙处购置一批家具，给乙签发一张金额为40万元的汇票。乙将该汇票背书转让给丙。丙请丁在该汇票上为"保证"记载并签章，随后又将其背书转让给戊。戊请求银行承兑时，被银行拒绝。对此，下列哪一选项是正确的？（2015/3/32，单选）

A. 丁可以采取附条件保证方式

B. 若丁在其保证中未记载保证日期，则以出票日期为保证日期

C. 戊只有在向丙行使追索权遭拒绝后，才能向丁请求付款

D. 在丁对戊付款后，丁只能向丙行使追索权

9. 甲以自己为被保险人向某保险公司投保健康险，指定其子乙为受益人，保险公司承保并出具保单。两个月后，甲突发心脏病死亡。保险公司经调查发现，甲两年前曾做过心脏搭桥手术，但在填写投保

单以及回答保险公司相关询问时，甲均未如实告知。对此，下列哪一表述是正确的？（2015/3/34，单选）

A. 因甲违反如实告知义务，故保险公司对甲可主张违约责任

B. 保险公司有权解除保险合同

C. 保险公司即使不解除保险合同，仍有权拒绝乙的保险金请求

D. 保险公司虽可不必支付保险金，但须退还保险费

10. 钱某为益扬有限公司的董事，赵某为公司的职工代表监事。公司为钱某、赵某支出的下列哪些费用须经公司股东会批准？（2015/3/68，多选）

A. 钱某的年薪

B. 钱某的董事责任保险费

C. 赵某的差旅费

D. 赵某的社会保险费

11. 张某、李某为甲公司的股东，分别持股65%与35%，张某为公司董事长。为谋求更大的市场空间，张某提出吸收合并乙公司的发展战略。关于甲公司的合并行为，下列哪些表述是正确的？（2015/3/69，多选）

A. 只有取得李某的同意，甲公司内部的合并决议才能有效

B. 在合并决议作出之日起15日内，甲公司须通知其债权人

C. 债权人自接到通知之日起30日内，有权对甲公司的合并行为提出异议

D. 合并乙公司后，甲公司须对原乙公司的债权人负责

12. 甲持有硕昌有限公司69%的股权，任该公司董事长；乙、丙为公司另外两个股东。因打算移居海外，甲拟出让其全部股权。对此，下列哪些说法是错误的？（2015/3/70，多选）

A. 因甲的持股比例已超过2/3，故不必征得乙、丙的同意，甲即可对外转让自己的股权

B. 若公司章程限制甲转让其股权，则甲可直接修改章程中的限制性规定，以使其股权转让行为合法

C. 甲可将其股权分割为两部分，分别转让给乙、丙

D. 甲对外转让其全部股权时，乙或丙均可就甲所转让股权的一部分主张优先购买权

13. 2015年6月，刘璋向顾谐借款50万元用来炒股，借期1个月，结果恰遇股市动荡，刘璋到期不能还款。经查明，刘璋为某普通合伙企业的合伙人，持有44%的合伙份额。对此，下列哪些说法是正确的？（2015/3/71，多选）

A. 顾谐可主张以刘璋自该合伙企业中所分取的收益来清偿债务

B. 顾谐可主张对刘璋合伙份额进行强制执行

C. 对刘璋的合伙份额进行强制执行时，其他合伙人不享有优先购买权

D. 顾谐可直接向合伙企业要求对刘璋进行退伙处理，并以退伙结算所得来清偿债务

14. 君平昌成律师事务所是一家采取特殊普通合伙形式设立的律师事务所，曾君、郭昌是其中的两名合伙人。在一次由曾君主办、郭昌辅办的诉讼代理业务中，因二人的重大过失而泄露客户商业秘密，导致该所对客户应承担巨额赔偿责任。关于该客户的求偿，下列哪些说法是正确的？（2015/3/72，多选）

A. 向该所主张全部赔偿责任

B. 向曾君主张无限连带赔偿责任

C. 向郭昌主张补充赔偿责任

D. 向该所其他合伙人主张连带赔偿责任

15. A 公司因经营不善，资产已不足以清偿全部债务，经申请进入破产还债程序。关于破产债权的申报，下列哪些表述是正确的？（2015/3/73，多选）

A. 甲对 A 公司的债权虽未到期，仍可以申报

B. 乙对 A 公司的债权因附有条件，故不能申报

C. 丙对 A 公司的债权虽然诉讼未决，但丙仍可以申报

D. 职工丁对 A 公司的伤残补助请求权，应予以申报

16. 关于支票的表述，下列哪些选项是正确的？（2015/3/74，多选）

A. 现金支票在其正面注明后，可用于转账

B. 支票出票人所签发的支票金额不得超过其付款时在付款人处实有的存款金额

C. 支票上不得另行记载付款日期，否则该记载无效

D. 支票上未记载收款人名称的，该支票无效

17. 张某手头有一笔闲钱欲炒股，因对炒股不熟便购买了某证券投资基金。关于张某作为基金份额持有人所享有的权利，下列哪些表述是正确的？（2015/3/75，多选）

A. 按份额享有基金财产收益

B. 参与分配清算后的剩余基金财产

C. 可赎回但不能转让所持有的基金份额

D. 可通过基金份额持有人大会来更换基金管理人

18. 潘某请好友刘某观赏自己收藏的一件古玩，不料刘某一时大意致其落地摔毁。后得知，潘某已在甲保险公司就该古玩投保了不足额财产险。关于本案，下列哪些表述是正确的？（2015/3/76，多选）

A. 潘某可请求甲公司赔偿全部损失

B. 若刘某已对潘某进行全部赔偿，则甲公司可拒绝向潘某支付保险赔偿金

C. 甲公司对潘某赔偿保险金后，在向刘某行使保险代位求偿权时，既可以自己的名义，也可以潘某的名义

D. 若甲公司支付的保险金不足以弥补潘某的全部损失，则就未取得赔偿的部分，潘某对刘某仍有赔偿请求权

甲、乙、丙三人共同商定出资设立一家普通合伙企业，其中约定乙以其所有房屋的使用权出资，企业的财务由甲负责。2015 年 4 月，该合伙企业亏损巨大。5 月，见股市大涨，在丙不知情的情况下，甲与乙直接将企业账户中的 400 万元资金，以企业名义委托给某投资机构来进行股市投资。同时，乙自己也将上述房屋以 600 万元变卖并过户给丁，房款全部用来炒股。至 6 月下旬，投入股市资金所剩无几。丙得知情况后突发脑溢血死亡。

请回答第 19～21 题。

19. 关于甲、乙将 400 万元资金委托投资股市的行为，下列说法正确的是：（2015/3/92，不定项）

A. 属于无权处分行为

B. 属于改变合伙企业经营范围的行为

C. 就委托投资失败，甲、乙应负连带赔偿责任

D. 就委托投资失败，该受托的投资机构须承担连带责任

20. 关于乙将房屋出卖的行为，下列选项正确的是：（2015/3/93，不定项）

A. 构成无权处分行为

B. 丁取得该房屋所有权

C. 丁无权要求合伙企业搬出该房屋

D. 乙对合伙企业应承担违约责任

21. 假设丙有继承人戊，则就戊的权利，下列说法错误的是：（2015/3/94，不定项）

A. 自丙死亡之时起，戊即取得该合伙企业的合伙人资格

B. 因合伙企业账面上已处于亏损状态，戊可要求解散合伙企业并进行清算

C. 就甲委托投资股市而失败的行为，戊可直接向甲主张赔偿

D. 就乙出卖房屋而给企业造成的损失，戊可直接向乙主张赔偿

2016 年

1. 李某和王某正在磋商物流公司的设立之事。通大公司出卖一批大货车，李某认为物流公司需要，便以自己的名义与通大公司签订了购买合同，通大公司交付了货车，但尚有 150 万元车款未收到。后物流公司未能设立。关于本案，下列哪一说法是正确的？（2016/3/25，单选）

A. 通大公司可以向王某提出付款请求

B. 通大公司只能请求李某支付车款

C. 李某、王某对通大公司的请求各承担 50% 的责任

D. 李某、王某按拟定的出资比例向通大公司承担责任

2. 张某是红叶有限公司的小股东，持股5%；同时，张某还在枫林有限公司任董事，而红叶公司与枫林公司均从事保险经纪业务。红叶公司多年没有给张某分红，张某一直对其会计账簿存有疑惑。关于本案，下列哪一选项是正确的？（2016/3/26，单选）

A. 张某可以用口头或书面形式提出查账请求

B. 张某可以提议召开临时股东会表决查账事宜

C. 红叶公司有权要求张某先向监事会提出查账请求

D. 红叶公司有权以张某的查账目的不具正当性为由拒绝其查账请求

3. 零盛公司的两个股东是甲公司和乙公司。甲公司持股70%并派员担任董事长，乙公司持股30%。后甲公司将零盛公司的资产全部用于甲公司的一个大型投资项目，待债权人丙公司要求零盛公司偿还货款时，发现零盛公司的资产不足以清偿。关于本案，下列哪一选项是正确的？（2016/3/27，单选）

A. 甲公司对丙公司应承担清偿责任

B. 甲公司和乙公司按出资比例对丙公司承担清偿责任

C. 甲公司和乙公司对丙公司承担连带清偿责任

D. 丙公司只能通过零盛公司的破产程序来受偿

4. 烽源有限公司的章程规定，金额超过10万元的合同由董事会批准。蔡某是烽源公司的总经理。因公司业务需要车辆，蔡某便将自己的轿车租给烽源公司，并约定年租金15万元。后蔡某要求公司支付租金，股东们获知此事，一致认为租金太高，不同意支付。关于本案，下列哪一选项是正确的？（2016/3/28，单选）

A. 该租赁合同无效

B. 股东会可以解聘蔡某

C. 该章程规定对蔡某没有约束力

D. 烽源公司有权拒绝支付租金

5. 唐宁是沃运股份有限公司的发起人和董事之一，持有公司15%的股份。因公司未能上市，唐宁对沃运公司的发展前景担忧，欲将所持股份转让。关于此事，下列哪一说法是正确的？（2016/3/29，单选）

A. 唐宁可要求沃运公司收购其股权

B. 唐宁可以不经其他股东同意对外转让其股份

C. 若章程禁止发起人转让股份，则唐宁的股份不得转让

D. 若唐宁出让其股份，其他发起人可依法主张优先购买权

6. 兰艺咖啡店是罗飞、王曼设立的普通合伙企业，合伙协议约定罗飞是合伙事务执行人且承担全部亏损。为扭转经营亏损局面，王曼将兰艺咖啡店加盟某知名品牌，并以合伙企业的名义向陈阳借款20万

元支付了加盟费。陈阳现在要求还款。关于本案，下列哪一说法是正确的？（2016/3/30，单选）

A. 王曼无权以合伙企业的名义向陈阳借款

B. 兰艺咖啡店应以全部财产对陈阳承担还款责任

C. 王曼不承担对陈阳的还款责任

D. 兰艺咖啡店、王曼和罗飞对陈阳的借款承担无限连带责任

7. 祺航公司向法院申请破产，法院受理并指定甲为管理人。债权人会议决定设立债权人委员会。现昊泰公司提出要受让祺航公司的全部业务与资产。甲的下列哪一做法是正确的？（2016/3/31，单选）

A. 代表祺航公司决定是否向昊泰公司转让业务与资产

B. 将该转让事宜交由法院决定

C. 提议召开债权人会议决议该转让事宜

D. 作出是否转让的决定并将该转让事宜报告债权人委员会

8. 甲公司为履行与乙公司的箱包买卖合同，签发一张以乙公司为收款人、某银行为付款人的汇票，银行也予以了承兑。后乙公司将该汇票背书赠与给丙。此时，甲公司发现乙公司的箱包为假冒伪劣产品。关于本案，下列哪一选项是正确的？（2016/3/32，单选）

A. 该票据无效

B. 甲公司不能拒绝乙公司的票据权利请求

C. 丙应享有票据权利

D. 银行应承担票据责任

9. 赢鑫投资公司业绩骄人。公司拟开展非公开募集基金业务，首期募集1000万元。李某等老客户知悉后纷纷表示支持，愿意将自己的资金继续交其运作。关于此事，下列哪一选项是正确的？（2016/3/33，单选）

A. 李某等合格投资者的人数可以超过200人

B. 赢鑫公司可在全国性报纸上推介其业绩及拟募集的基金

C. 赢鑫公司可用所募集的基金购买其他的基金份额

D. 赢鑫公司就其非公开募集基金业务应向中国证监会备案

10. 杨某为其妻王某购买了某款人身保险，该保险除可获得分红外，还约定若王某意外死亡，则保险公司应当支付保险金20万元。关于该保险合同，下列哪一说法是正确的？（2016/3/34，单选）

A. 若合同成立2年后王某自杀，则保险公司不支付保险金

B. 王某可让杨某代其在被保险人同意处签字

C. 经王某口头同意，杨某即可将该保险单质押

D. 若王某现为无民事行为能力人，则无需经其同意该保险合同即有效

11. 科鼎有限公司设立时，股东们围绕公司章程的制订进行讨论，并按公司的实际需求拟定条款规则。关于该章程条款，下列哪些说法是正确的？（2016/3/68，多选）

A. 股东会会议召开 7 日前通知全体股东

B. 公司解散需全体股东同意

C. 董事表决权按所代表股东的出资比例行使

D. 全体监事均由不担任董事的股东出任

12. 紫云有限公司设有股东会、董事会和监事会。近期公司的几次投标均失败，董事会对此的解释是市场竞争激烈，对手强大。但监事会认为是因为董事狄某将紫云公司的标底暗中透露给其好友的公司。对此，监事会有权采取下列哪些处理措施？（2016/3/69，多选）

A. 提议召开董事会   B. 提议召开股东会

C. 提议罢免狄某   D. 聘请律师协助调查

13. 甲、乙、丙等拟以募集方式设立厚亿股份公司。经过较长时间的筹备，公司设立的各项事务逐渐完成，现大股东甲准备组织召开公司创立大会。下列哪些表述是正确的？（2016/3/70，多选）

A. 厚亿公司的章程应在创立大会上通过

B. 甲、乙、丙等出资的验资证明应由创立大会审核

C. 厚亿公司的经营方针应在创立大会上决定

D. 设立厚亿公司的各种费用应由创立大会审核

14. 星煌公司是一家上市公司。现董事长吴某就星煌公司向坤诚公司的投资之事准备召开董事会。因公司资金比较紧张，且其中一名董事梁某的妻子又在坤诚公司任副董事长，有部分董事对此投资事宜表示异议。关于本案，下列哪些选项是正确的？（2016/3/71，多选）

A. 梁某不应参加董事会表决

B. 吴某可代梁某在董事会上表决

C. 若参加董事会人数不足，则应提交股东大会审议

D. 星煌公司不能投资于坤诚公司

15. 灏德投资是一家有限合伙企业，专门从事新能源开发方面的风险投资。甲公司是灏德投资的有限合伙人，乙和丙是普通合伙人。关于合伙协议的约定，下列哪些选项是正确的？（2016/3/72，多选）

A. 甲公司派驻灏德投资的员工不领取报酬，其劳务折抵 10% 的出资

B. 甲公司不得与其他公司合作从事新能源方面的风险投资

C. 甲公司不得将自己在灏德投资中的份额设定质权

D. 甲公司不得将自己在灏德投资中的份额转让给他人

16. 法院受理了利捷公司的破产申请。管理人甲发现，利捷公司与翰扬公司之间的债权债务关系较为复杂。下列哪些说法是正确的？（2016/3/73，多选）

A. 翰扬公司的某一项债权有房产抵押，可在破产受理后行使抵押权

B. 翰扬公司与利捷公司有一合同未履行完毕，甲可解除该合同

C. 翰扬公司曾租给利捷公司的一套设备被损毁，侵权人之前向利捷公司支付了赔偿金，翰扬公司不能主张取回该笔赔偿金

D. 茹洁公司对利捷公司负有债务，在破产受理后茹洁公司受让了翰扬公司的一项债权，因此茹洁公司无需再向利捷公司履行等额的债务

17. 甲公司为清偿对乙公司的欠款，开出一张收款人是乙公司财务部长李某的汇票。李某不慎将汇票丢失，王某拾得后在汇票上伪造了李某的签章，并将汇票背书转让给外地的丙公司，用来支付购买丙公司电缆的货款，王某收到电缆后转卖得款，之后不知所踪。关于本案，下列哪些说法是正确的？（2016/3/74，多选）

A. 甲公司应当承担票据责任

B. 李某不承担票据责任

C. 王某应当承担票据责任

D. 丙公司应当享有票据权利

18. 吉达公司是一家上市公司，公告称其已获得某地块的国有土地使用权。嘉豪公司资本雄厚，看中了该地块的潜在市场价值，经过细致财务分析后，拟在证券市场上对吉达公司进行收购。下列哪些说法是正确的？（2016/3/75，多选）

A. 若收购成功，吉达公司即丧失上市资格

B. 若收购失败，嘉豪公司仍有权继续购买吉达公司的股份

C. 嘉豪公司若采用要约收购则不得再与吉达公司的大股东协议购买其股份

D. 待嘉豪公司持有吉达公司已发行股份 30% 时，应向其全体股东发出不得变更的收购要约

19. 甲公司投保了财产损失险的厂房被烧毁，甲公司伪造证明，夸大此次火灾的损失，向保险公司索赔 100 万元，保险公司为查清此事，花费 5 万元。关于保险公司的权责，下列哪些选项是正确的？（2016/3/76，多选）

A. 应当向甲公司给付约定的保险金

B. 有权向甲公司主张 5 万元花费损失

C. 有权拒绝向甲公司给付保险金

D. 有权解除与甲公司的保险合同

源圣公司有甲、乙、丙三位股东。2015 年 10 月，源圣公司考察发现某环保项目发展前景可观，为解决资金不足问题，经人推荐，霓美公司出资 1 亿元现金入股源圣公司，并办理了股权登记。增资后，霓

美公司持股 60%，甲持股 25%，乙持股 8%，丙持股 7%，霓美公司总经理陈某兼任源圣公司董事长。2015 年 12 月，霓美公司在陈某授意下将当时出资的 1 亿元现金全部转入霓美旗下的天富公司账户用于投资房地产。后因源圣公司现金不足，最终未能获得该环保项目，前期投入的 500 万元也无法收回。陈某忙于天富公司的房地产投资事宜，对此事并不关心。

请回答第 20~22 题。

20. 针对公司现状，甲、乙、丙认为应当召开源圣公司股东会，但陈某拒绝召开，而公司监事会对此事保持沉默。下列说法正确的是：（2016/3/92，不定项）

A. 甲可召集和主持股东会

B. 乙可召集和主持股东会

C. 丙可召集和主持股东会

D. 甲、乙、丙可共同召集和主持股东会

21. 若源圣公司的股东会得以召开，该次股东会就霓美公司将资金转入天富公司之事进行决议。关于该次股东会决议的内容，根据有关规定，下列选项正确的是：（2016/3/93，不定项）

A. 陈某连带承担返还 1 亿元的出资义务

B. 霓美公司承担 1 亿元的利息损失

C. 限制霓美公司的利润分配请求权

D. 解除霓美公司的股东资格

22. 就源圣公司前期投入到环保项目 500 万元的损失问题，甲、乙、丙认为应当向霓美公司索赔，多次书面请求监事会无果。下列说法正确的是：（2016/3/94，不定项）

A. 甲可以起诉霓美公司

B. 乙、丙不能起诉霓美公司

C. 若甲起诉并胜诉获赔，则赔偿款归甲

D. 若甲起诉并胜诉获赔，则赔偿款归源圣公司

2017 年

1. 植根农业是北方省份一家从事农产品加工的公司。为拓宽市场，该公司在南方某省分别设立甲分公司与乙分公司。关于分公司的法律地位与责任，下列哪一选项是错误的？（2017/3/25，单选）

A. 甲分公司的负责人在分公司经营范围内，当然享有以植根公司名义对外签订合同的权利

B. 植根公司的债权人在植根公司直接管理的财产不能清偿债务时，可主张强制执行各分公司的财产

C. 甲分公司的债权人在甲分公司直接管理的财产不能清偿债务时，可主张强制执行植根公司的财产

D. 乙分公司的债权人在乙分公司直接管理的财产不能清偿债务时，不得主张强制执行甲分公司直接管理的财产

2. 彭兵是一家（非上市）股份有限公司的董事长，依公司章程规定，其任期于 2017 年 3 月届满。由于股东间的矛盾，公司未能按期改选出新一届董事会。此后对于公司内部管理，董事间彼此推诿，彭兵也无心公司事务，使得公司随后的一项投资失败，损失 100 万元。对此，下列哪一选项是正确的？（2017/3/26，单选）

A. 因已届期，彭兵已不再是公司的董事长

B. 虽已届期，董事会成员仍须履行董事职务

C. 就公司 100 万元损失，彭兵应承担全部赔偿责任

D. 对彭兵的行为，公司股东有权提起股东代表诉讼

3. 甲有限责任公司成立于 2014 年 4 月，注册资本为 1000 万元，文某是股东之一，持有 40% 的股权。文某已实缴其出资的 30%，剩余出资按公司章程规定，应在 2017 年 5 月缴足。2015 年 12 月，文某以其所持甲公司股权的 60% 作为出资，评估作价为 200 万元，与唐某共同设立乙公司。对此，下列哪一选项是正确的？（2017/3/27，单选）

A. 因实际出资尚未缴纳完毕，故文某对乙公司的股权出资存在权利瑕疵

B. 如甲公司经营不善，使得文某用来出资的股权在 1 年后仅值 100 万元，则文某应补足差额

C. 如至 2017 年 5 月文某不缴纳其对甲公司的剩余出资，则甲公司有权要求其履行

D. 如至 2017 年 5 月文某不缴纳其对甲公司的剩余出资，则乙公司有权要求其履行

4. 汪某为兴荣有限责任公司的股东，持股 34%。2017 年 5 月，汪某因不能偿还永平公司的货款，永平公司向法院申请强制执行汪某在兴荣公司的股权。关于本案，下列哪一选项是正确的？（2017/3/28，单选）

A. 永平公司在申请强制执行汪某的股权时，应通知兴荣公司的其他股东

B. 兴荣公司的其他股东自通知之日起 1 个月内，可主张行使优先购买权

C. 如汪某所持股权的 50% 在价值上即可清偿债务，则永平公司不得强制执行其全部股权

D. 如在股权强制拍卖中由丁某指定，则丁某取得汪某股权的时间为变更登记办理完毕时

5. 逐道茶业是一家生产销售野生茶叶的普通合伙企业，合伙人分别为赵、钱、孙。合伙协议约定如下：第一，赵、钱共同担任合伙事务执行人；第二，赵、钱共同以合伙企业名义对外签约时，单笔标的额不得超过 30 万元。对此，下列哪一选项是正确的？（2017/3/29，单选）

A. 赵单独以合伙企业名义，与甲茶农达成协议，以 12 万元的价格收购其茶园的茶叶，该协议为有效约定

B. 孙单独以合伙企业名义，与乙茶农达成协议，以 10 万元的价格收购其茶园的茶叶，该协议为无效约定

C. 赵、钱共同以合伙企业名义，与丙茶叶公司签订价值 28 万元的明前茶销售合同，该合同为有效约定

D. 赵、钱共同以合伙企业名义，与丁茶叶公司签订价值 35 万元的明前茶销售合同，该合同为无效约定

6. "李老汉私房菜"是李甲投资开设的个人独资企业。关于该企业遇到的法律问题，下列哪一选项是正确的？（2017/3/30，单选）

A. 如李甲在申请企业设立登记时，明确表示以其家庭共有财产作为出资，则该企业是以家庭成员为全体合伙人的普通合伙企业

B. 如李甲一直让其子李乙负责企业的事务管理，则应认定为以家庭共有财产作为企业的出资

C. 如李甲决定解散企业，则在解散后 5 年内，李甲对企业存续期间的债务，仍应承担偿还责任

D. 如李甲死后该企业由其子李乙与其女李丙共同继承，则该企业必须分立为两家个人独资企业

7. 思瑞公司不能清偿到期债务，债权人向法院申请破产清算。法院受理并指定了管理人。在宣告破产前，持股 20% 的股东甲认为如引进战略投资者乙公司，思瑞公司仍有生机，于是向法院申请重整。关于重整，下列哪一选项是正确的？（2017/3/31，单选）

A. 如甲申请重整，必须附有乙公司的投资承诺

B. 如债权人反对，则思瑞公司不能开始重整

C. 如思瑞公司开始重整，则管理人应辞去职务

D. 只要思瑞公司的重整计划草案获得法院批准，重整程序就终止

8. 亿凡公司与五悦公司签订了一份买卖合同，由亿凡公司向五悦公司供货；五悦公司经连续背书，交付给亿凡公司一张已由银行承兑的汇票。亿凡公司持该汇票请求银行付款时，得知该汇票已被五悦公司申请公示催告，但法院尚未作出除权判决。关于本案，下列哪一选项是正确的？（2017/3/32，单选）

A. 银行对该汇票不再承担付款责任

B. 五悦公司因公示催告可行使票据权利

C. 亿凡公司仍享有该汇票的票据权利

D. 法院应作出判决宣告票据无效

9. 某基金管理公司在 2003 年曾公开发售一只名为"基金利达"的封闭式基金。该基金原定封闭期 15 年，现即将到期，拟转换为开放式基金继续运行。关于该基金的转换，下列哪一选项是正确的？（2017/3/33，单选）

A. 须经国务院证券监督管理机构核准

B. 转换后该基金应保持一定比例的现金或政府债券

C. 基金份额持有人大会就该转换事宜的决定应经有效表决权的 1/2 以上通过

D. 转换后基金份额持有人有权查阅或复制该基金的相关会计账簿等财务资料

10. 姜某的私家车投保商业车险，年保险费为 3000 元。姜某发现当网约车司机收入不错，便用手机软件接单载客，后辞职专门跑网约车。某晚，姜某载客途中与他人相撞，造成车损 10 万元。姜某向保险公司索赔，保险公司调查后拒赔。关于本案，下列哪一选项是正确的？（2017/3/34，单选）

A. 保险合同无效

B. 姜某有权主张约定的保险金

C. 保险公司不承担赔偿保险金的责任

D. 保险公司有权解除保险合同并不退还保险费

11. 湘星公司成立于 2012 年，甲、乙、丙三人是其股东，出资比例为 7∶2∶1，公司经营状况良好。2017 年初，为拓展业务，甲提议公司注册资本增资 1000 万元。关于该增资程序的有效完成，下列哪些说法是正确的？（2017/3/68，多选）

A. 三位股东不必按原出资比例增资

B. 三位股东不必实际缴足增资

C. 公司不必修改公司章程

D. 公司不必办理变更登记

12. 胡铭是从事进出口贸易的茂福公司的总经理，姚顺曾短期任职于该公司，2016 年初离职。2016 年 12 月，姚顺发现自己被登记为贝达公司的股东。经查，贝达公司实际上是胡铭与其友张莉、王威共同设立的，也从事进出口贸易。胡铭为防止茂福公司发现自己的行为，用姚顺留存的身份信息等材料，将自己的股权登记在姚顺名下。就本案，下列哪些选项是错误的？（2017/3/69，多选）

A. 姚顺可向贝达公司主张利润分配请求权

B. 姚顺有权参与贝达公司股东会并进行表决

C. 在姚顺名下股权的出资尚未缴纳时，贝达公司的债权人可向姚顺主张补充赔偿责任

D. 在姚顺名下股权的出资尚未缴纳时，张莉、王威只能要求胡铭履行出资义务

13. 榴风公司章程规定：股东夏某应于 2016 年 6 月 1 日前缴清货币出资 100 万元。夏某认为公司刚成立，业务尚未展开，不需要这么多现金，便在出资后通过银行的熟人马某将这笔钱转入其妻的理财账户，用于购买基金。对此，下列哪些说法是正确的？（2017/3/70，多选）

A. 榴风公司可要求夏某补足出资

B. 榴风公司可要求马某承担连带责任

C. 榴风公司的其他股东可要求夏某补足出资

D. 榴风公司的债权人得知此事后可要求夏某补足出资

14. 茂森股份公司效益一直不错，为提升公司治理现代化，增强市场竞争力并顺利上市，公司决定重金聘请知名职业经理人王某担任总经理。对此，下列哪些选项是正确的？（2017/3/71，多选）

A. 对王某的聘任以及具体的薪酬，由茂森公司董事会决定

B. 王某受聘总经理后，就其职权范围的事项，有权以茂森公司名义对外签订合同

C. 王某受聘总经理后，有权决定聘请其好友田某担任茂森公司的财务总监

D. 王某受聘总经理后，公司一旦发现其不称职，可通过股东会决议将其解聘

15. 雀凰投资是有限合伙企业，从事私募股权投资活动。2017 年 3 月，三江有限公司决定入伙雀凰投资，成为其有限合伙人。对此，下列哪些选项是错误的？（2017/3/72，多选）

A. 如合伙协议无特别约定，则须经全体普通合伙人一致同意，三江公司才可成为新的有限合伙人

B. 对入伙前雀凰投资的对外负债，三江公司仅以实缴出资额为限承担责任

C. 三江公司入伙后，有权查阅雀凰投资的财务会计账簿

D. 如合伙协议无特别约定，则三江公司入伙后，原则上不得自营与雀凰投资相竞争的业务

16. 舜泰公司因资产不足以清偿全部到期债务，法院裁定其重整。管理人为维持公司运行，向齐某借款 20 万元支付水电费和保安费，约定如 1 年内还清就不计利息。1 年后舜泰公司未还款，还因不能执行重整计划被法院宣告破产。关于齐某的债权，下列哪些选项是正确的？（2017/3/73，多选）

A. 与舜泰公司的其他债权同等受偿

B. 应从舜泰公司的财产中随时清偿

C. 齐某只能主张返还借款本金 20 万元

D. 齐某可主张返还本金 20 万元和逾期还款的利息

17. 东霖公司向忠谙公司购买一个元器件，应付价款 960 元。东霖公司为付款开出一张支票，因金额较小，财务人员不小心将票据金额仅填写了数码的"￥960 元"，没有记载票据金额的中文大写。忠谙公司业务员也没细看，拿到支票后就放入文件袋。关于该支票，下列哪些选项是正确的？（2017/3/74，多选）

A. 该支票出票行为无效

B. 忠谙公司不享有票据权利

C. 东霖公司应承担票据责任

D. 该支票在使用前应补记票据金额的中文大写

18. 甲在证券市场上陆续买入力扬股份公司的股票，持股达 6% 时才公告，被证券监督管理机构以信息披露违法为由处罚。之后甲欲继续购入力扬公司股票，力扬公司的股东乙、丙反对，持股 4% 的股东丁同意。对此，下列哪些说法是正确的？（2017/3/75，多选）

A. 甲的行为已违法，故无权再买入力扬公司股票

B. 乙可邀请其他公司对力扬公司展开要约收购

C. 丙可主张甲已违法，故应撤销其先前购买股票的行为

D. 丁可与甲签订股权转让协议，将自己所持全部股份卖给甲

19. 李某于 2000 年为自己投保，约定如其意外身故则由妻子王某获得保险金 20 万元，保险期间为 10 年。2009 年 9 月 1 日起李某下落不明，2014 年 4 月法院宣告李某死亡。王某起诉保险公司主张该保险金。关于本案，下列哪些选项是正确的？（2017/3/76，多选）

A. 保险合同应无效

B. 王某有权主张保险金

C. 李某死亡日期已超保险期间，故保险公司不承担保险责任

D. 如李某确系 2009 年 9 月 1 日下落不明，则保险公司应承担保险责任

紫霞股份有限公司是一家从事游戏开发的非上市公司，注册资本 5000 万元，已发行股份总数为 1000 万股。公司成立后经营状况一直不佳，至 2015 年底公司账面亏损 3000 万元。2016 年初，公司开发出一款游戏，备受玩家追捧，市场异常火爆，年底即扭亏为盈，税后利润达 7000 万元。

请回答第 20~22 题。

20. 2016 年底，为回馈股东多年的付出，紫霞公司决定分配利润。此时公司的法定公积金余额仅为 5 万元。就此次利润分配行为，下列选项正确的是：（2017/3/92，不定项）

A. 公司应提取的法定公积金数额为 400 万元

B. 公司可提取法定公积金的上限为税后利润的一半，即 3500 万元

C. 经股东会决议，公司可提取任意公积金 1000 万元

D. 公司向股东可分配利润的上限为 3605 万元

21. 如紫霞公司在 2016 年底的分配利润中，最后所提取的各项公积金数额总计为 2800 万元，关于该公积金的用途，下列选项正确的是：（2017/3/93，不定项）

A. 可用于弥补公司 2016 年度的实际亏损

B. 可将其中的 1500 万元用于新款游戏软件的研发

C. 可将其中 1000 万元的任意公积金全部用于公司资本的增加

D. 可将其中 1000 万元的法定公积金用于公司资本的增加

22. 进入 2017 年，紫霞公司保持良好的发展势头。为进一步激励员工，公司于 8 月决定收购本公司的部分股份，用于职工奖励。关于此问题，下列选项正确的是：（2017/3/94，不定项）

A. 公司此次可收购的本公司股份的上限为 100 万股

B. 公司可动用任意公积金作为此次股份收购的资金

C. 收购本公司股份后，公司可在两年内完成实施对职工的股份奖励

D. 如在 2017 年底公司仍持有所收购的股份，则在利润分配时不得对该股份进行利润分配

2018 年

1. 2015 年 6 月，张某出资 100 万元设立昌治有限责任公司（自然人独资）。2017 年 1 月，张某又投资设立"皋治印刷厂"（个人独资企业）。2018 年 3 月，昌治有限责任公司欠刘某货款 80 万元，但公司账上已无现金。关于本案，下列说法正确的是：（2018 年仿真题）

A. 在设置昌治有限责任公司之后，张某不得再投资设立印刷厂

B. 刘某可以张某为昌治公司唯一股东为由，请求张某承担连带责任

C. 昌治有限责任公司可为张某个人债务提供担保

D. 昌治有限责任公司与皋治印刷厂可共同出资设立一家有限责任公司

2. 2017 年 12 月，甲公司职工刘某因工负伤，因甲公司未缴纳工伤保险费，刘某住院后，由甲公司先行垫付医药费，并支付了相应的误工护理费。2018 年 2 月 12 日，甲公司被受理破产申请，但甲公司尚未向刘某支付伤残赔偿金和住院期间的工资待遇。关于管理人的撤销权和刘某的债权，下列说法正确的是：（2018 年仿真题）

A. 管理人可撤销垫付医药费

B. 管理人可撤销赔偿误工费

C. 刘某有权在债权人会议行使表决权

D. 如刘某未申报债权，则不能参加破产清偿

3. 2018 年 5 月，甲有限责任公司成立，张某持有公司 80% 的股权，并担任公司董事长；李某持有公司 7% 的股权。公司章程规定，公司召开股东会应当提前 10 天以书面形式通知全体股东。为了扩大公司规模，张某认为甲公司应当与乙公司合并，遂提议召开公司股东会会议，但因准备匆忙，在会议召开前 5 天才通知李某。股东会会议中持有公司 90% 表决权的股东同意合并，3% 表决权的股东反对，最终通过了与乙公司合并的决议，李某拒绝在决议上签字。关于本案，下列说法正确的是：（2018 年仿真题）

A. 该次股东会会议的召集程序违反法律规定，李某可以主张该决议无效

B. 李某有权要求公司以合理价款回购其所持有的甲公司股权

C. 该次股东会会议的召集程序违反法律规定，李某可以要求撤销该决议

D. 如果李某针对股东会决议效力提起相关诉讼，应当以公司为被告，其他股东列为第三人

4. 甲、乙、丙、丁、戊五人是联信有限责任公司股东，其中甲持有公司股权比例为 1%，乙持有公司股权比例为 2%，丙持有公司股权比例为 17%，赵某与丙签订了股权代持协议，约定由赵某实际出资，享受投资收益，丁持有公司股权比例为 30%，戊持有公司股权比例为 50%，且担任公司董事长。公司章程规定，持股比例低于 5% 的股东不得查阅公司会计账簿。关于本案，下列说法正确的是：（2018 年仿真题）

A. 甲无权查阅公司会计账簿

B. 丙无权查阅公司会计账簿

C. 赵某无权查阅公司会计账簿

D. 丁有权查阅并复制公司会计账簿

5. 甲、乙是某有限责任公司股东，甲、乙分别持有公司 51% 和 49% 的股权。2018 年 10 月，甲想把持有的公司 51% 的股权转让给外部的第三人丙，但乙不同意，于是，甲提出只转让 0.1% 的股权给丙，乙同意了甲的请求。在丙成为公司的股东后，甲于 2018 年 12 月把自己持有的剩下 50.9% 的公司股权也转给了丙，并且办理了股权登记证明，乙对此反对，但未主张优先购买权。关于两次股权转让是否有效，下列说法正确的是：（2018 年仿真题）

A. 甲的第一次股权转让有效

B. 甲的第一次股权转让无效

C. 甲的第二次股权转让有效

D. 甲的第二次股权转让无效

6. 甲、乙、丙共同成立了普通合伙企业，2017 年甲向丁借款 100 万元，到期无法清偿。甲拟以其持有的合伙企业份额对丁进行清偿，其他合伙人均不同意。下列说法正确的是：（2018 年仿真题）

A. 可以合伙企业盈利对丁进行清偿

B. 若丁向法院申请强制执行甲的合伙份额，应经其他合伙人一致同意

C. 为了避免债权人强制执行甲的合伙份额，其他合伙人可协商代为清偿

D. 若丁向法院申请强制执行甲的合伙份额，其他合伙人不行使优先购买权，也不同意对外转让份额的，则视为其他合伙人同意对外转让

7. 2017 年 3 月，甲公司因资不抵债进入破产重整程序，乙公司对甲公司享有 100 万元到期债权，但乙公司在债权申报期间并未申报债权。2018 年 1 月，甲公司重整计划执行完毕，全体普通债权人的清偿比例为 45%。下列说法正确的是：（2018 年仿真题）

A. 对乙公司的债权，甲公司无须承担偿还义务

B. 对乙公司的债权，参考甲公司重整方案，按同类债权等比例清偿

C. 乙公司的债权由甲公司全额清偿

D. 重整方案对乙公司具有法律效力

8. 甲公司为支付向乙公司采购商品的款项，向乙公司开具一张金额为 100 万元的银行承兑汇票，并向丙银行办理了承兑。2018 年 6 月，乙公司将该票据背书给丁公司，2018 年 7 月，丁公司办公楼失火，该张票据被烧毁灭失，仅剩其留档复印件。甲公司、乙公司均在该复印件上签章，以证明彼此间的交易情况。关于本案，下列说法正确的是：（2018 年仿真题）

A. 丙银行有权拒付

B. 丁公司向丙银行出具票据复印件提示付款，丙银行应当无条件付款

C. 丁公司可凭票据复印件向乙公司主张票据权利

D. 丁公司可凭票据复印件向甲公司主张票据权利

9. 甲为妻子乙投保了以其死亡为给付保险金条件的人身保险，并指定其子丙为受益人。甲投保时并未征得乙同意，但在后来保险公司回访时，乙称对于保险合同的内容已知情且对保险金额予以认可。2017 年 3 月甲与乙离婚，丙由乙抚养。2017 年 12 月，在一次交通事故中，乙与丙同时遇难，且不能确定死亡先后顺序。关于本案，下列说法正确的是：（2018 年仿真题）

A. 保险合同有效，保险金归甲所有

B. 保险合同有效，保险金归丙的继承人

C. 保险合同有效，保险金归乙的继承人

D. 因投保时未征得乙同意，故该保险合同无效，保险公司无须赔偿

2019 年

1. 马丁等六人等份投资入股经营一家芯动有限公司，并在白云街租赁一商铺主要经营名贵包包等奢侈品买卖。由于奢侈品消费市场低迷，经营效益低下，在公司章程规定的三年经营期限到期之后，马丁不同意公司继续经营，但其他股东却一致通过公司继续经营的决议。关于本案，下列说法正确的是：（2019 年仿真题）

A. 其他股东一致通过的决议使得原处于自动解散状态的公司又自动恢复主体资格

B. 投反对票的马丁可以章程规定的经营期限届满为由向法院提起解散公司之诉

C. 因马丁反对公司继续经营，其有权要求芯动公司按市值收购自己的股权

D. 因马丁反对公司继续经营，其有权要求其他股东按市值收购自己的股权

2. 甲和乙系男女朋友。2018 年 1 月，甲与乙签订《股权转让协议》，约定将甲持有的丙有限责任公司股权转让给乙。双方约定以 2018 年 5 月 1 日为基准日，基准日之前的收益归甲，基准日之后的收益归乙。2018 年 1 月 10 日，乙向甲支付了股权转让价款 100 万元，但至 2018 年 7 月，丙公司一直未办理相关股东名册和登记信息变更。对此，下列说法错误的是：（2019 年仿真题）

A. 对于 2018 年 5 月后的收益，丙公司应当向甲分配

B. 对于 2018 年 5 月后的收益，丙公司应当向乙分配

C. 丙公司有义务协助乙办理股东名册和登记信息变更

D. 2018 年 5 月，丙公司有对外债务无法清偿，债权人以甲未完全履行出资义务为由，要求其承担相应责任，甲可以以股权已转让为由抗辩

3. 甲、乙二股东设立某有限责任公司，甲担任公司法定代表人，章程约定 2035 年前缴齐出资。2018 年 7 月，丙出资 100 万元入股公司，并与公司签订《出资协议》，甲和乙均在《出资协议》上签字。协议约定，丙持有公司 8% 的股权，甲、乙应当于 2019 年履行全部出资义务。但公司一直未修改公司章程。关于公司股东出资义务的履行时间，下列说法正确的是：（2019 年仿真题）

A. 甲应在 2019 年缴齐

B. 甲应在 2035 年缴齐

C. 乙应在 2019 年缴齐

D. 乙应在 2035 年缴齐

4. 甲公司是乙有限合伙企业的有限合伙人，甲公司破产重整后被注销并被丙公司收购。对此，下列说法错误的是：（2019 年仿真题）

A. 甲公司自重整开始之日起退伙

B. 甲公司的有限合伙人地位由丙公司承继

C. 甲公司可以质押自己的份额

D. 甲公司的管理人可以查阅和复制合伙企业的会计账簿

5. 甲、乙、丙三人按照 50%、40%、10% 的比例出资设立某普通合伙企业。在合伙协议未作约定的情况下，关于增资决议事项的处理，下列说法正确的是：（2019 年仿真题）

A. 决议需要甲、丙通过

B. 决议需要甲、乙通过即可

C. 决议需要甲、乙、丙共同通过

D. 可以协商不按照出资比例进行增资缴纳

6. 甲、乙、丙、丁成立了某有限合伙企业。甲是普通合伙人，执行合伙事务，乙、丙、丁是有限合伙人。后甲去世，在合伙协议未作特别约定的情况下，下列说法错误的是：（2019 年仿真题）

A. 甲的继承人可以直接继承甲的合伙人身份

B. 乙可以随时对外转让合伙企业的份额

C. 如果法院强制执行丙在合伙企业的财产份额，则其他合伙人享有优先购买权

D. 如果丁转让合伙企业份额，则其他合伙人享有优先购买权

7. 2019 年 6 月，法院受理某公司破产案件，并同时指定了乙律师事务所为管理人。2019 年 9 月，乙律师事务所欲处分公司的一处不动产。对此，下列说法错误的是：（2019 年仿真题）

A. 该公司经理可以担任债权人委员会成员

B. 处分公司的不动产，要经过债权人会议表决通过

C. 处分公司的不动产，要经过债权人委员会表决通过

D. 处分公司的不动产，债权人会议可以将该事项决策权授权给债权人委员会

8. 2018 年 1 月，甲乙两公司签订供货协议，甲公司向乙公司签发了票面金额为 100 万元的银行承兑汇票。该汇票经某银行承兑后，乙公司于 2018 年 8 月 10 日将该汇票背书给丙公司。2019 年 9 月，丙公司向银行提示付款时得知，2018 年 8 月 11 日第三人向法院申请公示催告，并已经作出除权判决。对此，下列说法正确的是：（2019 年仿真题）

A. 付款银行可以拒付

B. 付款银行应当承担丙公司的损失

C. 乙公司应当向丙公司承担票据责任

D. 甲公司仍须对丙公司承担对票据责任

9. 甲为自己投保了重大疾病险，体检时初步诊断为甲状腺结节，并可能发展为甲状腺癌。保险公司员工对此知情，仍然想办法帮甲办理了人身保险，保险合同中受益人一栏写明为"法定继承"。后甲因癌症死亡，对于保险公司的赔付，下列说法正确的是：（2019 年仿真题）

A. 甲指定的受益人无效

B. 保险公司可以解除合同

C. 保险公司可以拒绝赔付

D. 保险金应当由妻子和儿子平分

2020 年

1. 2017 年 12 月 8 日，张三、李四、王五共同出资成立英华装饰有限公司。2018 年 6 月 8 日，李四不幸因病去世，李四之妻华晓文欲继承李四名下的股权，张三、王五主张优先购买该股权。关于继承问题，该公司章程没有规定，下列选项错误的是：（2020 年仿真题）

A. 李四之妻华晓文能够依法继承李四的股东资格

B. 李四之妻华晓文继承李四的股东资格需要张三、王五一致同意

C. 张三、王五不能主张优先购买权

D. 如公司章程规定继承时有优先购买权，则张三、王五能主张优先购买权

2. 春花、秋月、何时了三人共同出资 200 万元，于 2019 年 4 月设立"虞美人科技投资中心（普通合伙）"，从事软件科技的开发与投资。其中春花出资 160 万元，秋月、何时了分别出资 20 万元，由春花担任合伙事务执行人。2020 年 6 月，何时了为向小楼借钱，将自己的合伙财产份额出质给小楼。下列选项正确的是：（2020 年仿真题）

A. 该出质行为须经春花、秋月一致同意

B. 未经春花、秋月一致同意，其出质行为无效

C. 未经春花、秋月一致同意，如小楼为善意第三人，其出质行为有效

D. 该出质行为经过合伙事务执行人同意生效

3. 万豪以 20 万元（认缴 80 万元）入伙喜来旅店（有限合伙企业），成为有限合伙人。后该企业的另一名有限合伙人退出，万豪便成为唯一的有限合伙人。2019 年 3 月，万豪不幸发生车祸，虽经抢救保住性命，但已成为植物人。对此，下列选项错误的是：（2020 年仿真题）

A. 就万豪入伙前该合伙企业的债务，其需以 20 万元为限承担责任

B. 就万豪入伙前该合伙企业的债务，其需以 80 万元为限承担责任

C. 因万豪已成为植物人，故该合伙企业有权要求其退伙

D. 因唯一的有限合伙人已成为植物人，故该有限合伙企业应转为普通合伙企业

4. 美国人川特计划在中国投资，根据《外商投资法》，关于负面清单，下列选项错误的是：（2020 年仿真题）

A. 外商投资准入负面清单规定禁止投资的领域，川特不得投资

B. 外商投资准入负面清单规定限制投资的领域，川特不得投资

C. 外商投资准入负面清单规定限制投资的领域，川特进行投资应当符合负面清单规定的条件

D. 外商投资准入负面清单以外的领域，按照外资优先的原则实施管理

5. 长河落日有限公司欠包商银行 1000 万元，保证人大漠孤烟有限公司被裁定进入破产程序，根据《最高人民法院关于适用〈中华人民共和国企业破产

法〉若干问题的规定（三）》，下列选项正确的是：（2020年仿真题）

    A. 包商银行有权申报其保证债权

    B. 如主债务未到期的，保证债权在保证人破产申请受理时视为到期

    C. 如大漠孤烟有限公司系一般保证的保证人，其主张行使先诉抗辩权的，人民法院应予支持

    D. 大漠孤烟有限公司被确定应当承担保证责任的，其管理人不得就实际承担的清偿额向长河落日有限公司行使求偿权

6. 华艺姐妹影视股份公司申请首次公开发行新股，关于公司首次公开发行新股应当符合的条件，下列选项错误的是：（2020年仿真题）

    A. 具备健全且运行良好的组织机构

    B. 具有持续经营能力

    C. 最近二年财务会计报告被出具无保留意见审计报告

    D. 发行人及其控股股东、实际控制人最近三年不存在贪污、贿赂、侵占财产、挪用财产或者破坏社会主义市场经济秩序的刑事犯罪

2021年

1. 甲捡到了乙遗失的身份证，并以乙的名义注册公司，乙被登记为公司股东。据此，下列说法正确的是：（2021年仿真题）

    A. 公司有权请求甲承担责任

    B. 甲可以行使股东权利

    C. 乙可以申请注销股东资格

    D. 乙可以行使股东权利

2. 甲有限责任公司章程约定前3年不分红。现甲公司连续5年盈利，股东张某请求分红被拒。后来多个股东抗议，甲公司决定分红。据此，下列说法正确的是：（2021年仿真题）

    A. 甲公司章程约定前3年不分红不合法

    B. 对分红持异议的股东可以请求公司回购股权

    C. 若甲公司决定分红，股东可对外转让利润分配请求权

    D. 股东有权要求公司出具不分红的股东会决议

3. 甲公司向乙公司借款，丙公司提供一般保证担保，该笔借款尚未到期。2020年9月，甲公司被裁定进入破产程序。2021年7月，丙公司被受理破产。据此，下列说法正确的是：（2021年仿真题）

    A. 因该笔借款未到期，乙公司不能向丙公司主张申报保证债权

    B. 若乙公司向甲公司申报了全部债权，丙公司仍可以其对甲公司的将来求偿权申报债权

    C. 乙公司有权向丙公司和甲公司分别申报债权

    D. 乙公司向丙公司申报债权时，丙公司可以主张其自2020年9月起停止计息

2022年

1. 甲是乙公司的法定代表人和控股股东。甲分别以个人名义和公司名义与丙基金签订了增资协议，协议约定，丙基金投资2亿元人民币认缴乙公司增加的注册资本；乙公司全体股东放弃对此次增资的优先认购权。协议还约定，甲与乙公司承诺，丙基金增资完成后3年内乙公司应完成上市，若未完成该目标，甲应以市场价格收购丙基金持有的公司股权，且乙公司应以当年公司全部利润作为对丙基金的补偿。据此，下列说法错误的是：（2022年仿真题）

    A. 该协议涉及乙公司其他股东优先认购权的约定，其他股东可主张约定无效

    B. 如乙公司为甲收购股权提供担保，须经股东会决议通过，且甲无表决权

    C. 乙公司以当年公司全部利润作为补偿的约定，因违反利润分配原则无效

    D. 乙公司以当年公司全部利润作为补偿的约定，因违反资本维持原则无效

2. 苏齐食品公司是一家非上市股份公司，其中甲、乙、丙分别持股49%、1%和50%。其中，甲担任公司董事长。公司章程规定：公司为他人提供担保，应当经全体董事一致同意。2021年3月，甲未经过董事会擅自决定为吉丁公司提供担保。后吉丁公司未能按约定偿还本息，债权人要求苏齐食品公司承担保证责任，为此苏齐食品公司遭受重大损失。2021年4月，丙将其持有的公司股权转让给丁。2022年5月，股东欲通过代表诉讼维护公司利益。对此，下列说法错误的是：（2022年仿真题）

    A. 在紧急情况下乙有权提出股东代表诉讼

    B. 若股东提起代表诉讼，应把公司列为第三人，但是诉讼所得利益归公司所有

    C. 在紧急情况下丙有权提出股东代表诉讼

    D. 在紧急情况下丁有权提出股东代表诉讼

2023年

天涯芳草股份有限公司董事会共有九位董事，2023年1月召开董事会临时会议，甲、乙、丙、丁、戊五位董事出席，己、庚、辛、壬四位董事未出席。董事会表决时，甲、乙、丙、丁投赞成票，戊投弃权票。关于决议效力，下列说法正确的是：（2023年仿真题）

    A. 该决议成立

    B. 该决议不成立

    C. 该决议是否成立取决于公司股东会的最终意见

    D. 该决议是否成立取决于公司监事会的审查意见

经 济 法

2014 年

1. 红心地板公司在某市电视台投放广告，称"红心牌原装进口实木地板为你分忧"，并称"强化木地板甲醛高、不耐用"。此后，本地市场上的强化木地板销量锐减。经查明，该公司生产的实木地板是用进口木材在国内加工而成。关于该广告行为，下列哪一选项是正确的？（2014/1/27，单选）

A. 属于正当竞争行为

B. 仅属于诋毁商誉行为

C. 仅属于虚假宣传行为

D. 既属于诋毁商誉行为，又属于虚假宣传行为

2. 某商业银行通过同业拆借获得一笔资金。关于该拆入资金的用途，下列哪一选项是违法的？（2014/1/28，单选）

A. 弥补票据结算的不足

B. 弥补联行汇差头寸的不足

C. 发放有担保的短期固定资产贷款

D. 解决临时性周转资金的需要

3. 某企业流动资金匮乏，一直拖欠缴纳税款。为恢复生产，该企业将办公楼抵押给某银行获得贷款。此后，该企业因排污超标被环保部门罚款。现银行、税务部门和环保部门均要求拍卖该办公楼以偿还欠款。关于拍卖办公楼所得价款的清偿顺序，下列哪一选项是正确的？（2014/1/29，单选）

A. 银行贷款优先于税款

B. 税款优先于银行贷款

C. 罚款优先于税款

D. 三种欠款同等受偿，拍卖所得不足时按比例清偿

4. 某房地产公司开发一幢大楼，实际占用土地的面积超出其依法获得的出让土地使用权面积，实际建筑面积也超出了建设工程规划许可证规定的面积。关于对该公司的处罚，下列哪一选项是正确的？（2014/1/30，单选）

A. 只能由土地行政主管部门按非法占用土地予以处罚

B. 只能由城乡规划主管部门按违章建筑予以处罚

C. 根据一事不再罚原则，由当地政府确定其中一种予以处罚

D. 由土地行政主管部门、城乡规划主管部门分别予以处罚

5. 某省 L 市旅游协会为防止零团费等恶性竞争，召集当地旅行社商定对游客统一报价，并根据各旅行社所占市场份额，统一分配景点返佣、古城维护费返佣等收入。此计划实施前，甲旅行社主动向反垄断执法机构报告了这一情况并提供了相关证据。关于本案，下列哪些判断是错误的？（2014/1/64，多选）

A. 旅游协会的行为属于正当的行业自律行为

B. 由于尚未实施，旅游协会的行为不构成垄断行为

C. 如构成垄断行为，L 市发改委可对其处以 50 万元以下的罚款

D. 如构成垄断行为，对甲旅行社可酌情减轻或免除处罚

6. 甲酒厂为扩大销量，精心摹仿乙酒厂知名白酒的包装、装潢。关于甲厂摹仿行为，下列哪些判断是错误的？（2014/1/65，多选）

A. 如果乙厂的包装、装潢未获得外观设计专利，则甲厂摹仿行为合法

B. 如果甲厂在包装、装潢上标明了自己的厂名、厂址、商标，则不构成混淆行为

C. 如果甲厂白酒的包装、装潢不足以使消费者误认为是乙厂白酒，则不构成混淆行为

D. 如果乙厂白酒的长期消费者留意之下能够辨别出二者差异，则不构成混淆行为

7. 张某从某网店购买一套汽车坐垫。货到拆封后，张某因不喜欢其花色款式，多次与网店交涉要求退货。网店的下列哪些回答是违法的？（2014/1/66，多选）

A. 客户下单时网店曾提示"一经拆封，概不退货"，故对已拆封商品不予退货

B. 该商品无质量问题，花色款式也是客户自选，故退货理由不成立，不予退货

C. 如网店同意退货，客户应承担退货的运费

D. 如网店同意退货，货款只能在一个月后退还

8. 曾某在某超市以 80 元购买酸奶数盒，食用后全家上吐下泻，为此支付医疗费 800 元。事后发现，其所购的酸奶在出售时已超过保质期，曾某遂要求超市赔偿。对此，下列哪些判断是正确的？（2014/1/67，多选）

A. 销售超过保质期的食品属于违反法律禁止性规定的行为

B. 曾某在购买时未仔细查看商品上的生产日期，应当自负其责

C. 曾某有权要求该超市退还其购买酸奶所付的价款

D. 曾某有权要求该超市赔偿 800 元医疗费，并增加赔偿 800 元

9. 彦某将一套住房分别委托甲、乙两家中介公司出售。钱某通过甲公司看中该房，但觉得房价太高。双方在看房前所签协议中约定了防"跳单"条款：钱某对甲公司的房源信息负保密义务，不得利用其信息撇开甲公司直接与房主签约，否则支付违约金。事后钱某又在乙公司发现同一房源，而房价比甲公司低得多。钱某通过乙公司买得该房，甲公司得知后提出异议。关于本案，下列哪些判断是错误的？（2014/1/68，多选）

A. 防"跳单"条款限制了消费者的自主选择权

B. 甲公司抬高房价侵害了消费者的公平交易权

C. 乙公司的行为属于不正当竞争行为

D. 钱某侵犯了甲公司的商业秘密

10. 某市商业银行 2010 年通过实现抵押权取得某大楼的所有权，2013 年卖出该楼获利颇丰。2014年该银行决定修建自用办公楼，并决定入股某知名房地产企业。该银行的下列哪些做法是合法的？（2014/1/69，多选）

A. 2010 年实现抵押权取得该楼所有权

B. 2013 年出售该楼

C. 2014 年修建自用办公楼

D. 2014 年入股某房地产企业

11. 某企业因计算错误，未缴税款累计达 50 万元。关于该税款的征收，下列哪些选项是正确的？（2014/1/70，多选）

A. 税务机关可追征未缴的税款

B. 税务机关可追征滞纳金

C. 追征期可延长到 5 年

D. 追征时不受追征期的限制

12. 2012 年外国人约翰来到中国，成为某合资企业经理，迄今一直居住在北京。根据《个人所得税法》，约翰获得的下列哪些收入应在我国缴纳个人所得税？（2014/1/71，多选）

A. 从该合资企业领取的薪金

B. 出租其在华期间购买的房屋获得的租金

C. 在中国某大学开设讲座获得的酬金

D. 在美国杂志上发表文章获得的稿酬

13. 某公司取得出让土地使用权后，超过出让合同约定的动工开发日期满两年仍未动工，市政府决定收回该土地使用权。该公司认为，当年交付的土地一直未完成征地拆迁，未达到出让合同约定的条件，导致项目迟迟不能动工。为此，该公司提出两项请求，一是撤销收回土地使用权的决定，二是赔偿公司因工程延误所受的损失。对这两项请求，下列哪些判断是正确的？（2014/1/72，多选）

A. 第一项请求属于行政争议

B. 第二项请求属于民事争议

C. 第一项请求须先由县级以上政府处理，当事人不服的才可向法院起诉

D. 第二项请求须先由县级以上政府处理，当事人不服的才可向法院起诉

2015 年

1. 甲在 A 银行办理了一张可异地跨行存取款的银行卡，并曾用该银行卡在 A 银行一台自动取款机上取款。甲取款数日后，发现该卡内的全部存款被人在异地 B 银行的自动取款机上取走。后查明：甲在 A 银行取款前一天，某盗卡团伙已在该自动取款机上安装了摄像和读卡装置（一周后被发现）；甲对该卡和密码一直妥善保管，也从未委托他人使用。关于甲的存款损失，下列哪一说法是正确的？（2015/1/27，单选）

A. 自行承担部分损失

B. 有权要求 A 银行赔偿

C. 有权要求 A 银行和 B 银行赔偿

D. 只能要求复制盗刷银行卡的罪犯赔偿

2. 为大力发展交通，某市出资设立了某高速公路投资公司。该市审计局欲对其实施年度审计监督。关于审计事宜，下列哪一说法是正确的？（2015/1/28，单选）

A. 该公司既非政府机关也非事业单位，审计局无权审计

B. 审计局应在实施审计 3 日前，向该公司送达审计通知书

C. 审计局欲查询该公司在金融机构的账户，应经局长批准并委托该市法院查询

D. 审计局欲检查该公司与财政收支有关的资料和资产，应委托该市税务局检查

3. 申请不动产登记时，下列哪一情形应由当事人双方共同申请？（2015/1/29，单选）

A. 赵某放弃不动产权利，申请注销登记

B. 钱某接受不动产遗赠，申请转移登记

C. 孙某将房屋抵押给银行以获得贷款，申请抵押登记

D. 李某认为登记于周某名下的房屋为自己所有，申请更正登记

4. 某市甲、乙、丙三大零售企业达成一致协议，拒绝接受产品供应商丁的供货。丙向反垄断执法机构举报并提供重要证据，经查，三企业构成垄断协议行为。关于三企业应承担的法律责任，下列哪些选项是正确的？（2015/1/67，多选）

A. 该执法机构应责令三企业停止违法行为，没收违法所得，并处以相应罚款

B. 丙企业举报有功，可酌情减轻或免除处罚

C. 如丁因垄断行为遭受损失的，三企业应依法承担民事责任

D. 如三企业行为后果极为严重，应追究其刑事责任

5. 甲公司拥有"飞鸿"注册商标，核定使用的商品为酱油等食用调料。乙公司成立在后，特意将"飞鸿"登记为企业字号，并在广告、企业厂牌、商品上突出使用。乙公司使用违法添加剂生产酱油被媒体曝光后，甲公司的市场声誉和产品销量受到严重影响。关于本案，下列哪些说法是正确的？（2015/1/68，多选）

A. 乙公司侵犯了甲公司的注册商标专用权

B. 乙公司将"飞鸿"登记为企业字号并突出使用的行为构成不正当竞争行为

C. 甲公司因调查乙公司不正当竞争行为所支付的合理费用应由乙公司赔偿

D. 甲公司应允许乙公司在不变更企业名称的情况下以其他商标生产销售合格的酱油

6. 关于个人所得税，下列哪一表述是正确的？（2015/1/69，已改编，现为单选）

A. 以课税对象为划分标准，个人所得税属于动态财产税

B. 非居民纳税人是指不具有中国国籍但有来源于中国境内所得的个人

C. 居民纳税人从中国境内、境外取得的所得均应依法缴纳个人所得税

D. 劳务报酬所得适用比例税率，对劳务报酬所得一次收入畸高的，可实行加成征收

7. 甲企业将其厂房及所占划拨土地一并转让给乙企业，乙企业依法签订了出让合同，土地用途为工业用地。5年后，乙企业将其转让给丙企业，丙企业欲将用途改为商业开发。关于该不动产权利的转让，下列哪些说法是正确的？（2015/1/72，多选）

A. 甲向乙转让时应报经有批准权的政府审批

B. 乙向丙转让时，应已支付全部土地使用权出让金，并取得国有土地使用权证书

C. 丙受让时改变土地用途，须取得有关土地部门和规划部门的同意

D. 丙取得该土地及房屋时，其土地使用年限应重新计算

某商场使用了由东方电梯厂生产、亚林公司销售的自动扶梯。某日营业时间，自动扶梯突然逆向运行，造成顾客王某、栗某和商场职工薛某受伤，其中栗某受重伤，经治疗半身瘫痪，数次自杀未遂。现查明，该型号自动扶梯在全国已多次发生相同问题，但电梯厂均通过更换零部件、维修进行处理，并未停止生产和销售。

请回答第8~9题。

8. 关于赔偿主体及赔偿责任，下列选项正确的是：（2015/1/95，不定项）

A. 顾客王某、栗某有权请求商场承担赔偿责任

B. 受害人有权请求电梯厂和亚林公司承担赔偿责任

C. 电梯厂和亚林公司承担连带赔偿责任

D. 商场和电梯厂承担按份赔偿责任

9. 关于顾客王某与栗某可主张的赔偿费用，下列选项正确的是：（2015/1/96，不定项）

A. 均可主张为治疗支出的合理费用

B. 均可主张因误工减少的收入

C. 栗某可主张精神损害赔偿

D. 栗某可主张所受损失2倍以下的惩罚性赔偿

2016 年

1. 某燃气公司在办理燃气入户前，要求用户缴纳一笔"预付气费款"，否则不予供气。待不再用气时，用户可申请返还该款项。经查，该款项在用户日常购气中不能冲抵燃气费。根据《反垄断法》的规定，下列哪一说法是正确的？（2016/1/28，单选）

A. 反垄断机构执法时应界定该公司所涉相关市场

B. 只要该公司在当地独家经营，就能认定其具有市场支配地位

C. 如该公司的上游气源企业向其收取预付款，该公司就可向客户收取"预付气费款"

D. 县政府规定了"一个地域只能有一家燃气供应企业"，故该公司行为不构成垄断

2. 根据《个人所得税法》，关于个人所得税的征缴，下列哪一说法是正确的？（2016/1/29，单选）

A. 自然人买彩票多倍投注，所获一次性奖金特别高的，可实行加成征收

B. 扣缴义务人履行代扣代缴义务的，税务机关按照所扣缴的税款付给2%的手续费

C. 在中国境内无住所又不居住的个人，在境内取得的商业保险赔款，应缴纳个人所得税

D. 夫妻双方每月取得的工资薪金所得可合并计算，减除费用7000元后的余额，为应纳税所得额

3. 某镇拟编制并实施镇总体规划，根据《城乡规划法》的规定，下列哪一说法是正确的？（2016/1/30，单选）

A. 防灾减灾系镇总体规划的强制性内容之一

B. 在镇总体规划确定的建设用地范围以外，可设立经济开发区

C. 镇政府编制的镇总体规划，报上一级政府审批后，再经镇人大审议

D. 建设单位报批公共垃圾填埋场项目，应向国土部门申请核发选址意见书

4. 某县会计师行业自律委员会成立之初，达成统筹分配当地全行业整体收入的协议，要求当年市场份额提高的会员应分出自己的部分收入，补贴给市场份额降低的会员。事后，有会员向省级工商行政管理部门书面投诉。关于此事，下列哪些说法是正确的？（2016/1/67，多选）

A. 该协议限制了当地会计师行业的竞争，具有违法性

B. 抑强扶弱有利于培育当地会计服务市场，法律不予禁止

C. 此事不能由省级工商行政管理部门受理，应由该委员会成员自行协商解决

D. 即使该协议尚未实施，如构成违法，也可予以查处

5. 甲县善福公司（简称甲公司）的前身为创始于清末的陈氏善福铺，享誉百年，陈某继承祖业后注册了该公司，并规范使用其商业标识。乙县善福公司（简称乙公司）系张某先于甲公司注册，且持有"善福100"商标权。乙公司在其网站登载善福铺的历史及荣誉，还在其产品包装标注"百年老牌""创始于清末"等字样，但均未证明其与善福铺存在历史联系。甲、乙公司存在竞争关系。关于此事，下列哪些说法是正确的？（2016/1/68，多选）

A. 陈某注册甲公司的行为符合诚实信用原则

B. 乙公司登载善福铺历史及标注字样的行为损害了甲公司的商誉

C. 甲公司使用"善福公司"的行为侵害了乙公司的商标权

D. 乙公司登载善福铺历史及标注字样的行为构成虚假宣传行为

6. 甲在乙公司办理了手机通讯服务，业务单约定：如甲方（甲）预付费使用完毕而未及时补交款项，乙方（乙公司）有权暂停甲方的通讯服务，由此造成损失，乙方概不担责。甲预付了费用，1年后发现所用手机被停机，经查询方得知公司有"话费有效期满暂停服务"的规定，此时账户尚有余额，遂诉之。关于此事，下列哪些说法是正确的？（2016/1/69，多选）

A. 乙公司侵犯了甲的知情权

B. 乙公司提供格式条款时应提醒甲注意暂停服务的情形

C. 甲有权要求乙公司退还全部预付费

D. 法院应支持甲要求乙公司承担惩罚性赔偿的请求

7. 某家具店出售的衣柜，如未被恰当地固定到墙上，可能发生因柜子倾倒致人伤亡的危险。关于此事，下列哪些说法是正确的？（2016/1/70，多选）

A. 该柜质量应符合产品安全性的要求

B. 该柜本身或其包装上应有警示标志或者中文警示说明

C. 质检部门对这种柜子进行抽查，可向该店收取检验费

D. 如该柜被召回，该店应承担购买者因召回支出的全部费用

8. 李某从超市购得橄榄调和油，发现该油标签上有"橄榄"二字，侧面标示"配料：大豆油，橄榄油"，吊牌上写明："添加了特等初榨橄榄油"，遂诉之。经查，李某事前曾多次在该超市"知假买假"。关于此案，下列哪些说法是正确的？（2016/1/71，多选）

A. 该油的质量安全管理，应遵守《农产品质量安全法》的规定

B. 该油未标明橄榄油添加量，不符合食品安全标准要求

C. 如李某只向该超市索赔，该超市应先行赔付

D. 超市以李某"知假买假"为由进行抗辩的，法院不予支持

9. 陈某在担任某信托公司总经理期间，该公司未按照金融企业会计制度和公司财务规则严格管理和审核资金使用，违法开展信托业务，造成公司重大损失。对此，陈某负有直接管理责任。关于此事，下列哪些说法是正确的？（2016/1/72，多选）

A. 该公司严重违反审慎经营规则

B. 银监会可责令该公司停业整顿

C. 国家工商总局可吊销该公司的金融许可证

D. 银监会可取消陈某一定期限直至终身的任职资格

10. 关于税收优惠制度，根据我国税法，下列哪些说法是正确的？（2016/1/73，多选）

A. 个人进口大量化妆品，免征消费税

B. 武警部队专用的巡逻车，免征车船税

C. 企业从事渔业项目的所得，可免征、减征企业所得税

D. 农民张某网上销售从其他农户处收购的山核桃，免征增值税

11. 某县污水处理厂系扶贫项目，由地方财政投资数千万元，某公司负责建设。关于此项目的审计监督，下列哪些说法是正确的？（2016/1/74，多选）

A. 审计机关对该项目的预算执行情况和决算，进行审计监督

B. 审计机关经银监局局长批准，可冻结该项目在银行的存款

C. 审计组应在向审计机关报送审计报告后，向该公司征求对该报告的意见

D. 审计机关对该项目作出审计决定，而上级审计机关认为其违反国家规定的，可直接作出变更或撤销的决定

2017年

1. 某景区多家旅行社、饭店、商店和客运公司共同签订《关于加强服务协同提高服务水平的决定》，约定了统一的收费方式、服务标准和收入分配方案。有人认为此举构成横向垄断协议。根据《反垄断法》，下列哪一说法是正确的？（2017/1/28，单选）

A. 只要在一个竞争性市场中的经营者达成协调市场行为的协议，就违反该法

B. 只要经营者之间的协议涉及商品或服务的价格、标准等问题，就违反该法

C. 如经营者之间的协议有利于提高行业服务质量和经济效益，就不违反该法

D. 如经营者之间的协议不具备排除、限制竞争的效果，就不违反该法

2. 某蛋糕店开业之初，为扩大影响，增加销售，出钱雇人排队抢购。不久，该店门口便时常排起长队，销售盛况的照片也频频出现于网络等媒体，附近同类店家生意随之清淡。对此行为，下列哪一说法是正确的？（2017/1/29，单选）

A. 属于正当的营销行为

B. 构成混淆行为

C. 构成虚假宣传行为

D. 构成商业贿赂行为

3. 霍某在靓顺公司购得一辆汽车，使用半年后前去靓顺公司维护保养。工作人员告诉霍某该车气囊电脑存在故障，需要更换。霍某认为此为产品质量问题，要求靓顺公司免费更换，靓顺公司认为是霍某使用不当所致，要求其承担更换费用。经查，该车气囊电脑不符合产品说明所述质量。对此，下列哪一说法是正确的？（2017/1/30，单选）

A. 霍某有权请求靓顺公司承担违约责任

B. 霍某只能请求该车生产商承担免费更换责任

C. 霍某有权请求靓顺公司承担产品侵权责任

D. 靓顺公司和该车生产商应当连带承担产品侵权责任

4. 某县开展扶贫资金专项调查，对申请财政贴息贷款的企业进行核查。审计中发现某企业申请了数百万元贴息贷款，但其生产规模并不需要这么多，遂要求当地农业银行、扶贫办和该企业提供贷款记录。对此，下列哪一说法是正确的？（2017/1/31，单选）

A. 只有审计署才能对当地农业银行的财政收支情况进行审计监督

B. 只有经银监机构同意，该县审计局才能对当地农业银行的财务收支进行审计监督

C. 该县审计局经上一级审计局副职领导批准，有权查询当地扶贫办在银行的账户

D. 申请财政贴息的该企业并非国有企业，故该县审计局无权对其进行审计调查

5. 李某花2000元购得某省M公司生产的苦荼一批，发现其备案标准并非苦荼的标准，且保质期仅为9个月，但产品包装上显示为18个月，遂要求该公司支付2万元的赔偿金。对此，下列哪些说法是正确的？（2017/1/67，多选）

A. 李某的索赔请求于法有据

B. 茶叶的食品安全国家标准由国家卫计委制定、公布并提供标准编号

C. 没有苦荼的食品安全国家标准时，该省卫计委可制定地方标准，待国家标准制定后，酌情存废

D. 国家鼓励该公司就苦荼制定严于食品安全国家标准或地方标准的企业标准，在该公司适用，并报该省卫计委备案

6. 某商业银行推出"校园贷"业务，旨在向在校大学生提供额度不等的消费贷款。对此，下列哪些说法是错误的？（2017/1/68，多选）

A. 银行向在校大学生提供"校园贷"业务，须经国务院银监机构审批或备案

B. 在校大学生向银行申请"校园贷"业务，无论资信如何，都必须提供担保

C. 银行应对借款大学生的学习、恋爱经历、父母工作等情况进行严格审查

D. 银行为提高"校园贷"业务发放效率，审查人员和放贷人员可同为一人

7. 某教师在税务师培训班上就我国财税法制有下列说法，其中哪些是正确的？（2017/1/69，多选）

A. 当税法有漏洞时，依据税收法定原则，不允许以类推适用方法来弥补税法漏洞

B. 增值税的纳税人分为一般纳税人和小规模纳税人，小规模纳税人的适用税率统一为3%

C. 消费税的征税对象为应税消费品，包括一次性竹制筷子和复合地板等

D. 车船税纳税义务发生时间为取得车船使用权或管理权的当年，并按年申报缴纳

8. A基金在我国境外某群岛注册并设置总部，该群岛系低税率地区。香港B公司和浙江C公司在浙江签约设立杭州D公司，其中B公司占95%的股权，后D公司获杭州公路收费权。F公司在该群岛注册成立，持有B公司100%的股权。随后，A基金通过认购新股方式获得F公司26%的股权，多年后又将该股权转让给境外M上市公司。M公司对外披露其实际收购标的为D公司股权。经查，A基金、F公司和M公司均不从事实质性经营活动，F公司股权的转让价主要取决于D公司的估值。对此，根据我国税法，下列哪些说法是正确的？（2017/1/70，多选）

A. A基金系非居民企业

B. D 公司系居民企业

C. A 基金应就股权转让所得向我国税务机关进行纳税申报

D. 如 A 基金进行纳税申报，我国税务机关有权按照合理方法调整其应纳税收入

9. 昌昌公司委托拍卖将其房产拍卖后，按成交价向税务部门缴纳了相关税款，并取得了完税凭证。3 年后，县地税局稽查局检查税费缴纳情况时，认为该公司房产拍卖成交价过低，不及市场价的一半。遂作出税务处理决定：重新核定房产交易价，追缴相关税款，加收滞纳金。经查，该公司所涉拍卖行为合法有效，也不存在逃税、骗税等行为。关于此事，下列哪些说法是正确的？（2017/1/71，多选）

A. 该局具有独立执法主体资格

B. 该公司申报的房产拍卖价明显偏低时，该局就可核定其应纳税额

C. 该局向该公司加收滞纳金的行为违法

D. 该公司对税务处理决定不服，可申请行政复议，对复议决定不服，才可提起诉讼

10. 在加大房地产市场宏观调控的形势下，某市政府对该市房地产开发的管理现状进行检查，发现以下情况，其中哪些做法是需要纠正的？（2017/1/74，多选）

A. 房地产建设用地的供应，在充分利用现有建设用地的同时，放宽占用农用地和开发未利用地的条件

B. 土地使用权出让，符合土地利用总体规划、城市规划或年度建设用地计划之一即可

C. 预售商品房，要求开发商交清全部土地使用权出让金，取得土地使用权证书，并持有建设工程规划许可证等

D. 采取税收减免等方面的优惠措施，鼓励房地产开发企业开发建设商业办公类住宅，方便市民改作居住用途

11. 某市混凝土公司新建临时搅拌站，在试运行期间通过暗管将污水直接排放到周边，严重破坏当地环境。公司经理还指派员工潜入当地环境监测站内，用棉纱堵塞空气采集器，造成自动监测数据多次出现异常。有关部门对其处罚后，公司生产经营发生严重困难，拟裁员 20 人以上。

关于该临时搅拌站建设，下列说法正确的是：（2017/1/95，不定项）

A. 如在该市规划区内进行建设的，应经市城管执法部门批准

B. 如该搅拌站影响该市近期建设规划的实施，有关部门不得批准

C. 如该搅拌站系未经批准进行临时建设的，由市政府责令限期拆除

D. 如该搅拌站超过批准时限不拆除的，由市城乡规划部门采取强制拆除措施

2018 年

1. 某市公安局将安全系统和印章管理业务交给市印章协会，并通知所辖范围内公安部门和有印章业务的公司都将业务移交印章协会。根据《反垄断法》，下列说法正确的是：（2018 年仿真题）

A. 反垄断执法机构可以建议市政府责令公安局整改

B. 反垄断执法机构可以责令公安局整改

C. 反垄断执法机构可以撤销印章协会的社团资格

D. 反垄断执法机构可以对印章协会的行为处以罚款

2. 某商业银行为了吸收大额存款，推出贴息业务。经甲联系，客户将钱存到指定银行，银行给予一定比例贴息，甲从银行处获取一定比例的酬金。经查，甲系该银行离职人员，离职后一直在该银行法定经营场所活动，并得到银行默认。对此，下列选项正确的是：（2018 年仿真题）

A. 该银行可允许甲继续在其法定经营场所开展柜员业务

B. 该银行向甲支付酬金的行为，应遵守公平竞争原则

C. 该银行应以效益性为优先经营原则，兼顾安全性和流动性

D. 该银行实行自主经营，自负盈亏制度，不受我国银保监会的干涉和监督

3. 甲公司系一家互联网信息公司，未经东财网运营方同意，在东财网页面主页右上角设置弹窗，在用户访问东财网时，甲公司所投放的广告将自动弹出。对于甲公司的行为，下列选项正确的是：（2018 年仿真题）

A. 构成网络不正当竞争

B. 构成网络避风港原则，不承担责任

C. 构成诋毁商誉行为

D. 构成虚假宣传行为

4. 张三在寝室复习期末考试，同学李四、王五到张三寝室，强烈要求张三打开电视观看世界杯，张三照办。由于质量问题，电视机突然爆炸，张三、李四和王五三人均受重伤。关于三人遭受的损害，下列选项正确的是：（2018 年仿真题）

A. 张三可要求电视机的销售者承担赔偿责任

B. 张三有权要求李四、王五承担损害赔偿责任

C. 张三、李四无权要求电视机的销售者承担赔偿责任

D. 李四、王五有权要求张三承担损害赔偿责任

5. 某商业银行对其资金管理作出了一系列安排，包括向各分支机构拨付相关运营资金、调整流动性比例、处分抵押物及拆入资金等资金使用行为。下列行

为不符合法律规定的是：（2018 年仿真题）

- A. 规定本行的流动性资产余额与流动性负债余额的比例不得低于 35%
- B. 为扩大经营规模，拨付给各分行的运营资金总和为总行资金的 65%
- C. 因行使抵押权取得的商品房，规定应当自取得之日起 2 年内予以处分
- D. 规定可以利用拆入的资金发放固定资产贷款，但不得用于投资

6. 某公司经营过程取得的各项收入中，包括销售货物收入、国债利息、股息收益、财政拨款等各项收入，下列属于企业所得税的免税收入的是：（2018 年仿真题）

- A. 向另一家公司销售货物的收入
- B. 买国债的利息收入
- C. 从国内某互联网公司取得的股息收益
- D. 从当地政府获得的财政拨款

7. 消费者曹某从某土特产超市购买了野生菇一包（售价 50 元），食用后因食物中毒口吐白沫、倒地不起，被紧急送往医院抢救，花费医疗费 5000 元。事后查明，该野生菇由当地企业蘑菇世家生产，因不符合食品安全标准，已多次发生消费者食物中毒事件。关于本案的责任承担，下列说法正确的是：（2018 年仿真题）

- A. 土特产超市发现食品安全事故后，可以立即停止销售，召回已经销售的野生菇
- B. 如果曹某要求土特产超市赔偿，该超市有权以无过错为由拒绝赔偿
- C. 曹某有权获得最高 1.5 万元的惩罚性赔偿金
- D. 若生产企业财产不足以同时支付行政罚款和民事赔偿，应当先行支付民事赔偿

2019 年

1. 瑞玛公司生产的"健身椅"既节约时间空间又能达到较佳健身效果，为继续保证公司销售效益，瑞玛公司又与特许经销商千寻公司达成协议约定：每把"健身椅"应以不低于一万元的价格出售。对此，下列表述正确的是：（2019 年仿真题）

- A. 瑞玛公司的行为构成滥用市场支配地位
- B. 该协议内容是双方真实意思表示，合法有效
- C. 张某即使未购买瑞玛公司生产的"健身椅"，也有权向反垄断执法机构举报该公司行为违法
- D. 如双方已将协议约定内容予以实施，则反垄断执法机构可以根据相应情节决定是否对瑞玛公司处以罚款

2. 某网店为刷销量，让内部工作人员利用公司资金购买本店商品，快递发空单，并让内部工作人员在评价区制造虚假评论。该网店的行为构成：（2019 年仿真题）

- A. 正当市场竞争行为
- B. 虚假宣传
- C. 诋毁商誉
- D. 网络不正当竞争行为

3. 甲公司是一家新能源电动车公司，技术领先，具有较高的市场份额。为了提高竞争力，拟与其他企业达成下列协议，对此，下列说法正确的是：（2019 年仿真题）

- A. 甲公司与乙公司达成共建锂电池研发中心的协议，需要事先申报
- B. 甲公司收购乙公司 85% 股权，达到了国务院规定的申报标准，需提交此次收购对电动车市场竞争状况影响的说明
- C. 丙公司是甲公司的子公司（持股比例 51%），甲公司收购其他股东股权，在丙公司持股比例上升为 67%，并达到国务院规定的申报标准，需要事先申报
- D. 丁公司是甲公司和戊公司的母公司，在两家公司持股比例均为 55%。现甲公司收购戊公司 70% 股权，达到国务院规定的申报标准，需要事先申报

4. 某超市举办促销活动，购买某品牌榨汁机一台即赠送一罐某品牌奶粉。甲购买了榨汁机后获赠一罐奶粉。甲冲喝了奶粉后，上吐下泻，在医院治疗 7 天。甲向超市主张损害赔偿，超市以甲没有支付奶粉费用为由拒绝赔偿。对此，下列说法错误的是：（2019 年仿真题）

- A. 甲自行承担损失
- B. 超市应承担违约责任赔偿
- C. 超市应承担侵权责任赔偿
- D. 奶粉厂家有义务赔偿

5. 某展销会上，甲公司借用乙公司的营业执照，租赁丙公司的柜台，出售丁公司生产的商品。消费者戊购买商品后，发现商品存在轻微瑕疵，但不影响正常使用，待索赔时发现展销会已经结束。此时，戊有权向谁主张赔偿？（2019 年仿真题）

- A. 甲公司
- B. 乙公司
- C. 丙公司
- D. 丁公司

6. 李老师除工资外的收入如下：获得学校的科研奖金 10 万元，监考费 200 元，获得"优秀教师"称号的奖金 1000 元，中彩票 500 元，出版图书的稿酬 3 万元。对于李老师个人所得税的计算，下列选项错误的是：（2019 年仿真题）

- A. 学校科研奖金无须缴税
- B. 稿酬和监考费合并纳税
- C. 获得"优秀教师"称号的奖金按照意外所得纳税
- D. 彩票中奖适用累进税率

2020 年

1. 郭某为天剑农产品销售公司负责人，公司收购的本地特产"丽汁"山药口感香糯，但大量滞销，郭某便在奇虎网络交易平台开设一家网店，网上销售"丽汁"山药。为扩大销量，天剑公司要求员工注册该网络交易平台的账号，提供资金在网店下单虚假购买"丽汁"山药，但却不实际发货，发送空包裹，以刷高网店销售排名。关于本案，天剑公司构成下列哪些不正当竞争行为？（2020年仿真题）

A. 商业贿赂行为

B. 虚假宣传行为

C. 组织虚假交易

D. 互联网不正当竞争行为

2. 根据《消费者权益保护法》，关于春风超市、夏雨装修公司、秋叶公司、冬雪商场的表述，下列做法正确的是：（2020年仿真题）

A. 春风超市对缺陷商品采取召回措施，该超市要求消费者自行承担召回运费

B. 夏雨装修公司在装修完工3个月时与业主发生质量争议，该公司要求消费者承担有关瑕疵的举证责任

C. 秋叶公司将收集的消费者个人信息出售给母公司秋色公司

D. 冬雪商场以3000元价格销售假冒鸭梨牌手机，消费者可以要求增加赔偿价款的3倍

3. 股东柳岸公司、晓风公司经中国银行保险监督管理委员会批准成立雨霖银行，柳岸公司占股份总额3%，晓风公司占股份总额97%，关于该银行的设立和组织机构，下列选项错误的是：（2020年仿真题）

A. 如雨霖银行为全国性商业银行，注册资本最低应认缴10亿元人民币

B. 如雨霖银行在丽江、凤凰设立分行，拨付分行营运资金额的总和，不得超过雨霖银行资本金总额的60%

C. 如雨霖银行设立分行，最快需要在雨霖银行拥有2年的财务会计报告之后

D. 如柳岸公司将股份转让给残月公司，无须经银保监会批准

4. 飞快汽车生产公司与好迪4S店达成的下列协议中，构成垄断协议的是：（2020年仿真题）

A. 好迪4S店不得销售美好汽车公司生产的各型号汽车

B. 好迪4S店应向消费者提供汽车保养服务，各项服务价格固定为200元

C. 飞快公司委托好迪4S店代卖轮胎，每个轮胎的价格不得低于200元

D. 好迪4S店向消费者提供升级服务，每项服务价格不得高于200元

5. 老孟在丽树餐厅点了一份外卖，收到了好吃网发来的信息，内容是：顾客您好，您预订的丽树餐厅订单已经为您派送，预计20分钟后送到。后来又收到好吃网的退款信息，因丽树餐厅取消订单，为其退回50元餐费。后老孟与餐厅沟通，餐厅回复称订单很多都已完成了配送，只有个别几单好吃网系统自动取消了。老孟遂起诉丽树餐厅及好吃网，要求赔偿500元。对此，下列选项正确的是：（2020年仿真题）

A. 好吃网应退回50元

B. 好吃网应赔偿500元

C. 好吃网应赔偿150元

D. 丽树餐厅应赔偿500元

6. 甲电动车公司生产的电动车存在质量问题久未解决，三个月前发生过一起自燃事件，经调查，事故是电池原因造成的。乙公司是电商平台，出售该款电动车时表明：该车型电动车严格按照检查程序检查，绝对没有质量问题。丙购买该电动车回家使用，未到一个月，该电动车在一次驾驶中自燃烧毁，致丙残疾。下列选项正确的是：（2020年仿真题）

A. 只能甲公司承担赔偿责任

B. 甲公司和乙电商平台按份承担责任

C. 丙可以向甲公司申请残疾生活辅助器具补助金和损害赔偿

D. 市场监督管理局应责令甲公司召回该电动车

7. 甲违规在养殖海鲜的饲料里加农药。某酒店购入甲的海鲜，造成群体性中毒，下列选项正确的是：（2020年仿真题）

A. 市疾病预防控制中心要向市市场监督管理局提交流行病学报告

B. 市卫健委要向市市场监督管理局提交流行病学报告

C. 卫健委应对有关因素进行流行病学调查

D. 卫健委应对事故现场的卫生进行处理

2021 年

1. 甲公司生产的RED粉剂能为某类过敏人群提供营养支持，甲公司拟将其注册为特殊医学配方食品。对此，下列选项正确的是：（2021年仿真题）

A. 若RED粉剂成功注册，甲公司在生产的注册配方外可增加促进消化的益生菌

B. 甲公司应将RED粉剂提交公司所在地省级食品安全监督管理部门注册

C. 若RED粉剂成功注册，甲公司省级食品安全监督管理部门应及时将其纳入特殊医学配方食品目录

D. 若申请注册成功，RED粉剂的标签、说明书应标注"本品不能代替药物"

2. 甲在 F 公司任职，月薪为 1 万元。甲于 2020 年 6 月 1 日被公司派往 A 国并在 A 国定居，在国外期间 F 公司依然为甲支付工资每月 1 万元。甲未在其他公司兼任职位。下列选项正确的是：（2021 年仿真题）

　　A. 甲缴纳个人所得税不再需要纳税人识别号，由公司直接代扣代缴

　　B. 甲应于 2020 年 6 月 1 日办理清税

　　C. 甲应就每月 5000 元的应纳税所得额交税

　　D. 甲应在 2021 年 3 月 1 日至 6 月 30 日之间办理年度汇算清缴

3. 甲、乙两家公司未经申报便完成了经营者集中，新成立了一家公司丙。经调查，集中行为已经达到了国务院规定的申报标准，但是集中一年以来，没有对市场产生排除、限制竞争的影响。对此，下列说法正确的是：（2021 年仿真题）

　　A. 对甲、乙两个公司进行处罚

　　B. 对甲、乙、丙公司都进行处罚

　　C. 对丙公司进行处罚

　　D. 对三个公司都不进行处罚

2022 年

1. 廖某是著名的大豆培育专家，成立了廖氏食品有限公司，并注册"廖公"文字商标，用于宣传推广自己培育的大豆。圆源食品有限公司推出的一款大豆产品，在宣传材料上印制了廖某头像并使用"廖公大豆"的名称，但未指明该廖公就是廖某。陈某是知名网红，2022 年 7 月，圆源公司委托陈某在其个人的快迪平台直播间销售该大豆产品。直播时使用了"廖公大豆"名称，并将廖某头像放在直播间的显著位置。刘某通过直播间购买该款产品食用时发现大豆产品已经发霉变质，遂向快迪平台投诉。快迪平台随后封禁了陈某的直播间，并向刘某提供了陈某的真实姓名、地址和有效联系方式。下列说法正确的是：（2022 年仿真题）

　　A. 刘某对快迪平台享有赔偿请求权

　　B. 圆源公司是侵犯廖某权利的唯一责任人

　　C. 圆源公司和陈某是市场混淆的共同行为人

　　D. 圆源公司和陈某对刘某损失承担违约责任

2. 某企业职工甲因为发明的净水器能够有效解决缺水地区饮水问题，获得国际组织奖励 5 万元美金，住所地市政府奖励一套商品房，该企业奖励 10 万元。而该企业当年利润为 50 万元。关于纳税，下列说法正确的是：（2022 年仿真题）

　　A. 国际组织的奖金应缴纳个人所得税

　　B. 该企业的奖金应缴纳个人所得税

　　C. 住所地市政府奖励的商品房应缴纳个人所得税

　　D. 该企业缴纳企业所得税时可全额扣除 10 万元奖金

2023 年

金硕巅峰公司是知名教育培训机构，其广告宣传语为"金硕巅峰，助力数万考生圆梦金硕"。甲公司为同行业教育培训机构，在其网站展示"金硕 VIP 全程班课程"的链接，点击该链接进入的是该公司网站。对此，下列说法正确的是：（2023 年仿真题）

　　A. 甲公司属于虚假宣传，其行为违法

　　B. 甲公司没有使用金硕巅峰公司的域名，不构成违法

　　C. 甲公司并未使用和金硕巅峰公司同样的宣传语，其行为合法

　　D. 甲公司的行为会让人误以为其与金硕巅峰公司存在特定联系，其行为违法

环境资源法

2014 年

1. 某省 A 市和 B 市分别位于同一河流的上下游。A 市欲建农药厂。在环境影响评价书报批时,B 市环境保护行政主管部门认为该厂对本市影响很大,对该环境影响评价结论提出异议。在此情况下,该环境影响评价书应当由下列哪一部门审批?(2014/1/31,单选)

A. 省政府发改委

B. 省人大常委会

C. 省农药生产行政监管部门

D. 省环境保护行政主管部门

2. 关于环境质量标准和污染物排放标准,下列哪些说法是正确的?(2014/1/73,多选)

A. 国家环境质量标准是制定国家污染物排放标准的根据之一

B. 国家污染物排放标准由国务院环境保护行政主管部门制定

C. 国家环境质量标准中未作规定的项目,省级政府可制定地方环境质量标准,并报国务院环境保护行政主管部门备案

D. 地方污染物排放标准由省级环境保护行政主管部门制定,报省级政府备案

2015 年

1. 某省天洋市滨海区一石油企业位于海边的油库爆炸,泄漏的石油严重污染了近海生态环境。下列哪一主体有权提起公益诉讼(其中所列组织均专门从事环境保护公益活动连续 5 年以上且无违法记录)?(2015/1/30,单选)

A. 受损海产养殖户推选的代表赵某

B. 依法在滨海区民政局登记的"海蓝志愿者"组织

C. 依法在邻省的省民政厅登记的环境保护基金会

D. 在国外设立但未在我国民政部门登记的"海洋之友"团体

2. 关于我国生态保护制度,下列哪一表述是正确的?(2015/1/31,单选)

A. 国家只在重点生态功能区划定生态保护红线

B. 国家应积极引进外来物种以丰富我国生物的多样性

C. 国家应加大对生态保护地区的财政转移支付力度

D. 国家应指令受益地区对生态保护地区给予生态保护补偿

3. 某市政府接到省环境保护主管部门的通知:暂停审批该市新增重点污染物排放总量的建设项目环境影响评价文件。下列哪些情况可导致此次暂停审批?(2015/1/73,多选)

A. 未完成国家确定的环境质量目标

B. 超过国家重点污染物排放总量控制指标

C. 当地环境保护主管部门对重点污染物监管不力

D. 当地重点排污单位未按照国家有关规定和监测规范安装使用监测设备

4. 某化工厂排放的污水会影响鱼类生长,但其串通某环境影响评价机构获得虚假环评文件从而得以建设。该厂后来又串通某污水处理设施维护机构,使其污水处理设施虚假显示从而逃避监管。该厂长期排污致使周边水域的养殖鱼类大量死亡。面对养殖户的投诉,当地环境保护主管部门一直未采取任何查处措施。对于养殖户的赔偿请求,下列哪些单位应承担连带责任?(2015/1/74,多选)

A. 化工厂

B. 环境影响评价机构

C. 污水处理设施维护机构

D. 当地环境保护主管部门

2016 年

某采石场扩建项目的环境影响报告书获批后,采用的爆破技术发生重大变动,其所生粉尘将导致周边居民的农作物受损。关于此事,下列哪一说法是正确的?(2016/1/31,单选)

A. 建设单位应重新报批该采石场的环境影响报告书

B. 建设单位应组织环境影响的后评价,并报原审批部门批准

C. 该采石场的环境影响评价,应当与规划的环境影响评价完全相同

D. 居民将来主张该采石场承担停止侵害的侵权责任,受 3 年诉讼时效的限制

2017 年

某市混凝土公司新建临时搅拌站，在试运行期间通过暗管将污水直接排放到周边，严重破坏当地环境。公司经理还指派员工潜入当地环境监测站内，用棉纱堵塞空气采集器，造成自动监测数据多次出现异常。有关部门对其处罚后，公司生产经营发生严重困难，拟裁员 20 人以上。

关于该公司的行为，下列说法正确的是：（2017/1/96，不定项）

A. 如该公司应报批而未报批该搅拌站的环评文件，不得在缴纳罚款后再向审批部门补报

B. 该公司将防治污染的设施与该搅拌站同时正式投产使用前，可在搅拌站试运行期间停运治污设施

C. 该公司的行为受到罚款处罚时，可由市环保部门自该处罚之日的次日起，按照处罚数额按日连续处罚

D. 针对该公司逃避监管的违法行为，市环保部门可先行拘留责任人员，再将案件移送公安机关

2018 年

1. 中央环保督察组进行实地检查，发现某市污染严重，环境质量严重退化，根据《环境保护法》，下列哪一主体应对该市环境质量负责？（2018 年仿真题）

A. 该市市长

B. 该市环境保护局

C. 该市环境保护局局长

D. 该市人民政府

2. 甲公司与乙公司签订《合作协议》，约定两方合作对某区域进行煤炭资源勘探，下列说法正确的是：（2018 年仿真题）

A. 甲公司与乙公司组成的联合勘探主体，在勘探中的投入达到最低比例后，经依法批准，可将探矿权予以转让

B. 甲公司与乙公司完成勘探后，有权优先取得勘查作业区内煤炭资源的采矿权

C. 矿产资源属于国家或者集体所有

D. 地下的矿产资源的国家所有权，因其所依附的土地的所有权的不同而改变

3. 某市林业和草原局与规划局正在编制当地林业远期发展规划，对此，下列说法正确的是：（2018 年仿真题）

A. 林业发展规划不是建设规划，不需要进行环境影响评价

B. 林业发展规划属于专门性规划，在规划草案上报审批前应进行环境影响评价，并出具环境影响报告书

C. 为了促进林业发展规划审批，应明确环境保护林的对外转让许可，并征集公众意见

D. 应在林业发展规划编制过程中组织环境影响评价，编写有关环境影响的篇章或者说明

2019 年

1. A 市著名大学某分校与某工业园区毗邻而建，工厂拟在工业园区内兴建一发电厂以满足生产所需。开学后学校校长开会提及此事，教务处担心电厂噪声影响学生上课表示强烈反对，并将此事报告给工业园区管理委员会，工业园区管理委员会拟编制环境影响评价文件，依据《环境影响评价法》，下列说法正确的是：（2019 年仿真题）

A. 建设发电厂对环境影响的经济损益分析应当包含在环境影响评价文件之中

B. 工业园区管理委员会若要获得环境影响评价文件的审批就必须支付相关费用

C. 工业园区管理委员会编制的环境影响评价文件应当进行备案

D. 工业园区管理委员会应编制环境影响报告表

2. 甲乙两公司于 H 省省内修高速公路，已经通过环境影响评价的程序审批。现因业务需要，要将该高速公路修到 S 省。对此，下列说法正确的是：（2019 年仿真题）

A. 补充材料继续按原环境影响评价程序获得审批

B. 由 S 省负责审批环境影响评价文件

C. 需要有规划环境影响评价

D. 环境影响评价未经生态环境部门审查不得开工

3. 关于我国自然资源权属制度，下列说法正确的是：（2019 年仿真题）

A. 森林资源属于国家所有以及集体所有，经批准可以个人所有

B. 我国的森林、林木、林地使用权可以有偿转让，但不得将林地改为非林地

C. 个人承包国家所有和集体所有的宜林荒山荒地造林的，承包合同无约定的，承包后种植的林木归个人所有

D. 城镇居民和职工在房前屋后种植的林木，归个人所有

4. 关于因污染环境和破坏生态造成损害的环境侵权，下列判断正确的是：（2019 年仿真题）

A. 要求污染单位停止侵权的诉讼时效期间为 3 年，从当事人知道或者应当知道其受到损害时起计算

B. 为维护社会公共利益提起诉讼的社会组织不得通过诉讼牟取经济利益

C. 污染者以排污符合国家或者地方污染物排放标准为由可主张不承担侵权责任

D. 水污染损害是由受害人故意造成的，排污方不承担赔偿责任

2020 年

1. 根据《环境保护法》的规定，下列选项错误的是：（2020 年仿真题）

A. 国务院生态环境主管部门制定国家污染物排放标准

B. 天津市人民政府对国家污染物排放标准中未做规定的项目，可以制定地方污染物排放标准

C. 重庆市人民政府生态环境主管部门对国家污染物排放标准中已作规定的项目可以制定严于国家污染物排放标准的地方污染物排放标准

D. 地方污染物排放标准应当报国务院生态环境主管部门备案

2. 关于突发环境事件的预警与处置，下列做法正确的是：（2020 年仿真题）

A. 甲县人民政府建立环境污染公共监测预警机制，组织制定预警方案

B. 乙县环境受到污染，可能影响公众健康和环境安全时，乙县人民政府及时公布预警信息，启动应急措施

C. 丙企业在可能发生突发环境事件时，及时通报可能受到危害的单位和居民，并向环境保护主管部门和有关部门报告

D. 丁县人民政府在突发环境事件应急处置工作结束后，立即组织评估事件造成的环境影响和损失，但未将评估结果向社会公布

3. 关于林木、林地所有权和使用权争议，下列选项正确的是：（2020 年仿真题）

A. 单位之间发生的林木、林地所有权和使用权争议，由县级以上人民政府依法处理

B. 个人与单位之间发生的林木所有权和林地使用权争议，可以由乡镇人民政府依法处理

C. 当事人可以自接到处理决定通知之日起 30 日内，向人民法院起诉

D. 在林木、林地权属争议解决前，若突发森林火灾，当事人任何一方也不得砍伐有争议的林木或者改变林地现状

2021 年

黑晶矿业公司经勘察发现了实行保护性开采的特定矿种晶矿，现又在 1 平方公里内发现了放射性铀矿。黑晶矿业公司欲获得采矿许可证，下列做法正确的是：（2021 年仿真题）

A. 晶矿应当由省级地质矿产主管部门备案并颁发采矿许可证

B. 晶矿应当由国务院地质矿产主管部门审批并颁发采矿许可证

C. 铀矿可由国务院授权的有关主管部门审批并颁发采矿许可证

D. 铀矿应当由省政府地质矿产主管部门汇总向国务院地质矿产主管部门备案

2022 年

关于林木采伐，下列说法正确的是：（2022 年仿真题）

A. 严格控制商品林的皆伐面积，伐育同步规划实施

B. 对低质低效的公益林进行科学高效改造性质的采伐

C. 为防治林业有害生物，可以对自然保护区的林木进行适当的采伐

D. 县级林业主管部门应按照保护优先、注重效率的原则，制定林木采伐技术规程

2023 年

甲公司承建某小区的开发建设，环境影响报告书已经经过市生态环境主管部门审批，甲公司为了建设地下停车场，经批准临时占用林地搁置建设材料。甲公司的停车场在建设过程中因噪声过大被群众举报，经调查噪声超过了环境影响评价文件的要求。对此，下列说法正确的是：（2023 年仿真题）

A. 甲公司可以就地下停车场单独进行环境影响评价并报送审批

B. 甲公司占用的林地最迟应当在 3 年内恢复植被和林业生产条件

C. 甲公司应当进行后评价

D. 甲公司的后评价环境影响评价文件应当报省生态环境主管部门备案

劳动与社会保障法

2014 年

李某原在甲公司就职，适用不定时工作制。2012 年 1 月，因甲公司被乙公司兼并，李某成为乙公司职工，继续适用不定时工作制。2012 年 12 月，由于李某在年度绩效考核中得分最低，乙公司根据公司绩效考核制度中"末位淘汰"的规定，决定终止与李某的劳动关系。李某于 2013 年 11 月提出劳动争议仲裁申请，主张：原劳动合同于 2012 年 3 月到期后，乙公司一直未与本人签订新的书面劳动合同，应从 4 月起每月支付二倍的工资；公司终止合同违法，应恢复本人的工作。

请回答第 1~5 题。

1. 关于李某申请仲裁的有关问题，下列选项正确的是：（2014/1/86，不定项）

A. 因劳动合同履行地与乙公司所在地不一致，李某只能向劳动合同履行地的劳动争议仲裁委员会申请仲裁

B. 申请时应提交仲裁申请书，确有困难的也可口头申请

C. 乙公司对终止劳动合同的主张负举证责任

D. 对劳动争议仲裁委员会逾期未作出是否受理决定的，李某可就该劳动争议事项向法院起诉

2. 关于乙公司兼并甲公司时李某的劳动合同及工作年限，下列选项正确的是：（2014/1/87，不定项）

A. 甲公司与李某的原劳动合同继续有效，由乙公司继续履行

B. 如原劳动合同继续履行，在甲公司的工作年限合并计算为乙公司的工作年限

C. 甲公司还可与李某经协商一致解除其劳动合同，由乙公司新签劳动合同替代原劳动合同

D. 如解除原劳动合同时甲公司已支付经济补偿，乙公司在依法解除或终止劳动合同计算支付经济补偿金的工作年限时，不再计算在甲公司的工作年限

3. 关于未签订书面劳动合同期间支付二倍工资的仲裁请求，下列选项正确的是：（2014/1/88，不定项）

A. 劳动合同到期后未签订新的劳动合同，李某仍继续在公司工作，应视为原劳动合同继续有效，故李某无权请求支付二倍工资

B. 劳动合同到期后应签订新的劳动合同，否则属于未与劳动者订立书面劳动合同的情形，故李某有权请求支付二倍工资

C. 李某的该项仲裁请求已经超过时效期间

D. 李某的该项仲裁请求没有超过时效期间

4. 关于恢复用工的仲裁请求，下列选项正确的是：（2014/1/89，不定项）

A. 李某是不定时工作制的劳动者，该公司有权对其随时终止用工

B. 李某不是非全日制用工的劳动者，该公司无权对其随时终止用工

C. 根据该公司末位淘汰的规定，劳动合同应当终止

D. 该公司末位淘汰的规定违法，劳动合同终止违法

5. 如李某放弃请求恢复工作而要求其他补救，下列选项正确的是：（2014/1/90，不定项）

A. 李某可主张公司违法终止劳动合同，要求支付赔偿金

B. 李某可主张公司规章制度违法损害劳动者权益，要求即时辞职及支付经济补偿金

C. 李某可同时获得违法终止劳动合同的赔偿金和即时辞职的经济补偿金

D. 违法终止劳动合同的赔偿金的数额多于即时辞职的经济补偿金

2015 年

1. 某厂工人田某体检时被初诊为脑瘤，万念俱灰，既不复检也未经请假就外出旅游。该厂以田某连续旷工超过 15 天，严重违反规章制度为由解除劳动合同。对于由此引起的劳动争议，下列哪些说法是正确的？（2015/1/70，多选）

A. 该厂单方解除劳动合同，应事先将理由通知工会

B. 因田某严重违反规章制度，无论是否在规定的医疗期内该厂均有权解除劳动合同

C. 如该厂解除劳动合同的理由成立，无需向田某支付经济补偿

D. 如该厂解除劳动合同的理由违法，田某有权要求继续履行劳动合同并主张经济补偿金 2 倍的赔偿金

2. 友田劳务派遣公司（住所地为甲区）将李某派遣至金科公司（住所地为乙区）工作。在金科公司按劳务派遣协议向友田公司支付所有费用后，友田公司从李某的首月工资中扣减了 500 元，李某提出异议。对此争议，下列哪些说法是正确的？（2015/1/71，多选）

A. 友田公司作出扣减工资的决定，应就其行为的合法性负举证责任

B. 如此案提交劳动争议仲裁，当事人一方对仲裁裁决不服的，有权向法院起诉

C. 李某既可向甲区也可向乙区的劳动争议仲裁机构申请仲裁

D. 对于友田公司给李某造成的损害，友田公司和金科公司应承担连带责任

3. 某商场使用了由东方电梯厂生产、亚林公司销售的自动扶梯。某日营业时间，自动扶梯突然逆向运行，造成顾客王某、栗某和商场职工薛某受伤，其中栗某受重伤，经治疗半身瘫痪，数次自杀未遂。现查明，该型号自动扶梯在全国已多次发生相同问题，但电梯厂均通过更换零部件、维修进行处理，并未停止生产和销售。

职工薛某被认定为工伤且被鉴定为六级伤残。关于其工伤保险待遇，下列选项正确的是：（2015/1/97，不定项）

A. 如商场未参加工伤保险，薛某可主张商场支付工伤保险待遇或者承担民事人身损害赔偿责任

B. 如商场未参加工伤保险也不支付工伤保险待遇，薛某可主张工伤保险基金先行支付

C. 如商场参加了工伤保险，主要由工伤保险基金支付工伤保险待遇，但按月领取的伤残津贴仍由商场支付

D. 如电梯厂已支付工伤医疗费，薛某仍有权获得工伤保险基金支付的工伤医疗费

2016 年

王某，女，1990 年出生，于 2012 年 2 月 1 日入职某公司，从事后勤工作，双方口头约定每月工资为人民币 3000 元，试用期 1 个月。2012 年 6 月 30 日，王某因无法胜任经常性的夜间高处作业而提出离职，经公司同意，双方办理了工资结算手续，并于同日解除了劳动关系。同年 8 月，王某以双方未签书面劳动合同为由，向当地劳动争议仲裁委申请仲裁，要求公司再支付工资 12000 元。

请回答第 1~3 题。

1. 关于女工权益，根据《劳动法》，下列说法正确的是：（2016/1/95，不定项）

A. 公司应定期安排王某进行健康检查

B. 公司不能安排王某在经期从事高处作业

C. 若王某怀孕 6 个月以上，公司不得安排夜班劳动

D. 若王某在哺乳婴儿期间，公司不得安排夜班劳动

2. 关于该劳动合同的订立与解除，下列说法正确的是：（2016/1/96，不定项）

A. 王某与公司之间视作已订立无固定期限劳动合同

B. 该劳动合同期限自 2012 年 3 月 1 日起算

C. 该公司应向王某支付半个月工资的经济补偿金

D. 如王某不能胜任且经培训仍不能胜任工作，公司提前 30 日以书面形式通知王某，可将其辞退

3. 如当地月最低工资标准为 1500 元，关于该仲裁，下列说法正确的是：（2016/1/97，不定项）

A. 王某可直接向劳动争议仲裁委申请仲裁

B. 如王某对该仲裁裁决不服，可向法院起诉

C. 如公司对该仲裁裁决不服，可向法院起诉

D. 如公司有相关证据证明仲裁裁决程序违法时，可向有关法院申请撤销裁决

2017 年

1. 农民姚某于 2016 年 3 月 8 日进入红海公司工作，双方未签订书面劳动合同，红海公司也未给姚某缴纳基本养老保险，姚某向社保机构缴纳了基本养老保险费。同年 12 月 8 日，姚某以红海公司未为其缴纳社会保险为由申请辞职。经查，姚某的工资属于所在地最低工资标准额。关于此事，下列哪些说法是正确的？（2017/1/72，多选）

A. 姚某自 2016 年 3 月 8 日起即与红海公司建立劳动关系

B. 红海公司自 2016 年 4 月 8 日起，应向姚某每月支付两倍的工资

C. 姚某应参加新型农村社会养老保险，而不应参加基本养老保险

D. 姚某就红海公司未缴养老保险费而发生争议的，可要求社保行政部门或社保费征收机构处理

2. 关于集体劳动合同，根据《劳动合同法》，下列哪些说法是正确的？（2017/1/73，多选）

A. 甲公司尚未建立工会时，经其 2/3 以上的职工推举的代表，可直接与公司订立集体合同

B. 乙公司系建筑企业，其订立的行业性集体合同，报劳动行政部门备案后即行生效

C. 丙公司依法订立的集体合同，对全体劳动者，不论是否为工会会员，均适用

D. 因履行集体合同发生争议，丁公司工会与公司协商不成时，工会可依法申请仲裁、提起诉讼

3. 某市混凝土公司新建临时搅拌站，在试运行期间通过暗管将污水直接排放到周边，严重破坏当地环境。公司经理还指派员工潜入当地环境监测站内，用棉纱堵塞空气采集器，造成自动监测数据多次出现异常。有关部门对其处罚后，公司生产经营发生严重困难，拟裁员 20 人以上。

当该公司裁员时，下列说法正确的是：（2017/1/97，不定项）

A. 无须向劳动者支付经济补偿金

B. 应优先留用与本公司订立无固定期限劳动合同的职工

C. 不得裁减在该公司连续工作满 15 年的女职工

D. 不得裁减非因公负伤且在规定医疗期内的劳动者

2018 年

1. 2017 年 1 月，甲公司因扩大规模，急需客服人员，遂委托乙劳务派遣公司派遣 5 名员工。随后，乙劳务派遣公司将已签订劳动合同的张某等五人派遣至甲公司。对此，下列哪些说法是错误的？（2018 年仿真题）

A. 甲公司应当为张某缴纳工伤保险费

B. 乙劳务派遣公司应当为张某缴纳工伤保险费

C. 张某与甲公司形成劳动关系

D. 如果张某在工作中造成他人受伤，应当由甲公司和乙公司承担连带责任

2. 根据《军人保险法》的相关规定，下列说法正确的是：（2018 年仿真题）

A. 全军的军人保险工作由中国人民解放军军人保险主管部门负责

B. 军人保险基金包括军人伤亡保险基金、军人退役养老保险基金、军人退役医疗保险基金和随军未就业的军人配偶保险基金

C. 军人保险基金由个人缴费、中央财政负担的军人保险资金以及利息收入等资金构成

D. 军人服现役年限视同职工基本医疗保险缴费年限，可以与入伍前和退出现役后参加职工基本医疗保险的缴费年限合并计算

3. 2017 年 1 月，甲入职乙公司，担任总经理。至 2018 年 3 月，乙公司一直未与其签订书面劳动合同。为方便开展业务，乙公司为甲配置了二辆小轿车。2018 年 10 月，甲离职并要求乙公司支付双倍工资，遭到拒绝。甲遂将汽车留置，乙公司要求其返还。对此，下列说法正确的是：（2018 年仿真题）

A. 甲可以留置该汽车

B. 甲应当向乙公司返还汽车

C. 甲有权主张 2017 年 2 月至离职之日的双倍工资

D. 甲可直接向法院主张要求公司支付双倍工资

4. 乙系甲公司员工，双方未签订书面劳动合同。后乙因工受伤，再未到公司工作，公司也未出具解除劳动合同证明。后因解除劳动合同问题，乙提起仲裁，要求甲公司支付未签订劳动合同的双倍工资差额，甲公司不服仲裁裁决提起诉讼。对此，下列选项错误的是：（2018 年仿真题）

A. 乙在仲裁时，未提供由甲公司掌握管理的入职资料的，应承担不利后果

B. 乙在诉讼中，应对提供由甲公司掌握管理的工资清单承担举证责任

C. 甲公司在仲裁时，未及时提供由其掌握管理的乙工资清单的，应承担不利后果

D. 如甲公司系小微企业，在诉讼时就无须对解除劳动合同时间承担举证责任

2019 年

1. 甲到乙公司应聘清洁工的职位，乙公司人力资源部开出聘用条件如下：甲需 1 周工作 7 天，每天 3 小时，试用期为 1 个月。甲称丙公司开价 1 周工作 6 天，每天 2 小时，没有试用期。若乙公司意欲争取甲的留任，下述行为中合法的是：（2019 年仿真题）

A. 允许甲在不影响工作的前提下同时于两家公司工作

B. 试用期由一个月改为 3 天

C. 将工资结算从为 1 个月一结算改为 20 日一结算

D. 将工作时间改为 4 小时

2. 根据《中华人民共和国军人保险法》的规定，下列死亡或者伤残的军人中，不得享受军人伤亡保险待遇的有：（2019 年仿真题）

A. 甲，在派往海外执行维和任务时，因交通事故受伤致残

B. 乙，在抢救营房火灾时受伤致残

C. 丙，在部队训练时因战友枪支走火受伤死亡

D. 丁，在军营里酗酒后摔成重伤

3. 甲退伍前因一次救灾活动受伤并评定为 8 级伤残，退伍后到乙公司担任司机。某日，甲按照乙公司要求到机场接机，途中遭遇车祸造成 5 级伤残，并导致在部队的旧伤复发。该公司没有给甲缴纳工伤保险费。对此，下列哪一选项说法是正确的？（2019 年仿真题）

A. 甲可以同时申领工伤保险和军人伤亡保险金

B. 甲可以每月向公司申领伤残津贴

C. 因旧伤复发，甲可以申请退役费的补偿

D. 因旧伤复发，乙公司有权申请从军人保险基金中拨付工伤保险待遇给甲

2020 年

1. 下列关于违反《劳动合同法》的法律责任的说法，错误的是：（2020 年仿真题）

A. 用人单位自用工之日起超过 1 个月不满 1 年未与劳动者订立书面劳动合同的，应当向劳动者每月支付 2 倍的工资

B. 用人单位违反本法规定不与劳动者订立无固定期限劳动合同的，自应当订立无固定期限劳动合同之日起向劳动者每月支付 2 倍的工资

C. 用人单位未按照劳动合同的约定或者国家规定及时足额支付劳动者劳动报酬的，由劳动行政部门责令限期支付劳动报酬、加班费或者经济补偿；同时责令用人单位按应付金额 50% 以上 100% 以下的标准向劳动者加付赔偿金

D. 用人单位违反本法规定解除或者终止劳动合同的，应当依照本法规定的经济补偿标准的 2 倍向劳动者支付赔偿金

2. 甲公司承接了一个项目，公司领导安排小杜去联系客户。在赶往客户公司时，小杜因骑车速度过快，与正常步行的退休职工老梁发生刮蹭。小杜躲避不及撞到了路边的花坛，老梁只是受到轻微伤，但小杜受伤严重被鉴定为一级伤残。对此，下列说法正确的是：（2020 年仿真题）

A. 小杜对事故发生负有责任，社保机构可以此为由拒绝支付小杜相关费用

B. 小杜可请求从工伤保险基金中按月支付伤残津贴

C. 在小杜无能力支付的情况下，老梁只能自己承担医疗费

D. 老梁可直接要求从其基本医保基金中支付医疗费用

3. 2018 年 1 月 5 日，甲至乙公司工作。3 个月后，公司要求签订劳动合同，甲以违约金过高为由拒绝签订。2019 年 1 月 2 日，甲离职，申请劳动仲裁，要求公司支付未签合同的 3 倍工资差额以及经济补偿金。经查，乙公司多次找甲签订合同未果，但未书面通知甲解除劳动关系。公司下列做法中正确的是：（2020 年仿真题）

A. 应赔付 3 倍工资，并支付经济补偿

B. 不应赔付 3 倍工资，但应支付经济补偿

C. 应赔付 3 倍工资，不应支付经济补偿

D. 应赔付 2 倍工资，并支付经济补偿

4. 甲公司进入破产重整程序，裁员 30 人，下列说法正确的是：（2020 年仿真题）

A. 杨某的劳动合同因裁员而终止

B. 陆某在甲公司工作 3 年 8 个月，甲公司应支付 4 个月工资的经济补偿

C. 马某工作 15 年，甲公司可对马某解除合同

D. 牛某 25 岁，离婚，抚育一位未成年子女，不得解除劳动合同

5. 甲在乙公司工作，2015 年乙公司计划安排甲到美国分支机构工作，对此开支 15 万元专业英语培

训费用，并和甲约定 5 年服务期。对此，下列说法正确的是：（2020 年仿真题）

A. 若甲于 2016 年主动辞职，应当向乙公司支付违约金 15 万元

B. 乙公司与甲约定，若甲未完成服务期离职，违约金总额 30 万元

C. 2017 年乙公司经营困难，因无法发出工资，甲通知乙公司解除劳动合同，则无须支付违约金

D. 因在服务期内，甲无法进行岗位调整

6. 甲公司与乙签订劳动合同后，与丙公司签订劳务派遣协议，将乙派遣至丙公司工作。对此，下列说法错误的是：（2020 年仿真题）

A. 乙有权在丙公司依法参加工会

B. 甲公司应当将劳务派遣协议的内容告知乙

C. 乙享有与丙公司的劳动者同工同酬的权利

D. 丙公司可将乙派遣到其他公司

2021 年

甲矿业集团因旧矿的采集量减少，故准备建设新的矿井，遂招聘井下作业人员进行新矿井的建设。于某夫妇应聘入职，公司安排他们负责井下设备的管理。甲公司的下列做法，不符合劳动法规定的是：（2021 年仿真题）

A. 甲公司需对该批职工配备防毒面具，防毒面具费用由职工自理

B. 甲公司需要对于某定期进行健康检查

C. 甲公司可以聘用于某夫妇从事矿井下作业的工作

D. 甲公司应当在新建矿井的同时，安装瓦斯探测器设备

2022 年

1. 2020 年 1 月 10 日，甲公司与乙签订为期 1 年的劳动合同，乙日常工作为负责撰写《甲公司发展战略与规划》。同年 12 月 10 日，乙外出旅游受伤，按规定享受了医疗期 3 个月。2021 年 6 月 10 日，乙向甲公司交付书稿。该劳动合同期满的时间应为：（2022 年仿真题）

A. 2020 年 12 月 10 日

B. 2021 年 1 月 10 日

C. 2021 年 3 月 10 日

D. 2021 年 6 月 10 日

2. 2021 年 5 月 10 日陈某入职西川文化传播有限公司，但公司未与陈某签订劳动合同。为了拓展业务，西川文化传播有限公司设立北京分公司，于 2021 年 10 月 10 日将陈某派遣至北京分公司工作。2022 年 8 月 10 日，北京分公司业绩不佳，提出与陈

某解除合同，陈某同意离职。至此，双方一直未签订劳动合同。对此，下列说法正确的是：（2022 年仿真题）

    A. 因未签订书面劳动合同，西川文化传播公司应当向陈某多支付 11 个月的报酬

    B. 西川文化传播公司是用人单位，北京分公司是用工单位

    C. 北京分公司与陈某解除劳动合同，无须支付经济补偿

    D. 北京分公司与陈某解除劳动合同，应当支付经济补偿金，补偿金为陈某一个半月的工资

2023 年

劳务派遣公司甲公司将员工李某派遣至乙公司，李某在工作期间遭遇事故死亡。经查，甲公司未为李某缴纳工伤保险。据此，下列说法正确的是：（2023 年仿真题）

    A. 应由乙公司申请工伤认定

    B. 应由甲公司承担工伤保险责任

    C. 应由乙公司承担工伤保险责任

    D. 应由甲公司和乙公司共同承担工伤保险责任

劳动与社会保障法

国际私法

1. 德国甲公司与中国乙公司在中国共同设立了某合资有限责任公司，后甲公司以确认其在合资公司的股东权利为由向中国某法院提起诉讼。关于本案的法律适用，下列哪一选项是正确的？（2014/1/35，单选）

A. 因合资公司登记地在中国，故应适用中国法

B. 因侵权行为地在中国，故应适用中国法

C. 因争议与中国的联系更密切，故应适用中国法

D. 当事人可协议选择纠纷应适用的法律

2. 经常居住于中国的英国公民迈克，乘坐甲国某航空公司航班从甲国出发，前往中国，途经乙国领空时，飞机失去联系。若干年后，迈克的亲属向中国法院申请宣告其死亡。关于该案件应适用的法律，下列哪一选项是正确的？（2014/1/36，单选）

A. 中国法   B. 英国法

C. 甲国法   D. 乙国法

3. 经常居住于英国的法国籍夫妇甲和乙，想来华共同收养某儿童。对此，下列哪一说法是正确的？（2014/1/37，单选）

A. 甲、乙必须共同来华办理收养手续

B. 甲、乙应与送养人订立书面收养协议

C. 收养的条件应重叠适用中国法和法国法

D. 若发生收养效力纠纷，应适用中国法

4. 甲国公民大卫被乙国某公司雇佣，该公司主营业地在丙国，大卫工作内容为巡回到东亚地区进行产品售后服务，后双方因劳动合同纠纷诉诸中国某法院。关于该纠纷应适用的法律，下列哪一选项是正确的？（2014/1/38，单选）

A. 中国法   B. 甲国法

C. 乙国法   D. 丙国法

5. 中国与甲国均为《关于从国外调取民事或商事证据的公约》的缔约国，现甲国法院因审理一民商事案件，需向中国请求调取证据。根据该公约及我国相关规定，下列哪一说法是正确的？（2014/1/39，单选）

A. 甲国法院可将请求书交中国司法部，请求代为取证

B. 中国不能以该请求书不属于司法机关职权范围为由拒绝执行

C. 甲国驻中国领事代表可在其执行职务范围内，向中国公民取证，必要时可采取强制措施

D. 甲国当事人可直接在中国向有关证人获取证人证言

6. 中国甲公司与巴西乙公司因合同争议在中国法院提起诉讼。关于该案的法律适用，下列哪些选项是正确的？（2014/1/77，多选）

A. 双方可协议选择合同争议适用的法律

B. 双方应在一审开庭前通过协商一致，选择合同争议适用的法律

C. 因法院地在中国，本案的时效问题应适用中国法

D. 如案件涉及中国环境安全问题，该问题应适用中国法

7. 德国甲公司与中国乙公司签订许可使用合同，授权乙公司在英国使用甲公司在英国获批的某项专利。后因相关纠纷诉诸中国法院。关于该案的法律适用，下列哪些选项是正确的？（2014/1/78，多选）

A. 关于本案的定性，应适用中国法

B. 关于专利权归属的争议，应适用德国法

C. 关于专利权内容的争议，应适用英国法

D. 关于专利权侵权的争议，双方可以协议选择法律，不能达成协议，应适用与纠纷有最密切联系的法律

8. 中国甲公司与外国乙公司在合同中约定，合同争议提交中国国际经济贸易仲裁委员会仲裁，仲裁地在北京。双方未约定仲裁规则及仲裁协议适用的法律。对此，下列哪些选项是正确的？（2014/1/79，多选）

A. 如当事人对仲裁协议效力有争议，提请所选仲裁机构解决的，应在首次开庭前书面提出

B. 如当事人将仲裁协议效力的争议诉至中国法院，应适用中国法

C. 如仲裁协议有效，应适用中国国际经济贸易仲裁委员会的仲裁规则仲裁

D. 如仲裁协议有效，仲裁中申请人可申请更改仲裁请求，仲裁庭不能拒绝

9. 根据我国法律和司法解释，关于涉外民事关系适用的外国法律，下列说法正确的是：（2014/1/98，不定项）

A. 不能查明外国法律，适用中国法律

B. 如果中国法有强制性规定，直接适用该强制性规定

C. 外国法律的适用将损害中方当事人利益的，适用中国法

D. 外国法包括该国法律适用法

2015 年

1. 沙特某公司在华招聘一名中国籍雇员张某。为规避中国法律关于劳动者权益保护的强制性规定，劳动合同约定排他性地适用菲律宾法。后因劳动合同产生纠纷，张某向中国法院提起诉讼。关于该劳动合同的法律适用，下列哪一选项是正确的？（2015/1/35，单选）

A. 适用沙特法

B. 因涉及劳动者权益保护，直接适用中国的强制性规定

C. 在沙特法、中国法与菲律宾法中选择适用对张某最有利的法律

D. 适用菲律宾法

2. 2014 年 1 月，北京居民李某的一件珍贵首饰在家中失窃后被窃贼带至甲国。同年 2 月，甲国居民陈某在当地珠宝市场购得该首饰。2015 年 1 月，在获悉陈某将该首饰带回北京拍卖的消息后，李某在北京某法院提起原物返还之诉。关于该首饰所有权的法律适用，下列哪一选项是正确的？（2015/1/36，单选）

A. 应适用中国法

B. 应适用甲国法

C. 如李某与陈某选择适用甲国法，不应支持

D. 如李某与陈某无法就法律选择达成一致，应适用甲国法

3. 甲国游客杰克于 2015 年 6 月在北京旅游时因过失导致北京居民孙某受重伤。现孙某在北京以杰克为被告提起侵权之诉。关于该侵权纠纷的法律适用，下列哪一选项是正确的？（2015/1/37，单选）

A. 因侵权行为发生在中国，应直接适用中国法

B. 如当事人在开庭前协议选择适用乙国法，应予支持，但当事人应向法院提供乙国法的内容

C. 因本案仅与中国、甲国有实际联系，当事人只能在中国法与甲国法中进行选择

D. 应在中国法与甲国法中选择适用更有利于孙某的法律

4. 2015 年 3 月，甲国公民杰夫欲向中国法院申请承认并执行一项在甲国境内作出的仲裁裁决。中国与甲国均为《承认与执行外国仲裁裁决公约》成员国。关于该裁决的承认和执行，下列哪一选项是正确的？（2015/1/38，单选）

A. 杰夫应通过甲国法院向被执行人住所地或其财产所在地的中级人民法院申请

B. 如该裁决系临时仲裁庭作出的裁决，人民法院不应承认与执行

C. 如承认和执行申请被裁定驳回，杰夫可向人民法院起诉

D. 如杰夫仅申请承认而未同时申请执行该裁决，人民法院可以对是否执行一并作出裁定

5. 英国人施密特因合同纠纷在中国法院涉诉。关于该民事诉讼，下列哪一选项是正确的？（2015/1/39，单选）

A. 施密特可以向人民法院提交英文书面材料，无需提供中文翻译件

B. 施密特可以委托任意一位英国出庭律师以公民代理的形式代理诉讼

C. 如施密特不在中国境内，英国驻华大使馆可以授权本馆官员为施密特聘请中国律师代理诉讼

D. 如经调解双方当事人达成协议，人民法院已制发调解书，但施密特要求发给判决书，应予拒绝

6. 在某合同纠纷中，中国当事方与甲国当事方协议选择适用乙国法，并诉至中国法院。关于该合同纠纷，下列哪些选项是正确的？（2015/1/77，多选）

A. 当事人选择的乙国法，仅指该国的实体法，既不包括其冲突法，也不包括其程序法

B. 如乙国不同州实施不同的法律，人民法院应适用该国首都所在地的法律

C. 在庭审中，中国当事方以乙国与该纠纷无实际联系为由主张法律选择无效，人民法院不应支持

D. 当事人在一审法庭辩论即将结束时决定将选择的法律变更为甲国法，人民法院不应支持

7. 韩国公民金某与德国公民汉森自 2013 年 1 月起一直居住于上海，并于该年 6 月在上海结婚。2015 年 8 月，二人欲在上海解除婚姻关系。关于二人财产关系与离婚的法律适用，下列哪些选项是正确的？（2015/1/78，多选）

A. 二人可约定其财产关系适用韩国法

B. 如诉讼离婚，应适用中国法

C. 如协议离婚，二人没有选择法律的，应适用中国法

D. 如协议离婚，二人可以在中国法、韩国法及德国法中进行选择

8. 秦某与洪某在台北因合同纠纷涉诉，被告洪某败诉。现秦某向洪某财产所在地的大陆某中级人民法院申请认可该台湾地区的民事判决。关于该判决的认可，下列哪些选项是正确的？（2015/1/79，多选）

A. 人民法院受理秦某申请后，应当在 6 个月内审结

B. 受理秦某的认可申请后，作出裁定前，秦某要求撤回申请的，人民法院应当允许

C. 如人民法院裁定不予认可该判决，秦某可以在裁定作出 1 年后再次提出申请

D. 人民法院受理申请后，如对该判决是否生效不能确定，应告知秦某提交作出判决的法院出具的证明文件

2016 年

1. 经常居所同在上海的越南公民阮某与中国公民李某结伴乘新加坡籍客轮从新加坡到印度游玩。客轮在公海遇风暴沉没，两人失踪。现两人亲属在上海某法院起诉，请求宣告两人失踪。依中国法律规定，下列哪一选项是正确的？（2016/1/35，单选）

A. 宣告两人失踪，均应适用中国法

B. 宣告阮某失踪，可适用中国法或越南法

C. 宣告李某失踪，可适用中国法或新加坡法

D. 宣告阮某与李某失踪，应分别适用越南法与中国法

2. 英国公民苏珊来华短期旅游，因疏忽多付房费1000元，苏珊要求旅店返还遭拒后，将其诉至中国某法院。关于该纠纷的法律适用，下列哪一选项是正确的？（2016/1/36，单选）

A. 因与苏珊发生争议的旅店位于中国，因此只能适用中国法

B. 当事人可协议选择适用瑞士法

C. 应适用中国法和英国法

D. 应在英国法与中国法中选择适用对苏珊有利的法律

3. 经常居所在汉堡的德国公民贝克与经常居所在上海的中国公民李某打算在中国结婚。关于贝克与李某结婚，依《涉外民事关系法律适用法》，下列哪一选项是正确的？（2016/1/37，单选）

A. 两人的婚龄适用中国法

B. 结婚的手续适用中国法

C. 结婚的所有事项均适用中国法

D. 结婚的条件同时适用中国法与德国法

4. 俄罗斯公民萨沙来华与中国公民韩某签订一份设备买卖合同。后因履约纠纷韩某将萨沙诉至中国某法院。经查，萨沙在中国境内没有可供扣押的财产，亦无居所；该套设备位于中国境内。关于本案的管辖权与法律适用，依中国法律规定，下列哪一选项是正确的？（2016/1/38，单选）

A. 中国法院没有管辖权

B. 韩某可在该套设备所在地或合同签订地法院起诉

C. 韩某只能在其住所地法院起诉

D. 萨沙与韩某只能选择适用中国法或俄罗斯法

5. 蒙古公民高娃因民事纠纷在蒙古某法院涉诉。因高娃在北京居住，该蒙古法院欲通过蒙古驻华使馆将传票送达高娃，并向其调查取证。依中国法律规定，下列哪一选项是正确的？（2016/1/39，单选）

A. 蒙古驻华使馆可向高娃送达传票

B. 蒙古驻华使馆不得向高娃调查取证

C. 只有经中国外交部同意后，蒙古驻华使馆才能向高娃送达传票

D. 蒙古驻华使馆可向高娃调查取证并在必要时采取强制措施

6. 韩国公民金某在新加坡注册成立一家公司，主营业地设在香港地区。依中国法律规定，下列哪些选项是正确的？（2016/1/77，多选）

A. 该公司为新加坡籍

B. 该公司拥有韩国与新加坡双重国籍

C. 该公司的股东权利义务适用中国内地法

D. 该公司的民事权利能力与行为能力可适用香港地区法或新加坡法

7. 经常居所在上海的瑞士公民怀特未留遗嘱死亡，怀特在上海银行存有100万元人民币，在苏黎世银行存有10万欧元，且在上海与巴黎各有一套房产。现其继承人因遗产分割纠纷诉至上海某法院。依中国法律规定，下列哪些选项是正确的？（2016/1/78，多选）

A. 100万元人民币存款应适用中国法

B. 10万欧元存款应适用中国法

C. 上海的房产应适用中国法

D. 巴黎的房产应适用法国法

8. 韩国甲公司为其产品在中韩两国注册了商标。中国乙公司擅自使用该商标生产了大量仿冒产品并销售至中韩两国。现甲公司将乙公司诉至中国某法院，要求其承担商标侵权责任。关于乙公司在中韩两国侵权责任的法律适用，依中国法律规定，下列哪些选项是正确的？（2016/1/79，多选）

A. 双方可协议选择适用中国法

B. 均应适用中国法

C. 双方可协议选择适用韩国法

D. 如双方无法达成一致，则应分别适用中国法与韩国法

2017 年

1. 经常居所在广州的西班牙公民贝克，在服务器位于西班牙的某网络论坛上发帖诽谤经常居所在新加坡的中国公民王某。现王某将贝克诉至广州某法院，要求其承担侵害名誉权的责任。关于该纠纷的法律适用，下列哪一选项是正确的？（2017/1/35，单选）

A. 侵权人是西班牙公民，应适用西班牙法

B. 被侵权人的经常居所在新加坡，应适用新加坡法

C. 被侵权人是中国公民，应适用中国法

D. 论坛服务器在西班牙，应适用西班牙法

2. 中国公民李某在柏林签发一张转账支票给德国甲公司用于支付货款，付款人为中国乙银行北京分

行；甲公司在柏林将支票背书转让给中国丙公司，丙公司在北京向乙银行请求付款时被拒。关于该支票的法律适用，依中国法律规定，下列哪一选项是正确的？（2017/1/36，单选）

A. 如李某依中国法为限制民事行为能力人，依德国法为完全民事行为能力人，应适用德国法

B. 甲公司对该支票的背书行为，应适用中国法

C. 丙公司向甲公司行使票据追索权的期限，应适用中国法

D. 如丙公司不慎将该支票丢失，其请求保全票据权利的程序，应适用德国法

3. 中国甲公司将其旗下的东方号货轮光船租赁给韩国乙公司，为便于使用，东方号的登记国由中国变更为巴拿马。现东方号与另一艘巴拿马籍货轮在某海域相撞，并被诉至中国某海事法院。关于本案的法律适用，下列哪一选项是正确的？（2017/1/37，单选）

A. 两船碰撞的损害赔偿应适用中国法

B. 如两船在公海碰撞，损害赔偿应适用《联合国海洋法公约》

C. 如两船在中国领海碰撞，损害赔偿应适用中国法

D. 如经乙公司同意，甲公司在租赁期间将东方号抵押给韩国丙公司，该抵押权应适用中国法

4. 中国甲公司与日本乙公司的商事纠纷在日本境内通过仲裁解决。因甲公司未履行裁决，乙公司向某人民法院申请承认与执行该裁决。中日均为《纽约公约》缔约国，关于该裁决在中国的承认与执行，下列哪一选项是正确的？（2017/1/38，单选）

A. 该人民法院应组成合议庭审查

B. 如该裁决是由临时仲裁庭作出的，该人民法院应拒绝承认与执行

C. 如该人民法院认为该裁决不符合《纽约公约》的规定，即可直接裁定拒绝承认和执行

D. 乙公司申请执行该裁决的期间应适用日本法的规定

5. 中国香港甲公司与内地乙公司签订商事合同，并通过电子邮件约定如发生纠纷由香港法院管辖。后因履约纠纷，甲公司将乙公司诉至香港法院并胜诉。判决生效后，甲公司申请人民法院认可和执行该判决。关于该判决在内地的认可与执行，下列哪一选项是正确的？（2017/1/39，单选）

A. 电子邮件不符合"书面"管辖协议的要求，故该判决不应被认可与执行

B. 如乙公司的住所地与财产所在地分处两个中级人民法院的辖区，甲公司不得同时向这两个人民法院提出申请

C. 如乙公司在内地与香港均有财产，甲公司不得同时向两地法院提出申请

D. 如甲公司的申请被人民法院裁定驳回，它可直接向最高人民法院申请复议

6. 新加坡公民王颖与顺捷国际信托公司在北京签订协议，将其在中国的财产交由该公司管理，并指定受益人为其幼子李力。在管理信托财产的过程中，王颖与顺捷公司发生纠纷，并诉至某人民法院。关于该信托纠纷的法律适用，下列哪些选项是正确的？（2017/1/77，多选）

A. 双方可协议选择适用瑞士法

B. 双方可协议选择适用新加坡法

C. 如双方未选择法律，法院应适用中国法

D. 如双方未选择法律，法院应在中国法与新加坡法中选择适用有利于保护李力利益的法律

7. 中国公民王某将中国公民米勒诉至某人民法院，请求判决两人离婚、分割夫妻财产并将幼子的监护权判决给她。王某与米勒的经常居所及主要财产均在上海，其幼子为甲国籍。关于本案的法律适用，下列哪些选项是正确的？（2017/1/78，多选）

A. 离婚事项，应适用中国法

B. 夫妻财产的分割，王某与米勒可选择适用中国法或甲国法

C. 监护权事项，在甲国法与中国法中选择适用有利于保护幼子利益的法律

D. 夫妻财产的分割与监护权事项均应适用中国法

8. 中国甲公司与英国乙公司签订一份商事合同，约定合同纠纷适用英国法。合同纠纷发生 4 年后，乙公司将甲公司诉至某人民法院。英国关于合同纠纷的诉讼时效为 6 年。关于本案的法律适用，下列哪些选项是正确的？（2017/1/79，多选）

A. 本案的诉讼时效应适用中国法

B. 本案的实体问题应适用英国法

C. 本案的诉讼时效与实体问题均应适用英国法

D. 本案的诉讼时效应适用中国法，实体问题应适用英国法

2018 年

1. 经常居所所在天津的德国公民托马斯家中失窃名画，该画后被中国公民李伟在韩国艺术品市场购得，后托马斯得知李伟将画带回中国并委托拍卖公司在天津拍卖。现托马斯欲通过诉讼要回该画作，以下说法正确的是：（2018 年仿真题）

A. 托马斯的诉讼行为能力应适用德国法来判断

B. 该案件的准据法应当在与案件有实际联系的德国法、中国法以及韩国法中进行选择

C. 当双方当事人不能就准据法的选择达成一致时应适用韩国法的法律规定

D. 当双方当事人不能就准据法的选择达成一致时应适用法院地法中国法的规定

2. 德国彩虹公司与中国杭州的晓晨公司在杭州签署了一份投资合作协议，后在中国履行协议期间发生纠纷。关于该纠纷的相关判断，以下说法正确的有：（2018年仿真题）

A. 双方可以选择德国的法律作为该合同的准据法

B. 双方可以在合同中约定该合同纠纷由德国法院进行管辖

C. 双方可以约定该案件在瑞典的斯德哥尔摩仲裁院进行仲裁

D. 双方可以约定该案件在巴黎的国际商会仲裁院进行仲裁

3. 主营业地在广州的法国某公司雇用了一个韩国人金某，金某的工作内容为巡回于东亚从事产品售后服务工作。后金某提出辞职，公司不允许，并向广州法院起诉了金某。下列说法正确的是：（2018年仿真题）

A. 如果金某是韩国来中国的留学生，则公安机关应对法国公司进行罚款处理

B. 关于该劳动合同的纠纷双方可以在一审庭审辩论终结前协商一致选择韩国法为准据法

C. 该劳动合同纠纷应该适用法国法

D. 对于该案件我国法院无管辖权，应裁定驳回法国公司的起诉

4. 根据2018年《最高人民法院关于设立国际商事法庭若干问题的规定》，下列说法正确的是：（2018年仿真题）

A. 国际商事法庭为最高人民法院的常设审判机构

B. 当事人协议选择最高人民法院管辖且标的额为人民币1亿元以上的第一审国际商事案件，属于国际商事法庭的管辖范围

C. 国际商事法庭审理案件应当适用域外法律时，可以由法律查明服务机构提供

D. 当事人向国际商事法庭提交的证据材料系在中国领域外形成的，如已办理公证，则无须在法庭上质证

2019 年

日本甲公司与中国乙公司签订专利权许可协议（协议约定适用日本法），授权中国乙公司在中国范围内销售的手机上安装日本甲公司拥有专利的某款APP。后中国乙公司未经日本甲公司的同意，在其销往越南的手机上也安装了该款APP。现日本甲公司向中国法院起诉中国乙公司违约并侵犯了其在越南的专利。关于本案，下列说法正确的有：（2019年仿真题）

A. 中国乙公司主营业地在中国，违约和侵权纠纷都应适用中国法

B. 违约纠纷应适用日本法

C. 侵权纠纷双方在开庭前可约定适用中国法

D. 侵权纠纷应适用日本法

2020 年

1. 定居在新加坡的日本明星甲来中国旅游时发现长沙乙影城未经其同意在影城的社交媒体软件账号中擅自使用其肖像宣传。甲在中国某法院起诉乙影城侵犯其肖像权，要求乙影城停止侵权并赔礼道歉。我国法院处理本案时应如何适用法律？（2020年仿真题）

A. 双方当事人可协议选择中国法

B. 适用甲经常居所地的新加坡法

C. 因甲是日本人，应当适用日本法

D. 因该社交媒体软件是在中国发行的，应当适用中国法

2. 甲国马戏团带着动物明星欢欢来中国演出，因管理人员看管不力，欢欢逃脱，后被中国公民王某捕获，王某将欢欢卖给中国公民琳达。现甲国马戏团在中国某法院起诉，要求琳达归还欢欢。根据我国《涉外民事关系法律适用法》，我国法院应如何认定本案的法律适用？（2020年仿真题）

A. 若双方当事人协议选择乙国法，法院应适用乙国法

B. 应当适用双方共同国籍国的甲国法

C. 应当适用中国法或甲国法

D. 因为欢欢逃脱和买卖的行为都发生在中国，故应适用中国法

2021 年

1. 中国甲公司和英国英格兰地区乙公司签订了一份货物买卖合同，合同约定适用英国法，现双方就合同履行发生纠纷，诉至中国某法院。关于本案的法律适用，下列说法正确的是：（2021年仿真题）

A. 若英国各区适用不同法律，该合同纠纷应适用伦敦所在的英格兰法

B. 双方可在第一次开庭辩论时约定诉讼时效适用中国法

C. 双方可在第一次开庭辩论时将合同适用的法律变更为苏格兰法，法院应予支持

D. 关于诉讼时效的规定应适用中国《民法典》

2. 约翰同时拥有甲乙两国国籍，定居上海。约翰和中国公民王某在上海发生侵权纠纷，诉至中国某法院。根据我国法律规定，下列说法正确的是：（2021年仿真题）

A. 因我国不承认双重国籍，故约翰应放弃一个国籍才可在我国法院起诉

B. 约翰与王某之间的侵权争议只能适用中国法

C. 我国法院应当适用最密切联系原则认定约翰的国籍

D. 若约翰和王某协议选择甲国法，法院应适用甲国法处理本案侵权纠纷

3. 经常居所地在广州的越南公民甲和莱索托王国公民乙在中国西部爬山的途中失踪。数年后两人亲属在广州某法院提出宣告死亡的申请，关于本案的法律适用，下列说法正确的是：（2021 年仿真题）

A. 如果查不到莱索托王国的法律，应当适用中国法

B. 两人宣告死亡均应适用中国法

C. 对于两人宣告死亡可以适用中国法或各自的国籍法

D. 两人宣告死亡均适用各自的国籍法

2022 年

1. 刚果居民扎古与中国广州甲公司签订劳动合同，甲公司与阿联酋乙公司签订劳务派遣合同，将扎古从广州派遣到阿联酋做非全日制工，后产生劳动合同纠纷在中国法院起诉。关于本案，下列说法正确的是：（2022 年仿真题）

A. 扎古是刚果公民，应适用刚果法

B. 因劳务地在阿联酋，可适用阿联酋法律

C. 因中国广州的甲公司是派出地，可适用中国法

D. 扎古有权请求刚果驻沪领事以领事身份担任诉讼代理人，但在诉讼中该领事不享有领事官员的特权与豁免

2. 法国甲公司在深圳向巴西乙公司出具汇票，汇票付款人为法国甲公司在深圳的分支机构。巴西乙公司在里约热内卢将汇票背书转让给了巴西丙公司，丙公司不慎丢失汇票。该汇票被经常居所地在广州的谢某拾得。后中国某法院受理有关该汇票的纠纷。对此，下列说法正确的是：（2022 年仿真题）

A. 乙公司对该汇票的背书行为，应适用中国法

B. 丙公司对乙公司行使汇票追索权的期限，应适用中国法

C. 丙公司请求保全汇票权利的程序，应适用巴西法

D. 谢某拾得汇票是否构成不当得利的问题，应适用巴西法

2023 年

注册地在开曼群岛的甲公司，主营业地在中国上海，因部分公司股东主张股东会决议侵犯了其股东权利，提起诉讼，请求法院撤销该决议。关于本案的法律适用，下列说法正确的是：（2023 年仿真题）

A. 可以协议选择适用法律

B. 应当适用中国法

C. 可以适用开曼群岛法和中国法

D. 开曼群岛是英国海外领地，适用英国法

国际经济法

2014 年

1. 中国甲公司与法国乙公司商谈进口特种钢材，乙公司提供了买卖该种钢材的格式合同，两国均为1980 年《联合国国际货物销售合同公约》缔约国。根据相关规则，下列哪一选项是正确的？（2014/1/40，单选）

　　A. 因两国均为公约缔约国，双方不能在合同中再选择适用其他法律

　　B. 格式合同为该领域的习惯法，对双方具有约束力

　　C. 双方可对格式合同的内容进行修改和补充

　　D. 如双方在合同中选择了贸易术语，则不再适用公约

2. 中国甲公司向加拿大乙公司出口一批农产品，CFR 价格条件。货装船后，乙公司因始终未收到甲公司的通知，未办理保险。部分货物在途中因海上风暴毁损。根据相关规则，下列哪一选项是正确的？（2014/1/41，单选）

　　A. 甲公司在装船后未给乙公司以充分的通知，造成乙公司漏保，因此损失应由甲公司承担

　　B. 该批农产品的风险在装港船舷转移给乙公司

　　C. 乙公司有办理保险的义务，因此损失应由乙公司承担

　　D. 海上风暴属不可抗力，乙公司只能自行承担损失

3. 甲乙丙三国企业均向中国出口某化工产品，2010 年中国生产同类化工产品的企业认为进口的这一化工产品价格过低，向商务部提出了反倾销调查申请。根据相关规则，下列哪一选项是正确的？（2014/1/42，单选）

　　A. 反倾销税税额不应超过终裁决定确定的倾销幅度

　　B. 反倾销税的纳税人为倾销进口产品的甲乙丙三国企业

　　C. 商务部可要求甲乙丙三国企业作出价格承诺，否则不能进口

　　D. 倾销进口产品来自两个以上国家，即可就倾销进口产品对国内产业造成的影响进行累积评估

4. 甲国人柯里在甲国出版的小说流传到乙国后出现了利用其作品的情形，柯里认为侵犯了其版权，并诉诸乙国法院。尽管甲乙两国均为《伯尔尼公约》的缔约国，但依甲国法，此种利用作品不构成侵权，另外，甲国法要求作品要履行一定的手续才能获得保护。根据相关规则，下列哪一选项是正确的？（2014/1/43，单选）

　　A. 柯里须履行甲国法要求的手续才能在乙国得到版权保护

　　B. 乙国法院可不受理该案，因作品来源国的法律不认为该行为是侵权

　　C. 如该小说在甲国因宗教原因被封杀，乙国仍可予以保护

　　D. 依国民待遇原则，乙国只能给予该作品与甲国相同水平的版权保护

5. 甲国人李某长期居住在乙国，并在乙国经营一家公司，在甲国则只有房屋出租。在确定纳税居民的身份上，甲国以国籍为标准，乙国以住所和居留时间为标准。根据相关规则，下列哪一选项是正确的？（2014/1/44，单选）

　　A. 甲国只能对李某在甲国的房租收入行使征税权，而不能对其在乙国的收入行使征税权

　　B. 甲乙两国可通过双边税收协定协调居民税收管辖权的冲突

　　C. 如甲国和乙国对李某在乙国的收入同时征税，属于国际重叠征税

　　D. 甲国对李某在乙国经营公司的收入行使的是所得来源地税收管辖权

6. 中国甲公司与德国乙公司签订了出口红枣的合同，约定品质为二级，信用证方式支付。后因库存二级红枣缺货，甲公司自行改装一级红枣，虽发票注明品质为一级，货价仍以二级计收。但在银行办理结汇时遭拒付。根据相关公约和惯例，下列哪些选项是正确的？（2014/1/80，多选）

　　A. 甲公司应承担交货不符的责任

　　B. 银行应在审查货物的真实等级后再决定是否收单付款

　　C. 银行可以发票与信用证不符为由拒绝收单付款

　　D. 银行应对单据记载的发货人甲公司的诚信负责

7. 两批化妆品从韩国由大洋公司"清田"号货轮运到中国，适用《海牙规则》，货物投保了平安险。第一批货物因"清田"号过失与他船相碰致部分货受损，第二批货物收货人在持正本提单提货时，发现已被他人提走。争议诉至中国某法院。根据

相关规则及司法解释，下列哪些选项是正确的？（2014/1/81，多选）

A. 第一批货物受损虽由"清田"号过失碰撞所致，但承运人仍可免责

B. 碰撞导致第一批货物的损失属于保险公司赔偿的范围

C. 大洋公司应承担第二批货物无正本提单放货的责任，但可限制责任

D. 大洋公司对第二批货物的赔偿范围限于货物的价值加运费

8. 根据《中华人民共和国反补贴条例》，下列哪些选项属于补贴？（2014/1/82，多选）

A. 出口国政府出资兴建通向口岸的高速公路

B. 出口国政府给予企业的免税优惠

C. 出口国政府提供的贷款

D. 出口国政府通过向筹资机构付款，转而向企业提供资金

9. 甲国公司在乙国投资建成地热公司，并向多边投资担保机构投了保。1993 年，乙国因外汇大量外流采取了一系列的措施，使地热公司虽取得了收入汇出批准书，但仍无法进行货币汇兑和汇出，甲公司认为已发生了禁兑风险，并向投资担保机构要求赔偿。根据相关规则，下列选项正确的是：（2014/1/99，不定项）

A. 乙国中央银行已批准了货币汇兑，不能认为发生了禁兑风险

B. 消极限制货币汇兑也属于货币汇兑险的范畴

C. 乙国应为发展中国家

D. 担保机构一经向甲公司赔付，即代位取得向东道国的索赔权

10. 甲乙丙三国为世界贸易组织成员，丁国不是该组织成员。关于甲国对进口立式空调和中央空调的进口关税问题，根据《关税与贸易总协定》，下列违反最惠国待遇的做法是：（2014/1/100，不定项）

A. 甲国给予来自乙国的立式空调和丙国的中央空调以不同的关税

B. 甲国给予来自乙国和丁国的立式空调以不同的进口关税

C. 因实施反倾销措施，导致从乙国进口的立式空调的关税高于从丙国进口的

D. 甲国给予来自乙丙两国的立式空调以不同的关税

2015 年

1. 中国甲公司与法国乙公司签订了向中国进口服装的合同，价格条件 CIF。货到目的港时，甲公司发现有两箱货物因包装不当途中受损，因此拒收，该货物在目的港码头又被雨淋受损。依 1980 年《联合国国际货物销售合同公约》及相关规则，下列哪一选项是正确的？（2015/1/40，单选）

A. 因本合同已选择了 CIF 贸易术语，则不再适用《公约》

B. 在 CIF 条件下应由法国乙公司办理投保，故乙公司也应承担运输途中的风险

C. 因甲公司拒收货物，乙公司应承担货物在目的港码头雨淋造成的损失

D. 乙公司应承担因包装不当造成的货物损失

2. 青田轮承运一批啤酒花从中国运往欧洲某港，货物投保了一切险，提单上的收货人一栏写明"凭指示"，因生产过程中水分过大，啤酒花到目的港时已变质。依《海牙规则》及相关保险规则，下列哪一选项是正确的？（2015/1/41，单选）

A. 承运人没有尽到途中管货的义务，应承担货物途中变质的赔偿责任

B. 因货物投保了一切险，保险人应承担货物变质的赔偿责任

C. 本提单可通过交付进行转让

D. 承运人对啤酒花的变质可以免责

3. 依最高人民法院《关于审理信用证纠纷案件若干问题的规定》，出现下列哪一情况时，不能再通过司法手段干预信用证项下的付款行为？（2015/1/42，单选）

A. 开证行的授权人已对信用证项下票据善意地作出了承兑

B. 受益人交付的货物无价值

C. 受益人和开证申请人串通提交假单据

D. 受益人提交记载内容虚假的单据

4. 进口中国的某类化工产品 2015 年占中国的市场份额比 2014 年有较大增加，经查，两年进口总量虽持平，但仍给生产同类产品的中国产业造成了严重损害。依我国相关法律，下列哪一选项是正确的？（2015/1/43，单选）

A. 受损害的中国国内产业可向商务部申请反倾销调查

B. 受损害的中国国内产业可向商务部提出采取保障措施的书面申请

C. 因为该类化工产品的进口数量并没有绝对增加，故不能采取保障措施

D. 该类化工产品的出口商可通过价格承诺避免保障措施的实施

5. 为了促进本国汽车产业，甲国出台规定，如生产的汽车使用了 30% 国产零部件，即可享受税收减免的优惠。依世界贸易组织的相关规则，关于该规定，下列哪一选项是正确的？（2015/1/44，单选）

A. 违反了国民待遇原则，属于禁止使用的与贸易有关的投资措施

B. 因含有国内销售的要求，是扭曲贸易的措施

C. 有贸易平衡的要求，属于禁止的数量限制措施

D. 有外汇平衡的要求，属于禁止的投资措施

6. 甲、乙、丙三国均为世界贸易组织成员，甲国对进口的某类药品征收8%的国内税，而同类国产药品的国内税为6%。针对甲国的规定，乙、丙两国向世界贸易组织提出申诉，经裁决甲国败诉，但其拒不执行。依世界贸易组织的相关规则，下列哪些选项是正确的？（2015/1/80，多选）

A. 甲国的行为违反了国民待遇原则

B. 乙、丙两国可向上诉机构申请强制执行

C. 乙、丙两国经授权可以对甲国采取中止减让的报复措施

D. 乙、丙两国的报复措施只限于在同种产品上使用

7. 香槟是法国地名，中国某企业为了推广其葡萄酒产品，拟为该产品注册"香槟"商标。依《与贸易有关的知识产权协议》，下列哪些选项是正确的？（2015/1/81，多选）

A. 只要该企业有关"香槟"的商标注册申请在先，商标局就可以为其注册

B. 如该注册足以使公众对该产品的来源误认，则应拒绝注册

C. 如该企业是在利用香槟这一地理标志进行暗示，则应拒绝注册

D. 如允许来自法国香槟的酒产品注册"香槟"的商标，而不允许中国企业注册该商标，则违反了国民待遇原则

8. 为了完成会计师事务所交办的涉及中国某项目的财务会计报告，永居甲国的甲国人里德来到中国工作半年多，圆满完成报告并获得了相应的报酬。依相关法律规则，下列哪些选项是正确的？（2015/1/82，多选）

A. 里德是甲国人，中国不能对其征税

B. 因里德在中国停留超过了183天，中国对其可从源征税

C. 如中国已对里德征税，则甲国在任何情况下均不得对里德征税

D. 如里德被甲国认定为纳税居民，则应对甲国承担无限纳税义务

2016 年

1. 中国甲公司与德国乙公司签订了进口设备合同，分三批运输。两批顺利履约后乙公司得知甲公司履约能力出现严重问题，便中止了第三批的发运。依《国际货物销售合同公约》，下列哪一选项是正确的？（2016/1/40，单选）

A. 如已履约的进口设备在使用中引起人身伤亡，则应依公约的规定进行处理

B. 乙公司中止发运第三批设备必须通知甲公司

C. 乙公司在任何情况下均不应中止发运第三批设备

D. 如甲公司向乙公司提供了充分的履约担保，乙公司可依情况决定是否继续发运第三批设备

2. 中国甲公司与法国乙公司订立了服装进口合同，信用证付款，丙银行保兑。货物由"铂丽"号承运，投保了平安险。甲公司知悉货物途中遇台风全损后，即通知开证行停止付款。依《海牙规则》、UCP600号及相关规则，下列哪一选项是正确的？（2016/1/41，单选）

A. 承运人应承担赔偿甲公司货损的责任

B. 开证行可拒付，因货已全损

C. 保险公司应赔偿甲公司货物的损失

D. 丙银行可因开证行拒付而撤销其保兑

3. 应国内化工产业的申请，中国商务部对来自甲国的某化工产品进行了反倾销调查。依《反倾销条例》，下列哪一选项是正确的？（2016/1/42，单选）

A. 商务部的调查只能限于中国境内

B. 反倾销税税额不应超过终裁确定的倾销幅度

C. 甲国某化工产品的出口经营者必须接受商务部有关价格承诺的建议

D. 针对甲国某化工产品的反倾销税征收期限为5年，不得延长

4. 中国甲公司与德国乙公司签订了一项新技术许可协议，规定在约定期间内，甲公司在亚太区独占使用乙公司的该项新技术。依相关规则，下列哪一选项是正确的？（2016/1/43，单选）

A. 在约定期间内，乙公司在亚太区不能再使用该项新技术

B. 乙公司在全球均不能再使用该项新技术

C. 乙公司不能再将该项新技术允许另一家公司在德国使用

D. 乙公司在德国也不能再使用该项新技术

5. 甲国T公司与乙国政府签约在乙国建设自来水厂，并向多边投资担保机构投保。依相关规则，下列哪一选项是正确的？（2016/1/44，单选）

A. 乙国货币大幅贬值造成T公司损失，属货币汇兑险的范畴

B. 工人罢工影响了自来水厂的正常营运，属战争内乱险的范畴

C. 乙国新所得税法致T公司所得税增加，属征收和类似措施险的范畴

D. 乙国政府不履行与T公司签订的合同，乙国法院又拒绝受理相关诉讼，属政府违约险的范畴

6. 中国甲公司向波兰乙公司出口一批电器，采用 DAP 术语，通过几个区段的国际铁路运输，承运人签发了铁路运单，货到目的地后发现有部分损坏。依相关国际惯例及《国际铁路货物联运协定》，下列哪些选项是正确的？（2016/1/80，多选）

A. 乙公司必须确定损失发生的区段，并只能向该区段的承运人索赔

B. 铁路运单是物权凭证，乙公司可通过转让运单转让货物

C. 甲公司在指定目的地运输终端将仍处于运输工具上的货物交由乙公司处置时，即完成交货

D. 各铁路区段的承运人应承担连带责任

7. 在一国际贷款中，甲银行向贷款银行乙出具了备用信用证，后借款人丙公司称贷款协议无效，拒绝履约。乙银行向甲银行出示了丙公司的违约证明，要求甲银行付款。依相关规则，下列哪些选项是正确的？（2016/1/81，多选）

A. 甲银行必须对违约的事实进行审查后才能向乙银行付款

B. 备用信用证与商业跟单信用证适用相同的国际惯例

C. 备用信用证独立于乙银行与丙公司的国际贷款协议

D. 即使该国际贷款协议无效，甲银行仍须承担保证责任

8. 甲乙两国均为 WTO 成员，甲国纳税居民马克是甲国保险公司的大股东，马克从该保险公司在乙国的分支机构获利 35 万美元。依《服务贸易总协定》及相关税法规则，下列哪些选项是正确的？（2016/1/82，多选）

A. 甲国保险公司在乙国设立分支机构，属于商业存在的服务方式

B. 马克对甲国承担无限纳税义务

C. 两国均对马克的 35 万美元获利征税属于重叠征税

D. 35 万美元获利属于甲国人马克的所得，乙国无权对其征税

2017 年

1. 中国伟业公司与甲国利德公司签订了采取铁路运输方式由中国出口一批货物的合同。后甲国法律发生变化，利德公司在收货后又自行将该批货物转卖到乙国，现乙国一公司声称该批货物侵犯了其知识产权。中国和甲国均为《国际货物销售合同公约》和《国际铁路货物联运协定》缔约国。依相关规则，下列哪一选项是正确的？（2017/1/40，单选）

A. 伟业公司不承担该批货物在乙国的知识产权担保义务

B. 该批货物的风险应于订立合同时由伟业公司转移给利德公司

C. 铁路运输承运人的责任期间是从货物装上火车时起至卸下时止

D. 不同铁路运输区段的承运人应分别对在该区段发生的货损承担责任

2. 中国某公司进口了一批仪器，采取海运方式并投保了水渍险，提单上的收货人一栏写明"凭指示"的字样。途中因船方过失致货轮与他船相撞，部分仪器受损。依《海牙规则》及相关保险条款，下列哪一选项是正确的？（2017/1/41，单选）

A. 该提单交付即可转让

B. 因船舶碰撞是由船方过失导致，故承运人应对仪器受损承担赔偿责任

C. 保险人应向货主赔偿部分仪器受损的损失

D. 承运人的责任期间是从其接收货物时起至交付货物时止

3. 中国某公司进口了一批皮制品，信用证方式支付，以海运方式运输并投保了一切险。中国收货人持正本提单提货时发现货物已被他人提走。依相关司法解释和国际惯例，下列哪一选项是正确的？（2017/1/42，单选）

A. 承运人应赔偿收货人因其无单放货造成的货物成本加利润损失

B. 因该批货物已投保一切险，故保险人应对货主赔偿无单放货造成的损失

C. 因货已放予他人，收货人不再需要向卖方支付信用证项下的货款

D. 如交单人提交的单证符合信用证的要求，银行即应付款

4. 甲、乙、丙三国生产卷钢的企业以低于正常价值的价格向中国出口其产品，代表中国同类产业的 8 家企业拟向商务部申请反倾销调查。依我国《反倾销条例》，下列哪一选项是正确的？（2017/1/43，单选）

A. 如支持申请的国内生产者的产量不足国内同类产品总产量 25% 的，不得启动反倾销调查

B. 如甲、乙、丙三国的出口经营者不接受商务部建议的价格承诺，则会妨碍反倾销案件的调查和确定

C. 反倾销税的履行期限是 5 年，不得延长

D. 终裁决定确定的反倾销税高于已付的临时反倾销税的，差额部分应予补交

5. 中国人迈克在甲国出版著作《希望之路》后 25 天内，又在乙国出版了该作品，乙国是《保护文学和艺术作品伯尔尼公约》缔约国，甲国不是。依该公约，下列哪一选项是正确的？（2017/1/44，单选）

A. 因《希望之路》首先在非缔约国出版，不能在缔约国享受国民待遇

B. 迈克在甲国出版《希望之路》后 25 天内在乙国出版，仍然具有缔约国的作品国籍

C. 乙国依国民待遇为该作品提供的保护需要迈克履行相应的手续

D. 乙国对该作品的保护有赖于其在甲国是否受保护

6. 甲、乙、丙三国均为 WTO 成员国，甲国给予乙国进口丝束的配额，但没有给予丙国配额，而甲国又是国际上为数不多消费丝束产品的国家。为此，丙国诉诸 WTO 争端解决机制。依相关规则，下列哪些选项是正确的？（2017/1/80，多选）

A. 丙国生产丝束的企业可以甲国违反最惠国待遇为由起诉甲国

B. 甲、丙两国在成立专家组之前必须经过"充分性"的磋商

C. 除非争端解决机构一致不通过相关争端解决报告，该报告即可通过

D. 如甲国败诉且拒不执行裁决，丙国可向争端解决机构申请授权对甲国采取报复措施

7. 甲国惊奇公司的创新科技产品经常参加各类国际展览会，该公司向乙国的投资包含了专利转让，甲、乙两国均为《巴黎公约》和《华盛顿公约》（公约设立的解决国际投资争端中心的英文简称为 ICSID）的成员。依相关规定，下列哪些选项是正确的？（2017/1/81，多选）

A. 惊奇公司的新产品参加在乙国举办的国际展览会，产品中可取得专利的发明应获得临时保护

B. 如惊奇公司与乙国书面协议将其争端提交给 ICSID 解决，ICSID 即对该争端有管辖权

C. 提交 ICSID 解决的争端可以是任何与投资有关的争端

D. 乙国如对 ICSID 裁决不服，可寻求向乙国的最高法院上诉

8. 中国甲公司在承担中东某建筑工程时涉及一系列分包合同和买卖合同，并使用了载明适用《见索即付保函统一规则》的保函。后涉及保函的争议诉至中国某法院。依相关司法解释，下列哪些选项是正确的？（2017/1/82，多选）

A. 保函内容中与《见索即付保函统一规则》不符的部分无效

B. 因该保函记载了某些对应的基础交易，故该保函争议应适用我国《担保法》有关保证的规定

C. 只要受益人提交的单据与独立保函条款、单据与单据之间表面相符，开立人就须独立承担付款义务

D. 单据与独立保函条款之间表面上不完全一致，但并不导致相互之间产生歧义的，仍应认定构成表面相符

2018 年

1. 中国某工程公司在甲国承包了一项工程，中国某银行对甲国的发包方出具了见索即付的保函。后甲国发包方以中国公司违约为由向中国银行要求支付保函上的款项遭到拒绝，以下说法正确的是：（2018 年仿真题）

A. 如果工程承包公司是我国政府独资的国有企业，则银行可以以此为由拒绝向受益人付款

B. 中国银行可以主张保函受益人先向中国承包公司主张求偿，待其拒绝后再履行保函义务

C. 中国银行应对施工合同进行实质性审查后方可决定是否履行保函义务

D. 只要保函受益人提交的书面文件与保函要求相符，银行就必须承担付款责任

2. 中国大维公司和甲国瑞景公司签订设备进口合同，双方约定了 DPU 贸易术语，已知中国和甲国都是《联合国货物销售合同公约》的缔约国，双方协议使用信用证为支付工具，并由远航海运公司承担运输工作。途中因恶劣天气致使设备全损。根据 2020 年《国际贸易术语解释通则》，下列说法正确的是：（2018 年仿真题）

A. 作为卖方的甲国瑞景公司有进行投保的义务，由保险公司承担损失

B. 即使货物已经全损，银行也需要向瑞景公司支付货款

C. 由于货物已经毁损灭失，因此大维公司可以通知银行停止支付信用证下的款项

D. 承运人远航海运公司应该承担货物毁损、灭失的责任

3. 营业地位于不同国家的甲乙两公司签订了货物买卖合同，约定使用 FCA 术语为交货条件。关于该术语，以下说法正确的有：（2018 年仿真题）

A. 该术语可以适用于任何的运输方式包括多式联运

B. 该术语只能适用于海运运输合同

C. 该术语要求卖方将货物交给第一承运人时完成交货义务

D. 承运人自收到货物时，货物的风险由卖方转移给买方

4. 甲国多家出口企业在乙国被终裁具有倾销行为，并征收了反倾销税，现在这些出口企业欲进行相关法律救济，已知甲乙两国均为 WTO 成员方。以下说法正确的有：（2018 年仿真题）

A. 出口企业可以在乙国提起对乙国政府征税行为的行政诉讼

B. 甲国政府可以直接向乙国政府提起外交保护

C. 甲国政府可以在 WTO 起诉乙国政府违反其承担的 WTO 的相关义务

D. 如果乙国政府在 WTO 被裁决败诉，WTO 有权责令乙国修改其本国的法律

5. 甲国某公司要到乙国投资建设一个垃圾处理厂，并与乙国政府签订了垃圾处理合同，后乙国因为环境政策的改变增加了环境保护税。乙国政府遂以该合同履行不再具有经济意义为由拒绝履行该合同。已知乙国政府和甲国某公司约定了国内法的前置救济程序，现该公司寻求相关的法律救济措施，以下说法正确的有：（2018 年仿真题）

A. 乙国政府的做法属于政府违约行为

B. 乙国政府的行为属于征收或类似措施行为

C. 如果该公司寻求多边投资担保机构进行理赔，应以用尽乙国当地救济为前提条件

D. 多边投资担保机构进行理赔后，可以直接向乙国政府主张代位求偿

2019 年

1. 中国甲公司与非洲 A 国乙公司签订 CIF 合同出口一批瓷器，货物运到 A 国时遭遇 A 国内乱，部分货物毁损。已知中国和 A 国均为 1980 年《联合国国际货物销售合同公约》的成员国。对此，下列说法正确的是：（2019 年仿真题）

A. 货物毁损由甲公司承担责任

B. 乙公司有理由相信在 A 国这种环境下，甲公司投保了一切险和战争险

C. 在没有特殊约定情况下，甲公司应投保平安险

D. 应由乙公司承担运输责任

2. 法国甲公司与中国乙公司签订 FOB 合同出口红葡萄酒，法国甲公司的酒庄到装运港有一段陆地需要陆路运输。现买卖双方发生纠纷诉至我国法院。下列判断正确的是：（2019 年仿真题）

A. 中国乙公司应承担包括陆路运输在内的所有运输工作

B. 法国甲公司将货物交给陆路运输的承运人即完成了交货

C. 法国甲公司在装运港将货物装上指定船舶即完成了交货

D. 法国甲公司在目的港完成交货

3. 中国甲公司从意大利进口某种产品，合同约定由卖方安排航空运输，在飞机降落时因承运人驾驶过失使货物受损。根据《华沙公约》，下列选项错误的是：（2019 年仿真题）

A. 航空货运单是物权凭证

B. 国际航空货运单是订立合同、接受货物和运输条件的初步证据

C. 承运人对货物灭失、损害或迟延交货的责任，以每公斤 250 法郎为限

D. 《华沙公约》规定的诉讼时效为 2 年

2020 年

1. 中国甲公司以 DPU 术语从乙国丙公司进口一批货物，约定以信用证方式付款。依据 2020 年《国际贸易术语解释通则》的规定，下列说法正确的是：（2020 年仿真题）

A. 丙公司有义务为中国甲公司投保货物运输险

B. 丙公司应在"运输终端"完成交货

C. 丙公司应承担运输中的风险

D. 中国甲公司应负责安排货物的运输

2. 根据《中华人民共和国反倾销条例》的规定，关于临时反倾销措施，下列说法错误的有：（2020 年仿真题）

A. 对于初步裁定确定倾销成立并由此对国内产业造成损害的，可以采取临时反倾销措施

B. 情况紧急的，商务部自立案之日起可以先行采取临时反倾销措施

C. 临时反倾销税的数额不得超过初裁决定确定的倾销幅度

D. 终裁确定的反倾销税税额高于临时反倾销税的数额的，差额部分应当由纳税义务人补足

2021 年

1. 中国 A 公司向甲国 B 公司进口一批货物，约定适用 2020 年《国际贸易术语解释通则》中 CIF 贸易术语，同时约定 B 公司为该批货物投保水渍险。货物运输途中遭遇海上强热带风暴，导致部分货物毁损。依据《海牙规则》及相关国际法规则，下列说法正确的是：（2021 年仿真题）

A. 依据《海牙规则》，该批货物的损失，承运人应当承担责任

B. 保险公司应当对该批货物的损失承担责任

C. 根据 2020 年《国际贸易术语解释通则》，货物应投保一切险

D. 海上强热带风暴造成的部分货物损失不属于水渍险的承保范围

2. 中国甲公司从某国乙公司进口一批货物，委托中国丙银行出具一份不可撤销信用证。乙公司发货后持单向丙银行指定的丁银行请求付款，银行审单时发现单据上记载内容和信用证不完全一致。乙公司称甲公司接受此不符点，丙银行经与甲公司沟通，证

实了该说法，即指示丁银行付款。后甲公司得知乙公司所发货物无价值，遂向有管辖权的中国法院申请中止支付信用证项下的款项。关于本案，下列说法错误的是：（2021年仿真题）

A. 甲公司已接受不符点，丙银行必须承担付款责任

B. 乙公司行为构成信用证欺诈

C. 即使丁银行已付款，法院仍应裁定丙银行中止支付

D. 丙银行发现单证存在不符点，有义务联系甲公司征询是否接受不符点

3. 中国人杨某和甲公司都从事某种商品的出口，该种商品在国外颇受欢迎且销路广泛。但自2020年《出口管制法》颁布以来，该种商品被列入我国出口管制清单。根据《对外贸易法》和《出口管制法》的相关规定，下列说法正确的是：（2021年仿真题）

A. 杨某作为自然人不能从事对外贸易活动

B. 甲公司只有经有关部门审批方能从事对外贸易活动

C. 该种商品出口应申领出口许可证

D. 该种商品的最终用户可自行改变产品用途

4. 中国某企业认为甲国出口到中国的某类商品存在政府补贴，侵害了中国企业的利益，遂提出反补贴调查申请。中国商务部经审查，终局裁定甲国政府的行为构成补贴，遂采取反补贴措施。根据我国相关法律规定，下列选项错误的是：（2021年仿真题）

A. 该项补贴必须是政府作出的专向性补贴

B. 对于甲国出口商在行政诉讼中提供的在反补贴调查中拒不提供的证据，人民法院不予采纳

C. 甲国出口商对中国商务部的终局裁定不服，可以提交WTO争端解决机构

D. 甲国出口商对中国商务部的终局裁定，可以申请复议，也可以向法院提起诉讼

2022 年

1. 甲乙两国企业均向中国出口某化工产品，中国生产同类化工产品的企业认为进口的这一化工产品价格过低，向商务部提出反倾销调查申请。商务部终局裁定倾销成立，决定征收反倾销税。中国和甲乙两国均为WTO成员国。对此，下列说法正确的是：（2022年仿真题）

A. 商务部可就甲乙两国倾销进口产品对国内产业造成的影响分别调查评估

B. 中国进口经营者如对商务部终局裁定不服，可提起行政诉讼

C. 甲乙两国出口经营者如对反倾销裁定不服，可诉诸WTO争端解决机制解决

D. 对甲乙两国不同出口经营者应按照同一标准征收反倾销税

2. 甲、乙两国均为《解决国家和他国公民间投资争端公约》缔约国。甲国M公司和乙国政府因履行在乙国的投资协议产生纠纷，双方达成书面协议，将争端提交解决国际投资争端中心（以下简称中心）解决。根据相关法律规定，下列说法正确的是：（2022年仿真题）

A. 若乙国政府不履行投资协议，M公司可直接请求甲国政府行使外交保护

B. 被投资国法律不明时，中心可以此为由拒绝作出仲裁裁决

C. 中心应对"投资"的含义进行界定和解释

D. 双方不用尽当地救济就可将争端提交中心解决

2023 年

中国甲公司和法国乙公司签订了国际货物买卖合同，由甲公司出售一批仪器给乙公司，双方选择的贸易术语是FCA（国际贸易术语通则2020）。甲公司在约定地点将仪器交给乙公司指定的承认人，后在运输过程中发生自然灾害，该批仪器推定全损。对此，下列说法错误的是：（2023年仿真题）

A. FCA不可用于多式联运

B. 甲公司有义务为该批仪器办理保险

C. 风险发生后，保险公司应当接受被保险人的委付请求

D. 由于货物已经推定全损，乙公司可以免于支付货款

民事诉讼法与仲裁制度

1. 社会主义法治的价值追求是公平正义，因此必须坚持法律面前人人平等原则。下列哪一民事诉讼基本原则最能体现法律面前人人平等原则的内涵？（2014/3/35，单选）

A. 检察监督原则

B. 诚实信用原则

C. 当事人诉讼权利平等原则

D. 同等原则和对等原则

2. 依法治国要求树立法律权威，依法办事，因此在民事纠纷解决的过程中，各方主体都须遵守法律的规定。下列哪一行为违背了相关法律？（2014/3/36，单选）

A. 法院主动对确有错误的生效调解书启动再审

B. 派出所民警对民事纠纷进行调解

C. 法院为下落不明的被告指定代理人参加调解

D. 人民调解委员会主动调解当事人之间的民间纠纷

3. 根据《民事诉讼法》规定的诚信原则的基本精神，下列哪一选项符合诚信原则？（2014/3/37，单选）

A. 当事人以欺骗的方法形成不正当诉讼状态

B. 证人故意提供虚假证言

C. 法院根据案件审理情况对当事人提供的证据不予采信

D. 法院对当事人提出的证据任意进行取舍或否定

4. 在一起侵权诉讼中，原告申请由其弟袁某（某大学计算机系教授）作为专家辅助人出庭对专业技术问题予以说明。下列哪些表述是正确的？（2014/3/38，已改编，现为多选）

A. 被告以袁某是原告的近亲属为由申请其回避，法院应批准

B. 袁某在庭上的陈述是一种法定证据

C. 被告可对袁某进行询问

D. 袁某出庭的费用，由败诉方当事人承担

5. 关于管辖，下列哪一表述是正确的？（2014/3/39，单选）

A. 军人与非军人之间的民事诉讼，都应由军事法院管辖，体现了专门管辖的原则

B. 中外合资企业与外国公司之间的合同纠纷，应由中国法院管辖，体现了维护司法主权的原则

C. 最高法院通过司法解释授予部分基层法院专利纠纷案件初审管辖权，体现了平衡法院案件负担的原则

D. 不动产纠纷由不动产所在地法院管辖，体现了管辖恒定的原则

6. 赵洪诉陈海返还借款 100 元，法院决定适用小额诉讼程序审理。关于该案的审理，下列哪一选项是错误的？（2014/3/40，单选）

A. 应在开庭审理时先行调解

B. 应开庭审理，但经过赵洪和陈海的书面同意后，可书面审理

C. 应当庭宣判

D. 应一审终审

7. 关于第三人撤销之诉，下列哪一说法是正确的？（2014/3/41，单选）

A. 法院受理第三人撤销之诉后，应中止原裁判的执行

B. 第三人撤销之诉是确认原审裁判错误的确认之诉

C. 第三人撤销之诉由原审法院的上一级法院管辖，但当事人一方人数众多或者双方当事人为公民的案件，应由原审法院管辖

D. 第三人撤销之诉的客体包括生效的民事判决、裁定和调解书

8. 张某诉美国人海斯买卖合同一案，由于海斯在我国无住所，法院无法与其联系，遂要求张某提供双方的电子邮件地址，电子送达了诉讼文书，并在电子邮件中告知双方当事人在收到诉讼文书后予以回复，但开庭之前法院只收到张某的回复，一直未收到海斯的回复。后法院在海斯缺席的情况下，对案件作出判决，驳回张某的诉讼请求，并同样以电子送达的方式送达判决书。关于本案诉讼文书的电子送达，下列哪一做法是合法的？（2014/3/42，单选）

A. 向张某送达举证通知书

B. 向张某送达缺席判决书

C. 向海斯送达举证通知书

D. 向海斯送达缺席判决书

9. 刘某与曹某签订房屋租赁合同，后刘某向法院起诉，要求曹某依约支付租金。曹某向法院提出的下列哪一主张可能构成反诉？（2014/3/43，单选）

A. 刘某的支付租金请求权已经超过诉讼时效

B. 租赁合同无效

C. 自己无支付能力

D. 自己已经支付了租金

10. 甲公司与银行订立了标的额为 8000 万元的贷款合同，甲公司董事长美国人汤姆用自己位于 W 市的三套别墅为甲公司提供抵押担保。贷款到期后甲公司无力归还，银行向法院申请适用特别程序实现对别墅的抵押权。关于本案的分析，下列哪一选项是正确的？（2014/3/44，单选）

A. 由于本案标的金额巨大，且具有涉外因素，银行应向 W 市中院提交书面申请

B. 本案的被申请人只应是债务人甲公司

C. 如果法院经过审查，作出拍卖裁定，可直接移交执行庭进行拍卖

D. 如果法院经过审查，驳回银行申请，银行可就该抵押权益向法院起诉

11. 下列关于证明的哪一表述是正确的？（2014/3/45，单选）

A. 经过公证的书证，其证明力一般大于传来证据和间接证据

B. 经验法则可验证的事实都不需要当事人证明

C. 在法国居住的雷诺委托赵律师代理在我国的民事诉讼，其授权委托书需要经法国公证机关证明，并经我国驻法国使领馆认证后，方发生效力

D. 证明责任是一种不利的后果，会随着诉讼的进行，在当事人之间来回移转

12. 黄某向法院申请支付令，督促陈某返还借款。送达支付令时，陈某拒绝签收，法官遂进行留置送达。12 天后，陈某以已经归还借款为由向法院提起书面异议。黄某表示希望法院彻底解决自己与陈某的借款问题。下列哪一说法是正确的？（2014/3/46，单选）

A. 支付令不能留置送达，法官的送达无效

B. 提出支付令异议的期间是 10 天，陈某的异议不发生效力

C. 陈某的异议并未否认二人之间存在借贷法律关系，因而不影响支付令的效力

D. 法院应将本案转为诉讼程序审理

13. 甲诉乙人身损害赔偿一案，一审法院根据甲的申请，冻结了乙的银行账户，并由李法官独任审理。后甲胜诉，乙提出上诉。二审法院认为一审事实不清，裁定撤销原判，发回重审。关于重审，下列哪一表述是正确的？（2014/3/47，单选）

A. 由于原判已被撤销，一审中的审判行为无效，保全措施也应解除

B. 由于原判已被撤销，一审中的诉讼行为无效，法院必须重新指定举证时限

C. 重审时不能再适用简易程序，应组成合议庭，李法官可作为合议庭成员参加重审

D. 若重审法院判决甲胜诉，乙再次上诉，二审法院认为重审认定的事实依然错误，则只能在查清事实后改判

14. 张某驾车与李某发生碰撞，交警赶到现场后用数码相机拍摄了碰撞情况，后李某提起诉讼，要求张某赔偿损失，并向法院提交了一张光盘，内附交警拍摄的照片。该照片属于下列哪一种证据？（2014/3/48，单选）

A. 书证   B. 鉴定意见

C. 勘验笔录   D. 电子数据

15. 对于甲和乙的借款纠纷，法院判决乙应归还甲借款。进入执行程序后，由于乙无现金，法院扣押了乙住所处的一架钢琴准备拍卖。乙提出钢琴是其父亲的遗物，申请用一台价值与钢琴相当的相机替换钢琴。法院认为相机不足以抵偿乙的债务，未予同意。乙认为扣押行为错误，提出异议。法院经过审查，驳回该异议。关于乙的救济渠道，下列哪一表述是正确的？（2014/3/49，单选）

A. 向执行法院申请复议

B. 向执行法院的上一级法院申请复议

C. 向执行法院提起异议之诉

D. 向原审法院申请再审

16. 万某起诉吴某人身损害赔偿一案，经过两级法院审理，均判决支持万某的诉讼请求，吴某不服，申请再审。再审中万某未出席开庭审理，也未向法院说明理由。对此，法院的下列哪一做法是正确的？（2014/3/50，单选）

A. 裁定撤诉，视为撤回起诉

B. 裁定撤诉，视为撤回再审申请

C. 裁定诉讼中止

D. 缺席判决

17. 甲县的佳华公司与乙县的亿龙公司订立的烟叶买卖合同中约定，如果因为合同履行发生争议，应提交 A 仲裁委员会仲裁。佳华公司交货后，亿龙公司认为烟叶质量与约定不符，且正在霉变，遂准备提起仲裁，并对烟叶进行证据保全。关于本案的证据保全，下列哪些表述是正确的？（2014/3/77，多选）

A. 在仲裁程序启动前，亿龙公司可直接向甲县法院申请证据保全

B. 在仲裁程序启动后，亿龙公司既可直接向甲县法院申请证据保全，也可向 A 仲裁委员会申请证据保全

C. 法院根据亿龙公司申请采取证据保全措施时，可要求其提供担保

D. A 仲裁委员会收到保全申请后，应提交给烟叶所在地的中级法院

18. 根据《民事诉讼法》和相关司法解释的规定，法院的下列哪些做法是违法的？（2014/3/78，多选）

A. 在一起借款纠纷中，原告张海起诉被告李河时，李河居住在甲市 A 区。A 区法院受理案件后，李河搬到甲市 D 区居住，该法院知悉后将案件移送 D 区法院

B. 王丹在乙市 B 区被黄玫打伤，以为黄玫居住乙市 B 区，而向该区法院提起侵权诉讼。乙市 B 区法院受理后，查明黄玫的居住地是乙市 C 区，遂将案件移送乙市 C 区法院

C. 丙省高院规定，本省中院受理诉讼标的额 1000 万元至 5000 万元的财产案件。丙省 E 市中院受理一起标的额为 5005 万元的案件后，向丙省高院报请审理该案

D. 居住地为丁市 H 区的孙溪要求住地为丁市 G 区的赵山依约在丁市 K 区履行合同。后因赵山下落不明，孙溪以赵山为被告向丁市 H 区法院提起违约诉讼，该法院以本院无管辖权为由裁定不予受理

19. 当事人可对某些诉讼事项进行约定，法院应尊重合法有效的约定。关于当事人的约定及其效力，下列哪些表述是错误的？（2014/3/79，多选）

A. 当事人约定"合同是否履行无法证明时，应以甲方主张的事实为准"，法院应根据该约定分配证明责任

B. 当事人在诉讼和解中约定"原告撤诉后不得以相同的事由再次提起诉讼"，法院根据该约定不能再受理原告的起诉

C. 当事人约定"如果起诉，只能适用普通程序"，法院根据该约定不能适用简易程序审理

D. 当事人约定"双方必须亲自参加开庭审理，不得无故缺席"，如果被告委托了代理人参加开庭，自己不参加开庭，法院应根据该约定在对被告两次传唤后对其拘传

20. 就瑞成公司与建华公司的合同纠纷，某省甲市中院作出了终审裁判。建华公司不服，打算启动再审程序。后其向甲市检察院申请检察建议，甲市检察院经过审查，作出驳回申请的决定。关于检察监督，下列哪些表述是正确的？（2014/3/80，多选）

A. 建华公司可在向该省高院申请再审的同时，申请检察建议

B. 在甲市检察院驳回检察建议申请后，建华公司可向该省检察院申请抗诉

C. 甲市检察院在审查检察建议申请过程中，可向建华公司调查核实案情

D. 甲市检察院在审查检察建议申请过程中，可向瑞成公司调查核实案情

21. 根据民事诉讼理论和相关法律法规，关于当事人的表述，下列哪些选项是正确的？（2014/3/81，多选）

A. 依法解散、依法被撤销的法人可以自己的名义作为当事人进行诉讼

B. 被宣告为无行为能力的成年人可以自己的名义作为当事人进行诉讼

C. 不是民事主体的非法人组织依法可以自己的名义作为当事人进行诉讼

D. 中国消费者协会可以自己的名义作为当事人，对侵害众多消费者权益的企业提起公益诉讼

22. 关于民事诉讼程序中的裁判，下列哪些表述是正确的？（2014/3/82，多选）

A. 判决解决民事实体问题，而裁定主要处理案件的程序问题，少数涉及实体问题

B. 判决都必须以书面形式作出，某些裁定可以口头方式作出

C. 一审判决都允许上诉，一审裁定有的允许上诉，有的不能上诉

D. 财产案件的生效判决都有执行力，大多数裁定都没有执行力

23. 关于民事诉讼二审程序的表述，下列哪些选项是正确的？（2014/3/83，多选）

A. 二审既可能因为当事人上诉而发生，也可能因为检察院的抗诉而发生

B. 二审既是事实审，又是法律审

C. 二审调解书应写明撤销原判

D. 二审原则上应开庭审理，特殊情况下可不开庭审理

24. 2012 年 1 月，中国甲市公民李虹（女）与美国留学生琼斯（男）在中国甲市登记结婚，婚后两人一直居住在甲市 B 区。2014 年 2 月，李虹提起离婚诉讼，甲市 B 区法院受理了该案件，适用普通程序审理。关于本案，下列哪些表述是正确的？（2014/3/84，多选）

A. 本案的一审审理期限为 6 个月

B. 法院送达诉讼文书时，对李虹与琼斯可采取同样的方式

C. 不服一审判决，李虹的上诉期为 15 天，琼斯的上诉期为 30 天

D. 美国驻华使馆法律参赞可以个人名义作为琼斯的诉讼代理人参加诉讼

25. 甲诉乙返还 10 万元借款。胜诉后进入执行程序，乙表示自己没有现金，只有一枚祖传玉石可抵债。法院经过调解，说服甲接受玉石抵债，双方达成和解协议并当即交付了玉石。后甲发现此玉石为赝品，价值不足千元，遂申请法院恢复执行。关于执行和解，下列哪些说法是正确的？（2014/3/85，多选）

A. 法院不应在执行中劝说甲接受玉石抵债

B. 由于和解协议已经即时履行，法院无须再将和解协议记入笔录

C. 由于和解协议已经即时履行，法院可裁定执行中止

D. 法院应恢复执行

甲县的葛某和乙县的许某分别拥有位于丙县的云峰公司50%的股份。后由于二人经营理念不合，已连续四年未召开股东会，无法形成股东会决议。许某遂向法院请求解散公司，并在法院受理后申请保全公司的主要资产（位于丁县的一块土地的使用权）。

请回答第26~28题。

26. 关于本案当事人的表述，下列说法正确的是：（2014/3/95，不定项）

A. 许某是原告

B. 葛某是被告

C. 云峰公司可以是无独立请求权第三人

D. 云峰公司可以是有独立请求权第三人

27. 依据法律，对本案享有管辖权的法院是：（2014/3/96，不定项）

A. 甲县法院　　　　B. 乙县法院

C. 丙县法院　　　　D. 丁县法院

28. 关于许某的财产保全申请，下列说法正确的是：（2014/3/97，不定项）

A. 本案是给付之诉，法院可作出保全裁定

B. 本案是变更之诉，法院不可作出保全裁定

C. 许某在申请保全时应提供担保

D. 如果法院认为采取保全措施将影响云峰公司的正常经营，应驳回保全申请

B市的京发公司与T市的蓟门公司签订了一份海鲜买卖合同，约定交货地在T市，并同时约定"涉及本合同的争议，提交S仲裁委员会仲裁。"京发公司收货后，认为海鲜等级未达到合同约定，遂向S仲裁委员会提起解除合同的仲裁申请，仲裁委员会受理了该案。在仲裁规则确定的期限内，京发公司选定仲裁员李某作为本案仲裁庭的仲裁员，蓟门公司未选定仲裁员，双方当事人也未共同选定第三名仲裁员，S仲裁委主任指定张某为本案仲裁庭仲裁员、刘某为本案首席仲裁员，李某、张某、刘某共同组成本案的仲裁庭，仲裁委向双方当事人送达了开庭通知。

开庭当日，蓟门公司未出庭，也未向仲裁庭说明未到庭的理由。仲裁庭对案件进行了审理并作出缺席裁决。在评议裁决结果时，李某和张某均认为蓟门公司存在严重违约行为，合同应解除，而刘某认为合同不应解除，拒绝在裁决书上签名。最终，裁决书上只有李某和张某的签名。

S仲裁委员会将裁决书向双方当事人进行送达时，蓟门公司拒绝签收，后蓟门公司向法院提出撤销仲裁裁决的申请。

请回答第29~31题。

29. 关于本案中仲裁庭组成，下列说法正确的是：（2014/3/98，不定项）

A. 京发公司有权选定李某为本案仲裁员

B. 仲裁委主任有权指定张某为本案仲裁员

C. 仲裁委主任有权指定刘某为首席仲裁员

D. 本案仲裁庭的组成合法

30. 关于本案的裁决书，下列表述正确的是：（2014/3/99，不定项）

A. 裁决书应根据仲裁庭中的多数意见，支持京发公司的请求

B. 裁决书应根据首席仲裁员的意见，驳回京发公司的请求

C. 裁决书可支持京发公司的请求，但必须有首席仲裁员的签名

D. 无论蓟门公司是否签收，裁决书自作出之日起生效

31. 关于蓟门公司撤销仲裁裁决的申请，下列表述正确的是：（2014/3/100，不定项）

A. 蓟门公司应向S仲裁委所在地中院提出申请

B. 法院应适用普通程序审理该撤销申请

C. 法院可以适用法律错误为由撤销S仲裁委的裁决

D. 法院应以缺席裁决违反法定程序为由撤销S仲裁委的裁决

2015 年

1. 某品牌手机生产商在手机出厂前预装众多程序，大幅侵占标明内存，某省消费者保护协会以侵害消费者知情权为由提起公益诉讼，法院受理了该案。下列哪一说法是正确的？（2015/3/35，单选）

A. 本案应当由侵权行为地或者被告住所地中级法院管辖

B. 本案原告没有撤诉权

C. 本案当事人不可以和解，法院也不可以调解

D. 因该案已受理，购买该品牌手机的消费者甲若以前述理由诉请赔偿，法院不予受理

2. 某区法院审理原告许某与被告某饭店食物中毒纠纷一案。庭前，法院书面告知许某合议庭由审判员甲、乙和人民陪审员丙组成时，许某未提出回避申请。开庭后，许某始知人民陪审员丙与被告法定代表人是亲兄弟，遂提出回避申请。关于本案的回避，下列哪一说法是正确的？（2015/3/36，单选）

A. 许某可在知道丙与被告法定代表人是亲兄弟时提出回避申请

B. 法院对回避申请作出决定前，丙不停止参与本案审理

C. 应由审判长决定丙是否应回避

D. 法院作出回避决定后，许某可对此提出上诉

3. 李某驾车不慎追尾撞坏刘某轿车，刘某向法院起诉要求李某将车修好。在诉讼过程中，刘某变更诉讼请求，要求李某赔偿损失并赔礼道歉。针对本案的诉讼请求变更，下列哪一说法是正确的？（2015/3/37，单选）

A. 该诉的诉讼标的同时发生变更

B. 法院应依法不允许刘某变更诉讼请求

C. 该诉成为变更之诉

D. 该诉仍属给付之诉

4. 赵某与刘某将共有商铺出租给陈某。刘某瞒着赵某，与陈某签订房屋买卖合同，将商铺转让给陈某，后因该合同履行发生纠纷，刘某将陈某诉至法院。赵某得知后，坚决不同意刘某将商铺让与陈某。关于本案相关人的诉讼地位，下列哪一说法是正确的？（2015/3/38，单选）

A. 法院应依职权追加赵某为共同原告

B. 赵某应以刘某侵权起诉，陈某为无独立请求权第三人

C. 赵某应作为无独立请求权第三人

D. 赵某应作为有独立请求权第三人

5. 徐某开设打印设计中心并以自己名义登记领取了个体工商户营业执照，该中心未起字号。不久，徐某应征入伍，将该中心转让给同学李某经营，未办理工商变更登记。后该中心承接广告公司业务，款项已收却未能按期交货，遭广告公司起诉。下列哪一选项是本案的适格被告？（2015/3/39，单选）

A. 李某

B. 李某和徐某

C. 李某和该中心

D. 李某、徐某和该中心

6. 下列哪一情形可以产生自认的法律后果？（2015/3/40，单选）

A. 被告在答辩状中对原告主张的事实予以承认

B. 被告在诉讼调解过程中对原告主张的事实予以承认，但该调解最终未能成功

C. 被告认可其与原告存在收养关系

D. 被告承认原告主张的事实，但事实与法院查明的事实不符

7. 张兄与张弟因遗产纠纷诉至法院，一审判决张兄胜诉。张弟不服，却在赴法院提交上诉状的路上被撞昏迷，待其经抢救苏醒时已超过上诉期限一天。对此，下列哪一说法是正确的？（2015/3/41，单选）

A. 法律上没有途径可对张弟上诉权予以补救

B. 因意外事故耽误上诉期限，法院应依职权决定顺延期限

C. 张弟可在清醒后 10 日内，申请顺延期限，是否准许，由法院决定

D. 上诉期限为法定期间，张弟提出顺延期限，法院不应准许

8. 关于法院制作的调解书，下列哪一说法是正确的？（2015/3/42，单选）

A. 经法院调解，老李和小李维持收养关系，可不制作调解书

B. 某夫妻解除婚姻关系的调解书生效后，一方以违反自愿为由可申请再审

C. 检察院对调解书的监督方式只能是提出检察建议

D. 执行过程中，达成和解协议的，法院可根据当事人的要求制作成调解书

9. 甲县法院受理居住在乙县的成某诉居住在甲县的罗某借款纠纷案。诉讼过程中，成某出差归途所乘航班失踪，经全力寻找仍无成某生存的任何信息，主管方宣布机上乘客不可能生还，成妻遂向乙县法院申请宣告成某死亡。对此，下列哪一说法是正确的？（2015/3/43，单选）

A. 乙县法院应当将宣告死亡案移送至甲县法院审理

B. 借款纠纷案与宣告死亡案应当合并审理

C. 甲县法院应当裁定中止诉讼

D. 甲县法院应当裁定终结诉讼

10. 齐远、张红是夫妻，因感情破裂诉至法院离婚，提出解除婚姻关系、子女抚养、住房分割等诉讼请求。一审判决准予离婚并对子女抚养问题作出判决。齐远不同意离婚提出上诉。二审中，张红增加诉讼请求，要求分割诉讼期间齐远继承其父的遗产。下列哪一说法是正确的？（2015/3/44，单选）

A. 一审漏判的住房分割诉讼请求，二审可调解，调解不成，发回重审

B. 二审增加的遗产分割诉讼请求，二审可调解，调解不成，发回重审

C. 住房和遗产分割的两个诉讼请求，二审可合并调解，也可一并发回重审

D. 住房和遗产分割的两个诉讼请求，经当事人同意，二审法院可一并裁判

11. 李云将房屋出售给王亮，后因合同履行发生争议，经双方住所地人民调解委员会调解，双方达成调解协议，明确王亮付清房款后，房屋的所有权归属王亮。为确保调解协议的效力，双方约定向法院提出司法确认申请，李云随即长期出差在外。下列哪一说法是正确的？（2015/3/45，单选）

A. 本案系不动产交易，应向房屋所在地法院提出司法确认申请

B. 李云长期出差在外，王亮向法院提出确认申请，法院可受理

C. 李云出差两个月后，双方向法院提出确认申请，法院可受理

D. 本案的调解协议内容涉及物权确权，法院不予受理

12. 周立诉孙华人身损害赔偿案，一审法院适用简易程序审理，电话通知双方当事人开庭，孙华无故未到庭，法院缺席判决孙华承担赔偿周立医疗费。判决书生效后，周立申请强制执行，执行程序开始，孙华向一审法院提出再审申请。法院裁定再审，未裁定中止原判决的执行。关于本案，下列哪一说法是正确

的？（2015/3/46，单选）

　　A. 法院电话通知当事人开庭是错误的

　　B. 孙华以法院未传票通知其开庭即缺席判决为由，提出再审申请是符合法律规定的

　　C. 孙华应向二审法院提出再审申请，而不可向原一审法院申请再审

　　D. 法院裁定再审，未裁定中止原判决的执行是错误的

　　13. 甲向乙借款 20 万元，丙是甲的担保人，现已到偿还期限，经多次催讨未果，乙向法院申请支付令。法院受理并审查后，向甲送达支付令。甲在法定期间未提出异议，但以借款不成立为由向另一法院提起诉讼。关于本案，下列哪一说法是正确的？（2015/3/47，单选）

　　A. 甲向另一法院提起诉讼，视为对支付令提出异议

　　B. 甲向另一法院提起诉讼，法院应裁定终结督促程序

　　C. 甲在法定期间未提出书面异议，不影响支付令效力

　　D. 法院发出的支付令，对丙具有拘束力

　　14. 张丽因与王旭感情不和，长期分居，向法院起诉要求离婚。法院向王旭送达应诉通知书，发现王旭已于张丽起诉前因意外事故死亡。关于本案，法院应作出下列哪一裁判？（2015/3/48，单选）

　　A. 诉讼终结的裁定

　　B. 驳回起诉的裁定

　　C. 不予受理的裁定

　　D. 驳回诉讼请求的判决

　　15. 甲乙双方合同纠纷，经仲裁裁决，乙须偿付甲货款 100 万元，利息 5 万元，分 5 期偿还。乙未履行该裁决。甲据此向法院申请执行，在执行过程中，双方达成和解协议，约定乙一次性支付货款 100 万元，甲放弃利息 5 万元并撤回执行申请。和解协议生效后，乙反悔，未履行和解协议。关于本案，下列哪些说法是正确的？（2015/3/49，已改编，现为多选）

　　A. 对甲撤回执行的申请，法院裁定中止执行

　　B. 甲可向法院申请执行和解协议

　　C. 甲可以乙违反和解协议为由提起诉讼

　　D. 甲可向法院申请执行原仲裁裁决，法院恢复执行

　　16. 大成公司与华泰公司签订投资合同，约定了仲裁条款：如因合同效力和合同履行发生争议，由 A 仲裁委员会仲裁。合作中双方发生争议，大成公司遂向 A 仲裁委员会提出仲裁申请，要求确认投资合同无效。A 仲裁委员会受理。华泰公司提交答辩书称，如合同无效，仲裁条款当然无效，故 A 仲裁委员会无权受理本案。随即，华泰公司向法院申请确认仲裁协议无效，大成公司见状，向 A 仲裁委员会提出请求确认仲裁协议有效。关于本案，下列哪一说法是正确的？（2015/3/50，单选）

　　A. A 仲裁委员会无权确认投资合同是否有效

　　B. 投资合同无效，仲裁条款即无效

　　C. 仲裁条款是否有效，应由法院作出裁定

　　D. 仲裁条款是否有效，应由 A 仲裁委员会作出决定

　　17. 根据《民事诉讼法》相关司法解释，下列哪些法院对专利纠纷案件享有管辖权？（2015/3/77，多选）

　　A. 知识产权法院

　　B. 所有的中级法院

　　C. 最高法院确定的中级法院

　　D. 最高法院确定的基层法院

　　18. 律师作为委托诉讼代理人参加诉讼，应向法院提交下列哪些材料？（2015/3/78，多选）

　　A. 律师所在的律师事务所与当事人签订的协议书

　　B. 当事人的授权委托书

　　C. 律师的执业证

　　D. 律师事务所的证明

　　19. 张志军与邻居王昌因琐事发生争吵并相互殴打，之后，张志军诉至法院要求王昌赔偿医药费等损失共计 3000 元。在举证期限届满前，张志军向法院申请事发时在场的方强（26 岁）、路芳（30 岁）、蒋勇（13 岁）出庭作证，法院准其请求。开庭时，法院要求上列证人签署保证书，方强签署了保证书，路芳拒签保证书，蒋勇未签署保证书。法院因此允许方强、蒋勇出庭作证，未允许路芳出庭作证。张志军在开庭时向法院提供了路芳的书面证言，法院对该证言不同意组织质证。关于本案，法院的下列哪些做法是合法的？（2015/3/79，多选）

　　A. 批准张志军要求事发时在场人员出庭作证的申请

　　B. 允许蒋勇出庭作证

　　C. 不允许路芳出庭作证

　　D. 对路芳的证言不同意组织质证

　　20. 李根诉刘江借款纠纷一案在法院审理，李根申请财产保全，要求法院扣押刘江向某小额贷款公司贷款时质押给该公司的两块名表。法院批准了该申请，并在没有征得该公司同意的情况下采取保全措施。对此，下列哪些选项是错误的？（2015/3/80，多选）

　　A. 一般情况下，某小额贷款公司保管的两块名表应交由法院保管

　　B. 某小额贷款公司因法院采取保全措施而丧失了对两块名表的质权

　　C. 某小额贷款公司因法院采取保全措施而丧失了对两块名表的优先受偿权

　　D. 法院可以不经某小额贷款公司同意对其保管的两块名表采取保全措施

　　21. 甲公司生产的"晴天牌"空气清新器销量占据市场第一，乙公司见状，将自己生产的同类型产品

注册成"清天牌",并全面仿照甲公司产品,使消费者难以区分。为此,甲公司欲起诉乙公司侵权,同时拟申请诉前禁令,禁止乙公司销售该产品。关于诉前保全,下列哪些选项是正确的?（2015/3/81,多选）

A. 甲公司可向有管辖权的法院申请采取保全措施,并应当提供担保

B. 甲公司可向被申请人住所地法院申请采取保全措施,法院受理后,须在 48 小时内作出裁定

C. 甲公司可向有管辖权的法院申请采取保全措施,并应当在 30 天内起诉

D. 甲公司如未在规定期限内起诉,保全措施自动解除

22. 章俊诉李泳借款纠纷案在某县法院适用简易程序审理。县法院判决后,章俊上诉,二审法院以事实不清为由发回重审。县法院征得当事人同意后,适用简易程序重审此案。在答辩期间,李泳提出管辖权异议,县法院不予审查。案件开庭前,章俊增加了诉讼请求,李泳提出反诉,县法院受理了章俊提出的增加诉讼请求,但以重审不可提出反诉为由拒绝受理李泳的反诉。关于本案,该县法院的下列哪些做法是正确的?（2015/3/82,多选）

A. 征得当事人同意后,适用简易程序重审此案

B. 对李泳提出的管辖权异议不予审查

C. 受理章俊提出的增加诉讼请求

D. 拒绝受理李泳的反诉

23. 郑飞诉万雷侵权纠纷一案,虽不属于事实清楚、权利义务关系明确、争议不大的案件,但双方当事人约定适用简易程序进行审理,法院同意并以电子邮件的方式向双方当事人通知了开庭时间（双方当事人均未回复）。开庭时被告万雷无正当理由不到庭,法院作出了缺席判决。送达判决书时法院通过各种方式均未联系上万雷,遂采取了公告送达方式送达了判决书。对此,法院下列的哪些行为是违法的?（2015/3/83,多选）

A. 同意双方当事人的约定,适用简易程序对案件进行审理

B. 以电子邮件的方式向双方当事人通知开庭时间

C. 作出缺席判决

D. 采取公告方式送达判决书

24. 甲公司财务室被盗,遗失金额为 80 万元的汇票一张。甲公司向法院申请公示催告,法院受理后即通知支付人 A 银行停止支付,并发出公告,催促利害关系人申报权利。在公示催告期间,甲公司按原计划与材料供应商乙企业签订购货合同,将该汇票权利转让给乙企业作为付款。公告期满,无人申报,法院即组成合议庭作出判决,宣告该汇票无效。关于本案,下列哪些说法是正确的?（2015/3/85,多选）

A. A 银行应当停止支付,直至公示催告程序终结

B. 甲公司将该汇票权利转让给乙企业的行为有效

C. 甲公司若未提出申请,法院可以作出宣告该汇票无效的判决

D. 法院若判决宣告汇票无效,应当组成合议庭

主要办事机构在 A 县的五环公司与主要办事机构在 B 县的四海公司于 C 县签订购货合同,约定:货物交付地在 D 县;若合同的履行发生争议,由原告所在地或者合同签订地的基层法院管辖。现五环公司起诉要求四海公司支付货款。四海公司辩称已将货款交给五环公司业务员付某。五环公司承认付某是本公司业务员,但认为其无权代理本公司收取货款,且付某也没有将四海公司声称的货款交给本公司。四海公司向法庭出示了盖有五环公司印章的授权委托书,证明付某有权代理五环公司收取货款,但五环公司对该授权书的真实性不予认可。根据案情,法院依当事人的申请通知付某参加（参与）了诉讼。

请回答第 25~27 题。

25. 对本案享有管辖权的法院包括:（2015/3/95,不定项）

A. A 县法院　　　　　B. B 县法院

C. C 县法院　　　　　D. D 县法院

26. 本案需要由四海公司承担证明责任的事实包括:（2015/3/96,不定项）

A. 四海公司已经将货款交付给了五环公司业务员付某

B. 付某是五环公司业务员

C. 五环公司授权付某代理收取货款

D. 付某将收取的货款交到五环公司

27. 根据案情和法律规定,付某参加（参与）诉讼,在诉讼中所居地位是:（2015/3/97,不定项）

A. 共同原告

B. 共同被告

C. 无独立请求权第三人

D. 证人

张山承租林海的商铺经营饭店,因拖欠房租被诉至饭店所在地甲法院,法院判决张山偿付林海房租及利息,张山未履行判决。经律师调查发现,张山除所居住房以外,其名下另有一套房屋,林海遂向该房屋所在地乙法院申请执行。乙法院对该套房屋进行查封拍卖。执行过程中,张山前妻宁虹向乙法院提出书面异议,称两人离婚后该房屋已由丙法院判决归其所有,目前尚未办理房屋变更登记手续。

请回答第 28~30 题。

28. 对于宁虹的异议,乙法院的正确处理是:（2015/3/98,不定项）

A. 应当自收到异议之日起 15 日内审查

B. 若异议理由成立,裁定撤销对该房屋的执行

C. 若异议理由不成立,裁定驳回

D. 应当告知宁虹直接另案起诉

29. 如乙法院裁定支持宁虹的请求，林海不服提出执行异议之诉，有关当事人的诉讼地位是：（2015/3/99，不定项）

A. 林海是原告，张山是被告，宁虹是第三人

B. 林海和张山是共同原告，宁虹是被告

C. 林海是原告，张山和宁虹是共同被告

D. 林海是原告，宁虹是被告，张山视其态度而定

30. 乙法院裁定支持宁虹的请求，林海提出执行异议之诉，下列说法可成立的是：（2015/3/100，不定项）

A. 林海可向甲法院提起执行异议之诉

B. 如乙法院审理该案，应适用普通程序

C. 宁虹应对自己享有涉案房屋所有权承担证明责任

D. 如林海未对执行异议裁定提出诉讼，张山可以提出执行异议之诉

2016 年

1. 不同的审判程序，审判组织的组成往往是不同的。关于审判组织的适用，下列哪一选项是正确的？（2016/3/35，单选）

A. 适用简易程序审理的案件，当事人不服一审判决上诉后发回重审的，可由审判员独任审判

B. 适用简易程序审理的案件，判决生效后启动再审程序进行再审的，可由审判员独任审判

C. 适用普通程序审理的案件，当事人双方同意，经上级法院批准，可由审判员独任审判

D. 适用选民资格案件审理程序的案件，应组成合议庭审理，而且只能由审判员组成合议庭

2. 精神病人姜某冲入向阳幼儿园将入托的小明打伤，小明的父母与姜某的监护人朱某及向阳幼儿园协商赔偿事宜无果，拟向法院提起诉讼。关于本案当事人的确定，下列哪一选项是正确的？（2016/3/36，单选）

A. 姜某是被告，朱某是无独立请求权第三人

B. 姜某与朱某是共同被告，向阳幼儿园是无独立请求权第三人

C. 向阳幼儿园与姜某是共同被告

D. 姜某、朱某、向阳幼儿园是共同被告

3. 小桐是由菲特公司派遣到苏拉公司工作的人员，在一次完成苏拉公司分配的工作任务时，失误造成路人周某受伤，因赔偿问题周某起诉至法院。关于本案被告的确定，下列哪一选项是正确的？（2016/3/37，单选）

A. 起诉苏拉公司时，应追加菲特公司为共同被告

B. 起诉苏拉公司时，应追加菲特公司为无独立请求权第三人

C. 起诉菲特公司时，应追加苏拉公司为共同被告

D. 起诉菲特公司时，应追加苏拉公司为无独立请求权第三人

4. 丁一诉弟弟丁二继承纠纷一案，在一审中，妹妹丁爽向法院递交诉状，主张应由自己继承系争的遗产，并向法院提供了父亲生前所立的其过世后遗产全部由丁爽继承的遗嘱。法院予以合并审理，开庭审理前，丁一表示撤回起诉，丁二认为该遗嘱是伪造的，要求继续进行诉讼。法院裁定准予丁一撤诉后，在程序上，下列哪一项是正确的？（2016/3/38，单选）

A. 丁爽为另案原告，丁二为另案被告，诉讼继续进行

B. 丁爽为另案原告，丁一、丁二为另案被告，诉讼继续进行

C. 丁一、丁爽为另案原告，丁二为另案被告，诉讼继续进行

D. 丁爽、丁二为另案原告，丁一为另案被告，诉讼继续进行

5. 战某打电话向牟某借款 5 万元，并发短信提供账号，牟某当日即转款。之后，因战某拒不还款，牟某起诉要求战某偿还借款。在诉讼中，战某否认向牟某借款的事实，主张牟某转的款是为偿还之前向自己借的款，并向法院提交了证据；牟某也向法院提供了一些证据，以证明战某向其借款 5 万元的事实。关于这些证据的种类和类别的确定，下列哪一选项是正确的？（2016/3/39，单选）

A. 牟某提供的银行转账凭证属于书证，该证据对借款事实而言是直接证据

B. 牟某提供的记载战某表示要向其借款 5 万元的手机短信属于电子数据，该证据对借款事实而言是间接证据

C. 牟某提供的记载战某表示要向其借款 5 万元的手机通话录音属于电子数据，该证据对借款事实而言是直接证据

D. 战某提供一份牟某书写的向其借款 10 万元的借条复印件，该证据对牟某主张战某借款的事实而言属于反证

6. 刘月购买甲公司的化肥，使用后农作物生长异常。刘月向法院起诉，要求甲公司退款并赔偿损失。诉讼中甲公司否认刘月的损失是因其出售的化肥质量问题造成的，刘月向法院提供了本村吴某起诉甲公司损害赔偿案件的判决书，以证明甲公司出售的化肥有质量问题且与其所受损害有因果关系。关于本案刘月所受损害与使用甲公司化肥因果关系的证明责任分配，下列哪一选项是正确的？（2016/3/40，单选）

A. 应由刘月负担有因果关系的证明责任

B. 应由甲公司负担无因果关系的证明责任

C. 应由法院依职权裁量分配证明责任

D. 应由双方当事人协商分担证明责任

7. 李某起诉王某要求返还 10 万元借款并支付利息 5000 元，并向法院提交了王某亲笔书写的借条。王某辩称，已还 2 万元，李某还出具了收条，但李某并未在法院要求的时间内提交证据。法院一审判决王某返还李某 10 万元并支付 5000 元利息，王某不服提起上诉，并称一审期间未找到收条，现找到了并提交法院。关于王某迟延提交收条的法律后果，下列哪一选项是正确的？（2016/3/41，单选）

A. 因不属于新证据，法院不予采纳

B. 法院应采纳该证据，并对王某进行训诫

C. 如果李某同意，法院可以采纳该证据

D. 法院应当责令王某说明理由，视情况决定是否采纳该证据

8. 甲公司因合同纠纷向法院提起诉讼，要求乙公司支付货款 280 万元。在法院的主持下，双方达成调解协议。协议约定：乙公司在调解书生效后 10 日内支付 280 万元本金，另支付利息 5 万元。为保证协议履行，双方约定由丙公司为乙公司提供担保，丙公司同意。法院据此制作调解书送达各方，但丙公司反悔拒绝签收。关于本案，下列哪一选项是正确的？（2016/3/42，单选）

A. 调解协议内容尽管超出了当事人诉讼请求，但仍具有合法性

B. 丙公司反悔拒绝签收调解书，法院可以采取留置送达

C. 因丙公司反悔，调解书对其没有效力，但对甲公司、乙公司仍具有约束力

D. 因丙公司反悔，法院应当及时作出判决

9. 李某与温某之间债权债务纠纷经甲市 M 区法院审理作出一审判决，要求温某在判决生效后 15 日内偿还对李某的欠款。双方均未提起上诉。判决履行期内，李某发现温某正在转移财产，温某位于甲市 N 区有可供执行的房屋一套，故欲申请法院对该房屋采取保全措施。关于本案，下列哪一选项是正确的？（2016/3/43，单选）

A. 此时案件已经审理结束且未进入执行阶段，李某不能申请法院采取保全措施

B. 李某只能向作出判决的甲市 M 区法院申请保全

C. 李某可向甲市 M 区法院或甲市 N 区法院申请保全

D. 李某申请保全后，其在生效判决书指定的履行期间届满后 15 日内不申请执行的，法院应当解除保全措施

10. 甲、乙、丙诉丁遗产继承纠纷一案，甲不服法院作出的一审判决，认为分配给丙和丁的遗产份额过多，提起上诉。关于本案二审当事人诉讼地位的确定，下列哪一选项是正确的？（2016/3/44，单选）

A. 甲是上诉人，乙、丙、丁是被上诉人

B. 甲、乙是上诉人，丙、丁是被上诉人

C. 甲、乙、丙是上诉人，丁为被上诉人

D. 甲是上诉人，乙为原审原告，丙、丁为被上诉人

11. 甲公司诉乙公司买卖合同纠纷一案，法院判决乙公司败诉并承担违约责任，乙公司不服提起上诉。在二审中，甲公司与乙公司达成和解协议，并约定双方均将提之诉予以撤回。关于两个公司的撤诉申请，下列哪一说法是正确的？（2016/3/45，单选）

A. 应当裁定准许双方当事人的撤诉申请，并裁定撤销一审判决

B. 应当裁定准许乙公司撤回上诉，不准许甲公司撤回起诉

C. 不应准许双方撤诉，应依双方和解协议制作调解书

D. 不应准许双方撤诉，应依双方和解协议制作判决书

12. 某死亡赔偿案件，二审法院在将判决书送达当事人签收后，发现其中死亡赔偿金计算错误（数学上的错误），导致总金额少了 7 万余元。关于二审法院如何纠正，下列哪一选项是正确的？（2016/3/46，单选）

A. 应当通过审判监督程序，重新制作判决书

B. 直接作出改正原判决的新判决书并送达双方当事人

C. 作出裁定书予以补正

D. 报请上级法院批准后作出裁定予以补正

13. 王某诉赵某借款纠纷一案，法院一审判决赵某偿还王某债务，赵某不服，提出上诉。二审期间，案外人李某表示，愿以自己的轿车为赵某偿还债务提供担保。三人就此达成书面和解协议后，赵某撤回上诉，法院准许。一个月后，赵某反悔并不履行和解协议。关于王某实现债权，下列哪一选项是正确的？（2016/3/47，单选）

A. 依和解协议对赵某向法院申请强制执行

B. 依和解协议对赵某、李某向法院申请强制执行

C. 依一审判决对赵某向法院申请强制执行

D. 依一审判决与和解协议对赵某、李某向法院申请强制执行

14. 甲向法院申请执行郭某的财产，乙、丙和丁向法院申请参与分配，法院根据郭某财产以及各执行申请人债权状况制定了财产分配方案。甲和乙认为分配方案不合理，向法院提出了异议，法院根据甲和乙的意见，对分配方案进行修正后，丙和丁均反对。关于本案，下列哪一表述是正确的？（2016/3/48，单选）

A. 丙、丁应向执行法院的上一级法院申请复议

B. 甲、乙应向执行法院的上一级法院申请复议

C. 丙、丁应以甲和乙为被告向执行法院提起诉讼

D. 甲、乙应以丙和丁为被告向执行法院提起诉讼

15. 何某依法院生效判决向法院申请执行甲的财产，在执行过程中，甲突发疾病猝死。法院询问甲的

继承人是否继承遗产，甲的继承人乙表示继承，其他继承人均表示放弃继承。关于该案执行程序，下列哪一选项是正确的？（2016/3/49，单选）

A. 应裁定延期执行

B. 应直接执行被执行人甲的遗产

C. 应裁定变更乙为被执行人

D. 应裁定变更甲的全部继承人为被执行人

16. 甲公司与乙公司因合同纠纷向某仲裁委员会申请仲裁，第一次开庭后，甲公司的代理律师发现合议庭首席仲裁员苏某与乙公司的老总汪某在一起吃饭，遂向仲裁庭提出回避申请。关于本案仲裁程序，下列哪一选项是正确的？（2016/3/50，单选）

A. 苏某的回避应由仲裁委员会集体决定

B. 苏某回避后，合议庭应重新组成

C. 已经进行的仲裁程序应继续进行

D. 当事人可请求已进行的仲裁程序重新进行

17. A市东区居民朱某（男）与A市西县刘某结婚，婚后双方住A市东区。一年后，公司安排刘某赴A市南县分公司工作。三年之后，因感情不和朱某向A市东区法院起诉离婚。东区法院受理后，发现刘某经常居住地在南县，其对该案无管辖权，遂裁定将案件移送南县法院。南县法院收到案件后，认为无管辖权，将案件移送刘某户籍所在地西县法院。西县法院收到案件后也认为无管辖权。关于本案的管辖问题，下列哪些说法是正确的？（2016/3/77，多选）

A. 东区法院有管辖权

B. 南县法院有管辖权

C. 西县法院有管辖权

D. 西县法院认为自己没有管辖权，应当裁定移送有管辖权的法院

18. 法院受理案件后，被告提出管辖异议，依据法律和司法解释规定，其可以采取下列哪些救济措施？（2016/3/78，多选）

A. 向受诉法院提出管辖权异议，要求受诉法院对管辖权的归属进行审查

B. 向受诉法院的上级法院提出异议，要求上级法院对案件的管辖权进行审查

C. 在法院对管辖异议驳回的情况下，可以对该裁定提起上诉

D. 在法院对案件审理终结后，可以以管辖错误作为法定理由申请再审

19. 程某诉刘某借款诉讼过程中，程某将对刘某因该借款而形成的债权转让给了谢某。依据相关规定，下列哪些选项是正确的？（2016/3/79，多选）

A. 如程某撤诉，法院可以准许其撤诉

B. 如谢某申请以无独立请求权第三人身份参加诉讼，法院可予以准许

C. 如谢某申请替代程某诉讼地位的，法院可以根据案件的具体情况决定是否准许

D. 如法院不予准许谢某申请替代程某诉讼地位的，可以追加谢某为无独立请求权的第三人

20. 哥哥王文诉弟弟王武遗产继承一案，王文向法院提交了一份其父生前关于遗产分配方案的遗嘱复印件，遗嘱中有"本遗嘱的原件由王武负责保管"字样，并有王武的签名。王文在举证责任期间书面申请法院责令王武提交遗嘱原件，法院通知王武提交，但王武无正当理由拒绝提交。在此情况下，依据相关规定，下列哪些行为是合法的？（2016/3/80，多选）

A. 王文可只向法院提交遗嘱的复印件

B. 法院可依法对王武进行拘留

C. 法院可认定王文所主张的该遗嘱能证明的事实为真实

D. 法院可根据王武的行为而判决支持王文的各项诉讼请求

21. 李某诉谭某返还借款一案，M市N区法院按照小额诉讼案件进行审理，判决谭某返还借款。判决生效后，谭某认为借款数额远高于法律规定的小额案件的数额，不应按小额案件审理，遂向法院申请再审。法院经审查，裁定予以再审。关于该案再审程序适用，下列哪些选项是正确的？（2016/3/81，多选）

A. 谭某应当向M市中级法院申请再审

B. 法院应当组成合议庭审理

C. 对作出的再审判决当事人可以上诉

D. 作出的再审判决仍实行一审终审

22. 单某将八成新手机以4000元的价格卖给卢某，双方约定：手机交付卢某，卢某先付款1000元，待试用一周没有问题后再付3000元。但试用期满卢某并未按约定支付余款，多次催款无果后单某向M法院申请支付令。M法院经审查后向卢某发出支付令，但卢某拒绝签收，法院采取了留置送达。20天后，卢某向N法院起诉，以手机有质量问题要求解除与单某的买卖合同，并要求单某退还1000元付款。根据本案，下列哪些选项是正确的？（2016/3/82，多选）

A. 卢某拒绝签收支付令，M法院采取留置送达是正确的

B. 单某可以依支付令向法院申请强制执行

C. 因卢某向N法院提起了诉讼，支付令当然失效

D. 因卢某向N法院提起了诉讼，M法院应当裁定终结督促程序

23. 大界公司就其遗失的一张汇票向法院申请公示催告，法院经审查受理案件并发布公告。在公告期间，盘堂公司持被公示催告的汇票向法院申报权利。对于盘堂公司的权利申报，法院实施的下列哪些行为是正确的？（2016/3/83，多选）

A. 应当通知大界公司到法院查看盘堂公司提交的汇票

B. 若盘堂公司出具的汇票与大界公司申请公示的汇票一致，则应当开庭审理

C. 若盘堂公司出具的汇票与大界公司申请公示的汇票不一致，则应当驳回盘堂公司的申请

D. 应当责令盘堂公司提供证明其对出示的汇票享有所有权的证据

24. 田某拒不履行法院令其迁出钟某房屋的判决，因钟某已与他人签订租房合同，房屋无法交给承租人，使钟某遭受损失，钟某无奈之下向法院申请强制执行。法院受理后，责令田某15日内迁出房屋，但田某仍拒不履行。关于法院对田某可以采取的强制执行措施，下列哪些选项是正确的？（2016/3/84，多选）

A. 罚款

B. 责令田某向钟某赔礼道歉

C. 责令田某双倍补偿钟某所受到的损失

D. 责令田某加倍支付以钟某所受损失为基数的同期银行利息

25. 达善公司因合同纠纷向甲市A区法院起诉美国芙泽公司，经法院调解双方达成调解协议。关于本案的处理，下列哪些选项是正确的？（2016/3/85，多选）

A. 法院应当制作调解书

B. 法院调解书送达双方当事人后即发生法律效力

C. 当事人要求根据调解协议制作判决书的，法院应当予以准许

D. 法院可以将调解协议记入笔录，由双方签字即发生法律效力

住所地在H省K市L区的甲公司与住所地在F省E市D区的乙公司签订了一份钢材买卖合同，价款数额为90万元。合同在B市C区签订，双方约定合同履行地为W省Z市Y区，同时约定如因合同履行发生争议，由B市仲裁委员会仲裁。合同履行过程中，因钢材质量问题，甲公司与乙公司发生争议，甲公司欲申请仲裁解决。因B市有两个仲裁机构，分别为丙仲裁委员会和丁仲裁委员会（两个仲裁委员会所在地都在B市C区），乙公司认为合同中的仲裁条款无效，欲向有关机构申请确认仲裁条款无效。

请回答第26~28题。

26. 依据法律和司法解释的规定，乙公司可以向有关机构申请确认仲裁条款无效。关于确认的机构，下列选项正确的是：（2016/3/95，不定项）

A. 丙仲裁委员会　　B. 丁仲裁委员会

C. B市中级法院　　D. B市C区法院

27. 如相关机构确认仲裁条款无效，甲公司欲与乙公司达成协议，确定案件的管辖法院。关于双方可以协议选择的管辖法院，下列选项正确的是：（2016/3/96，不定项）

A. H省K市L区法院　B. F省E市D区法院

C. B市C区法院　　　D. W省Z市Y区法院

28. 如仲裁条款被确认无效，甲公司与乙公司又无法达成新的协议，甲公司欲向法院起诉乙公司。关

于对本案享有管辖权的法院，下列选项正确的是：（2016/3/97，不定项）

A. H省K市L区法院　B. F省E市D区法院

C. W省Z市Y区法院　D. B市C区法院

甲市L区居民叶某购买了住所在乙市M区的大亿公司开发的位于丙市N区的商品房一套，合同中约定双方因履行合同发生争议可以向位于丙市的仲裁委员会（丙市仅有一家仲裁机构）申请仲裁。因大亿公司迟迟未按合同约定交付房屋，叶某向仲裁委员会申请仲裁。大亿公司以仲裁机构约定不明，向仲裁委员会申请确认仲裁协议无效。经审查，仲裁委员会作出了仲裁协议有效的决定。在第一次仲裁开庭时，大亿公司声称其又向丙市中级法院请求确认仲裁协议无效，申请仲裁庭中止案件审理。在仲裁过程中仲裁庭组织调解，双方达成了调解协议，仲裁庭根据协议内容制作了裁决书。后因大亿公司不按调解协议履行义务，叶某向法院申请强制执行，而大亿公司则以调解协议内容超出仲裁请求为由，向法院申请不予执行仲裁裁决。

请回答第29~31题。

29. 大亿公司向丙市中级法院请求确认仲裁协议无效，对此，正确的做法是：（2016/3/98，不定项）

A. 丙市中级法院应予受理并进行审查

B. 丙市中级法院不予受理

C. 仲裁庭在法院就仲裁协议效力作出裁定之前，应当中止仲裁程序

D. 仲裁庭应继续开庭审理

30. 双方当事人在仲裁过程中达成调解协议，仲裁庭正确的结案方式是：（2016/3/99，不定项）

A. 根据调解协议制作调解书

B. 应当依据调解协议制作裁决书

C. 将调解协议内容记入笔录，由双方当事人签字后即发生法律效力

D. 根据调解协议的结果制作裁决书

31. 大亿公司以调解协议超出仲裁请求范围请求法院不予执行仲裁裁决，法院正确的做法是：（2016/3/100，不定项）

A. 不支持，继续执行

B. 应支持，并裁定不予执行

C. 应告知当事人申请撤销仲裁裁决，并裁定中止执行

D. 应支持，必要时可通知仲裁庭重新仲裁

2017年

1. 住所在M省甲县的旭日公司与住所在N省乙县的世新公司签订了一份建筑工程施工合同，工程地为M省丙县，并约定如合同履行发生争议，在北京

适用《中国国际经济贸易仲裁委员会仲裁规则》进行仲裁。履行过程中，因工程款支付问题发生争议，世新公司拟通过仲裁或诉讼解决纠纷，但就在哪个仲裁机构进行仲裁，双方产生分歧。对此，下列哪一部门对该案享有管辖权？（2017/3/35，单选）

A. 北京仲裁委员会

B. 中国国际经济贸易仲裁委员会

C. M省甲县法院

D. M省丙县法院

2. 住所在A市B区的甲公司与住所在A市C区的乙公司签订了一份买卖合同，约定履行地为D县。合同签订后尚未履行，因货款支付方式发生争议，乙公司诉至D县法院。甲公司就争议的付款方式提交了答辩状。经审理，法院判决甲公司败诉。甲公司不服，以一审法院无管辖权为由提起上诉，要求二审法院撤销一审判决，驳回起诉。关于本案，下列哪一表述是正确的？（2017/3/36，单选）

A. D县法院有管辖权，因D县是双方约定的合同履行地

B. 二审法院对上诉人提出的管辖权异议不予审查，裁定驳回异议

C. 二审法院应裁定撤销一审判决，发回一审法院重审

D. 二审法院应裁定撤销一审判决，裁定将案件移送有管辖权的法院审理

3. 马迪由阳光劳务公司派往五湖公司担任驾驶员。因五湖公司经常要求加班，且不发加班费，马迪与五湖公司发生争议，向劳动争议仲裁委员会申请仲裁。关于本案仲裁当事人的确定，下列哪一表述是正确的？（2017/3/37，单选）

A. 马迪是申请人，五湖公司为被申请人

B. 马迪是申请人，五湖公司和阳光劳务公司为被申请人

C. 马迪是申请人，五湖公司为被申请人，阳光劳务公司可作为第三人参加诉讼

D. 马迪和阳光劳务公司为申请人，五湖公司为被申请人

4. 丙公司因法院对甲公司诉乙公司工程施工合同案的一审判决（未提起上诉）损害其合法权益，向A市B县法院提起撤销诉讼。案件审理中，检察院提起抗诉，A市中级法院对该案进行再审，B县法院裁定将撤销诉讼并入再审程序。关于中级法院对丙公司提出的撤销诉讼请求的处理，下列哪一表述是正确的？（2017/3/38，单选）

A. 将丙公司提出的诉讼请求一并审理，作出判决

B. 根据自愿原则进行调解，调解不成的，告知丙公司另行起诉

C. 根据自愿原则进行调解，调解不成的，裁定撤销原判发回重审

D. 根据自愿原则进行调解，调解不成的，恢复第三人撤销诉讼程序

5. 王某诉钱某返还借款案审理中，王某向法院提交了一份有钱某签名、内容为钱某向王某借款5万元的借条，证明借款的事实；钱某向法院提交了一份有王某签名、内容为王某收到钱某返还借款5万元并说明借条因王某过失已丢失的收条。经法院质证，双方当事人确定借条和收条所说的5万元是相对应的款项。关于本案，下列哪一选项是错误的？（2017/3/39，单选）

A. 王某承担钱某向其借款事实的证明责任

B. 钱某自认了向王某借款的事实

C. 钱某提交的收条是案涉借款事实的反证

D. 钱某提交的收条是案涉还款事实的本证

6. 薛某雇杨某料理家务。一天，杨某乘电梯去楼下扔掉厨房垃圾时，袋中的碎玻璃严重划伤电梯中的邻居乔某。乔某诉至法院，要求赔偿其各项损失3万元。关于本案，下列哪一说法是正确的？（2017/3/40，单选）

A. 乔某应起诉杨某，并承担杨某主观有过错的证明责任

B. 乔某应起诉杨某，由杨某承担其主观无过错的证明责任

C. 乔某应起诉薛某，由薛某承担其主观无过错的证明责任

D. 乔某应起诉薛某，薛某主观是否有过错不是本案的证明对象

7. 易某依法院对王某支付其5万元损害赔偿金之判决申请执行。执行中，法院扣押了王某的某项财产。案外人谢某提出异议，称该财产是其借与王某使用的，该财产为自己所有。法院经审查，认为谢某异议理由成立，遂裁定中止对该财产的执行。关于本案的表述，下列哪一选项是正确的？（2017/3/41，单选）

A. 易某不服该裁定提起异议之诉的，由易某承担对谢某不享有该财产所有权的证明责任

B. 易某不服该裁定提起异议之诉的，由谢某承担对其享有该财产所有权的证明责任

C. 王某不服该裁定提起异议之诉的，由王某承担对谢某不享有该财产所有权的证明责任

D. 王某不服该裁定提起异议之诉的，由王某承担对其享有该财产所有权的证明责任

8. 甲、乙两公司签订了一份家具买卖合同，因家具质量问题，甲公司起诉乙公司要求更换家具并支付违约金3万元。法院经审理判决乙公司败诉，乙公司未上诉。之后，乙公司向法院起诉，要求确认该家具买卖合同无效。对乙公司的起诉，法院应采取下列哪一处理方式？（2017/3/42，单选）

A. 予以受理　　　　B. 裁定不予受理

C. 裁定驳回起诉　　D. 按再审处理

9. 夏某因借款纠纷起诉陈某，法院决定适用简易程序审理。法院依夏某提供的被告地址送达时，发现有误，经多方了解和查证也无法确定准确地址。对此，法院下列哪一处理是正确的？（2017/3/43，单选）

A. 将案件转为普通程序审理

B. 采取公告方式送达

C. 裁定中止诉讼

D. 裁定驳回起诉

10. 甲、乙、丙三人共同致丁身体损害，丁起诉三人要求赔偿3万元。一审法院经审理判决甲、乙、丙分别赔偿2万元、8000元和2000元，三人承担连带责任。甲认为丙赔偿2000元的数额过低，提起上诉。关于本案二审当事人诉讼地位的确定，下列哪一选项是正确的？（2017/3/44，单选）

A. 甲为上诉人，丙为被上诉人，乙为原审被告，丁为原审原告

B. 甲为上诉人，丙、丁为被上诉人，乙为原审被告

C. 甲、乙为上诉人，丙为被上诉人，丁为原审原告

D. 甲、乙、丙为上诉人，丁为被上诉人

11. 张某诉新立公司买卖合同纠纷案，新立公司不服一审判决提起上诉。二审中，新立公司与张某达成协议，双方同意撤回起诉和上诉。关于本案，下列哪一选项是正确的？（2017/3/45，单选）

A. 起诉应在一审中撤回，二审中撤回起诉的，法院不应准许

B. 因双方达成合意撤回起诉和上诉的，法院可准许张某二审中撤回起诉

C. 二审法院应裁定撤销一审判决并发回重审，一审法院重审时准许张某撤回起诉

D. 二审法院可裁定新立公司撤回上诉，而不许张某撤回起诉

12. 石山公司起诉建安公司请求返还86万元借款及支付5万元利息，一审判决石山公司胜诉，建安公司不服提起上诉。二审中，双方达成和解协议：石山公司放弃5万元利息主张，建安公司在撤回上诉后15日内一次性付清86万元本金。建安公司向二审法院申请撤回上诉后，并未履行还款义务。关于石山公司的做法，下列哪一表述是正确的？（2017/3/46，单选）

A. 可依和解协议申请强制执行

B. 可依一审判决申请强制执行

C. 可依和解协议另行起诉

D. 可依和解协议申请司法确认

13. 李某因债务人刘某下落不明申请宣告刘某失踪。法院经审理宣告刘某为失踪人，并指定刘妻为其财产代管人。判决生效后，刘父认为由刘妻代管财产会损害儿子的利益，要求变更刘某的财产代管人。关于本案程序，下列哪一说法是正确的？（2017/3/47，单选）

A. 李某无权申请刘某失踪

B. 刘父应提起诉讼变更财产代管人，法院适用普通程序审理

C. 刘父应向法院申请变更刘妻的财产代管权，法院适用特别程序审理

D. 刘父应向法院申请再审变更财产代管权，法院适用再审程序审理

14. 海昌公司因丢失票据申请公示催告，期间届满无人申报权利，海昌公司遂申请除权判决。在除权判决作出前，家佳公司看到权利申报公告，向法院申报权利。对此，法院下列哪一做法是正确的？（2017/3/48，单选）

A. 因公示催告期满，裁定驳回家佳公司的权利申报

B. 裁定追加家佳公司参加案件的除权判决审理程序

C. 应裁定终结公示催告程序

D. 作出除权判决，告知家佳公司另行起诉

15. 钱某在甲、乙、丙三人合伙开设的饭店就餐时被砸伤，遂以营业执照上登记的字号"好安逸"饭店为被告提起诉讼，要求赔偿医疗费等费用25万元。法院经审理，判决被告赔偿钱某19万元。执行过程中，"好安逸"饭店支付了8万元后便再无财产可赔。对此，法院应采取下列哪一处理措施？（2017/3/49，单选）

A. 裁定终结执行

B. 裁定终结本次执行

C. 裁定中止执行，告知当事人另行起诉合伙人承担责任

D. 裁定追加甲、乙、丙为被执行人，执行其财产

16. 住所在A市B区的两江公司与住所在M市N区的百向公司，在两江公司的分公司所在地H市J县签订了一份产品购销合同，并约定如发生合同纠纷可向设在W市的仲裁委员会申请仲裁（W市有两个仲裁委员会）。因履行合同发生争议，两江公司向W市的一个仲裁委员会申请仲裁。仲裁委员会受理后，百向公司拟向法院申请认定仲裁协议无效。百向公司应向下列哪一法院提出申请？（2017/3/50，单选）

A. 可向W市中级法院申请

B. 只能向M市中级法院申请

C. 只能向A市中级法院申请

D. 可向H市中级法院申请

17. 李立与陈山就财产权属发生争议提起确权诉讼。案外人王强得知此事，提起诉讼主张该财产的部分产权，法院同意王强参加诉讼。诉讼中，李立经法院同意撤回起诉。关于该案，下列哪些选项是正确的？（2017/3/78，多选）

A. 王强是有独立请求权的第三人

B. 王强是必要的共同诉讼人

C. 李立撤回起诉后，法院应裁定终结诉讼

D. 李立撤回起诉后，法院应以王强为原告、李立和陈山为被告另案处理，诉讼继续进行

18. 杨青（15 岁）与何翔（14 岁）两人经常嬉戏打闹，一次，杨青失手将何翔推倒，致何翔成了植物人。当时在场的还有何翔的弟弟何军（11 岁）。法院审理时，何军以证人身份出庭。关于何军作证，下列哪些说法不能成立？（2017/3/79，多选）

A. 何军只有 11 岁，无诉讼行为能力，不具有证人资格，故不可作为证人

B. 何军是何翔的弟弟，应回避

C. 何军作为未成年人，其所有证言依法都不具有证明力

D. 何军作为何翔的弟弟，证言具有明显的倾向性，其证言不能单独作为认定案件事实的根据

19. 叶某诉汪某借款纠纷案，叶某向法院提交了一份内容为汪某向叶某借款 3 万元并收到该 3 万元的借条复印件，上有"本借条原件由汪某保管，借条复印件与借条原件具有同等效力"字样，并有汪某的署名。法院据此要求汪某提供借条原件，汪某以证明责任在原告为由拒不提供，后又称找不到借条原件。证人刘某作证称，他是汪某向叶某借款的中间人，汪某向叶某借款的事实确实存在；另外，汪某还告诉刘某，他在叶某起诉之后把借条原件烧毁，汪某在法院质证中也予以承认。在此情况下，下列哪些选项是正确的？（2017/3/80，多选）

A. 法院可根据叶某提交的借条复印件，结合刘某的证言对案涉借款事实进行审查判断

B. 叶某提交给法院的借条复印件是案涉借款事实的传来证据

C. 法院可认定汪某向叶某借款 3 万元的事实

D. 法院可对汪某进行罚款、拘留

20. 对张男诉刘女离婚案（两人无子女，刘父已去世），因刘女为无行为能力人，法院准许其母李某以法定代理人身份代其诉讼。2017 年 7 月 3 日，法院判决二人离婚，并对双方共有财产进行了分割。该判决同日送达双方当事人，李某对解除其女儿与张男的婚姻关系无异议，但对共有财产分割有意见，拟提起上诉。2017 年 7 月 10 日，刘女身亡。在此情况下，本案将产生哪些法律后果？（2017/3/81，多选）

A. 本案诉讼中止，视李某是否就一审判决提起上诉而确定案件是否终结

B. 本案诉讼终结

C. 一审判决生效，二人的夫妻关系根据判决解除，李某继承判决分配给刘女的财产

D. 一审判决未生效，二人的共有财产应依法分割，张男与李某对刘女的遗产均有继承权

21. 朱某诉力胜公司商品房买卖合同纠纷案，朱某要求判令被告支付违约金 5 万元；因房屋质量问题，请求被告修缮，费用由被告支付。一审法院判决被告败诉，认可了原告全部诉讼请求。力胜公司不服令其支付 5 万元违约金的判决，提起上诉。二审法院发现一审法院关于房屋有质量问题的事实认定，证据不充分。关于二审法院对本案的处理，下列哪些说法是正确的？（2017/3/82，多选）

A. 应针对上诉人不服违约金判决的请求进行审理

B. 可对房屋修缮问题在查明事实的情况下依法改判

C. 应针对上诉人上诉请求所涉及的事实认定和法律适用进行审理

D. 应全面审查一审法院对案件的事实认定和法律适用

22. 甲公司购买乙公司的产品，丙公司以其房产为甲公司提供抵押担保。因甲公司未按约支付 120 万元货款，乙公司向 A 市 B 县法院申请支付令。法院经审查向甲公司发出支付令，甲公司拒绝签收。甲公司未在法定期间提出异议，而以乙公司提供的产品有质量问题为由向 A 市 C 区法院提起诉讼。关于本案，下列哪些表述是正确的？（2017/3/83，多选）

A. 甲公司拒绝签收支付令，法院可采取留置送达

B. 甲公司提起诉讼，法院应裁定中止督促程序

C. 乙公司可依支付令向法院申请执行甲公司的财产

D. 乙公司可依支付令向法院申请执行丙公司的担保财产

23. 龙前铭申请执行郝辉损害赔偿一案，法院查扣了郝辉名下的一辆汽车。查扣后，郝辉的两个哥哥向法院主张该车系三兄弟共有。法院经审查，确认该汽车为三兄弟共有。关于该共同财产的执行，下列哪些表述是正确的？（2017/3/84，多选）

A. 因涉及案外第三人的财产，法院应裁定中止对该财产的执行

B. 法院可查扣该共有财产

C. 共有人可对该共有财产协议分割，经债权人同意有效

D. 龙前铭可对该共有财产提起析产诉讼

24. 住所在北京市 C 区的甲公司与住所在北京市 H 区的乙公司在天津市 J 区签订了一份买卖合同，约定合同履行发生争议，由北京仲裁委员会仲裁或者向 H 区法院提起诉讼。合同履行过程中，双方发生争议，甲公司到北京仲裁委员会申请仲裁，仲裁委员会受理并向乙公司送达了甲公司的申请书副本。在仲裁庭主持首次开庭的答辩阶段，乙公司对仲裁协议的效力提出异议。仲裁庭对此作出了相关的意思表示。此后，乙公司又向法院提出对仲裁协议的效力予以认定的申请。下列哪些选项是正确的？（2017/3/85，多选）

A. 双方当事人约定的仲裁协议原则有效

B. 仲裁庭对案件管辖权作出决定应有仲裁委员会的授权

C. 仲裁庭对乙公司的申请应予以驳回，继续审理案件

D. 乙公司应向天津市中级法院申请认定仲裁协议的效力

2015年4月，居住在B市（直辖市）东城区的林剑与居住在B市西城区的钟阳（二人系位于B市北城区正和钢铁厂的同事）签订了一份借款合同，约定钟阳向林剑借款20万元，月息1%，2017年1月20日前连本带息一并返还。合同还约定，如因合同履行发生争议，可向B市东城区仲裁委员会仲裁。至2017年2月，钟阳未能按时履约。2017年3月，二人到正和钢铁厂人民调解委员会（下称调解委员会）请求调解。调解委员会委派了三位调解员主持该纠纷的调解。

请回答第25~27题。

25. 如调解委员会调解失败，解决的办法有：（2017/3/95，不定项）

A. 双方自行协商达成和解协议

B. 在双方均同意的情况下，要求林剑居住地的街道居委会的人民调解委员会组织调解

C. 依据借款合同的约定通过仲裁的方式解决

D. 通过诉讼方式解决

26. 如调解成功，林剑与钟阳在调解委员会的主持下达成如下协议：2017年5月15日之前，钟阳向林剑返还借款20万元，支付借款利息2万元。该协议有林剑、钟阳的签字，盖有调解委员会的印章和三位调解员的签名。钟阳未按时履行该调解协议，林剑拟提起诉讼。在此情况下，下列说法正确的是：（2017/3/96，不定项）

A. 应以调解委员会为被告

B. 应以钟阳为被告

C. 应以调解委员会和钟阳为共同被告

D. 应以钟阳为被告，调解委员会为无独立请求权的第三人

27. 如调解成功，林剑与钟阳在调解委员会的主持下达成了调解协议，相关人员希望该调解协议被司法确认，下列说法正确的是：（2017/3/97，不定项）

A. 应由林剑或钟阳向有管辖权的法院申请

B. 应由林剑、钟阳共同向有管辖权的法院申请

C. 应在调解协议生效之日起30日内提出申请，申请可以是书面方式，也可以是口头方式

D. 对申请的案件有管辖权的法院包括：B市西城区法院、B市东城区法院和B市北城区法院

大洲公司超标排污导致河流污染，公益环保组织甲向A市中级法院提起公益诉讼，请求判令大洲公司停止侵害并赔偿损失。法院受理后，在公告期间，公益环保组织乙也向A市中级法院提起公益诉讼，请求判令大洲公司停止侵害、赔偿损失和赔礼道歉。公益案件审理终结后，渔民梁某以大洲公司排放的污水污染了其承包的鱼塘为由提起诉讼，请求判令赔偿其损失。

请回答第28~30题。

28. 对乙组织的起诉，法院的正确处理方式是：（2017/3/98，不定项）

A. 予以受理，与甲组织提起的公益诉讼合并审理

B. 予以受理，作为另案单独审理

C. 属重复诉讼，不予受理

D. 允许其参加诉讼，与甲组织列为共同原告

29. 公益环保组织因与大洲公司在诉讼中达成和解协议申请撤诉，法院的正确处理方式是：（2017/3/99，不定项）

A. 应将和解协议记入笔录，准许公益环保组织的撤诉申请

B. 不准许公益环保组织的撤诉申请

C. 应将双方的和解协议内容予以公告

D. 应依职权根据和解协议内容制作调解书

30. 对梁某的起诉，法院的正确处理方式是：（2017/3/100，不定项）

A. 属重复诉讼，裁定不予受理

B. 不予受理，告知其向公益环保组织请求给付

C. 应予受理，但公益诉讼中已提出的诉讼请求不得再次提出

D. 应予受理，其诉讼请求不受公益诉讼影响

2018年

1. 王某诉于某借款合同一案中，于某得知陪审员唐某私下会见王某代理律师张某，故申请唐某回避。下列选项正确的是：（2018年仿真题）

A. 唐某的回避应由院长决定

B. 唐某有权就回避申请复议

C. 于某应向院长提出对唐某的回避申请

D. 于某申请回避，需说明理由

2. 甲欠乙钱，乙用手机偷录谈话录音，通话期间甲承认欠钱并表示希望延期还款。后乙诉至法院，因乙不能提供原件，便将偷偷录的录音剪辑后交给法院，但剪辑后的内容与事实相符，佐证了事实。关于该录音有无证据能力，下列说法正确的是：（2018年仿真题）

A. 是合法证据，能作为证据使用

B. 没有证据能力，不能作为证据使用

C. 不能单独作为认定事实依据

D. 能单独定案

3. 法院发邮件通知当事人到法院来领取判决书，当事人看到判决书知道自己败诉后，拒绝签收，法院将判决书送到当事人所在单位，并邀请了其所在单位代表见证。关于法院上述送达方式，下列说法正确的是：（2018年仿真题）

　　A. 留置送达　　　　　B. 直接送达

　　C. 电子送达　　　　　D. 委托送达

4. 甲乙双方在诉前关于某合同纠纷达成调解协议，形成了一份对账单，认定甲欠乙450万元，且甲乙双方已经签字，但甲没有履行。在诉讼时，甲不承认欠乙钱。下列选项正确的是：（2018年仿真题）

　　A. 甲不能反悔自认

　　B. 不能用之前的协议作为自认

　　C. 法院应结合其他证据，不能仅以对账单作为定案证据

　　D. 对账单可以作为证据使用

5. 离婚案件中，双方达成调解协议，调解时，约定2套房屋给女方，双方签字生效后发现法院在调解书中误写为双方各一套。下列处理错误的是：（2018年仿真题）

　　A. 法院裁定文书补正

　　B. 以违背当事人自愿为由申请再审

　　C. 调解书不能申请再审

　　D. 调解书签收即生效，不能更改

6. 一方起诉归还某物，胜诉后强制执行时，第三人主张对该物的所有权，提出执行异议被驳回，然后申请再审，再审审理认为该物是第三人和原审原告共同所有，法院的正确处理方法是：（2018年仿真题）

　　A. 法院应裁定驳回起诉，并告知其另行提起执行异议之诉

　　B. 法院应裁定撤销原判，发回重审

　　C. 先调解，调解不成，告知其另行起诉

　　D. 先调解，调解不成，发回重审

7. 天河公司与宝华公司签订了一份钢材买卖合同，按照合同约定，天河公司不定期向宝华公司提供建筑用钢材，货款每半年结算一次。但宝华公司近两年一直拖欠货款。最终天河公司向宝华公司提供了一个对账单，宝华公司书面确认欠款450万元并在对账单上签字盖章。由于宝华公司仍不付款，天河公司向法院起诉宝华公司要求支付拖欠的钢材货款，并将该对账单提供给法院。在诉讼中，宝华公司对对账单的真实性不予认可，并否认拖欠货款金额为450万元这一事实。关于本案，下列说法正确的是：（2018年仿真题）

　　A. 宝华公司书面确认欠款450万元并在对账单上签字盖章的行为，属于自认

　　B. 该对账单可以作为证明拖欠货款金额的证据

　　C. 法院根据该对账单，可以认定拖欠货款金额为450万元

　　D. 法院应根据对账单并结合其他证据来认定拖欠货款的金额

2019 年

1. 朱某和杨某起诉离婚，经法庭调解后二人同意离婚。调解书作出后，杨某因忙于工作一直未领取，朱某拿到调解书又向法院表示不想离婚了。对此，法院可采取的处理方式为：（2019年仿真题）

　　A. 二人的婚姻关系没有解除，法院要根据新的事实重新判决

　　B. 婚姻关系已经解除，朱某不能后悔

　　C. 朱某后悔有效，两人的婚姻关系仍然存在

　　D. 婚姻关系已经解除，本案属于可以不制作调解书的情形，杨某不签收和朱某反悔不影响调解书的效力

2. 甲开车撞伤乙，乙要求支付赔偿金。乙起诉后，可以向法院主张的请求有：（2019年仿真题）

　　A. 申请公开审理　　　B. 申请先予执行

　　C. 申请财产保全　　　D. 申请对甲强制执行

3. 乙欠甲3000万元，甲起诉乙还钱和利息。经审理，法院判决甲胜诉，乙应偿还甲3200万元。后甲发现乙无财产可供执行，但丙欠乙2500万元，欲起诉丙。对此，法院可采取的处理方式为：（2019年仿真题）

　　A. 构成重复起诉

　　B. 不构成重复起诉

　　C. 法院可以追加乙为第三人

　　D. 法院应当驳回起诉

4. 甲对乙有20万元债权，甲发现乙免除了丙50万元债务，甲向法院提起撤销权诉讼，诉讼中甲乙达成和解，乙以古董充抵甲的20万元债务，案外人丁主张古董应为自己所有，对撤销权诉讼的和解协议提了第三人撤销之诉。关于该第三人撤销之诉，当事人的列明方式为：（2019年仿真题）

　　A. 丁是原告，甲、乙、丙是被告

　　B. 丁是原告，甲、乙是被告，丙是无独立请求权的第三人

　　C. 丁和甲是原告，乙和丙是被告

　　D. 丁是原告，甲、乙是被告，丙是有独立请求权的第三人

5. 法院判决乙向甲偿还金钱债务，并执行了乙名下的一套房产。执行过程中，乙的父亲主张被执行的房产为其所有。关于乙的父亲的救济途径，下列说法正确的是：（2019年仿真题）

　　A. 乙的父亲可以直接提起执行异议之诉

　　B. 乙的父亲可以对执行标的提出异议

　　C. 法院作出判决支持乙的父亲的请求后，执行法院应解除对该房屋的查封

　　D. 乙的父亲可以对执行行为提出异议

6. 甲乙因合同价款纠纷诉至法院，一审法院判决甲向乙支付价款和利息，后一审法院发现利息计算错误。同时甲提起上诉，甲将此错误告诉中级法院，但甲不交纳诉讼费。对此，下列说法正确的是：（2019年仿真题）

A. 二审法院裁定撤销原判发回重审
B. 一审发起审判监督程序
C. 二审应当受理，作出裁判
D. 一审法院按撤回上诉处理

7. 当事人以法律适用错误为由申请再审，原生效法律文书执行停止，再审中发现执行时已达成和解，并履行完毕。对此，法院可采取的处理方式为：（2019年仿真题）

A. 执行回转　　　B. 再审继续
C. 驳回再审申请　D. 恢复执行原判决

8. 甲和乙有纠纷，后达成调解协议，法院制作调解书，送达甲乙签收。甲发现调解书和调解协议有所不同，违反甲的意愿。关于甲的救济途径，下列做法正确的是：（2019年仿真题）

A. 申请法院再审
B. 法院收回调解书重新制作
C. 法院作裁定补正
D. 要求法院根据调解协议重作调解书

9. 甲起诉乙要求人身损害赔偿，双方经调解达成调解协议，乙向甲支付1万元，双方向法院请求确认调解协议效力。履行完毕后，甲做了伤残鉴定，认为1万元赔偿不足以弥补损失。关于甲可采取的救济方式，下列做法正确的是：（2019年仿真题）

A. 请求上一级法院再审
B. 属于一事不再理，不予受理
C. 按照简易程序审理
D. 按照特别程序审理

10. 甲欠乙钱，丙为甲担保。债务到期后，乙向甲发出支付令。下列说法正确的是：（2019年仿真题）

A. 支付令仅对甲生效
B. 支付令对甲丙均生效
C. 如果乙起诉担保人丙，支付令效力不受影响
D. 如果乙起诉担保人丙，则支付令效力失效

2020年

1. 公司聘请外国技术人员马里奥从事研发工作，签订劳动合同，约定年薪800万元。后公司经营不善，无力支付其薪资，拖欠马里奥1200万元。当地1000万元以上标的额的案件由中级法院管辖，对于马里奥可采取的救济途径，下列说法正确的是：（2020年仿真题）

A. 向区调解委员会请求调解
B. 向区法院申请支付令
C. 向市中院提起诉讼
D. 向当地劳动争议仲裁委员会提请仲裁

2. 甲市潘某收藏一件玉石（市场价值约10万元），潘某应乙市钱某之请将该玉石借给其在丙市举办展览。展览期间，张某看中该玉石，向钱某询价。钱某告知玉石价值10万元，并声称玉石系潘某所有，不便出售。张某极为喜爱，当场拿出20万元现金购买。钱某应允，双方当场交割完毕后，钱某告知潘某该玉石以15万元卖出，并向潘某转账15万元，潘某大怒，因没有张某的联系方式也无从救济，后潘某从他人口中得知钱某转让玉石价格为20万元，遂向法院起诉钱某，要求其返还价款5万元。关于本案享有管辖权的法院，下列说法正确的是：（2020年仿真题）

A. 乙市法院和丙市法院
B. 乙市法院
C. 甲市法院和丙市法院
D. 甲市法院和乙市法院

3. 最高院确定某地区3000万元以上的案件由中级法院管辖，甲起诉至A市某区法院，要求乙公司赔偿2900万元，开庭后增加诉讼请求，要求再赔违约金290万元。对此，下列说法正确的是：（2020年仿真题）

A. 法院已经开庭，对甲增加的诉讼请求不予受理
B. 若乙公司提管辖权异议，区法院应当以受理有管辖，诉讼请求变化不影响为由，对案件继续审理
C. 告知甲不能增加诉讼请求，否则会超出法院的管辖范围
D. 增加290万元的诉讼请求超出了基层管辖的范围，应当移送中级法院

4. 甲公司和乙公司签订租赁合同，后因无法达到合同目的，甲公司给乙公司发出通知解除合同，乙公司未提出异议。后乙公司起诉甲公司支付租赁费，甲公司提出合同已经解除。关于本案，下列说法正确的是：（2020年仿真题）

A. 甲公司以抗辩主张合同解除，法院判决对解除合同不发生既判力
B. 甲公司可以反诉方式主张合同已经解除
C. 甲公司可以抗辩方式主张合同已经解除
D. 甲公司可以反诉方式主张合同解除，法院判决对解除合同发生既判力

5. 张某经工商登记经营一家个体餐馆，取字号"刘大厨私家菜"，后与刘某达成协议，将餐馆交由刘某实际经营，餐馆经营中因供货质量问题与供货商发生争议，拟向法院提起诉讼。关于本案原告，下列说法正确的是：（2020年仿真题）

A. 刘某和张某　　　　　B. 张某

C. 字号"刘大厨私家菜"　D. 刘某

6. 房东与租客签订租赁合同，约定租赁期间发生损害由租客承担。租客为了提高生活品质，在阳台搭建花盆，物业公司提醒租客收回花盆，租客置若罔闻。后刮大风花盆坠落，砸伤路人，路人欲提起诉讼。关于本案的正当被告，下列说法正确的是：（2020年仿真题）

A. 租客为被告

B. 房东为被告

C. 物业公司为被告

D. 租客与房东为共同被告

7. 因某上市公司虚假披露，几百个投资人遭受损失，遂向法院提起诉讼，推选彭某作代表人。彭某和该公司达成了调解协议，大多数投资人都认为调解协议内容合法有效，但有一名投资人杨某不同意，坚持要以判决形式维权。对此，关于法院应采取的处理措施，下列说法正确的是：（2020年仿真题）

A. 告知杨某另行起诉

B. 依法作出判决

C. 制作调解书对所有人生效

D. 制作调解书只对杨某不生效

8. 有一对夫妻因车祸双亡，留下四个儿子甲（28岁）、乙（22岁）、丙（20岁）、丁（17岁），因遗产继承问题诉至法院，其中丁对甲、乙、丙的遗产分配方案都不同意，关于谁是丁的诉讼代理人：甲说自己就是丁的法定诉讼代理人，乙拒绝作代理人，丙愿意作代理人。关于本案，下列说法正确的是：（2020年仿真题）

A. 丁独立参加诉讼

B. 如丁委托丙，则丙可作为委托代理人参加诉讼

C. 甲作为代理人

D. 法院指定甲、乙、丙以外的人作为法定代理人参加诉讼

9. 下列情况中，法院应当推定甲主张的书证内容为真实的是：（2020年仿真题）

A. 甲主张乙欠自己18万元，后乙借走了借条未还。乙承认向甲借钱，但借款金额为8万元，且借条遗失，无法提供

B. 甲主张乙欠自己钱，调解中乙承认借钱事实，最后未能达成调解

C. 甲有一份书证在乙处，乙提供书证的时候一口吞了

D. 甲提供借条复印件，乙承认复印件内容

10. 根据司法解释，下列情况中，构成自认的是：（2020年仿真题）

A. 开庭结束回去的路上，甲对乙说，我承认我借你款是事实，但是法官问我，我就不承认

B. 法官问乙是否向甲借款，乙说我当时向好几个人借款，我记不清楚了。法官让乙确认，乙仍然表示记不清楚了

C. 在庭前证据交换的过程中，乙承认了向甲借款5万元的事实，在庭审中，乙辩称已向甲归还了3万元，甲拒不承认，乙当庭表示，既然甲不承认我已归还借款的事实，那我也不承认甲向我提供了借款

D. 甲出示了一份乙在诉前签下的借据，借据上乙确认自己向甲借款并说明了借款的详细情况

11. 甲起诉乙归还325万元，向法院提供了借条，乙称借条是伪造的，向法院提交转账凭证200万元，证明乙只借了200万元，其余的125万元是高利贷。关于本案，下列说法正确的是：（2020年仿真题）

A. 乙提供转账凭证是借款事实的反证

B. 甲向法院申请鉴定借条真伪，否则承担诉讼结果的不利结果

C. 乙向法院申请鉴定借条的真伪，否则承担诉讼结果的不利后果

D. 甲提供的借条是本证

12. 村集体雇专业公司丙公司开飞机喷洒农药，飞机飞得低，且途经甲的养鸡场。后甲向乙履约，因为鸡的重量低于合同要求，甲认为是飞机喷洒农药导致肉鸡食欲下降，遂起诉。关于本案证明责任的承担，下列说法正确的是：（2020年仿真题）

A. 甲应当对有因果关系承担责任

B. 丙公司应当对没有因果关系承担责任

C. 甲应当对丙公司有过错承担责任

D. 丙公司应当对自己没有过错承担责任

13. 王某与胜达公司订立了商品房购房合同，购买位于甲市的房屋，后胜达公司拒绝交付房屋，王某根据仲裁条款向设立在乙市的仲裁委申请仲裁，要求交付房屋。仲裁过程中，王某提出案件法律关系清楚，且自己结婚在即，申请先予执行。对此，下列说法正确的是：（2020年仿真题）

A. 王某无权申请先予执行

B. 向乙市仲裁委提起先予执行申请，由仲裁委交给法院

C. 直接向房屋所在地的基层法院提请先予执行

D. 直接向中级法院申请先予执行

14. 赵某将画以100万元卖给钱某，违约金约定为50万元，钱某转给赵某100万元之后，赵某得知钱某将画卖给了仇人孙某，遂拒绝交画。钱某诉解除合同，法院予以支持，判决赵某退还100万元。在执行过程中，赵某退还100万元，钱某要求赵某赔偿违约金50万元，两人无法协商一致。下列选项正确的是：（2020年仿真题）

A. 法院应执行赵某100万元，违约金由钱某另诉

B. 法院应终结执行程序，告知钱某另诉

C. 法院应中止执行程序，告知钱某另诉

D. 法院应执行赵某 150 万元

15. 甲公司与乙公司发生合同纠纷，甲公司诉乙公司不履行合同（发货），县法院审理后查明系乙公司的上游公司因发生不可抗力没有供货，导致乙公司无法发货。故驳回甲公司的诉讼请求。双方均没上诉。过了 3 个月，甲公司发现乙公司的上游公司已经复工了，但是乙公司依然没有履行合同。对于甲公司可采取的救济措施，下列说法正确的是：（2020 年仿真题）

A. 再次起诉，法院应受理

B. 法院应当重审

C. 属于重复起诉，法院不予受理

D. 向中院申请再审

16. 张某向安某借钱，赵某提供连带保证。后张某没还钱，安某于是向公安举报张某诈骗，后来起诉了保证人赵某。法院审查后发现，张某因集资诈骗罪被公安机关拘留，对此，关于法院应采取的处理措施，下列说法正确的是：（2020 年仿真题）

A. 裁定中止诉讼，等刑事案件审理完毕

B. 追加张某为共同被告

C. 应当追加赵某为第三人

D. 驳回起诉，等刑事案件审完

17. 甲起诉乙，请求判决合同无效，一审判决支持甲的请求。丙提出第三人撤销之诉，法院审理中发现原生效裁判中甲主张合同无效的证据是伪造的，但是丙不能证明合同无效影响自己的利益，法院应该采取的做法是：（2020 年仿真题）

A. 裁定驳回起诉

B. 判决驳回诉讼请求

C. 自行启动再审，裁定撤销原判，发回重审

D. 自行启动再审，判决撤销原判，依法改判

18. 某法院是民事诉讼繁简分流改革试点法院。苏强向该法院起诉其子苏明，要求每月支付赡养费 3000 元。苏明答辩称自己没有固定收入，无法按照该标准支付赡养费。关于本案的审理程序，下列说法正确的是：（2020 年仿真题）

A. 经双方当事人同意，判决书可不载明判决理由

B. 本案可以一审终审

C. 经双方当事人同意，可在线视频审理

D. 经双方当事人同意，可不开庭审理

19. 杨某向基层法院起诉离婚，一审法院判决不准离婚。杨某上诉，二审法院判决准予离婚并对财产分割、子女抚养调解，因为重大分歧无法达成一致，发回重审。一审法院重审判决不准离婚，杨某不服再次上诉。此时关于二审法院应采取的做法，下列选项正确的是：（2020 年仿真题）

A. 二审法院可径行判决

B. 再次撤销原判，发回重审

C. 判决离婚，针对财产分割问题先行调解，调解不成的，发回重审

D. 就婚姻进行裁判，财产分割问题进行调解，调解不成的，告知另行起诉

20. 甲诉乙人身损害赔偿，要求乙赔 10 万元并赔礼道歉，一审法院经审理判决给付 1.2 万元，对赔礼道歉未判决。甲上诉，要二审改判赔 2 万元，二审法院认为事实清楚、适用法律正确，但没对赔礼道歉请求进行审理和判决是不正确的，遂判决维持一审法院 1.2 万元的判决，同时判决乙向甲赔礼道歉。关于上述案件，下列说法正确的是：（2020 年仿真题）

A. 二审可就当事人上诉请求进行判决，对遗漏请求进行调解，调解不成，撤销原判，发回重审

B. 二审法院超出上诉请求作出判决不当

C. 因一审遗漏了当事人请求未审理判决二审法院应裁定撤销原判决，发回重审

D. 二审法院应仅就当事人上诉请求进行审理判决

21. 2018 年 8 月 5 日，辛男起诉杨女撤销婚姻。一审法院经审理查明，双方于 2018 年 1 月相识，3 月杨女发现意外怀孕，并表示如不尽快结婚就将怀孕之事告知辛男所在单位，二人遂于 4 月 8 日登记结婚。5 月上旬，杨女意外流产，辛男希望协议离婚，但杨女坚决不同意。一审法院于 2018 年 11 月底作出判决，驳回辛男的诉讼请求。辛男提起上诉，二审审理过程中，辛男于 12 月 8 日向法院申请变更诉讼请求为解除双方的婚姻关系。关于本案，下列说法正确的是：（2020 年仿真题）

A. 二审法院应先调解，调解不成的发回重审

B. 二审法院应判决撤销婚姻

C. 二审法院应依法改判离婚

D. 二审法院应维持原判

22. 甲、乙对某区法院作出的判决提起上诉，一段时间后，甲先向中级人民法院申请再审，乙后向原区法院申请再审。甲乙之间未协商一致，则本案应当由哪个法院审理？（2020 年仿真题）

A. 中级法院受理

B. 原区法院受理

C. 中级法院裁定受理法院

D. 先作出裁定受理的法院受理

23. 三峰公司因安宇公司未依约支付货款向法院申请支付令。法院审查后依法向安宇公司发出支付令。安宇公司收到支付令后向 A 法院提出书面异议，承认自己确实拖欠货款，但主张已经与三峰公司协商会在 3 个月后支付。异议提出后 6 日，安宇公司发现三峰公司交付的产品存在质量问题，又以此为由向法院提出异议，并要求追究三峰公司的违约责任，于是安宇公司向 B 法院提起了诉讼。关于本案，下列说法正确的是：（2020 年仿真题）

A. 安宇公司提出的异议不影响支付令的效力

B. 安宇公司已提出了诉讼，支付令失效

C. A法院应裁定终结督促程序，并将案件移送B法院

D. 安宇公司已依法提出了异议，支付令失效

24. 甲成立一家一人公司，后甲因为个人原因与乙产生债务纠纷，欠乙500万元未清偿，法院执行了300万元，后乙查到该公司账上有200万元，向执行法院申请追加该公司为被执行人。对于乙的请求，下列说法正确的是：（2020年仿真题）

A. 法院应裁定驳回申请，当事人可以提出异议

B. 法院裁定追加，一人公司可以提起执行异议之诉

C. 对法院执行异议的裁定，乙可以提起复议

D. 法院裁定不予受理，乙可以提起执行异议之诉

25. A区的甲公司持B区法院的生效判决请求D区法院执行位于C区的乙公司的财产。在执行中，甲乙两公司达成了和解，后来和解协议履行了一部分便不再履行。对于乙公司的行为，甲公司可采取的救济手段是：（2020年仿真题）

A. 就和解协议向C区法院起诉

B. 向法院申请执行

C. 就和解协议向D区法院起诉

D. 就和解协议向B区法院起诉

26. 甲市乙县的李某和甲市丙县的王某签订了房屋租赁合同，王某将丁县的房子租给李某，因为李某不交租金，王某依法向仲裁委员会申请仲裁。仲裁裁决作出后，李某向中院申请撤销仲裁裁决，法院作出了撤销仲裁裁决的裁定，王某可采取的救济措施是：（2020年仿真题）

A. 向丁县法院起诉

B. 向仲裁委员会申请仲裁

C. 向中院申诉，中院院长提交审委会决定对该裁定再审

D. 向省检察院提请抗诉

2021 年

1. A区的甲与B区的乙签订合同后又签订补充协议，协议约定纠纷由履行地C区法院管辖。后经乙同意，甲将合同转让给D区的丙，但丙对补充协议毫不知情。乙、丙约定纠纷由D区法院管辖。后丙诉请乙履行，乙主张转让合同无效，此案由哪个法院管辖？（2021年仿真题，单选）

A. A区法院　　　　B. B区法院

C. C区法院　　　　D. D区法院

甲向乙借款30万元，双方签订借款合同，约定发生纠纷由雨花区法院管辖，丙是甲的担保人，乙和丙之间签订担保合同，约定发生纠纷由天虹区法院管辖。（2021年仿真题）

请回答第2~3题。

2. 现在因借款合同产生纠纷，下列说法正确的是：

A. 乙应当向雨花区法院起诉甲

B. 乙应当向雨花区法院起诉甲、丙

C. 乙应当向天虹区法院起诉甲

D. 乙应当向天虹区法院起诉甲、丙

3. 现因担保合同发生纠纷，下列说法正确的是：

A. 乙应当向雨花区法院起诉丙

B. 乙应当向雨花区法院起诉甲、丙

C. 乙应当向天虹区法院起诉丙

D. 乙应当向天虹区法院起诉甲、丙

4. 甲起诉乙支付咨询费2万元，合同显示，乙应该支付20万元，法院查明甲承认合同应支付20万元，但甲认为乙违反诚信原则，要分10次起诉乙。下列说法正确的是：（2021年仿真题）

A. 对2万元的判决客观上既判力及于20万元

B. 对2万元的既判力客观上仅及于2万元

C. 法院以20万元判决不违反处分原则

D. 法院经过乙同意可以将剩余18万元一并审理

5. 锦宏公司诉得利公司合同纠纷，A市B区法院一审判锦宏公司胜诉，得利公司不服一审判决，通过B区法院提出上诉，B区法院收到上诉状后发现，得利公司的上诉期已超法定上诉期限，关于B区法院对本案的处理，哪个是正确的？（2021年仿真题）

A. 请A市中级法院裁定驳回得利公司的上诉

B. 直接裁定驳回得利公司的上诉

C. 不予接收得利公司的上诉状

D. 向A市中级法院移送案卷

6. 甲诉乙归还价值50万元的青花瓷花瓶，执行中发现青花瓷花瓶已经被乙打碎了，甲乙达成和解协议，偿还60万元（其中10万元作为精神损失费），后乙拒不履行和解协议，甲请求法院执行原先判决。对此，法院应如何处理？（2021年仿真题）

A. 执行乙60万元的财产

B. 按和解协议另行起诉

C. 终结执行

D. 执行乙50万元的财产

2022 年

1. 于某在甲超市购买乙公司生产的方便面，因方便面质量不达标，于某将甲超市诉至法院，要求其承担赔偿责任。经甲超市申请，法院通知乙公司作为共同被告参加诉讼。乙公司在庭前向法院提交的答辩状中承认该批方便面质量不达标，但开庭时乙公司主张答辩状所作陈述是之前聘请的律师笔误所致，与事实不符，现已更换律师，要求撤销之前的承认。甲超市称自己不知情，不发表意见。关于本案，下列说法错误的是：（2022年仿真题）

A. 乙公司在答辩状中承认的事实构成自认
B. 乙公司的自认对甲超市不发生效力
C. 乙公司撤销自认，法庭不应准许
D. 甲超市不发表意见构成拟制自认

2. 杜某是甲公司员工，因公司拖欠工资多次追索无果，杜某向甲公司所在地的劳动争议仲裁委员会申请劳动争议仲裁。案件受理后，因生活严重困难，杜某向仲裁庭申请先予执行。关于仲裁庭对申请的处理，下列说法正确的是：（2022 年仿真题）

A. 移送甲公司住所地法院审查
B. 裁定先予执行，由劳动争议仲裁委员会执行
C. 裁定先予执行，移送甲公司住所地法院执行
D. 对先予执行不予准许

2023 年

甲公司拖欠黄某劳动报酬 6 万元，双方经人民调解委员会调解达成协议，甲公司在一个月之内向黄某支付 6 万元。1 个月后，甲公司并未支付劳动报酬。关于对黄某的救济方式，下列说法正确的是：（2023 年仿真题）

A. 向劳动争议仲裁委员会申请仲裁
B. 就调解协议直接向法院起诉
C. 持调解协议向法院申请强制执行
D. 持调解协议向法院申请支付令

参考答案及解析

法 理 学

2014 年

1.【答案】D

【考点】法的特征

【详解】法律面前人人平等作为一项基本的法律原则得以确立，是反对封建特权的结果。奴隶制、封建制社会通行的是特权和等级原则，故 B 项错误。法律面前人人平等主要针对的是特权，但并不禁止合理区别，故 D 项正确。法律平等不等于事实平等，现实中不平等问题的解决依赖于经济、社会等多方面的条件，仅仅依靠法律无法全部解决，故 AC 项错误。

2.【答案】D

【考点】法的作用（规范作用）

【详解】法的作用包括规范作用和社会作用。法的规范作用可以分为指引、评价、教育、预测和强制五种作用。A 项体现的是法的指引作用，即法对本人（陈法官）行为的引导作用。B 项体现的是法的评价作用，即判断、衡量他人（王某）行为合法与否的评判作用，法院判决实际就是对行为人行为的评价。C 项体现的是指引作用，"法的保护自由价值的作用"说的是法的社会作用而不是规范作用。D 项正确，强制作用即制裁违法犯罪行为，针对的是违法者的行为（散布谣言）。

3.【答案】D

【考点】法律规则；权利与义务

【详解】该法条属于法律规则的内容，法院判决，依据的是法律规则而不是道德。当然，该规则本身也是道德规则，是道德内容的法律化，故 D 项错误。该法条规定了家庭成员关心老人的义务，包括"关心老年人的精神需求""经常看望或问候老年人"的积极义务，以及"不得忽视、冷落老年人"的消极义务，但是没有规定法律后果，故 BC 项正确。A 项易知正确。

4.【答案】A

【考点】正式的法的渊源与非正式的法的渊源；法适用的一般原理

【详解】原告有权对死者进行悼念，这是一种习惯权利，属于非正式的法的渊源，不具有明文规定的法律效力，BC 项正确。该权利不属于经济、社会、文化权利，而应归入人身权的范畴，故 A 项错误。法律适用过程就是一个法律证成的过程，即给一个决

定提供充足理由的过程，D 项正确。

5.【答案】A

【考点】权利与义务；法律解释的方法

【详解】婚姻自由是基本权利，但基本权利也有它的边界，其行使不能超出这个边界，比如不能侵犯其他基本权利或他人的合法权利，故 A 项错误。合宪性解释，简单来说就是依据宪法作出解释，故 C 项正确。BD 项易知正确。

6.【答案】D

【考点】法律解释的种类；法律解释的方法

【详解】A 项正确，该解释为司法解释，司法解释属于法定解释。B 项正确，一般理解"开设赌场"是开设实体赌场，该解释将虚拟世界的赌场也包括了进来，"建立赌博网站，或者为赌博网站担任代理，接受投注"以"开设赌场"论，显然较之"开设赌场"字面含义要广。C 项正确，《各级人民代表大会常务委员会监督法》第 31 条规定，最高人民法院、最高人民检察院作出的属于审判、检察工作中具体应用法律的解释，应当自公布之日起 30 日内报全国人民代表大会常务委员会备案。D 项错误，历史解释是依据历史事实进行解释，题中运用的显然不是历史解释。

7.【答案】A

【考点】法与人权

【详解】从根本上说，人权是一种道德权利。为了保障人权的实现，人权必须被法律化。由此可知，被法律化的人权（法律权利）都是道德权利，故 A 项错误，但是，并不是所有的人权都实际上被法律化。易知 BCD 项正确。

8.【答案】AC

【考点】法律责任的归责原则；法律解释方法的位阶；法律规则的分类

【详解】A 项正确，该条文让侵权人以外的人承担责任，属于责任自负原则的例外。B 项错误，法律解释方法位阶指的是不同法律解释方法之间的优先性关系（通常是文义解释优先），该条文与此无关。按照规则内容的确定性程度不同，可以把法律规则分为确定性规则、委任性规则和准用性规则。该条文内容明确肯定，无须再援引或参照其他规则来确定其内容，可见规定的是确定性规则，C 项正确。司法公正原则是保证法律正确适用的原则，强调不偏不倚，不枉不纵，包括实体公正与程序公正两个方面。该规定

体现的是民法上的公平原则，与司法公正关联不大，D 项错误。

9.【答案】ABC

【考点】法律规则与法律原则的适用；法律推理；法适用的一般原理

【详解】A 项正确，一般来说，法官裁判"有规则依规则，没有规则依原则"，即法律规则优先，没有法律规则可适用法律原则。B 项正确，本案运用了演绎推理，大前提是诚信原则和公序良俗原则。C 项正确，案件事实是法官推理的小前提。D 项错误，法律适用过程是为法律决定提供充足理由的过程，无论依据法律规则还是法律原则裁判，都需提供裁判理由。

10.【答案】ABC

【考点】法律关系；法律事实、法律事件与法律行为；法律适用的步骤

【详解】法律事实，就是法律规范所规定的，能够引起法律关系产生、变更和消灭的客观情况或现象。刘某出具借条导致了借款合同法律关系的产生，该行为属于法律事实，B 项正确。"刘某出具该借条系本人自愿，且并未违反法律强制性规定"就是对这一法律事实的认定，也就是对案件事实的认定，故 A 项正确。本案裁判的作出所根据的是出具借条的行为，该行为属于法律行为，而不是法律事件，D 项错误。因出具借条的行为而产生的借款合同法律关系属于第一性法律关系（主法律关系），即刘某与王某之间依法建立的不依赖其他法律关系而独立存在的法律关系，因王某起诉产生的民事诉讼法律关系是第二性法律关系（从法律关系），该法律关系以前者合同关系的存在为前提，故 C 项正确。

11.【答案】BCD

【考点】当代中国的法律解释体制；法律监督体系

【详解】法律监督包括国家监督和社会监督，国家监督包括国家权力机关、行政机关和司法机关的监督，社会监督即非国家机关的监督，包括政党监督、社会组织监督、公民监督等，林某监督属于公民监督，故 A 项正确。全国人大常委会 1981 年《关于加强法律解释工作的决议》明确，凡属于法院审判工作中具体应用法律、法令的问题，由最高人民法院进行解释。凡属于检察院检察工作中具体应用法律、法令的问题，由最高人民检察院进行解释。可知，司法解释的对象是法律、法令，不包括行政法规和地方性法规，B 项错误。司法解释不仅包括最高人民法院的解释，也包括最高人民检察院的解释，C 项错误。《各级人民代表大会常务委员会监督法》第 33 条规定，全国人民代表大会法律委员会和有关专门委员会经审查认为最高人民法院或者最高人民检察院作出的具体应用法律的解释同法律规定相抵触，而最高人民法院或者最高人民检察院不予修改或者废止的，可以提出要求最高人民法院或者最高人民检察院予以修

改、废止的议案，或者提出由全国人民代表大会常务委员会作出法律解释的议案，由委员长会议决定提请常务委员会审议。可知，全国人大法律委员会和有关专门委员会无权直接撤销司法解释，D 项错误。

12.【答案】AC

【考点】内部证成与外部证成的区分；法律解释的方法

【详解】法律证成可分为内部证成和外部证成，即法律决定必须按照一定的推理规则从相关前提中逻辑地推导出来，属于内部证成；对法律决定所依赖的前提的证成属于外部证成。内部证成关涉的是从前提到结论之间推论是否是有效的，外部证成关涉的是对内部证成所使用的前提本身的合理性，即对前提的证成。本案中，法官对"公共场所"含义的证成是对前提（法律规定）的证成，属于外部证成，故 A 项正确。法官对"公共场所"的解释，运用的是体系解释方法，即将被解释的对象（"公共场所"）放在整个法律体系中，联系不同法律法规之间的关系加以解释，故 C 项正确，B 项错误。D 项错误，同一个法律术语在整个法律体系中应当具有一致性，不同的法律条文之间不能相互矛盾，但是未必在所有法律条文中的含义都应作相同解释，比如《刑法》中的"政治权利"与《宪法》中的"政治权利"就不能作完全相同的解释。

13.【答案】BD

【考点】法律责任的竞合

【详解】法律责任的竞合，是指由于某种法律事实的出现，导致两种或两种以上的法律责任产生，而这些责任之间相互冲突的现象。B 项是民法上侵权责任和违约责任的竞合，属于典型的法律责任竞合。A 项行政责任和刑事责任可以并存，C 项刑事责任和民事责任可以并存，均不构成法律责任竞合。D 项行为人一个犯罪行为触犯两个罪名/法条规定，但处理时只能按照一个罪名/法条定罪，属于刑法上的责任竞合。

【陷阱提示】法律责任的竞合的特点为：（1）数个法律责任的主体为同一法律主体；（2）责任主体实施了一个行为；（3）该行为符合两个或两个以上的法律责任构成要件；（4）数个法律责任之间相互冲突。如果数个法律责任可以被其中之一所吸收，如果犯罪行为的刑事责任吸收了其行政责任；或可以并存，如某犯罪行为的刑事责任与附带民事赔偿责任被同时追究，则不存在责任竞合的问题。故 AC 项不选。

14.【答案】ABCD

【考点】法适用的目标（可预测性与正当性）

【详解】法律决定的可预测性是形式法治的要求，正当性是实质法治的要求。两者都是法治国家理当崇尚的价值目标，但是两者之间存在一定的紧张关系。缓解这种紧张关系通常借助法律解释的方法，ACD 项正确。可预测性意味着作法律决定的人在作

决定的过程中应该尽可能地避免武断和恣意。这就要求他们必须将法律决定建立在既存的一般性的法律规范的基础上，而且他们必须要按照一定的方法适用法律规范，如推理规则和解释方法，故 B 项正确。

15.【答案】BCD

【考点】法律意识；法的现代化

【详解】中国的法的现代化属于外源型法的现代化，而不是自发的、自下而上的、缓慢的、渐进变革的内发型法的现代化，故 A 项错误。外源型法的现代化具有被动性和依附性，带有明显的工具色彩，一般被要求服务于政治、经济变革，故 C 项正确。BD 项正确。

2015 年

1.【答案】A

【考点】法的价值冲突及其解决

【详解】解答本题的关键在于区分法律价值冲突的各项解决原则。价值位阶原则是指在不同位阶的法的价值发生冲突时，在先的价值优于在后的价值。个案平衡原则是指在处于同一位阶上的法的价值之间发生冲突时，必须综合考虑主体之间的特定情形、需求和利益，以使得个案的解决能够适当兼顾双方的利益。比例原则是指为保护某种较为优越的法价值须侵及一种法益时，不得逾越此目的所必要的程度。医院在紧急情况下，未经患者及其家属同意实施手术，表明其作出的价值衡量是母子生命高于患者及其家属的同意权（自由），这正是价值位阶原则的体现，故 A 项正确。D 为干扰项，法的价值冲突的解决原则中无此项原则。

2.【答案】A

【考点】法律规则（法律规则的逻辑结构；法律规则与语言；法律规则的分类）

【详解】A 项正确，表达法律规则的特定语句往往是一种规范语句。规范语句分为命令句和允许句。命令句是指使用了"必须"（must），"应该"（ought to、should）或"禁止"（must not）等这样一些道义助动词的语句。允许句是指使用了"可以"（may）这类道义助动词的语句。易知，该条文属于规范语句中的命令句。B 项错误，该条文内容具有强制性，不允许人们随意变更，表达的是一个强行性规则。按照规则对人们行为规定和限定的范围或程度不同，可以把法律规则分为强行性规则和任意性规则。强行性规则是指内容规定具有强制性质，不允许人们随便加以更改的法律规则。任意性规则是指规定在一定范围内，允许人们自行选择或协商确定为与不为、为的方式以及法律关系中的权利义务内容的法律规则。C 项错误，该条文内容明确肯定，表达的是一个确定性规则。按照规则内容的确定性程度不同，可以把法律规

则分为确定性规则、委任性规则和准用性规则。确定性规则是指内容本已明确肯定，无须再援引或参照其他规则来确定其内容的法律规则。委任性规则是指内容尚未确定，而只规定某种概括性指示，由相应国家机关通过相应途径或程序加以确定的法律规则。准用性规则，是指内容本身没有规定人们具体的行为模式，而是可以援引或参照其他相应内容规定的规则。D 项错误，该条文表达的只有假定条件和法律后果，没有行为模式。

3.【答案】BC

【考点】正式的法的渊源的效力原则；法律监督体系

【详解】A 项正确，《母婴保健法》是法律，《婚姻登记条例》是行政法规，法律的效力高于行政法规。B 项错误，全国人大常委会有权撤销同宪法和法律相抵触的行政法规，但无权改变。《立法法》第 108 条规定："改变或者撤销法律、行政法规、地方性法规、自治条例和单行条例、规章的权限是：……（二）全国人民代表大会常务委员会有权撤销同宪法和法律相抵触的行政法规，有权撤销同宪法、法律和行政法规相抵触的地方性法规，有权撤销省、自治区、直辖市的人民代表大会常务委员会批准的违背宪法和本法第八十五条第二款规定的自治条例和单行条例；……"C 项错误，新《立法法》规定，研究情况不必反馈。《立法法》第 113 条规定："全国人民代表大会有关的专门委员会、常务委员会工作机构应当按照规定要求，将审查情况向提出审查建议的国家机关、社会团体、企业事业组织以及公民反馈，并可以向社会公开。"D 项正确，社会监督即非国家机关的监督，指由各政党、各社会组织和公民依照宪法和有关法律，对各种法律活动的合法性所进行的监督。易知，潘某作为公民提出审查建议的行为属于社会监督。

4.【答案】C

【考点】法律关系的种类；法律关系主体（权利能力和行为能力）；当代中国法的正式渊源

【详解】根据不同标准，可以对法律关系做不同的分类。按照法律主体在法律关系中的地位不同，可以分为纵向（隶属）的法律关系和横向（平权）的法律关系。纵向法律关系是指在不平等的法律主体之间所建立的权力服从关系。横向法律关系是指平权法律主体之间的权利义务关系。张某与公交公司属于平等的法律主体，二者之间的服务合同法律关系属于横向法律关系，故 A 项错误。按照相关的法律关系作用和地位的不同，可以分为主法律关系（第一性法律关系）和从法律关系（第二性法律关系）。主法律关系是人们之间依法建立的不依赖其他法律关系而独立存在的或在多向法律关系中居于支配地位的法律关系。由此而产生的、居于从属地位的法律关系，就是从法律关系。诉讼法律关系依赖于服务合同法律关系

而存在，属于从法律关系，故 B 项错误。C 项正确，法人的权利能力和行为能力是同时产生和同时消灭的。D 项错误，根据《立法法》规定，地方政府规章的制定主体是省、自治区、直辖市和设区的市、自治州的人民政府。《某市公交卡使用须知》只是公交公司制定的规定，不属于规章。

5.【答案】A

【考点】法的效力；法律责任的免责条件

【详解】法对人的效力，指法律对谁有效力，适用于哪些人。法的空间效力，指法在哪些地域有效力，适用于哪些地区。显然，这两个方面该案均涉及，故 A 项正确。从对人的效力来说，我国采用的原则是：以属地主义为主，与属人主义、保护主义相结合，故 B 项错误，赵某不在中国，未必不能适用中国法律。法的溯及力，也称法溯及既往的效力，是指法对其生效以前的事件和行为是否适用。该案处理与溯及力无关，故 C 项错误。时效免责，即法律责任经过了一定的期限后而免除。根据刑法知识可知，该案中，赵某逃往 A 国前已经被立案侦查，不受追诉期限的限制，故 D 项错误。

6.【答案】C

【考点】司法；司法的特点

【详解】马克思的这句名言阐述的是法官依法独立审判的必要性。其含义是，法官依法独立行使审判权，只服从宪法和法律，不受其他因素左右。由此可知，法官审判只服从宪法和法律，也必须服从宪法和法律，故 B 项错误，C 项正确。A 项错误，法官的法律世界与其他社会领域关系密切。D 项错误，司法和立法是两个不同的领域，法官不可能主宰一切法律事务。

7.【答案】C

【考点】法适用的一般原理

【详解】法的适用最直接的目标就是要获得一个合理的法律决定。在法治社会，所谓合理的法律决定就是指法律决定具有可预测性和正当性。可预测性是形式法治的要求，正当性是实质法治的要求，故 A 项错误。法律人查明和确认案件事实的过程不是一个纯粹的事实归结过程，而是一个在法律规范与事实之间的循环过程，即目光在事实与规范之间来回穿梭，故 B 项错误。法的适用过程是一个法律证成的过程，即为法律决定提供充足理由的过程。这一过程经常运用的推理规则有演绎推理、归纳推理、类比推理、设证推理等，故 C 项正确，D 项错误。

8.【答案】AD

【考点】法律原则与法律规则的区别；当代中国法的非正式渊源

【详解】法律原则，是为法律规则提供某种基础或本源的综合性的、指导性的原理或价值准则的一种法律规范。法律规则与法律原则的适用方式不同。法律规则是以"全有或全无的方式"或涵摄的方式应用于个案当中的。而法律原则的适用是以衡量的方式应用于个案当中的，因为不同的法律原则是具有不同的"强度"（分量）的，而且这些不同强度的原则甚至冲突的原则都可能存在于一部法律之中。因此，诚实信用作为一项法律原则，D 项正确，C 项错误。诚实信用原则是民法的帝王条款规定，但并非只有民事案件中才可适用该原则，B 项错误。A 项正确，不违背法律的民俗习惯是当代中国法的非正式渊源，故可作为裁判依据。

【陷阱提示】A 项"裁判依据"的提法，容易让人产生误解。事实上，任何国家的法的正式渊源都不可能是一个包罗万象的体系，也就是说，它不可能为法律实践中的每个法律问题都提供一个明确答案，即总会有一些法律问题不可能从正式的法的渊源中寻找到确定的大前提。当这种情况发生时，法律人为了给法律问题提供一个合理的法律决定就需要诉诸法的非正式的渊源，即将非正式的法的渊源作为法律决定的大前提（裁判依据）。在当今的中国，法的非正式渊源主要包括习惯、判例、政策。

9.【答案】BD

【考点】正式的法的渊源与非正式的法的渊源；法律解释的种类

【详解】法学学说在当代中国属于非正式的法的渊源，即不具有明文规定的法律效力，但具有法律说服力并能够构成法律人的法律决定的大前提的准则来源。作为非正式的法的渊源，并不限于在民事案件中援引。故 C 项错误，D 项正确。法律规则和法律原则均属于法律规范，法律规范由国家制定或认可，属于正式的法的渊源。法学学说属于非正式法律渊源，当然不能作为法律原则。故 A 项错误。根据解释主体和解释效力的不同，法律解释可以分为正式解释和非正式解释。正式解释，通常也叫法定解释，是指由特定的国家机关、官员或其他有解释权的人对法律作出的具有法律约束力的解释。非正式解释，通常也叫学理解释，一般是指由学者或其他个人及组织对法律规定所作的不具有法律约束力的解释。可知，B 项正确。

10.【答案】AC

【考点】法律适用的步骤；法律推理；法的作用

【详解】法律人适用法律解决个案纠纷的过程，首先要查明和确认案件事实，作为小前提；其次要选择和确定与上述案件事实相符合的法律规范，作为大前提；最后以整个法律体系的目的为标准，从两个前提中推导出法律决定或法律裁决。这实际上就是一个演绎推理过程。"徐某被何某侮辱后一直寻机报复，某日携带尖刀到何某住所将其刺成重伤"这一案件事实属于推理的小前提；法官判案所依据的刑事法律规范属于推理的大前提。故 C 项正确，D 项错误。在实际的法律活动中，上述三个步骤绝不是各自独立且严格区分的单个行为，它们之间界限模糊并且可以相互转换，是一个在事实与规范之间来回循环考察的过程。因此，"徐某作案时辨认和控制能力存在，有完全的刑事责任能力"这一判断包含对事实的法律认定，故 A 项正确。法院判决体现了法的强制作用，也体现了评价作用，即判断、衡量他人行为合法与否的评判作用，故 B 项错误。

11.【答案】ABC

【考点】法律解释的方法；法律解释方法的位阶；法律适用的步骤

【详解】在运用不同的方法解释法律时，一般文义解释优先。文义解释，也称语法解释、文法解释、文理解释，是指按照日常的、一般的或法律的语言使用方式清晰地描述制定法的某个条款的内容。根据解释的尺度大小，文义解释可以分为字面解释、扩张解释和限缩解释。扩张解释是将条文的含义做扩大范围的解释，限缩解释是将条文的含义做限缩范围的解释。扩张解释和限缩解释都应当符合立法目的。结合此案可知，AC 项正确。本案中，法官将"在工作时间和工作岗位"解释为包含"为完成单位分配任务，须经历从工作单位到达出差目的地这一过程"，明显属于扩张解释，故 B 项正确。法律解释是法律适用的基础，对于法律适用来说是必不可少的，而不是只有在法律出现漏洞时才需要，故 D 项错误。

【陷阱提示】D 项容易出错。法律解释可以弥补法律漏洞，但不是只有出现法律漏洞时才需要法律解释。法律人在确认特定案件的大前提即法律规范时，不是一个纯粹地对法律规范的语言的解释过程，而是一个有目的即要针对他所要裁决的个案纠纷所进行的解释。法律人通过法律解释就是要对一般和个别之间的缝隙进行缝合，就是要解决规范与事实之间的紧张关系。在这个意义上法律解释对于法律适用来说并不是可有可无的，而是必要的，是法律适用的基础。

12.【答案】AC

【考点】法律解释的种类；当代中国的法律解释体制；法律解释的方法

【详解】该解释属于司法解释。我国司法解释不是由个案裁判引起的，而是对具体应用法律的问题所做的一般性解释，具有普遍的法律约束力。故 AC 项正确。根据规定，司法解释应当报全国人大常委会备案。《立法法》第 119 条第 2 款规定："最高人民法院、最高人民检察院作出的属于审判、检察工作中具体应用法律的解释，应当自公布之日起三十日内报全国人民代表大会常务委员会备案。"故 D 项错误。文义解释的特点是将解释的焦点集中在语言上，而不顾及根据语言解释出的结果是否公正、合理。题中对"明显不合理的低价"的解释并非简单的文义解释，而是需要结合相关因素综合考虑予以确认。故 B 项错误。

13.【答案】BD

【考点】法律关系的产生、变更与消灭；权利与义务

【详解】王某与张某婚姻关系的消灭是由离婚诉讼行为引起的，属于法律行为，而非法律事件。法律事件是法律规范规定的、不以当事人的意志为转移而引起法律关系形成、变更或消灭的客观事实。故 A 项错误。生育权本身属于绝对权，对应不特定的义务人，但是张某所主张的生育权，指的是因其妻私自堕胎所侵犯的权利，对应的义务人是其妻王某。故 B 项正确。"有侵害则有救济"强调的是权利救济，而不是说要支持所有的诉讼请求。故 C 项错误。D 项明显是正确的。

14.【答案】BC

【考点】法的价值；法律推理；法的渊源

【详解】人们对于法律问题的认识与审视，大致可以包括两个基本的方面：一是人们必须从自身的需要出发，来衡量法律的存在与人的关系以及对人的价值和意义，这就是价值性认识；二是对法律问题进行符合其本来目的的反映和描述，这种认识也可以称为事实性认识。由此种认识出发，对于法律问题的判断也可以分为两类：一是价值判断；二是事实判断。所谓价值判断，是指某一特定的客体对特定的主体有无价值、有什么价值、有多大价值的判断。所谓事实判断，在法学上是用来指称对客观存在的法律原则、规则、制度等所进行的客观分析与判断。在法律的实施过程中，对案件事实的认定总体上属于事实判断，但是认定案件事实离不开证据，一个证据有无证明力以及证明力大小需要相关主体做价值判断。A 项"经鉴定为重伤"是对案件事实的认识，属于事实判断。故 A 项错误。本案被告律师援引判例运用的是类比推理，通过两个案件的对比得出结论。所谓类比推理，就是根据两个或两类事物在某些属性上是相似的，从而推导出它们在另一个或另一些属性上也是相似的。故 C 项正确。本案中，法院援引司法解释而非判例，对案件作出了判决，这是因为判例不是我国正式的法的渊源，不具有普遍约束力。故 B 项正确，D 项错误。

15.【答案】C

【考点】法的概念的争议

【详解】这段话的意思是说，法律是法律，道德是道德，法与道德、正义无关。可见，它反映的是实证主义法学派的观点。实证主义法学派分为分析实证主义法学派和社会法学派，前者以权威性制定作为法的概念的一个必要的定义要素，后者以社会实效作为法的概念的一个必要的定义要素。与之相对的非实证主义法学派（自然法学派），则以内容的正确性作为法的概念的一个必要的定义要素。故 ABD 项错误，C 项正确。

2016 年

1.【答案】B

【考点】法律规则的分类；法律规则的逻辑结构

【详解】该条文表达的是法律规则，而不是法律原则，故 C 项错误；表达的是强行性规则，而不是禁止性规则，强行性规则与任意性规则相对，是指内容规定具有强制性质，不允许人们随便加以更改的法律规则，"应当"的表述即为典型，而禁止性规则是指规定人们的消极义务（不作为义务），即禁止人们作出一定行为的规则，典型的标志词如"禁止""不得"，故 A 项错误，B 项正确；表达的是行为模式，即人们如何具体地行为，而不是法律后果，故 D 项错误。

2.【答案】C

【考点】法律原则与法律规则的区别及其适用

【详解】一切法律规范都必须以作为"法律语句"的语句形式表达出来，具有语言的依赖性，法律原则也不例外，故 A 项错误。法律规则是法律中最具有硬度的部分，能最大限度地实现法律的确定性和可预测性，故 B 项错误。法律规则的规定是明确具体的，它着眼于主体行为及各种条件（情况）的共性；其明确具体的目的是削弱或防止法律适用上的"自由裁量"。与此相比，法律原则的着眼点不仅限于行为及条件的共性，而且关注它们的个别性，故 C 项正确。法律规则是以"全有或全无"的方式适用于个案当中，而法律原则的适用不同，因为不同的法律原则具有不同的"强度"（weight，分量），而且这些不同强度的原则甚至冲突的原则都可能存在于一部法律之中，故 D 项错误。

3.【答案】B

【考点】权利与义务的分类；法律关系的种类；法律关系主体

【详解】判决是个别性法律文件，适用于特定对象，不具有一般性约束力，故 A 项错误。相对义务又称对人义务，对应特定的权利人，本案中，甲和乙的抚养义务仅对应小琳，是为相对义务，故 B 项正确。判决在原被告之间形成保护性法律关系，被告（甲和乙）须支付原告（甲母）抚养费，故 C 项错误。法律关系主体是法律关系的参加者，即在法律关系中一定权力的享有者和一定义务的承担者。本案中，小琳尚不具有成为法律关系的行为能力，且不是诉讼当事人一方，所以不是民事诉讼法律关系的主体之一，故 D 项错误。

4.【答案】D

【考点】法的效力；法的溯及力

【详解】该法谚表达的主要是法律不溯及既往的一般原则，"法律为未来作规定"指的是不能用明天的法律来要求人们今天的行为，也不能用今天的法律来要求人们昨天的行为，"法官为过去作判决"指的是法官只能根据行为当时的法律对该行为作出判决。但是这一原则并非绝对，比如刑事法律中，各国通例均有"有利原则"作为例外，即法律原则上不溯及既往，但是有利于当事人的例外。故 D 项正确，ABC 项错误。

5.【答案】B

【考点】法的非正式渊源；设证推理；法律规则的逻辑结构；法适用的一般原理（法律证成）

【详解】设证推理是从所有能够解释事实的假设中优先选择一个假设的推论。这个推论的一般形式是：

C 被观察到或待解释的现象→待解释现象 C

如果 H 为真，那么 C 是当然结果→如果 H，则 C

因此，H →所以 H

本案中，邻居追赶盗贼遇到陈、崔二人，看到崔宁刚好携带 15 贯钱（待解释现象 C）；如果陈、崔自刘贵家盗走 15 贯钱并杀死刘贵（H），那么崔宁身上刚好携带 15 贯钱（C）；因此，可以推定，陈、崔自刘贵家盗走 15 贯钱并杀死刘贵（H）。可见，邻居断定崔宁为凶手运用的是设证推理方法，故 B 项正确。当今中国法的非正式渊源主要包括习惯、判例、政策等，话本小说《错斩崔宁》不能视为一种法的非正式渊源，故 A 项错误。"盗贼自刘贵家盗走 15 贯钱并杀死刘贵"表述的是法律规则中的行为模式，故 C 项错误。法律适用过程作为一个证成过程，法律决定的合理性取决于下列两个方面：一方面，法律决定是按照一定的推理规则从前提中推导出来的；另一方面，推导法律决定所依赖的前提是合理的、正当的。本案中，官府当庭拷讯二人，陈、崔屈打成招，官府据此作出的法律决定（处斩）不符合证成标准，故 D 项错误。

6.【答案】C

【考点】当代中国的法律解释体制；法律解释的种类；法律解释的方法

【详解】《立法法》第 53 条规定："全国人民代表大会常务委员会的法律解释同法律具有同等效力。"故 A 项错误。《宪法》第 67 条规定了全国人大常委会解释宪法和法律的权力，《立法法》第 48 条第 1 款规定："法律解释权属于全国人民代表大会常务委员会。"可见，全国人大常委会可以解释的不只是《刑法》，故 B 项错误。全国人大常委会的解释属于法定解释、正式解释，而不是学理解释，故 D 项错误。该解释将《刑法》第 158 条、第 159 条规定的适用范围限于依法实行注册资本实缴登记制的公司，而不适用于认缴登记制的公司，比条文中公司的字面含义要窄，属于限制解释，故 C 项正确。

7.【答案】B

【考点】法与道德

【详解】法律非常重要，但也是有限的，不能调整所有的社会关系，故 A 项错误。法官审案应区分法与道德问题，但可以进行价值判断，道德规范作为法的非正式渊源，有的情况下也可以作为司法裁判的理由，故 B 项正确，C 项错误。一般而言，道德规范的强制是内在的，法律规范则是外在的，具有国家强制性，故 D 项错误。

8.【答案】ACD

【考点】法律价值冲突及其解决；法的渊源

【详解】法无明文规定，则法官拥有较大自由裁量权，但并非不受任何限制，如本案中航空业惯例就是对法官自由裁量权的一个限制，故 B 项错误。行业惯例是法的非正式渊源，当法律决定不能从正式渊源中找到确定的大前提时，就需要诉诸非正式渊源，D 项正确。AC 项正确，故本题正确答案为 ACD。

9.【答案】BC

【考点】正式的法的渊源的效力原则

【详解】《危险化学品安全管理条例》属于行政法规，《安全生产法》属于法律（狭义），后者效力位阶高于前者，故 A 项错误。根据上位法优于下位法的原则，当两者规定冲突时，应适用《安全生产法》的规定，故 C 项正确；但是法院无权撤销《危险化学品安全管理条例》中与上位法相抵触的条款规定，故 D 项错误。通常认为，公法是配置和调整公权力的法律规范的总和，以保护国家（公共）利益为目的。公法的一方主体是国家或公权力，与另一方主体一般是不平等的隶属或服从关系。故 B 项正确。

10.【答案】ABCD

【考点】同一位阶的法的渊源之间的冲突原则

【详解】根据特别法优先原则，对于同一机关制定的法律，特别规定相对于同时施行或在先施行的一般规定优先适用。对于同一法律内部，规则相对于原则优先适用，穷尽法律规则，始得适用法律原则；分则相对于总则，具体规定相对于一般规定优先适用。故 ABCD 项均正确。

11.【答案】BD

【考点】法律责任的竞合；归责与免责；法律关系

【详解】如李某罪名成立，则既要承担刑事责任，也要承担还款的民事责任，两个责任并不冲突，不属于责任竞合，故 A 项错误。调整性法律关系是基于人们的合法行为而产生的、执行法的调整职能的法律关系，它所实现的是法律规范（规则）的行为规则（指示）的内容，故 B 项正确。所谓法律事实，就是法律规范所规定的、能够引起法律关系产生、变更和消灭的客观情况或现象，包括法律事件和法律行为，本案中，引起民事诉讼法律关系产生的法律事实有李某的借款、赵某的担保和王某的起诉等，故 C 项错误。王某免除李某的部分民事责任，是对自己权利的处分，他有权这样做，故 D 项正确。

【陷阱提示】法律责任的竞合，是指由于某种法律事实的出现，导致两种或两种以上的法律责任产生，而这些责任之间相互冲突的现象。如果数个法律责任可以被其中之一所吸收，如某犯罪行为的刑事责任吸收了其行政责任，或可以并存，如某犯罪行为的刑事责任与附带民事赔偿责任被同时追究，则不存在责任竞合的问题。当责任主体的数个法律责任既不能被其中之一所吸收，也不能并存，而如果同时追究，显然有悖法律原则与精神时，就发生法律责任间的冲突，产生竞合。本题中，李某一个行为导致了刑事和民事两种责任，但是两种责任可以并存，故不属于责任竞合。

12.【答案】ABC

【考点】守法；法的作用；法律监督；权利和义务的种类

【详解】守法即依照法律行使权利、履行义务的活动，不仅包括消极、被动的守法，也包括积极主动行使自己的权利，实施法律，王某申请信息公开的行为属于后者，故 A 项正确。判决环保局败诉体现了法的评价作用和强制作用，评价作用是指法院判决对环保局行为合法与否的评判作用，强制作用是指判决环保局败诉是对环保局违法行为的制裁，通过制裁强制其遵守法律，故 B 项正确。法律监督包括国家监督和社会监督，国家监督包括国家权力机关、行政机关和司法机关的监督，社会监督非国家机关的监督，指各政党、各社会组织和公民的监督，故 C 项正确。王某的诉权是相对权利，因为义务主体是特定的，故 D 项错误。

13.【答案】BCD

【考点】马克思主义关于法的本质的基本观点

【详解】根据马克思的这段话，法律是人的意识的产物，只有反映自由的自然规律的法律才是真正的法律，即自由的存在。也就是说，自由是衡量国家法律是否是真正的法律的标准，未能反映自由的无意识的自然规律的法律不是真正的法律，而真正的法律是人的实际自由存在的条件。故 A 项"法律永远是不自由的"错误，真正的法律即自由的存在；BCD 项正确。

14.【答案】ACD

【考点】法律解释的方法；法适用的步骤；内部证成与外部证成的区分

【详解】法官认为王某未经许可的购买行为适用"非法买卖"罪名，重要的理由在于氰化钠具有极大的毒害性，而刑法规定的目的，正是要通过对行为人的惩罚防止危险物质对人体和环境造成毒害，所以，王某虽然只有购买行为，也构成该罪。可见，法官对"非法买卖"进行了目的的解释，故 A 项正确。法律人查明和确认案件事实的过程不是一个纯粹的事实归结过程，而是一个在法律规范与事实之间的循环过程，即目光在事实与规范之间来回穿梭，故 B 项错误。法律决定按照一定的推理规则从相关前提中逻辑地推导出来，属于内部证成；对法律决定所依赖的前提的证成属于外部证成。前者关涉的只是从前提到结论之间推论是否是有效的，后者关涉的是对内部证成中所使用的前提本身的合理性，即对前提的证立，故 CD 项正确。

【陷阱提示】有一种观点认为，法官对"非法买卖"的解释属于文义解释。理由是，法官认为"非法买卖"并不要求兼有买进和卖出的行为，王某单独的购买行为也构成"非法买卖"，这是对"非法买卖"的文义解释，是以扩充"非法买卖"字面含义的方式所做的解释。这种观点是可以成立的。A 项表述肯定目的解释，但并未否定文义解释。

15.【答案】AB

【考点】法的概念的争议；法的价值；法律解释

【详解】安东尼与夏洛克的契约以金钱与身体（生命）作为对价，违背人权原则和平等原则，但是夏洛克主张有约必践，客观上体现了他的权利意识和契约精神，尽管这种权利要求违背人们的正义感。故 A 项正确，D 项错误。夏洛克有约必践的主张，本质上是"恶法亦法"的观点，故 B 项正确。鲍西娅对契约的解释运用的是文义解释，即所谓"一磅肉"，须"仅限一磅，不许相差分毫，也不许流一滴血"，而不是历史解释方法，故 C 项错误。

2017 年

1.【答案】D

【考点】法的价值的种类；法的价值冲突及其解决

【详解】自由和秩序都是法的最基本的价值。但相对于秩序价值，自由代表了人的最本质的人性需要，位于法的价值的顶端。故 A 项错误。法官认为"原告捏造、散布虚假事实的行为不属于言论自由"，因此不存在价值冲突。故 B 项错误。当然，法官的观点本身不仅是对案件事实的陈述，也包含着一种价值判断。故 C 项错误。人权既可以作为道德权利而存在，也可以作为法律权利而存在，言论自由具有道德权利和法律权利的双重属性。故 D 项正确。

2.【答案】C

【考点】法律规则的分类；法律原则与法律规则的区别；法律责任的竞合

【详解】委任性规则与确定性规则、准用性规则相对，是指内容尚未确定，而只规定某种概括性指示，由相应国家机关通过相应途径或程序加以确定的法律规则。不合题意，故 A 项错误。程序性原则与实体性原则相对，是直接指涉及程序法（诉讼法）问题的原则。该条文表达的是法律规则，而不是法律原则，是实体性规则，而不是程序性规则。故 B 项错误。强行性规则与任意性规则相对，是指内容规定具有强制性质，不允许人们随便加以更改

的法律规则。该条文关于"承担行政责任或者刑事责任不影响承担民事责任""优先用于承担民事责任"的规定均为强行性规定，不是随便可以更改的。符合题意，故 C 项正确。法律责任的竞合指的是同一法律主体实施一个行为，该行为符合两个或两个以上的法律责任构成要件，而该不同法律责任之间互相冲突。该条文规定不涉及具体法律行为，表达的不是法律责任的竞合，故 D 项错误。

【陷阱提示】该题极易错选 D 项。准确地说，该条文规定的是民事责任与行政责任、刑事责任竞合时，如何承担责任的规则，而不是关于法律责任竞合本身的规则。法律责任的竞合，是指由于某种法律事实的出现，导致两种或两种以上的法律责任产生，而这些责任之间相互冲突的现象。比如出卖人交付的物品有瑕疵，致使买受人的合法权益遭受侵害，买受人向出卖人既可主张侵权责任，又可主张违约责任，但这两种责任不能同时追究，只能追究其一，这种情况即是法律责任的竞合。一个条文如要表达法律责任的竞合规则，则需要有何种主体因何种行为导致哪些相互冲突的责任的内容，但题中条文显然不具备这些内容。故 D 项错误。

3.【答案】B

【考点】权利与义务；法律规则与法律原则的适用

【详解】姓名权属于法定权利，《民法典》《著作权法》等均有相关规定，故 A 项错误。姓名权是绝对权，对应不特定的义务人，故 C 项错误。冒犯原则也就是公序良俗原则，该原则认为法律禁止那些虽不伤害别人但却冒犯别人的行为是合理的。而王甲的行为已经误导了读者，侵害了原告的合法权益。故 D 项错误。法律原则可以弥补规则漏洞，纠正规则不正义，故 B 项正确。

4.【答案】C

【考点】当代中国法的正式渊源；当代中国法的非正式渊源；法律推理

【详解】在我国，指导性案例是非正式的法的渊源，故 A 项错误。规范性法律文件具有普遍适用、反复适用的效力，判决只是针对具体个案、具体当事人的适用，不具有普遍效力，属于非规范性法律文件，故 B 项错误。《最高人民法院关于案例指导工作的规定》第 1 条规定："对全国法院审判、执行工作具有指导作用的指导性案例，由最高人民法院确定并统一发布。"故 D 项错误。法官参照指导性案例作出判决，实际就是参照类案作出类似判决，属于类比推理，故 C 项正确。

5.【答案】C

【考点】法适用的一般原理；法律解释；法律体系

【详解】法律体系也称为部门法体系，是指一国的全部现行法律规范，按照一定的标准和原则，划分为不同法律部门而形成的有机整体。法律体系不包括

历史上已经失效的法。故 C 项说法错误。

6.【答案】A

【考点】法的产生；法产生的一般规律

【详解】题中解释说明，法的产生经历了从个别调整到规范性调整、一般规范性调整到法的调整的发展过程，故 A 项正确。同时可知，法律成为社会调整的主要工具，并不是一开始就存在的，故 B 项错误。该种解释没有说明经济因素和政治因素在法产生过程中的作用，也没有强调法与其他社会规范的区别，故 CD 项错误。

7.【答案】C

【考点】法的现代化的类型；当代中国法的现代化的特点

【详解】根据法的现代化的动力来源，法的现代化过程大体上可以分为内发型法的现代化和外源型法的现代化。内发型法的现代化是指由特定社会自身力量产生的法的内部创新。这种现代化是一个自发的、自下而上的、缓慢的、渐进变革的过程。这种类型的法的现代化是在西方文明的特定社会历史背景中孕育、发展起来的。外源型法的现代化具有被动性、依附性和反复性，一般表现为在外部因素的压力下，本民族的有识之士希望通过变法以图民族强盛。故 AB 项错误，C 项正确。中国法的现代化的启动形式是立法主导型，故 D 项错误。

8.【答案】AB

【考点】法的渊源

【详解】《条例》规范的对象是工业产品，《食品安全法》规范的对象是食品，两者不是特别与一般的关系；即使是特别法与一般法的关系，特别法优于一般法的原则也只是适用于相同位阶的法律渊源，不同位阶的法律渊源应当适用上位法优于下位法原则，因此甲公司说法不成立，故 A 项正确。《食品安全法》中规定食品生产经营许可的法律规范，是关于行政许可的规定，属于行政法规范，故 B 项正确。《立法法》第 110 条规定："国务院、中央军事委员会、国家监察委员会、最高人民法院、最高人民检察院和各省、自治区、直辖市的人民代表大会常务委员会认为行政法规、地方性法规、自治条例和单行条例同宪法或者法律相抵触，或者存在合宪性、合法性问题的，可以向全国人民代表大会常务委员会书面提出进行审查的要求，由全国人民代表大会有关的专门委员会和常务委员会工作机构进行审查、提出意见。前款规定以外的其他国家机关和社会团体、企业事业组织以及公民认为行政法规、地方性法规、自治条例和单行条例同宪法或者法律相抵触的，可以向全国人民代表大会常务委员会书面提出进行审查的建议，由常务委员会工作机构进行审查；必要时，送有关的专门委员会进行审查、提出意见。"故 C 项错误，法院无权直接撤销《条例》。《条例》与《食品安全法》都属于当代中国法的正式渊源，但《条例》属于行政法规，《食品安全法》才属于"法律"（狭义的法律），故 D 项错误。

9.【答案】ABC

【考点】法律关系；法律责任

【详解】根据《民法典》规定，被侵权人对损害的发生有重大过失的，可以减轻经营者的责任。因此，赵某是否存在重大过失（违反注意义务），是衡量法律责任轻重的重要标准，故 A 项正确。赵某与地铁公司之间的运输合同关系是第一性的法律关系（主法律关系），由此而产生的诉讼关系是第二性的法律关系（从法律关系），故 B 项正确。若经法院调解后赵某放弃索赔，则构成协议免责，故 C 项正确。D 明显错误。

【陷阱提示】有的人认为 C 项错误，理由在于，既然是赵某放弃索赔，应该是构成不诉免责。但是，不诉免责，指的是当事人不向法院起诉追究行为人的责任。根据题意，赵某已经起诉，且经法院调解也没有撤诉，故不构成不诉免责。从题意来看，经法院调解后赵某放弃索赔，而不是撤诉，意味着双方达成了不予索赔的合意（调解协议），构成协议免责，故 C 项正确。

10.【答案】ABC

【考点】法律规则与法律原则的适用

【详解】法律列举越详细，法的确定性和可预测性程度越高，故 A 项正确。法官判断原告取证是否违法时作了利益衡量，即认为原告取证目的并无不当，也未损害社会公共利益和他人合法权益，且该取证方式有利于遏制侵权行为，应认定合法，故 B 项正确。裁判事实不一定与客观事实完全一致，故 C 项正确。在使用条件上，应当优先适用法律规则，穷尽法律规则，方得适用法律原则，故 D 项错误。

11.【答案】ABC

【考点】法律规则；法律原则；权利与义务

【详解】A 项所述是准用性规则，正确。借助法律推理和法律解释，可以提高法律的适应性，如目的解释，也可以提高法律的确定性，如文义解释，故 B 项正确。法律原则相对于法律规则，概括条款相对于确定条款规定，具有较大的灵活性和伸缩性，通过法律原则、概括条款规定，可增强法律的适应性，故 C 项正确。法律的确定性跟义务性规则和权利性规则没有必然联系，义务性规则可能是确定的，也可能是不确定的，权利性规则同样如此，故 D 项错误。

12.【答案】ABC

【考点】法律规则的分类；法律解释的方法

【详解】准用性规则是指内容本身没有规定人们具体的行为模式，而是可以援引或参照其他相应内容规定的规则。《刑法》第 180 条第 4 款规定，"依照第一款的规定处罚"，表达的是准用性规则，并可以避免法条重复表述，故 AC 项正确。体系解释是指将被解释的法律条文放在整部法律中乃至整个法律体系中，联系此法条与其他法条的相互关系来解释法律。法院对第 4 款的解释，联系的是相关司法解释对《刑法》其他条款中"情节严重"的解释，并与此保持统一，属于体系解释，故 B 项正确。法院的解释背后，隐藏的是对解释结果公正的追求，故 D 项错误。

13.【答案】ACD

【考点】法的概念的争议；法的价值

【详解】依据人们对法与道德的关系的不同主张，大致上可以将法的概念区分出两种基本立场，即实证主义的法的概念和非实证主义或自然法的法的概念。所有的实证主义理论都主张，法和道德是分离的。所有的非实证主义理论都主张，法与道德是相互联结的。沙威"笃信法律就是法律"表达了实证主义的法律观，故 B 项错误。ACD 项正确。

14.【答案】BD

【考点】权利与义务

【详解】权利的行使与义务的履行均具有其界限，没有无限制的权利，也没有无限度的义务，故 B 项正确。但是义务具有强制履行的性质，而权利具有一定的自主性，权利主体可以按照自己的愿望决定是否实施某种行为。因此，依情理林某应探望儿子，但是探望权作为一种权利，不具有强制履行的性质，故从法理上看，法院不可判决其行使探望权。故 AC 项错误。权利总是与义务人的义务相连，需要相应的义务做保障。林某的探望权对应的是许某的协助义务，包括积极义务和消极义务，故 D 项正确。

15.【答案】CD

【考点】法律规则与语言；法律关系

【详解】青石上有百姓祖先名字的生活事实，可以被建构为乡绅夺去百姓祖先坟茔的案件事实，也可以建构为百姓暗中埋下的案件事实，故 A 项错误。表达法律规则的特定语句往往是一种规范语句。根据规范语句所运用的助动词的不同，规范语句可以区分为命令句和允许句。"有乡绅夺去祖先坟茔作了自家坟地"只是在描述一个事实，而不是表达一个规则，不是规范语句。故 B 项错误。CD 项正确。

2018 年

1.【答案】BC

【考点】法律规则、法律原则和法律条文的区别

【详解】法律规则的逻辑结构三要素，在表述中均可以被省略，但在逻辑上缺一不可。A 项正确。B 项前半句正确，假定条件、行为模式和法律后果是规则的逻辑结构，即这些只用来描述规则，对于原则不适用。B 项错误。规范性条文指的是直接表达法律规范

的条文。C 项错误。规则和条文的关系为内容与形式的关系，二者可以随意对应，规则可以通过条文来表述，也可以通过条文以外的其他形式，如判例和习惯来表述。条文既可以表达规则这一内容，也可以表达规则以外的其他内容，如法律概念，法律原则等。D 项正确。

2.【答案】AC

【考点】法律规则和法律原则的区别

【详解】法律规则因其内容明确具体，能够最大限度地实现法律的可预测性价值且能够有效地限制法官的自由裁量，因此在案件裁判中具有通常的优先地位。A 项正确。法律原则的适用条件更为严格而已，具体包括：一要穷尽规则，二要个案正义加更强理由。穷尽规则，方用原则，不能先适用原则。B 项错误。法律规则以全有或全无的方式适用于个案，规则竞争的结果是获胜的规则排除与其相竞争的规则。C 项正确。法律原则以权衡强度或分量的方式适用于个案，原则竞争的结果则是分量重的原则优先适用，落败的原则并非毫无分量，只是分量较轻不主导案件裁判罢了。D 项错误。

3.【答案】A

【考点】授权性规则和命令性规则；委任性规则和准用性规则

【详解】"出卖人交付的标的物不符合质量要求的，买受人可以依照本法第一百一十一条的规定要求承担违约责任。"这一法条从行为模式的角度，属于以可为模式为内容的授权性规则。"买受人可以依照本法第一百一十一条的规定要求承担违约责任"体现其内容不完整，属于需要援引、参考其他法条才能明确其具体内容的准用性规范。A 项正确。

4.【答案】B

【考点】调整性法律关系与保护性法律关系；横向法律关系与纵向法律关系

【详解】按照法律关系产生的依据、执行的职能和实现规范的内容不同，可以分为调整性法律关系和保护性法律关系。调整性法律关系是基于人们的合法行为而产生的、执行法的调整职能的法律关系，它所实现的是法律规范的行为规则的内容。保护性法律关系是由于违法行为而产生的、旨在恢复被破坏的权利和秩序的法律关系，它执行着法的保护职能，所实现的是法律规范的保护规则的内容，是法的实现的非正常形式。张某和李某之间因雇佣合同产生的是调整性法律关系，张某将李某打成重伤引起的法律关系属于保护性法律关系。A 项正确。张某和公安机关之间的关系因张某的犯罪行为所引发，故属于保护性法律关系。B 项错误。张某和检察院之间的买卖合同属于平等主体之间的民事法律关系，属于横向法律关系。C 项正确。张某和法院之间因审判而发生关系，属于纵向法律关系。D 项正确。

5.【答案】CD

【考点】法律解释

【详解】法官甲的解释属于文义解释，但并非有权解释，应该属于不具备规范性效力的非正式解释。A项错误。乙的解释并未参照立法意图和立法资料，不属于主观目的的解释。B项错误。丙将"他人"解释为包括男性，有利于发挥法律在当前社会中的积极作用，符合法律自身的目的，属于客观目的的解释。C项正确。最高人民法院副院长丁的解释属于分则联系总则的体系解释。D项正确。

6.【答案】C

【考点】法的继承

【详解】法律继承是指不同历史类型的旧法和新法之间的延续承接关系，因此只要新法和旧法属于不同历史类型即可，继承的对象并不局限于本民族的古代法律。A项错误。法律移植体现了本国对于国外先进制度的学习，因此移植的对象既包括外国的法律，也包括对国际条约和国际惯例的吸收和转化，故B项错误。法律继承主要体现为传统的延续，法律移植的主要动力则在于社会和法律发展的不平衡性，落后国家为了摆脱落后的局面，往往就需要学习国外的先进制度。C项正确。当前我国对于外国诉讼法的借鉴属于典型的法律移植。D项错误。

7.【答案】D

【考点】法律局限性

【详解】法律具有局限性，除了可以利用法律手段来处理社会问题外，还可以依靠政策、道德等其他社会规范来进行规制，A项说法过于绝对，错误。立法应当具有一定的前瞻性，从而对可能出现的社会问题进行事前预防。因此，并非只有当科技发展造成了实际危害后果时才能动用法律手段干预。故B项错误。根据禁止拒绝裁判原则，即法官不得以法律没有规定或规定不清为由拒绝裁判，故在民事案件的处理过程中，法律没有明文规定的情况下，法官仍可以适用非正式渊源或采用法律漏洞填补技术对案件作出处理。故C项错误。现行交通法规对无人驾驶汽车上路行驶尚无规定，属于立法空白，这是法律局限性的具体表现。故D项正确。

2019 年

1.【答案】ABC

【考点】公序良俗原则；公理性原则；事实判断和价值判断；内部证成

【详解】法院在裁判案件的过程中查清案件事实的做法，体现了事实判断；坚守法律和人伦底线否定乙的遗嘱效力，体现了价值判断。A项正确。公理性原则是具有普遍性的人类共同要求、世界各国普遍承认的原则，与只存在于特定国家或地区的政策性原则

相对应。尊重善良风俗属于公理性原则。B项正确。法院基于公序良俗原则认定协议内容无效，显然是为遗嘱继承应当优先于法定继承的规定创设了例外情形。C项正确。法院选择适用公序良俗原则裁判案件，需要对大前提法律规范作出充分的论证说理，而对前提的论证属于外部证成。D项错误。

2.【答案】C

【考点】民事权利；法的评价作用；规范性法律文件

【详解】姓名权是人格权，属于典型的绝对权，权利人以外的一般主体都负有尊重且不侵犯该权利的义务。A项错误。无民事行为能力人可以实施纯获利的行为，不享有任何民事权利的说法过于绝对，故B项错误。评价作用是指以法律为标准对他人已经作出的行动作出合法或违法的判定，法院通过判决对当事人的行为进行判定，直接体现了法律的评价作用。C项正确。法院的判决书只针对案件当事人发生效力，案外人则不受其约束，因此属于典型的非规范性法律文件。D项错误。

3.【答案】B

【考点】比例原则；法律实证主义；方法论；伤害原则

【详解】比例原则强调最小伤害，题干所述患者的同意权在任何情况下都应当绝对保护，与代价是否实现最小化无关，故A项错误。法律实证主义强调法律本身的权威性，主张社会公众应当严格遵守法律规定，不考虑其内容是否符合一般的道德观念。因此，医生严守法律体现了实证主义的立场。B项正确。目的论扩张是指结合立法目的，将本该包含但未必规定的情形纳入法律规范的调整范围；目的论限缩则是结合立法目的，将法律已规定但本不应当规定的情形排除在外。危重病人应该排除在同意权规定的适用范围之外，体现的是目的论限缩，故C项错误。本题中该病人是自我伤害，而非伤害他人，与伤害原则的内涵不符。立法者应当允许不经患者同意采取必要的医疗措施，更多体现了家长主义原则，故D项错误。

4.【答案】BCD

【考点】法律漏洞；法的价值；类比推理

【详解】因延迟办理房产证而形成的解除权的合理期限，现行法律并未作出规定，显然属于法律漏洞，但这一漏洞在立法之时就已存在，属于自始漏洞，并不属于因法律滞后于社会经济发展而导致的嗣后漏洞，故A项错误。当出现法律漏洞时，应结合立法目的进行扩张解释或限缩解释，以实现法律创设本应实现的目的，故B项正确。平衡买卖双方的利益和维护交易秩序稳定体现了法律对于正义的追求和对秩序的维护，体现了法的价值，故C项正确。类比推理是指基于两种情形的相似性而作出相

似处理的推理方式，法官基于延迟交房和延迟办证的相似性而作出相应判决的做法，正是类比推理的直接应用，故 D 项正确。

5.【答案】AB

【考点】道德与法律的关系

【详解】程序正义和结果正义构成正义的完整内涵，方法不同，程序不同，结果也自然各异。A 项正确。约定方案并严格履行是避免行动纷争的重要方法。B 项正确。任何社会规范都具有强制力，只不过道德规范往往通过内心强制、舆论强制等非正式的强制力量来实现其要求。道德缺乏强制力的说法错误，C 项错误。道德规范本身的模糊性，往往会因观念纷争导致行动上的冲突和矛盾，此时可以通过将一定限度的道德要求转化为法律规定，以相对清晰的行为标准来规制统一人们的行动，进而化解一定范围内的道德难题。D 项的说法过于绝对，错误。

6.【答案】B

【考点】法律解释

【详解】根据文义解释时的尺度不同，文义解释分为字面解释、限制解释和扩大解释。字面解释是指严格按照法律条文的字面含义所作出的解释。对字面的含义既不扩大，也不缩小。限制解释是指在法律条文的字面含义显然比立法原意为广时作出比字面含义为窄的解释。扩大解释是指法律条文的字面含义显然比立法原意为窄时所作出的此字面含义为广的解释。本题中《刑法》原文的"土地"在概念上是包括所有的土地在内的，但全国人大常委会将"土地"界定为"耕地、林地等农用地以及其他土地"，显然是缩小了土地的范围，如城市建设用地就被排除在外。因此，全国人大常委会采取的是限制解释，而非扩大解释。A 项错误。在我国，法定解释包括立法解释、司法解释和行政解释。立法解释由全国人大常委会作出，其效力和法律没有区别，属于正式的法的渊源。B 项正确。《立法法》第 48 条第 2 款规定："法律有以下情况之一的，由全国人民代表大会常务委员会解释：（一）法律的规定需要进一步明确具体含义的；（二）法律制定后出现新的情况，需要明确适用法律依据的。"因此，C 项情形应由全国人大常委会来解释。C 项错误。《立法法》第 119 条第 3 款规定："最高人民法院、最高人民检察院以外的审判机关和检察机关，不得作出具体应用法律的解释。"全国人大常委会对法律的解释效力与法律相同，最高人民法院和最高人民检察院的司法解释效力低于法律。D 项错误。

2020 年

1.【答案】D

【考点】法律和习惯

【详解】任何规范都有保证自己实现的力量，法

律的强制力是国家强制力，习惯的强制力往往来自社会舆论、个人自觉等主观因素，并非没有强制力。A 项错误。法律经过完整的立法程序成为有效的立法后，即具有强制力。公众是否遵守不影响法律的国家强制力。B 项错误。习惯是否具有成文形式并非其能够存续的关键，一般认为，习惯法也是不成文法最重要的表现形式之一。C 项错误。公布是法律生效的必要程序，法律未经公布不能生效。D 项正确。

2.【答案】C

【考点】法律解释

【详解】法律效力的有无和高低取决于其制定主体，司法审判是对法律规范的具体适用。A 项错误。法律解释包括正式解释和非正式解释，正式解释由特定的国家机关作出，不具有规范效力的非正式解释由社会公众（包括法官在内的法律人）等主体作出，法官并非唯一解释主体。B 项错误。法律在现实的司法审判中，只有经过法官的解释才能够真正作用于案件裁判，产生直接影响当事人具体权利义务关系的司法判决。C 项正确。立法、执法、司法活动均能设定义务，如执法机关通过行政处罚等方式对行政相对人产生具体的义务。D 项错误。

3.【答案】ABD

【考点】道德权利与法律权利的区分；人权的产生

【详解】人权是指每个人作为人应该享有的权利，是一种应然权利，具有自然法的属性，即属于道德层面上的权利。居住权作为人权的一种，既是道德权利，也是法律权利。《民法典》第 366 条对居住权作出规定，使得居住权从道德权利上升为法律权利。AB 项正确。法律具有局限性，法律规定的权利只是人权中最普遍享有的权利，或者是最容易受到侵犯的权利，因此，即使是人的基本需求，也无法都由法律作出规定。C 项错误。我国法律体系中，居住权首先出现于原《婚姻法》司法解释中，《最高人民法院关于适用〈中华人民共和国婚姻法〉若干问题的解释（一）》第 27 条第 3 款规定："离婚时，一方以个人财产中的住房对生活困难者进行帮助的形式，可以是房屋的居住权或者房屋的所有权。"此款体现了居住权对离婚后无房可居者的保护。《民法典》承继该精神，扩张了居住权的适用范围。D 项正确。

4.【答案】ACD

【考点】法的规范作用

【详解】法的强制作用的对象是违法行为，法的评价作用的结果通常表现为合法或者违法，检察机关认定丙构成正当防卫，依法不负刑事责任，属于法的评价作用。故 A 项错误。法的指引作用指法对本人的行为具有引导作用，包括权利的指引和义务的指引。故 B 项正确。维护社会治安，维持社会秩序属于法的社会作用。故 C 项错误。法的预测作用指一般人可以依据法律预先估计人们相互之间会如何行为。法

的教育作用指通过法的实施使法对一般人的行为产生影响，包括示范作用和示警作用。因此，本案体现了法的教育作用中的示范作用，而非预测作用。故 D 项错误。

5.【答案】ABC

【考点】法的现代化

【详解】根据法的现代化的动力来源，法的现代化过程大体上可以分为内发型法的现代化和外源型法的现代化。内发型法的现代化是指由特定社会自身力量产生的法的内部创新，是一个自发的、自下而上的缓慢的、渐进变革的过程。外源型法的现代化是指在外部环境影响下，社会受外力冲击引起思想、政治、经济领域的变革，最终导致法律文化领域的革新，外源型法的现代化具有被动性、工具性、反复性的特点。我国法的现代化肇始于"清末修律"，属于外源型法的现代化，属于"立法主导型"。"司法主导型"是以印度为代表的英美国家的殖民地法的现代化的基本方式。故 AB 项错误。法的现代化具有丰富的内涵，不仅要求法律制度的现代化，还要求整个法律文化的现代化如人们必须具备现代化的法律意识。故 C 项错误。法的现代化要求法律必须具有形式合理性和实质合理性。形式合理性指法具有可理解性、一致性、普遍性、公开性，法律一般是成文的以及不具有溯及既往的效力等。实质合理性则指法必须注重对现代价值的体现和保护，如尊重人的主体地位、保障人的权利与自由、维护人人平等、推动政治民主化等。故 D 项正确。

2021 年

1.【答案】C

【考点】法律局限性；法律移植

【详解】不同的语言可以通过学习掌握，但每个国家的法律都是基于本国国情和社会物质条件所制定的，并不相通，故 A 项错误。语言是模糊且不清晰的，因而会导致语言有歧义，但语言有歧义并不必然导致法律无效，故 B 项错误。法的移植反映一个国家对同时代其他国家法律制度的吸收和借鉴。吸收借鉴其他国家的法律制度以语言文字能够被翻译为前提，故 C 项正确。法律规范需要语言来表达，但规范未必就是法律。规范包括自然规范、技术规范和社会规范。社会规范又包括法律规范、道德规范、宗教规范等。因此，法律只是社会规范之一，故 D 项错误。

2.【答案】D

【考点】法律局限性；法律规则与法律原则

【详解】"一切规则皆有例外，例外也明示规则"的基本含义是，法律有其局限性，法律规则不可能事先对一切社会现象予以规范，因此一切法律规则都会

存在例外。法律具有局限性，法律漏洞必然存在。语言是不精确的，法律原则因其内容抽象模糊，更容易产生歧义。A 项错误。原则是规则的前提和基础，规则是原则在不同限定条件下细化的结果。BC 项错误，D 项正确。

3.【答案】ACD

【考点】法律规范；法律规则与法律原则

【详解】本条规定明确具体属于规则的表达，带有道义助动词"应当"，属于规范语句中的命令句，故 A 项错误。法律强制规定用人单位为员工缴纳工伤保险，体现了法律家长主义原则，故 B 项正确。原则是规则的前提和基础，C 项前半句正确，但是在法律适用中，规则因为明确具体而优先于原则适用。在没有规则以及使用规则可能导致极端的个案不公正的情况下才可以适用原则。本题应优先适用规则，故 C 项错误。绝对权利和义务，又称"对世权利"和"对世义务"，是对应不特定法律主体的权利和义务。甲和乙公司之间存在劳动合同关系，乙公司负有为甲购买工伤保险的义务，属于相对义务。故 D 项错误。

4.【答案】BCD

【考点】法律规则的分类

【详解】确定性规则的内容明确肯定，可直接适用，无须再援引或参照其他规则确定其内容。委任性规则的内容尚未确定，无法直接适用，需相应国家机关制定实施细则加以适用。本条属于确定性规则，故 A 项错误。强行性规则的内容规定具有强制性，行为人没有选择余地，不遵循规则要求的行为模式即为违法。本条属于强行性规则，故 B 项正确。义务性规则包括命令性规则与禁止性规则。命令性规则带有"应当""必须"等关键字，而禁止性规则带有"禁止""不得"等关键字。本条属于命令性规则，故 C 项正确。法律规则的三要素包括假定条件、行为模式、法律后果。本条仅表达了行为模式，未表达假定条件和法律后果。故 D 项正确。

5.【答案】BD

【考点】法律责任；法的规范作用；法律的时间效力

【详解】甲的行为属于《民法典》第 1217 条规定的"好意同乘"行为，其行为后果（法律责任）法律有明确规定，法院有权依法裁判，故 A 项错误。本案在法官主持下，以调解方式结案。但调解的前提是双方自愿，且调解书由甲乙双方签署。因此，本案属于典型的协议免责。故 B 项正确。本案甲的行为属于"好意同乘"，并非违法行为，因此并未体现法的强制作用。故 C 项错误。本案交通事故发生在 2020 年 12 月，《民法典》自 2021 年 1 月 1 日起实施。本案适用《民法典》第 1217 条的规定，涉及法的溯及力问题。本案适用《民法典》，体现了时间效力中的"有利追溯"，故 D 项正确。

6.【答案】B

【考点】法律解释

【详解】甲按照火灾通常的语言文字的含义来解释保险合同条款，属于文义解释。A项正确。比较解释是指根据外国的文法例和判例学对某个法律规定进行解释，利用另一个国家或者社会的法律状况证成某个法律解释结果。本题法官比较的是"火灾"这个词在日常生活中的含义与其在保险合同中的含义，不属于比较解释。B项错误。体系解释是指将被解释的法律条文放在整部法律中乃至整个法律体系中，联系此法条与其他法条的相互关系来解释法律。本题法官联系了保险合同关于"自燃"的单独条款与"火灾"条款后作出解释，属于典型的体系解释。故C项正确。本题中文义解释与体系解释产生了不同的解释结果，属于法律解释方法适用模式中的冲突模式，需要结合法律解释方法的位阶来确定哪一种解释方法更为优先。故D项正确。

2022 年

1.【答案】D

【考点】法的概念的争议；法的本质

【详解】是否承认法与道德之间存在本质的、必然的联系，是区分实证主义与非实证主义的主要标准。所有实证主义都认为法与道德是分离的；相反，非实证主义认为法与道德是相互联系的。A项错误。分析法学派与社会法学派都是实证主义法学派，社会法学派以社会实效作为法的首要构成要素，而分析法学派以权威性制定作为法的首要构成要素。"首要"意味着一类法的概念的构成要素并不绝对地排除另一类法的概念的构成要素，更多的法实证主义者是以社会实效和权威性制定这两个要素的相互结合来定义法的概念的，B项漏掉了"首要"二字，B项错误。按照马克思主义法学的观点，法律是统治阶级意志而非社会共同体意志的体现。C项错误。经过德沃金对哈特承认规则理论的批评和解构，分析法实证主义分裂为包容性法律实证主义与排他性法律实证主义。前者接受德沃金对法律实证主义的批评，认为一个特定的法律体系有可能依据承认规则使道德标准成为该体系的效力的必要或充分条件。后者不接受德沃金的批评，认为道德标准对一个规范的法律身份而言既不是充分条件也不是必要条件，法律是什么、不是什么，

是社会事实问题；这种观点的主要代表是拉兹，他认为每一条法律的存在和内容完全是由社会渊源决定的。D项正确。

2.【答案】C

【考点】权利与义务；法律部门；法的作用；法律原则的种类

【详解】按照法律规定，劳动者有不受歧视的权利，这种权利针对的是不特定的用人单位，属于绝对权。只有在乙公司歧视甲之后，二者之间才形成保护性法律关系，即保护甲免受乙公司歧视的权利，此时免受歧视的权利才是相对权。A项错误。《民法典》是民商法法律部门的主要法律，《就业促进法》属于典型的社会法部门。B项错误。法的强制作用指的是通过制裁违法犯罪行为来强制人们遵守法律。法院判决乙公司赔礼道歉，体现的正是将乙公司的歧视行为视为违法，从而对其进行制裁，同时赔礼道歉也体现出法律对乙公司的评价和教育作用。C项正确。公理性原则是由法律原理构成的原则，政策性原则是一个国家或民族出于一定的政策考量而制定的一些原则。公理性原则往往与法律所追求的价值和法律自身的理性要求有关，如人人平等。政策性原则往往与一个国家特定时期的政策追求紧密相关。劳动者不受歧视原则与人人平等、人权保障等基本原则一样，体现的都是法律所追求的特定价值和理性要求，所以《就业促进法》第三条规定的原则是公理性原则，而非政策性原则。D项错误。

2023 年

【答案】AD

【考点】法律效力；法律解释；备案审查

【详解】法一般不溯及既往，但在特殊情况下可以溯及既往，题干所述是《民法典》溯及力的体现，该司法解释确认了在特殊情况下《民法典》具有溯及力。A项正确。司法解释的效力低于法律。B项错误。题干中司法解释所规定的内容解决的是《民法典》在其生效前是否有溯及力的问题，而不是新法与旧法效力的问题。C项错误。《各级人民代表大会常务委员会监督法》第31条规定："最高人民法院、最高人民检察院作出的属于审判、检察工作中具体应用法律的解释，应当自公布之日起三十日内报全国人民代表大会常务委员会备案。"D项正确。

宪 法

2014 年

1.【答案】A

【考点】宪法修改

【详解】就宪法的修改方式而言，包括了全面修改与部分修改两种方式。全面修改是指以新法取代旧法，对宪法整体进行变动；部分修改是指在保持原宪法基本内容与结构不变的同时，对宪法有关条款加以变动。我国宪法共经过了三次全面修改，七次部分修改；现行宪法经过了五次部分修改。所以，A 项正确。《宪法》第 64 条规定，宪法的修改，由全国人民代表大会常务委员会或者 1/5 以上的全国人民代表大会代表提议，并由全国人民代表大会以全体代表的2/3 以上的多数通过。所以，B 项错误。根据《宪法》第 62 条的规定，修宪主体只能是全国人民代表大会，其他任何主体都不具有修改宪法的权力。全国人民代表大会常务委员会仅具有解释宪法与监督宪法实施的权力。所以，C 项错误。我国宪法并未明确规定宪法的修改方式，直至 1982 年宪法修改均是采用"直接修改"的方式，在 1988 年后宪法修改开始采用"宪法修正案"的方式，并且"宪法修正案"的方式由于有利于保持宪法的稳定性和权威性而延续下来，并被认为是中国重要的宪法惯例，所以 D 的表述也是错误的。

2.【答案】A

【考点】基本法

【详解】根据"一国两制"原则，特别行政区享有包括"财税自治"在内的高度自治权。特别行政区保持财政独立，其财政收入全部用于自身需要，不上缴中央人民政府。中央人民政府不在特别行政区征税。特别行政区实行独立的税收制度，也是单独的关税地区。特别行政区有权发行自己的货币并自行制定货币金融制度等。所以，A 项正确。根据《澳门特别行政区基本法》的规定，澳门特别行政区立法会举行会议的法定人数为不少于全体议员的 1/2。除基本法另有规定外，立法会的法案、议案由全体议员过半数通过。所以，B 项错误。根据《香港特别行政区基本法》的规定，香港特别行政区立法会由在外国无居留权的香港特别行政区永久性居民中的中国公民组成。但非中国籍的香港特别行政区永久性居民和在外国有居留权的香港特别行政区永久性居民也可以当选

为香港特别行政区立法会议员，其所占比例不得超过立法会全体议员的 20%。所以，C 项错误，香港立法会可以有外籍议员的存在，但是应该符合基本法规定的比例限制。根据《香港特别行政区基本法》的规定，香港特别行政区设立廉政公署，独立工作，对行政长官负责。所以，D 项错误，廉政公署并非对立法会负责，而是对行政长官负责。

3.【答案】C

【考点】公民的基本权利和义务

【详解】宪法规定，公民有纳税的义务。在本题中，作为待业人员的王某不具有收入来源，不缴纳个人所得税，但是其仍需要缴纳其他税种，所以 A 项表述是错误的。《宪法》第 55 条规定，保卫祖国、抵抗侵略是中华人民共和国每一个公民的神圣职责。依照法律服兵役和参加民兵组织是中华人民共和国公民的光荣义务。根据《兵役法》的规定，我国公民不分民族、种族、职业、家庭出身、宗教信仰和教育程度，凡年满 18 周岁的，都有义务依法服兵役。同时，针对全日制学校就学的学生可以缓征兵役，但毕业后，凡符合服现役条件的，仍可征集服现役。所以，B 项表述也是错误的。根据《宪法》第 34 条"中华人民共和国年满十八周岁的公民，不分民族、种族、性别、职业、家庭出身、宗教信仰、教育程度、财产状况、居住期限，都有选举权和被选举权"的规定，在我国选举权与被选举权一般是统一的，且除国籍、年龄、是否被剥夺政治权利三项条件外，其他不作任何限制。在本题中，王某符合上述条件，因此具有选举权和被选举权，C 项正确。我国《宪法》第 43 条第 1 款规定，中华人民共和国劳动者有休息的权利。休息权的主体仅限于"劳动者"，本题中王某作为待业人员，并不属于劳动者的范畴，所以不享有宪法意义上的休息权。因此，D 项错误。

4.【答案】A

【考点】基层群众自治

【详解】按照《村民委员会组织法》的规定，村民委员会根据村民的居住状况、人口多少，按照便于自治的原则设立。一般情况下，在每个自然村设立一个村民委员会，而人口较多、居住分散的自然村可以设立两个村民委员会，或者在两个人口较少的自然村一共设立一个村民委员会。村民委员会的设立、撤销、范围调整，由乡、民族乡、镇的人民政府提出，经村民会议讨论同意后，报县级人民政府批准。所

以，A 项正确。《宪法》第 111 条第 2 款和《村民委员会组织法》第 2 条第 2 款明确规定了村民自治的事务范围，即办理本村的公共事务和公益事业，调解民间纠纷，协助维护社会治安，向人民政府反映村民的意见、要求和提出建议。按照最为广泛的理解，任何涉及村民共同体的事务、涉及其公共利益的事业，都是村民群众"自己的事情"，属于自治事务。然而，村民委员会并不属于政权组织，特别是不直接隶属于基层政权，它们之间的职权是相互独立的，乡镇人民政府不得干预属于村民自治范围内的事项。有关征地补偿费用的使用和分配方案属于村民的公共事务，应当经村民会议讨论通过，但不需要报乡镇政府批准，否则就违背了村民自治的立法初衷，所以 B 项错误。根据《城市居民委员会组织法》的规定，居民公约由居民会议讨论制定，报不设区的市、市辖区的人民政府或者它的派出机关备案，由居民委员会监督执行。居民应当遵守居民会议的决议和居民公约。居民公约的内容不得与宪法、法律、法规和国家的政策相抵触。事实上，作为基层群众自治组织，基层政府对居民委员会的工作仅是给予指导、支持和帮助，而非领导居委会的工作，所以居民公约属于居委会的自治事项，仅需向基层政府备案即可，而不需要批准，所以 C 项错误。根据《城市居民委员会组织法》第 6 条的规定，居民委员会根据居民居住状况，按照便于居民自治的原则，一般在 100 户至 700 户的范围内设立。居民委员会的设立、撤销、规模调整，由不设区的市、市辖区的人民政府决定。所以，D 项错误，不设区的市、市辖区政府可以直接决定居委会的设置和变更。

5.【答案】C

【考点】监督程序

【详解】《各级人民代表大会常务委员会监督法》（以下简称《监督法》）第 8 条规定，各级人民代表大会常务委员会每年选择若干关系改革发展稳定大局和群众切身利益、社会普遍关注的重大问题，有计划地安排听取和审议本级人民政府、人民法院和人民检察院的专项工作报告。专项工作报告由人民政府、人民法院或者人民检察院的负责人向本级人民代表大会常务委员会报告，人民政府也可以委托有关部门负责人向本级人民代表大会常务委员会报告。故 A 项正确。根据《监督法》第 38 条规定，质询案既可以以书面方式提出，也可以以口头形式提出。质询案以口头答复的，由受质询机关的负责人到会答复。质询案以书面答复的，由受质询机关的负责人签署。故 B 项正确。关于特定问题调查，《监督法》第 42 条规定，调查委员会进行调查时，有关的国家机关、社会团体、企业事业组织和公民都有义务向其提供必要的材料。提供材料的公民要求对材料来源保密的，调查委员会应当予以保密。调查委员会在调查过程中，可以不公布调查的情况和材料。故 C 项错误。《监督法》第 46

条规定，撤职案的表决采用无记名投票的方式，由常务委员会全体组成人员的过半数通过。故 D 项正确。

6.【答案】ABD

【考点】执法为民

【详解】执法为民要求倡导和注重理性文明执法。理性文明执法是人民群众对于执法活动的强烈要求。执法机关及其工作人员要从有利于人民群众出发实施执法行为，冷静应对处置各种矛盾和冲突，遵守执法程序，讲究执法方式，改善执法态度，注重执法艺术，始终做到仪容整洁、言行文明、举止得当、尊重他人，使各种执法活动真正为广大人民群众所充分理解和接受。所以，A 项正确。执法为民也要求切实做到便民利民。便民利民是我们党的优良作风和传统在法治实践活动中的具体体现。要在不损害实质性法律利益和不违反法定程序的前提下，尽可能为人民群众行使权利和履行义务提供各种便利，不断改革和完善各种执法程序和执法手续，科学、合理地设置执法流程，减少当事人的成本和诉累。执法人员要牢固树立服务意识，寓管理于服务之中，用主动、热情和高效的服务，赢得人民群众对执法活动的配合和尊重。所以，B 项正确。社会主义法治高度重视和强调人民利益，倡导和要求执法为民，但并不意味着认同个人权利的绝对化。执法为民理念明确地寓含着引导和教育人民群众遵纪守法的要求。要引导和教育人民群众正确对待和行使自己的各项权利与自由，妥善、合理地处理个人与其他主体之间的利益矛盾与冲突，自觉履行法律义务、道德义务和社会责任，在行使个人权利、享受个人自由的同时，不得损害他人合法利益和社会利益。社会主义法治执法为民的理念，与资本主义法治理论中以自由资本主义为实践背景的"个人权利至上"的主张存在着重要区别。所以，C 项错误。执法为民是中国共产党始终坚持立党为公、执政为民宗旨的必然要求，是"一切权力属于人民"的宪法原则的具体体现，也是党的执政理念在法治领域的具体贯彻，保证社会主义法治始终保持的正确方向。所以，D 项正确。

7.【答案】AB

【考点】国家机构的组织和职权

【详解】《选举法》明确规定，全国和地方各级人民代表大会的代表受选民和原选举单位的监督。根据这一规定，不设区的市、市辖区、县、自治县、乡、民族乡、镇的人大代表受原选区选民的监督；全国人大代表，省、自治区、直辖市人大代表，设区的市、自治州人大代表受原选举单位的监督。所以，A 项正确。《宪法》第 93 条规定，中央军事委员会实行主席负责制。所以，B 项正确。《审计法》第 5 条规定，审计机关依照法律规定独立行使审计监督权，不受其他行政机关、社会团体和个人的干涉。《审计法》第 9 条规定，地方各级审计机关对本级人民政府和上一级审计机关负责并报告工作，审计业务以上级审计机关领导为主。因此，地方审计机关为双重领导体制，C 项错误。根据《地方各级人民代表大会和地方各级人民政府组织法》（以下简称《地方组织法》）第 85 条规定，省、自治区的人民政府在必要的时候，经国务院批准，可以设立若干派出机关。县、自治县的人民政府在必要的时候，经省、自治区、直辖市的人民政府批准，可以设立若干公所，作为它的派出机关。市辖区、不设区的市的人民政府，经上一级人民政府批准，可以设立若干街道办事处，作为它的派出机关。所以，D 项错误，市辖区的政府设立街道办事处，应该经上一级人民政府批准，而非本级人大的批准。

8.【答案】ABCD

【考点】立法权限；立法程序；法律解释；立法监督

【详解】根据《立法法》第 49 条的规定，国务院、中央军事委员会、国家监察委员会、最高人民法院、最高人民检察院、全国人民代表大会各专门委员会，可以向全国人民代表大会常务委员会提出法律解释要求或者提出相关法律案。省、自治区、直辖市的人民代表大会常务委员会可以向全国人民代表大会常务委员会提出法律解释要求。由此可见，有权提出法律解释要求的主体是特定的，在地方国家机关层面上，仅是省、自治区、直辖市的人民代表大会常务委员会可以提出，而非地方各级政府均可以向全国人大常委会提出法律解释的要求。所以，A 项错误。《立法法》第 11 条规定的法律保留事项包括"对公民政治权利的剥夺、限制人身自由的强制措施和处罚"，第 12 条进一步规定了"有关犯罪和刑罚、对公民政治权利的剥夺和限制人身自由的强制措施和处罚、司法制度"属于绝对法律保留的事项，全国人大及其常委会不得授权国务院制定行政法规。所以，B 项错误。《立法法》第 18 条规定，一个代表团或者 30 名以上的代表联名，可以向全国人民代表大会提出法律案，由主席团决定是否列入会议议程，或者先交有关的专门委员会审议、提出是否列入会议议程的意见，再决定是否列入会议议程。专门委员会审议的时候，可以邀请提案人列席会议，发表意见。所以，C 项错误，邀请提案人参与议案审议是"可以"而非"应当"。《立法法》第 97 条第 5 项规定，地方人民代表大会常务委员会有权撤销本级人民政府制定的不适当的规章。所以对人民政府制定的不适当规章的撤销权在本级人大常委会，而非本级人民代表大会，所以 D 项错误。

9.【答案】BD

【考点】选举制度；罢免

【详解】《选举法》第 8 条规定，全国人民代表大会和地方各级人民代表大会的选举经费，列入财政预算，由国库开支。也就是说，全国人民代表大会和地方各级人民代表大会因选举而发生的各项费用，均由国家财政开支。《解放军选举人大代表办法》第 39 条规定，军队选举经费由军费开支。A 项错误，选举经费由国库开支，并不意味着由中央财政统一开支。香港特别行政区全国人大代表的选举与一般省级地方人大的选举不同，采用选举会议的方式进行。香港特别行政区全国人大代表选举会议第一次会议由全国人民代表大会常务委员会召集，根据全国人民代表大会常务委员会委员长会议的提名，推选选举会议成员组成主席团。主席团从其成员中推选常务主席一人。主席团主持选举会议。主席团常务主席主持主席团会议。所以，B 项正确。《选举法》第 51 条规定，县级以上的地方各级人民代表大会举行会议的时候，主席团或者 1/10 以上代表联名，可以提出对由该级人民代表大会选出的上一级人民代表大会代表的罢免案。在人民代表大会闭会期间，县级以上的地方各级人民代表大会常务委员会主任会议或者常务委员 1/5 以上组成人员联名，可以向常务委员会提出对由该级人民代表大会选出的上一级人民代表大会代表的罢免案。所以，C 项错误。《选举法》第 30 条规定，各政党、各人民团体，可以联合或者单独推荐代表候选人。选民或者代表，10 人以上联名，也可以推荐代表候选人。所以，D 项正确。

10.【答案】AB

【考点】民族区域自治制度

【详解】根据《民族区域自治法》规定，民族自治地方的人民法院和人民检察院对本级人民代表大会及其常务委员会负责。民族自治地方人民法院的审判工作，受最高人民法院和上级人民法院监督。所以，A 项正确。根据《宪法》第 113 条、第 114 条的规定，自治区、自治州、自治县的人民代表大会中，除实行区域自治的民族的代表外，其他居住在本行政区域内的民族也应当有适当名额的代表。自治区、自治州、自治县的人民代表大会常务委员会中应当由实行区域自治的民族的公民担任主任或者副主任。自治区主席、自治州州长、自治县县长由实行区域自治的民族的公民担任。我国包括民族自治地方政府在内的地方各级人民政府均实行行政首长负责制。所以，B 项正确。《宪法》第 116 条规定，民族自治地方的人民代表大会有权依照当地民族的政治、经济和文化的特点，制定自治条例和单行条例。自治区的自治条例和单行条例，报全国人民代表大会常务委员会批准后生效。自治州、自治县的自治条例和单行条例，报省或者自治区的人民代表大会常务委员会批准后生效，并报全国人民代表大会常务委员会备案。所以，C 项错误，民族自治区的自治条例和单行条例由全国人民代表大会常务委员会批准后生效，而非由全国人大批准。《民族区域自治法》第 44 条规定，民族自治地方实行计划生育和优生优育，提高各民族人口素质。民族自治地方的自治机关根据法律规定，结合本地方的实际情况，制定实行计划生育的办法。所以，D 项错误。

11.【答案】ACD

【考点】宪法效力及其范围

【详解】宪法修正案是对宪法的完善和补充，它体现了宪法灵活性与稳定性的统一，是宪法的当然组成部分，与宪法其他条文具有同等的效力。所以，A 项正确。宪法适用于所有本国公民，无论公民生活在国内还是在国外。由于宪法效力适用于所有公民，定居国外的公民也应受宪法的保护。所以，B 项错误。外国人和法人在一定的条件下可以成为行使某些基本权利的主体，在享有基本权利的范围内，宪法效力适用于外国人和法人的活动。由此，C 项正确。宪法的空间效力及于国家行使主权的全部空间，即国家领土。领土包括一个国家的陆地、河流、湖泊、内海、领海以及它们的底床、底土和领空，是主权国家管辖的国家全部疆域。任何一个主权国家的宪法空间效力都及于国土的所有领域，也及于这一主权国家的所有公民，这是主权的唯一性和不可分割性决定的，也是由宪法的根本法地位决定的。所以，D 项正确。

12.【答案】AD

【考点】经济制度

【详解】《宪法》第 15 条第 1 款规定，国家实行社会主义市场经济。故 A 项正确。《宪法》第 16 条规定，国有企业在法律规定的范围内有权自主经营。国有企业依照法律规定，通过职工代表大会和其他形式，实行民主管理。因此 B 项错误。《宪法》第 8 条第 1 款规定，农村集体经济组织实行家庭承包经营为基础、统分结合的双层经营体制。农村中的生产、供销、信用、消费等各种形式的合作经济，是社会主义劳动群众集体所有制经济。参加农村集体经济组织的劳动者，有权在法律规定的范围内经营自留地、自留山、家庭副业和饲养自留畜。所以 C 项错误。《宪法》第 10 条规定，土地的使用权可以依照法律的规定转让。所以 D 项正确。

13.【答案】AC

【考点】行政区划

【详解】本题考查的是我国行政区划的设立和变更制度。行政区域的设立及其变更必须严格地依法进行，它是国家实现其职能的保障。根据《宪法》第 62 条的规定，全国人大批准省、自治区和直辖市的建置。A 项正确。根据《宪法》第 89 条的规定，国务院批准省、自治区、直辖市的区域划分，批准自治州、县、自治县、市的建置和区域划分。因此，B 项错误，C 项正确。《宪法》第 107 条第 3 款规定，省、直辖市的人民政府决定乡、民族乡、镇的建置和区域划分。因此，D 项错误。

2015 年

1.【答案】B

【考点】宪法的制定

【详解】A 项错误，制宪权与修宪权是两种不同性质的权力。修宪权受制宪权的约束，不得违背制宪权的基本精神和原则。B 项正确，人民作为制宪主体并不意味着人民直接参与制宪的过程，也可以通过对宪法草案发表意见来参与。C 项错误，关于宪法的制定《宪法》本身没有规定，《宪法》第 62 条只规定了我国宪法的修改由全国人民代表大会以全体代表的 2/3 以上的多数通过。D 项错误，1954 年宪法是第一届全国人民代表大会第一次会议以中华人民共和国全国人民代表大会公告形式公布，自通过之日起生效。

2.【答案】C

【考点】宪法的渊源

【详解】综观世界各国宪法，宪法的渊源主要有宪法典、宪法性法律、宪法惯例、宪法判例、国际条约和国际习惯等。但一国或一国不同历史时期的宪法究竟采取哪些渊源形式，则取决于其本国的历史传统和现实政治状况等综合因素。故 A 项正确。宪法惯例是指宪法条文无明确规定，但在实际政治生活中已经存在，并为国家机关、政党及公众所普遍遵循，且与宪法具有同等效力的习惯或传统。故 B 项正确。宪法性法律是从部门法意义上按法律规定的内容、调整的社会关系进行分类所得出的结论。它是指一国宪法的基本内容不是统一规定在一部法律文书之中，而是由多部法律文书表现出来的宪法。主要有两种情况：一是指在不成文宪法国家中，国家最根本、最重要的问题不采用宪法典的形式，而由多部单行法律文书予以规定。宪法性法律制定和修改的机关、程序通常与普通法律制定和修改的机关和程序相同。二是指在成文宪法国家中，由国家立法机关为实施宪法而制定的有关规定宪法内容的法律，即部门法意义上的宪法，如组织法、选举法、代表法等。故 C 项错误。宪法判例是指宪法条文明文规定，而由司法机关在审判实践中逐渐形成并具有实质性宪法效力的判例。宪法判例在普通法系国家的宪法渊源中占有重要地位。在成文宪法国家，尽管法院的判决必须符合宪法的规定，因而不能创造宪法规范，但有些国家的法院享有宪法解释权，因而法院在具体案件中基于对宪法的解释而作出的判决对下级法院也有约束力。故 D 项正确。

3.【答案】B

【考点】国家的基本社会制度

【详解】我国现行宪法对基本社会制度的规定主要包括以下方面：社会保障制度、医疗卫生事业、劳动保障制度、社会人才培养制度、计划生育制度、社会秩序及安全维护制度，故 B 项正确。发展社会科学

宪法

事业是国家基本文化制度的内容，故 A 项错误。关于社会弱势群体和特殊群体的社会保障的规定是社会实质平等原则的体现，故 C 项错误。《宪法》第 14 条第 4 款规定，国家建立健全同经济发展水平相适应的社会保障制度，故 D 项错误。

4.【答案】D
【考点】我国的行政区域划分
【详解】根据《宪法》规定，我国行政区域变更的法律程序包括：（1）省、自治区、直辖市的设立、撤销、更名，特别行政区的设立，应由全国人大审议决定（《宪法》第 62 条）；（2）省、自治区、直辖市行政区域界线的变更，自治州、县、自治县、市、市辖区的设立、撤销、更名或者隶属关系的变更，自治州、自治县的行政区域界线的变更，县、市的行政区域界线的重大变更，都须经国务院审批（《宪法》第 89 条）；（3）县、市、市辖区部分行政区域界线的变更，国务院授权省、自治区、直辖市人民政府审批，并报国务院备案（《行政区划管理条例》第 8 条）；（4）乡、民族乡、镇的设立、撤销、更名或者变更行政区域的界线，由省、自治区、直辖市人民政府审批（《宪法》第 107 条）。据此可知，A 项错误，甲县更名须经国务院审批；B 项错误，乙省行政区域界线的变更，须经国务院审批；C 项错误，丙镇与邻镇合并，由两镇所属的省级政府审批。D 项正确。

5.【答案】D
【考点】民族区域自治制度
【详解】民族自治权由民族自治地方的自治机关行使。《宪法》第 112 条规定，民族自治地方的自治机关是自治区、自治州和自治县的人民代表大会和人民政府，不包括审判机关和检察机关。故 A 项错误。《立法法》第 93 条第 1 款规定："省、自治区、直辖市和设区的市、自治州的人民政府，可以根据法律、行政法规和本省、自治区、直辖市的地方性法规，制定规章。"可见自治州人民政府可以制定政府规章。《立法法》第 85 条第 2 款规定："自治条例和单行条例可以依照当地民族的特点，对法律和行政法规的规定作出变通规定，但不得违背法律或者行政法规的基本原则，不得对宪法和民族区域自治法的规定以及其他有关法律、行政法规专门就民族自治地方所作的规定作出变通规定。"可知，只有自治条例和单行条例可以对法律和行政法规作出变通规定，法律没有规定民族自治地方的政府规章可以对部门规章作出变通规定，故 B 项错误；自治条例不得对宪法和民族区域自治法的规定以及其他有关法律、行政法规专门就民族自治地方所作的规定作出变通规定，故 C 项错误。《民族区域自治法》第 19 条规定，自治州、自治县的自治条例和单行条例报省、自治区、直辖市的人民代表大会常务委员会批准后生效，并报全国人民代表大会常务委员会和国务院备案。故 D 项正确。

6.【答案】C
【考点】平等权
【详解】《宪法》规定，中华人民共和国年满 18 周岁的公民，不分民族、种族、性别、职业、家庭出身、宗教信仰、教育程度、财产状况、居住期限，都有选举权和被选举权；但是依照法律被剥夺政治权利的人除外。可知，性别是宪法列举的禁止差别的理由，但年龄不是，年满 18 周岁始享有选举权。故 C 项错误。ABD 项均表述正确。

7.【答案】D
【考点】中央军事委员会
【详解】根据《宪法》第 93 条、第 94 条规定，中央军事委员会实行主席负责制。中央军事委员会每届任期同全国人民代表大会每届任期相同。中央军事委员会主席对全国人民代表大会和全国人民代表大会常务委员会负责。故 ABC 项正确。根据《宪法》第 62、67 条规定，中央军委副主席由全国人大根据中央军委主席的提名，决定产生；在全国人大闭会期间，由全国人大常委会根据中央军委主席的提名，决定产生。故 D 项错误。

8.【答案】BD
【考点】宪法规范
【详解】组织性规范主要涉及国家政权机构的建立与具体的职权范围等。宪法中有关国家机构部分主要体现组织性规范的要求。题中条文不属于组织性规范，故 A 项错误。我国宪法尚不能在司法判决中直接引用，故 C 项错误。姓名权是人格权的一种，B 项正确。D 项表述明显是正确的。

9.【答案】BD
【考点】国家的基本文化制度
【详解】爱国统一战线是我国人民民主专政的主要特色，不属于文化制度的内容，故 A 项错误。自近代意义的宪法产生以来，文化制度便成为宪法不可缺少的重要内容。1919 年德国魏玛宪法第一次比较全面系统地规定了文化制度，为许多资本主义国家宪法所效仿。因此不能认为是否较为系统地规定文化制度，是社会主义宪法区别于资本主义宪法的重要标志之一。故 C 项错误。BD 项明显是正确的。

10.【答案】ACD
【考点】选举制度
【详解】《选举法》第 49、53 条规定，县人大代表由直接选举产生，乙县选民有权罢免之（须经原选区过半数的选民通过），故 A 项正确。根据《选举法》第 54 条规定，县级的人民代表大会代表可以向本级人民代表大会常务委员会书面提出辞职。故 B 项错误。《选举法》第 58 条规定，破坏选举，应承担相应法律责任，故 C 项正确。《选举法》第 39 条规定，县级以上的地方各级人民代表大会在选举上一级人民代表大会代表时，由各该级人民代表大会主席团主持。《选举法》第 59 条规定，主持选举的机构发现有破坏选举的行为或者收到对破坏选举行为的举报，应当及时依法调查处理；需要追究法律责任的，及时移送有关机关予以处理。故 D 项正确。

11.【答案】ABCD

【考点】村民委员会

【详解】《村民委员会组织法》第 23 条规定，村民会议有权撤销或者变更村民委员会不适当的决定。故 A 项正确。《村民委员会组织法》第 36 条规定："村民委员会或者村民委员会成员作出的决定侵害村民合法权益的，受侵害的村民可以申请人民法院予以撤销，责任人依法承担法律责任。村民委员会不依照法律、法规的规定履行法定义务的，由乡、民族乡、镇的人民政府责令改正。"故 BC 项正确。《村民委员会组织法》第 16 条规定："本村五分之一以上有选举权的村民或者三分之一以上的村民代表联名，可以提出罢免村民委员会成员的要求，并说明要求罢免的理由。"故 D 项正确。

12.【答案】CD

【考点】我国的宪法监督制度

【详解】设区的市的市政府依法制定的《关于加强历史文化保护的决定》属于地方政府规章。根据《立法法》第 108 条规定，地方人民代表大会常务委员会有权撤销本级人民政府制定的不适当的规章。据此，市人大常委会有权撤销该决定，上级人大常委会无权撤销该决定，A 项错误。该决定与上位法不一致，当适用上位法优于下位法原则。根据《立法法》第 107 条规定，下位法违反上位法规定的，由有关机关依法予以改变或者撤销。因此法院不可作出合法性解释，B 项错误。"文化部有关文化保护的规定"属于部门规章。根据《立法法》第 102 条规定："部门规章之间、部门规章与地方政府规章之间具有同等效力，在各自的权限范围内施行。"故 C 项正确。根据《立法法》第 106 条规定，部门规章之间、部门规章与地方政府规章之间对同一事项的规定不一致时，由国务院裁决。故 D 项正确。

13.【答案】CD

【考点】我国的宪法监督制度；完善中国特色社会主义法律体系，加强宪法实施

【详解】A 项应当是"完善"全国人大及其常委会宪法监督制度，健全宪法解释程序机制。宪法监督制度在我国已经建立，应当是逐步完善，故 A 项错误。健全有立法权的人大主导立法工作的体制，是要发挥人大及其常委会在立法工作中的主导作用，而不是规范和减少政府立法活动，加强和改进政府立法制度建设是完善立法体制的重要一环。故 B 项错误。CD 项均符合党的十八届四中全会《决定》要求。

14.【答案】AC

【考点】人民代表大会制度；地方各级人大常委会的组成

【详解】全国人大和地方各级人大都是代表人民全权行使国家权力的机关。A 项正确。全国人大是国家最高权力机关，地方各级人大是地方各级国家权力机关，二者不是领导与被领导的关系，但存在法律上的监督关系、工作上的联系和指导关系。故 B 项错误。人大是国家权力机关，在整个国家体系中居于主导地位，其他国家机关都由同级人大选举产生，对其负责，受其监督。全国人大在国家机构体系中居于最高地位，不受任何其他国家机关的监督。故 C 项正确。根据《宪法》第 103 条规定，县级以上地方各级人大设立常务委员会，由主任、副主任若干人、秘书长、委员若干人组成。因此，只有县级以上地方各级人大设立常务委员会，乡级人大不设常委会；另外，省级、地市级人大常委会组成人员还包括秘书长。故 D 项错误。

【陷阱提示】C 项关于全国人大"不受任何其他国家机关的监督"的表述，容易被认为是错误的，似乎违背人们关于有权力必有监督的通常认知。事实上，人民代表大会制度是由社会主义国家一切权力属于人民决定的，其逻辑起点是主权在民，核心原则是人民主权。因此，人民代表大会要向人民负责，受人民监督，但不受其他国家机关监督，其他国家机关都是由全国人大产生的。

15.【答案】BCD

【考点】我国公民的基本权利

【详解】政府违法拆迁侵犯张某的财产权；中学不给办理新学期注册手续，侵犯张某儿子的受教育权；财政局解除劳动合同，侵犯李某的劳动权。故 BCD 项正确。题中某县政府是以较低补偿标准进行征地拆迁，并未采取进一步措施侵犯和破坏张某的住宅，故 A 项错误。

【陷阱提示】住宅不受侵犯是指任何机关、团体的工作人员或者其他个人，未经法律许可或未经户主等居住者的同意，不得随意进入、搜查或查封公民的住宅。住宅不受侵犯属于广义的人身自由权的范围。住宅是公民日常生活、工作、学习的场所，因此保护了公民的住宅，也就保护了公民的居住安全和生活安定，也就进一步保护了公民的人身自由权利。题中政府违法拆迁侵犯的是张某的财产权（补偿标准较低），而不是人身自由权意义上的住宅不受侵犯权。当然，如果政府强拆，侵占、损毁张某房屋，那么不仅侵犯财产权，也侵犯人身自由权。

16.【答案】ABC

【考点】全国人大的职权；全国人大常委会的职权；国务院的职权

【详解】根据《宪法》第 62、67 条规定，国务院编制和执行国民经济和社会发展计划和国家预算。全国人大审查和批准国民经济和社会发展计划和计划

执行情况的报告，审查和批准国家的预算和预算执行
情况的报告。全国人大常委会在全国人民代表大会闭
会期间，审查和批准国民经济和社会发展计划、国家
预算在执行过程中所必须作的部分调整方案。故 C
项正确，D 项错误。AB 项符合《预算法》的规定。

17.【答案】ACD
【考点】宪法解释
【详解】各国宪法解释的机关主要分为代议机
关、司法机关和专门机关三类。由司法机关按照司法
程序解释宪法的体制起源于美国，即司法审查制度，
它是指法院一般遵循"不告不理"和附带性审查的
原则，只有在审理案件时才可以附带性地审查其所适
用的法律是否违宪，如果认为违宪可宣布拒绝在本案
中适用。故 A 项正确。德国的宪法解释机关是宪法
法院，其对宪法含义的解释与司法审查制不同，不是
必须结合具体案件。故 B 项错误。我国的宪法解释
权由全国人大常委会行使，全国人大常委会的宪法解
释具有最高的、普遍的约束力。故 C 项正确。国务
院无宪法解释权；因为宪法是根本法，国务院在制定
行政法规时不得与宪法相违背，必然涉及对宪法含义
的理解。故 D 项正确。

2016 年

1.【答案】D
【考点】宪法典的结构
【详解】就宪法典的总体结构而言，一般包括序
言、正文、附则三大部分。从形式上看，各国宪法序
言的长短不尽相同，故 A 项错误。附则的效力通常
具有特定性和临时性，但我国宪法没有附则，故 B
项错误。国家和社会生活诸方面的基本原则一般规定
在正文之中，故 C 项错误。中华人民共和国成立后
的前三部宪法均将国家机构置于公民的基本权利和义
务之前，现行宪法调整了这种结构，将公民的基本权
利和义务一章提到国家机构之前，故 D 项正确。

2.【答案】D
【考点】宪法效力
【详解】题干所述为《立法法》第 98 条之规定。
该条文中第二处"法律"指的是全国人大及其常委
会制定的法律，第一处"法律"指的是广义的法律。
故 A 项错误。宪法效力具有最高性与直接性。在整
个法律体系中宪法效力是最高的，不仅成为立法的基
础，同时对立法行为与依据宪法进行的各种行为产生
直接的约束力。故 BC 项错误。D 项正确。

3.【答案】B
【考点】国家的基本经济制度；宪法修改
【详解】在我国，国有企业和国有自然资源是国
家财产的主要部分。此外，国家机关、事业单位、部
队等全民单位的财产也是国有财产的重要组成部分。

故 A 项错误。《宪法》第 10 条第 1、2 款规定："城
市的土地属于国家所有。农村和城市郊区的土地，除
由法律规定属于国家所有的以外，属于集体所有；宅
基地和自留地、自留山，也属于集体所有。"故 B 项
正确，C 项错误。在 1993 年以前，社会主义全民所
有制经济一般被称为国营经济。1993 年 3 月 29 日第
八届全国人大一次会议通过的宪法修正案将"国营
经济"修改为"国有经济"。《宪法》第 7 条规定：
"国有经济，即社会主义全民所有制经济，是国民经
济中的主导力量。国家保障国有经济的巩固和发
展。"故 D 项错误。

4.【答案】A
【考点】选举机构
【详解】《选举法》第 9 条第 1、2 款规定："全
国人民代表大会常务委员会主持全国人民代表大会代
表的选举。省、自治区、直辖市、设区的市、自治州
的人民代表大会常务委员会主持本级人民代表大会代
表的选举。不设区的市、市辖区、县、自治县、乡、
民族乡、镇设立选举委员会，主持本级人民代表大会
代表的选举。不设区的市、市辖区、县、自治县的选
举委员会受本级人民代表大会常务委员会的领导。
乡、民族乡、镇的选举委员会受不设区的市、市辖
区、县、自治县的人民代表大会常务委员会的领
导。"故 B 项错误，县级人大代表选举由选举委员会
主持；C 项错误，全国人大代表的选举，由全国人大
常委会主持。《选举法》第 10 条规定："不设区的
市、市辖区、县、自治县的选举委员会的组成人员由
本级人民代表大会常务委员会任命。乡、民族乡、镇
的选举委员会的组成人员由不设区的市、市辖区、
县、自治县的人民代表大会常务委员会任命。选举委
员会的组成人员为代表候选人的，应当辞去选举委员
会的职务。"故 A 项正确，D 项错误。

5.【答案】B
【考点】中央与特别行政区的关系
【详解】全国性法律一般不在特别行政区实施，
只有在特别行政区实施的全国性法律才是特别行政区
的法律渊源之一，故 A 项错误。《澳门特别行政区基
本法》第 87 条第 4 款规定："终审法院法官的任命和
免职须报全国人民代表大会常务委员会备案。"故 B
项正确。《澳门特别行政区基本法》第 17 条前两款
规定："澳门特别行政区享有立法权。澳门特别行政
区的立法机关制定的法律须报全国人民代表大会常务
委员会备案。备案不影响该法律的生效。"故 C 项错
误，澳门享有立法权，制定的法律报全国人大常委会
备案而不是批准。《澳门特别行政区基本法》反映了
包括澳门同胞在内的全国人民的意志和利益，故 D
项错误。

6.【答案】B
【考点】村民委员会

【详解】《村民委员会组织法》第 2 条第 3 款规定："村民委员会向村民会议、村民代表会议负责并报告工作。"《村民委员会组织法》第 23 条规定："村民会议审议村民委员会的年度工作报告，评议村民委员会成员的工作；有权撤销或者变更村民委员会不适当的决定；有权撤销或者变更村民代表会议不适当的决定。村民会议可以授权村民代表会议审议村民委员会的年度工作报告，评议村民委员会成员的工作，撤销或者变更村民委员会不适当的决定。"可见，村委会的年度工作报告由村民会议或村民代表会议审议，A 项错误。《村民委员会组织法》第 27 条第 1 款规定："村民会议可以制定和修改村民自治章程、村规民约，并报乡、民族乡、镇的人民政府备案。"故 B 项正确。《村民委员会组织法》第 14 条第 2 款规定："对登记参加选举的村民名单有异议的，应当自名单公布之日起五日内向村民选举委员会申诉，村民选举委员会应当自收到申诉之日起三日内作出处理决定，并公布处理结果。"可见，对登记参加选举的村民名单的申诉，村民选举委员会是处理机构，C 项错误。《村民委员会组织法》第 18 条规定："村民委员会成员丧失行为能力或者被判处刑罚的，其职务自行终止。"《村民委员会组织法》第 19 条规定："村民委员会成员出缺，可以由村民会议或者村民代表会议进行补选。补选程序参照本法第十五条的规定办理。补选的村民委员会成员的任期到本届村民委员会任期届满时止。"故 D 项错误。

7. 【答案】C

【考点】民族区域自治制度；县级以上地方各级人大常委会

【详解】《立法法》第 88 条第 3 款规定："设区的市、自治州的人民代表大会及其常务委员会制定的地方性法规报经批准后，由设区的市、自治州的人民代表大会常务委员会发布公告予以公布。"可知，自治州人大常委会出台的地方性法规由该委会公告予以公布，故 A 项错误。自治州人大常委会不属于民族自治地方的自治机关，其出台的该法律文件属于一般性的地方性法规，不属于自治条例或单行条例，不能对法律和行政法规的规定作出变通规定，故 B 项错误。《立法法》第 81 条第 1 款规定，"……设区的市的地方性法规须报省、自治区的人民代表大会常务委员会批准后施行。省、自治区的人民代表大会常务委员会对报请批准的地方性法规，应当对其合法性进行审查，认为同宪法、法律、行政法规和本省、自治区的地方性法规不抵触的，应当在四个月内予以批准"。《立法法》第 81 条第 4 款规定，"自治州的人民代表大会及其常务委员会可以依照本条第一款规定行使设区的市制定地方性法规的职权"。故 C 项正确。《立法法》第 106 条第 1 款第 2 项规定："地方性法规与部门规章之间对同一事项的规定不一致，不能确

定如何适用时，由国务院提出意见，国务院认为应当适用地方性法规的，应当决定在该地方适用地方性法规的规定；认为应当适用部门规章的，应当提请全国人民代表大会常务委员会裁决。"故 D 项错误。

8. 【答案】ABD

【考点】宪法宣誓制度

【详解】宪法是国家的根本法，宪法宣誓制度的建立有助于彰显宪法权威，激励和教育国家工作人员忠于宪法、遵守宪法、维护宪法，加强宪法实施，故 A 项正确。《全国人民代表大会常务委员会关于实行宪法宣誓制度的决定》（以下简称《决定》）第 1 条规定："各级人民代表大会及县级以上各级人民代表大会常务委员会选举或者决定任命的国家工作人员，以及各级人民政府、监察委员会、人民法院、人民检察院任命的国家工作人员，在就职时应当公开进行宪法宣誓。"故 C 项错误。《决定》第 6 条规定："全国人民代表大会常务委员会任命或者决定任命的国家监察委员会副主任、委员，最高人民法院副院长、审判委员会委员、庭长、副庭长、审判员和军事法院院长，最高人民检察院副检察长、检察委员会委员、检察员和军事检察院检察长，中华人民共和国驻外全权代表，在依照法定程序产生后，进行宪法宣誓。宣誓仪式由国家监察委员会、最高人民法院、最高人民检察院、外交部分别组织。"故 D 项正确。《决定》第 8 条规定："宣誓场所应当庄重、严肃，悬挂中华人民共和国国旗或者国徽。"故 B 项正确。

9. 【答案】BCD

【考点】国家的基本社会制度

【详解】《宪法》第 1 条第 2 款规定，"社会主义制度是中华人民共和国的根本制度"。故 A 项错误。我国现行宪法对基本社会制度的规定主要包括社会保障制度、医疗卫生事业、劳动保障制度、人才培养制度、计划生育制度、社会秩序及安全维护制度等方面。其中，社会保障制度是基本社会制度的核心内容，故 B 项正确。职工的工作时间和休假制度是劳动保障制度的内容，故 C 项正确。易知，D 项亦正确。

10. 【答案】BCD

【考点】我国公民的基本权利

【详解】公民对国家机关和国家工作人员，具有监督权。《宪法》第 41 条规定："中华人民共和国公民对于任何国家机关和国家工作人员，有提出批评和建议的权利；对于任何国家机关和国家工作人员的违法失职行为，有向有关国家机关提出申诉、控告或者检举的权利，但是不得捏造或者歪曲事实进行诬告陷害。对于公民的申诉、控告或者检举，有关国家机关必须查清事实，负责处理。任何人不得压制和打击报复。由于国家机关和国家工作人员侵犯公民权利而受到损失的人，有依照法律规定取得赔偿的权利。"本案中，王某作为国家工作人员，其工作负有接受监督

的义务，故 A 项错误；张某因行使监督权被公安机关以诽谤他人为由行政拘留 5 日，其人身自由权和监督权受到侵犯，故 BC 项正确，同时张某有要求国家赔偿的权利。《国家赔偿法》第 35 条规定："有本法第三条或者第十七条规定情形之一，致人精神损害的，应当在侵权行为影响的范围内，为受害人消除影响，恢复名誉，赔礼道歉；造成严重后果的，应当支付相应的精神损害抚慰金。"《国家赔偿法》第 3 条规定："行政机关及其工作人员在行使行政职权时有下列侵犯人身权情形之一的，受害人有取得赔偿的权利：（一）违法拘留或者违法采取限制公民人身自由的行政强制措施的……"本案中，张某的精神受到严重打击，符合精神损害抚慰金的条件，故 D 项正确。

11.【答案】BD

【考点】全国人大代表的权利

【详解】全国人大代表享有言论免责权，"全国人民代表大会代表在全国人民代表大会各种会议上的发言和表决，不受法律追究"（《宪法》第 75 条）。可见，这并非绝对的言论自由，故 A 项错误。全国人大代表享有参与人事任免权，根据宪法规定，全国人民代表大会"根据中华人民共和国主席的提名，决定国务院总理的人选；根据国务院总理的提名，决定国务院副总理、国务委员、各部部长、各委员会主任、审计长、秘书长的人选"（《宪法》第 62 条），故 B 项正确。全国人大代表享有人身特别保护权，"全国人民代表大会代表，非经全国人民代表大会会议主席团许可，在全国人民代表大会闭会期间非经全国人民代表大会常务委员会许可，不受逮捕或者刑事审判"（《宪法》第 74 条）。故 C 项错误，不包括不受行政拘留权。《宪法》第 61 条规定："全国人民代表大会会议每年举行一次，由全国人民代表大会常务委员会召集。如果全国人民代表大会常务委员会认为必要，或者有五分之一以上的全国人民代表大会代表提议，可以临时召集全国人民代表大会会议。"故 D 项正确。

12.【答案】ACD

【考点】审计机关；审计监督制度

【详解】《宪法》第 91 条规定："国务院设立审计机关，对国务院各部门和地方各级政府的财政收支，对国家的财政金融机构和企业事业组织的财务收支，进行审计监督。审计机关在国务院总理领导下，依照法律规定独立行使审计监督权，不受其他行政机关、社会团体和个人的干涉。"《宪法》第 109 条规定："县级以上的地方各级人民政府设立审计机关。地方各级审计机关依照法律规定独立行使审计监督权，对本级人民政府和上一级审计机关负责。"《审计法》亦有相关规定。可知，A 项正确。B 项错误，地方各级审计机关对本级政府和上一级审计机关负

责。CD 项正确，国务院各部门和地方各级政府的财政收支，国家的财政金融机构和企业事业组织的财务收支，都应当依法接受审计监督。

13.【答案】ABCD

【考点】地方各级人民代表大会和地方各级人民政府

【详解】《政府信息公开条例》第 20 条规定："行政机关应当依照本条例第十九条的规定，主动公开本行政机关的下列政府信息：……（八）行政事业性收费项目及其依据、标准；……"显然，该收费项目的依据和标准属于市政府应当主动公开的范围，故 A 项正确。《各级人民代表大会常务委员会监督法》第 8 条规定："各级人民代表大会常务委员会每年选择若干关系改革发展稳定大局和群众切身利益、社会普遍关注的重大问题，有计划地安排听取和审议本级人民政府、人民法院和人民检察院的专项工作报告。常务委员会听取和审议专项工作报告的年度计划，经委员长会议或者主任会议通过，印发常务委员会组成人员并向社会公布。"本题中，行政事业性收费项目关系群众切身利益且社会普遍关注（"社会各界意见较大"），根据该规定，市政府可向市人大常委会要求就该类事项作专门工作报告，故 B 项正确。《地方组织法》第 53 条第 1 款规定："在常务委员会会议期间，省、自治区、直辖市、自治州、设区的市的人民代表大会常务委员会组成人员五人以上联名，县级的人民代表大会常务委员会组成人员三人以上联名，可以向常务委员会书面提出对本级人民政府及其工作部门、监察委员会、人民法院、人民检察院的质询案。质询案必须写明质询对象、质询的问题和内容。"故 C 项正确。《地方组织法》第 24 条第 1 款规定："地方各级人民代表大会举行会议的时候，代表十人以上联名可以书面提出对本级人民政府和它所属各工作部门以及监察委员会、人民法院、人民检察院的质询案。质询案必须写明质询对象、质询的问题和内容。"故 D 项正确。

14.【答案】ACD

【考点】人民主权原则

【详解】这一规定意味着国家一切权力来自人民，一切权力属于人民。故 A 项正确。该原则贯穿于我国国家和社会生活的各领域，而不是仅体现在直接选举中，故 B 项错误，D 项正确。人民代表大会制度以"一切权力属于人民"为前提，人民行使国家权力的机关是全国人大和地方各级人大，故 C 项正确。

15.【答案】ABD

【考点】公民财产权

【详解】对公民私有财产的征收或征用构成对公民财产权的外部限制。宪法有关征收和征用的规定有利于在公权力与私权利、私有财产与公共财产之间确定合理的界限，使受侵害的财产得到合理补偿。故 A

项正确。宪法这一规定进一步明确了公民私有财产保护的宪法基础，即国家只有在为了公共利益的前提下，才可以对公民的私有财产进行征收或征用。并且，征收或者征用必须严格依照法律，并同时给予补偿后才能进行，而不得随意侵犯。故 BD 项正确，C 项错误。

16.【答案】BC

【考点】宪法修改

【详解】宪法修改是解决宪法规范与社会生活之间冲突的一种方式，但不是唯一方式，宪法解释也是解决方式之一。故 A 项错误。《宪法》第 64 条第 1 款规定："宪法的修改，由全国人民代表大会常务委员会或者五分之一以上的全国人民代表大会代表提议，并由全国人民代表大会以全体代表的三分之二以上的多数通过。"故 B 项正确。实践中，我国宪法修正案均由全国人大公告公布施行，故 C 项正确。1988 年《宪法修正案》第 2 条规定："……土地的使用权可以依照法律的规定转让。"可知，土地使用权只能依照"法律"规定转让，不能依照"法规"转让，故 D 项错误。

17.【答案】AB

【考点】宪法监督的方式；我国的宪法监督制度

【详解】事先审查又称预防性审查，指的是当法律、法规和法律性文件尚未正式颁布实施之前，由特定机关对其是否合宪所进行的审查。事后审查是指在法律、法规和法律性文件颁布实施以后，由特定机关对其是否合宪所进行的审查。我国采取事先审查和事后审查相结合的方式。事先审查主要体现为法规等规范性文件经批准后生效，事后审查主要体现为规范性文件的备案。故 AB 项正确。全国人大常委会可以应相关主体提出对某规范性文件进行审查的要求或建议时启动审查程序，也可以对报送备案的规范性文件进行主动审查，故 D 项错误。附带性审查是指司法机关在审理案件过程中，因提出对所适用的法律、法规和法律性文件是否违宪的问题，而对该法律、法规和规范性文件所进行的合宪性审查。附带性审查往往以争讼事件为前提，审查主体是司法机关。故 C 项错误。

2017 年

1.【答案】D

【考点】宪法的分类；宪法的渊源

【详解】不成文宪法不具有统一法典的形式，但不是说其内容不见于制定法，而是散见于多种法律文书、宪法判例和宪法惯例之中。故 A 项错误。成文宪法是指具有统一法典形式的宪法，其最显著的特征在于法律文件上既明确表述为宪法，又大多冠以国名，如《日本国宪法》《法兰西第五共和国宪法》《中华人民共和国宪法》等，但并不绝对。故 B 项错误。美国是典型的成文宪法国家，但其宪法渊源不仅

包括宪法典，也包括宪法惯例。故 C 项错误。英国的宪法是不成文宪法，也是柔性宪法，制定、修改的机关和程序与一般法律相同。故 D 项正确。

2.【答案】D

【考点】宪法在社会主义法治国家建设中的作用；宪法效力

【详解】最高法院的规定意味着法院裁判案件不得直接适用宪法，即依据宪法作出裁判。故 D 项正确。但并不是说裁判文书中不得出现宪法条文，因为宪法条文可以在说理部分予以引用，阐述其体现的原则和精神；更不是说宪法对裁判文书不具有约束力，因为宪法是根本法，具有最高的法律效力，裁判文书当然不得与宪法相冲突。故 AC 项错误。该规定是针对法院裁判的规范，效力不及于当事人。故 B 项错误。

3.【答案】D

【考点】民族区域自治制度

【详解】《民族区域自治法》第 10 条规定："民族自治地方的自治机关保障本地方各民族都有使用和发展自己的语言文字的自由，都有保持或者改革自己的风俗习惯的自由。"故 A 项正确。《民族区域自治法》第 31 条第 1 款规定："民族自治地方依照国家规定，可以开展对外经济贸易活动，经国务院批准，可以开辟对外贸易口岸。"故 B 项正确。民族自治地方的自治机关的人员构成有不同要求。《宪法》第 113 条第 2 款规定："自治区、自治州、自治县的人民代表大会常务委员会中应当有实行区域自治的民族的公民担任主任或者副主任。"《宪法》第 114 条规定："自治区主席、自治州州长、自治县县长由实行区域自治的民族的公民担任。"故 C 项正确。《民族区域自治法》第 20 条规定："上级国家机关的决议、决定、命令和指示，如有不适合民族自治地方实际情况的，自治机关可以报经该上级国家机关批准，变通执行或者停止执行；该上级国家机关应当在收到报告之日起六十日内给予答复。"可知，自治地方变通执行或停止执行权需上级国家机关批准。故 D 项错误。

4.【答案】C

【考点】特别行政区的政治体制

【详解】《香港特别行政区基本法》第 19 条第 3 款规定："香港特别行政区法院对国防、外交等国家行为无管辖权。香港特别行政区法院在审理案件中遇有涉及国防、外交等国家行为的事实问题，应取得行政长官就该等问题发出的证明文件，上述文件对法院有约束力。行政长官在发出证明文件前，须取得中央人民政府的证明书。"故 A 项错误。《香港特别行政区基本法》第 49 条规定："香港特别行政区行政长官如认为立法会通过的法案不符合香港特别行政区的整体利益，可在三个月内将法案发回立法会重议，立法会如以不少于全体议员三分之二多数再次通过原

案，行政长官必须在一个月内签署公布或按本法第五十条的规定处理。"《香港特别行政区基本法》第50条规定："香港特别行政区行政长官如拒绝签署立法会再次通过的法案或立法会拒绝通过政府提出的财政预算案或其他重要法案，经协商仍不能取得一致意见，行政长官可解散立法会。行政长官在解散立法会前，须征询行政会议的意见。行政长官在其一任任期内只能解散立法会一次。"故 B 项错误，题中情形，依据基本法规定，行政长官可以签署公布或者解散立法会。《香港特别行政区基本法》第95条规定："香港特别行政区可与全国其他地区的司法机关通过协商依法进行司法方面的联系和相互提供协助。"故 C 项正确。《香港特别行政区基本法》第55条规定："香港特别行政区行政会议的成员由行政长官从行政机关的主要官员、立法会议员和社会人士中委任，其任免由行政长官决定。"故 D 项错误。

5.【答案】C

【考点】我国公民的基本权利

【详解】禁设横幅标语，涉及公民的言论自由和社会经济权利，自然构成对公民基本权利的限制，但不涉及出版自由。故 AB 项错误。该做法目的上具有正当性，即为了提升本市市容和环境卫生整体水平。故 C 项正确。因禁设横幅标语是全市范围一体要求，没有差别，故不涉及宪法上的合理差别问题。故 D 项错误。

6.【答案】C

【考点】《国家勋章和国家荣誉称号法》

【详解】《国家勋章和国家荣誉称号法》第5条规定："全国人民代表大会常务委员会委员长会议根据各方面的建议，向全国人民代表大会常务委员会提出授予国家勋章、国家荣誉称号的议案。国务院、中央军事委员会可以向全国人民代表大会常务委员会提出授予国家勋章、国家荣誉称号的议案。"《国家勋章和国家荣誉称号法》第6条规定："全国人民代表大会常务委员会决定授予国家勋章和国家荣誉称号。"可知，国家勋章由全国人大常委会委员长会议、国务院、中央军委提出议案，由全国人大常委会决定。故 A 项错误。《国家勋章和国家荣誉称号法》第8条规定："中华人民共和国主席进行国事活动，可以直接授予外国政要、国际友人等人士'友谊勋章'。"故 C 项正确。《国家勋章和国家荣誉称号法》第10条规定："国家设立国家功勋簿，记载国家勋章、国家荣誉称号获得者及其功绩。"故 D 项错误，表述不完整。《国家勋章和国家荣誉称号法》第18条规定："国家勋章和国家荣誉称号获得者因犯罪被依法判处刑罚或者有其他严重违法、违纪等行为，继续享有国家勋章、国家荣誉称号将会严重损害国家最高荣誉的声誉的，由全国人民代表大会常务委员会决定撤销其国家勋章、国家荣誉称号并予以公告。"故 B 项错误。

7.【答案】A

【考点】人民法院的组织体系；人民检察院的组织体系

【详解】《地方组织法》第32条第1款规定："县级以上的地方各级人民代表大会常务委员会组成人员、专门委员会组成人员和人民政府领导人员，监察委员会主任，人民法院院长，人民检察院检察长，可以向本级人民代表大会提出辞职，由大会决定是否接受辞职；大会闭会期间，可以向本级人民代表大会常务委员会提出辞职，由常务委员会决定是否接受辞职。常务委员会决定接受辞职后，报本级人民代表大会备案。人民检察院检察长的辞职，须报经上一级人民检察院检察长提请该级人民代表大会常务委员会批准。"故 A 项正确，B 项错误。《地方组织法》第50条规定："县级以上的地方各级人民代表大会常务委员会行使下列职权：……（十三）在本级人民代表大会闭会期间，决定副省长、自治区副主席、副市长、副州长、副县长、副区长的个别任免；在省长、自治区主席、市长、州长、县长、区长和监察委员会主任、人民法院院长、人民检察院检察长因故不能担任职务的时候，根据主任会议的提名，从本级人民政府、监察委员会、人民法院、人民检察院副职领导人员中决定代理的人选；决定代理检察长，须报上一级人民检察院和人民代表大会常务委员会备案……"故 CD 项错误。

8.【答案】ABCD

【考点】财产权

【详解】根据《宪法》第13条的规定易知，AB 项正确。根据《宪法》第6条规定，我国的基本经济制度是公有制为主体、多种所有制经济共同发展。这就意味着国家保护公民的合法的私有财产权，是我国基本经济制度的重要内容之一。根据《立法法》第11条规定，"基本经济制度""对非国有财产的征收、征用"属于法律保留事项，故对公民私有财产权和继承权的保护和限制属于法律保留的事项。故 CD 项正确。

【陷阱提示】CD 项容易漏选。《立法法》规定的法律保留事项没有把"公民私有财产权和继承权的保护和限制"单列，但是明确规定了"基本经济制度"属于法律保留事项。要理解 C 项，就要理解 D 项，也就是要理解私有财产权（或者说私有产权）与经济制度和基本经济制度的关系。经济制度是指一国通过宪法和法律调整以生产资料所有制形式为核心的各种基本经济关系的规则、原则和政策的总称；它包括生产资料的所有制形式、各种经济成分的相互关系及其宪法地位、国家发展经济的基本方针、基本原则等内容。而产权是所有制的法律表现形式，因此产权是经济制度的重要内容。我国实行公有制为主体、多种所有制经济共同发展的基本经济制度，公有制对应的是社会主义公有财产权，而非公有制对应的是私有财产权。故 D 项正确，相应地 C 项也正确。

9.【答案】ABC

【考点】选举权的平等性原则；选区划分

【详解】该规定是关于选举权平等原则在选区划分中具体体现的规定，ABC 项正确。《选举法》第 15 条第 1 款规定："地方各级人民代表大会代表名额，由本级人民代表大会常务委员会或者本级选举委员会根据本行政区域所辖的下一级各行政区域或者各选区的人口数，按照每一代表所代表的城乡人口数相同的原则，以及保证各地区、各民族、各方面都有适当数量代表的要求进行分配。在县、自治县的人民代表大会中，人口特少的乡、民族乡、镇，至少应有代表一人。"省人大选举实施办法不得与选举法相抵触，亦需保证各地区、各民族、各方面都有适当数量的代表；且仅就题中规定而言，亦推导不出不保证各地区、各民族、各方面都有适当数量代表的要求。故 D 项错误。

10.【答案】BCD

【考点】全国人大常委会的职权；法律解释

【详解】该解释是对《民法通则》和《婚姻法》相关规定的解释，属于法律解释（立法解释），不属于宪法解释。故 A 项错误。《立法法》第 52 条规定："法律解释草案表决稿由常务委员会全体组成人员的过半数通过，由常务委员会发布公告予以公布。"故 C 项正确。《立法法》第 53 条规定："全国人民代表大会常务委员会的法律解释同法律具有同等效力。"故 B 项正确。法院适用法律的过程，也是一个法律证成的过程，必然包含对法律的理解和解释。故 D 项正确。

11.【答案】ACD

【考点】人民法院、人民检察院与公安机关的关系

【详解】互相配合，是指三机关在分工负责的基础上，通力合作，密切配合，依法办理刑事案件。互相配合是基于三机关在工作目的和任务的一致性。从目的上看，包括惩罚犯罪和保护人民两个方面，故 B 项表述不够完全。ACD 项正确。

12.【答案】ABCD

【考点】我国的宪法监督制度

【详解】《立法法》第 111 条第 1 款规定："全国人民代表大会专门委员会、常务委员会工作机构可以对报送备案的行政法规、地方性法规、自治条例和单行条例等进行主动审查，并可以根据需要进行专项审查。"故 A 项正确。《立法法》第 109 条第 3 项规定："自治州、自治县的人民代表大会制定的自治条例和单行条例，由省、自治区、直辖市的人民代表大会常务委员会报全国人民代表大会常务委员会和国务院备案；自治条例、单行条例报送备案时，应当说明对法律、行政法规、地方性法规作出变通的情况。"故 B 项正确。《立法法》第 109 条第 4 项规定："部门规章和地方政府规章报国务院备案；地方政府规章应当同时报本级人民代表大会常务委员会备案；设区的市、自治州的人民政府制定的规章应当同时报省、自治区的人民代表大会常务委员会和人民政府备案。"故 C 项正确。《立法法》第 112 条第 3 款规定："全国人民代表大会宪法和法律委员会、有关的专门委员会、常务委员会工作机构经审查认为行政法规、地方性法规、自治条例和单行条例同宪法或者法律相抵触，或者存在合宪性、合法性问题需要修改或者废止，而制定机关不予修改或者废止的，应当向委员长会议提出予以撤销的议案、建议，由委员长会议决定提请常务委员会会议审议决定。"故 D 项正确。

13.【答案】C

【考点】我国人民民主专政的主要特色（中国共产党领导的多党合作和政治协商制度、爱国统一战线）

【详解】《中国人民政治协商会议章程》总纲规定，中国人民政治协商会议是中国人民爱国统一战线的组织，是中国共产党领导的多党合作和政治协商的重要机构。故 C 项正确。作为爱国统一战线的组织形式，中国人民政治协商会议是由中国共产党领导的，由各民主党派和各人民团体参加的政治联盟。但政协委员不是由选举产生的。《中国人民政治协商会议章程》第 40 条第 1 款规定："每届中国人民政治协商会议全国委员会的参加单位、委员名额和人选及界别设置，经上届全国委员会主席会议审议同意后，由常务委员会协商决定。"《中国人民政治协商会议章程》第 51 条第 1 款规定："每届中国人民政治协商会议地方委员会的参加单位、委员名额和人选及界别设置，经上届地方委员会主席会议审议同意后，由常务委员会协商决定。"故 A 项错误。从本质上讲，政协不是国家机关，但是它同我国国家权力机关的活动有着极为密切的联系。比如，全国人民代表大会召开会议的时候，全国政协委员可以列席，但并不是全国人大的各种会议都列席。故 BD 项错误。

14.【答案】ABC

【考点】人民代表大会制度

【详解】人民代表大会制度是我国人民行使当家作主权利、实现社会主义民主的一种形式。在各种实现社会主义民主的形式中，人民代表大会制度居于最重要的地位。但是人民代表大会制度不是实现社会主义民主的唯一形式。故 D 项错误。ABC 项正确。

15.【答案】D

【考点】村民委员会

【详解】《村民委员会组织法》第 13 条规定："年满十八周岁的村民，不分民族、种族、性别、职业、家庭出身、宗教信仰、教育程度、财产状况、居住期限，都有选举权和被选举权；但是，依照法律被剥夺政治权利的人除外。村民委员会选举前，应当对

下列人员进行登记，列入参加选举的村民名单：（一）户籍在本村并且在本村居住的村民；（二）户籍在本村，不在本村居住，本人表示参加选举的村民；（三）户籍不在本村，在本村居住一年以上，本人申请参加选举，并且经村民会议或者村民代表会议同意参加选举的公民。已在户籍所在村或者居住村登记参加选举的村民，不得再参加其他地方村民委员会的选举。"可知，王某、杨某户籍在本村，且表示参加选举，应当列入选民名单，不因未在甲村居住或"入户协议"而受影响，也不需要村民会议或者村民代表会议同意。故 ABC 项错误，D 项正确。

16.【答案】ABD

【考点】基本权利效力

【详解】基本权利的效力直接拘束国家权力活动是现代各国宪法普遍确认的一项原则，同时也是宪法的基本功能之一。国家权力活动既包括立法活动，也包括行政活动、司法活动。故 AB 项正确，C 项错误。基本权利效力的目的在于有效保障人权，因此具有广泛性，即基本权利拘束一切国家权力活动和社会生活领域。可知，D 项正确。

2018 年

1.【答案】B

【考点】宪法的作用；宪法宣誓制度

【详解】宪法为避免法律体系内部冲突，并没有明确提供具体机制，故 A 项错误。宪法宣誓有助于彰显宪法权威，激励和教育国家工作人员忠于宪法、遵守宪法、维护宪法，加强宪法实施。故 B 项正确。宪法的规定笼统、抽象，并没有为司法活动提供明确直接依据，故 C 项错误。宪法即使没有修改，也可发挥宪法作用，故 D 项错误。

2.【答案】C

【考点】全国人大各专门委员会

【详解】全国人大各专门委员会的主任委员、副主任委员和委员的人选，由主席团在代表中提名，大会通过。在大会闭会期间，全国人大常委会可以补充任命专门委员会的个别副主任委员和部分委员，由委员长会议提名，常务委员会会议通过。据此，宪法和法律委员会成员人选由全国人大或其常委会决定，而非由全国人大主席团决定，故 A 项错误。宪法和法律委员会由全国人大设立，而非全国人大常委会设立，故 B 项错误。根据《全国人民代表大会常务委员会关于全国人民代表大会宪法和法律委员会职责问题的决定》，宪法和法律委员会在继续承担统一审议法律草案等工作的基础上，增加推动宪法实施、开展宪法解释、推进合宪性审查、加强宪法监督、配合宪法宣传等工作职责。故 C 项正确。宪法和法律委员会有推进合宪性审查的工作职责，但并非专门的合宪

性审查机关，仅享有提出、研究、审议和拟订有关议案的权限，不具有独立决定权。故 D 项错误。

3.【答案】A

【考点】宪法的分类

【详解】在成文宪法国家，宪法典就是通常意义上的宪法，而在不成文宪法国家，其宪法往往体现为实质意义上的宪法性法律、宪法惯例等形式。A 项正确。普通法律的通过不是二分之一以上，而是过半数。二者含义不同，因为涉及本数问题，前者包含本数，后者不包含本数。B 项错误。宪法有成文宪法和不成文宪法的区分，不成文宪法也是宪法，只不过不具备统一法典的形式而已，如 1215 年英国的《自由大宪章》，所以 C 项错在遗漏了"成文"二字。1830年的《法国宪法》属于协定宪法。D 项错误。

4.【答案】ABC

【考点】人身自由

【详解】《宪法》第37条规定，中华人民共和国公民的人身自由不受侵犯。任何公民，非经人民检察院批准或者决定或者人民法院决定，并由公安机关执行，不受逮捕。禁止非法拘禁和以其他方法非法剥夺或者限制公民的人身自由，禁止非法搜查公民的身体。A 项正确。《宪法》第39条规定，中华人民共和国公民的住宅不受侵犯。禁止非法搜查或者非法侵入公民的住宅。B 项正确。《宪法》第38条规定，中华人民共和国公民的人格尊严不受侵犯。禁止用任何方法对公民进行侮辱、诽谤和诬告陷害。C 项正确。《宪法》第40条规定，中华人民共和国公民的通信自由和通信秘密受法律的保护。除因国家安全或者追查刑事犯罪的需要，由公安机关或者检察机关依照法律规定的程序对通信进行检查外，任何组织或者个人不得以任何理由侵犯公民的通信自由和通信秘密。法院无权监听公民电话。D 项错误。

5.【答案】B

【考点】基本经济制度

【详解】《宪法》第10条规定，城市的土地属于国家所有。农村和城市郊区的土地，除由法律规定属于国家所有的以外，属于集体所有；宅基地和自留地、自留山，也属于集体所有。国家为了公共利益的需要，可以依照法律规定对土地实行征收或者征用并给予补偿。任何组织或者个人不得侵占、买卖或者以其他形式非法转让土地。土地的使用权可以依照法律的规定转让。一切使用土地的组织和个人必须合理地利用土地。据此，土地所有权不得转让，可以转让的是土地使用权。B 项错误。ACD 项正确。

6.【答案】C

【考点】一般议案；质询案

【详解】根据《全国人民代表大会组织法》《地方组织法》的规定，本题中，5 名以上乡级人大代表可以向乡人大提出议案，但提质询案需要 10 名以上

乡级人大代表提出。A 项错误。法院、检察院提议案只能是最高人民法院和最高人民检察院向全国人大及其常委会，地方的法院、检察院不能向本级人大及其常委会提议案。B 项错误。地方向本级人大提议案的组织包括本级政府、本级人大常委会、本级人大专门委员会、本级人大主席团，地方向本级人大常委会提议案的组织包括本级政府、本级人大专门委员会、本级人大常委会主任会议。C 项正确。一个代表团或者 30 名以上全国人大代表只能向全国人大提出议案和质询案，向全国人大常委会提议案和质询案的是 10 个以上的常委会成员。D 项错误。

7.【答案】BC

【考点】终止代表资格

【详解】《全国人民代表大会和地方各级人民代表大会代表法》第 49 条规定："代表有下列情形之一的，其代表资格终止：（一）地方各级人民代表大会代表迁出或者调离本行政区域的；（二）辞职被接受的；（三）未经批准两次不出席本级人民代表大会会议的；（四）被罢免的；（五）丧失中华人民共和国国籍的；（六）依照法律被剥夺政治权利的；（七）丧失行为能力的。"据此，BC 项正确。

8.【答案】BCD

【考点】《村民委员会组织法》

【详解】《村民委员会组织法》第 5 条第 1 款规定："乡、民族乡、镇的人民政府……不得干预依法属于村民自治范围内的事项。"第 36 条第 2 款规定："村民委员会不依照法律、法规的规定履行法定义务的，由乡、民族乡、镇的人民政府责令改正。"征地补偿分配方案属于村民自治范围内的事项，所以乡镇政府对于村委会的违法方案，应当责令改正。陷阱在于把责令改正与撤销相混淆，选错原因是理解不到位造成的知识点与其他知识点混淆。A 项错误。《村民委员会组织法》第 36 条第 1 款规定："村民委员会或者村民委员会成员作出的决定侵害村民合法权益的，受侵害的村民可以申请人民法院予以撤销，责任人依法承担法律责任。"B 项正确。凡事关全体村民利益的事项必须由村民会议决定；村民会议也可以授权村民代表会议决定，但不能授权村委会决定。《村民委员会组织法》第 24 条规定，涉及村民利益的下列事项，经村民会议讨论决定方可办理：……（7）征地补偿费的使用、分配方案……C 项正确。《村民委员会组织法》第 23 条规定："村民会议审议村民委员会的年度工作报告，评议村民委员会成员的工作；有权撤销或者变更村民委员会不适当的决定；有权撤销或者变更村民代表会议不适当的决定。村民会议可以授权村民代表会议审议村民委员会的年度工作报告，评议村民委员会成员的工作，撤销或者变更村民委员会不适当的决定。"D 项正确。

2019 年

1.【答案】BCD

【考点】《中国人民政治协商会议共同纲领》

【详解】中华人民共和国的建立标志着新民主主义革命的成功，中华人民共和国成立后，我国通过社会主义改造的方式走上社会主义道路，而完成社会主义改造的时间是在 1956 年底，因此 1949 年的《共同纲领》在性质上属于新民主主义性质。A 项错误。《共同纲领》第 4 条和第 5 条简要地规定了人民的基本权利，第 4 条规定，中华人民共和国人民依法有选举权和被选举权。第 5 条规定，中华人民共和国人民有思想、言论、出版、集会、结社、通讯、人身、居住、迁徙、宗教信仰及示威游行的自由权。B 项正确。新民主主义革命的成功，意味着三座大山的推翻，也意味着人民掌握国家政权，翻身做主人。C 项正确。由于我国一届全国人大直到 1954 年才召开一次会议，在普选的全国人大开会之前，一直由中国人民政治协商会议全体会议代行人大职权。D 项正确。

2.【答案】BC

【考点】委托投票

【详解】《选举法》第 42 条规定："选民如果在选举期间外出，经选举委员会同意，可以书面委托其他选民代为投票。每一选民接受的委托不得超过三人，并应当按照委托人的意愿代为投票。"据此，委托投票需要以书面形式进行，因此王某的电话委托无效。据此，B 项正确。AD 项错误。在委托投票中，受托人必须是选民，王某儿子因属未成年人，因此不得接受委托。C 项正确。

3.【答案】AB

【考点】人大代表罢免

【详解】罢免间接选举产生的代表需要经过原选举单位或者人大常委会的过半数通过。A 项正确。直接选举产生的代表的罢免需要经过原选区全体选民的过半数通过。B 项正确。在人大闭会期间，常委会委员过半数即可通过对该级人大选举的上一级人大代表的罢免。C 项错误。只有在罢免间接选举产生的代表时，才需要将该决议报送上一级人大常委会备案。D 项错误。

4.【答案】B

【考点】国务院

【详解】根据《立法法》第 11 条规定，犯罪与刑罚、对公民政治权利的剥夺和限制人身自由的强制措施及处罚，属于法律的绝对保留事项，只能由全国人大或全国人大常委会制定法律加以规定，国务院的行政法规无权规定上述事项。A 项错误。2018 年《宪法修正案》创设了监察委员会这一国家机关，专职负责监察工作，因此国务院不再领导和管理监察工作。B 项错误。部门规章与地方政府规章没有高下之分，在发生矛盾的情况下，由国务院裁决。C 项正确。部门规章与地方性法规没有上位法和下位法的关系，二者发生矛盾时，由国务院决定适用法规或由全国人大常委会决定裁决。D 项错误。

5.【答案】AD

【考点】《地方组织法》

【详解】《地方组织法》第 79 条第 2 款规定，县级以上的地方各级人民政府设立审计机关。地方各级审计机关依照法律规定独立行使审计监督权，对本级人民政府和上一级审计机关负责。A 项正确。《地方组织法》第 85 条第 2 款规定，县、自治县的人民政府在必要的时候，经省、自治区、直辖市的人民政府批准，可以设立若干区公所，作为它的派出机关。B 项错误。《地方组织法》第 79 条第 3 款规定，省、自治区、直辖市的人民政府的厅、局、委员会等工作部门和自治州、县、自治县、市、市辖区的人民政府的局、科等工作部门的设立、增加、减少或者合并，按照规定程序报请批准，并报本级人民代表大会常务委员会备案。C 项错误。《地方组织法》第 83 条第 2 款规定，自治州、县、自治县、市、市辖区的人民政府的各工作部门受人民政府统一领导，并且依照法律或者行政法规的规定受上级人民政府主管部门的业务指导或者领导。D 项正确。

6.【答案】C

【考点】宪法宣誓制度

【详解】宪法宣誓可以采用单独宣誓，也可以采取一人领誓，集体宣誓的方式。A 项错误。需要进行宪法宣誓的国家工作人员并不包括在军事机关、国有公司、企业、事业单位、人民团体中从事公务的人员。B 项错误。地方国家工作人员的宣誓具体办法由省级人大常委会具体规定，报全国人大常委会备案。C 项正确。最高法、最高检、国家监察委员会中除正职由全国人大选举产生并由全国人大主席团组织宣誓外，其余所有由全国人大常委会任命的国家工作人员均由两院一委自行组织。因此，最高人民法院副院长的宪法宣誓由最高人民法院自行组织安排。D 项错误。

7.【答案】BCD

【考点】《行政区划管理条例》

【详解】省、自治区、直辖市的行政区域界线的变更，由国务院审批。A 项错误。行政法规由国务院制定，并由国务院总理签署国务院令公布。B 项正确。全国人大常委会和国务院之间是监督关系，因此全国人大常委会可以撤销违反上位法的行政法规。C 项正确。根据《立法法》的规定，行政法规应当在公布之日起的 30 日内向全国人大常委会报备。D 项正确。

2020 年

1.【答案】B

【考点】宪法惯例

【详解】宪法惯例是与宪法有关的习惯，通过长期的宪法实践得以形成，虽不具有成文法的形式，但在有宪法和宪法实践的国家中广泛存在，如我国在宪法实践中形成的通过宪法修正案的方式来修改宪法等即属于宪法惯例。A 项错误。宪法惯例是指在实际的政治生活中存在着的，并为国家机关、政党及公众所普遍遵守的，具有宪法效力的习惯或传统。B 项正确。宪法惯例并非法律，因此并没有具体的成文形式。C 项错误。宪法惯例并不由国家强制力保障，而主要依靠政治家的自觉和公共舆论来保证实施。D 项错误。

2.【答案】B

【考点】合宪性审查；备案审查

【详解】事前审查和事后审查的区别在于被审查的法律文件在审查前是否已经生效。事前审查是指未经审查（批准）的法律文件不得公布生效。但备案行为并不影响有关法律规范的生效，只在发现错误后予以纠正，因此属于事后审查。A 项错误。合宪性审查的内容，主要包括两个方面：一是对规范性法律文件的合宪性审查和监督；二是对公权力机关行使公权力的具体行为的合宪性审查与监督。B 项正确。根据《宪法》规定，有权进行监督宪法实施的主体是全国人大及其常委会。宪法和法律委员会作为全国人大专门委员会，只是负责具体审查工作并提出具体建议。C 项错误。根据《立法法》第 109 条第 4 项，部门规章和地方政府规章报国务院备案，地方政府规章报同级人大常委会备案，市级的地方政府规章需要报省级人大常委会和省级政府备案。因此，规章并非由全国人大常委会进行备案审查。D 项错误。

3.【答案】A

【考点】《民族区域自治法》

【详解】《民族区域自治法》第 15 条第 1 款规定："民族自治地方的自治机关是自治区、自治州、自治县的人民代表大会和人民政府。"司法机关与监察机关作为贯彻国家统一法制的地方国家机关，不是自治机关。A 项错误。民族区域自治是指在少数民族聚居的区域当中实行区域自治，设立自治机关，行使自治权，保障少数民族当家作主，因此是民族自治和区域自治的结合。B 项正确。《民族区域自治法》第 20 条规定："上级国家机关的决议、决定、命令和指示，如有不适合民族自治地方实际情况的，自治机关可以报经该上级国家机关批准，变通执行或者停止执行；该上级国家机关应当在收到报告之日起六十日内给予答复"。C 项正确。《民族区域自治法》第 38 条第 1 款规定："民族自治地方的自治机关自主地发展具有民族形式和民族特点的文学、艺术、新闻、出版、广播、电影、电视等民族文化事业，加大对文化事业的投入，加强文化设施建设，加快各项文化事业的发展。"发展具有民族特色的教科文卫事业，是民族自治地方自治权的重要内容之一。D项正确。

4.【答案】ABCD

【考点】《全国人民代表大会关于建立健全香港特别行政区维护国家安全的法律制度和执行机制的决定》

【详解】第十三届全国人大第三次会议通过《全国人民代表大会关于建立健全香港特别行政区维护国家安全的法律制度和执行机制的决定》，明确维护国家主权统一和领土完整是香港特别行政区的宪制责任。中央人民政府维护国家安全的有关机关可以根据需要在香港特别行政区设立机构，依法履行维护国家安全相关职责，并在香港建立有关维护国家安全的本地机构。2020年6月30日，第十三届全国人民代表大会常务委员会第二十次会议通过了《中华人民共和国香港特别行政区维护国家安全法》，并决定将其列入《香港特别行政区基本法》附件三。故ABCD项均正确。

5.【答案】B

【考点】县级人大代表的选举

【详解】根据《选举法》第9条规定，市级及以上的人大代表选举由同级人大常委会主持。乡级和县级人大代表由选民直接选举，主持组织为选举委员会。A项错误。《选举法》第30条第2款规定，10个以上选民或代表联名有权提名候选人，政党和人民团体可以单独或者联合提名候选人。B项正确。《选举法》第45条规定，直接选举的选举要求"双过半"，即全体选民过半投票使选举程序本身有效，并获得过半选票方可当选。直接选举的罢免则要求"全过半"，即全体选民过半同意。C项错误。《选举法》第31条规定，人大代表实行差额选举。直接选举候选人比应选人多出1/3到1倍；间接选举候选人比应选人多出1/5到1/2。县人大代表由选民直接选举，应当多出1/3到1倍。D项错误。

6.【答案】ABD

【考点】《村民委员会组织法》

【详解】凡事关全体村民利益的事项必须由村民会议决定；村民会议也可以授权村民代表会议决定，但不能授权村委会决定。《村民委员会组织法》第24条规定，涉及村民利益的下列事项，经村民会议讨论决定方可办理：……（7）征地补偿费的使用、分配方案……A项正确。《村民委员会组织法》第36条第1款规定："村民委员会或者村民委员会成员作出的决定侵害村民合法权益的，受侵害的村民可以申请人民法院予以撤销，责任人依法承担法律责任。"B项正确。《村民委员会组织法》第5条第1款规定：

"乡、民族乡、镇的人民政府……不得干预依法属于村民自治范围内的事项。"第36条第2款规定："村民委员会不依照法律、法规的规定履行法定义务的，由乡、民族乡、镇的人民政府责令改正。"征地补偿分配方案属于村民自治范围内的事项，所以乡镇政府对于村委会的违法方案，应当责令改正。C项错误。《村民委员会组织法》第23条规定："村民会议审议村民委员会的年度工作报告，评议村民委员会成员的工作；有权撤销或者变更村民委员会不适当的决定；有权撤销或者变更村民代表会议不适当的决定。村民会议可以授权村民代表会议审议村民委员会的年度工作报告，评议村民委员会成员的工作，撤销或者变更村民委员会不适当的决定。"D项正确。

7.【答案】BD

【考点】监察委员会

【详解】《监察法》第10条规定："国家监察委员会领导地方各级监察委员会的工作，上级监察委员会领导下级监察委员会的工作。"上下级监察委之间是领导关系，并非监督关系，A项错误。监察委主任由本级人大选举，副主任和委员由主任提请同级人常任免。每届人大任期是5年，因此由人大选举产生的相应官员的任期也需要和人大保持一致，均为5年。并且在我国的监察系统中，只有最高监察机关，即国家监察委的主任有连续任职不得超过两届的限制，其余监察委主任均没有连任限制。B项正确。根据全国人大常委会的授权，只有国家监察委有权制定监察法规（效力等级相当于行政法规），地方监察委是没有监察法规的制定权的。C项错误。监察委上下级为领导关系，《监察法》第16条第2款规定："上级监察机关可以办理下一级监察机关管辖范围内的监察事项，必要时也可以办理所辖各级监察机关管辖范围内的监察事项。"D项正确。

2021 年

1.【答案】C

【考点】宪法规范的类型

【详解】宪法规范分为确认性规范、禁止性规范、权利义务性规范、程序性规范等。本条属于禁止性规范。故BD项错误。本条表达的即为原则，并没有明确的假定条件、行为模式和法律后果。故A项错误，C项正确。

2.【答案】D

【考点】选举制度

【详解】根据《选举法》第17条规定，我国《宪法》规定的平等权是形式平等与实质平等的有机统一。形式平等要求禁止差别对待，实质平等同时允许合理差别。例如，我国《宪法》规定，年满18周岁，没有被剥夺政治权利的中国公民有选举权。据此，年龄可以成为差别对待的合理理由，故 A 项错误。根据题干可知，BC 项错误，D 项正确。

3.【答案】D

【考点】国家标志

【详解】我国的国家标志包括国旗、国歌、国徽和首都。故 A 项错误。《国旗法》第 5 条规定："下列场所或者机构所在地，应当每日升挂国旗：（一）北京天安门广场、新华门；（二）中国共产党中央委员会，全国人民代表大会常务委员会，国务院，中央军事委员会，中国共产党中央纪律检查委员会、国家监察委员会，最高人民法院，最高人民检察院；中国人民政治协商会议全国委员会；（三）外交部；（四）出境入境的机场、港口、火车站和其他边境口岸，边防海防哨所。"《国旗法》第 6 条第 1 款规定："下列机构所在地应当在工作日升挂国旗：（一）中国共产党中央各部门和地方各级委员会；（二）国务院各部门；（三）地方各级人民代表大会常务委员会；（四）地方各级人民政府；（五）中国共产党地方各级纪律检查委员会、地方各级监察委员会；（六）地方各级人民法院和专门人民法院；（七）地方各级人民检察院和专门人民检察院；（八）中国人民政治协商会议地方各级委员会；(九) 各民主党派、各人民团体；(十) 中央人民政府驻香港特别行政区有关机构、中央人民政府驻澳门特别行政区有关机构。"故 BC 项错误。《国徽法》第 5 条规定："下列场所应当悬挂国徽：（一）北京天安门城楼、人民大会堂；（二）县级以上各级人民代表大会及其常务委员会会议厅，乡、民族乡、镇的人民代表大会会场；（三）各级人民法院和专门人民法院的审判庭；（四）宪法宣誓场所；（五）出境入境口岸的适当场所。"故 D 项正确。

4.【答案】D

【考点】《香港特别行政区维护国家安全法》

【详解】《香港特别行政区维护国家安全法》第 1 条规定："为坚定不移并全面准确贯彻'一国两制'、'港人治港'、高度自治的方针，维护国家安全，防范、制止和惩治与香港特别行政区有关的分裂国家、颠覆国家政权、组织实施恐怖活动和勾结外国或者境外势力危害国家安全等犯罪，保持香港特别行政区的繁荣和稳定，保障香港特别行政区居民的合法权益，根据中华人民共和国宪法、中华人民共和国香港特别行政区基本法和全国人民代表大会关于建立健全香港特别行政区维护国家安全的法律制度和执行机制的决定，制定本法。"故 A 项错误。《香港特别行政区维护国家安全法》第 13 条第 2 款规定："香港特别行政区维护国家安全委员会下设秘书处，由秘书长领导。秘书长由行政长官提名，报中央人民政府任命。"故 B 项错误。《香港特别行政区维护国家安全法》第 16 条第 2 款规定："警务处维护国家安全部门负责人由行政长官任命，行政长官任命前须书面征求

本法第四十八条规定的机构的意见。……"《香港特别行政区维护国家安全法》第 48 条第 1 款规定："中央人民政府在香港特别行政区设立维护国家安全公署。中央人民政府驻香港特别行政区维护国家安全公署依法履行维护国家安全职责，行使相关权力"故 C 项错误。《香港特别行政区维护国家安全法》第 14 条第 2 款规定："香港特别行政区维护国家安全委员会的工作不受香港特别行政区任何其他机构、组织和个人的干涉，工作信息不予公开。香港特别行政区维护国家安全委员会作出的决定不受司法复核。"故 D 项正确。

5.【答案】ABCD

【考点】《国家勋章和国家荣誉称号法》

【详解】《国家勋章和国家荣誉称号法》第 2 条第 1 款规定："国家勋章和国家荣誉称号为国家最高荣誉。"故 A 项正确。《国家勋章和国家荣誉称号法》第 6 条规定："全国人民代表大会常务委员会决定授予国家勋章和国家荣誉称号。"故 B 项正确。《国家勋章和国家荣誉称号法》第 13 条规定："国家勋章和国家荣誉称号为其获得者终身享有，但依照本法规定被撤销的除外。"故 C 项正确。《国家勋章和国家荣誉称号法》第 5 条规定："全国人民代表大会常务委员会委员长会议根据各方面的建议，向全国人民代表大会常务委员会提出授予国家勋章、国家荣誉称号的议案。国务院、中央军事委员会可以向全国人民代表大会常务委员会提出授予国家勋章、国家荣誉称号的议案。"故 D 项正确。

6.【答案】ABCD

【考点】监察委员会

【详解】《监察法》第 53 条规定："各级监察委员会应当接受本级人民代表大会及其常务委员会的监督。各级人民代表大会常务委员会听取和审议本级监察委员会的专项工作报告，组织执法检查。县级以上各级人民代表大会及其常务委员会举行会议时，人民代表大会代表或者常务委员会组成人员可以依照法律规定的程序，就监察工作中的有关问题提出询问或者质询。"据此，AC 项正确。《监察法》第 52 条规定："国家监察委员会加强对反腐败国际追逃追赃和防逃工作的组织协调，督促有关单位做好相关工作：（一）对于重大贪污贿赂、失职渎职等职务犯罪案件，被调查人逃匿到国（境）外，掌握证据比较确凿的，通过开展境外追逃合作，追捕归案；（二）向赃款赃物所在国请求查询、冻结、扣押、没收、追缴、返还涉案资产；（三）查询、监控涉嫌职务犯罪的公职人员及其相关人员进出国（境）和跨境资金流动情况，在调查案件过程中设置防逃程序。"故 B 项正确。《监督法》第 10 条规定："常务委员会听取和审议专项工作报告前，委员长会议或者主任会议可以组织本级人民代表大会常务委员会组成人员和本级

人民代表大会代表，对有关工作进行视察或者专题调查研究。常务委员会可以安排参加视察或者专题调查研究的代表列席常务委员会会议，听取专项工作报告，提出意见。"因此，听取专项工作报告可以邀请全国人大代表列席，故 D 项正确。

2022 年

1.【答案】ABCD

【考点】《地方组织法》

【详解】近年来，各地人大携手合作，以区域协同立法探索协同治理新途径。例如 2020 年 1 月，北京市、天津市、河北省人大分别制定了有关机动车和非道路移动机械污染防治的条例，三个条例设专章规定了区域联合防治、区域会商、联合执法等措施。《地方组织法》第 10 条第 1 款、第 49 条第 1 款均规定"……根据本行政区域的具体情况和实际需要，在不同宪法、法律、行政法规相抵触的前提下，可以制定和颁布地方性法规……"区域协同立法仍然属于地方立法，必须遵守这一规定，A 项正确。《地方组织法》第 10 条第 3 款规定："省、自治区、直辖市以及设区的市、自治州的人民代表大会根据区域协调发展的需要，可以开展协同立法。"《地方组织法》第 49 条第 3 款规定："省、自治区、直辖市以及设区的市、自治州的人民代表大会常务委员会根据区域协调发展的需要，可以开展协同立法。"由此可知，可以开展区域协同立法的地方是具有地方立法权的主体，即限于省、自治区、直辖市和设区的市、自治州这两个层级。B 项正确。《地方组织法》第 80 条规定："县级以上的地方各级人民政府根据国家区域发展战略，结合地方实际需要，可以共同建立跨行政区划的区域协同发展工作机制，加强区域合作。上级人民政府应当对下级人民政府的区域合作工作进行指导、协调和监督。"因此，CD 项正确。

2.【答案】AB

【考点】监察法规

【详解】《全国人民代表大会常务委员会关于国家监察委员会制定监察法规的决定》第 2 条规定："监察法规应当经国家监察委员会全体会议决定，由国家监察委员会发布公告予以公布。"故 A 项正确，D 项错误。《全国人民代表大会常务委员会关于国家监察委员会制定监察法规的决定》第 3 条规定："监察法规应当在公布后的三十日内报全国人民代表大会常务委员会备案。全国人民代表大会常务委员会有权撤销同宪法和法律相抵触的监察法规。"故 B 项正确，C 项错误。

2023 年

【答案】ABCD

【考点】特别行政区

【详解】《宪法》第 31 条规定："国家在必要时得设立特别行政区。在特别行政区内实行的制度按照具体情况由全国人民代表大会以法律规定。"该条文在第一章"总纲"中。A 项正确。《香港特别行政区基本法》序言第三段规定："根据中华人民共和国宪法，全国人民代表大会特制定中华人民共和国香港特别行政区基本法，规定香港特别行政区实行的制度，以保障国家对香港的基本方针政策的实施。"B 项正确。《香港特别行政区基本法》第 18 条第 4 款规定："全国人民代表大会常务委员会决定宣布战争状态或因香港特别行政区内发生香港特别行政区政府不能控制的危及国家统一或安全的动乱而决定香港特别行政区进入紧急状态，中央人民政府可发布命令将有关全国性法律在香港特别行政区实施。"《澳门特别行政区基本法》第 18 条第 4 款也有相应规定。C 项正确。《香港特别行政区基本法》第 18 条第 1、2 款规定："在香港特别行政区实行的法律为本法以及本法第八条规定的香港原有法律和香港特别行政区立法机关制定的法律。全国性法律除列于本法附件三者外，不在香港特别行政区实施。凡列于本法附件三之法律，由香港特别行政区在当地公布或立法实施。"《澳门特别行政区基本法》第 18 条第 1、2 款也有相应规定。D 项正确。

中国法律史

2014 年

1.【答案】B

【考点】秦汉律的主要内容（罪名与刑罚）

【详解】"不直"指的是罪应重而故意轻判，应轻而故意重判，故 D 项正确。"纵囚"指应当论罪而故意不论罪，以及设法减轻案情，故意使案犯达不到定罪标准，从而判其无罪，故 A 项正确。"失刑"指因过失而量刑不当（系系故意，则构成"不直"罪），故 C 项正确。"见知不举"指官吏发现犯罪而不揭发、举报，该罪的适用以官吏发现或知道犯罪为前提，而不是所有"已经发生的犯罪"，故 B 项错误。

2.【答案】D

【考点】类推

【详解】类推适用于对律文无明文规定的同类案件，法律有明文规定不可"比附援引"，A 项错误。被类推定罪（即入罪）的行为，表示该行为比律文规定的行为违法性或社会危害性更大，但是处罚是否重于或轻于同类案件，不可一概而论，比如同类案件被处以斩刑，被类推入罪的行为则不可能处罚更重，故 BC 项错误。D 项正确。

3.【答案】C

【考点】（明清）会审

【详解】情实指案情属实、罪名恰当者，奏请执行死刑，故 A 项错误。缓决指案情虽属实，但危害性不大者，可减为流三千里，或发烟瘴极边充军，或再押监候，B 项错误。可矜指案情属实，但有可矜或可疑之处，可免于死刑，一般减为徒、流刑罚，C 项正确。留养承嗣是指案情属实、罪名恰当，但有亲老丁单情形，合乎申请留养条件者，按留养奏请皇帝裁决，故 D 项错误，留养承嗣针对的是犯罪人而不是被害人有亲老丁单情形。

4.【答案】B

【考点】清末"预备立宪"（十九信条）

【详解】《宪法重大信条十九条》（"十九信条"）形式上被迫缩小了皇帝的权力，相对扩大了议会和总理的权力，但仍强调皇权至上，且对人民权利只字未提。故 B 项错误。

5.【答案】ACD

【考点】西周法制思想（以德配天，明德慎罚）；永徽律疏与中华法系；明刑弼教

【详解】中国古代关于德与刑的关系理论，经历了德主刑辅——礼律合一——明刑弼教的发展轨道。西周时期确立了"以德配天，明德慎罚"的思想，以此为指导，西周统治者把道德教化即"礼治"与刑罚处罚结合，形成了"礼""刑"结合的宏观法制特色。汉代中期以后，"以德配天，明德慎罚"的主张被儒家发挥成"德主刑辅，礼刑并用"的基本策略，从而为以"礼律结合"为特征的中国传统法制奠定了理论基础。唐代承袭和发展礼法并用的统治方法，使得法律统治"一准乎礼"，真正实现了礼与法的统一。宋代以降，在处理德、刑关系上始有突破。著名理学家朱熹首先对"明刑弼教"作了新的阐释。他有意提高礼、刑关系中刑的地位，认为礼律二者对治国同等重要，"不可偏废"。经此一说，刑与德的关系不再是"德主刑辅"中的"从属""主次"关系，故 ACD 项均表述正确。秦朝全面推行法家"以法治国"和"明法重刑"的主张，而不是儒家所主张的"德主刑辅，礼刑并用"，故 B 项错误。

6.【答案】ABC

【考点】明律与明《大诰》

【详解】《大诰》是明初的一种特别刑事法规。《大诰》的特点有：其一，对于大明律中原有的罪名，一般都加重处罚；其二，滥用法外之刑；其三，"重典治吏"，大多数条文专为惩治贪官污吏而定，故 AC 项正确。《大诰》也是中国法制史上空前普及的法规，每户人家必须有一本，科举考试中也列入《大诰》的内容，故 B 项正确。明太祖朱元璋死后，《大诰》被束之高阁，不具法律效力，但不是被明文废除，故 D 项错误。

2015 年

1.【答案】C

【考点】出礼入刑

【详解】A 项错误，周礼起源于早期先民祭祀风俗，但不是自然流传到西周的产物，而是在前代礼制的基础上发展的结果。B 项错误，西周时期的礼已具备法的性质。D 项错误，"礼"与"刑"共同构成西周法律的完整体系。"礼"正面、积极规范人们的言行，而"刑"则对一切违背礼的行为进行处罚，两者关系正如《汉书·陈宠传》所说的"礼之所去，刑之所取，失礼则入刑，相为表里"。C 项正确。"礼

不下庶人，刑不上大夫"是中国古代法律中的一项重要法律原则。"礼不下庶人"强调礼有等级差别，禁止任何越礼的行为；"刑不上大夫"强调贵族官僚在适用刑罚上的特权。

2.【答案】A

【考点】 类推；十恶

【详解】《唐律·名例律》规定："诸断罪而无正条规定，其应出罪者，则举重以明轻；其应入罪者，则举轻以明重。"即对律文无明文规定的同类案件，凡应减轻处罚的，则列举重罪处罚规定，比照以解决轻案；凡应加重处罚的罪案，则列举轻罪处罚规定，比照以解决重案。唐律规定，谋杀（即预谋杀害）尊亲处斩，但无已伤已杀（即既遂，出现伤害、死亡的客观结果）重罪的条文，在处理已杀已伤尊亲的案件时，通过类推就可以知道更应处以斩刑。故 A 项正确，BC 项错误。D 项错误，谋杀尊亲属于"十恶"犯罪中的"不睦"行为。

3.【答案】A

【考点】 清末主要修律内容（《大清现行刑律》《大清新刑律》）；清末司法体制的变化（法部、四级三审制）

【详解】《大清现行刑律》只是在形式上对《大清律例》稍加修改，主要变化包括：对纯属民事性质的条款不再科刑；废除了一些残酷的刑罚手段，如凌迟；增加了一些新罪名，如妨害国交罪等。故 A 项正确。《大清新刑律》是中国历史上第一部近代意义上的专门刑法典，但仍保持着旧律维护专制制度和封建伦理的传统。故 B 项错误。清末司法机关的变化有：改刑部为法部，掌管全国司法行政事务；改大理寺为大理院，为全国最高审判机关；实行审检合署。同时，实行四级三审制。故 CD 项错误。

2016 年

1.【答案】A

【考点】 西周契约法规

【详解】 西周的买卖契约称为"质剂"。《周礼》载，"质""剂"有别。"质"，是买卖奴隶、牛马所使用的较长的契券；"剂"，是买卖兵器、珍异之物所使用的较短的契券。故 A 项正确。"质""剂"由官府制作，并由"质人"专门管理。故 B 项错误。然而，买卖契约是写在简牍上，一分为二，双方各执一份。故 C 项错误。西周的借贷契约称为"傅别"，故 D 项错误。

2.【答案】C

【考点】 铸刑书与铸刑鼎

【详解】 郑国执政子产"铸刑书"，是中国历史上第一次公布成文法的活动；晋国赵鞅"铸刑鼎"，是中国历史上第二次公布成文法的活动。故 A 项错

误。春秋时期成文法的公布，否定了"刑不可知，则威不可测"的旧传统，对旧贵族操纵和使用法律的特权是严重的冲击，是新兴地主阶级的一次重大胜利。故 B 项错误，C 项正确。孔子对"铸刑鼎"持反对态度，认为这是亡国之举："晋其亡乎！失其度矣。"故 D 项错误。

3.【答案】D

【考点】 永徽律疏与中华法系

【详解】 唐律作为中华法系的代表作，不仅在本国而且在世界法制史上也占有重要地位。它对亚洲诸国产生了重大影响。朝鲜《高丽律》篇章内容都取法于唐律。日本文武天皇制定《大宝律令》，也以唐律为蓝本。越南李太尊时期颁布的《刑书》，大都参用唐律。但对欧洲诸国产生重大影响的提法不准确，故 D 项错误。

4.【答案】D

【考点】（宋）继承法规

【详解】 本题考查南宋关于户绝财产继承的规定。户绝指家无男子承继。户绝立继承人有两种方式：凡"夫亡而妻在"，立继从妻，称"立继"；凡"夫妻俱亡"，立继从其尊长亲属，称为"命继"。继子与户绝之女均享有继承权，但只有在室女的（未嫁女），在室女享有 3/4 的财产继承权，继子享有 1/4 的财产继承权；只有出嫁女（已婚女）的，出嫁女享有 1/3 的财产继承权，继子享有 1/3，另外的 1/3 收为官府所有。本题属于只有出嫁女（已婚女）的情况，故霍甲、霍丙、官府各享有 1/3，D 项正确。

5.【答案】C

【考点】 清末主要修律内容（《大清现行刑律》《大清新刑律》《大清商律草案》《大清民律草案》）

【详解】 清末的商事立法，大致可以分为前后两个阶段：1903—1907 年为第一阶段；1907—1911 年为第二阶段。在第一阶段，商事立法主要由新设立的商部负责；在第二阶段，主要商事法典改由修订法律馆主持起草。故 C 项正确。《钦定大清商律》是清朝第一部商律，包括《商人通例》和《公司律》，不包括《破产律》，故 A 项错误。清廷制定商律，乃形势所迫，是一种被动的、被迫的立法活动，并非工商政策的变革，故 B 项错误。清末修律成果包括《大清现行刑律》《大清新刑律》《大清商律草案》《大清民律草案》及诉讼法律、法院编制法等，不包括《大清律例》。《大清律例》是中国历史上最后一部封建成文法典，于乾隆五年完成，故 D 项错误。

2017 年

1.【答案】D

【考点】 出礼入刑；五刑

【详解】"亲亲""尊尊"是周礼的两条核心原

则，"亲亲父为首"，规定了家族关系的等级，"尊尊君为首"，规定了政治关系的等级。故 A 项错误。"礼不下庶人，刑不上大夫"是中国古代法律中的一项重要法律原则，它强调平民百姓与贵族官僚之间的不平等，强调官僚贵族的法律特权。"礼不下庶人"强调礼有等级差别，禁止任何越礼的行为；"刑不上大夫"强调贵族官僚在适用刑罚上的特权。但并不是说刑罚完全不适用于贵族。故 B 项错误。西周时期的礼已具备法的性质，具有规范性、国家意志性和强制性。故 C 项错误。D 项正确。

2.【答案】C
【考点】秦汉律的主要内容（罪名与刑罚）
【详解】秦律规定，凡属未成年犯罪，不负刑事责任或减轻刑事处罚。秦律以身高判定是否成年，大约六尺五寸为成年身高标准，低于六尺五寸的为未成年人。故 A 项错误。秦律重视故意与过失犯罪的区别。故意诬告者，实行反坐；主观上没有故意的，按告不审从轻处理。故 B 项错误。秦律规定，教唆未成年人犯罪者加重处罚。故 D 项错误。C 项正确。

3.【答案】B
【考点】司法制度（刑讯与仇嫌回避原则）
【详解】A 是对刑讯条件的规定，即在拷讯之前，必须先审核口供的真实性，然后反复查验证据。证据确凿，仍狡辩否认的，经过主审官与参审官共同决定，可以使用刑讯；未依法定程序拷讯的，承审官要负刑事责任。故 A 项不合题意。B 项体现的是根据证据定罪的原则，即对那些人赃俱获，经拷讯仍拒不认罪的，也可"据状断之"。故 B 项正确。C 项规定的是禁止使用刑讯的情形。D 项体现的是依法判决的原则。

4.【答案】B
【考点】契约与婚姻继承法规
【详解】宋代买卖契约分为绝卖、活卖与赊卖三种。绝卖为一般买卖。活卖为附条件的买卖：当所附条件完成，买卖才算最终成立。赊卖是采取类似商业信用或预付方式，而后收取出卖物的价金。故 B 项错误。ACD 项正确。

2018 年

1.【答案】D
【考点】西周法制
【详解】德主刑辅是汉代的法制理念，以德配天是西周的法制理念。A 项错误。"七出"是对于古代男性休妻的标准理由，"三不去"则是不可休妻的理由。B 项错误。质是涉及奴隶、牛马等大件活物商品的买卖合同，而剂是涉及兵器、珍宝等小件物品的买卖合同，因此买卖黄牛应当是质。C 项错误。D 项正确。

2.【答案】ABC
【考点】《唐律》
【详解】西周时期的法制思想为"以德配天，明德慎罚"，汉代在此基础上发展为"德主刑辅，礼刑并用"。据此，AC 项错误。战国时期的法家思想重视刑罚的价值，主张重刑主义，与《唐律》和西周的法律思想迥异。B 项明显错误。D 项正确。

3.【答案】D
【考点】公罪和私罪
【详解】唐律规定官吏"缘公事致罪，而无私曲者"为"公罪"；陷阱在于遗漏"而无私曲者"，A 项错误。公罪轻，私罪重。"公罪"处刑从轻，"私罪"处刑从重。BC 项为相关项，刚好弄反了，BC 项错误。"不缘公事，私自犯者"，或"虽缘公事，意涉阿曲"的为"私罪"。D 项正确。

4.【答案】D
【考点】宋代的法律制度
【详解】宋代允许在室女享有部分继承权，承认遗腹子与亲生子享有同样继承权。绝户遗产继承：无男子继承，夫亡而妻在，立继从妻，称立继；夫妻俱亡，立继从尊长亲属，称为命继。继子与绝户之女均享有继承权，只有在室女的，在室女继承 3/4，继子继承 1/4。只有出嫁女的，出嫁女继承 1/3，继子继承 1/3，另外 1/3 收为官府所有。D 项错误。ABC 项正确。

5.【答案】BC
【考点】死刑复奏制度
【详解】汉代根据"天人感应"的理论，规定除谋反大逆等"决不待时"者外，一般死刑犯须在秋天霜降以后、冬至以前执行。这是秋冬行刑制度，与死刑复奏制度（即死刑的复核）无关。A 项错误。死刑复奏制度是指奏请皇帝批准执行死刑判决的制度。北魏太武帝时正式确立这一制度，为唐代的死刑三复奏打下了基础。这一制度的建立既加强了皇帝对司法审判的控制，又体现了皇帝对民众生命的重视。B 项正确。明代的死刑复奏是朝审，"天顺三年令每岁霜降后，三法司同公、侯、伯会审重囚，谓之'朝审'"，即每年霜降之后，由三法司长官会同公、侯、伯等高官，在吏部尚书（或户部尚书）主持下对在京师刑部狱的大案重囚进行审理、复核的制度。清代秋审、朝审皆渊源于此。C 项正确。清代的朝审是对刑部判决的重案及京师附近绞、斩监候案件进行的复审，其审判组织、方式与秋审大体相同，于每年霜降后十日举行。D 项错误。

2019 年

1.【答案】BC
【考点】秦代的刑罚

【详解】秦代的刑罚种类繁多，主要包括八大类，即笞刑、徒刑、流放刑、肉刑、死刑、羞辱刑、经济刑、株连刑，其中前五类相当于现代的主刑，后三类相当于现代的附加刑。A 项正确。秦代的流放刑包括迁刑和谪刑，都是将犯人迁往边远地区的刑罚，其中谪刑适用于犯罪的官吏。B 项错误。秦律规定，教唆未成年人犯罪者加重处罚。教唆未满 15 岁的人抢劫杀人，虽分赃仅为十文钱，教唆者也要处以碎尸刑。C 项错误。秦律在处罚侵犯财产罪上共同犯罪较个体犯罪处罚从重，集团犯罪（5 人以上）较一般犯罪处罚从重。D 项正确。

2.【答案】D

【考点】 隋唐的法律制度

【详解】 中国古代刑罚制度有奴隶制五刑和封建制五刑之分，前者包括：墨、劓、剕、宫、大辟五种肉刑。而封建制五刑为笞、杖、徒、流、死。封建制五刑最早在隋朝的《开皇律》中确立。A 项正确。唐律规定，"缘公事致罪，而无私曲者"是为"公罪"，官员在执行公务时不慎出现差错而犯罪的情形发生在履行公务过程中，且并非为求私利而犯罪，属于"公罪"。B 项正确。十恶中的"不道"指灭绝人道，包括杀人全家（且被害人罪不当死），或用肢解分尸的手段杀人；或用蛊毒的方法，企图使人中毒致死等行为。因此张某杀人碎尸应属不道。C 项正确。唐代行使中央司法审判权的机关为大理寺，刑部主管复核。D 项错误。

3.【答案】D

【考点】《大清民律草案》

【详解】 清末民商法修订由沈家本、伍廷芳、俞廉三等人主持。在编纂过程中，聘请日本法学家松冈正义等外国法律专家参与起草工作。A 项正确。在编纂过程中，派员赴全国各省进行民事习惯的调查。B 项正确。《大清民律草案》共分总则、债权、物权、亲属、继承五编。其中，总则、债权、物权三编由松冈正义等人仿照德、日民法典的体例和内容草拟而成，吸收了大量的西方资产阶级民法的理论、制度和原则。C 项正确。亲属、继承两编则由修订法律馆会同保守的礼学馆起草，其制度、风格带有浓厚的封建色彩，保留了许多封建法律的精神。D 项错误。

2020 年

1.【答案】A

【考点】"春秋决狱""秋冬行刑"

【详解】"春秋决狱"是法律儒家化在司法领域的反映，但是其依据不仅限《春秋》一书，还包括其他儒家经典，A 项错误。BCD 项正确。

2.【答案】AB

【考点】 古代法律制度综合

【详解】西周的典籍《仪礼》载："昏有六礼，纳采、问名、纳吉、纳征、请期、亲迎。"即"婚姻六礼"，对于纳采，《仪礼·士昏礼》载："昏礼，下达纳采。用雁。"《仪礼》郑玄注："将欲与彼合婚姻，必先使媒氏下通其言"此即媒妁之言。因此媒妁之言是西周以来婚姻关系成立的条件之一，A 项正确。《北齐律》重罪十条为"一曰反逆，二曰大逆，三曰叛，四曰降，五曰恶逆，六曰不道，七曰不敬，八曰不孝，九曰不义，十曰内乱。"故 B 项正确。隋唐的主要法律形式为"律、令、格、式"四种。科是规定犯罪与刑罚的一种单行禁条规定，也称"事条"或"科条"。如汉武帝时有《重首匿之科》，是汉朝的主要法律形式之一，不是隋唐的主要法律形式。C 项说法错误。我国自西汉以来的主要行刑制度是"秋冬处决"，而并非"就地正法"。D 项错误。

3.【答案】D

【考点】 婚姻制度

【详解】 三书六礼制度针对的是娶妻，对于妾并不适用，A 项错误。自西周建立宗法制，确立了嫡长子继承制，只有嫡长子才能成为宗子，享有主祭祀权。至唐代，《封爵令》规定："若无嫡子及有罪疾，立嫡孙；无嫡孙，以次立嫡子同母弟；无母弟，立庶子；无庶子，立嫡孙同母弟；无同母弟，立庶孙。曾孙以下准此。合依礼令，传嫡承袭。"可见庶子具有成为宗子的资格，享有主祭祀权，因此 B 项错误。《唐律疏议》规定："妾通买卖。"妾可以如货物一样买卖，因此休弃妾不需要满足"七出"，更没有"三不去"的限制。C 项错误。《中华民国民法》规定："妾之制度亟应废止，虽事实上尚有存在者，而法律上不容承认其存在，其地位如何毋庸以法典及单行法特为规定。"《中华民国民法》在立法上废除了妻妾制度。D 项正确。

2021 年

1.【答案】D

【考点】 秦朝法律思想和制度

【详解】"八议"指议亲、议故、议贤、议能、议功、议贵、议勤、议宾，不包括"详议"，A 项错误。秦朝鼓励告奸尤其是告发敌国奸细，但是秦律明确禁止"子告父母"，奖励子告其父并不合乎秦朝法律的要求。因此，B 项错误。秦朝的赎刑不同于赀刑，并非独立刑种。秦朝的赎刑是一种允许已决犯用缴纳一定金钱或服一定劳役来赎免刑罚的办法，它与"赀"别并称为"赀赎刑"。因此，C 项错误。秦朝采用法家学说，其刑制全面贯彻法家"以法治国""明法重刑"的思想主张，表现为"轻罪重刑"、不赦不宥、奖励告奸、实行连坐等制度设计。D 项正确。

2.【答案】B

【考点】婚姻制度

【详解】刘某、张氏女二人离婚系协议而为，属于唐律中规定的"和离"，不适用"七出""三不去""义绝"的法律规定。因此，B 项正确，ACD 项错误。

2022 年

1.【答案】BCD

【考点】西周时期的法律思想

【详解】孟子认为应该先把舜的父亲抓起来，这体现了对法律的尊重。尽管背父逃跑从现代法律的视角来看是逃脱法律的处罚，但孟子举此例的重点在于他认为尽孝和守法能够两全，只是尽孝更为基础和根本。A 项错误。中国古代的礼在精神原则上可以归纳为"亲亲"和"尊尊"两方面。亲亲是指在家族范围内，按自己身份行事，不能以下凌上、以疏压亲，而且亲亲父为首，全体亲族成员都应以父家长为中心。舜的父亲犯罪，舜放弃天子之位背着父亲逃跑，体现的正是舜将其父亲作为行为的中心，哪怕是放弃自身天子之位。B 项正确。孟子强调舜应当"舜夜晚背着父亲逃跑"，突出的是舜不利用自身天子的独有权力，而是首先尊重法律，将父亲抓起来，其次是放弃天子权力，背着父亲逃跑退避。C 项正确。孟子关于舜背父逃亡的言论，体现的正是他对法律运行（杀人受刑）的严肃性以及法律所引发的社会意义（不能枉法和干预执法）和伦理意义（忠孝需两全）的调和。孟子既没有忽视法律的严肃性，也通过舜的抉择体现了法律的社会意义和伦理意义。D 项正确。

2.【答案】C

【考点】礼法关系；杀尊亲属罪

【详解】虽然张张氏被张起坤强行奸污，但如果张张氏当场将张起坤杀死，并不会因张张氏受辱而豁免于刑罚。根据《大清律例》，妻殴伤夫之父母（即其公婆），应科斩罪，如"殴毙"公婆，即殴打公婆致死，处凌迟极刑，也就是将婆媳、翁媳名分，比作父母与子孙的至亲尊卑关系。但拒奸情由下致公公伤亡，应另当别论：儿媳拒奸，伤及公公，情有可原，罪可免科；如果导致公公死亡，则法不容情，儿媳必得死罪，为被杀者"抵命"。A 项错误。张张氏和丈夫如果有杀害公公的想法，算是谋杀的起意谋划阶段，但并未实施相应行为，只能定为有犯意无表示，这种情况不能用刑，否则会与明德慎罚的理念相冲突。B 项错误。根据"准五服以制罪"制度，尊犯卑，处分较常人相犯为轻；卑犯尊，处分较常人相犯为重。C 项正确。明清两代，刑部作为主管全国刑事司法的机构，与都察院管稽察、大理寺掌重大案件的最后审理和复核，共为"三法司制"。刑部的具体职掌是：审定各种法律，复核各地送部的刑名案件，会同九卿审理"监候"的死刑案件以及直接审理京畿地区的待罪以上案件。由此可见，刑部不仅可以复核，也享有最终审判权。D 项错误。

2023 年

【答案】B

【考点】魏晋南北朝时期的法律思想与制度

【详解】晋元帝主张鞭父母以问子女，即支持对父母进行刑讯以查明案情，在其看来法律比伦理要更为重要，为查明案情可以不顾伦理。A 项错误。"亲亲得首匿"原则，主张亲属间首谋藏匿罪犯可以不负刑事责任，是儒家法律化的延续，使得伦理因素可以成为抗御刑讯的正当理由。卫展上书的主张即这一原则的体现。B 项正确。在古代礼法合一的体制下，伦理和刑罚在一定程度上可以融合，无论是"准五服以制罪"，还是"亲亲得首匿"，都是伦理和刑罚之间实现融合的制度体现。C 项错误。亲亲相隐即"亲亲得首匿"原则，确立于汉宣帝时期，影响深远。但是，其作为一项正式法律制度的确立并非一蹴而就，且在不同的朝代有不同的制度设置。本题中，晋元帝为了审案而对亲亲相隐不予认可，可见其在当时尚未确立为一种正式的法律制度。D 项错误。

国 际 法

1.【答案】A

【考点】国际法上的承认与继承；条约的生效；联合国体系

【详解】国际法上的承认主要被视为一种政治行为。但同时，承认一经作出，将产生一定的法律效果，直接影响承认者和被承认者间的权利义务关系，从这个意义上，它又是一种法律行为。国际法中并没有对承认的形式作出明确规定，国际实践中有明示和默示两种：（1）明示承认形式是指承认者以明白的语言文字直接表达承认的意思。包括通过正式通知、函电、照会、声明等单方面表述，也包括在缔结的条约或其他正式国际文件中进行明确表述。（2）默示承认形式是指承认者不是通过明白的语言文字，而是通过与承认对象有关的行为表现出承认的意思。主要包括：与承认对象建立正式外交关系；与承认对象缔结正式的政治性条约；正式接受领事或正式投票支持参加政府间国际组织的行为一般也被认为是一种默示承认。但是，除非明确表示，下列行为一般不认为构成默示承认：共同参加多边国际会议或国际条约；建立非官方或非完全外交性质的某种机构；某些级别和范围的官员接触等。所以，A项正确，乙国在联大投赞成票支持"西甲"入联，就是正式投票支持其参加政府间国际组织的行为，是一种默示的承认。国际法上的继承是指国际法上的权利和义务由一个承受者转移给另一个承受者所发生的法律关系。国家继承是国际法上继承的一种。发生国家继承的前提是领土的变更，领土因五种情形而变更：合并、分立、分离、独立、部分领土转移。国家继承的对象分为以下两大类：（1）处理与所涉领土有关事务的"非人身条约"的继承，如有关边界制度的条约，有关河流利用、水利灌溉、道路交通等方面的条约的继承，一般继承。（2）有关中立化和非军事区的条约，一般继承。所以，甲国与乙国的划界条约对"西甲"有效力，B项错误。根据《维也纳条约法公约》《联合国宪章》和其他相关规则：（1）联合国任何会员国所缔结的一切条约及国际协定应尽速在秘书处登记，并由秘书处公布。（2）在联合国秘书处登记的条约必须是已生效的条约，条约和国际协定尚未在缔约国之间生效之前，不得进行登记。（3）此类登记可由任何一缔约国或联合国依职权进行。一缔约国已进行登记，则免除其他缔约国的登记义务。条约或国际协定由联合国依职权进行登记后，免除其他所有缔约国的登记义务。（4）条约登记后应发给由秘书长或其代表签署的登记证明。未在联合国秘书处登记的条约或国际协定，不得在联合国任何机关援引。据此，签订的国际条约效力与是否在秘书处登记没有关系，只是生效的条约必须在联合国秘书处登记。所以C项错误。《联合国宪章》第4条规定，凡其他爱好和平之国家，接受本宪章所载之义务，经本组织认为确能并愿意履行该项义务者，得为联合国会员国。准许上述国家为联合国会员国，将由大会经安全理事会之推荐以决议行之。据此，成为联合国会员国，不仅仅需要9个理事国的同意。所以D项错误。

2.【答案】D

【考点】专属经济区；群岛水域

【详解】群岛水域是指群岛国按照《联合国海洋法公约》规定的方法划定的群岛基线所包围的水域，是一种具有特殊法律地位的海域。群岛国是全部领陆由一个或多个群岛或岛屿组成的国家。群岛国可以连接群岛最外缘各岛和各干礁的最外缘各点构成直线群岛基线。群岛基线的确定需要满足《联合国海洋法公约》规定的条件。群岛水域的划定不妨碍群岛国可以按照《联合国海洋法公约》划定内水，及在基线之外划定领海、毗连区、专属经济区和大陆架。所以，C项错误。所有国家的船舶均享有通过群岛水域的无害通过权。所有国家的船舶和飞机均享有在群岛国指定的海道和其上的空中航道，专为在公海或专属经济区的一部分和公海或专属经济区的另一部分之间继续不停、迅速和无障碍地过境的目的，以正常方式航行和飞越的权利。行使这种权利的外国船舶和飞机不得对群岛国使用武力威胁或武力，并应遵守有关的海上安全国际规章和航空规则。所有船舶和飞机均享有在群岛国指定的海道和其上的空中航道内的群岛海道通过权。所以，A项错误。群岛国可以按照连接群岛最外缘各岛和各环礁的最外缘各点的方式划定直线群岛基线，直线基线不得明显偏离海岸的一般方向，也不得将另一国的领海与专属经济区或公海阻断。所以，B项错误。群岛国的主权及于群岛基线所包围的水域及其上空、海床和底土及其中的资源。所以，D项正确。

3.【答案】B

【考点】外国人及其法律地位的概念；入境、居

留和出境

【详解】签证是一个国家的主权机关在本国或外国公民所持的护照或其他旅行证件上的签注、盖印，以表示允许其出入本国国境或者经过国境的手续，也可以说是颁发给他们的一项签注式的证明。概括地说，签证是一个国家的出入境管理机构（例如移民局或其驻外使领馆），对外国公民表示批准入境所签发的一种文件，是主权国家准许外国公民或者本国公民出入境或者经过国境的许可证明。由于王某还是中国公民，所以回国是回到自己的国家，不需要签证。所以，A项错误。护照是持有者的国籍和身份证明，所以，B项正确。身份证是用于证明持有人身份的证件，多由各国或地区政府发行予公民。《居民身份证法》第2条规定，居住在中华人民共和国境内的年满16周岁的中国公民，应当申请领取居民身份证；未满16周岁的中国公民，也可以依照本法的规定申请领取居民身份证。《房屋登记办法》第15条规定，申请房屋登记的，申请人应当使用中文名称或者姓名。申请人提交的证明文件原件是外文的，应当提供中文译本。委托代理人申请房屋登记的，代理人应当提交授权委托书和身份证明。境外申请人委托代理人申请房屋登记的，其授权委托书应当按照国家有关规定办理公证或者认证。所以，只要是身份证明即可，不一定非要是身份证。所以，C项错误。《出境入境管理法》第28条规定，外国人有下列情形之一的，不准出境：（1）被判处刑罚尚未执行完毕或者属于刑事案件被告人、犯罪嫌疑人的，但是按照中国与外国签订的有关协议，移管被判刑人的除外；（2）有未了结的民事案件，人民法院决定不准出境的；（3）拖欠劳动者的劳动报酬，经国务院有关部门或者省、自治区、直辖市人民政府决定不准出境的；（4）法律、行政法规规定不准出境的其他情形。所以，D项错误，必须是人民法院决定不准王某出境才可以。

4.【答案】BD

【考点】外交特权与豁免

【详解】大使馆是一国在建交国首都派驻的常设外交代表机关。大使馆代表整个国家的利益，全面负责两国关系，馆长一般是大使，也可以是公使或者其他等级的由派遣国委派的外交人员，由国家元首任命并作为国家元首的代表履行职责。大使馆的首要职责是代表派遣国，促进两国的政治关系，其次是促进经济、文化、教育、科技、军事等方面的关系，使馆同时具有领事职能。促进两国关系和人民间的往来是领事馆的重要职责，但其最主要的职责是领事工作，比如：维护本国公民在外国的合法权益，向本国公民颁发或延期护照、向外国公民颁发签证。大使馆的关闭是派出国的自主选择，无须经过派驻国的同意。所以，A项错误。《维也纳外交关系公约》第3条规定，除其他事项外，使馆之职务如下：（甲）在接受国中代表派遣国；（乙）于国际法许可之限度内，在接受国中保护派遣国及其国民之利益；（丙）与接受国政府办理交涉；（丁）以一切合法手段调查接受国之状况及发展情形，向派遣国政府具报；（戊）促进派遣国与接受国之友好关系，及发展两国间之经济、文化和科学关系。所以，B项正确。不受欢迎的人，原意为"不能接受的人"，指一国拒绝接受或要求派遣国召回的外交人员。各国按照国法选定它派驻别国的外交代表，但无权使别国必须接受其派去充任外交代表的某一个人，每个国家都可拒绝接受或要求召回任何一个它所认为不能接受的外交官。一名外交官可在未到任前被宣布为"不受欢迎的人"，这时就不需给其签证或在到达边境时不让其入境从而使其无法到任履职。为避免这种情形，实践中形成了外交代表人选事先征求接受国同意的规则。接受国也可随时通知派遣国宣告使馆馆长或任何外交职员为不受欢迎人员并要求召回。遇此情形，派遣国应斟酌情况召回该员或终止其在使馆中的职务。如派遣国拒绝或不在相当期间内履行这种义务，接受国得拒绝承认该人为使馆人员。在拒绝接受或要求召回某一个人时，接受国无须说明其理由或为其行为辩解，派遣国也无权要求听取和审查接受国的理由。宣布"不受欢迎的人"的理由通常有：外交官被指控犯有严重刑事罪；其行为被指责为干涉接受国内政或违犯该国法律；从事间谍和敌对性质等活动；或者仅因其个人举止、态度或行为冒犯了接受国政府或个人。外交实践中，宣布"不受欢迎的人"的做法，常被用作对对方实行报复或反报复的方式，并不时被一些国家滥用，从而引起派遣国与接受国间的龃龉和纠纷，甚至导致一方暂时终止派遣外交代表。《维也纳外交关系公约》第9条规定，1. 接受国得随时不具解释通知派遣国宣告使馆馆长或使馆任何外交职员为不受欢迎人员或使馆任何其他职员为不能接受。遇此情形，派遣国应斟酌情况召回该员或终止其在使馆中之职务。任何人员得于其到达接受国国境前，被宣告为不受欢迎或不能接受。2. 如派遣国拒绝或不在相当期间内履行其依本条第1项规定所负义务，接受国得拒绝承认该员为使馆人员。所以，C项错误，D项正确。

5.【答案】BC

【考点】国家管辖权；国家主权豁免

【详解】国家主权豁免是指国家的行为及其财产不受或免受他国管辖。实践中，国家主权豁免主要表现在司法豁免方面：（1）一国不对他国的国家行为和财产进行管辖；（2）一国的国内法院非经外国同意，不受理以外国国家作为被告或外国国家行为作为诉由的诉讼；（3）不对外国国家的代表或国家财产采取司法执行措施。因此，在这个意义上，主权豁免又经常被称为国家的司法豁免权。国家豁免权的放弃，是指国家可以自愿地就其某种特定的行为或不行为接受外国法院的管辖，即对其某个方面或某种行为，放弃在外国法院的管辖豁免。这种放弃是国家的一种主权行为，必须是自愿、特定和明确的。豁免的放弃可以分为明示放弃和默示放弃两种形式：前者是指国家或其授权的代表通过条约、合同、其他正式文件或声明，事先或事后以明白的语言文字表达就某种行为或事项上豁免的放弃。后者是国家通过在外国法院的与特定诉讼直接有关的积极的行为，表示其放弃豁免而接受法院管辖，包括国家作为原告在外国法院提起诉讼、正式出庭应诉、提起反诉，或作为诉讼利害关系人介入特定诉讼等。所以，A 项错误，C 项正确。国家在外国领土范围内从事商业行为本身不意味着豁免的放弃。国家或其授权的代表为主张或重申国家的豁免权，对外国法院的管辖作出反应，出庭阐述立场或作证，或要求法院宣布判决或裁决无效，都不构成豁免的默示放弃。所以，B 项正确。一国不能通过本国立法来改变别国的豁免立场，也不能将一国对某一特定事项上的豁免放弃推移到其他事项上，或将一国的豁免放弃推移到另一国家上。国家豁免的放弃必须是特定的、自愿的、明确的。以往接受过管辖，并不代表现在会接受管辖。所以，D 项错误。

6.【答案】BCD

【考点】 条约的保留；条约的终止与暂停施行

【详解】 另订新条约，旧条约被代替而失效，遇此情形，一般都在新条约中明文规定旧条约的处理办法。《维也纳条约法公约》第 59 条第 1 款规定，全体当事国就同一事项缔结后订条约，如果自后订条约中可见或另经确定当事国有终止前约的意思，或后订条约与前订条约的规定不合之程度使得两者不可能同时适用时，前订条约应视为业已终止。所以，A 项错误，B 项正确。条约保留是一个国家主权的一部分，其他任何国家不得对其干涉、阻挠。条约缔约国可以根据需要作出条约保留的决定。但不能作出条约禁止、条约未准许可以保留或者与条约目的、宗旨不符合的保留。条约保留的法律效果：（1）在保留国与接受保留国之间，按保留的范围，改变该保留所涉及的一些条约规定。（2）在保留国与反对保留国之间，若反对保留国并不反对该条约在保留国与反对保留国之间生效，则保留所涉及的规定，在保留的范围内，不适用于该两国之间。（3）在未提出保留的国家之间，按照原来条约的规定，无论未提出保留的国家是否接受另一缔约国的保留。所以，C 项正确，D 项正确。

7.【答案】AC

【考点】 国际海洋法庭

【详解】 根据《联合国海洋法公约》（以下简称《公约》）规定，法庭的管辖权及于下列案件：（1）有关《公约》的解释或适用的任何争端；（2）关于与《公约》的目的有关的其他国际协定的解释或适用的任何争端；（3）如果同《公约》主题事项有关的现行有效条

约或公约的所有缔约国同意，有关这种条约或公约的解释或适用的争端，也可提交法庭。但法庭只是《公约》规定的导致有拘束力裁判的众多强制程序之一。缔约国可在任何时间以书面方式选择法庭或《公约》规定的其他争端解决程序，如国际法院、仲裁法庭等解决争端。同时，《公约》也对适用争端强制解决程序设定了一些限制或例外。例如，关于行使主权权利或管辖权的法律执行活动方面的争端；有关划定海洋边界的《公约》条款的解释或适用的争端；关于军事活动的争端；以及正由联合国安理会执行《联合国宪章》所赋予的职务的争端等。对于上类争端，缔约国可在任何时候作出书面声明，表示不接受《公约》规定的强制解决程序。所以，A 项正确。国际海洋法法庭是专门受理海洋权益纠纷的专门法庭，海洋法法庭管辖权具有强制管辖性质，一国可以自由以书面声明的方式选择海洋法法庭的管辖。但是，只有争端各方都选择了法庭程序，法庭才有管辖权。所以，B 项错误。《公约》第 280 条规定，用争端各方选择的任何和平方法解决争端。本公约的任何规定均不损害任何缔约国于任何时候协议用自行选择的任何和平方法解决它们之间有关本公约的解释或适用的争端的权利。所以，C 项正确。调停是指第三方以调停人的身份，就争端的解决提出方案，并直接参加或主持谈判，以协助争端解决。有三个特点：（1）第三方可以是主动进行的，也可以是应邀请进行的。争端当事方和调停方可以对有关活动加以拒绝，并不承担相应的义务。（2）调停者提出的意见只具有建议或劝告的性质，没有法律的强制性，各方当事国对此保留完全的自由。（3）斡旋或调停不论成功与失败，第三方的任务均告终止，不承担监督和担保争端解决方案实施的法律责任。所以，D 项错误。

2015 年

1.【答案】D

【考点】 联合国大会的职权

【详解】《联合国宪章》第 13 条规定，"联合国大会应发起研究，并作成建议，提倡国际法之逐渐发展与编纂"，因此大会不具有立法权，联合国大会决议仅具有建议的性质。《国际法院规约》第 38 条已是公认对国际法渊源的权威说明，该条规定除传统国际法渊源外，还涉及了一般法律原则、司法判例及各国权威最高之公法学家学说，然而该条并没有列入国际组织包括联合国大会的任何决议，因此，联大决议不应具有国际法效力。故 A 项错误。《联合国宪章》第 18 条规定，大会之每一会员国，应有一个投票权。故 B 项错误。《联合国宪章》第 18 条规定，大会对于重要问题之决议应以到会及投票之会员国 2/3 多数决定之。此项问题应包括：关于维持国际和平及安全

之建议，安全理事会非常任理事国之选举，经济及社会理事会理事国之选举，依第 86 条第 1 项（寅）款所规定托管理事会理事国之选举，对于新会员国加入联合国之准许，会员国权利及特权之停止，会员国之除名，关于施行托管制度之问题，以及预算问题。关于其他问题之决议，包括另有何种事项应以 2/3 多数决定之问题，应以到会及投票之会员国过半数决定之。由此可知，大会表决原则是，每个会员国在大会拥有投票权，但对重要问题的决定，均需经出席并参加投票的会员国以 2/3 的多数通过；其他问题只需以简单多数通过。故 C 项错误。《联合国宪章》第 10 条规定，大会得讨论本宪章范围内之任何问题或事项，或关于本宪章所规定任何大会之职权；并除第 12 条所规定外，得向联合国会员国或安全理事会或兼向两者，提出对各该问题或事项之建议。故 D 项正确。

2.【答案】B

【考点】 引渡

【详解】《引渡法》第 4 条规定："中华人民共和国和外国之间的引渡，通过外交途径联系。中华人民共和国外交部为指定的进行引渡的联系机关。引渡条约对联系机关有特别规定的，依照条约规定。"据此，乙国的引渡请求应通过外交途径联系，联系机关为外交部。故 A 项错误。在现代国际关系中，引渡是国家之间司法合作的重要形式，是国家主权的合法体现。根据国际法，各主权国家没有必须对罪犯引渡的法律义务。现代国际最通行的办法是当事国双方订立双边或多边条约，为履行条约的义务而给予引渡；也有一些国家按照国内法有关规定，根据具体案情，以互惠为条件，或出于礼让和友好的考虑，把罪犯引渡给他国。故 B 项正确。《引渡法》第 16 条规定："外交部收到请求国提出的引渡请求后，应当对引渡请求书及其所附文件、材料是否符合本法第二章第二节和引渡条约的规定进行审查。最高人民法院指定的高级人民法院对请求国提出的引渡请求是否符合本法和引渡条约关于引渡条件等规定进行审查并作出裁定。最高人民法院对高级人民法院作出的裁定进行复核。"据此，我国的引渡是由最高院指定的高级人民法院对案件进行实质审查，然后最高院对高级人民法院作出的裁定进行复核。故 C 项错误。实践中，请求国只能就其请求引渡的特定犯罪行为对该被引渡人进行审判或处罚。这也称为"罪名特定原则"。如果以其他罪名进行审判或将被引渡人转让给第三国，则一般应经原引出国的同意。因此经原引出国的同意可以转引，故 D 项错误。

3.【答案】C

【考点】 维也纳领事关系公约中领事国籍的规定

【详解】 根据《维也纳领事关系公约》第 22 条的规定，领事官员之国籍：（1）领事官员原则上应属派遣国籍。（2）委派属接受国之人为领事

官员，非经该国明示同意，不得为之；此项同意得随时撤销之。（3）接受国对于非亦为派遣国国民之第三国国民，得保留同样权利。据此，C 项正确。

4.【答案】AC

【考点】《国籍法》

【详解】《国籍法》第 5 条规定："父母双方或一方为中国公民，本人出生在外国，具有中国国籍；但父母双方或一方为中国公民并定居在外国，本人出生时即具有外国国籍的，不具有中国国籍。"故 AC 项正确。《国籍法》第 3 条规定："中华人民共和国不承认中国公民具有双重国籍。"故 B 项错误。《国籍法》第 7 条规定："外国人或无国籍人，愿意遵守中国宪法和法律，并具有下列条件之一的，可以经申请批准加入中国国籍：一、中国人的近亲属；二、定居在中国的；三、有其他正当理由。"《国籍法》第 8 条规定："申请加入中国国籍获得批准的，即取得中国国籍；被批准加入中国国籍的，不得再保留外国国籍。"故 D 项错误。

5.【答案】AD

【考点】《缔结条约程序法》；《联合国国家及其财产管辖豁免公约》

【详解】《缔结条约程序法》第 6 条第 2 款规定："下列人员谈判、签署条约、协定，无须出具全权证书：（一）国务院总理、外交部长；（二）谈判、签署与驻在国缔结条约、协定的中华人民共和国驻该国使馆馆长，但是各方另有约定的除外；（三）谈判、签署以本部门名义缔结协定的中华人民共和国政府部门首长，但是各方另有约定的除外；（四）中华人民共和国派往国际会议或者派驻国际组织，并在该会议或者该组织内参加条约、协定谈判的代表，但是该会议另有约定或者该组织章程另有规定的除外。"故 A 项正确。我国已经于 2005 年 9 月 14 日签署了《联合国国家及其财产管辖豁免公约》，但我国还没有批准该《公约》，该《公约》对我国还没有拘束力，故 B 项错误。《民事诉讼法》第 271 条规定，中华人民共和国缔结或者参加的国际条约同本法有不同规定的，适用国际条约的规定，但是我国声明保留的条款除外。故 C 项错误。《缔结条约程序法》第 15 条规定："经全国人民代表大会常务委员会决定批准或者加入的条约和重要协定，由全国人民代表大会常务委员会公报公布。其他条约、协定的公布办法由国务院规定。"故 D 项正确。

2016 年

1.【答案】C

【考点】 安理会对实质性问题表决通过的要求

【详解】 安理会的每个理事国有一个投票权。程序性问题，由 15 个理事国中的 9 个理事国的可决票

决定。非程序性问题，由 9 个理事国的可决票包括全体常任理事国的同意票决定。即任一常任理事国的反对票都可以否决议决。但是常任理事国不参加投票或者弃权，不构成否决。故 A 项错误。程序性问题有：通过或修改安理会的议事规则；确定推选安理会主席的方法；组织安理会本身使其能持续行使职能；选定安理会会议的时间和地点；设立执行其职能所必需的机构；邀请在安理会中没有代表的会员国在对该国利益有特别关系时参加安理会讨论；邀请在安理会正在审议的争端中为当事国的任何国家参加关于该争端的讨论。实质性问题有：解决争端，调整足以引发争端的情势，断定对和平的威胁，消除对和平的威胁制止对和平的破坏。关于和平解决争端的决议，作为争端当事国的理事国不得投票，但是关于采取执行行动的决议，可以投票和行使否决权。此外，安理会在作出关于建议大会接纳新会员国、中止会员国的权利、开除会员国和向大会推荐秘书长人选等问题时，也需包括 5 个常任理事国在内 9 个理事国的可决票来决定。故 D 项错误。本题属于实质性问题，由 9 个理事国的赞成票，且没有常任理事国的否决票表决即可通过。故 B 项错误，C 项正确。

2.【答案】D

【考点】界标的维护

【详解】界标，是指竖立在边界线上或边界线两侧，在实地标示边界线走向，且其地理坐标已测定并记载于勘界文件或联检文件中的标志。如发现界标被损坏、移动或毁灭，双方主管部门立即相互通报。按勘界文件和联检文件的规定，负责维护该界标的一方立即采取措施在原位修理、恢复或重建，并应在工作开始前通知另一方。一方主管部门在进行上述工作时，应有另一方主管部门的代表在场，工作完成后做出记录。故 A 项错误。对于边境事件的处理，相邻国家通常通过协议，由双方代表成立处理边境地区事项的机构，专门处理边境和边民有关的问题，如偷渡、违章越界、损害界标等事项。本题中，对于偷渡问题应由甲乙两国成立的共同机构进行管理。故 BC 项错误。在已设界标边界线上，相邻国家对界标的维护负有共同责任。应使界标的位置、形状、型号和颜色符合边界文件中规定的一切要求。两国可以协议确定对全部界标的维护进行分工。陆地上的界标和边界线应保持在易于辨认的状态。双方都应采取必要措施防止界标被移动、损坏或灭失。若一方发现界标出现上述情况，应尽速通知另一方，在双方代表在场的情况下修复或重建。国家有责任对移动、损坏或毁灭界标的行为给予严厉惩罚。故 D 项正确。

3.【答案】B

【考点】《国际法院规约》

【详解】《国际法院规约》第 8 条规定："大会及安全理事会各应独立举行法院法官之选举。"第 10 条

规定："候选人在大会及在安全理事会得绝对多数票者应认为当选。"故 A 项错误。第 1 条规定："联合国宪章所设之国际法院为联合国主要司法机关，其组织及职务之行使应依本规约之下列规定。"故 B 项正确。第 65 条规定："一、法院对于任何法律问题如经任何团体由联合国宪章授权而请求或依照联合国宪章而请求时，得发表咨询意见"。故 C 项错误。第 65 条规定："二、凡向法院请求咨询意见之问题，应以声请书送交法院。此项声请书对于咨询意见之问题，应有确切之叙述，并应附送足以释明该问题之一切文件。"第 60 条规定："法院之判决系属确定，不得上诉。判词之意义或范围发生争端时，经任何当事国之请求后，法院应予解释。"故 D 项错误。

4.【答案】AC

【考点】领土的合法取得

【详解】在国际法上传统的领土取得方式有：

（1）先占。是指一个国家有意识地占据不属于任何国家主权所有的土地，将其作为自己领土的一部分的国家法律行为。先占的客体必须是无主土地，即指不属于任何国家主权管辖之下的土地。先占必须是实行有效的占领，即必须对占有地进行实际控制和实施行政管理。

（2）时效。是指占有他国的某块土地后，在相当长时期内不受干扰地占有而取得该土地的主权。

（3）割让。是指一国根据条约把部分领土主权转移给另一个国家。从现代国际法看，由战争或不平等条约造成的割让都是违反国际法的。故 B 项错误。

（4）征服。是指战争结束后战胜国把战败国灭亡而兼并其领土的行为。

（5）添附。是指领土因自然状态的变化或人工力量而增添的新部分。如新生岛、废河床、人工岛屿等。故 A 项正确。

也就是说，在传统国际法上侵略征服取得的土地就算是该国土地。但现代国际法已经将战争作为国际犯罪行为，即采取犯罪手段取得的土地不具有合法权利。故 D 项错误。

国际法上现代国家取得领土的方式有：

（1）交换领土。为了便于边境管理和适应当地的历史条件，有关国家在自愿基础上交换其部分领土，这是符合国家主权和民族自决权原则的。故 C 项正确。

（2）全民投票。是指由某一领土上的居民以充分自主的投票方式决定其领土的归属。

（3）收复失地。是指国家为恢复其对某些领土历史性权利而收回被他国侵占的领土。恢复领土主权可以采取武力方式，也可采取和平方式。

5.【答案】BC

【考点】《联合国海洋法公约》

【详解】《联合国海洋法公约》第 22 条规定："领海内的海道和分道通航制。1. 沿海国考虑到航行

安全认为必要时，可要求行使无害通过其领海权利的外国船舶使用其为管制船舶通过而指定或规定的海道和分道通航制。2. 特别是沿海国可要求油轮、核动力船舶或载运核物质或材料或其他本质上危险或有毒物质或材料的船舶只在上述海道通过。3. 沿海国根据本条指定海道和规定分道通航制时，应考虑到：(a) 主管国际组织的建议；(b) 习惯上用于国际航行的水道；(c) 特定船舶和水道的特殊性质；和 (d) 船舶来往的频繁程度。4. 沿海国应在海图上清楚地标出这种海道和分道通航制，并应将该海图妥为公布。"故 A 项错误。《联合国海洋法公约》第 19 条规定："无害通过的意义。1. 通过只要不损害沿海国的和平、良好秩序或安全，就是无害的。这种通过的进行应符合本公约和其他国际法规则。2. 如果外国船舶在领海内进行下列任何一种活动，其通过即应视为损害沿海国的和平、良好秩序或安全：(a) 对沿海国的主权、领土完整或政治独立进行任何武力威胁或使用武力，或以任何其他违反《联合国宪章》所体现的国际法原则的方式进行武力威胁或使用武力；(b) 以任何种类的武器进行任何操练或演习；(c) 任何目的在于搜集情报使沿海国的防务或安全受损害的行为；(d) 任何目的在于影响沿海国防务或安全的宣传行为；(e) 在船上起落或接载任何飞机；(f) 在船上发射、降落或接载任何军事装置；(g) 违反沿海国海关、财政、移民或卫生的法律和规章，上下任何商品、货币或人员；(h) 违反本公约规定的任何故意和严重的污染行为；(i) 任何捕鱼活动；(j) 进行研究或测量活动；(k) 任何目的在于干扰沿海国任何通讯系统或任何其他设施或设备的行为；(l) 与通过没有直接关系的任何其他活动。"故 BC 项正确。《联合国海洋法公约》第 26 条规定："可向外国船舶征收的费用。1. 对外国船舶不得仅以其通过领海为理由而征收任何费用。2. 对通过领海的外国船舶，仅可作为对该船舶提供特定服务的报酬而征收费用。征收上述费用不应有任何歧视。"故 D 项错误。

2017 年

1. 【答案】B
【考点】国际民用航空的安全制度
【详解】根据《东京公约》《海牙公约》以及《蒙特利尔公约》的规定，下列国家拥有对于危害民航安全罪行的管辖权：航空器登记国；航空器降落地国，当犯罪嫌疑人仍在航空器内；承租人的营业国或常驻地国，当航空器是不带机组的出租；嫌疑人所在国；嫌疑人国籍国或永久居所国；犯罪行为发生地国；罪行后果涉及国，包括受害人国籍国或永久居所国、后果涉及领土国、罪行危及其安全的国家；根据本国法行使管辖权的其他国家。本题中，犯罪嫌疑人

国籍国为甲国，甲国有管辖权。航空器登记国为乙国，乙国有管辖权。犯罪行为发生地为丙国，丙国有管辖权。故 A 项错误，B 项正确，C 项错误。国际刑事法院管辖范围限于灭绝种族罪、战争罪、危害人类罪、侵略罪等几大类，危害民航安全罪不属于国际刑事法院的管辖范围。故 D 项错误。

2. 【答案】B
【考点】外交人员的特权与豁免
【详解】《维也纳外交关系公约》的规定，在派遣武官时，应先将其拟派人选通知接受国，征得接受国同意后正式派遣。故 A 项错误。外交人员享有刑事管辖豁免，接受国司法机关不得对其进行刑事审判和处罚。一般外交人员包括参赞、武官、秘书、随员。本题中约翰是二秘，属于一般外交人员。故 B 项正确。外交人员特权与豁免的人员范围包括：(1) 外交人员；(2) 外交人员的家属（与外交人员构成同一户口的家属，如不是接受国国民，享有与外交人员相同的特权与豁免）；(3) 行政和技术人员及其家属（行政和技术人员及与其构成同一户口的家属，如不是接受国国民，且不在该国永久居留者，也享有一定的特权与豁免，但有某些例外：①执行职务范围以外的行为，不享有民事和行政管辖豁免；②到任后进口的自用物品不能免纳关税；③其行李不免除海关查验）；(4) 服务人员（使馆的服务人员，如不是接受国国民，且不在该国永久居留者，仅享有一定的优遇）。本题中玛丽属于行政和技术人员，在其不是接受国国民，也非接受国永久居留者的情况下，其享有外交人员特权与豁免。故 C 项错误。如果使馆人员死亡，其家属继续享有相关特权与豁免，直到给予其离境的合理期间结束时为止。故 D 项错误。

3. 【答案】B
【考点】国际海洋法法庭管辖权；《联合国海洋法公约》
【详解】《联合国海洋法公约》的规定，对于海洋划界、领土争端、军事活动、涉及历史性海湾所有权的争端以及安理会正在行使管辖权的争端，缔约国可以通过书面声明排除强制程序的适用。故 A 项错误。国际海洋法法庭的管辖权具有任择强制管辖性质，即一国在加入公约时，或在其后任何时间，都可以自由用书面声明方式选择海洋法法庭的管辖，只有争端各方都选择了法庭程序，法庭才有管辖权。故 B 项正确，C 项错误。国际海洋法法庭的设立不排除国际法院对海洋争端的管辖，争端当事国可以自愿选择将争端交由哪个机构来审理。故 D 项错误。

4. 【答案】ABD
【考点】国籍的取得与丧失
【详解】《国籍法》第 12 条规定："国家工作人员和现役军人，不得退出中国国籍。"故 A 项正确。《国籍法》第 8 条规定："申请加入中国国籍获得批

准的，即取得中国国籍；被批准加入中国国籍的，不得再保留外国国籍。"故 B 项正确。《国籍法》第 5 条规定："父母双方或一方为中国公民，本人出生在外国，具有中国国籍。"故 C 项错误。《国籍法》第 4 条规定："父母双方或一方为中国公民，本人出生在中国，具有中国国籍。"故 D 项正确。

5.【答案】AC

【考点】 外国人出入境

【详解】《出境入境管理法》第 25 条第 2 款规定："对不准入境的，出入境边防检查机关可以不说明理由。"故 A 项正确。《外国人入境出境管理条例》第 22 条规定："持学习类居留证件的外国人需要在校外勤工助学或者实习的，应当经所在学校同意后，向公安机关出入境管理机构申请居留证件加注勤工助学或者实习地点、期限等信息。持学习类居留证件的外国人所持居留证件未加注前款规定信息的，不得在校外勤工助学或者实习。"故 B 项错误。《出境入境管理法》第 39 条第 2 款规定："外国人在旅馆以外的其他住所居住或者住宿的，应当在入住后二十四小时内由本人或者留宿人，向居住地的公安机关办理登记。"故 C 项正确。《出境入境管理法》第 28 条规定："外国人有下列情形之一的，不准出境：（一）被判处刑罚尚未执行完毕或者属于刑事案件被告人、犯罪嫌疑人的，但是按照中国与外国签订的有关协议，移管被判刑人的除外；（二）有未了结的民事案件，人民法院决定不准出境的；（三）拖欠劳动者的劳动报酬，经国务院有关部门或者省、自治区、直辖市人民政府决定不准出境的；（四）法律、行政法规规定不准出境的其他情形。"上述第 1 项涉诉情形不允许出境，其他情形须经法院或有关政府决定。故 D 项错误。

2018 年

1.【答案】B

【考点】 国际法院法官；强制执行；判决效力

【详解】 国际法院的法官不因国籍问题而回避，A 项错误。专案法官是临时法官，国际法院在审理案件时要求必须当事国的法官在其中，所以当有乙国法官时，则必须有一个甲国国籍的法官，B 项正确。国际法院没有强制执行权，C 项错误。国际法院的判决对涉案国家有约束力，但是并没有普遍的约束力，也不能直接形成国际法的渊源，D 项错误。

2.【答案】D

【考点】 代办；外交豁免权

【详解】 代办也是一级使馆，当然受到外交法的保护，A 项错误。汤姆枪击行为显然违反了刑法上的一般原则，应当承担刑事责任，B 项错误。虽然汤姆应当承担刑事责任，但由于他有外交豁免权，乙国无权对其采取刑事强制措施，C 项错误。外交豁免权可以由派出国明示放弃，D 项正确。

3.【答案】AD

【考点】 引渡

【详解】 外交部可以向乙国请求政府先对张某采取刑事强制措施，防止其潜逃再启动引渡程序。当然，乙国也可以拒绝我国的请求，A 项正确。引渡是乙国的权力，没有引渡条约的情况下乙国可以决定是不是引渡给甲国，B 项错误。引渡是乙国的权力，其愿意引渡给哪个国家都可以，C 项错误。根据我国引渡法的规定，由于张某是中国人，基于本国人不引渡原则，所以我国应当予以拒绝，D 项正确。

4.【答案】B

【考点】 国际法院

【详解】 国有企业的行为不可以归因于国家，国家也无需对国有企业承担国家责任。故 A 项错误。国际法院审理案件中，如一方当事国有本国国籍的法官，他方当事国也有权选派一人作为法官参与该案的审理；如双方当事国都没有本国国籍的法官，双方都可各选派法官一人参与该案的审理。故 B 项正确。国际法院没有执行庭，国际法院的判决需当事国自觉执行。如一国不自觉执行，最多只能向安理会申诉。故 C 项错误。国际法院的判决对当事国有约束力，其判例不可以成为国际法的渊源。故 D 项错误。

2019 年

1.【答案】D

【考点】 界河

【详解】 一国在使用界水时，不得损害邻国的利益。故 A 项错误。渔民只能在界水的本国一侧捕鱼。故 B 项错误。一方如欲在界水上修建工程设施，应取得另一方的同意。故 C 项错误。除遇难或有其他特殊情况外，一方船舶未经允许不得在对方河岸停泊靠岸。故 D 项正确。

2.【答案】D

【考点】 专属经济区

【详解】《联合国海洋法公约》第 56 条规定了沿海国在专属经济区内的权利、管辖权和义务：1. 沿海国在专属经济区内有：（a）以勘探和开发、养护和管理海床上覆水域和海床及其底土的自然资源（不论为生物或非生物资源）为目的的主权权利，以及关于在该区内从事经济性开发和勘探，如利用海水、海流和风力生产能等其他活动的主权权利；（b）本公约有关条款规定的对下列事项的管辖权：（1）人工岛屿、设施和结构的建造和使用；（2）海洋科学研究；（3）海洋环境的保护和保全；（c）本公约规定的其他权利和义务。2. 沿海国在专属经济区内根据本公约行使其权利和履行其义务时，应适当顾及其他国家的权利和义务，并应以符合本公约规定的方式行事。

3. 本条所载的关于海床和底土的权利，应按照第六部分的规定行使。据此，D 项符合规定，当选。ABC 项不符合。

3.【答案】BC

【考点】国籍；经常居住地；外国人在中国的限制

【详解】《最高人民法院关于适用〈中华人民共和国涉外民事关系法律适用法〉若干问题的解释（一）》第 13 条规定："自然人在涉外民事关系产生或者变更、终止时已经连续居住一年以上且作为其生活中心的地方，人民法院可以认定为涉外民事关系法律适用法规定的自然人的经常居所地，但就医、劳务派遣、公务等情形除外。"故 A 项错误。根据我国《国籍法》，中国国籍的取得采取"双系血统为主，兼采出生地主义"原则，汉斯的妻子为中国国籍，因此汉斯的女儿可以基于血统取得中国国籍。故 B 项正确。《出境入境管理法》第 43 条规定："外国人有下列行为之一的，属于非法就业：（一）未按照规定取得工作许可和工作类居留证件在中国境内工作的；（二）超出工作许可限定范围在中国境内工作的；（三）外国留学生违反勤工助学管理规定，超出规定的岗位范围或者时限在中国境内工作的。"故 C 项正确。《出境入境管理法》第 28 条规定："外国人有下列情形之一的，不准出境：……（二）有未了结的民事案件，人民法院决定不准出境的……"故 D 项错误。

4.【答案】ABD

【考点】引渡

【详解】根据双重犯罪原则，被请求引渡人的行为必须被请求国和被请求国的法律都认定为犯罪。故 AB 项正确。根据本国国民不引渡原则，只要史密斯不是引渡被请求国乙国人即可。故 C 项错误。根据政治犯不引渡原则，如果史密斯是政治犯，乙国应当拒绝引渡。故 D 项正确。

5.【答案】C

【考点】外交人员

【详解】接受国可以拒绝接受其所不同意的任何派遣国使馆人员，并无须向派遣国说明理由。故 A 项错误。甲国派往乙国的使馆人员如果被宣布为"不受欢迎的人"，则派遣国应酌情召回该人员或终止其使馆人员的职务。故 BD 项错误。如果派遣国不召回该人员或终止其使馆人员的职务，接受国可以拒绝承认该人员为使馆人员，责令其限期离境。故 C 项正确。

6.【答案】AD

【考点】使馆和使馆外交人员的特权与豁免

【详解】根据《维也纳外交关系公约》的规定，非经接受国同意，不得安装或使用无线电发报机。故 A 项正确。使馆馆舍一般费用均免除，但物业服务费等不予免除。故 B 项错误。使馆馆舍享有绝对豁免

权，即使发生特殊情况（如突发传染性疾病）也不例外，故 C 项错误。武官为外交人员，外交人员的刑事管辖完全豁免，因此乙国司法部门不得对汉斯进行刑事审判。故 D 项正确。

2020 年

1.【答案】C

【考点】专属经济区；毗连区；大陆架

【详解】《专属经济区和大陆架法》第 9 条规定："任何国际组织、外国的组织或者个人在中华人民共和国的专属经济区和大陆架进行海洋科学研究，必须经中华人民共和国主管机关批准，并遵守中华人民共和国的法律、法规。"故 A 项错误。根据《联合国海洋法公约》，毗连区不是国家领土，国家对毗连区不享有主权，国家对于毗连区的管制不包括其上空，因此丙国军用飞机进入中国毗连区上空不需要经中国政府批准或接受，D 项错误。《领海及毗连区法》第 7 条规定："外国潜水艇和其他潜水器通过中华人民共和国领海，必须在海面航行，并展示其旗帜。"这一规定不适用于毗连区，B 项错误。《最高人民法院关于审理发生在我国管辖海域相关案件若干问题的规定（一）》第 3 条规定："中国公民或者外国人在我国管辖海域实施非法猎捕、杀害珍贵濒危野生动物或者非法捕捞水产品等犯罪的，依照我国刑法追究刑事责任。"乙国渔民在中国大陆架非法捕捞并杀害濒危海龟需依据中国刑法追究刑事责任，C 项正确。

2.【答案】ACD

【考点】外空相关公约

【详解】根据《关于各国探索和利用包括月球和其他天体的外层空间活动所应遵守原则的条约》，任何国家探索外层空间都不得损害其他国家的权利和利益，不得为获取自己片面私利利用外空，故 A 项正确。根据《关于登记射入外层空间物体的公约》，空间物体若由两个以上发射国发射，应由其共同决定其中的一个国家进行登记，故 B 项错误。根据《外空物体所造成损害之国际责任公约》，发射国对空间物体在地球表面，或给飞行中的飞机造成的损害，应承担绝对责任；发射国对于其空间物体在地球表面以外的其他任何地方，对于其他国家的空间物体或所载人员或财产造成损害，承担过错责任。故 CD 项正确。

3.【答案】D

【考点】中国国籍

【详解】《国籍法》第 10 条规定："中国公民具有下列条件之一的，可以经申请批准退出中国国籍：一、外国人的近亲属；二、定居在外国的；三、有其它正当理由。"今后有正当理由时可以申请退出中国国籍，A 项错误。《国籍法》第 16 条规定："加入、退出和恢复中国国籍的申请，由中华人民共和国公安

部审批。经批准的，由公安部发给证书。"B项错误。我国不承认中国公民有双重国籍，C项错误。《国籍法》第4条规定："父母双方或一方为中国公民，本人出生在中国，具有中国国籍。"因孩子母亲具有中国国籍，孩子出生在中国，因此具有中国国籍，D项正确。

4.【答案】C

【考点】外交机关及外交豁免

【详解】根据《维也纳领事关系公约》，接受国官宪非经领馆馆长或其指定人员或派遣国使馆馆长同意，不得进入领馆馆舍中专供领馆工作之用之部分。唯遇火灾或其他灾害须迅速采取保护行动时，得推定领馆馆长已表示同意。本题中，虽然领事馆发生火灾，但领事馆已明确反对甲国进入，推定馆长同意的理由不能成立，A项错误。根据《维也纳外交关系公约》，使馆馆舍不得充作与本公约或一般国际法之其他规则，或派遣国与接受国间有效之特别协定所规定之使馆职务不相符合之用途。对被甲国通缉的丙国人予以庇护不属于使馆职务范围，B项错误。根据《维也纳领事关系公约》，领馆邮袋不得予以开拆或扣留。但如接受国主管当局有重大理由认为邮袋装有不在公文文件及用品之列之物品时，得请派遣国授权代表一人在该当局前将邮袋开拆。如派遣国当局拒绝此项请求，邮袋应予退回至原发送地点。对于领事馆的邮袋，如乙国拒绝则甲国不能强行拆开，C项正确。《维也纳外交关系公约》对于派遣国的使馆馆长及外交人员，接受国可以随时不加解释地宣布其为"不受欢迎的人"，对于使馆的其他人员，接受国可以宣布其"不能接受"，且无须说明理由。D项错误。

5.【答案】BCD

【考点】条约的保留

【详解】条约的保留，是指一国在签署、批准、接受、赞同或加入一个条约时所作的单方声明，目的在于排除或更改条约中某些规定对该国适用时的法律效果。条约保留会产生相应的法律后果，在保留国与接受保留国之间，按保留范围改变相应条约条款。本题中甲国提出保留，即表明甲国不同意将争议提交国际法院解决，而乙国接受甲国的保留，甲乙之间应该按保留范围而定，即不同意将争议提交国际法院解决。故A项错误。丙国可以反对甲国提出的保留，但由于甲乙丙丁均为条约缔约国。根据"有约必守原则"，条约在甲丙两国之间当然发生效力。故B项正确。在保留国与反对保留之间，保留所涉规定在两国之间视为不存在。本题中甲为保留国，丁为反对保留国，甲丁两国之间该规定因保留视为不存在。故C项正确。在未提出保留的国家之间，按照原来条约的规定，乙丁两国均未提出保留，应按条约的规定处理。故D项正确。

2021年

1.【答案】A

【考点】界标

【详解】界标是设在两国边界线上的标志，相邻国家共同负有维护界标的责任。相邻国家都有义务防止界标被移动、损坏或灭失。如若一方发现界标出现上述情况，应尽快通知对方，并且在双方代表在场的情况下方可修复或重建。国家有责任惩罚破坏界标的行为。据此，A项正确。

2.【答案】C

【考点】无害通过权

【详解】根据《联合国海洋法公约》，无害通过权仅限于海域，不能及于上空。故A项错误。《联合国海洋法公约》并未限制军舰的无害通过权，但是中国在批准《联合国海洋法公约》时对该条提出了保留，明确指出"外国军舰通过中国领海，必须事先征得中国政府批准"。故B项错误。根据《联合国海洋法公约》，所有国家有权在其他国家的大陆架上铺设电缆和管道，但其线路的划定须经沿海国同意。故C项正确。紧追终止的海域是被紧追船舶的本国或第三国领海。故D项错误。

3.【答案】D

【考点】国籍；外国人出境入境管理

【详解】《国籍法》第9条规定："定居外国的中国公民，自愿加入或取得外国国籍的，即自动丧失中国国籍。"A项错误。《出境入境管理法》第15条规定："外国人入境，应当向驻外签证机关申请办理签证，但是本法另有规定的除外。"B项错误。外国人在中国境内参加工作必须办理工作类签证。外国大学生勤工助学需要遵守学校勤工助学管理规定，并不得超过岗位范围或者时限。C项错误。《出境入境管理法》第25条第2款规定："对不准入境的，出入境边防检查机关可以不说明理由。"D项正确。

4.【答案】AC

【考点】外交机关及外交豁免；庇护

【详解】根据《维也纳外交关系公约》，外交邮袋可托交预定在准许入境地点降落的商业飞机机长转递。A项正确。使馆财产及档案无论何时何处，均不得侵犯。即使两国断交、使馆馆长长期或暂时撤退、发生武装冲突时也不例外。据此，B项错误，C项正确。甲国驻乙国大使馆仅有权保护甲国人，如果庇护了非甲国人，则构成域外庇护，不为国际法所认可。据此，D项错误。

5.【答案】A

【考点】斡旋；调停；战争爆发

【详解】斡旋与调停的区别在于，前者第三方不出面，后者第三方出面。故A项正确。调停方对调停成败不承担法律责任，且调停方案本身没有法律约束力。故 B 项错误。根据《维也纳外交关系公约》的规定，使馆财产及档案无论何时何处，均不得被侵犯。据此，C 项错误。两国宣战后，关于条约事项受到的影响，主要分为三类：（1）同盟条约、互助条约或和平友好条约立即废止；（2）一般的政治和经济类条约停止效力；（3）边界条约、割让条约一般应继续维持。甲乙两国的商业条约属于一般的经济类条约，应暂停效力。据此，D 项错误。

2022 年

1.【答案】ABD

【考点】《关于难民地位的公约》；庇护

【详解】难民不等同于政治犯，不属于庇护的对象。故 A 项错误。联合国《关于难民地位的公约》第 31 条第 1 款规定，缔约各国对于直接来自生命或自由受到第 1 条所指威胁的领土未经许可而进入或逗留于该国领土的难民，不得因该难民的非法入境或逗留而加以刑罚，但以该难民毫不迟延地自行投向当局说明其非法入境或逗留的正当原因者为限。故 B 项错误。《关于难民地位的公约》第 18 条规定，缔约各国对合法在其领土内的难民，就其自己经营农业、工业、手工业、商业以及设立工商业公司方面，应给以尽可能优惠的待遇，无论如何，此项待遇不得低于一般外国人在同样情况下所享有的待遇。故 C 项正确。《关于难民地位的公约》第 33 条规定，（1）任何缔约国不得以任何方式将难民驱逐或送回（"推回"）至其生命或自由因为他的种族、宗教、国籍、参加某一社会团体或具有某种政治见解而受威胁的领土边界。（2）但如有正当理由认为难民足以危害所在国的安全，或者难民已被确定判决认为犯过特别严重罪行从而构成对该国社会的危险，则该难民不得要求本条规定的利益。故并非在任何情况下，乙国都不

能将其遣返。故 D 项错误。

2.【答案】A

【考点】斡旋；谈判；平时封锁

【详解】谈判是争端解决的最基本方式，形式多样，可以公开也可以秘密，可以口头也可以书面。斡旋行为对当事国没有约束力，丙国的邀请对甲、乙两国的谈判行为没有影响。A 项正确。丙国邀请两国到丙国谈判，属于斡旋，是争端以外的第三方为促成当事国进行谈判或争端解决，采取和提供某些协助活动。第三国本身不参加谈判，也不提出任何解决争端的方案。因此，丙国元首不可以参与谈判，BC 项错误。D 项中甲国的行为构成平时封锁。平时封锁是指和平时期一国的海军对另一国的海岸进行封锁，禁止有关船只的出入。平时封锁只能由安理会决定，是维持或恢复国际和平与安全所必要时采取的一种措施，而不能是一种国家解决争端采用的合法方式。D 项行为未经安理会同意，构成对乙国主权的侵犯。D 项错误。

2023 年

【答案】AC

【考点】外交人员的特权与豁免

【详解】外交人员享有完全的对接受国刑事管辖的豁免，即接受国的司法机关不得对其进行刑事审判和处罚，但是相关人员仍然需要对其从事的违法行为负责。A 项正确。外交人员的特权和管辖可以由其派遣国放弃，外交人员本身没有作出这种放弃的权利。B 项错误。外交代表及其他享有特权与豁免的人不得干涉接受国的内政，不得参加或支持旨在反对接受国政府的集会、游行示威活动。C 项正确。外交代表不应在接受国内为私人利益从事任何专业或商业活动。D 项错误。

司法制度和法律职业道德

2014 年

1.【答案】D

【考点】司法公正

【详解】司法公正包含程序公正以及实体公正两大组成部分，本题中通过微博直播庭审、判决书网上公布以及为辩护人查阅、摘抄、复制案卷材料提供便利都属于保证司法程序公正的重要措施，体现了司法公正的内涵。D 项为被害人提供医疗和物质救助并不体现司法公正的内容，而是体现了人道主义的精神。

2.【答案】D

【考点】司法效率

【详解】法官恪守中立，不主动督促当事人或其代理人完成诉讼活动，属于司法公正的体现，不属于司法效率的体现，故 D 项说法不正确。ABC 项都体现了法官在司法活动中司法效率的要求。

3.【答案】B

【考点】检察官职业道德和纪律

【详解】根据《司法机关内部人员过问案件的记录和责任追究规定》第 2 条规定，司法机关内部人员应当依法履行职责，严格遵守纪律，不得违反规定过问和干预其他人员正在办理的案件，不得违反规定为案件当事人转递涉案材料或者打探案情，不得以任何方式为案件当事人说情打招呼。据此，A 项甲检察官的做法不正确。检察官应当坚持公正理念，因此应当自觉遵守法定回避制度，对法定回避事由以外可能引起公众对办案公正产生合理怀疑的，应当主动请求回避。故 B 项乙检察官的做法正确。《刑事诉讼法》第56 条第 2 款规定："在侦查、审查起诉、审判时发现有应当排除的证据的，应当依法予以排除，不得作为起诉意见、起诉决定和判决的依据。"C 项做法违反规定。检察官应当坚持公正理念，因此不得私下接触案件当事人、诉讼代理人、辩护人及其他与案件有利害关系的人员。D 项丁检察官自家里会见，显然是私自会见，不正确。

4.【答案】D

【考点】律师执业行为规范

【详解】A 项做法符合律师不得在同一个案件中同时代理双方当事人的要求。B 项做法遵循了不在同一案件中为双方代理的要求，承诺其他案件中可为当事人代理并不违反执业规范。C 项行为并不违反律师执业规范。即使再审中，不再接受张某的委托，该所也不应当与被告李某建立委托代理关系，D 项行为不符合律师执业规范。

5.【答案】C

【考点】法律职业人员职业道德

【详解】律师职业道德的主体包括律师和律师事务所，因而 C 项说法明显错误。

6.【答案】B

【考点】法律援助制度

【详解】《法律援助法》第 2 条规定，本法所称法律援助，是国家建立的为经济困难公民和符合法定条件的其他当事人无偿提供法律咨询、代理、刑事辩护等法律服务的制度，是公共法律服务体系的组成部分。据此，法律援助属于无偿法律服务，不能收取任何费用，故 A 项错误。《法律援助法》第 48 条第 6 项规定，受援人自行委托律师或者其他代理人，法律援助机构应当作出终止法律援助的决定。故 B 项正确。《法律援助法》第 19 条规定，法律援助人员应当依法履行职责，及时为受援人提供符合标准的法律援助服务，维护受援人的合法权益。故 C 项错误。《刑事诉讼法》第 278 条规定，未成年犯罪嫌疑人、被告人没有委托辩护人的，人民法院、人民检察院、公安机关应当通知法律援助机构指派律师为其提供辩护。开展简易的法律咨询往往是法律援助机构接受援助申请的渠道之一，不需要审查经济条件，故 D 项错误。

7.【答案】ABD

【考点】司法的概念与特征

【详解】司法与行政的区别在于其审判权行使上的独立性、被动性、交涉性、终局性、普遍性。A 项体现了审判权行使上的独立性；B 体现了司法的被动性；D 体现了司法的交涉性。

8.【答案】ABD

【考点】检察制度

【详解】解决地方检察省以下垂直管理"人财物"，并与行政区划适当分离的司法管辖制度，有利于检察院、检察官摆脱地方政府的不良影响，独立行使职权，同时有利于检察院系统统一行使职权，检察权的独立行使、统一行使将有助于强化检察机关的法律监督作用。故本题正确答案为 ABD。

9.【答案】ABCD

【考点】法律职业人员职业道德

【详解】AB 项说法符合法律职业道德的一般要求，正确。《律师执业行为规范（试行）》第 15 条规定了律师在业外活动中不得为的行为，故 C 项正确。《公证员职业道德基本准则》第 15 条规定了公证员应当道德高尚、诚实信用、谦虚谨慎，具有良好的个人修养和品行，故 D 项正确。

2015 年

1.【答案】D
【考点】 司法公正
【详解】 ABC 项均属于外部监督，故只有 D 项正确。

2.【答案】A
【考点】 法官、检察官的保障与退休
【详解】 对法官、检察官的保障包括工资保险福利、职业保障以及人身和财产保障等，故 A 项说法不完整，当选。

3.【答案】D
【考点】 深入人民监督员制度
【详解】 根据《深化人民监督员制度改革方案》的规定，深化人民监督员制的目标是健全确保依法独立公正行使检察权的外部监督制约机制，这属于社会民主监督制度的范畴。故 A 项说法正确。同样根据《深化人民监督员制度改革方案》的规定，不仅人民监督员的监督案件范围得到了拓展（涵盖了检察机关查办职务犯罪的立案、羁押、扣押冻结财物、起诉等环节的执法活动），而且明确了人民监督员由司法行政机关负责选任，省级和设区的市级司法行政机关分别选任同级人民检察院人民监督员。参与具体案件监督的人民监督员，由组织案件监督的人民检察院会同司法行政机关从人民监督员信息库中随机抽选产生。故 BC 项说法正确。参与具体案件监督的人民监督员并不是单独由选任机关（司法行政机关）来选取的，而是由人民检察院会同司法行政机关从人民监督员信息库中随机抽选产生。故 D 项说法错误。

4.【答案】C
【考点】 律师执业行为规范
【详解】 根据《律师执业行为规范（试行）》第 51 条的规定，同一律师事务所的不同律师同时担任同一刑事案件的被害人的代理人和犯罪嫌疑人、被告人的辩护人，但在该县区域内只有一家律师事务所且事先征得当事人同意的除外。赵律师可以同时担任李某和李二的辩护人，但该所的钱律师不应当担任本案王某代理人。故 A 项说法错误。根据《律师服务收费管理办法》第 12 条的规定："禁止刑事诉讼案件、行政诉讼案件、国家赔偿案件以及群体性诉讼案件实行风险代理收费。"故 B 项说法错误。根据《律师服务收费管理办法》第 19 条的规定："律师事务所在提供法律服务过程中代委托人支付的诉讼费、仲

裁费、鉴定费、公证费和查档费，不属于律师服务费，由委托人另行支付。"第 20 条规定："律师事务所需要预收异地办案差旅费的，应当向委托人提供费用概算，经协商一致，由双方签字确认。确需变更费用概算的，律师事务所必须事先征得委托人的书面同意。"可见，这些不属于律师服务费的办案费用可以由律师与委托人协商一个概算，由委托人预付，最后实报实销，多退少补。故 C 项说法正确。根据《律师法》第 5 条第 1 款的规定："申请律师执业，应当具备下列条件：（一）拥护中华人民共和国宪法；（二）通过国家统一法律职业资格考试取得法律职业资格；（三）在律师事务所实习满一年；（四）品行良好。"因此，实习律师尚未取得执业资格，不能以律师身份出庭辩护。故 D 项说法错误。

5.【答案】C
【考点】 法律援助制度
【详解】 《法律援助法》第 41 条第 1 款规定："因经济困难申请法律援助的，申请人应当如实说明经济困难状况。"法律未限定形式要求，故 A 项错误。《刑事诉讼法》第 35 条第 1 款规定："犯罪嫌疑人、被告人因经济困难或者其他原因没有委托辩护人的，本人及其近亲属可以向法律援助机构提出申请。对符合法律援助条件的，法律援助机构应当指派律师为其提供辩护。"故 B 项错误，刑事诉讼中申请法律援助的原因不仅可以是经济困难，还可以是其他原因。同样根据该条规定，《刑事诉讼法》强调法律援助机构应当指派律师。故 C 项正确。《法律援助法》第 49 条规定："申请人、受援人对法律援助机构不予法律援助、终止法律援助的决定有异议的，可以向设立该法律援助机构的司法行政部门提出。司法行政部门应当自收到异议之日起五日内进行审查，作出维持法律援助机构决定或者责令法律援助机构改正的决定。申请人、受援人对司法行政部门维持法律援助机构决定不服的，可以依法申请行政复议或者提起行政诉讼。"故王某应当向设立该法律援助机构的司法行政部门提出异议，D 项错误。

6.【答案】C
【考点】 公证业务范围；公证程序与效力
【详解】 根据《公证法》第 31 条有关不予办理公证的事项规定，保全网上交易记录不属于不予办理公证的事项。故 A 项错误。《公证法》第 26 条规定："自然人、法人或者其他组织可以委托他人办理公证，但遗嘱、生存、收养关系等应当由本人办理公证的除外。"故 B 项错误。《公证法》第 2 条规定："公证是公证机构根据自然人、法人或者其他组织的申请，依照法定程序对民事法律行为、有法律意义的事实和文书的真实性、合法性予以证明的活动。"故公证业务不仅进行形式审查，还要审查合法性。C 项正确。《公证法》第 37 条规定："对经公证的以给付为

内容并载明债务人愿意接受强制执行承诺的债权文书，债务人不履行或者履行不适当的，债权人可以依法向有管辖权的人民法院申请执行。前款规定的债权文书确有错误的，人民法院裁定不予执行，并将裁定书送达双方当事人和公证机构。"故人民法院不能撤销公证书，D项错误。

7.【答案】ABC

【考点】中国特色社会主义法治理论

【详解】根据《中共中央关于全面推进依法治国若干重大问题的决定》的规定，加强法治工作队伍建设把思想政治建设摆在首位，加强理想信念教育，深入开展社会主义核心价值观和社会主义法治理念教育，坚持党的事业、人民利益、宪法法律至上，加强立法队伍、行政执法队伍、司法队伍建设。推进法治专门队伍正规化、专业化、职业化，提高职业素养和专业水平。完善法律职业准入制度，健全国家统一法律职业资格考试制度，建立法律职业人员统一职前培训制度。加强律师队伍思想政治建设，把拥护中国共产党领导、拥护社会主义法治作为律师从业的基本要求，增强广大律师走中国特色社会主义法治道路的自觉性和坚定性。加强律师事务所管理，发挥律师协会自律作用，规范律师执业行为，监督律师严格遵守职业道德和职业操守，强化准入、退出管理，严格执行违法违规执业惩戒制度。发展公证员、基层法律服务工作者、人民调解员队伍。推动法律服务志愿者队伍建设。建立激励法律服务人才跨区域流动机制，逐步解决基层和欠发达地区法律服务资源不足和高端人才匮乏问题。故ABC项说法正确。

8.【答案】AD

【考点】法律职业道德和执业纪律

【详解】根据《法官法》的规定，法官应当保守国家秘密和审判工作秘密。故A项违反了规定。B项检察官担任形象大使并不属于营利性活动，不会损害清正廉洁形象。根据《律师法》第38条的规定："律师应当保守在执业活动中知悉的国家秘密、商业秘密，不得泄露当事人的隐私。律师对在执业活动中知悉的委托人和其他人不愿泄露的情况和信息，应当予以保密。但是，委托人或者其他人准备或者正在实施的危害国家安全、公共安全以及严重危害他人人身安全的犯罪事实和信息除外。"故C项行为并不违反上述规定。根据《公证法》第23条的规定，公证员不得为本人及近亲属办理公证或者办理与本人及近亲属有利害关系的公证。D项李公证员代其同学在自己工作的公证处为其申办学历公证违反了《公证法》的相关规定。

9.【答案】CD

【考点】法律职业人员回避制度

【详解】律师接受委托不受近亲属关系的限制，故A项说法错误。《律师职业道德基本准则》中未明确规定有关律师的回避制度，故B项说法错误。CD

项说法均正确。

10.【答案】ABCD

【考点】审判组织

【详解】我国法律规定，独任庭审判以下几种案件：（1）《刑事诉讼法》规定，基层人民法院适用简易程序、速裁程序的案件可以由审判员一人独任审判。（2）《民事诉讼法》规定，适用简易程序审理的民事案件，由审判员一人独任审判；选民资格案件或者重大、疑难的案件，由审判员组成合议庭审理；其他案件由审判员一人独任审理。可知，独任庭也能审理刑事案件，且《民事诉讼法》第163条规定："简单的民事案件由审判员一人独任审理，并不受本法第一百三十九条、第一百四十一条、第一百四十四条规定的限制。"故A项错误。《刑事诉讼法》第221条规定："人民法院在审理过程中，发现不宜适用简易程序的，应当按照本章第一节或者第二节的规定重新审理。"《刑事诉讼法》第185条规定："合议庭开庭审理并且评议后，应当作出判决。对于疑难、复杂、重大的案件，合议庭认为难以作出决定的，由合议庭提请院长决定提交审判委员会讨论决定。审判委员会的决定，合议庭应当执行。"故B项错误。人民法院按照审判监督程序重新审判的案件，由原审人民法院审理的，应当另行组成合议庭进行。原来是第一审的，按照第一审程序另行组成合议庭；原来是第二审的或者是上级人民法院提审的，按照第二审程序另行组成合议庭。故C项错误。审判委员会的决定，合议庭应当执行。审判委员会讨论决定的案件的判决书和裁定书，应当以审理该案件的合议庭成员的名义发布。故D项错误。

11.【答案】AD

【考点】法律职业人员的入职条件；业内、业外行为

【详解】法官和检察官的任职禁止条件均为：曾因犯罪受过刑事处罚的；曾被开除公职的。故①说法正确。《中共中央关于全面推进依法治国若干重大问题的决定》明确对因违法违纪被开除公职的司法人员、吊销执业证书的律师和公证员，终身禁止从事法律职业，而被辞退不一定是因为违法违纪的情形。这意味着，只要不是因为违法违纪被辞退，则相应的司法人员就可以担任律师和公证员。故②说法错误。根据《法官法》的规定，法官之间有夫妻关系、直系血亲关系、三代以内旁系血亲以及近姻亲关系的，不得同时担任下列职务：（1）同一人民法院的院长、副院长、审判委员会委员、庭长、副庭长；（2）同一人民法院的院长、副院长和审判员；（3）同一审判庭的庭长、副庭长、审判员；（4）上下相邻两级人民法院的院长、副院长。故③说法错误。④说法正确，李法官不应当从事营利性活动。⑤说法正确。根据《律师法》第14条的规定，设立人应当是具有一

定的执业经历，且 3 年内未受过停止执业处罚的律师。张律师所受并非停止执业的处罚，故⑥说法错误。综上，AD 项正确。

12.【答案】AC

【考点】律师的权利和义务

【详解】最高人民检察院《关于依法保障律师执业权利的规定》第 5 条规定，人民检察院在会见时不得派员在场，不得通过任何方式监听律师会见的谈话内容。故 A 项正确。《关于依法保障律师执业权利的规定》第 6 条规定，律师查阅、摘抄、复制案卷材料应当在人民检察院设置的专门场所进行。必要时，人民检察院可以派员在场协助。故 B 项错误。《关于依法保障律师执业权利的规定》第 7 条规定，人民检察院应当依法保障律师在刑事诉讼中的申请收集、调取证据权。律师收集到有关犯罪嫌疑人不在犯罪现场、未达到刑事责任年龄、属于依法不负刑事责任的精神病人的证据，告知人民检察院的，人民检察院相关办案部门应当及时进行审查。故 C 项正确。《关于依法保障律师执业权利的规定》第 8 条规定，人民检察院应当主动听取并高度重视律师意见。法律未作规定但律师要求听取意见的，也应当及时安排听取，而不仅是可以安排听取。故 D 项错误。

2016 年

1.【答案】A

【考点】司法公开

【详解】《最高人民法院关于人民法院在互联网公布裁判文书的规定》第 4 条规定，人民法院的生效裁判文书应当在互联网公布，但有下列情形之一的除外：（1）涉及国家秘密；（2）未成年人犯罪的；（3）以调解方式结案或者确认人民调解协议效力的，但为保护国家利益、社会公共利益、他人合法权益确有必要公开的除外；（4）离婚诉讼或者涉及未成年子女抚养、监护的；（5）人民法院认为不宜在互联网公布的其他情形。故 A 项正确。《人民检察院案件信息公开工作规定（试行）》第 3 条规定，人民检察院应当通过互联网、电话、邮件、检察服务窗口等方式，向相关人员提供案件程序性信息查询服务，向社会公开重要案件信息和法律文书，以及办理其他案件信息公开工作。因而提供案件程序性信息查询服务仅向相关人员提供，不是向社会提供，故 B 项错误。根据《监狱法》以及《司法部关于进一步深化狱务公开的意见》规定，监狱狱务同样属于司法公开的范围。故 C 项错误。目前没有要求律师将代理词、辩护词公开的法律规定，故 D 项错误。

2.【答案】D

【考点】司法职业道德

【详解】A 项中，法官的行为违反了法官职业道德基本准则。B 项中，法官的行为没有违反职业道德，不应受纪律处分，因为见义勇为不是法律规定的法官的职业道德。C 项中，检察官的行为违反了检察官职业道德基本准则。D 项中，刘检察官正在从事接待信访的工作，他根据案件的管辖情况建议来访人到有权机关进行举报是正确的。故只有 D 项正确。

3.【答案】C

【考点】我国检察制度的特征

【详解】根据检察一体原则，上级检察院可以变更、撤销下级检察院的决定，检察官之间在职务关系上可以承继、转移和代理。故 BD 项说法错误。A 项是关于检察长负责制的描述，不属于检察一体原则的体现。C 项说法正确，各地和各级检察机关之间具有职能协助的义务。

4.【答案】C

【考点】律师执业权利保障制度

【详解】C 项举措虽拒绝了律师的会见申请，但说明了理由，未违反保护律师执业权利的规定，其他选项均违规限制了律师的执业权利。

5.【答案】D

【考点】律师执业道德

【详解】ABC 项中的律师行为均不符合律师执业道德的要求，律师不应当在价格方面进行不正当竞争，不应当怂恿原告提出不恰当的诉讼请求，也不应当在正常的代理费之外，再收取风险代理费。D 项正确。

6.【答案】C

【考点】公证员的条件与任免；公证的申请；公证的救济

【详解】《公证法》第 7 条规定，公证机构按照统筹规划、合理布局的原则，可以在县、不设区的市、设区的市、直辖市或者市辖区设立；在设区的市、直辖市可以设立一个或者若干个公证机构。公证机构不按行政区划层层设立。故 A 项前半句正确，但后半句错误，公证处并没有禁止不同区域的公证处使用相同的商号。《公证法》第 21 条规定，担任公证员，应当由符合公证员条件的人员提出申请，经公证机构推荐，由所在地的司法行政部门报省、自治区、直辖市人民政府司法行政部门审核同意后，报请国务院司法行政部门任命，并由省、自治区、直辖市人民政府司法行政部门颁发公证员执业证书。故 B 项错误。《公证法》第 25 条规定，自然人、法人或者其他组织申请办理公证，可以向住所地、经常居住地、行为地或者事实发生地的公证机构提出。申请办理涉及不动产的公证，应当向不动产所在地的公证机构提出；申请办理涉及不动产的委托、声明、赠与、遗嘱的公证，可以适用前款规定。由于题述案例是有关委托买卖行为代理的公证（公证的是黄某委托儿子代理买卖房屋手续），不是针对不动产买卖本身的公证（公证买卖双方发生不动产交易），可以由住所地公证机关公证故 C 项正确。《公证法》第 39 条规定，当事人、公证事项的利害关系人认为公证书有错误的，可以向出具该公证书的公证机构提出复查。公证书的内容违法或者与事实不符的，公证机构应当撤销该公证书并予以公告，该公证书自始无效；公证书有其他错误的，公证机构应当予以更正。《公证法》第 40 条规定，当事人、公证事项的利害关系人对公证书的内容有争议的，可以就该争议向人民法院提起民事诉讼。故 D 项错误，可以申请复查，但不是申请复议。

7.【答案】BCD

【考点】法律职业道德

【详解】A 项错误，法律职业道德是本行业对社会所负的道德责任和义务。BCD 项正确。

8.【答案】ABC

【考点】审判制度的基本原则

【详解】AB 项符合及时审判原则；C 项符合独立审判原则，D 项不符合不告不理原则。

9.【答案】CD

【考点】法律援助制度

【详解】《法律援助法》第 39 条规定，被羁押的犯罪嫌疑人、被告人、服刑人员，以及强制隔离戒毒人员等提出法律援助申请的，办案机关、监管场所应当在 24 小时内将申请转交法律援助机构。犯罪嫌疑人、被告人通过值班律师提出代理、刑事辩护等法律援助申请的，值班律师应当在 24 小时内将申请转交法律援助机构。另《关于刑事诉讼法律援助工作的规定》第 2 条规定，犯罪嫌疑人、被告人因经济困难没有委托辩护人的，本人及其近亲属可以向办理案件的公安机关、人民检察院、人民法院所在地同级司法行政机关所属法律援助机构申请法律援助。具有下列情形之一，犯罪嫌疑人、被告人没有委托辩护人的，可以依照前款规定申请法律援助：（1）有证据证明犯罪嫌疑人、被告人属于一级或者二级智力残疾的；（2）共同犯罪案件中，其他犯罪嫌疑人、被告人已委托辩护人的；（3）人民检察院抗诉的；（4）案件具有重大社会影响的。故 AB 项错误。《关于刑事诉讼法律援助工作的规定》第 24 条规定，犯罪嫌疑人、被告人及其近亲属、法定代理人，强制医疗案件中的被申请人、被告人的法定代理人认为公安机关、人民检察院、人民法院应当告知其可以向法律援助机构申请法律援助而没有告知，或者应当通知法律援助机构指派律师为其提供辩护或者诉讼代理而没有通知的，有权向同级或者上一级人民检察院申诉或者控告。人民检察院应当对申诉或者控告及时进行审查，情况属实的，通知有关机关予以纠正。故 C 项正确。《关于刑事诉讼法律援助工作的规定》第 15 条规定，对于应当通知辩护的案件，犯罪嫌疑人、被告人拒绝法律援助机构指派的律师为其辩护的，公安机关、人民检察院、人民法院应当查明拒绝的原因，有正当理由

的，应当准许，同时告知犯罪嫌疑人、被告人需另行委托辩护人。故 D 项正确。

10.【答案】ABD

【考点】司法廉洁

【详解】ABD 项均违反了有关司法廉洁的要求。在非工作场所接触当事人、律师、特殊关系人不属于完全禁止的行为。故 C 项不应选。

11.【答案】ACD

【考点】法官职业道德

【详解】《法官职业道德基本准则》第 18 条规定，妥善处理个人和家庭事务，不利用法官身份寻求特殊利益。按规定如实报告个人有关事项，教育督促家庭成员不利用法官的职权、地位谋取不正当利益。《人民法院工作人员处分条例》第 13 条规定，有下列情形之一的，应当在本条例分则规定的处分幅度以内从轻处分：（1）主动交待违纪违法行为的；（2）主动采取措施，有效避免或者挽回损失的；（3）检举他人重大违纪违法行为，情况属实的；（4）法律、法规和本条例分则中规定的其他从轻情节。《人民法院工作人员处分条例》第 14 条规定，主动交待违纪违法行为，并主动采取措施有效避免或者挽回损失的，应当在本条例分则规定的处分幅度以外降低一个档次给予减轻处分。应当给予警告处分，又有减轻处分情形的，免予处分。《人民法院工作人员处分条例》第 15 条规定，违纪违法行为情节轻微，经过批评教育后改正的，可以免予处分。故 ACD 项均正确。根据规定，B 项情形应当是处分幅度以外降低一个档次给予减轻处分，故 B 项错误。

2017 年

1.【答案】B

【考点】司法公正

【详解】《关于刑事诉讼法律援助工作的规定》第 5 条第 1 款规定："公安机关、人民检察院在第一次讯问犯罪嫌疑人或者采取强制措施的时候，应当告知犯罪嫌疑人有权委托辩护人，并告知其如果符合本规定第二条规定，本人及其近亲属可以向法律援助机构申请法律援助。"故 A 项说法不符合司法公正的要求。B 项是对律师加强人权司法保障的表现，符合要求。司法公正要求冲突的解决者应听取双方的辩论和证据，故 CD 项不符合要求。

2.【答案】D

【考点】司法制度体系

【详解】司法制度的四个方面的体系构成不包括司法文化体系，而应当是司法人员管理体系，故 A 项错误。司法组织体系是指审判组织体系和检察组织体系，故 B 项错误。司法解释制度和案例指导制度也是独具中国特色的司法制度的组成部分，故 C 项错

误。D 项正确，当选。

3.【答案】B

【考点】 司法效率；法院案件受理制度改革

【详解】 立案登记制的立足点是保障当事人的诉权，并不是司法效率。故 A 项错误。最高人民法院《关于人民法院推行立案登记制改革的意见》的规定："……三、登记立案程序（一）实行当场登记立案。对符合法律规定的起诉、自诉和申请，一律接收诉状，当场登记立案。对当场不能判定是否符合法律规定的，应当在法律规定的期限内决定是否立案。（二）实行一次性全面告知和补正。起诉、自诉和申请材料不符合形式要件的，应当及时释明，以书面形式一次性全面告知应当补正的材料和期限。在指定期限内经补正符合法律规定条件的，人民法院应当登记立案……"故 B 项正确。C 项错误，法院应当在法定期限内书面通知当事人。D 项错误，当事人对于不予立案的裁定可以申请复议或上诉。

4.【答案】D

【考点】《法官职业道德基本准则》

【详解】 根据《法官职业道德基本准则》第 13 条的规定："自觉遵守司法回避制度，审理案件保持中立公正的立场，平等对待当事人和其他诉讼参与人，不偏袒或歧视任何一方当事人，不私自单独会见当事人及其代理人、辩护人。"故 D 项正确。

5.【答案】B

【考点】《律师事务所管理办法》

【详解】 根据《律师事务所管理办法》第 44 条的规定："律师事务所应当在法定业务范围内开展业务活动，不得以独资、与他人合资或者委托持股方式兴办企业，并委派律师担任企业法定代表人、总经理职务，不得从事与法律服务无关的其他经营性活动。"故 A 项做法错误。根据《律师事务所管理办法》第 43 条的规定："律师事务所应当建立违规律师辞退和除名制度，对违法违规执业、违反本所章程及管理制度或者年度考核不称职的律师，可以将其辞退或者经合伙人会议通过将其除名，有关处理结果报所在地县级司法行政机关和律师协会备案。"故 B 项说法正确。根据《律师事务所管理办法》的规定，该办法并未要求律所对本所律师的奖励报律协批准，故 C 项说法错误。根据《律师事务所管理办法》第 28 条第 2 款的规定："新合伙人应当从专职执业的律师中产生，并具有三年以上执业经历，但司法部另有规定的除外。受到六个月以上停止执业处罚的律师，处罚期满未逾三年的，不得担任合伙人。"故 D 项说法错误。

6.【答案】C

【考点】 设立公证机构和担任公证员的条件及程序

【详解】 根据《公证法》第 12 条的规定："根据自然人、法人或者其他组织的申请，公证机构可以办理下列事务：（一）法律、行政法规规定由公证机构登记的事务；（二）提存；（三）保管遗嘱、遗产或者其他与公证事项有关的财产、物品、文书；（四）代写与公证事项有关的法律事务文书；（五）提供公证法律咨询。"故 A 项说法正确，但是由于本题问的是设立公证机构和担任公证员的条件及程序，而不是公证事务，故 A 项不当选。根据《公证法》第 9 条的规定："设立公证机构，由所在地的司法行政部门报省、自治区、直辖市人民政府司法行政部门按照规定程序批准后，颁发公证机构执业证书。"故 B 项说法错误。根据《公证法》第 19 条的规定："从事法学教学、研究工作，具有高级职称的人员，或者具有本科以上学历，从事审判、检察、法制工作、法律服务满十年的公务员、律师，已经离开原工作岗位，经考核合格的，可以担任公证员。"故 C 项说法正确。根据《公证法》第 20 条规定："有下列情形之一的，不得担任公证员：（一）无民事行为能力或者限制民事行为能力的；（二）因故意犯罪或者职务过失犯罪受过刑事处罚的；（三）被开除公职的；（四）被吊销公证员、律师执业证书的。"交通肇事罪是过失犯罪，因而 D 项说法错误。

7.【答案】ABD

【考点】 法律职业道德

【详解】 法律职业道德的形成与"实证法"概念的阐释并没有直接必然的联系，故 C 项说法错误。

8.【答案】ABCD

【考点】《检察人员纪律处分条例》

【详解】《检察人员纪律处分条例》第 66 条规定："领导干部违反有关规定组织、参加自发成立的老乡会、校友会、战友会等，情节严重的，给予警告、记过、记大过或者降级处分。"故 A 项正确。《检察人员纪律处分条例》第 78 条规定："擅自处置案件线索、随意初查或者在初查中对被调查对象采取限制人身自由强制性措施的，给予记过或者记大过处分；情节较重的，给予降级或者撤职处分；情节严重的，给予开除处分。"故 B 项正确。《检察人员纪律处分条例》第 113 条规定："在分配、购买住房中侵犯国家、集体利益，情节较轻的，给予警告、记过或者记大过处分；情节较重的，给予降级或者撤职处分；情节严重的，给予开除处分。"故 C 项正确。《检察人员纪律处分条例》第 127 条规定："对群众合法诉求消极应付、推诿扯皮，损害检察机关形象，情节较重的，给予警告、记过或者记大过处分；情节严重的，给予降级或者撤职处分。"故 D 项正确。

9.【答案】AB

【考点】 律师执业规范

【详解】《律师执业管理办法》第 31 条第 1 款规定："律师担任辩护人的，应当根据事实和法律，提出犯罪嫌疑人、被告人无罪、罪轻或者减轻、免除其刑事责任的材料和意见，维护犯罪嫌疑人、被告人的诉讼权利和其他合法权益。"故 A 项正确。《律师执业管理办法》第 37 条规定："律师承办业务，应当引导当事人通过合法的途径、方式解决争议，不得采取煽动、教唆和组织当事人或者其他人员到司法机关或者其他国家机关静坐、举牌、打横幅、喊口号、声援、围观等扰乱公共秩序、危害公共安全的非法手段，聚众滋事，制造影响，向有关部门施加压力。"故 B 项正确。《律师执业管理办法》第 35 条规定："律师承办业务，应当诚实守信，不得接受对方当事人的财物及其他利益，与对方当事人、第三人恶意串通，向对方当事人、第三人提供不利于委托人的信息、证据材料，侵害委托人的权益。"故 C 项错误。《律师执业管理办法》第 41 条规定："律师应当按照有关规定接受业务，不得为争揽业务哄骗、唆使当事人提起诉讼，制造、扩大矛盾，影响社会稳定。"故 D 项错误。

10.【答案】ACD

【考点】独立行使审判权；独立行使检察权

【详解】《司法机关内部人员过问案件的记录和责任追究规定》第 2 条规定："司法机关内部人员应当依法履行职责，严格遵守纪律，不得违反规定过问和干预其他人员正在办理的案件，不得违反规定为案件当事人转递涉案材料或者打探案情，不得以任何方式为案件当事人说情打招呼。"上述规定禁止的是"违规转递涉案材料或者打探案情"，A 项已经强调了是"按规定"，因而是正确的。《司法机关内部人员过问案件的记录和责任追究规定》第 4 条规定："司法机关领导干部和上级司法机关工作人员因履行领导、监督职责，需要对正在办理的案件提出指导性意见的，应当依照程序以书面形式提出，口头提出的，由办案人员记录在案。"故 B 项做法不正确，C 项做法正确。D 项做法正确，法官与律师就案件的研讨应当依法在适当的时间和场合进行。

11.【答案】ACD

【考点】最高法院巡回法庭

【详解】《最高人民法院关于巡回法庭审理案件若干问题的规定》第 2 条规定："巡回法庭是最高人民法院派出的常设审判机构。巡回法庭作出的判决、裁定和决定，是最高人民法院的判决、裁定和决定。"故 A 项说法正确，B 项说法错误，没有所谓的复议。根据《最高人民法院关于巡回法庭审理案件若干问题的规定》第 3 条的规定，巡回法庭审理或者办理巡回区内应当由最高人民法院受理的不服高级人民法院作出的第一审行政或者民商事判决、裁定提起上诉的案件。故 C 项说法正确。《最高人民法院关于巡回法庭审理案件若干问题的规定》第 4 条规定："知识产权、涉外商事、海事海商、死刑复核、国家赔偿、执行案件和最高人民检察院抗诉的案件暂由最

高人民法院本部审理或者办理。"故 D 项说法正确。

12.【答案】BD

【考点】法律援助制度

【详解】《法律援助法》相较于《法律援助条例》为新法，为今后考查的重点，故本题依据《法律援助法》及《法律援助条例》解答。《法律援助法》第 38 条规定："对诉讼事项的法律援助，由申请人向办案机关所在地的法律援助机构提出申请；对非诉讼事项的法律援助，由申请人向争议处理机关所在地或者事由发生地的法律援助机构提出申请。"当事人申请法律援助的，应当向办案机关所在地司法行政机关所属法律援助机构申请法律援助。农民工讨薪应向单位所在地法院起诉，其申请法律援助应当向县法律援助中心提出。故 A 项错误。《法律援助法》第 49 条规定："申请人、受援人对法律援助机构不予法律援助、终止法律援助的决定有异议的，可以向设立该法律援助机构的司法行政部门提出。司法行政部门应当自收到异议之日起五日内进行审查，作出维持法律援助机构决定或者责令法律援助机构改正的决定。申请人、受援人对司法行政部门维持法律援助机构决定不服的，可以依法申请行政复议或者提起行政诉讼。"故 B 项正确。《法律援助法》第 62 条规定："律师事务所、基层法律服务所有下列情形之一的，由司法行政部门依法给予处罚：（一）无正当理由拒绝接受法律援助机构指派……""给予警告的行政处罚"是《法律援助条例》的内容，《法律援助法》并未作出具体规定。《律师法》第 50 条规定，律师事务所拒绝履行法律援助义务的，设区的市级或者直辖市的区人民政府司法行政部门可以视其情节给予警告等处罚。据此，县司法局没有对该律所处罚的权力。C 项错误。《法律援助法》第 63 条规定："律师、基层法律服务工作者有下列情形之一的，由司法行政部门依法给予处罚：（一）无正当理由拒绝履行法律援助义务或者怠于履行法律援助义务……"《律师法》第 54 条规定："律师违法执业或者因过错给当事人造成损失的，由其所在的律师事务所承担赔偿责任。律师事务所赔偿后，可以向有故意或者重大过失行为的律师追偿。"故律师在执业中的行为与法律援助中心无关，黄某以"未能指派合格律师"为由起诉请求县法律援助中心赔偿损失，于法无据。县法院驳回起诉无误。D 项正确。

2018 年

1.【答案】BC

【考点】公正司法

【详解】根据《中共中央关于全面推进依法治国若干重大问题的决定》，A 项正确。随着改革的推进，人民陪审员不再审理法律适用问题，只参与审理事实

问题，B项错误。《中共中央关于全面推进依法治国若干重大问题的决定》中提出改革法院案件受理制度，变立案审查制为立案登记制，对人民法院依法应该受理的案件，做到有案必立、有诉必理，保障当事人诉权。改革法院案件受理制度，变立案审查制度为立案登记制度，C项错误。《关于进一步规范司法人员与当事人、律师、特殊关系人、中介组织接触交往行为的若干规定》第1条规定，为规范司法人员与当事人、律师、特殊关系人、中介组织的接触、交往行为，保证公正司法，根据有关法律和纪律规定，结合司法工作实际，制定本规定。所以依法规范司法人员与当事人、律师、特殊关系人、中介组织的接触、交往行为说法正确。D项正确。

2.【答案】B

【考点】法官职业道德

【详解】A项体现了保障司法公正的要求，不是司法为民的要求，A项错误。B项符合司法公正的要求，B项正确。C项是维护司法形象的要求，不是司法忠诚的要求，C项错误。D项是司法廉洁的要求，不是司法中立与公正的要求，D项错误。

3.【答案】ABCD

【考点】仲裁员的法律职业道德

【详解】仲裁也可以先行调解，在调解过程中，受仲裁庭安排单独会见一方当事人这样的做法是可以的。这个和法院法官不能私下接触要求是不一样的。A项正确。仲裁员也要保持公正中立，保持廉洁。仲裁员不得以任何直接或间接方式接受当事人或其他代理人的请客、馈赠或提供的其他利益，亦不得代人向仲裁员实施请客送礼或提供其他好处和利益。仲裁员接受当事人的请客送礼，情节严重的，可以被仲裁委员会除名。B项正确。《仲裁法》第40条规定："仲裁不公开进行，当事人协议公开的，可以公开进行，但涉及国家秘密的除外。"而且在结案后，仲裁员不能在结案后以接受采访、撰写文章等方式向外界透露仲裁当事人的名称、仲裁程序进展的细节等内容。C项正确。根据《刑法》第399条之一的规定，犯枉法仲裁罪的，处3年以下有期徒刑或者拘役；情节特别严重的，处3年以上7年以下有期徒刑。D项正确。

4.【答案】CD

【考点】律师职业道德

【详解】《律师执业行为规范（试行）》第51条规定："有下列情形之一的，律师及律师事务所不得与当事人建立或维持委托关系：（一）律师在同一案件中为双方当事人担任代理人，或代理与本人或者其近亲属有利益冲突的法律事务的；（二）律师办理诉讼或者非诉讼业务，其近亲属是对方当事人的法定代表人或者代理人的；（三）曾经亲自处理或者审理过某一事项或者案件的行政机关工作人员、审判人员、检察人员、仲裁员，成为律师后又办理该事项或者案

件的；（四）同一律师事务所的不同律师同时担任同一刑事案件的被害人的代理人和犯罪嫌疑人、被告人的辩护人，但在该县区域内只有一家律师事务所且事先征得当事人同意的除外；（五）在民事诉讼、行政诉讼、仲裁案件中，同一律师事务所的不同律师同时担任争议双方当事人的代理人，或者本所或其工作人员为一方当事人，本所其他律师担任对方当事人的代理人的；（六）在非诉讼业务中，除各方当事人共同委托外，同一律师事务所的律师同时担任彼此有利害关系的各方当事人的代理人的；（七）在委托关系终止后，同一律师事务所或同一律师在同一案件后续审理或者处理中又接受对方当事人委托的；（八）其他与本条第（一）至第（七）项情形相似，且依据律师执业经验和行业常识能够判断为应当主动回避且不得办理的利益冲突情形。"《律师执业行为规范（试行）》第52条规定："有下列情形之一的，律师应当告知委托人并主动提出回避，但委托人同意其代理或者继续承办的除外：（一）接受民事诉讼、仲裁案件一方当事人的委托，而同所的其他律师是该案件中对方当事人的近亲属的；（二）担任刑事案件犯罪嫌疑人、被告人的辩护人，而同所的其他律师是该案件被害人的近亲属的；（三）同一律师事务所接受正在代理的诉讼案件或者非诉讼业务当事人的对方当事人所委托的其他法律业务的；（四）律师事务所与委托人存在法律服务关系，在某一诉讼或仲裁案件中该委托人未要求该律师事务所律师担任其代理人，而该律师事务所律师担任该委托人对方当事人的代理人的；（五）在委托关系终止后一年内，律师又就同一法律事务接受与原委托人有利害关系的对方当事人的委托的；（六）其他与本条第（一）至第（五）项情况相似，且依据律师执业经验和行业常识能够判断的其他情形。律师和律师事务所发现存在上述情形的，应当告知委托人利益冲突的事实和可能产生的后果，由委托人决定是否建立或维持委托关系。委托人决定建立或维持委托关系的，应当签署知情同意书，表明当事人已经知悉存在利益冲突的基本事实和可能产生的法律后果，以及当事人明确同意与律师事务所及律师建立或维持委托关系。"据此，AB项错误，CD项正确。

5.【答案】ABCD

【考点】公证员职业道德

【详解】《公证员职业道德基本准则》第20条规定："公证员应当树立廉洁自律意识，遵守职业道德和执业纪律，不得从事有报酬的其他职业和与公证员职务、身份不相符的活动。"王公证员开办工厂属于从事有报酬的其他职业，不符合公证员职业道德要求，A项当选。《公证员职业道德基本准则》第25条规定："公证员不得从事以下不正当竞争行为：（一）利用媒体或其他手段炫耀自己，贬损他人，排斥同行，为自己招揽业务；（二）以支付介绍费、给予回扣、许诺

提供利益等方式承揽业务；（三）利用与行政机关、社会团体的特殊关系进行业务垄断；（四）其他不正当竞争行为。"BC项属于不正当竞争行为，不符合公证员职业道德要求，当选。《公证员职业道德基本准则》第21条规定："公证员应当妥善处理个人事务，不得利用公证员的身份和职务为自己、亲属或他人谋取利益。"D项不符合公证员职业道德要求，当选。

2019 年

1.【答案】ABCD

【考点】 法官职业道德

【详解】《法官职业道德基本准则》第10条规定，法官应当牢固树立程序意识，坚持实体公正与程序公正并重，严格按照法定程序执法办案，充分保障当事人和其他诉讼参与人的诉讼权利，避免执法办案中的随意行为。A项正确。《法官职业道德基本准则》第13条规定，法官应当自觉遵守司法回避制度，审理案件保持中立公正的立场，平等对待当事人和其他诉讼参与人，不偏袒或歧视任何一方当事人，不私自单独会见当事人及其代理人、辩护人。B项正确。《法官职业道德基本准则》第17条规定，法官不得从事或者参与营利性的经营活动，不在企业及其他营利性组织中兼任法律顾问等职务，不就未决案件或者再审案件给当事人及其他诉讼参与人提供咨询意见。C项正确。《法官职业道德基本准则》第18条规定，法官应当妥善处理个人和家庭事务，不利用法官身份寻求特殊利益。按规定如实报告个人有关事项，教育督促家庭成员不利用法官的职权、地位谋取不正当利益。D项正确。

2.【答案】B

【考点】 司法改革

【详解】 法官助理的定位是司法辅助人员，在法官的督导下工作，协助法官进行法律研究，起草法律文书以及其他与案件准备和案件管理有关的工作。A项正确。中院和市检以上的法官和检察官原则上采取逐级遴选的方式产生，并且特别强调要加强法官、检察官的遴选范围，符合条件的律师及法学研究人员均可参与遴选。B项遴选范围错误。根据《人民检察院组织法》的规定，检察官在检察长领导下开展工作，重大办案事项由检察长决定。检察长可以将部分职权委托检察官行使，可以授权检察官签发法律文书。C项正确。司法体制改革要求加强办案过程的透明性和公开性，因此审判委员会在召开刑事案件会议时，邀请检察长和律师列席会议并发表意见，符合这一理念。D项正确。

3.【答案】ABCD

【考点】 我国的司法制度

【详解】 我国的审判制度包括两审终审、人民陪

审、审判公开制度等，这些制度的实施保障和促进实现审判活动科学化、规范化。A项正确。《人民调解法》第5条第2款规定，基层人民法院对人民调解委员会调解民间纠纷进行业务指导。B项正确。检察机关作为法律监督机关，有权对诉讼活动进行法律监督，包括立案监督、侦查监督和审判监督等。C项正确。我国的检察体制实行"检察一体化"，上级检察院领导下级检察院的工作。D项正确。

4.【答案】B

【考点】 检察监督

【详解】 检察院是我国法定的法律监督机关，对刑事案件的立案、侦查、审判活动进行监督是检察院的法定职责，通过加强检察监督，能够有效地督促公安机关和法院妥善行使职权，减少逮捕率、错判率，保障当事人人权，节约司法资源。ACD项正确。实现案件的公正处理是公检法机关的共同追求，也是我国政法机关的法定职责，因此检察机关与侦查机关在实现个案正义的目标上并无不同。B项错误。

5.【答案】ABCD

【考点】《律师法》

【详解】《律师法》第15条第2款规定："合伙律师事务所可以采用普通合伙或者特殊的普通合伙形式设立。合伙律师事务所的合伙人按照合伙形式对该律师事务所的债务依法承担责任。"A项正确。《律师法》第21条第1款规定："律师事务所变更名称、负责人、章程、合伙协议的，应当报原审核部门批准。"B项正确。《律师法》第16条规定："设立个人律师事务所，除应当符合本法第十四条规定的条件外，设立人还应当是具有五年以上执业经历的律师。设立人对律师事务所的债务承担无限责任。"C项正确。特殊的普通合伙律师事务所一个合伙人或者数个合伙人在执业活动中因故意或者重大过失造成律师事务所债务的，应当承担无限责任或者无限连带责任，其他合伙人以其在律师事务所中的财产份额为限承担责任；合伙人在执业活动中非因故意或者重大过失造成的律师事务所债务，由全体合伙人承担无限连带责任。D项正确。

6.【答案】A

【考点】 法律援助

【详解】《法律援助法》第42条规定："法律援助申请人有材料证明属于下列人员之一的，免予核查经济困难状况：（一）无固定生活来源的未成年人、老年人、残疾人等特定群体；（二）社会救助、司法救助或者优抚对象；（三）申请支付劳动报酬或者请求工伤事故人身损害赔偿的进城务工人员；（四）法律、法规、规章规定的其他人员。"人民检察院抗诉案件涉及上述人员的，免予核查经济困难状况。A项错误。《法律援助法》第62条规定："律师事务所、基层法律服务所有下列情形之一的，由司法行政部门依法给予处罚：（一）无正当理由拒绝接受法律援助

机构指派；（二）接受指派后，不及时安排本所律师、基层法律服务工作者办理法律援助事项或者拒绝为本所律师、基层法律服务工作者办理法律援助事项提供支持和保障；（三）纵容或者放任本所律师、基层法律服务工作者怠于履行法律援助义务或者擅自终止提供法律援助；（四）法律法规规定的其他情形。"根据《律师法》第 50 条的规定，律师事务所拒绝履行法律援助义务的，由设区的市级或者直辖市的区人民政府司法行政部门视其情节给予警告、停业整顿 1 个月以上 6 个月以下的处罚，可以处 10 万元以下的罚款；有违法所得的，没收违法所得；情节特别严重的，由省、自治区、直辖市人民政府司法行政部门吊销律师事务所执业证书。B 项正确。我国的法律援助是免费的。C 项正确。《关于刑事诉讼法律援助工作的规定》第 16 条规定，人民检察院审查批准逮捕时，认为犯罪嫌疑人具有应当通知辩护的情形，公安机关未通知法律援助机构指派律师的，应当通知公安机关予以纠正，公安机关应当将纠正情况通知人民检察院。D 项正确。

7.【答案】ABCD

【考点】法官、检察官的任职条件

【详解】《法官法》第 13 条规定："下列人员不得担任法官：（一）因犯罪受过刑事处罚的；（二）被开除公职的；（三）被吊销律师、公证员执业证书或者被仲裁委员会除名的；（四）有法律规定的其他情形的。"因此，甲律师的执业证书被注销，可以担任法官。A 项错误。《法官法》第 22 条规定："法官不得兼任人民代表大会常务委员会的组成人员，不得兼任行政机关、监察机关、检察机关的职务，不得兼任企业或者其他营利性组织、事业单位的职务，不得兼任律师、仲裁员和公证员。"因此，B 项错误。《法官法》第 36 条第 1、2 款规定："法官从人民法院离任后两年内，不得以律师身份担任诉讼代理人或者辩护人。法官从人民法院离任后，不得担任原任职法院办理案件的诉讼代理人或者辩护人，但是作为当事人的监护人或者近亲属代理诉讼或者进行辩护的除外。"C 项错误。《检察官法》第 37 条第 3 款规定："检察官被开除后，不得担任诉讼代理人或者辩护人，但是作为当事人的监护人或者近亲属代理诉讼或者进行辩护的除外。"注意是"开除"不是"辞退"，D 项错误。

8.【答案】D

【考点】公职律师

【详解】《中共中央关于全面推进依法治国若干重大问题的决定》提出，构建社会律师、公职律师、公司律师等优势互补、结构合理的律师队伍。A 项正确。根据《公职律师管理办法》的规定，公职律师，是指任职于党政机关或者人民团体，依法取得司法行政机关颁发的公职律师证书，在本单位从事法律事务工作的公职人员。公职律师任职期间，只能为本单位服务，接受本单位考核。担任公职律师满 3 年并且最

后一次公职律师年度考核被评定为称职的人员，脱离原单位后申请社会律师执业的，可以经律师协会考核合格后直接向设区的市级或者直辖市的区（县）司法行政机关申请颁发社会律师执业证书，其担任公职律师的经历计入社会律师执业年限。B 项正确。《公职律师管理办法》第 5 条规定："申请颁发公职律师证书，应当具备下列条件：（一）拥护中华人民共和国宪法；（二）依法取得法律职业资格或者律师资格；（三）具有公职人员身份；（四）从事法律事务工作二年以上，或者曾经担任法官、检察官、律师一年以上；（五）品行良好；（六）所在单位同意其担任公职律师。"据此，曾经担任法官、检察官或者律师 1 年以上的，即可满足条件。曾被吊销律师、公证员执业证书或者被仲裁委员会除名的，不得担任律师，当然也不能担任公职律师。C 项正确，D 项错误。

2020 年

1.【答案】BC

【考点】司法体系

【详解】人民法院、人民检察院和公安机关进行刑事诉讼，应当分工负责，互相配合，互相制约，以保证准确有效地执行法律。A 项中律师并不属于公检法体系，A 项错误。B 项体现了相互配合，B 项正确。C 项体现了检察院对法院的监督作用，C 项正确。D 项表述虽然正确，但并未体现相互配合，相互制约，相互监督，D 项错误。

2.【答案】BC

【考点】审判组织和检察组织

【详解】《人民法院组织法》第 37 条第 2 款规定："最高人民法院对属于审判工作中具体应用法律的问题进行解释，应当由审判委员会全体会议讨论通过；发布指导性案例，可以由审判委员会专业委员会会议讨论通过。"《人民检察院组织法》第 31 条第 2 款规定："最高人民检察院对属于检察工作中具体应用法律的问题进行解释、发布指导性案例，应当由检察委员会讨论通过。"故二者有一定差别，A 项错误。《法官法》第 12 条第 2 款规定："适用前款第五项规定的学历条件确有困难的地方，经最高人民法院审核确定，在一定期限内，可以将担任法官的学历条件放宽为高等学校本科毕业。"《检察官法》第 12 条第 2 款规定："适用前款第五项规定的学历条件确有困难的地方，经最高人民检察院审核确定，在一定期限内，可以将担任检察官的学历条件放宽为高等学校本科毕业。"因此，B 项正确。《法官法》第 25 条第 1 款规定："法官实行员额制管理。法官员额根据案件数量、经济社会发展情况、人口数量和人民法院审级等因素确定，在省、自治区、直辖市内实行总量控制、动态管理，优先考虑基层人民法院和案件数量多

的人民法院办案需要。"《检察官法》第26条第1款规定："检察官实行员额制管理。检察官员额根据案件数量、经济社会发展情况、人口数量和人民检察院层级等因素确定，在省、自治区、直辖市内实行总量控制、动态管理，优先考虑基层人民检察院和案件数量多的人民检察院办案需要。"因此，C项正确。《人民法院组织法》第47条第2款规定："院长应当具有法学专业知识和法律职业经历。副院长、审判委员会委员应当从法官、检察官或者其他具备法官、检察官条件的人员中产生。"《人民检察院组织法》第42条第2款规定："检察长应当具有法学专业知识和法律职业经历。副检察长、检察委员会委员应当从检察官、法官或者其他具备检察官、法官条件的人员中产生。"因此，D项错误。

3.【答案】AD

【考点】检察组织

【详解】《人民检察院刑事诉讼规则》（本书简称《高检规则》）第6条第2款规定："业务机构负责人对本部门的办案活动进行监督管理。需要报请检察长决定的事项和需要向检察长报告的案件，应当先由业务机构负责人审查。业务机构负责人可以主持召开检察官联席会议进行讨论，也可以直接报请检察长决定或者向检察长报告。"A项正确。《人民检察院组织法》第29条规定："检察官在检察长领导下开展工作，重大办案事项由检察长决定。检察长可以将部分职权委托检察官行使，可以授权检察官签发法律文书。"因此，只有重大办案事项由检察长决定，B项错误。检察一体化原则与检察官独立原则是对立统一的，检察官在法庭审理中提交证明被告人构成坦白的证据，体现了检察官独立原则，C项错误。在上下级检察机关和检察官之间是领导关系，这是检察一体化原则的体现之一。《高检规则》第9条规定："最高人民检察院领导地方各级人民检察院和专门人民检察院的工作，上级人民检察院领导下级人民检察院的工作。检察长统一领导人民检察院的工作。上级人民检察院可以依法统一调用辖区的检察人员办理案件，调用的决定应当以书面形式作出。被调用的检察官可以代表办理案件的人民检察院履行出庭支持公诉等各项检察职责。"D项正确。

4.【答案】BD

【考点】检察官的惩戒

【详解】《检察官法》第49条规定："最高人民检察院和省、自治区、直辖市设立检察官惩戒委员会，负责从专业角度审查认定检察官是否存在本法第四十七条第四项、第五项规定的违反检察职责的行为，提出构成故意违反职责、存在重大过失、存在一般过失或者没有违反职责等审查意见。检察官惩戒委员会提出审查意见后，人民检察院依照有关规定作出是否予以惩戒的决定，并给予相应处理。检察官惩戒

委员会由检察官代表、其他从事法律职业的人员和有关方面代表组成，其中检察官代表不少于半数。最高人民检察院检察官惩戒委员会、省级检察官惩戒委员会的日常工作，由相关人民检察院的内设职能部门承担。"据此，AC项正确，B项错误。《检察官法》第51条规定："检察官惩戒委员会作出的审查意见应当送达当事检察官。当事检察官对审查意见有异议的，可以向惩戒委员会提出，惩戒委员会应当对异议及其理由进行审查，作出决定。"据此，D项错误。

5.【答案】ABC

【考点】律师制度

【详解】专职执业律师可以担任上市公司的独立董事，A项错误。《公职律师管理办法》第5条规定："申请颁发公职律师证书，应当具备下列条件：（一）拥护中华人民共和国宪法；（二）依法取得法律职业资格或者律师资格；（三）具有公职人员身份；（四）从事法律事务工作二年以上，或者曾经担任法官、检察官、律师一年以上；（五）品行良好；（六）所在单位同意其担任公职律师。"B项错误。未经当事人委托或者法援机构指派，律师不得以律师名义为当事人提供法律服务、介入案件，干扰依法办理案件。C项错误。《公司律师管理办法》第11条规定："担任公司律师满三年并且最后一次公司律师年度考核被评定为称职的人员，脱离原单位后申请社会律师执业的，可以经律师协会考核合格后直接向设区的市级或者直辖市的区（县）司法行政机关申请颁发社会律师执业证书，其担任公司律师的经历计入社会律师执业年限。"D项正确。

2021 年

1.【答案】BC

【考点】法律职业道德

【详解】法律职业是一种高度专业化的职业，法律职业道德也是高度专业化的职业道德。与一般道德相比，法律职业道德更关注法律实务问题。因此，法律职业道德与大众朴素的道德观，尽管有一定的关系，但是在内容和方法上有较大的区别。法律职业道德基本内容无法从大众朴素的道德体系中推出，法律职业人员的程序性思维等可能与大众价值观念存在差异。故A项错误，BC项正确。人的理性是有限的，立法存在矛盾难以完全避免，但是立法存在的矛盾不是导致法律职业道德与大众观念存在差异的原因。法律职业的高度专业性才是。D项错误。

2.【答案】A

【考点】审判制度与检察制度

【详解】初任检察官一般到基层人民检察院任职，上级人民检察院检察官一般逐级遴选，最高人民检察院和省级人民检察院检察官可以从下两级人民检

察院遴选。参加上级人民检察院遴选的检察官应当在下级人民检察院担任检察官一定年限，并具有遴选职位相关工作经历。故 A 项正确。虽然检察机关实行检察权一体化行使原则，上下级之间是领导关系，但与司法责任制并不冲突。检察机关的司法责任制强调，检察官对其职权范围内案件所作出的决定负责；检察长、检察委员会对案件作出决定的，承担相应责任。故 B 项错误。《法官法》第 16 条第 1 款规定，省、自治区、直辖市设立法官遴选委员会，负责初任法官人选专业能力的审核。据此，遴选委员会负责审核，不负责任命。C 项错误。法院人才分为员额法官、审判辅助人员、司法行政人员三类。员额法官包括院长、副院长、审判委员会委员、庭长、副庭长、审判员。审判辅助人员包括法官助理和书记员。故 D 项错误。

3.【答案】D

【考点】律师执业规范

【详解】律师依据事实和法律提出的代理意见不被采纳，属于正常风险。甲公司无权提出赔偿损失的要求。A 项错误。律师的行为属于职务行为，甲公司应当向律师所在的律师事务所要求赔偿损失。律师事务所赔偿后可向律师追偿。B 项错误。《律师执业行为规范（试行）》第 51 条规定："有下列情形之一的，律师及律师事务所不得与当事人建立或维持委托关系：……（三）曾经亲自处理或者审理过某一事项或者案件的行政机关工作人员、审判人员、检察人员、仲裁员，成为律师后又办理该事项或者案件的……"因此，即使甲公司同意，于律师也不能代理本案。C 项错误。根据我国法律规定，仲裁员承担的主要是违纪责任、刑事责任，即使仲裁员因重大过失导致错判，也不需要承担民事赔偿责任。D 项正确。

2022 年

1.【答案】AB

【考点】法官职业道德；检察官职业道德

【详解】《关于建立健全禁止法官、检察官与律师不正当接触交往制度机制的意见》第 3 条规定："严禁法官、检察官与律师有下列接触交往行为：（一）在案件办理过程中，非因办案需要且未经批准在非工作场所、非工作时间与辩护、代理律师接触。（二）接受律师或者律师事务所请托，过问、干预或者插手其他法官、检察官正在办理的案件，为律师或者律师事务所请托说情、打探案情、通风报信；为案件承办法官、检察官私下会见案件辩护、代理律师牵线搭桥；非因工作需要，为律师或者律师事务所转递涉案材料；向律师泄露案情、办案工作秘密或者其他依法依规不得泄露的情况；违规为律师或律师事务所出具与案件有关的各类专家意见。（三）为律师介绍

案件；为当事人推荐、介绍律师作为诉讼代理人、辩护人；要求、建议或者暗示当事人更换符合代理条件的律师；索取或者收受案件代理费用或者其他利益。（四）向律师或者其当事人索贿，接受律师或者其当事人行贿；索取或者收受律师借礼尚往来、婚丧嫁娶等赠送的礼金、礼品、消费卡和有价证券、股权、其他金融产品等财物；向律师借款、租借房屋、借用交通工具、通讯工具或者其他物品；接受律师吃请、娱乐等可能影响公正履行职务的安排。（五）非因工作需要且未经批准，擅自参加律师事务所或者律师举办的讲座、座谈、研讨、培训、论坛、学术交流、开业庆典等活动；以提供法律咨询、法律服务等名义接受律师事务所或者律师输送的相关利益。（六）与律师以合作、合资、代持等方式经商办企业或者从事其他营利性活动；本人配偶、子女及其配偶在律师事务所担任'隐名合伙人'；本人配偶、子女及其配偶显名或者隐名与律师'合作'开办企业或者'合作'投资；默许、纵容、包庇配偶、子女及其配偶或者其他特定关系人在律师事务所违规取酬；向律师或律师事务所放贷收取高额利息。（七）其他可能影响司法公正和司法权威的不正当接触交往行为。"A 项违反上述第 5 项规定，当选。B 项违反上述第 2 项规定，当选。C 项，结合上述第 3 项规定，吴检察官告知其监护人聘请熟悉未成年人心智的辩护律师，这并不属于为当事人推荐辩护人的行为，并不违反规定。C 项不当选。D 项，结合上述第 1 项及第 5 项规定，题目并未言明法官、检察官在办案过程中与辩护律师接触，参加的培训也未交代是律所或律师举办，培训后一起聚餐研讨并不违反规定。D 项不当选。

2.【答案】D

【考点】律师职业道德；律师业务推广

【详解】在网络平台进行业务推广不违规，A 项错误。秦律师的个人宣传行为与此无关，B 项错误。律师对外宣传信息要真实，不能以非律师身份宣传，C 项错误。根据《律师和律师事务所违法行为处罚办法》第 6 条第 3 项规定，以对本人及所在律师事务所进行不真实、不适当宣传或者诋毁其他律师、律师事务所声誉等方式承揽业务的，属于《律师法》第 47 条第 2 项规定的律师"以不正当手段承揽业务的"违法行为。据此，秦律师在甲律师事务所执业，却以乙法律服务中心的名义对外宣传，其宣传信息不真实，属于以不正当手段承揽业务，故 D 项正确。

2023 年

【答案】A

【考点】司法公正

【详解】司法公正主要体现为司法活动的合法性、司法人员的中立性、司法活动的公开性、当事人

地位的平等性、司法程序的参与性、司法结果的正确性和司法人员的廉洁性。司法程序的参与性，要求作为争议主体的当事人能够有充分的机会参与司法程序，提出自己的主张和有利于自己的证据，并反驳对方的证据，进行交叉询问和辩论，以此来促使司法机关尽可能作出有利于自身的结果。据此，保障犯罪嫌疑人的辩护权利，使其有充分的机会参与司法程序，这体现了司法的参与性。A 项正确。法院杜绝不正之风，是为了确保司法人员的廉洁性。故 B 项错误。检察院禁止收受礼金，也是为了确保司法人员的廉洁性，与司法结果的正确性无关。故 C 项错误。司法的中立性要求司法人员要平和理性司法。这里的中立，即司法人员同争议的事实和利益没有关联性，不得对任何一方当事人存在歧视和偏私。禁止司法人员与诉讼参与人私下接触，目的在于防止利益输送和利益勾连，确保司法人员的廉洁性。故 D 项错误。

刑 法

2014 年

1.【答案】C

【考点】罪刑相适应原则

【详解】罪刑相适应原则是刑法基本原则之一。其具体要求是，刑罚既要与犯罪性质相适应，又要与犯罪情节相适应，还要与犯罪人的人身危险性相适应。罪刑相适应原则是公平正义理念在刑法领域的具体体现，公平正义需要兼顾法理与情理，罪刑相适应原则同样需要兼顾罪刑均衡与刑罚个别化，二者相互吻合、并不矛盾。故 ABD 项正确。《刑法》第 63 条第 2 款规定，犯罪分子虽然不具有《刑法》规定的减轻处罚情节，但是根据案件的特殊情况，经最高人民法院核准，也可以在法定刑以下判处刑罚。由此可见，如果没有减轻处罚情节，也可报经最高人民法院核准，在法定刑以下判处刑罚。但报最高人民法院核准并不等于由最高人民法院授权下级人民法院。故 C 项错误。

2.【答案】D

【考点】寻衅滋事罪；禁止令

【详解】按照执法为民与服务大局的理念，对于社会影响恶劣的涉医违法犯罪行为，确应依法从严惩处。A 项正确。《刑法》第 293 条第 1 款规定，有下列寻衅滋事行为之一，破坏社会秩序的，处 5 年以下有期徒刑、拘役或者管制：（1）随意殴打他人，情节恶劣的；（2）追逐、拦截、辱骂、恐吓他人，情节恶劣的；（3）强拿硬要或者任意损毁、占用公私财物，情节严重的；（4）在公共场所起哄闹事，造成公共场所秩序严重混乱的。可见，在公共场所起哄闹事的，需要"造成公共场所秩序严重混乱"才构成寻衅滋事罪。B 项正确。如甲母的死亡确系医院救治不力所致，则甲的行为属于事出有因，确实不宜轻易认定为寻衅滋事罪。C 项正确。《刑法》第 72 条第 2 款规定，宣告缓刑，可以根据犯罪情况，同时禁止犯罪分子在缓刑考验期限内从事特定活动，进入特定区域、场所，接触特定的人。《最高人民法院、最高人民检察院、公安部、司法部关于对判处管制、宣告缓刑的犯罪分子适用禁止令有关问题的规定（试行）》第 4 条规定，人民法院可以根据犯罪情况，禁止判处管制、宣告缓刑的犯罪分子在管制执行期间、缓刑考验期限内进入以下一类或者几类区域、场

所：（1）禁止进入夜总会、酒吧、迪厅、网吧等娱乐场所；（2）未经执行机关批准，禁止进入举办大型群众性活动的场所；（3）禁止进入中小学校区、幼儿园园区及周边地区，确因本人就学、居住等原因，经执行机关批准的除外；（4）其他确有必要禁止进入的区域、场所。显然医疗场所并不属于此处所规定的几类区域、场所，且从题干分析并无必要禁止甲出入医疗机构。故 D 项错误。

3.【答案】B

【考点】刑法解释

【详解】扩大解释，即《刑法》条文字面的通常含义比真实含义窄，于是扩张字面含义，使其符合真实含义。《刑法》分则中的"买卖"一词，既包括购买并卖出，也包括为出售而购买。A 项将"买卖"解释为"购买并卖出"，错误地将"为卖而买"的行为排除在外，并不符合《刑法》本意。A 项错误。将明知是捏造的损害他人名誉的事实，在信息网络上散布的行为，认定为"捏造事实诽谤他人"，属于扩大解释而非当然解释。C 项错误。将盗窃骨灰解释为盗窃尸体，属于罪刑法定原则所禁止的类推解释。D 项错误。同类解释规则，也叫只含同类规则，即当刑法语词含义不清时，对附随于确定性语词之后的总括性语词的含义，应当根据确定性语词所涉及的同类或者同级事项予以确定。因此，对于《刑法》分则中的兜底性条文，即在列举具体要素后使用的"等""其他"用语，应按照所列举的内容、性质进行同类解释。B 项正确。

4.【答案】D

【考点】构成要件要素的分类

【详解】规范的构成要件要素是指需要法官规范的、评价性的价值判断才能认定的构成要件要素；记述的构成要件要素是指只需要法官的认识活动即可确定的构成要件要素。传播淫秽物品罪中的"淫秽物品"以及"国家工作人员"等属于规范的构成要件要素，签订、履行合同失职被骗罪中的"签订、履行"属于记述的构成要件要素。积极的构成要件要素是指正面地表明成立犯罪必须具备的要素；消极的构成要件要素是指否定犯罪性的构成要件要素。签订、履行合同失职被骗罪中的"签订、履行"属于积极的构成要件要素。不成文的构成要件要素，是指《刑法》条文表面上没有明文规定，但根据《刑法》条文之间的相互关系、《刑法》条文对相关要素的描

述所确定的，成立犯罪所必须具备的要素。"被害人基于认识错误处分财产"并未规定在诈骗罪的条文中，但却属于构成诈骗罪必须具备的构成要件要素，因此属于不成文的构成要件要素。主观的构成要件要素是指表明行为人内心的、主观方面的要素，如故意、过失、目的等；客观的构成要件要素是指说明行为外部的、客观方面的要素，如行为、结果、行为对象。"淫秽物品""被害人基于认识错误处分财产""国家工作人员"等均是客观的构成要件要素。故ABC项正确，D项错误。

5.【答案】C

【考点】不作为犯罪；作为义务

【详解】不作为，是指行为人在能够履行自己应尽义务的情况下不履行该义务。行为人有作为义务是成立不作为犯罪的前提条件。具体来讲，作为义务包括以下几种：(1) 法律、法规明文规定的义务。(2) 职务或业务要求的义务。(3) 法律行为引起的义务。(4) 先行行为引起的义务。A项，甲是藏獒的主人，在法律上有管理藏獒的义务。在藏獒咬人的情况下未制止，已构成不作为的故意杀人罪。A项正确。B项，乙实施杀人行为在先，实施救助行为在后，因未坚持救助最终致使丙死亡。乙实施的犯罪行为并不属于"先行行为"，不能产生作为义务，因此乙构成作为犯罪而非不作为犯罪。但从甲的行为看，其劝阻乙救助丙的行为使乙放弃了对丙的救助，并导致丙死亡，乙是否有《刑法》上的作为义务并不影响其行为的性质和社会危害性，其行为已构成不作为犯罪的教唆犯。B项正确。C项，甲看见儿子乙掐住丙的脖子但未予理会，甲在法律上有监护儿子的义务，其未及时阻止乙导致丙死亡结果的发生，甲已构成不作为犯罪。C项错误。D项，甲对于乙没有《刑法》上的作为义务，其找来绳子救人的行为也未剥夺其他人救助乙的机会，因此甲后来放弃救助的行为不构成犯罪。D项正确。

6.【答案】D

【考点】因果关系

【详解】按照我国通行的因果关系理论，在行为人的行为介入了第三者或被害人的行为而导致结果发生的场合，要判断某种结果是否是行为人的行为所造成时，应当考察行为人的行为导致结果发生的可能性的大小、介入情况的异常性大小以及介入情况对结果发生作用的大小。A项，警察将乙送医途中，因车辆故障致使乙长时间得不到救助，最终造成死亡结果，这一异常因素的介入已导致甲的伤害行为与乙死亡之间因果关系的中断，甲的行为与乙的死亡之间没有因果关系。A项错误。B项，甲的行为致使丙昏倒在路中央，乙即便没有超速行驶也很可能将丙轧死，因此乙的行为不属于异常因素，不能中断甲行为与丙死亡之间的因果关系。B项错误。因果关系是一种客观联

系，不以人的意志为转移，行为人是否认识到自己的行为可能发生危害结果，不影响对因果关系的认定；因果关系又是一种特定条件下的客观联系，行为人是否认识到了特定条件，不能左右对因果关系的认定。因此C项，甲的行为与丙的死亡之间存在因果关系。C项错误。D项，乙的自杀行为属于异常因素，中断了甲投毒行为与乙死亡结果之间的因果关系。故D项正确。

7.【答案】A

【考点】事实认识错误

【详解】事实认识错误分为具体的事实认识错误与抽象的事实认识错误。具体的事实认识错误主要包括对象错误、打击错误与因果关系错误。对象错误是指误把甲对象当成乙对象侵害，打击错误是指由于行为本身差误导致欲攻击甲实际攻击乙。二者区别在于：对象错误的行为人主观上产生了认识错误，打击错误的行为人主观上没有认识错误，错误结果的发生是因为外在的客观原因。A项，甲因拨错号码将接听电话的丙错误认为计划中的诈骗对象乙，属于对象错误，成立诈骗既遂。A项正确。B项，甲属于打击错误。根据具体符合说，由于客观事实与行为人的主观认识没有形成具体的符合，构成故意杀人罪未遂与过失致人死亡罪的想象竞合犯，从一重罪论处，而根据法定符合说，则构成故意杀人罪既遂。B项错误。事前的故意，是指行为人误认为第一个行为已经造成结果，出于其他目的实施第二个行为，实际上是第二个行为才导致预期结果的情况。事前的故意属于因果关系错误，属于具体的事实认识错误而非抽象的事实认识错误。按照法定符合说，第一行为与死亡结果之间的因果关系并未中断，而且现实所发生的结果与行为人意欲实现的结果完全一致，应按照犯罪既遂论处。C项错误。D项，乙主观上发生了认识错误，属于典型的对象错误。但对于甲来说，其认识上并未发生错误，按照共犯理论可将乙行为理解为甲行为的延伸，甲属于打击错误而非对象错误。D项错误。

8.【答案】C

【考点】转化型抢劫；故意伤害罪；正当防卫

【详解】根据《刑法》第269条的规定，犯盗窃、诈骗、抢夺罪，为窝藏赃物、抗拒抓捕或者毁灭罪证而当场使用暴力或者以暴力相威胁的，以抢劫罪定罪处罚。根据最高人民法院《关于审理抢劫刑事案件适用法律若干问题的指导意见》，"当场"是指在盗窃、诈骗、抢夺的现场以及行为人刚离开现场即被他人发现并抓捕的情形。本案中，甲盗窃财物后已离开现场1公里，其使用暴力的地点也不属于"当场"，因此不构成转化型抢劫罪。乙在深夜、偏僻路段向甲索要财物，已构成《刑法》上的"不法侵害"，甲的伤害行为也未超出必要限度、未造成不必要的伤害，属于正当防卫，不构成犯罪。故C项正

确，ABD项错误。

【陷阱提示】本案的难点在于对正当防卫的理解和把握，以及对转化型抢劫罪"当场"要求的掌握。正当防卫的前提条件是存在"正在进行的不法侵害"，即便是犯罪人实施的行为也可能成立正当防卫。题干中强调"深夜""偏僻路段"都是在暗示考生，甲已经实实在在地面临不法侵害。其"顺手一拳"打中乙，目的只是反抗，最终也只造成轻伤，因此成立正当防卫。考生在审题时需要尽量细致，尤其要关注出题人提供的各种细节。

9.【答案】C

【考点】犯罪中止

【详解】在犯罪过程中，自动放弃犯罪或者自动有效地防止犯罪结果发生的，属于犯罪中止。构成犯罪中止需同时满足以下条件：一是中止的时间性，即发生在"犯罪过程中"；二是中止的自动性，即行为人认为客观上可能继续实施行为或可能既遂，但自愿放弃原来的犯罪意图；三是中止的客观性，即客观上有中止行为；四是中止的有效性，即没有发生作为既遂标志的犯罪结果。本案中，甲在主观上已经放弃了杀害乙，客观上也实施了收起枪支的行为，其行为已经构成故意杀人罪（中止）。但其不小心触动枪支，主观上有疏忽大意的过失，客观上造成了乙死亡的结果，其行为另行构成过失致人死亡罪。C项正确，ABD项均错误。

10.【答案】D

【考点】共同犯罪；间接正犯；对向犯；片面共犯

【详解】共同犯罪是指二人以上共同故意犯罪。达到刑事责任年龄、具有刑事责任能力的人支配没有达到刑事责任年龄、不具备刑事责任能力的人实施犯罪行为的，不构成共同犯罪。利用者被称为间接正犯。但是，如果被利用者在事实上具有一定的辨认控制能力，利用者并没有支配被利用者时，二者能够成立共同犯罪。故A项错误。根据部分犯罪共同说，如果二人以上持不同的故意共同实施了某种行为，则只就他们所实施的性质相同的部分或重合部分成立共同犯罪。故B项错误。对向犯是指以存在二人以上相互对向的行为为要件的犯罪。其中片面的对向犯是指只处罚一方的行为。对于片面的对向犯，立法者仅将其中一方的行为作为犯罪类型予以规定，说明立法者认为另一方的行为不可罚。因此一般情况下不可运用共同犯罪理论将另一方认定为共犯进行处罚。故C项错误。片面共犯是指参与同一犯罪的人中，一方认识到自己是在和他人共同犯罪，而另一方没有认识到有他人和自己共同犯罪。目前刑法理论通说承认片面的帮助犯。因此D项正确。

11.【答案】C

【考点】假释

【详解】根据《刑法》第81条的规定，被判处有期徒刑的犯罪分子，执行原判刑期1/2以上，被判处无期徒刑的犯罪分子，实际执行13年以上，如果认真遵守监规，接受教育改造，确有悔改表现，没有再犯罪的危险的，可以假释。如果有特殊情况，经最高人民法院核准，可以不受上述执行刑期的限制。对累犯以及因故意杀人、强奸、抢劫、绑架、放火、爆炸、投放危险物质或者有组织的暴力性犯罪被判处10年以上有期徒刑、无期徒刑的犯罪分子，不得假释。甲的行为构成投放危险物质罪，但并未因此被判处10年以上有期徒刑，因此不属于禁止假释的范围。由于其被判处8年有期徒刑，按照该条文规定须执行二分之一刑期即4年以上才能假释。按照法律规定犯罪分子能否假释应由人民法院裁定。故C项正确，ABD项错误。

12.【答案】B

【考点】自首；立功

【详解】自首是指犯罪以后自动投案，如实供述自己的罪行。准自首是指被采取强制措施的犯罪嫌疑人、被告人和正在服刑的罪犯，如实供述司法机关还未掌握的本人其他罪行。坦白，是指犯罪嫌疑人虽不具有自首情节，但是如实供述自己罪行的行为。无论是构成自首、准自首还是坦白，都要求供述的内容构成犯罪。题干中甲供述的行为因行贿数额未达法定标准不构成犯罪，因此甲不构成自首、准自首或坦白。故ACD项错误。犯罪分子揭发他人犯罪行为，查证属实，或者提供重要线索，从而得以侦破其他案件的，构成立功。题干中甲陈述的向乙行贿的事实同时也是乙受贿的事实，虽然甲所在单位的行贿行为不构成犯罪，但乙的受贿行为已达到数额标准，构成受贿罪。甲揭发乙受贿的行为构成立功。故B项正确。

13.【答案】C

【考点】交通肇事罪；共同犯罪

【详解】交通肇事罪，是指违反交通运输管理法规，因而发生重大事故，致人重伤、死亡或者使公私财产遭受重大损失的行为。《最高人民法院关于审理交通肇事刑事案件具体应用法律若干问题的解释》第5条第2款规定，交通肇事后，单位主管人员、机动车辆所有人、承包人或者乘车人指使肇事人逃逸，致使被害人因得不到救助而死亡的，以交通肇事罪的共犯论处。本案中甲的行为就属于这一情形。依照该司法解释规定应当认定甲构成交通肇事罪的共犯。按照刑法理论，交通肇事罪作为一种过失犯罪，不能成立共同犯罪。这一司法解释一般被视为对刑法理论的突破。故C项正确，ABD项错误。

14.【答案】D

【考点】走私假币罪；强迫交易罪；非法经营罪；非法吸收公众存款罪

【详解】走私假币罪是指走私伪造的货币的行

为，将大量假币运到国外即可构成本罪，至于采取运输方式或是其他方式不影响本罪构成。A 项正确。《最高人民检察院关于强迫借贷行为适用法律问题的批复》规定，以暴力、胁迫手段强迫他人借贷，属于《刑法》第 226 条第 2 项规定的"强迫他人提供或者接受服务"，情节严重的，以强迫交易罪追究刑事责任；同时构成故意伤害罪等其他犯罪的，依照处罚较重的规定定罪处罚。故 B 项正确。《最高人民法院、最高人民检察院关于办理赌博刑事案件具体应用法律若干问题的解释》第 6 条规定，未经国家批准擅自发行、销售彩票，构成犯罪的，依照《刑法》第 225 条第 4 项的规定，以非法经营罪定罪处罚。故 C 项正确。根据《最高人民法院关于审理非法集资刑事案件具体应用法律若干问题的解释》第 1 条第 2 款的规定，未向社会公开宣传，在亲友或者单位内部针对特定对象吸收资金的，不属于非法吸收或者变相吸收公众存款。D 项，为项目筹集资金，以委托理财方式吸收 10 名亲戚 300 万元资金的，不构成非法吸收公众存款罪。D 项错误。

15.【答案】B

【考点】被害人承诺；犯罪故意

【详解】被害人承诺属于犯罪排除事由的一种。被害人请求或者许可行为人侵害其法益，表明其放弃了该法益，放弃了对该法益的保护，既然如此，法律就没有必要予以保护，损害被放弃的法益的行为没有违法性。但是，经被害人承诺的行为，需要符合下列条件才能排除犯罪的成立：(1) 承诺者对被侵害的法益有处分权；(2) 承诺者必须对所承诺事项的意义、范围有理解能力；(3) 承诺必须出于被害人的真实意志；(4) 必须存在现实的承诺；(5) 承诺至迟必须存在于结果发生时；(6) 经承诺所实施的行为不得超过承诺的范围。A 项，由于人对自己的生命权没有处分权限，因此乙的承诺无效，甲的行为仍然构成故意杀人罪。A 项错误。B 项，很难界定甲的犯罪故意是杀人故意还是伤害故意，可以认定为一种涵盖故意杀人和故意伤害的概括的故意，应当按照实际造成的结果认定甲所触犯的罪名。B 项正确。C 项，乙因为受骗而作出放弃法益的承诺，并非出于真实意志，其承诺无效。甲的行为构成故意伤害罪。C 项错误。D 项，乙是未成年人，对所承诺事项的意义和范围缺乏足够的理解能力，其承诺无效。D 项错误。

16.【答案】C

【考点】共同犯罪；故意杀人罪；绑架罪；刑事责任年龄

【详解】《刑法》第 17 条第 1、2 款规定，已满 16 周岁的人犯罪，应当负刑事责任；已满 14 周岁不满 16 周岁的人，犯故意杀人、故意伤害致人重伤或者死亡、强奸、抢劫、贩卖毒品、放火、爆炸、投放危险物质罪的，应当负刑事责任。甲和乙基于共同

的犯罪故意相互配合，共同实施了绑架并杀害丙的犯罪行为，构成共同犯罪。其中乙已满 16 周岁，其绑架并杀害丙的行为应以绑架罪论处。甲已满 14 周岁未满 16 周岁，其绑架并杀害丙的行为不能以绑架罪论处，而只能认定为故意杀人罪。甲和乙在故意杀人罪的范围内成立共同犯罪。乙虽未直接实施杀害丙的行为，但根据共同犯罪的理论"部分行为，全部责任"，乙应当对共犯甲的共同犯罪行为负责，应当对其适用"杀害被绑架人"的规定。故 C 项错误，ABD 项均正确。

17.【答案】C

【考点】诈骗罪；盗窃罪；职务侵占罪；侵占罪

【详解】在区分相近的侵财罪名时，应当抓住行为人犯罪行为中的关键环节，并据此为犯罪行为定性。本案中，甲首先通过欺骗乙与乙换了岗，之后利用看管公司仓库的便利条件监守自盗，将公司价值 5 万元的财物运走变卖。尽管有欺骗因素，但甲之所以能够成功窃得财物，主要是依靠其作为公司保安的职务便利。如果其没有公司保安的身份，乙也不可能答应与其换岗，且甲欺骗乙的行为并未为其直接带来财物。因此，甲的行为构成职务侵占罪，而并不构成诈骗罪、盗窃罪或者侵占罪。C 项正确。ABD 项错误。

18.【答案】D

【考点】信用卡诈骗罪；诈骗罪；盗窃罪；侵占罪

【详解】根据《刑法》第 196 条第 1 款的规定，有下列情形之一，进行信用卡诈骗活动，数额较大的，构成信用卡诈骗罪：(1) 使用伪造的信用卡，或者使用以虚假的身份证明骗领的信用卡的；(2) 使用作废的信用卡的；(3) 冒用他人信用卡的；(4) 恶意透支。本案中，乙以甲的名义办理了银行卡，甲拿该卡去银行挂失、取款，并不属于"冒用他人信用卡"，因为从形式上看这张银行卡本来就是甲的。故甲的行为不构成信用卡诈骗罪。A 项错误。甲在挂失和取款过程中，并未欺骗银行工作人员，其办理程序完全合法合规，故其行为也不构成诈骗罪。B 项错误。乙将银行卡交给甲保管，甲利用这一便利条件将卡内钱款据为己有，甲实施的行为属于侵占而非盗窃。故 C 项错误，D 项正确。

19.【答案】D

【考点】诈骗罪；盗窃罪；抢夺罪；敲诈勒索罪

【详解】诈骗罪的成立要求被害人陷入错误认识，并基于错误认识交付财物。本案中，乙之所以将商品交给甲，是因为交警丙要求他这样做。尽管乙未被骗，但交警丙由于被骗陷入了错误认识，并基于这一错误认识要求乙处分财产。如果交警丙并无处分乙财物的权限，则难以认定甲的行为成立诈骗罪。A 项正确。甲并未实施秘密窃取商品或乘人不备公然夺取商品的行为，如果认为盗窃只能表现为秘密窃取，抢

夺只能表现为乘人不备公然夺取，自然不能认定甲成立盗窃罪或者抢夺罪。BC项正确。敲诈勒索罪的成立要求行为人实施威胁。从题干中看，如乙因心生恐惧交出商品，但甲并未实施恐吓行为，应当遵循主客观相一致的原则，不以敲诈勒索罪认定甲的行为。D项错误。

20.【答案】A

【考点】聚众斗殴罪；故意杀人罪；教唆犯

【详解】根据《刑法》第292条第2款的规定，聚众斗殴，致人重伤、死亡的，分别认定为故意伤害罪和故意杀人罪。从本案情况看，甲指令所有参与者"下手重一点"，说明其对于致人死亡的结果并不排斥，其思想上具备杀人的主观故意。因此要求甲对死亡结果负责符合主客观相一致的原则，应当以故意杀人罪定罪量刑。至于其他参与者，由于不能查明被害人被谁的行为重伤致死，根据存疑时有利于犯罪嫌疑人、被告人的原则，对于所有参与者都不能以故意杀人罪定罪。故A项正确，CD项错误。甲虽然不是实行犯，未参与打斗，但其作为首要分子，对聚众斗殴行为的实施起决定作用，属于共同犯罪中的主犯而非从犯。B项错误。

21.【答案】B

【考点】受贿罪；贪污罪；滥用职权罪；共同犯罪

【详解】贪污罪是指国家工作人员利用职务上的便利，侵吞、窃取、骗取或者以其他手段非法占有公共财物的行为。受贿罪是指国家工作人员利用职务上的便利，索取他人财物或者非法收受他人财物为他人谋取利益的行为。本案中，甲和乙向超载司机索取钱财，并为其谋取不正当利益，已经构成受贿罪的共同犯罪。这些钱财并不属于交警队所有，也不属于国家所有，甲和乙占有这些钱财的行为并不构成贪污罪。A项正确，B项错误。国家机关工作人员滥用职权，致使公共财产、国家和人民利益遭重大损失的行为，构成滥用职权罪。本案中，甲和乙利用甲的工作便利，私自放行超载车辆，给国家造成了重大损失，二人构成滥用职权罪的共犯。C项正确。按照共同犯罪"部分行为共同责任"的理论，计算共同犯罪的犯罪数额时应以总犯罪金额为准，而不应考虑分赃情况。故乙的受贿数额是32万元而非10万元。D项正确。

22.【答案】ACD

【考点】罪刑法定原则

【详解】罪刑法定原则的经典表述是："法无明文规定不为罪，法无明文规定不处罚。"我国《刑法》第3条明文规定了这一原则。罪刑法定原则的具体要求是：(1)禁止溯及既往；(2)排斥习惯法；(3)禁止类推解释；(4)刑罚法规的适当，包括刑罚明确性、禁止不确定刑和禁止处罚不当罚的行为。在刑事司法中贯彻罪刑法定原则，最为关键的问题是对《刑法》的解释要合理。不利于被告人的类推解释在方法上就与罪刑法定原则相抵触，故属禁止之列。采

取其他解释方法时，其解释结论也必须符合罪刑法定主义，符合刑法目的。A项，"明知是痴呆女而与之发生性关系导致被害人怀孕"的情形，与强奸致使被害人重伤、死亡后果的严重性相当，可以认定为强奸"造成其他严重后果"。A项不违背罪刑法定原则。B项，根据《关于办理侵犯知识产权刑事案件适用法律若干问题的意见》第12条的规定，"发行"，包括总发行、批发、零售以及出租、展销等活动。未经著作权人许可在卡拉OK厅大量播放其音像制品的行为并不能包含在"发行"之内。B项违背了罪刑法定原则。C项，"重度醉酒后在高速公路超速驾驶机动车"的行为，同时包含"重度醉酒""高速公路"和"超速驾驶"三个危险要素，其严重性与放火、爆炸、投放危险物质等行为相当，已经对不特定多数人的生命、财产安全造成现实威胁，应当认定为以危险方法危害公共安全罪。C项不违背罪刑法定原则。D项，武装部队属于国家军事机关，是国家机关的组成部分。所以将毁灭武装部队印章的行为认定为毁灭"国家机关"印章并无不妥，未超出"国家机关"的字面含义。D项不违背罪刑法定原则。

23.【答案】ACD

【考点】正当防卫

【详解】不法侵害是正当防卫的起因，没有不法侵害就谈不上正当防卫。作为防卫起因的不法侵害必须同时具备社会危害性和侵害紧迫性两个基本特征。如果认为"不法侵害"还需要以侵害者具有责任能力为前提，则"严重精神病患者乙正在对多名儿童实施重大暴力侵害"的行为不属于作为正当防卫起因的"不法侵害"，甲的行为不成立正当防卫。反之，如果认为"不法侵害"不以侵害者具有责任能力为前提，则甲的行为可能成立正当防卫。如果认为"不法侵害"需要以防卫人明知侵害者具有责任能力为前提，甲明知乙是严重精神病患者，不具备责任能力，仍使用暴力制止了乙的侵害行为，甲的行为不能成立正当防卫。如果认为"不法侵害"不以防卫人是否明知侵害者具有责任能力为前提，则甲的行为可能成立正当防卫。因此，①和③的结论均为甲成立正当防卫，②和④的结论均为甲不成立正当防卫。B项对应正确，ACD项对应错误。

24.【答案】AB

【考点】犯罪中止

【详解】在犯罪过程中，自动放弃犯罪或者自动有效地防止犯罪结果发生的，属于犯罪中止。不管是哪一种中止，都必须是其犯罪行为没有导致发生作为既遂标志的犯罪结果。这并不意味着只要发生了构成要件的结果，行为人无论做出多少努力都不能成立犯罪中止。如果最终犯罪结果的发生是由于一些异常因素介入，则行为人犯罪行为与犯罪结果之间的因果关系已经中断，应当认定其行为构成犯罪中止。本案

中，甲先下毒杀乙，之后又开车带乙去医院，说明甲为防止乙死亡结果的发生做出了积极努力，最终乙因撞车死亡。如果乙死亡主要是因为撞车，则交通事故的发生已经中断了甲的投毒行为与乙死亡结果之间的因果关系，甲构成故意杀人中止。如果乙死亡主要是因为甲的投毒行为，则该因果关系并未中断，甲仍然构成故意杀人既遂。AB 项正确，CD 项错误。

【陷阱提示】本题的难点在于对犯罪中止的理解。犯罪中止包括两种：一种是自动放弃犯罪行为，一种是采取积极的行为防止结果发生。后者的典型情况是最终避免了犯罪结果的发生。但还必须考虑一些非典型的情况。例如，在救助过程中介入异常因素的情况。本题其实同时考查了犯罪中止和刑法上的因果关系。如果救助行为最终未能避免死亡结果发生，其原因在于介入了异常因素，则并不会彻底排斥成立犯罪中止的可能。因此，考生在备考过程中要将各种知识点融会贯通，避免割裂。只有这样才能应对一些复杂的、高难度的题目。

25. 【答案】CD

【考点】犯罪未遂

【详解】犯罪是否得逞，是犯罪既遂与犯罪未遂的界限所在。犯罪得逞时，表现为法益受到侵害，发生了行为人所希望或者放任的、行为性质所决定的犯罪结果。A 项，乙将银行卡和密码交给甲时，甲已经实际控制了卡内的 50 万元钱款。此时受贿罪已经既遂。乙事后挂失并取回钱款的行为并不影响甲所犯受贿罪的犯罪停止形态。A 项不属于犯罪未遂。按照共同犯罪的相关理论，如果共犯中一人的行为既遂，根据"部分实行全部责任"的原则，则其他共犯人原则上均成立既遂。B 项，尽管甲未到达现场，但其事先与乙有共谋，并向乙讲解了犯罪方法，乙的行为既遂则导致甲、乙的共同犯罪行为既遂。B 项不属于犯罪未遂。C 项，甲虽然与乙共同的犯罪故意，但其行为对最终乙盗窃汽车的结果客观上没有原因力。C 项属于犯罪未遂。D 项，甲与乙共同杀害丙，甲误以为丙死亡而离开现场，甲、乙的共同犯罪行为已经结束，构成犯罪未遂。之后乙发现丙未死又持刀杀害丙的行为超出了共同犯罪故意，不影响甲的行为已经构成犯罪未遂。D 项属于犯罪未遂。

26. 【答案】AB

【考点】累犯；缓刑；假释

【详解】《刑法》第 65 条第 1 款规定，被判处有期徒刑以上刑罚的犯罪分子，刑罚执行完毕或者赦免以后，在 5 年以内再犯应当判处有期徒刑以上刑罚之罪的，是累犯，应当从重处罚，但是过失犯罪除外。第 66 条规定，危害国家安全犯罪、恐怖活动犯罪、黑社会性质的组织犯罪的犯罪分子，在刑罚执行完毕或者赦免以后，在任何时候再犯上述任一类罪的，都以累犯论处。虽然甲所犯前罪间谍罪属于危害国家安

全罪，但所犯后罪参加恐怖组织罪属于危害公共安全罪，故不能成立特别累犯。此外，甲在 8 年以后又犯罪，也不构成一般累犯。A 项错误。B 项，乙虽然犯数罪，但法律并不禁止对数罪并罚的犯罪人适用缓刑。B 项错误。根据《刑法》第 77 条的规定，被宣告缓刑的犯罪分子，在缓刑考验期限内，违反人民法院判决中的禁止令，情节严重的，应当撤销缓刑，执行原判刑罚。因此 C 项，对丙撤销缓刑是正确的。根据《刑法》第 81 条的规定，被判处有期徒刑的犯罪分子，执行原判刑期二分之一以上，被判处无期徒刑的犯罪分子，实际执行 13 年以上，如果认真遵守监规，接受教育改造，确有悔改表现，没有再犯罪的危险的，可以假释。如果有特殊情况，经最高人民法院核准，可以不受上述执行刑期的限制。因此 D 项正确。

27. 【答案】ABCD

【考点】追诉时效；数罪并罚；自首；死刑

【详解】根据《刑法》第 232 条的规定，故意杀人的，处死刑、无期徒刑或者 10 年以上有期徒刑；情节较轻的，处 3 年以上 10 年以下有期徒刑。从本案情况看，甲犯罪时系未成年人，且因邻里纠纷杀人，属于情节较轻的故意杀人，应判处 10 年以下有期徒刑。根据《刑法》第 87 条的规定，法定最高刑为 10 年的，经过 15 年，不再追诉。本案中，自 2004 年 7 月甲诈骗罪起其所犯故意杀人罪的追诉时效重新计算。而甲所犯诈骗罪的法定最高刑为 3 年，经过 5 年即不再追诉。至 2014 年 8 月时，又经过了 11 年，甲所犯故意杀人罪的时效未过，而所犯诈骗罪的时效已超过。因此对甲应以盗窃罪和故意杀人罪数罪并罚。AB 项错误。根据《最高人民法院关于处理自首和立功具体应用法律若干问题的解释》第 1 条的规定，犯有数罪的犯罪嫌疑人仅如实供述所犯数罪中部分犯罪的，只对如实供述部分犯罪的行为，认定为自首。因此本案中只对甲所犯故意杀人罪和诈骗罪成立自首，对于盗窃罪部分不可从轻或减轻处罚。C 项错误。对未成年人不适用死刑，这里指的是犯罪时而非审判时未满 18 周岁。D 项错误。

28. 【答案】ABCD

【考点】危害公共安全罪

【详解】根据《刑法》第 125 条的规定，非法制造、买卖、运输、储存毒害性、放射性、传染病病原体等物质，危害公共安全的行为，构成非法制造、买卖、运输、储存危险物质罪。这里的"买卖"，既包括以金钱为交换条件的买卖，也包括以物品为交换条件的买卖，以危险物质交换危险物质的行为也不例外。A 项正确。B 项，用毒害性物质交换毒品的行为同样构成买卖，其中甲将毒害性物质卖给乙，二人均构成非法买卖危险物质罪；乙将毒品卖给吸毒者甲，乙构成贩卖毒品罪，甲不构成此罪。B 项正确。

依法配备公务用枪的人员，非法出租、出借枪支的，构成非法出租、出借枪支罪。根据《最高人民检察院关于将公务用枪用作借债质押的行为如何适用法律问题的批复》的规定，依法配备公务用枪的人员，违反法律规定，将公务用枪用作借债质押物，使枪支处于非依法持枪人的控制、使用之下，严重危害公共安全，是非法出借枪支行为的一种形式，应以非法出借枪支罪追究刑事责任。将枪赠与他人的行为与此并无实质不同，同样属于非法出借枪支行为的一种形式，构成非法出借枪支罪。C项正确。D项，甲知道家里埋着枪，说明其事实上已经支配了这些枪支，其是否使用枪支并不影响非法持有枪支罪的认定。D项正确。

29.【答案】CD（原答案为ACD）

【考点】生产、销售伪劣商品罪

【详解】2019年《药品管理法》删除了"以假药论处"的情形。据此，销售具有真实疗效的药物不再以销售假药罪论处。A项错误。生产、销售有毒、有害食品罪，是指在生产、销售的食品中掺入有毒、有害的非食品原料的，或者销售明知掺有有毒、有害的非食品原料的食品的行为。生产、销售不符合安全标准的食品罪，是指生产、销售不符合食品安全标准的食品，足以造成严重食物中毒事故或者其他严重食源性疾病的行为。B项，甲并未在食品中掺入有毒、有害的非食品原料，也未销售此类食品，因此不构成销售有毒、有害食品罪，而应认定为销售不符合安全标准的食品罪。B项错误。C项，甲明知在苹果上使用了禁用农药，属于销售明知在食品中掺入有毒、有害的非食品原料的食品，构成销售有毒、有害食品罪。C项正确。D项，甲的主观故意是销售劣药，客观上实施了销售假药的行为，根据主客观相一致的原则，应当认定为销售劣药罪。D项正确。

30.【答案】ABC

【考点】非法拘禁罪；转化犯

【详解】根据《刑法》第238条的规定，非法拘禁他人或者以其他方法非法剥夺他人人身自由的，构成非法拘禁罪。犯非法拘禁罪，又使用暴力致人伤残、死亡的，转化为故意伤害或故意杀人罪。为索取债务非法扣押、拘禁他人的，构成非法拘禁罪而非绑架罪。《最高人民法院关于对为索取法律不予保护的债务非法拘禁他人行为如何定罪问题的解释》规定，行为人为索取高利贷、赌债等法律不予保护的债务，非法扣押、拘禁他人的，依照非法拘禁罪定罪处罚。本案中，甲为索取赌债扣押乙，构成非法拘禁罪，甲威胁乙的行为不属于"使用暴力"，乙的跳崖行为并不会导致甲所触犯的罪名发生转化。此外，甲非法拘禁的行为属于犯罪行为，不会产生《刑法》上的作为义务，甲不构成不作为的故意杀人罪。因此D项正确，ABC项错误。

31.【答案】ABCD

【考点】盗窃罪

【详解】盗窃罪，是指以非法占有为目的，窃取公私财物数额较大，或者多次盗窃、入户盗窃、携带凶器盗窃、扒窃的行为。盗窃罪的对象必须是他人占有的财物。首先，只要是在他人的事实支配领域内的财物，即便他人没有现实地握有或监视，也属于他人占有。其次，虽然处于他人支配领域之外，但存在可以推知由他人事实上支配的状态时，也属于他人占有的财物。再次，主人饲养的、具有回到原处能力或习性的宠物，不管宠物处于何处，都应认定为饲主占有。最后，即便原占有者丧失了占有，但当该财物转移为建筑物的管理者或者第三者占有时，也应认定为他人占有的财物。某大学的学生习惯于用手机、钱包等物占座，因此甲能够推知桌上的钱包系他人用于占座的事实，其据为己有的行为构成盗窃罪。A项正确。乙在面馆用手机占座的行为属于比较特殊的情况，甲很可能认为桌上的手机是他人遗忘的手机。但即便乙遗忘的手机，此时其占有也会转移至面馆，甲的行为仍构成盗窃罪。B项正确。乘客乙遗忘在出租车后备厢的行李已转由出租车司机占有，甲的行为构成盗窃罪。C项正确。乙委托甲照看房屋，其代为保管的财物应仅限于房屋及院内的树木，乙家山头上的树木并不属于代为保管的范围。甲偷偷将他人财物予以变卖并将钱款据为己有，构成盗窃罪而非侵占罪。D项正确。

32.【答案】CD

【考点】帮助毁灭证据罪

【详解】帮助当事人毁灭、伪造证据，情节严重的，构成帮助毁灭、伪造证据罪。下列行为均属于帮助毁灭证据：第一，行为人单独为当事人毁灭证据；第二，行为人与当事人共同毁灭证据，这种情况下，行为人与当事人并不成立共犯；第三，行为人为当事人毁灭证据提供各种便利条件，这种情况下行为人不是帮助犯而是正犯；第四，行为人唆使当事人毁灭证据，这种情况下行为人不是教唆犯而是正犯。A项，甲本人属于当事人，其毁灭证据的行为不构成帮助毁灭证据罪。B项，甲实施的是阻止作证的行为，构成妨害作证罪而非帮助毁灭证据罪。C项，甲劝说乙毁灭证据，构成帮助毁灭证据罪。D项，帮助毁灭证据罪侵害的法益是国家的刑事诉讼秩序，当事人对此并无处分权限，乙的同意并不影响甲毁灭无罪证据的定性，其行为仍构成帮助毁灭证据罪。故CD项正确。

33.【答案】ABC

【考点】挪用公款罪

【详解】根据法律和司法解释的规定，国家工作人员如果挪用公款进行营利活动，则数额达到1万元即可构成挪用公款罪；如果挪用公款进行非法活动，则数额达到5000元即可构成挪用公款罪。可见，挪用公款进行非法活动的入罪门槛更低。这是因为挪用公款进行非法活动比挪用公款进行营利活动性质更恶劣。甲购买股票的行为属于营利活动而不是非法活动，赌博的行为则属于非法活动，对于甲这次挪用的行为应当综合评价。如果将非法活动评价为营利活动，并将数额相累加，不会对行为人的行为造成不利评价，也未超出国民的预测可能性，是符合法律精神的。因此，可将赌博行为评价为营利活动，认定甲挪用公款1.2万元进行营利活动，进而认定挪用公款罪。D项正确，ABC项错误。

34.【答案】AD

【考点】徇私枉法罪；滥用职权罪；帮助毁灭证据罪；想象竞合犯

【详解】滥用职权罪是指国家机关工作人员不法行使职务上的权限，致使公共财产、国家和人民利益遭受重大损失的行为。甲和乙的行为均构成滥用职权罪，均为滥用职权罪的实行犯。徇私枉法罪是指司法工作人员徇私枉法、徇情枉法，对明知是无罪的人而使他受追诉、对明知是有罪的人故意包庇不使他受追诉，或者在刑事审判活动中故意违背事实和法律作枉法裁判的行为。乙的行为除构成滥用职权罪外，同时还满足帮助毁灭证据罪、徇私枉法罪的构成要件，属于一行为触犯数罪名，应当从一重罪即徇私枉法罪论处。甲只实施了一个行为，该行为同时触犯滥用职权罪与徇私枉法罪，应当从一重论处，不应数罪并罚。因此，AD项正确，BC项错误。

35.【答案】ABCD

【考点】抢劫罪；故意杀人罪

【详解】"抢劫致人死亡"，既包括行为人的暴力等行为过失致人死亡，也包括行为人为劫取财物而预谋故意杀人，或者在劫取财物过程中，为制服被害人反抗而故意杀人。"以非法占有为目的故意杀害他人后立即劫取财物"的情形属于"抢劫致人死亡"。郑某的行为同时符合故意杀人罪和抢劫罪的犯罪构成，但属于结果加重犯，应以抢劫罪定罪论处。ACD项正确。如果认为"抢劫致人死亡"仅限于过失致人死亡，由于郑某先实施故意杀害车主的行为，又将其面包车据为己有，两个行为分别构成故意杀人罪与盗窃罪，应当数罪并罚。如果否认死者占有，则该面包车属于遗忘物，将其据为己有的行为成立侵占罪而非盗窃罪。B项正确。

36.【答案】ABCD

【考点】非法占有目的；不可罚的事后行为

【详解】非法占有目的，是指排除权利人，将他人的财物作为自己的所有物进行支配，并遵从财物可能具有的用途进行利用、处分的意思。非法占有目的由"排除意思"与"利用意思"构成。在非法占有目的这一要素的理解上，盗窃罪与抢劫罪并无区别。故AB项正确。认定是否具有非法占有目的应以抢劫面包车当时的主观心态为准，郑某等人抢劫面包车是

为了跟踪银行运钞车，待目的实现后将面包车毁坏，并不影响其非法占有目的的认定。C项正确。不可罚的事后行为，是指在状态犯的场合，利用该犯罪行为的结果的行为，虽然孤立地看符合其他犯罪的犯罪构成，具有可罚性，但由于综合评价在该状态犯中，没有必要另行认定为其他犯罪。盗窃罪就属于状态犯，郑某等人盗窃面包车之后，面包车便由其占有，其处置面包车的行为可涵盖在盗窃罪之内进行评价，没有必要另行定罪。D项正确。

37.【答案】ABCD

【考点】爆炸罪；想象竞合犯

【详解】爆炸罪的成立要求对不特定多数人的生命财产安全造成不特定多数人的生命财产安全造成现实威胁。虽然爆炸地点附近没有行人，但郑某等人的行为客观上对押款人员的生命安全以及周边的财产安全都造成了现实威胁，已经满足爆炸罪的构成要件。同时，郑某等人明知该行为可能导致押款人员死亡结果发生而持放任态度，其行为同时符合故意杀人罪的构成要件，系一行为触犯数罪名，属于想象竞合。其爆炸的目的在于抢劫财物，爆炸行为与抢劫行为构成牵连犯，爆炸行为为手段行为，抢劫行为为目的行为，应当从一重罪即抢劫罪论处。郑某等人的行为客观上造成押运人员死亡和重伤结果的发生，属于"抢劫致人重伤、死亡"。因此，ABCD项均正确。

38.【答案】BC

【考点】脱逃罪；贩卖毒品罪；窝藏罪

【详解】脱逃罪是指依法被关押的罪犯、被告人、犯罪嫌疑人脱逃的行为。其主体仅限于被关押的罪犯、被告人和犯罪嫌疑人。甲属于强制戒毒人员，其逃离戒毒所的行为不构成脱逃罪。A项错误。为出售而购买毒品的行为构成贩卖毒品罪，甲为了自己吸食购买毒品的行为不构成犯罪。B项正确。贩卖毒品罪以毒品交付为既遂标志。陈某出卖毒品给甲，甲采取赊账方式，陈某未及时获取钱款并不影响贩卖毒品罪成立犯罪既遂。C项正确。由于甲不构成犯罪，所以乙收留甲的行为也并不构成窝藏罪。D项错误。

39.【答案】ABCD

【考点】盗窃罪；非法侵入住宅罪

【详解】甲翻墙入院并进入陈某厨房窃取毒品，属于典型的"入户盗窃"。该行为同时也符合非法侵入住宅罪的犯罪构成，属于一行为触犯数罪名，应当以盗窃罪定罪处罚。AB项正确。甲毒死陈某家看门狗的行为同时符合盗窃罪犯罪预备的犯罪构成和故意毁坏财物罪的犯罪构成，属于一行为触犯数罪名，构成想象竞合。C项正确。盗窃毒品等违禁品的行为同样属于盗窃公私财物，构成盗窃罪。D项正确。

40.【答案】BCD

【考点】贩卖毒品罪；诈骗罪

【详解】甲让乙卖出冰毒的行为构成贩卖毒品罪

的共同犯罪。甲盗窃毒品后如果用于吸食，不另行构成犯罪。但其将盗窃的毒品贩卖给他人，又侵害了新的法益，应当另行定罪。A 项错误。乙将掺入其他杂质的冰毒冒充纯冰毒贩卖，属于虚构事实、隐瞒真相，并使他人基于错误认识支付与产品不相称的钱款，其行为已构成诈骗罪。甲向乙提供毒品并对此知情，已构成诈骗罪的共同犯罪。同时甲、乙的行为还构成贩卖毒品罪的共同犯罪。BC 项正确。乙只是在冰毒中掺杂，与《刑法》意义上制造毒品的行为相差甚远，不构成制造毒品罪。D 项正确。

2015 年

1.【答案】D

【考点】因果关系

【详解】刑法中的因果关系是指危害行为与危害结果之间的引起与被引起的关系。目前刑法理论上关于因果关系的判断标准是条件说，即要求危害行为与危害结果之间存在着"没有前者就没有后者"的关系，且作为条件的行为必须是具有导致结果发生可能性的行为，否则不承认有条件关系。A 项，甲跳楼自杀的行为本身具有一定的危险性，如果没有甲跳楼自杀的行为，从楼下经过的行人乙就不会被砸中，死亡结果也不会发生，因此，二者之间形成了"没有前者就没有后者"的条件关系，甲跳楼自杀的行为无疑是行人乙死亡的原因之一，二者之间存在因果关系。因此 A 项错误。B 项，集资诈骗案中，行为人必须使用诈骗方法非法集资。正是由于行为人虚构事实、隐瞒真相等诈骗行为，出资人才自愿将资金交给行为人处置。因此，非法集资行为与资金被骗结果之间存在因果关系。出资人主观上是否有贪利的动机，并不会影响这种因果关系的成立。B 项错误。在认定因果关系时，需要注意行为人的行为介入第三者的行为而导致结果发生的场合，要判断某种结果是否与行为人的行为存在因果关系，应当考察行为人的行为导致结果发生的可能性的大小、介入情况的异常性大小以及介入情况对结果发生作用的大小。C 项，甲的肇事行为与乙被撞死之间存在因果关系，但是甲交通肇事后逃逸，乙的贵重财物并未受到侵害，而是由于介入第三者丙的行为致使乙的财产受到损失。因此，不能认定甲的肇事行为与乙的财产损失之间有因果关系。C 项错误。D 项，交通肇事负事故次要责任的行为人的行为与重伤 3 人的后果存在着"没有前者就没有后者"的关系，但是因果关系属于犯罪构成中客观构成要件要素，属于客观事实，认定有因果关系不等同于构成犯罪或追究刑事责任，还要综合考虑主观方面等因素。所以 D 项正确。

2.【答案】C

【考点】刑事责任年龄；刑事责任能力

【详解】刑事责任年龄是指刑法规定的行为人实施刑法所禁止的犯罪行为需要负刑事责任必须达到的年龄。根据《刑法》第 17 条的规定，不满 12 周岁的人所实施的任何行为都不构成犯罪。已满 14 周岁不满 16 周岁的人只对法律规定的 8 种犯罪行为负刑事责任。A 项，甲的爆炸行为的实施与爆炸结果的发生之间存在较长的时间间隔。犯罪是表现于外的能力，因此辨认、控制能力应当是行为当时的能力。因此甲在不满 14 周岁时安装定时炸弹的行为不构成犯罪。但是如果行为人实施了一定的行为之后，则在其具备相应的辨认、控制能力时就具有防止结果发生的义务。虽然甲安放定时炸弹时不满 14 周岁，但是甲在满 14 周岁之后对于自己 14 周岁以前的行为所可能引起的危险具有排除的义务，而甲在满 14 周岁之后仍不履行危险排除义务，最终炸弹爆炸导致多人伤亡的，应以不作为犯罪追究甲的刑事责任。所以 A 项错误。刑事责任能力，是指行为人构成犯罪和承担刑事责任所必须具备的刑法意义上的辨认和控制自己行为的能力。根据《刑法》第 18 条第 2 款的规定，间歇性精神病人实施犯罪行为时如果精神正常，具有辨认和控制能力，则应当追究其刑事责任。反之，该行为则不成立犯罪。因此，间歇性精神病人的行为是否成立犯罪，应以其实施行为时是否具有刑事责任能力为标准。B 项，乙在精神正常时着手实行故意伤害行为，如果构成犯罪的，应对故意伤害行为负责，但是乙在实施抢走被害人财物行为时丧失责任能力，此时乙对于抢劫行为不具备辨认和控制能力，不能以抢劫罪追究其刑事责任。所以 B 项错误。C 项，丙将毒药投入丁的茶杯，实施故意杀人行为时精神是正常的，而且故意杀人行为已经实施完毕，丙具有辨认、控制能力，因此应当承担故意杀人罪既遂的刑事责任。C 项正确。《刑法》第 18 条第 4 款规定："醉酒的人犯罪，应当负刑事责任。"因此 D 项，戊为了壮胆，故意在喝醉后实施杀人行为，应当负故意杀人的刑事责任。故 D 项错误。

3.【答案】B

【考点】故意

【详解】如果认为甲只有一个故意，就是甲在主观上认识到开枪行为的危险性，并且希望打死警察结果的发生，那么甲主观上具有杀人的故意，但是仅仅造成警察受伤的后果，警察死亡的结果由于甲意志以外的原因并未发生，成立故意杀人罪未遂。A 项正确。如果认为甲有两个故意，即故意杀人和故意毁坏财物，由于一枪导致警察受伤、警犬死亡，所以构成故意杀人罪未遂和故意毁坏财物罪既遂。但是即使认为甲有数个故意，但甲只实施了一个行为，一行为触犯数罪名，属于想象竞合犯，应当从一重罪论处，不应数罪并罚。B 项错误，当选。由于甲在主观上希望打死警察，并且着手实施了开枪行为，因此如果只打中警犬，没有导致警察死亡的结果，属于甲犯罪分子意志以外的原因而未得逞，应成立故意杀人罪未遂。C 项正确。如果没有打中任何目标，由于甲实施行为时希望打死警察，因此具有故意杀人的故意，并且在开枪后行为已经实施完毕，没有出现希望的后果，甲仍应承担故意杀人未遂的刑事责任。因此 D 项正确。

4. 【答案】B

【考点】 紧急避险

【详解】 避险意图是紧急避险成立的主观要件，即行为人实行紧急避险必须是为了保护合法利益。甲从乙的鱼塘抽水救火，主观上是为了救火，属于"为了使他人的人身、财产和其他权利免受正在发生的危险"，有报复动机并不影响避险意图的成立。A 项错误。紧急避险是通过损害一个合法权益而保全另一个合法权益，所以对于紧急避险的可行性必须严格限制。只有在不得已即没有其他方法可以避免危险时，才允许实行紧急避险。甲的仓库边虽然有其他的鱼塘，但在当时的情况下，火势紧急，无论从哪一家鱼塘抽水，都会造成损失，因此从乙的鱼塘抽水是不得已的避险行为。所以 B 项正确。紧急避险的限度条件是要求避险行为不能超过其必要限度，造成不应有的损害。对于财产权益而言，不允许为了保护较小的财产权益而牺牲另一个较大的财产权益，乙鱼塘鱼苗的价值和甲仓库商品的价值相当，不应认为超过必要限度。C 项错误。甲选择用乙鱼塘的水灭火是在不得已情形下实施的，所以甲的行为构成紧急避险，对于 2 万元鱼苗的死亡，甲不成立故意毁坏财物罪。故 D 项错误。

【陷阱提示】 紧急避险的本质是避免现实危险、保护较大合法权益。紧急避险的客观特征是，在法律所保护的权益遇到危险而不可能采取其他措施予以避免时，不得已损害另一较小合法权益来保护较大的合法权益。紧急避险的主观特征是，认识到合法权益受到危险的威胁，出于保护国家、公共利益、本人或者他人的人身、财产和其他合法权利免受正在发生的危险的目的而实施避险行为。避险意图只是要求行为人主观上出于保护合法利益免受危险的目的，对于行为人的动机则并无要求。"不得已"是指只有当紧急避险成为唯一可以免遭危险的方法时，才允许实行。但这并不要求避险人选择最为经济的避险方式。对此应有准确认识。

5. 【答案】D

【考点】 犯罪未遂

【详解】 行为人以贩卖为目的，在网上订购毒品，表明其存在贩卖毒品的故意，也已在此主观心态支配下着手犯罪的实行行为，并且在网上支付完毕，已经完成了购买毒品的全部过程，应认定为犯罪既遂。因此 A 项错误。国家工作人员非法收受的是请托人给予的现金支票，可以随时支取，属于收受贿赂

的行为，构成犯罪既遂。因此 B 项错误。行贿罪的既遂与未遂的标志就是交付是否完成，交付完成即为犯罪既遂。因此 C 项已经构成行贿罪的既遂，即使第二天钱款被退回，也不能影响犯罪既遂的成立。C 项错误。D 项中行为人虽然实施了诈骗行为，受骗人基于这一信任主动交付财物而造成财产损失，但是由于受害人误操作并未汇入行为人的账户，行为人并未实际控制钱款，因此构成犯罪未遂。D 项正确。

6. 【答案】A

【考点】 犯罪既遂；犯罪中止；犯罪未遂

【详解】 犯罪中止是指犯罪分子在实施犯罪过程中，自动放弃犯罪或者自动有效地防止犯罪结果的发生。甲故意放毒蛇咬乙，但是后来打消了杀死乙的念头，并且采取了积极有效的救助措施，即将乙送往医院，这一积极行为足以阻止乙死亡结果的发生。如果没有乙的跳车行为，则乙就不会死亡。乙死亡的结果和甲的行为之间不存在因果关系，不应归责于甲，因此甲的行为成立犯罪中止。A 项正确，BC 项错误。不作为犯罪要求行为人负有实施某种积极行为的特定的法律义务，即义务来源。一般情形下，犯罪行为不应作为义务来源，除非犯罪行为导致另一合法权益处于危险状态。本题中甲已经实施了积极有效的救助行为，构成犯罪中止，因此不应以不作为的故意杀人罪论处。D 项错误。

7. 【答案】D

【考点】 共同犯罪；从犯；间接正犯；片面共犯

【详解】 如果不考虑责任年龄、责任能力，甲与乙对非法侵入计算机信息系统形成了共同故意的意思联络，并且实施了犯罪行为，因此构成共同犯罪，A 项正确；从犯在共同犯罪中起次要、辅助作用，乙为甲侵入计算机信息系统编写侵入程序，为犯罪的实施提供有利条件，乙是从犯，B 项正确；达到刑事责任年龄、具有刑事责任能力的人支配未达刑事责任年龄和没有刑事责任能力的人实施犯罪行为的，利用者被称为间接正犯，因此，乙不成立间接正犯，C 项正确；片面共犯是指参与同一犯罪的人中，一方认识到自己是在和他人共同犯罪，而另一方没有认识到有他人和自己共同犯罪。由于甲和乙对于非法侵入计算机系统的行为都是明知的，所以不构成片面共犯。D 项错误，当选。

8. 【答案】C

【考点】 结果加重犯

【详解】 结果加重犯是指法律规定的一个犯罪行为，即基本犯罪，由于发生了严重结果而加重其法定刑的情况。根据中国的刑事立法与司法实践，结果加重犯的罪名与基本犯罪的罪名是一致的，即结果加重犯不成立独立的罪名。故意伤害致人死亡就属于典型的结果加重犯，仍构成故意伤害罪，而不构成故意杀人罪。因此 A 项错误。强奸罪侵犯的客体是妇女的

性自主权，强制猥亵妇女罪（现为"强制猥亵、侮辱罪"）侵犯的客体是妇女的性自主权和人格尊严。强奸行为致妇女重伤的，属于结果加重犯，加重处罚，但是强制猥亵妇女罪并未将此规定为加重处罚的情形，因此不成立结果加重犯，所以 B 项错误。甲为了让乙还债而将乙拘禁的行为构成非法拘禁罪，拘禁致人死亡要求被拘禁人的死亡结果与拘禁行为存在因果关系，但是乙跳楼死亡是因为无力还债，并非拘禁行为导致的，因此不能将死亡结果归因于非法拘禁行为，因此不构成非法拘禁罪的结果加重犯。C 项正确。D 项，丙的死亡行为与甲抢劫行为无关。甲实施的是两个行为，对乙实施了抢劫，对丙实施了故意杀人行为，应分别评价，予以数罪并罚。因此，甲不成立抢劫致人死亡的结果加重犯。D 项错误。

9.【答案】C
【考点】贩卖毒品罪
【详解】根据 2008 年《全国部分法院审理毒品犯罪案件工作座谈会纪要》的规定，盗窃、抢夺、抢劫毒品的，应当分别以盗窃罪、抢夺罪或者抢劫罪定罪，但不计犯罪数额，根据情节轻重予以定罪量刑。盗窃、抢夺、抢劫毒品后又实施其他毒品犯罪的，对盗窃罪、抢夺罪、抢劫罪和所犯的具体毒品犯罪分别定罪，依法数罪并罚。因此，对甲应以盗窃罪和贩卖毒品罪实行并罚。故 AB 项正确。贩卖毒品罪一罪即足以评价乙销售冰毒的行为，若另行认定为非法持有毒品罪、转移毒品罪属于重复评价。掩饰、隐瞒自己犯罪所得的行为属于事后不可罚的行为，不应另行认定为掩饰、隐瞒犯罪所得罪。C 项错误，D 项正确。

10.【答案】D
【考点】累犯；假释
【详解】《刑法》第 74 条规定了不适用缓刑的情形，即对于累犯和犯罪集团的首要分子，不适用缓刑。但是对于犯罪集团的积极参加者并未限制，因此 A 项错误。《刑法》第 81 条第 2 款规定："对累犯以及因故意杀人、强奸、抢劫、绑架、放火、爆炸、投放危险物质或者有组织的暴力性犯罪被判处十年以上有期徒刑、无期徒刑的犯罪分子，不得假释。"因此 B 项错误。《刑法》第 50 条第 2 款规定："对被判处死刑缓期执行的累犯以及因故意杀人、强奸、抢劫、绑架、放火、爆炸、投放危险物质或者有组织的暴力性犯罪被判处死刑缓期执行的犯罪分子，人民法院根据犯罪情节等情况可以同时决定对其限制减刑。"刑法并未规定对被判处无期徒刑的累犯限制减刑，因此 C 项错误。《刑法》第 66 条规定了特别累犯，即危害国家安全犯罪、恐怖活动犯罪、黑社会性质的组织犯罪的犯罪分子，在刑罚执行完毕或者赦免以后，在任何时候再犯上述任一类罪的，都以累犯论处。因此 D 项正确。

11.【答案】C
【考点】自首
【详解】一般自首的成立需要具备两个条件：自动投案和如实供述。所谓自动投案是指犯罪以后归案之前，出于本人的意愿而主动向司法机关或者个人承认自己的犯罪事实并自愿置于司法机关或个人的控制之下，并进一步交代自己犯罪事实的行为。A 项中甲虽然向单位领导如实承认了犯罪事实，但是不愿意让领导将自己移送司法机关，即不愿接受司法机关或个人的控制并进一步交代自己的犯罪事实，因此不属于自动投案，不成立自首，所以 A 项错误。如实供述自己的罪行，要求行为人供述主要犯罪事实，即能够证明行为人的行为构成犯罪的基本事实，而 B 项乙并未承认其贪污的客观犯罪事实，只是承认自己将公款分给职工，并未据为己有，进而否认贪污罪的成立，因此乙的行为不成立自首，B 项错误。C 项中丙主动投案，并且如实供述了自己在共同犯罪中参与盗窃的具体情况，符合自首的条件，自动投案的动机并不影响自首的成立，C 项正确，当选。D 项，丁虽然主动报警投案，但是在公安机关到达之前，其已经逃离现场，并未在司法机关的控制之下进一步交代犯罪事实，因此，丁的行为不构成自首，D 项错误。

12.【答案】D
【考点】假释
【详解】《刑法》第 86 条第 1 款规定，被假释的犯罪分子，在假释考验期限内犯新罪，应当撤销假释，依照《刑法》第 71 条的规定，即先减后并实行数罪并罚，所以 A 项正确。《刑法》第 86 条第 3 款规定，被假释的犯罪分子，在假释考验期内，有违反法律、行政法规或者国务院有关部门关于假释的监督管理规定的行为，尚未构成新的犯罪的，应当依照法定程序撤销假释，收监执行未执行完毕的刑罚。因此 B 项正确。根据《刑法》第 86 条第 2 款的规定，在假释考验期限内，发现被假释的犯罪分子在判决宣告以前还有其他罪没有判决的，应当撤销假释，依照《刑法》第 70 条的规定，即先并后减实行数罪并罚。所以 C 项正确。根据《刑法》第 85 条的规定，对假释的犯罪分子，在假释考验期限内，如果没有发现新罪、漏罪，也没有违反法律法规或者国务院有关部门关于假释的监督管理规定的行为，假释考验期满，就认为原判刑罚已经执行完毕。因此，在假释考验期满后发现漏罪的，不能撤销假释，而应对漏罪直接作出判决。所以 D 项错误。

13.【答案】D
【考点】危险驾驶罪
【详解】危险驾驶罪是指在道路上醉酒驾驶机动车，或者在道路上驾驶机动车追逐竞驶，情节恶劣的等行为。根据《刑法》第 133 条之一第 3 款的规定，构成危险驾驶罪的同时构成其他犯罪的，依照处罚较重的规定定罪处罚。交通肇事罪，是指违反交通运输管理法规，发生重大交通事故，致人重伤、死亡或者使公私财产遭受重大损失，依法被追究刑事责任的犯罪行为。A项，醉酒驾驶机动车，误将红灯看成绿灯，撞死2名行人的行为同时构成交通肇事罪和危险驾驶罪，应以交通肇事罪定罪处罚。A项不当选。B项，吸毒后驾驶机动车属于"毒驾"，根据目前法律规定不构成危险驾驶罪。B项不当选。C项，驾驶汽车前吃了大量荔枝，主观上没有危险驾驶的故意，尽管被交警以呼气式酒精检测仪测试到酒精含量达到醉酒程度，但根据主客观相一致的刑法原则，也不应认定为危险驾驶罪。C项不当选。D项，根据《关于办理醉酒驾驶机动车刑事案件适用法律若干问题的意见》和《道路交通安全法》的相关规定，对于机关、企事业单位、厂矿、校园、住宅小区等单位管辖范围内的路段、停车场，若相关单位允许社会机动车通行的，亦属于"道路"范围，在这些地方醉酒驾驶机动车的，构成危险驾驶罪。因此D项当选。

14.【答案】D

【考点】危险犯；抽象危险犯

【详解】危险犯通常被分为具体危险犯与抽象危险犯。所谓具体危险犯，是指以行为当时的具体情况为根据，认定行为具有发生侵害结果的危险。只要实施了某个犯罪行为，虽然不能直接侵害客体对象，但是对刑法所保护的客体造成具体的危害即构成犯罪。抽象危险犯，是指以一般的社会生活经验为根据，认定行为通常具有发生侵害结果的危险，虽然对刑法所保护的客体没有产生具体的危害，但是使得客体处于危险的状态之下即构成犯罪。根据《刑法》第338条的规定，A项的污染环境罪是违反国家规定，排放、倾倒或者处置有放射性的废物、含传染病病原体的废物、有毒物质或者其他有害物质，严重污染环境的行为。因此，污染环境罪要求行为具有严重污染环境的危险性才构成犯罪，不属于抽象危险犯，A项不当选。根据《刑法》第114条的规定，B项的投放危险物质罪的成立并不需要出现不特定多数人的中毒或重大公私财产遭受毁损的实际结果，但是需要行为人的行为足以危害公共安全，即有危害公共安全的危险存在。因此，投放危险物质罪属于具体危险犯，B项不当选。根据《刑法》第118条的规定，C项的破坏电力设备罪要求破坏电力设备的行为具有现实的危险性，危及公共安全才构成犯罪，因此属于具体危险犯，不属于抽象危险犯。生产、销售假药罪是指行为人只要实施生产、销售假药的行为，即构成本罪。因此，不管具体危险是否发生，行为一经实施本罪即宣告成立，属于抽象危险犯。因此D项当选。

15.【答案】D

【考点】使用假币罪

【详解】根据《刑法》第172条的规定，使用假币罪是指行为人明知是伪造的货币而将其作为真货币置于流通的行为。使用假币既可以是以外表合法的方式使用，如A项中的用假币缴纳罚款、B项的用假币兑换外币以及C项中的将假币塞进红包送给朋友，也可以是以非法的方式使用，如将假币用于赌博、购买毒品等。D项中行为人仅仅是自己持有，用于炫耀自己的经济实力，但未将假币置于流通，并未危害货币的流通秩序，因此D项的行为不属于使用假币的行为，不构成使用假币罪，当选。

16.【答案】D

【考点】刑法上的推定；主客观相一致原则

【详解】甲基于伤害故意砍乙两刀，基于杀人故意又砍乙两刀，但实际上仅砍中一刀，应区分以下情况进行分析：如果这一刀是基于伤害故意砍中的，则根据主客观相一致原则，此时应认定为故意伤害（致死）罪，后两刀基于杀人故意没有砍中，应认定为故意杀人罪未遂；如果这一刀是基于杀人故意砍中的，则根据主客观相一致原则，此时应认定为故意杀人罪既遂，前两刀基于伤害故意没有砍中，应认定为故意伤害罪未遂。由于在案证据无法查明这一刀属于哪种情况，因此应作有利于被告人的推定，即认定故意伤害（致死）罪和故意杀人罪未遂。从甲的整体行为来看，其砍乙四刀的行为是连续的，虽有主观故意内容的变化，但应评价为一个刑法上的行为，因此构成故意伤害（致死）罪与故意杀人罪未遂的想象竞合犯，应从一重罪即故意伤害（致死）罪论处。D项正确，ABC项均错误。

17.【答案】C

【考点】抢劫罪；事后抢劫

【详解】事后抢劫是指犯盗窃、诈骗、抢夺罪，为窝藏赃物、抗拒抓捕或者毁灭罪证而当场使用暴力或者以暴力相威胁的行为。事后抢劫中的"暴力或者以暴力相威胁"等同于普通抢劫中的"暴力""胁迫"手段。因此暴力、威胁的对象只能是人，而不能是财物。本题中李某在实施抢夺行为后，将追赶自己的宠物狗踢死，行为对象是狗，属于财物而不是人，因此不属于事后抢劫中的暴力行为，也不构成对王某的暴力威胁。故李某的行为只构成抢夺罪，不能转化为抢劫罪。因此，ABD项错误。事后抢劫的客观条件要求行为人犯盗窃、诈骗、抢夺罪之后，当场使用暴力或者以暴力相威胁。其中"当场"不限于实施盗窃、诈骗、抢夺罪的现场，还包括刚一逃离现场即被人发现和追捕的整个过程与现场。李某抢夺手包后，王某立即发现，并一直追李某，李某使用暴力的行为虽然距离王某50米，但仍然处于追捕的过程，因此符合事后抢劫当场性的要件，所以C项正确。

18.【答案】A

【考点】无权处分；盗窃罪；诈骗罪；侵占罪

【详解】盗窃罪只能是盗窃他人占有的财物，对自己占有的财物不可能成立盗窃罪，所以判断财物由谁占有、是否脱离占有是区分侵占罪与盗窃罪的关键。当他人并没有丧失对财物的占有，而行为人违反他人意志将该财物转移为自己或者第三者占有时就成立刑法上的盗窃罪。本案中，甲主动帮乙照看房屋，但房屋依然属于乙的支配领域，故应认为石狮仍属于乙占有。甲帮乙照看房屋，并不意味着甲已经占有了乙家的财物，甲只是乙家财物的占有辅助者。因此甲售卖石狮并将钱款据为己有的行为构成盗窃罪而非侵占罪。A 项错误，D 项正确。无权处分行为也可能构成财产犯罪，不能因为某种行为属于民法上的无权处分，就否认其成立财产犯罪。无权处分行为可能涉及两个被害人：一是财产的所有人，二是受让人。如果认为无权处分是完全有效的，就意味着受让人没有遭受财产损失，无权处分行为仅可能对财产的所有权人成立犯罪，而不可能对受让人成立财产犯罪，甲仅构成盗窃罪；如果认为无权处分是无效的，则财产的所有权人与受让人都可能遭受财产损失，无权处分行为同时对财产的所有权人与受让人成立犯罪，甲同时构成盗窃罪和诈骗罪。BC 项正确。

19.【答案】D

【考点】抢夺罪；盗窃罪；诈骗罪

【详解】抢夺罪表现为乘人不备，公然夺取数额较大的公私财物或者多次抢夺的行为。公然夺取是抢夺罪区别于盗窃罪（秘密窃取）的一个重要标志。此外，抢夺罪还是一种强力夺取的行为。本案中，甲并没有当面强力夺取财物的行为，因此不构成抢夺罪，A 项错误。刘某是蔬菜的所有人并占有蔬菜，虽然刘某没有一直看守蔬菜，但是其将蔬菜放入袋中，并标明"每袋 20 元，请将钱放在铁盒内"的行为证明其是蔬菜的所有人。甲拿走蔬菜的行为对于刘某而言属于秘密窃取的行为，甲假装放钱的行为是对自己窃取行为的掩饰，而刘某也并未因此受骗而自愿交付财物，所以甲的行为构成盗窃罪，而不构成诈骗罪。因此 BC 项错误，D 项正确。

20.【答案】D

【考点】教唆犯；帮助毁灭证据罪；窝藏罪

【详解】毁灭证据并不限于从物理上使证据消失，而是包括妨碍证据出现、使证据价值减少、消失的一切行为。乙将甲杀人的凶器藏匿于自家的地窖中，属于毁灭证据，构成帮助毁灭证据罪，A 项错误。窝藏罪是指明知是犯罪的人而为其提供隐藏处所、财物，帮助其隐藏或者逃跑，逃避法律追究的行为。甲生活无着落准备投案自首，乙向甲汇款 2 万元使其在外继续生活，逃避法律制裁，构成窝藏罪，BC 项错误。帮助毁灭、伪造证据罪是指帮助诉讼活动的当事人毁灭、伪造证据，情节严重的行为。毁灭、伪造自己是当事人的案件的证据的，不成立犯

罪。因此，如果当事人教唆第三者为自己毁灭、伪造证据，第三者接受教唆实施了毁灭、伪造证据行为的，则第三者成立帮助毁灭、伪造证据罪，而当事人不成立此罪。因此甲虽然唆使乙毁灭证据，但不能认定为帮助、毁灭证据罪的教唆犯，D 项正确。

21.【答案】D

【考点】斡旋受贿

【详解】《刑法》第 388 条规定："国家工作人员利用本人职权或者地位形成的便利条件，通过其他国家工作人员职务上的行为，为请托人谋取不正当利益，索取请托人财物或者收受请托人财物的，以受贿论处。"这种行为在刑法理论上被称为斡旋受贿。在我国刑事法律上斡旋受贿并不是一个独立的罪名，它是受贿犯罪行为的一种特殊类型。不同于普通的受贿行为，斡旋受贿行为要求行为人利用了本人职权或地位形成的便利条件，这是成立斡旋受贿的前提。行为人是通过其他国家工作人员职务上的行为，而不是直接利用自己职务范围内的权力。另外，斡旋受贿要求行为人为请托人谋取的是不正当利益。综合上述内容，D 项正确。

22.【答案】BCD

【考点】文理解释；当然解释；犯罪中止

【详解】从文理解释的角度看，根据法律条文的规定，只要违背妇女意志，以暴力、胁迫或者其他手段强行与其发生性关系的，就属于强奸行为。因此，如果丈夫违背妻子的意愿与其发生性关系的，可以解释为"强奸妇女"。所以 A 项正确。抢劫罪与强奸罪侵犯的客体不同，对象也不同，因此对于暴力、胁迫的手段不能作相同的解释，所以 B 项错误。为了自己饲养而抢劫他人宠物的行为认定为抢劫罪，侵犯的是他人的财产权，但是为了自己收养而抢劫他人婴儿的行为侵犯的是人身权，因此不是抢劫罪所能涵盖的范围。所以 C 项错误。成立犯罪中止要求中止行为的有效性，即必须没有发生作为既遂标志的犯罪后果。因此 D 项错误。

23.【答案】ACD

【考点】不作为犯罪

【详解】不作为是相对于作为而言的，指行为人负有实施某种积极行为的特定的法律义务，并且能够实行而不实行的行为。可以概括为六个字：应为、能为、不为。所谓应为主要是指不作为犯罪的义务来源，主要包括以下几个方面：（1）法律明文规定的积极作为义务；（2）职业或者业务要求的作为义务；（3）法律行为引起的积极作为义务；（4）先行行为引起的积极作为义务。需要注意的是，仅仅是道义道德上的义务不能作为不作为犯罪的义务来源。A 项中甲对于年幼的孩子有救助的义务，救生员乙由于其职业的要求同样具有救助的义务，能救助而故意不救，因此甲、乙均成立不作为犯罪，因此 A 项正确。B 项

中虽然丈夫误认为没有救助妻子的义务，但是其主观上是放任妻子死亡结果的发生的，因而主观心态仍属于故意，不是过失的不作为犯罪，B项错误。C项中甲对母亲有救助义务，并且在当时的情况下甲有能力救助而没有及时救助母亲，因此构成不作为犯罪，C项正确。D项中甲故意往乙的咖啡中投毒，希望毒死乙的结果发生，属于作为的犯罪。由于甲往乙的咖啡中投毒的行为存在危险，因而甲在丙喝乙的咖啡时具有阻止的义务，但是甲并未阻止，致使丙死亡结果的发生，属于不作为犯罪，因此D项正确。

24.【答案】CD

【考点】因果关系

【详解】刑法中的因果关系，研究的是犯罪嫌疑人的行为与法益被侵害的状态之间是否有因果关系，而不是是否犯罪。因为即使存在一定的行为，并且该行为引起了相应的结果，也不一定是犯罪。A项，虽然甲的行为和丙的死亡结果之间具有因果关系，但是甲车辆之所以失控是因为乙的行为，甲在主观上不存在故意或者过失，应属于意外事件，因此不承担交通肇事罪的刑事责任，所以A项错误。B项，乙报警后因担心被杀而选择自杀，此并非甲的强奸行为所导致，且甲的威胁行为并没有现实的危险性，因此不存在因果关系，B项错误。C项，由于甲将丙撞倒在地后没有及时救助，致使乙之后的再次碾轧行为，因此丙的死亡结果与甲的行为之间存在因果关系，所以C项正确。D项，甲、乙等人因琐事与丙发生争执，选择在电梯口相互厮打的行为具有一定的危险性，虽然介入了电梯门非正常开启的因素，但这并不影响因果关系的成立，因此D项正确。

25.【答案】ACD（原答案为AD）

【考点】单位犯罪

【详解】对于同一犯罪，刑法规定的犯罪构成要件是相同的，而单位犯罪和个人犯罪只是犯罪主体的不同，因此犯罪既遂的标准不存在差别，因此A项正确。伪造货币罪未将单位规定为犯罪主体，因此不能构成单位犯罪，但这不意味着相关自然人不构成犯罪。《全国人民代表大会常务委员会关于〈中华人民共和国刑法〉第三十条的解释》规定，公司、企业、事业单位、机关、团体等单位实施刑法规定的危害社会的行为，刑法分则和其他法律未规定追究单位的刑事责任的，对组织、策划、实施该危害社会行为的人依法追究刑事责任。B项错误。根据《刑法修正案（九）》的规定，拒不执行判决的犯罪主体可以是自然人也可以是单位，因此C项正确。对于涉嫌犯罪的单位被吊销营业执照的，仍应按照刑法的规定对该单位的主管人员和其他直接负责人追究刑事责任，对该单位不再追诉。D项正确。

26.【答案】CD

【考点】故意；违法性

【详解】买卖黄金的行为不违反刑法，不构成犯罪，因此即使行为人存在违法性认识错误，也不构成犯罪，更不构成犯罪未遂，所以A项错误。甲对法律规定是否有准确认识，并不影响对于甲行为的定性。如果甲主观上认识到盗窃的对象是枪支，有盗窃枪支的故意，客观上实施了盗窃枪支的行为，就可以盗窃枪支罪追究甲的刑事责任。B项错误。C项，甲主观上有拘禁他人的故意，客观上实施了非法拘禁的行为，其犯罪动机及对于行为违法性的认识并不影响其行为成立非法拘禁罪。C项正确。D项，甲已认识到行为是有害的，只是对行为是否违反刑法产生了错误认识，这并不影响依照刑法追究甲的刑事责任。D项正确。

27.【答案】ABCD

【考点】因果关系；认识错误；间接正犯

【详解】甲虽然是在偏僻的路段设置路障，但是并不能保证只有乙从此处经过，因此甲的行为可能导致其他人死亡的结果，但是甲却放任这一结果的发生，故甲的行为与丁的死亡之间存在因果关系，虽然对象错误，仍构成故意杀人罪既遂，所以AB项正确。丙出于杀死丁的主观心态，诱骗丁路过甲设置的路障，致使丁死亡，构成故意杀人罪既遂，因此C项正确。间接正犯是指不亲自实行危害而利用他人之手达成犯罪目的。主要包括利用无责任能力人犯罪和利用他人过失或不知情的行为犯罪。D项，丙利用的正是甲精心设计的犯罪工具，而甲对此不知情，因此丙可能成立间接正犯，D项正确。

28.【答案】ABD

【考点】信用卡诈骗罪；掩饰、隐瞒犯罪所得罪

【详解】根据《最高人民检察院关于拾得他人信用卡并在自动柜员机（ATM机）上使用的行为如何定性问题的批复》及《最高人民法院、最高人民检察院关于办理妨害信用卡管理刑事案件具体应用法律若干问题的解释》第5条的规定，拾得他人信用卡并在自动柜员机（ATM机）上使用的行为，属于《刑法》第196条第1款第3项规定的"冒用他人信用卡"的情形，即构成信用卡诈骗罪。甲拾到的银行卡具有取现金等功能，属于信用卡的范畴，因此构成信用卡诈骗罪。所以A项正确；对于前两次取出5000元的行为，乙予以阻止，与甲并无意思联络，因此不承担责任，B项正确；乙最初在主观上没有与甲共同犯罪的故意，但是甲再次取款并将钱款交给乙时，乙予以接受，此时乙的主观方面发生了变化，与甲形成了共同的意思联络，成立共同犯罪，乙应对形成共同意思联络后甲支取的1.3万元承担刑事责任。因此C项错误，D项正确。

29.【答案】ABC

【考点】故意杀人罪；寻衅滋事罪

【详解】甲单独实施的故意杀死胡某的行为，构

成故意杀人罪，甲与乙、丙在公园这一公共场所追逐胡某的行为，构成寻衅滋事罪。所以 A 项正确。乙、丙追逐行为是否构成寻衅滋事罪是定性的问题，是否具有救助义务是追逐行为是否属于先行行为，构成不作为义务犯罪的义务来源问题，是不同的问题，因此 B 项正确。乙、丙并不知道甲想杀死胡某的意图，也无法预见甲会杀害胡某，因此不能对此承担刑事责任，所以 C 项正确。胡某死亡的结果与乙、丙的追逐行为不存在因果关系，因此二人无须对死亡结果负责，所以 D 项错误。

30.【答案】ABCD

【考点】缓刑

【详解】甲虽然犯两罪，但如果各罪分别符合适用缓刑的条件，数罪并罚后也符合缓刑的条件，则可能适用缓刑。A 项正确。缓刑的适用条件是：（1）被判处拘役或者 3 年以下有期徒刑；（2）犯罪情节较轻、有悔罪表现、没有再犯罪的危险、宣告缓刑对所居住社区没有重大不良影响；（3）不属累犯和犯罪集团的首要分子。因此 B 项正确。C 项，如果丙被判处 3 年以下有期徒刑，可能适用缓刑，所以 C 项正确。D 项，丁实施放火罪时未满 18 周岁，属于未成年犯罪，因此 5 年后再犯故意犯罪的不构成累犯，因此有可能被判处缓刑。所以 D 项正确。

31.【答案】AC

【考点】追诉时效

【详解】根据《刑法》第 87 条的规定，法定最高刑为无期徒刑、死刑的，追诉时效的期限为 20 年。如果 20 年后认为必须追诉的，须报请最高人民检察院核准。甲犯劫持航空器罪，有可能被判处死刑，因此即便经过 30 年，也可能被追诉，所以 A 项正确。根据《刑法》第 89 条第 1 款的规定，追诉期限从犯罪之日起计算。B 项中乙于 2013 年 1 月 10 日挪用公款，但是此时乙并未构成犯罪，只有超过 3 个月未还的才能构成挪用公款罪，因此应从 2013 年 4 月 10 日起计算追诉时效，所以 B 项错误。法定最高刑为不满 5 年有期徒刑的，追诉时效的期限为 5 年。故意伤害致人轻伤的法定最高刑是 3 年，因此追诉时效是 5 年。C 项中李某报案时已经超过追诉时效，因此不能追诉丙故意伤害的刑事责任，C 项正确。根据《刑法》第 89 条第 2 款的规定，在追诉期限内又犯罪的，前罪追诉的期限从后罪成立之日起计算，即在追诉期限内又犯罪的，前罪的追诉时效便中断，其追诉时效从后罪成立之日起重新计算。D 项，丁没有犯新罪，因此对其犯合同诈骗罪的追诉时效并未因为王某新的犯罪行为而中断，因此不能重新计算，所以 D 项错误。

32.【答案】AD

【考点】走私普通货物、物品罪

【详解】根据《刑法》第 151 条的规定，白银只

是被禁止出口，因而将白银从境外走私进入中国境内的，应以走私普通货物、物品罪论处，所以 A 项正确。根据《最高人民法院、最高人民检察院关于办理走私刑事案件适用法律若干问题的解释》第 11 条第 6 项的规定，走私国家禁止进出口的旧机动车的，构成走私国家禁止进出口的货物、物品罪，因此 B 项错误。C 项，走私淫秽物品法律有明确规定，不属于走私普通货物、物品，因此不应选。《最高人民法院、最高人民检察院关于办理走私刑事案件适用法律若干问题的解释》第 4 条第 2 款规定，走私报废或者无法组装并使用的各种弹药的弹头、弹壳，构成犯罪的，以走私普通货物、物品罪定罪处罚，因此 D 项正确。

33.【答案】ABCD

【考点】虐待罪；事实婚姻；作为义务；遗弃罪；婚内强奸

【详解】虐待罪，是指对共同生活的家庭成员，经常以打骂、捆绑、冻饿、限制自由、凌辱人格、不给治病或者强迫做过度劳动等方法，从肉体上和精神上进行摧残迫害，情节恶劣的行为。甲和乙已构成事实婚姻，属于共同生活的家庭成员，因此甲虐待乙的行为构成虐待罪。A 项正确。法律上的义务属于作为义务的一种。乙作为丙的母亲，有法律上对其进行救助的作为义务，其未阻止甲的伤害行为可能构成不作为的故意伤害罪。B 项正确。遗弃罪，是指对于年老、年幼、患病或者其他没有独立生活能力的人，负有扶养义务而拒绝扶养，情节恶劣的行为。甲作为丙的父亲，对于年幼的丙有抚养的义务，其拒绝抚养的行为可能构成遗弃罪。C 项正确。婚内强奸，按照理论上的阐释，是指在夫妻关系存续期间，丈夫以暴力、胁迫或者其他方法，违背妻子意志，强行与妻子发生性关系的行为。我国刑法原则上将在法定婚姻关系存续期间丈夫违背妻子的意愿强行发生性关系的行为排除在强奸之外。但对于先有事实婚姻又与别人登记结婚的情形，事实婚姻的对象不属于法律意义上的妻子，强迫其发生性行为并不属于婚内强奸，应当以强奸罪论处。D 项正确。

34.【答案】ABD

【考点】诈骗罪

【详解】在受骗人与被害人不是同一人的情况下，只要受骗人事实上具有处分被害人财产的权限，或者处于可以处分被害人财产的地位，对方的行为也成立诈骗罪。一方面，如果受骗人不具有处分财产的权限与地位，就不能认定其转移财产的行为属于诈骗罪的处分行为；另一方面，如果受骗人没有处分的权限与地位，行为人的行为便完全符合盗窃罪间接正犯的特征。A 项，保姆是受骗人，李某是被害人，二者不一致并不影响诈骗罪的认定。A 项正确。诈骗罪中的欺骗行为，必须是使受骗者陷入或者继续维持处分财产的认识错误的行为，即欺骗行为与受骗者的

财产处分行为之间必须具有因果关系。B项，乙因甲的欺骗行为陷入错误认识，乙虽然没有把财物直接交付给甲，但是乙扔掉的假币完全处于甲控制的范围，因此甲取得财物的行为构成诈骗罪。B项正确。C项，富商并未陷入错误认识，其捐献2万元系真实意思表示。甲的行为不构成犯罪。C项错误。D项，甲虚构事实、隐瞒真相，乙陷入错误认识交付财物，尽管乙并非财物的所有人，但其转移占有的行为也属于交付，甲构成诈骗罪。D项正确。

【陷阱提示】 本题的难点之一是欺骗他人放弃财物并趁机据为己有的行为应当如何定性。当被害人实施了民法上的物权行为、准物权行为和将财物转移给行为人占有时，都属于刑法上的处分行为。欺骗他人放弃财物而后自己拾得财物的场合，由于该财物的获得是行为人采用欺骗他人的手段使其脱离了对财物的占有而转归自己的，属于他人即被害人在错误状态下自愿处分财物的行为，因此构成诈骗罪。本案中，乙将外币丢弃的行为，属于民法上对物的抛弃这种物权处分行为，可以认为乙存在处分行为，故甲成立诈骗罪。

35.【答案】CD

【考点】 寻衅滋事罪；聚众扰乱交通秩序罪；故意毁坏财物罪；破坏交通设施罪；被害人承诺

【详解】 寻衅滋事罪，是指肆意挑衅，随意殴打、骚扰他人或任意损毁、占用公私财物，或者在公共场所起哄闹事，严重破坏社会秩序的行为。寻衅滋事罪的行为人由于不合常理的动机或目的随便毁坏公私财物，其侵犯的对象具有不特定性和模糊性，而故意毁坏财物罪侵犯的对象具有明确性和特定性。本案中甲为了开辟高速公路出口，因此组织多人锯断高速公路隔离栏，具有明确的目的和对象，因此不构成寻衅滋事罪，构成故意毁坏财物罪，所以A项错误，C项正确。聚众扰乱公共场所秩序、交通秩序罪是指聚众扰乱车站、码头、民用航空站、商场、公园、影剧院、展览会、运动场或者其他公共场所秩序，聚众堵塞交通或者破坏交通秩序，抗拒、阻碍国家治安管理工作人员依法执行职务，情节严重的行为。本罪侵犯的客体是公共场所秩序或者交通秩序。甲组织数十人，锯断高速公路一侧隔离栏、填平隔离沟，形成一条出口，并未影响到交通秩序，因此不构成聚众扰乱交通秩序罪。B项错误。破坏交通设施罪，是指故意破坏轨道、桥梁、隧道、公路、机场、航道、灯塔、标志或者进行其他破坏活动，足以使火车、汽车、电车、船只、航空器发生倾覆、毁坏危险，足以危害公共安全的行为。这是一种以交通设施为特定破坏对象的危害公共安全犯罪。隔离栏属于交通设施，本案中甲锯断隔离栏的行为如果危及交通安全可能构成本罪。D项正确。

36.【答案】BC

【考点】 非法经营罪；招摇撞骗罪；诈骗罪；掩饰、隐瞒犯罪所得罪

【详解】 非法经营罪，是指未经许可经营法律、行政法规规定的专营、专卖物品或其他限制买卖的物品，买卖进出口许可证、进出口原产地证明以及其他法律、行政法规规定的经营许可证或者批准文件，未经国家有关主管部门批准，非法经营证券、期货或者保险业务的，或者非法从事资金支付结算业务，以及从事其他非法经营活动，扰乱市场秩序，情节严重的行为。本案中，甲私开高速出口并向司机收取费用，并不是一种经营行为，也没有扰乱市场秩序，因此不构成非法经营罪。A项错误。招摇撞骗罪，是指冒充国家机关工作人员进行招摇撞骗的行为。招摇撞骗，是指以假冒的身份进行炫耀、欺骗，如骗取爱情、职位、荣誉、资格等，原则上不包括骗取财物。本案中甲的行为主要目的在于骗取金钱，因此即使冒充国家工作人员身份也不构成招摇撞骗罪。B项正确。C项，甲的行为并未使收费站的工作人员陷入错误认识，也未使交费的司机陷入错误认识，因此甲的行为不构成诈骗罪。甲和吴某利用吴某的职务之便侵吞国有财产的行为构成贪污罪而非诈骗罪。C项正确。掩饰、隐瞒犯罪所得、犯罪所得收益罪，是指明知是犯罪所得及其产生的收益而予以窝藏、转移、收购、代为销售或者以其他方法掩饰、隐瞒的行为。根据事后不可罚行为的刑法理论，隐瞒自己犯罪所得的行为不构成该罪。因此D项错误。

37.【答案】ABC

【考点】 贪污罪；共同犯罪的犯罪数额；受贿罪；牵连犯

【详解】 本案中甲和吴某利用吴某职务上的便利侵吞本应由收费站收取的费用，构成贪污罪的共同犯罪。A项正确。根据共同犯罪"部分行为，全部责任"的理论，尽管吴某误以为贪污数额为20万元，也需对贪污的所有30万元数额承担刑事责任。B项正确。吴某收取甲3万元的行为另行构成受贿罪，其受贿行为与二人的贪污行为构成手段行为与目的行为的牵连犯。对于受贿后又犯其他犯罪的，除几种法定情形外，原则上均应数罪并罚。因此本案中对吴某应以贪污罪和受贿罪数罪并罚。C项正确，D项错误。

38.【答案】ABD

【考点】 刑法上的因果关系；滥用职权罪；徇私舞弊不征、少征税款罪；受贿罪

【详解】 根据条件说，如果没有朱某帮助电气厂通过年检的行为，电气厂就不会享受不应享受的退税优惠政策，也不会得到300万元的退税，国家也不会有300万元的税收损失，且朱某帮助电气厂通过年检的行为与国家损失300万元税收之间未介入其他异常因素，二者之间存在典型的因果关系。A项正确。滥用职权罪是指国家机关工作人员故意逾越职权，违反法律决定、处理其无权决定、处理的事项，或者违反

规定处理公务，致使公共财产、国家和人民利益遭受重大损失的行为。本案中朱某利用县民政局副局长的身份，在率县福利企业年检小组对电气厂年检时，违反规定使电气厂凭借提供的虚假材料通过年检，给国家税收造成重大损失，构成滥用职权罪。B 项正确。徇私舞弊不征、少征税款罪，是指税务机关的工作人员徇私舞弊，不征、少征应征税款，致使国家税收遭受重大损失的行为。本罪的犯罪主体是税务机关工作人员，也就是指各级税务局、税务分局和税务所中代表国家依法负有向纳税人或纳税单位征收税款义务并行使征收税款职权的人员。朱某作为民政局副局长无法构成本罪。C 项错误。受贿罪是指国家工作人员利用职务上的便利，索取他人财物，或者非法收受他人财物，为他人谋取利益的行为。根据目前法律规定，贿赂的内容限定为财物，即具有价值的可以管理的有体物、无体物以及财产性利益。至于非财产性利益，则不属于财物。本案中黄某帮助朱某升任民政局局长，属于非财产性利益，因此不成立受贿罪。D 项正确。

39.【答案】B

【考点】 巨额财产来源不明罪；赌博罪；管辖

【详解】 巨额财产来源不明罪，是指国家工作人员的财产或者支出明显超过合法收入，差额巨大，本人不能说明其来源是合法的行为。巨额财产来源不明罪是真正不作为犯。国家工作人员财产支出明显超出自己的收入的行为，不是本罪的实行行为。本罪的实行行为是国家工作人员被责令说明财产来源时不能说明自己的财产来源。A 项错误。目前法律并未规定说明财产来源的时限要求，犯罪嫌疑人在审查起诉阶段说明巨额财产来源且查证属实的，不能以巨额财产来源不明罪提起公诉。B 项正确。赌博罪是指以营利为目的，聚众赌博或者以赌博为业的行为。所谓聚众赌博，是指组织、招引多人进行赌博，本人从中抽头渔利。所谓以赌博为业，是指嗜赌成性，一贯赌博，以赌博所得为其生活来源。本案中朱某的赌博行为不属于聚众赌博或者以赌博为业，不构成赌博罪。C 项错误。所谓属人管辖，根据《刑法》第 7 条规定，是指中华人民共和国公民在中华人民共和国领域外犯我国刑法规定之罪的，适用我国刑法。澳门属于中华人民共和国领土的一部分，对于朱某在澳门的赌博行为不应适用属人管辖原则。D 项错误。

40.【答案】ACD

【考点】 逃税罪；诈骗罪；提供虚假证明文件罪；单位犯罪

【详解】 逃税罪发生在税款缴纳阶段，主要表现为纳税人采取欺骗、隐瞒手段进行虚假纳税申报或者不申报，逃避缴纳税款数额较大并且占应纳税额 10% 以上，扣缴义务人采取欺骗、隐瞒等手段，不缴或者少缴已扣、已收税款规定，数额较大的行为。本案中，黄某伪造文件材料不是发生在税收缴纳的过程

中，也不是为了不缴或者少缴税款规定，而是在已经缴纳税款后，为了利用国家的退税优惠政策骗取退税，因此不构成逃税罪。所以 A 项错误。黄某通过虚构材料隐瞒真相骗取退税的行为符合诈骗的要件，触犯诈骗罪，所以 B 项正确。提供虚假证明文件罪，是指承担资产评估、验资、验证、会计、审计、法律服务职责的人员或单位故意提供虚假证明文件，情节严重的行为。此罪的犯罪主体仅限于中介机构工作人员。黄某不构成本罪。C 项错误。根据法律规定，单位不能作为诈骗罪的犯罪主体。D 项错误。

2016 年

1.【答案】D

【考点】 不真正不作为犯

【详解】 A 项，不真正不作为犯与真正不作为犯一样，作为义务既可以源于法律的明文规定，也可以源于先行行为。A 项错误。B 项，所有不作为犯的成立均要求行为人具有作为的可能性。B 项错误。C 项，不真正不作为犯既可能是行为犯，也可能是结果犯。C 项错误。D 项，危害公共安全罪、侵犯公民人身权利罪、侵犯财产罪中均存在不作为犯，D 项正确。

2.【答案】C

【考点】 因果关系

【详解】 A 项，按照刑法因果关系相关理论，当介入异常因素时会导致因果关系中断。乞丐取走王某财物的行为，只是利用了甲重伤王某致其昏迷的客观后果，属于他人的异常行为，其介入已导致甲伤害王某的行为与王某财产损失之间的因果关系被中断，甲无需对王某财产损失负责。A 项错误。B 项，乙将李某逼至江边，李某跳江死亡，二者之间存在"没有 A 就没有 B"的因果关系。B 项错误。C 项，负有安全保障义务的交警指挥丙停车不当，已阻断丙不当停车行为与石某撞车身亡之间的因果关系，死亡结果应归于警察。C 项正确。D 项，丁的敲诈勒索行为导致陈某实施汇款行为，进而造成财产损失，二者之间存在"没有 A 就没有 B"的因果关系。D 项错误。

3.【答案】A

【考点】 刑事责任能力

【详解】 A 项，吸毒后产生幻觉，误以为他人追杀自己而伤害他人，属于假想防卫。甲主观上没有伤害他人的故意，应当认定为过失致人重伤罪。A 项正确。B 项，乙以杀人故意刀砍陆某，构成故意杀人罪，砍杀过程中突发精神病，根据不同刑法学说可分别认定为故意杀人罪未遂和故意杀人罪既遂。B 项错误。C 项，现有证据足以证明丙已满 15 周岁，根据我国刑法，丙应当对包括爆炸罪在内的 8 种犯罪承担刑事责任，不需要查明丙的具体出生日期。C 项错

误。D项，丁在14周岁生日当晚已实施完毕故意杀人行为，尽管结果发生时丁已满14周岁，丁也不应当承担故意杀人罪的刑事责任。D项错误。

4.【答案】C

【考点】违法性认识

【详解】根据刑法通说，违法性认识并不要求行为人准确认识到其行为触犯了刑法哪一个具体罪名。甲醉酒驾驶拖拉机，误以为其行为不构成危险驾驶罪，并不影响追究其危险驾驶罪的刑事责任。甲具有危险驾驶的犯罪故意。C项正确。甲未能正确评价自身行为，构成法律认识错误而非事实认识错误。A项错误。甲具有违法性认识的可能性，其行为构成故意犯罪。B项错误。甲认识水平的局限性并不影响要求其对自身行为负责。D项错误。

5.【答案】A

【考点】想象竞合犯

【详解】吴某向甲、乙开枪的行为，如果没有打中任何一个人，则吴某成立对甲和乙的故意杀人罪未遂。A项正确。如果打中甲致甲死亡，则对甲成立故意杀人罪既遂，对乙成立故意杀人罪未遂，但不需要数罪并罚。B项错误。如果吴某一枪致甲死亡、乙重伤，则属于一行为触犯数罪名，构成想象竞合犯，对甲成立故意杀人罪既遂，对乙成立故意杀人罪未遂而非故意伤害罪，以重罪故意杀人罪既遂论处。C项错误。如果同时打中甲和乙致两人死亡，则对甲、乙同时构成故意杀人罪既遂，但属于一行为触犯数罪名，构成想象竞合犯，不应数罪并罚。D项错误。

6.【答案】D

【考点】正当防卫；紧急避险

【详解】对正在进行不法侵害行为的人而采取的制止不法侵害的行为，对不法侵害人造成损害的，属于正当防卫，不负刑事责任。正当防卫应该满足以下五个条件：（1）所针对的必须是不法侵害；（2）必须是在不法侵害正在进行的时候；（3）所针对的必须是不法侵害人；（4）不能超越一定限度；（5）具有防卫意图。为了使国家、公共利益、本人或者他人的人身、财产和其他权利免受正在发生的危险，不得已采取的紧急避险行为，造成损害的，不负刑事责任。紧急避险超过必要限度造成不应有的损害的，应当负刑事责任，但是应当减轻或者免除处罚。A项，任何人均可为保护国家利益实施防卫行为，均可能构成正当防卫，而不限于国家工作人员。A项错误。B项，为制止正在进行的不法侵害，使用他人财物反击导致财物被毁坏，如同时造成不法侵害人损失，也可能构成正当防卫。B项错误。C项，为摆脱合法抓捕侵入他人住宅，不可能成立紧急避险。只有针对不法侵害或自然灾害等才可能成立紧急避险。C项错误。D项，成立紧急避险要求保护的利益大于被损害的利益，为保护个人较大的利益免受正在发生的危

险，损害较小的公共利益的，仍然可以成立紧急避险。D项正确。

【陷阱提示】本题D很容易被误认为是错误的。因为按照朴素的认识，公共利益高于个人利益，因个人利益损害公共利益是不被允许的。但紧急避险理论主要目的在于从全社会的角度尽量以较小的损失避免较大的损失，在满足其他条件的情况下，为较大的个人利益损害较小的公共利益仍然符合紧急避险的要求，行为人的行为不构成犯罪。

7.【答案】D

【考点】共同犯罪

【详解】根据共同犯罪理论，共同犯罪人虽然只实施部分行为，但也应当对全部结果承担刑事责任。本案中，甲、乙、丙构成故意伤害的共同犯罪，无论致命伤是甲还是乙造成，均未超出3人的共同犯罪故意，甲、乙、丙均应对丁的死亡结果承担刑事责任。因此，甲、乙、丙均成立故意伤害（致死）罪。同时根据存疑时有利于被告的原则，因无法认定具体是甲还是乙所造成，在量刑时推定两人均未直接实施造成丁死亡的行为。因此D项正确，ABC项错误。

8.【答案】B

【考点】追缴违法所得

【详解】追缴违法所得的主要精神在于，不允许犯罪人从犯罪行为中获利。A项，甲如果赌博赢钱，即使赢的钱已经挥霍殆尽，也应当责令退赔。但甲输了200万元，就不再需要甲退赔了。A项错误。B项，乙挪用公款炒股获利500万元，这些钱全部属于违法所得，无论乙是用于购买房产还是用于其他消费方式，均应予以追缴。B项正确。C项，丙向李某行贿，并未直接产生违法所得，可以要求丙支付罚金，但不能要求丙退赔行贿的100万元。C项错误。D项，丁与王某共同窃取30万元，两人违法所得总共30万元，因此向两人追缴的总额应为30万元。这与要求两人根据共同犯罪理论对30万元负责并不矛盾。D项错误。

9.【答案】B

【考点】职业禁止

【详解】《刑法》第37条之一规定："因利用职业便利实施犯罪，或者实施违背职业要求的特定义务的犯罪被判处刑罚的，人民法院可以根据犯罪情况和预防再犯罪的需要，禁止其自刑罚执行完毕之日或者假释之日起从事相关职业，期限为三年至五年。被禁止从事相关职业的人违反人民法院依照前款规定作出的决定的，由公安机关依法给予处罚；情节严重的，依照本法第三百一十三条的规定定罪处罚。其他法律、行政法规对其从事相关职业另有禁止或者限制性规定的，从其规定。"A项，利用职务上的便利实施犯罪的，均属于"利用职业便利"实施犯罪，但并非所有利用职务便利的犯罪人均会被判处职业禁止。

A 项错误。B 项，根据第 37 条之一的规定，行为人违反职业禁止决定，情节严重的，应被判处拒不执行判决、裁定罪。B 项正确。C 项，职业禁止应自有期徒刑执行完毕后执行。C 项错误。D 项，一般情况下职业禁止的期限为 3 年至 5 年，但第 37 条之一第 3 款规定："其他法律、行政法规对其从事相关职业另有禁止或者限制性规定的，从其规定。"例如，《证券法》第 221 条第 1 款规定："违反法律、行政法规或者国务院证券监督管理机构的有关规定，情节严重的，国务院证券监督管理机构可以对有关责任人员采取证券市场禁入的措施。"D 项错误。

10.【答案】B
【考点】追诉时效
【详解】A 项，拘役同样属于"法定最高刑为不满 5 年有期徒刑"，应当适用该规定计算危险驾驶罪的追诉时效，即为 5 年。A 项错误。B 项，主犯和从犯的法定最高刑不同，根据追诉时效有关规定理应分别计算。B 项正确。C 项，追诉时效属于刑法规定的内容，按照刑法理论应当适用从旧兼从轻的原则而非从新原则。C 项错误。D 项，刘某在国外伪造私人印章的行为在我国不构成犯罪，因此其行为不导致追诉时效中断，不应继续追诉刘某故意杀人的罪行。D 项错误。

11.【答案】D
【考点】法条竞合
【详解】法条竞合，是指一个行为同时符合了数个法条规定的犯罪构成要件，但从数个法条之间的逻辑关系来看，只能适用其中一个法条规定，当然排除适用其他法条的情况。换言之，法条竞合是指法条之间具有竞合（重合）关系，而不是犯罪的竞合。只有当两个法条之间存在包容关系（如特别关系）或者交叉关系时，才能认定为法条竞合关系。如果两个条文所规定的构成要件处于相互对立或矛盾的关系，则不可能属于法条竞合。例如，规定盗窃罪的条文与规定诈骗罪的条文是一种对立关系，针对一个法益侵害结果而言，某个行为不可能既构成盗窃罪又构成诈骗罪。因此，AB 项错误。C 项，冒充警察骗取数额较大财物，属于一行为触犯数罪名，构成想象竞合而非法条竞合。C 项错误。D 项，贪污罪与挪用公款罪是对立关系，不构成法条竞合，若行为人使用公款赌博，不能查明其是否有归还公款的意思，应当根据存疑时有利于被告的原则认定为较轻的挪用公款罪。D 项正确。

12.【答案】C
【考点】放火罪；以危险方法危害公共安全罪
【详解】放火罪是指故意放火焚烧公私财物，危害公共安全的行为。以危险方法危害公共安全罪是一个概括性罪名，是故意以放火、决水、爆炸以及投放危险物质以外的并与之相当的危险方法危害公共安全

的行为。无论是构成放火罪还是构成以危险方法危害公共安全罪，均要求行为人的行为对不特定多数人的生命健康安全构成了现实危险。本案中，甲在高速公路中间车道点燃一个焰高 20 厘米的火堆，并不足以危害车辆的通行安全，事实上也很快被通行车辆轧灭。因此，甲的行为既不构成放火罪，也不构成以危险方法危害公共安全罪。ABD 项错误，C 项正确。

13.【答案】C
【考点】破坏交通设施罪；结果加重犯；想象竞合犯
【详解】破坏交通设施罪，指故意破坏轨道、桥梁、隧道、公路、机场、航道、灯塔、标志或者进行其他破坏活动，足以使火车、汽车、电车、船只、航空器发生倾覆、毁坏危险，足以危害公共安全的行为。破坏交通工具、交通设施、电力设备、燃气设备、易燃易爆设备，造成严重后果的，处 10 年以上有期徒刑、无期徒刑或者死刑。本案中，如果陈某破坏轨道后导致火车出轨致人死亡，将构成破坏交通设施罪的结果加重犯。但陈某在破坏轨道时将螺栓砸飞，击中幼童致其死亡，有很大的意外成分，陈某对幼童的死亡也不存在犯罪故意，因此不构成破坏交通设施罪的结果加重犯，而属于一行为触犯数罪名，构成破坏交通设施罪与过失致人死亡罪的想象竞合犯，应当从一重罪处罚。因此，ABD 项错误，C 项正确。

14.【答案】D
【考点】骗取贷款罪；违法发放贷款罪
【详解】骗取贷款罪是指以欺骗手段取得银行或者其他金融机构贷款，给银行或者其他金融机构造成重大损失或者有其他严重情节的行为。违法发放贷款罪是指银行或者其他金融机构的工作人员违反国家规定发放贷款，数额巨大或者造成重大损失的行为。骗取贷款罪与贷款诈骗罪的主要区别在于行为人是否有非法占有目的。本案中，甲使用真实有效的身份证获取贷款，并未采用任何欺骗的手段，因而不构成骗取贷款罪。乙告知甲多借几个身份证可以多贷，并最终导致信用社遭受严重损失，构成违法发放贷款罪。因此，ABC 项错误，D 项正确。

15.【答案】D
【考点】绑架罪；共同犯罪
【详解】本案中，甲、乙、丙有共同犯罪故意，且实施了共同绑架吴某的行为，已构成共同犯罪。但乙和丙误以为绑架吴某系为了索要合法债务，因此乙和丙构成非法拘禁罪而非绑架罪。A 项错误。绑架罪的既遂不需要实施勒索财物的行为，只要实际控制了被绑架人就构成绑架罪的犯罪既遂。因此本案中甲的行为构成绑架罪既遂。甲让乙、丙放人的行为也不构成绑架中止。B 项错误。吴某回去路上溺水身亡，属于意外事件，吴某的死亡与甲的绑架之间的因果关系已经中断，甲不构成绑架罪的结果加重犯。C 项错

误。乙和丙构成非法拘禁罪，甲的行为构成绑架罪，因此无论甲的犯罪停止形态如何，由于乙和丙的绑架行为已经完成，只能成立非法拘禁罪的既遂。D 项正确。

16.【答案】C

【考点】抢劫罪；想象竞合犯

【详解】本案中，贾某离开时，抢劫行为已经完成，其轻踢马某胸口的行为是为了报复而非劫取财物，因此不属于抢劫行为的延续，也不属于事后抢劫和抢劫致人死亡。AB 项错误。贾某轻踢马某胸口，没有杀害或者伤害马某的故意，只是由于意外造成马某心脏骤停死亡，因此该行为不构成故意犯罪，应认定为过失致人死亡罪。由于贾某的抢劫行为与轻踢马某的行为相互独立，不属于一行为触犯数罪名的想象竞合犯，而应认定为两个独立的犯罪，数罪并罚。C 项正确，D 项错误。

17.【答案】B

【考点】诈骗罪；盗窃罪

【详解】构成诈骗罪，要求行为人虚构事实或隐瞒真相，使他人陷入错误认识，进而对财物进行处分。A 项，由于他人点击链接时没有处分财产的意思，因此不能成立诈骗罪，甲的行为应构成盗窃罪。A 项错误。B 项，乙虚构可供交易的商品，使他人陷入错误认识，付款给乙，乙的行为构成典型的诈骗罪。B 项正确。C 项，丙谎称钱某的摩托车是自己的，将其卖给孙某，实质上属于先将钱某的摩托车秘密据为己有，然后出卖给他人，其行为构成盗窃罪而非诈骗罪。C 项错误。D 项，丁侵入计算机信息系统，窃取刘某存折里的钱，构成盗窃罪而非诈骗罪。D 项错误。

18.【答案】D

【考点】盗窃罪；抢夺罪；抢劫罪；侵占罪

【详解】本案中，甲捡起钱包并未使用暴力或者以暴力相威胁，因此不构成抢劫罪。A 项错误。甲欺骗乙的行为并未导致乙基于错误认识处分财物，只是其顺利获取乙财物中的一个辅助手段，因此甲不构成诈骗罪。B 项错误。甲捡起钱包时乙就在旁边，甲非常清楚钱包并非遗忘物，因此甲的行为不构成侵占罪。C 项错误。甲的行为可能成立盗窃罪或者抢夺罪，这主要看基于哪种学术观点。如果强调盗窃需要秘密窃取，则甲的行为更接近抢夺罪；如果强调抢夺需要改变占有，则甲的行为更接近盗窃。D 项正确。

19.【答案】C

【考点】帮助伪造证据罪；诬告陷害罪；包庇罪

【详解】帮助毁灭、伪造证据罪，是指在诉讼活动中，唆使、协助当事人隐匿、毁灭、伪造证据，情节严重的行为。诬告陷害罪，是指捏造事实，作虚假告发，意图陷害他人，使他人受到刑事追究的行为。

这里的他人，指所有真实存在的人。窝藏、包庇罪，是指明知是犯罪的人而为其提供隐藏处所、财物，帮助其逃匿或者作假证明包庇的行为。本案中，乙将未留有指纹的斧头放到现场冒充凶器，属于帮助伪造证据。甲指使乙实施该行为，但其目的在于帮助自己逃避法律追究，不属于唆使、协助当事人伪造证据，因此不对此承担刑事责任。AB 项正确。乙捏造事实诬告陷害一个并非真实存在的人，不能成立诬告陷害罪。C 项错误。乙向公安机关虚假描述"凶手"相貌的行为，属于作假证明包庇的行为，构成包庇罪。D 项正确。

20.【答案】D

【考点】受贿罪；行贿罪

【详解】本案中，尽管甲没有主动索取财物，但受贿罪的成立本来也不需要主动索取贿赂。至于甲发现包内现金后选择收下的行为是否构成受贿罪需要根据本案的具体情况作细致分析。A 项错误。间接故意同样可以构成受贿罪。B 项错误。甲给乙打电话确认，说明甲已经猜测到可能是乙所送，乙也没有否认，很难认定甲允诺为乙谋取利益与收到 20 万元之间没有因果关系。C 项错误。尽管在认定甲行为性质时存在疑难，但乙和丙向甲行贿的行为和主观故意非常清楚，应当认定乙和丙向甲行贿罪。D 项正确。

21.【答案】AD

【考点】刑法解释

【详解】A 项，在刑法条文中，存在很多"暴力"的表述，根据刑法解释理论，在不同语境下应当对暴力作出不同的解释，有的条文中需要进行扩大解释，有的条文中则需要进行限制解释，这并不违反罪刑法定原则。A 项正确。B 项，构成强制猥亵、侮辱罪，要求以暴力、胁迫或者其他方法强制猥亵他人或者侮辱妇女。这里的"侮辱妇女"，主要是指对妇女实施猥亵行为以外的、损害妇女人格尊严的淫秽下流的、伤风败俗的行为。侮辱罪以败坏他人名誉为目的，必须是公然地针对特定的人实施，而且侵犯的对象不限于妇女、儿童；而强制猥亵、侮辱罪则是出于满足行为人的淫秽下流的欲望，不要求公然地针对特定的人实施，侵犯的对象只限于妇女。二者的区别不仅在于主观，也在于客观。B 项错误。C 项，当然解释是使刑法条文之间保持协调的解释方法，但仅仅满足当然解释的要求不足以确保符合罪刑法定原则。C 项错误。D 项，对刑法分则条文的解释，必须同时符合两个要求：一是不能超出刑法用语可能具有的含义，二是必须符合分则条文的目的。D 项正确。

22.【答案】CD

【考点】认识错误；偶然防卫

【详解】打击错误和对象错误的区别在于：打击错误是因为打击失误而不小心伤害他人，对象错误是误以为他人为准备伤害的对象而实施伤害。本案中甲的行为属于打击错误而非对象错误。根据法定符合说，对象错误和打击错误均不影响犯罪既遂的成立，根据具体符合说则相反。本案中，根据法定符合说，甲的行为成立故意伤害罪既遂；根据具体符合说，甲的行为成立故意伤害罪未遂和过失致人重伤罪。AB项错误。偶然防卫是指在客观上加害人正在或即将对被告人或他人的人身进行不法侵害，但被告人主观上没有认识到这一点，出于非法侵害的目的而对加害人使用了武力，客观上起到了人身防卫的效果。本案中甲的行为属于偶然防卫，但这并不影响其行为对于丙构成故意伤害罪未遂。C项正确。乙虽然与甲实施共同犯罪行为，但由于最终未能伤害丙，反而伤害了乙自己，乙的行为并未对其他人造成实际伤害后果，因此无论如何也不可能成立故意伤害罪既遂。D项正确。

23.【答案】BC

【考点】犯罪未遂

【详解】A项，甲实施故意杀人行为，实行行为终了但未造成他人死亡后果，此时甲具备继续实施杀人行为的条件，但甲选择将郝某送去医院，这种情形属于能为而不欲，且最终避免了死亡结果发生，构成犯罪中止而非犯罪未遂。题干中提到的即便不送医郝某也不会死亡，并不影响犯罪中止的认定。A项错误。B项，乙属于欲达目的而不能，由于意志以外原因造成犯罪结果未发生的，构成典型的犯罪未遂。B项正确。C项，丙误以为仿制品系金锭而盗窃，属于对象不能犯的未遂，构成犯罪未遂。C项正确。D项，资助危害国家安全犯罪活动罪系单独罪名，丁的资助行为是否既遂并不依赖于被资助对象是否成功实施危害国家安全犯罪行为。D项错误。

24.【答案】BD

【考点】想象竞合犯；牵连犯

【详解】A项，使用假币罪与诈骗罪属于特别法与一般法的法条竞合关系，甲使用变造的货币购买商品的行为构成使用假币罪一罪。A项错误。B项，走私毒品又走私假币分别构成走私毒品罪和走私假币罪，两者不存在竞合或牵连关系，应当数罪并罚。B项正确。C项，丙盗窃军人制服的行为与身穿军人制服招摇撞骗的行为并不具备刑法上的牵连关系，应当数罪并罚。C项错误。D项，开设赌场罪的共犯与帮助信息网络犯罪活动罪之间存在不同之处：前者要求行为人有开设赌场的共同故意，后者只要求行为人明知他人从事非法活动仍为其提供互联网接入服务。丁明知黄某在网上开设赌场而提供帮助，构成开设赌场罪的共犯。同时其帮助行为又符合帮助信息网络犯罪活动罪的犯罪构成。丁一行为触犯数罪名，构成想象竞合犯。D项正确。

25.【答案】ABC

【考点】吸收原则；并科原则

【详解】死刑、无期徒刑与其他刑罚的数罪并罚，均采取吸收原则，即只要其中一个罪名判处了死刑，就判处死刑，只要其中一个罪名判处了无期徒刑，就判处无期徒刑。主刑与附加刑的数罪并罚采取并科原则，即数罪并罚后附加刑仍需执行。AB项正确。根据《刑法》第69条第2款的规定，数罪中有判处有期徒刑和拘役的，执行有期徒刑。数罪中有判处有期徒刑和管制，或者拘役和管制的，有期徒刑、拘役执行完毕后，管制仍须执行。C项正确，D项错误。

26.【答案】ABCD

【考点】帮助恐怖活动罪；组织、领导恐怖组织罪；准备实施恐怖活动罪

【详解】恐怖活动是指以制造社会恐慌、危害公共安全或者胁迫国家机关、国际组织为目的，采取暴力、破坏、恐吓等手段，造成或意图造成人员伤亡、重大财产损失、公共设施损坏、社会秩序混乱等严重社会危害，以及煽动、资助或者以其他方式协助实施上述活动的行为。《刑法修正案（九）》将资助恐怖组织罪修改为帮助恐怖活动罪：一是将资助恐怖活动培训的行为增加规定为犯罪，与原条文只针对资助直接实施恐怖活动犯罪的组织和个人相比，修改后条文进一步扩大了打击恐怖活动的范围。二是明确对为恐怖活动组织、实施恐怖活动或者恐怖活动培训招募、运送人员的行为，追究刑事责任。这意味着行为人即使没有帮助具体实施恐怖活动的个人，但帮助培训恐怖活动的机构招募、运送人员，同样构成该罪，而不论该培训机构培训的人员是否实施了恐怖活动。AB项正确。根据《刑法修正案（九）》，新增准备实施恐怖活动罪，即将为实施恐怖活动准备凶器、危险物品或者其他工具，组织恐怖活动培训或者积极参加恐怖活动培训，为实施恐怖活动与境外恐怖活动组织或者人员联系，以及为实施恐怖活动进行策划或者其他准备等行为明确规定为犯罪。这些行为在修订前可依据共同犯罪理论以预备犯论处，修订后则应直接以本罪论处。根据客观方面表现不同，本罪包含四种类型：准备犯罪工具型；培训型，包括培训者与被培训者；与境外联络型；策划型。本罪属于行为犯，不要求有后果或情节。CD项正确。

27.【答案】ACD

【考点】生产、销售伪劣商品罪

【详解】A项，甲生产、销售劣药，对人体健康造成严重危害的，构成生产、销售劣药罪，同时又生产、销售假药，构成生产、销售假药罪，数罪并罚。A项正确。B项，乙在饲料中添加瘦肉精，按照有关司法解释和刑法理论已构成生产、销售有毒、有害食品罪。B项错误。C项，丙销售不符合安全标准的食品，足以造成严重食物中毒事故，足以构成销售不符合安全标准的食品罪。由于销售金额很小，不构成生产、销售伪劣产品罪。C项正确。D项，丁对于香肠

中掺有有毒的非食品原料并不知情，主观上没有销售有毒、有害食品罪的犯罪故意，因此仅构成销售不符合安全标准的食品罪。D项正确。

28.【答案】AC

【考点】侵犯公民人身权利罪

【详解】A项，夏某作为未成年人，其对于摘除肾脏的同意不能构成刑法上的正当化事由，即使甲征得其同意并将所卖款项全部交给夏某，也不影响其行为已构成故意伤害罪。A项正确。B项，乙出卖自己女儿的行为已经构成贩卖儿童罪，对其行为应以贩卖儿童罪而非遗弃罪追究刑事责任。B项错误。C项，吴某挣脱控制后驾车离开发生交通事故，其死亡与丙的非法拘禁行为之间的因果关系已经中断，丙不构成非法拘禁致人死亡。如果吴某为摆脱丙的控制跳车、跳楼导致死亡则因果关系不中断。C项正确。D项，强制侮辱罪的客观行为主要是对妇女实施猥亵行为以外的、损害妇女人格尊严的淫秽下流的、伤风败俗的行为。例如，以多次偷剪妇女的发辫、衣服，向妇女身上泼洒腐蚀物、涂抹污物，故意向妇女显露生殖器，追逐、堵截妇女等手段侮辱妇女的行为。丁为寻求刺激追逐、拦截两位女生的行为不属于这一情况，不构成强制侮辱罪，可能构成寻衅滋事罪。D项错误。

29.【答案】ABCD

【考点】盗窃罪

【详解】A项，服务员帮客人拎包，包内的财物并未转移占有，其将手机据为己有的行为属于秘密窃取他人财物，构成盗窃罪。A项正确。B项，客人将手机放到收银台边上充电，虽明确拜托服务员乙帮忙照看，但客人此时就在同一场所就餐，可以认定其没有转移占有的意思，乙将手机据为己有的行为属于盗窃罪而非侵占罪。B项正确。C项，机场清洁工丙将旅客临时放置的行李据为己有，由于该旅客并未脱离对行李的控制，丙的行为构成秘密窃取他人财物的盗窃罪。C项正确。D项，丁骗取他人车钥匙只是窃取他人车辆的手段，并不影响其行为的定性。丁的行为构成盗窃罪。D项正确。

30.【答案】CD

【考点】组织考试作弊罪；代替考试罪

【详解】在法律规定的国家考试中，组织作弊，或者为他人实施组织作弊犯罪提供作弊器材或者其他帮助的，均构成组织考试作弊罪。组织作弊，是指组织、指挥、策划进行考试作弊的行为，既包括构成犯罪集团的情况，也包括比较松散的犯罪团伙，还可以是个人组织他人进行作弊的情况；组织者可以是一个人，也可以是多人；可以有比较严密的组织结构，也可以是为了进行一次考试作弊行为临时纠结在一起；既包括组织一个考场内的考生作弊的简单形态，也包括组织大范围的集体作弊的复杂情形。为组织作弊行

为提供作弊器材或者其他帮助，原本可以按照刑法总则关于共同犯罪的规定以组织考试作弊罪的共犯处理，按其在共同犯罪中的地位、作用追究刑事责任。但根据《刑法修正案（九）》的规定，不再将这种帮助行为认定为帮助犯，而认定为组织考试作弊罪的实行犯。需要注意的是，只有为组织作弊行为提供作弊器材或其他帮助行为的才构成组织考试作弊罪，如果只是为他人作弊行为提供上述帮助的，不构成本罪。代替考试罪，是指代替他人或者让他人代替自己参加法律规定的国家考试的行为。本案中，甲和丙均构成代替考试罪，乙不构成组织考试作弊罪。AB项错误，CD项正确。

31.【答案】ABD

【考点】贩卖毒品罪；非法持有毒品罪

【详解】A项，甲没有贩卖毒品的主观故意，其在为江某代购毒品的过程中未谋取利益，且其代购的毒品系供江某吸食，因此其行为构成非法持有毒品罪而非贩卖毒品罪。A项正确。B项，乙代购毒品过程中收取了"劳务费"，但具体以什么名义谋取利益并不重要，乙的行为实质上属于贩卖毒品获利的行为，乙构成贩卖毒品罪。B项正确。C项，丙对于曾某运输500克海洛因的行为并不知情，按照共同犯罪理论和主客观相一致的原则，不能要求丙对曾某运输的500克海洛因承担刑事责任。C项错误。D项，盗窃毒品又贩卖的行为构成盗窃罪和贩卖毒品罪，应当数罪并罚。D项正确。

32.【答案】ABCD

【考点】受贿罪；非国家工作人员受贿罪

【详解】A项，公立高校普通任课老师不属于国家工作人员，但其受学校委派开展招生工作属于公务活动，甲的行为成立受贿罪。A项正确。B项，无论是国有医院还是非国有医院的医生"开单提成"的，均应按非国家工作人员受贿罪论处。主要理由是医生的处方行为不具有公务的性质。《全国法院审理经济犯罪案件工作座谈会纪要》规定："从事公务，是指代表国家机关、国有公司、企业事业单位、人民团体等履行组织、领导、监督、管理等职责。公务主要表现为与职权相联系的公共事务以及监督、管理国有财产的职务活动。如国家机关工作人员依法履行职责，国有公司的董事、经理、监事、会计、出纳人员等管理、监督国有财产等活动，属于从事公务。那些不具备职权内容的劳务活动、技术服务工作，如售货员、售票员等所从事的工作，一般不认为是公务。"医生的处方行为虽然是一种职务行为，但不具有从事公务的性质，因而不符合受贿罪的主体特征，应当按非国家工作人员受贿罪论处。B项正确。C项，村委会主任不属于国家工作人员，其在村集体企业招投标过程中收受贿赂的行为构成非国家工作人员受贿罪。C项正确。D项，国有公司临时工不属于国家工作人员，

但按照共同犯罪理论其与副总经理构成受贿罪的共同犯罪。D 项正确。

【陷阱提示】区分受贿罪与非国家工作人员受贿罪的关键在于行为人是否具有国家工作人员身份，而认定行为人是否具有国家工作人员身份的关键并不在于行为人的职务，而在于行为人所实施的行为是否属于公务行为。A 项中的普通教师从事招生活动属于从事公务，B 项中的医院副院长开处方的行为不属于从事公务，因此普通教师可以构成受贿罪，医院副院长反而构成非国家工作人员受贿罪。

33.【答案】CD

【考点】玩忽职守罪；滥用职权罪

【详解】A 项，县财政局副局长擅离办公室的行为与其他办公室人员操作电炉不当的行为没有因果关系，且防止他人操作电炉也不属于县财政局副局长的工作职责，因此不能认定秦某构成犯罪。A 项错误。B 项，武某作为县卫计局执法监督大队队长，防止他人非法行医是其职责所在，但何某刚刚开始非法行医 3 天即造成严重后果，无法认定武某严重不负责任，武某不构成玩忽职守罪。B 项错误。C 项，负责建房审批的柳某为他人违规补办建设许可证，属于典型的滥用职权行为，最终造成国家损失，构成滥用职权罪。C 项正确。D 项，郑某作为县里的一把手，擅自允许不符合制度要求的水电工程开工，属于滥用职权的行为，造成严重损失，已构成滥用职权罪。D 项正确。

34.【答案】D

【考点】交通肇事罪

【详解】《最高人民法院关于审理交通肇事刑事案件具体应用法律若干问题的解释》第 5 条规定，"因逃逸致人死亡"，是指行为人在交通肇事后为逃避法律追究而逃跑，致使被害人因得不到救助而死亡的情形。本案中乙之所以离开事故现场是因为丙下车查看情况后对其谎称自己会留在现场打电话叫救护车，并非为了逃避法律追究而逃跑，因此不应认定为"因逃逸致人死亡"。AB 项错误。前述解释第 2 条第 2 款规定："交通肇事致一人以上重伤，负事故全部或者主要责任，并具有下列情形之一的，以交通肇事罪定罪处罚：……（二）无驾驶资格驾驶机动车辆的；……"乙未取得驾驶资格，将过马路的刘某撞成重伤，已构成交通肇事罪。丙作为乘车人指使乙逃逸，根据前述解释规定已构成交通肇事罪的共同犯罪，但丙杀害刘某的行为已超出乙的主观故意范围，属于共同犯罪实行过限，乙不需要对刘某的死亡结果负责。C 项错误。前述解释第 6 条规定："行为人在交通肇事后为逃避法律追究，将被害人带离事故现场后隐藏或者遗弃，致使被害人无法得到救助而死亡或者严重残疾的，应当分别依照刑法第二百三十二条、第二百三十四条第二款的规定，以故意杀人罪或者故意伤害罪定罪处罚。"丙将刘某藏匿在草丛中离开，刘某因错过抢救时机而身亡，丙的行为构成故意杀人罪。D 项正确。

35.【答案】ABC

【考点】伪证罪；包庇罪；妨害司法罪；教唆犯

【详解】伪证罪，是指在刑事诉讼中，证人、鉴定人、记录人和翻译人对与案件有重要关系的情节，故意作虚假证明、鉴定、记录、翻译，意图陷害他人或者隐匿罪证的行为。包庇罪，是指明知是犯罪的人而为其作假证明包庇，使其逃脱法律的制裁。行为人完全可能同时构成上述两罪，如证人作假证明的行为就可能构成伪证罪和包庇罪的想象竞合犯。A 项错误。妨害司法罪，是指违反法律规定，使用各种方法妨害国家司法机关正常诉讼活动，破坏国家司法权的行使，情节严重的行为。甲作为证人，故意隐瞒将车借给没有驾照的乙使用的事实，已经妨害了司法机关正常的诉讼活动，构成伪证罪。B 项错误。乙出于直接故意，明知自己犯法但为逃避法律追究仍积极实施妨害作证行为。《刑法》第 307 条第 1 款规定："以暴力、威胁、贿买等方法阻止证人作证或者指使他人作伪证的，处三年以下有期徒刑或者拘役；情节严重的，处三年以上七年以下有期徒刑。"因此乙唆使他人陈述虚假事实，包庇犯罪行为，构成妨害作证罪，不构成教唆犯。C 项错误。丁对肇事者乙的犯罪行为、后果以及其包庇乙将导致交管部门无法查明事实真相的后果都是明知，因此，丁的行为符合包庇罪的法定构成要件，构成包庇罪。D 项正确。

36.【答案】AD

【考点】保险诈骗罪；职务侵占罪

【详解】根据《刑法》第 198 条的规定，保险诈骗罪是指以非法获取保险金为目的，违反保险法规，采用虚构保险标的、保险事故、对发生的保险事故编造虚假的原因或者制造保险事故等方法，向保险公司骗取保险金，数额较大的行为。甲的行为已经构成本罪。A 项正确。保险诈骗罪与诈骗罪是特别法与一般法的法条竞合关系，甲的行为不再另行构成诈骗罪。B 项错误。陈某和甲构成共同犯罪，根据"部分行为，全部责任"的共同犯罪理论，陈某是否从保险赔偿中获取利益并不影响对其行为的定性。根据有关司法解释的规定，认定其行为构成保险诈骗罪还是职务侵占罪的关键在于谁在共同犯罪中处于关键地位。本案中，甲显然在共同犯罪中占主导地位，因此应当认定甲与陈某构成保险诈骗罪的共同犯罪。C 项错误，D 项正确。

37.【答案】C

【考点】挪用公款罪；贪污罪

【详解】挪用公款罪与贪污罪的主要区别在于行为人是否有非法占有目的。在司法实践中，司法机关认定行为是否构成贪污犯罪主要看账目是否被虚假平账，如果行为人有虚假平账行为，则一般可以证明行为人对于公共财物的目的是永久占有而非暂时使用。《全国法院审理经济犯罪案件工作座谈会纪要》对挪用公款转化为贪污的认定标准及四种具体情形作了规定：挪用公款罪与贪污罪的主要区别在于行为人主观上是否具有非法占有公款的目的：挪用公款是否转化为贪污，应当按照主客观相一致的原则，具体判断和认定行为人主观上是否具有非法占有公款的目的。在司法实践中，具有以下情形之一的，可以认定行为人具有非法占有公款的目的：（1）根据《最高人民法院关于审理挪用公款案件具体应用法律若干问题的解释》第6条的规定，行为人"携带挪用的公款潜逃的"，对其携带挪用的公款部分，以贪污罪定罪处罚。（2）行为人挪用公款后采取虚假发票平账、销毁有关账目等手段，使所挪用的公款已难以在单位财务账目上反映出来，且没有归还行为的，应当以贪污罪定罪处罚。（3）行为人截取单位收入不入账，非法占有，使所占有的公款难以在单位财务账目上反映出来，且没有归还行为的，应当以贪污罪定罪处罚。（4）有证据证明行为人有能力归还所挪用的公款而拒不归还，并隐瞒挪用的公款去向的，应当以贪污罪定罪处罚。如果行为人利用职务之便挪用公款后，又用虚假发票平账且没有归还公款，在无相反证据、事实的情况下，通常可以推定行为人具有非法占有公款的目的，其挪用公款的行为就应转化为贪污犯罪。本案中，甲将商品房过户的行为虽然属于挪用行为，但由于尚未超过3个月，依法并不构成挪用公款罪。因为其在公司财务账目上记下自己欠公司600万元，足以说明其行为当时没有永久占有公司财物的目的。但事后甲实施了平账行为，可以推定其主观心态发生了变化，其行为已转化为贪污罪。C项正确，ABD项错误。

38.【答案】A

【考点】串通投标罪；行贿罪；教唆犯

【详解】串通投标罪是指投标者相互串通投标报价，损害招标人或者其他投标人利益，或者投标者与招标者串通投标，损害国家、集体、公民的合法权益，情节严重的行为。本案中，甲与程某串通投标，属于投标者与招标者串通投标，但并未损害国家、集体、公民的合法权益，且不属于情节严重，因此不构成串通投标罪。A项正确。甲教唆程某与他人串通投标，同时对整个投标行为进行了具体安排，构成串通投标罪的实行犯而非教唆犯。B项错误。程某向甲赠送仿制古董的行为，因仿制古董价值未达到行贿罪起刑点，不构成犯罪。C项错误。甲有受贿的主观故意，实施了受贿行为，但客观上收受的贿赂价值未达到受贿罪起刑点，甲的行为不构成受贿罪。D项错误。

39.【答案】ABCD

【考点】诈骗罪；贪污罪；想象竞合犯

【详解】甲因公务垫付费用5万元，由于票据超期无法报销，甲实际为公司支出了5万元。甲虽指使程某虚构劳务合同并虚开发票，但其主观上并没有非法占有公共财物的非法目的，既不构成贪污罪也不构成诈骗罪。AB项错误。程某协助甲实施欺骗行为，由于甲不构成犯罪，程某自然也不能构成贪污罪的帮助犯，不再另外成立诈骗罪。因此CD项错误。

2017 年

1.【答案】B

【考点】刑法的渊源；刑事司法解释的时间效力

【详解】刑法的渊源包括刑法典、单行刑法和附属刑法，司法解释不是刑法的渊源，其时间效力不能直接比照刑法时间效力适用。A项错误。关于司法解释的时间效力问题，2001年最高人民法院、最高人民检察院联合颁布的《关于适用刑事司法解释时间效力问题的规定》第2条规定："对于司法解释实施前发生的行为，行为时没有相关司法解释，司法解释施行后尚未处理或者正在处理的案件，依照司法解释的规定办理。"B项正确。上述规定第3条规定："对于新的司法解释实施前发生的行为，行为时已有相关司法解释，依照行为时的司法解释办理，但适用新的司法解释对犯罪嫌疑人、被告人有利的，适用新的司法解释。"C项错误。上述规定第4条规定："对于在司法解释施行前已办结的案件，按照当时的法律和司法解释，认定事实和适用法律没有错误的，不再变动。"D项错误。

2.【答案】C

【考点】危害结果

【详解】危害结果并非所有具体犯罪的构成要件要素，危险犯的成立并不以危害结果的发生为要件。A项错误。抽象危险不需要司法上的具体判断，只要以一般社会生活经验认为具有发生侵害结果的危险即可，不是具体犯罪构成的危害结果。B项错误。抢劫包含手段行为与目的行为，其中行为致人重伤、死亡的，均属于抢劫致人重伤、死亡，构成抢劫罪的结果加重犯。C项正确。结果加重犯中，基本犯罪行为与加重结果之间应具有直接的因果关系，只有从基本犯的典型危险中产生结果时，才适用结果加重犯。骗取他人财物的行为与被害人自杀的行为之间没有直接的因果关系。D项错误。

3.【答案】D

【考点】刑事责任能力

【详解】我国刑法中的限制刑事责任能力人虽然包括盲人，但甲实施伤害他人的行为时其辨认与控制能力并未受到失明的影响，不应将其认定为具有限定刑事责任能力。A项错误。聋哑人属于限制刑事责任能力人，但乙长期在公共场所实施扒窃活动，对自身行为的违法性具有充分认识，应认定其具有完全刑事责任能力。B项错误。服用安眠药陷入熟睡，不影响丙的责任能力的判断，致同床的婴儿被压迫窒息死亡，属于过失致人死亡的行为。C项错误。醉酒的人犯罪的，不影响刑事责任的认定。D项正确。

4.【答案】D

【考点】正当防卫；紧急避险

【详解】正当防卫中的不法"侵害"直接来源于不法侵害人，紧急避险中的"危险"来源除了不法侵害人以外还包含自然力量或野生动物的攻击等。A项错误。正当防卫中不法侵害"正在进行"是指不法侵害已经开始但尚未结束；紧急避险中危险"正在发生"则指危险已经发生或迫在眉睫并且尚未消除。B项错误。正当防卫的"必要限度"是制止不法侵害、保护法益所必需的限度。紧急避险的"必要限度"是所造成的损害不超过所避免的损害、足以排除危险所必要的限度。二者并不相同。C项错误。主张正当防卫需具有防卫意图，则紧急避险也须具有避险意图。D项正确。

5.【答案】B

【考点】犯罪既遂；犯罪未遂

【详解】合同诈骗罪的既遂标准是欺骗行为导致被害人遭受了财产损失。甲与乙签订房屋买卖合同过程中，乙支付的100万元首付款构成合同诈骗罪的既遂。A项错误。乙支付的100万元首付款构成合同诈骗罪的既遂，剩余的120万元虽然没有直接损失，但具有损失的紧迫危险，应作为未遂情节加以考虑。B项正确，C项错误。本案中，甲的行为仅涉嫌合同诈骗罪一罪，对具体行为犯罪既遂和犯罪未遂认定后应按照合同诈骗罪一罪定罪处罚。D项错误。

6.【答案】D

【考点】共同犯罪；故意犯罪的停止形态

【详解】本案中，乙明确要求甲若钥匙打不开就必须放弃盗窃，不可入室，乙与甲共同犯罪的合意是通过钥匙打开房门实施盗窃，甲通过钥匙无法打开房门，则甲、乙的共同犯罪构成未遂，乙成立盗窃罪未遂的帮助犯。甲破窗而入的行为超出了共同犯罪的故意，属于共同犯罪的实行过限，实行过限的犯罪行为由甲自己承担，对过限行为没有共同故意的乙不对过限行为负刑事责任。因此ABC项错误，D项正确。

7.【答案】C

【考点】共同犯罪；犯罪的停止形态

【详解】根据共同犯罪理论，间接正犯是指通过利用他人实施犯罪的情况，即将被利用者作为工具使用。本案中，甲直接实施杀人行为，其欺骗乙让其望风的行为不构成间接正犯。A项错误。乙与甲商议共同实施盗窃行为，但甲实施了杀人行为，依据共犯从属性说理论，只有当实行犯着手实行了犯罪时，才能适用共犯规定。因此甲、乙之间不能评价为盗窃罪的共同犯罪。BD项错误。甲的行为认定为故意杀人罪，

甲与乙之间在非法侵入他人住宅的范围内成立共同犯罪，甲非法侵入住宅的行为是故意杀人行为的一部分，甲既构成非法侵入住宅罪又构成故意杀人罪，属于想象竞合犯，应认定为故意杀人罪。但甲、乙之间就非法侵入住宅罪构成共同犯罪。C项正确。

8.【答案】A

【考点】数罪并罚；法条竞合；想象竞合

【详解】甲盗窃国家机关证件的行为构成盗窃国家机关证件罪，甲冒充国家机关工作人员实施招摇撞骗的行为构成招摇撞骗罪，行为人先后实施两个行为、分别触犯两个罪名，应对两罪名数罪并罚。A项正确。乙在道路上醉酒驾驶机动车行驶20公里的行为构成危险驾驶罪，而将张某撞死的行为构成了交通肇事罪。《刑法》第133条之一第3款规定："有前两款行为，同时构成其他犯罪的，依照处罚较重的规定定罪处罚。"由于交通肇事罪处罚较重，故对乙应按照交通肇事罪论处。B项错误。《刑法》第269条规定，犯盗窃、诈骗、抢夺罪，为窝藏赃物、抗拒抓捕或者毁灭罪证而当场使用暴力或者以暴力相威胁的，依照抢劫罪的规定定罪处罚。丙以欺骗的手段骗取李某的名画被发现以后，为窝藏赃物向李某施以暴力的行为构成诈骗罪行为的转化犯，构成抢劫罪。C项错误。《刑法》第259条第1款规定："明知是现役军人的配偶而与之同居或者结婚的，处三年以下有期徒刑或者拘役。"丁的行为直接构成破坏军婚罪。D项错误。

9.【答案】B

【考点】自首

【详解】自首中的"自动投案"是指犯罪人基于自己的意志积极主动地投案。甲绑架他人作为人质并与警察对峙时，其客观上仍可以继续挟持人质抗拒抓捕，经警察劝说而放弃犯罪，表明其主观上真心悔过，放弃对抗，自愿接受处理，可以认定为自动投案。在"犯罪过程中"主动放弃犯罪而投案和"犯罪以后"的自动投案，都可以构成自首。A项错误。行为人如实供述自己的罪行，即犯罪人自动投案以后，如实交代自己的主要犯罪事实。乙虽然在交通肇事后留在现场救助伤员，并报告交管部门发生了事故。但在交警到达现场询问时没有如实供述自己的犯罪行为，不成立自首。B项正确。丙故意杀人自动投案后如实交代自己的客观罪行的行为已经构成自首，关于丙对自身主观罪过认定的辩护属于丙辩护权的范畴，不影响自首的认定。C项错误。关于"如实供述自己的罪行"的具体认定，最高人民法院《关于处理自首和立功若干具体问题的意见》第2条规定："《解释》第一条第（二）项规定如实供述自己的罪行，除供述自己的主要犯罪事实外，还应包括姓名、年龄、职业、住址、前科等情况。犯罪嫌疑人供述的身份等情况与真实情况虽有差别，但不影响定罪量刑

的，应认定为如实供述自己的罪行。犯罪嫌疑人自动投案后隐瞒自己的真实身份等情况，影响对其定罪量刑的，不能认定为如实供述自己的罪行。"丁交代了自己所犯罪行，虽然拒不交代真实身份，但在对定罪量刑没有影响的情况下，属于如实供述，成立自首。D 项错误。

10.【答案】B

【考点】量刑情节

【详解】量刑情节以刑法是否有明文规定为标准可以分为法定情节与酌定情节。法定情节是刑法明文规定在量刑时应当予以考虑的情节。酌定情节是刑法未作明文规定，量刑时酌情考虑的情节。AC 项均正确。根据原因自由行为的法理，对于故意或过失导致自己陷入限定责任能力状态而实施犯罪的，应当追究刑事责任，不应适用从轻或减轻处罚的规定。王某由于吸毒行为而出现精神病性障碍属于原因自由行为。B 项错误。王某与被害人之间为男女朋友关系，由于婚姻家庭、邻里纠纷等民间矛盾激化引发的故意杀人案件，犯罪人案发后积极赔偿、真诚悔罪、取得家属谅解的，可以依法从宽处罚。D 项正确。

11.【答案】B

【考点】减刑；假释

【详解】最高人民法院《关于办理减刑、假释案件具体应用法律的规定》第 25 条第 1 款规定："对累犯以及因故意杀人、强奸、抢劫、绑架、放火、爆炸、投放危险物质或者有组织的暴力性犯罪被判处十年以上有期徒刑、无期徒刑的罪犯，不得假释。"甲因爆炸罪被判处有期徒刑 12 年，不符合假释的条件。A 项错误。上述规定第 26 条第 2 款规定："罪犯既符合法定减刑条件，又符合法定假释条件的，可以优先适用假释。"乙的情形同时符合减刑和假释的条件，可以优先适用假释。B 项正确。根据上述规定第 3 条第 2 款规定，对于职务犯罪人员，不积极退赃的，不认定其"确有悔改表现"。C 项错误。丁在服刑中具有重大技术革新，成绩突出，属于"重大立功表现"，应该对其减刑。D 项错误。

12.【答案】C

【考点】丢失枪支不报罪；破坏交通设施罪；交通肇事罪；破坏交通工具罪

【详解】丢失枪支不报罪的行为主体只能是依法配备公务用枪的人员。甲没有公务人员身份，不构成丢失枪支不报罪。A 项错误。破坏交通设施罪的对象是关涉公共安全的交通设施。主要是指破坏轨道、桥梁、隧道、公路、机场、航道、灯塔、标志或者进行其他破坏活动，足以使火车、汽车、电车、船只、航空器发生倾覆、毁坏危险的行为，而旅游景点的缆车不属于关涉公共安全的交通设施。B 项错误。吸食毒品后驾驶机动车辆致 1 人以上重伤的，以交通肇事罪定罪处罚。丙的行为构成交通肇事罪。C 项正确。破

坏交通工具罪是指破坏火车、汽车、电车、船只、航空器，足以使火车、汽车、电车、船只、航空器发生倾覆、毁坏危险的行为。丁不顾劝阻拧开飞机安全门致使飞机不能起飞的行为不足以使飞机发生倾覆或毁坏的危险。D 项错误。

13.【答案】C

【考点】走私罪；逃税罪

【详解】最高人民检察院《关于擅自销售进料加工保税货物的行为法律适用问题的解释》规定，未经海关许可并且未补缴应缴税额，擅自将批准进口的进料加工的原材料、零件、制成品、设备等保税货物，在境内销售牟利，偷逃应缴税额在 5 万元以上的，以走私普通货物、物品罪追究刑事责任。AB 项均错误。纳税人采取欺骗、隐瞒手段不进行纳税申报，逃避缴纳税款数额较大并且占应纳税额 10% 以上的，构成逃税罪。C 项正确。经税务机关依法下达追缴通知后，补缴应纳税款，缴纳滞纳金，已受行政处罚的，不予追究刑事责任。D 项错误。

14.【答案】B

【考点】票据诈骗罪；金融凭证诈骗罪；保险诈骗罪；合同诈骗罪

【详解】票据诈骗罪中利用的金融票据主要包括银行的汇票、本票和支票。使用伪造的银行存单实施贷款诈骗的行为应成立金融凭证诈骗罪。A 项错误。刑法没有将单位规定为贷款诈骗罪的主体，对于为了单位利益的贷款诈骗行为，虽然不能直接处罚单位，但对于负有责任的自然人应以贷款诈骗罪论处。B 项正确。购买意外伤害保险后，制造自己意外受伤的假象骗取巨额保险金的行为，同时构成了保险诈骗罪与合同诈骗罪，应依照数罪并罚的规定处罚。C 项错误。合同诈骗罪是指以非法占有为目的，在签订、履行合同的过程中，骗取对方财物，数额较大的行为。其非法占有的目的既可以产生于签订合同时，也可以产生于履行合同的过程中。D 项错误。

15.【答案】C

【考点】遗弃罪；故意杀人罪；抢劫罪；绑架罪；拐卖儿童罪；强迫劳动罪

【详解】对于年老、年幼、患病或者其他没有独立生活能力的人，负有扶养义务而拒绝扶养，情节恶劣的，构成遗弃罪。遗弃罪与故意杀人罪的界限应以行为人的主观故意、所实施的行为的时间和地点、是否立即造成被害人死亡以及被害人对行为人的依赖程度等进行综合判断。A 项错误。抢劫罪构成要件的内容是当场使用暴力、胁迫或者其他方法，强取公私财物。乙当场以杀害王某为要挟，胁迫银行职员交付钱款的行为构成抢劫罪。B 项错误。拐卖儿童罪，是指以出卖为目的，拐骗、绑架、收买、贩卖、接送、中转儿童的行为。只要将儿童作为商品出卖的，不论行为人是否实际获利，均应认定为拐卖儿童罪。C 项正确。

明知他人以暴力、胁迫或者限制人身自由的方法强迫他人劳动，而为其招募、运送人员，或者以其他方法协助强迫他人劳动的，构成强迫劳动罪。D 项错误。

16.【答案】C

【考点】诬告陷害罪

【详解】诬告陷害罪，是指故意向公安、司法机关或有关国家机关告发捏造的犯罪事实，意图使他人受刑事追究，情节严重的行为。诬告他人介绍卖淫的，并非公然侮辱他人的行为，不成立侮辱罪。A 项错误。法官明知被告人系被诬告，仍判决被告人有罪的，法官仅触犯徇私枉法罪。B 项错误。形式上诬告单位犯罪，但所捏造的事实导致可能对自然人进行刑事追究的，也成立诬告陷害罪。C 项正确。诬告没有达到刑事责任年龄的人犯的，虽然司法机关查明真相后不会对被害人科处刑罚，但仍会使他们卷入刑事诉讼，仍然成立诬告陷害罪。D 项错误。

17.【答案】A

【考点】盗窃罪；诈骗罪；侵犯公民个人信息罪；非法利用信息网络罪

【详解】诈骗罪的行为结构为：行为人实施诈骗行为→受骗者产生错误认识→受骗者基于错误认识处分财产→行为人或第三方取得财产→被害人遭受财产损失。诈骗罪与盗窃罪的重要区别在于被害人是否基于认识错误主动交付财产。本案中郑某虽然实施了欺骗行为，但张某被骗后发送验证码时并没有主动交付财物的意思，郑某通过技术手段破除了张某对钱款的占有，构成盗窃罪。A 项正确，B 项错误。根据《刑法》第 253 条之一和第 287 条之一的规定，CD 项错误。

18.【答案】D

【考点】侵占罪

【详解】基于不法原因给付的财物，不能成立侵占罪。张某委托甲代为保管的为行贿赃款，张某对行贿款没有返还请求权，不能认定甲侵占了张某的财物。A 项错误。乙将房屋出售给赵某但尚未进行所有权转移登记，乙仍然是房屋的所有权人，对房屋具有处分权，其一房二卖的行为不构成侵占罪。B 项错误。侵占罪的犯罪对象主要包含委托物、脱离占有物（遗忘物或埋藏物）。灾区居民来不及带走的贵重财物并没有脱离占有，房屋中的财物仍然由居民占有。丙取走他人财物的行为构成盗窃罪。C 项错误。分期付款购物的场合，约定车款付清前车辆所有权归卖方所有，买方在付清车款前处分车辆的，属于对委托物的侵占行为。D 项正确。

19.【答案】B

【考点】窝藏、包庇罪；掩饰、隐瞒犯罪所得、犯罪所得收益罪

【详解】事前通谋事后实施窝藏、包庇行为的，行为人与事前通谋之罪构成共同犯罪，应以事前通谋之罪论处。A 项错误。即使《刑法》第 310 条没有第

2 款的规定，对于事前通谋事后窝藏、包庇的，也应以共同犯罪论处。B 项正确。事前通谋事后帮助实施掩饰、隐瞒犯罪所得行为的，应认定为事前通谋之罪的共同犯罪。C 项错误。事前通谋事后掩饰、隐瞒犯罪所得的行为，成立事前通谋之罪的共同犯罪，应结合其在共同犯罪中的责任承担刑事责任。D 项错误。

【陷阱提示】事先共犯是指事前有通谋的共犯，即共犯人的共同犯罪故意是在着手实行犯罪前形成的。窝藏、包庇罪是在被窝藏、包庇的人犯罪后实施的，其犯罪故意也是在他人犯罪以后产生，即只有在与犯罪人没有事前通谋的情况下实施窝藏、包庇行为的，才成立本罪。如果行为人事前与犯罪人通谋，商定待犯罪人实施犯罪以后予以窝藏、包庇的，则成立共同犯罪。因此，《刑法》第 310 条第 1 款规定了窝藏、包庇罪，第 2 款规定："犯前款罪，事前通谋的，以共同犯罪论处。"这种情形下，即使共同犯罪所犯之罪的法定刑低于窝藏、包庇罪的法定刑，也应以共同犯罪论处。掩饰、隐瞒犯罪所得、犯罪所得收益的行为，如果行为人事先与本犯通谋，就事后窝藏、转移、收购、代为销售、掩饰、隐瞒犯罪赃物达成合意的，则以共同犯罪论处，不会因缺乏明文规定，事前通谋事后掩饰、隐瞒犯罪所得的就不能以共同犯罪论处。

20.【答案】D

【考点】盗伐林木罪

【详解】盗伐林木是指盗伐森林或者其他林木，数量较大的行为。偷砍他人房前屋后、自留地种植的零星树木，数额较大的，应认定为盗窃罪。A 项错误。乙在林区盗伐珍贵林木，数量较大的，触犯了盗伐林木罪和危害国家重点保护植物罪两个罪名，对此应从一重论处。B 项错误。丙将国有林场的珍贵树木移植到自己承包林地养护的行为属于将国家所有的林木窃为己有的行为，构成盗伐林木罪。C 项错误。最高人民法院《关于审理破坏森林资源刑事案件具体应用法律若干问题的解释》第 15 条规定："非法实施采种、采脂、挖笋、掘根、剥树皮等行为，牟取经济利益数额较大的，依照刑法第二百六十四条的规定，以盗窃罪定罪处罚。同时构成其他犯罪的，依照处罚较重的规定定罪处罚。"但对于剥树皮造成林木大量死亡的行为没有作规定。丁的行为若认定为盗窃罪不符合罪刑法定原则，应认定为盗伐林木罪。D 项正确。

21.【答案】C

【考点】贪污罪

【详解】王某作为国有公司的领导，属于国有公司中从事公务的人员，其通过签订虚假合同骗取公款的行为，不构成职务侵占罪，应构成贪污罪。贪污的数额应扣除设备实际款项 6 万元，应认定为 4 万元。AB 项错误。刘某在王某的贪污犯罪行为中起帮助作

用，刘某虽非国家工作人员，但其协助王某骗取国有公司公款的行为应认定为贪污罪共同犯罪。C项正确，D项错误。

22.【答案】ABCD

【考点】开设赌场罪；传播淫秽物品罪；侵犯著作权罪；盗窃罪

【详解】《关于办理赌博刑事案件具体应用法律若干问题的解释》第2条规定："以营利为目的，在计算机网络上建立赌博网站，或者为赌博网站担任代理，接受投注的，属于刑法第三百零三条规定的'开设赌场'。"A项正确。《关于办理利用互联网、移动通讯终端、声讯台制作、复制、出版、贩卖、传播淫秽电子信息刑事案件具体应用法律若干问题的解释》第3条规定："不以牟利为目的，利用互联网或者移动通讯终端传播淫秽电子信息，具有下列情形之一的，依照刑法第三百六十四条第一款的规定，以传播淫秽物品罪定罪处罚……"B项正确。《关于办理侵犯知识产权刑事案件具体应用法律若干问题的解释》第11条第3款规定："通过信息网络向公众传播他人文字作品、音乐、电影、电视、录像作品、计算机软件及其他作品的行为，应当视为刑法第二百一十七条规定的'复制发行'。"C项正确。最高人民法院《关于审理扰乱电信市场管理秩序案件具体应用法律若干问题的解释》第8条规定："盗用他人公共信息网络上网账号、密码上网，造成他人电信资费损失数额较大的，依照刑法第二百六十四条的规定，以盗窃罪定罪处罚。"D项正确。

23.【答案】ABCD

【考点】因果关系

【详解】因果关系的认识错误，是指行为人对其行为与危害后果之间的因果关系有不符合实际情况的错误认识。本题中，甲将刘某打昏后以为其已死亡，遂将其尸体埋入雪沟，致使刘某被冻死，属于事前的因果关系认识错误。通常认为在此种情况下，第一个行为与死亡结果之间的因果关系并未中断，应肯定第一个行为与结果之间的因果关系，且所发生的结果与行为人意图实现的结果相一致，因此应以故意杀人罪既遂论处。A项正确。若行为人履行义务就可以阻止或者避免危害结果，但行为人未履行义务，使该结果发生，则该不作为行为与危害结果具有因果关系。B项正确。13岁的王某不具有辨认和控制能力，无法认识到过量吸食毒品造成的危害，丙向王某赠送毒品的行为与王某死亡结果具有直接的因果关系。C项正确。丁实施的杀害行为具有高度的危险性，导致周某不得不跳河求生，周某因跳河溺水死亡的结果与丁的行为之间具有因果关系。D项正确。

24.【答案】AC（原答案为AD）

【考点】事实认识错误

【详解】具体符合说要求客观上发生的事实和行为人认识到的事实在具体层面完全一致。如果具体不一致的，不成立构成要件故意。法定符合说认为行为人所认识的事实与实际发生的事实只要在犯罪构成范围内是一致的，就成立故意的既遂犯。所谓打击错误是指行为人对自己意欲侵害的某一对象实施侵害行为，由于失误而导致实际侵害对象与其本欲侵害的对象不一致。A项正确。丙的行为属于打击错误非对象错误。B项错误。虽然甲与乙之间具有共谋杀害丙的故意，但丙对乙的埋伏行为并不知情。丙对乙的射杀行为构成偶然防卫，偶然防卫不是正当防卫。不论采取何种学说，丙对乙的射杀行为均不能构成正当防卫。C项正确。采用具体符合说解释丙对甲的射杀行为能够得到故意杀人罪未遂的结论。D项错误。

【陷阱提示】所谓打击错误，又称方法错误或目标打击错误，是指行为人由于失误而导致实际侵害对象与其本欲侵害的对象不一致。所谓对象错误是指行为人因误认导致预定指向的对象与实际指向的对象不一致，而这种不一致仍未超出构成要件的范围。对象错误，行为人在主观认识上存在错误，是一种主观认识错误；而打击错误，行为人在主观认识上并没有认识错误，只是因为客观因素导致错误结果，是一种客观结果错误。本案中，丙的行为属于客观的结果错误而非主观上的认识错误。法定符合说，是指行为人所认识的事实与实际发生的事实只要在犯罪构成范围内是一致的，就成立故意的既遂犯。具体符合说要求客观上发生的事实和行为人认识到的事实在具体层面完全一致。如果具体不一致的，不成立构成要件故意。依据法定符合说，行为人主观上想杀害他人，实际上也杀害了他人，乙死亡的结果没有超出丙犯罪行为的故意范围，成立故意杀人罪既遂。依据具体符合说，丙对甲的杀害行为成立故意杀人罪的未遂，对乙的死亡成立过失致人死亡罪。但不论采取何种学说，丙对乙都不能构成正当防卫，丙对乙的射杀行为构成偶然防卫，偶然防卫不是正当防卫。

25.【答案】ACD

【考点】片面共同正犯

【详解】若承认片面共同正犯，甲知道乙计划前往丙家抢劫，为帮助乙取得财物，便暗中先赶到丙家，将丙打昏后离去使丙受轻伤的行为应认定为片面共同正犯，对甲应以抢劫罪定处。但是，由于乙并不知情，不能认定乙是共同正犯，乙在丙昏迷的状态下取走丙财物的行为应认定为盗窃罪。A项正确，B项错误。若否定片面共同正犯，则甲、乙二人仅对自己实施的行为承担刑事责任，甲应构成故意伤害罪和盗窃罪，择一重罪论处，乙无须对甲的故意伤害行为负责，对乙应以盗窃罪论处。CD项正确。

26.【答案】ABCD

【考点】数罪并罚

【详解】《刑法》第69条第2款规定："数罪中

有判处有期徒刑和拘役的，执行有期徒刑。数罪中有判处有期徒刑和管制，或者拘役和管制的，有期徒刑、拘役执行完毕后，管制仍须执行。"AB 项正确。《刑法》第 70 条规定："判决宣告以后，刑罚执行完毕以前，发现被判刑的犯罪分子在判决宣告以前还有其他罪没有判决的，应当对新发现的罪作出判决，把前后两个判决所判处的刑罚，依照本法第六十九条的规定，决定执行的刑罚。已经执行的刑期，应当计算在新判决决定的刑期以内。"C 项正确。《刑法》第 86 条第 1 款规定："被假释的犯罪分子，在假释考验期限内犯新罪，应当撤销假释，依照本法第七十一条的规定实行数罪并罚。"《刑法》第 71 条规定："判决宣告以后，刑罚执行完毕以前，被判刑的犯罪分子又犯罪的，应当对新犯的罪作出判决，把前罪没有执行的刑罚和后罪所判处的刑罚，依照本法第六十九条的规定，决定执行的刑罚。"D 项正确。

27. 【答案】ABD

【考点】缓刑

【详解】缓刑适用的对象条件是被判处拘役或者 3 年以下有期徒刑的犯罪分子。甲犯抢劫罪所适用的是"三年以上十年以下有期徒刑"的法定刑，刑法中的"以上""以下"都包含本数，当甲的宣告刑为 3 年时，可以适用缓刑。A 项错误。乙犯故意伤害罪与代替考试罪，分别被判处 6 个月拘役与 1 年管制。管制不适用缓刑，但是拘役可以适用缓刑。B 项错误。对于累犯和犯罪集团的首要分子不适用缓刑。《刑法》第 66 条规定："危害国家安全犯罪、恐怖活动犯罪、黑社会性质的组织犯罪的犯罪分子，在刑罚执行完毕或者赦免以后，在任何时候再犯上述任一类罪的，都以累犯论处。"对于特别累犯，前罪和后罪所判处的刑罚的种类及其轻重不受限制，即使前后两罪或者一罪被判处附加刑也不影响特别累犯的成立。丙构成特别累犯，不适用缓刑。C 项正确。行为人被判处有期徒刑，刑满释放以后 5 年以内再犯判处有期徒刑的犯罪的，属于累犯，但是不满 18 周岁的人犯罪除外。丁实施抢劫罪时为 17 周岁，刑满后第 4 年再犯应被判处有期徒刑以上刑罚的犯罪也不构成累犯，可以适用缓刑。D 项错误。

28. 【答案】AB

【考点】投放危险物质罪

【详解】投放危险物质罪与故意杀人罪、故意伤害罪的区别在于是否危及公共安全。甲故意非法开启实验室装有放射性物质的容器，致使多名实验人员遭受辐射，构成投放危害物质罪。A 项正确。投放危险物质罪投放的必须是毒害性、放射性、传染病病原体以及其他危险物质，危害公共安全，乙的行为构成投放危险物质罪。B 项正确。丙为制造社会恐慌将食品干燥剂粉末冒充炭疽杆菌大量邮寄给他人的行为，客观上不会造成危害公共安全的结果。C 项错误。丁在

食品中违法添加易使人形成瘾癖的罂粟壳粉末的行为属于涉嫌生产、销售有毒、有害食品罪的行为，不构成投放危险物质罪。D 项错误。

29. 【答案】ACD

【考点】信用卡诈骗罪

【详解】根据《刑法》第 196 条第 1 款的规定，以非法占有目的，用虚假身份证明骗领信用卡后又使用该卡的，应以信用卡诈骗罪处罚。A 项错误。在自动柜员机（ATM 机）上擅自使用他人信用卡的行为，属于《刑法》第 196 条第 1 款第 3 项规定的"冒用他人信用卡"的情形，构成信用卡诈骗罪。B 项正确。"恶意透支"是指持卡人以非法占有为目的，超过规定限额或者规定期限透支，并且经发卡银行两次有效催收后超过 3 个月仍不归还的行为。透支时没有非法占有的目的，具有归还意思的不属于恶意透支。C 项错误。拾得信用卡并使用的行为属于《刑法》第 196 条第 1 款第 3 项规定的"冒用他人信用卡"的情形，构成信用卡诈骗罪。D 项错误。

30. 【答案】BC

【考点】侵犯公民个人信息罪

【详解】甲长期用高倍望远镜偷窥邻居的日常生活的行为属于侵犯他人隐私权的行为，不构成侵犯公民个人信息罪。A 项错误。乙将单位数据库中病人的姓名、血型、DNA 等资料，卖给某生物制药公司的行为符合《刑法》第 253 条之一第 2 款的规定（该款规定："违反国家有关规定，将在履行职责或者提供服务过程中获得的公民个人信息，出售或者提供给他人的，依照前款的规定从重处罚"），构成侵犯公民个人信息罪。B 项正确。丙将捡到的几本通讯簿在网上卖给他人用于电信诈骗犯罪的行为符合《刑法》第 253 条之一第 1 款的规定（该款规定："违反国家有关规定，向他人出售或者提供公民个人信息，情节严重的……"），构成侵犯公民个人信息罪。C 项正确。由于 50 年代的信封上公民的身份信息已经不具有真实性，将信封出卖给他人的行为不构成侵犯公民个人信息罪。D 项错误。

31. 【答案】ABD

【考点】抢劫罪

【详解】甲实施盗窃行为时误将李某当作王某而将其打昏的行为，甲主观认识到的（打昏王某）与实际发生的（打昏李某）二者不一致，打昏李某的行为应单独评价为故意伤害行为，不应认定为转化型抢劫罪。A 项正确。入户实施盗窃行为被发现以后，行为人为窝藏赃物、抗拒抓捕或者毁灭罪证而当场使用暴力的，若暴力发生在户内可以认定为"入户抢劫"。乙暴力抗拒抓捕的行为发生于周某卧室内。B 项正确。抢劫后逃离的行为致人重伤或死亡属于基本行为以外的行为造成的所谓严重结果，不成立抢劫罪的结果加重犯，应按照故意伤害罪与抢劫罪并罚。C

项错误。丁抢夺张某财物后逃跑，为阻止张某追赶，出于杀害故意向张某开枪射击的行为构成事后抢劫，在事后抢劫中暴力行为导致抓捕者等人死亡，应认定为抢劫致人死亡。D项正确。

32.【答案】ABCD

【考点】容留他人吸毒罪；走私毒品罪；运输毒品罪；贩卖毒品罪

【详解】《刑法》第354条规定："容留他人吸食、注射毒品的，处三年以下有期徒刑、拘役或者管制，并处罚金。"甲容留未成年人吸食、注射毒品，构成容留他人吸毒罪。A项正确。《刑法》第347条第1款规定："走私、贩卖、运输、制造毒品，无论数量多少，都应当追究刑事责任，予以刑事处罚。"B项正确。运输毒品是指采用携带、邮寄、利用他人或者使用交通工具等方法在我国领域内转移毒品。C项正确。丁以牟利为目的容留刘某吸食毒品并向其出卖毒品的行为，同时构成容留他人吸毒罪和贩卖毒品罪，应数罪并罚。D项正确。

33.【答案】ABCD

【考点】受贿罪

【详解】国家工作人员明知其近亲属利用自己的职务行为受贿的，构成受贿罪。其近亲属的行为构成利用影响力受贿罪。A正确。国家工作人员具有为他人谋取利益的职权或职务条件，在他人有求于自己的职务行为时，并不打算为他人谋取利益但收受财物后作虚假承诺，导致财物与所许诺的职务行为之间形成了对价关系，构成受贿罪。B项正确。国家机关工作人员实施渎职犯罪而收受贿赂同时构成渎职罪和受贿罪的行为属于侵犯不同法益的不同行为，除刑法有特别规定外，应该按照渎职罪和受贿罪数罪并罚。C项正确。国家工作人员明知他人有请托事项而收受其财物，视为具备"为他人谋取利益"的构成要件，至于事后是否已实际为他人谋取利益，不影响受贿的认定。D项正确。

34.【答案】AD

【考点】渎职罪

【详解】滥用职权罪是指国家机关工作人员故意逾越职权，不按或违反法律决定、处理其无权决定、处理的事项，或者违反规定处理公务，致使公共财产、国家和人民利益遭受重大损失的行为。省渔政总队验船师郑某的行为违反国家规定，造成了国家财产的重大损失，构成滥用职权罪。A项正确。刑警曾当作为司法工作人员，明知被取保候审的犯罪嫌疑人违反相关规定，应将案件移送起诉或变更强制措施而未移送起诉或变更强制措施，使犯罪嫌疑人未及时受到追诉的行为属于一般的玩忽职守行为，不构成徇私枉法罪。B项错误。故意泄露国家秘密罪是指国家机关工作人员违反国家保密法的规定，故意泄露国家秘密，情节严重的行为。律师于某作为马某的辩护人，

不具有国家机关工作人员的身份，于某在担任辩护人期间，将通过合法手续获取的案卷材料让当事人亲属查阅，不构成故意泄露国家秘密罪。C项错误。帮助犯罪分子逃避处罚罪，是指有查禁犯罪活动职责的国家机关工作人员，向犯罪分子通风报信、提供便利，帮助犯罪分子逃避处罚的行为。闫某为协警，属于依法从事公务的人员，其通风报信的行为构成帮助犯罪分子逃避处罚罪。D项正确。

35.【答案】A

【考点】侵占罪；盗窃罪

【详解】侵占罪，是指以非法占有为目的，将他人交给自己保管的财物、遗忘物或者埋藏物非法占为己有，数额较大，拒不交还的行为。侵占罪构成要件主要包含对委托物的侵占和对脱离占有物的侵占。事实一中，刘某将抽油烟机交给王某和李某带回修理的行为中的委托物为抽油烟机，金饰并非委托占有物。由于刘某住在五楼，王某窃走金饰时刚刚行至四楼，此时刘某对于金饰仍具有紧密的占有状态，金饰仍为刘某占有，不属于刘某的脱离占有物，王某此时从抽油烟机中将金饰窃走的行为破除了刘某的占有，应成立盗窃罪。A项正确，BCD项错误。

36.【答案】B

【考点】掩饰、隐瞒犯罪所得罪

【详解】王某的行为已经构成盗窃罪，而非侵占罪。A项错误。王某窃取金饰的行为构成盗窃罪的既遂，为了躲避刘某追查将赃物转移给李某。李某明知金饰为赃物而窝藏、转移的行为构成掩饰、隐瞒犯罪所得罪。B项正确，CD项错误。

37.【答案】AD

【考点】诈骗罪

【详解】李某明知金饰价值1万元，却以欺骗的方式向郭某谎称金饰价值5万元，致使郭某支付价款，遭受财产损失的行为，构成诈骗罪。A项正确。王某为躲避刘某追查将赃物转移给李某。李某明知金饰为赃物而窝藏、转移的行为构成掩饰、隐瞒犯罪所得罪，之后出售的行为属于事后不可罚的行为。B项错误。李某与王某共谋销赃均分，李某销赃所获的赃款具有违法性，王某对该项赃款不具有民法上的返还请求权，李某的行为也不构成诈骗罪。C项错误。在犯罪及销赃构成中，李某将赃物卖得5万元的行为王某并不知情，其所犯财产犯罪的犯罪数额为1万元。D项正确。

38.【答案】C

【考点】贪污罪

【详解】《关于〈中华人民共和国刑法〉第九十三条第二款的解释》规定："村民委员会等村基层组织人员协助人民政府从事下列行政管理工作，属于刑法第九十三条第二款规定的'其他依照法律从事公务的人员'：（一）救灾、抢险、防汛、优抚、扶贫、

移民、救济款物的管理；……"村主任王某、会计刘某以及村民陈某合谋伪造申请材料骗取扶贫补贴的行为，构成贪污罪的共同犯罪。王某拿到补贴款时虽然已经离任，但是依然构成贪污罪。A 项错误。刘某参与伪造申请材料，其贪污罪的犯罪数额应认定为 15 万元。B 项错误。陈某虽然为普通村民，但其参与王某和刘某的贪污犯罪，起帮助作用，构成共同贪污。C 项正确。周某发现伪造的申报材料以后擅自侵吞补贴款规定，构成贪污罪，其贪污数额为 15 万元。D 项错误。

39.【答案】ABC
【考点】行贿罪；受贿罪
【详解】行贿罪是指为谋取不正当利益，给予国家工作人员以财物（含在经济往来中，违反国家规定，给予国家工作人员以财物，数额较大，或者违反国家规定，给予国家工作人员以各种名义的回扣费、手续费）的行为。周某为谋取非法利益，向李某提供 10 万元，意图请李某联系张某帮助其获取土地征收款的行为，构成行贿罪。A 项正确。李某请胡某帮忙联系张某并送给胡某 5 万元的行为，构成行贿罪。B 项正确。李某虽然未直接利用自身职务行为为周某谋利，但是其利用本人的职权和地位形成的便利条件，通过其他国家工作人员职务上的行为，为请托人谋取不正当利益而收取财物的，构成受贿罪。C 项正确。受贿罪不以为他人谋取了非法利益为既遂条件，胡某收受了李某的钱款以后，受贿罪已经既遂。D 项错误。

40.【答案】C
【考点】贪污罪；挪用公款罪
【详解】挪用公款罪，是指国家工作人员利用职务上的便利挪用公款归个人使用，进行非法活动的，或者挪用公款数额较大、进行营利活动的，或者挪用公款数额较大、超过 3 个月未还的行为。周某挪用村委会 20 万元购买玉器行贿不具有归还意思，主观上不是挪用的目的而是非法占有的目的，构成贪污罪。A 项错误。周某将村委会 20 万元取出后即构成贪污罪的既遂，犯罪既遂以后不再有犯罪中止。B 项错误。刘某第一次帮助周某做假账的行为，与周某构成贪污罪的共同犯罪，C 项正确。《刑法》第 310 条规定："明知是犯罪的人而为其提供隐藏处所、财物，帮助其逃匿或者作假证明包庇的，处三年以下有期徒刑、拘役或者管制；情节严重的，处三年以上十年以下有期徒刑。犯前款罪，事前通谋的，以共同犯罪论处。"刘某第二次帮周某将假账做平的行为构成周某犯罪的共同犯罪而不构成包庇罪。D 项错误。

2018 年

1.【答案】C
【考点】刑法解释

【详解】A 项错误。根据 2019 年《药品管理法》的规定，生产、销售假药罪中的假药，并非仅指完全没有疗效的药物，还包括变质的药物等。故本项前半句错误，后半句正确。B 项错误。为境外非法提供国家情报罪的法益是国家安全，根据保护国家安全这一立法目的，本罪中的情报仅指关系国家安全和利益，尚未公开或者依法不应公开的事项，而不包括有关社会利益的事项。C 项正确。根据司法解释的规定，假冒注册商标罪中的相同的商标，是指和被假冒的商标完全相同，或者在视觉上基本无差别、足以对公众产生误导的商标。如果只是在同一商品上使用"相似"的商标，不构成本罪，否则将"相似"解释为"相同"就属于类推解释，违反罪刑法定原则。D 项错误。在"适用举轻以明重"认定是否成立犯罪时，还要求案件事实必须符合法条的文字含义，不能简单地以行为更严重为由定罪处刑，当然解释的结论也不一定正确。虽然非法制造飞机、坦克的行为危害性重于非法制造枪支，但是飞机、坦克显然不是枪支，将非法制造飞机、坦克解释为非法制造枪支罪，是类推解释，违反罪刑法定原则。

2.【答案】D
【考点】犯罪中止、既未遂
【详解】A 项错误。生产、销售伪劣产品罪是数额犯，销售金额 5 万元以上的，才成立犯罪既遂。如果伪劣产品还没有销售，货值金额达到 15 万元以上，构成本罪的未遂。B 项错误。制作、复制、出版、贩卖、传播淫秽物品牟利罪是选择性罪名，该罪所侵犯的法益是社会的公序良俗以及国家对文化市场的管理秩序。侵犯上述法益造成的社会危害性主要表现为淫秽物品在社会中传播、扩散，无端挑起人们的性欲，损害普通人正常的性行为。李四已经完成了制作淫秽物品的行为，对公序良俗和文化管理秩序有一定的侵害，构成制作淫秽物品牟利罪的既遂，即使之后担心违法，将其全部销毁，也不再构成犯罪中止。C 项错误。有的观点认为，二人以上有共同的意思联络，然后实施脱逃行为的，其犯罪形态不应当分别确定：只要其中一人脱离看守者控制即成立犯罪既遂，其他共犯人即使未脱逃成功，也是犯罪既遂。但主流观点认为，脱逃罪是亲手犯，指行为人必须亲自、直接实施犯罪行为，方能成立的犯罪。对亲手犯的共同实行犯来说，如果有人未完成犯罪、有人完成了犯罪，就应分别对待，对完成犯罪者以犯罪既遂处罚，对未完成犯罪者以犯罪未遂处罚，这才与亲手犯的原理相符合。据此，即使赵某脱逃既遂，剩余三人也仅构成脱逃罪未遂。D 项正确。有的观点认为破坏交通工具罪是危险犯，只要成功破坏了正在使用中的交通工具的关键部位，引起倾覆、毁坏的危险，即成立犯罪既遂。但目前有力的观点认为，危险产生只是危险犯的成立条件，并非既遂条件，当出现人员伤亡、财产损失的结果时，才是犯罪既遂。据此，甲仅构成破坏交通工具罪的未遂。

3. 【答案】ABC

【考点】单位犯罪

【详解】A项正确，根据司法解释的规定，下列四种情形属于自然人犯罪：（1）个人为进行违法犯罪活动而设立的公司、企业、事业单位实施犯罪的；（2）公司、企业、事业单位设立后，以实施犯罪为主要活动的；（3）盗用单位名义实施犯罪，违法所得由实施犯罪的个人私分的；（4）没有取得法人资格的独资、私营企业实施犯罪。本案属于上述（1）情形，应按照自然人犯罪处理。B项正确，单位犯罪，是指公司、企业、事业单位、机关、团体为本单位谋取非法利益或者为单位全体或多数成员谋取非法利益，由单位决策机构按照决策程序做出决策，由直接责任人员负责实施的犯罪。本案是几名高管私自将钱分掉，应属于自然人犯罪。C项正确，第一，单位涉嫌犯罪后，若被主管部门、上级机构等吊销其营业执照、宣告其撤销或者破产时，直接追究其直接责任人员或主管人员的刑事责任。第二，单位犯罪后，该单位发生分立、合并或者其他资产重组等情况的，该单位虽主体发生变更，因其实质上并未消灭，其权利义务由变更后的单位承受，故对其实施的犯罪仍具备刑事责任能力，仍应追究原单位的刑事责任。D项错误，拐卖妇女、儿童罪的主体只能是自然人，单位不能成立本罪。

4. 【答案】BCD

【考点】追诉时效

【详解】关于追诉期限的起算日，《刑法》第89条规定，追诉期限从犯罪之日起计算。犯罪之日，一般是指犯罪成立之日，但也有特殊情形。第一，犯罪成立之日不等于犯罪既遂之日。第二，实害犯以实害结果发生之日为犯罪之日。危险犯以实施行为之日为犯罪之日。第三，犯罪行为有连续或者继续状态的（连续犯、继续犯），从犯罪行为终了之日起计算。玩忽职守罪是实害犯，因此A项正确。追诉时效的中断是指在追诉时效进行期间，因发生了法律规定的事由，而使以前所经过的时效期间归于无效，法律规定的事由终了之时，追诉时效重新开始计算。《刑法》第89条第2款规定："在追诉期限以内又犯罪的，前罪追诉的期限从犯后罪之日起计算。"共同犯罪中，各共犯人的追诉时效互不影响。因此，B项错误。共同犯罪中，对各共犯人分别计算各自的追诉时效，对于超过追诉时效的，不得追诉。因此，C项错误。法定最高刑为10年以上有期徒刑的故意犯罪，追诉期限是15年，过了15年，就不能追诉。故D项错误。

5. 【答案】AD

【考点】不作为犯罪；期待可能性；刑事责任能力

【详解】AD项错误；B项正确，妻子郭某属于丈夫（精神病患者）的法定监护人，丈夫在精神病发作期间实施犯罪行为，郭某是有阻止义务的，但是其未制止、未呼救、未报警，题目表达的思想十分明显，即郭某在能够实施作为义务的情况下而选择了不实施，所以属于故意杀人罪的不作为帮助犯。但是郭某之后实施的毁灭证据的行为不再认定为帮助毁灭证据罪，因为其属于本犯，不具有期待可能性。C项正确。送医仍会死亡这句话证明死亡结果和不送医院没关系。但是郭某之前不制止的行为和死亡一定是有关系的。如果题目说郭某即使制止也无法阻止死亡的发生，这样才能证明死亡和郭某无关。

6. 【答案】ABCD

【考点】不作为犯

【详解】A项正确。虽然并不是甲实施的杀人行为，但其之前将丙捆绑，导致丙失去反抗能力，所以在乙实施杀人行为时，甲之前的捆绑行为给乙的杀人提供了客观上的便利（或者说甲之前的捆绑行为使得被害人生命法益受侵害时增加了风险），所以甲是有阻止义务的，其不履行义务的行为可成立不作为的故意杀人罪。B项正确。姐姐是孩子的母亲，具有法律上的抚养义务，将该子遗弃至菜市场的行为，可成立遗弃罪（实行犯），而妹妹帮助其姐姐实施遗弃行为，属于遗弃罪的帮助犯。C项正确。追小偷的行为虽然合法，但是追赶行为如果超过必要限度时，有义务阻止更高的危害结果出现，当该结果出现时，不履行该义务可成立不作为犯罪。D项正确。不真正的不作为犯，其成立条件中要求结果具有可回避性，即实施作为行为，该结果存在被避免的可能，不作为结果就会发生，这就证明不作为和结果的发生是具有因果关系的。反之，如果结果是必然发生，那么就和不作为没有因果关系，行为人也就不会成立不作为犯罪。题目中说明了即使当时送往医院也救不活，所以该父亲不成立不作为的故意杀人罪。其行为可以按照之前的过失致人死亡罪（作为犯）认定。

7. 【答案】AD

【考点】紧急避险；正当防卫；犯罪的认定

【详解】（1）紧急避险和正当防卫都是客观的违法阻却事由，其逻辑的客观结构是符合刑法分则规定的犯罪构成要件的（即制造法律所禁止的风险），只有二者披上了各自合法的外衣（即为了保护法益，不得已为了保大舍小），才能将自己本身的"犯罪行为"合法化。本案甲根本就是在实施救人（降低危险）行为，不符合犯罪行为的特征，也就谈不上紧急避险。（2）紧急避险是在不得已的情况下而实施的转移风险给他人的行为，涉及无辜第三人被侵犯的问题，本案中并不符合这个特点。其实本案中好多同学侧重感觉到是不得已而为之这个问题，但是不得已而为之并不是紧急避险的全部要件。综上，BC项正确，AD 项错误。

8.【答案】C

【考点】侵犯公民个人信息罪；破坏生产经营罪；利用未公开信息交易罪

【详解】A 项错误。乙是公司总经理的信息属于企业经营方面的信息，本身就对社会公开，不是所谓的公民个人信息，故甲不构成侵犯公民个人信息罪。B 项错误。利用未公开信息交易罪在司法实践中被称为"建老鼠仓"，未公开的信息是指资产管理机构、代客投资理财机构利用客户资金投资购买某个证券、期货等金融产品的决策信息。甲并没有利用这些信息进行相关的证券、期货交易活动，只是出售了自己的股权，不构成利用未公开信息交易罪。C 项正确。刑法中涉及侵犯公司名誉的犯罪，指损害商业信誉、商品声誉罪。本罪是一种商业诽谤行为，必须散布虚伪事实以损害企业的商业信誉、商品声誉，而甲发现公司产品并没有保健功能，将真相公布于众，并没有散布虚假事实，不构成本罪。D 项错误。破坏生产经营罪是指出于泄愤报复或者其他个人目的，毁坏机器设备、残害耕畜或者以其他方法破坏生产经营的行为。甲的行为不构成本罪。

9.【答案】D

【考点】抢劫罪；共同犯罪；传授犯罪方法罪

【详解】A 项错误。乙的行为属于"昏醉抢劫"，构成抢劫罪。B 项错误。甲制造、出售迷药的行为本身就违法，不是正当生产经营行为，而且明知乙打算犯罪而出售迷药给乙，还告知使用方法，为乙犯罪提供显著的帮助作用，当然与乙构成共同犯罪，是帮助犯、从犯。C 项错误。某一行为必须同时危及不特定多数人的生命、财产安全时，才是危害公共安全的行为，如向人群中投放炸弹、向水井中投放剧毒。虽然乙多次用迷药迷倒他人取走财物，但每次投放迷药的行为并不能同时危及不特定多数人的生命安全，只能认为乙构成抢劫罪中"多次抢劫"的加重犯，不构成危害公共安全犯罪。D 项正确。甲告知乙使用迷药的方法本身就是传授犯罪方法的行为，并不要求乙实际使用迷药。

10.【答案】D

【考点】共同犯罪

【详解】A 项错误。根据因果共犯论的观点，即使第三人用拳不可能造成死亡的致命伤，但该行为也是杀人的实行行为，实质上推进了四人共同的杀人行为，该行为与死亡结果存在物理上的因果性，该第三人应对死亡结果负责。B 项错误。第四人虽然未实行杀人，但在一旁用铁管助威，属于共同犯罪中的帮助行为，强化了另外三人的犯罪心理，该行为与死亡结果存在心理上的因果性，应对死亡结果负责。C 项错误。四人共谋后，在共同的杀人故意支配下，客观上实施了共同的杀人行为，虽然各个共犯人所使用的杀

人方法有所不同，也有共犯人仅提供帮助，但无碍于四人成立共同犯罪。D 项正确。既然四人成立共同犯罪，根据"部分实行，全部责任"的归责原则，可以将部分实行犯直接导致的死亡结果，归属于每个与结果有因果性的共犯人。即使查不清楚死亡结果是哪一人造成，四人均对死亡负责。

11.【答案】C

【考点】盗窃信用卡并使用的认定；共同犯罪

【详解】《刑法》第 196 条第 3 款规定，盗窃信用卡并使用的，以盗窃罪论处。甲、乙共同盗窃了丙的信用卡后，共同使用该卡从机器上取款，而且两人的行为与丙卡内 7 万元的财产损失结果均有因果性，根据"部分实行，全部责任"的归责原则，两人均对丙构成盗窃罪，盗窃数额都是 7 万元。只是在两人分赃时，甲骗乙卡内只有 1 万元，分给乙 5000 元，甲这一行为对乙不构成诈骗罪。C 项正确，ABD 项错误。

12.【答案】ABCD

【考点】破坏交通设施罪；破坏交通工具罪；故意毁坏财物罪；诈骗罪

【详解】破坏交通设施罪，是指毁坏交通设施本身（物理性毁损）或使其丧失应有功能（功能性破坏），以此危害公共安全。因此，这里的"破坏"应当作扩大解释，不限于物理性毁损。甲在高速公路路口撒铁钉，会使公路丧失应有的通行功能，这种破坏行为虽不是物理性毁损，但属于功能性破坏。基于此，甲的行为构成破坏交通设施罪。故 A 项正确。破坏交通工具罪，是指毁坏交通工具的整体或重要零部件，或者使其丧失应有功能，以此危害公共安全。甲的行为虽然没有直接作用于汽车，但这种行为必然导致车辆压到铁钉上，损毁轮胎，甚至发生爆胎等危险，由此危害公共安全，因此构成破坏交通工具罪。故 B 项正确。甲的行为本身虽然对交通设施（道路路面）没有造成毁坏，但是对汽车造成毁坏，因此构成故意毁坏财物罪。甲的一个行为同时构成破坏交通设施罪、破坏交通工具罪、故意毁坏财物罪，想象竞合，择一重罪论处。故 C 项正确。甲在路上撒铁钉，不属于诈骗罪中的欺骗行为，诈骗罪中的欺骗行为不仅仅是使对方陷入认识错误，而且要求使对方陷入处分财物的认识错误。如果行为人实施了某种"欺骗行为"，但其内容不是使对方作出财产处分行为，便不属于诈骗罪的欺骗行为。即使是使对方陷入认识错误的行为，但如果不是使对方基于认识错误实施处分财物行为，就不能说该行为是诈骗罪的欺骗行为。本题中，甲在路上撒铁钉，貌似是个欺骗行为，导致司机陷入认识错误，但是撒铁钉的行为不会导致司机要处分财物（向甲支付修车费），因此不是诈骗罪的欺骗行为，但是，当有司机来到甲的修理店补胎时，甲有义务告知真相，也即轮胎是我撒的铁钉扎的，由此应免费给补胎。甲隐瞒真相，使司机支付了

修车费，甲构成不作为的诈骗罪。故 D 项正确。

13.【答案】BC

【考点】自首、立功

【详解】A 项正确，B 项错误。自首＝自动投案＋如实供述。甲属于被动归案，当然不满足自首的成立条件。如果本案甲是听了父亲的劝说后主动投案，然后如实供述的，可以认定为自首。C 项错误。立功的主体是犯罪分子，立功要求"亲为性"，别人不能代替。D 项正确。根据《最高人民法院关于贯彻宽严相济刑事政策的若干意见》第 17 条的规定，对于亲属以不同形式送被告人归案或协助司法机关抓获被告人而认定为自首的，原则上都应当依法从宽处罚；有的虽然不能认定为自首，但考虑到被告人亲属支持司法机关工作，促使被告人到案、认罪、悔罪，在决定对被告人具体处罚时，也应当予以充分考虑。

14.【答案】AB

【考点】盗窃罪；占有的认定

【详解】明显属于他人支配、管理的财物，即使他人短暂遗忘或者离开，但只要财物处于他人支配力所能涉及的范围，也应认定为他人占有。所以本案中，刚走出 10 米远的甲仍然是自己财物的占有者，而乙趁甲不注意将其占有的财物转移，成立盗窃罪。故 AB 项正确。

15.【答案】ABC

【考点】黑社会性质组织犯罪

【详解】A 项错误。黑社会性质组织犯罪属于共同犯罪，共同犯罪中首要分子的作用十分突出，要对整个犯罪集团的全部罪行承担刑事责任。该组织成立两年后甲中途离开，但是首要分子的领袖作用依然存在，该组织之后的犯罪行为，首要分子依旧逃脱不了干系。BC 项错误。说法过于绝对，首要分子只是对犯罪集团的全部罪行负责，但是集团所犯的全部罪行不等于"全体成员"所犯的全部罪行，即如果集团成员超出集团犯罪计划，独自实施的犯罪行为，其自己单独承担刑事责任，这和首要分子没关系。而且有时候实行犯具体实施了犯罪之后组织者、首要分子才知情，或者实行犯超出了首要分子所要求的手段程度，这些情况下，首要分子的量刑往往不一定是最重的，所以首要分子受到的处罚可不一定比其他成员或实行者重。D 项正确。根据《刑法》第 294 条第 5 款的规定，黑社会性质的组织应当同时具备以下特征：（1）形成较稳定的犯罪组织，人数较多，有明确的组织者、领导者，骨干成员基本固定。（2）有组织地通过违法犯罪活动或者其他手段获取经济利益，具有一定的经济实力，以支持该组织的活动。（3）以暴力、威胁或者其他手段，有组织地多次进行违法犯罪活动，为非作恶，欺压、残害群众。（4）通过实施违法犯罪活动，或者利用国家工作人员的包庇或者纵容，称霸一方，在一定区域或者行业内，形成非法控制或者重大影响，严重破坏经济、社会生活秩序。

16.【答案】AD

【考点】贪污罪；行贿罪；诈骗罪

【详解】贪污罪的成立要求国家工作人员利用职务上的便利，即利用职务上主管、管理、经营、经手公共财物的权力及方便条件。不能认为只要国家工作人员非法占有公共财物的行为利用了职务便利，就必然是贪污，只有当国家工作人员现实地对公共财物享有支配权、决定权，或者对具体支配财物的人员处于领导、指示、支配地位，进而利用职务便利的，才能认定为贪污罪，否则可成立盗窃罪、诈骗罪等。AD 项错误。本案中的乙只是负责核定土地面积的国家机关工作人员，其并没有对公共财物的支配权和决定权，所以不属于利用职务上的便利。甲、乙二人可成立诈骗罪的共犯，数额为 40 万元。BC 项正确，村民甲之前就为了谋取不正当利益提前送给乙 10 万元好处费，乙收下并帮其办事，二人分别成立行贿罪和受贿罪。其中受贿的钱和诈骗罪没关系，应数罪并罚。

2019 年

1.【答案】ABC

【考点】刑法解释

【详解】A 项错误。"家庭成员"应作扩大解释，包括常年共同生活的管家、保姆、事实婚姻关系的"夫妻"等，其更强调家庭生活的居住性和亲密性。B 项错误。前者的传播是指通过播放、陈列，在互联网上建立淫秽网站、网页等方式使淫秽物品让不特定多数人感知以及通过出借、赠送等方式散布、流传淫秽物品的行为；后者的传播是指明知自己患有严重性病而卖淫、嫖娼的行为。C 项错误。文理解释是指按照法律规范的文字的字面含义进行的一种解释，包括对条文中字词、概念等文字字义的解释。副乡长冒充市长招摇撞骗，按照文理解释，当然也属于"冒充"的含义。招摇撞骗罪的"冒充"行为包括低级别官员冒充高级别官员。D 项正确。倒卖文物罪中"倒卖"的含义之前仅限于低价买进高价卖出，之后司法解释规定的"倒卖"是指出售或者为出售而收购、运输、储存的行为。该解释扩大了"倒卖"的含义，更有利于打击文物犯罪。

2.【答案】AC

【考点】正当防卫

【详解】《刑法》第 20 条第 2 款规定："正当防卫明显超过必要限度造成重大损害的，应当负刑事责任，但是应当减轻或者免除处罚。"防卫过当需同时满足手段过分和造成重大损害。A 项，甲针对乙侵犯自己住宅（不法侵害）可以行使防卫权，虽然看似手段夸张，但是就结果（轻伤）来看，并不是重大损害，所以不能评价为防卫过当，仍属于正当防卫。A 项正确。B 项，甲手段过分（菜刀砍），而且造成了重大损害（重伤结果），所以其属于防卫过当，综合案情可以认定甲成立故意伤害罪。B 项错误。C 项，针对抢劫行为可以无限防卫，不存在过当问题，而且防卫权可以由第三人替被害人实施。所以甲可成立正当防卫。C 项正确。D 项，正当防卫是客观的违法阻却事由，甲是自己掉进河中的，乙只是实施了躲闪行为，该行为根本就不属于什么犯罪，也不是看似犯罪行为，所以没有正当防卫探讨的余地。D 项错误。

3. 【答案】A

【考点】罪过

【详解】A 项错误，事实认识错误的核心思考价值在于行为人对大体犯罪构成要件存在认识的情况下，行为人主观想的和实际发生的不一致时，最终会不会影响行为人主观故意的认定问题。如果故意都无法认定，相当于事实认识错误的母体都不存在了，也就不能通过其来再次认定故意的问题，这本身就是矛盾的。B 项正确，交通肇事罪是过失犯罪，其成立条件要求行为人存在违反交通运输管理法规的行为。本案中的司机遵守交规正常驾驶，即使造成重大交通事故，也不能追究其交通肇事罪的刑事责任，司机无罪。C 项正确，从故意的主观恶性程度上进行比较，直接故意的恶性要重于间接故意。引入当然解释的"入罪时举轻以明重"的逻辑思维，相对较轻的间接故意都可以成立犯罪，那么较重的直接故意就更可以。D 项正确，如果故意和过失存在位阶关系，那一定是故意在过失之上，故意更特殊，所以降格评价也只能是由特殊的故意降格为一般的过失。

4. 【答案】ACD

【考点】罪数的认定

【详解】A 项错误，很明显这是两个行为，不可能是想象竞合犯。而且杀人也并不是抢劫行为（压制反抗行为或取财行为）所致，即抢劫行为与死亡之间没有因果关系，不属于抢劫致人死亡的结果加重犯。该行为是抢劫结束后单独实施的独立于抢劫之外的杀人行为，单独评价为故意杀人罪，与之前的抢劫罪并罚。B 项正确，如果是特别法与一般法的关系，那属于法条竞合。法条竞合涉及两个罪名，比如盗窃枪支罪与盗窃罪、贷款诈骗罪与诈骗罪等。轮奸行为同样是强奸罪的犯罪构成，刑法没有独立罪名"轮奸罪"，轮奸是强奸罪法定的加重情形。C 项错误，盗窃财物后销赃的行为不再成立掩饰、隐瞒犯罪所得罪。但是将盗窃的仿真品冒充真品古董销售的行为同样属于欺骗行为，购买者是存在财产损失的，依旧成立诈骗罪，与之前的盗窃罪并罚。D 项错误，多次行为，都触犯同一罪名，无需并罚，直接按照抢劫罪一罪定罪处罚即可。

5. 【答案】A

【考点】故意杀人罪；不作为犯罪；罪过的认定

【详解】A 项错误，警察甲将乙抓获，知道其家中有不能自理的 5 岁幼童，所以甲对该幼童有照管义务，其没有履行该义务导致幼童死亡，可成立不作为的过失犯罪（甲主观是疏忽而忘记），不能成立不作为的故意杀人罪。B 项正确，父母对年幼子女有照顾义务，甲明知 10 日不回家可能导致孩子死亡，仍没有采取任何措施，至少可以认定为间接故意，成立不作为的故意杀人罪。C 项正确，甲的行为导致乙犯病而陷于危险之中，甲有救助义务，其故意追求该结果的发生而不履行救助义务，成立不作为的故意杀人罪。D 项正确，《最高人民法院关于审理交通肇事刑事案件具体应用法律若干问题的解释》第 6 条规定："行为人在交通肇事后为逃避法律追究，将被害人带离事故现场后隐藏或者遗弃，致使被害人无法得到救助而死亡或者严重残疾的，应当分别依照刑法第二百三十二条、第二百三十四条第二款的规定，以故意杀人罪或者故意伤害罪定罪处罚。"据此，交通肇事后，行为人应履行救助义务，甲将被害人藏匿后逃跑，并没有履行该义务，成立不作为犯罪。

6. 【答案】ABCD

【考点】单位犯罪与自然人犯罪的关系

【详解】《全国人大常委会关于〈中华人民共和国刑法〉第三十条的解释》规定："公司、企业、事业单位、机关、团体等单位实施刑法规定的危害社会的行为，刑法分则和其他法律未规定追究单位的刑事责任的，对组织、策划、实施该危害社会行为的人依法追究刑事责任。"也即追究直接责任人的自然人犯罪。对于单位实施不纯正的单位犯罪（如本案非法吸收公众存款罪），如果该单位不符合单位犯罪的构成要件，但其中的直接责任人员符合自然人犯罪的条件，则追究直接责任人员的自然人犯罪。单位犯罪的犯罪意志不是内部某个成员的意志，而是单位的整体意志。因此，单位犯罪是单位本身的犯罪，不是各个成员的共同犯罪，也不是单位与成员（包括直接责任人员）的共同犯罪。但是，不同单位之间可以构成共同犯罪。单位与单位外的自然人之间也可以构成共同犯罪。综上，ABCD 项均正确。

7. 【答案】A

【考点】被害人承诺

【详解】被害人承诺是指如果被害人同意他人对其加害，则他人不构成犯罪。被害人的承诺必须是其真实的意思表示。因欺骗、胁迫而做出的承诺无效。A 项，成立组织出卖人体器官罪，要求侵犯合法的器官捐献制度（社会法益），并且要求没有侵犯器官提供者的身体健康（个人法益），为此要求器官提供者对出卖器官具有有效的承诺表示。如果器官提供者对出卖器官没有有效的承诺表示，则组织者不构成组织出卖人体器官罪，而构成故意伤害罪或故意杀人罪。未经本人同意摘取其器官，或者摘取不满18周岁的人的器官，或者强迫、欺骗他人捐献器官的，以故意伤害罪、故意杀人罪论处。本题未提示出卖者乙是未成年人或受到强迫或欺骗，表明其有承诺能力，是真实的意思表示，其承诺有效。此时组织者甲不构成故意伤害罪，而构成组织出卖人体器官罪。故 A 项错误。B 项，乙自己产生认识错误（意思形成错误），兽医知道乙存在认识错误。兽医作为一名医生，有义务告知真相（该疾病已经有药物可以治疗），故意不告知属于不作为的欺骗。因此乙的承诺无效。兽医构成故意毁坏财物罪。故 B 项正确。C 项，乙自己产生认识错误（意思表达错误），甲不知道乙存在意思表达错误。乙的承诺对甲而言是有效的。故 C 项正确。D 项，乙自己产生认识错误（意思形成错误）。甲没有告知其真相的义务，也没有实施积极作为方式的欺骗，甲只是单纯利用乙的错误。乙的承诺有效。故 D 项正确。

8.【答案】BCD

【考点】盗窃罪

【详解】A 项不属于，不当选，甲只是将共享单车放在自家门口，根本没有妨碍他人使用，只是适当地增加了自己使用的便利，这种行为无罪。B 项属于，当选，共享单车的管理公司对单车享有占有权，这种占有是一种能被大众（具有使用可能的人群）发现并通过付费支配的占有权。将这些单车偷运到农村，供村民免费使用，违背管理公司的意志，破坏其经济收入，排除了公司的占有权，可以认定为盗窃行为。C 项属于，当选，仅供自己使用意味着排除他人使用，构成排他性独占，成立盗窃。D 项属于，当选，破坏原车锁，用自己的车锁锁上归自己使用，同样构成排他性独占，成立盗窃。

9.【答案】ACD

【考点】转化型抢劫；抢劫罪的加重情形

【详解】A 项错误，转化型抢劫要求具备三个条件：第一，之前的行为构成盗窃、抢夺、诈骗罪；第二，主观上为了抗拒抓捕、窝藏赃物、毁灭罪证；第三，当场实施了足以压制反抗的暴力或者以暴力相威胁。甲为了抗拒抓捕，和警察进行扭打，可转化为抢劫罪。B 项正确，C 项错误，抢劫致人死亡要求死亡是抢劫行为（压制反抗或取财）所导致。本案中，警察的死亡是抓捕过程中由自己原因造成的，不能将死亡结果归责于甲的抢劫行为，因此甲对死亡结果不负责，不属于抢劫致人死亡的结果加重犯。倘若警察抓捕甲之时，甲为了摆脱而将警察推向车流量较大的马路，警察来不及躲闪而被撞死，可以成立抢劫致人死亡。D 项错误，"在公共交通工具上抢劫"要求压制反抗的行为发生在公共交通工具上，即使转化型抢劫也同样如此。本案中，行为人甲的暴力行为发生在被追赶的路上，因此即便成立抢劫罪，也不属于

"在公共交通工具上抢劫"。

10.【答案】ABCD

【考点】盗窃罪；故意毁坏财物罪；侵占罪

【详解】A 项错误，盗窃罪的非法占有目的要求行为人在转移财物之时就要具备。本案中，甲在转移财物之时只有排除意思，没有利用意思即缺乏非法占有目的，所以排除盗窃罪的成立。甲基于毁坏的目的占有该财物，之后改变意图将其出卖，整体评价为变占有为所有的本质，应成立侵占罪。B 项错误，甲的行为只有利用意思，没有排除意思（因为乙出差，不会影响乙的使用），所以甲不成立盗窃罪，充其量属于盗用行为。C 项错误，盗窃罪的成立需要转移占有，本案只是损坏他人财物而已，不能成立盗窃罪。D 项错误，捡拾财物时还没有非法占有的目的，回到家中发现是仇人的手机，随即砸坏，这证明甲根本没有非法占有目的，谈不上侵占罪的成立，直接按照故意毁坏财物罪一罪定罪处罚。

11.【答案】ABD

【考点】交通肇事罪

【详解】A 项正确，《最高人民法院关于审理交通肇事刑事案件具体应用法律若干问题的解释》第7条规定，单位主管人员、机动车辆的所有人或者机动车辆承包人指使、强令他人违章驾驶造成重大交通事故，具有本解释第2条规定情形之一的，以交通肇事罪定罪处罚。本案中甲（车辆所有人）指使乙醉酒驾驶机动车，造成1人死亡的重大交通事故，按照上述司法解释，其成立交通肇事罪。B 项正确，乙醉酒驾驶且闯红灯（违章行为）撞死行人，当然成立交通肇事罪。C 项错误，D 项正确，教唆犯是共同犯罪中的概念，共同犯罪只存在于故意犯罪之中，交通肇事罪属于过失犯罪，没有教唆犯的问题。

12.【答案】B

【考点】诈骗罪；生产、销售假药罪；非法行医罪

【详解】A 项错误，生产、销售假药的行为本身就是一种特殊的诈骗，特别法优先适用，无需并罚。B 项正确，二人的行为符合生产、销售假药罪的犯罪构成，而且之后是冒充医生销售假药，本身没有医生执业资格的人行医，当然另行成立非法行医罪，数罪并罚。C 项错误，本案属于两个行为，不是想象竞合犯。D 项错误，生产、销售假药罪是选择性罪名，不并罚。

13.【答案】D

【考点】盗窃罪；信用卡诈骗罪

【详解】App 只是支付平台，甲经尝试后得出的支付密码和银行卡密码本身没有关系，并非对银行信用卡管理秩序的侵犯，所以甲的行为不属于使用银行卡，不成立信用卡诈骗罪，而应成立盗窃罪。故 D 项正确。

14.【答案】BD

【考点】盗窃罪；信用卡诈骗罪

【详解】甲属于盗窃信用卡并使用（利用乙来实现）的行为，应成立盗窃罪。乙主观上没有盗窃的故意，认为这是捡来的信用卡，其属于拾得信用卡并使用的情形，应成立信用卡诈骗罪。甲盗窃信用卡并使用的行为，针对信用卡持卡人而言本身就属于违背其意志而使用，就是冒用他人信用卡的行为，而冒用他人信用卡的行为就是信用卡诈骗的行为，只是这种行为被法律拟制为盗窃罪。所以甲、乙二人的行为在信用卡诈骗罪范围内是一致的，构成信用卡诈骗罪的共同犯罪。所以 AC 项正确，D 项错误。甲"让其去使用"，表明其属于教唆犯，而非帮助犯。B 项错误。

15.【答案】ABCD

【考点】利用职务便利

【详解】贪污罪的认定要求利用职务上的便利，即利用对公共财物的主管、管理、经营、经手的权力和便利条件。这种职务便利的利用包括全部利用和部分利用，在这个取得公共财物的过程中，只要你的职务发挥作用即可认定。本案中甲和乙只靠自己的钥匙或者密码均无法打开保险柜，所以只要是打开了，就证明自己的职务便利一定是在其中发挥了作用，均可以按照贪污罪认定。综上，ABCD 项当选。

16.【答案】B

【考点】受贿罪；利用影响力受贿罪；对有影响力的人行贿罪

【详解】本案中，国家工作人员副市长刘乙是知情的，属于权钱交易，刘甲和刘乙成立受贿罪的共犯。陈某把钱送给刘甲，是想收买和利用他特定关系人的身份为自己实现不法利益，即使事后国家工作人员允诺，刘甲、刘乙二人成立受贿罪的共犯，但是陈某对此并不知情，所以陈某依旧成立对有影响力的人行贿罪。故 B 项正确。

2020 年

1.【答案】BD

【考点】不作为犯罪

【详解】A 项不当选，女儿、女婿对父母都有救助义务，但是二者是存在顺位排序的，即女儿对亲生母亲的救助义务是排在第一位的，女婿只是第二位。第一位顺序人在现场的话，其优先救助，二顺位即使不履行也不成立不作为犯罪。假设女婿和岳母同行，岳母遇到不法侵害，此时女婿存在第一顺序的救助义务，不履行的话，可成立不作为犯罪。B 项当选，成年兄弟姐妹之间虽然不具有阻止对方犯罪的义务，但是父母和子女之间是存在救助义务的，所以在父亲被弟弟杀害时，从这个角度来说其有救助义务，满足条件可成立不作为犯罪。C 项不当选，母亲对孩子

的抚养义务是第一顺位的，祖母是第二顺位的，第一顺位的母亲不履行抚养义务，其成立遗弃罪即可，祖母不成立。当然如果小孩父母由于去世等原因不在小孩身边，无法抚养孩子，此时祖母是有抚养义务的，满足条件可以成立遗弃罪。D 项当选，成年父母对自己年幼孩子的犯罪行为存在制止义务，否则可成立不作为犯罪。

2.【答案】ABC

【考点】单位犯罪；身份犯；责任年龄

【详解】单位犯罪是单位本身的犯罪，不是各个成员个人的共同犯罪，也不是单位与成员个人的共同犯罪，A 项错误。真正身份犯是指行为人只有具备某种特殊身份，才能构成犯罪。这种特殊身份也称为定罪身份或构成身份。定罪身份必须在开始犯罪时就具有。如果是在犯罪过程中形成的身份，则不属于定罪身份。B 项错误。一般情况下，单位犯罪不要求单位有法人资格，但是私营企业要构成单位犯罪，要求有法人资格。单位的分支机构（分公司）或内设机构符合以下条件可以成为单位犯罪的主体：（1）以自己名义犯罪；（2）违法所得归该机构所有。C 项错误。《刑法》第 17 条第 2 款规定，已满 14 周岁不满 16 周岁的人，犯故意杀人、故意伤害致人重伤或者死亡、强奸、抢劫、贩卖毒品、放火、爆炸、投放危险物质罪的，应当负刑事责任。这 8 种罪中，包括杀人，但不包括绑架。D 项正确。

3.【答案】ACD

【考点】不作为犯的认定

【详解】甲有两个行为，前行为是杀人，是作为；后行为是放火，是不作为。甲的杀害行为引起乙的正当防卫，因此乙引起大火的结果应归属于甲，甲有灭火义务。甲故意不灭火，构成不作为的放火罪。甲的杀害行为和不作为共同导致乙死亡，属于二因一果。因此，甲的杀人行为构成故意杀人罪既遂，不作为构成放火罪致人死亡。但是，对这两个罪不能数罪并罚，否则意味着对一个死亡结果处罚了两次，违反了禁止重复评价原则。对此，可将死亡结果归属于处罚更重的罪名，一般而言，故意杀人罪既遂更重。因此应认定为故意杀人罪既遂，基于此，放火罪就只能定放火罪，不能定放火罪致人死亡。作为与不作为不是对立排斥关系。由于甲的行为是两个独立行为。因此应数罪并罚。但是，应注意对死亡结果只能处罚一次。综上，应按（作为）故意杀人罪既遂与（不作为）放火罪数罪并罚。B 项正确，ACD 项错误。

4.【答案】BD

【考点】正当防卫；因果关系

【详解】A 项错误，B 项正确，甲持水果刀抢劫，属于严重危及人身安全的暴力犯罪，可以对其实施特殊防卫，且逃跑行为不意味着不法侵害行为的结束，尚属正在进行的不法侵害，所以造成其轻伤的结果不

构成防卫过当，应评价为正当防卫。C 项错误，面对行为人持刀抢劫的严重暴力侵害，在当时极为紧张的时刻，乙夺刀后扔给丙的行为属于正常介入因素，不会中断因果关系，所以甲需要对丙的重伤结果负责。D 项正确，甲当时的行为属于逃跑行为（既不是压制反抗，也不是劫取财物），乙的重伤和甲无关，甲不属于抢劫致人重伤的结果加重犯。

5.【答案】A

【考点】具体事实认识错误

【详解】非法制造、买卖、运输、邮寄、储存枪支、弹药、爆炸物罪是选择性罪名。发生在选择性罪名内的认识错误是具体的事实认识错误，按照法定符合说处理，不影响故意的认定与犯罪既遂的成立，按照客观事实定罪即可。甲主观上欲购买爆炸物，客观上收到了子弹，属于对象错误，按照法定符合说，应认定为非法买卖弹药罪既遂。此时不能认定为非法买卖爆炸物罪既遂，因为客观事实是购买到了弹药。由于甲只实施了一个行为，不管甲的行为定性如何，都只成立一罪。故 A 项正确。

6.【答案】AB

【考点】犯罪中止；犯罪既遂

【详解】AB 项正确，甲的杀害行为对乙的死亡作用极大，即使后来摔倒在地是异常的介入因素，与之前的杀人行为是独立关系，但摔倒行为对死亡的作用较小，无法阻断前面的杀害行为与死亡的因果关系，可以认为杀害行为与摔倒行为共同作用导致了死亡结果，二者是叠加关系。因此，甲的杀害行为与死亡存在因果关系，甲构成故意杀人罪既遂。C 项错误，虽然甲打算救助乙，欲中止犯罪，但是未能有效地防止死亡结果的发生，不构成犯罪中止，救助行为只能视为一个酌定的量刑情节。D 项错误，客观上甲的杀害行为与死亡存在因果关系，主观上甲对于乙死亡的因果进程出现了因果关系认识错误，不影响甲构成故意杀人罪既遂。

7.【答案】CD

【考点】转化型抢劫

【详解】AB 项错误，C 项正确，本案中甲、乙一开始属于盗窃罪的共犯，二人为了压制反抗，均当场对保安实施足以压制反抗的暴力，将其打成轻伤，所以二人均转化为抢劫罪。D 项正确，二人实施所有的犯罪行为均具有一致性，所以不仅成立共犯，而且罪名一致。

8.【答案】C

【考点】绑架罪

【详解】A 项错误，绑架后故意伤害被绑架人，致其死亡，此时对死亡结果是过失，故意杀害被绑架人，这情况不是绑架"杀害被绑架人"的结合犯，应属于绑架"故意伤害被绑架人，致人重伤、死亡"的结合犯。B 项错误，用毛巾堵住嘴巴并不是故意杀

人、故意伤害的行为，仍属于绑架中控制人质的行为，行为人主观上也无杀人、伤害的故意，对死亡结果是过失。这是绑架行为本身过失致绑架人死亡，构成绑架罪基本犯和过失致人死亡罪的想象竞合犯，从一重罪处罚。C 项正确，D 项错误。《刑法》第239 条第 2 款规定："犯前款罪，杀害被绑架人的，或者故意伤害被绑架人，致人重伤、死亡的，处无期徒刑或者死刑，并处没收财产。"该款规定了两个结合犯：第一，绑架并杀害被绑架人；第二，绑架并故意伤害被绑架人，致人重伤、死亡。此时定绑架罪一罪，适用升格法定刑处罚，不再数罪并罚。就绑架杀害被绑架人而言，杀害的时间是从绑架着手到释放人质前，可以是在绑架既遂即控制了人质以后再杀人，也可在尚未控制住人质时因为其反抗等原因而杀人。如果已经释放了人质，此时被害人已经不是"被绑架人"，因怕其报警、指认等原因，追上去杀人灭口的，应以绑架罪基本犯与故意杀人罪，数罪并罚。

9.【答案】CD

【考点】抢劫罪结果加重犯的认定

【详解】A 项错误，钱某在实施抢夺罪后，并未对被害人使用暴力或以暴力相威胁，不构成事后抢劫，被害人是自己不慎摔成重伤的，与钱某的行为无因果关系，钱某更不可能构成抢劫致人重伤的结果加重犯。B 项错误，赵某过失导致栏杆倒下砸中被害人致其重伤，并不是为了窝藏赃物等目的而对被害人使用暴力，不构成事后抢劫。赵某的行为应以盗窃罪、过失致人重伤罪，数罪并罚。C 项正确，李某犯抢夺罪后，为抗拒抓捕，当场猛推挡道的行人，由于强力推倒属于足以压制反抗的暴力，李某的行为构成事后抢劫，这一暴力行为与重伤存在因果关系，对李某的行为应以抢劫致人重伤的结果加重犯论处。D 项正确，孙某犯盗窃罪时被马某发现，孙某是为了抗拒抓捕而对马某使用暴力，造成马某重伤。孙某的行为构成事后抢劫，事后抢劫中的暴力和以暴力相威胁，应与普通抢劫中的暴力、胁迫作相同解释。造成重伤结果，属于抢劫致人重伤的结果加重犯。

10.【答案】C

【考点】敲诈勒索罪；抢劫罪；招摇撞骗罪；诈骗罪

【详解】甲男冒充警察这一特定的国家机关工作人员，利用警察身份对被害人形成心理压制，从而使其交付财物，同时触犯招摇撞骗罪与诈骗罪、敲诈勒索罪，应从一重处，因为金额不大，认定为招摇撞骗罪。电棍确实具有暴力或暴力威胁的可能，但根据题干甲男并未使用电棍武力压制乙女，不符合抢劫罪当场施暴、当场取财的要求。故 C 项正确。

11.【答案】A

【考点】诈骗罪和盗窃罪的区分

【详解】A 项正确，D 项错误。正常情况下，甲

付款后，货款暂存于电商平台，确认收货后货款方转移至卖家。本案中，甲在不退还卖家真实货物的情况下，将本属于卖家的货款骗回，针对货款成立诈骗罪。故 A 项正确。BC 项错误，换主板的行为尚不成立诈骗罪和盗窃罪。盗窃罪不成立的原因在于卖家由于远距离不占有，所以没有转移占有的盗窃逻辑。诈骗罪不成立的原因在于换主板是为骗回货款所做的准备，此时卖家没有产生损失。

12.【答案】A

【考点】行贿罪；受贿罪

【详解】本案中，钱不是给妻子的，所以妻子钱某不成立利用影响力受贿罪和非国家工作人员受贿罪。张某为了谋取不正当利益给予国家工作人员以财物，成立行贿罪没有问题，但是国家工作人员并没有接受，所以张某只能成立行贿罪的未遂。故 A 项正确。

2021 年

1.【答案】ABD

【考点】刑事责任年龄

【详解】A 项错误，根据 A 项结论，对于投放危险物质的行为（包括但不限于投毒，还可以是放射性物质等），15 岁的丁需要负刑事责任。B 项错误，已满 14 周岁不满 16 周岁的人只对故意杀人、故意伤害致人重伤或者死亡、强奸、抢劫、贩卖毒品、放火、爆炸、投放危险物质的犯罪行为负责，所以甲不应对运输毒品负责，只对贩卖毒品负责，成立贩卖毒品罪。C 项正确，户口簿是判断刑事责任年龄的基本依据，但是如果事实上有证据证明行为人年龄更大或者更小（如户口簿登记出错），那么应该以其实际证据证明的年龄为准。D 项错误，根据《刑法》第 17 条第 3 款的规定，已满 12 周岁不满 14 周岁的人，犯故意杀人、故意伤害罪，致人死亡或者以特别残忍手段致人重伤造成严重残疾，情节恶劣，经最高人民检察院核准追诉的，应当负刑事责任。以危险方法危害公共安全的行为可以评价为杀人、伤害等行为手段，且造成众多人员伤亡的结果，那么满足条件是需要承担刑事责任的。

2.【答案】AC

【考点】不作为的认定；作为义务的判断

【详解】关于作为义务的来源根据，根据实质的二分说，某个危险源制造了危险，而行为人对危险源负有监管义务，那么行为人负有消除危险的作为义务。A 项，甲公司对售出的不合格药品负有召回义务。甲公司故意不履行该义务，导致死亡结果，构成不作为犯罪，具体而言，构成不作为的销售劣药罪。同理，放火罪不限于作为方式构成，不作为方式也可以构成放火罪。因此，A 项错误，B 项正确。C 项，乙对自己的宠物狗负有制止义务。乙故意不制止，构成不作为犯罪，具体而言是不作为的故意伤害罪。因此，C 项错误。D 项，甲对弃婴实施了自愿救助行为，弃婴对甲产生了依赖关系。因此，甲负有继续救助弃婴的义务。甲不履行该义务，构成不作为犯罪。具体而言是遗弃罪。遗弃罪的行为主体不限于家庭成员，其他负有救助义务的人也可以构成遗弃罪。因此，D 项正确。

3.【答案】BCD

【考点】被害人自陷风险；因果关系

【详解】A 项，因果关系讨论的结果是指现实发生的结果，而非假设的结果。只要危险现实化为死亡结果，就应认定因果关系。因此，结果发生的概率大小不影响因果关系的认定。A 项正确。B 项，乙的死亡不是甲的盗窃行为所致，乙的死亡结果不是盗窃罪保护范围内的法益。即使乙的死亡和甲的盗窃行为有条件关系，也不一定能将结果归责于行为。因此，B 项错误。C 项，刑法上的因果关系的"因"，必须是危害行为。甲仅实施了偏航行为，而偏航行为本身不会给乙的人身制造危险，即不是刑法上的危害行为。因此，甲的偏航行为与乙的重伤没有因果关系，C 项错误。D 项，乙自行入户后进入火场被烧死，属于自陷风险。但是对于贵重物品，法律不能期待人们坐视不管、不予抢救以遭受火灾危险。因此，乙的死亡结果应归因于纵火者。D 项错误。

4.【答案】A

【考点】事实认识错误；选择性罪名中的认识错误

【详解】A 项，拐卖妇女、儿童罪是选择性罪名，存在选择性对象"妇女"和"儿童"。选择性对象之间的对象认识错误，按客观定。甲主观上想拐卖儿童，客观上拐卖了妇女（年满 14 周岁的女性，在刑法上属于妇女），对甲以拐卖妇女罪既遂论处。A 项错误。B 项，甲雇凶手伤害乙，反复叮嘱切勿伤乙性命，表明甲已经预见凶手可能导致乙死亡，但是轻信凶手会听命于自己，最终凶手致乙死亡。因此，甲对死亡结果存在过于自信的过失。B 项正确。C 项，运输假币罪包括假的人民币和假的外币，只要是假币即可。甲误以为自己运输的是假美元，实际是假欧元。这种认识错误属于同一犯罪构成（运输假币罪）内的认识错误，即具体的事实认识错误，具体而言是对象错误。这种对象认识错误不影响运输假币罪的成立和既遂。C 项正确。D 项，盗窃罪可以包容评价为侵占罪，但侵占罪不能包容评价为盗窃罪。甲将他人占有的财物转移为自己占有，具有盗窃罪的客观行为，但是主观上甲没有盗窃罪的故意，因此不成立盗窃罪，而是成立侵占罪既遂。因此，D 项正确。

5.【答案】ABD

【考点】教唆犯的既遂

【详解】教唆犯的既遂条件是教唆行为引起正犯的违法结果（法益侵害结果），与正犯的违法结果具有因果性。甲将毒牛奶递给丙，属于故意杀人的着手，进入实行阶段。丙未死亡，甲构成故意杀人罪未遂，教唆犯乙对丙也构成故意杀人罪未遂。甲的先行行为（递毒牛奶行为）对丁制造了危险，有消除危险的义务。同时甲是丁的父亲，有救助义务。甲能够阻止却故意不阻止，构成不作为的故意杀人罪既遂。甲通过不作为导致了丁的死亡，是甲的实行过限，超出了甲、乙共同故意的范围，该违法事实与乙无关。因此，ABD 项正确，C 项错误。

6.【答案】AD

【考点】片面帮助犯；事前通谋的共犯

【详解】望风行为的帮助作用有两种：一是提供心理性帮助，使实行犯安心实施犯罪行为；二是提供物理性帮助，比如主人回家，借故拖延主人进屋。片面的帮助犯是指实行者对帮助者不知情，实行者没有感受到帮助者的心理性帮助。A 项，甲拦住屋主丙，发挥了物理性帮助作用，因此构成片面的帮助犯。B 项，其间并无异常，说明甲没有发挥物理性帮助作用，同时乙不知道甲在望风，对乙也没有心理性帮助，所以甲不构成帮助犯。因此，A 项正确，B 项错误。C 项，甲事前与乙有通谋，一开始就构成故意杀人罪的共同犯罪。窝藏罪是事前无通谋，事后帮助窝藏，甲不构成窝藏罪。因此，C 项错误。D 项，甲、乙没有意思联络，因此不构成共同犯罪，对甲、乙应各自单独处理。根据存疑时有利于被告的原则，死亡结果与甲、乙均无因果关系。甲、乙均构成故意杀人罪未遂。D 项正确。

7.【答案】ACD

【考点】自首

【详解】自首的成立条件是自动投案、如实供述。自动投案的投案时间为被动归案前，即在被讯问或采取强制措施之前，都可以自动投案。在被动归案前，司法机关是否掌握犯罪人的罪行，不影响自动投案的时间和机会。A 项错误。就共同犯罪而言，只有交代同案犯的共同犯罪罪行，才符合自首的"如实供述"的必要条件。B 项正确。C 项，危险物品肇事罪是指违反爆炸性、易燃性、放射性、毒害性、腐蚀性物品的管理规定，在生产、储存、运输、使用中，由于过失发生重大事故造成严重后果的行为。据此，仓库发生爆炸，造成实害结果，甲才成立危险物品肇事罪。在犯罪成立后，被动归案前，甲自动投案，如实供述，成立自首。C 项错误。D 项，甲醉酒驾驶，成立危险驾驶罪。同时交通肇事并导致乙重伤，成立交通肇事罪。甲符合了自动投案、如实供述的条件，成立自首。犯罪行为与自首要分别认定，未及时救人会产生犯罪行为的量刑更重的法律后果。成立自首会产生量刑更轻的法律后果，最后进行综合折算。D 项错误。

8.【答案】B

【考点】拐卖妇女罪；收买被拐卖的妇女罪

【详解】采取控制、绑架方式实施拐卖妇女犯罪，既遂标准是将妇女拐到手，也即控制到手。本题中，甲、乙均将妇女控制到手，就构成拐卖妇女罪的既遂。既遂之后的情形不影响既遂结论的成立。因此，A 项正确，B 项错误。C 项，丙的行为有收买行为、非法拘禁行为及出卖行为，收买后又出卖的，以拐卖妇女罪定罪，由于非法拘禁罪能够被拐卖妇女罪吸收，因此只定拐卖妇女罪即可。C 项正确。D 项，拐卖妇女罪的保护法益是妇女的人身自由。成年妇女如果同意放弃该法益，则行为人不构成拐卖妇女罪，相应的，收买者也不构成收买被拐卖的妇女罪。D 项正确。

9.【答案】BCD

【考点】取得型财产犯罪的既遂标准

【详解】取得型财产犯罪的要求具有非法占有目的。A 项，盗窃罪的既遂标准是取得控制财物，只要发动车辆驶离原地，就视为行为人控制了车辆，构成既遂。盗窃行为是否被他人监视，不直接影响盗窃罪的既遂、未遂的认定。如果在监视之外，还存在物理包围圈（行为人事实上不能突出重围），则行为人只能构成未遂。故甲构成盗窃罪既遂。A 项正确。B 项，入户盗窃的既遂标准是行为人拿走财物离开住宅，才是真正取得控制财物，建立了对财物的占有。甲取得财物后未能离开乙家，只能构成犯罪未遂。B 项错误。C 项，敲诈勒索罪属于取得型财产犯罪，甲没有取得财物，故不构成犯罪既遂，只能是犯罪未遂。C 项错误。D 项，诈骗罪属于取得型财产犯罪，甲并未取得乙的钱财，因此不构成犯罪既遂，而是未遂。D 项错误。

10.【答案】AD

【考点】盗窃罪；信用卡诈骗罪；抢夺罪

【详解】A 项，在班主任接收前，家长们发的生活费仍属于家长们占有并所有。甲接收了其中的 5000 元，属于将他人占有的财物，通过平和手段转移为自己占有，构成盗窃罪。因此，A 项错误。B 项，微信账户不属于银行卡账户，因此不适用信用卡诈骗罪的相关规定。甲将乙微信账户中的 5000 元转入自己的微信账户，属于将乙占有的财物通过平和手段转移为自己占有，构成盗窃罪。因此，B 项正确。C 项，甲将乙银行卡中的 5000 元转入乙的微信账户，钱仍在乙的账户，不构成盗窃罪。甲从乙的微信账户将 5000 元转入自己的微信账户，属于将乙占有的财物通过平和手段转移为自己占有，构成盗窃罪。所以，C 项正确。D 项，甲将乙的银行卡与乙的微信绑定，这种行为没有侵犯乙的财产权，不构成财产犯罪。甲利用乙的微信支付信息，从乙的微信账户将 5000 元转入自己的微信账户。由于微信账户不属于银行卡账户，微信支付信息不属于银行卡信息资料，因此不适用信用卡诈骗罪的相关规定。甲的这种行为属于将乙占有的财物通过平和手段转移为自己占有，构成盗窃罪。所以，D 项错误。

11.【答案】D

【考点】公开盗窃；抢夺罪；抢劫罪

【详解】盗窃罪是指将他人占有的财物，通过平和手段转移为自己占有的行为。法考界的多数观点（命题人观点）认为，这个平和手段可以是秘密的，也可以是公开的。"入户盗窃"是盗窃罪的特殊类型，其行为对象不要求是"数额较大"的财物。所以，甲、乙的行为都构成盗窃罪，AB 项正确。C 项，丙没有实施欺骗行为，收费站工作人员没有产生认识错误，所以丙不构成诈骗罪。C 项正确。丙的行为属于盗窃或抢夺财产性利益。如果该行为对收费站工作人员的人身有危险，则属于抢夺行为；如果没有危险，则属于盗窃行为。D 项，抢夺罪与抢劫罪的区分标准在于：抢夺罪是对物暴力，夺取财物，手段对人有危险；抢劫罪是对人暴力，压制人的反抗，劫取财物。本题中，丁开始是抢夺罪，但是，当拖行被害人时，手段已经升级为对人暴力，压制被害人的反抗，因此构成抢劫罪，D 项错误。

12.【答案】CD

【考点】抢劫罪

【详解】A 项不成立，甲一开始构成故意伤害罪，之后是趁着乙晕倒当场取走其财物（秘密窃取），后行为根据司法解释的规定，成立盗窃罪。对甲应按照故意伤害罪和盗窃罪，数罪并罚。B 项不成立，对甲一开始构成故意伤害罪，后面乙给钱是因为想被及时救治，不是甲另起犯意实施暴力或以暴力相威胁交付的财物，所以甲不成立抢劫罪。C 项成立，甲一开始构成故意伤害罪，后来即使乙主动提出给5000 元，甲此时也不成立抢劫罪。但是之后以暴力相威胁索要更多财物，可评价为抢劫罪。D 项成立，甲一开始构成故意伤害罪，伤害过程中另起犯意，进而实施暴力去劫取被害人手机，成立抢劫罪。

13.【答案】B

【考点】诈骗罪；盗窃罪

【详解】甲拿走手机的行为不成立犯罪。因为这是甲正常买卖获取的手机。甲明明收到手机，却谎称没有收到货，使得商家受骗而赔款，该行为完全成立诈骗罪。故 B 项正确。

14.【答案】D

【考点】高空抛物罪

【详解】高空是指"距地面较高的空间"。高低都是相对而言的，没有也不可能有一个统一的"高空"标准。在高空抛物罪之"高空"的认定中，应不限于高层建筑。在低层或多层建筑附近、在因地形等原因形成高层落差的陡坡、悬崖、人行天桥、井下等地方都可能实施高空抛物的行为。所以不包括从地面向高空抛物体，A 项错误；也不要求很高的地方，2 层、3 层建筑物也可以，故 B 项错误，D 项正确。

2022 年

1.【答案】AC

【考点】自首；立功；脱逃罪

【详解】根据《刑法》第 316 条规定，脱逃罪是指依法被关押的罪犯、被告人、犯罪嫌疑人脱逃的行为。张某是依法被关押的犯罪嫌疑人，在刑事拘留期间潜逃，构成脱逃罪，故 A 项正确。根据《关于处理自首和立功若干具体问题的意见》第 4 条第 1 款规定，犯罪分子通过贿买、暴力、胁迫等非法手段，或者被羁押后与律师、亲友会见过程中违反监管规定，获取他人犯罪线索并"检举揭发"的，不能认定为有立功表现。"贿买"是指向国家工作人员行贿，从国家工作人员处购买犯罪线索。张某向裴某购买犯罪线索，不属于贿买。且张某对裴某没有实施暴力、胁迫等非法手段，因此张某提供犯罪线索的行为构成立功。故 B 项错误。张某涉嫌诈骗罪被抓获归案，属于被动归案，对诈骗罪不能成立自首。张某在刑事拘留期间潜逃，构成脱逃罪，后又自动投案，因此成立脱逃罪的自首。故 C 项正确，D 项错误。

2.【答案】BCD

【考点】因果关系；客观归责

【详解】A 项，丙的死亡系甲的投毒行为所致，乙虽然发现甲投毒，并且也希望丙喝下毒水而死亡，但是乙自始至终没有实施刑法所禁止的实害行为，也不负有阻止丙喝下毒水的作为义务，丙的死亡与乙没有关系。A 项错误。B 项，甲、乙两人互不知情，各自行为单独都不能导致危害结果的发生，但均会起到重要作用，叠加在一起同时发挥作用，两个行为都与结果有因果关系，属于二因一果。B 项正确。C 项，甲未能按时偿还贷款的原因在于经营受损，并不是申请贷款时提供了伪造材料，即伪造材料的行为与银行受损之间并不具有刑法上的因果关系。C 项正确。D 项，虽然漂浮物属于甲，但是在乙的生命受到严重危险时，甲拿走了可以挽救乙生命的工具，其行为创设了不被法律所允许的风险，乙未能获救而死亡，因此拿走漂浮物的行为与死亡结果之间具有因果关系。D 项正确。

2023 年

【答案】AD

【考点】抢夺罪；抢劫罪；盗窃罪；诈骗罪

【详解】张某偷走肉摊小贩的剔骨刀，由于剔骨刀的财产价值不高，一般达不到盗窃罪的起刑点。张某趁于某不备，用剔骨刀割开于某挎包背带，夺走挎包，由于挎包背带已经被割开，夺取行为对人身不产生危险性，因此成立盗窃罪，而非抢夺罪。故 A 项错误。徐某在陆某家中搜寻翻找珠宝的行为，已经成立盗窃罪的着手，后为了逃避抓捕，将陆某打倒的行为，已经足以压制被害人的反抗，成立转化型的抢劫罪。但是，由于徐某既没有获得财物，也没有导致被害人轻伤以上程度，因此成立抢劫罪未遂。故 B 项正确。彩票属于不记名、不挂失的有价证券。根据《最高人民法院、最高人民检察院关于办理盗窃刑事案件适用法律若干问题的解释》第 5 条第 1 项规定，盗窃不记名、不挂失的有价支付凭证、有价证券、有价票证的，应当按票面数额和盗窃时应得的孳息、奖金或者奖品等可得收益一并计算盗窃数额。据此，无论哪张彩票中奖，均已达到盗窃罪的数额标准，故 C 项正确。蒋某并非电脑的占有人，而是无权处分人，因此对蒋某不能成立诈骗罪。程某是利用蒋某客观上的帮助实现了盗窃范某电脑的目的，因此程某是盗窃罪的间接正犯。故 D 项错误。

刑事诉讼法

1.【答案】B

【考点】 刑事诉讼程序的价值；程序公正与实体公正的关系

【详解】 诉讼公正，包括实体公正和程序公正两个方面。实体公正，即结果公正，指案件实体的结局处理所体现的公正。程序公正，指诉讼程序方面体现的公正。实体公正和程序公正各自都有独立的内涵和标准，不能互相代替，而且应当并重。一方面程序公正保障实体公正的实现，另一方面程序公正具有独立的价值。A 项前半句话是正确的。但是，程序公正不一定就能够实现实体公正，因此，A 项后半句话错误。刑事程序的公开和透明，可以使当事人以及社会监督刑事程序得以运行，因而有助于发挥程序的约束作用。故 B 项正确。C 项的错误在于，依据我国《刑事诉讼法》和司法解释的规定，违反法定程序收集的证据并非都应予以排除，有的瑕疵证据经过合理解释或者补正后，可以作为定案根据。D 项的错误在于，对复杂程度不同的案件进行程序上的繁简分流，有利于提高诉讼效率，将司法资源进行有效的配置，进而发挥程序的约束作用。本题正确答案为 B。

2.【答案】A

【考点】 具有法定情形不予追究刑事责任原则

【详解】《刑事诉讼法》第 16 条规定，有下列情形之一的，不追究刑事责任，已经追究的，应当撤销案件，或者不起诉，或者终止审理，或者宣告无罪：（1）情节显著轻微、危害不大，不认为是犯罪的；（2）犯罪已过追诉时效期限的；（3）经特赦令免除刑罚的；（4）依照刑法告诉才处理的犯罪，没有告诉或者撤回告诉的；（5）犯罪嫌疑人、被告人死亡的；（6）其他法律规定免予追究刑事责任的。这一规定确立了具有法定情形不予追究刑事责任原则。本题中，A 项，盗窃 400 余元，未达到定罪的数额标准，故属于"情节显著轻微、危害不大，不认为是犯罪的"这一情形，公安机关决定撤销案件。该项体现了具有法定情形不予追究刑事责任原则。B 项，《刑事诉讼法》第 177 条第 2 款的规定，对于犯罪情节轻微，依照刑法规定不需要判处刑罚或者免除刑罚的，人民检察院可以作出不起诉决定。B 的处理方式正确，但是，该不起诉属于酌定不起诉，未体现具有

法定情形不予追究刑事责任原则。C 项，法院是因为丙的行为未满足犯罪构成要件而作出的无罪判决，不是因为具备《刑事诉讼法》第 16 条规定的情形而作出的无罪判决，也未体现具有法定情形不予追究刑事责任原则。D 项的不起诉属于证据不足不起诉，不是依据《刑事诉讼法》第 16 条规定的情形作出的法定不起诉，所以，也未体现具有法定情形不予追究刑事责任原则。本题正确答案为 A。

3.【答案】C

【考点】 刑事诉讼构造

【详解】 一个国家特定时期的刑事诉讼目的与构造具有内在的一致性，它们都受到当时占主导地位的关于刑事诉讼的法律价值观的深刻影响。故 A 项错误。混合式诉讼构造可能是当事人主义吸收职权主义的因素形成的，也可能是职权主义吸收当事人主义的因素形成的，故 B 项错误。职权主义诉讼构造将诉讼的主动权委于国家专门机关，适用于实体真实的诉讼目的。故 C 项正确。当事人主义将开始和推动诉讼的主动权委于当事人，控诉、辩护双方当事人在诉讼中居于主导地位，适用于程序上保障人权的诉讼目的。但是，保障人权和控制犯罪二者既对立又统一，所以 D 项错误。本题正确答案为 C。

4.【答案】D

【考点】 被害人的诉讼权利

【详解】《刑事诉讼法》第 46 条第 1 款规定，公诉案件的被害人及其法定代理人或者近亲属，附带民事诉讼的当事人及其法定代理人，自案件移送审查起诉之日起，有权委托诉讼代理人。自诉案件的自诉人及其法定代理人，附带民事诉讼的当事人及其法定代理人，有权随时委托诉讼代理人。故 A 项错误。《刑事诉讼法》第 65 条第 1 款规定，证人因履行作证义务而支出的交通、住宿、就餐等费用，应当给予补助。证人作证的补助列入司法机关业务经费，由同级政府财政予以保障。故 B 项的错误在于，只需要补助证人，不需要补助被害人。《刑事诉讼法》第 305 条第 2 款规定，被决定强制医疗的人、被害人及其法定代理人、近亲属对强制医疗决定不服的，可以向上一级人民法院申请复议。故 C 项的错误在于，不是向作出决定的法院申请复议一次，而是向上一级法院申请复议。《刑事诉讼法》第 282 条第 2 款规定，对附条件不起诉的决定，公安机关要求复议、提请复核或者被害人申诉的，适用该法第 179 条、第 180 条的规

定。《刑事诉讼法》第180条规定，对于有被害人的案件，决定不起诉的，人民检察院应当将不起诉决定书送达被害人。被害人如果不服，可以自收到决定书后7日以内向上一级人民检察院申诉，请求提起公诉。《全国人民代表大会常务委员会关于〈中华人民共和国刑事诉讼法〉第二百七十一条第二款的解释》规定，人民检察院办理未成年人刑事案件，在作出附条件不起诉的决定以及考验期满作出不起诉的决定以前，应当听取被害人的意见。被害人对人民检察院对未成年犯罪嫌疑人作出的附条件不起诉的决定和不起诉的决定，可以向上一级人民检察院申诉，不适用《刑事诉讼法》第180条关于被害人可以向人民法院起诉的规定。故D项正确。本题正确答案为D。

5. 【答案】D

【考点】监外执行

【详解】《刑事诉讼法》第267条规定，决定或者批准暂予监外执行的机关应当将暂予监外执行决定抄送人民检察院。故A项正确。《刑事诉讼法》第269条规定，对被判处管制、宣告缓刑、假释或者暂予监外执行的罪犯，依法实行社区矫正，由社区矫正机构负责执行。故B项正确。《刑事诉讼法》第268条第1款规定，对暂予监外执行的罪犯，有下列情形之一的，应当及时收监：（1）发现不符合暂予监外执行条件的；（2）严重违反有关暂予监外执行监督管理规定的；（3）暂予监外执行的情形消失后，罪犯刑期未满的。C项，"钱某拒不报告行踪、脱离监管"，属于上述第（2）项情形，故C项正确。D项错误在于，钱某对法院作出的收监决定没有申请复议的权利。本题正确答案为D。

6. 【答案】C

【考点】证据的关联性

【详解】证据的关联性，是指证据必须与案件事实有客观联系，对证明刑事案件事实具有某种实际意义；反之，与本案无关的事实或者材料，都不能成为刑事证据。故A项错误。证据的关联性是证据证明力的原因。所谓证明力，也就是证据对证明案件事实的证明作用，也就是证据对证明案件事实的价值。证据对案件事实有无证明力以及证明力的大小，取决于证据本身与案件事实有无联系以及联系的紧密、强弱程度。一般来说，如果证据与案件事实之间的联系紧密，则该证据的证明力较强，在诉讼中所起的作用也较大。故C项正确。没有关联性的证据不具有可采性，但具有关联性的证据未必都具有可采性，仍有可能出于利益考虑，或者由于某种特殊规则，而不具有可采性。故B项错误。一般而言，英美证据法认为下列几种证据不具有关联性，不得作为认定案件事实的依据：（1）品格证据；（2）类似行为；（3）特定的诉讼行为；（4）特定的事实行为；（5）被害人过去的行为。故D项错误。本题正确答案为C。

7. 【答案】D

【考点】补强证据规则

【详解】补强证据规则是指为了防止误认事实或发生其他危险性，而在运用某些证明力显然薄弱的证据认定案情时，必须有其他证据补强其证明力，才能被法庭采信为定案根据。

一般来说，在刑事诉讼中需要补强的不仅包括被追诉人的供述，而且包括证人证言、被害人陈述等特定证据。补强证据必须满足以下条件：（1）补强证据必须具有证据能力；（2）补强证据本身必须具有担保补强对象真实的能力；（3）补强证据必须具有独立的来源。本题中AB两项均是证明证据的合法性，即证据能力，而非补强证据的证明力。C项与补强对象之间重叠，不具有独立来源，因此不属于补强证据。D项属于补强证据。本题正确答案为D。

8. 【答案】C

【考点】鉴定人与鉴定意见；专家辅助人；审理程序的中断；意见证据规则

【详解】《刑事诉讼法》第192条第3款规定，公诉人、当事人或者辩护人、诉讼代理人对鉴定意见有异议，人民法院认为鉴定人有必要出庭的，鉴定人应当出庭作证。经人民法院通知，鉴定人拒不出庭作证的，鉴定意见不得作为定案的根据。《刑事诉讼法》第193条第1款规定，经人民法院通知，证人没有正当理由不出庭作证的，人民法院可以强制其到庭，但是被告人的配偶、父母、子女除外。据此，不能强制鉴定人出庭，只能强制证人出庭作证。故A项错误。《刑诉解释》第99条第1、2款规定："经人民法院通知，鉴定人拒不出庭作证的，鉴定意见不得作为定案的根据。鉴定人由于不能抗拒的原因或者有其他正当理由无法出庭的，人民法院可以根据情况决定延期审理或者重新鉴定。"故B的错误在于，不是"中止审理"，而是"延期审理"。《刑事诉讼法》第197条第2款规定，公诉人、当事人和辩护人、诉讼代理人可以申请法庭通知有专门知识的人出庭，就鉴定人作出的鉴定意见提出意见。故C正确。意见证据规则，是指证人只能陈述自己亲自感受和经历的事实，而不得陈述对该事实的意见或者结论。对鉴定意见的审查和认定，不受意见证据规则的规制。故D错误。本题正确答案为C。

9. 【答案】B

【考点】取保候审的保证方式

【详解】《关于取保候审若干问题的规定》第4条第2款规定，对同一犯罪嫌疑人、被告人决定取保候审的，不得同时使用保证人保证和保证金保证。故A项，让保证人交纳保证金，就是同时使用保证人保证和保证金保证。故A项错误。对于保证人没有人数要求，而且，郭某的父亲和母亲都可以担任郭某的保证人。故B项正确。《刑事诉讼法》第70条第2

款规定，被保证人有违反该法第 71 条规定的行为，保证人未履行保证义务的，对保证人处以罚款规定，构成犯罪的，依法追究刑事责任。《高检规则》第 99 条规定，人民检察院发现保证人没有履行《刑事诉讼法》第 70 条规定的义务，应当通知公安机关，要求公安机关对保证人作出罚款决定。构成犯罪的，依法追究保证人的刑事责任。《刑事诉讼法》和司法解释已经删除了"要求保证人承担相应的民事连带赔偿责任"的规定。故 C 项错误。《六机关规定》第 14 条规定，对取保候审保证人是否履行了保证义务，由公安机关认定，对保证人的罚款决定，也由公安机关作出。故 D 项错误。本题正确答案为 B。

10.【答案】C

【考点】审前羁押；羁押必要性审查；强制措施的变更和解除

【详解】适用强制措施应当遵循必要性原则和相当性原则。必要性原则是指只有在为保证刑事诉讼的顺利进行而有必要时方能采取，若无必要，不得随意适用强制措施。相当性原则，又称为比例原则，是指适用何种强制措施，应当与犯罪嫌疑人、被告人的人身危险性程度和涉嫌犯罪的轻重程度相适应。故 AB 项表述均正确。《刑事诉讼法》第 95 条规定，犯罪嫌疑人、被告人被逮捕后，人民检察院仍应当对羁押的必要性进行审查。对不需要继续羁押的，应当建议予以释放或者变更强制措施。有关机关应当在 10 日以内将处理情况通知人民检察院。因此，C 项错误在于，检察院经羁押必要性审查认为不需要继续羁押的，无权直接决定释放或变更为其他非羁押强制措施，而应当建议予以释放或者变更强制措施。《刑诉解释》第 170 条规定："被逮捕的被告人具有下列情形之一的，人民法院应立即释放；必要时，可以依法变更强制措施：（一）第一审人民法院判决被告人无罪、不负刑事责任或者免予刑事处罚的；（二）第一审人民法院判处管制、宣告缓刑、单独适用附加刑，判决尚未发生法律效力的；（三）被告人被羁押的时间已到第一审人民法院对其判处的刑期期限的；（四）案件不能在法律规定的期限内审结的。"故 D 项正确。本题符合题意的选项为 C。

11.【答案】D

【考点】附带民事诉讼当事人；附带民事诉讼的赔偿范围；受理和审理程序

【详解】《刑事诉讼法》第 101 条第 1 款规定，被害人由于被告人的犯罪行为而遭受物质损失的，在刑事诉讼过程中，有权提起附带民事诉讼。被害人死亡或者丧失行为能力的，被害人的法定代理人、近亲属有权提起附带民事诉讼。《刑事诉讼法》第 108 条第 6 项规定，"近亲属"是指夫、妻、父、母、子、女、同胞兄弟姊妹。A 项中，被害人李某的父母作为李某的近亲属有权提起附带民事诉讼，李某的祖父母不是李某的近亲属，不能提起附带民事诉讼。故 A 项错误。《刑诉解释》第 183 条规定："共同犯罪案件，同案犯在逃的，不应列为附带民事诉讼被告人。逃跑的同案犯到案后，被害人或者其法定代理人、近亲属可以对其提起附带民事诉讼，但已经从其他共同犯罪人处获得足额赔偿的除外。"本案中，苏某在逃，不应把苏某列为附带民事诉讼被告人。故 B 项错误。《刑诉解释》第 176 条规定："被告人非法占有、处置被害人财产的，应当依法予以追缴或者责令退赔。被害人提起附带民事诉讼的，人民法院不予受理。追缴、退赔的情况，可以作为量刑情节考虑。"故 C 项错误。《刑诉解释》第 185 条规定："侦查、审查起诉期间，有权提起附带民事诉讼的人提出赔偿要求，经公安机关、人民检察院调解，当事人双方已经达成协议并全部履行，被害人或者其法定代理人、近亲属又提起附带民事诉讼的，人民法院不予受理，但有证据证明调解违反自愿、合法原则的除外。"故 D 项正确。本题正确答案为 D。

12.【答案】C

【考点】期间的计算

【详解】期间的重新计算，是指由于发生了法定的情况，原来已进行的期间归于无效，而从新发生情况之时起计算期间。重新计算期间仅适用于公安司法机关的办案期限，不适用于当事人行使诉讼权利的期限。故 A 项错误。《刑事诉讼法》第 105 条第 3 款规定，法定期间不包括路途上的时间。上诉状或者其他文件在期满前已经交邮的，不算过期。即上诉状或其他法律文书在期满前已交邮的不算过期，已交邮以当地邮局所盖邮戳为准。故 B 项错误在后半句话，C 项正确。D 项，犯罪嫌疑人、被告人在押的案件，在羁押场所以外对患有严重疾病的犯罪嫌疑人、被告人进行医治的时间，应当计入法定羁押期间。故 D 项错误。本题的正确答案为 C。

13.【答案】B

【考点】勘验、检查；勘验、检查笔录的排除

【详解】《刑事诉讼法》第 128 条规定，侦查人员对于与犯罪有关的场所、物品、人身、尸体应当进行勘验或者检查。在必要的时候，可以指派或者聘请具有专门知识的人，在侦查人员的主持下进行勘验、检查。故 A 项的错误在于，具有专门知识的人也可以进行勘验、检查。《刑事诉讼法》第 130 条规定，侦查人员执行勘验、检查，必须持有人民检察院或者公安机关的证明文件。故 B 项正确。《刑事诉讼法》第 132 条第 3 款规定，检查妇女的身体，应当由女工作人员或者医师进行。故 C 项的错误在于，不是"女医师"，而是"医师"。《刑诉解释》第 86 条第 1 款和第 2 款规定："在勘验、检查、搜查过程中提取、扣押的物证、书证，未附笔录或者清单，不能证明物证、书证来源的，不得作为定案的根据。物证、书证

的收集程序、方式有下列瑕疵，经补正或者作出合理解释的，可以采用：（一）勘验、检查、搜查、提取笔录或者扣押清单上没有调查人员或者侦查人员、物品持有人、见证人签名，或者对物品的名称、特征、数量、质量等注明不详的；（二）物证的照片、录像、复制品，书证的副本、复制件未注明与原件核对无异，无复制时间，或者无被收集、调取人签名的；（三）物证的照片、录像、复制品，书证的副本、复制件没有制作人关于制作过程和原物、原件存放地点的说明，或者说明中无签名的；（四）有其他瑕疵的。"故 D 项错误。本题的正确答案为 B。

14.【答案】B

【考点】 证据不足不起诉；非法证据排除

【详解】 存疑不起诉，又称证据不足的不起诉。存疑不起诉是指人民检察院对于经过补充侦查的案件，仍然认为证据不足，不符合起诉条件的，经检察长或者检察委员会决定，可以作出不起诉决定。故 A 项正确。《刑事诉讼法》第 175 条第 4 款规定，对于 2 次补充侦查的案件，人民检察院仍然认为证据不足，不符合起诉条件的，应当作出不起诉的决定。从这一条文仅表述了一个最低限度的要求。由此可知，检察院未经退回补充侦查即作出不起诉决定，未违反《刑事诉讼法》的规定。故 B 项错误。检察院是我国的法律监督机关。检察院在审查起诉时，发现侦查机关以刑讯获取的供述，应当予以排除，这体现了检察院法律监督机关的属性。故 C 项正确。检察院在作出存疑不起诉之后，如果发现了新的证据，符合起诉条件时，可以提起公诉。故 D 项正确。本题符合题意的项为 B。

15.【答案】B

【考点】 刑事审判的特征

【详解】 刑事审判的亲历性，是指案件的裁判者必须自始至终参与审理，审查所有证据，对案件作出判决须以充分听取控辩双方的意见为前提。本题中，ACD 项三项均体现了刑事审判的亲历性特征，但是，B 项未体现刑事审判的亲历性特征。本题的正确答案为 B。

16.【答案】B

【考点】 自诉案件审理程序的特点

【详解】《刑事诉讼法》第 212 条第 2 款规定，人民法院审理自诉案件的期限，被告人被羁押的，适用该法第 208 条第 1 款、第 2 款的规定（即公诉案件的审理期限）；未被羁押的，应当在受理后 6 个月以内宣判。故 A 项错误。《刑事诉讼法》第 212 条第 1 款规定，人民法院对自诉案件，可以进行调解；自诉人在宣告判决前，可以同被告人自行和解或者撤回自诉。《刑事诉讼法》第 210 条第 3 项规定的案件不适用调解。《刑诉解释》第 411 条规定："对第二审自诉案件，必要时可以调解，当事人也可以自行和解。

调解结案的，应当制作调解书，第一审判决、裁定视为自动撤销。当事人自行和解的，依照本解释第三百二十九条的规定处理；裁定准许撤回自诉的，应当撤销第一审判决、裁定。"故 B 项正确、D 项错误。《刑诉解释》第 412 条规定："第二审期间，自诉案件的当事人提出反诉的，应当告知其另行起诉。"故 C 项错误。本题符合题意的选项是 B。

17.【答案】B

【考点】 第二审的审理程序；上诉不加刑

【详解】《刑诉解释》第 393 条第 2 款规定："被判处死刑的被告人没有上诉，同案的其他被告人上诉的案件，第二审人民法院应当开庭审理。"故 A 项错误。《刑诉解释》第 399 条第 1 款规定："开庭审理上诉、抗诉案件，可以重点围绕对第一审判决、裁定有争议的问题或者有疑问的部分进行。根据案件情况，可以按照下列方式审理：……（三）对同案审理案件中未上诉的被告人，未被申请出庭或者人民法院认为没有必要到庭的，可以不再传唤到庭；……"故 B 项正确。《刑诉解释》第 392 条规定："第二审期间，被告人除自行辩护外，还可以继续委托第一审辩护人或者另行委托辩护人辩护。共同犯罪案件，只有部分被告人提出上诉，或者自诉人只对部分被告人的判决提出上诉，或者人民检察院只对部分被告人的判决提出抗诉的，其他同案被告人也可以委托辩护人辩护。"故 C 项错误。《刑事诉讼法》第 237 条规定，第二审人民法院审理被告人或者他的法定代理人、辩护人、近亲属上诉的案件，不得加重被告人的刑罚。第二审人民法院发回原审人民法院重新审判的案件，除有新的犯罪事实，人民检察院补充起诉的以外，原审人民法院也不得加重被告人的刑罚。人民检察院提出抗诉或者自诉人提出上诉的，不受前款规定的限制。故 D 项错误。本题的正确答案为 B。

18.【答案】B

【考点】 死刑立即执行案件复核后的处理方式

【详解】《刑诉解释》第 429 条规定："最高人民法院复核死刑案件，应当按照下列情形分别处理：（一）原判认定事实和适用法律正确、量刑适当、诉讼程序合法的，应当裁定核准；（二）原判认定的某一具体事实或者引用的法律条款等存在瑕疵，但判处被告人死刑并无不当的，可以在纠正后作出核准的判决、裁定；（三）原判事实不清、证据不足的，应当裁定不予核准，并撤销原判，发回重新审判；（四）复核期间出现新的影响定罪量刑的事实、证据的，应当裁定不予核准，并撤销原判，发回重新审判；（五）原判认定事实正确、证据充分，但依法不应当判处死刑的，应当裁定不予核准，并撤销原判，发回重新审判；根据案件情况，必要时，也可以依法改判；（六）原审违反法定诉讼程序，可能影响公正审判的，应当裁定不予核准，并撤销原判，发回重新审判。"本案属于事实证据没问题，单纯的量刑有问题，可以改判，故 B 项正确。A 项错误在于，不是"裁定"核准甲死刑，而是"判决"核准甲死刑。CD 项均错误。

19.【答案】C

【考点】当事人和解的公诉案件诉讼程序

【详解】《刑诉解释》第 589 条第 1、2 款规定："被告人的近亲属经被告人同意，可以代为和解。被告人系限制行为能力人的，其法定代理人可以代为和解。"甲在押的，其近亲属应经甲同意，才能与被害方进行和解。故 A 项错误。《刑诉解释》第 588 条规定："符合刑事诉讼法第二百八十八条规定的公诉案件，被害人死亡的，其近亲属可以与被告人和解。近亲属有多人的，达成和解协议，应当经处于最先继承顺序的所有近亲属同意。被害人系无行为能力或者限制行为能力人的，其法定代理人、近亲属可以代为和解。"故 B 项错误在于，乙的近亲属是与被告人和解，而不是"代为和解"，此处表述不准确。C 项正确，因为辩护人、诉讼代理人均可以协助被告人、被害人参与和解协商。《刑诉解释》第 589 条第 3 款规定："被告人的法定代理人、近亲属依照前两款规定代为和解的，和解协议约定的赔礼道歉等事项，应当由被告人本人履行。"故 D 项错误。本题符合题意的选项是 C。

20.【答案】B

【考点】犯罪嫌疑人、被告人逃匿、死亡案件违法所得没收程序的审理和救济程序

【详解】《高检规则》第 528 条规定，人民法院在审理案件过程中，被告人死亡而裁定终止审理，或者被告人脱逃而裁定中止审理，人民检察院可以依法另行向人民法院提出没收违法所得的申请。《刑诉解释》第 626 条规定："在审理案件过程中，被告人脱逃或者死亡，符合刑事诉讼法第二百九十八条第一款规定的，人民检察院可以向人民法院提出没收违法所得的申请；符合刑事诉讼法第二百九十一条第一款规定的，人民检察院可以按照缺席审判程序向人民法院提起公诉。人民检察院向原受理案件的人民法院提出没收违法所得申请的，可以由同一审判组织审理。"本题中，A 项正确，B 项的错误在于，不是"应当"而是"可以"由 B 市中级法院的同一审判组织对是否没收违法所得继续进行审理。《刑诉解释》第 622 条规定："对没收违法所得或者驳回申请的裁定，犯罪嫌疑人、被告人的近亲属和其他利害关系人或者人民检察院可以在五日以内提出上诉、抗诉。"故 CD 两项正确。本题符合题意的答案为 B。

21.【答案】C

【考点】犯罪嫌疑人、被告人逃匿、死亡案件违法所得没收程序中的"违法所得及其他涉案财产"

【详解】《高检规则》第 515 条规定："犯罪嫌疑人、被告人通过实施犯罪直接或者间接产生、获得的任何财产，应当认定为'违法所得'。违法所得已经部分或者全部转变、转化为其他财产的，转变、转化后的财产应当视为前款规定的'违法所得'。来自违法所得转变、转化后的财产收益，或者来自已经与违法所得相混合财产中违法所得相应部分的收益，也应当视为第一款规定的违法所得。"《高检规则》第 516 条规定："犯罪嫌疑人、被告人非法持有的违禁品、供犯罪所用的本人财物，应当认定为'其他涉案财产'。"本题中，A 项属于被告人非法持有的"违禁品"，B 项属于实施犯罪行为所取得的孳息，D 项属于实施犯罪行为所取得的财物，以上均属于"违法所得及其他涉案财产"。C 项属于供犯罪所用的单位的财物，而非其本人财物，所以不属于"违法所得及其他涉案财产"。本题符合题意的选项是 C。

22.【答案】ABC

【考点】宪法与刑事诉讼法的关系

【详解】有关刑事诉讼的程序性条款在宪法条文中具有重要地位。这些体现法治主义的有关刑事诉讼的程序性条款规定，构成了各国宪法或者宪法性文件中关于人权保障条款的核心。故 A 项正确。各国刑事诉讼法律规范中有关强制措施的适用权限、条件、程序，羁押期限，辩护，侦查、审判的原则和程序等规定，都直接体现了宪法或者宪法性文件关于公民人身、住宅、财产不受非法搜查、逮捕、扣押以及犯罪嫌疑人、被告人有权获得辩护等规定的精神。故 B 项正确。由于刑事诉讼法规范和限制了国家权力，因而成为保障公民基本人权和自由的基石。故 C 项正确。宪法的许多规定，一方面要通过刑事诉讼法保证刑法的实施来实现；另一方面要通过刑事诉讼法本身的实施来实现。故 D 项错误。本题的正确答案为 ABC 项。

23.【答案】ABC

【考点】刑事诉讼基本原则的特点

【详解】刑事诉讼基本原则体现刑事诉讼活动的基本规律，这些基本法律准则有着深厚的法律理论基础和丰富的思想内涵。故 A 项正确。刑事诉讼原则可以由法律明文规定，包括宪法或者宪法性文件、刑事诉讼法及其他法律、联合国文件、某些区域性组织的文件等，也可以体现于刑事诉讼法的指导思想、目的、任务、具体制度和程序之中。刑事诉讼基本原则必须由法律作出明确规定。故 B 项正确。刑事诉讼法规定的基本原则包括两大类，一类是一般原则，即刑事诉讼和其他性质的诉讼必须共同遵守的原则，如以事实为根据，以法律为准绳原则；公民在法律面前一律平等原则；各民族公民有权使用本民族语言文字进行诉讼原则；审判公开原则；保障诉讼参与人的诉讼权利原则，等等。另一类是刑事诉讼所独有的基本原则，如侦查权、检察权、审判权由专门机关依法行使原则；人民法院、人民检察院依法独立行使职权原

则；分工负责、互相配合、互相制约原则；犯罪嫌疑人、被告人有权获得辩护原则，等等。故 C 项正确。刑事诉讼基本原则一般贯穿于刑事诉讼全过程或主要诉讼阶段，具有较普遍的指导意义，但是，刑事诉讼基本原则也具有法律约束力。在具体诉讼制度没有作出详细规定的时候，可以直接适用刑事诉讼法规定的刑事诉讼基本原则，即刑事诉讼基本原则具有弥补法律规定不足和填补法律漏洞的功能。故 D 项错误。本题的正确答案为 ABC 项。

24.【答案】CD

【考点】 移送管辖；级别管辖；分案审理

【详解】《刑诉解释》第 17 条第 1 款规定："基层人民法院对可能判处无期徒刑、死刑的第一审刑事案件，应当移送中级人民法院审判。"《刑诉解释》第 15 条规定："一人犯数罪、共同犯罪或者其他需要并案审理的案件，其中一人或者一罪属于上级人民法院管辖的，全案由上级人民法院管辖。"但是，本题题干是未成年人和成年人共同犯罪。《刑诉解释》第 551 条第 1 款规定："对分案起诉至同一人民法院的未成年人与成年人共同犯罪案件，可以由同一个审判组织审理；不宜由同一个审判组织审理的，可以分别审理。"所以，可以将赵某移送中级法院审理，其余被告人继续在县法院审理，也可以将全案一并移送中级法院审理。故 AB 两项的错误在于，不是"应当"，而是"可以"。《刑诉解释》第 17 条第 3 款规定："需要将案件移送中级人民法院审判的，应当在报请院长决定后，至迟于案件审理期限届满十五日以前书面请求移送。中级人民法院应当在接到申请后十日以内作出决定。不同意移送的，应当下达不同意移送决定书，由请求移送的人民法院依法审判；同意移送的，应当下达同意移送决定书，并书面通知同级人民检察院。"故 CD 项正确。本题的正确答案为 CD 项。

25.【答案】AB

【考点】 回避程序；回避的法定理由

【详解】《刑诉解释》第 27 条规定："审判人员具有下列情形之一的，应当自行回避，当事人及其法定代理人有权申请其回避：（一）是本案的当事人或者是当事人的近亲属的；（二）本人或者其近亲属与本案有利害关系的；（三）担任过本案的证人、鉴定人、辩护人、诉讼代理人、翻译人员的；（四）与本案的辩护人、诉讼代理人有近亲属关系的；（五）与本案当事人有其他利害关系，可能影响公正审判的。"《最高人民法院关于审判人员在诉讼活动中执行回避制度若干问题的规定》第 1 条规定，审判人员具有下列情形之一的，应当自行回避，当事人及其法定代理人有权以口头或者书面形式申请其回避：（1）是本案的当事人或者与当事人有近亲属关系的；（2）本人或者其近亲属与本案有利害关系的；（3）担任过本案的证人、翻译人员、鉴定人、勘验人、诉讼代理

人、辩护人的；（4）与本案的诉讼代理人、辩护人有夫妻、父母、子女或者兄弟姐妹关系的；（5）与本案当事人之间存在其他利害关系，可能影响案件公正审理的。本规定所称近亲属，包括与审判人员有夫妻、直系血亲、三代以内旁系血亲及近姻亲关系的亲属。通过这两个规定可以发现，A 属于"与本案的辩护人、诉讼代理人有近亲属关系的"情形，故 A 项正确。C 项中审判长丙尽管与当事人黄某有其他利害关系，但是没有达到可能影响公正审判的程度，故 C 项错误。B 项中"一审书记员乙系林某的表弟"属于法定回避理由，乙应当回避，但是其没有回避，《刑事诉讼法》第 238 条规定，第二审人民法院发现第一审人民法院的审理有下列违反法律规定的诉讼程序的情形之一的，应当裁定撤销原判，发回原审人民法院重新审判：（1）违反本法有关公开审判的规定的；（2）违反回避制度的；（3）剥夺或者限制了当事人的法定诉讼权利，可能影响公正审判的；（4）审判组织的组成不合法的；（5）其他违反法律规定的诉讼程序，可能影响公正审判的。所以，二审法院可以此为由裁定发回原审法院重审。故 B 项正确。《刑诉解释》第 29 条规定："参与过本案调查、侦查、审查起诉工作的监察、侦查、检察人员，调至人民法院工作的，不得担任本案的审判人员。在一个审判程序中参与过本案审判工作的合议庭组成人员或者独任审判员，不得再参与本案其他程序的审判。但是，发回重新审判的案件，在第一审人民法院作出裁判后又进入第二审程序、在法定刑以下判处刑罚的复核程序或者死刑复核程序的，原第二审程序、在法定刑以下判处刑罚的复核程序或者死刑复核程序中的合议庭组成人员不受本款规定的限制。"故 D 项错误。本题的正确答案为 AB 两项。

26.【答案】BD

【考点】 辩护律师的诉讼权利

【详解】《刑事诉讼法》第 38 条规定，辩护律师在侦查期间可以为犯罪嫌疑人提供法律帮助；代理申诉、控告；申请变更强制措施；向侦查机关了解犯罪嫌疑人涉嫌的罪名和案件有关情况，提出意见。《刑事诉讼法》第 39 条第 3~5 款规定，危害国家安全犯罪、恐怖活动犯罪案件，在侦查期间辩护律师会见在押的犯罪嫌疑人，应当经侦查机关许可。上述案件，侦查机关应当事先通知看守所。辩护律师会见在押的犯罪嫌疑人、被告人，可以了解案件有关情况，提供法律咨询等；自案件移送审查起诉之日起，可以向犯罪嫌疑人、被告人核实有关证据。辩护律师会见犯罪嫌疑人、被告人时不被监听。辩护律师同被监视居住的犯罪嫌疑人、被告人会见、通信，适用第 1 款、第 3 款、第 4 款的规定。本题中，A 项错误在于，贿赂犯罪由监察机关立案调查，而不是公安机关侦查，所以，会见刘某无需公安机关许可。B 项属于申请变更

强制措施。C 项错误在于，在调查阶段，律师会见被监视居住的犯罪嫌疑人，不能向其核实有关证据。D 项正确。本题的正确答案为 BD 两项。

27.【答案】ABD

【考点】证人保护；技术侦查

【详解】《刑事诉讼法》第 64 条规定，对于危害国家安全犯罪、恐怖活动犯罪、黑社会性质的组织犯罪、毒品犯罪等案件，证人、鉴定人、被害人因在诉讼中作证，本人或者其近亲属的人身安全面临危险的，人民法院、人民检察院和公安机关应当采取以下一项或者多项保护措施：（1）不公开真实姓名、住址和工作单位等个人信息；（2）采取不暴露外貌、真实声音等出庭作证措施；（3）禁止特定的人员接触证人、鉴定人、被害人及其近亲属；（4）对人身和住宅采取专门性保护措施；（5）其他必要的保护措施。故本题中的 AB 两项均正确。C 项，的侦查人员是"出庭说明情况"，而并非作为证人"出庭作证"，所以，不受证人保护法律规范的约束。故 C 项错误。《刑事诉讼法》第 154 条规定，依照本节规定采取侦查措施收集的材料在刑事诉讼中可以作为证据使用。如果使用该证据可能危及有关人员的人身安全，或者可能产生其他严重后果的，应当采取不暴露有关人员身份、技术方法等保护措施，必要的时候，可以由审判人员在庭外对证据进行核实。故 D 项正确。本题的正确答案为 ABD 三项。

28.【答案】BC

【考点】讯问犯罪嫌疑人的程序

【详解】《刑事诉讼法》第 86 条规定，公安机关对被拘留的人，应当在拘留后的 24 小时以内进行讯问。在发现不应当拘留的时候，必须立即释放，发给释放证明。《刑事诉讼法》第 118 条第 2 款规定，犯罪嫌疑人被送交看守所羁押以后，侦查人员对其进行讯问，应当在看守所内进行。所以，BC 项正确。《刑事诉讼法》第 119 条第 1 款规定，对不需要逮捕、拘留的犯罪嫌疑人，可以传唤到犯罪嫌疑人所在市、县内的指定地点或者到他的住处进行讯问，但是应当出示人民检察院或者公安机关的证明文件。对在现场发现的犯罪嫌疑人，经出示工作证件，可以口头传唤，但应当在讯问笔录中注明。由此可见，在拘留犯罪嫌疑人之前，可以对其进行传唤并讯问，故 A 项错误。对于被指定居所监视居住的犯罪嫌疑人，是"可以"而不是"应当"在指定的居所进行讯问。故 D 项错误。本题的正确答案为 BC 两项。

29.【答案】BD

【考点】庭前会议

【详解】《刑诉解释》第 227 条规定："控辩双方可以申请人民法院召开庭前会议，提出申请应当说明理由。人民法院经审查认为有必要的，应当召开庭前会议；决定不召开的，应当告知申请人。"所以，参

加庭前会议并非被告人的权利，故 A 项错误。《刑诉解释》第 228 条规定："庭前会议可以就下列事项向控辩双方了解情况，听取意见：（一）是否对案件管辖有异议；（二）是否申请有关人员回避；（三）是否申请不公开审理；（四）是否申请排除非法证据；（五）是否提供新的证据材料；（六）是否申请重新鉴定或者勘验；（七）是否申请收集、调取证明被告人无罪或者罪轻的证据材料；（八）是否申请证人、鉴定人、有专门知识的人、调查人员、侦查人员或者其他人员出庭，是否对出庭人员名单有异议；（九）是否对涉案财物的权属情况和人民检察院的处理建议有异议；（十）与审判相关的其他问题。庭前会议中，人民法院可以开展附带民事调解。对第一款规定中可能导致庭审中断的程序性事项，人民法院可以在庭前会议后依法作出处理，并在庭审中说明处理决定和理由。控辩双方没有新的理由，在庭审中再次提出有关申请或者异议的，法庭可以在说明庭前会议情况和处理决定理由后，依法予以驳回。庭前会议情况应当制作笔录，由参会人员核对后签名。"由此条文可知，BD 两项正确。庭前会议只是对是否申请排除非法证据了解情况、听取意见，而不是要对是否排除非法证据作出决定。故 C 项错误。本题的正确答案为 BD 项。

30.【答案】BC

【考点】自诉案件起诉与受理；审理程序；证人出庭作证；简易程序

【详解】《刑诉解释》第 317 条第 1 款规定："本解释第一条规定的案件，如果被害人死亡、丧失行为能力或者因受强制、威吓等无法告诉，或者是限制行为能力人以及因年老、患病、盲、聋、哑等不能亲自告诉，其法定代理人、近亲属告诉或者代为告诉的，人民法院应当依法受理。"A 项的错误在于，不能因"任某担心影响不好不愿起诉"，由任某的父亲代为起诉。《刑诉解释》第 323 条第 2 款规定："共同被害人中只有部分人告诉的，人民法院应当通知其他被害人参加诉讼，并告知其不参加诉讼的法律后果。被通知人接到通知后表示不参加诉讼或者不出庭的，视为放弃告诉。第一审宣判后，被通知人就同一事实又提起自诉的，人民法院不予受理。但是，当事人另行提起民事诉讼的，不受本解释限制。"故 B 项正确。《刑事诉讼法》第 193 条第 1 款规定，经人民法院通知，证人没有正当理由不出庭作证的，人民法院可以强制其到庭，但是被告人的配偶、父母、子女除外。此款只是不能强制被告人的配偶、父母、子女到庭作证，但是，可以强制方某的弟弟到庭作证。故 C 项正确。《刑事诉讼法》第 214 条第 1 款规定，基层人民法院管辖的案件，符合下列条件的，可以适用简易程序审判：（1）案件事实清楚、证据充分的；（2）被告人承认自己所犯罪行，对指控的犯罪事实没有异议的；（3）被告人对适用简易程序没有异议。本案

是侮辱案，属于告诉才处理的案件，可以适用简易程序，而不是应当适用简易程序。因此，D 项错误。本题的正确答案为 BC 项。

31.【答案】ABD

【考点】 简易程序的适用范围和程序

【详解】《刑法》第 263 条规定，以暴力、胁迫或者其他方法抢劫公私财物的，处 3 年以上 10 年以下有期徒刑，并处罚金；有下列情形之一的，处 10 年以上有期徒刑、无期徒刑或者死刑，并处罚金或者没收财产：……（7）持枪抢劫的；……《刑事诉讼法》第 20、21、214 条规定，A 项中的案件是可以适用简易程序审理的。《刑事诉讼法》第 216 条第 1 款规定，适用简易程序审理案件，对可能判处 3 年有期徒刑以下刑罚的，可以组成合议庭进行审判，也可以由审判员 1 人独任审判；对可能判处的有期徒刑超过 3 年的，应当组成合议庭进行审判。A 项中的情节，可能判处 10 年以上有期徒刑甚至更重的刑罚。所以，由 2 名审判员和 1 名人民陪审员组成合议庭进行审理，也是正确的。《刑诉解释》第 566 条规定："对未成年人刑事案件，人民法院决定适用简易程序审理的，应当征求未成年被告人及其法定代理人、辩护人的意见。上述人员提出异议的，不适用简易程序。"故 B 项正确。《刑诉解释》第 360 条规定："具有下列情形之一的，不适用简易程序：（一）被告人是盲、聋、哑人的；（二）被告人是尚未完全丧失辨认或者控制自己行为能力的精神病人的；（三）案件有重大社会影响的；（四）共同犯罪案件中部分被告人不认罪或者对适用简易程序有异议的；（五）辩护人作无罪辩护的；（六）被告人认罪但经审查认为可能不构成犯罪的；（七）不宜适用简易程序审理的其他情形。"故 C 项中的案件不得适用简易程序，该项不正确。《刑诉解释》第 368 条第 1 款规定："适用简易程序审理案件，在法庭审理过程中，具有下列情形之一的，应当转为普通程序审理：（一）被告人的行为可能不构成犯罪的；（二）被告人可能不负刑事责任的；（三）被告人当庭对起诉指控的犯罪事实予以否认的；（四）案件事实不清、证据不足的；（五）不应当或者不宜适用简易程序审理的其他情形。"故 D 项正确。本题的正确答案为 ABD 项。

32.【答案】AD

【考点】 有期徒刑缓刑、拘役缓刑的执行

【详解】《刑诉解释》第 519 条规定："对被判处管制、宣告缓刑的罪犯，人民法院应当依法确定社区矫正执行地。社区矫正执行地为罪犯的居住地；罪犯在多个地方居住的，可以确定其经常居住地为执行地；罪犯的居住地、经常居住地无法确定或者不适宜执行社区矫正的，应当根据有利于罪犯接受矫正、更好地融入社会的原则，确定执行地。宣判时，应当告知罪犯自判决、裁定生效之日起十日以内到执行地社

区矫正机构报到，以及不按期报到的后果。人民法院应当自判决、裁定生效之日起五日以内通知执行地社区矫正机构，并在十日以内将判决书、裁定书、执行通知书等法律文书送达执行地社区矫正机构，同时抄送人民检察院和执行地公安机关。人民法院与社区矫正执行地不在同一地方的，由执行地社区矫正机构将法律文书转送所在地的人民检察院和公安机关。"故 A 项正确。《刑诉解释》第 542 条规定："罪犯在缓刑、假释考验期限内又犯新罪或者被发现在判决宣告前还有其他罪没有判决，应当撤销缓刑、假释的，由审判新罪的人民法院撤销原判决、裁定宣告的缓刑、假释，并书面通知原审人民法院和执行机关。"故 C 项错误。《刑诉解释》第 543 条规定："人民法院收到社区矫正机构的撤销缓刑建议书后，经审查，确认罪犯在缓刑考验期限内具有下列情形之一的，应当作出撤销缓刑的裁定：（一）违反禁止令，情节严重的；（二）无正当理由不按规定时间报到或者接受社区矫正期间脱离监管，超过一个月的；（三）因违反监督管理规定受到治安管理处罚，仍不改正的；（四）受到执行机关二次警告，仍不改正的；（五）违反法律、行政法规和监督管理规定，情节严重的其他情形。人民法院收到社区矫正机构的撤销假释建议书后，经审查，确认罪犯在假释考验期限内具有前款第二项、第四项规定情形之一，或者有其他违反监督管理规定的行为，尚未构成新的犯罪的，应当作出撤销假释的裁定。"故 D 项正确。B 项错误在于，不是法院，而是社区矫正机构应当按照法院的判决，向罪犯及其所在单位或者居住地群众宣布犯罪事实、期限及应遵守的规定。本题的正确答案为 AD 项。

33.【答案】BCD

【考点】 申诉的主体；再审的审理程序

【详解】《刑诉解释》第 451 条规定："当事人及其法定代理人、近亲属对已经发生法律效力的判决、裁定提出申诉的，人民法院应当审查处理。案外人认为已经发生法律效力的判决、裁定侵害其合法权益，提出申诉的，人民法院应当审查处理。申诉可以委托律师代为进行。"故 A 项错误。《刑诉解释》第 466 条第 1 款规定："原审人民法院审理依照审判监督程序重新审判的案件，应当另行组成合议庭。"故 B 项正确。《刑诉解释》第 464 条规定："对决定依照审判监督程序重新审判的案件，人民法院应当制作再审决定书。再审期间不停止原判决、裁定的执行，但被告人可能经再审改判无罪，或者可能经再审减轻原判刑罚而致刑期届满的，可以决定中止原判决、裁定的执行，必要时，可以对被告人采取取保候审、监视居住措施。"故 C 项正确。《刑诉解释》第 461 条第 2 款规定："上级人民法院指令下级人民法院再审的，一般应当指令原审人民法院以外的下级人民法院审理；由原审人民法院审理更有利于查明案件事实、纠

正裁判错误的，可以指令原审人民法院审理。"故 D 项正确。本题的正确答案为 BCD 项。

34.【答案】ABD

【考点】辨认程序

【详解】《公安规定》第 259 条规定，辨认应当在侦查人员的主持下进行。主持辨认的侦查人员不得少于 2 人。几名辨认人对同一辨认对象进行辨认时，应当由辨认人个别进行。《公安规定》第 260 条规定，辨认时，应当将辨认对象混杂在特征相类似的其他对象中，不得在辨认前向辨认人展示辨认对象及其影像资料，不得给辨认人任何暗示。辨认犯罪嫌疑人时，被辨认的人数不得少于 7 人；对犯罪嫌疑人照片进行辨认的，不得少于 10 人的照片。辨认物品时，混杂的同类物品不得少于 5 件；对物品的照片进行辨认的，不得少于 10 个物品的照片。对场所、尸体等特定辨认对象进行辨认，或者辨认人能够准确描述物品独有特征的，陪衬物不受数量的限制。本题 A 项，在辨认尸体时，只将李某尸体与另一尸体作为辨认对象，这种做法是合法的，故 A 项正确。B 表述也正确。C 的错误在于，"将石某混杂在 5 名人员中"，被辨认对象的数量不符合规定。《公安规定》第 261 条规定，对犯罪嫌疑人的辨认，辨认人不愿意公开进行时，可以在不暴露辨认人的情况下进行，并应当为其保守秘密。故 D 项正确。本题的正确答案为 ABD 项。

35.【答案】D

【考点】辨认笔录的排除

【详解】《刑诉解释》第 105 条规定："辨认笔录具有下列情形之一的，不得作为定案的根据：（一）辨认不是在调查人员、侦查人员主持下进行的；（二）辨认前使辨认人见到辨认对象的；（三）辨认活动没有个别进行的；（四）辨认对象没有混杂在具有类似特征的其他对象中，或者供辨认的对象数量不符合规定的；（五）辨认中给辨认人明显暗示或者明显有指认嫌疑的；（六）违反有关规定，不能确定辨认笔录真实性的其他情形。"《关于办理死刑案件审查判断证据若干问题的规定》第 30 条规定，侦查机关组织的辨认，存在下列情形之一的，应当严格审查，不能确定其真实性的，辨认结果不能作为定案的根据：（1）辨认不是在侦查人员主持下进行的；（2）辨认前使辨认人见到辨认对象的；（3）辨认人的辨认活动没有个别进行的；（4）辨认对象没有混杂在具有类似特征的其他对象中，或者供辨认的对象数量不符合规定的；尸体、场所等特定辨认对象除外。（5）辨认中给辨认人明显暗示或者明显有指认嫌疑的。有下列情形之一的，通过有关办案人员的补正或者作出合理解释的，辨认结果可以作为证据使用：（1）主持辨认的侦查人员少于 2 人的；（2）没有向辨认人详细询问辨认对象的具体特征的；（3）对辨认经过和结果没有制作专门的规范的辨认笔录，或者辨认笔录没有侦查

人员、辨认人、见证人的签名或者盖章的；（4）辨认记录过于简单，只有结果没有过程的；（5）案卷中只有辨认笔录，没有被辨认对象的照片、录像等资料，无法获悉辨认的真实情况的。故 ABC 项均错误。D 项正确。

36.【答案】BCD

【考点】对未成年人案件的社会调查、审查起诉、附条件不起诉

【详解】《刑事诉讼法》第 279 条规定，公安机关、人民检察院、人民法院办理未成年人刑事案件，根据情况可以对未成年犯罪嫌疑人、被告人的成长经历、犯罪原因、监护教育等情况进行调查。《人民检察院办理未成年人刑事案件的规定》第 9 条第 1 款规定，人民检察院根据情况可以对未成年犯罪嫌疑人的成长经历、犯罪原因、监护教育等情况进行调查，并制作社会调查报告，作为办案和教育的参考。故 A 项错误在于，不是"应当"而是"可以"对黄某、吴某的成长经历、犯罪原因和监护教育等情况进行社会调查。《人民检察院办理未成年人刑事案件的规定》第 22 条第 4 款规定，审查起诉未成年犯罪嫌疑人，应当听取其父母或者其他法定代理人、辩护人、被害人及其法定代理人的意见。故 C 项正确。《刑事诉讼法》第 281 条第 1 款、第 5 款规定，对于未成年人刑事案件，在讯问和审判的时候，应当通知未成年犯罪嫌疑人、被告人的法定代理人到场。询问未成年被害人、证人，也适用此规定。故 B 项正确。《人民检察院办理未成年人刑事案件的规定》第 30 条规定，人民检察院在作出附条件不起诉的决定以前，应当听取公安机关、被害人、未成年犯罪嫌疑人的法定代理人、辩护人的意见，并制作笔录附卷。被害人是未成年人的，还应当听取被害人的法定代理人、诉讼代理人的意见。故 D 项正确。本题中，赵某是未成年人，所以，应当听取赵某及其法定代理人与诉讼代理人的意见。故本题的正确答案为 BCD 项。

37.【答案】BC

【考点】附条件不起诉

【详解】《人民检察院办理未成年人刑事案件的规定》第 40 条第 1 款规定，人民检察院决定附条件不起诉的，应当确定考验期。考验期为 6 个月以上 1 年以下，从人民检察院作出附条件不起诉的决定之日起计算。考验期不计入案件审查起诉期限。故 A 项错误，B 项正确。《人民检察院办理未成年人刑事案件的规定》第 40 条第 2 款规定，考验期的长短应当与未成年犯罪嫌疑人所犯罪行的轻重、主观恶性的大小和人身危险性的大小、一贯表现及帮教条件等相适应，根据未成年犯罪嫌疑人在考验期的表现，可以在法定期限范围内适当缩短或者延长。故 C 项正确，D 项错误在于，附条件不起诉考验期不能折抵刑期。本题的正确答案为 BC 项。

38.【答案】B

【考点】 附条件不起诉；不起诉；犯罪记录的封存

【详解】 和解不是不起诉的必备条件，故 A 项错误。《人民检察院办理未成年人刑事案件的规定》第 42 条规定，人民检察院可以要求被附条件不起诉的未成年犯罪嫌疑人接受下列矫治和教育：……（4）向被害人赔偿损失、赔礼道歉等……可知检察院对黄某作出附条件不起诉决定时，可要求黄某向被害人赵某赔礼道歉、赔偿损失。《高检规则》第 373 条第 1 款规定，人民检察院决定不起诉的案件，可以根据案件的不同情况，对被不起诉人予以训诫或者责令具结悔过、赔礼道歉、赔偿损失。故检察院对吴某作出不起诉决定时，可要求吴某向被害人赵某赔礼道歉、赔偿损失。故 B 项正确。《刑事诉讼法》第 283 条第 1 款规定，在附条件不起诉的考验期内，由人民检察院对被附条件不起诉的未成年犯罪嫌疑人进行监督考察。未成年犯罪嫌疑人的监护人，应当对未成年犯罪嫌疑人加强管教，配合人民检察院做好监督考察工作。故 C 项错误。《高检规则》第 483 条规定，人民检察院应当将拟封存的未成年人犯罪记录、卷宗等相关材料装订成册，加密保存，不予公开，并建立专门的未成年人犯罪档案库，执行严格的保管制度。故检察院对吴某作出不起诉决定后，应将相关材料装订成册，予以封存。但是，检察院对黄某作出附条件不起诉决定，不需要予以封存。故 D 项错误。

2015 年

1.【答案】C

【考点】 刑事诉讼价值

【详解】 公正在刑事诉讼价值中居于核心的地位。刑事诉讼公正价值包括实体公正和程序公正两方面。程序公正是指程序本身符合特定的公正标准，如强制措施的适用应当适度等。故 AD 两项表述正确。刑事诉讼秩序价值包括两方面含义：其一是通过惩治犯罪，维护社会秩序，即恢复被犯罪破坏的社会秩序及预防社会秩序被犯罪所破坏；其二是追究犯罪的活动是有序的。国家刑事司法权的行使，必须受到刑事程序的规范。故 B 项正确。刑事诉讼秩序、公正、效益价值是通过刑事诉讼法的制定和实施来实现的。一方面，刑事诉讼法保证刑法的正确实施，实现秩序、公正、效益价值，这是刑事诉讼法的工具价值；另一方面，刑事诉讼法的制定和适用本身也在实现着秩序、公正、效益价值，这是刑事诉讼法的独立价值。故 C 项表述不正确。本题符合题意的选项是 C。

2.【答案】D

【考点】 证人证言；鉴定意见

【详解】 只有自然人才能做证人和鉴定人，所以，A 项前半句话正确，后半句话错误。《刑事诉讼法》第 62 条规定，凡是知道案件情况的人，都有作证的义务。生理上、精神上有缺陷或者年幼、不能辨别是非、不能正确表达的人，不能作证人。故 B 的前半句话正确。鉴定人要具备专门知识而且需要有鉴定人的资质，所以，生理上、精神上有缺陷的人若具有专门知识和鉴定人资格，也可以出具鉴定意见。故 B 项后半句话错误。《刑事诉讼法》第 192 条规定，公诉人、当事人或者辩护人、诉讼代理人对证人证言有异议，且该证人证言对案件定罪量刑有重大影响，人民法院认为证人有必要出庭作证的，证人应当出庭作证。公诉人、当事人或者辩护人、诉讼代理人对鉴定意见有异议，人民法院认为鉴定人有必要出庭的，鉴定人应当出庭作证。故 C 项错误。《刑诉解释》第 91 条第 3 款规定："经人民法院通知，证人没有正当理由拒绝出庭或者出庭后拒绝作证，法庭对其证言的真实性无法确认的，该证人证言不得作为定案的根据。"《刑事诉讼法》第 192 条规定，经人民法院通知，鉴定人拒不出庭作证的，鉴定意见不得作为定案的根据。故 D 项正确，当选。

3.【答案】C

【考点】 证据的理论分类

【详解】 根据证据材料的来源的不同，可以分为原始证据和传来证据。凡是来自原始出处，即直接来源于案件事实的证据材料，称为原始证据，也称第一手材料；凡是不是直接来源于案件事实，而是从间接的非第一来源获得的证据材料，称为传来证据，即通常所称的第二手材料。ACD 三项均属于原始证据，B 属于传来证据。根据证据与案件主要事实的证明关系的不同，可以将证据划分为直接证据与间接证据。刑事案件的主要事实就是犯罪嫌疑人、被告人是否实施了犯罪行为。证明关系的不同，是指某一证据是不是可以单独地、直接地证明案件的主要事实。凡是可以单独直接证明案件主要事实的证据，属于直接证据。它的含义是指某一项证据的内容，不必经过推理过程就可以直观地说明指控的犯罪行为是否发生，这种犯罪行为是否为正在被追诉的人所实施的。凡是必须与其他证据相结合才能证明案件主要事实的证据，属于间接证据。ABD 三项均属于间接证据，C 项能直接否定犯罪的发生，属于直接证据。故本题的正确答案为 C。

4.【答案】B

【考点】 传闻证据规则

【详解】 传闻证据规则，即如无法定理由，任何人在庭审期间以外及庭审准备期间以外的陈述，不得作为认定被告人有罪的证据。本题的 B 即属于庭审期间以外证人所做的证言，系传闻证据，当选。ACD 三项均是在法庭上所做的陈述，不属于传闻证据。

5.【答案】C

【考点】 立案管辖；取保候审的保证方式；被取

保候审人的法定义务和酌定义务

【详解】本题中提到的报复陷害罪，根据 2018 《监察法》，该案由监察机关立案调查，无侦查机关。而且，《刑事诉讼法》第 67 条的规定，本题中的取保候审应由公安机关执行，故 A 项错误。《关于取保候审若干问题的规定》第 4 条第 2 款规定，对同一犯罪嫌疑人、被告人决定取保候审的，不得同时使用保证人保证和保证金保证。故 B 项错误。《刑事诉讼法》第 71 条第 1 款规定，被取保候审的犯罪嫌疑人、被告人应当遵守以下规定：……（2）住址、工作单位和联系方式发生变动的，在 24 小时以内向执行机关报告；……故 D 项错误。《刑事诉讼法》第 71 条第 2 款规定，人民法院、人民检察院和公安机关可以根据案件情况，责令被取保候审的犯罪嫌疑人、被告人遵守以下一项或者多项规定：（1）不得进入特定的场所；……故 C 项正确。

6.【答案】D

【考点】刑事拘留；无证搜查

【详解】《公安规定》第 124 条规定，公安机关对于现行犯或者重大嫌疑分子，有下列情形之一的，可以先行拘留：（1）正在预备犯罪、实行犯罪或者在犯罪后即时被发觉的；（2）被害人或者在场亲眼看见的人指认他犯罪的；（3）在身边或者住处发现有犯罪证据的；（4）犯罪后企图自杀、逃跑或者在逃的；（5）有毁灭、伪造证据或者串供可能的；（6）不讲真实姓名、住址，身份不明的；（7）有流窜作案、多次作案、结伙作案重大嫌疑的。《公安规定》第 125 条规定，拘留犯罪嫌疑人，应当填写呈请拘留报告书，经县级以上公安机关负责人批准，制作拘留证。执行拘留时，必须出示拘留证，并责令被拘留人在拘留证上签名、捺指印，拒绝签名、捺指印的，侦查人员应当注明。紧急情况下，对于符合本规定第 124 条所列情形之一的，经出示人民警察证，可以将犯罪嫌疑人口头传唤至公安机关后立即审查，办理法律手续。故 A 的错误在于，紧急情况下，对于符合先行拘留情形的，可以不用出示拘留证即可拘留。《刑事诉讼法》第 85 条第 2 款规定，拘留后，应当立即将被拘留人送看守所羁押，至迟不得超过 24 小时。故 B 项错误。《刑事诉讼法》第 118 条第 2 款规定，犯罪嫌疑人被送交看守所羁押以后，侦查人员对其进行讯问，应当在看守所内进行。该条只是要求侦查人员讯问应当在看守所内进行，故 C 的表述过于绝对。《刑事诉讼法》第 138 条规定，进行搜查，必须向被搜查人出示搜查证。在执行逮捕、拘留的时候，遇有紧急情况，不另用搜查证也可以进行搜查。《公安规定》第 224 条规定，执行拘留、逮捕的时候，遇有下列紧急情况之一的，不用搜查证也可以进行搜查：（1）可能随身携带凶器的；（2）可能隐藏爆炸、剧毒等危险物品的；（3）可能隐匿、毁弃、转移犯罪

证据的；（4）可能隐匿其他犯罪嫌疑人的；（5）其他突然发生的紧急情况。章某携带管制刀具，即属于紧急情况，故 D 项正确。

7.【答案】D

【考点】逮捕后的羁押必要性审查

【详解】《高检规则》第 574 条第 2 款规定，犯罪嫌疑人、被告人及其法定代理人、近亲属或者辩护人可以申请人民检察院进行羁押必要性审查，申请时应当说明不需要继续羁押的理由，有相关证据或者其他材料的，应当提供。由此可见，辩护人有权提出羁押必要性审查的申请。但是，《刑事诉讼法》第 95 条的规定，检察院只需对逮捕后的羁押必要性进行审查，无需对拘留后的羁押必要性进行审查。故 A 项错误。辩护人既可以向本案的侦查机关（即公安机关）申请变更强制措施，也可以向检察院申请羁押必要性审查。向侦查机关申请变更强制措施不是向检察院申请羁押必要性审查的必经程序。故 B 项错误。《高检规则》第 575 条规定，负责捕诉的部门依法对侦查和审判阶段的羁押必要性进行审查。经审查认为不需要继续羁押的，应当建议公安机关或者人民法院释放犯罪嫌疑人、被告人或者变更强制措施。审查起诉阶段，负责捕诉的部门经审查认为不需要继续羁押的，应当直接释放犯罪嫌疑人或者变更强制措施。负责刑事执行检察的部门收到有关材料或者发现不需要继续羁押的，应当及时将有关材料和意见移送负责捕诉的部门。本题中，12 月 3 日本案处于侦查阶段，在实践中应由检察院的侦查监督部门负责羁押必要性审查。12 月 10 日提出申请，该案处于审查起诉阶段，在实践中由检察院公诉部门负责羁押必要性审查。故 C 项错误，D 项正确。

8.【答案】B

【考点】附带民事诉讼赔偿范围

【详解】《刑诉解释》第 176 条规定："被告人非法占有、处置被害人财产的，应当依法予以追缴或者责令退赔。被害人提起附带民事诉讼的，人民法院不予受理。追缴、退赔的情况，可以作为量刑情节考虑。"故 A 项错误。《刑诉解释》第 175 条第 1 款规定："被害人因人身权利受到犯罪侵犯或者财物被犯罪分子毁坏而遭受物质损失的，有权在刑事诉讼过程中提起附带民事诉讼；被害人死亡或者丧失行为能力的，其法定代理人、近亲属有权提起附带民事诉讼。"故 B 项正确。D 项中的非法搜查罪侵犯的犯罪客体是他人的隐私权，所造成的物质损失，不属于附带民事诉讼赔偿的范围。《刑诉解释》第 177 条规定："国家机关工作人员在行使职权时，侵犯他人人身、财产权利构成犯罪，被害人或者其法定代理人、近亲属提起附带民事诉讼的，人民法院不予受理，但应当告知其可以依法申请国家赔偿。"本题中 C 项即属于国家机关工作人员行使职权时实施的犯罪，故 C

项错误。

9.【答案】D

【考点】立案监督

【详解】《刑事诉讼法》第 112 条规定，人民法院、人民检察院或者公安机关对于报案、控告、举报和自首的材料，应当按照管辖范围，迅速进行审查，认为有犯罪事实需要追究刑事责任的时候，应当立案；认为没有犯罪事实，或者犯罪事实显著轻微，不需要追究刑事责任的时候，不予立案，并且将不立案的原因通知控告人。控告人如果不服，可以申请复议。《刑事诉讼法》第 113 条规定，人民检察院认为公安机关对应当立案侦查的案件而不立案侦查的，或者被害人认为公安机关对应当立案侦查的案件而不立案侦查，向人民检察院提出的，人民检察院应当要求公安机关说明不立案的理由。人民检察院认为公安机关不立案理由不能成立的，应当通知公安机关立案，公安机关接到通知后应当立案。由此可见，申请复议不是请求检察院进行立案监督的必经程序，故 A 项错误。B 项错误在于，检察院应当先要求公安机关说明不立案的理由。《高检规则》第 564 条第 2 款规定，公安机关在收到通知立案书或者通知撤销案件书后超过 15 日不予立案或者未要求复议、提请复核也不撤销案件的，人民检察院应当发出纠正违法通知书。公安机关仍不纠正的，报上一级人民检察院协商同级公安机关处理。故 C 项错误。《刑事诉讼法》第 210 条规定，自诉案件包括下列案件：（1）告诉才处理的案件；（2）被害人有证据证明的轻微刑事案件；（3）被害人有证据证明对被告人侵犯自己人身、财产权利的行为应当依法追究刑事责任，而公安机关或者人民检察院不予追究被告人刑事责任的案件。故 D 项正确。

10.【答案】D

【考点】不起诉的适用条件

【详解】《刑事诉讼法》第 177 条规定，犯罪嫌疑人没有犯罪事实，或者有本法第 16 条规定的情形之一的，人民检察院应当作出不起诉决定。对于犯罪情节轻微，依照刑法规定不需要判处刑罚或者免除刑罚的，人民检察院可以作出不起诉决定。本题中，对甲应当作出法定不起诉，对乙、丙可作出酌定不起诉。故 ABC 三项错误。《刑事诉讼法》第 175 条第 4 款规定，对于 2 次补充侦查的案件，人民检察院仍然认为证据不足，不符合起诉条件的，应当作出不起诉的决定。故 D 项正确。

11.【答案】C

【考点】刑事审判模式

【详解】2012 年刑事诉讼法修改，沿着控辩式庭审方式改革方向取得了新的进展，如完善了回避制度，规定辩护人有权申请回避及复议；改革辩护制度，完善了法律援助制度，扩大了强制辩护的适用范围，强化了辩护律师的会见权、阅卷权、申请调取证据权及保守职业秘密权等执业权利；修改证据制度，《刑事诉讼法》第 51 条规定了"公诉案件中被告人有罪的举证责任由人民检察院承担"的规则，建立了非法证据排除规则，完善了证人保护制度，建立了证人作证补偿制度；完善审判程序，《刑事诉讼法》第 193 条建立了强制证人出庭作证制度。此外，辩护人有权申请法庭通知有专门知识的人出庭就鉴定人做出的鉴定意见提出意见，辩护人可以就定罪、量刑问题进行辩论，等等，上述新规定都有助于控辩式庭审方式改革的深化。故 C 项正确。

12.【答案】D

【考点】人民陪审员制度；审判组织

【详解】《人民陪审员法》第 10 条规定，人民陪审员人选，由基层人民法院院长提请同级人民代表大会常务委员会任命。故 A 项错误。《刑诉解释》第 212 条规定："合议庭由审判员担任审判长。院长或者庭长参加审理案件时，由其本人担任审判长。审判员依法独任审判时，行使与审判长相同的职权。"人民陪审员与法官享有同等权利，但是人民陪审员不能担任审判长，故 B 项错误。第二审的合议庭只能由审判员组成，故 C 项错误。《人民陪审员法》第 23 条规定，合议庭评议案件，实行少数服从多数的原则。人民陪审员同合议庭其他组成人员意见分歧的，应当将其意见写入笔录。合议庭组成人员意见有重大分歧的，人民陪审员或者法官可以要求合议庭将案件提请院长决定是否提交审判委员会讨论决定。故 D 项正确。

13.【答案】C

【考点】自诉案件的撤诉；法院改变检察院指控罪名，撤回、补充、变更起诉

【详解】《刑诉解释》第 329 条规定："判决宣告前，自诉案件的当事人可以自行和解，自诉人可以撤回自诉。人民法院经审查，认为和解、撤回自诉确属自愿的，应当裁定准许；认为系被强迫、威吓等，并非自愿的，不予准许。"故 A 项错误。《刑诉解释》第 295 条规定："对第一审公诉案件，人民法院审理后，应当按照下列情形分别作出判决、裁定：……（二）起诉指控的事实清楚，证据确实、充分，但指控的罪名不当的，应当依据法律和审理认定的事实作出有罪判决；……"故 B 项错误。《刑诉解释》第 297 条规定："审判期间，人民法院发现新的事实，可能影响定罪量刑的，或者需要查清补证的，应当通知人民检察院，由其决定是否补充、变更、追加起诉或者补充侦查。人民检察院不同意或者在指定时间内未回复书面意见的，人民法院应当就起诉指控的事实，依照本解释第二百九十五条的规定作出判决、裁定。"故 C 项正确。《刑诉解释》第 219 条规定："人民法院对提起公诉的案件审查后，应当按照下列情形分别处理：……（五）依照刑事诉讼法第二百条第

三项规定宣告被告人无罪后，人民检察院根据新的事实、证据重新起诉的，应当依法受理；……"故 D 项错误。

14.【答案】C

【考点】单位犯罪案件诉讼程序；庭前会议；拒绝辩护；被告人的最后陈述权

【详解】《刑诉解释》第 338 条规定："被告单位的诉讼代表人享有刑事诉讼法规定的有关被告人的诉讼权利。开庭时，诉讼代表人席位置于审判台前左侧，与辩护人席并列。"《刑诉解释》第 230 条第 3 款规定："庭前会议准备就非法证据排除了解情况、听取意见，或者准备询问控辩双方对证据材料的意见的，应当通知被告人到场。有多名被告人的案件，可以根据情况确定参加庭前会议的被告人。"本题中不存在法条所述情形，故不是应当通知被告人到场，A 项错误。《刑诉解释》第 337 条第 2 款规定："被告单位的诉讼代表人不出庭的，应当按照下列情形分别处理：（一）诉讼代表人系被告单位的法定代表人、实际控制人或者主要负责人，无正当理由拒不出庭的，可以拘传其到庭；因客观原因无法出庭，或者下落不明的，应当要求人民检察院另行确定诉讼代表人；（二）诉讼代表人系其他人员的，应当要求人民检察院另行确定诉讼代表人。"故 B 项错误。《刑诉解释》第 311 条第 2 款规定："被告人当庭拒绝辩护人辩护，要求另行委托辩护人或者指派律师的，合议庭应当准许。被告人拒绝辩护人辩护后，没有辩护人的，应当宣布休庭；仍有辩护人的，庭审可以继续进行。"故 C 项正确。《刑事诉讼法》第 198 条第 3 款规定，审判长在宣布辩论终结后，被告人有最后陈述的权利。被告单位的诉讼代表人享有被告人的最后陈述权。故 D 项错误。

15.【答案】C

【考点】期间的计算；二审中上诉、抗诉的撤回

【详解】《刑事诉讼法》第 105 条规定，期间以时、日、月计算。期间开始的时和日不算在期间以内。法定期间不包括路途上的时间。上诉状或者其他文件在期满前已经交邮的，不算过期。期间的最后一日为节假日的，以节假日后的第一日为期满日期，但犯罪嫌疑人、被告人或者罪犯在押期间，应当至期满之日为止，不得因节假日而延长。本题中，6 月 9 日送达判决书，10 日开始计算上诉、抗诉期限，19 日为上诉、抗诉的最后一日。13 日和 17 日是在上诉、抗诉期满之前撤回上诉、抗诉，《刑诉解释》第 386 条规定："在上诉、抗诉期满前撤回上诉、抗诉的，第一审判决、裁定在上诉、抗诉期满之日起生效。在上诉、抗诉期满后要求撤回上诉、抗诉，第二审人民法院裁定准许的，第一审判决、裁定应当自第二审裁定书送达上诉人或者抗诉机关之日起生效。"本题的正确答案为 C。

16.【答案】D

【考点】法院对申诉的审查和处理

【详解】《刑诉解释》第 453 条规定："申诉由终审人民法院审查处理。但是，第二审人民法院裁定准许撤回上诉的案件，申诉人对第一审判决提出申诉的，可以由第一审人民法院审查处理。上一级人民法院对未经终审人民法院审查处理的申诉，可以告知申诉人向终审人民法院提出申诉，或者直接交终审人民法院审查处理，并告知申诉人；案件疑难、复杂、重大的，也可以直接审查处理。对未经终审人民法院及其上一级人民法院审查处理，直接向上级人民法院申诉的，上级人民法院应当告知申诉人向下级人民法院提出。"故 AB 项错误。《刑诉解释》第 459 条规定："申诉人对驳回申诉不服的，可以向上一级人民法院申诉。上一级人民法院经审查认为申诉不符合刑事诉讼法第二百五十三条和本解释第四百五十七条第二款规定的，应当说服申诉人撤回申诉；对仍然坚持申诉的，应当驳回或者通知不予重新审判。"故 C 项错误。《刑诉解释》第 455 条规定："对死刑案件的申诉，可以由原核准的人民法院直接审查处理，也可以交由原审人民法院审查。原审人民法院应当制作审查报告，提出处理意见，层报原核准的人民法院审查处理。"故 D 项正确。

17.【答案】A

【考点】刑事裁判涉财产部分的执行

【详解】《最高人民法院关于刑事裁判涉财产部分执行的若干规定》第 2 条规定，刑事裁判涉财产部分，由第一审人民法院执行。第一审人民法院可以委托财产所在地的同级人民法院执行。故 D 项错误。《最高人民法院关于刑事裁判涉财产部分执行的若干规定》第 5 条规定，刑事审判或者执行中，对于侦查机关已经采取的查封、扣押、冻结，人民法院应当在期限届满前及时续行查封、扣押、冻结。人民法院续行查封、扣押、冻结的顺位与侦查机关查封、扣押、冻结的顺位相同。对侦查机关查封、扣押、冻结的财产，人民法院执行中可以直接裁定处置，无需侦查机关出具解除手续，但裁定中应当指明侦查机关查封、扣押、冻结的事实。故 A 项正确，B 项错误。《最高人民法院关于刑事裁判涉财产部分执行的若干规定》第 6 条规定，刑事裁判涉财产部分的裁判内容，应当明确、具体。涉案财物或者被害人人数较多，不宜在判决主文中详细列明的，可以概括叙明并另附清单。判处没收部分财产的，应当明确没收的具体财物或者金额。判处追缴或者责令退赔的，应当明确追缴或者退赔的金额或财物的名称、数量等相关情况。故 C 项错误。

18.【答案】B

【考点】减刑、假释案件审理程序

【详解】《最高人民法院关于减刑、假释案件审

理程序的规定》第 1 条规定，对减刑、假释案件，应当按照下列情形分别处理：……（3）对被判处有期徒刑和被减为有期徒刑的罪犯的减刑、假释，由罪犯服刑地的中级人民法院在收到执行机关提出的减刑、假释建议书后 1 个月内作出裁定，案情复杂或者情况特殊的，可以延长 1 个月；……故 A 的错误在于，对甲的减刑，应由其服刑地中级法院作出裁定，而不是高级法院作出裁定。《最高人民法院关于减刑、假释案件审理程序的规定》第 6 条规定，人民法院审理减刑、假释案件，可以采取开庭审理或者书面审理的方式。但下列减刑、假释案件，应当开庭审理：（1）因罪犯有重大立功表现报请减刑的；（2）报请减刑的起始时间、间隔时间或者减刑幅度不符合司法解释一般规定的；（3）公示期间收到不同意见的；（4）人民检察院有异议的；（5）被报请减刑、假释罪犯系职务犯罪罪犯，组织（领导、参加、包庇、纵容）黑社会性质组织犯罪罪犯，破坏金融管理秩序和金融诈骗犯罪罪犯及其他在社会上有重大影响或社会关注度高的；（6）人民法院认为其他应当开庭审理的。《最高人民法院关于减刑、假释案件审理程序的规定》第 7 条规定，人民法院开庭审理减刑、假释案件，应当通知人民检察院、执行机关及被报请减刑、假释罪犯参加庭审。人民法院根据需要，可以通知证明罪犯确有悔改表现或者立功、重大立功表现的证人，公示期间提出不同意见的人，以及鉴定人、翻译人员等其他人员参加庭审。故 B 项正确。《最高人民法院关于减刑、假释案件审理程序的规定》第 15 条规定，人民法院书面审理减刑案件，可以提讯被报请减刑罪犯；书面审理假释案件，应当提讯被报请假释罪犯。C 系职务犯罪，其假释应当开庭审理，不能书面审理。故 C 项错误。《最高人民法院关于减刑、假释案件审理程序的规定》第 10 条规定，减刑、假释案件的开庭审理由审判长主持，应当按照以下程序进行：（1）审判长宣布开庭，核实被报请减刑、假释罪犯的基本情况；（2）审判长宣布合议庭组成人员、检察人员、执行机关代表及其他庭审参加人；（3）执行机关代表宣读减刑、假释建议书，并说明主要理由；（4）检察人员发表检察意见；（5）法庭对被报请减刑、假释罪犯确有悔改表现或立功表现、重大立功表现的事实以及其他影响减刑、假释的情况进行调查核实；（6）被报请减刑、假释罪犯作最后陈述；（7）审判长对庭审情况进行总结并宣布休庭评议。故 D 项错误。

19.【答案】B

【考点】强制医疗程序与普通案件诉讼程序的异同点

【详解】《刑事诉讼法》第 303 条第 2 款规定，公安机关发现精神病人符合强制医疗条件的，应当写出强制医疗意见书，移送人民检察院。对于公安机关移送的或者在审查起诉过程中发现的精神病人符合强

制医疗条件的，人民检察院应当向人民法院提出强制医疗的申请。人民法院在审理案件过程中发现被告人符合强制医疗条件的，可以作出强制医疗的决定。由此可见，法院审理案件时可以主动启动强制医疗程序，但是，法院的审理要以检察院的起诉为前提。故 A 项错误。《刑诉解释》第 635 条规定："审理强制医疗案件，应当组成合议庭，开庭审理。但是，被申请人、被告人的法定代理人请求不开庭审理，并经人民法院审查同意的除外。审理强制医疗案件，应当会见被申请人，听取被害人及其法定代理人的意见。"故 B 项正确。《刑事诉讼法》第 305 条第 2 款规定，被决定强制医疗的人、被害人及其法定代理人、近亲属对强制医疗决定不服的，可以向上一级人民法院申请复议。本题 C 项错误在于，被决定强制医疗的人可通过向上一级法院申请复议，但启动的不是"二审程序"，而是"复议程序"。故 C 项错误。《刑诉解释》第 636 条第 1 款规定："开庭审理申请强制医疗的案件，按照下列程序进行：（一）审判长宣布法庭调查开始后，先由检察员宣读申请书，后由被申请人的法定代理人、诉讼代理人发表意见；（二）法庭依次就被申请人是否实施了危害公共安全或者严重危害公民人身安全的暴力行为、是否属于依法不负刑事责任的精神病人、是否有继续危害社会的可能进行调查；调查时，先由检察员出示证据，后由被申请人的法定代理人、诉讼代理人出示证据，并进行质证；必要时，可以通知鉴定人出庭对鉴定意见作出说明；（三）法庭辩论阶段，先由检察员发言，后由被申请人的法定代理人、诉讼代理人发言，并进行辩论。"由此可见，强制医疗案件审理，也要区分法庭调查和法庭辩论阶段。故 D 项错误。

20.【答案】ABD

【考点】程序法定原则

【详解】程序法定原则包括两层含义：一是立法方面的要求，即刑事诉讼程序应当由法律事先明确规定；二是司法方面的要求，即刑事诉讼活动应当依据国家法律规定的刑事程序来进行。故 A 项正确。大陆法系国家，程序法定原则与罪刑法定原则共同构成法定原则的内容。也就是说，法定原则既包括实体上的罪刑法定原则，也包括程序上的程序法定原则。故 B 项正确。在英美法系国家，刑事程序法定原则具体表现为正当程序原则。故 C 项错误。从我国宪法和刑事诉讼法"以法律为准绳"等规定来看，可以说，我国法律已基本确立了刑事程序法定原则。故 D 项正确。因此，本题正确答案为 ABD 三项。

21.【答案】ABC

【考点】通缉；二审中检察院撤回抗诉；级别管辖的流转

【详解】《刑事诉讼法》第 155 条规定，应当逮捕的犯罪嫌疑人如果在逃，公安机关可以发布通缉

令，采取有效措施，追捕归案。各级公安机关在自己管辖的地区以内，可以直接发布通缉令；超出自己管辖的地区，应当报请有权决定的上级机关发布。故 A 项正确。检察机关上下级之间是领导关系，奉行"检察一体，上命下从"的体制，整体独立于外部的行政机关、社会团体、个人。故 B 项正确。《刑事诉讼法》第 232 条第 2 款规定，上级人民检察院如果认为抗诉不当，可以向同级人民法院撤回抗诉，并且通知下级人民检察院。故 C 项正确。《刑事诉讼法》第 27 条规定，上级人民法院可以指定下级人民法院审判管辖不明的案件，也可以指定下级人民法院将案件移送其他人民法院审判。故 D 项错误在后半句话，因为下级法院不能审理由上级法院管辖的案件。

22.【答案】BD

【考点】公诉案件被害人的诉讼权利

【详解】被害人在刑事诉讼中除享有诉讼参与人共有的诉讼权利以外，还享有以下诉讼权利：（1）申请复议权。对侵犯其合法权利的犯罪嫌疑人、被告人，有权向公安机关、人民检察院或者人民法院报案或者控告，要求公安司法机关依法追究、惩罚犯罪，保护其合法权利。控告人对公安机关不立案的决定不服，可以申请复议。（2）申诉权。包括三种情况：一是对公安机关不立案的申诉。对公安机关应当立案而不立案的，有权向人民检察院提出，请求人民检察院责令公安机关向检察机关说明不立案的理由。人民检察院应当要求公安机关说明不立案的理由，人民检察院认为其理由不能成立的，应当通知公安机关立案，公安机关则必须立案。二是对检察机关不起诉决定的申诉。对人民检察院作出的不起诉决定不服的，有权向上一级人民检察院提出申诉。三是对生效裁判的申诉。不服地方各级人民法院的生效裁判，有权提出申诉。（3）委托诉讼代理人的权利。自刑事案件移送审查起诉之日起，有权委托诉讼代理人。（4）自诉权。如有证据证明公安机关、人民检察院对于侵犯其人身权利、财产权利的行为应当追究刑事责任而不予追究的，有权直接向人民法院起诉。（5）申请抗诉权。不服地方各级人民法院的第一审判决的，有权请求人民检察院抗诉。本题中，A 的错误在于，公诉案件的被害人有申请回避的权利，但是没有撤回起诉的权利。C 的错误在于，被害人有申请复议的权利，但是，没有提起上诉的权利。BD 两项均正确。

23.【答案】ABCD

【考点】回避的申请主体

【详解】《刑事诉讼法》第 29 条规定，审判人员、检察人员、侦查人员有下列情形之一的，应当自行回避，当事人及其法定代理人也有权要求他们回避：（1）是本案的当事人或者是当事人的近亲属的；（2）本人或者他的近亲属和本案有利害关系的；（3）担任过本案的证人、鉴定人、辩护人、诉讼代理人的；（4）与本案当事人有其他关系，可能影响公正处理案件的。《刑事诉讼法》第 32 条规定，本章关于回避的规定适用于书记员、翻译人员和鉴定人。辩护人、诉讼代理人可以依照本章的规定要求回避、申请复议。本题中，黄某是辩护人，袁某是自诉人（属于当事人之一），袁某的儿子是诉讼代理人，小付的父亲是被告人的法定代理人，这四个人均有权申请回避。故本题的正确答案为 ABCD 四项。

24.【答案】ACD

【考点】有效辩护原则

【详解】有效辩护原则的确立，体现了犯罪嫌疑人、被告人刑事诉讼主体地位的确立和人权保障的理念，有助于维系控辩平等对抗和审判方居中"兼听则明"的刑事诉讼构造。故 A 项正确。有效辩护原则应包括以下几方面的内容：（1）犯罪嫌疑人、被告人作为刑事诉讼的当事人在整个诉讼过程中应当享有充分的辩护权。（2）允许犯罪嫌疑人、被告人聘请合格的能够有效履行辩护职责的辩护人为其辩护，这种辩护同样应当覆盖从侦查到审判甚至执行阶段的整个刑事诉讼过程。（3）国家应当保障犯罪嫌疑人、被告人自行辩护权的充分行使，并通过设立法律援助制度确保犯罪嫌疑人、被告人能够获得符合最低标准并具有实质意义的律师帮助。故 B 项错误、D 项正确。辩护应当对保护犯罪嫌疑人、被告人的权利具有实质意义，而不仅仅是形式上的，这就是有效辩护原则的基本要求。故 C 项正确。

25.【答案】ABC

【考点】补充侦查

【详解】《刑事诉讼法》第 90 条规定，人民检察院对于公安机关提请批准逮捕的案件进行审查后，应当根据情况分别作出批准逮捕或者不批准逮捕的决定。对于批准逮捕的决定，公安机关应当立即执行，并且将执行情况及时通知人民检察院。对于不批准逮捕的，人民检察院应当说明理由，需要补充侦查的，应当同时通知公安机关。故 A 项正确。《刑事诉讼法》第 175 条规定，人民检察院审查案件，对于需要补充侦查的，可以退回公安机关补充侦查，也可以自行侦查。对于补充侦查的案件，应当在 1 个月以内补充侦查完毕。补充侦查以 2 次为限。补充侦查完毕移送人民检察院后，人民检察院重新计算审查起诉期限。故 B 项正确。《高检规则》第 422 条规定，在审判过程中，对于需要补充提供法庭审判所必需的证据或者补充侦查的，人民检察院应当自行收集证据和进行侦查，必要时可以要求监察机关或者公安机关协助；也可以书面要求监察机关或者公安机关补充提供证据。人民检察院补充侦查，适用本规则第六章、第九章、第十章的规定。补充侦查不得超过 1 个月。C 项正确。《刑诉解释》第 277 条第 2 款规定："审判期间，被告人提出新的立功线索的，人民法院可以建议人民检察院补充侦查。"故 D 项错误。

26.【答案】ABC

【考点】附条件不起诉

【详解】《刑事诉讼法》第 282 条规定，检察院办理未成年人刑事案件，在作出附条件不起诉决定前，应听取被害人的意见。《全国人大常委会关于〈中华人民共和国刑事诉讼法〉第二百七十一条第二款的解释》增加规定，检察院办理未成年人刑事案件，在考验期满作出不起诉决定前，应听取被害人的意见。故 A 项正确。附条件不起诉制度是对本应进入刑事诉讼程序的刑事案件转向为非刑事诉讼的方式处理的非司法化，一些国家称之为转向处置。实践证明，转向处置能避免刑事诉讼的消极性作用，从而给予犯罪未成年人实质性的保护。我国附条件不起诉制度正是在合理吸收转向处置核心要素的基础上，结合司法实践和对未成年人特别保护的现实需要，创造性地设立了中国特色的未成年非司法化制度。故 BC 两项正确。刑事公诉独占主义，即刑事案件的起诉权被国家垄断，排除被害人自诉。我国刑事诉讼实行以公诉为主、自诉为辅的犯罪追诉机制。故 D 项错误。

27.【答案】AB

【考点】庭前会议

【详解】《刑诉解释》第 228 条规定："庭前会议可以就下列事项向控辩双方了解情况，听取意见：（一）是否对案件管辖有异议；（二）是否申请有关人员回避；（三）是否申请不公开审理；（四）是否申请排除非法证据；（五）是否提供新的证据材料；（六）是否申请重新鉴定或者勘验；（七）是否申请收集、调取证明被告人无罪或者罪轻的证据材料；（八）是否申请证人、鉴定人、有专门知识的人、调查人员、侦查人员或者其他人员出庭，是否对出庭人员名单有异议；（九）是否对涉案财物的权属情况和人民检察院的处理建议有异议；（十）与审判相关的其他问题。庭前会议中，人民法院可以开展附带民事调解。对第一款规定中可能导致庭审中断的程序性事项，人民法院可以在庭前会议后依法作出处理，并在庭审中说明处理决定和理由。控辩双方没有新的理由，在庭审中再次提出有关申请或者异议的，法庭可以在说明庭前会议情况和处理决定理由后，依法予以驳回。庭前会议情况应当制作笔录，由参会人员核对后签名。"故本题的 AB 两项均正确。C 项错误在于，口供是否需要排除，只能在庭审中解决，而不是在庭前会议中解决。D 项错误在于，不是"出示过的证据"，而是"无异议的证据"，庭审时举证、质证可以简化。

28.【答案】ABD

【考点】辩护人对未成年人刑事案件的参与；未成年人刑事案件的社会调查；简易程序的适用；被告

人的最后陈述权；对未成年人的法庭教育

【详解】《刑诉解释》第 575 条第 1 款规定："对未成年被告人情况的调查报告，以及辩护人提交的有关未成年被告人情况的书面材料，法庭应当审查并听取控辩双方意见。上述报告和材料可以作为办理案件和教育未成年人的参考。"故 A 项正确。《刑诉解释》第 566 条规定："对未成年人刑事案件，人民法院决定适用简易程序审理的，应当征求未成年被告人及其法定代理人、辩护人的意见。上述人员提出异议的，不适用简易程序。"故 B 项正确。《刑事诉讼法》第 281 条规定，审判未成年人刑事案件，未成年被告人最后陈述后，其法定代理人可以进行补充陈述。而辩护人无权做补充陈述。因此，C 项错误。《刑诉解释》第 576 条规定："法庭辩论结束后，法庭可以根据未成年人的生理、心理特点和案件情况，对未成年被告人进行法治教育；判决未成年被告人有罪的，宣判后，应当对未成年被告人进行法治教育。对未成年被告人进行教育，其法定代理人以外的成年亲属或者教师、辅导员等参与有利于感化、挽救未成年人的，人民法院应当邀请其参加有关活动。适用简易程序审理的案件，对未成年被告人进行法庭教育，适用前两款规定。"故 D 项正确。

29.【答案】AC

【考点】法定代理人和其他合适成年人到场

【详解】《人民检察院办理未成年人刑事案件的规定》第 17 条第 5 款规定，未成年犯罪嫌疑人明确拒绝法定代理人以外的合适成年人到场，人民检察院可以准许，但应当另行通知其他合适成年人到场。故 A 项正确。《刑事诉讼法》第 281 条规定，对于未成年人刑事案件，在讯问和审判的时候，应当通知未成年犯罪嫌疑人、被告人的法定代理人到场。无法通知、法定代理人不能到场或者法定代理人是共犯的，也可以通知未成年犯罪嫌疑人、被告人的其他成年亲属，所在学校、单位、居住地基层组织或者未成年人保护组织的代表到场，并将有关情况记录在案。到场的法定代理人可以代为行使未成年犯罪嫌疑人、被告人的诉讼权利。到场的法定代理人或者其他人员认为办案人员在讯问、审判中侵犯未成年人合法权益的，可以提出意见。讯问笔录、法庭笔录应当交给到场的法定代理人或者其他人员阅读或者向他宣读。询问未成年被害人、证人，适用第 1 款、第 2 款、第 3 款的规定。故 B 项错误在于，其伯父作为合适成年人不能代为行使未成年犯罪嫌疑人、被告人的诉讼权利。C 项正确，D 项错误。

30.【答案】ABC

【考点】附带民事诉讼调解；当事人和解的公诉案件诉讼程序

【详解】《刑事诉讼法》第 103 条规定，人民法院审理附带民事诉讼案件，可以进行调解，或者根据物质损失情况作出判决、裁定。故 A 项正确。B 项调解协议约定的赔偿损失内容可以分期履行，是正确的。《刑诉解释》第 587 条第 1 款规定："对符合刑事诉讼法第二百八十八条规定的公诉案件，事实清楚、证据充分的，人民法院应当告知当事人可以自行和解；当事人提出申请的，人民法院可以主持双方当事人协商以达成和解。"故 C 项正确。《刑诉解释》第 593 条第 1 款规定："和解协议约定的赔偿损失内容，被告人应当在协议签署后即时履行。"故 D 项错误。

31.【答案】ACD

【考点】 技术侦查

【详解】《刑事诉讼法》第 151 条规定，批准决定应当根据侦查犯罪的需要，确定采取技术侦查措施的种类和适用对象。批准决定自签发之日起 3 个月以内有效。对于不需要继续采取技术侦查措施的，应当及时解除；对于复杂、疑难案件，期限届满仍有必要继续采取技术侦查措施的，经过批准，有效期可以延长，每次不得超过 3 个月。故 B 项错误。《刑事诉讼法》第 153 条规定，为了查明案情，在必要的时候，经公安机关负责人决定，可以由有关人员隐匿其身份实施侦查。但是，不得诱使他人犯罪，不得采用可能危害公共安全或者发生重大人身危险的方法。对涉及给付毒品等违禁品或者财物的犯罪活动，公安机关根据侦查犯罪的需要，可以依照规定实施控制下交付。因此，A 项正确。C 项正确，因为只有在立案之后的侦查阶段，才可以实施控制下交付这一秘密侦查手段。《刑事诉讼法》第 154 条规定，依照本节规定采取侦查措施收集的材料在刑事诉讼中可以作为证据使用。如果使用该证据可能危及有关人员的人身安全，或者可能产生其他严重后果的，应当采取不暴露有关人员身份、技术方法等保护措施，必要的时候，可以由审判人员在庭外对证据进行核实。故 D 项正确。

32.【答案】A

【考点】 第二审的审理程序；上诉不加刑原则

【详解】《刑诉解释》第 393 条第 2 款规定："被判处死刑的被告人没有上诉，同案的其他被告人上诉的案件，第二审人民法院应当开庭审理。"故 A 项正确。《刑事诉讼法》第 235 条规定，人民检察院提出抗诉的案件或者第二审人民法院开庭审理的公诉案件，同级人民检察院都应当派员出席法庭。故 B 项错误。《刑诉解释》第 401 条规定："审理被告人或者其法定代理人、辩护人、近亲属提出上诉的案件，不得对被告人的刑罚作出实质不利的改判，并应当执行下列规定：……（七）原判判处的刑罚不当、应当适用附加刑而没有适用的，不得直接加重刑罚、适用附加刑。原判判处的刑罚畸轻，必须依法改判的，应当在第二审判决、裁定生效后，依照审判监督程序重新审判……"故 CD 两项均错误。

33.【答案】ABD

【考点】 死缓复核程序；死刑立即执行案件的复核程序

【详解】《刑事诉讼法》第 248 条规定，中级人民法院判处死刑缓期二年执行的案件，由高级人民法院核准。实践中，高级法院对中级法院判决的死缓在二审维持后，会在二审的裁定书上注明该裁定也是核准死缓的裁定。故 A 项正确。《刑事诉讼法》第 249 条规定，最高人民法院复核死刑案件，高级人民法院复核死刑缓期执行的案件，应当由审判员 3 人组成合议庭进行。故 B 项正确。《刑事诉讼法》第 251 条规定，最高人民法院复核死刑案件，应当讯问被告人，辩护律师提出要求的，应当听取辩护律师的意见。《刑诉解释》第 434 条规定："死刑复核期间，辩护律师要求当面反映意见的，最高人民法院有关合议庭应当在办公场所听取其意见，并制作笔录；辩护律师提出书面意见的，应当附卷。"故 C 项错误。《刑诉解释》第 430 条第 1 款规定："最高人民法院裁定不予核准死刑的，根据案件情况，可以发回第二审人民法院或者第一审人民法院重新审判。"故 D 项正确。

2016 年

1.【答案】B

【考点】 刑事诉讼职能；审判原则；审判的特征；审判模式

【详解】 刑事诉讼职能是指根据法律规定，国家专门机关和诉讼参与人在刑事诉讼中所承担的职责、具有的作用和功能。刑事诉讼参与者所承担的职能，与其在诉讼中的法律地位和参与诉讼的目的密切相关。为了使诉讼的参与者履行或实现法律规定的诉讼职能，法律相应赋予其一定的权限和诉讼权利。传统诉讼理论认为，刑事诉讼有三种基本职能，即控诉、辩护和审判。本题题干表述未体现我国刑事诉讼职能的进一步细化与完善。故 A 项错误。直接言词原则，是指法官必须在法庭上亲自听取当事人、证人及其他诉讼参与人的口头陈述，案件事实和证据必须由控辩双方当庭口头提出并以口头辩论和质证的方式进行调查。直接言词原则包括直接原则和言词原则。所谓直接原则，是指法官必须与诉讼当事人和诉讼参与人直接接触，直接审查案件事实材料和证据。直接原则又可分为直接审理原则和直接采证原则。前者的含义是，法官审理案件时，公诉人、当事人及其他诉讼参与人应当在场，除法律另有特别规定外，如果上述人员不在场，不得进行法庭审理，否则，审判活动无效。在这一意义上，直接审理原则也称为在场原则。直接采证原则，是指法官对证据的调查必须亲自进行，不能由他人代为实施，而且必须当庭直接听证和直接查证，不得将未经当庭亲自听证和查证的证据加以采纳，不得以书面审查方式采信证据。本题题干表述体现了刑事诉讼直接原则的要求。故 B 项正确。刑事审判的程序性是指审判活动应当严格遵循法定的程序，否则，可能导致审判活动无效并需要重新进行的法律后果。本题的题干表述未体现此程序性，故 C 项错误。我国《刑事诉讼法》几次修改，使我国刑事审判模式具有了当事人主义的某些特征，学界一般称为"控辩式"。本题题干表述未体现刑事审判控辩式庭审方式改革的方向。故 D 项错误。因此本题的正确答案为 B。

2.【答案】D

【考点】 监狱的职权；立案管辖；监外执行；减刑程序

【详解】《刑事诉讼法》第 19 条规定，A 中的犯罪应由检察机关立案侦查，而不是监狱侦查。故 A 项错误。《刑诉解释》第 13 条第 1 款规定："在服刑的罪犯在判决宣告前还有其他罪没有判决的，由原审地人民法院管辖；由罪犯服刑地或者犯罪地的人民法院审判更为适宜的，可以由罪犯服刑地或者犯罪地的人民法院管辖。"与之相对应，罪犯在监狱内犯罪并被发现判决时所没有发现的罪行，也不是应由监狱一并侦查。故 B 项错误。《刑事诉讼法》第 265 条第 5 款规定，在交付执行前，暂予监外执行由交付执行的人民法院决定；在交付执行后，暂予监外执行由监狱或者看守所提出书面意见，报省级以上监狱管理机关或者设区的市一级以上公安机关批准。因此，被判处有期徒刑罪犯的暂予监外执行在交付执行前不是由省级以上监狱管理部门批准，C 项表述有例外，该项错误。《最高人民法院关于减刑、假释案件审理程序的规定》第 1 条规定："对减刑、假释案件，应当按照下列情形分别处理：……（三）对被判处有期徒刑和被减为有期徒刑的罪犯的减刑、假释，由罪犯服刑地的中级人民法院在收到执行机关提出的减刑、假释建议书后一个月内作出裁定，案情复杂或者情况特殊的，可以延长一个月……"故 D 项正确。本题的正确答案为 D。

3.【答案】D

【考点】 辩护人的范围；辩护人的人数

【详解】《刑事诉讼法》第 33 条第 1 款规定，犯罪嫌疑人、被告人除自己行使辩护权外，还可以委托 1 至 2 人作为辩护人。故 C 项错误。《六机关规定》第 4 条第 2 款规定，1 名辩护人不得为 2 名以上的同案犯罪嫌疑人、被告人辩护，不得为 2 名以上的未同案处理但实施的犯罪存在关联的犯罪嫌疑人、被告人辩护。故 B 项错误。《刑诉解释》第 41 条规定："审判人员和人民法院其他工作人员从人民法院离任后二年内，不得以律师身份担任辩护人。审判人员和人民法院其他工作人员从人民法院离任后，不得担任原任

职法院所审理案件的辩护人，但系被告人的监护人、近亲属的除外。审判人员和人民法院其他工作人员的配偶、子女或者父母不得担任其任职法院所审理案件的辩护人，但系被告人的监护人、近亲属的除外。"故 A 项错误，D 项正确。本题的正确选项为 D。

4.【答案】D

【考点】 辩护律师的会见权、通信权、调查取证权、提出量刑意见的权利

【详解】 根据《关于依法保障律师执业权利的规定》第 7 条第 4 款规定，辩护律师可以带 1 名律师助理协助会见。故 A 项错误。《关于依法保障律师执业权利的规定》第 13 条规定，看守所应当及时传递辩护律师同犯罪嫌疑人、被告人的往来信件。看守所可以对信件进行必要的检查，但不得截留、复制、删改信件，不得向办案机关提供信件内容，但信件内容涉及危害国家安全、公共安全、严重危害他人人身安全以及涉嫌串供、毁灭证据等情形的除外。故 B 项表述有例外，该项错误。《关于依法保障律师执业权利的规定》第 18 条规定，辩护律师申请人民检察院、人民法院收集、调取证据的，人民检察院、人民法院应当在 3 日以内作出是否同意的决定，并通知辩护律师。辩护律师书面提出有关申请时，办案机关不同意的，应当书面说明理由；辩护律师口头提出申请的，办案机关可以口头答复。故 C 项错误。《关于依法保障律师执业权利的规定》第 35 条规定，辩护律师作无罪辩护的，可以当庭就量刑问题发表辩护意见，也可以庭后提交量刑辩护意见。故 D 项正确。

5.【答案】C

【考点】 辩护人的特定证据开示义务

【详解】《刑事诉讼法》第 42 条规定，辩护人收集的有关犯罪嫌疑人不在犯罪现场、未达到刑事责任年龄、属于依法不负刑事责任的精神病人的证据，应当及时告知公安机关、人民检察院。故 C 项正确。A 项错误在于，应当告知的内容不是被害人而是犯罪嫌疑人属于依法不负刑事责任的精神病人的证据。B 项不需要告知。D 项错误在于，该项不属于未达到刑事责任年龄的证据。

6.【答案】B

【考点】 聋哑人案件的诉讼程序；侦查讯问程序；法律援助辩护；法庭审判；简易程序的适用

【详解】《刑事诉讼法》第 121 条规定，讯问聋、哑的犯罪嫌疑人，应当有通晓聋、哑手势的人参加，并且将这种情况记明笔录。故 A 项错误在于，不是"有必要时可通知"，而是应当有通晓聋、哑手势的人参加。《刑事诉讼法》第 35 条第 2 款规定，犯罪嫌疑人、被告人是盲、聋、哑人，或者是尚未完全丧失辨认或者控制自己行为能力的精神病人，没有委托辩护人的，人民法院、人民检察院和公安机关应当通知

法律援助机构指派律师为其提供辩护。故 B 项正确。《刑诉解释》第 225 条第 2 款规定："辩护人经通知未到庭，被告人同意的，人民法院可以开庭审理，但被告人属于应当提供法律援助情形的除外。"本案的被告人是聋哑人，系应当法律援助的对象，所以 C 项错误。《刑事诉讼法》第 183 条第 1 款规定，基层人民法院适用简易程序的案件可以由审判员 1 人独任审判。《刑事诉讼法》第 215 条规定："有下列情形之一的，不适用简易程序：（一）被告人是盲、聋、哑人，或者是尚未完全丧失辨认或者控制自己行为能力的精神病人的；（二）有重大社会影响的；（三）共同犯罪案件中部分被告人不认罪或者对适用简易程序有异议的；（四）其他不宜适用简易程序审理的。"本案属于聋哑人案件，故不能适用简易程序，而独任审判只有在简易程序中才可能适用，因此 D 项错误。本题的正确答案为 B。

7.【答案】D

【考点】见证人；物证的排除

【详解】《刑诉解释》第 80 条规定："下列人员不得担任见证人：（一）生理上、精神上有缺陷或者年幼，不具有相应辨别能力或者不能正确表达的人；（二）与案件有利害关系，可能影响案件公正处理的人；（三）行使勘验、检查、搜查、扣押、组织辨认等监察调查、刑事诉讼职权的监察、公安、司法机关的工作人员或者其聘用的人员。对见证人是否属于前款规定的人员，人民法院可以通过相关笔录载明的见证人的姓名、身份证件种类及号码、联系方式以及常住人口信息登记表等材料进行审查。由于客观原因无法由符合条件的人员担任见证人的，应当在笔录材料中注明情况，并对相关活动进行全程录音录像。"故本题中的情形下虽无见证人到场，但有勘验过程全程录像并在笔录中已注明理由，因此不予排除。故 D 项正确。

8.【答案】D

【考点】证明责任分担

【详解】证明责任是提供证据责任与说服责任的统一。所谓提供证据的责任，即双方当事人在诉讼过程中，应当根据诉讼进行的状态，就主张的事实或者反驳的事实提供证据加以证明。所谓说服责任，即负有证明责任的诉讼当事人应当承担运用证据对案件事实进行说明、论证，使法官形成对案件事实的确信的责任。由此可见，仅仅提出证据并不等于履行了证明责任，还必须尽可能地说服裁判者相信所主张的事实存在或不存在。在我国，证明责任的承担主体首先是控诉机关和负有证明责任的当事人，即公诉案件中的公诉人和自诉案件中的自诉人，只有他们才应依照法定程序承担证明犯罪事实是否发生、被告人有罪、无罪以及犯罪情节轻重的责任，这是证明责任理论中"谁主张，谁举证"的古老法则在刑事诉讼中的直接

体现。此外，根据"否认者不负证明责任"的古老法则和现代无罪推定原则的要求，犯罪嫌疑人、被告人不负证明自己无罪的责任。故 AB 两项错误。从整体上看，刑事诉讼中的证明责任是一个专属于控诉方的概念。但是，在少数持有类的特定案件，如巨额财产来源不明、非法持有枪支等案件中，犯罪嫌疑人、被告人也负有提出证据的责任。故 C 项错误，D 项正确。

9.【答案】C

【考点】被取保候审人的法定义务和酌定义务

【详解】《刑事诉讼法》第 71 条第 1 款、第 2 款规定："被取保候审的犯罪嫌疑人、被告人应当遵守以下规定：（一）未经执行机关批准不得离开所居住的市、县；（二）住址、工作单位和联系方式发生变动的，在二十四小时以内向执行机关报告；（三）在传讯的时候及时到案；（四）不得以任何形式干扰证人作证；（五）不得毁灭、伪造证据或者串供。人民法院、人民检察院和公安机关可以根据案件情况，责令被取保候审的犯罪嫌疑人、被告人遵守以下一项或者多项规定：（一）不得进入特定的场所；（二）不得与特定的人员会见或者通信；（三）不得从事特定的活动；（四）将护照等出入境证件、驾驶证件交执行机关保存。"其中，第 1 款规定了 5 项法定义务，第 2 款规定了 4 项酌定义务。本题中的 ABD 三项均属于被取保候审人的酌定义务，C 属于被取保候审人的法定义务。

10.【答案】AC（原答案为 C）

【考点】逮捕后的羁押必要性审查

【详解】《高检规则》第 575 条规定，负责捕诉的部门依法对侦查和审判阶段的羁押必要性进行审查。根据规定，公诉部门属于负责捕诉的部门，故 A 项正确。《高检规则》第 577 条规定："人民检察院可以采取以下方式进行羁押必要性审查：（一）审查犯罪嫌疑人、被告人不需要继续羁押的理由和证明材料；（二）听取犯罪嫌疑人、被告人及其法定代理人、辩护人的意见；（三）听取被害人及其法定代理人、诉讼代理人的意见，了解是否达成和解协议；（四）听取办案机关的意见；（五）调查核实犯罪嫌疑人、被告人的身体健康状况；（六）需要采取的其他方式。必要时，可以依照有关规定进行公开审查。"本题 B 项，可听取被害儿童法定代理人的意见，是正确的。但是，本案属于涉及个人隐私的案件，故 B 项，可公开审查的表述错误。《高检规则》第 580 条规定："人民检察院发现犯罪嫌疑人、被告人具有下列情形之一，且具有悔罪表现，不予羁押不致发生社会危险性的，可以向办案机关提出释放或者变更强制措施的建议：（一）预备犯或者中止犯；（二）共同犯罪中的从犯或者胁从犯；（三）过失犯罪的；（四）防卫过当或者避险过当的；（五）主观恶性较小

的初犯；（六）系未成年人或者已满七十五周岁的人；（七）与被害方依法自愿达成和解协议，且已经履行或者提供担保的；（八）认罪认罚的；（九）患有严重疾病、生活不能自理的；（十）怀孕或者正在哺乳自己婴儿的妇女；（十一）系生活不能自理的人的唯一扶养人；（十二）可能被判处一年以下有期徒刑或者宣告缓刑的；（十三）其他不需要继续羁押的情形。"故 D 的错误在于，不是"应当要求"而是"可以建议"法院变更强制措施。《人民检察院办理羁押必要性审查案件规定（试行）》第 11 条规定："刑事执行检察部门对本院批准逮捕和同级人民法院决定逮捕的犯罪嫌疑人、被告人，应当依职权对羁押必要性进行初审。"第 12 条规定："经初审，对于犯罪嫌疑人、被告人可能具有本规定第十七条、第十八条情形之一的，检察官应当制作立案报告书，经检察长或者分管副检察长批准后予以立案。对于无理由或者理由明显不成立的申请，或者经人民检察院审查后未提供新的证明材料或者没有新的理由而再次申请的，由检察官决定不予立案，并书面告知申请人。"可见在初审后符合法定条件的，检察院才会进行立案，然后进行审查，故 C 项正确。

11.【答案】D

【考点】被害方对撤销案件的救济方式

【详解】《刑事诉讼法》第 210 条规定："自诉案件包括下列案件：（一）告诉才处理的案件；（二）被害人有证据证明的轻微刑事案件；（三）被害人有证据证明对被告人侵犯自己人身、财产权利的行为应当依法追究刑事责任，而公安机关或者人民检察院不予追究被告人刑事责任的案件。"《刑事诉讼法》第 101 条第 1 款规定，被害人由于被告人的犯罪行为而遭受物质损失的，在刑事诉讼过程中，有权提起附带民事诉讼。被害人死亡或者丧失行为能力的，被害人的法定代理人、近亲属有权提起附带民事诉讼。本案中，公安局撤销案件属于不予追究刑事责任的处理方式，被害人的近亲属可以向法院提起自诉同时提起附带民事诉讼。故 D 项正确。

12.【答案】A

【考点】辨认；辨认笔录的排除

【详解】《刑诉解释》第 105 条规定："辨认笔录具有下列情形之一的，不得作为定案的根据：（一）辨认不是在调查人员、侦查人员主持下进行的；（二）辨认前使辨认人见到辨认对象的；（三）辨认活动没有个别进行的；（四）辨认对象没有混杂在具有类似特征的其他对象中，或者供辨认的对象数量不符合规定的；（五）辨认中给辨认人明显暗示或者明显有指认嫌疑的；（六）违反有关规定，不能确定辨认笔录真实性的其他情形。"故 BC 两项错误。《公安规定》第 260 条规定，辨认时，应当将辨认对象混杂在特征类似的其他对象中，不得在辨认前向辨认人展示辨认

对象及其影像资料，不得给辨认人任何暗示。辨认犯罪嫌疑人时，被辨认的人数不得少于 7 人；对犯罪嫌疑人照片进行辨认的，不得少于 10 人的照片。辨认物品时，混杂的同类物品不得少于 5 件；对物品的照片进行辨认的，不得少于 10 个物品的照片。对场所、尸体等特定辨认对象进行辨认，或者辨认人能够准确描述物品独有特征的，陪衬物不受数量的限制。故 A 项正确，D 项错误。

13.【答案】D

【考点】审查起诉阶段遇到特殊情形的处理方式

【详解】《高检规则》第 349 条规定，人民检察院对已经退回监察机关 2 次补充调查或者退回公安机关 2 次补充侦查的案件，在审查起诉中又发现新的犯罪事实，应当移送监察机关或者公安机关立案侦查；对已经查清的犯罪事实，应当依法提起公诉。故 D 项正确。

14.【答案】C

【考点】审判阶段遇到特殊情形的处理方式

【详解】《刑诉解释》第 297 条规定："审判期间，人民法院发现新的事实，可能影响定罪量刑的，或者需要补查补证的，应当通知人民检察院，由其决定是否补充、变更、追加起诉或者补充侦查。人民检察院不同意或者在指定时间内未回复书面意见的，人民法院应当就起诉指控的事实，依照本解释第二百九十五条的规定作出判决、裁定。"故 C 项正确。

15.【答案】D

【考点】简易程序

【详解】《刑事诉讼法》第 214 条规定："基层人民法院管辖的案件，符合下列条件的，可以适用简易程序审判：（一）案件事实清楚、证据充分的；（二）被告人承认自己所犯罪行，对指控的犯罪事实没有异议的；（三）被告人对适用简易程序没有异议的。人民检察院在提起公诉的时候，可以建议人民法院适用简易程序。"由此可见，检察院提出适用简易程序的建议，不是适用简易程序的必备条件。故 A 项错误。《刑诉解释》第 364 条规定："适用简易程序审理案件，审判长或者独任审判员应当当庭询问被告人对指控的犯罪事实的意见，告知被告人适用简易程序审理的法律规定，确认被告人是否同意适用简易程序。"故 B 项错误。《刑诉解释》第 365 条第 1 款规定："适用简易程序审理案件，可以对庭审作如下简化：（一）公诉人可以摘要宣读起诉书；（二）公诉人、辩护人、审判人员对被告人的讯问、发问可以简化或者省略；（三）对控辩双方无异议的证据，可以仅就证据的名称及所证明的事项作出说明；对控辩双方有异议或者法庭认为有必要调查核实的证据，应当出示，并进行质证；（四）控辩双方对与定罪量刑有关的事实、证据没有异议的，法庭审理可以直接围绕罪名确定和量刑问题进行。"故 C 项错误。《刑诉解

释》第 367 条第 2 款规定："适用简易程序审理案件，一般应当当庭宣判。"故 D 项正确。

16.【答案】C

【考点】二审的审理方式；上诉不加刑原则

【详解】《刑诉解释》第 393 条规定："下列案件，根据刑事诉讼法第二百三十四条的规定，应当开庭审理：（一）被告人、自诉人及其法定代理人对第一审认定的事实、证据提出异议，可能影响定罪量刑的上诉案件；（二）被告人被判处死刑的上诉案件；（三）人民检察院抗诉的案件；（四）应当开庭审理的其他案件。被判处死刑的被告人没有上诉，同案的其他被告人上诉的案件，第二审人民法院应当开庭审理。"故 A 项错误。《刑诉解释》第 401 条规定："审理被告人或者其法定代理人、辩护人、近亲属提出上诉的案件，不得对被告人的刑罚作出实质不利的改判，并应当执行下列规定：（一）同案审理的案件，只有部分被告人上诉的，既不得加重上诉人的刑罚，也不得加重其他同案被告人的刑罚；（二）原判认定的罪名不当的，可以改变罪名，但不得加重刑罚或者对刑罚执行产生不利影响；（三）原判认定的罪数不当的，可以改变罪数，并调整刑罚，但不得加重决定执行的刑罚或者对刑罚执行产生不利影响；（四）原判对被告人宣告缓刑的，不得撤销缓刑或者延长缓刑考验期；（五）原判没有宣告职业禁止、禁止令的，不得增加宣告；原判宣告职业禁止、禁止令的，不得增加内容、延长期限；（六）原判对被告人判处死刑缓期执行没有限制减刑、决定终身监禁的，不得限制减刑、决定终身监禁；（七）原判判处的刑罚不当、应当适用附加刑而没有适用的，不得直接加重刑罚、适用附加刑。原判判处的刑罚畸轻，必须依法改判的，应当在第二审判决、裁定生效后，依照审判监督程序重新审判。人民检察院抗诉或者自诉人上诉的案件，不受前款规定的限制。"故 C 项正确，B 项错误。《刑诉解释》第 403 条第 1 款规定："被告人或者其法定代理人、辩护人、近亲属提出上诉，人民检察院未提出抗诉的案件，第二审人民法院发回重新审判后，除有新的犯罪事实且人民检察院补充起诉的以外，原审人民法院不得加重被告人的刑罚。"故 D 项错误。

17.【答案】D

【考点】死刑复核程序；两审终审制

【详解】《刑事诉讼法》第 259 条第 2 款规定："下列判决和裁定是发生法律效力的判决和裁定：（一）已过法定期限没有上诉、抗诉的判决和裁定；（二）终审的判决和裁定；（三）最高人民法院核准的死刑的判决和高级人民法院核准的死刑缓期二年执行的判决。"据此，对于死刑立即执行的案件，高级法院裁定维持原判，并非意味着判决生效。故 A 项错误。《刑诉解释》第 423 条规定："报请最高

人民法院核准死刑的案件，应当按照下列情形分别处理：……（二）中级人民法院判处死刑的第一审案件，被告人上诉或者人民检察院抗诉，高级人民法院裁定维持的，应当在作出裁定后十日以内报请最高人民法院核准；……"故 B 项错误。《刑诉解释》第 429 条规定："最高人民法院复核死刑案件，应当按照下列情形分别处理：（一）原判认定事实和适用法律正确，量刑适当，诉讼程序合法的，应当裁定核准；（二）原判认定的某一具体事实或者引用的法律条款等存在瑕疵，但判处被告人死刑并无不当的，可以在纠正后作出核准的判决、裁定；（三）原判事实不清、证据不足的，应当裁定不予核准，并撤销原判，发回重新审判；（四）复核期间出现新的影响定罪量刑的事实、证据的，应当裁定不予核准，并撤销原判，发回重新审判；（五）原判认定事实正确、证据充分，但依法不应当判处死刑的，应当裁定不予核准，并撤销原判，发回重新审判；根据案件情况，必要时，也可以依法改判；（六）原审违反法定诉讼程序，可能影响公正审判的，应当裁定不予核准，并撤销原判，发回重新审判。"故 C 项错误，D 项正确。

18.【答案】B

【考点】刑罚的执行机关

【详解】《刑事诉讼法》第 269 条规定，对被判处管制、宣告缓刑、假释或者暂予监外执行的罪犯，依法实行社区矫正，由社区矫正机构负责执行。故 A 项错误，B 项正确。《刑事诉讼法》第 272 条规定，没收财产的判决，无论附加适用或者独立适用，都由人民法院执行；在必要的时候，可以会同公安机关执行。故 D 项错误。《刑事诉讼法》第 264 条第 2 款规定，对被判处死刑缓期二年执行、无期徒刑、有期徒刑的罪犯，由公安机关依法将该罪犯送交监狱执行刑罚。对被判处有期徒刑的罪犯，在被交付执行刑罚前，剩余刑期在 3 个月以下的，由看守所代为执行。对被判处拘役的罪犯，由公安机关执行。故 C 项错误。

19.【答案】C

【考点】当事人和解的公诉案件诉讼程序

【详解】《刑事诉讼法》第 288 条规定："下列公诉案件，犯罪嫌疑人、被告人真诚悔罪，通过向被害人赔偿损失、赔礼道歉等方式获得被害人谅解，被害人自愿和解的，双方当事人可以和解：（一）因民间纠纷引起，涉嫌刑法分则第四章、第五章规定的犯罪案件，可能判处三年有期徒刑以下刑罚的；（二）除渎职犯罪以外的可能判处七年有期徒刑以下刑罚的过失犯罪案件。犯罪嫌疑人、被告人在五年以内曾经故意犯罪的，不适用本章规定的程序。"本题中，A 项中甲在 5 年内曾经故意犯罪，不能适用此和解程序。D 项不是刑法分则第四章、第五章规定的犯罪，不能适用此和解程序。《公安规定》第 334 条规定："有下

列情形之一的，不属于因民间纠纷引起的犯罪案件：（一）雇凶伤害他人的；（二）涉及黑社会性质组织犯罪的；（三）涉及寻衅滋事的；（四）涉及聚众斗殴的；（五）多次故意伤害他人身体的；（六）其他不宜和解的。"故 B 项不适用此和解程序。《刑诉解释》第 589 条规定："被告人的近亲属经被告人同意，可以代为和解。被告人系限制行为能力人的，其法定代理人可以代为和解。被告人的法定代理人、近亲属依照前两款规定代为和解的，和解协议约定的赔礼道歉等事项，应当由被告人本人履行。"故 C 项可适用此和解程序。

20.【答案】A

【考点】依法不负刑事责任的精神病人的强制医疗程序

【详解】《刑诉解释》第 635 条第 2 款规定："审理强制医疗案件，应当会见被申请人，听取被害人及其法定代理人的意见。"故 A 项正确。《刑诉解释》第 634 条规定："审理强制医疗案件，应当通知被申请人或者被告人的法定代理人到场；被申请人或者被告人的法定代理人经通知未到场的，可以通知被申请人或者被告人的其他近亲属到场。被申请人或者被告人没有委托诉讼代理人的，应当自受理强制医疗申请或者发现被告人符合强制医疗条件之日起三日以内，通知法律援助机构指派律师担任其诉讼代理人，为其提供法律帮助。"故 B 项错误。《刑诉解释》第 636 条第 2 款规定："被申请人要求出庭，人民法院经审查其身体和精神状态，认为可以出庭的，应当准许。出庭的被申请人，在法庭调查、辩论阶段，可以发表意见。"故 C 项错误。《刑诉解释》第 637 条规定："对申请强制医疗的案件，人民法院审理后，应当按照下列情形分别处理：（一）符合刑事诉讼法第三百零二条规定的强制医疗条件的，应当作出对被申请人强制医疗的决定；（二）被申请人属于依法不负刑事责任的精神病人，但不符合强制医疗条件的，应当作出驳回强制医疗申请的决定；被申请人已经造成危害结果的，应当同时责令其家属或者监护人严加看管和医疗；（三）被申请人具有完全或者部分刑事责任能力，依法应当追究刑事责任的，应当作出驳回强制医疗申请的决定，并退回人民检察院依法处理。"故 D 项错误。

21.【答案】ABD

【考点】刑事诉讼法的独立价值

【详解】刑事诉讼法具有影响刑事实体法实现的功能。依据刑事诉讼法定和正当程序的理念，刑事实体法需要通过法律程序来实施。然而，刑事诉讼法并非实施刑事实体法的被动的"服务器"，而是在启动或终结实施刑事实体法活动方面扮演着十分积极的角色。比如，依照不告不理原则，如果没有控诉机关或人员起诉，就不能对现实中的犯罪行为适用刑事实体法；当出现了某些法定情形时，就要结束适用刑事实体法的程序，而不能适用刑事实体法；对同一案件，如果选择不同的刑事程序，适用刑事实体法的结果可能会不同。本题的 ABD 项均是刑事诉讼法影响刑法实现的体现，但是，C 项并未影响刑法的实现。

22.【答案】ABC

【考点】保障诉讼参与人的诉讼权利原则；被害人的诉讼权利

【详解】《刑事诉讼法》第 14 条规定，人民法院、人民检察院和公安机关应当保障犯罪嫌疑人、被告人和其他诉讼参与人依法享有的辩护权和其他诉讼权利。诉讼参与人对于审判人员、检察人员和侦查人员侵犯公民诉讼权利和人身侮辱的行为，有权提出控告。该原则的基本含义是：（1）诉讼权利是诉讼参与人享有的法定权利，法律予以保护，公安司法机关不得以任何方式加以剥夺。诉讼参与人在诉讼权利受到侵害时，有权采用法律手段依法保护自己的诉讼权利，如控告或请求公安司法机关予以制止，有关机关对于侵犯公民诉讼权利的行为应当认真查处。（2）公安司法机关有义务保障诉讼参与人充分行使诉讼权利，对于刑事诉讼中妨碍诉讼参与人行使诉讼权利的各种行为，公安司法机关有义务采取措施予以制止。（3）诉讼参与人在享有诉讼权利的同时，还应当承担法律规定的诉讼义务。公安司法机关有义务保障诉讼参与人的诉讼权利，也有权力要求诉讼参与人履行相应的诉讼义务。故 AC 两项正确。从《刑事诉讼法》第 14 条的表述来看，保障诉讼参与人的诉讼权利，核心在于保护犯罪嫌疑人、被告人的辩护权。故 B 项的表述正确。D 项的错误在于，公诉案件中受犯罪侵害的人没有上诉权。

23.【答案】AC

【考点】证据的关联性；证据的理论分类；意见证据规则

【详解】《刑诉解释》第 88 条第 2 款规定："证人的猜测性、评论性、推断性的证言，不得作为证据使用，但根据一般生活经验判断符合事实的除外。"D 项属于不符合一般生活经验的推断性的证言，应排除，不当选。直接证据是能够单独、直接证明案件主要事实的证据。也就是说，某一项证据的内容，无需经过推理过程，即可以直观地说明犯罪行为是否犯罪嫌疑人、被告人所实施。故 B 项属于间接证据。凡是来自原始出处，即直接来源于案件事实的证据材料，是原始证据。凡是不直接来源于案件事实，而是从间接的非第一来源获得的证据材料，称为传来证据。故 C 项正确。关联性也称为相关性，是指证据必须与案件事实有客观联系，对证明刑事案件事实具有某种实际意义；反之，与本案无关的事实或材料，都不能成为刑事证据。在理论上，特定的事实行为不具有关联性。例如，关于事件发生后某人实施补救措施的事实，一般情况下不得作为行为人对该事实负有责任的证据加以采用。故 A 项行为不具有关联性。

24.【答案】BC

【考点】证人证言、被害人陈述的排除；非法证据排除程序；行政证据向刑事证据的转化

【详解】《刑诉解释》第 91 条第 3 款规定："经人民法院通知，证人没有正当理由拒绝出庭或者出庭后拒绝作证，法庭对其证言的真实性无法确认的，该证人证言不得作为定案的根据。"故 A 项当选。《刑事诉讼法》第 60 条规定，对于经过法庭审理，确认或者不能排除存在本法第 56 条规定的以非法方法收集证据情形的，对有关证据应当予以排除。故 B 项当选。《刑诉解释》第 75 条第 1 款规定："行政机关在行政执法和查办案件过程中收集的物证、书证、视听资料、电子数据等证据材料，经法庭查证属实，且收集程序符合有关法律、行政法规规定的，可以作为定案的根据。"询问笔录属于涉案人员的供述，不属于上述几个证据种类，不能作为刑事证据适用。故 C 项当选。《刑诉解释》第 90 条规定："证人证言的收集程序、方式有下列瑕疵，经补正或者作出合理解释的，可以采用；不能补正或者作出合理解释的，不得作为定案的根据：（一）询问笔录没有填写询问人、记录人、法定代理人姓名以及询问的起止时间、地点的；（二）询问地点不符合规定的；（三）询问笔录没有记录告知证人有关权利义务和法律责任的；（四）询问笔录反映出在同一时段，同一询问人员询问不同证人的；（五）询问未成年人，其法定代理人或者合适成年人不在场的。"《刑诉解释》第 92 条规定："对被害人陈述的审查与认定，参照适用本节的有关规定。"故 D 项不当选。

25.【答案】AB

【考点】证明对象；免证事项

【详解】《刑诉解释》第 72 条规定："应当运用证据证明的案件事实包括：（一）被告人、被害人的身份；（二）被指控的犯罪是否存在；（三）被指控的犯罪是否为被告人所实施；（四）被告人有无刑事责任能力，有无罪过，实施犯罪的动机、目的；（五）实施犯罪的时间、地点、手段、后果以及案件起因等；（六）是否共同犯罪或者犯罪事实存在关联，以及被告人在犯罪中的地位、作用；（七）被告人有无从重、从轻、减轻、免除处罚情节；（八）有关涉案财物处理的事实；（九）有关附带民事诉讼的事实；（十）有关管辖、回避、延期审理等的程序事实；（十一）与定罪量刑有关的其他事实。认定被告人有罪和对被告人从重处罚，适用证据确实、充分的证明标准。"故 AB 项均属于证明对象，当选。C 项属于证据事实，不是证明对象，故不当选。《高检规则》第 401 条规定："在法庭审理中，下列事实不必提出证据进行证明：（一）为一般人共同知晓

的常识性事实；（二）人民法院生效裁判所确认并且未依审判监督程序重新审理的事实；（三）法律、法规的内容以及适用等属于审判人员履行职务所应当知晓的事实；（四）在法庭审理中不存在异议的程序事实；（五）法律规定的推定事实；（六）自然规律或者定律。"D 项属于上述第 4 项规定的免证事项，不当选。

26.【答案】BD

【考点】强制措施的变更和解除

【详解】《刑诉解释》第 169 条规定："被逮捕的被告人具有下列情形之一的，人民法院可以变更强制措施：（一）患有严重疾病、生活不能自理的；（二）怀孕或者正在哺乳自己婴儿的；（三）系生活不能自理的人的唯一扶养人。"《刑诉解释》第 170 条规定："被逮捕的被告人具有下列情形之一的，人民法院应当立即释放；必要时，可以依法变更强制措施：（一）第一审人民法院判决被告人无罪、不负刑事责任或者免予刑事处罚的；（二）第一审人民法院判处管制、宣告缓刑、单独适用附加刑，判决尚未发生法律效力的；（三）被告人被羁押的时间已到第一审人民法院对其判处的刑期期限的；（四）案件不能在法律规定的期限内审结的。"故 BD 两项当选。

27.【答案】ACD

【考点】附带民事诉讼原告人的范围；附带民事诉讼赔偿范围；附带民事审理程序

【详解】《刑诉解释》第 175 条第 1 款规定："被害人因人身权利受到犯罪侵犯或者财物被犯罪分子毁坏而遭受物质损失的，有权在刑事诉讼过程中提起附带民事诉讼；被害人死亡或者丧失行为能力的，其法定代理人、近亲属有权提起附带民事诉讼。"《刑事诉讼法》第 108 条第 6 项规定，"近亲属"是指夫、妻、父、母、子、女、同胞兄弟姊妹。故 A 项正确。C 项属于可得利益，不能提起附带民事诉讼。C 项正确。《刑诉解释》第 181 条第 1 款规定："被害人或者其法定代理人、近亲属仅对部分共同侵害人提起附带民事诉讼的，人民法院应当告知其可以对其他共同侵害人，包括没有被追究刑事责任的共同侵害人，一并提起附带民事诉讼，但共同犯罪案件中同案犯在逃的除外。"故 B 项错误。《刑诉解释》第 180 条第 2 款规定："附带民事诉讼被告人的亲友自愿代为赔偿的，可以准许。"《刑诉解释》第 194 条规定："审理刑事附带民事诉讼案件，人民法院应当结合被告人赔偿被害人物质损失的情况认定其悔罪表现，并在量刑时予以考虑。"故 D 项正确。

28.【答案】BC

【考点】公安机关的初查措施

【详解】《公安规定》第 174 条第 2 款规定，调查核实过程中，公安机关可以依照有关法律和规定采取询问、查询、勘验、鉴定和调取证据材料等不限制被调查对象人身、财产权利的措施。但是，不得对被

调查对象采取强制措施，不得查封、扣押、冻结被调查对象的财产，不得采取技术侦查措施。故本题 BC 项正确。A 项属于技术侦查，AD 项均在立案后的侦查阶段才能采用。

29.【答案】BD

【考点】二审的处理方式；公开审判原则；简易程序的特点

【详解】《刑事诉讼法》第 238 条规定："第二审人民法院发现第一审人民法院的审理有下列违反法律规定的诉讼程序的情形之一的，应当裁定撤销原判，发回原审人民法院重新审判：（一）违反本法有关公开审判的规定的；（二）违反回避制度的；（三）剥夺或者限制了当事人的法定诉讼权利，可能影响公正审判的；（四）审判组织的组成不合法的；（五）其他违反法律规定的诉讼程序，可能影响公正审判的。"本题的 BD 项分别属于以上（四）、（一）两项情形，所以当选。《刑事诉讼法》第 219 条规定，适用简易程序审理案件，不受本章第一节关于送达期限、讯问被告人、询问证人、鉴定人、出示证据、法庭辩论程序规定的限制。但在判决宣告前应当听取被告人的最后陈述意见。本案适用简易程序，故 A 项不违反法定程序，不当选。《刑诉解释》第 365 条第 1 款规定："适用简易程序审理案件，可以对庭审作如下简化：（一）公诉人可以摘要宣读起诉书；（二）公诉人、辩护人、审判人员对被告人的讯问、发问可以简化或者省略；（三）对控辩双方无异议的证据，可以仅就证据的名称及所证明的事项作出说明；对控辩双方有异议或者法庭认为有必要调查核实的证据，应当出示，并进行质证；（四）控辩双方对与定罪量刑有关的事实、证据没有异议的，法庭审理可以直接围绕罪名确定和量刑问题进行。"故 C 项也未违反法定程序，不当选。

30.【答案】ABD

【考点】再审不加刑；上诉不加刑；审判监督程序

【详解】《刑诉解释》第 401 条规定："审理被告人或者其法定代理人、辩护人、近亲属提出上诉的案件，不得对被告人的刑罚作出实质不利的改判，并应当执行下列规定：（一）同案审理的案件，只有部分被告人上诉的，既不得加重上诉人的刑罚，也不得加重其他同案被告人的刑罚；（二）原判认定的罪名不当的，可以改变罪名，但不得加重刑罚或者对刑罚执行产生不利影响；（三）原判认定的罪数不当的，可以改变罪数，并调整刑罚，但不得加重决定执行的刑罚或者对刑罚执行产生不利影响；（四）原判对被告人宣告缓刑的，不得撤销缓刑或者延长缓刑考验期；（五）原判没有宣告职业禁止、禁止令的，不得增加宣告；原判宣告职业禁止、禁止令的，不得增加内容、延长期限；（六）原判对被告人判处死刑缓期执行没有限制减刑、决定终身监禁的，不得限制减刑、

决定终身监禁；（七）原判判处的刑罚不当、应当适用附加刑而没有适用的，不得直接加重刑罚、适用附加刑。原判判处的刑罚畸轻，必须依法改判的，应当在第二审判决、裁定生效后，依照审判监督程序重新审判。人民检察院抗诉或者自诉人上诉的案件，不受前款规定的限制。"由此可见上诉不加刑原则没有例外，故 C 项后半句话不正确。ABD 三项在此法条中有所体现，故当选。

31.【答案】ABC

【考点】附条件不起诉考察期内应遵守的规定

【详解】《高检规则》第 475 条规定："人民检察院对于被附条件不起诉的未成年犯罪嫌疑人，应当监督考察其是否遵守下列规定：（一）遵守法律法规，服从监督；（二）按照规定报告自己的活动情况；（三）离开所居住的市、县或者迁居，应当报经批准；（四）按照要求接受矫治和教育。"《高检规则》第 476 条规定："人民检察院可以要求被附条件不起诉的未成年犯罪嫌疑人接受下列矫治和教育：（一）完成戒瘾治疗、心理辅导或者其他适当的处遇措施；（二）向社区或者公益团体提供公益劳动；（三）不得进入特定场所，与特定的人员会见或者通信，从事特定的活动；（四）向被害人赔偿损失、赔礼道歉等；（五）接受相关教育；（六）遵守其他保护被害人安全以及预防再犯的禁止性规定。"故本题的正确答案为 ABC 三项，D 项错误在于，不是"不得离开所居住的县"，而是"离开所居住的市、县或者迁居，应当报经批准"。

32.【答案】BC

【考点】级别管辖；地区管辖

【详解】《刑诉解释》第 15 条规定："一人犯数罪、共同犯罪或者其他需要并案审理的案件，其中一人或者一罪属于上级人民法院管辖的，全案由上级人民法院管辖。"A 项中故意杀人案和非法拘禁案均由中级法院审理，该项错误。《刑事诉讼法》第 25 条规定，刑事案件由犯罪地的人民法院管辖。如果由被告人居住地的人民法院审判更为适宜的，可以由被告人居住地的人民法院管辖。非法拘禁属于持续犯，其所经过的地方均是犯罪地，因此，B 项正确。《刑诉解释》第 7 条规定："在中华人民共和国领域外的中国船舶内的犯罪，由该船舶最初停泊的中国口岸所在地或者被告人登陆地、入境地的人民法院管辖。"故 C 项正确，D 项错误。

33.【答案】BCD

【考点】强制措施的适用

【详解】《刑事诉讼法》第 85 条规定，公安机关拘留人的时候，必须出示拘留证。拘留后，应当立即将被拘留人送看守所羁押，至迟不得超过 24 小时。除无法通知或者涉嫌危害国家安全犯罪、恐怖活动犯罪通知可能有碍侦查的情形以外，应当在拘留后 24

小时以内，通知被拘留人的家属。有碍侦查的情形消失以后，应当立即通知被拘留人的家属。第 86 条规定，公安机关对被拘留的人，应当在拘留后的 24 小时以内进行讯问。在发现不应当拘留的时候，必须立即释放，发给释放证明。故 A 项错误，C 项正确。《刑事诉讼法》第 81 条第 3 款规定，对有证据证明有犯罪事实，可能判处 10 年有期徒刑以上刑罚的，或者有证据证明有犯罪事实，可能判处徒刑以上刑罚，曾经故意犯罪或者身份不明的，应当予以逮捕。故 B 项正确。《刑事诉讼法》第 74 条第 1 款规定："人民法院、人民检察院和公安机关对符合逮捕条件，有下列情形之一的犯罪嫌疑人、被告人，可以监视居住：（一）患有严重疾病、生活不能自理的；（二）怀孕或者正在哺乳自己婴儿的妇女；（三）系生活不能自理的人的唯一扶养人；（四）因为案件的特殊情况或者办理案件的需要，采取监视居住措施更为适宜的；（五）羁押期限届满，案件尚未办结，需要采取监视居住措施的。"故 D 项正确。

34.【答案】ACD

【考点】讯问犯罪嫌疑人；询问被害人；勘查；查封

【详解】《公安规定》第 208 条规定，讯问犯罪嫌疑人，在文字记录的同时，可以对讯问过程进行录音录像。对于可能判处无期徒刑、死刑的案件或者其他重大犯罪案件，应当对讯问过程进行录音或者录像。前款规定的"可能判处无期徒刑、死刑的案件"，是指应当适用的法定刑或者量刑档次包含无期徒刑、死刑的案件。"其他重大犯罪案件"，是指致人重伤、死亡的严重危害公共安全犯罪、严重侵犯公民人身权利犯罪，以及黑社会性质组织犯罪、严重毒品犯罪等重大故意犯罪案件。故 A 项正确。因为讯问犯罪嫌疑人和询问被害人的程序有差异，所以，不得在讯问乙的过程中一并收集乙作为非法拘禁案的被害人的陈述。故 B 项错误。《公安规定》第 216 条规定，勘查现场，应当拍摄现场照片、绘制现场图、制作笔录，由参加勘查的人和见证人签名。对重大案件的现场勘查，应当录音录像。故 C 项正确。《公安规定》第 228 条规定，在侦查过程中需要扣押财物、文件的，应当经办案部门负责人批准，制作扣押决定书；在现场勘查或者搜查中需要扣押财物、文件的，由现场指挥人员决定；但扣押财物、文件价值较高或者可能严重影响正常生产经营的，应当经县级以上公安机关负责人批准，制作扣押决定书。在侦查过程中需要查封土地、房屋等不动产，或者船舶、航空器以及其他不宜移动的大型机器、设备等特定动产的，应当经县级以上公安机关负责人批准并制作查封决定书。故 D 项正确。

35.【答案】A

【考点】电子数据的认定和提取；证据的关联性

【详解】《关于办理刑事案件收集提取和审查判断电子数据若干问题的规定》第 1 条规定："电子数据是案件发生过程中形成的，以数字化形式存储、处理、传输的，能够证明案件事实的数据。电子数据包括但不限于下列信息、电子文件：（一）网页、博客、微博客、朋友圈、贴吧、网盘等网络平台发布的信息；（二）手机短信、电子邮件、即时通信、通讯群组等网络应用服务的通信信息；（三）用户注册信息、身份认证信息、电子交易记录、通信记录、登录日志等信息；（四）文档、图片、音视频、数字证书、计算机程序等电子文件。以数字化形式记载的证人证言、被害人陈述以及犯罪嫌疑人、被告人供述和辩解等证据，不属于电子数据。确有必要的，对相关证据的收集、提取、移送、审查，可以参照适用本规定。"故 A 项正确。第 9 条规定："具有下列情形之一，无法扣押原始存储介质的，可以提取电子数据，但应当在笔录中注明不能扣押原始存储介质的原因、原始存储介质的存放地点或者电子数据的来源等情况，并计算电子数据的完整性校验值：（一）原始存储介质不便封存的；（二）提取计算机内存数据、网络传输数据等不是存储在存储介质上的电子数据的；（三）原始存储介质位于境外的；（四）其他无法扣押原始存储介质的情形。对于原始存储介质位于境外或者远程计算机信息系统上的电子数据，可以通过网络在线提取。为进一步查明有关情况，必要时，可以对远程计算机信息系统进行网络远程勘验。进行网络远程勘验，需要采取技术侦查措施的，应当依法经过严格的批准手续。"故 B 项错误。C 项不是该电子数据作为定案根据的必备条件。D 项，该电子数据是具有关联性的，故不当选。

36.【答案】ACD

【考点】公开审判原则；证人补助；附带民事赔偿范围；法庭审理程序

【详解】《刑事诉讼法》第 188 条第 1 款规定，人民法院审判第一审案件应当公开进行。但是有关国家秘密或者个人隐私的案件，不公开审理；涉及商业秘密的案件，当事人申请不公开审理的，可以不公开审理。本案属于强奸案，涉及个人隐私，应不公开审理。A 项正确。《刑事诉讼法》第 65 条第 1 款规定，证人因履行作证义务而支出的交通、住宿、就餐等费用，应当给予补助。证人作证的补助列入司法机关业务经费，由同级政府财政予以保障。本案中甲女属于被害人，故不适用证人补助。B 项错误。《刑事诉讼法》第 101 条规定，被害人由于被告人的犯罪行为而遭受物质损失的，在刑事诉讼过程中，有权提起附带民事诉讼。被害人死亡或者丧失行为能力的，被害人的法定代理人、近亲属有权提起附带民事诉讼。故 C 项正确。《刑诉解释》第 242 条规定："在审判长主持下，公诉人可以就起诉书指控的犯罪事实讯问被告人。经审判长准许，被害人及其法定代理人、诉讼代理人可以就公诉人讯问的犯罪事实补充发问；附带民事诉讼原告人及其法定代理人、诉讼代理人可以就附带民事部分的事实向被告人发问；被告人的法定代理人、辩护人，附带民事诉讼被告人及其法定代理人、诉讼代理人可以在控诉方、附带民事诉讼原告方就某一问题讯问、发问完毕后向被告人发问。根据案件情况，就证据问题对被告人的讯问、发问可以在举证、质证环节进行。"故 D 项正确。

2017 年

1.【答案】D

【考点】刑事诉讼构造

【详解】当事人主义诉讼将开始和推动诉讼的主动权委于当事人，控诉、辩护双方当事人在诉讼中居于主导地位。我国不论公诉案件还是自诉案件都是在职权主义基础上吸收了当事人主义的因素，自诉案件不是适用当事人主义诉讼构造。故 A 项错误。被告人认罪案件审理中，控辩双方可能对罪名和量刑有异议，仍然存在控辩双方的对抗。故 B 项错误。我国侦查阶段只有侦查机关和犯罪嫌疑人两方参与，并无控辩审三方的构造。故 C 项错误。我国审查起诉阶段只有检察院与犯罪嫌疑人这两方参与，只存在控辩关系，故 D 项正确。本题的正确答案为 D。

2.【答案】B

【考点】核准追诉前的程序；强制措施、侦查的适用

【详解】刑法规定的核准追诉制度，即法定最高刑为无期徒刑、死刑的犯罪，超过 20 年追诉期限后，认为必须追诉的，须报请最高人民检察院核准。《最高人民检察院关于办理核准追诉案件若干问题的规定》第 4 条规定，须报请最高人民检察院核准追诉的案件在核准之前，侦查机关可以依法对犯罪嫌疑人采取强制措施。侦查机关报请核准追诉并提请逮捕犯罪嫌疑人，人民检察院经审查认为必须追诉而且符合法定逮捕条件的，可以依法批准逮捕，同时要求侦查机关在报请核准追诉期间不停止对案件的侦查。未经最高人民检察院核准，不得对案件提起公诉。由此条可知，核准追诉只是意味着，未经核准不得对被告人提起公诉，并不意味着侦查机关不得对其进行侦查和采取强制措施。所以，在核准追诉前，公安机关可以对陆某故意杀人案进行侦查，也可以对陆某先行拘留，检察院也可以对陆某批准逮捕，但是不得对陆某提起公诉。故本题的正确答案为 B。

3.【答案】B

【考点】指定管辖；回避

【详解】《刑诉解释》第 18 条规定："有管辖权的人民法院因案件涉及本院院长需要回避或者其他原因，不宜行使管辖权的，可以请求移送上一级人民法院管辖。上一级人民法院可以管辖，也可以指定与提出请求的人民法院同级的其他人民法院管辖。"本题中，王某与本案有利害关系，所以，B 区法院受理该案后应请求上级法院指定管辖。故 B 正确。

4.【答案】A

【考点】申请变更强制措施的主体；移送审查起诉的告知；讯问犯罪嫌疑人；分案起诉、审理

【详解】《刑事诉讼法》第 97 条规定，犯罪嫌疑人、被告人及其法定代理人、近亲属或者辩护人有权申请变更强制措施。钱乙作为钱甲的非律师辩护人，可以申请取保候审即变更强制措施。故 A 项正确。《刑事诉讼法》第 162 条规定，公安机关侦查终结的案件，应当做到犯罪事实清楚，证据确实、充分，并且写出起诉意见书，连同案卷材料、证据一并移送同级人民检察院审查决定；同时将案件移送情况告知犯罪嫌疑人及其辩护律师。本题中钱乙不是律师，不得在侦查阶段担任钱甲的辩护人，公安机关也无需将案件移送情况告知钱乙。故 B 项错误。我国刑事诉讼法未规定检察人员讯问犯罪嫌疑人时律师在场。故 C 项，武某不得在场。因此 C 项错误。《刑诉解释》第 551 条第 1 款规定："对分案起诉至同一人民法院的未成年人与成年人共同犯罪案件，可以由同一个审判组织审理；不宜由同一个审判组织审理的，可以分别审理。"故 D 项错误在于，如检察院对钱甲和小沈分案起诉，法院可以由同一审判组织审理而不是"可并案审理"。

5.【答案】C

【考点】刑事证据规则；证据能力；证明力

【详解】从内容上看，证据规则大体包括两类：一类是调整证据能力的规则，例如传闻证据规则、非法证据排除规则、意见证据规则、最佳证据规则等；另一类是调整证明力的规则，例如关联性规则、补强证据规则等。故本题的 C 项，"关联性规则"是调整证明力的规则。而传闻证据规则、非法证据排除规则、意见证据规则都是调整证据能力的规则。本题的正确答案为 C。

6.【答案】C

【考点】逮捕后的羁押必要性审查

【详解】《高检规则》第 575 条规定，负责捕诉的部门依法对侦查和审判阶段的羁押必要性进行审查。故 A 项错误。《高检规则》第 577 条第 2 款规定："必要时，可以依照有关规定进行公开审查。"本案是盗窃案，不涉及国家秘密、商业秘密、个人隐私，故可以公开审查。故 B 项错误。《高检规则》第 577 条第 1 款规定："人民检察院可以采取以下方式进行羁押必要性审查：（一）审查犯罪嫌疑人、被告人不需要继续羁押的理由和证明材料；（二）听取犯罪嫌疑人、被告人及其法定代理人、辩护人的意见；

（三）听取被害人及其法定代理人、诉讼代理人的意见，了解是否达成和解协议；（四）听取办案机关的意见；（五）调查核实犯罪嫌疑人、被告人的身体健康状况；（六）需要采取的其他方式。"故 C 项正确。《人民检察院办理羁押必要性审查案件规定（试行）》第 12 条规定，经初审，对于犯罪嫌疑人、被告人可能具有本规定第 17 条、第 18 条情形之一的，检察官应当制作立案报告书，经检察长或者分管副检察长批准后予以立案。对于无理由或者理由明显不成立的申请，或者经人民检察院审查后未提供新的证明材料或者没有新的理由而再次申请的，由检察官决定不予立案，并书面告知申请人。由此可见，对甲父的申请决定不予立案，检察官就可以决定，无须检察长批准。故 D 项错误。

7.【答案】C

【考点】附带民事诉讼原告人、被告人的范围；附带民事诉讼赔偿范围；刑事和解的适用范围

【详解】《刑诉解释》第 177 条规定："国家机关工作人员在行使职权时，侵犯他人人身、财产权利构成犯罪，被害人或者其法定代理人、近亲属提起附带民事诉讼的，人民法院不予受理，但应当告知其可以依法申请国家赔偿。"甲涉嫌滥用职权罪，该罪是国家机关工作人员在行使职权时实施的犯罪，故乙不能提起附带民事诉讼，丙的妻子也不能提起附带民事诉讼，因此 AB 项错误，C 项正确。《刑事诉讼法》第 288 条第 1 款规定："下列公诉案件，犯罪嫌疑人、被告人真诚悔罪，通过向被害人赔偿损失、赔礼道歉等方式获得被害人谅解，被害人自愿和解的，双方当事人可以和解：（一）因民间纠纷引起，涉嫌刑法分则第四章、第五章规定的犯罪案件，可能判处三年有期徒刑以下刑罚的；（二）除渎职犯罪以外的可能判处七年有期徒刑以下刑罚的过失犯罪案件。"本题中甲涉嫌的滥用职权罪属于渎职犯罪，因而不能适用刑事和解程序，乙和丙的近亲属不得与甲达成刑事和解。故 D 项错误。

8.【答案】D

【考点】期间的计算；上诉期限

【详解】《刑事诉讼法》第 230 条规定，不服判决的上诉和抗诉的期限为 10 日，不服裁定的上诉和抗诉的期限为 5 日，从接到判决书、裁定书的第二日起算。《刑事诉讼法》第 105 条规定，期间开始的时和日不算在期间以内。法定期间不包括路途上的时间。上诉状或者其他文件在期满前已经交邮的，不算过期。期间的最后一日为节假日的，以节假日后的第一日为期满日期，但犯罪嫌疑人、被告人或者罪犯在押期间，应当至期满之日为止，不得因节假日而延长。故本题中 9 月 21 日一审宣判，并当庭送达判决书，上诉期从 9 月 22 日开始计算，最后一日是 10 月 1 日，因为 10 月 1 日是法定节假日，上诉期限顺延

至法定节假日之后的第一个工作日即 10 月 8 日。看守所监管人员 10 月 8 日上班时才寄出，该上诉仍然有效，故上诉书寄到法院时一审判决尚未生效。因此，D 项正确。

9.【答案】D

【考点】立案监督、报案和控告的区别；立案的条件

【详解】《刑事诉讼法》第 112 条规定，人民法院、人民检察院或者公安机关对于报案、控告、举报和自首的材料，应当按照管辖范围，迅速进行审查，认为有犯罪事实需要追究刑事责任的时候，应当立案；认为没有犯罪事实，或者犯罪事实显著轻微，不需要追究刑事责任的时候，不予立案，并且将不立案的原因通知控告人。控告人如果不服，可以申请复议。故 A 项错误在于，立案时无需确定遗弃婴儿的原因，只需查清是否有犯罪事实需要追究刑事责任即可。B 项错误在于，马某是报案人，不是控告人，其无权申请复议。C 项错误在于，控告的主体是被害人，第三人无权控告，只能报案或者举报。《刑事诉讼法》第 113 条规定，人民检察院认为公安机关对应当立案侦查的案件而不立案侦查的，或者被害人认为公安机关对应当立案侦查的案件而不立案侦查，向人民检察院提出的，人民检察院应当要求公安机关说明不立案的理由。人民检察院认为公安机关不立案理由不能成立的，应当通知公安机关立案，公安机关接到通知后应当立案。故 D 项正确。本题的正确答案为 D。

10.【答案】B

【考点】辨认

【详解】《公安规定》第 260 条规定，辨认时，应当将辨认对象混杂在特征相类似的其他对象中，不得在辨认前向辨认人展示辨认对象及其影像资料，不得给辨认人任何暗示。辨认犯罪嫌疑人时，被辨认的人数不得少于 7 人；对犯罪嫌疑人照片进行辨认的，不得少于 10 人的照片；辨认物品时，混杂的同类物品不得少于 5 件。对场所、尸体等特定辨认对象进行辨认，或者辨认人能够准确描述物品独有特征的，陪衬物不受数量的限制。本题的 A 项让犯罪嫌疑人对被害人进行"一对一"的辨认，被辨认的对象不符合规定，该项错误。B 项辨认的对象是现场，无需混杂辨认，该项正确。《公安规定》第 259 条第 2 款规定，几名辨认人对同一辨认对象进行辨认时，应当由辨认人个别进行。故 C 项集体辨认是错误的，应当个别辨认。《高检规则》第 226 条第 1 款、第 2 款、第 3 款规定，辨认时，应当将辨认对象混杂在其他对象中。不得在辨认前向辨认人展示辨认对象及其影像资料，不得给辨认人任何暗示。辨认犯罪嫌疑人时，被辨认的人数不得少于 7 人，照片不得少于 10 张。辨认物品时，同类物品不得少于 5 件，照片不得少于 5 张。D 项的刑讯逼供案是检察院侦查的案件，被辨认

的照片只有 4 张，不符合规定，该项错误。本题的正确答案为 B。

11.【答案】D

【考点】 审查起诉后的处理方式；不起诉

【详解】《高检规则》第 365 条第 2 款规定，对于犯罪事实并非犯罪嫌疑人所为，需要重新调查或者侦查的，应当在作出不起诉决定后书面说明理由，将案卷材料退回监察机关或者公安机关并建议重新调查或者侦查。据此，A 项，检察院应当将案卷材料退回公安机关并建议其重新侦查，而非建议其撤销案件，A 项错误。《高检规则》第 367 条规定，人民检察院对于二次退回补充调查或者补充侦查的案件，仍然认为证据不足，不符合起诉条件的，经检察长批准，依法作出不起诉决定。人民检察院对于经过一次退回补充调查或者补充侦查的案件，认为证据不足，不符合起诉条件，且没有再次退回补充调查或者补充侦查必要的，经检察长批准，可以作出不起诉决定。故 B 的错误在于，少了一个条件"认为证据不足，不符合起诉条件"。《高检规则》第 384 条规定，人民检察院收到人民法院受理被害人对被不起诉人起诉的通知后，人民检察院应当终止复查，将作出不起诉决定所依据的有关案件材料移送人民法院。据此，法院受理被害人的自诉后，不起诉决定并不视为自动撤销，检察院应当将作出不起诉决定所依据的有关案件材料移送人民法院，C 项错误。《高检规则》第 389 条规定，最高人民检察院对地方各级人民检察院的起诉、不起诉决定，上级人民检察院对下级人民检察院的起诉、不起诉决定，发现确有错误的，应当予以撤销或者指令下级人民检察院纠正。据此，D 项正确。本题正确答案为 D。

12.【答案】C

【考点】 两审终审制

【详解】 两审终审制的实质是允许一个案件经过两级法院审理，也最多只能经过两级法院审理的审级限制。但我国的两审终审制有以下三种例外：（1）最高人民法院审理的第一审案件为一审终审，其判决、裁定一经作出，立即发生法律效力，不存在启动二审程序的问题。（2）判处死刑的案件，必须依法经过死刑复核程序核准后，判处死刑的裁判，才能发生法律效力，交付执行。（3）地方各级人民法院根据《刑法》第 63 条第 2 款规定在法定刑以下判处刑罚的案件，必须经最高人民法院的核准，其判决、裁定才能发生法律效力并交付执行。故本题的正确答案为 C。

13.【答案】B

【考点】 简易程序的适用范围

【详解】 A 属于危害国家安全的犯罪案件，《刑事诉讼法》第 21 条规定，最低由中级法院管辖，而简易程序只有在基层法院才能适用，故该项不得适用简易程序。A 项错误。《刑事诉讼法》第 214 条规定：

"基层人民法院管辖的案件，符合下列条件的，可以适用简易程序审判：（一）案件事实清楚、证据充分的；（二）被告人承认自己所犯罪行，对指控的犯罪事实没有异议的；（三）被告人对适用简易程序没有异议的。人民检察院在提起公诉的时候，可以建议人民法院适用简易程序。"由此可见，检察院建议适用简易程序，并不是适用简易程序的必备条件。故 B 项可以适用简易程序。《刑诉解释》第 360 条规定："具有下列情形之一的，不适用简易程序：（一）被告人是盲、聋、哑人的；（二）被告人是尚未完全丧失辨认或者控制自己行为能力的精神病人的；（三）案件有重大社会影响的；（四）共同犯罪案件中部分被告人不认罪或者对适用简易程序有异议的；（五）辩护人作无罪辩护的；（六）被告人认罪但经审查认为可能不构成犯罪的；（七）不宜适用简易程序审理的其他情形。"C 项属于上述第 6 项情形，D 项属于上述第 5 项情形，均不适用简易程序。因此，本题的正确答案为 B。

14.【答案】C

【考点】 判决、裁定和决定的区别和适用

【详解】《刑诉解释》第 295 条第 1 款规定："对第一审公诉案件，人民法院审理后，应当按照下列情形分别作出判决、裁定：……（七）被告人是精神病人，在不能辨认或者不能控制自己行为时造成危害结果，不予刑事处罚的，应当判决宣告被告人不负刑事责任；被告人符合强制医疗条件的，应当依照本解释第二十六章的规定进行审理并作出判决；（八）犯罪已过追诉时效期限且不是必须追诉，或者经特赦令免除刑罚的，应当裁定终止审理；（九）属于告诉才处理的案件，应当裁定终止审理，并告知被害人有权提起自诉……"A 项应适用裁定终止审理，C 项应适用判决宣告被告人不负刑事责任，D 项应适用裁定终止审理。《刑诉解释》第 331 条第 1 款规定："自诉人经两次传唤，无正当理由拒不到庭，或者未经法庭准许中途退庭的，人民法院应当裁定按撤诉处理。"故 B 项应适用裁定，而不是判决。故本题的正确答案为 C。

15.【答案】D

【考点】 死刑复核程序

【详解】《刑诉解释》第 432 条规定："最高人民法院裁定不予核准死刑，发回重新审判的案件，原人民法院应当另行组成合议庭审理，但本解释第四百二十九条第四项、第五项规定的案件除外。"《刑诉解释》第 429 条规定："最高人民法院复核死刑案件，应当按照下列情形分别处理：（一）原判认定事实和适用法律正确、量刑适当、诉讼程序合法的，应当裁定核准；（二）原判认定的某一具体事实或者引用的法律条款等存在瑕疵，但判处被告人死刑并无不当的，可以在纠正后作出核准的判决、裁定；（三）原判事实不清、证据不足的，应当裁定不予核准，并撤销原

判，发回重新审判；（四）复核期间出现新的影响定罪量刑的事实、证据的，应当裁定不予核准，并撤销原判，发回重新审判；（五）原判认定事实正确、证据充分，但依法不应当判处死刑的，应当裁定不予核准，并撤销原判，发回重新审判；根据案件情况，必要时，也可以依法改判；（六）原审违反法定诉讼程序，可能影响公正审判的，应当裁定不予核准，并撤销原判，发回重新审判。"本题中，最高法院是以"事实清楚，但量刑过重，依法不应当判处死刑"为由发回省高级法院重审，不属于应当另行组成合议庭审理的情形。故 A 项错误。高级法院是第二审法院，最高法院若发回高级法院重审，高级法院将按照第二审重新审理，作出的判决为终审判决。故 D 项正确。《刑事诉讼法》第 183 条第 4 款规定："人民法院审判上诉和抗诉案件，由审判员三人或者五人组成合议庭进行。"故 B 项表述过于绝对，B 错误。《刑诉解释》第 430 条规定："最高人民法院裁定不予核准死刑的，根据案件情况，可以发回第二审人民法院或者第一审人民法院重新审判。对最高人民法院发回第二审人民法院重新审判的案件，第二审人民法院一般不得发回第一审人民法院重新审判。第一审人民法院重新审判的，应当开庭审理。第二审人民法院重新审判的，可以直接改判；必须通过开庭查清事实、核实证据或者纠正原审程序违法的，应当开庭审理。"本题中，最高法院是以"事实清楚，但量刑过重，依法不应当判处死刑"为由发回省高级法院即第二审法院重审，所以，高级法院重审时不属于应当开庭审理的情形。故 C 项错误。

16. 【答案】A

【考点】财产刑的执行程序

【详解】《最高人民法院关于刑事裁判涉财产部分执行的若干规定》第 13 条规定："被执行人在执行中同时承担刑事责任、民事责任，其财产不足以支付的，按照下列顺序执行：（一）人身损害赔偿中的医疗费用；（二）退赔被害人的损失；（三）其他民事债务；（四）罚金；（五）没收财产。债权人对执行标的依法享有优先受偿权，其主张优先受偿的，人民法院应当在前款第（一）项规定的医疗费用受偿后，予以支持。"依据此法条可知，本题的正确答案为 A。

17. 【答案】C

【考点】监外执行

【详解】《刑事诉讼法》第 265 条第 5 款的规定，在交付执行前，暂予监外执行由交付执行的人民法院决定；在交付执行后，暂予监外执行由监狱或者看守所提出书面意见，报省级以上监狱管理机关或者设区的市一级以上公安机关批准。本题中，张某被判处有期徒刑，执行期间，张某需要监外执行，应当由省级以上监狱管理机关或者甲市公安机关批准监外执行，而不是法院。故 AB 项错误。《刑事诉讼法》第 269

条的规定，对被判处管制、宣告缓刑、假释或者暂予监外执行的罪犯，依法实行社区矫正，由社区矫正机构负责执行。《社区矫正法实施办法》第 10 条规定，司法所根据社区矫正机构的委托，承担社区矫正相关工作。故 C 项正确。《全国人民代表大会常务委员会关于〈中华人民共和国刑事诉讼法〉第二百五十四条第五款、第二百五十七条第二款的解释》规定："根据刑事诉讼法第二百五十七条第二款的规定，对人民法院决定暂予监外执行的罪犯，有刑事诉讼法第二百五十七条第一款规定的情形，依法应当予以收监的，在人民法院作出决定后，由公安机关依照刑事诉讼法第二百五十三条（现为 2018 年《刑事诉讼法》修改为第 264 条——编者注）第二款的规定送交执行刑罚。"本题中，不是法院决定监外执行，因而也不是法院决定收监执行。故 D 项错误。本题的正确答案为 C。

18. 【答案】B

【考点】附条件不起诉

【详解】《人民检察院办理未成年人刑事案件的规定》第 34 条规定："未成年犯罪嫌疑人在押的，作出附条件不起诉决定后，人民检察院应当作出释放或者变更强制措施的决定。"故 A 项错误。《人民检察院办理未成年人刑事案件的规定》第 45 条第 3 款规定："作出附条件不起诉决定的案件，审查起诉期限自人民检察院作出附条件不起诉决定之日起中止计算，自考验期限届满之日或者人民检察院作出撤销附条件不起诉决定之日起恢复计算。"故 B 项正确。《人民检察院办理未成年人刑事案件的规定》第 44 条规定："未成年犯罪嫌疑人经批准离开所居住的市、县或者迁居，作出附条件不起诉决定的人民检察院可以要求迁入地的人民检察院协助进行考察，并将考察结果函告作出附条件不起诉决定的人民检察院。"据此，本题中的监督考察机关应当是 A 县检察院。在小周经批准迁居 B 县后，A 县检察院可以要求 B 县检察院协助进行考察，而不是改由 B 县负责监督考察。故 C 项错误。《人民检察院办理未成年人刑事案件的规定》第 40 条第 1 款规定："人民检察院决定附条件不起诉的，应当确定考验期。考验期为六个月以上一年以下，从人民检察院作出附条件不起诉的决定之日起计算。考验期不计入案件审查起诉期限。"附条件不起诉考验期的法定期限为 6 个月以上 1 年以下，5 个月少于法定期限，故 D 项错误。

19. 【答案】C

【考点】附带民事诉讼的提起；刑事和解程序

【详解】《刑诉解释》第 179 条第 1 款、第 2 款规定："国家财产、集体财产遭受损失，受损失的单位未提起附带民事诉讼，人民检察院在提起公诉时提起附带民事诉讼的，人民法院应当受理。人民检察院提起附带民事诉讼的，应当列为附带民事诉讼原告人。"本题中A项错误在于，不是将大风公司列为附带民事诉讼原告人，而是将检察院列为附带民事诉讼原告人。《高检规则》第495条规定："双方当事人可以就赔偿损失、赔礼道歉等民事责任事项进行和解，并且可以就被害人及其法定代理人或者近亲属是否要求或者同意公安机关、人民检察院、人民法院对犯罪嫌疑人依法从宽处理进行协商，但不得对案件的事实认定、证据采信、法律适用和定罪量刑等依法属于公安机关、人民检察院、人民法院职权范围的事宜进行协商。"故B项错误在于，"是否对董某免除刑事处分"这是量刑问题，不得和解。《刑事诉讼法》第288条规定："下列公诉案件，犯罪嫌疑人、被告人真诚悔罪，通过向被害人赔偿损失、赔礼道歉等方式获得被害人谅解，被害人自愿和解的，双方当事人可以和解：……"和解方式包括向被害人赔偿损失、赔礼道歉等方式，这里的"等方式"就包括提供劳务的方式。故C项正确。《刑诉解释》第596条第1款规定："对达成和解协议的案件，人民法院应当对被告人从宽处罚；符合非监禁刑适用条件的，应当适用非监禁刑；判处法定最低刑仍然过重的，可以减轻处罚；综合全案认为犯罪情节轻微不需要判处刑罚的，可以免予刑事处罚。"故D项错误。

20.【答案】B

【考点】强制医疗程序

【详解】《刑诉解释》第642条规定："被决定强制医疗的人、被害人及其法定代理人、近亲属对强制医疗决定不服的，可以自收到决定书第二日起五日以内向上一级人民法院申请复议。复议期间不停止执行强制医疗的决定。"故A项错误。《刑诉解释》第641条规定："人民法院决定强制医疗的，应当在作出决定后五日以内，向公安机关送达强制医疗决定书和强制医疗执行通知书，由公安机关将被决定强制医疗的人送交强制医疗。"故B项正确。《刑诉解释》第645条规定："被强制医疗的人及其近亲属申请解除强制医疗的，应当向决定强制医疗的人民法院提出。被强制医疗的人及其近亲属提出的解除强制医疗申请被人民法院驳回，六个月后再次提出申请的，人民法院应当受理。"故C项错误在于"解除强制医疗的申请被驳回后"才是6个月后再次申请解除强制医疗。D项错误在于，申请解除强制医疗应向决定强制医疗的人民法院即县法院而不是市中级法院提出。本题的正确答案为B。

21.【答案】D

【考点】涉外刑事诉讼程序

【详解】《刑诉解释》第485条第1款规定："外国籍被告人委托律师辩护，或者外国籍附带民事诉讼原告人、自诉人委托律师代理诉讼的，应当委托具有中华人民共和国律师资格并依法取得执业证书的律师。"故A项错误。《刑事诉讼法》第21条规定：

"中级人民法院管辖下列第一审刑事案件：（一）危害国家安全、恐怖活动案件；（二）可能判处无期徒刑、死刑的案件。"本题中约翰涉嫌间谍案，是危害国家安全的案件，应当由中级法院进行一审，而不是区法院。故B项错误。《刑诉解释》第484条规定："人民法院审判涉外刑事案件，使用中华人民共和国通用的语言、文字，应当为外国籍当事人提供翻译。翻译人员应当在翻译文件上签名。人民法院的诉讼文书为中文本。外国籍当事人不通晓中文的，应当附有外文译本，译本不加盖人民法院印章，以中文本为准。外国籍当事人通晓中国语言、文字，拒绝他人翻译，或者不需要诉讼文书外文译本的，应当由其本人出具书面声明。拒绝出具书面声明的，应当记录在案；必要时，应当录音录像。"故C项错误，D项正确。

22.【答案】BCD

【考点】刑事诉讼法的基本原则

【详解】《刑事诉讼法》第3条第1款规定，对刑事案件的侦查、拘留、执行逮捕、预审，由公安机关负责。检察、批准逮捕、检察机关直接受理案件的侦查、提起公诉，由人民检察院负责。审判由人民法院负责。除法律特别规定的以外，其他任何机关、团体和个人都无权行使这些权力。本题中，检察院提前介入侦查，是检察院法律监督权的体现，并未侵犯公安机关的侦查权，也未违反侦查权、检察权、审判权由专门机关依法行使的原则。故A项错误。《刑事诉讼法》第7条规定，人民法院、人民检察院和公安机关进行刑事诉讼，应当分工负责，互相配合，互相制约，以保证准确有效地执行法律。本题中检察院的做法体现这一原则。故B项正确。严格遵守法律程序原则要求，人民法院、人民检察院和公安机关在进行刑事诉讼活动时，必须严格遵守刑事诉讼法和其他有关法律的规定，不得违反法律规定的程序和规则，更不得侵害各方当事人和其他诉讼参与人的合法权益。本题中，检察院的做法有助于严格遵守法律程序原则的实现。故D项正确。《刑事诉讼法》第8条规定，人民检察院依法对刑事诉讼实行法律监督。人民检察院是国家的法律监督机关，在刑事诉讼活动中，有权对公安机关的立案侦查、法院的审判和执行机关的执行活动是否合法进行监督。这种监督贯穿于刑事诉讼活动的始终。本题中检察院提前介入侦查，是检察院对公安机关的侦查权的监督。故C项正确。

23.【答案】CD

【考点】上下级法院、检察院的关系

【详解】《刑事诉讼法》第5条规定，人民法院依照法律规定独立行使审判权，人民检察院依照法律规定独立行使检察权，不受行政机关、社会团体和个人的干涉。人民法院和人民检察院在上下级关系上有所不同。人民检察院上下级之间是领导与被领导的关系，上级人民检察院有权就具体案件对下级人民检察院作出命令、指示。独立行使检察权实质上是指整个检察系统作为一个整体独立行使检察权，这在理论上称为检察一体化。与检察系统不同，人民法院上下级之间是监督与被监督的关系，各具体法院在具体案件的审判过程中独立行使审判权，包括上级人民法院在内的其他人民法院无权干涉。上级人民法院对下级人民法院的监督必须通过法定的程序进行，如改变管辖、在第二审程序中撤销错误的判决等。本题中，AB两项的错误在于，最高法院不得就尚未作出判决的个案对高级法院进行指导和监督。但是，最高检察院可以针对具体案件对下级检察院作出命令和指示。故CD两项正确。

24.【答案】AB

【考点】诉讼参与人的范围

【详解】《刑事诉讼法》第108条的规定，"诉讼参与人"是指当事人、法定代理人、诉讼代理人、辩护人、证人、鉴定人和翻译人员。诉讼参与人指的是专门机关以外的人。本题中A项翻译人员、B项作为鉴定人的法医，都属于诉讼参与人。但是，C项侦查人员是专门机关的人，不属于诉讼参与人。D项"有专门知识的人"尽管参加诉讼，但不是诉讼参与人。本题的正确答案为AB两项。

25.【答案】BCD

【考点】犯罪嫌疑人、被告人诉讼权利的分类

【详解】刑事诉讼中犯罪嫌疑人、被告人享有广泛的诉讼权利。这些诉讼权利按其性质和作用的不同，可分为防御性权利和救济性权利两种。所谓防御性权利，是指犯罪嫌疑人、被告人为对抗追诉方的指控、抵消其控诉效果所享有的诉讼权利。防御性权利主要包括：（1）有权使用本民族语言文字进行诉讼；（2）辩护权；（3）拒绝回答权；（4）被告人有权在开庭前10日内收到起诉书副本；（5）参加法庭调查权；（6）参加法庭辩论权；（7）最后陈述权；（8）反诉权。所谓救济性权利，是指犯罪嫌疑人、被告人对国家专门机关所作的对其不利的行为、决定或裁判，要求另一专门机关予以审查并作出改变或撤销的诉讼权利。救济性权利主要包括：（1）申请复议权；（2）控告权；（3）申请变更、解除强制措施权；（4）上诉权；（5）申诉权。故本题中BCD三项正确，A项属于防御性权利。

26.【答案】ABCD

【考点】电子数据的收集、提取、移送和运用

【详解】《关于办理刑事案件收集提取和审查判断电子数据若干问题的规定》第8条第1款规定，收集、提取电子数据，能够扣押电子数据原始存储介质的，应当扣押、封存原始存储介质，并制作笔录，记录原始存储介质的封存状态。故A项正确。《关于办理刑事案件收集提取和审查判断电子数据若干问题的规定》第16条第2款规定，电子数据检查，应当对

电子数据存储介质拆封过程进行录像，并将电子数据存储介质通过写保护设备接入到检查设备进行检查；有条件的，应当制作电子数据备份，对备份进行检查；无法使用写保护设备且无法制作备份的，应当注明原因，并对相关活动进行录像。故B项正确。《关于办理刑事案件收集提取和审查判断电子数据若干问题的规定》第19条规定，对侵入、非法控制计算机信息系统的程序、工具以及计算机病毒等无法直接展示的电子数据，应当附电子数据属性、功能等情况的说明。对数据统计量、数据同一性等问题，侦查机关应当出具说明。本题中，甲涉嫌利用木马程序盗取Q币并转卖他人，就属于本条规定的情形，所以应当附有该木马程序如何盗取账号密码的说明。故C项正确。《关于办理刑事案件收集提取和审查判断电子数据若干问题的规定》第27条规定，电子数据的收集、提取程序有下列瑕疵，经补正或者作出合理解释的，可以采用；不能补正或者作出合理解释的，不得作为定案的根据：（1）未以封存状态移送的；（2）笔录或者清单上没有侦查人员、电子数据持有人（提供人）、见证人签名或者盖章的；（3）对电子数据的名称、类别、格式等注明不清的；（4）有其他瑕疵的。故D项正确。

27.【答案】ABD

【考点】刑事诉讼的证明主体

【详解】刑事诉讼证明的主体是国家公诉机关和诉讼当事人。公安机关和人民法院不是证明的主体。A项的附带民事诉讼原告人和B项的反诉人（即反诉中的自诉人）都是当事人，是证明主体。故AB项都是证明主体。C项的警察是公安机关的侦查人员，不是证明主体。故C项错误。刑事诉讼主体是所有参与刑事诉讼活动，在刑事诉讼中享有一定权利、承担一定义务的国家专门机关和诉讼参与人。其中承担基本诉讼职能的专门机关和当事人是主要的诉讼主体，其他诉讼参与人是一般诉讼主体。故D项的证明主体包括公诉机关和当事人，都是刑事诉讼主体。D项正确。本题的正确答案为ABD三项。

28.【答案】ACD

【考点】强制措施适用的变更性原则

【详解】变更性原则是指强制措施的适用，需要随着诉讼的进展、犯罪嫌疑人、被告人及案件情况的变化而及时变更或解除。本题的B项只是改变了取保候审的保证金金额，并没有改变强制措施的种类或者解除，所以，未体现强制措施的变更性原则。本题的ACD三项符合强制措施变更性原则的要求。本题正确答案为ACD三项。

29.【答案】ACD

【考点】取保候审；逮捕；羁押必要性审查

【详解】《刑事诉讼法》第68条规定，人民法院、人民检察院和公安机关决定对犯罪嫌疑人、被告

人取保候审，应当责令犯罪嫌疑人、被告人提出保证人或者交纳保证金。而且，公安司法机关可以根据案情对保证方式进行变更。故 A 项正确。《刑事诉讼法》第 71 条第 4 款规定，对违反取保候审规定，需要予以逮捕的，可以对犯罪嫌疑人、被告人先行拘留。故 B 项，法院决定逮捕是正确的，但是法院先行拘留做法错误，应当由公安机关先行拘留。故 B 项错误。《刑事诉讼法》第 94 条规定，人民法院、人民检察院对于各自决定逮捕的人，公安机关对于经人民检察院批准逮捕的人，都必须在逮捕后的 24 小时以内进行讯问。在发现不应当逮捕的时候，必须立即释放，发给释放证明。故 C 项正确。《高检规则》第 573 条规定，犯罪嫌疑人、被告人被逮捕后，人民检察院仍应当对羁押的必要性进行审查。同法第 574 条规定，人民检察院在办案过程中可以依职权主动进行羁押必要性审查。本题中，法院决定逮捕乙后，同级检察院可主动启动对乙的羁押必要性审查。故 D 项正确。

30.【答案】BCD

【考点】讯问；同步录像

【详解】《刑事诉讼法》以及《公安规定》，在侦查中可以更换侦查人员进行讯问。故 A 项未违法。《公安规定》第 207 条的规定，犯罪嫌疑人请求自行书写供述的，应当准许；必要时，侦查人员也可以要求犯罪嫌疑人亲笔书写供词。犯罪嫌疑人应当在亲笔供词上逐页签名、捺指印。侦查人员收到后，应当在首页右上方写明"于某年某月某日收到"，并签名。故 B 项违法。《刑事诉讼法》第 34 条第 2 款的规定，侦查机关在第一次讯问犯罪嫌疑人或者对犯罪嫌疑人采取强制措施的时候，应当告知犯罪嫌疑人有权委托辩护人。故 C 项违法。《刑事诉讼法》第 119 条第 2 款规定，传唤、拘传持续的时间不得超过 12 小时；案情特别重大、复杂，需要采取拘留、逮捕措施的，传唤、拘传持续的时间不得超过 24 小时。本案属于危险驾驶案件，不属于案情特别重大、复杂，持续时间不超过 12 小时。故 D 项属于违法。

31.【答案】ABD

【考点】以审判为中心的诉讼制度改革；刑事审判的公开性；审判模式

【详解】《关于推进以审判为中心的刑事诉讼制度改革的意见》第 13 条强调发挥控辩双方的积极主动作用，有助于弱化法官的积极主动作用，促进控辩双方的积极对抗，朝着控辩式审判模式发展。故 A 项正确。《刑事诉讼法》第 14 条第 1 款规定，人民法院、人民检察院和公安机关应当保障犯罪嫌疑人、被告人和其他诉讼参与人依法享有的辩护权和其他诉讼权利。由此可见，在法庭辩论中，确保控辩意见发表在法庭，核心在于保障被告人和辩护人能充分发表意见。故 B 项正确。刑事审判的公开性是指审判活动应当公开进行，法庭的大门永远是敞开的，除了为保护特定的社会利益依法不公开审理的案件外，都应当公开审理，将审判活动置于公众和社会的监督之下。即使依法不公开审理的案件，宣告判决也应当公开。这是摒除司法不公最有力的手段。本题题干与刑事审判的公开性无关。故 C 项不当选。《刑诉解释》第 278 条第 1 款规定："对被告人认罪的案件，在确认被告人了解起诉书指控的犯罪事实和罪名，自愿认罪且知悉认罪的法律后果后，法庭调查可以主要围绕量刑和其他有争议的问题进行。"故 D 项正确。

32.【答案】BD

【考点】提起审判监督程序的主体和权限

【详解】首先要搞清楚死缓的案件，乙市中级法院一审判决死缓后，该死缓的判决要报经甲省高级法院核准后生效。所以，本题中甲省高级法院才是作出生效裁判的法院。《刑事诉讼法》第 254 条规定，各级人民法院院长对本院已经发生法律效力的判决和裁定，如果发现在认定事实上或者在适用法律上确有错误，必须提交审判委员会处理。最高人民法院对各级人民法院已经发生法律效力的判决和裁定，上级人民法院对下级人民法院已经发生法律效力的判决和裁定，如果发现确有错误，有权提审或者指令下级人民法院再审。最高人民检察院对各级人民法院已经发生法律效力的判决和裁定，上级人民检察院对下级人民法院已经发生法律效力的判决和裁定，如果发现确有错误，有权按照审判监督程序向同级人民法院提出抗诉。本题中，只有最高人民检察院和甲省高级法院才可以提起审判监督程序。乙市中级法院是甲省高级法院的下级法院，无权提起审判监督程序。甲省检察院是甲省高级法院的同级检察院，也无权对甲省高级法院的生效裁判提起审判监督程序。因此，本题的正确答案为 BD 两项。

33.【答案】B

【考点】证据的法定种类

【详解】物证是指证明案件真实情况的一切物品和痕迹。书证是指以记载的内容和反映的思想来证明案件真实情况的书面材料或其他物质材料。本题中 A 是扣押清单，不是书证。B 和 C 均属于书证。因此，AC 两项错误。B 项正确。D 项，因部分失窃药材不宜保存而在法庭上出示的药材照片，是以其内容证明案件真实情况，因而属于书证。故 D 项错误。本题的正确答案为 B。

34.【答案】AB

【考点】单位被害人；讯问被告人；简易程序；附带民事诉讼赔偿范围

【详解】被害人一般是指自然人，但单位也可以成为被害人。单位被害人参与刑事诉讼时，应由其法定代表人作为代表参加刑事诉讼。法定代表人也可以委托诉讼代理人参加刑事诉讼。单位被害人在刑事诉讼中的诉讼权利和诉讼义务，与自然人作为被害人时大体相同。故 AB 项正确。《刑诉解释》第 176 条规定："被告人非法占有、处置被害人财产的，应当依法予以追缴或者责令退赔。被害人提起附带民事诉讼的，人民法院不予受理。追缴、退赔的情况，可以作为量刑情节考虑。"本案是盗窃案，属于非法占有被害人财产的犯罪。故 C 项错误。《刑事诉讼法》第 214 条规定："基层人民法院管辖的案件，符合下列条件的，可以适用简易程序审判：（一）案件事实清楚、证据充分的；（二）被告人承认自己所犯罪行，对指控的犯罪事实没有异议的；（三）被告人对适用简易程序没有异议的。人民检察院在提起公诉的时候，可以建议人民法院适用简易程序。"从此条可以看出，适用简易程序无需得到被害人同意。《刑诉解释》第 368 条第 1 款规定："适用简易程序审理案件，在法庭审理过程中，具有下列情形之一的，应当转为普通程序审理：（一）被告人的行为可能不构成犯罪的；（二）被告人可能不负刑事责任的；（三）被告人当庭对起诉指控的犯罪事实予以否认的；（四）案件事实不清、证据不足的；（五）不应当或者不宜适用简易程序的其他情形。"故 D 项错误。

35.【答案】D

【考点】二审的审理程序；上诉不加刑原则

【详解】《刑事诉讼法》第 235 条规定："人民检察院提出抗诉的案件或者第二审人民法院开庭审理的公诉案件，同级人民检察院都应当派员出席法庭。第二审人民法院应当在决定开庭审理后及时通知人民检察院查阅案卷。"故 A 项错误在于不是"受理案件后"而是"决定开庭审理后"。《刑事诉讼法》第 237 条第 1 款规定："第二审人民法院审理被告人或者他的法定代理人、辩护人、近亲属上诉的案件，不得加重被告人的刑罚。第二审人民法院发回原审人民法院重新审判的案件，除有新的犯罪事实，人民检察院补充起诉的以外，原审人民法院也不得加重被告人的刑罚。"本案检察院未上诉，受上诉不加刑原则的限制，第二审法院不能审理并认定一审法院未予认定的 1 起盗窃事实而加重被告人刑罚。故 B 项错误。人民检察院提出抗诉或者自诉人提出上诉的，不受前款规定的限制。故 C 项中加重了被告人的刑期，违反上诉不加刑原则，C 项错误。《刑诉解释》第 392 条规定："第二审期间，被告人除自行辩护外，还可以继续委托第一审辩护人或者另行委托辩护人辩护。共同犯罪案件，只有部分被告人提出上诉，或者自诉人只对部分被告人的判决提出上诉，或者人民检察院只对部分被告人的判决提出抗诉的，其他同案被告人也可以委托辩护人辩护。"故 D 项正确。

36.【答案】AC

【考点】询问被害人地点；其他合适成年人到场；侦查实验；见证人

【详解】《刑事诉讼法》第 124 条第 1 款规定，侦查人员询问证人，可以在现场进行，也可以到证人所在单位、住处或者证人提出的地点进行，在必要的时候，可以通知证人到人民检察院或者公安机关提供证言。在现场询问证人，应当出示工作证件，到证人所在单位、住处或者证人提出的地点询问证人，应当出示人民检察院或者公安机关的证明文件。A 项中的"学校"是现场，所以经出示工作证件，侦查人员可在学校询问甲。故 A 项正确。《刑事诉讼法》第 281 条规定，对于未成年人刑事案件，在讯问和审判的时候，应当通知未成年犯罪嫌疑人、被告人的法定代理人到场。无法通知、法定代理人不能到场或者法定代理人是共犯，也可以通知未成年犯罪嫌疑人、被告人的其他成年亲属，所在学校、单位、居住地基层组织或者未成年人保护组织的代表到场，并将有关情况记录在案。到场的法定代理人可以代为行使未成年犯罪嫌疑人、被告人的诉讼权利。由此可见，只有到场的法定代理人才能代为行使未成年犯罪嫌疑人、被告人的诉讼权利，此处的"学校的其他老师"是其他合适成年人，不能代为行使乙的诉讼权利。故 B 项错误。《刑事诉讼法》第 135 条第 1、3 款规定，为了查明案情，在必要的时候，经公安机关负责人批准，可以进行侦查实验。侦查实验，禁止一切足以造成危险、侮辱人格或者有伤风化的行为。本题 C 项"通过侦查实验确定甲能否在其所描述的时间、地点看到杨某猥亵丙"，不会造成危险、侮辱人格或者有伤风化的行为，故可以侦查实验。因此，C 项正确。《刑诉解释》第 80 条第 1 款规定："下列人员不得担任见证人：（一）生理上、精神上有缺陷或者年幼，不具有相应辨别能力或者不能正确表达的人；（二）与案件有利害关系，可能影响案件公正处理的人；（三）行使勘验、检查、搜查、扣押、组织辨认等监察调查、刑事诉讼职权的监察、公安、司法机关的工作人员或者其聘用的人员。"许某和杨某之间有利害关系，故不得担任见证人。因此，D 项错误。

37.【答案】A

【考点】证据的法定种类；传闻证据规则；补强证据规则；特殊人提供的言词证据的采信

【详解】甲向公安机关反映的既有另外 2 名女生乙和丙被害的经过，也有自己被害的经过。所以，既是被害人陈述，也是证人证言。故 A 项正确。补强证据要有独立的来源，许某的证言来自甲，不能作为甲的补强证据。故 B 项错误。传闻证据规则，也称传闻证据排除规则，即法律排除传闻证据作为认定犯罪事实的根据的规则。根据这一规则，如无法定理由，任何人在庭审期间以外及庭审准备期间以外的陈述，不得作为认定被告人有罪的证据。本题中，甲的证言虽属于传闻证据，但是，在我国，该传闻证据仍然可能作为定案的根据。故 C 项错误。《刑诉解释》第 143 条规定："下列证据应当慎重使用，有其他证据印证的，可以采信：（一）生理上、精神上有缺陷，对案件事实的认知和表达存在一定困难，但尚未丧失正确认知、表达能力的被害人、证人和被告人所作的陈述、证言和供述；（二）与被告人有亲属关系或者其他密切关系的证人所作的有利于被告人的证言，或者与被告人有利害冲突的证人所作的不利于被告人的证言。"此法条中未提到年幼，所以 D 项错误。

2018 年

1.【答案】BD

【考点】效率原则

【详解】诉讼效率是指诉讼中所投入的司法资源（包括人力、财力、物力）、诉讼时间与案件处理数量的比例。诉讼效率不仅是一种诉讼理念，也是一项诉讼原则。其核心要素：一是时间上要高效；二是司法成本较低或者司法资源的投入较少。结合题目，人民陪审是司法民主的体现，也是坚持走群众路线诉讼原则的要求，与诉讼效率无关，因此 A 项错误。B 项"短期之内无法回国"包含着时间要素，表明法院审判活动受审判期间或诉讼效率的约束。因此，准许证人不出庭作证，体现了诉讼效率原则的要求，B 项正确。值班律师提供法律援助体现的是辩护制度的要求，是对犯罪嫌疑人诉讼权利保障的需要，与诉讼效率没有直接关系，所以 C 项错误。就 D 项而言，采用远程审讯，而不利用实体性法庭进行审判，很显然是出于节约司法资源的考虑，符合诉讼效率原则的要求，D 项正确。综上，本题正确答案为 BD。

2.【答案】AD

【考点】辩护权

【详解】辩护权是法律赋予受到刑事追诉的人针对所受到的指控进行反驳、辩解和申辩，以维护自身合法权益的诉讼权利。辩护权是犯罪嫌疑人、被告人各项诉讼权利中最为基本的权利，在各项权利中居于核心地位。辩护权是防御性权利，控辩双方积极对抗，有利于帮助法官发现案件的真实情况，对被告人的辩护权的剥夺会影响案件事实的认定与发现。故 A 项正确。同时根据辩护权的重要性也可以看出其是司法人权保障的重点之一。故 D 项正确。《刑诉解释》第 44 条规定："被告人没有委托辩护人的，人民法院自受理案件之日起三日以内，应当告知其有权委托辩护人；被告人因经济困难或者其他原因没有委托辩护人的，应当告知其可以申请法律援助；被告人属于应当提供法律援助情形的，应当告知其将依法通知法律援助机构指派律师为其提供辩护。被告人没有委托辩护人，法律援助机构也没有指派律师为其提供辩护的，人民法院应当告知被告人有权约见值班律师，并为被告人约见值班律师提供便利。告知可以采取口头或者书面方式。"一审法院应当履行辩护通知义务而未履行，属于程序违法，根据《刑诉解释》的规定，对于违反程序规定的，二审法院一律撤销原判发回重审，所以本题中的发回重审属于程序公正优于实体公正。

故 B 项错误。C 项属于干扰项，本题并未体现律师在维护法律正确实施方面的作用，更多体现的是法院作为司法机关违反法律程序时需承担的后果。此点属于说法本身没问题，但是与题干无关。故 C 项错误。

3.【答案】D

【考点】阅卷权；会见、通信权；调查取证

【详解】《刑事诉讼法》第 34 条第 1 款和第 2 款规定："犯罪嫌疑人自被侦查机关第一次讯问或者采取强制措施之日起，有权委托辩护人；在侦查期间，只能委托律师作为辩护人。被告人有权随时委托辩护人。侦查机关在第一次讯问犯罪嫌疑人或者对犯罪嫌疑人采取强制措施的时候，应当告知犯罪嫌疑人有权委托辩护人。人民检察院自收到移送审查起诉的案件材料之日起三日以内，应当告知犯罪嫌疑人有权委托辩护人。人民法院自受理案件之日起三日以内，应当告知被告人有权委托辩护人。犯罪嫌疑人、被告人在押期间要求委托辩护人的，人民法院、人民检察院和公安机关应当及时转达其要求。"据此，侦查机关在第一次讯问时就应当告知犯罪嫌疑人有权委托辩护人，而且在侦查阶段，只能委托律师而不得委托非律师人员担任辩护人。故 A 项错误。同时 C 项也错误，除了上述原因以外，还包括侦查机关应当告知张某既可以自行辩护，也可以委托辩护人为自己辩护，同时如果张某符合法律援助的情形，还可以申请法律援助辩护。《刑事诉讼法》第 39 条第 2 款和第 3 款规定："辩护律师持律师执业证书、律师事务所证明和委托书或者法律援助公函要求会见在押的犯罪嫌疑人、被告人的，看守所应当及时安排会见，至迟不得超过四十八小时。危害国家安全犯罪、恐怖活动犯罪案件，在侦查期间辩护律师会见在押的犯罪嫌疑人，应当经侦查机关许可。上述案件，侦查机关应当事先通知看守所。"本案只是普通的诈骗案，辩护律师仅凭三证即可要求会见，无须批准。此外，《刑事诉讼法》第 39 条第 4 款规定："辩护律师会见在押的犯罪嫌疑人、被告人，可以了解案件有关情况，提供法律咨询等；自案件移送审查起诉之日起，可以向犯罪嫌疑人、被告人核实有关证据。辩护律师会见犯罪嫌疑人、被告人时不被监听。""不被监听"当然包括办案机关不得派员在场。据此，B 项错误。《刑事诉讼法》第 38 条规定："辩护律师在侦查期间可以为犯罪嫌疑人提供法律帮助；代理申诉、控告；申请变更强制措施；向侦查机关了解犯罪嫌疑人涉嫌的罪名和案件有关情况，提出意见。"因此，了解案件有关情况是辩护律师在侦查阶段的诉讼权利，侦查机关不得以任何理由拒绝提供案件有关情况。故 D 项正确。

4.【答案】A

【考点】未成年人刑事案件

【详解】《刑诉解释》第 550 条第 1 款规定，被告人实施被指控的犯罪时不满 18 周岁、人民法院立案时不满 20 周岁的案件，由未成年人案件审判组织

审判。结合题干，法院立案受理时，小姜肯定不满20周岁。故A项正确。《刑诉解释》第566条规定："对未成年人刑事案件，人民法院决定适用简易程序审理的，应当征求未成年被告人及其法定代理人、辩护人的意见。上述人员提出异议的，不适用简易程序。"由于本案开庭审理时，小姜已经年满18周岁，不再是未成年人了，也就不存在法定代理人一说，因为法定代理人的帮助对象是未满18周岁的未成年人。故B项错误。《刑诉解释》第578条第2款规定："对依法应当封存犯罪记录的案件，宣判时，不得组织人员旁听；有旁听人员的，应当告知其不得传播案件信息。"题干并未说明小姜可能判处5年以下有期徒刑或者免予刑事处罚等需要犯罪记录封存的条件。故C项错误。《人民检察院办理未成年人刑事案件的规定》第29条规定："对于犯罪时已满十四周岁不满十八周岁的未成年人，同时符合下列条件的，人民检察院可以作出附条件不起诉决定：……"可见，检察院能否适用附条件不起诉的时间起算点不是决定适用时，而是犯罪时不满18周岁。故D项错误。综上，本题正确答案为A。

5.【答案】C

【考点】立案程序

【详解】《公安规定》第179条规定："控告人对不予立案决定不服的，可以在收到不予立案通知书后七日以内向作出决定的公安机关申请复议；……控告人对不予立案的复议决定不服的，可以在收到复议决定书后七日以内向上一级公安机关申请复核；……"由于题干并未明确李某是控告人（即被害人），所以，AB项表述均错误。《公安规定》第181条规定："移送案件的行政执法机关对不予立案决定不服的，可以在收到不予立案通知书后三日以内向作出决定的公安机关申请复议；公安机关应当在收到行政执法机关的复议申请后三日以内作出决定，并书面通知移送案件的行政执法机关。"可见，市场监督管理局依法只能向不予立案的公安局申请复议，法律上并未规定行政机关可以向上级公安机关申请复核，所以C项正确，D项错误。综上，本题正确答案为C。

6.【答案】C

【考点】刑事和解；报案与举报；辨认

【详解】《刑事诉讼法》第288条第1款规定："下列公诉案件，犯罪嫌疑人、被告人真诚悔罪，通过向被害人赔偿损失、赔礼道歉等方式获得被害人谅解，被害人自愿和解的，双方当事人可以和解：（一）因民间纠纷引起，涉嫌刑法分则第四章、第五章规定的犯罪案件，可能判处三年有期徒刑以下刑罚的；（二）除渎职犯罪以外的可能判处七年有期徒刑以下刑罚的过失犯罪案件。"本案的故意伤害虽然属于刑法分则第四章的犯罪，但并非因民间纠纷引起的，不符合刑事和解的案件范围条件。故A项错误。BC项考查报案、举报概念的辨析，报案是知事不知

人；举报是知事知人，但事不关己。显然，B项错误，C项正确。《公安规定》第258条规定："为了查明案情，在必要的时候，侦查人员可以让被害人、证人或者犯罪嫌疑人对与犯罪有关的物品、文件、尸体、场所或者犯罪嫌疑人进行辨认。"可见，辨认的主体是犯罪嫌疑人、被害人和证人，未成年人不论是被害人还是证人，均可辨认。故D项错误。综上，本题正确答案为C。

7.【答案】ABC

【考点】特殊情况的管辖

【详解】《刑诉解释》第10条规定："中国公民在中华人民共和国领域外的犯罪，由其登陆地、入境地、离境前居住地或者现居住地的人民法院管辖；被害人是中国公民的，也可以由被害人离境前居住地或者现居住地的人民法院管辖。"由于张三、李四离境前的居住地均是甲市，被告人张三的入境地是乙市，所以AB项正确。另外，《刑诉解释》第11条规定："外国人在中华人民共和国领域外对中华人民共和国国家或者公民犯罪，根据《中华人民共和国刑法》应当受处罚的，由该外国人登陆地、入境地或者入境后居住地的人民法院管辖，也可以由被害人离境前居住地或者现居住地的人民法院管辖。"结合本题，丙市是共同犯罪案件中外国人入境后的居住地，所以C项正确。综上，本题正确答案是ABC。

8.【答案】BD

【考点】刑期折抵

【详解】《刑诉解释》第170条规定："被逮捕的被告人具有下列情形之一的，人民法院应当立即释放；必要时，可以依法变更强制措施：（一）第一审人民法院判决被告人无罪、不负刑事责任或者免予刑事处罚的；……"可见，A项错误，不存在"变更强制措施"；B项正确。《刑法》第47条规定："有期徒刑的刑期，从判决执行之日起计算；判决执行以前先行羁押的，羁押一日折抵刑期一日。"可见，D项正确。赵某被判处无期徒刑，不存在折抵刑期的问题，C项错误。综上，本题正确答案为BD。

9.【答案】B

【考点】非法证据排除规则

【详解】按照《刑事诉讼法》第86条、第94条的规定，不论是拘留还是逮捕，都应当在抓捕后的24小时内讯问，而且讯问时间一般不超过12小时，从凌晨到天亮显然没有超过12小时，因此，A项供述合法，不予排除。《关于办理刑事案件严格排除非法证据若干问题的规定》第2条规定："采取殴打、违法使用戒具等暴力方法或者变相肉刑的恶劣手段，使犯罪嫌疑人、被告人遭受难以忍受的痛苦而违背意愿作出的供述，应当予以排除。"呛水属于变相肉刑，由此获得的供述应当排除，符合题意，B项当选。《关于办理刑事案件严格排除非法证据若干问题的规定》第3条规定："采用以暴力或者严重损害本

人及其近亲属合法权益等进行威胁的方法，使犯罪嫌疑人、被告人遭受难以忍受的痛苦而违背意愿作出的供述，应当予以排除。"C 项威胁只是普通的威胁，没有达到"难以忍受的痛苦"的标准，C 项错误。证人证言如果没有证人核对确认并签字的，应当不采信，即予以排除。但是就辨认笔录而言，没有签字，可以补正或者合理解释，不是必须排除，D 项错误。综上，本题正确答案为 B。

10.【答案】AC

【考点】减刑、假释的程序

【详解】《最高人民法院关于减刑、假释案件审理程序的规定》第 4 条规定："人民法院审理减刑、假释案件，应当依法由审判员或者由审判员和人民陪审员组成合议庭进行。"因此，A 项正确。由于甲服刑还不到一半的期限（即 6 年），按照该规定第 6 条的规定："人民法院审理减刑、假释案件，可以采取开庭审理或者书面审理的方式。但下列减刑、假释案件，应当开庭审理：（一）因罪犯有重大立功表现报请减刑的；（二）报请减刑的起始时间、间隔时间或者减刑幅度不符合司法解释一般规定的；……"可见，本案应当开庭审理，B 项错误。根据该规定第 7 条第 2 款的规定："人民法院根据需要，可以通知证明罪犯确有悔改表现或者立功、重大立功表现的证人，公示期间提出不同意见的人，以及鉴定人、翻译人员等其他人员参加庭审。"因此，C 项正确。根据诉讼原理，审理减刑案件不是解决被告的有罪指控问题，不存在辩护的必要和逻辑前提，因此，D 项错误。综上，本题正确答案为 AC。

11.【答案】AB

【考点】简易程序

【详解】《刑事诉讼法》第 216 条规定："适用简易程序审理案件，对可能判处三年有期徒刑以下刑罚的，可以组成合议庭进行审判，也可以由审判员一人独任审判；对可能判处的有期徒刑超过三年的，应当组成合议庭进行审判。适用简易程序审理公诉案件，人民检察院应当派员出席法庭。"据此，A 项正确，其实考生只需要记住，一审无论是普通程序还是简易程序，公诉案件中检察院都应当派员出席法庭，在二审、再审中其不开庭审理时，检察院可以不派员出席法庭。本案属于可能判处 3 年以下有期徒刑的案件，所以可以合议庭也可以独任审。因此 B 项正确。《刑事诉讼法》第 214 条第 1 款规定，基层人民法院管辖的案件，符合下列条件的，可以适用简易程序审判：（1）案件事实清楚、证据充分的；（2）被告人承认自己所犯罪行，对指控的犯罪事实没有异议的；（3）被告人对适用简易程序没有异议的。根据《刑诉解释》第 368 条的规定，适用简易程序审理案件，在法庭审理过程中，具有下列情形之一的，应当转为普通程序审理：（1）被告人的行为可能不构成犯罪的；（2）被告人可能不负刑事责任的；（3）被告人当庭对起诉指

控的犯罪事实予以否认的；（4）案件事实不清、证据不足的；（5）不应当或者不宜适用简易程序的其他情形。据此，简易程序中承认自己所犯的罪行主要指的是涉嫌的犯罪事实而非罪名本身没有异议。故 C 项错误。《刑事诉讼法》第 220 条的规定："适用简易程序审理案件，人民法院应当在受理后二十日以内审结；对可能判处的有期徒刑超过三年的，可以延长至一个半月。"D 项中，甲被判处有期徒刑 5 年，符合延长至一个半月的情形，并没有超期。故 D 项错误。

12.【答案】ABD

【考点】赃款赃物的追缴

【详解】《最高人民法院关于刑事裁判涉财产部分执行的若干规定》第 11 条规定："被执行人将刑事裁判认定为赃款赃物的涉案财物用于清偿债务、转让或者设置其他权利负担，具有下列情形之一的，人民法院应予追缴：（一）第三人明知是涉案财物而接受的；（二）第三人无偿或者以明显低于市场的价格取得涉案财物的；（三）第三人通过非法债务清偿或者违法犯罪活动取得涉案财物的；（四）第三人通过其他恶意方式取得涉案财物的。第三人善意取得涉案财物的，执行程序中不予追缴。作为原所有人的被害人对该涉案财物主张权利的，人民法院应告知其通过诉讼程序处理。"据此，ABD 项均应当予以追缴，符合题意。C 项属于善意取得，不予追缴。综上，本题正确答案为 ABD。

13.【答案】A

【考点】证据不足不起诉

【详解】《监察法》第 47 条规定："对监察机关移送的案件，人民检察院依照《中华人民共和国刑事诉讼法》对被调查人采取强制措施。人民检察院经审查，认为犯罪事实已经查清，证据确实、充分，依法应当追究刑事责任的，应当作出起诉决定。人民检察院经审查，认为需要补充核实的，应当退回监察机关补充调查，必要时可以自行补充侦查。对于补充调查的案件，应当在一个月内补充调查完毕。补充调查以二次为限。人民检察院对于有《中华人民共和国刑事诉讼法》规定的不起诉的情形的，经上一级人民检察院批准，依法作出不起诉的决定。监察机关认为不起诉的决定有错误的，可以向上一级人民检察院提请复议。"根据这一规定，BD 项明显错误，不选。如果监察机关移送检察院审查起诉，强制措施由检察院依据《刑事诉讼法》规定采取，而非继续留置。故 C 项错误，不选。二次退回补充调查，证据不足的，检察院作出不起诉决定符合《刑事诉讼法》的规定。故 A 项正确，当选。

14.【答案】D

【考点】辩护人的权利

【详解】综合《刑事诉讼法》、相关司法解释和司法文件的规定，在侦查阶段，辩护律师不享有阅卷权、调查取证权（含申请检察院、法院调取证据）

以及核实证据的权利。ABC 项明显错误，不选。《刑事诉讼法》第 42 条规定："辩护人收集的有关犯罪嫌疑人不在犯罪现场、未达到刑事责任年龄、属于依法不负刑事责任的精神病人的证据，应当及时告知公安机关、人民检察院。"可见，D 项正确。综上，本题正确答案为 D。

15.【答案】D

【考点】死刑复核制度

【详解】《刑诉解释》第 432 条规定："最高人民法院裁定不予核准死刑，发回重新审判的案件，原审人民法院应当另行组成合议庭审理，但本解释第四百二十九条第四项、第五项规定的案件除外。"这里所说的第 4 项、第 5 项就是"（四）复核期间出现新的影响定罪量刑的事实、证据的，应当裁定不予核准，并撤销原判，发回重新审判；（五）原判认定事实正确、证据充分，但依法不应当判处死刑的，应当裁定不予核准，并撤销原判，发回重新审判；根据案件情况，必要时，也可以依法改判"。本案属于第 5 项的情形。可见，A 项错误，不选。省高级人民法院是二审法院，应当按照第二审程序重新审理，而二审合议庭的人数依法是 3 人或者 5 人，也就是说，可以 3 人，也可以 5 人。B 项"应当"的说法是错误的，不选。《刑诉解释》第 430 条规定："最高人民法院裁定不予核准死刑的，……第二审人民法院重新审判的，可以直接改判；必须通过开庭查清事实、核实证据或者纠正原审程序违法的，应当开庭审理。"本案属于直接改判的案件，可以书面审理，而不是"应当开庭"。C 项错误，不选。由于省高级人民法院是二审法院，我国的审级制度是两审终审，省高级人民法院的判决就是终审判决，另外，死缓的核准由省高级人民法院负责，但对于自己判决的死缓案件，不存在核准问题。D 项正确。综上，本题正确答案为 D。

16.【答案】BC

【考点】强制医疗

【详解】《刑事诉讼法》第 303 条规定："根据本章规定对精神病人强制医疗的，由人民法院决定。公安机关发现精神病人符合强制医疗条件的，应当写出强制医疗意见书，移送人民检察院。对于公安机关移送的或者在审查起诉过程中发现的精神病人符合强制医疗条件的，人民检察院应当向人民法院提出强制医疗的申请。人民法院在审理案件过程中发现被告人符合强制医疗条件的，可以作出强制医疗的决定。对实施暴力行为的精神病人，在人民法院决定强制医疗前，公安机关可以采取临时的保护性约束措施。"A 项错误，应该由公安机关采取临时保护性约束措施。根据《刑事诉讼法》第 304 条的规定，人民法院受理强制医疗的申请后，应当组成合议庭进行审理。C 项正确。《高检规则》第 222 条规定，对犯罪嫌疑人作精神病鉴定的期间不计入羁押期限和办案期限。B 项正确。《刑诉解释》第 637 条规定："对申请强制

医疗的案件，人民法院审理后，应当按照下列情形分别处理：……（三）被申请人具有完全或者部分刑事责任能力，依法应当追究刑事责任的，应当作出驳回强制医疗申请的决定，并退回人民检察院依法处理。"D 项错误，检察院申请启动的，只能驳回申请并退回检察院。

2019 年

1.【答案】ABC

【考点】效率理念

【详解】《刑诉解释》第 226 条规定："案件具有下列情形之一的，人民法院可以决定召开庭前会议：（一）证据材料较多、案情重大复杂的；（二）控辩双方对事实、证据存在较大争议的；（三）社会影响重大的；（四）需要召开庭前会议的其他情形。"据此，法院可以决定召开庭前会议。庭前会议中会讨论很多程序问题，如管辖、回避，也会对证据问题进行梳理，审判人员可以询问控辩双方对证据材料有无异议，对有异议的证据，应当在庭审时重点调查；无异议的，庭审时举证、质证可以简化。庭前会议的目的是追求一次性庭审，提升诉讼效率。因此，A 项正确。交通肇事罪属于主观恶性不大的过失类犯罪案件，直接起诉而不采取逮捕措施，可以缩减程序，有利于提高诉讼效率。因此，B 项正确。附条件不起诉主要针对的是犯罪轻微（可能判处 1 年有期徒刑以下刑罚），有悔罪表现的未成年人，检察院会设置一段时间称为考验期，在考验期里会设置一定的义务让未成年人遵守，以此实现对未成年人的矫正，考验期满如果未成年人遵守了义务、表现良好，检察院会作出真正的不起诉决定；如果考验期内违反义务，或者犯有新罪、发现漏罪，则应当撤销不起诉的决定，依法公诉。附条件不起诉实现了对未成年人案件的分流处理，不需要经过审判和执行程序，有利于提高诉讼效率。对未成年人的案件作不起诉决定也是检察院对轻微案件起诉便宜主义的体现。因此，C 项正确。辩护人可通过申请在法庭审理中播放特定时间段的讯问录像的方式来调查口供收集的合法性，主要体现了程序公正原则，将违反程序收集的证据依法排除，未体现效率理念。因此，D 项错误。

2.【答案】B

【考点】刑事诉讼职能

【详解】控诉职能主要指的是积极向法院提起诉讼，要求追究被告人定罪量刑之刑事责任的职能，即积极地主张对他人定罪量刑的职能，在公诉案件中，主要是检察院承担了控诉职能，被害人承担的是辅助的控诉职能；在自诉案件中，主要是自诉人承担了控诉职能，而自诉案件中的自诉人可能是被害人自己，当其丧失行为能力时，其法定代理人也可以提起自诉，如果被害人死亡时可以由其近亲属提起诉讼。所

以在自诉案件中，积极提起诉讼主张对被告人定罪量刑的自诉人有可能是被害人，也可能是被害人以外的其他人。所以 A 项不严谨，错误。首先，量刑的前提是检察院已经提出了对被告人定罪量刑的诉讼主张，存在有利于被告人的量刑事实意味着在量刑时可以适当从宽，但从宽依然意味着被定罪量刑了，所以也是检察院在承担控诉职能的表现。其次，控诉职能的核心是在向法院诉讼时积极地主张对他人定罪量刑，也就是说控诉职能只能发生在审理阶段。因此，B 项正确。证人一直是居中辅助诉讼向前推进的人，在诉讼中只需要客观陈述其所看到、听到的案件事实即可，不承担任何职能。因此，C 项错误。检察院排除非法证据主要在履行其监督职能，并非控诉职能，考生需要牢牢抓住控诉职能就是想积极地对他人定罪量刑。本项中将定罪量刑的证据排除出去显然非控诉职能，而是检察院在履行其监督职能。因此，D 项错误。

3.【答案】**ABD**

【考点】交叉管辖；侦查；附带民事诉讼

【详解】《刑事诉讼法》第 150 条第 2 款的规定，人民检察院在立案后，对于利用职权实施的严重侵犯公民人身权利的重大犯罪案件，根据侦查犯罪的需要，经过严格的批准手续，可以采取技术侦查措施，按照规定交有关机关执行。因此，A 项正确。根据《刑事诉讼法》第 19 条及《高检规则》第 13 条规定可知，人民检察院管辖的案件主要有两类：一类为可以直接立案管辖的案件——主要是人民检察院在对诉讼活动实行法律监督中发现的司法工作人员利用职权实施的下列 14 种罪名：（1）非法拘禁罪；（2）非法搜查罪；（3）刑讯逼供罪；（4）暴力取证罪；（5）虐待被监管人罪；（6）滥用职权罪；（7）玩忽职守罪；（8）徇私枉法罪；（9）民事、行政枉法裁判罪；（10）执行判决、裁定失职罪；（11）执行判决、裁定滥用职权罪；（12）私放在押人员罪；（13）失职致使在押人员脱逃罪；（14）徇私舞弊减刑、假释、暂予监外执行罪。另一类是经过批准才可以管辖的案件——主要是对于公安机关管辖的国家机关工作人员利用职权实施的重大犯罪案件，需要由人民检察院直接受理的，经省级以上人民检察院决定，可以由人民检察院立案侦查。因此，B 项正确。《高检规则》第 17 条第 1、2 款规定："人民检察院办理直接受理侦查的案件，发现犯罪嫌疑人同时涉嫌监察机关管辖的职务犯罪线索的，应当及时与同级监察机关沟通。经沟通，认为全案由监察机关管辖更为适宜的，人民检察院应当将案件和相应职务犯罪线索一并移送监察机关；认为由监察机关和人民检察院分别管辖更为适宜的，人民检察院应当将监察机关管辖的相应职务犯罪线索移送监察机关，对依法由人民检察院管辖的犯罪案件继续侦查。"据此，当检察院在立案侦查司法机关工作人员利用职权实施的 14 类犯罪中的某一个罪

时（如暴力取证罪），发现了应当归属于监察委立案管辖的案件时（如受贿罪），那么检察院首先应当将受贿罪移送监察委，然后针对暴力取证罪与监察委进行沟通，沟通后的结果有可能是检察院将自己管辖的暴力取证罪一并移送监察委管辖。因为司法机关利用职权实施的 14 类罪本身也属于职务犯罪，检察院可以管辖，监察委也可以管辖。所以 C 项错误。根据《刑诉解释》第 175 条的规定，附带民事诉讼的受理或赔偿范围仅限于被害人因人身权利受到犯罪侵犯或者财物被犯罪分子毁坏而遭受的物质损失。根据《刑诉解释》第 177 条的规定，国家机关工作人员在行使职权时，侵犯他人人身、财产权利构成犯罪，被害人或者其法定代理人、近亲属提起附带民事诉讼的，人民法院不予受理，但应当告知其可以依法申请国家赔偿。因此，D 项正确。

4.【答案】**C**

【考点】证据及辩护

【详解】最佳证据规则要求书证的提供者应尽量提供原件，如果提供副本、抄本、复制本等非原始材料，则必须提供充足理由加以说明，否则该书证不具有可采性。《刑诉解释》第 84 条第 1 款规定："据以定案的书证应当是原件。取得原件确有困难的，可以使用副本、复制件。"因而复印件只要查证属实也可以使用。A 项错误。辩护律师提出辩护意见的，既可以采取口头的方式，也可以采取书面的方式。《公安规定》第 58 条第 1 款规定："案件侦查终结前，辩护律师提出要求的，公安机关应当听取辩护律师的意见，根据情况进行核实，并记录在案。辩护律师提出书面意见的，应当附卷。"也就是说，提出辩护意见可以口头的形式提出，也可以书面的形式提出，口头提出的辩护意见公安机关也应当记录在案，形成案件的组成部分，书面的意见应当直接随案移送。因此，B 项错误。《高检规则》第 52 条第 2 款规定，人民检察院根据辩护律师的申请收集、调取证据时，辩护律师可以在场。因此，C 项正确。《公安规定》第 293 条第 1 款规定："人民检察院作出不起诉决定的，如果被不起诉人在押，公安机关应当立即办理释放手续。除依法转为行政案件办理外，应当根据人民检察院解除查封、扣押、冻结财物的书面通知，及时解除查封、扣押、冻结。"办案机关应当主动解除，不可能自动解除。因此，D 项错误。

5.【答案】**B**

【考点】证据的审查与认定

【详解】《刑诉解释》第 94 条规定："被告人供述具有下列情形之一的，不得作为定案的根据：（一）讯问笔录没有经被告人核对确认的；（二）讯问聋、哑人，应当提供通晓聋、哑手势的人员而未提供的；（三）讯问不通晓当地通用语言、文字的被告人，应当提供翻译人员而未提供的；（四）讯问未成年人，其法定代理人或者合适成年人不在场的。"由

此，本案讯问笔录未经张甲核对签名确认，即使可以补正或作出合理解释，法院仍不得将其作为定案根据。未经核对确认与遗漏签名是两个独立考点，如果核对确认无误，但是就是单纯拒绝签名，可以作为定案的根据。因此，A 项错误。《刑诉解释》第 247 条规定，控辩双方申请证人出庭作证，出示证据，应当说明证据的名称、来源和拟证明的事实。法庭认为有必要的，应当准许；对方提出异议，认为有关证据与案件无关或者明显重复、不必要，法庭经审查异议成立的，可以不予准许。由此，法院告知辩护人柳丁应当说明其拟证明的案件事实的做法符合法律规定。因此，B 项正确。《刑诉解释》第 229 条规定，庭前会议中，审判人员可以询问控辩双方对证据材料有无异议，对有异议的证据，应当在庭审时重点调查；无异议的，庭审时举证、质证可以简化。据此，对于庭前会议中无异议的证据，只是在庭审时举证、质证可以简化，并不意味着该证据可以不再出示。因此，C 项错误。《刑诉解释》第 91 条第 3 款规定："经人民法院通知，证人没有正当理由拒绝出庭或者出庭后拒绝作证，法庭对其证言的真实性无法确认的，该证人证言不得作为定案的根据。"据此，只要证人证言的真实性能够得到确认，就可以作为定案根据。因此，D 项错误。

6.【答案】C

【考点】举证责任

【详解】侵占罪属于自诉案件，由自诉人承担证明责任。郑某作为被告人，并不承担举证责任，考生注意郑某有证据可以提供，但是并不意味着其承担了举证责任，责任说到底是一种风险，即当事实查不清的时候谁承担不利的风险，在自诉案件中应该由自诉人承担。本案中，当案件事实证明不了时，郑某并不承担不利的诉讼后果，不利的诉讼后果应当由自诉人承担。因此，A 项错误。公诉案件的证明责任由公诉人承担，辩方提供证据属于积极辩护行为，而非承担证明责任，与 A 项相似，有无罪、罪轻的证据辩护方可以提供，但并不意味着举证责任转移到了辩护方，案件真伪不明时依然由检察院承担不利的后果。因此，B 项错误。公诉案件中举证责任由检察院承担，即证据是由检察院提出的，而自己提出的证据必须要保证是没问题的，根据《刑事诉讼法》第 59 条的规定，人民检察院应当对证据收集的合法性加以证明，即证明证据合法性的责任由检察院承担。因此，C 项正确。被告提供 X 光片的行为属于提供线索材料，并非承担证明责任，且根据 C 项可知，证据合法性的责任应当由检察院承担。因此，D 项错误。

7.【答案】BC

【考点】附带民事诉讼；公益诉讼

【详解】根据《最高人民法院、最高人民检察院关于检察公益诉讼案件适用法律若干问题的解释》

第 20 条规定，人民检察院对破坏生态环境和资源保护、食品药品安全领域侵害众多消费者合法权益，侵害英雄烈士等的姓名、肖像、名誉、荣誉等损害社会公共利益的犯罪行为提起刑事公诉时，可以向人民法院一并提起附带民事公益诉讼，由人民法院同一审判组织审理。人民检察院提起的刑事附带民事公益诉讼案件由审理刑事案件的人民法院管辖。因此，A 项错误。前述解释第 10 条规定："人民检察院不服人民法院第一审判决、裁定的，可以向上一级人民法院提起上诉。"检察院提起的附带民事诉讼，其地位相当于附带民事诉讼的原告人，针对法院相关判决不服的，可以提起上诉。因此，B 项正确。前述解释第 18 条规定："人民法院认为人民检察院提出的诉讼请求不足以保护社会公共利益的，可以向其释明变更或者增加停止侵害、恢复原状等诉讼请求。"考生注意附带民事诉讼的案件中很多的规则是援引《民事诉讼法》的相关规定，本案属于侵权之诉，承担侵权责任的方式主要有：（1）停止侵害；（2）排除妨碍；（3）消除危险；（4）返还财产；（5）恢复原状；（6）赔偿损失；（7）赔礼道歉；（8）消除影响等。因此，C 项正确。检察院提起附带民事公益诉讼，赔偿款应交付给直接遭受损失的单位或个人，而非检察院。因此，D 项错误。

8.【答案】BCD

【考点】立案中的初查

【详解】根据《公安规定》第 263 条的规定，只有在立案后才可以对犯罪嫌疑人采取监听。因此，A 项错误。《公安规定》第 271 条规定："为了查明案情，在必要的时候，经县级以上公安机关负责人决定，可以由侦查人员或者公安机关指定的其他人员隐匿身份实施侦查。隐匿身份实施侦查时，不得使用促使他人产生犯罪意图的方法诱使他人犯罪，不得采用可能危害公共安全或者发生重大人身危险的方法。"本案判断的关键在于是否属于诱使他人犯罪，根据法律规定可知，诱使的界定为使没有犯罪意图的人产生犯罪意图，而本案中已有毒品准备出售，不属于诱使的范畴。因此，B 项正确。《刑事诉讼法》第 138 条规定，进行搜查，必须向被搜查人出示搜查证。在执行逮捕、拘留的时候，遇有紧急情况，不另用搜查证也可以进行搜查。紧急情况具体指：（1）可能随身携带凶器的；（2）可能隐藏爆炸、剧毒等危险物品的；（3）可能隐匿其他犯罪嫌疑人的；（4）其他突然发生的紧急情况。无证搜查后，要补办相关手续。因此，C 项正确。《公安规定》第 272 条规定，对涉及给付毒品等违禁品或者财物的犯罪活动，根据侦查需要，经县级以上公安机关负责人决定，可以实施控制下交付。因此，D 项正确。

9.【答案】ABC

【考点】共同犯罪先行起诉；遗漏单位被告人；通缉令的发布；财产

【详解】根据《高检规则》第158条第3款的规定，对于移送起诉的案件，犯罪嫌疑人在逃的，应当要求公安机关采取措施保证犯罪嫌疑人到案后再移送起诉。共同犯罪案件中部分犯罪嫌疑人在逃的，对在案犯罪嫌疑人的移送起诉应当受理。因此，A项正确。《高检规则》第356条规定："人民检察院在办理公安机关移送起诉的案件中，发现遗漏罪行或者有依法应当移送起诉的同案犯罪嫌疑人未移送起诉的，应当要求公安机关补充侦查或者补充移送起诉。对于犯罪事实清楚，证据确实、充分的，也可以直接提起公诉。"在审查起诉阶段，检察院既承担审查起诉的职能也承担了监督的职能，对于事实清楚、证据确实充分这种情形，公安机关仍然遗漏犯罪嫌疑人、遗漏罪名，说明其存在包庇行为，检察院作为法律监督机关当然可以直接追加遗漏的人与遗漏的罪名。所以B项正确。《公安规定》第274条第2款规定："县级以上公安机关在自己管辖的地区内，可以直接发布通缉令；超出自己管辖的地区，应当报请有权决定的上级公安机关发布。"本案属于跨省案件，只能由公安部发布通缉令。因此，C项正确。法院一般不会主动调查，但是如果法院决定有疑问，也允许法院积极地调查案件事实，没有疑问无须对被告人的合法财产进行调查，如果在案件的处理中被告人愿意积极地退赃退赔可以作为量刑情节考量。因此，D项应当调查，错误。

10.【答案】B
【考点】非法证据排除及庭审排序
【详解】法庭调查之初应当由公诉人宣读起诉书，因此可以排除C项。在法庭调查的举证方面遵循的基本规则为先言词证据再实物证据，即应当先讯问被告人、再询问证人获得证人证言，最后再调查物证、书证、宣读未到庭的证人笔录，所以解析本题的关键是何时宣读庭前会议对证据收集合法性的审查情况。根据《最高人民法院、最高人民检察院、公安部、国家安全部、司法部关于办理刑事案件严格排除非法证据若干问题的规定》第28条的规定，公诉人宣读起诉书后，法庭应当宣布开庭审理前对证据收集合法性的审查及处理情况。综上所述，B项正确。

11.【答案】B
【考点】无罪判决后出现新证据
【详解】根据《刑诉解释》第219条、第298条的规定，对根据《刑事诉讼法》第200条第3项的规定宣告被告人无罪后，人民检察院根据新的事实、证据重新起诉，人民法院受理的案件，应当在判决中写明被告人曾被人民检察院提起公诉，因证据不足，指控的犯罪不能成立，被人民法院依法判决宣告无罪的情况；前案依照《刑事诉讼法》第200条第3项规定作出的判决不予撤销。可知B项正确，C项错误，前案因为证据不足而宣告无罪的判决，从法院的角度而言，法院没有错误，因为举证责任是检察院承担的，

所以无需撤销前案判决。A项错误，并非必须通过再审程序纠错，抗诉启动再审主要强调的是检察院的监督权，即当检察院发现法院已生效的裁判存在错误时，通常会通过抗诉进行监督，而本案很特殊，本案属于检察院未尽到举证责任才导致被告人被作出无罪判决，从裁判结果而言，错不在人民法院，因而应当遵循法律规定重新起诉。D项错误，考生注意区分民诉与刑诉的考点，且在本案中即便重新起诉也不撤销原来的判决，因为只有法院作出错误的判决才需要撤销，而本案的错误并不在法院。综上所述，本题应当选择B项。

12.【答案】ACD
【考点】扰乱法庭秩序
【详解】《刑诉解释》第310条第1、2款规定："辩护人严重扰乱法庭秩序、被责令退出法庭、强行带出法庭或者被处以罚款、拘留，被告人自行辩护的，庭审继续进行；被告人要求另行委托辩护人，或者被告人属于应当提供法律援助情形的，应当宣布休庭。辩护人、诉讼代理人被责令退出法庭、强行带出法庭或者被处以罚款后，具结保证书，保证服从法庭指挥、不再扰乱法庭秩序的，经法庭许可，可以继续担任辩护人、诉讼代理人。"A项正确，因为本案属于基层法院审理的抢劫案，未出现需要提供法律援助的情形，所以被告人要求自行辩护则庭审继续，被告人要求委托辩护人则休庭处理。B项过于绝对，按照法律规定应当先休庭，休庭后如果辩护人签署保证书，则案件可以继续审理。所以B项不当选。《刑事诉讼法》第49条规定："辩护人、诉讼代理人认为公安机关、人民检察院、人民法院及其工作人员阻碍其依法行使诉讼权利的，有权向同级或者上一级人民检察院申诉或者控告。人民检察院对申诉或者控告应当及时进行审查，情况属实的，通知有关机关予以纠正。"A县法院的行为，林某可以向A县检察院申诉，也可以向上一级检察院申诉。C项正确。《刑诉解释》第18条规定："有管辖权的人民法院因案件涉及本院院长需要回避或者其他原因，不宜行使管辖权的，可以请求移送上一级人民法院管辖。上一级人民法院可以管辖，也可以指定与提出请求的人民法院同级的其他人民法院管辖。"本案中旁听人员谢某殴打的是法警，法警与合议庭的组成人员是同事关系，这一关系会影响案件的公正处理，所以A县法院不宜行使案件的管辖权。因此，D项正确。

13.【答案】B
【考点】速裁程序
【详解】根据《刑事诉讼法》第36条第1款的规定，犯罪嫌疑人、被告人没有委托辩护人，法律援助机构没有指派律师为其提供辩护的，由值班律师为犯罪嫌疑人、被告人提供法律咨询、程序选择建议、申请变更强制措施、对案件处理提出意见等法律帮

助。应当注意的是，值班律师的职能只在于提供一些普适性的法律帮助，这些帮助中并不含有出庭进行辩护。因此，A 项错误。《刑事诉讼法》第 225 条规定："适用速裁程序审理案件，人民法院应当在受理后十日以内审结；对可能判处的有期徒刑超过一年的，可以延长至十五日。"本题的关键在于需判断出危险驾驶罪的刑期，而根据刑法的规定可知，一般处拘役并处罚金的，属于可能判处刑罚为一年以下的案件。因此，B 项正确。首先，《刑事诉讼法》第 224 条第 2 款规定："适用速裁程序审理案件，应当当庭宣判。"可知本项错误。其次，请考生注意，适用速裁程序的前提是案件事实清楚、证据确实充分，而被告人又认罪认罚，既承认案件的事实，又承认指控的罪名并愿意接受刑事处罚。如果就罪名的认定控辩双方发生争议，应当将程序升格为简易程序或普通程序。因此，C 项错误。《刑事诉讼法》第 226 条规定："人民法院在审理过程中，发现有被告人的行为不构成犯罪或者不应当追究其刑事责任、被告人违背意愿认罪认罚、被告人否认指控的犯罪事实或者其他不宜适用速裁程序审理的情形的，应当按照本章第一节或者第三节的规定重新审理。"不符合速裁程序适用条件的，应当转为简易或普通程序审理，而非应当组成合议庭。因此，D 项错误。

14.【答案】B

【考点】撤回起诉；上诉的对象

【详解】《刑诉解释》第 296 条规定："在开庭后、宣告判决前，人民检察院要求撤回起诉的，人民法院应当审查撤回起诉的理由，作出是否准许的裁定。"因此，A 项错误。《刑诉解释》第 378 条第 1 款规定："地方各级人民法院在宣告第一审判决、裁定时，应当告知被告人、自诉人及其法定代理人不服判决和准许撤回起诉、终止审理等裁定的，有权在法定期限内以书面或者口头形式，通过本院或者直接向上一级人民法院提出上诉；被告人的辩护人、近亲属经被告人同意，也可以提出上诉；附带民事诉讼当事人及其法定代理人，可以对判决、裁定中的附带民事部分提出上诉。"可知，法院准许检察院撤回起诉的案件会作出裁定，被告人对裁定不服的，可以提起上诉。因此，B 项正确。酌定不起诉针对的是犯罪情节轻微，轻微到不需要判处刑罚或可能免除刑罚的程度。本案中，李某因定罪标准提高不再构成盗窃罪，无罪应当属于法定不起诉的情形。因此，C 项错误。《高检规则》第 424 条第 3 款规定："对于撤回起诉的案件，没有新的事实或者新的证据，人民检察院不得再行起诉。"也就是说检察院撤回起诉之后，如果又发现新事实、新证据的，可以再次提起公诉。因此，D 项错误。

15.【答案】AC

【考点】二审的程序、处理结果

【详解】《刑诉解释》第 395 条规定："第二审期

间，人民检察院或者被告人及其辩护人提交新证据的，人民法院应当及时通知对方查阅、摘抄或者复制。"因此，A 项正确。根据《刑事诉讼法》第 236 条第 1 款第 5 项的规定，原判决事实不清或者证据不足的，可以在查清事实后改判；也可以裁定撤销原判，发回原审人民法院重新审判。此处非应当。因此，B 项错误。证据裁判原则最重要的内容是有证据才有事实，即人民法院必须根据法庭审理中当庭查证属实的证据作出相适应的判决。而公诉案件的举证责任由检察院承担，所以一审法院根据当时现有的证据作出无罪判决是恰当的。因此，C 项正确。一审中，被告人被宣判无罪，应立即释放。但检察院抗诉，启动二审程序后，只有二审法院可以根据案件的情况决定是否对被告人采取强制措施。因此，D 项错误。

16.【答案】D

【考点】再审程序的启动

【详解】向法院申诉应当向作出生效裁判的法院提起，死刑立即执行的案件只能经过最高院核准才能生效，所以本题隐藏了此点，即本案的生效法院应当是最高院，所以申诉需要向最高院提出。A 项错误。生效法院自己可以启动再审，上级法院也可以启动再审，本案的生效法院为最高院，只有最高院才能启动再审。C 项错误。《高检规则》第 593 条第 1 款规定："当事人及其法定代理人、近亲属认为人民法院已经发生法律效力的判决、裁定确有错误，向人民检察院申诉的，由作出生效判决、裁定的人民法院的同级人民检察院依法办理。"由此可知，甲应当找最高院的同级即最高检去申诉，因为死刑立即执行的判决必须经最高院核准才能生效。B 项错误。《高检规则》第 597 条规定："最高人民检察院发现各级人民法院已经发生法律效力的判决或者裁定，上级人民检察院发现下级人民法院已经发生法律效力的判决或者裁定确有错误时，可以直接向同级人民法院提出抗诉，或者指令作出生效判决、裁定人民法院的上一级人民检察院向同级人民法院提出抗诉。"一般检察院的抗诉遵循的规则是上抗下，即上级检察院对下级法院的生效裁判提出再审抗诉，但是最高检可以抗各级法院，这里主要强调的是最高院核准生效的案件，只能由最高检抗诉。所以 D 项正确。

17.【答案】A

【考点】死刑立即执行的暂停

【详解】《刑诉解释》第 504 条规定："最高人民法院对停止执行死刑的案件，应当按照下列情形分别处理：（一）确认罪犯怀孕的，应当改判；（二）确认罪犯有其他犯罪，依法应当追诉的，应当裁定不予核准死刑，撤销原判，发回重新审判；（三）确认原判决、裁定有错误或者罪犯有重大立功表现，需要改判的，应当裁定不予核准死刑，撤销原判，发回重新审判；（四）确认原判决、裁定没有错误，罪犯没有重大立功表现，或者重大立功表现不影响原判决、裁定执行的，应当裁定继续执行死刑，并由院长重新签发执行死刑的命令。"所以 A 项正确；B 项错误，需要最高院院长重新签发死刑执行令，再由最高院递交高院，由高院交一审法院执行；C 项错误，应当改判；D 项错误，应当发回重审。

18.【答案】B

【考点】 缺席判决的特点

【详解】《刑事诉讼法》第 291 条第 1 款规定："对于贪污贿赂犯罪案件，以及需要及时进行审判，经最高人民检察院核准的严重危害国家安全犯罪、恐怖活动犯罪案件，犯罪嫌疑人、被告人在境外，监察机关、公安机关移送起诉，人民检察院认为犯罪事实已经查清，证据确实、充分，依法应当追究刑事责任的，可以向人民法院提起公诉。人民法院进行审查后，对于起诉书中有明确的指控犯罪事实，符合缺席审判程序适用条件的，应当决定开庭审判。"同时对于重病中止超过 6 个月的案件、被告人死亡的特殊案件可以适用缺席判决程序。设立缺席审判程序体现了诉讼的效率，所以 B 项正确。所谓的两审终审制指的是一个案件最多经过两级人民法院审理即告终结，二审的裁判结果具有终局性。对于一审的裁判结果不服可上诉至二审人民法院。《刑事诉讼法》第 294 条规定："人民法院应当将判决书送达被告人及其近亲属、辩护人。被告人或者其近亲属不服判决的，有权向上一级人民法院上诉。辩护人经被告人或者其近亲属同意，可以提出上诉。人民检察院认为人民法院的判决确有错误的，应当向上一级人民法院提出抗诉。"缺席审理程序依然遵守两审终审的规定，所以 A 项错误。亲历性是指案件的裁判者必须自始至终参与审理，审查所有证据，对案件作出判决须以充分听取控辩双方的意见为前提。主要强调的是裁判者必须亲自到场，而缺席程序只有被告人是不在的，且为了维护其辩护权，法院必须为其指定法律援助辩护。所以并没有违反亲历性的要求。C 项错误。控审分离指的是提起诉讼的主体与审理的主体应当由不同的主体承担，以此保障裁判结果的公正性，对于起诉与审判的关系二者之间应当遵循不告不理的规则。缺席判决程序依然要遵循检察院公诉，人民法院审理作出判决，所以其体现了控审分离的特点。D 项错误。

2020 年

1.【答案】AC

【考点】 控审分离理念

【详解】 根据《刑诉解释》第 638 条和第 639 条的规定，第一审人民法院在审理刑事案件过程中，发现被告人可能符合强制医疗条件的，应当依照法定程序对被告人进行法医精神病鉴定。被告人符合强制医疗条件的，应当判决宣告被告人不负刑事责任，同时作出对被告人强制医疗的决定。因此 A 项当选。补

充起诉主要针对的是原来公诉的内容有遗漏，属于诉的范围问题，人民法院只能建议检察院补充，如果检察院不同意法院不可自行增加，只能就公诉内容依法审理作出判决，所以其体现了控审分离的核心理念；但是罪名不当属于诉的内容定性的问题，当法院建议检察院变更罪名，检察院不同意时，法院可以根据《刑诉解释》第 295 条的规定——只要事实清楚，证据确实、充分，则应当按审理认定的罪名作出有罪判决，即罪名的定性属于审判权的内容，法院可以变更，其体现的是法院通过审判权来制约、监督控诉权，所以其并未体现控审分离。因而 B 项不当选，C 项当选。D 项主要体现的是检察院的监督职能，其认为法院的减刑裁定不当提出纠正意见，法院会在 1 个月之内另行组成合议庭进行审理。其体现的不是控诉职能。所以 D 项不当选。

2.【答案】AB

【考点】 分工负责、相互配合、相互制约

【详解】 根据《最高人民法院、最高人民检察院、公安部、国家安全部、司法部关于适用认罪认罚从宽制度的指导意见》第 5 条第 1 款的规定，认罪认罚从宽制度贯穿刑事诉讼全过程，适用于侦查、起诉、审判各个阶段。根据《公安规定》第 203 条的规定，侦查人员讯问犯罪嫌疑人时，应当告知犯罪嫌疑人认罪认罚的法律规定。本项中侦查阶段没有认罪认罚，到了审查起诉阶段认罪认罚，体现了公安机关与检察院的通力合作：首先，审查起诉阶段的认罪认罚是建立在侦查阶段对证据的收集、事实的查明之基础上；其次，是建立在不同机关不断告知犯罪嫌疑人认罪认罚规则之基础上，犯罪嫌疑人的认知得以延续，最终选择认罪认罚从宽处理。所以 A 项正确。B 项检察院抗诉启动二审程序是检察院在履行监督职能监督、制约一审法院的表现。因此 B 项正确。C 项与分工没有直接关系，因为分工的重心应当落在三机关职能的不同上，而本项未体现出三机关职能的不同，更多的是认罪认罚的延续，因此不当选。D 项不当选，因为这一原则讲的是公检法三机关之间的关系，与法律援助机构没有关系，此项属于干扰项。

3.【答案】B

【考点】《刑事诉讼法》第 16 条

【详解】 侵占属于告诉才处理的案件，即只能由被害人一方向法院提起诉讼。本案无人告诉，属于《刑事诉讼法》第 16 条规定的法定不予追究刑事责任的情形之一。根据《刑事诉讼法》的规定，在任何一个阶段遇到《刑事诉讼法》第 16 条规定的任一情形，都应当作出否定性的处理决定。具体而言，根据《刑诉解释》第 295 条第 1 款第 9 项的规定，属于告诉才处理的案件，应当裁定终止审理，并告知被害人有权提起自诉。结合本案，审理中发现属于侵占的，原则上应当裁定终止审理，并告知被害人自己向法院起诉。所以 B 项正确。

4.【答案】A

【考点】检察院的内部关系

【详解】《高检规则》第4条第1款规定，人民检察院办理刑事案件，由检察官、检察长、检察委员会在各自职权范围内对办案事项作出决定，并依照规定承担相应司法责任。所以A项正确。《高检规则》第5条第1款规定，人民检察院办理刑事案件，根据案件情况，可以由一名检察官独任办理，也可以由两名以上检察官组成办案组办理。由检察官办案组办理的，检察长应当指定一名检察官担任主办检察官，组织、指挥办案组办理案件。所以B项错误。《检察官法》第9条规定，检察官在检察长领导下开展工作，重大办案事项由检察长决定。检察长可以将部分职权委托检察官行使，可以授权检察官签发法律文书。《检察官法》第68条第1款规定，人民检察院的检察官助理在检察官指导下负责审查案件材料、草拟法律文书等检察辅助事务。据此，检察官助理只能草拟，不能签发。可知C项错误。《高检规则》第389条规定，最高人民检察院对地方各级人民检察院的起诉、不起诉决定，上级人民检察院对下级人民检察院的起诉、不起诉决定，发现确有错误的，应当予以撤销或者指令下级人民检察院纠正。据此，上下级检察院是监督与被监督的关系，上级检察院发现下级检察院的决定错误可以通过撤销来纠正，撤销是一种监督的手段。本项中撤回属于干扰项，所谓撤回往往是启动主体自己主动撤回，从结果上而言等同于没做过如检察院公诉后发现被告人是无罪的，可以主动撤回诉讼；而撤销说明犯错被纠正，被纠正的行为主体还要为此承担责任。可知D项错误。

5.【答案】ABCD

【考点】海上刑事案件的管辖权

【详解】根据《最高人民法院、最高人民检察院、中国海警局关于海上刑事案件管辖等有关问题的通知》的规定可知，中国公民在中华人民共和国领海以外的海域犯罪，由其登陆地、入境地、离境前居住地或者现居住地的人民法院管辖；被害人是中国公民的，也可以由被害人离境前居住地或者现居住地的人民法院管辖。可知本案的正确答案为ABCD。

6.【答案】BD

【考点】电子数据的收集；附带民事诉讼；牵连犯

【详解】《公安规定》第170条规定："公安机关对扭送人、报案人、控告人、举报人、投案人提供的有关证据材料等应当登记，制作接受证据材料清单，由扭送人、报案人、控告人、举报人、投案人签名，并妥善保管。必要时，应当拍照或者录音录像。"据此，报案时提交的证据会记录在案，只要审查认定符合法定要求的即可以作为证据使用。所以A项错误。根据《公安规定》第66条第1款和第2款的规定，收集、调取电子数据，能够扣押电子数据原始存储介

质的，应当扣押原始存储介质，并制作笔录、予以封存。确因客观原因无法扣押原始存储介质的，可以现场提取或者网络在线提取电子数据。本案中并未出现无法扣押提取的情形。B项正确。只有财物被毁坏才能提起附带民事诉讼，本案诈骗属于非法占有类型的案件，只能通过追缴及责令杨某退赔来解决。C项错误。两罪属于刑法上的牵连犯，应当择一重罪处罚。D项正确。

7.【答案】BCD

【考点】非法证据排除规则

【详解】根据《刑事诉讼法》及《关于办理刑事案件严格排除非法证据若干问题的规定》可知，采用威胁手段获得的供述应当依法排除，而根据《关于办理刑事案件严格排除非法证据若干问题的规定》第3条可知，采用以暴力或者严重损害本人及其近亲属合法权益等进行威胁的方法，使犯罪嫌疑人、被告人遭受难以忍受的痛苦而违背意愿作出的供述，应当予以排除。所以D项以暴力相威胁而获得的供述应当排除，当选。但是A项并未以严重损害其儿子合法权益的方式相威胁，且也未达到使王某难以忍受的程度，因此不属于应当排除的范畴。侦查人员有权找了解案件事实的儿子调查案件事实，只不过在审理阶段如果儿子没有正当理由不出庭作证，不得强制其到庭而已，不可混为一谈，所以A项不属于应当排除的范围，不当选。根据《关于建立健全防范刑事冤假错案工作机制的意见》第8条第1款的规定，采用刑讯逼供或者冻、饿、晒、烤、疲劳审讯等非法方法收集的被告人供述，应当排除。B项虽然保障了饮食，但时间太长已经构成疲劳审讯，属于应当排除的范围。疲劳审讯与冻、饿、晒、烤等属于并列关系。所以B项当选。根据《关于办理刑事案件严格排除非法证据若干问题的规定》第6条规定："采用暴力、威胁以及非法限制人身自由等非法方法收集的证人证言、被害人陈述，应当予以排除。"可知C项应当排除，因为其属于通过威胁方式获得的证人证言。所以C项当选。

8.【答案】BC

【考点】刑事诉讼的证明对象

【详解】本案以非法占有为目的，以冒充警察作为手段，手机中的聊天记录不能直接证明杜某的犯罪目的，而是用来证明犯罪手段的证据之一，本案需综合运用案件的多个证据相互印证才能证明出犯罪的目的。用来证明其招摇撞骗的目的的证据，主要应当通过被告人的供述、被害人的陈述等偏直接性的证据。所以A项不当选。本案杜某冒充警察诈骗他人财物涉嫌招摇撞骗罪，通过外在因素使被害人陷入认识错误而后诈骗被害人的财物。警服、钱包、警棍都是使被害人陷入认识错误的因素，它们以本身的存在证明杜某的冒充行为，属于物证。所以B项正确。同理，C项正确，警棍也是证明警察身份的标志之一，在本案中也是使被害人陷入认识错误的主要因素之一，能

够证明杜某的作案手段。本案的手段就是伪装成警察骗取他人财物，所以警棍是能够证明作案手段的证据之一。从宽的行为主要是自首、坦白、立功、认罪认罚、正当防卫等，被害人的错误行为会依法受到行政处罚，并不是犯罪嫌疑人的法定从宽情节。所以 D 项不当选。

9.【答案】ACD

【考点】取保候审

【详解】根据《刑事诉讼法》第 71 条第 2 款和第 3 款的规定，人民法院、人民检察院和公安机关可以根据案件情况，责令被取保候审的犯罪嫌疑人、被告人遵守以下一项或者多项规定：（1）不得进入特定的场所；（2）不得与特定的人员会见或者通信；（3）不得从事特定的活动；（4）将护照等出入境证件、驾驶证件交执行机关保存。被取保候审的犯罪嫌疑人、被告人违反前述规定，已交纳保证金的，没收部分或者全部保证金，并且区别情形，责令犯罪嫌疑人、被告人具结悔过、重新交纳保证金、提出保证人，或者监视居住、予以逮捕。A 项正确，违反规定的是没收部分或者全部保证金，本案中没收 8000 元属于没收部分。B 项属于重复性考点，属于错误项，因为保证金保证和保证人保证只能二选一，不能并用。B 项错误。C 项正确，同一阶段数次适用取保候审应当累计计算不得超过 12 个月。但是如果侦查阶段被决定适用取保候审，案件移送审查起诉后，检察院依然能决定对其适用取保候审，但是时间为重新计算 12 个月。上交驾驶证属于取保候审的酌定义务，公安机关可以决定其遵守，但是公安机关不可以要求被取保候审人上交身份证，因为取保候审的活动范围是市、县，随时可能用到身份证。D 项正确。

10.【答案】BC

【考点】羁押必要性审查

【详解】《高检规则》第 580 条规定："人民检察院发现犯罪嫌疑人、被告人具有下列情形之一，且具有悔罪表现，不予羁押不致发生社会危险性的，可以向办案机关提出释放或者变更强制措施的建议：（一）预备犯或者中止犯；（二）共同犯罪中的从犯或者胁从犯；（三）过失犯罪的；（四）防卫过当或者避险过当的；（五）主观恶性较小的初犯；（六）系未成年人或者已满七十五周岁的人；（七）与被害方依法自愿达成和解协议，且已经履行或者提供担保的；（八）认罪认罚的；（九）患有严重疾病、生活不能自理的；（十）怀孕或者正在哺乳自己婴儿的妇女；（十一）系生活不能自理的人的唯一扶养人；（十二）可能被判处一年以下有期徒刑或者宣告缓刑的；（十三）其他不需要继续羁押的情形。"据此，A 项不当选，因为老年人应当满 75 周岁，所以 65 周岁属于典型的干扰项，且考生注意，体弱并不足以导致强制措施的变更，其一定要达到一定的程度，即属于严重疾病、生活不能自理。因此 C 项符合上述情形。

B 项属于修改后的《高检规则》新增加的情形。D 项不当选，因为达成和解协议并不足以导致强制措施的变更，一定要符合履行完毕或者提供担保这两个条件之一，题干所述待解除后才履行明显不符合上述要求。

11.【答案】ABCD

【考点】证据；附带民事诉讼

【详解】A 项错误，在故意伤害案中小马是被害人，在诈骗案中小马是共犯，其共犯就同一犯罪事实即诈骗作出的陈述属于口供的组成部分，小马虽然年龄较小不用承担刑事责任，但是并不改变客观层面其是犯罪共犯的身份。B 项错误，根据《刑事诉讼法》第 193 条第 1 款的规定，经人民法院通知，证人没有正当理由不出庭作证的，人民法院可以强制其到庭，但是被告人的配偶、父母、子女除外。在故意伤害案中，小王未参与但了解案件事实，所以其身份应当是证人，但是本案中小王是老王的儿子，不在可以强制出庭的范围。C 项错误，当被害人是未成年人或限制行为能力人时，其法定代理人可以代为提起附带民事诉讼。本案中应当由小马的法定代理人提起。D 项错误，根据《反家庭暴力法》第 21 条的规定，监护人实施家庭暴力严重侵害被监护人合法权益的，人民法院可以根据被监护人的近亲属、居民委员会、村民委员会、县级人民政府民政部门等有关人员或者单位的申请，依法撤销其监护人资格，另行指定监护人。被撤销监护人资格的加害人，应当继续负担相应的赡养、扶养、抚养费用。但是根据《刑诉解释》第 192 条的规定："对附带民事诉讼作出判决，应当根据犯罪行为造成的物质损失，结合案件具体情况，确定被告人应当赔偿的数额。犯罪行为造成被害人人身损害的，应当赔偿医疗费、护理费、交通费等为治疗和康复支付的合理费用，以及因误工减少的收入。造成被害人残疾的，还应当赔偿残疾生活辅助器具费等费用；造成被害人死亡的，还应当赔偿丧葬等费用。驾驶机动车致人伤亡或者造成公私财产重大损失，构成犯罪的，依照《中华人民共和国道路交通安全法》第七十六条的规定确定赔偿责任。附带民事诉讼当事人就民事赔偿问题达成调解、和解协议的，赔偿范围、数额不受第二款、第三款规定的限制。"附带民事诉讼的受理或赔偿范围仅限于被害人因人身权利受到犯罪侵犯或者财物被犯罪分子毁坏而遭受的物质损失。附带民事诉讼只赔偿实际物质损失，如果要撤销监护人资格则需要利害关系人另行提起民事诉讼。

12.【答案】C

【考点】侦查措施；立案；控告

【详解】A 项错误，根据《公安规定》第 323 条、第 326 条的规定可知，询问未成年被害人原则上应当通知未成年被害人的法定代理人到场。无法通知、法定代理人不能到场或者法定代理人是共犯的，也可以通知未成年犯罪嫌疑人的其他成年亲属，所在学校、单位、居住地或者办案单位所在地基层组织或者未成年人保护组织的代表到场，并将有关情况记录在案，即原则上应当通知法定代理人，法定代理人出问题时应当通知适格成年人。因此不可单独询问女童。《公安规定》第198条规定："讯问犯罪嫌疑人，除下列情形以外，应当在公安机关执法办案场所的讯问室进行：（一）紧急情况下在现场进行讯问的；（二）对有严重伤病或者残疾、行动不便的，以及正在怀孕的犯罪嫌疑人，在其住处或者就诊的医疗机构进行讯问的。对于已送交看守所羁押的犯罪嫌疑人，应当在看守所讯问室进行讯问。……对于不需要拘留、逮捕的犯罪嫌疑人，经办案部门负责人批准，可以传唤到犯罪嫌疑人所在市、县公安机关执法办案场所或者到他的住处进行讯问。"本案并未出现紧急状况，故B项错误。《公安规定》第199条第3款规定："对在现场发现的犯罪嫌疑人，侦查人员经出示人民警察证，可以口头传唤，并将传唤的原因和依据告知被传唤人。……"可知C项正确。控告只能由被害人提出，本案医生非被害人，但其知道何人犯了何事，属于举报。所以D项错误。

13.【答案】BD
【考点】 认罪认罚

【详解】 根据《关于适用认罪认罚从宽制度的指导意见》第6条的规定，犯罪嫌疑人、被告人犯数罪，仅如实供述其中一罪或部分罪名事实的，全案不作"认罪"的认定，不适用认罪认罚从宽制度，但对如实供述的部分，人民检察院可以提出从宽处罚的建议，人民法院可以从宽处罚。所以A项错误。也就是说对甲必须数罪都认才能适用认罪认罚从宽，但是其认的其中一个罪应为部分的坦白，坦白的部分是可以从宽的。根据《关于适用认罪认罚从宽制度的指导意见》第8条的规定，可以从宽不是一律从宽，对犯罪性质和危害后果特别严重、犯罪手段特别残忍、社会影响特别恶劣的犯罪嫌疑人、被告人，认罪认罚不足以从轻处罚的，依法不予从宽处罚。"可以从宽"，是指一般应当体现法律规定和政策精神，予以从宽处理，如果所有的案件一律从宽将会出现罪责刑不相适应的情形。所以B项正确。根据《关于适用认罪认罚从宽制度的指导意见》第5条的规定，认罪认罚从宽制度贯穿刑事诉讼全过程，适用于侦查、起诉、审判各个阶段。所以C项错误。根据《关于适用认罪认罚从宽制度的指导意见》第53条的规定，案件审理过程中，被告人反悔不再认罪认罚的，人民法院应当根据审理查明的事实，依法作出裁判。需要转换程序的，依照本意见的相关规定处理。所谓依法判决就是按照法律的明确规定对其定罪量刑，不在原有的基础上适用认罪认罚从宽，等同于从没有认罪认罚过。所以D项正确。

14.【答案】CD
【考点】 死缓；死刑立即执行

【详解】 根据《刑诉解释》第497条第1款的规定，被判处死刑缓期执行的罪犯，在死刑缓期执行期间故意犯罪的，应当由罪犯服刑地的中级人民法院依法审判，所作的判决可以上诉、抗诉。根据《刑事诉讼法》第261条第2款的规定，被判处死刑缓期二年执行的罪犯，在死刑缓期执行期间，如果故意犯罪，情节恶劣，查证属实，应当执行死刑的，由高级人民法院报请最高人民法院核准；对于故意犯罪未执行死刑的，死刑缓期执行的期间重新计算，并报最高人民法院备案。所以A项错在并非由M省高院一审此案。《刑诉解释》第512条规定："同案审理的案件中，部分被告人被判处死刑，对未被判处死刑的同案被告人需要羁押执行刑罚的，应当根据前条规定及时交付执行。但是，该同案被告人参与实施有关死刑之罪的，应当在复核讯问被判处死刑的被告人后交付执行。"本案周某与王某共犯一罪，属于参与了死刑立即执行之罪，所以应该等到最高院复核讯问完王某才交付执行，非整个案件复核完毕。所以B项不当选。根据《最高人民法院关于死刑复核及执行程序中保障当事人合法权益的若干规定》第6条第1、2款的规定，第一审法院在执行前，应当告知罪犯可以申请会见其近亲属。罪犯申请会见并提供具体联系方式的，人民法院应当通知其近亲属。对经查找确实无法与罪犯近亲属取得联系的，或者其近亲属拒绝会见的，应当告知罪犯。可知C项正确。根据《刑诉解释》第515条的规定可知，只有被判处无期徒刑、有期徒刑或者拘役的罪犯才可以适用暂予监外执行。所以D项正确。

15.【答案】ABC
【考点】 社区矫正

【详解】 《社区矫正法》第21条第1款规定："人民法院判处管制、宣告缓刑、裁定假释的社区矫正对象，应当自判决、裁定生效之日起十日内到执行地社区矫正机构报到。"所以A项当选。《社区矫正法》第29条规定："社区矫正对象有下列情形之一的，经县级司法行政部门负责人批准，可以使用电子定位装置，加强监督管理：……（四）违反监督管理规定，被给予治安管理处罚的；……"所以B项当选。《社区矫正法》第47条第1款规定："被提请撤销缓刑、假释的社区矫正对象可能逃跑或者可能发生社会危险的，社区矫正机构可以在提出撤销缓刑、假释建议的同时，提请人民法院决定对其予以逮捕。"据此，申请撤销缓刑、假释建议的同时，可以提请法院决定对其逮捕。所以C项当选。此处的逮捕属于一种应急的手段，因为只要申请撤销假释，罪犯就需要收监，为了防止其逃跑，可提请法院逮捕，且逮捕的时间一般不得超过30天。本题是因为行为违规而报请撤销假释，社区矫正机构应当向原审人民法院或者执行地人民法院提出撤销缓刑、假释建议，并将建议书抄送人民检察院。社区矫正机构提出撤销缓刑、假释建议时，应当说明理由，并提供有关证据材料。因而本案属于可以向原审法院提出申请，非应当。所以 D 项不当选。

16.【答案】B

【考点】 缺席判决的程序

【详解】 根据《刑事诉讼法》第 291 条的规定，对于贪污贿赂犯罪案件，以及需要及时进行审判，经最高人民检察院核准的严重危害国家安全犯罪、恐怖活动犯罪案件，犯罪嫌疑人、被告人在境外，监察机关、公安机关移送起诉，人民检察院认为犯罪事实已经查清，证据确实、充分，依法应当追究刑事责任的，可以向人民法院提起公诉。由此可知，只有逃往境外的情形下才可以申请启动缺席判决程序，本案未交代逃往哪里，不符合启动的前提。A 项不当选。根据《最高人民法院、最高人民检察院关于适用犯罪嫌疑人、被告人逃匿、死亡案件违法所得没收程序若干问题的规定》第 13 条第 1 款的规定，利害关系人申请参加诉讼的，应当在公告期间内提出，并提供与犯罪嫌疑人、被告人关系的证明材料或者证明其可以对违法所得及其他涉案财产主张权利的证据材料。可知 B 项当选。同时也可以判断出 C 项中王某妻子作为利害关系人需要承担提出证据的责任。但是，根据《最高人民法院、最高人民检察院关于适用犯罪嫌疑人、被告人逃匿、死亡案件违法所得没收程序若干问题的规定》第 17 条的规定，申请没收的财产具有高度可能属于违法所得及其他涉案财产的，应当认定为"申请没收的财产属于违法所得及其他涉案财产"。巨额财产来源不明犯罪案件中，没有利害关系人对违法所得及其他涉案财产主张权利，或者利害关系人对违法所得及其他涉案财产虽然主张权利但提供的相关证据没有达到相应证明标准的，应当视为"申请没收的财产属于违法所得及其他涉案财产"。据此，利害关系人不仅要承担行为上提出证据的责任，还要承担说服责任，否则财产不会返还，会被依法没收。C 项不当选。根据《监察法》第 30 条的规定，监察机关为防止被调查人员及相关人员逃匿境外，经省级以上监察机关批准，可以对被调查人及相关人员采取限制出境措施，由公安机关依法执行。可知非市级监察委决定，D 项不当选。

2021 年

1.【答案】ACD

【考点】 认罪认罚从宽原则；公诉案件和解程序

【详解】《关于适用认罪认罚从宽制度的指导意见》第 21 条规定，已经逮捕的犯罪嫌疑人、被告人认罪认罚的，人民法院、人民检察院应当及时审查羁押的必要性，经审查认为没有继续羁押必要的，应当变更为取保候审或者监视居住。据此，A 项正确。《关于适用认罪认罚从宽制度的指导意见》第

17 条第 1 款规定，对符合当事人和解程序适用条件的公诉案件，犯罪嫌疑人、被告人认罪认罚的，人民法院、人民检察院、公安机关应当积极促进当事人自愿达成和解。同时，根据《公安规定》第 333 条、第 334 条的规定，涉及寻衅滋事不属于因民间纠纷引起的犯罪，不属于公诉案件和解的范围，故本案不能和解。B 项错误。《关于适用认罪认罚从宽制度的指导意见》第 36 条规定，犯罪嫌疑人认罪认罚，人民检察院拟提出缓刑或者管制量刑建议的，可以及时委托犯罪嫌疑人居住地的社区矫正机构进行调查评估，也可以自行调查评估。据此，C 项正确。《关于适用认罪认罚从宽制度的指导意见》第 42 条第 1 款规定，基层人民法院管辖的可能判处 3 年有期徒刑以下刑罚的案件，案件事实清楚，证据确实、充分，被告人认罪认罚并同意适用速裁程序的，可以适用速裁程序，由审判员一人独任审判。人民检察院提起公诉时，可以建议人民法院适用速裁程序。据此，D 项正确。

2.【答案】ACD

【考点】 认罪认罚从宽原则

【详解】 根据《监察法》第 31 条的规定，在监察机关调查阶段可认罪认罚，A 项正确。《关于适用认罪认罚从宽制度的指导意见》第 7 条第 2 款规定，"认罚"考察的重点是犯罪嫌疑人、被告人的悔罪态度和悔罪表现，应当结合退赃退赔、赔偿损失、赔礼道歉等因素来考量。犯罪嫌疑人、被告人虽然表示"认罚"，却暗中串供、干扰证人作证、毁灭、伪造证据或者隐匿、转移财产，有赔偿能力而不赔偿损失，则不能适用认罪认罚从宽制度。犯罪嫌疑人、被告人享有程序选择权，不同意适用速裁程序、简易程序的，不影响"认罚"的认定。B 项错误，C 项正确。《关于适用认罪认罚从宽制度的指导意见》第 26 条规定，案件移送审查起诉后，人民检察院应当告知犯罪嫌疑人享有的诉讼权利和认罪认罚的法律规定，保障犯罪嫌疑人的程序选择权。告知应当采取书面形式，必要时应当充分释明。D 项正确。

3.【答案】D

【考点】 立案管辖

【详解】《刑事诉讼法》第 19 条第 2 款规定，人民检察院在对诉讼活动实行法律监督中发现的司法工作人员利用职权实施的非法拘禁、刑讯逼供、非法搜查等侵犯公民权利、损害司法公正的犯罪，可以由人民检察院立案侦查。对于公安机关管辖的国家机关工作人员利用职权实施的重大犯罪案件，需要由人民检察院直接受理的时候，经省级以上人民检察院决定，可以由人民检察院立案侦查。故 D 项正确。A 项涉嫌危害国家安全的犯罪，应当由国家安全机关立案侦查，A 项错误。B 项涉嫌受贿罪，由监察机关立案调查，B 项错误。C 项属于普通犯罪，由公安机关立案侦查，C 项错误。

4.【答案】D

【考点】公安机关和监察机关管辖案件的竞合处理；没收违法所得程序；缺席审判程序

【详解】本题中，贪污罪的犯罪线索交给监察机关立案调查后，并未交代是否对张某决定留置，因此，逮捕措施未必自动解除。可知，A 项错误。《公安规定》第 29 条规定，公安机关侦查的刑事案件的犯罪嫌疑人涉及监察机关管辖的案件时，应当及时与同级监察机关协商，一般应当由监察机关为主调查，公安机关予以协助。可知，B 项错误。《刑诉解释》第 295 条规定："对第一审公诉案件，人民法院审理后，应当按照下列情形分别作出判决、裁定：……（十）被告人死亡的，应当裁定终止审理；但有证据证明被告人无罪，经缺席审理确认无罪的，应当判决宣告被告人无罪。……"C 项错误。《刑诉解释》第 611 条规定："犯罪嫌疑人、被告人死亡，依照刑法规定应当追缴其违法所得及其他涉案财产，人民检察院提出没收违法所得申请的，人民法院应当依法受理。"本案中没收违法所得程序应当由中级法院管辖，而张某涉嫌的故意杀人罪可能被判处无期徒刑、死刑，也应当由中级法院管辖，符合没收违法所得的级别管辖规定。D 项正确。

5.【答案】BCD

【考点】刑事证据的理论分类

【详解】店内记录犯罪行为的监控录像和防盗门的划痕均属于直接来源于案件事实的证据材料，是原始证据。A 项错误，B 项正确。失窃的黑胶唱片不能单独证明甲实施了盗窃犯罪，属于间接证据。C 项正确。D 项，凡是表现为物品、痕迹和以其内容具有证据价值的书面文件，即以实物作为表现形式的证据，是实物证据。店主提供的唱片清单作为书证，属于实物证据。D 项正确。

6.【答案】ABD

【考点】人民陪审员的权利

【详解】《最高人民法院关于适用〈中华人民共和国人民陪审员法〉若干问题的解释》第 16 条规定："案件审结后，人民法院应将裁判文书副本及时送交参加该案审判的人民陪审员。"因此，A 项正确。《最高人民法院关于适用〈中华人民共和国人民陪审员法〉若干问题的解释》第 8 条规定："人民法院应当在开庭前，将相关权利和义务告知人民陪审员，并为其阅卷提供便利条件。"因此，B 项正确。《最高人民法院关于适用〈中华人民共和国人民陪审员法〉若干问题的解释》第 11 条规定："庭审过程中，人民陪审员依法有权向诉讼参加人发问，审判长应当提示人民陪审员围绕案件争议焦点进行发问。"可知，人民陪审员庭审中发问无需经过审判长同意。因此，C 项错误。《人民陪审员法》第 22 条规定："人民陪审员参加七人合议庭审判案件，对事实认定，独立发表意见，并与法官共同表决；对法律适用，可以发表

意见，但不参加表决。"因此，D 项正确。

2022 年

1.【答案】C

【考点】回避；二审审理方式

【详解】《刑诉解释》第 393 条规定："下列案件，根据刑事诉讼法第二百三十四条的规定，应当开庭审理：（一）被告人、自诉人及其法定代理人对第一审认定的事实、证据提出异议，可能影响定罪量刑的上诉案件……"本题中张某以事实不清为由提起上诉，符合上述规定。又根据《刑诉解释》第 394 条规定："对上诉、抗诉案件，第二审人民法院经审查，认为原判事实不清、证据不足，或者具有刑事诉讼法第二百三十八条规定的违反法定诉讼程序情形，需要发回重新审判的，可以不开庭审理。"本题中，本案由二审法院裁定发回重审，对于发回重审的案件，无须开庭审理，A 项错误。《刑诉解释》第 29 条第 2 款规定："在一个审判程序中参与过本案审判工作的合议庭组成人员或者独任审判员，不得再参与本案其他程序的审判。但是，发回重新审判的案件，在第一审人民法院作出裁判后又进入第二审程序、在法定刑以下判处刑罚的复核程序或者死刑复核程序的，原第二审程序、在法定刑以下判处刑罚的复核程序或者死刑复核程序中的合议庭组成人员不受本款规定的限制。"据此，书记员并不属于合议庭成员。B 项错误。王某为一审审判长，属于合议庭组成人员，不能再参与本案其他程序的审判，作为审委会委员参与该案的讨论属于实质性参与案件审判。C 项正确。本案经二审法院发回重审，一审法院重新作出裁判后又上诉到二审法院，原二审合议庭人员可以继续参与该案的审理。D 项错误。

2.【答案】ABD

【考点】证据的分类；补强证据

【详解】恐吓信属于书证，属于实物证据，而不是言词证据。A 项错误。恐吓信的复印件是由犯罪嫌疑人自己复印的，没有经过中转环节，直接来源于案件事实，所以是原始证据。B 项错误。乙的书面陈述是提供给公安机关的，并非乙本人在法庭所作的陈述，因此属于传闻证据。C 项正确。补强证据必须具有独立的来源，即与被补强的证据有不同的来源。丙的证言来源于甲，与甲的口供属于同一来源，因此不能对甲的口供进行补强。D 项错误。

2023 年

【答案】CD

【考点】见证人

【详解】根据《刑事诉讼法》第 108 条第 4 项规定，"诉讼参与人"是指当事人、法定代理人、

诉讼代理人、辩护人、证人、鉴定人和翻译人员。A项错误。根据《刑事诉讼法》第63条、第64条规定，刑事诉讼中被保护的对象是证人、鉴定人和被害人，见证人的人身安全一般不会面临现实危险。B项错误。《刑事诉讼法》第133条规定："勘验、检查的情况应当写成笔录，由参加勘验、检查的人和见证人签名或者盖章。"C项正确。《刑诉解释》第251条规定："为查明案件事实、调查核实证据，

人民法院可以依职权通知证人、鉴定人、有专门知识的人、调查人员、侦查人员或者其他人员出庭。"在勘验活动中，见证人的作用是对勘验活动的全过程进行见证，当勘验笔录的真实性、合法性受到质疑时，见证人在某种程度上可发挥程序性或辅助性的证明作用。因此，可将见证人作为上述"其他人员"，法院在有查明事实之需时，可依职权通知见证人出庭。D项正确。

行政法与行政诉讼法

1.【答案】B

【考点】国务院直属机构的设置与编制

【详解】《国务院行政机构设置和编制管理条例》第8条规定,国务院直属机构的设立、撤销或者合并由国务院机构编制管理机关提出方案,报国务院决定。因此A项错误,B项正确。《国务院行政机构设置和编制管理条例》第19条规定,国务院行政机构增加或者减少编制,由国务院机构编制管理机关审核方案,报国务院批准。所以C项错误。《国务院行政机构设置和编制管理条例》第6条规定,国务院组成部门依法分别履行国务院基本的行政管理职能。国务院直属机构主管国务院的某项专门业务,具有独立的行政管理职能。因此D项错误。

2.【答案】C

【考点】公务员录用

【详解】《公务员法》第34条规定,新录用的公务员试用期为1年。试用期满合格的,予以任职;不合格的,取消录用。因此,新录用的公务员试用期由《公务员法》统一规定,而不是由县财政局确定。A项错误。B项不符合《公务员法》第88条中规定的应当予以辞退的任何一项法定情形。该条规定,公务员有下列情形之一的,予以辞退:(1)在年度考核中,连续2年被确定为不称职的;(2)不胜任现职工作,又不接受其他安排的;(3)因所在机关调整、撤销、合并或者缩减编制员额需要调整工作,本人拒绝合理安排的;(4)不履行公务员义务,不遵守法律和公务员纪律,经教育仍无转变,不适合继续在机关工作,又不宜给予开除处分的;(5)旷工或者因公外出、请假期满无正当理由逾期不归连续超过15天,或者1年内累计超过30天的。故而取消录用不属于辞退,B项错误。王某经过考试成为某县财政局新录用的公务员,已经取得公务员身份,但由于试用期不合格,被取消录用,属于《行政诉讼法》第13条规定的行政机关对行政机关工作人员的奖惩、任免等决定,对此不服提起行政诉讼的,人民法院不受理。因此C项正确。取消录用的前提是符合录用条件并已经录用——取得了公务员身份后的"丧失"。而不予录用是因为不符合录用条件、资格的"门槛",一直没有被录用,从未取得公务员身份,两者

具有"质"的差别。因此D项错误。

3.【答案】C

【考点】行政行为类型辨析

【详解】县公安局的通知是一种抽象行政行为,因为其一,该通知面向的是潜在的、所有的、不特定的对象的行政相对人,数量无法确定,或处于一种不断变化的动态之中;其二,在该通知没有被依法废止、撤销前一直发生法律效力且能反复适用,具备抽象行政行为的一切特征。应当强调的是,某县公安机关级别较低——副县(处)级,对这类"规定",相对人在对具体行政行为不服而申请复议时,根据《行政复议法》第13条的规定,一并向复议机关提出对该规定的审查申请。行政指导是指行政机关在其职责范围内为实现一定行政目的而采取的符合法律精神、原则、规则或政策的指导、劝告、建议等行为,不具有强制性,而此处的"要求",具有命令性、强制性,故B项错误。C项是在发现确定非法改装机动车之后作出的行政行为,不是在未查明实施情况下为防止危害发生作出的暂时性控制的行政强制措施。因此,C项正确。根据《行政强制法》第12条的规定,行政强制执行的方式有:(1)加处罚款或者滞纳金;(2)划拨存款、汇款;(3)拍卖或者依法处理查封、扣押的场所、设施或者财物;(4)排除妨碍、恢复原状;(5)代履行;(6)其他强制执行方式。强制恢复原状应为行政强制执行方式之一,因为直接在物理形态上实现了行政决定所确定的义务状态。故D项错误。

4.【答案】A

【考点】行政法规的判断

【详解】最高人民法院《关于审理行政案件适用法律规范问题的座谈会纪要》指出:"考虑建国后我国立法程序的沿革情况,现行有效的行政法规有以下三种类型:一是国务院制定并公布的行政法规;二是立法法施行以前,按照当时有效的行政法规制定程序,经国务院批准、由国务院部门公布的行政法规。但在立法法施行以后,经国务院批准、由国务院部门公布的规范性文件,不再属于行政法规;三是在清理行政法规时由国务院确认的其他行政法规。"《立法法》是2000年7月1日起施行的。题干中《计算机信息网络国际联网安全保护管理办法》是《立法法》施行以前经国务院批准,由公安部公布的,应当属于现行有效的行政法规的第二种类型。故A项正确。

5.【答案】A

【考点】作为行政强制措施的扣押程序

【详解】《行政强制法》第19条规定，情况紧急，需要当场实施行政强制措施的，行政执法人员应当在24小时内向行政机关负责人报告，并补办批准手续。"立即"的表述不应理解为24小时，故而A项错误。《行政强制法》第18条规定，实施行政强制措施应当遵守下列规定：（1）实施前须向行政机关负责人报告并经批准；（2）由两名以上行政执法人员实施；（3）出示执法身份证件；（4）通知当事人到场；（5）当场告知当事人采取行政强制措施的理由、依据以及当事人依法享有的权利、救济途径；（6）听取当事人的陈述和申辩；（7）制作现场笔录；（8）现场笔录由当事人和行政执法人员签名或者盖章，当事人拒绝的，在笔录中予以注明；（9）当事人不到场的，邀请见证人到场，由见证人和行政执法人员在现场笔录上签名或者盖章；（10）法律、法规规定的其他程序。其中第7项规定了应当制作现场笔录，所以B项正确。《行政强制法》第24条第1款规定，行政机关决定实施查封、扣押的，应当履行本法第18条规定的程序，制作并当场交付查封、扣押决定书和清单。故而C项正确。《行政强制法》第17条第3款规定，行政强制措施应当由行政机关具备资格的行政执法人员实施，其他人员不得实施。与行政处罚不同的是，行政强制措施不发生行政委托（由其他不具备行政执法资格的人员去实施），行政机关即行政主体必须自行行使。所以D项正确。

6.【答案】AD（原答案为D）

【考点】依申请查阅政府信息及其诉讼

【详解】《政府信息公开条例》第29条第2款规定，政府信息公开申请应当包括下列内容：（1）申请人的姓名或者名称、身份证明、联系方式；（2）申请公开的政府信息的名称、文号或者便于行政机关查询的其他特征性描述；（3）申请公开的政府信息的形式要求，包括获取信息的方式、途径。故某申请时应当出示有效身份证明或者证明文件，故A项正确。2008年《政府信息公开条例》第13条规定，除本条例第9条、第10条、第11条、第12条规定的行政机关主动公开的政府信息外，公民、法人或者其他组织还可以根据自身生产、生活、科研等特殊需要，向国务院部门、地方各级人民政府及县级以上地方人民政府部门申请获取相关政府信息。2019年修订后的《政府信息公开条例》删去原条例第13条申请获取相关政府信息需"根据自身生产、生活、科研等特殊需要"的"三需要"条件，据此，《政府信息公开条例》对依申请公开的申请人的范围不再加以限制，故对所申请的政府信息，方某具有申请人资格。B项错误。《政府信息公开条例》第32条规定，依申请公开的政府信息公开会损害第三方合法权益的，行

机关应当书面征求第三方的意见。第三方应当自收到征求意见书之日起15个工作日内提出意见。第三方逾期未提出意见的，由行政机关依本条例的规定决定是否公开。第三方不同意公开且有合理理由的，行政机关不予公开。行政机关认为不公开可能对公共利益造成重大影响的，可以决定予以公开，并将决定公开的政府信息内容和理由书面告知第三方。本案中，乡政府仅以口头征询第三方意见，其程序违法，故C项错误。《政府信息公开案件规定》第5条第5款规定："被告主张政府信息不存在，原告能够提供该政府信息系由被告制作或者保存的相关线索的，可以申请人民法院调取证据。"故D项正确。

7.【答案】C

【考点】复议管辖；复议决定效力

【详解】《行政复议法》第24条第1款规定，县级以上地方各级人民政府管辖下列行政复议案件：（1）对本级人民政府工作部门作出的行政行为不服的；（2）对下一级人民政府作出的行政行为不服的；（3）对本级人民政府依法设立的派出机关作出的行政行为不服的；（4）对本级人民政府或者其工作部门管理的法律、法规、规章授权的组织作出的行政行为不服的。据此，复议机构——即复议管辖可以是某区环保局的上一级业务主管——市环保（局）部门，也可以是该区人民政府。因为环保局并非属于垂直领导而属于双重领导机关，水电站既可以向上级环保局提出复议申请，也可以向区政府提出复议申请，A项中用"应当"错误。《行政复议法》第57条规定，行政复议机关在对被申请人作出的行政行为进行审查时，认为其依据不合法，本机关有权处理的，应当30日内依法处理；无权处理的，应当在7日内转送有权处理的国家机关依法处理。《行政复议法》第58条第1款规定，行政复议机关依照本法第56条、第57条的规定有权处理有关规范性文件或者依据的，行政复议机构应当自行政复议中止之日起3日内，书面通知规范性文件或者依据的制定机关就相关条款的合法性提出书面答复。制定机关应当自收到书面通知之日起10日内提交书面答复及相关材料。B项应是"中止"而非"终止"，此时，作为衡量具体行政行为依据的抽象行政行为或人大及其常委会的地方性法规的合法性尚处于不确定状态，对该案无从作出判断，只能先行中止该案的审理。故B项错误。《行政复议法》第75条第2款规定，行政复议决定书一经送达，即发生法律效力。故C项正确。送达生效是行政法上具体行政行为生效的最常见方式，送达是从行政主体的角度表述，而从行政相对人的角度则称为"受领"。《行政诉讼法》第18条规定，行政案件由最初作出行政行为的行政机关所在地人民法院管辖。经复议的案件，也可以由复议机关所在地人民法院管辖。对该复议决定不服，还可以向某区环保局所在的

人民法院提起行政诉讼，D项中"应由"不当，故D项错误。

8.【答案】C

【考点】赔偿委员会审理赔偿案件的质证程序

【详解】《最高人民法院关于人民法院赔偿委员会适用质证程序审理国家赔偿案件的规定》（以下称《适用质证程序审理国赔案件规定》）第3条第2款规定，赔偿请求人或者赔偿义务机关申请不公开质证，对方同意的，赔偿委员会可以不公开质证。A项错误。《适用质证程序审理国赔案件规定》第19条第1款规定，赔偿请求人或者赔偿义务机关对对方主张的不利于自己的事实，在质证中明确表示承认的，对方无需举证；既未表示承认也未否认，经审判员询问并释明法律后果后，其仍不作明确表示的，视为对该事实的承认。B项缺少"审判员询问"和"释明法律后果"两个要件，故B项错误。《适用质证程序审理国赔案件规定》第18条第1款规定，赔偿委员会根据赔偿请求人申请调取的证据，作为赔偿请求人提供的证据进行质证。这一规定与《行政诉讼证据规定》第38条规定的"当事人申请人民法院调取的证据，由申请调取证据的当事人在庭审中出示，并由当事人质证"精神相一致。故C项正确。《适用质证程序审理国赔案件规定》第23条第2款规定，具备条件的，赔偿委员会可以对质证活动进行全程同步录音录像。该条规定的是"可以"，并非"应当"。故D项错误。

9.【答案】AC

【考点】高效便民原则

【详解】高效便民原则体现在：（1）行政效率原则。（2）便利当事人原则。A项简化行政机关办理行政许可流程，同样的单位时间内输出的公务服务多了，当然体现的是行政效率原则，所以A项当选。C项"对办理行政许可的当事人提出的问题给予及时、耐心的答复"体现了方便申请人、处处替行政相对人着想，便利其到行政机关办理政务的精神，故而C项当选。B项体现的是正当程序原则，D项则体现的是行政法上的权责统一原则，故BD项错误。

10.【答案】AD

【考点】程序正当原则

【详解】程序正当原则包括以下三方面的子原则：第一，行政公开原则，即除涉及国家秘密和依法受到保护的商业秘密、个人隐私外，行政机关实施行政管理应当公开，以实现公民的知情权、了解权。第二，公众参与原则，即行政机关作出重要规定或决定，应当听取公民、法人和其他组织的意见，特别是作出对行政相对人不利的决定，要听取他们的陈述和申辩——听证。第三，回避原则，行政机关工作人员履行职责，与行政相对人存在利害关系的，应当回

避。A项听证主持人应当由法制部门工作人员担任，由调查人员担任主持人违反了回避原则的内在要求。所以A项符合题意当选。根据《土地管理法》第46条规定，征收永久基本农田须由国务院批准。故某县政府自行决定征收基本农田，构成超越职权，违反了依法行政的要求，属于实体方面存在瑕疵。根据题干无法得知程序方面是否存在瑕疵，故B项错误。行政拘留是不适用听证程序的，这种告知缺乏法律依据，且是违反依法行政原则的，不符合题意，所以C项不当选。虽然D项符合《治安管理处罚法》第91条"治安管理处罚由县级以上人民政府公安机关决定；其中警告、五百元以下的罚款可以由公安派出所决定"的规定，但是，依照《治安管理处罚法》第100条的规定，可当场作出治安管理处罚决定的应当是警告和200元以下罚款。当场罚款500元违反了正当程序的基本要求。D项符合题意当选。

11.【答案】BC

【考点】行政法基本原则

【详解】行政公开原则，是程序正当原则下的子原则，即除涉及国家秘密和依法受到保护的商业秘密、个人隐私外，行政机关实施行政管理应当公开，以实现公民的知情权、了解权。通过题干案情可知，本题未涉及该原则，A项不当选。比例原则是合理行政原则下的子原则，即行政机关采取的措施和手段应当是必要、适当的；有多种手段可选择时应当避免采用损害行政相对人权益的方式，如果为达到行政目的必须对相对人的权益造成不利影响，那么这种不利影响应当被限制在尽可能小的范围和限度内，并且使失去利益与得到保护的利益之间处于适当的比例之中。违反此子原则就表现为行政机关采取的措施和手段与针对的对象不相称。法院的判决适用了比例原则。故而B项当选。合理行政原则主要含义是行政行为应当具有理性基础，禁止行政主体的武断专横和随意。最低限度的理性，是行政行为应当具有一个有正常理智的普通人所能达到的合理与适当，并且能够符合科学公理和社会公德。本案中廖某所建小棚未占用主干道，其违法行为没有严重到既需要拆除又需要实施顶格处罚的程度，因此法院适用合理行政原则，判决改为对其进行罚款1000元。所以C项当选。诚实守信原则有三个子原则：第一是行政信息真实原则，行政机关公布的信息应当真实、准确、可信。不能提供虚假信息和材料。第二是信赖保护原则，非因法定事由并经法定程序，行政机关不得撤销、变更已经生效的行政（许可）决定。行政许可所依据的法律、法规、规章修改或者废止，或者准予行政许可所依据的客观情况发生重大变化的，为了公共利益的需要，行政机关可以依法变更或者撤回已经生效的行政许可。为此给公民、法人或者其他组织造成财产损失的，行政机关应当依法给予补偿。第三是行政允诺应予兑现，行

政机关应作其诺言的"奴隶"。法院的判决未适用诚实守信原则，D 项不当选。

12.【答案】AC（原答案为 ACD）

【考点】 行政处罚的取证、听证；外国人附加适用罚则及起诉期限

【详解】 A 项考查关于询问查证的时间，《治安管理处罚法》第 83 条规定，对违反治安管理行为人，公安机关传唤后应当及时询问查证，询问查证的时间不得超过 8 小时；情况复杂，依照本法规定可能适用行政拘留处罚的，询问查证的时间不得超过 24 小时。本案中，某公安局以刘某引诱他人吸食毒品为由对其处以 15 日拘留，A 项正确，当选。B 项考查听证程序的适用，《行政处罚法》第 63 条第 1 款规定："行政机关拟作出下列行政处罚决定，应当告知当事人有要求听证的权利，当事人要求听证的，行政机关应当组织听证：（一）较大数额罚款；（二）没收较大数额违法所得、没收较大价值非法财物；（三）降低资质等级、吊销许可证件；（四）责令停产停业、责令关闭、限制从业；（五）其他较重的行政处罚；（六）法律、法规、规章规定的其他情形。"《治安管理处罚法》第 98 条规定，公安机关作出吊销许可证以及处 2000 元以上罚款的治安管理处罚决定前，应当告知违反治安管理行为人有权要求举行听证；违反治安管理行为人要求听证的，公安机关应当及时依法举行听证。行政拘留虽然不适用听证程序，可是，本案中刘某被处以 3000 元罚款，超过了可以组织听证的 2000 元罚款的数额，刘某有权仅就罚款的数额、事项提出听证请求。B 项错误。C 项考查对外国人可否独立适用行政处罚，《治安管理处罚法》规定限期出境或者驱逐出境属于附加处罚，可以在处以罚款、拘留的同时附加适用，但不可以独立适用。C 项正确。D 项考查起诉期限，《行政诉讼法》第 46 条规定，公民、法人或者其他组织直接向人民法院提起诉讼的，应当自知道或者应当知道作出行政行为之日起 6 个月内提出。法律另有规定的除外。原行诉法的"3 个月"已经修改为"6 个月"，因此，根据现行行诉法，D 项错误，不当选。

【陷阱提示】 B 项，既有符合听证适用范围的行政罚款 3000 元，也有不适用听证适用范围的行政拘留，注意区分。

13.【答案】CD

【考点】 复议管辖；申请期限；不服复议的起诉期限；复议前置和复议选择

【详解】 本题题干源自 1993 年通过的《反不正当竞争法》第 29 条的规定，当事人对监督检查部门作出的处罚决定不服的，可以自收到处罚决定之日起 15 日内向上一级主管机关申请复议；对复议决定不服的，可以自收到复议决定书之日起 15 日内向法院提起诉讼；也可以直接向法院提起诉讼。工商局是

1999 年改为省以下垂直领导的。A 项错误，因为工商机关 2012 年之后改回双重领导，双重领导的机关既可以向上一级业务主管机关（县工商局的上一级）提出复议申请，也可以向本级人民政府即该县人民政府提出。B 项错误，《行政复议法》第 20 条规定，行政复议的申请期限为 60 日，法律规定超过 60 日的除外，意即复议申请期限最短为 60 日。《反不正当竞争法》规定的复议期限比《行政复议法》第 20 条规定的期限短，应当适用《行政复议法》的规定。C 项正确，其不仅符合《反不正当竞争法》上述条文的规定，而且符合《行政诉讼法》第 45 条规定，申请人不服复议决定的，可以在收到复议决定书之日起 15 日内向人民法院提起诉讼。复议机关逾期不作决定的，申请人可以在复议期满之日起 15 日内向人民法院提起诉讼。法律另有规定的除外。D 项正确，通过题干条文可知，该处罚的救济途径是选择式、非复议前置。同样，《行政诉讼法》第 44 条规定了选择是普遍、前置是例外的模式："对属于人民法院受案范围的行政案件，公民、法人或者其他组织可以先向行政机关申请复议，对复议决定不服的，再向人民法院提起诉讼；也可以直接向人民法院提起诉讼。法律、法规规定应当先向行政机关申请复议，对复议决定不服再向人民法院提起诉讼的，依照法律、法规的规定。"

14.【答案】ABD

【考点】 代履行的实施主体、费用、禁止及文书送达

【详解】《行政强制法》第 50 条规定，行政机关依法作出要求当事人履行排除妨碍、恢复原状等义务的行政决定，当事人逾期不履行，经催告仍不履行，其后果已经或者将危害交通安全、造成环境污染或者破坏自然资源的，行政机关可以代履行，或者委托没有利害关系的第三人代履行。因此 A 项当选。《行政强制法》第 51 条第 2 款规定，代履行的费用按照成本合理确定，由当事人承担。但是法律另有规定的除外。因此 B 项费用均应当由负有义务的当事人承担说法不准确。故 B 项当选。C 项符合《行政强制法》第 51 条第 3 款"代履行不得采用暴力、胁迫以及其他非法方式"的要求，正确不选。《行政强制法》第 51 条第 1 款规定，代履行应当遵守下列规定：（1）代履行前送达决定书，代履行决定书应当载明当事人的姓名或者名称、地址，代履行的理由和依据、方式和时间、标的、费用预算以及代履行人；（2）代履行 3 日前，催告当事人履行，当事人履行的，停止代履行；（3）代履行时，作出决定的行政机关应当派员到场监督；（4）代履行完毕，行政机关到场监督的工作人员、代履行人和当事人或者见证人应当在执行文书上签名或者盖章。D 项混淆前两项的规定，当选。

15.【答案】AC

【考点】行政诉讼驳回原告诉讼请求判决

【详解】《行政诉讼法》第 69 条规定："行政行为证据确凿，适用法律、法规正确，符合法定程序的，或者原告申请被告履行法定职责或者给付义务理由不成立的，人民法院判决驳回原告的诉讼请求。"据此，不管被诉行政行为是作为，还是不作为，只要该行为是合法的，法院就应当判决驳回原告的诉讼请求。故 AC 项正确。《行诉法解释》第 69 条第 1 款第 1 项规定，受理案件后发现起诉不符合起诉条件的，应当裁定驳回起诉，而非判决驳回诉讼请求，故 B 项错误。根据不告不理原则，被告在一审期间改变被诉行政行为，原告不撤诉而仍要求继续审理原行政行为的，人民法院才继续审理原行政行为。在此情形下，人民法院认为原行政行为合法的，才判决驳回原告针对原行政行为的诉讼请求，故 D 项错误。

16.【答案】AB

【考点】政府信息公开案件的举证及判决

【详解】关于 AB 项，在行政诉讼中，一般由被告承担主要的举证责任，但是对于行政不作为案件，根据《行诉证据规定》第 4 条第 2 款规定，在起诉被告不作为的案件中，原告应当提供其在行政程序中曾经提出申请的证据材料。另根据《政府信息公开案件规定》第 5 条第 1 款规定，被告拒绝向原告提供政府信息的，应当对拒绝的根据以及履行法定告知和说明理由义务的情况举证。故 AB 两项正确。根据《政府信息公开案件规定》第 9 条第 4 款规定，正确的做法为法院应当判决其转送给有权更正的行政机关处理而不是判决驳回原告诉讼请求。所以 C 项错误。根据《政府信息公开案件规定》第 9 条第 1 款规定，被告对依法应当公开的政府信息拒绝或者部分拒绝公开的，人民法院应当撤销或者部分撤销被诉不予公开决定，并判决被告在一定期限内公开。这里的"一定期限"属于指定期间，并非像项中表述的"即应"在 15 日内更正。故 D 项错误。

17.【答案】D（原答案为 CD）

【考点】起诉期限；解除代理权后的通知；二审全面审查原则

【详解】《行政诉讼法》第 46 条规定，公民、法人或者其他组织直接向人民法院提起诉讼的，应当自知道或者应当知道作出行政行为之日起 6 个月内提出。法律另有规定的除外。因不动产提起诉讼的案件自行政行为作出之日起超过 20 年，其他案件自行政行为作出之日起超过 5 年提起诉讼的，人民法院不予受理。2009 年 4 月 20 日郭某对核发房产证并不知情，因此 AB 项错误。《行诉法解释》第 31 条规定，当事人解除或者变更委托的，应当书面报告人民法院。该规定删除了原《最高人民法院关于执行〈中华人民共和国行政诉讼法〉若干问题的解释》第 25

条"由人民法院通知其他当事人"的规定。故 C 项错误。《行政诉讼法》第 87 条规定，人民法院审理上诉案件，应当对原审人民法院的判决、裁定和被诉行政行为进行全面审查。D 项符合全面审查原则的要求，正确当选。

18.【答案】AB（原答案为 ABC）

【考点】公务员交流方式

【详解】公务员的交流，是指国家机关根据工作需要或公务员个人愿望，通过法定形式在机关内部调整公务员的工作职位，或者将非公务员身份的公职人员调入机关担任一定层次公务员职务的管理活动。把这一系列的活动和过程通过法规的形式确定下来就形成了公务员的交流制度。《公务员法》第 69 条第 3 款规定，交流的方式包括调任、转任。AB 项正确。

19.【答案】C

【考点】规章的决定和公布

【详解】《规章制定程序条例》第 28 条规定，审议规章草案时，由法制机构作说明，也可以由起草单位作说明。所以 A 项错误。《规章制定程序条例》第 27 条规定，部门规章应当经部务会议或者委员会会议决定。地方政府规章应当经政府常务会议或者全体会议决定。故而 B 项错误。《规章制定程序条例》第 30 条第 2 款规定，部门联合规章由联合制定的部门首长共同署名公布，使用主办机关的命令序号。C 项正确。《规章制定程序条例》第 31 条第 2 款规定，地方政府规章签署公布后，及时在本级人民政府公报和中国政府法制信息网以及在本行政区域范围内发行的报纸上刊载。不一定在全国范围发行的有关报纸上刊登。所以 D 项错误。

20.【答案】ACD

【考点】第三人；证据类型；证据审查；判决类型

【详解】夏某与本案具有利害关系，如果不参加诉讼对自己有利的工伤认定有可能被撤销，夏某一定要参加诉讼陈述事实、提供证据。因此夏某为本案第三人。A 项正确。B 项，夏某同事孙某的证言不属于书证，错误不选。根据《行诉证据规定》第 56 条规定，法庭应当根据案件的具体情况，从以下方面审查证据的真实性：（1）证据形成的原因；（2）发现证据时的客观环境；（3）证据是否为原件、原物，复制件、复制品与原件、原物是否相符；（4）提供证据的人或者证人与当事人是否具有利害关系；（5）影响证据真实性的其他因素。依据上述（3）所以 C 项正确。"如有证据证明交通事故确系夏某醉酒所致"，某县社保局的工伤认定则是建立在虚假证据基础上的，法院以没有相应事实根据为由判决撤销就是正确的，故而 D 项正确。

21.【答案】CD

【考点】具体行政行为的效力和合法性

【详解】A 项错误，因为成立只是符合成立要件，仅表明这个行政行为在法律形态上是存在的，并不一定符合生效要件，可能成立之后无效。B 项错误，除因违法被撤销而效力终止外，具体行政行为还可能因为法律修改、政策变化、情势变更等基于合法的撤回、收回、关闭、停止的情形而效力终止。C 项根据行政法一般原理是正确的，当选。D 项"滥用职权是具体行政行为构成违法的独立理由"正确，当选。

22.【答案】BCD
【考点】司法赔偿机关、程序
【详解】A 项错误。县公安局不是赔偿义务机关，赔偿义务机关应为县检察院。《国家赔偿法》第 21 条规定，对公民采取逮捕措施后决定撤销案件、不起诉或者判决宣告无罪的，作出逮捕决定的机关为赔偿义务机关。B 项正确。《国家赔偿法》第 13 条规定，赔偿义务机关应当自收到申请之日起 2 个月内，作出是否赔偿的决定。赔偿义务机关作出赔偿决定，应当充分听取赔偿请求人的意见，并可以与赔偿请求人就赔偿方式、赔偿项目和赔偿数额依照本法第四章的规定进行协商。赔偿义务机关决定赔偿的，应当制作赔偿决定书，并自作出决定之日起 10 日内送达赔偿请求人。赔偿义务机关决定不予赔偿的，应当自作出决定之日起 10 日内书面通知赔偿请求人，并说明不予赔偿的理由。C 项正确。《国家赔偿法》第 17 条第 2 项规定，行使侦查、检察、审判职权的机关以及看守所、监狱管理机关及其工作人员对公民采取逮捕措施后，决定撤销案件、不起诉或者判决宣告无罪终止追究刑事责任的，受害人有取得赔偿的权利。D 项正确。对拒绝赔偿，沈某可以向县检察院的上一级检察院申请复议。《国家赔偿法》第 24 条第 2 款规定，赔偿请求人对赔偿的方式、项目、数额有异议的，或者赔偿义务机关作出不予赔偿决定的，赔偿请求人可以自赔偿义务机关作出赔偿或者不予赔偿决定之日起 30 日内，向赔偿义务机关的上一级机关申请复议。

2015 年

1.【答案】C
【考点】行政法基本原则
【详解】行政法基本原则中诚实守信原则包括以下三个子原则：（1）行政信息真实原则，行政机关公布的信息应当真实、准确、可信。不能提供虚假信息和材料。（2）信赖保护原则，行政机关非因法定事由并经法定程序不得撤销、变更已经生效的行政（许可）决定。不能撤回生效的赋权行政行为是原则，如果出现特殊的情况，基于公共利益的需要则可以撤回，但应尽可能留出过渡期并对由此给相对人造成的损害给予补偿。可以撤回行政行为的情况主要有两种：一是颁发行政许可等有利行政行为所

依据的法律、法规、规章修改或者废止；二是颁发行政许可等有利行政行为所依据的客观情况发生重大变化。（3）行政允诺应予兑现，行政机关应作其诺言的"奴隶"。A 项合理行政、B 项高效便民、D 项程序正当原则均为干扰项。C 项行政信息的准确也是行政机关讲究诚信的表现。

2.【答案】D
【考点】公务员的权利和义务
【详解】《公务员法》第 14 条规定："公务员应当履行下列义务：（一）忠于宪法，模范遵守、自觉维护宪法和法律，自觉接受中国共产党领导；（二）忠于国家，维护国家的安全、荣誉和利益；（三）忠于人民，全心全意为人民服务，接受人民监督；（四）忠于职守，勤勉尽责，服从和执行上级依法作出的决定和命令，按照规定的权限和程序履行职责，努力提高工作质量和效率；（五）保守国家秘密和工作秘密；（六）带头践行社会主义核心价值观，坚守法治，遵守纪律，恪守职业道德，模范遵守社会公德、家庭美德；（七）清正廉洁，公道正派；（八）法律规定的其他义务。"可知 ABC 项均为公务员的义务。《公务员法》第 15 条规定："公务员享有下列权利：（一）获得履行职责应当具有的工作条件；（二）非因法定事由、非经法定程序，不被免职、降职、辞退或者处分；（三）获得工资报酬，享受福利、保险待遇；（四）参加培训；（五）对机关工作和领导人员提出批评和建议；（六）提出申诉和控告；（七）申请辞职；（八）法律规定的其他权利。"故本题四个项中只有"参加培训"不是公务员的义务。故 D 项正确。

3.【答案】C
【考点】行政机构职能设置
【详解】《地方各级人民政府机构设置和编制管理条例》第 10 条规定："地方各级人民政府行政机构职责相同或者相近的，原则上由一个行政机构承担。行政机构之间对职责划分有异议的，应当主动协商解决。协商一致的，报本级人民政府机构编制管理机关备案；协商不一致的，应当提请本级人民政府机构编制管理机关提出协调意见，由机构编制管理机关报本级人民政府决定。"本案情形属于上条规定的调整对象，C 项即解决这类冲突的唯一合法途径。其中 AB 项均不符合该条规定。D 项甲市（设区的市）人民政府批准层级太高了。故 C 项正确。

4.【答案】A
【考点】行政行为性质
【详解】A 项属于履行行政职务的行为，或者表述为行使职权的行为，属于公安机关的法定职权。实践中，各地市政府、市旅游局等主管机关经常以手机短信的形式提醒广大市民、消费者或外地漫游至本市的游客注意防止诈骗、防止消费欺诈，报正规旅行团等提示短信即属此类情形。负担性的行政行为以行政

强制措施、行政处罚和行政强制执行三者为典型代表。B项这类提示短信肯定不是负担、损益性行政行为。CD项亦为干扰项。故A项正确。

5.【答案】B

【考点】行政许可的撤销

【详解】《行政许可法》第69条规定："有下列情形之一的，作出行政许可决定的行政机关或者其上级行政机关，根据利害关系人的请求或者依据职权，可以撤销行政许可：（一）行政机关工作人员滥用职权、玩忽职守作出准予行政许可决定的；（二）超越法定职权作出准予行政许可决定的；（三）违反法定程序作出准予行政许可决定的；（四）对不具备申请资格或者不符合法定条件的申请人准予行政许可的；（五）依法可以撤销行政许可的其他情形。被许可人以欺骗、贿赂等不正当手段取得行政许可的，应当予以撤销。……"本题符合第2款所述情形，应予撤销。故B项正确。

6.【答案】B

【考点】治安管理处罚

【详解】《治安管理处罚法》第23条至第29条规定了扰乱公共秩序的行为和处罚。这一类违反治安管理的行为没有"哄抢"这一行为方式，哄抢属于第49条规定的侵犯财产权利的违反治安管理行为："盗窃、诈骗、哄抢、抢夺、敲诈勒索或者故意损毁公私财物的，处五日以上十日以下拘留，可以并处五百元以下罚款；情节较重的，处十日以上十五日以下拘留，可以并处一千元以下罚款。"可知A项错误。《治安管理处罚法》第89条规定，公安机关办理治安案件，对与案件有关的需要作为证据的物品，可以扣押；对被侵害人或者善意第三人合法占有的财产，不得扣押，应当予以登记。对与案件无关的物品，不得扣押。对扣押的物品，应当会同在场见证人和被扣押物品持有人查点清楚，当场开列清单一式二份，由调查人员、见证人和持有人签名或者盖章，一份交给持有人，另一份附卷备查。对扣押的物品，应当妥善保管，不得挪作他用；对不宜长期保存的物品，按照有关规定处理。经查明与案件无关的，应当及时退还；经核实属于他人合法财产的，应当登记后立即退还；满6个月无人对该财产主张权利或者无法查清权利人的，应当公开拍卖或者按照国家有关规定处理，所得款项上缴国库。故B项正确。《治安管理处罚法》第83条规定，对违反治安管理行为人，公安机关传唤后应当及时询问查证，询问查证的时间不得超过8小时；情况复杂，依照本法规定可能适用行政拘留处罚的，询问查证的时间不得超过24小时。公安机关应当及时将传唤的原因和处所通知被传唤人家属。可知C项错误。田某申请复议的期限为60日，根据《行诉法》第46条的规定，直接起诉的期限为6个月。故D项错误。

7.【答案】B

【考点】行政强制执行

【详解】《行政强制法》第42条规定，实施行政强制执行，行政机关可以在不损害公共利益和他人合法权益的情况下，与当事人达成执行协议。执行协议可以约定分阶段履行；当事人采取补救措施的，可以减免加处的罚款或者滞纳金。执行协议应当履行。当事人不履行执行协议的，行政机关应当恢复强制执行。B项正确，其他均为干扰项。A项申请法院强制执行的应当是一个行政决定，不能是一个行政强制执行过程中的和解协议。C项以甲为被告提起民事诉讼，肯定错误，在行政法制度中对行政行为没有履行不可能通过民事诉讼予以解决。我国目前不存在"官告民"的行政诉讼，D项以甲为被告提起行政诉讼显然错误。

8.【答案】B

【考点】政府信息公开的范围、方式

【详解】A项，《政府信息公开条例》第29条第2款规定，政府信息公开申请应当包括下列内容：（1）申请人的姓名或者名称、身份证明、联系方式；（2）申请公开的政府信息的名称、文号或者便于行政机关查询的其他特征性描述；（3）申请公开的政府信息的形式要求，包括获取信息的方式、途径。本案中申请人为某环保公益组织，其应出示该组织的有效身份证明，而非其负责人的有效身份证明，故A项错误。B项，2008年《政府信息公开条例》第13条规定，除本条例第9条、第10条、第11条、第12条规定的行政机关主动公开的政府信息外，公民、法人或者其他组织还可以根据自身生产、生活、科研等特殊需要，向国务院部门、地方各级人民政府及县级以上地方人民政府部门申请获取相关政府信息。故根据旧条例，B项正确。提醒考生注意，2019年修订后的《政府信息公开条例》删去原条例第13条申请获取相关政府信息需"根据自身生产、生活、科研等特殊需要"的"三需要"条件，据此，《政府信息公开条例》对依申请公开的申请人的范围不再加以限制，故该环保公益组织具有申请信息公开的资格。C项，从题干中无法得知该组织的申请内容是否明确，故无法判断环保局的认定和处理是否正确。C项错误。D项，《政府信息公开条例》第13条第1款规定，除本条例第14条（涉及国家秘密等不应当公开的政府信息）、第15条（涉及商业秘密、个人隐私等公开会对第三方合法权益造成损害的政府信息）、第16条（行政机关的内部事务信息和履行行政管理职能过程中形成的内部行政信息）规定的政府信息外，政府信息应当公开。该组织申请的信息不属于前述不应公开的政府信息，故应当依法予以公开。D项错误。

9.【答案】CD

【考点】公务员的辞职和辞退

【详解】《公务员法》第 86 条第 3 项规定，公务员有重要公务尚未处理完毕，且须由本人继续处理的，不得辞去公职。A 欠缺"且须由本人继续处理"的要件，故 A 项错误。《公务员法》第 87 条第 3 款规定，领导成员因工作严重失误、失职造成重大损失或者恶劣社会影响的，或者对重大事故负有领导责任的，应当引咎辞去领导职务。公职不等于领导职务，所以 B 项错误。《公务员法》第 89 条第 2 项规定，患病或者负伤，在规定的医疗期内的，不得辞退。所以 C 项正确。《公务员法》第 90 条第 2 款规定，被辞退的公务员，可以领取辞退费或者根据国家有关规定享受失业保险。D 项正确。因此，本题的正确答案为 CD。

10.【答案】BC

【考点】 听证的范围

【详解】 听证是《行政处罚法》确立的对影响相对人权益较重的处罚，为避免错误，由行政机关在处罚前听取被处罚人陈述事实、申辩理由的制度。适用听证的行政行为为法定的行政处罚。A 项所述行政行为属于《行政强制法》调整的对象，虽然标的很大但不是行政处罚，只是行政强制措施，尚无实体处罚，所以不应当举行听证。《行政处罚法》第 63 条第 1 款规定："行政机关拟作出下列行政处罚决定，应当告知当事人有要求听证的权利，当事人要求听证的，行政机关应当组织听证：（一）较大数额罚款；（二）没收较大数额违法所得、没收较大价值非法财物；（三）降低资质等级、吊销许可证件；（四）责令停产停业、责令关闭、限制从业；（五）其他较重的行政处罚；（六）法律、法规、规章规定的其他情形。"交通局吊销某运输公司的道路运输经营许可证属于上述规定中的应告知听证的情形，所以 B 项应选。而 D 项不属于上述情形，D 项不选。《行政许可法》第 47 条第 1 款规定，行政许可直接涉及申请人与他人之间重大利益关系的，行政机关在作出行政许可决定前，应当告知申请人、利害关系人享有要求听证的权利；申请人、利害关系人在被告知听证权利之日起 5 日内提出听证申请的，行政机关应当在 20 日内组织听证。所以 C 项应选。

11.【答案】ABC

【考点】 行政强制措施的程序

【详解】《行政强制法》第 18 条规定："行政机关实施行政强制措施应当遵守下列规定：（一）实施前须向行政机关负责人报告并经批准；（二）由两名以上行政执法人员实施；（三）出示执法身份证件；（四）通知当事人到场；（五）当场告知当事人采取行政强制措施的理由、依据以及当事人依法享有的权利、救济途径；（六）听取当事人的陈述和申辩；（七）制作现场笔录；（八）现场笔录由当事人和行政执法人员签名或者盖章，当事人拒绝的，在笔录中予以注明；（九）当事人不到场的，邀请见证人到

场，由见证人和行政执法人员在现场笔录上签名或者盖章；（十）法律、法规规定的其他程序。"故 AB 项正确。《行政强制法》第 24 条规定，行政机关决定实施查封、扣押的，应当履行本法第 18 条规定的程序，制作并当场交付查封、扣押决定书和清单。所以 C 项正确。《治安管理处罚法》第 89 条规定，公安机关办理治安案件，对与案件有关的需要作为证据的物品，可以扣押；对被侵害人或者善意第三人合法占有的财产，不得扣押，应当予以登记。对与案件无关的物品，不得扣押。本题中某公安交管局交通大队民警发现王某驾驶的电动三轮车未悬挂号牌，所以交通大队将三轮车及其车上的物品一并扣押属于扣押了不相关物品，故 D 项错误。

12.【答案】BC

【考点】 政府信息公开的程序

【详解】《政府信息公开条例》第 15 条规定，涉及商业秘密、个人隐私等公开会对第三方合法权益造成损害的政府信息，行政机关不得公开。但是，第三方同意公开或者行政机关认为不公开会对公共利益造成重大影响的，予以公开。故 A 项错误。《行政诉讼法》第 46 条第 1 款规定，公民、法人或者其他组织直接向人民法院提起诉讼的，应当自知道或者应当知道作出行政行为之日起 6 个月内提出。法律另有规定的除外。所以 B 项正确。《政府信息公开案件规定》第 5 条第 1 款规定："被告拒绝向原告提供政府信息的，应当对拒绝的根据以及履行法定告知和说明理由义务的情况举证。"故 C 项正确。《政府信息公开条例》第 37 条规定："申请公开的信息中含有不应当公开或者不属于政府信息的内容，但是能够作区分处理的，行政机关应当向申请人提供可以公开的政府信息内容，并对不予公开的内容说明理由。"据此，住建委认为信息中有企业联系人联系电话和地址等个人隐私的，应当删去此类信息以向沈某提供可以公开的信息内容，而不应该完全拒绝，故 D 项错误。

13.【答案】AB

【考点】 行政复议参加人；证据收集；行政复议审理和决定

【详解】《行政复议法》第 17 条第 1 款规定："申请人、第三人可以委托一至二名律师、基层法律服务工作者或者其他代理人代为参加行政复议。"故 A 项正确。《行政复议法》第 46 条第 1 款规定："行政复议期间，被申请人不得自行向申请人和其他有关单位或者个人收集证据；自行收集的证据不作为认定行政行为合法性、适当性的依据。"故 B 项正确。《行政复议法》第 49 条规定："适用普通程序审理的行政复议案件，行政复议机构应当当面或者通过互联网、电话等方式听取当事人的意见，并将听取的意见记录在案。因当事人原因不能听取意见的，可以书面审理。"据此，也可以通过互联网、电话

等方式，C 项错误。《行政复议法》第 64 条规定："行政行为有下列情形之一的，行政复议机关决定撤销或者部分撤销该行政行为，并可以责令被申请人在一定期限内重新作出行政行为：（一）主要事实不清、证据不足；（二）违反法定程序；（三）适用的依据不合法；（四）超越职权或者滥用职权。行政复议机关责令被申请人重新作出行政行为的，被申请人不得以同一事实和理由作出与被申请行政复议的行政行为相同或者基本相同的行政行为，但是行政复议机关以违反法定程序为由决定撤销或者部分撤销的除外。"D 项错误。

14.【答案】BCD

【考点】行政诉讼的法律适用

【详解】A 项的受案范围是行政诉讼最富特色的内容之一，不可能适用《民事诉讼法》的相关内容。A 项的管辖也是行政诉讼最富特殊性的内容之一，如一般地域管辖，永远有管辖权的是最初作出行政行为的行政机关所在地的法院，不是"原告就被告""被告所在地的法院"，这两项原则是民事诉讼的一般地域管辖。所以 A 不当选。《行政诉讼法》第 101 条规定，人民法院审理行政案件，关于期间、送达、财产保全、开庭审理、调解、中止诉讼、终结诉讼、简易程序、执行等，以及人民检察院对行政案件受理、审理、裁判、执行的监督，本法没有规定的，适用《中华人民共和国民事诉讼法》的相关规定。故而BCD 项正确。

15.【答案】ABD

【考点】行政复议机关；行政诉讼被告、管辖；行政诉讼的起诉与受理

【详解】《行政复议法》第 24 条第 1 款规定，县级以上地方各级人民政府管辖下列行政复议案件：（1）对本级人民政府工作部门作出的行政行为不服的；（2）对下一级人民政府作出的行政行为不服的；（3）对本级人民政府依法设立的派出机关作出的行政行为不服的；（4）对本级人民政府或者其工作部门管理的法律、法规、规章授权的组织作出的行政行为不服的。因此，李某既可以向区政府申请复议，亦可以向上级主管部门市公安局申请复议，故 A 项正确。《行政诉讼法》第 26 条第 2 款规定，经复议的案件，复议机关决定维持原行政行为的，作出原行政行为的行政机关和复议机关是共同被告；复议机关改变原行政行为的，复议机关是被告。故 B 项正确。《行政诉讼法》第 18 条第 1 款规定，行政案件由最初作出行政行为的行政机关所在地人民法院管辖。经复议的案件，也可以由复议机关所在地人民法院管辖。所以，市公安局作为复议机关，其所在地的法院也有管辖权，故 C 项错误。《行政诉讼法》第 51 条第 3 款规定，起诉状内容欠缺或者有其他错误的，应当给予指导和释明，并一次性告知当事人需要补正的内容。

不得未经指导和释明即以起诉不符合条件为由不接收起诉状。故 D 项正确。

16.【答案】AC

【考点】行政诉讼简易程序

【详解】《行政诉讼法》第 82 条规定："人民法院审理下列第一审行政案件，认为事实清楚、权利义务关系明确、争议不大的，可以适用简易程序：（一）被诉行政行为是依法当场作出的；（二）案件涉及款额二千元以下的；（三）属于政府信息公开案件的。除前款规定以外的第一审行政案件，当事人各方同意适用简易程序的，可以适用简易程序。发回重审、按照审判监督程序再审的案件不适用简易程序。"故 A 项正确。发回重审的案件不得适用简易程序，故 B 项错误。《行政诉讼法》第 83 条规定，适用简易程序审理的行政案件，由审判员一人独任审理，并应当在立案之日起 45 日内审结。故 C 项正确。《行政诉讼法》第 101 条规定，人民法院审理行政案件，关于期间、送达、财产保全、开庭审理、调解、中止诉讼、终结诉讼、简易程序、执行等，以及人民检察院对行政案件受理、审理、裁判、执行的监督，本法没有规定的，适用《民事诉讼法》的相关规定。《行政诉讼法》对简易程序的宣判没有特殊规定，因此适用《民事诉讼法》相关规定。《最高人民法院关于适用简易程序审理民事案件的若干规定》第 27 条规定，适用简易程序审理的民事案件，除人民法院认为不宜当庭宣判的以外，应当当庭宣判。D 项表述中差了"除人民法院认为不宜当庭宣判的以外"的前提条件，故 D 项错误。

17.【答案】ACD

【考点】行政诉讼证据制度

【详解】根据《行诉证据规定》第 10 条规定，当事人向人民法院提供书证的，应当符合下列要求：（1）提供书证的原件，原本、正本和副本均属于书证的原件。提供原件确有困难的，可以提供与原件核对无误的复印件、照片、节录本；（2）提供由有关部门保管的书证原件的复制件、影印件或者抄录件的，应当注明出处，经该部门核对无异后加盖其印章；（3）提供报表、图纸、会计账册、专业技术资料、科技文献等书证的，应当附有说明材料；（4）被告提供的被诉具体行政行为所依据的询问、陈述、谈话类笔录，应当有行政执法人员、被询问人、陈述人、谈话人签名或者盖章。法律、法规、司法解释和规章对书证的制作形式另有规定的，从其规定。故照片属于书证，A 项正确。《行诉证据规定》第 15 条规定，被告向人民法院提供的现场笔录，应当载明时间、地点和事件等内容，并由执法人员和当事人签名。当事人拒绝签名或者不能签名的，应当注明原因。有其他人在现场的，可由其他人签名。法律、法规和规章对现场笔录的制作形式另有规定的，从其规定。由上述规

行政法与行政诉讼法

定可知，现场笔录没有当事人签名，但注明原因或第三人签名佐证的，具有证据效力。B 说法太绝对，故 B 项错误。《行诉证据规定》第 14 条规定，被告向人民法院提供的在行政程序中采用的鉴定结论，应当载明委托人和委托鉴定的事项、向鉴定部门提交的相关材料、鉴定的依据和使用的科学技术手段、鉴定部门和鉴定人鉴定资格的说明，并应有鉴定人的签名和鉴定部门的盖章。通过分析获得的鉴定意见，应当说明分析过程。故 C 项正确。《行诉证据规定》第 44 条第 1 项规定，对现场笔录的合法性或者真实性有异议的，原告或者第三人可以要求相关行政执法人员作为证人出庭作证。故 D 项正确。

18.【答案】ACD

【考点】 行政诉讼先予执行；举证责任；裁判；国家赔偿范围

【详解】《行政诉讼法》第 57 条第 1 款规定，人民法院对起诉行政机关没有依法支付抚恤金、最低生活保障金和工伤、医疗社会保险金的案件，权利义务关系明确、不先予执行将严重影响原告生活的，可以根据原告的申请，裁定先予执行。本案不属于先予执行的情形，故 A 项错误。《行政诉讼法》第 38 条第 2 款规定，在行政赔偿、补偿的案件中，原告应当对行政行为造成的损害提供证据。因被告的原因导致原告无法举证的，由被告承担举证责任。故 B 项正确。《最高人民法院关于审理行政赔偿案件若干问题的规定》第 28 条规定，当事人在提起行政诉讼的同时一并提出行政赔偿请求，或者因具体行政行为和与行使行政职权有关的其他行为侵权造成损害一并提出行政赔偿请求的，人民法院应当分别立案，根据具体情况可以合并审理，也可以单独审理。故 C 项错误。《国家赔偿法》第 4 条规定："行政机关及其工作人员在行使行政职权时有下列侵犯财产权情形之一的，受害人有取得赔偿的权利：（一）违法实施罚款、吊销许可证和执照、责令停产停业、没收财物等行政处罚的；（二）违法对财产采取查封、扣押、冻结等行政强制措施的；（三）违法征收、征用财产的；（四）造成财产损害的其他违法行为。"房管局颁证时未核实房屋面积，属于未尽核实义务的违法行为，故 D 项错误。

19.【答案】C

【考点】 行政诉讼受案范围

【详解】《行政诉讼法》第 12 条第 1 款规定："人民法院受理公民、法人或者其他组织提起的下列诉讼：（一）对行政拘留、暂扣或者吊销许可证和执照、责令停产停业、没收违法所得、没收非法财物、罚款、警告等行政处罚不服的；（二）对限制人身自由或者对财产的查封、扣押、冻结等行政强制措施和行政强制执行不服的；（三）申请行政许可，行政机关拒绝或者在法定期限内不予答复，或者对行政机关

作出的有关行政许可的其他决定不服的；（四）对行政机关作出的关于确认土地、矿藏、水流、森林、山岭、草原、荒地、滩涂、海域等自然资源的所有权或者使用权的决定不服的；（五）对征收、征用决定及其补偿决定不服的；（六）申请行政机关履行保护人身权、财产权等合法权益的法定职责，行政机关拒绝履行或者不予答复的；（七）认为行政机关侵犯其经营自主权或者农村土地承包经营权、农村土地经营权的；（八）认为行政机关滥用行政权力排除或者限制竞争的；（九）认为行政机关违法集资、摊派费用或者违法要求履行其他义务的；（十）认为行政机关没有依法支付抚恤金、最低生活保障待遇或者社会保险待遇的；（十一）认为行政机关不依法履行、未按照约定履行或者违法变更、解除政府特许经营协议、土地房屋征收补偿协议等协议的；（十二）认为行政机关侵犯其他人身权、财产权等合法权益的。"C 项的依据为上述第 12 条第 8 项规定。A 项为刑事诉讼行为，不属于行政诉讼受案范围。中国目前不存在"官告民"的行政诉讼类型。D 项"市政府发布的征收土地补偿费标准"具有抽象行政行为的性质，不可直接起诉。故 C 项正确。

20.【答案】B

【考点】 行政诉讼判决

【详解】《行政诉讼法》第 74 条规定："行政行为有下列情形之一的，人民法院判决确认违法，但不撤销行政行为：（一）行政行为依法应当撤销，但撤销会给国家利益、社会公共利益造成重大损害的；（二）行政行为程序轻微违法，但对原告权利不产生实际影响的。行政行为有下列情形之一，不需要撤销或者判决履行的，人民法院判决确认违法：（一）行政行为违法，但不具有可撤销内容的；（二）被告改变原违法行政行为，原告仍要求确认原行政行为违法的；（三）被告不履行或者拖延履行法定职责，判决履行没有意义的。"ACD 项均不符合本条规定。故 B 项正确。

21.【答案】C

【考点】 赔偿义务机关；国家赔偿范围；赔偿程序

【详解】《国家赔偿法》第 21 条规定，行使侦查、检察、审判职权的机关以及看守所、监狱管理机关及其工作人员在行使职权时侵犯公民、法人和其他组织的合法权益造成损害的，该机关为赔偿义务机关。对公民采取拘留措施，依照本法的规定应当给予国家赔偿的，作出拘留决定的机关为赔偿义务机关。对公民采取逮捕措施后决定撤销案件、不起诉或者判决宣告无罪的，作出逮捕决定的机关为赔偿义务机关。故 A 项错误。《国家赔偿法》第 17 条第 2 项规定，对公民采取逮捕措施后，决定撤销案件、不起诉或者判决宣告无罪终止追究刑事责任的，属于国家赔

偿范围。B项错误。《国家赔偿法》第12条第4款规定，赔偿请求人当面递交申请书的，赔偿义务机关应当当场出具加盖本行政机关专用印章并注明收讫日期的书面凭证。申请材料不齐全的，赔偿义务机关应当当场或者在5日内一次性告知赔偿请求人需要补正的全部内容。故C项正确。《国家赔偿法》第24条第1、2款规定，赔偿义务机关在规定期限内未作出是否赔偿的决定，赔偿请求人可以自期限届满之日起30日内向赔偿义务机关的上一级机关申请复议。赔偿请求人对赔偿的方式、项目、数额有异议的，或者赔偿义务机关作出不予赔偿决定的，赔偿请求人可以自赔偿义务机关作出赔偿或者不予赔偿决定之日起30日内，向赔偿义务机关的上一级机关申请复议。所以D项错误。

2016年

1.【答案】B
【考点】地方的事业单位机构和编制管理办法发布程序
【详解】《地方各级人民政府机构设置和编制管理条例》第29条规定，地方的事业单位机构和编制管理办法，由省、自治区、直辖市人民政府机构编制管理机关拟定，报国务院机构编制管理机关审核后，由省、自治区、直辖市人民政府发布。故B项正确。ACD项均为干扰项。

2.【答案】B
【考点】行政行为的类型
【详解】行政规范性文件是行政机关对不特定的主体作出的具有反复适用效力的法律文件，最经典的为各类行政立法，也包括行政机关制定发布的具有普遍约束力的决定、命令。非规范性文件是国家机关对特定主体作出的具有一次性效力的法律文件，最经典的是法院的判决书、行政机关的行政处罚决定书。"所列名单中的企业"表明行政相对人的主体特定，不属于行政规范性文件。故A项错误。具体行政行为，是指国家行政机关及其工作人员针对特定的公民、法人或者其他组织，就特定的具体事项，作出的有关该公民、法人或者其他组织权利义务的单方行为。与之相对，抽象行政行为是针对不特定主体作出的，具有反复适用性。本通知针对的主体特定（附件所列名单中的企业），针对的事项特定（为淘汰落后产能强制企业关闭），因此是针对特定主体和特定事项作出的一次性行政行为，属于具体行政行为。故B项正确。行政给付是指行政主体在特定情况下，依法向符合条件的申请人提供物质利益或赋予其与物质利益有关的权益的行为。与题目不符，故C项错误。行政强制包括行政强制措施与行政强制执行。行政强制措施，是指行政机关在行政管理过程中，为制止违法行为、防止证据损毁、避免危害发生、控制危险扩大等情形，依法对公民的人身自由实施暂时性限制，或者对公民、法人或者其他组织的财物实施暂时性控制的行为。本通告不属于行政强制措施。行政强制执行，是指行政机关或者行政机关申请人民法院，对不履行行政决定的公民、法人或者其他组织，依法强制履行义务的行为。本通告是一种行政决定，是实施强制执行的前提，其本身不属于行政强制执行。故D项错误。

3.【答案】C
【考点】拘留处罚程序
【详解】根据《治安管理处罚法》第91条的规定，公安派出所作为区县一级公安局的派出机构，被授权的范围仅限于警告和500元以下的罚款，无行政拘留处罚权，故A项错误。《治安管理处罚法》第100条规定，违反治安管理行为事实清楚，证据确凿，处警告或者200元以下罚款的，可以当场作出治安管理处罚决定。因此，行政拘留不属于当场作出处罚的法定情形，B项错误。《治安管理处罚法》第97条第1款规定，公安机关应当向被处罚人宣告治安管理处罚决定书，并当场交付被处罚人；无法当场向被处罚人宣告的，应当在2日内送达被处罚人。决定给予行政拘留处罚的，应当及时通知被处罚人的家属。故C项正确。行政处罚任何情况下都不得以口头方式作出，即使是当场处罚程序也要出具行政处罚决定书并送达当事人。并且行政拘留作为最严厉的行政处罚措施，必须经过传唤、询问、取证、决定、执行等程序。故D项错误。

4.【答案】B
【考点】行政强制措施与行政处罚
【详解】行政强制措施，是指行政机关在行政管理过程中，为制止违法行为、防止证据损毁、避免危害发生、控制危险扩大等情形，依法对公民的人身自由实施暂时性限制，或者对公民、法人或者其他组织的财物实施暂时性控制的行为。行政强制措施和行政处罚的区别是是否具有临时性、是否具有制裁性。行政强制措施具有临时性、非处罚性、中间性、程序性；行政处罚则具有惩戒性、制裁性、实体性、最终性、结论性，不具有临时性。B项的暂扣行为是为了处罚酒后驾车，已经为实体结论，并且期限为6个月，不具有临时性，不同于行政强制措施里的暂扣，属于《行政处罚法》第9条第3项规定的"暂扣或吊销许可证"的行政处罚。故B项正确。A项的"封存"、C项的"扣押"以及D项的将醉酒者约束至酒醒均为典型的行政强制措施。故ACD项错误。

5.【答案】B
【考点】政府信息公开诉讼
【详解】《政府信息公开条例》第51条规定，公民、法人或者其他组织认为行政机关在政府信息公开工作中侵犯其合法权益的，可以向上一级行政机关或者政府信息公开工作主管部门投诉、举报，也可以依法申请行政复议或者提起行政诉讼。据此可知，政府信息公开案件不属于复议前置案件，可以直接向法院提起行政诉讼。故 A 项错误。《政府信息公开案件规定》第 5 条第 1 款规定，被告拒绝向原告提供政府信息的，应当对拒绝的根据以及履行法定告知和说明理由义务的情况举证。故 B 项正确。《行政诉讼法》第 82 条规定："人民法院审理下列第一审行政案件，认为事实清楚、权利义务关系明确、争议不大的，可以适用简易程序：（一）被诉行政行为是依法当场作出的；（二）案件涉及款额二千元以下的；（三）属于政府信息公开案件的。除前款规定以外的第一审行政案件，当事人各方同意适用简易程序的，可以适用简易程序。发回重审、按照审判监督程序再审的案件不适用简易程序。"本案属于政府信息公开案件，可以适用简易程序。故 C 项错误。《政府信息公开案件规定》第 8 条规定："政府信息涉及国家秘密、商业秘密、个人隐私的，人民法院应当认定属于不予公开范围。政府信息涉及商业秘密、个人隐私，但权利人同意公开，或者不公开可能对公共利益造成重大影响的，不受前款规定的限制。"公司的经营范围、从业人数、注册资本属于工商登记信息，不属于涉及国家秘密、商业秘密、个人隐私的信息，故 D 项错误。

6.【答案】A

【考点】 复议申请期限与形式；复议调解；复议终止

【详解】《行政复议法》第 20 条第 1 款规定："公民、法人或者其他组织认为行政行为侵犯其合法权益的，可以自知道或者应当知道该行政行为之日起六十日内提出行政复议申请；但是法律规定的申请期限超过六十日的除外。"A 项正确。《行政复议法》第 22 条第 1 款规定："申请人申请行政复议，可以书面申请；书面申请有困难的，也可以口头申请。"《行政复议法实施条例》第 18 条规定："申请人书面申请行政复议的，可以采取当面递交、邮寄或者传真等方式提出行政复议申请。有条件的行政复议机构可以接受以电子邮件形式提出的行政复议申请。"故 B 项错误。《行政复议法实施条例》第 50 条第 1 款规定："有下列情形之一的，行政复议机关可以按照自愿、合法的原则进行调解：（一）公民、法人或者其他组织对行政机关行使法律、法规规定的自由裁量权作出的具体行政行为不服申请行政复议的；（二）当事人之间的行政赔偿或者行政补偿纠纷。"行政处罚往往具有裁量幅度，属于行使自由裁量权作出的具体行政行为，可以适用复议调解。故 C 项错误。《行政复议法》第 41 条规定："行政复议期间有下列情形之一的，行政复议机关决定终止行政复议：（一）申请人撤回行政复议申请，行政复议机构准予撤回……"D 应是"终止"而非"中止"，故而错误。

7.【答案】C

【考点】 被告确认；诉讼管辖

【详解】 根据《行政诉讼法》第 26 条规定，经复议的案件，复议机关决定维持原行政行为的，作出原行政行为的行政机关和复议机关是共同被告。《行诉法解释》第 134 条第 1 款规定："复议机关决定维持行政行为的，作出原行政行为的行政机关和复议机关是共同被告。原告只起诉作出原行政行为的行政机关或者复议机关的，人民法院应当告知原告追加被告。原告不同意追加的，人民法院应当将另一机关列为共同被告。"故而 A 项错误。《行诉法解释》第 134 条第 3 款规定："复议机关作共同被告的案件，以作出原行政行为的行政机关确定案件的级别管辖。"故应以作出原行政行为的机关即区卫计局确定级别管辖，B 项错误。《行政诉讼法》第 18 条第 1 款规定："行政案件由最初作出行政行为的行政机关所在地人民法院管辖。经复议的案件，也可以由复议机关所在地人民法院管辖。"区卫计局为最初作出行政行为的行政机关，其所在地法院有管辖权，C 项正确。既然复议机关为共同被告，就要对复议决定作出判决。《行诉法解释》第 136 条第 1 款规定："人民法院对原行政行为作出判决的同时，应当对复议决定一并作出相应判决。"故 D 项错误。

8.【答案】C

【考点】 司法赔偿义务机关；赔偿标准；赔偿程序

【详解】 司法赔偿采取赔偿义务机关后置原则，在一审法院作出无罪判决时，批准逮捕的检察机关为赔偿义务机关。所以本题赔偿义务机关为检察院，先行执行刑事拘留的县公安局不履行赔偿义务。A 项错误。赔偿方式、赔偿项目、赔偿数额都可以进行协商。《国家赔偿法》第 13 条第 1 款规定："赔偿义务机关应当自收到申请之日起两个月内，作出是否赔偿的决定。赔偿义务机关作出赔偿决定，应当充分听取赔偿请求人的意见，并可以与赔偿请求人就赔偿方式、赔偿项目和赔偿数额依照本法第四章的规定进行协商。"故 B 项错误。由于取保候审没有实际羁押李某的人身自由，所以这个时间段不属于国家赔偿的范围。C 项正确。《刑事赔偿案件解释》第 21 条第 1 款规定："国家赔偿法第三十三条、第三十四条规定的上年度，是指赔偿义务机关作出赔偿决定时的上一年度；复议机关或者人民法院赔偿委员会改变原赔偿决定，按照新作出决定时的上一年度国家职工平均工资标准计算人身自由赔偿金。"因此，国家赔偿标准应该按照赔偿义务机关作出赔偿决定时的上一年度执行。题中未明确交代赔偿义务机关何时作出赔偿决定，但方某于 2014 年 3 月 2 日才申请国家赔偿，其上一年度至少应是 2013 年，D 项所说 2012 年是错误的。

9.【答案】BC

【考点】公务员兼职要求

【详解】《公务员法》第 44 条规定："公务员因工作需要在机关外兼职，应当经有关机关批准，并不得领取兼职报酬。"兼职须是为了工作需要，故 A 项错误；BC 项正确。D 项缺乏法律依据。

10.【答案】BCD

【考点】规章的制定权

【详解】根据《规章制定程序条例》第 13 条第 3 款规定，年度规章制定工作计划在执行中，可以根据实际情况予以调整，对拟增加的规章项目应当进行补充论证。故 A 项错误。根据《规章制定程序条例》第 15 条规定，起草规章，应当深入调查研究，总结实践经验，广泛听取有关机关、组织和公民的意见。听取意见可以采取书面征求意见、座谈会、论证会、听证会等多种形式。故 B 项正确。根据《规章制定程序条例》第 18 条第 3 款规定，规章送审稿的说明应当对制定规章的必要性、规定的主要措施、有关方面的意见及其协调处理情况等作出说明。故 C 项正确。《规章制定程序条例》第 20 条规定："规章送审稿有下列情形之一的，法制机构可以缓办或者退回起草单位：（一）制定规章的基本条件尚不成熟或者发生重大变化的；（二）有关机构或者部门对规章送审稿规定的主要制度存在较大争议，起草单位未与有关机构或者部门充分协商的；（三）未按照本条例有关规定公开征求意见的；（四）上报送审稿不符合本条例第十八条规定的。"故 D 项正确。

11.【答案】CD

【考点】认可类许可程序

【详解】《行政许可法》第 12 条规定："下列事项可以设定行政许可：……（三）提供公众服务并且直接关系公共利益的职业、行业，需要确定具备特殊信誉、特殊条件或者特殊技能等资格、资质的事项；（四）直接关系公共安全、人身健康、生命财产安全的重要设备、设施、产品、物品，需要按照技术标准、技术规范，通过检验、检测、检疫等方式进行审定的事项；……"执业医师资格属于该条第 3 项规定的"需要确定具备特殊信誉、特殊条件或者特殊技能等资格、资质的事项"，实践中由卫生行政部门组织资格考试来赋予公民特定资格，属于资格认可类的许可。A 项中"直接关系人身健康，需要按照技术规范通过检验、检测确定申请人条件的"的许可，属于该条第 4 项内容，针对的是设备、设施、产品、物品的检验检疫，属于对物的核准类许可，而非针对人的资格认可。故 A 项错误。根据《行政许可法》第 16 条第 3 款规定，规章可以在上位法设定的行政许可事项范围内，对实施该行政许可作出具体规定。故 B 项错误。关于 CD 项，《行政许可法》第 54 条规定："实施本法第十二条第三项所列事项的行政许

可，赋予公民特定资格，依法应当举行国家考试的，行政机关根据考试成绩和其他法定条件作出行政许可决定；赋予法人或者其他组织特定的资格、资质的，行政机关根据申请人的专业人员构成、技术条件、经营业绩和管理水平等的考核结果作出行政许可决定。但是，法律、行政法规另有规定的，依照其规定。公民特定资格的考试依法由行政机关或者行业组织实施，公开举行。行政机关或者行业组织应当事先公布资格考试的报名条件、报考办法、考试科目以及考试大纲。但是，不得组织强制性的资格考试的考前培训，不得指定教材或者其他助考材料。"故 CD 项正确。

【陷阱提示】A 项如果不仔细审题，很容易误答。不要一看到"医师资格"和选项中的"直接关系人身健康"相符合就作出判断。观察该项后半句"需按照技术规范通过检验、检测确定申请人条件的许可"，"技术规范""检验、检测"显然是针对"物"的，适用于对物的核准类许可，与确定申请人条件的资格认可不相关。这一点通过《行政许可法》第 54、55 条的规定也可判定。

12.【答案】ABC

【考点】行政许可的设定

【详解】《行政许可法》第 15 条第 2 款规定："地方性法规和省、自治区、直辖市人民政府规章，不得设定应当由国家统一确定的公民、法人或者其他组织的资格、资质的行政许可；不得设定企业或者其他组织的设立登记及其前置行政许可。其设定的行政许可，不得限制其他地区的个人或者企业到本地区从事生产经营和提供服务，不得限制其他地区的商品进入本地区市场。"故 AB 项当选。《行政许可法》第 14 条第 2 款规定："必要时，国务院可以采用发布决定的方式设定行政许可。实施后，除临时性行政许可事项外，国务院应当及时提请全国人民代表大会及其常务委员会制定法律，或者自行制定行政法规。"可见，国务院可以采用发布决定的方式设定临时性行政许可，而国务院部门无此职权。故 C 项当选。《行政许可法》第 21 条规定："省、自治区、直辖市人民政府对行政法规设定的有关经济事务的行政许可，根据本行政区域经济和社会发展情况，认为通过本法第十三条所列方式能够解决的，报国务院批准后，可以在本行政区域内停止实施该行政许可。"故 D 项不当选。

13.【答案】ABC

【考点】行政许可权和行政处罚权的统一行使

【详解】《行政处罚法》第 18 条规定："国家在城市管理、市场监管、生态环境、文化市场、交通运输、应急管理、农业等领域推行建立综合行政执法制度，相对集中行政处罚权。国务院或者省、自治区、直辖市人民政府可以决定一个行政机关行使有关行政机关的行政处罚权。限制人身自由的行政处罚权只能由公安机关和法律规定的其他机关行使。"故 AC 项

正确。《行政许可法》第25条规定："经国务院批准，省、自治区、直辖市人民政府根据精简、统一、效能的原则，可以决定一个行政机关行使有关行政机关的行政许可权。"故B项正确。这里没有作出例外规定，D项错误。

14.【答案】ABD
【考点】行政处罚性质判断
【详解】《行政处罚法》第9条规定："行政处罚的种类：（一）警告、通报批评；（二）罚款、没收违法所得、没收非法财物；（三）暂扣许可证件、降低资质等级、吊销许可证件；（四）限制开展生产经营活动、责令停产停业、责令关闭、限制从业；（五）行政拘留；（六）法律、行政法规规定的其他行政处罚。"《行政处罚法》第28条第1款规定："行政机关实施行政处罚时，应当责令当事人改正或者限期改正违法行为。"故只有C项属于行政处罚。BD项属于强制措施。《行政强制法》第9条规定："行政强制措施的种类：（一）限制公民人身自由；（二）查封场所、设施或者财物；（三）扣押财物；（四）冻结存款、汇款；（五）其他行政强制措施。"A项属于行政强制措施。

15.【答案】AC
【考点】行政强制措施的程序
【详解】《行政强制法》第24条第1款规定："行政机关决定实施查封、扣押的，应当履行本法第十八条规定的程序，制作并当场交付查封、扣押决定书和清单。"故A项正确。法律对行政强制措施未规定听证程序。故B项错误。根据《行政强制法》第26条第1款规定，对查封、扣押的场所、设施或者财物，行政机关应当妥善保管，不得使用或者损毁；造成损失的，应当承担赔偿责任。故C项正确。根据《行政强制法》第8条第1款规定，公民、法人或者其他组织对行政机关实施行政强制，享有陈述权、申辩权；有权依法申请行政复议或者提起行政诉讼；因行政机关违法实施行政强制受到损害的，有权依法要求赔偿。《行政诉讼法》第12条第1款第2项也规定，对限制人身自由或者对财产的查封、扣押、冻结等行政强制措施和行政强制执行不服的，属于行政诉讼的受案范围。故D项错误。

16.【答案】BCD
【考点】行政诉讼受案范围
【详解】《行政诉讼法》第12条规定："人民法院受理公民、法人或者其他组织提起的下列诉讼：……（十一）认为行政机关不依法履行、未按照约定履行或者违法变更、解除政府特许经营协议、土地房屋征收补偿协议等协议的；……"故A项不当选。《行政诉讼法》第13条规定："人民法院不受理公民、法人或者其他组织对下列事项提起的诉讼：……（三）行政机关对行政机关工作人员的奖惩、任免等决定；……"

故B项当选。《行政诉讼法》第2条规定："公民、法人或者其他组织认为行政机关和行政机关工作人员的行政行为侵犯其合法权益，有权依照本法向人民法院提起诉讼。前款所称行政行为，包括法律、法规、规章授权的组织作出的行政行为。"行政诉讼属于"民告官"的案件，而C项属于"官告民"，目前中国不存在这类行政诉讼。故C项当选。《行政诉讼法》第13条规定："人民法院不受理公民、法人或者其他组织对下列事项提起的诉讼：……（二）行政法规、规章或者行政机关制定、发布的具有普遍约束力的决定、命令；……"D项属于抽象行政行为，不能直接提起行政诉讼。故D当选。

17.【答案】AC
【考点】行政诉讼简易程序
【详解】《行政诉讼法》第83条规定："适用简易程序审理的行政案件，由审判员一人独任审理，并应当在立案之日起四十五日内审结。"故A项正确，B项错误。《行政诉讼法》第84条规定："人民法院在审理过程中，发现案件不宜适用简易程序的，裁定转为普通程序。"故C项正确。《行政诉讼法》第85条规定："当事人不服人民法院第一审判决的，有权在判决书送达之日起十五日内向上一级人民法院提起上诉。当事人不服人民法院第一审裁定的，有权在裁定书送达之日起十日内向上一级人民法院提起上诉。"简易程序适用于第一审行政案件，对其判决不服，可以提出上诉。故D项错误。

18.【答案】AB
【考点】行政附带民事诉讼
【详解】根据《行诉法解释》第137条规定："公民、法人或者其他组织请求一并审理行政诉讼法第六十一条规定的相关民事争议，应当在第一审开庭审理前提出；有正当理由的，也可以在法庭调查中提出。"《行诉法解释》第139条第2款规定："对不予准许的决定可以申请复议一次。"故AB项正确。根据《行诉法解释》第140条规定："人民法院在行政诉讼中一并审理相关民事争议的，民事争议应当单独立案，由同一审判组织审理。人民法院审理行政机关对民事争议所作裁决的案件，一并审理民事争议的，不另行立案。"本案属于行政机关对民事争议所作裁决的案件，因此不单独立案，由同一审判组织审理。故CD项错误。

19.【答案】ABC
【考点】行政复议程序
【详解】《行政复议法》第17条规定，申请人、第三人可以委托1至2名律师、基层法律服务工作者或者其他代理人代为参加行政复议。申请人、第三人委托代理人的，应当向行政复议机构提交授权委托书、委托人及被委托人的身份证明文件。授权委托书应当载明委托事项、权限和期限。申请人、第三人变更或者解除代理人权限的，应当书面告知行政复议机构。A项正确。《行政复议法实施条例》第32条规定，行政复议机构审理行政复议案件，应当由2名以上行政复议人员参加。B项正确。《行政复议法实施条例》第35条规定，行政复议机关应当为申请人、第三人查阅有关材料提供必要条件。C项正确。《行政复议法实施条例》第47条规定："具体行政行为有下列情形之一，行政复议机关可以决定变更：（一）认定事实清楚，证据确凿，程序合法，但是明显不当或者适用依据错误的；（二）认定事实不清，证据不足，但是经行政复议机关审理查明事实清楚，证据确凿的。"故D项错误。

20.【答案】ABCD

【考点】行政复议机关不作为

【详解】《行政复议法实施条例》第64条规定："行政复议机关或者行政复议机构不履行行政复议法和本条例规定的行政复议职责，经有权监督的行政机关督促仍不改正的，对直接负责的主管人员和其他直接责任人员依法给予警告、记过、记大过的处分；造成严重后果的，依法给予降级、撤职、开除的处分。"故AB项正确。《行政诉讼法》第26条第3款规定，复议机关在法定期限内未作出复议决定，公民、法人或者其他组织起诉原行政行为的，作出原行政行为的行政机关是被告；起诉复议机关不作为的，复议机关是被告。故CD项正确。

21.【答案】AC

【考点】行政复议的被告与管辖

【详解】《行政诉讼法》第26条第2款规定："经复议的案件，复议机关决定维持原行政行为的，作出原行政行为的行政机关和复议机关是共同被告；复议机关改变原行政行为的，复议机关是被告。"《行诉法解释》第22条第1款规定，《行政诉讼法》第26条第2款规定的"复议机关改变原行政行为"，是指复议机关改变原行政行为的处理结果。本案中复议机关仅改变了处理依据，并未改变处理结果，仍属于维持原行政行为，因此市工商局和省工商局应作为共同被告。A项正确，B项错误。《行政诉讼法》第18条第1款规定，行政案件由最初作出行政行为的行政机关所在地人民法院管辖。经复议的案件，也可以由复议机关所在地人民法院管辖。因此市工商局所在地法院和省工商局所在地法院均有管辖权，C项正确，D项错误。

22.【答案】ACD

【考点】行政法规的解释

【详解】《行政法规制定程序条例》第31条规定："行政法规有下列情形之一的，由国务院解释：（一）行政法规的规定需要进一步明确具体含义的；（二）行政法规制定后出现新的情况，需要明确适用行政法规依据的。国务院法制机构研究拟订行政法规解释草案，报国务院同意后，由国务院公布或者由国务院授权国务院有关部门公布。行政法规的解释与行政法规具有同等效力。"故ACD项正确。解释行政法规适用单独的程序，与制定程序不同。《行政法规制定程序条例》第32条规定："国务院各部门和省、自治区、直辖市人民政府可以向国务院提出行政法规解释要求。"《行政法规制定程序条例》第33条规定："对属于行政工作中具体应用行政法规的问题，省、自治区、直辖市人民政府法制机构以及国务院有关部门法制机构请求国务院法制机构解释的，国务院法制机构可以研究答复；其中涉及重大问题的，由国务院法制机构提出意见，报国务院同意后答复。"故B项错误。

2017年

1.【答案】D

【考点】国务院行政机构设置和编制管理

【详解】《国务院行政机构设置和编制管理条例》第11条规定："国务院议事协调机构的设立、撤销或者合并，由国务院机构编制管理机关提出方案，报国务院决定。"故A项错误。《国务院行政机构设置和编制管理条例》第14条第1款规定："国务院行政机构的司级内设机构的增设、撤销或者合并，经国务院机构编制管理机关审核方案，报国务院批准。"故B项错误。《国务院行政机构设置和编制管理条例》第20条规定："国务院议事协调机构不单独确定编制，所需要的编制由承担具体工作的国务院行政机构解决。"故C项错误。《国务院行政机构设置和编制管理条例》第18条第1款规定："国务院行政机构的编制在国务院行政机构设立时确定。"D项正确。

2.【答案】B

【考点】公务员警告处分制度

【详解】《行政机关公务员处分条例》第39条第1款第6项规定，任免机关应当将处分决定以书面形式通知受处分的公务员本人。因此不得以口头方式通知，故A项错误。《行政机关公务员处分条例》第46条规定："处分决定、解除处分决定自作出之日起生效。"故而B项正确。提醒考生注意，根据《公务员法》，处分自动解除，不需要专门作出解除处分决定。《行政机关公务员处分条例》第7条规定："行政机关公务员受处分的期间为：（一）警告，6个月；（二）记过，12个月；（三）记大过，18个月；（四）降级、撤职，24个月。"警告处分期间应为6个月。故C项错误。《行政机关公务员处分条例》第8条规定，行政机关公务员在受处分期间不得晋升职务和级别，其中受记过、记大过、降级、撤职处分的，不得晋升工资档次。而在警告处分期间是可以晋升工资档次的，故D项错误。

3.【答案】C

【考点】行政法规的立项

【详解】《行政法规制定程序条例》第8条第1款规定："国务院有关部门认为需要制定行政法规的，应当于国务院编制年度立法工作计划前，向国务院报请立项。"A项应该是国务院有关部门而非省政府，故A项错误。《行政法规制定程序条例》第9条第1款规定："国务院法制机构应当根据国家总体工作部署，对行政法规立项申请和公开征集的行政法规制定项目建议进行评估论证，突出重点，统筹兼顾，拟订国务院年度立法工作计划，报党中央、国务院批准后向社会公布。"应根据国家总体工作部署进行汇总研究，而不是根据有关部门报送的立项申请汇总研究；是拟订而非确认年度立法工作计划，还须报党中央、国务院审批。故B项错误。《行政法规制定程序条例》第9条第2款规定："列入国务院年度立法工作计划的行政法规项目应当符合下列要求：（一）贯彻落实党的路线方针政策和决策部署，适应改革、发展、稳定的需要；……"C项正确。《行政法规制定程序条例》第10条第3款规定："国务院年度立法工作计划在执行中可以根据实际情况予以调整。"从实际工作角度看，常常是"计划赶不上变化"，也应当容许根据实际情况予以调整，故D项错误。

4.【答案】C

【考点】具体行政行为的识别

【详解】具体行政行为是行政法学上源自法国的一个最基本的理论概念，指行政主体针对特定行政相对人实施的一次性发生法律效力、影响相对人行政法上权利、义务得丧变更的行政决定。（1）挂横幅的提示是公安交管局针对所有潜在不特定车辆及其驾驶员的警示行为，具有抽象行政行为的色彩；（2）挂横幅的提示属于在行使职权过程中作出不以设定、变更或消灭行政法律关系为直接目的的行政事实行为而非有文号载体的、作为的具体行政行为；（3）就其"谨慎驾驶"提示、示范、指引的作用功能而言，还带有行政指导的性质。故A项表述的行为不具有行政法上具体行政行为的法律属性，所以不当选。县公安局依照《刑事诉讼法》的规定对李某进行刑事拘留是公安机关作出的刑事司法行为，不是具体行政行为，故B项错误。区政府对王某房屋的征收决定属于具体行政行为中的行政征收行为，故C项正确。经公安派出所调解达成的协议并非基于派出所单方面行使权力而对当事人的权利、义务产生直接影响，而只是一种规劝、示范、引导，是否接受并达成一致完全取决于打架斗殴双方当事人处分、让渡权利，因此行政调解不属于具体行政行为的范畴，故D项错误。

5.【答案】B

【考点】行政许可的申请

【详解】《行政许可法》第29条第2、3款规定："申请人可以委托代理人提出行政许可申请。但是，依法应当由申请人到行政机关办公场所提出行政许可申请的除外。行政许可申请可以通过信函、电报、电传、传真、电子数据交换和电子邮件等方式提出。"因此公司可以不到办公场所申请，故A项错误。《行政许可法》第31条第1款规定，申请人申请行政许可，应当如实向行政机关提交有关材料和反映真实情况，并对其申请材料实质内容的真实性负责。故B项正确。《行政许可法》第32条第1款第4项规定，申请材料不齐全或者不符合法定形式的，应当当场或者在5日内一次告知申请人需要补正的全部内容。市规划局应告知补正而非作出不予受理决定，故C项错误。《行政许可法》第58条第2款："行政机关提供行政许可申请书格式文本，不得收费。"故D项错误。

6.【答案】A

【考点】行政强制措施中扣押的实施程序

【详解】《行政强制法》第26条第3款规定："因查封、扣押发生的保管费用由行政机关承担。"故A项错误。《行政强制法》第18条规定："行政机关实施行政强制措施应当遵守下列规定：……（七）制作现场笔录；……"B项正确。《行政强制法》第24条第1款规定："行政机关决定实施查封、扣押的，应当履行本法第十八条规定的程序，制作并当场交付查封、扣押决定书和清单。"C项正确。《行政强制法》第23条规定，查封、扣押限于涉案的场所、设施或者财物，不得查封、扣押与违法行为无关的场所、设施或者财物。D项正确。

7.【答案】D

【考点】行政诉讼受案范围

【详解】根据《行诉法解释》第1条第2款第2项，调解行为以及法律规定的仲裁行为不属于行政诉讼受案范围，A项应属于民事诉讼，故错误。《行政诉讼法》第13条规定："人民法院不受理公民、法人或者其他组织对下列事项提起的诉讼：……（四）法律规定由行政机关最终裁决的行政行为。"《出境入境管理法》第64条第1款规定："外国人对依照本法规定对其实施的继续盘问、拘留审查、限制活动范围、遣送出境措施不服的，可以依法申请行政复议，该行政复议决定为最终决定。"可见，外国人对出入境边检机关实施遣送出境措施的复议决定不服的，不得再提起行政诉讼，故B项错误。《行政诉讼法》第13条规定："人民法院不受理公民、法人或者其他组织对下列事项提起的诉讼：……（三）行政机关对行政机关工作人员的奖惩、任免等决定；……"定期考核评为不称职属于内部管理行为，不属于行政诉讼受案范围，故C项错误。《行政诉讼法》第12条规定："人民法院受理公民、法人或者其他组织提起的下列诉讼：……（十一）认为行政机关不依法履行、未按照约定履行或者违法变更、解除政府特许经营协议、土地房屋征收补偿协议等协议的；……"行政协议属于行政诉讼受案范围，D 项正确。

8.【答案】A

【考点】 人身自由赔偿程序

【详解】《国家赔偿法》第 21 条第 3 款规定："对公民采取逮捕措施后决定撤销案件、不起诉或者判决宣告无罪的，作出逮捕决定的机关为赔偿义务机关。"朱某经市检察院批准被逮捕，市检察院为赔偿义务机关，A 项正确。《国家赔偿法》第 12 条第 2 款规定："赔偿请求人书写申请书确有困难的，可以委托他人代书；也可以口头申请，由赔偿义务机关记入笔录。"朱某可以口头申请，故 B 项错误。《国家赔偿法》第 35 条规定："有本法第三条或者第十七条规定情形之一，致人精神损害的，应当在侵权行为影响的范围内，为受害人消除影响，恢复名誉，赔礼道歉；造成严重后果的，应当支付相应的精神损害抚慰金。"第 3 条或者第 17 条规定了人身权受侵害的情形，所以计算精神抚慰金不仅要考虑限制人身自由的时间长短，还要考虑人身权是否受侵害、侵害程度引起的焦虑、痛苦以及社会影响评价的降低等来认定是否造成严重后果，故 C 项错误。《国家赔偿法》第 33 条规定："侵犯公民人身自由的，每日赔偿金按照国家上年度职工日平均工资计算。"《刑事赔偿案件解释》第 21 条第 1 款规定："国家赔偿法第三十三条、第三十四条规定的上年度，是指赔偿义务机关作出赔偿决定时的上一年度；复议机关或者人民法院赔偿委员会改变原赔偿决定，按照新作出决定时的上一年度国家职工平均工资标准计算人身自由赔偿金。"2016 年 3 月 15 日，朱某申请国家赔偿，赔偿义务机关市检察院应当在 2 个月的法定期限内作出赔偿决定。因此，赔偿义务机关作出赔偿决定的上一年度为 2015 年，故 D 项错误。

9.【答案】BC

【考点】 聘任制公务人员范围

【详解】《公务员法》第 100 条规定："机关根据工作需要，经省级以上公务员主管部门批准，可以对专业性较强的职位和辅助性职位实行聘任制。前款所列职位涉及国家秘密的，不实行聘任制。"所以 BC 项正确。

10.【答案】BC

【考点】 规章制定程序

【详解】 A 项错误。《规章制定程序条例》第 15 条第 3 款规定，起草规章可以邀请有关专家、组织参加，也可以委托有关专家、组织起草。B 项正确。《规章制定程序条例》第 16 条第 2 款第 3 项规定，听证会应当制作笔录，如实记录发言人的主要观点和理由。C 项正确。《规章制定程序条例》第 15 条规定，起草规章，应当深入调查研究，总结实践经验，广泛听取有关机关、组织和公民的意见。D 项错误。《规

章制定程序条例》第 20 条规定："规章送审稿有下列情形之一的，法制机构可以缓办或者退回起草单位：（一）制定规章的基本条件尚不成熟或者发生重大变化的；……"所以不是必须退回起草单位，还可以缓办。

11.【答案】ABCD

【考点】 行政许可注销条件

【详解】《行政许可法》第 70 条规定："有下列情形之一的，行政机关应当依法办理有关行政许可的注销手续：（一）行政许可有效期届满未延续的；（二）赋予公民特定资格的行政许可，该公民死亡或者丧失行为能力的；（三）法人或者其他组织依法终止的；（四）行政许可依法被撤销、撤回，或者行政许可证件依法被吊销的；（五）因不可抗力导致行政许可事项无法实施的；（六）法律、法规规定的应当注销行政许可的其他情形。"A 项符合第 1 项，BC 项符合第 4 项，D 项符合第 2 项，所以 ABCD 项均正确。

12.【答案】AC

【考点】 派出所的处罚权；被告的确定

【详解】《治安管理处罚法》第 91 条规定，治安管理处罚由县级以上人民政府公安机关决定；其中警告、500 元以下的罚款可以由公安派出所决定。A 项正确。《行政处罚法》第 51 条规定，违法事实确凿并有法定依据，对公民处 200 元以下、对法人或者其他组织处 3000 元以下罚款或者警告的行政处罚的，可以当场作出行政处罚决定。法律另有规定的，从其规定。B 项错误。《治安管理处罚法》第 97 条规定："公安机关应当向被处罚人宣告治安管理处罚决定书，并当场交付被处罚人；无法当场向被处罚人宣告的，应当在二日内送达被处罚人。决定给予行政拘留处罚的，应当及时通知被处罚人的家属。有被侵害人的，公安机关应当将决定书副本抄送被侵害人。"本案的被侵害人是张某，所以 C 项正确。根据前述《治安管理处罚法》第 91 条，派出所对该行政处罚具有法定权限，所以应当以该派出所为被告。故 D 项错误。

13.【答案】BCD

【考点】 行政强制执行的设定权

【详解】《行政强制法》第 13 条规定："行政强制执行由法律设定。法律没有规定行政机关强制执行的，作出行政决定的行政机关应当申请人民法院强制执行。"根据上述对行政强制执行方式的设定，行政强制执行属于法律绝对保留事项，除法律之外的其他规范性文件均不得设定，所以 BCD 项无权设定。注意行政强制措施称"种类"，行政强制执行称"方式"。

14.【答案】AC

【考点】 即时代履行程序；执行协议

【详解】 A 项正确。《行政强制法》第 52 条规定："需要立即清除道路、河道、航道或者公共场所

的遗洒物、障碍物或者污染物，当事人不能清除的，行政机关可以决定立即实施代履行；当事人不在场的，行政机关应当在事后立即通知当事人，并依法作出处理。"B项错误。根据《行政诉讼法》第56条第1款规定："诉讼期间，不停止行政行为的执行。但有下列情形之一的，裁定停止执行：（一）被告认为需要停止执行的；（二）原告或者利害关系人申请停止执行，人民法院认为该行政行为的执行会造成难以弥补的损失，并且停止执行不损害国家利益、社会公共利益的；（三）人民法院认为该行政行为的执行会给国家利益、社会公共利益造成重大损害的；（四）法律、法规规定停止执行的。"本项中并没有出现例外情况，所以并不停止执行行政行为。依据行政法公理，行政行为具有确定力、拘束力、执行力，一般情况下相对人提起行政诉讼、申请行政复议并不停止执行行政行为。C项正确，《行政强制法》第43条第1款规定："行政机关不得在夜间或者法定节假日实施行政强制执行。但是，情况紧急的除外。"本题中的"紧急防汛期"当属但书的除外情形，应当可以实施强制执行。D项错误。《行政强制法》第42条第1款规定："实施行政强制执行，行政机关可以在不损害公共利益和他人合法权益的情况下，与当事人达成执行协议。执行协议可以约定分阶段履行；当事人采取补救措施的，可以减免加处的罚款或者滞纳金。"但题干中明确说明"在紧急防汛期""需要立即清除该建筑物""林某无法清除"，可见，通过与林某签订执行协议分阶段清除的方式，显然与本题所述紧急情形不相适应，在防汛形势紧迫，且林某无法自行清除的情况下，防汛指挥机构应立即组织拆除。

15.【答案】BCD

【考点】具体行政行为中的听证制度

【详解】A项中的扣押行为属于行政强制措施，不属于行政处罚，行政强制措施不适用听证制度。故A项错误。《行政处罚法》第63条第1款规定："行政机关拟作出下列行政处罚决定，应当告知当事人有要求听证的权利，当事人要求听证的，行政机关应当组织听证：（一）较大数额罚款……（四）责令停产停业、责令关闭、限制从业；（五）其他较重的行政处罚……"BC项正确。《治安管理处罚法》第98条规定："公安机关作出吊销许可证以及处二千元以上罚款的治安管理处罚决定前，应当告知违反治安管理行为人有权要求举行听证；违反治安管理行为人要求听证的，公安机关应当及时依法举行听证。"D项正确。

16.【答案】ACD

【考点】行政复议程序

【详解】A项正确。《行政复议法实施条例》第37条规定，行政复议期间涉及专门事项需要鉴定的，当事人可以自行委托鉴定机构进行鉴定，也可以申请行政复议机构委托鉴定机构进行鉴定。B项错误。

《行政复议法实施条例》第33条规定，对重大复杂的案件，申请人提出要求或者行政复议机构认为必要时，可以采取听证的方式审理。是"可以"而不是"应当"。C项正确。《行政复议法实施条例》第38条第1款规定："申请人在行政复议决定作出前自愿撤回行政复议申请的，经行政复议机构同意，可以撤回。"D项正确。《行政复议法实施条例》第34条第2款规定，调查取证时，行政复议人员不得少于2人，并应当向当事人或者有关人员出示证件。

17.【答案】ABC

【考点】行政复议程序；复议前置

【详解】A项正确。《行政复议法》第24条第1款规定："县级以上地方各级人民政府管辖下列行政复议案件：（一）对本级人民政府工作部门作出的行政行为不服的；（二）对下一级人民政府作出的行政行为不服的；（三）对本级人民政府依法设立的派出机关作出的行政行为不服的；（四）对本级人民政府或者其工作部门管理的法律、法规、规章授权的组织作出的行政行为不服的。"食品药品监督管理局不属于垂直领导体制的机关。B项正确。《行政复议法》第17条第1款规定："申请人、第三人可以委托一至二名律师、基层法律服务工作者或者其他代理人代为参加行政复议。"C项正确。《行政复议法实施条例》第22条规定："申请人提出行政复议申请时错列被申请人的，行政复议机构应当告知申请人变更被申请人。"行政复议机构有告知、释明义务。D项错误。本项属于复议选择式，因为调整食品药品监督管理的单行法律、法规没有对复议前置作出专门规定的，当事人既可以申请行政复议，也可以提起行政诉讼。

18.【答案】ABD

【考点】人民法院民事；行政诉讼司法赔偿

【详解】A项正确。《最高人民法院关于审理民事、行政诉讼中司法赔偿案件适用法律若干问题的解释》第2条规定："违法采取对妨害诉讼的强制措施，包括以下情形：（一）对没有实施妨害诉讼行为的人采取罚款或者拘留措施的；（二）超过法律规定金额采取罚款措施的；（三）超过法律规定期限采取拘留措施的；（四）对同一妨害诉讼的行为重复采取罚款、拘留措施的；（五）其他违法情形。"A属于第4项，这也符合法理上"一事不二罚"的规则。B项正确。该司法解释第5条规定："对判决、裁定及其他生效法律文书执行错误，包括以下情形：（一）执行未生效法律文书的；（二）超出生效法律文书确定的数额和范围执行的；（三）对已经发现的被执行人的财产，故意拖延执行或者不执行，导致被执行财产流失的；（四）应当恢复执行而不恢复，导致被执行财产流失的；（五）违法执行案外人财产的；（六）违法将案件执行款物执行给其他当事人或者案外人的；（七）违法对抵押物、质物或者留置物采取执行措施，致使抵押权人、质权人或者留置权人的优先受偿权无法实现的；（八）对执行中查封、扣押、冻结的财产不履行监管职责，造成财产毁损、灭失的；（九）对季节性商品或者鲜活、易腐烂变质以及其他不宜长期保存的物品采取执行措施，未及时处理或者违法处理，造成物品毁损或者严重贬值的；（十）对执行财产应当拍卖而未依法拍卖的，或者应当由资产评估机构评估而未依法评估，违法变卖或者以物抵债的；（十一）其他错误情形。"B 符合第 1 项。C 项错误。该司法解释第 9 条规定："受害人对损害结果的发生或者扩大也有过错的，应当根据其过错对损害结果的发生或者扩大所起的作用等因素，依法减轻国家赔偿责任。"受害人对损害结果的发生也有过错的，国家应当在相应的范围内减轻责任，而不是不承担赔偿责任。D 项正确。该司法解释第 7 条规定："具有下列情形之一的，国家不承担赔偿责任：（一）属于民事诉讼法第一百零五条、第一百零七条第二款和第二百三十三条规定情形的；（二）申请执行人提供执行标的物错误的，但人民法院明知该标的物错误仍予以执行的除外；（三）人民法院依法指定的保管人对查封、扣押、冻结的财产违法动用、隐匿、毁损、转移或者变卖的；（四）人民法院工作人员与行使职权无关的个人行为的；（五）因不可抗力、正当防卫和紧急避险造成损害后果的；（六）依法不应由国家承担赔偿责任的其他情形。"D 符合第 5 项。正当防卫具有合法性，即便属于防卫过当致害最多引起的是补偿责任，也非赔偿责任。

19.【答案】ACD（原答案为 AD）

【考点】政府信息公开申请

【详解】《政府信息公开条例》第 29 条第 1 款规定，公民、法人或者其他组织申请获取政府信息的，应当向行政机关的政府信息公开工作机构提出，并采用包括信件、数据电文在内的书面形式；采用书面形式确有困难的，申请人可以口头提出，由受理该申请的政府信息公开工作机构代为填写政府信息公开申请。据此，可以采用数据电文形式提出公开申请。A 项正确。2008 年《政府信息公开条例》第 13 条规定，除本条例第 9 条、第 10 条、第 11 条、第 12 条规定的行政机关主动公开的政府信息外，公民、法人或者其他组织还可以根据自身生产、生活、科研等特殊需要，向国务院部门、地方各级人民政府及县级以上地方人民政府部门申请获取相关政府信息。2019年修订后的《政府信息公开条例》删去原条例第 13条申请获取相关政府信息需"根据自身生产、生活、科研等特殊需要"的"三需要"条件，据此，《政府信息公开条例》对依申请公开的申请人的范围不再加以限制，故环保联合会具有申请信息公开的资格。B 项错误。根据 2008 年《政府信息公开条例》第 25条第 1 款规定，公民、法人或者其他组织向行政机关

申请提供与其自身相关的税费缴纳、社会保障、医疗卫生等政府信息的，应当出示有效身份证件或者证明文件。本案环保联合会申请公开的政府信息与其自身不相关，故县环保局无权要求其提供申请人身份的证明材料。故根据旧条例 C 项错误。2019 年《政府信息公开条例》第 29 条第 2 款规定，政府信息公开申请应当包括下列内容：（1）申请人的姓名或者名称、身份证明、联系方式；（2）申请公开的政府信息的名称、文号或者便于行政机关查询的其他特征性描述；（3）申请公开的政府信息的形式要求，包括获取信息的方式、途径。本案中，环保联合会在提出申请时未提交申请人身份的证明材料，故县环保局有权要求其提供，故 C 项正确。《政府信息公开条例》第30 条规定，政府信息公开申请内容不明确的，行政机关应当给予指导和释明，并自收到申请之日起 7 个工作日内一次性告知申请人作出补正，说明需要补正的事项和合理的补正期限。答复期限自行政机关收到补正的申请之日起计算。申请人无正当理由逾期不补正的，视为放弃申请，行政机关不再处理该政府信息公开申请。据此，D 项正确。

20.【答案】BC

【考点】行政诉讼的立案；管辖和起诉期限

【详解】应以被告县环保局所在地确定管辖法院。故 A 项错误。《行政诉讼法》第 46 条第 1 款规定："公民、法人或者其他组织直接向人民法院提起诉讼的，应当自知道或者应当知道作出行政行为之日起六个月内提出。法律另有规定的除外。"故 B 项正确。《行政诉讼法》第 51 条第 1、2 款规定："人民法院在接到起诉状时对符合本法规定的起诉条件的，应当登记立案。对当场不能判定是否符合本法规定的起诉条件的，应当接收起诉状，出具注明收到日期的书面凭证，并在七日内决定是否立案。不符合起诉条件的，作出不予立案的裁定。裁定书应当载明不予立案的理由。原告对裁定不服的，可以提起上诉。"《行诉法解释》第 53 条第 2 款规定："对当事人依法提起的诉讼，人民法院应当根据行政诉讼法第五十一条的规定，一律接收起诉状。能够判断符合起诉条件的，应当当场登记立案；当场不能判断是否符合起诉条件的，应当在接收起诉状后七日内决定是否立案；七日内仍不能作出判断的，应当先予立案。"所以 C项正确；D 项 7 日内仍不能作出判断的，应当先予立案，故错误。

21.【答案】ABC

【考点】行政诉讼程序；负责人出庭；举证责任

【详解】《行政诉讼法》第 82 条规定："人民法院审理下列第一审行政案件，认为事实清楚、权利义务关系明确、争议不大的，可以适用简易程序：（一）被诉行政行为是依法当场作出的；（二）案件涉及款额二千元以下的；（三）属于政府信息公开案

件的。除前款规定以外的第一审行政案件，当事人各方同意适用简易程序的，可以适用简易程序。发回重审、按照审判监督程序再审的案件不适用简易程序。"故 A 项正确。《行诉法解释》第 128 条规定，行政机关负责人出庭应诉的，可以另行委托 1 至 2 名诉讼代理人。故 B 项正确。《行政诉讼法》第 34 条第 1 款规定："被告对作出的行政行为负有举证责任，应当提供作出该行政行为的证据和所依据的规范性文件。"《政府信息公开案件规定》第 5 条第 1 款规定："被告拒绝向原告提供政府信息的，应当对拒绝的根据以及履行法定告知和说明理由义务的情况举证。"故 C 项正确。《政府信息公开案件规定》第 5 条第 6 款规定："被告以政府信息与申请人自身生产、生活、科研等特殊需要无关为由不予提供的，人民法院可以要求原告对特殊需要事由作出说明。"本案中，被告县环保局是以申请公开的内容不明确为由拒绝公开，而非以政府信息与申请人自身生产、生活、科研等特殊需要无关为由不予公开，所以环保联合会无须对其所申请的信息与其自身生产、生活、科研等需要的相关性进行举证。此外，此处"进行举证"的说法也有误，应是"进行说明"；"应要求"的说法错误，应是"可以要求"。提醒考生注意，2019 年修订后的《政府信息公开条例》删去原条例第 13 条申请获取相关政府信息需"根据自身生产、生活、科研等特殊需要"的"三需要"条件，即对依申请公开的申请人的范围不再加以限制。考生掌握最新考点即可。综上，D 项错误。

22. 【答案】CD

【考点】管辖；二审程序；二审判决

【详解】《行政诉讼法》第 15 条规定："中级人民法院管辖下列第一审行政案件：（一）对国务院部门或者县级以上地方人民政府所作的行政行为提起诉讼的案件；（二）海关处理的案件；（三）本辖区内重大、复杂的案件；（四）其他法律规定由中级人民法院管辖的案件。"本案被告为县政府，一审应当由市中级人民法院管辖。A 项错误。《行政诉讼法》第 86 条规定："人民法院对上诉案件，应当组成合议庭，开庭审理。经过阅卷、调查和询问当事人，对没有提出新的事实、证据或者理由，合议庭认为不需要开庭审理的，也可以不开庭审理。"故本案如果没有新的事实、证据或者理由，合议庭认为不需要开庭审理的，也可以不开庭审理。B 项错误。《行政诉讼法》第 87 条规定："人民法院审理上诉案件，应当对原审人民法院的判决、裁定和被诉行政行为进行全面审查。"本案二审法院应当对一审法院的判决和被诉行政行为进行全面审查。所以 C 项正确。《行诉法解释》第 109 条第 4 款规定："原审判决遗漏行政赔偿请求，第二审人民法院经审查认为依法不应当予以赔偿的，应当判决驳回行政赔偿请求。"故 D 项正确。

2018 年

1. 【答案】D

【考点】引咎辞职制度

【详解】在实践中，追究公务员刑事责任前往往要求其辞职，但辞职并非追究刑事责任的前置程序，故 A 项错误。引咎辞职辞去的是领导职务，不影响其公务员身份，故 B 项错误。处分不包括引咎辞职，故 C 项错误。根据《关于实行党政领导干部问责的暂行规定》第 7 条规定，对党政领导干部实行问责的方式分为：责令公开道歉、停职检查、引咎辞职、责令辞职、免职。故 D 项正确。

2. 【答案】D

【考点】行政机关

【详解】海关总署为国务院下属的正部级直属机构，属于行政机关，统一管理全国海关。海关是国家进出境监督管理机关，实行垂直领导体制，基本任务是出入境监管、征税、打私、统计，对外承担税收征管、通关监管、保税监管、进出口统计、海关稽查、知识产权海关保护、打击走私、口岸管理等主要职责。A 项错误。海关总署是国务院直属机构主管专门业务。B 项错误。海关总署发布公告，提醒消费者谨慎从境外直邮等方式购买奶粉，该行为并没有处分性，客观上并不能对广大消费者的权利义务作出有制力的安排，消费者对是否通过直邮购买外国奶粉具有自主决定的权利。因此，海关总署发布公告行为不是具体行政行为，属于行政指导，是事实行为的一种。C 项错误。D 项正确。

3. 【答案】D

【考点】无效的行政行为

【详解】《行政诉讼法》第 75 条规定："行政行为有实施主体不具有行政主体资格或者没有依据等重大且明显违法情形，原告申请确认行政行为无效的，人民法院判决确认无效。"《行诉法解释》第 99 条规定："有下列情形之一的，属于行政诉讼法第 75 条规定的'重大且明显违法'：（一）行政行为实施主体不具有行政主体资格；（二）减损权利或者增加义务的行政行为没有法律规范依据；（三）行政行为的内容客观上不可能实施；（四）其他重大且明显违法的情形。"可见，ABC 项正确。《行诉法解释》第 162 条规定："公民、法人或者其他组织对 2015 年 5 月 1 日之前作出的行政行为提起诉讼，请求确认行政行为无效的，人民法院不予立案。"D 项错误。

4. 【答案】ABD

【考点】法律文件的公开

【详解】《行政法规制定程序条例》第 28 条规定，行政法规签署公布后，及时在国务院公报和中国政府法制信息网以及在全国范围内发行的报纸上刊载。国务院法制机构应当及时汇编出版行政法规的国家正式版本。在国务院公报上刊登的行政法规文本为标准文本。故 ABD 项正确。

5.【答案】A

【考点】规章设定权

【详解】省级政府规章可以设定实施期限不超过1年的临时性行政许可。A 项正确。规章既不可以设定行政强制措施，也不得设定行政强制执行。因为不管是行政强制措施，还是行政强制执行，均属于行政强制，是依靠国家强制力为后盾实现权利义务安排的行为，对行政相对人损益很大，所以立法层级比较低的规章就没有权力设定行政强制措施和行政强制执行了。BC 项错误。规章可以设定警告、通报批评和一定数量的罚款。但不能设定吊销执照的处罚。D 项错误。

6.【答案】AC

【考点】扣押程序

【详解】现场笔录应当遵循法定程序，现场笔录应当是"现场"制作的，不能事后补作。A 项正确。行政强制执行不得在夜间或者法定节假日实施，这是比例原则的体现。扣押属于行政强制措施，不属于行政强制执行。B 项错误。《行政强制法》第 24 条规定，行政机关决定实施查封、扣押的，应当履行本法第 18 条规定的程序，制作并当场交付查封、扣押决定书和清单。查封、扣押决定书应当载明下列事项：（1）当事人的姓名或者名称、地址；（2）查封、扣押的理由、依据和期限；（3）查封、扣押场所、设施或者财物的名称、数量等；（4）申请行政复议或者提起行政诉讼的途径和期限；（5）行政机关的名称、印章和日期。所以，查封、扣押属于要式行政行为，因此，应当书面作出决定，不允许口头。C 项正确。对扣押进行现场摄像，不是《行政强制法》的硬性规定。《国务院办公厅关于全面推行行政执法公示制度执法全过程记录制度重大执法决定法制审核制度的指导意见》规定，直接涉及人身自由、生命健康、重大财产权益的现场执法活动，要推行全程音像记录。D 项错误。

7.【答案】D

【考点】行政强制措施

【详解】《行政处罚法》第 45 条第 2 款规定，行政机关不得因当事人陈述、申辩而给予更重的处罚。县林业局把拟罚款 300 元因李某申辩后调整为 500 元，A 项错误。《森林法》第 76 条规定："盗伐林木的，由县级以上人民政府林业主管部门责令限期在原地或者异地补种盗伐株数一倍以上五倍以下的树木，并处盗伐林木价值五倍以上十倍以下的罚款。滥伐林木的，由县级以上人民政府林业主管部门责令限期在原地或者异地补种滥伐株数一倍以上三倍以下的树木，可以处滥伐林木价值三倍以上五倍以下的罚款。"县林业局责令补种树木的行为，是终局性的行

政决定，而行政强制措施具有临时性、暂时性的特点，所以，责令补种树木的行为性质不属于行政强制措施。B 项错误。当事人逾期不履行行政处罚决定的，作出行政处罚决定的行政机关可以采取下列措施：（1）到期不缴纳罚款的，每日按罚款数额的 3% 加处罚款；（2）根据法律规定，将查封、扣押的财物拍卖或者将冻结的存款划拨抵缴罚款；（3）申请人民法院强制执行。据此可见，当事人逾期不缴纳罚款的，才可以每日加处罚款 3%。C 项李某拒绝履行的是"补种树木"，而不是"罚款 500 元"，所以县林业局不能按日加处 3% 的罚款。C 项错误。根据《行政强制法》第 50 条的规定，责令补种树木这种行政命令行为确定了当事人恢复生态的义务，逾期不履行这种义务会破坏生态环境，经催告后还不履行的，林业行政管理部门可以实施代履行。D 项正确。

8.【答案】CD

【考点】政府信息公开

【详解】本题法院如何判决，取决于被告的《答复》是否合法。如果原告所申请公开的政府信息不存在，被告已经履行法定告知或者说明理由义务的，法院应当判决驳回原告的诉讼请求。如果原告所申请公开的政府信息存在，法院应当撤销城乡规划局作出的答复，并判决被告重新调查、裁量后在一定期限内重新作出答复。A 项错误。2019 年《政府信息公开条例》删除了原申请政府信息公开"三需要"原则，故申请政府信息公开不需要有利害关系，不需要告知行政机关用途。B 项错误。在行政诉讼中，被告对于被诉行政行为的合法性和规范性依据承担举证责任。C 项正确。《最高人民法院关于审理政府信息公开行政案件若干问题的规定》第 5 条第 5 款规定："被告主张政府信息不存在，原告能够提供该政府信息系由被告制作或者保存的相关线索的，可以申请人民法院调取证据。"D 项正确。

9.【答案】D

【考点】行政诉讼受案范围

【详解】行政行为具有外部性，内部行为不可诉。A 项甲因试用期不合格被县环保局取消录用，这证明甲系试用期的公务员，取消录用属于公务员的内部管理行为，不可诉。A 项错误。调解行为以及法律规定的仲裁行为，不属于行政诉讼的受案范围。行政调解不具有处分性，不是行政行为，不可诉。当事人如对调解结果不服，不能对其提起行政诉讼，应当就原有的民事纠纷提起民事诉讼。B 项错误。行政规范性文件即抽象行政行为不可诉。市政府出台的《关于建立房地产市场平稳健康发展城市主体责任制的通知》是针对不特定的对象制定的并且可以反复适用的行政规范性文件。从文件的名称"通知"可以得知该文件属于规章（不含）以下的规范性文件，必须附带提起行政诉讼，不能单独起诉。C 项错误。尽

管《会议纪要》从名称上看像是行政规范性文件（抽象行政行为），但从内容上看，市公安局发布《会议纪要》是针对外部的特定对象（丁公司）、特定事项（防伪印章系统软件的开发建设）作出的单方行政行为。市公安局发布《会议纪要》的行为属于典型的行政机关滥用行政权力排除或者限制竞争的行政行为，戊公司可以基于公平竞争权受到损害向法院提起行政诉讼。D项正确。

10.【答案】BC

【考点】经过复议的案件的行政诉讼的被告；行政诉讼的管辖

【详解】甲市政府改变了甲市公安局的行为依据，但是没有改变甲市公安局原处罚决定的处理结果，属于复议维持，甲市公安局和甲市政府为共同被告。A项错误，B项正确。复议维持的案件，以原机关的身份定级别管辖，甲市公安局不属于国务院部门或者县级以上地方人民政府，身份级别不高，因此由基层人民法院管辖。C项正确，D项错误。

11.【答案】AC

【考点】行政诉讼起诉期限；询问时间；举证责任；申请证人出庭的费用

【详解】对违反治安管理行为人，公安机关传唤后应当及时询问查证，询问查证的时间不得超过8小时；情况复杂，依法规定可能适用行政拘留处罚的，询问查证的时间不得超过24小时。公安机关应当及时将传唤的原因和处所通知被传唤人家属。乙被处以7日拘留，对乙的询问查证时间不得超过24小时。从法理上解释，查证询问是对行政相对人一定程度上的人身自由限制，如果这种人身自由的限制超过24个小时就相当于在实施变相行政拘留了，因此，询问查证时间不得超过24个小时。A项正确。公民、法人或者其他组织直接向法院提起诉讼的，应当自知道或者应当知道作出行政行为之日起6个月内提出。法律另有规定的除外。《治安管理处罚法》并没有对治安管理处罚的起诉期限作出另外规定。因此，对于区公安分局作出的处罚决定起诉期限为6个月。B项错误。在行政诉讼中，第三人出庭往往有利于案件事实的查明，但并不是说第三人出庭是案件事实得以查明的充分且必要条件，案件主要还是由原告和被告推进。因此，第三人经传票传唤无正当理由拒不到庭，或者未经法庭许可中途退庭的，不发生阻止案件审理的效果。C项正确。法院在证人出庭作证前应当告知其如实作证的义务以及作伪证的法律后果。为了避免恶意诉讼和滥诉，证人出庭作证的必要费用由败诉一方当事人承担。区公安分局申请证人出庭作证的，证人支出的交通、住宿、就餐等必要费用由败诉一方当事人承担，而不是由区公安分局承担。D项错误。

12.【答案】CD

【考点】复议机关；复议期限；复议程序

【详解】丙公司不服不予批准的决定申请复议，被申请人是批准机关。因为城市管理委员会不具有行政主体资格，其行为的法律责任由市政府承担。因此，乙市政府为被申请人，甲省政府为复议机关。AB项错误。公民、法人或者其他组织认为行政行为侵犯其合法权益的，可以自知道该行政行为之日起60日内提出行政复议申请；但是法律规定的申请期限超过60日的除外。据此可见，申请行政复议期限为60日。C项正确。复议机关在复议程序中收集的证据可以用来证明原机关行为的合法性。D项正确。

13.【答案】AD

【考点】复议机关

【详解】刑事赔偿义务机关的确定遵循"后置原则"，即由最后一个作出错误的法律文书的机关作为赔偿义务机关。一审区法院最后一个作出错误的法律文书：区法院错误判决甲构成职务侵占罪，因此，区法院作为赔偿义务机关。A项正确。刑事司法赔偿程序根据赔偿义务机关是"法院"，还是"检察院、公安局"，有所不同。如果赔偿义务机关是法院的，司法赔偿程序遵循"两步走"的规则。本题中，刑事赔偿义务机关是区法院，赔偿请求人先向区法院申请国家赔偿，对区法院赔偿决定不服的，再向市中级法院赔偿委员会申请国家赔偿。所以B项错误，D项正确。甲无罪被错判成有罪，虽然免予刑事处罚，但判决生效前受到刑事拘留和逮捕，对于判决前这段羁押时间，甲有权要求国家赔偿。C项错误。

14.【答案】D

【考点】国家赔偿范围

【详解】侵犯公民生命健康权的，造成部分或者全部丧失劳动能力的，应当支付医疗费、护理费、残疾生活辅助具费、康复费等因残疾而增加的必要支出和继续治疗所必需的费用，以及残疾赔偿金。残疾赔偿金根据丧失劳动能力的程度，按照国家规定的伤残等级确定，最高不超过国家上年度职工年平均工资的20倍。造成全部丧失劳动能力的，对其扶养的无劳动能力的人，还应当支付生活费。据此可见，医疗费、残疾生活辅助具费、残疾赔偿金属于国家赔偿范围。但是只有人身侵害造成全部丧失劳动能力的，才给予其抚养的无劳动能力人的生活费。侵犯人身权导致一级至四级伤残的，视为全部丧失劳动能力；五级至十级伤残的，视为部分丧失劳动能力。本题只是造成部分丧失劳动能力，不符合法定条件。D项错误，ABC项正确。

2019 年

1.【答案】A

【考点】行政法的原则

【详解】李某合法购房并取得了不动产权证书，

享有房屋所有权。由于修建高铁需要，国家征收李某合法购买的房屋，这是行政机关为了实现公共利益，撤回已经颁发的房屋所有权证书，为了保护李某相信房屋是其合法购得的信赖利益，政府应当给予李某补偿金。所以政府征收李某合法房屋并给予补偿金的行为体现了信赖利益保护原则。A项正确，BCD项错误。

2.【答案】C

【考点】行政机构的设立、撤销、合并

【详解】地方政府行政机构的设立、撤销、合并，需要本级政府报上一级政府批准。本题乙市政府拟将本市的规划局与自然资源局合并为自然资源与规划局，属于地方政府行政机构的合并，应当报上一级政府批准，乙市政府对应的上一级政府就是甲省政府。C项正确。

3.【答案】A

【考点】公务员考核和录用

【详解】定期考核以平时考核、专项考核为基础。公安局民警甲属于非领导职务公务员，甲的定期考核以年终考核的方式进行。A项正确。乙曾被行政拘留，如果符合其他录用条件是可以录用为公务员的。行政拘留不属于刑事处罚。B项错误。定期考核（年终考核）结果为不称职的，才是降低一个职务或者职级任职。《公务员法》本身没有对专项考核的结果等次和后果作出明确规定。C项错误。被开除共产党党籍的，不得录用为公务员。丁尚在留党察看期间，其党籍尚在，若符合其他条件，可以被录用为公务员。D项错误。

4.【答案】D

【考点】行政行为的性质

【详解】行政指导虽然主观上是行政机关的意思表示，但客观上对行政相对人的权利义务并不产生有强制力的安排和影响。本题区政府要求居民必须在180日内达成补偿协议并搬离小区，此行为不属于柔性的劝告、建议、倡议，不是行政指导。A项错误。行政规范性文件作为一种制定规则的行为，不同于处理具体行政事务的行政行为。行政规范性文件具有适用对象的不特定性，以及适用次数的反复适用性等特征。本题区政府的行为在作出之时针对的对象范围是明确的，即幸福里小区的所有居民。因此，公告不属于行政规范性文件。B项错误。行政协议需要行政机关与行政相对人双方意思表示一致、达成合意才能够订立。区政府是单方面发布公告，不属于行政协议。C项错误，D项正确。

5.【答案】AC

【考点】具体行政行为

【详解】具体行政行为是指行政机关运用行政职权针对外部特定的对象或者特定的事项作出的具有法律上权利义务一次性处分的单方行为。如行政处罚、行政许可等。A项正确。授益性具体行政行为与负担

性具体行政行为是相对应的；羁束性具体行政行为与裁量性具体行政行为是相对应的。B项错误。旧《行政诉讼法》（1989年制定）建立在"具体行政行为"和"抽象行政行为"之基础上。新《行政诉讼法》（2014年修改）则建立在"行政行为"和"行政规范性文件"之基础上。即新《行政诉讼法》用"行政行为"替代了旧法的"具体行政行为"；用"行政规范性文件"替代了旧法的"抽象行政行为"。C项正确。具体行政行为一经生效行政机关和相对人必须遵守属于拘束力的表现，而非确定力。D项错误。

6.【答案】BD

【考点】行政法规的公布

【详解】原则上，行政法规由总理签署，以"国务院令"的形式对社会公布，而不是以"总理令"的形式对社会公布，但有关国防建设的行政法规，可以由国务院总理、中央军事委员会主席共同签署国务院、中央军事委员会令公布。A项错误，B项正确。行政法规由国务院办公厅报全国人民代表大会常务委员会备案。注意：行政法规应当是在"公布后30内"而不是"通过后30日内"由国务院办公厅报全国人民代表大会常务委员会备案。C项错误，D项正确。

7.【答案】ACD

【考点】行政许可

【详解】行政机关实施行政许可和对行政许可事项进行监督检查，不得收取任何费用。但是，法律、行政法规另有规定的，依照其规定。我国《森林法》《森林法实施条例》亦未规定颁发《林木采伐许可证》需要收费，因此，颁发《林木采伐许可证》不得收取任何费用。A项正确。撤销行政许可的原因，在于该许可授予阶段存在某些违法行为，导致该许可行为成为"可撤销的行政行为"。行政处罚的目的在于制裁惩戒违法行为人。但是甲通过递交虚假材料骗得《林木采伐许可证》，县行政审批局撤销颁发给甲的《林木采伐许可证》，属于恢复原状，并不以制裁惩戒为目的，因此，不属于行政处罚。B项错误。注销许可针对的是丧失效力的许可或者没有必要继续存在的许可。甲的《林木采伐许可证》被撤销后，《林木采伐许可证》已经丧失效力，因此应当给予注销。C项正确。即使《行政许可法》及特定监管领域有关行政许可的规定未明确要求行政机关在撤销许可时应通知利害关系人，行政机关亦应遵循正当程序原则的要求，在作出撤销行政许可决定书前，应当告知利害关系人撤销行政许可的理由并听取其陈述和申辩，以确保行政机关全面把握案件事实，准确适用法律。D项正确。

8.【答案】AC

【考点】治安管理处罚

【详解】《治安管理处罚法》第63条规定："有下列行为之一的，处警告或者200元以下罚款；情节

较重的，处 5 日以上 10 日以下拘留，并处 200 元以上 500 元以下罚款：（一）刻划、涂污或者以其他方式故意损坏国家保护的文物、名胜古迹的；（二）违反国家规定，在文物保护单位附近进行爆破、挖掘等活动，危及文物安全的。"故意划破文物冲击了博物馆正常的文物保护管理秩序，属于妨害社会管理而不是侵犯一般的财产权利。A 项正确。《治安管理处罚法》第 98 条规定："公安机关作出吊销许可证以及处 2000 元以上罚款的治安管理处罚决定前，应当告知违反治安管理行为人有权要求举行听证；违反治安管理行为人要求听证的，公安机关应当及时依法举行听证。"本题行政拘留 10 日并处罚款 300 元不属于法定听证的范围，但如果李某申请听证的，区公安分局同意举行听证的，可以组织听证，B 项说法过于绝对，错误。对于地方政府工作部门行政行为不服申请复议的，有两个复议机关即该部门的本级人民政府和上一级主管部门。本题对区公安分局的处罚决定不服，复议机关有两个：区政府和市公安局。C 项正确。被处罚人不服行政拘留处罚决定，申请行政复议、提起行政诉讼的，可以向公安机关提出暂缓执行行政拘留的申请。公安机关认为暂缓执行行政拘留不致发生社会危险的，由被处罚人或者其近亲属提出符合条件的担保人，或者按每日行政拘留 200 元的标准交纳保证金，行政拘留的处罚决定暂缓执行。据此可见，李某仅是提起了行政诉讼，D 项错误。

9.【答案】A

【考点】 规章设定权

【详解】 省级政府规章可以设定实施期限不超过 1 年的临时性行政许可。A 项正确。规章可以设定警告、通报批评和一定数量的罚款。但不能设定吊销执照的处罚。B 项错误。规章既不可以设定行政强制措施，也不得设定行政强制执行。因为不管是行政强制措施，还是行政强制执行，均属于行政强制，是依靠国家强制力为后盾实现权利义务安排的行为，对行政相对人损益很大，所以立法层级比较低的规章就没有权力设定行政强制措施和行政强制执行。CD 项错误。

10.【答案】BCD

【考点】 行政处罚

【详解】 行政处罚的目的在于制裁惩戒违法行为人，而行政强制措施是一种预防性、暂时性的行为。甲的货车未年检被交警扣留，目的是预防性的，为了避免未年检的车辆存在安全隐患导致交通事故的发生，而不是制裁惩戒性的，故扣留行为性质是行政强制措施，而不是行政处罚。A 项错误。行政机关实施行政强制措施应当书面作出决定，不能口头。这是因为行政强制措施属于负担行政行为，针对行政相对人实施不利影响的决定，因此是要式行政行为，必须以书面形式实施，不能口头作出。B 项正确。区交警大

队具有行政主体资格的，其作出的行政行为自己作为被告。交警大队有权扣留甲的车辆，甲不服有权以交警大队为被告提起行政诉讼。C 项正确。交警大队既不返还机动车，又不及时主动调查核实车辆相关来历证明，而是反复要求甲提供客观上已无法提供的其他合法来历证明，违反了比例原则，滥用了法律法规赋予的职权。D 项正确。

11.【答案】BD

【考点】 比例原则

【详解】 按照比例原则的要求，扣押场所、设施或者财物，行政机关对扣押的场所、设施或者财物，行政机关应当妥善保管，不得使用或者损毁；造成损失的，应当承担赔偿责任。交警大队有权扣押甲的车辆，但无权扣押车上载运的生猪，而且扣押生猪后，需要妥善保管。如果交警大队没有采取必要的措施，导致生猪死亡的，应当承担赔偿责任。A 项错误，BD 项正确。甲违法撞坏道路设施应当受到行政处罚，承担相应的法律责任。但是不能因为甲存在违法行为，行政机关就可以违法侵害其合法权益。所以，本题中生猪死亡是由于交警大队未妥善保管财物所导致的，该损失应当由国家承担赔偿责任，而不是由王某自己承担。C 项错误。

12.【答案】AB

【考点】 行政强制措施

【详解】 实施扣押等行政强制措施应当通知当事人到场。A 项正确。市场监督管理局对于逾期不缴纳罚款的，可以按日加处 3% 的罚金。B 项正确。行政机关采取查封、扣押措施后，应当及时查清事实，在规定的期限内作出处理决定。对违法事实清楚，依法应当没收的非法财物予以没收；法律、行政法规规定应当销毁的，依法销毁；应当解除查封、扣押的，作出解除查封、扣押的决定。火腿已经超过保质期，禁止出售，依法应当销毁，不能用于拍卖抵缴罚款。C 项错误。实施行政强制执行，行政机关可以在不损害公共利益和他人合法权益的情况下，与当事人达成执行协议。执行协议可以约定分阶段履行；当事人采取补救措施的，可以减免加处的罚款或者滞纳金。D 项"罚款不可以分期缴纳"表述过于绝对。D 项错误。

13.【答案】ACD

【考点】 政府信息公开条例

【详解】《政府信息公开条例》第 42 条第 1 款规定："行政机关依申请提供政府信息，不收取费用。但是，申请人申请公开政府信息的数量、频次明显超过合理范围的，行政机关可以收取信息处理费。"甲 55 次申请同类政府信息公开，显然频次超过了合理范围，行政机关可以收取甲信息处理费。A 项正确。2019 年《政府信息公开条例》删除了原申请政府信息公开"三需要"原则，与旧《政府信息公开条例》"公民、法人或者其他组织向行政机关申请提供与其

自身相关的税费缴纳、社会保障、医疗卫生等政府信息的，应当出示有效身份证件或者证明文件"相比，2019年《政府信息公开条例》要求所有申请政府信息公开的申请人均需要提交身份证明。B项错误。《政府信息公开条例》第35条规定："申请人申请公开政府信息的数量、频次明显超过合理范围，行政机关可以要求申请人说明理由。行政机关认为申请理由不合理的，告知申请人不予处理；行政机关认为申请理由合理，但是无法在本条例第三十三条规定的期限内答复申请人的，可以确定延迟答复的合理期限并告知申请人。"据此可见，对于高频反复申请政府信息公开的，行政机关可以要求申请人说明理由。C项正确。《政府信息公开条例》第36条规定，行政机关已就申请人提出的政府信息公开申请作出答复、申请人重复申请公开相同政府信息的，告知申请人不予重复处理。从法理上解释，重复申请政府信息公开的，政府信息公开资源容易被浪费，可以告知不予重复处理。甲重复申请抗险救灾的政府信息，镇政府可以不予重复处理。D项正确。

14.【答案】A

【考点】行政复议；行政诉讼

【详解】对于受害人乙而言，其属于行政相关人，因为其受了轻微伤，人身权发生了减损，与治安处罚决定具有利害关系。受害人乙如果认为区公安分局对甲治安处罚决定畸轻，可以向法院起诉请求撤销处罚决定要求区公安分局重新对加害人甲作出更重的处罚决定。A项错误。复议机关改变原行政行为的，复议机关是被告。区政府撤销了区公安分局的处罚决定，改变了原行政行为的处理结果，属于复议改变案件，被告是区政府。B项正确。本题属于复议改变案件，被告是复议机关区政府，由中院管辖。据此可见，被告为区政府的，身份级别高，由中级人民法院管辖。C项正确。甲系行政机关的公务员，在履行职务过程中致行政相对人轻微伤，不属于违反治安管理的行为，不应当给予治安管理处罚，应当由其所在的行政机关区综合执法局给予纪律处分（如记大过）。所以本题甲的行为是否构成履行职务的行为是判断区公安分局治安处罚决定合法性的关键，确实属于案件的争议焦点。D项正确。

15.【答案】CD

【考点】行政裁决；行政确认

【详解】行政裁决是指行政机关在其法定职权范围内，对平等主体之间发生的民事纠纷作出的具有强制力的处理。行政确认是指行政机关对业已存在的特定法律事实、法律关系或者法律状态作出具有法律效力的认定并且予以证明的行为。工伤认定是典型的行政确认，市人社局根据《工伤保险条例》的授权行使工伤认定的行政管理职权，另一方为申请人劳动者。A项错误。在行政复议中，有权申请复议的公民

死亡的，申请人资格发生转移，其近亲属可以继受申请人资格。甲死亡，其妻子乙继承申请人资格，有权申请行政复议。B项错误。行政复议期间行政复议机关发现被申请人或其他下级行政机关的相关行政行为违法或需要做好善后工作的，可以制作行政复议意见书。有关机关应当自收到行政复议意见书之日起60日内将纠正相关行政违法行为或者做好善后工作的情况通报行政复议机构。C项正确。同申请行政复议的行政行为有利害关系的其他公民、法人或者其他组织，可以作为第三人参加行政复议。甲为公司员工，是否构成工伤，涉及公司是否需要承担丧葬补助金、一次性伤亡补助金、供养亲属抚恤金等费用支出问题，因此，与市人社局的工伤认定结果具有利害关系，公司可以作为第三人参加行政复议案件，第三人可以委托代理人参加行政复议。D项正确。

16.【答案】ABC

【考点】国家赔偿

【详解】《国家赔偿法》第36条第6项规定："吊销许可证和执照、责令停产停业的，赔偿停产停业期间必要的经常性费用开支。"《最高人民法院关于审理民事、行政诉讼中司法赔偿案件适用法律若干问题的解释》第14条规定："国家赔偿法第三十六条第六项规定的停产停业期间必要的经常性费用开支，是指法人、其他组织和个体工商户为维系停产停业期间运营所需的基本开支，包括留守职工工资、必须缴纳的税费、水电费、房屋场地租金、设备租金、设备折旧费等必要的经常性费用。"对于错误吊销企业执照或者错误责令企业停产停业的，只赔偿停产停业期间必要的经常性的费用开支，不赔偿可预期的利润。为维系企业停产停业期间的留守职工工资、厂房租金和缴纳的税与费，则属于必要的费用，国家予以赔偿。ABC项正确，D项错误。

2020年

1.【答案】D

【考点】行政法的原则

【详解】甲的违法行为是"未取得建筑工程规划许可证在其经营的商铺外侧加建小棚"，根据《行政强制法》的规定，查封仅限于和违法行为有关的场所、设施和物品，故行政机关查封的对象应该仅限于违法建设施工现场，正在经营的商铺属于合法经营则不得查封。但本题，自然资源与规划局同时查封建设施工现场和正在经营的商铺，不是对当事人合法权益损害最小的措施，违反了比例原则"必要性"的要求，即违反了合理行政原则。D项正确，ABC项错误。

2.【答案】C

【考点】国务院行政机构

【详解】国家市场监督管理总局属于国务院直属

机构，既不是国务院组成部门，也不是处级内设机构，它的设立、撤销或者合并均须报国务院决定。A项错误。国家市场监督管理总局主管食品药品安全等事项，属于国务院直属机构，主管专门业务。B项错误。国务院行政机构的编制在国务院行政机构设立时确定。C项正确。国家市场监督管理总局作为国务院的直属机构有权制定部门规章。D项错误。

3.【答案】A

【考点】聘任制

【详解】聘任制是公职的取得方式之一，国家机关聘任公务员，应当签订书面的聘任合同，报同级公务员主管部门备案。聘任制公务员实行协议工资制，协议工资制度的具体办法由中央公务员主管部门规定。A项正确，BCD项错误。

4.【答案】B

【考点】行政法规

【详解】现行《行政法规制定程序条例》是2001年11月16日国务院令第321号公布，根据2017年12月22日《国务院关于修改〈行政法规制定程序条例〉的决定》修订。本题《外国人来华登山管理办法》于1991年7月31日制定，当时《行政法规制定程序条例》尚未制定，故不适用《行政法规制定程序条例》的规定。根据《关于审理行政案件适用法律规范问题的座谈会纪要》，现行有效的行政法规有以下3种类型：（1）国务院制定并公布的行政法规；（2）但在《立法法》施行以后，经国务院批准、由国务院部门公布的规范性文件，不再属于行政法规；（3）在清理行政法规时由国务院确认的其他行政法规。《外国人来华登山管理办法》由国务院批准，国家体育运动委员会对外发布，属于上述第二类行政法规。B项正确，ACD项错误。

5.【答案】AD

【考点】比例原则

【详解】行政法规的制定主体为国务院。《广告法》系法律，法律由全国人大或者全国人大常委会制定。A项错误。在保证行政管理目标实现的同时，兼顾保护行政相对人的合法权益，行政处罚以达到行政执法目的和目标为限，并尽可能使相对人的权益遭受最小的损害。市场监督管理局罚款20万元与行政相对人违法行为的危害程度不相适应，法院判决变更为罚款10万元，体现了过罚相当原则。B项正确。炒货店违反《广告法》使用"最佳""最优"等广告宣传用语，市场监督管理局给予20万元罚款，法院认为炒货店张贴违法广告仅3天且只在其店铺张贴广告，所以对其他市场主体的公平竞争权不会造成极大损害，罚款20万元处罚过重，不客观、不适度，将罚款调整为10万元，体现了比例原则的精神。C项正确。罚款20万元属于单方行政行为，不需要意思表示一致作为成立前提。D项错误。

6.【答案】BD

【考点】行政诉讼的受案范围

【详解】《道路交通安全法》第24条第1款规定："公安机关交通管理部门对机动车驾驶人违反道路交通安全法律、法规的行为，除依法给予行政处罚外，实行累积记分制度。公安机关交通管理部门对累积记分达到规定分值的机动车驾驶人，扣留机动车驾驶证，对其进行道路交通安全法律、法规教育，重新考试；考试合格的，发还其机动车驾驶证。"交通违法记分行为是行政主体对道路交通违法行为作出的最终处理结果之一，与行政处罚一样，均是对同一违法行为作出的不利评价，属于负担行政行为。A项正确。扣留甲的机动车驾驶证具有"预防性""暂时性"的特征，属于行政强制措施。扣留甲的机动车驾驶证不具有惩戒性和终局性，故不是行政处罚。B项错误。甲的机动车驾驶证仅仅是被扣留，不存在应当注销的情形，交通主管部门注销甲机动车驾驶证是违法的行政行为。C项正确。注销许可，是因为许可证已经丧失法律效力了，在形式上消灭许可证（例如将纸质的许可证用碎纸机粉碎），目的不在于预防，也不是暂时性的处理，因此，注销许可不属于行政强制措施。注销许可是一种独立的行政行为。D项错误。

7.【答案】D

【考点】行政强制措施

【详解】县政府的通知在外在形式上并未贴封条规定，没有进行封存，不属于查封。A项错误。县政府并未将沈某的船舶转移他处扣留，不属于扣押。B项错误。县政府发出通知要求沈某将船只驶向指定地点并限期不得驶离，在作出该通知之前并不存在要求沈某履行义务的基础决定，故县政府的通知行为不属于行政强制执行。该行为的主要目的在于预防危害的发生，属于行政强制措施。C项错误，D项正确。

8.【答案】B

【考点】政府信息公开

【详解】内部事务信息由于不具有对外性，对于外部的公民、法人或者其他组织的合法权益不产生确实的影响，故可以不予公开；过程性的信息由于不具有确定性和终局性，过早地公开可能会引起误解和混乱，或者妨害率直的意见交换以及正常的意思形成，故可以不予公开。本题，镇政府就土地征收向县政府报送请示，正处于讨论研究过程中，属于过程性的信息。所以，镇政府以该信息属于内部事务信息为由拒绝公开是错误的。A项错误。行政相对人不服行政行为申请复议的，申请期限为60日；行政相对人不服行政行为提起行政诉讼的，起诉期限为6个月。B项正确。行政机关收到政府信息公开申请的时间，按照下列规定确定：（1）申请人当面提交政府信息公开申请的，以提交之日为收到申请之日；（2）申请人以邮寄方式提交政府信息公开申请的，以行政机关签收之日为收到申请之日；以平常信函等无需签收的邮寄方式提交政府信息公开申请的，政府信息公开工作机构应当于收到申请的当日与申请人确认，确认之日为收到申请之日；（3）申请人通过互联网渠道或者政府信息公开工作机构的传真提交政府信息公开申请的，以双方确认之日为收到申请之日。甲以EMS邮政快递这种方式申请政府信息公开，应当以行政机关签收之日作为收到政府信息公开的时间。C项错误。2019年《政府信息公开条例》已经删除了申请人申请政府信息公开得基于"三需要"的规定，D项错误。

9.【答案】AD

【考点】行政协议

【详解】《房屋拆迁安置协议》是"官"和"民"为了公共利益签订的具有行政法上行政征收权力义务关系的行政协议。A项正确。《房屋拆迁安置协议》是区政府委托后湖指挥部与甲签订的，根据"谁委托，谁被告"的规则，本案被告为区政府。B项错误。行政诉讼是"民告官"的行政诉讼，没有"官告民"的行政诉讼。《最高人民法院关于审理行政协议案件若干问题的规定》第6条规定："人民法院受理行政协议案件后，被告就该协议的订立、履行、变更、终止等提起反诉的，人民法院不予准许。"可知，行政诉讼中（含行政协议案件）被告不得提出反诉。C项错误。甲起诉行政机关不履行行政协议，诉讼时效适用民事法律规范确定。D项正确。

10.【答案】A

【考点】行政规范性文件

【详解】县政府无权制定行政法规和地方政府规章，题述《通知》属于规章以下（不含）的规范性文件。在行政诉讼中，公民、法人或者其他组织认为行政行为所依据的规章以下（不含）的行政规范性文件不合法，在对行政行为提起诉讼时，可以一并请求对该规范性文件进行附带审查。可知，对规章以下（不含）的规范性文件不服的，应当在行政诉讼中附带起诉，不得单独起诉。A项错误。公民、法人或者其他组织直接向法院提起诉讼的，作出行政行为的行政机关是被告。责令关闭由县畜牧局作出，根据"谁行为，谁被告"的原理，甲应当以对其权利义务产生直接、实际影响的行政机关县畜牧局为被告。B项正确。题述《通知》属于规章以下（不含）的规范性文件，且作为被诉行政行为"限期关闭养殖场"的依据，甲在起诉限期关闭行为的同时可以一并请求对该通知进行附带审查。C项正确。目前针对规章以下（不含）的行政规范性文件的制定程序并无专门立法予以规范，只能参照规章的制定程序执行。《规章制定程序条例》第36条规定："依法不具有规章制定权的县级以上地方人民政府制定、发布具有普遍

约束力的决定、命令，参照本条例规定的程序执行。"D项正确。

11.【答案】B

【考点】行政诉讼程序

【详解】公民、法人或者其他组织认为行政行为侵犯其合法权益的，可以自知道该行政行为之日起60日内提出行政复议申请。本题，乙在4月10日知道了颁证行为，5月25日乙申请行政复议，并没有超过60日的复议申请期限。A项错误。县政府将林地使用权颁发给甲的行为侵犯了乙已经取得的林地使用权，属于复议前置的案件，即应当就颁证行为先申请复议，对复议结果不服的方能提起行政诉讼。法律、法规规定应当先申请复议，公民、法人或者其他组织未申请复议直接提起诉讼的，法院裁定不予立案。本题，乙就颁证行为申请复议，复议机关以乙的复议申请超过复议申请期限驳回了乙的复议申请，那么，颁证行为是否就可以视为经过了复议呢？结论是否定的。因为本题，颁证行为是否合法未经复议程序实体审查，属于复议不作为案件，不属于"经过复议的案件"，所以，对于复议前置案件未经过复议实体审查的，法院应当裁定不予立案；已经立案的，法院可以裁定驳回起诉。B项正确，C项错误。本题又属于复议前置的案件，原告不能直接起诉原行政行为，否则，法院裁定不予立案；已经立案的，裁定驳回起诉。所以实际上乙只能去起诉复议不作为，即复议机关为被告。D项错误。

12.【答案】AC

【考点】行政诉讼程序

【详解】行政相对人不服行政行为申请行政复议的，可能有三种结局：复议维持、复议改变、复议不作为。其中，复议不作为的情形主要有：（1）不接收申请书、不受理复议申请；（2）拒绝作出复议决定、不按时作出复议决定。本题，市政府以复议申请超过复议申请期限为由不予受理，属于复议不作为案件。复议不作为案件"选择告"，即原告不服哪个行为，哪个机关作为被告。假如丽朵公司不服县政府作出的征用决定，县政府是被告；假如丽朵公司不服市政府作出的不予受理决定，市政府是被告。A项错误，B项正确。行政征用案件不属于复议前置案件。C项正确，D项错误。

13.【答案】CD

【考点】行政诉讼被告；举证责任

【详解】《行政诉讼法》第33条规定："证据包括：（一）书证；（二）物证；（三）视听资料；（四）电子数据；（五）证人证言；（六）当事人的陈述；（七）鉴定意见；（八）勘验笔录、现场笔录。"书证和现场笔录是两种独立的证据种类。其中，书证是指以文字、符号、图案等形式记载的，能够表达人的思想和行为，能证明案件事实的物品。现场笔录是指行政机关工作

人员在执行职务过程中对有关执法活动的现场情况所作的书面记录。A 项错误。《行政处罚法》第 9 条规定："行政处罚的种类：（一）警告、通报批评；（二）罚款、没收违法所得、没收非法财物；（三）暂扣许可证件、降低资质等级、吊销许可证件；（四）限制开展生产经营活动、责令停产停业、责令关闭、限制从业；（五）行政拘留；（六）法律、行政法规规定的其他行政处罚。"甲公司的煤矿未按照规定建设配套煤炭洗选设施，区自然资源与规划局责令关闭煤矿是对甲公司实施违法行为的制裁、惩戒，具有确定性和终局性，属于行政处罚。责令关闭不是对甲公司暂时性的处理，所以不是行政强制措施。B 项错误。本题，甲公司申请行政复议，区政府作出维持决定，属于复议维持案件。复议维持案件被告的确定规则是"共同告"，区自然资源与规划局和区政府是共同被告。C 项正确。对于复议维持案件，区政府和区自然资源与规划局对原行政行为"责令关闭"决定合法性共同承担举证责任。D 项正确。

14.【答案】C

【考点】治安管理处罚

【详解】《治安管理处罚法》没有规定受害人是未成年人的，需要对违法行为人从重处罚。是否需要给违法行为人从重处罚，一般应当考虑违法行为的性质、危害后果、主观过错等。A 项错误。行政拘留处罚暂缓执行需要符合以下 4 个条件：（1）被处罚人不服拘留处罚决定，申请行政复议或提起行政诉讼；（2）提出暂缓执行拘留的申请；（3）公安机关认为暂缓执行拘留不致发生社会危险；（4）按每日拘留 200 元的标准交纳保证金，或由被处罚人或其近亲属提出担保人。方某仅对拘留处罚起诉，保证金或者保证人都没有，还不符合行政拘留暂缓执行的条件。B 项错误。方某对处罚决定不服，被申请人为县公安局，复议机关为市公安局或者县政府。C 项正确。与方某行政复议案件的结果有利害关系的是受害人小白，小白是行政复议的第三人。由于小白只有 9 周岁系未成年人，需要小白的法定代理人白某代为参加复议。因此，小白是行政复议案件的第三人，白某是第三人小白的法定代理人。D 项错误。

15.【答案】AD

【考点】行政诉讼审理程序

【详解】甲不服的是强制拆除行为，而不是不服基础决定《责令限期拆除违法广告牌通知书》而提起诉讼，所以被告是镇政府，而不是县政府。本题，甲错误地以县政府作为被告起诉，根据《行诉法解释》第 26 条第 1 款"原告所起诉的被告不适格，人民法院应当告知原告变更被告"的规定，法院应当通知甲变更被告为镇政府。A 项正确。《行诉法解释》第 26 条第 2 款规定："应当追加被告而原告不同意追加的，人民法院应当通知其以第三人的身份参加

诉讼，但行政复议机关作共同被告的除外。"可知，原告起诉时漏了被告的，通知原告追加被告，不愿意追加的，列为被告型的第三人。本题，原告应当以镇政府为被告，故应变更被告。BC 项错误。在行政诉讼中一并解决行政赔偿的，分别立案，可以合并审理也可以单独审理。D 项正确。

16.【答案】ABCD

【考点】国家赔偿

【详解】作出最后一个错误的法律文书的机关为刑事赔偿义务机关。本题最后一个作出错误的法律文书的机关是市中级人民法院。A 项错误。侵犯公民人身自由的，每日赔偿金按照国家上年度职工日平均工资计算。张某 2019 年 12 月 5 日申请国家赔偿，如果赔偿义务机关在 2019 年 12 月底作出赔偿决定后该赔偿决定没有再被更改的，则每日赔偿金按照国家 2018 年度职工日平均工资计算；如果赔偿义务机关在 2020 年作出赔偿决定后该赔偿决定没有再被更改的，则每日赔偿金按照国家 2019 年度职工日平均工资计算。故每日赔偿金不可能按照 2017 年度国家职工日平均工资计算。B 项错误。人民法院赔偿委员会审理国家赔偿案件原则上实行书面审理，必要时可以听取双方陈述申辩、进行质证。C 项错误。由于上下级人民法院是监督与被监督关系，因此对于下级人民法院作出的赔偿决定不服的，直接向上一级法院赔偿委员会申请国家赔偿，而不是申请复议。D 项错误。

2021 年

1.【答案】CD

【考点】行政行为

【详解】行政行为具有处分性，它是行政机关对公民、法人或者其他组织作出的，以发生一定的法律后果，使行政法上的权利义务得以建立、变更或者消灭为目的的意思表示。行政规范性文件具有适用对象的不特定性，以及适用次数的反复适用性等特征。不特定性是指行为作出之时，该行为想要约束的对象范围不能够明确固定下来。县政府印发的《招商引资意见》是行政规范性文件，不属于行政行为。A 项错误。《个人所得税法》第 2 条第 1 款规定："下列各项个人所得，应当缴纳个人所得税：……（九）偶然所得。"《个人所得税法》第 4 条第 1 款第 1 项规定，省级人民政府、国务院部委和中国人民解放军军以上单位，以及外国组织、国际组织颁发的科学、教育、技术、文化、卫生、体育、环境保护等方面的奖金，免征个人所得税。本题，甲获得的由县政府支付的 10 万元奖励金，不是省级人民政府颁发的奖金，应当按"偶然所得"缴纳个人所得税。B 项错误。根据诚实守信原则之信赖保护的要求，非因法定事由并经法定程序，行政机关不得撤销、变更已经生效的行

政决定。县政府不履行给予招商引资介绍人给予奖励金的承诺，违反了信赖利益保护原则。C 项正确。建设经营移交（BOT）属于是官和民为了公共利益在意思表示一致的基础上签订的行政协议。因该协议的订立、履行、变更、终止产生的争议，该公司均可以向法院提起行政诉讼。D 项正确。

2.【答案】C

【考点】国务院行政机构

【详解】国务院议事协调机构议定的事项，经国务院同意，由有关行政机构按照各自的职责负责办理。在特殊或者紧急的情况下，经国务院同意，国务院议事机构可以规定临时性的行政管理措施。由此可见，议事协调机构负责在国务院的各个部门之间牵线搭桥，AB 项错误。国家乡村振兴局作为国务院的直属机构有权制定部门规章。D 项错误。

3.【答案】BCD

【考点】公务员考核

【详解】定期考核的结果分为优秀、称职、基本称职和不称职四个等次。本题，甲是县人社局副局长，系领导职务序列公务员，年度考核被确定为不称职的，可以按照规定降低一个职务层次任职。A 项正确。本题，甲年度考核被定为不称职等次，属于对甲的人事处理。B 项错误。《公务员法》第 80 条第 4 款规定，公务员在定期考核中被确定为优秀、称职的，按照国家规定享受年终奖金。C 项错误。《公务员法》第 37 条第 2 款规定："领导成员的考核由主管机关按照有关规定办理。"甲是县人社局副局长，系领导成员，应当由主管机关按照《党政领导干部考核工作条例》等有关规定办理。D 项错误。

4.【答案】CD

【考点】具体行政行为

【详解】市场监督管理局发文要求某电商平台合法合规经营，该行为没有对电商平台作出具体的权利义务安排，不具有处分性，不属于具体行政行为。A 项错误。防汛指挥部发布大雨蓝色预警，属于柔性的劝告、建议、倡议，虽然主观上是行政机关的意思表示，但客观上不会对市民权利义务产生有强制力的影响，不具有处分性，不是具体行政行为，属于行政指导。B 项错误。给予采取终身证券市场禁入措施，是证监会针对违法行为给予的最终权利义务安排，具有终局性，目的在于惩戒违法行为人，属于行政处罚，是具体行政行为。C 项正确。省证监局责令某证券公司采取整改措施对当事人设定了权利义务安排，具有行政性、处分性、特定性、外部性、单方性，是具体行政行为。D 项正确。

5.【答案】A

【考点】行政法规的暂停实施

【详解】行政法规由国务院制定，该行政法规要在某一个行政区域调整适用或者暂停适用，需要制定

机关国务院批准。国务院可以根据全面深化改革、经济社会发展需要，就行政管理等领域的特定事项，决定在一定期限内在部分地方暂时调整或者暂时停止适用行政法规的部分规定。A 项正确。

6.【答案】BD

【考点】部门规章

【详解】《机动车排放召回管理规定》应当在国务院公报或者部门公报、中国政府法制信息网、全国范围内发行的报纸上刊载。A 项正确。《机动车排放召回管理规定》由国家市场监督管理总局和生态环境部联合制定，故解释主体是国家市场监督管理总局和生态环境部。B 项错误。题涉规章的制定主体是国务院的直属机构和组成部门，须接受国务院的领导。对于抵触上位法的部门规章，国务院既可以撤销，也可以改变。C 项正确。D 项责令召回不符合排放标准的机动车是为了避免超标排放机动车尾气破坏生态环境，目的不在于制裁和惩戒，因此不属于行政处罚。D 项错误。

7.【答案】D

【考点】行政处罚；行政复议

【详解】经复议的案件，复议机关决定维持原行政行为的，作出原行政行为的行政机关和复议机关是共同被告。即本题属于复议维持案件，交警大队和市公安交通管理局是共同被告。A 项正确。本题的行为主体是交警大队，应当适用特别法《道路交通安全法》的规定，而不是适用一般法《行政处罚法》的规定。《道路交通安全法》第 107 条第 1 款规定："对道路交通违法行为人予以警告、200 元以下罚款规定，交通警察可以当场作出行政处罚决定，并出具行政处罚决定书。"可知，交通警察可以适用简易程序当场作出处罚决定的范围包括警告、200 元以下罚款。B 项正确。根据《行政处罚法》的规定，对于交通技术监控设备记录，交警大队应当审核记录内容是否符合要求；未经审核或者经审核不符合要求的，不得作为行政处罚的证据。C 项正确。题涉《通告》的性质是行政规范性文件，不属于行政行为。D 项错误。

8.【答案】B

【考点】治安管理处罚

【详解】根据《治安管理处罚法》，行政拘留 7 日并处罚款 300 元不属于法定听证的范围，但县公安局可以主动举行听证，A 项正确。被处罚人不服行政拘留处罚决定，申请行政复议、提起行政诉讼的，可以向公安机关提出暂缓执行行政拘留的申请。公安机关认为暂缓执行行政拘留不致发生社会危险的，由被处罚人或者其近亲属提出符合条件的担保人，或者按每日行政拘留 200 元的标准交纳保证金，行政拘留的处罚决定暂缓执行。B 项错误。当事人一方或者双方为二人以上，因同一行政行为发生的行政案件，或者

因同类行政行为发生的行政案件、法院认为可以合并审理并经当事人同意的，为共同诉讼。甲、乙与同一行政行为（即行政拘留7日并处罚款300元）有利害关系，向同一法院起诉的，法院应当合并审理。C项正确。由于甲、乙均向法院起诉，法院经过审查发现县公安局对乙的处罚确实过轻（明显不当）的，可以作出对乙更重处罚的变更判决。D项正确。

9.【答案】CD

【考点】行政处罚；行政复议；行政强制执行

【详解】根据《行政复议法》的规定，甲公司对追缴出口退税500万元不服，申请行政复议的，申请期限为60日。A项错误。"假自营，真代理"指的是通过代理公司出口，即委托方出口，但为了退税和操作的方便，委托方与代理方既签订了代理协议，又签订了销售合同，伪造成是委托方把货物销售给代理方，代理方再自营出口的业务。追缴甲公司本不应该获得的出口退税500万元，实际上是一种恢复征税的行政行为，不属于行政处罚。B项错误。经复议的案件，复议机关决定维持原行政行为的，作出原行政行为的行政机关和复议机关是共同被告。本题属于复议维持案件，税务局和上一级税务局为共同被告。C项正确。行政强制执行本质是国家运用强制手段实现另一行政行为（一般称为基础决定或先在行为）所确定的权利义务，适用于当事人对基础决定所确定的义务不予履行的情况。税务局作出基础决定追缴出口退税500万元，而甲公司拒绝履行义务，税务局从甲公司银行账户强制扣缴500万元是为了实现基础决定所确定的义务安排，属于行政强制执行。D项正确。

10.【答案】C

【考点】政府信息公开

【详解】《会议纪要》涉及拆除甲违法建筑，不完全是行政机关内部事务信息，是行政机关履行行政管理职能过程中形成的讨论记录，故属于过程性信息，而不是内部事务信息。A项错误。甲以电子邮件方式申请政府信息公开，应当以双方确认之日作为收到政府信息公开的时间。B项错误。在行政诉讼中，被告对被诉行政行为的合法性和规范性依据承担举证责任。区政府对于答复的合法性承担举证责任。C项正确。甲能提供证据证明该会议纪要存在或已由区政府制作，法院应当撤销被告作出的答复，并判决被告重新调查、裁量后在一定期限内重新作出答复。D项错误。

11.【答案】BCD

【考点】行政公益诉讼

【详解】环保公益组织是提起民事公益诉讼的适格原告，且是优先级原告，检察院在民事公益诉讼中是劣后的原告。A项错误。森林公安局应当责令该公司补种树木以恢复生态却没有责令恢复，构成不履行法定职责，检察院在提出检察建议后森林公安局仍不

履行已经损害了公共利益，检察院可以提起行政公益诉讼。B项正确。关于检察院提起行政公益诉讼的起诉期限，《最高人民法院、最高人民检察院关于检察公益诉讼案件适用法律若干问题的解释》并没有作出特别规定，根据该解释第26条规定："本解释未规定的其他事项，适用民事诉讼法、行政诉讼法以及相关司法解释的规定。"所以，检察院提起行政公益诉讼的起诉期限适用行政诉讼法的规定，即6个月。C项正确。根据《最高人民法院、最高人民检察院关于检察公益诉讼案件适用法律若干问题的解释》第21条的规定，检察院必须履行诉前程序即提出检察建议，就森林公安局的不履行法定职责不得越过诉前程序直接向法院起诉。D项正确。

12.【答案】ABD

【考点】行政行为

【详解】6号文是针对特定对象（立升公司）就特定事项（废弃物清理回收）作出的行为，属于滥用行政权力排除竞争，损害了其他市场主体的公平竞争权，具有处分性，是行政行为。对6号文不服的，可以申请行政复议或者提起行政诉讼。AB项错误。区城市管理局要求本区五家生猪屠宰场应当与立升公司签订废弃物回收协议，属于行政机关侵犯屠宰场经营自主权的行政行为，属于行政诉讼的受案范围。五家屠宰场与区城市管理局作出的行政行为具有利害关系，享有原告资格。C项正确。行政确权是指行政机关针对平等民事主体之间的权利争议作出的有强制力的处理。区城市管理局要求本区五家生猪屠宰场应当与立升公司签订废弃物回收协议，不涉及平等民事主体之间民事权利归属的确权问题，故不是行政确权行为。D项错误。

13.【答案】AD

【考点】国家赔偿

【详解】《最高人民法院、最高人民检察院关于办理刑事赔偿案件适用法律若干问题的解释》第6条规定："数罪并罚的案件经再审改判部分罪名不成立，监禁期限超出再审判决确定的刑期，公民对超期监禁申请国家赔偿的，应当决定予以赔偿。"甲对超期监禁部分有取得国家赔偿的权利。AD项错误。市中级人民法院是最后一个作出错误的法律文书的机关，因为甲市中级人民法院不该作出维持判决，应该改判无罪或者发回重审。B项正确。侵犯公民人身自由的，国家承担每日赔偿金的赔付责任。如果侵犯公民人身自由伴随精神损害的，国家还要承担精神损害赔偿。律师费不属于国家赔偿范围。C项正确。

2022年

1.【答案】D

【考点】行政规范性文件；行政法的基本原则

【详解】国务院印发《国务院关于取消和下放一批行政许可事项的决定》属于国务院决定，不是行政法规，也不符合最高人民法院《关于审理行政案件适用法律规范问题的座谈会纪要》界定的现行有效的行政法规三种类型。A 项错误。地方政府制定地方规章的依据为法律、行政法规和地方性法规。B 项错误。只有规章以下的规范性文件可成为法院附带审查的对象，不包括国务院的行政法规决定、命令等，国务院的行政行为不是法院附带审查的对象。C 项错误。国务院印发《国务院关于取消和下放一批行政许可事项的决定》，取消和下放了冗余的行政许可事项，减轻社会公众程序负担，正体现了高效便民原则。D 项正确。

2.【答案】ABC

【考点】行政协议案件的审理

【详解】《行政诉讼法》第 12 条第 1 款第 11 项规定，行政相对人认为行政机关不依法履行、未按照约定履行或者违法变更、解除政府特许经营协议、土地房屋征收补偿协议等协议的，属于行政诉讼受案范围。因此，房屋征收补偿协议争议属于行政诉讼受案范围，当事人之间围绕该协议的订立、履行发生争议的，应当通过行政诉讼途径解决。A 项正确。《最高人民法院关于审理行政协议案件若干问题的规定》第 11 条规定："人民法院审理行政协议案件，应当对被告订立、履行、变更、解除行政协议的行为是否具有法定职权、是否滥用职权、适用法律法规是否正确、是否遵守法定程序、是否明显不当、是否履行相应法定职责进行合法性审查。原告认为被告未依法或者未按照约定履行行政协议的，人民法院应当针对其诉讼请求，对被告是否具有相应义务或者履行相应义务等进行审查。"B 项正确。《最高人民法院关于审理行政协议案件若干问题的规定》第 7 条规定："当事人书面协议约定选择被告所在地、原告所在地、协议履行地、协议订立地、标的物所在地等与争议有实际联系地点的人民法院管辖的，人民法院从其约

定，但违反级别管辖和专属管辖的除外。"据此，在行政协议订立时，当事人之间可以就案件的管辖法院事先作出约定，但不得违反行政诉讼法规定的法定管辖制度。《行政诉讼法》第 15 条规定："中级人民法院管辖下列第一审行政案件：（一）对国务院部门或者县级以上地方人民政府所作的行政行为提起诉讼的案件……"故以区县政府作为被告的案件，法律规定由中级人民法院管辖。C 项正确。《最高人民法院关于审理行政协议案件若干问题的规定》第 12 条规定："行政协议存在行政诉讼法第七十五条规定的重大且明显违法情形的，人民法院应当确认行政协议无效。人民法院可以适用民事法律规范确认行政协议无效。行政协议无效的原因在一审法庭辩论终结前消除的，人民法院可以确认行政协议有效。"据此可知，D 项错误。

2023 年

【答案】BC

【考点】行政诉讼撤诉；行政法的基本原则

【详解】《行政诉讼法》第 3 条第 3 款规定："被诉行政机关负责人应当出庭应诉。不能出庭的，应当委托行政机关相应的工作人员出庭。"负责人出庭属于履行行政诉讼法规定的职责和义务，是执法行为合法性而非合理性的体现。A 项错误。积极守法一般是指社会成员依据法律规定，积极地行使自己的权利。消极守法则是指社会成员依据法律规定，不为法律所禁止的行为，或为法律所要求的行为。原告得到被告承诺后撤诉属于积极行使诉权的体现。B 项正确。只有政府自身是诚实守信的，方可取信于民，获得公信力。C 项正确。如果案件没有撤诉继续审理，法院经审理被告县政府未依法履行给付义务，则应判决被告履行给付义务。仅确认被告不履行给付义务违法是不够的，并未最终解决行政争议。D 项错误。

民 法

1.【答案】D

【考点】权利义务相一致原则；不当得利的成立要件；行政法律关系；无主财产的归属

【详解】本题中的 6 万元赔偿费的权利人应该是死者的继承人，因为本案中虽然未找到权利人，但并不意味着没有权利人；同时，权利义务相一致原则指的是权利人在享有权利的同时应承担相应的义务，题目所述的情况与本原则不符。因此 A 项错误。《民法典》第 122 条规定，因他人没有法律根据，取得不当利益，受损失的人有权请求其返还不当利益。据此，不当得利的构成要件有四：（1）一方取得财产利益；（2）一方受有损失；（3）取得利益与所受损失之间有因果关系；（4）没有法律根据。本题中，交警大队只是代收 6 万元，并未取得财产利益，因此不构成不当得利，故 B 项错误。行政法律关系，是指受行政法律规范调整的因行政行为而形成或产生的各种权利义务关系。行政法律关系的产生往往以行政主体通过行政程序所作出的单方面的行政行为为根据，具有不平等性。本题中，交警大队实际上有两个行为，一是确定交通事故责任的归属，这是行政行为无疑，也看得出明显的不平等性；但是第二个行为，预收赔偿费并商定转交，这并不是行政行为，否则不会"商定"，因此后一行为并不会产生行政法律关系，故 C 项错误。《民法典》第 1160 条规定，无人继承又无人受遗赠的遗产，归国家所有，用于公益事业；死者生前是集体所有制组织成员的，归所在集体所有制组织所有。据此 D 项正确。

2.【答案】D

【考点】收养的解除

【详解】《民法典》第 1114 条第 1 款规定，收养人在被收养人成年以前，不得解除收养关系，但是收养人、送养人双方协议解除的除外。养子女 8 周岁以上的，应当征得本人同意。据此 A 项错误。本题中，由于李某解除收养协议经过了张某的同意，因此无须承担违约责任，故 B 项错误。C 项缺乏法律依据，错误。收养协议解除后，李某收取的 10 万元丧失了法律根据，因此构成不当得利，应予返还，故 D 项正确。

3.【答案】D

【考点】格式条款的无效；合同的成立；合同的解释

【详解】《民法典》第 490 条规定，当事人采用合同书形式订立合同的，自当事人均签名、盖章或者按指印时合同成立。本题中，在甲公司和乙公司的货运合同关系上，因两家公司的盖章合同关系成立。而在甲公司和乙公司法定代表人李红之间是一个保证合同关系，因甲公司的盖章和李红的签字而在双方当事人之间产生保证合同关系。此时，李红的签字系代表其个人，不是代表乙公司，乙公司是以盖章作出意思表示的。《民法典》第 497 条规定，有下列情形之一的，该格式条款无效：（1）具有本法第一编第六章第三节和本法第 506 条规定的无效情形；（2）提供格式条款一方不合理地免除或者减轻其责任、加重对方责任、限制对方主要权利；（3）提供格式条款一方排除对方主要权利。AC 项均与此不符，因此错误。B 项错误是十分明显的，合同的签字不必签在条款处。D 项，争议的焦点在于《货运代理合同》第 4 条中的"法定代表人"究竟是指的签字时的法定代表人还是包括签字后的任何法定代表人？《民法典》第 61 条规定，法定代表人以法人名义从事的民事活动，其法律后果由法人承受。合同的解释在文义解释无法解决时可以通过体系解释（即上下文解释）进一步进行，纵观合同的上下文，如前所述，在保证合同关系中，保证人是以其个人身份参与到法律关系中并以其个人财产承担保证责任的，因此保证人的签字只能代表其个人，不能对第三人产生效力，除非该第三人签字同意。故 D 项正确。

4.【答案】D

【考点】公益捐款的性质与归属；公平原则；公序良俗原则

【详解】宗某患尿毒症，其所在单位甲公司组织员工捐款 20 万元用于救治宗某。根据《公益事业捐赠法》第 3 条规定，救助灾害、救济贫困、扶助残疾人等困难的社会群体和个人的活动属于公益事业。因此，这种捐款活动应该属于公益募捐行为，其中，甲公司是募捐人，宗某是受益人，甲公司的员工是捐款人。甲公司是募捐人，起到了中介作用，可以监管和使用捐款，但不能获得募捐款的所有权，因此 A 项错误。根据《民法典》第 6 条规定，民事主体从事民事活动，应当遵循公平原则，合理确定各方的权利和义务。根据《民法典》第 8 条规定，民事主体从事民事活动，不得违反法律，不得违背公序良俗。甲公司的员工为宗某捐款的目的在于治疗宗某的疾病，募捐款具有特定的用途，宗某因医治无效而死亡，将剩余的募捐款作为遗产由宗某的继承人继承，违反了民法上的公平原则和公序良俗原则，同时也不符合捐款人的真实意思，因此 B 项错误。捐款人将财产捐出，意味着捐款人自动放弃了财产的所有权，因此，余下的 5 万元不应归还给员工，C 项错误。根据《公益事业捐赠法》第 5 条规定，捐赠财产的使用应当尊重捐赠人的意愿，符合公益目的，不得将捐赠财产挪作他用。该笔募捐款的用途已经特定化，故应将剩余的 5 万元捐款用于同类的公益事业，因此，D 项正确。

5.【答案】A

【考点】诉讼时效的法律效果；要约

【详解】诉讼时效期间届满的债权，它的性质是自然债权，不受法律强制力保护。它所对应的债务也是自然债务。传统上，债权具有给付请求权、给付受领权和债权保护请求权三项权能，在效力上分别体现为债的请求力、保有力和强制执行力。作为法律规定的债务具有上述权能与效力，是一种完全之债，而自然债务系因其欠缺债的部分权能和效力，故有学者称自然债务为不完全债务，并将自然债务定义为"失去法律强制力保护，不得请求强制执行的债务"。因此，就自然债务方面而论，乙公司需要向甲公司清偿 10 万元债务，只是在乙公司提出时效抗辩的情形下，这 10 万元债务甲公司不能请求法院保护而已。根据《民法典》第 192 条的规定，诉讼时效期间届满的，义务人可以提出不履行义务的抗辩。诉讼时效期间届满后，义务人同意履行的，不得以诉讼时效期间届满为由抗辩；义务人已自愿履行的，不得请求返还。因此，乙公司书面答复的效力在于其同意履行 3 万元的意思表示使对方的债权具有了法律强制力，甲公司的债权在 3 万元范围内恢复了强制执行力。因此仅从强制执行力方面论，本题 A 项正确。由于乙公司仅放弃了 10 万元中 3 万元的时效利益，因此 D 项错误。本题中，乙公司的书面回函中"既然你公司起诉，则不再偿还任何贷款"的表述在法律上对甲公司是无效的。因为作为自然债务，它仍然还是债，债务既然存在，就有义务偿还。自然债权这个债权，只是在权能上缺乏了一项，而不是债权整体上不存在了。既然债权仍然存在，那么其所对应的义务当然也存在，并没有完全丧失，只是权利人不能请求强制执行这个债务而已。因此，C 项错误。本题中，乙公司的书面答复并非为了与甲公司订立合同，而要约是欲与他人订立合同的意思表示，乙公司的书面答复因不具有缔约意图而不构成要约，因此 B 项错误。

6.【答案】B

【考点】违约责任和侵权责任的归责原则

【详解】根据《民法典》第 577 条规定，当事人一方不履行合同义务或者履行合同义务不符合约定的，应当承担继续履行、采取补救措施或者赔偿损失等违约责任。违约责任的归责原则是严格责任原则或无过错责任原则，而一般侵权责任的归责原则是过错责任原则。本题中，张某和李某之间就 10 万元暂存在李某处以及到期返还 6 万元是有约定的，因此构成合同关系。但李某未能返还 6 万元并非李某的过错，因此不符合侵权责任的归责原则，不可能构成侵权，但符合违约责任的归责原则，构成违约。因此本题选 B 项。至于数额问题，是 6 万元还是 5 万元，这在当事人的意思自治范围内，其约定有效，按 6：4 分割并无问题，AC 两项属于干扰项。

7.【答案】C

【考点】抵销权与第三人质权的冲突

【详解】本题中，甲公司对乙公司拥有 10 万元债权，丙银行对甲公司拥有债权质权，乙公司对甲公司拥有 2 万元债权。如果乙公司提出抗辩，鉴于其行使抵销权的条件已经具备，必然会对甲公司提出行使抵销权。尽管乙公司行使抵销权会使丙银行的债权质权有所贬损，但是目前的法律并未规定债权人行使抵销权时受此限制，且《民法典》第 433 条规定，因不可归责于质权人的事由可能使质押财产毁损或者价值明显减少，足以危害质权人权利的，质权人有权请求出质人提供相应的担保；出质人不提供的，质权人可以拍卖、变卖质押财产，并与出质人通过协议将拍卖、变卖所得的价款提前清偿债务或者提存。《民法典》第 568 条第 1 款规定，当事人互负债务，该债务的标的物种类、品质相同的，任何一方可以将自己的债务与对方的到期债务抵销；但是，根据债务性质、按照当事人约定或者依照法律规定不得抵销的除外。由此可见，乙公司可以行使抵销权。据此，丙银行的债权质权为 8 万元，C 项正确。

8.【答案】A

【考点】担保物权的竞存

【详解】《民法典》第 392 条规定，被担保的债权既有物的担保又有人的担保的，债务人不履行到期债务或者发生当事人约定的实现担保物权的情形，债权人应当按照约定实现债权；没有约定或者约定不明确，债务人自己提供物的担保的，债权人应当先就该物的担保实现债权；第三人提供物的担保的，债权人可以就物的担保实现债权，也可以请求保证人承担保证责任。提供担保的第三人承担担保责任后，有权向债务人追偿。依此条规定，本题 A 项正确，其他均错误。

9.【答案】D

【考点】拾得遗失物；占有的保护

【详解】《民法典》第 314 条规定，拾得遗失物，应当返还权利人。拾得人应当及时通知权利人领取，或者送交公安等有关部门。据此 A 项错误。《民法典》第 462 条第 1 款规定，占有的不动产或者动产被侵占的，占有人有权请求返还原物；对妨害占有的行为，占有人有权请求排除妨害或者消除危险；因侵占或者妨害造成损害的，占有人有权依法请求损害赔偿。但本题中李某已经将小羊交给了王某，已经无从返还，而王某是小羊的所有权人，张某不得要求王某返还。因此 BC 项错误，D 项正确。

10.【答案】A

【考点】 保证期间

【详解】《民法典》第 692 条第 1、2 款规定："保证期间是确定保证人承担保证责任的期间，不发生中止、中断和延长。债权人与保证人可以约定保证期间，但是约定的保证期间早于主债务履行期限或者与主债务履行期限同时届满的，视为没有约定；没有约定或者约定不明确的，保证期间为主债务履行期限届满之日起六个月。"《民法典》第 695 条第 2 款规定："债权人和债务人变更主债权债务合同的履行期限，未经保证人书面同意的，保证期间不受影响。"本题中，保证合同未约定保证方式和保证期间，故保证期间应为主债务履行期限届满之日起 6 个月。由于甲公司同意乙公司将三笔还款均顺延 3 个月的约定，未经保证人丙公司书面同意，故丙公司对甲公司与乙公司之间三笔借款的保证期间的截止日期，仍分别为 2013 年 1 月 31 日、2013 年 2 月 28 日、2013 年 3 月 31 日。《民法典》第 693 条规定："一般保证的债权人未在保证期间对债务人提起诉讼或者申请仲裁的，保证人不再承担保证责任。连带责任保证的债权人未在保证期间请求保证人承担保证责任的，保证人不再承担保证责任。"甲公司要求丙公司承担保证责任的时间为 2013 年 3 月 15 日，根据上述分析，只有应于 2012 年 9 月 30 日归还的 300 万元债权尚在保证期间内。据此，A 项正确，BCD 项错误。

11.【答案】D

【考点】 指示交付；个人劳务关系中的责任

【详解】《民法典》第 593 条规定，当事人一方因第三人的原因造成违约的，应当依法向对方承担违约责任。当事人一方和第三人之间的纠纷，依照法律规定或者按照约定处理。本题中，方某与余某存在合同关系，余某与朱某存在合同关系。因此汤某无权要求余某承担违约责任，但方某有权要求余某承担违约责任，A 项错误，D 项正确。《民法典》第 227 条规定，动产物权设立和转让前，第三人占有该动产的，负有交付义务的人可以通过转让请求第三人返还原物的权利代替交付。因此，玉器在被朱某碰坏之前其所有权已经归汤某所有，方某无权请求他人承担侵权责任；而作为所有权人，汤某若追究侵权责任，只能要求余某承担侵权责任，其法律依据在于《民法典》第 1192 条第 1 款的规定，个人之间形成劳务关系，提供劳务一方因劳务造成他人损害的，由接受劳务一

方承担侵权责任。接受劳务一方承担侵权责任后，可以向有故意或者重大过失的提供劳务一方追偿。提供劳务一方因劳务受到损害的，根据双方各自的过错承担相应的责任。提供劳务期间，因第三人的行为造成提供劳务一方损害的，提供劳务一方有权请求第三人承担侵权责任，也有权请求接受劳务一方给予补偿。接受劳务一方补偿后，可以向第三人追偿。因此，BC 项皆错误。

12.【答案】A

【考点】 解除合同的条件；先履行抗辩权

【详解】《民法典》第 563 条第 1 款规定，有下列情形之一的，当事人可以解除合同：（1）因不可抗力致使不能实现合同目的；（2）在履行期限届满之前，当事人一方明确表示或者以自己的行为表明不履行主要债务；（3）当事人一方迟延履行主要债务，经催告后在合理期限内仍未履行；（4）当事人一方迟延履行债务或者有其他违约行为致使不能实现合同目的；（5）法律规定的其他情形。据此乙公司无权解除合同，B 项错误。《民法典》第 526 条规定，当事人互负债务，有先后履行顺序，应当先履行债务一方未履行的，后履行一方有权拒绝其履行请求。先履行一方履行债务不符合约定的，后履行一方有权拒绝其相应的履行请求。本题中，甲公司迟延付款是乙公司的原因造成的，乙公司不享有先履行抗辩权，因此 C 项错误。提高合同价格，实际上是变更合同。乙公司不具备《民法典》规定的变更合同的条件，因此 D 项错误。《民法典》第 577 条规定，当事人一方不履行合同义务或者履行合同义务不符合约定的，应当承担继续履行、采取补救措施或者赔偿损失等违约责任。本题中，甲公司的迟延付款是乙公司的原因造成的，因此不能认定甲公司违约，A 项正确。

13.【答案】A

【考点】 债务抵充

【详解】《民法典》第 560 条规定，债务人对同一债权人负担的数项债务种类相同，债务人的给付不足以清偿全部债务的，除当事人另有约定外，由债务人在清偿时指定其履行的债务。债务人未作指定的，应当优先履行已经到期的债务；数项债务均到期的，优先履行对债权人缺乏担保或者担保最少的债务；均无担保或者担保相等的，优先履行债务人负担较重的债务；负担相同的，按照债务到期的先后顺序履行；到期时间相同的，按照债务比例履行。由题意可见，2006 年的借款已经到期，而 2009 年的借款尚未到期，据此本题 A 项正确。

14.【答案】C

【考点】 一房数租的履行顺序；合同的解除条件

【详解】《民法典》第 703 条规定，租赁合同是出租人将租赁物交付承租人使用、收益，承租人支付租金的合同。《最高人民法院关于审理城镇房屋租赁

合同纠纷案件具体应用法律若干问题的解释》（以下简称《城镇房屋租赁合同解释》）第5条规定，出租人就同一房屋订立数份租赁合同，在合同均有效的情况下，承租人均主张履行合同的，人民法院按照下列顺序确定履行合同的承租人：（1）已经合法占有租赁房屋的；（2）已经办理登记备案手续的；（3）合同成立在先的。不能取得租赁房屋的承租人请求解除合同、赔偿损失的，依照民法典的有关规定处理。据此，AB项错误。此外，陈某与孙某没有合同关系，D项显然表述错误。孙某将房屋事先出租给王某并已交付，导致李某无法实现合同目的，根据《民法典》第563条的规定，李某有权解除合同，并可要求孙某承担违约责任。

15.【答案】D

【考点】 自愿原则；保证人的免责事由；保证人的追索权；银行分支机构的诉讼地位

【详解】 民事主体从事民事活动，应当遵循自愿原则，按照自己的意思设立、变更、终止民事法律关系。李某和甲银行的特别约定是自愿原则的具体体现，应当认为合法有效。故A项错误。本题中，李某不存在法定免责事由，应当承担保证责任。故B项错误。《民法典》第700条规定，保证人承担保证责任后，除当事人另有约定外，有权在其承担保证责任的范围内向债务人追偿，享有债权人对债务人的权利，但是不得损害债权人的利益。由此可知，只要保证人李某向乙支行承担了保证责任，就有权向债务人张某追偿，不必非要等到乙支行收回20万元的全部借款本息之后才能行使追偿权。故C项错误。根据《民事诉讼法》第51条和《最高人民法院关于适用〈中华人民共和国民事诉讼法〉的解释》（以下简称《民诉解释》）第52条第6项的规定，依法设立并领取营业执照的商业银行、政策性银行和非银行金融机构的分支机构可作为民事诉讼的当事人，由其主要负责人进行诉讼。由此可见，银行的分支机构是以自己的名义行使诉讼权利的，因此自然应以自己的名义进行追索，D项正确。

16.【答案】D

【考点】 无因管理的构成要件和法律效果

【详解】《民法典》第979条规定，管理人没有法定的或者约定的义务，为避免他人利益受损失而管理他人事务的，可以请求受益人偿还因管理事务而支出的必要费用；管理人因管理事务受到损失的，可以请求受益人给予适当补偿。管理事务不符合受益人真实意思的，管理人不享有前款规定的权利；但是，受益人的真实意思违反法律或者违背公序良俗的除外。由此可知无因管理的构成要件有三：（1）管理他人事务；（2）有为他人管理的意思；（3）没有法定的或者约定的义务。本题中，甲的救火行为虽然主观上最终是为自己，但也有为他人管理的意思。只要有为

他人管理的意思，即使同时有为自己管理的意思，在构成无因管理方面不受影响，因此甲的救火行为构成无因管理。而乙是房屋的所有人；丙是房屋的使用人，有财产在房屋中，因此二人均因甲的救火行为而受益，甲均可要求他们就自己救火时受到的损失进行赔偿。据此，ABC三项均错误。甲的救火行为虽然在客观上使保险公司减少了理赔数额，但甲救火时并无为A公司管理的意思，因此D项正确。

17.【答案】B

【考点】 用人单位的工作人员致人损害的侵权责任

【详解】《民法典》第1191条规定，用人单位的工作人员因执行工作任务造成他人损害的，由用人单位承担侵权责任。用人单位承担侵权责任后，可以向有故意或者重大过失的工作人员追偿。劳务派遣期间，被派遣的工作人员因执行工作任务造成他人损害的，由接受劳务派遣的用工单位承担侵权责任；劳务派遣单位有过错的，承担相应的责任。本题中，用人单位的工作人员执行职务时对他人侵权的，由用人单位承担无过错的侵权责任。本题选B项，其他三项存在明显错误。

18.【答案】D

【考点】 医疗侵权；侵犯名誉权

【详解】 欣欣医院与欢欢就手术行为构成医疗服务的合同关系，欣欣医院明显构成违约。根据《民法典》第1218条规定，患者在诊疗活动中受到损害，医疗机构或者其医务人员有过错的，由医疗机构承担赔偿责任。欣欣医院亦构成侵权。据此A项正确，不选。欢欢的精神损害赔偿金是欢欢的遗产，其继承人当然可以继承，因此B项正确，不选。《民法典》第1024条规定，民事主体享有名誉权。任何组织或者个人不得以侮辱、诽谤等方式侵害他人的名誉权。名誉是对民事主体的品德、声望、才能、信用等的社会评价。欢欢去世后，其民事权利能力随之消灭，不再具有民事主体资格，但是自然人死亡后，其姓名、肖像、名誉、荣誉和隐私仍受法律保护，这是一种对人格利益的保护。因此洋洋的杜撰行为侵犯的是欢欢的名誉权，因此C项正确，不选。根据《民法典》第994条规定，死者的姓名、肖像、名誉、荣誉、隐私、遗体等受到侵害的，其配偶、子女、父母有权依法请求行为人承担民事责任；死者没有配偶、子女并且父母已经死亡的，其他近亲属有权依法请求行为人承担民事责任。可见，被侵权人死亡，其民事权利能力随之消灭，不再具有民事主体资格。因此，即便其配偶、子女、父母可以向侵权人追究侵权责任，只能以配偶、子女、父母自己的名义进行追索，而不能冠以死者的名义。据此，D项错误，当选。

19.【答案】D

【考点】 夫妻共有财产；共同共有财产的分割

【详解】《民法典》第 1065 条第 1 款规定，男女双方可以约定婚姻关系存续期间所得的财产以及婚前财产归各自所有、共同所有或者部分各自所有、部分共同所有。约定应当采用书面形式。没有约定或者约定不明确的，适用本法第 1062 条、第 1063 条的规定。《民法典》第 209 条第 1 款规定，不动产物权的设立、变更、转让和消灭，经依法登记，发生效力；未经登记，不发生效力，但是法律另有规定的除外。本题中，甲乙间并未对门面房进行物权变动登记，因此该财产的所有权还是属于甲，二人离婚时，不能对不属于共同财产的房屋进行财产分割。因此 A 项正确，不选。根据题意，甲系与丁经协商从夫妻共同财产中支取 20 万元，因此是在处分共同财产。但是，20 万元中，有甲和丁两人的财产份额，因此，就丁的份额，应按双方签订的借款协议处理，因此 BC 项正确，不选。《民法典》第 303 条规定，共有人约定不得分割共有的不动产或者动产，以维持共有关系的，应当按照约定，但是共有人有重大理由需要分割的，可以请求分割；没有约定或者约定不明确的，按份共有人可以随时请求分割，共同共有人在共有的基础丧失或者有重大理由需要分割时可以请求分割。因分割造成其他共有人损害的，应当给予赔偿。由此，D 项错误，当选。

20.【答案】A

【考点】遗嘱的撤销

【详解】根据《民法典》第 1142 条规定，遗嘱人可以撤回、变更自己所立的遗嘱。立遗嘱后，遗嘱人实施与遗嘱内容相反的民事法律行为的，视为对遗嘱相关内容的撤回。立有数份遗嘱，内容相抵触的，以最后的遗嘱为准。根据《民法典》第 1136 条规定，打印遗嘱应当有两个以上见证人在场见证。遗嘱人和见证人应当在遗嘱每一页签名，注明年、月、日。根据《民法典》第 1137 条规定，以录音录像形式立的遗嘱，应当有两个以上见证人在场见证。遗嘱人和见证人应当在录音录像中记录其姓名或者肖像，以及年、月、日。根据《民法典》第 1138 条规定，遗嘱人在危急情况下，可以立口头遗嘱。口头遗嘱应当有两个以上见证人在场见证。危急情况消除后，遗嘱人能够以书面或者录音录像形式立遗嘱的，所立的口头遗嘱无效。由此可见，第二份、第三份遗嘱均未符合法律规定的遗嘱的形式要件，系无效遗嘱，唯有第一份遗嘱有效，故本题选 A 项。

21.【答案】AB

【考点】合同解除的条件及其效力；缔约过失责任

【详解】《最高人民法院关于审理商品房买卖合同纠纷案件适用法律若干问题的解释》（以下简称《商品房买卖合同解释》）第 3 条规定，商品房的销售广告和宣传资料为要约邀请，但是出卖人就商品房开发规划范围内的房屋及相关设施所作的说明和允诺具体确定，并对商品房买卖合同的订立以及房屋价格的确定有重大影响的，构成要约。该说明和允诺即使未载入商品房买卖合同，亦应当视为合同内容，当事人违反的，应当承担违约责任。本题中，张某为了健身方便而购买了某小区的商品房，收房时却发现小区的建设与小区的平面图和项目说明书不相符，导致其购房的目的无法实现。《民法典》第 563 条规定，当事人一方迟延履行债务或者有其他违约行为致使不能实现合同目的，当事人可以解除合同。由于甲公司的虚假宣传致张某不能实现合同目的，张某有权解除合同退房，故 A 项正确。《民法典》第 500 条规定，当事人在订立合同过程中有下列情形之一，造成对方损失的，应当承担赔偿责任：（1）假借订立合同，恶意进行磋商；（2）故意隐瞒与订立合同有关的重要事实或者提供虚假情况；（3）有其他违背诚信原则的行为。甲公司违背诚实信用原则，构成欺诈，应承担缔约过失责任，故 B 项正确。C 项请求无法律依据，故 C 项错误。《民法典》第 566 条第 1 款规定，合同解除后，尚未履行的，终止履行；已经履行的，根据履行情况和合同性质，当事人可以请求恢复原状或者采取其他补救措施，并有权请求赔偿损失。据此，合同解除与承担违约责任之间并不冲突，可以并用，故 D 项错误。

22.【答案】CD

【考点】表见代理

【详解】《民法典》第 172 条规定，行为人没有代理权、超越代理权或者代理权终止后，仍然实施代理行为，相对人有理由相信行为人有代理权的，代理行为有效。本题考查对"有理由相信"的理解。实践中，公司在合同上盖章，可以盖公章，也可以盖合同专用章，均为有效，因此这一点足以令温某"有理由相信"。由于授权委托书系加盖合同专用章，因此温某无须向甲公司核实即构成"有理由相信"。但是，如果如 C 项所言，那么吴某显然是超越了代理权；如 D 项所言，则吴某是代理权已经终止。这两种情形不可能构成温某的"有理由相信"，因此本题答案为 CD。

23.【答案】ABCD

【考点】诉讼时效

【详解】根据《民法典》第 196 条的规定，下列请求权不适用诉讼时效的规定：（1）请求停止侵害、排除妨碍、消除危险；（2）不动产物权和登记的动产物权的权利人请求返还财产；（3）请求支付抚养费、赡养费或者扶养费；（4）依法不适用诉讼时效的其他请求权。由此可知，适用诉讼时效的权利大多是债权请求权、继承请求权。本题中，A 项是形成权；B 项是诉权；C 项公共维修基金为业主共有，业主大会对该项基金的使用拥有决策权，请求业主缴付维修基金是业主赋予业主大会的权利，是一种业主自治性的权利，具有社员权的属性；D 项则是支配权。因此均不适用诉讼时效。

24.【答案】ABD

【考点】债权撤销权；合同的无效

【详解】《民法典》第 538 条规定，债务人以放弃其债权、放弃债权担保、无偿转让财产等方式无偿处分财产权益，或者恶意延长其到期债权的履行期限，影响债权人的债权实现的，债权人可以请求人民法院撤销债务人的行为。《民法典》第 539 条规定，债务人以明显不合理的低价转让财产、以明显不合理的高价受让他人财产或者为他人的债务提供担保，影响债权人的债权实现，债务人的相对人知道或者应当知道该情形的，债权人可以请求人民法院撤销债务人的行为。本题中，杜某转让房屋的价格为市值的75%，尚不构成明显不合理的低价，据此 A 项错误，当选。《民法典》第 215 条规定，当事人之间订立有关设立、变更、转让和消灭不动产物权的合同，除法律另有规定或者当事人另有约定外，自合同成立时生效；未办理物权登记的，不影响合同效力。据此 B 项错误，当选。《民法典》第 154 条规定，行为人与相对人恶意串通，损害他人合法权益的民事法律行为无效。据此 C 项正确，不当选。D 项错误比较明显，债权的核心是请求权，其行使尚需债务人的配合，因此不能像物权等支配权那样行使。据此 D 项错误，当选。

25.【答案】ABCD（原答案为 BCD）

【考点】更正登记；异议登记；物权的保护

【详解】《民法典》第 220 条第 1 款规定，权利人、利害关系人认为不动产登记簿记载的事项错误的，可以申请更正登记。不动产登记簿记载的权利人书面同意更正或者有证据证明登记确有错误的，登记机构应当予以更正。据此，刘某可以申请更正登记，至于最终是否予以更正登记，则属于登记机构的审查事项，不影响刘某申请的权利。故 A 项正确。《民法典》第 220 条第 2 款规定，不动产登记簿记载的权利人不同意更正的，利害关系人可以申请异议登记。登记机构予以异议登记，申请人自异议登记之日起 15日内不提起诉讼的，异议登记失效。异议登记不当，造成权利人损害的，权利人可以向申请人请求损害赔偿。故 B 项正确。《民法典》第 234 条规定，因物权的归属、内容发生争议的，利害关系人可以请求确认权利。刘某在申请异议登记之后，可向法院请求确认自己为房屋的权利人。故 C 项正确。《民法典》第229 条规定，因人民法院、仲裁机构的法律文书或者人民政府的征收决定等，导致物权设立、变更、转让或者消灭的，自法律文书或者征收决定等生效时发生效力。可见，如果确权之诉成功，刘某即被确认为房屋的所有权人，同时，可以依据法院判决，请求房管部门将房屋变更登记到自己的名下，故 D 项正确。

26.【答案】AD

【考点】土地承包经营权的取得；流转

【详解】《民法典》第 333 条第 1 款规定，土地承包经营权自土地承包经营合同生效时设立。据此 A 项正确。《民法典》第 335 条规定，土地承包经营权人将土地承包经营权互换、转让的，当事人可以向登记机构申请登记；未经登记，不得对抗善意第三人。据此 B 项错误。《农村土地承包法》第 32 条规定，承包人应得的承包收益，依照《继承法》（《民法典》继承编）的规定继承。林地承包的承包人死亡，其继承人可以在承包期内继续承包。据此 D 项正确。耕地的承包系家庭承包，《民法典》与《农村土地承包法》均未规定可以继承，因此 C 项错误。

27.【答案】ACD

【考点】以物抵债；抵押权当事人的权利

【详解】本题中，王某与李某之间，通过协议将无偿租住房屋代替支付借款。这种情况在法律上被称为以物抵债。以物抵债的构成要件及其法律效果在我国法律中并无规定，实务中以当事人之间的约定按照无名合同来处理。就本题而言，双方均有以无偿租住房屋代替原来借款之债的意思，因此 A 项正确。李某的租赁权在张某的抵押权之后产生，《民法典》第 405 条规定，抵押权设立前，抵押财产已经出租并转移占有的，原租赁关系不受该抵押权的影响。据此 B 项错误。C 项明显正确，不再赘述。D 项，王某将房屋无偿给李某租住 1 年，理应使李某能够正常居住，李某的租赁权不应有无法实现的障碍。因此，D 项正确。

28.【答案】BD

【考点】物权的保护；占有的保护

【详解】本题中，徐某未经许可而扩建房屋，该房屋系违章建筑，不可能因此而取得房屋的所有权，A 项错误十分明显。《民法典》第 462 条第 1 款规定，占有的不动产或者动产被侵占的，占有人有权请求返还原物；对妨害占有的行为，占有人有权请求排除妨害或者消除危险；因侵占或者妨害造成损害的，占有人有权依法请求损害赔偿。因此 B 项正确，C 项错误。徐某自住房的墙砖被毁坏，《民法典》第 238 条规定，侵害物权，造成权利人损害的，权利人可以依法请求损害赔偿，也可以依法请求承担其他民事责任。据此 D 项正确。

29.【答案】ABD

【考点】附条件合同；不定期租赁的法律效果

【详解】《民法典》第 730 条规定，当事人对租赁期限没有约定或者约定不明确，依据本法第 510 条的规定仍不能确定的，视为不定期租赁；当事人可以随时解除合同，但是应当在合理期限之前通知对方。据此，当事人可以随时解除合同，但出租人解除合同应当在合理期限之前通知承租人。但本题中的租赁并非不定期租赁，不定期租赁不在于无法计算期限长度，而是根本就没有约定期限或者视为没有约定期限。而本题中约定了租赁的期限，期限的终期为"刘某出现并还清货款"，尽管这个期限目前还无法计算它的长度。因此，合同的双方当事人都不能像不定期租赁那样可以随时解除合同。据此 AB 项表述均不正确。《民法典》第 158 条规定，民事法律行为可以附条件，但是根据其性质不得附条件的除外。附生效条件的民事法律行为，自条件成就时生效。附解除条件的民事法律行为，自条件成就时失效。《民法典》第 160 条规定，民事法律行为可以附期限，但是根据其性质不得附期限的除外。附生效期限的民事法律行为，自期限届至时生效。附终止期限的民事法律行为，自期限届满时失效。据此，附条件合同和附期限合同的重要区别就在于附条件是无法肯定条件是否会发生，而附期限则是一定会届至的。本题中刘某能否出现是无法确定的，因此小刘与何某所签订的是一份附解除条件的合同，据此 C 项正确，D 项错误。根据题意，本题答案为 ABD。

30.【答案】CD

【考点】 供应电、水、气、热力合同

【详解】《民法典》第 654 条规定，用电人应当按照国家有关规定和当事人的约定及时支付电费。用电人逾期不支付电费的，应当按照约定支付违约金。经催告用电人在合理期限内仍不支付电费和违约金的，供电人可以按照国家规定的程序中止供电。供电人依照前款规定中止供电的，应当事先通知用电人。《民法典》第 656 条规定，供用水、供用气、供用热力合同，参照适用供用电合同的有关规定。由此可见，本题应选 CD。

31.【答案】AC

【考点】 附条件赠与与附义务赠与的区别；不定期租赁的法律效果

【详解】 从题目的表述来看，本题中的赠与构成附条件的赠与。如果是附义务的赠与，应该表述为"公司资助中奖员工子女次年的教育费用，但员工不得离职"。因此 A 项正确，B 项错误。既然是附条件的赠与，由题意可见，这是一个附解除条件的赠与，员工离职，则所附解除条件生效，甲公司的给付义务也就解除了，因此 C 项正确。《民法典》第 658 条规定，赠与人在赠与财产的权利转移之前可以撤销赠与。经过公证的赠与合同或者依法不得撤销的具有救灾、扶贫、助残等公益、道德义务性质的赠与合同，不适用前款规定。据此，D 项错误。

32.【答案】BC

【考点】 法定继承人的范围与顺序

【详解】《民法典》第 1127 条规定，遗产按照下列顺序继承：（1）第一顺序：配偶、子女、父母；

（2）第二顺序：兄弟姐妹、祖父母、外祖父母。继承开始后，由第一顺序继承人继承，第二顺序继承人不继承；没有第一顺序继承人继承的，由第二顺序继承人继承。本编所称子女，包括婚生子女、非婚生子女、养子女和有扶养关系的继子女。本编所称父母，包括生父母、养父母和有扶养关系的继父母。本编所称兄弟姐妹，包括同父母的兄弟姐妹、同父异母或者同母异父的兄弟姐妹、养兄弟姐妹、有扶养关系的继兄弟姐妹。《民法典》第 1105 条第 1 款规定，收养应当向县级以上人民政府民政部门登记。收养关系自登记之日起成立。据此，本题正确答案为 BC。

33.【答案】AC

【考点】 个人劳务关系中的责任

【详解】《民法典》第 1192 条规定，个人之间形成劳务关系，提供劳务一方因劳务造成他人损害的，由接受劳务一方承担侵权责任。接受劳务一方承担侵权责任后，可以向有故意或者重大过失的提供劳务一方追偿。提供劳务一方因劳务受到损害的，根据双方各自的过错承担相应的责任。提供劳务期间，因第三人的行为造成提供劳务一方损害的，提供劳务一方有权请求第三人承担侵权责任，也有权请求接受劳务一方承担侵权责任。接受劳务一方补偿后，可以向第三人追偿。本题中，乙、丙与甲构成劳务关系，根据上述规定，正确答案为 AC。

34.【答案】CD

【考点】 客运合同当事人的权利与义务；用人单位的工作人员致人损害的侵权责任；旅游合同

【详解】《民法典》第 823 条规定，承运人应当对运输过程中旅客的伤亡承担赔偿责任；但是，伤亡是旅客自身健康原因造成的或者承运人证明伤亡是旅客故意、重大过失造成的除外。前款规定适用于按照规定免票、持优待票或者经承运人许可搭乘的无票旅客。《最高人民法院关于审理旅游纠纷案件适用法律若干问题的规定》第 10 条第 2 款规定，旅游经营者擅自将其旅游业务转让给其他旅游经营者，旅游者在旅游过程中遭受损害，请求与其签订旅游合同的旅游经营者和实际提供旅游服务的旅游经营者承担连带责任的，人民法院应予支持。本案中，黄某是丁公司的司机，其驾车是执行职务行为，因此对旅客的赔偿责任应由丁公司承担，而不是黄某。《道路交通安全法》第 76 条第 1 款规定，机动车发生交通事故造成人身伤亡、财产损失的，由保险公司在机动车第三者责任强制保险责任限额范围内予以赔偿；不足的部分，按照下列规定承担赔偿责任：（1）机动车之间发生交通事故的，由有过错的一方承担赔偿责任；双方都有过错的，按照各自过错的比例分担责任。（2）机动车与非机动车驾驶人、行人之间发生交通事故，非机动车驾驶人、行人没有过错的，由机动车一方承担赔偿责任；有证据证明非机动车驾驶人、行人有过错的，根据过

错程度适当减轻机动车一方的赔偿责任；机动车一方没有过错，承担不超过 10% 的赔偿责任。因此，就本题所述案件而言，甲可以要求乙旅行社、丙旅行社、丁公司、刘某承担损害赔偿责任，其中，乙旅行社、丙旅行社须承担连带责任，丁公司和刘某按照他们的过错承担相应的责任。据此，本题正确答案为 CD。

35.【答案】ABD

【考点】 无名合同；无权处分买卖合同的效力

【详解】 无名合同，是指我国法律没有规定其类型和内容的合同。《民法典》第 467 条第 1 款规定，本法或者其他法律没有明文规定的合同，适用本编通则的规定，并可以参照适用本编或者其他法律最相类似合同的规定。本题中所述合同我国法律中没有规定，因此是无名合同，A 项正确。丙公司的股权属于张某和方某，因此甲公司处分丙公司 10% 的股权构成无权处分，B 项正确。《民法典》第 597 条第 1 款规定，因出卖人未取得处分权致使标的物所有权不能转移的，买受人可以解除合同并请求出卖人承担违约责任。即无权处分合同有效，故 C 项错误，D 项正确。

36.【答案】AC

【考点】 合同解除的条件

【详解】《民法典》第 562 条规定，当事人协商一致，可以解除合同。当事人可以约定一方解除合同的事由。解除合同的事由发生时，解除权人可以解除合同。因此 A 项正确，B 项错误。《民法典》第 566 条第 1 款规定，合同解除后，尚未履行的，终止履行；已经履行的，根据履行情况和合同性质，当事人可以请求恢复原状或者采取其他补救措施，并有权请求赔偿损失。本题中的合同是可以恢复原状的，因此 C 项正确，D 项错误。

37.【答案】ABCD

【考点】 合同法律关系

【详解】《民法典》第 577 条规定，当事人一方不履行合同义务或者履行合同义务不符合约定的，应当承担继续履行、采取补救措施或者赔偿损失等违约责任。本题中，2013 年 5 月 1 日张某、方某与乙公司并无合同关系，因此 A 项错误。B 项无法律依据，因此表述错误。张某、方某与丙公司亦无合同关系，因此 C 项错误。向国土部门购买土地使用权的是丙公司，并非张某、方某，故 D 项表述也不正确。

38.【答案】A

【考点】 不安抗辩权成立的条件

【详解】 A 项显然正确。甲公司对乙公司提出的异议理由有两点：一是认为已经转让了股权，因此对方不能终止合同；二是要求支付 1000 万元尾款。这两点均不成立，因为 4000 万元对应的甲公司的义务是取得土地使用权，而非股权。对应股权的是 1000 万元，但是甲公司提出异议时履行期限尚未届至。因此 B 项错误，C 项错误。根据《民法典》第 527 条规定，应

当先履行债务的当事人，有确切证据证明对方有下列情形之一的，可以中止履行：（1）经营状况严重恶化；（2）转移财产、抽逃资金，以逃避债务；（3）丧失商业信誉；（4）有丧失或者可能丧失履行债务能力的其他情形。当事人没有确切证据中止履行的，应当承担违约责任。乙公司支付尾款的义务是在甲公司转让股权之后，是后履行义务的一方，而不安抗辩权是先履行义务的一方行使的权利，因此 D 项错误。

39.【答案】A

【考点】 合同的生效要件；合同的相对性

【详解】《合作协议二》是双方的真实意思表示，又没有违反法律、行政法规的效力性强制性规定，因此是有效的，A 项正确，BC 项错误。《民法典》第 543 条规定，当事人协商一致，可以变更合同。《合作协议一》是甲公司与乙公司之间签订的，而《合作协议二》是张某、方某与乙公司签订的，由于合同当事人不同，因此不属于合同的变更，《合作协议一》不能被《合作协议二》取代，D 项错误。

40.【答案】AC

【考点】 单方允诺；保证的性质；债务承担

【详解】 根据《民法典》第 134 条规定，民事法律行为可以基于双方或者多方的意思表示一致成立，也可以基于单方的意思表示成立。法人、非法人组织依照法律或者章程规定的议事方式和表决程序作出决议的，该决议行为成立。单方允诺是指表意人向相对人作出的为自己设定某种义务，使相对人取得某种权利的意思表示，本题中丁公司的《承诺函》符合单方允诺的构成，因此 A 项正确。保证是一种合同关系，它需要当事人双方的要约和承诺来形成保证合同。本题中乙公司未作出任何意思表示，因此不可能产生合同关系，B 项错误。债务承担是指在不改变合同的前提下，债权人、债务人通过与第三人订立转让债务的协议，将债务全部或者部分转移给第三人承担的法律现象。债务承担按照承担后债务人是否免责为标准，可分为免责的债务承担和并存的债务承担。其中免责的债务承担是指第三人代原债务人的地位而承担全部合同债务，使债务人脱离合同关系的债务承担方式。并存的债务承担是指债务人并不脱离合同关系，而由第三人加入合同关系当中，与债务人共同承担合同义务的债务承担方式。并存的债务承担我国法律并没有规定，理论上认为，由于第三人参与到现在的法律关系当中，对债权人只会有利不会有害，因此原则上并存的债务承担不需要债权人同意即可构成。因此，C 项正确，D 项错误。

2015 年

1.【答案】D

【考点】 法人的分类；财团法人；基金会法人

【详解】《民法典》第87条规定，为公益目的或者其他非营利目的成立，不向出资人、设立人或者会员分配所取得利润的法人，为非营利法人。非营利法人包括事业单位、社会团体、基金会、社会服务机构等。《民法典》第92条第1款规定，具备法人条件，为公益目的以捐助财产设立的基金会、社会服务机构等，经依法登记成立，取得捐助法人资格。本题中的基金会即属于我国法上的捐助法人。此外，依《基金会管理条例》第10条的规定，基金会章程是基金会登记的必备事项，而基金会章程必须明确基金会的公益性质，应当载明设立宗旨和公益活动的业务范围；再依该条例第15条的规定，基金会的登记事项需要变更的，应当向登记管理机关申请变更登记。基金会修改章程，应当征得其业务主管单位的同意，并报登记管理机关核准。综上，D为正确选项。

2.【答案】AC（原答案为C）

【考点】欺诈和重大误解的认定；可撤销行为的效力；撤销权的行使；违约责任的承担

【详解】本题中，甲在明知的情况下，将实际行驶里程8万公里，却标示行驶里程为4万公里的汽车，以高于市价7万元的价格出售给不知情的乙。一方当事人故意告知对方虚假情况，或者故意隐瞒真实情况，诱使对方当事人作出错误意思表示的，可以认定为欺诈行为，本题中甲的行为构成欺诈。《民法典》第148条规定，一方以欺诈手段，使对方在违背真实意思的情况下实施的民事法律行为，受欺诈方有权请求人民法院或者仲裁机构予以撤销。《民法典》不再规定受欺诈方有权请求法院变更民事法律行为，旨在将变更的权利交由当事人自己，即法院不再有权代当事人变更民事法律行为，故A项错误，当选。根据《民法典》第500条的规定，当事人在订立合同过程中故意隐瞒与订立合同有关的重要事实或者提供虚假情况，造成对方损失的，应当承担赔偿责任。如果乙撤销合同，依《民法典》第157条的规定，合同无效或者被撤销后，有过错的一方应当赔偿对方因此所受到的损失，故本题中D项正确；如果乙不撤销合同，依《民法典》第582条的规定，履行不符合约定的，应当按照当事人的约定承担违约责任。对违约责任没有约定或者约定不明，依据《民法典》第510条的规定仍不能确定的，受损害方根据标的的性质以及损失的大小，可以合理选择要求对方承担修理、更换、重作、退货、减少价款或者报酬等违约责任，故B项正确。行为人因对行为的性质、对方当事人、标的物的品种、质量、规格和数量等的错误认识，使行为的后果与自己的意思相悖，并造成较大损失的，可以认定为重大误解。本题中乙对标的物的质量有错误认识，构成重大误解。《民法典》第147条规定，基于重大误解实施的民事法律行为，行为人有权请求人民法院或者仲裁机构予以撤销。根据

这一规定，以重大误解为由请求撤销合同，应向法院或者仲裁机构提出，而非直接致函对方请求撤销合同，故C项错误。

3.【答案】D

【考点】欺诈的认定及效力；可撤销行为的效力；国家利益的认定

【详解】《民法典》第148条规定，一方以欺诈手段，使对方在违背真实意思的情况下实施的民事法律行为，受欺诈方有权请求人民法院或者仲裁机构予以撤销。本题中，甲公司与乙公司订立的合同中存在明显的欺诈，是可撤销合同，而不是无效合同。故本题中，AC项错误。可撤销的合同，在撤销之前是有效的，撤销权人只要没有行使撤销权，则合同就应当按照原来的内容来履行，如果不能履行的，则应当依据合同约定承担违约责任。故B项错误，D项正确。

4.【答案】D

【考点】委托合同；授予代理权的行为；限制行为能力人行为的效力

【详解】根据《民法典》第145条的规定，限制民事行为能力人订立的合同，经法定代理人追认后，该合同有效，但纯获利益的合同或者与其年龄、智力、精神健康状况相适应而订立的合同，不必经法定代理人追认。本题中，陈某属于限制民事行为能力人，标的价值为50万元的合同明显与其年龄、智力不相适应，而作为其法定代理人的陈某的父母知道后，明确表示反对，故该委托合同无效。由此可知，本题BC项均为错误。根据《民法典》第162条规定，代理人在代理权限内，以被代理人名义实施的民事法律行为，对被代理人发生效力。通说认为授予代理权的行为是单方行为，仅凭被代理人授权的意思表示即可发生效力，无需追认，故A项错误，D项正确。

5.【答案】A

【考点】更正登记；不动产善意取得的构成；无权处分的认定

【详解】本题中，《协议》的内容本身是明确的，就是房屋代购协议，不是借款购房关系。故C项错误。《民法典》第220条第1款规定，权利人、利害关系人认为不动产登记簿记载的事项错误的，可以申请更正登记。不动产登记簿记载的权利人书面同意更正或者有证据证明登记确有错误的，登记机构应当予以更正。故A项正确。根据甲乙之间房屋代购协议的内容，甲有权请求乙进行过户登记，如乙不办理过户登记，构成违约。故B项错误。《民法典》第209条第1款规定，不动产物权的设立、变更、转让和消灭，经依法登记，发生效力；未经登记，不发生效力，但是法律另有规定的除外。现在房屋登记在乙的名下，尽管甲乙之间有代购房屋的协议，但对于登记在乙名下的房屋，乙此时将房屋出卖，应当认定为是有权处分。丙的取得应当是继受取得。故D项错误。

6.【答案】A

【考点】埋藏物的归属；动产善意取得的构成

【详解】本题中，甲将一套房屋转让给乙，乙再转让给丙，相继办理了房屋过户登记。丙翻建房屋时在地下挖出一瓷瓶，经查为甲的祖父埋藏，甲是其祖父唯一继承人，由此可知该瓷瓶应为甲所有，丙将该瓷瓶以市价卖给不知情的丁的行为属于无权处分，但不能因此就可以否定丙、丁买卖合同的效力，由此可知 C 项错误。根据《民法典》第 311 条规定，无处分权人将不动产或者动产转让给受让人的，所有权人有权追回；除法律另有规定外，符合下列情形的，受让人取得该不动产或者动产的所有权：（1）受让人受让该不动产或者动产时是善意；（2）以合理的价格转让；（3）转让的不动产或者动产依照法律规定应当登记的已经登记，不需要登记的已经交付给受让人。受让人依据前款规定取得不动产或者动产的所有权的，原所有权人有权向无处分权人请求损害赔偿。当事人善意取得其他物权的，参照适用前两款规定。本题中，尽管丁不知情，但从题干所给信息无法认定丁必然属于善意，因为交易场所等可以作为善意与否的判断因素在题干中并未给出，所以不能从现有信息就得出丁可以善意取得瓷瓶的结论。故 D 项错误。甲为瓷瓶的原所有人，乙不是，所以只有甲有权要求无权处分人丙赔偿损失，故 B 项错误。

7.【答案】D

【考点】夫妻个人债务和共同债务的认定；抵押合同的效力与抵押权的设定

【详解】由于本题中抵押房屋属于甲乙夫妻共有但登记在甲名下，所以乙瞒着甲冒用甲的名字签字签订抵押合同、办理抵押登记的行为均非甲的意思表示，原则上对甲均不生效力，但乙丙之间的抵押合同有效，A 项错误。《民法典》第 667 条规定，借款合同是借款人向贷款人借款，到期返还借款并支付利息的合同。无论抵押效力如何，因为抵押合同是从合同，其是否有效不影响借款合同的效力，题干中没有关于会导致借款合同无效的信息，故 B 项错误。《民法典》第 1064 条规定，夫妻双方共同签名或者夫妻一方事后追认等共同意思表示所负的债务，以及夫妻一方在婚姻关系存续期间以个人名义为家庭日常生活需要所负的债务，属于夫妻共同债务。夫妻一方在婚姻关系存续期间以个人名义超出家庭日常生活需要所负的债务，不属于夫妻共同债务；但是，债权人能够证明该债务用于夫妻共同生活、共同生产经营或者基于夫妻双方共同意思表示的除外。本题中，题干已经明确为乙借款供个人使用，所以本题中甲对 100 万元借款不负连带还款义务，故 C 项错误。综上，D 项正确。

8.【答案】C

【考点】质权的设立

【详解】根据《民法典》第 215 条的规定，当事人之间订立有关设立、变更、转让和消灭不动产物权的合同，除法律另有规定或者当事人另有约定外，自合同成立时生效。所以本题中，甲乙之间的担保合同自质权合同成立时生效，故 A 项错误。根据《民法典》第 429 条的规定，质权自出质人交付质押财产时设立。占有红木并非只能由本人亲自进行的行为。本题中，甲与丙签订委托合同授权代丙自己占有红木，乙将红木交付与丙，此时，甲为占有人，丙为占有辅助人，即在乙将红木交付与丙时，甲即取得该红木的占有，自此取得质权。由此可知，BD 项错误，C 项正确。

9.【答案】D

【考点】无权代理的认定及效力

【详解】《民法典》第 919 条规定，委托合同是委托人和受托人约定，由受托人处理委托人事务的合同。《民法典》第 927 条规定，受托人处理委托事务取得的财产，应当转交给委托人。本题中，甲去购买彩票，其友乙给甲 10 元钱让其顺便代购彩票，同时告知购买号码，并一再嘱咐甲不要改变，甲的行为属于代理权授予行为，此时甲乙成立代理关系。甲预测乙提供的号码不能中奖，便擅自更换号码为乙购买了彩票并替乙保管，此时甲的行为属于无权代理。依《民法典》第 171 条第 1 款的规定，行为人没有代理权、超越代理权或者代理权终止后，仍然实施代理行为，未经被代理人追认，对被代理人不发生效力。现本题中乙主张奖项，说明其追认甲的行为，故奖项应该归乙。由此，D 项正确。

10.【答案】D

【考点】先履行抗辩权、不安抗辩权的行使条件；法定解除合同的条件

【详解】《民法典》第 526 条规定，当事人互负债务，有先后履行顺序，应当先履行债务一方未履行的，后履行一方有权拒绝其履行请求。先履行一方履行债务不符合约定的，后履行一方有权拒绝其相应的履行请求。《民法典》第 527 条规定，应当先履行债务的当事人，有确切证据证明对方有下列情形之一的，可以中止履行：（1）经营状况严重恶化；（2）转移财产、抽逃资金，以逃避债务；（3）丧失商业信誉；（4）有丧失或者可能丧失履行债务能力的其他情形。当事人没有确切证据中止履行的，应当承担违约责任。这两个条文分别为先履行抗辩权和不安抗辩权的规定，前者是后履行义务一方的抗辩权，后者是先履行义务一方的抗辩权。本题中，相对于房屋使用说明书和二期房款的交付义务，甲是后履行一方，所以不可以行使不安抗辩权，故 B 项错误。行使先履行抗辩权的条件是在双务合同中，先履行一方没有履行对待给付义务，而本题中甲的付款义务与乙公司交付房屋的义务才是对待给付义务，与乙公司交付房屋使

用说明书非对待给付义务，所以甲也不可以行使先履行抗辩权，故 A 项错误，D 项正确。《民法典》第563 条规定，当事人一方迟延履行主要债务，经催告后在合理期限内仍未履行的，或者当事人一方迟延履行债务或者有其他违约行为致使不能实现合同目的，当事人可以解除合同。本题中，不具备甲解除合同的条件，故 C 项错误。

11.【答案】D

【考点】房屋承租人的优先购买权；合同的法定解除权

【详解】《民法典》第 726 条规定，出租人出卖租赁房屋的，应当在出卖之前的合理期限内通知承租人，承租人享有以同等条件优先购买的权利；但是，房屋按份共有人行使优先购买权或者出租人将房屋出卖给近亲属的除外。出租人履行通知义务后，承租人在 15 日内未明确表示购买的，视为承租人放弃优先购买权。《民法典》第 728 条规定，出租人未通知承租人或者有其他妨害承租人行使优先购买权情形的，承租人可以请求出租人承担赔偿责任。但是，出租人与第三人订立的房屋买卖合同的效力不受影响。本题中，甲将房屋租给乙，在租赁期内未通知乙就把房屋出卖并过户给不知情的丙，所以承租人乙有权以优先购买权被侵害为由请求出租人甲承担赔偿责任，但无权请求法院确认买卖合同无效。故 AB 项错误，D 项正确。本题中丙是善意购买房屋并已经办理登记手续的第三人，不构成侵权，故 C 项错误。

12.【答案】D

【考点】债权转让的效力

【详解】本题中，持有面包券并不意味着对某些特定的面包享有支配权，只是享有请求义务人乙依面包券给付面包的权利，所以面包券不是物权凭证，而是债权凭证，故 A 项错误。根据《民法典》第 545 条规定，债权人可以将债权的全部或者部分转让给第三人，但是有下列情形之一的除外：（1）根据债权性质不得转让；（2）按照当事人约定不得转让；（3）依照法律规定不得转让。当事人约定非金钱债权不得转让的，不得对抗善意第三人。当事人约定金钱债权不得转让的，不得对抗第三人。甲公司和张某之间买卖面包券的行为实际上属于债权转让，在甲公司将面包券转让给张某后，甲公司已经退出原甲乙公司之间的法律关系，张某成为乙公司的债权人，在张某将面包券进一步流入市场后，取得面包券的新的受让人成为乙公司的债权人，有权要求乙公司依面包券兑付，而甲公司既不能以张某未付款而解除与乙公司的协议，也不能要求乙公司停止兑付面包券，故 BC 项均错误。综上，只有 D 项正确。

13.【答案】C

【考点】合同的成立及效力；抵押合同与抵押权的关系；保证合同的效力

【详解】根据《民法典》第 490 条第 1 款的规定，当事人采用合同书形式订立合同的，自当事人均签名、盖章或者按指印时合同成立。在签名、盖章或者按指印之前，当事人一方已经履行主要义务，对方接受时，该合同成立。本题中，方某、李某、刘某和张某签订借款合同，虽然李某未签字，但李某交付方某 100 万元，方某也接受，此时合同成立，方某接受款项有法律依据，也不构成不当得利，到期方某有依借款合同返还借款的义务。故 AB 项均错误。张某签字即意味着保证合同生效，在债务人方某不履行债务的情况下，张某应承担保证责任，故 C 项正确。根据《民法典》第 402 条的规定，以房屋设定抵押权的，抵押权自登记时设立，但依《民法典》第 215 条的规定，未经登记并不影响抵押合同的效力，而抵押合同的效力即债权人有权要求抵押人办理抵押登记，故 D 项错误。

14.【答案】B（原答案为 C）

【考点】中介合同的效力

【详解】本题为争议题。官方答案为 C 项，笔者认为 B 项正确。根据《民法典》第 962 条的规定，中介人应当就有关订立合同的事项向委托人如实报告。故 A 项正确。中介合同的中介人不介入当事人的合同，所以本题中甲公司作为中介人不可以代刘某签订房屋买卖合同，故 B 项错误。根据《民法典》第 963 条的规定，中介人促成合同成立的，委托人应当按照约定支付报酬。对中介人的报酬没有约定或者约定不明确，依据本法第 510 条的规定仍不能确定的，根据中介人的劳务合理确定。因中介人提供订立合同的媒介服务而促成合同成立的，由该合同的当事人平均负担中介人的报酬。中介人促成合同成立的，中介活动的费用，由中介人负担。由此可知 CD 项正确。因为本题为选非题，所以以 B 项当选。

15.【答案】D

【考点】继承人和顺位的确定；转继承

【详解】根据《民法典》第 1142 条规定，遗嘱人可以撤回、变更自己所立的遗嘱。立遗嘱后，遗嘱人实施与遗嘱内容相反的民事法律行为的，视为对遗嘱相关内容的撤回。立有数份遗嘱，内容相抵触的，以最后的遗嘱为准。关于出售门面房价款的继承，2013 年 7 月 10 日，王冬将门面房卖给他人并办理了过户手续，相当于以行为变更了 2012 年 8 月 9 日的公证遗嘱。其死后出售该门面房的价款应由其第一顺序法定继承人王希、张霞继承，因王希在遗产分割前死亡，发生转继承，即由王希继承的份额转由王小力继承。关于住房的继承，应由王冬的第一顺序法定继承人王希、张霞和王楠继承。综上，只有 D 项错误。

16.【答案】D

【考点】环境侵权致人损害责任

【详解】根据《民法典》第 1229 条的规定，因

民
法

污染环境、破坏生态造成他人损害的，侵权人应当承担侵权责任。故 A 项错误。环境侵权损害纠纷的诉讼时效是 3 年，故 C 项错误。根据《民法典》第 1231 条的规定，两个以上侵权人污染环境、破坏生态的，承担责任的大小，根据污染物的种类、浓度、排放量，破坏生态的方式、范围、程度，以及行为对损害后果所起的作用等因素确定。故 B 项错误，D 项正确。

17.【答案】C
【考点】安全保障义务
【详解】《民法典》第 1198 条规定，宾馆、商场、银行、车站、机场、体育场馆、娱乐场所等经营场所、公共场所的经营者、管理者或者群众性活动的组织者，未尽到安全保障义务，造成他人损害的，应当承担侵权责任。因第三人的行为造成他人损害的，由第三人承担侵权责任；经营者、管理者或者组织者未尽到安全保障义务的，承担相应的补充责任。经营者、管理者或者组织者承担补充责任后，可以向第三人追偿。本题中，洗浴中心未尽到安全保障义务，但甲到洗浴中心将贵重易碎玉镯随身携带，也有一定的过错，所以洗浴中心应承担玉镯的损失，但并非全部。再依《最高人民法院关于确定民事侵权精神损害赔偿责任若干问题的解释》第 1 条规定，因人身权益或者具有人身意义的特定物受到侵害，自然人或者其近亲属向人民法院提起诉讼请求精神损害赔偿的，人民法院应当依法予以受理。综上，C 项正确。

18.【答案】A
【考点】监护责任
【详解】《民法典》第 1188 条规定，无民事行为能力人、限制民事行为能力人造成他人损害的，由监护人承担侵权责任。监护人尽到监护职责的，可以减轻其侵权责任。有财产的无民事行为能力人、限制民事行为能力人造成他人损害的，从本人财产中支付赔偿费用；不足部分，由监护人赔偿。本题中，甲虽然已尽到监护职责，但仍需承担侵权责任，但因乙的财产足以赔偿丙，故不需要用甲的财产赔偿。由此可知，本题 A 项正确，BCD 项错误。

19.【答案】ACD（原答案为 ABCD）
【考点】民间借贷合同的效力；后让与担保
【详解】《民间借贷规定》第 23 条规定，当事人以订立买卖合同作为民间借贷合同的担保，借款到期后借款人不能还款，出借人请求履行买卖合同的，人民法院应当按照民间借贷法律关系审理。当事人根据法庭审理情况变更诉讼请求的，人民法院应当准许。按照民间借贷法律关系审理作出的判决生效后，借款人不履行生效判决确定的金钱债务，出借人可以申请拍卖买卖合同标的物，以偿还债务。就拍卖所得的价款与应偿还借款本息之间的差额，借款人或者出借人有权主张返还或者补偿。由此，本题中甲乙之间是借

贷合同关系，不是房屋买卖合同关系，而且，即便借款人在诉讼发生后拒不履行生效判决，出借人也只是可以申请拍卖买卖合同标的物，以偿还债务，而不是取得房屋所有权，故 AC 项正确。《民法典》第 680 条第 1 款规定，禁止高利放贷，借款的利率不得违反国家有关规定。《民间借贷规定》第 25 条第 1 款规定，出借人请求借款人按照合同约定利率支付利息的，人民法院应予支持，但是双方约定的利率超过合同成立时一年期贷款市场报价利率 4 倍的除外。由此可知本题 B 项错误。此外，本题中双方当事人的借款合同是有效的，借款人到期不履行还款义务，出借人当然可以要求借款人承担违约责任。故 D 项正确。

20.【答案】BCD
【考点】欺诈和重大误解的认定；导致法律行为可撤销的原因
【详解】一方当事人故意告知对方虚假情况，或者故意隐瞒真实情况，诱使对方当事人作出错误意思表示的，可以认定为欺诈行为。《民法典》第 148 条规定，一方以欺诈手段，使对方在违背真实意思的情况下实施的民事法律行为，受欺诈方有权请求人民法院或者仲裁机构予以撤销。本题中，真正的"秦始皇兵马俑"属于法律规定不能买卖的禁止流通物，王某和商店都应明知或者应当知道，所以即使商店未标明"复制品"，王某也应当知道出售的不是真正的"秦始皇兵马俑"。故 A 项正确，C 项错误。行为人因对行为的性质、对方当事人、标的物的品种、质量、规格和数量等的错误认识，使行为的后果与自己的意思相悖，并造成较大损失的，可以认定为重大误解。根据《民法典》第 147 条规定，基于重大误解实施的民事法律行为，行为人有权请求人民法院或者仲裁机构予以撤销。本题中，王某应当知道 2800 元不可能购买真正的"秦始皇兵马俑"，不能认定为对标的物的性质有错误认识，不构成重大误解。由此可知 B 项错误。本题中，王某不具备撤销合同的条件，故 D 项错误。

21.【答案】AC
【考点】不动产抵押权的设定；无因管理的构成和效力
【详解】根据《民法典》第 395 条和第 402 条的规定，以房屋抵押，应办理抵押登记，抵押权自登记时设立。本题中，乙与银行未办理房屋抵押登记，依《民法典》第 215 条和第 402 条的规定，抵押合同生效，但抵押权未设定。依此，乙应向银行承担未办理抵押登记的违约责任，但银行未能取得抵押权。故 A 项正确，D 项错误。乙将房屋所有权转让于丙，丙虽然知情，但根据题目所给信息也不能认定丙与乙恶意串通，所以丙与乙的买卖合同有效，双方办理过户登记后，丙取得房屋所有权。借款合同发生在乙和银行之间，丙没有义务代银行还款。如果丙愿意代乙偿

还，可以向乙主张无因管理的相应费用返还，由此 B 项错误，C 项正确。

22.【答案】BD

【考点】最高额抵押的效力；抵押权的实现期间

【详解】根据《民法典》第 420 条第 1 款的规定，为担保债务的履行，债务人或者第三人对一定期间内将要连续发生的债权提供担保财产的，债务人不履行到期债务或者发生当事人约定的实现抵押权的情形，抵押权人有权在最高债权额限度内就该担保财产优先受偿。本题中最高债权额限度为 400 万元，债权确定期间内抵押人和债权人之间发生的债权额也是 400 万元，故抵押担保的债权额应为 400 万元，A 项错误，B 项正确。根据《民法典》第 419 条的规定，抵押权人应当在主债权诉讼时效期间行使抵押权；未行使的，人民法院不予保护。由此可知 D 项正确，C 项错误。

23.【答案】CD

【考点】留置权的构成

【详解】根据《民法典》第 447 条第 1 款的规定，债务人不履行到期债务，债权人可以留置已经合法占有的债务人的动产，并有权就该动产优先受偿。A 项的债务未到期，张某不得留置。B 项不符合留置权的客体须为"已经合法占有的债务人的动产"的要件，刘某不得留置。根据《民法典》第 903 条的规定，寄存人未按照约定支付保管费或者其他费用的，保管人对保管物享有留置权，但是当事人另有约定的除外。由此可知，C 项符合留置权的构成要件，寄存处可以行使留置权。根据《民法典》第 783 条的规定，定作人未向承揽人支付报酬或者材料费等价款的，承揽人对完成的工作成果享有留置权或者有权拒绝交付，但是当事人另有约定的除外。依此可知 D 项正确。

24.【答案】ABCD

【考点】占有的类型

【详解】直接占有是指直接对物进行事实上的管领和控制；间接占有是指基于一定法律关系，对于事实上占有物的人具有返还请求权，因而间接对物管领的占有。无权占有是指占有人无本权的对物的占有；有权占有是指占有人基于本权而对物的占有。自主占有是指以所有人之意思而对物进行的占有；他主占有是指以非所有人之意思而对物进行的占有。本题中，甲拾得乙的手机，甲成为直接占有人、自主占有人，也是无权占有人；乙仍然未丧失其对手机的所有权，可以请求甲返还，故乙对手机的占有由直接占有变为间接占有；题目给定信息不能认定丙取得了手机的所有权，故丙为无权占有，但因为其不知情，所以为善意占有；丁可以行使留置权，为有权占有，但丁无所有人的意思而占有，为他主占有。综上，本题应选 ABCD。

25.【答案】BC

【考点】保证责任的界定

【详解】《民法典》第 681 条规定，保证合同是为保障债权的实现，保证人和债权人约定，当债务人不履行到期债务或者发生当事人约定的情形时，保证人履行债务或者承担责任的合同。本题中，B 项中甲公司的承诺明确，在乙公司未履行义务时，甲公司应承担保证责任，B 项当选。本题中，AD 项中的承诺均无当债务人乙公司不履行债务时，甲公司按照约定履行债务或者承担责任之意思，不构成保证，甲公司无须承担保证责任，故 AD 项不选。保证人对债务人的注册资金提供保证的，债务人的实际投资与注册资金不符，或者抽逃转移注册资金的，保证人在注册资金不足或者抽逃转移注册资金的范围内承担连带保证责任，所以甲公司应在债务人乙公司不履行债务时，为 C 项中的承诺承担保证责任，C 项当选。

26.【答案】ABCD

【考点】产品责任

【详解】根据《民法典》第 1203 条的规定，因产品存在缺陷造成他人损害的，被侵权人可以向产品的生产者请求赔偿，也可以向产品的销售者请求赔偿。产品缺陷由生产者造成的，销售者赔偿后，有权向生产者追偿。因销售者的过错使产品存在缺陷的，生产者赔偿后，有权向销售者追偿。本题中，赵某和甲公司没有合同关系，所以可以要求甲公司承担侵权损害赔偿责任。鉴于赵某和商店有合同关系，所以赵某可以要求商店承担违约责任，由此可知 ABC 项正确。本题中，叶轮飞出造成严重人身损害，属于侵权造成严重后果的情形，法院对精神损害的诉讼请求应予支持。故 D 项当选。

27.【答案】AB

【考点】房屋租赁合同的效力

【详解】《城镇房屋租赁合同解释》第 2 条规定，出租人就未取得建设工程规划许可证或者未按照建设工程规划许可证的规定建设的房屋，与承租人订立的租赁合同无效。但在一审法庭辩论终结前取得建设工程规划许可证或者经主管部门批准建设的，人民法院应当认定有效。由此可知本题中，租赁合同无效，既然合同无效，乙也无须解除合同，也不能向甲主张违约责任，故 A 项正确，CD 项错误。《城镇房屋租赁合同解释》第 12 条规定，承租人经出租人同意扩建，但双方对扩建费用的处理没有约定的，人民法院按照下列情形分别处理：（1）办理合法建设手续的，扩建造价费用由出租人负担；（2）未办理合法建设手续的，扩建造价费用由双方按照过错分担。本题中，甲、乙对于扩建房屋都有过错，应分担扩建房屋的费用，故 B 项正确。

28.【答案】BC

【考点】胎儿的民事权利能力；赠与合同

民法

【详解】《民法典》第 16 条规定，涉及遗产继承、接受赠与等胎儿利益保护的，胎儿视为具有民事权利能力。但是，胎儿娩出时为死体的，其民事权利能力自始不存在。郭某的父亲乙与甲在协议中约定，将金条送给孩子，因此孩子是赠与合同的受赠人。孩子顺利出生，故胎儿在接受赠与时，视为具有民事权利能力，由其法定代理人即甲代为接受，合同有效。故 A 项错误。《民法典》第 658 条规定，赠与人在赠与财产的权利转移之前可以撤销赠与。经过公证的赠与合同或者依法不得撤销的具有救灾、扶贫、助残等公益、道德义务性质的赠与合同，不适用前款规定。本题中乙与胎儿之间的赠与合同生效，具有道德义务，乙不享有任意撤销权，且无《民法典》第 663 条法定撤销权的情形存在，故乙不得拒绝履行自己的义务，已经交付的八根金条不得请求返还，剩余的两根也要履行，故 BC 项正确，D 项错误。

29.【答案】AD

【考点】货币的特殊性；不当得利的构成

【详解】本题中，甲窃取丙的美茄手表以偿还乙，该手表为盗赃物，目前我国立法和实务不认可这种情形下乙可以取得该手表的所有权，所以在乙将美茄手表赠与丁后，丁也不能取得该手表的所有权，手表仍属于丙所有，所以丙可以请求现占有人丁返还手表。故 A 项正确。货币具有持有即认定所有的特殊性，所以乙从甲手中受领 1000 元后，其用一半支付某自来水公司水费，另一半购得某商场一件衬衣，自来水公司和商场相应取得 500 元的所有权，均无须返还 500 元，故 B 项错误。在整个过程中，乙是基于甲清偿债务而受领的手表和现金，得利有合法根据，不构成不当得利，故 C 项错误。《民法典》第 985 条规定，得利人没有法律根据取得不当利益的，受损失的人可以请求得利人返还取得的利益。甲窃取丙的 4000 元现金获利，丙却因此而受到损失，甲构成不当得利，所以丙可请求甲返还 4000 元不当得利，由此 D 项正确。

30.【答案】ABC

【考点】离婚时对于怀孕妇女的特别保护；诉讼离婚的程序；著作权侵权；离婚损害赔偿

【详解】根据《民法典》第 1082 条的规定，女方在怀孕期间、分娩后 1 年内或者终止妊娠后 6 个月内，男方不得提出离婚；但是，女方提出离婚或者人民法院认为确有必要受理男方离婚请求的除外。故 A 项正确。根据《民法典》第 1079 条的规定，夫妻一方要求离婚的，可以由有关组织进行调解或者直接向人民法院提起离婚诉讼。人民法院审理离婚案件，应当进行调解；如果感情确已破裂，调解无效的，应当准予离婚。故 B 项正确。《爱你一千年》属于夫妻二人共同创作的油画作品，属于合作作品，该油画属于著作权的载体，两人也属于油画的共有人。董楠未经

申蓓同意变卖《爱你一千年》，依《著作权法》和《民法典》的规定，董楠不仅侵犯了申蓓对于油画的物权，而且侵犯了申蓓对油画的著作权中的使用权。故 C 项正确。根据《民法典》第 1091 条的规定，有下列情形之一，导致离婚的，无过错方有权请求损害赔偿：(1) 重婚；(2) 与他人同居；(3) 实施家庭暴力；(4) 虐待、遗弃家庭成员；(5) 有其他重大过错。由此可知，对于董楠吸毒恶习，申蓓无权请求离婚损害赔偿。故 D 项错误。

31.【答案】AC

【考点】隐私权侵权；精神损害赔偿；法人责任

【详解】隐私权是指自然人享有的对其与社会公共利益无关的个人信息、私人活动和私有领域进行支配的一种人格权。本题中，甲公司工作人员李某未经许可翻看张某箱内物品，构成对张某隐私权的侵犯，故 A 项正确。《最高人民法院关于确定民事侵权精神损害赔偿责任若干问题的解释》第 1 条规定，因人身权益或者具有人身意义的特定物受到侵害，自然人或者其近亲属向人民法院提起诉讼请求精神损害赔偿的，人民法院应当依法予以受理。甲公司工作人员李某翻看箱内物品包括贴身生活用品以及私密照片，致平板电脑损害，张某有权要求赔偿损失，但不足以造成精神损害，故 C 项正确，B 项错误。《民法典》第 1191 条规定，用人单位的工作人员因执行工作任务造成他人损害的，由用人单位承担侵权责任。用人单位承担侵权责任后，可以向有故意或者重大过失的工作人员追偿。劳务派遣期间，被派遣的工作人员因执行工作任务造成他人损害的，由接受劳务派遣的用工单位承担侵权责任；劳务派遣单位有过错的，承担相应的责任。李某作为甲公司工作人员，在工作过程中致害，法人应当承担责任。故 D 项错误。

32.【答案】ACD

【考点】动物致人损害的侵权责任

【详解】根据《民法典》第 1247 条的规定，禁止饲养的烈性犬等危险动物造成他人损害的，动物饲养人或者管理人应当承担侵权责任。故本题 A 项，邻居应承担侵权责任，A 项正确。根据《民法典》第 1250 条的规定，因第三人的过错而使动物造成他人损害的，被侵权人可以向动物饲养人或者管理人请求赔偿，也可以向第三人请求赔偿。动物饲养人或者管理人赔偿后，有权向第三人追偿。故本题 B 项说法因过于绝对而错误。根据《民法典》第 1245 条的规定，饲养的动物造成他人损害的，动物饲养人或者管理人应当承担侵权责任；但是，能够证明损害是因被侵权人故意或者重大过失造成的，可以不承担或者减轻责任。本题 C 项，丁非故意，也不应认定为重大过失，邻居应承担侵权责任，故 C 项正确。根据《民法典》第 1248 条的规定，动物园的动物造成他人损害的，动物园应当承担侵权责任；但是，能够证明尽

到管理职责的，不承担侵权责任。本题 D 项，动物园明显有过错，应承担侵权责任，故 D 项正确。

33.【答案】AD

【考点】委托合同主体的认定；法定代表人行为的效力；债务移转的法律效力

【详解】《民法典》第 919 条规定，委托合同是委托人和受托人约定，由受托人处理委托人事务的合同。本题中，乙公司与丙公司签订《委托书》，委托丙公司对外销售房屋，故乙公司是委托人，A 项正确。王某作为乙公司的法定代表人，其行为视同法人的行为，其并非委托合同的主体，故 BC 项错误。《承诺函》虽由王某出具，但根据《承诺函》之内容"将协调甲公司卖房给张某"而非直接承诺甲公司将房卖给张某可推知，王某并未以甲公司名义从事活动。因此王某虽系甲公司法定代表人，但其出具《承诺函》的行为并非代表行为，《承诺函》并不产生使甲公司卖房给张某的约束力，故 D 项正确。

34.【答案】B

【考点】无权处分；表见代理

【详解】本题中，张某查看《合作开发协议》和《委托书》后与丙公司签订《房屋预订合同》，而甲公司和乙公司签订的《合作开发协议》约定，合作开发的 A 区房屋归甲公司、B 区房屋归乙公司，乙公司与丙公司签订的《委托书》中是乙公司委托丙公司对外销售房屋。由此可知，丙公司有权代理销售的是 B 区房屋，但《房屋预订合同》中销售的却是 A 区房屋，且丙公司是以自己的名义签订的《房屋预订合同》。根据《民法典》第 161 条第 1 款规定，民事主体可以通过代理人实施民事法律行为。又根据《民法典》第 172 条规定，行为人没有代理权、超越代理权或者代理权终止后，仍然实施代理行为，相对人有理由相信行为人有代理权，代理行为有效。丙公司的行为不属于代理，也不构成表见代理。相反，丙公司销售 A 区房屋是以丙公司自己的名义，而甲公司又没有授权，所以丙公司以自己的名义销售 A 区房屋的行为构成无权处分，处分行为效力待定，但不能因此就认定《房屋预订合同》无效。综上，本题 B 项正确。

35.【答案】A

【考点】债权多重让与的法律效力；不当得利

【详解】张某与李某签订《债权转让协议》，将该债权转让给李某，通知了甲、乙、丙三公司。后又将该债权转让给方某，也通知了甲、乙、丙三公司。对于债权多重让与的效力，我国现行法未规定，理论上有争议。本解析倾向于由先得通知者享有受让债权的观点，即本题中李某获得返还 30 万元的请求权。根据《民法典》第 985 条规定，得利人没有法律根据取得不当利益的，受损失的人可以请求得利人返还取得的利益。丙公司收到预付房款 30 万元，继续保

留该房款属于不当得利，应返还李某，故 A 项正确。

36.【答案】BCD

【考点】无权处分；一物多卖的法律效力

【详解】《民法典》第 597 条第 1 款规定，因出卖人未取得处分权致使标的物所有权不能转移的，买受人可以解除合同并请求出卖人承担违约责任。该规定应理解为，因无权处分订立的买卖合同，买卖合同有效，不因买受人善意或恶意而受影响，但物权变动的效果效力待定（善意取得的除外）。故 A 项错误，BD 项正确。《民法典》第 311 条第 1 款规定，无处分权人将不动产或者动产转让给受让人的，所有权人有权追回；除法律另有规定外，符合下列情形的，受让人取得该不动产或者动产的所有权：（1）受让人受让该不动产或者动产时是善意；（2）以合理的价格转让；（3）转让的不动产或者动产依照法律规定应当登记的已经登记，不需要登记的已经交付给受让人。故 C 项正确。

37.【答案】BCD

【考点】拾得遗失物的法律效力

【详解】本题中，李某拾得电脑后因暂时找不到失主而将电脑出租给王某获得很高收益。《民法典》第 985 条规定，得利人没有法律根据取得不当利益的，受损失的人可以请求得利人返还取得的利益。李某应将所获利益作为不当得利返还乙。《民法典》第 317 条规定，权利人领取遗失物时，应当向拾得人支付保管遗失物等支出的必要费用。《民法典》第 460 条规定，不动产或者动产被占有人占有的，权利人可以请求返还原物及其孳息；但是，应当支付善意占有人因维护该不动产或者动产支出的必要费用。由此，A 项错误，B 项正确。原物电脑仍然存在，而乙仍为电脑的所有权人，故乙应以所有权人身份而非不当得利债权人身份请求李某返还电脑，故 C 项正确。拾得物灭失、毁损，拾得人没有故意的，不承担民事责任。拾得人将拾得物据为己有，拒不返还而引起诉讼的，按照侵权之诉处理。由此可知 D 项正确。

38.【答案】BC

【考点】留置权的构成、行使和消灭；占有返还请求权

【详解】根据《民法典》第 447 条的规定，债务人不履行到期债务，债权人可以留置已经合法占有的债务人的动产，并有权就该动产优先受偿。本题中，王某作为电脑的承租人，将电脑交给康成电脑维修公司维修且拒付维修费，康成公司有权请求王某支付电脑维修费，也可以将电脑留置，但根据《民法典》第 453 条的规定，留置权人与债务人应当约定留置财产后的债务履行期限；没有约定或者约定不明确的，留置权人应当给债务人 60 日以上履行债务的期限。所以在王某 7 日内未交费的情形下，康成公司尚且不能变卖电脑抵债，也不可以自己买下电脑。由此可知，

AD项错误。当电脑被偷走后，留置权人一旦脱离对于留置物的占有，就丧失留置权，B项正确。根据《民法典》第462条的规定，占有的不动产或者动产被侵占的，占有人有权请求返还原物。所以康成公司可请求李某返还电脑，即回复占有，C项正确。

2016 年

1.【答案】B

【考点】民法的调整对象

【详解】在人类社会生活中，有不受法律调整的社会关系，也有很多受各种不同性质法律调整的社会关系，而民事法律关系是依民法规范确立的法律关系。根据《民法典》第2条规定，民法调整的社会关系是平等主体之间的财产关系和人身关系。所以依民法规范确立的法律关系也就只能是平等主体之间的关系。平等性是民事法律关系的基本属性，这是民事法律关系区别于行政、刑事法律关系的重要特征。A项中，税务机关与纳税人之间的税收征缴法律关系非平等主体之间的关系，故不受民法调整。排除A项。需要注意的是，有些社会关系的主体之间即使具有平等性，是当事人之间自主形成的，但如果没有纳入法律调整范围，当然也不是民事法律关系。至于平等主体之间的哪些社会关系可以成为民事法律关系，应该属于一个价值判断问题。就民法的价值判断来看，CD项即属于不受法律调整（当然也不受民法调整）的社会关系，即非法律关系。故排除CD项。B项中，乙手机丢失后发布的寻物启事属于单方允诺，是可以导致债发生的原因，可以因此在乙和送还手机者之间形成债的关系。根据《民法典》第499条规定，悬赏人以公开方式声明对完成特定行为的人支付报酬的，完成该行为的人可以请求其支付。故该行为受民法调整。综上，B项正确。

2.【答案】C

【考点】普通合伙企业的债务承担

【详解】根据《民法典》第102条规定，非法人组织是不具有法人资格，但是能够依法以自己的名义从事民事活动的组织。非法人组织包括个人独资企业、合伙企业、不具有法人资格的专业服务机构等。根据《合伙企业法》第38条"合伙企业对其债务，应先以其全部财产进行清偿"和第39条"合伙企业不能清偿到期债务的，合伙人承担无限连带责任"的规定，在合伙企业中，除法律另有规定外，普通合伙人须对合伙企业的债务负无限连带责任，即当合伙企业财产不足以清偿时，普通合伙人要以自己的全部财产清偿。本题中，普通合伙企业甲企业对外欠债50万元，但合伙企业全部资产仅剩20万元，欠款应先以甲企业的财产偿还，不足部分应由合伙人安琚与乙企业承担无限连带责任。由此，C项正确。根据

《民法典》第178条的规定，二人以上依法承担连带责任的，权利人有权请求部分或者全部连带责任人承担责任。连带责任人的责任份额根据各自责任大小确定；难以确定责任大小的，平均承担责任。实际承担责任超过自己责任份额的连带责任人，有权向其他连带责任人追偿。连带责任，由法律规定或者当事人约定。由此，ABD项说法均错误。

3.【答案】A

【考点】公平原则的适用；重大误解和显失公平的认定

【详解】根据《民法典》第151条的规定，一方利用对方处于危困状态、缺乏判断能力等情形，致使民事法律行为成立时显失公平的，受损害方有权请求人民法院或者仲裁机构予以撤销。由此可以看出，显失公平必须同时具备两个方面的要件：一是客观要件，即双方的权利与义务明显违反公平、等价有偿原则；二是主观要件，即一方当事人利用了优势地位或者利用了对方没有经验或者利用对方处于危困状态、缺乏判断能力等情形。也就是说，如果只有利益悬殊的客观要件，不具有意思表示瑕疵的主观要件，不应认定为法律意义上的显失公平。在"赌石"活动中，素有"三分靠眼力，七分靠运气，一刀穷，一刀富，一刀切出千万元"的说法，本题中，当地玉石资源丰富，且盛行"赌石"活动，商家作为卖方，应事先明知"赌石"实际上是"射幸合同"，既然买者购买原石后自行剖切，损益自负，卖者自然亦同。由此可排除BD项。根据《民法典》第147条的规定，基于重大误解实施的民事法律行为，行为人有权请求人民法院或者仲裁机构予以撤销。本题中，当地玉石资源丰富，且盛行"赌石"活动，损益自负可以理解为一种行业习惯，商家作为卖方，主张"重大误解"显然不合常理。由此，可排除C项。综上，A项正确。

4.【答案】D

【考点】滥用代理权的责任承担

【详解】本题买卖合同中，唐某是甲公司的代理人，唐某与乙公司私下商定将净化机单价比正常售价提高200元，乙公司给唐某每台100元的回扣；商定后，唐某以甲公司名义与乙公司签订了买卖合同。此间，无以合法形式掩盖非法目的之行为；唐某受甲公司委托，有代理权，不存在无权代理情形。根据《民法典》第148条规定，一方以欺诈手段，使对方在违背真实意思的情况下实施的民事法律行为，受欺诈方有权请求人民法院或者仲裁机构予以撤销，但本题中乙公司的行为也非对甲公司进行欺诈，所以ABC项均错误。代理人是以被代理人的名义从事活动，由此产生的权益、责任都应归属于被代理人。所以，代理人实施代理行为时应像处理自己的事务一样谨慎、勤勉，尽可能使被代理人得到最大利益，不得以任何方式侵吞被代理人应得的权益。代理人在行使代理权

时，违背代理权的设定宗旨和代理行为的基本准则，从事有损被代理人利益的代理行为，属于滥用代理权。本题中，唐某的行为系明显的恶意串通滥用代理权的行为，必然损害甲公司的利益。根据《民法典》第 164 条规定，代理人不履行或者不完全履行职责，造成被代理人损害的，应当承担民事责任。代理人和相对人恶意串通，损害被代理人合法权益的，代理人和相对人应当承担连带责任。唐某与乙公司恶意串通损害甲公司的利益，应对甲公司承担连带责任。由此，D 项正确。

5.【答案】D

【考点】依继承取得不动产所有权

【详解】《民法典》第 209 条规定，不动产物权的设立、变更、转让和消灭，经依法登记，发生效力；未经登记，不发生效力，但是法律另有规定的除外。《民法典》第 230 条规定，因继承取得物权的，自继承开始时发生效力。这属于法律另有规定的一种情形。即因继承取得物权的，无需登记变动不动产所有权，而是自被继承人死亡时即发生所有权变动的效力。本题中，蔡永父母在共同遗嘱中表示，二人共有的某处房产由蔡永继承，故在蔡永父母先后去世后，依遗嘱，蔡永即使一直未办理该房屋所有权变更登记，也在其父母最后一方死亡时即取得了房屋所有权，并因此享有对该房屋的物权请求权。故 D 项正确。尽管蔡永父母去世前，该房由蔡永之姐蔡花借用，但借用期未明确，意味着房屋所有人随时可以请求返还，所以即使蔡花系合法占有，该合法占有不能对抗蔡永的物权请求权，所以蔡永有权要求其搬出。由此可知 AC 项错误。《民法典》第 196 条规定，下列请求权不适用诉讼时效的规定：（1）请求停止侵害、排除妨碍、消除危险；（2）不动产物权和登记的动产物权的权利人请求返还财产；（3）请求支付抚养费、赡养费或者扶养费；（4）依法不适用诉讼时效的其他请求权。由此，所有权人行使所有物的原物返还请求权不受诉讼时效的约束，所以 B 项错误。

6.【答案】B

【考点】宣告失踪的法律后果；财产代管人的权限；善意取得

【详解】《民法典》第 1060 条规定，夫妻一方因家庭日常生活需要而实施的民事法律行为，对夫妻双方发生效力，但是夫妻一方与相对人另有约定的除外。夫妻之间对一方可以实施的民事法律行为范围的限制，不得对抗善意相对人。本题中，乙将登记在自己名下的夫妻共有房屋出售给丙，交付并办理了过户登记，显然非日常生活需要，不属于家事代理，故 C 项错误。对于财产代管人的权限，尤其是财产代管人是否有权处分失踪的被代管人的财产，我国立法目前未有明确规定。《民法典》第 43 条规定，财产代管

人应当妥善管理失踪人的财产，维护其财产权益。失踪人所欠税款、债务和应付的其他费用，由财产代管人从失踪人的财产中支付。财产代管人因故意或者重大过失造成失踪人财产损失的，应当承担赔偿责任。由此可以解释为采限制失踪人财产代管人权限的立场，即代管人的代管权限主要包括用失踪人财产支付失踪人所欠税款、失踪人所欠债务、赡养费、扶养费、抚育费和因代管财产所需的管理费等必要的费用。简而言之，代管人对失踪人财产的代管行为主要限定于保管该财产并用以支付失踪人所欠各类债务。本题中，乙将登记在自己名下的夫妻共有房屋出售给丙，显然不属于乙作为代管人的权限范围，故其行为属于无权处分。由此可知 D 项错误。《民法典》第 311 条规定，无处分权人将不动产或者动产转让给受让人的，所有权人有权追回；除法律另有规定外，符合下列情形的，受让人取得该不动产或者动产的所有权：（1）受让人受让该不动产或者动产时是善意；（2）以合理的价格转让；（3）转让的不动产或者动产依照法律规定应当登记的已经登记，不需要登记的已经交付给受让人。受让人依据前款规定取得不动产或者动产的所有权的，原所有权人有权向无处分权人请求损害赔偿。当事人善意取得其他物权的，参照适用前两款规定。在乙向丙出示了甲被宣告失踪的判决书，并将房屋属于夫妻二人共有的事实告知丙的情形下，也不宜认定丙主观上构成善意，所以丙不能主张善意取得。由此，A 项错误，B 项正确。

7.【答案】C

【考点】借用合同解除的效力；债权让与；物权请求权与债权请求权；承揽合同中承揽人的留置权

【详解】从本题涉及法律关系来看，甲乙之间存在借用法律关系，甲丙之间存在承揽合同法律关系。根据《民法典》第 235 条、第 447 条、第 460 条的规定，在乙通知甲解除借用关系并告知丙，同时要求丙不得将自行车交给甲，丙也向甲核实而甲承认后，甲乙之间的借用法律关系解除，此时原丙之间的承揽合同法律关系中的定作人也由原来的甲变更为乙。故甲无权再请求丙返还自行车，而乙无论作为承揽合同法律关系的定作人还是自行车的所有人，均有权请求丙返还自行车，也无须经过甲同意。由此可知 AB 项错误。《民法典》第 783 条规定，定作人未向承揽人支付报酬或者材料费等价款的，承揽人对完成的工作成果享有留置权或者有权拒绝交付，但是当事人另有约定的除外。本题中，因为原甲丙之间的承揽合同法律关系中的定作人也由原来的甲变更为乙，故乙有权要求丙返还自行车，但在 100 元修理费未支付前，丙就自行车享有留置权。由此可知 C 项正确，D 项错误。当然，在乙支付丙 100 元修理费后，基于甲是"因莽撞骑行造成自行车链条断裂"，所以乙也有权要求甲偿还 100 元。

8.【答案】D

【考点】机动车抵押权的设立；共有物致人损害的责任承担；抵押权与主债权诉讼时效的关系；连带责任的对内效力

【详解】本题中，甲、乙二人按照3∶7的份额共有一辆货车，为按份共有。后该货车在运输过程中将戊撞伤。《民法典》第307条规定，因共有的不动产或者动产产生的债权债务，在对外关系上，共有人享有连带债权、承担连带债务，但是法律另有规定或者第三人知道共有人不具有连带债权债务关系的除外；在共有人内部关系上，除共有人另有约定外，按份共有人按照份额享有债权、承担债务，共同共有人共同享有债权、承担债务。偿还债务超过自己应当承担份额的按份共有人，有权向其他共有人追偿。依该规定，共有物造成他人损害的，除法律另有规定或者第三人知道共有人不具有连带债权债务关系的以外，共有人应当承担连带责任。对于债权人免除部分，连带责任人赔偿责任后的效力问题，我国现行法未有明确规定，理论上也众说纷纭。但《最高人民法院关于审理人身损害赔偿案件适用法律若干问题的解释》第2条规定，赔偿权利人起诉部分共同侵权人的，人民法院应当追加其他共同侵权人作为共同被告。赔偿权利人在诉讼中放弃对部分共同侵权人的诉讼请求的，其他共同侵权人对被放弃诉讼请求的被告应当承担的赔偿份额不承担连带责任。责任范围难以确定的，推定各共同侵权人承担同等责任。人民法院应当将放弃诉讼请求的法律后果告知赔偿权利人，并将放弃诉讼请求的情况在法律文书中叙明。根据该规定的精神，倾向于解释为：我国司法实践中对于被侵权人单方免除部分债务人债务的，被免除债务的债务人对剩余全部债务仍应当承担连带责任。本题中，如果戊免除了甲的损害赔偿责任，则甲乙仍然对未免除部分的债务承担连带损害赔偿责任。而且，如果甲对丁承担了全部担保责任，当然也有权向乙追偿。综上，A项错误，D项正确。《民法典》第403条规定，以动产抵押的，抵押权自抵押合同生效时设立；未经登记，不得对抗善意第三人。根据该条规定，本题中，因为抵押权未登记，所以丁的抵押权不能对抗被撞伤的戊的损害赔偿请求权，应平等受偿。据此，B项错误。《民法典》第419条规定，抵押权人应当在主债权诉讼时效期间行使抵押权；未行使的，人民法院不予保护。据此，C项错误。

9.【答案】B

【考点】占有的推定效力

【详解】本题中，戒指非埋藏物、遗失物等有可能判决归国家所有的情形，也非甲、乙共同共有，故CD项为可以直接排除选项。我国现行法律对于占有的推定效力未作明确规定。如果每个人对自己占有的财产，都要证明其享有所有权，这就会给人们的生产

生活带来极大不便。如果不能举证证明自己占有的财产是自己享有所有权的财产，其财产的合法性就会受到他人挑战，这样财产的秩序、安全就会受到重大损害，也会带来高昂的成本。为此，占有的推定规则已经被各国和地区的立法所普遍采纳。依学理通说，占有推定规则是指占有人于占有物上行使的权利，推定其适法有此权利。质言之，为保护占有人起见，法律基于社会生活的一般情况，为占有人设各项推定，免除其举证责任，即受权利推定的占有人，免除举证责任，占有人可以直接援用该推定对抗相对人，无须证明自己是权利人。但是，需要注意的是，在相对人提出反证时，占有人为推翻该反证，仍须举证。本题中，争议发生时乙对戒指为现实直接占有，且主张所有权，故可先推定其对戒指有所有权，却在甲无法证明对该戒指拥有所有权，但能够针对乙的主张提出反证证明在2015年10月1日前一直合法占有该戒指的情形下，乙就应该提供自2015年10月1日后从甲处合法取得戒指的证据推翻该反证，否则，应当认定因甲证明了自己的先前占有，而推定甲对戒指享有合法权利。综上可知，A项错误，B项正确。

10.【答案】A

【考点】法律行为与情谊行为的区别

【详解】根据《民法典》第133条规定，民事法律行为是民事主体通过意思表示设立、变更、终止民事法律关系的行为。依学界通说，情谊行为是道德层面上的日常社会交往行为，它与法律行为和事实行为在法律意义上有显著区别，情谊行为与法律行为的本质区别主要在于，情谊行为原则上不具有受法律拘束的意思，不具有缔结法律关系的意图，因此情谊行为的行为人对自己的承诺原则上无须承担法律上的给付义务。事实行为是指民事主体主观上并不存在变动民事法律关系的意思，但客观上依民法的规定能够引起民事法律效果的行为，当然，情谊行为虽然其本身不具有法律上的拘束力，但有时可以引发对相对人信赖的保护以及适用侵权责任法律后果，本题中，甲单独邀请朋友乙到家中吃饭，乙爽快答应并表示一定赴约，但当日乙因其他应酬而未赴约，也未及时告知甲致使甲准备的饭菜浪费，甲还因炒菜被热油烫伤，此为典型的情谊行为，根据题目交代的情节也不会引发事实行为的法律后果，故乙对甲无须承担法律责任，由此可知，只有A项正确。

11.【答案】C

【考点】署名权；网络服务提供者的侵权责任；删除权利管理信息的违法行为

【详解】署名权作为一种著作人身权，是指表明作者身份，在作品上署名的权利。本题中，艺术馆只是收藏古代名家绘画，并非作者，故不享有署名权，他人也就不可能侵犯其署名权，故A项错误。著作权人或者邻接权人为了防止他人假冒其作品或者进行

非法复制,往往在其作品、制品或者复制品上注明有关权利管理信息。根据《世界知识产权组织版权条约》第 12 条的规定,权利管理信息是指"识别作品、作品的作者、对作品享有任何权利的所有人的信息,或者有关作品的使用条件和条款的信息,以及代表这种形式的任何素质或者代码,各种信息均附于作品的每件复制品上或者在作品向公众进行传播时出现"。由此可以看出,非法删除或者改变权利管理电子信息,是指未经著作权人或者著作邻接权人的许可,故意删除或者改变作品、录音录像制品等的权利管理电子信息的行为。本题中,因为艺术馆非著作权人或者著作邻接权人,所以唐某、郑某将其中"清风艺术馆珍藏、复制必究"的标记清除,或者未注明来源于艺术馆的行为,不能认定为属于删除权利管理信息的行为。故 B 项错误。清风艺术馆在入场券上以醒目方式提示"不得拍照、摄影",唐某购票后双方即成立合同关系,"不得拍照、摄影"便成为约定义务,但唐某购票观展时趁人不备拍摄了展品,其未经许可拍摄的行为构成违约。由此,C 项正确。《民法典》第 1195 条第 1、2 款规定,网络用户利用网络服务实施侵权行为的,权利人有权通知网络服务提供者采取删除、屏蔽、断开链接等必要措施。通知应当包括构成侵权的初步证据及权利人的真实身份信息。网络服务提供者接到通知后,应当及时将该通知转送相关网络用户,并根据构成侵权的初步证据和服务类型采取必要措施;未及时采取必要措施的,对损害的扩大部分与该网络用户承担连带责任。《民法典》第 1197 条规定,网络服务提供者知道或者应当知道网络用户利用其网络服务侵害他人民事权益,未采取必要措施的,与该网络用户承担连带责任。根据上述规定,网络用户利用网络服务实施侵权行为的,被侵权人有权通知网络服务提供者采取删除、屏蔽、断开链接等必要措施,而本题中,唐某和郑某的行为涉嫌构成对著作权人和邻接权人的侵权,对清风艺术馆而言,其非被侵权人,故电商网站收到通知后如不采取措施阻止唐某、郑某销售该高仿品,也无须向艺术馆承担赔偿责任。故 D 项错误。

12.【答案】A

【考点】 多重买卖合同的实际履行顺序

【详解】《最高人民法院关于审理买卖合同纠纷案件适用法律问题的解释》第 6 条规定:"出卖人就同一普通动产订立多重买卖合同,在买卖合同均有效的情况下,买受人均要求实际履行合同的,应当按照以下情形分别处理:(一)先行受领交付的买受人请求确认所有权已经转移的,人民法院应予支持;(二)均未受领交付,先行支付价款的买受人请求出卖人履行交付标的物等合同义务的,人民法院应予支持;(三)均未受领交付,也未支付价款,依法成立在先合同的买受人请求出卖人履行交付标的物等合同

义务的,人民法院应予支持。"本题中,戊为先行受领交付的买受人,丁和丙分别为先行支付全部或者部分价款的买受人,乙为成立在先合同的买受人,上述买受人均要求实际履行合同的情形下,先行受领交付的戊有权最先得到履行;丁和丙分别为先行支付全部或者部分价款的买受人,但立法并未规定先行支付全部价款的买受人就优先于支付部分价款的买受人,故这种情形下要根据其合同成立的先后确定二者的顺序,故先行成立合同的丙应优先于丁。综上,A 项正确。

13.【答案】D

【考点】 离婚财产分割

【详解】《民法典》第 1092 条规定,夫妻一方隐藏、转移、变卖、毁损、挥霍夫妻共同财产,或者伪造夫妻共同债务企图侵占另一方财产的,在离婚分割夫妻共同财产时,对该方可以少分或者不分。离婚后,另一方发现有上述行为的,可以向人民法院提起诉讼,请求再次分割夫妻共同财产。《婚姻家庭编解释(一)》第 84 条规定,当事人依据《民法典》第 1092 条的规定向人民法院提起诉讼,请求再次分割夫妻共同财产的诉讼时效期间为 3 年,从当事人发现之日起计算。由上述两条规定可知,AC 项正确;D 项错误,当选。《婚姻家庭编解释(一)》第 69 条第 2 款规定,当事人依照《民法典》第 1076 条签订的离婚协议中关于财产以及债务处理的条款,对男女双方具有法律约束力。登记离婚后当事人因履行上述协议发生纠纷提起诉讼的,人民法院应当受理。据此,B 项正确。

14.【答案】C

【考点】 离婚损害赔偿

【详解】《民法典》第 1091 条规定,有下列情形之一,导致离婚的,无过错方有权请求损害赔偿:(1)重婚;(2)与他人同居;(3)实施家庭暴力;(4)虐待、遗弃家庭成员;(5)有其他重大过错。《婚姻家庭编解释(一)》第 86 条规定,《民法典》第 1091 条规定的"损害赔偿",包括物质损害赔偿和精神损害赔偿。涉及精神损害赔偿的,适用《最高人民法院关于确定民事侵权精神损害赔偿责任若干问题的解释》的有关规定。本题中,根据上述规定,钟某实施家庭暴力,柳某有权向其主张损害赔偿,且该损害赔偿包括精神损害赔偿,故 AB 项说法均错误,不选。《婚姻家庭编解释(一)》第 90 条规定,夫妻双方均有《民法典》第 1091 条规定的过错情形,一方或者双方向对方提出离婚损害赔偿请求的,人民法院不予支持。《婚姻家庭编解释(一)》第 2 条规定,《民法典》第 1042 条、第 1079 条、第 1091 条规定的"与他人同居"的情形,是指有配偶者与婚外异性,不以夫妻名义,持续、稳定地共同居住。依该两条规定,本题中,如柳某婚内与杜某同居,属

民
法

于"有配偶者与他人同居的"，根据上述规定，钟某不能向柳某主张损害赔偿，故D项错误，C项正确。

15.【答案】D

【考点】夫妻婚前个人财产的婚后归属

【详解】《民法典》第1063条规定，下列财产为夫妻一方的个人财产：（1）一方的婚前财产；（2）一方因受到人身损害获得的赔偿或者补偿；（3）遗嘱或者赠与合同中确定只归一方的财产；（4）一方专用的生活用品；（5）其他应当归一方的财产。《婚姻家庭编解释（一）》第31条规定，《民法典》第1063条规定为夫妻一方的个人财产，不因婚姻关系的延续而转化为夫妻共同财产。但当事人另有约定的除外。本题中，刘山峰婚前个人名下拥有别墅一栋，属于其婚前个人财产。根据上述规定，ABC项表述均错误，D项正确。

16.【答案】AB（原答案为B）

【考点】遗嘱的效力及遗嘱的变更

【详解】《民法典》第1142条规定，遗嘱人可以撤回、变更自己所立的遗嘱。立遗嘱后，遗嘱人实施与遗嘱内容相反的民事法律行为的，视为对遗嘱相关内容的撤回。立有数份遗嘱，内容相抵触的，以最后的遗嘱为准。由此可知，本题中贡某所立公证遗嘱可以被贡某之后未公证的书面自书遗嘱变更，所以A项说法正确。《民法典》第1154条规定，有下列情形之一的，遗产中的有关部分按照法定继承办理：（1）遗嘱继承人放弃继承或者受遗赠人放弃受遗赠的；（2）遗嘱继承人丧失继承权或者受遗赠人丧失受遗赠权；（3）遗嘱继承人、受遗赠人先于遗嘱人死亡或者终止；（4）遗嘱无效部分所涉及的遗产；（5）遗嘱未处分的遗产。本题中，贡文先于贡某死亡，即属于上述规定第（3）项，贡某遗嘱因此不生效力，应依法定继承办理。故B项正确。《民法典》第1133条第1款规定，自然人可以依照本法规定立遗嘱处分个人财产，并可以指定遗嘱执行人。据此，遗嘱人以遗嘱处分了属于国家、集体或他人所有的财产，遗嘱的这部分，应认定无效。本题中，在贡某死亡前，贡文遗嘱中处分贡某遗产的部分，即使经过贡某同意，也属无效。故本题CD项均错误，不选。

17.【答案】B

【考点】侵犯生命权

【详解】生命权是指自然人维持生命和维护生命安全利益的权利，其客体是生命及其安全利益，这与身体权和健康权明显不同，A项，侵犯的显然非生命权，而可能是身体权；C项，侵犯的也非生命权，而是健康权。故AC项均错误，不选。D项，根据《民法典》第16条的规定，涉及遗产继承、接受赠与等胎儿利益保护的，胎儿视为具有民事权利能力。但是，胎儿娩出时为死体的，其民事权利能力自始不存在。可以认定庚医师的行为侵犯的是辛的权利，不过

侵犯的仍是健康权而非生命权，由此D项错误，不选。《民法典》第1002条规定，自然人享有生命权。自然人的生命安全和生命尊严受法律保护。任何组织或者个人不得侵害他人的生命权。我国未认可"安乐死"，所以B项中丙的行为构成对丁的生命权的侵犯，故B项正确。

18.【答案】A

【考点】医疗损害责任

【详解】《民法典》第1218条规定，患者在诊疗活动中受到损害，医疗机构或者其医务人员有过错的，由医疗机构承担赔偿责任。由此，医疗损害责任的一般归责原则是过错责任原则，应由患方承担举证责任。由此可知A项正确。《民法典》第1219条规定，医务人员在诊疗活动中应当向患者说明病情和医疗措施。需要实施手术、特殊检查、特殊治疗的，医务人员应当及时向患者具体说明医疗风险、替代医疗方案等情况，并取得其明确同意；不能或者不宜向患者说明的，应当向患者的近亲属说明，并取得其明确同意。医务人员未尽到前款义务，造成患者损害的，医疗机构应当承担赔偿责任。《民法典》第1220条规定，因抢救生命垂危的患者等紧急情况，不能取得患者或者其近亲属意见的，经医疗机构负责人或者授权的负责人批准，可以立即实施相应的医疗措施。依上述两条规定，本题显然不属于抢救生命垂危的患者等紧急情况，即便属于，题目中也未交代已经医疗机构负责人或者授权的负责人批准，故B项错误，不选。《民法典》第1223条规定，因药品、消毒产品、医疗器械的缺陷，或者输入不合格的血液造成患者损害的，患者可以向药品上市许可持有人、生产者、血液提供机构请求赔偿，也可以向医疗机构请求赔偿。患者向医疗机构请求赔偿的，医疗机构赔偿后，有权向负有责任的药品上市许可持有人、生产者、血液提供机构追偿。由此可知，本题C项错误，不选。《民法典》第1225条规定，医疗机构及其医务人员应当按照规定填写并妥善保管住院志、医嘱单、检验报告、手术及麻醉记录、病理资料、护理记录等病历资料。患者要求查阅、复制前款规定的病历资料的，医疗机构应当及时提供。由此可知，本题D项错误，不选。

19.【答案】B

【考点】物件损害责任

【详解】《民法典》第1198条规定，宾馆、商场、银行、车站、机场、体育场馆、娱乐场所等经营场所、公共场所的经营者、管理者或者群众性活动的组织者，未尽到安全保障义务，造成他人损害的，应当承担侵权责任。因第三人的行为造成他人损害的，由第三人承担侵权责任；经营者、管理者或者组织者未尽到安全保障义务的，承担相应的补充责任。经营者、管理者或者组织者承担补充责任后，可以向第三

人追偿。由该规定可以看出，经营场所、公共场所的经营者、管理人或者群众性活动的组织者有法定的安全保障义务，本题中的张小飞显然不属于这类主体，故 A 项错误，不选。题目中也未交代小区物业存在违反法定或者约定安全保障义务的情形，故 C 项错误，不选。《民法典》第 1254 条规定，禁止从建筑物中抛掷物品。从建筑物中抛掷物品或者从建筑物上坠落的物品造成他人损害的，由侵权人依法承担侵权责任；经调查难以确定具体侵权人的，除能够证明自己不是侵权人的外，由可能加害的建筑物使用人给予补偿。可能加害的建筑物使用人补偿后，有权向侵权人追偿。物业服务企业等建筑物管理人应当采取必要的安全保障措施防止前款规定情形的发生；未采取必要的安全保障措施的，应当依法承担未履行安全保障义务的侵权责任。发生本条第 1 款规定的情形的，有关机关应当依法及时调查，查清责任人。故本题中 B 项正确，当选。D 项错误，不选。

20.【答案】AC

【考点】宣告死亡的条件及法律后果

【详解】被宣告死亡的自然人，在其原来的住所地、居所地等活动范围内于民事领域与自然死亡产生同样的法律后果。具体而言，自然人被宣告死亡的，继承关系开始。本题中，甲被宣告死亡，甲的继承人可以依法继承其财产。A 项正确，当选。《民法典》第 51 条规定，被宣告死亡的人的婚姻关系，自死亡宣告之日起消除。死亡宣告被撤销的，婚姻关系自撤销死亡宣告之日起自行恢复，但是，其配偶再婚或者向婚姻登记机关书面声明不愿意恢复的除外。根据上述规定，如果本题中甲后来生还，申请撤销死亡宣告，其配偶乙尚未再婚，则甲、乙的婚姻关系自撤销死亡宣告之日起有可能自行恢复。由此可知，B 项，"不可能恢复"的表达错误，不选。《民法典》第 48 条规定，被宣告死亡的人，人民法院宣告死亡的判决作出之日视为其死亡的日期；因意外事件下落不明宣告死亡的，意外事件发生之日视为其死亡的日期。依该规定，本题中，2016 年 6 月 5 日法院依照法定程序宣告甲死亡，故 2016 年 6 月 5 日即为甲的死亡日期。由此可知，C 项正确，当选。本题中，甲乘火车，与铁路公司成立运输合同。但题目中无证据证明甲失踪是由于承运人履行运输合同造成的，故承运人铁路公司的运输与甲的因失踪而被宣告死亡之间无因果关系，所以铁路公司也无须对甲的死亡承担损害赔偿责任。D 项错误，不选。

21.【答案】AB（原答案为 ABD）

【考点】监护人的监护职责；未成年人对法定代理人的请求权的诉讼时效起算时间；无因管理

【详解】《民法典》第 34 条规定，监护人的职责是代理被监护人实施民事法律行为，保护被监护人的人身权利、财产权利以及其他合法权益等。监护人依

法履行监护职责产生的权利，受法律保护。监护人不履行监护职责或者侵害被监护人合法权益的，应当承担法律责任。《民法典》第 35 条规定，监护人应当按照最有利于被监护人的原则履行监护职责。监护人除为维护被监护人利益外，不得处分被监护人的财产。未成年人的监护人履行监护职责，在作出与被监护人利益有关的决定时，应当根据被监护人的年龄和智力状况，尊重被监护人的真实意愿。本题中，依上述规定，乙、丙作为甲的监护人，不能随意处分甲的财产，故 B 项正确。乙、丙作为监护人，有义务保护被监护人的人身权利、财产权利及其他合法权益，所以乙、丙的行为不构成无因管理，故 C 项错误。乙、丙虽然是为了甲的利益，将甲在国际钢琴大赛中获得的奖金全部购买了股票，但恰遇股市暴跌，给被监护人甲造成财产损失，可以认定乙、丙的行为侵害被监护人甲合法权益，所以乙、丙须对投资股票给甲造成的损失承担责任，由此，A 项正确。《民法典》第 190 条规定，无民事行为能力人或者限制民事行为能力人对其法定代理人的请求权的诉讼时效期间，自该法定代理终止之日起计算。根据这一规定，本题中，作为法定代理人的乙、丙侵害了被代理人甲的合法权益，如果甲主张赔偿，应当在法定代理终止之日（即甲年满 18 周岁之日）起计算诉讼时效，且诉讼时效为 3 年。故 D 项错误。

22.【答案】ABCD

【考点】按份共有；共有人的优先购买权

【详解】《民法典》第 305 条规定，按份共有人可以转让其享有的共有的不动产或者动产份额。其他共有人在同等条件下享有优先购买的权利。由该规定可知，本题中无论是将共有份额转让给共有人，还是转让给共有人之外的人，均无须经其他共有人乙、丙、丁同意，故 A 项错误。《民法典》第 306 条第 2 款规定，两个以上其他共有人主张行使优先购买权的，协商确定各自的购买比例；协商不成的，按照转让时各自的共有份额比例行使优先购买权。据此，如乙、丙、丁均以同等条件主张优先购买权，则应按照转让时各自份额比例行使优先购买权，故 B 项错误。《最高人民法院关于适用〈中华人民共和国民法典〉物权编的解释（一）》[以下简称《物权编解释（一）》]第 12 条规定："按份共有人向共有人之外的人转让其份额，其他按份共有人根据法律、司法解释规定，请求按照同等条件购买该共有份额的，应予支持……"由该规定可知，本题中甲向共有人之外的戊转让其共有份额，共有人丙在同等条件下有优先购买的权利，但其提出在法定期限内以 50 万元分期付款的方式要求购买该共有份额的情形，则不属于"同等条件"下，故 C 项错误。《物权编解释（一）》第 13 条规定："按份共有人之间转让共有份额，其他按份共有人主张依据民法典第三百零五条规

定优先购买的，不予支持，但按份共有人之间另有约定的除外。"本题中，题面未交代按份共有人另有约定的情形，所以，如甲改由向乙转让其共有份额，丙、丁在同等条件下主张优先购买权的，应不予支持。故 D 项错误。

23.【答案】BD

【考点】土地承包经营权的设立和限制规则；本集体经济组织成员的优先购买权

【详解】《农村土地承包法》第 3 条规定："国家实行农村土地承包经营制度。农村土地承包采取农村集体经济组织内部的家庭承包方式，不宜采取家庭承包方式的荒山、荒沟、荒丘、荒滩等农村土地，可以采取招标、拍卖、公开协商等方式承包。"《农村土地承包法》第 16 条第 1 款规定："家庭承包的承包方是本集体经济组织的农户。"据此，A 项错误，不选；B 项正确，当选。对于以其他方式承包的，《农村土地承包法》第 52 条第 1 款规定："发包方将农村土地发包给本集体经济组织以外的单位或者个人承包，应当事先经本集体经济组织成员的村民会议三分之二以上成员或者三分之二以上村民代表的同意，并报乡（镇）人民政府批准。"据此，C 项错误，不选。《农村土地承包法》第 38 条规定："土地经营权流转应当遵循以下原则：……（五）在同等条件下，本集体经济组织成员享有优先权。"《农村土地承包法》第 51 条规定："以其他方式承包农村土地，在同等条件下，本集体经济组织成员有权优先承包。"《最高人民法院关于审理涉及农村土地承包纠纷案件适用法律问题的解释》第 11 条规定："土地经营权流转中，本集体经济组织成员在流转价款、流转期限等主要内容相同的条件下主张优先权的，应予支持。但下列情形除外：（一）在书面公示的合理期限内未提出优先权主张的；（二）未经书面公示，在本集体经济组织以外的人开始使用承包地两个月内未提出优先权主张的。"《最高人民法院关于审理涉及农村土地承包纠纷案件适用法律问题的解释》第 18 条规定："本集体经济组织成员在承包费、承包期限等主要内容相同的条件下主张优先承包的，应予支持。但在发包方将农村土地发包给本集体经济组织以外的组织或者个人，已经法律规定的民主议定程序通过，并由乡（镇）人民政府批准后主张优先承包的，不予支持。"据此，D 项正确，当选。

24.【答案】ABCD

【考点】共同抵押的效力；抵押权的不可分性和从属性

【详解】《民法典》第 407 条规定："抵押权不得与债权分离而单独转让或者作为其他债权的担保。债权转让的，担保该债权的抵押权一并转让，但是另法律另有规定或者当事人另有约定的除外。"《最高人民法院关于适用〈中华人民共和国民法典〉有关担保制度的解释》（以下简称《担保制度解释》）第 38 条规定："主债权未受全部清偿，担保物权人主张就担保财产的全部行使担保物权的，人民法院应予支持，但是留置权人行使留置权的，应当依照民法典第四百五十条的规定处理。担保财产被分割或者部分转让，担保物权人主张就分割或者转让后的担保财产行使担保物权的，人民法院应予支持，但是法律或者司法解释另有规定的除外。"本题中，甲将其中 200 万元债权转让给戊，并通知了乙，当事人就抵押权问题未有约定，故戊对丙和丁的房屋均享有抵押权。当事人对其提供的抵押财产所担保的债权份额或者顺序没有约定，戊可以就丙和丁的任一房屋或者各个房屋行使抵押权，对每个房屋价款优先受偿权的金额在房屋价值和债权范围内由戊自主决定。据此，ABCD 项错误，当选。

25.【答案】BCD

【考点】以物抵债和代物清偿

【详解】以物抵债，是指以他种给付代替原定给付而消灭原有债务的法律行为。我国法律对此无明文定义，社会实践中类型多样。本题中，王某向丁某借款 100 万元，后借款到期无力清偿，遂提出以自己所有的一幅古画抵债，此情形为履行期限届至后约定的以物抵债，可以归入代物清偿。通说认为，代物清偿是指债权人受领他种给付以代原定给付而使合同关系消灭的法律行为。代物清偿的成立须具备四个条件：一是必须有原债的关系存在；二是必须有双方当事人关于代物清偿的合意；三是他种给付必须与原定给付不同；四是须债权人受领他种给付以代原给付。由此可见，其一，代物清偿为实践性行为，仅有抵债合意尚不足够，还须履行物权转移手续方成立。其二，以物抵债的最终目的在于清偿债务，故只有现实提出和受领了物的给付，才构成债的清偿，原来的债的关系才会消灭。如果双方仅仅达成以物抵债的合意，但并未实际履行，则原定债的关系并不消灭，且债务人有反悔的机会。依此判断本题各项，A 项错误；BCD 项正确。

26.【答案】AC

【考点】买卖合同的风险负担；所有权保留

【详解】《民法典》第 604 条规定，标的物毁损、灭失的风险，在标的物交付之前由出卖人承担，交付之后由买受人承担，但是法律另有规定或者当事人另有约定的除外。本题中，甲乙双方对标的物毁损、灭失的风险未特别约定，而乙公司已经履行了交付义务，故风险责任应由甲公司负担，由此可知 AC 项正确；B 项错误，不选。我国立法并未规定所有权保留的约定应采用书面形式，所以 D 项错误，不选。

27.【答案】ABC

【考点】债权人撤销权的行使条件

【详解】《民法典》第 538 条规定，债务人以放弃其债权、放弃债权担保、无偿转让财产等方式无偿处分财产权益，或者恶意延长其到期债权的履行期限，影响债权人的债权实现的，债权人可以请求人民法院撤销债务人的行为。据此，我国《民法典》对于债权人可以行使撤销权的事由，采封闭式列举立法。我国现行法律并未将债务人将自己所有的财产用于偿还对他人的未到期债务作为债权人行使可撤销权的事由。但从债权人撤销权的制度价值看，债务人实施减少其财产的行为对债权人造成损害的，债权人可以请求人民法院撤销该行为，而债权人行使撤销权的目的在于恢复债务人的责任财产（行为之前存在的财产），而将自己所有的财产用于偿还对他人的未到期债务，实质上是放弃自己的既有期限利益，会导致自己的责任财产减少，所以应作为债权人行使撤销权的事由。故 A 项当选。"乙与其债务人约定放弃对债务人财产的抵押权"属于债务人放弃债权担保的行为，甲可申请法院予以撤销，故 B 项当选。"乙在离婚协议中放弃对家庭共有财产的分割"实质上是无偿转让财产的行为，甲可以申请法院予以撤销，故 C 项当选。对于放弃继承权的行为，债权人能否行使撤销权的问题，我国立法并无明确规定，理论上存在两种不同的意见。本解析倾向于这种情形下债权人不能行使撤销权。债权人撤销权的基本原理是：因债务人实施减少其责任财产的行为对债权人造成损害的，债权人可以请求人民法院撤销该行为，而债权人行使撤销权的目的在于恢复债务人的责任财产（行为之前存在的财产），而非增加债务人的责任财产（行为之后才发生的财产）。本题 D 项中，乙放弃对父亲遗产的继承权，只是阻止债务人将来责任财产的增加，即放弃增加责任财产的机会，不是放弃责任财产，所以债权人不能行使撤销权。此外，继承权是基于身份权而产生的财产权，如允许撤销将会侵害债务人的人身利益，有干涉人身自由之嫌。故 D 项不选。

28.【答案】ABCD
【考点】可撤销合同的效力
【详解】根据《民法典》第 148 条规定，一方以欺诈手段，使对方在违背真实意思的情况下实施的民事法律行为，受欺诈方有权请求人民法院或者仲裁机构予以撤销。根据《民法典》第 152 条规定，当事人自知道或者应当知道撤销事由之日起 1 年内没有行使撤销权，撤销权消灭。本题中，甲隐瞒了其所购别墅内曾发生恶性刑事案件的事实，以明显低于市场价的价格将其转卖给乙，乙在不知情的情况下受欺诈与甲签订了买卖合同，有权在得知实情后 1 年内请求人民法院或者仲裁机构变更或者撤销合同。由此可知 A 项正确。根据《民法典》第 157 条规定，民事法律行为无效、被撤销或者确定不发生效力后，行为人因该行为取得的财产，应当予以返还；不能返还或者没有必要返还的，应当折价补偿。有过错的一方应当赔

偿对方由此所受到的损失；各方都有过错的，应当各自承担相应的责任。法律另有规定的，依照其规定。本题中，由于甲的欺诈，乙在不知情的情况下，放弃他人以市场价出售的别墅，购买了甲的别墅。所以，如果合同被撤销，甲应当赔偿乙因此所受到的损失。当然，乙如果在合同撤销前使用了别墅，乙也应当支付合同撤销前别墅的使用费，否则构成不当得利。由此可知，BCD 项表达均正确。

29.【答案】CD
【考点】房屋租赁合同；转租；租赁房屋致损的责任承担
【详解】《城镇房屋租赁合同解释》第 10 条规定，承租人经出租人同意装饰装修，租赁期间届满时，承租人请求出租人补偿附合装饰装修费用的，不予支持。但当事人另有约定的除外。故 A 项错误。《城镇房屋租赁合同解释》第 6 条规定，承租人擅自变动房屋建筑主体和承重结构或者扩建，在出租人要求的合理期限内仍不予恢复原状，出租人请求解除合同并要求赔偿损失的，人民法院依照《民法典》第 711 条的规定处理。本题中，甲可请求丙承担侵权责任。但基于合同的相对性，甲无权请求丙承担违约责任。故 B 项错误，C 项正确。乙经出租人甲同意对承租房进行了装修并转租给丙，并未违约，但 D 项表达用了"可"，基于诉权不可以被剥夺的原理，D 项当选。

30.【答案】ACD
【考点】所有权保留买卖；善意取得
【详解】周某与吴某约定在全部价款付清前电脑的所有权不发生转移，所以周某仍然是电脑的所有权人，周某在电脑修好之后将电脑出售并交付给不知情的王某，属于有权处分，王某能取得电脑的所有权。A 项正确。《民法典》第 634 条规定，分期付款的买受人未支付到期价款的数额达到全部价款的 1/5，经催告后在合理期限内仍未支付到期价款的，出卖人可以请求买受人支付全部价款或者解除合同。出卖人解除合同的，可以向买受人请求支付该标的物的使用费。结合本题，吴某无力支付最后 1 个月的价款，表明其已经支付了前 4 个月的款项，合计 4800 元，达到标的物总价款的 80%，故周某不可以行使取回权。B 项错误。如果吴某未支付到期货款达 1800 元，达到标的物总价款的 30%，超过了 1/5。但是，只有经催告后在合理期限内仍未支付到期价款的，出卖人才能主张一次性支付全部价款或解除合同。CD 项缺少"催告"程序，故错误。

31.【答案】AC
【考点】探望权
【详解】《民法典》第 1085 条规定，离婚后，子女由一方直接抚养的，另一方应当负担部分或者全部抚养费。负担费用的多少和期限的长短，由双方协议；协议不成的，由人民法院判决。前款规定的协议

或者判决，不妨碍子女在必要时向父母任何一方提出超过协议或者判决原定数额的合理要求。《民法典》第1086条规定，离婚后，不直接抚养子女的父或者母，有探望子女的权利，另一方有协助的义务。行使探望权利的方式、时间由当事人协议；协议不成的，由人民法院判决。父或者母探望子女，不利于子女身心健康的，由人民法院依法中止探望；中止的事由消失后，应当恢复探望。《婚姻家庭编解释（一）》第68条规定，对于拒不协助另一方行使探望权的有关个人或者组织，可以由人民法院依法采取拘留、罚款等强制措施，但是不能对子女的人身、探望行为进行强制执行。由上述规定可知，本题中AC项表达正确，当选；D项错误，不选。探望是权利，而非义务。故B项错误，不选。

32.【答案】ACD

【考点】法定继承人的确定；代位继承；胎儿利益的保护

【详解】《民法典》第1127条规定，遗产按照下列顺序继承：（1）第一顺序：配偶、子女、父母；（2）第二顺序：兄弟姐妹、祖父母、外祖父母。继承开始后，由第一顺序继承人继承，第二顺序继承人不继承。没有第一顺序继承人继承的，由第二顺序继承人继承。本编所称子女，包括婚生子女、非婚生子女、养子女和有扶养关系的继子女。本编所称父母，包括生父母、养父母和有扶养关系的继父母。本编所称兄弟姐妹，包括同父母的兄弟姐妹、同父异母或者同母异父的兄弟姐妹、养兄弟姐妹、有扶养关系的继兄弟姐妹。本题中，熊某与杨某结婚后，杨某与前夫所生之子小强由二人一直抚养，所以，杨某作为配偶属于熊某的第一顺位的法定继承人；小强作为有扶养关系的继子女，也属于熊某的第一顺位的法定继承人。由此可知，A项说法正确。《民法典》第1128条规定，被继承人的子女先于被继承人死亡的，由被继承人的子女的直系晚辈血亲代位继承。被继承人的兄弟姐妹先于被继承人死亡的，由被继承人的兄弟姐妹的子女代位继承。代位继承一般只能继承被代位继承人有权继承的遗产份额。由此可见，被继承人的子女先于被继承人死亡的，才发生代位继承，本题中，女婴作为被继承人的子女，后于被继承人死亡，不可能发生代位继承。故B项说法错误，不选。《民法典》第1155条规定，遗产分割时，应当保留胎儿的继承份额。胎儿娩出时是死体的，保留的份额按照法定继承办理。《民法典》第16条规定，涉及遗产继承、接受赠与等胎儿利益保护的，胎儿视为具有民事权利能力。但是，胎儿娩出时为死体的，其民事权利能力自始不存在。本题中，熊某去世前杨某孕有一对龙凤胎，杨某于熊某死后生产，产出时男婴为死体，女婴为活体但旋即死亡。根据上述规定，为男婴保留的遗产份额应由被继承人熊某的继承人杨某、小强继承；为女婴保留的遗产份额

应由女婴的继承人杨某继承。故CD项正确。

33.【答案】BD

【考点】物件损害责任

【详解】《民法典》第1258条规定，在公共场所或者道路上挖掘、修缮安装地下设施等造成他人损害，施工人不能证明已经设置明显标志和采取安全措施的，应当承担侵权责任。窨井等地下设施造成他人损害，管理人不能证明尽到管理职责的，应当承担侵权责任。根据该规定，在公共场所或者道路上挖掘、修缮安装地下设施等致人损害的，适用过错推定责任原则。管理人不能证明尽到管理职责，应承担责任，换言之，管理人有证据证明尽到管理职责，则可免责。由此可知，本题中，A项错误，不选；BD项正确，当选。《民法典》第180条第2款规定，不可抗力是不能预见、不能避免且不能克服的客观情况。由此可知C项错误，不选。

34.【答案】BC

【考点】合伙的诉讼地位

【详解】起字号的个人合伙，在民事诉讼中，应当以依法核准登记的字号为诉讼当事人，并由合伙负责人为诉讼代表人。合伙负责人的诉讼行为，对全体合伙人发生法律效力。未起字号的个人合伙，合伙人在民事诉讼中为共同诉讼人。合伙人人数众多的，可以推举诉讼代表人参加诉讼，诉讼代表人的诉讼行为，对全体合伙人发生法律效力。推举诉讼代表人，应当办理书面委托手续。根据《民诉解释》第60条的规定："在诉讼中，未依法登记领取营业执照的个人合伙的全体合伙人为共同诉讼人。个人合伙有依法核准登记的字号的，应在法律文书中注明登记的字号。全体合伙人可以推选代表人；被推选的代表人，应由全体合伙人出具推选书。"由于普通合伙人需要对合伙债务承担无限连带清偿责任，结合上述规定，为提高诉讼效率，本解析倾向于赋予债权人选择合伙诉讼主体的权利。由此可知，BC均为正确选项，当选。

35.【答案】B

【考点】退伙的条件及法律效力

【详解】合伙人退伙，书面协议有约定的，按书面协议处理；书面协议未约定的，原则上应予准许。但因其退伙给其他合伙人造成损失的，应当考虑退伙的原因、理由以及双方当事人的过错情况，确定其应当承担的赔偿责任。本题中，乙退伙无须出租人同意，也无须提供有效担保，故AC项错误，不选；B项正确，当选。《合伙企业法》第53条规定，退伙人对基于其退伙前的原因发生的合伙企业债务，承担无限连带责任。D项错误，不选。

36.【答案】BC

【考点】融资租赁合同的效力

【详解】《民法典》第747条规定，租赁物不符合约定或者不符合使用目的的，出租人不承担责任。

但是，承租人依赖出租人的技能确定租赁物或者出租人干预选择租赁物的除外。《民法典》第751条规定，承租人占有租赁物期间，租赁物毁损、灭失的，出租人有权请求承租人继续支付租金，但是法律另有规定或者当事人另有约定的除外。本题中，AD项错误，不选。《民法典》第741条规定，出租人、出卖人、承租人可以约定，出卖人不履行买卖合同义务的，由承租人行使索赔的权利。承租人行使索赔权利的，出租人应当协助。本题中，BC项正确，当选。

37.【答案】BC

【考点】最高额抵押；最高额保证；保证责任

【详解】《民法典》第420条第2款规定，最高额抵押权设立前已经存在的债权，经当事人同意，可以转入最高额抵押担保的债权范围。根据该规定，甲、乙之间约定有效，A项错误，不选；B项正确，当选。根据前述《民法典》第420条第2款，如果最高额保证合同未约定将2013年5月6日前乙欠甲的货款纳入最高额保证的担保范围，则丙对此不承担责任，据此，C项正确，当选。甲、乙之间的约定不影响丙对2013年5月6日之后债务承担保证责任，故丙主张减轻保证责任于法无据。D项错误，不选。

38.【答案】C

【考点】最高额抵押权担保的债权转让的法律效力

【详解】《民法典》第421条规定，最高额抵押担保的债权确定前，部分债权转让的，最高额抵押权不得转让，但是当事人另有约定的除外。由此可知ABD项错误，不选；C项正确，当选。

39.【答案】ABD

【考点】最高额抵押权债权确定事由；物权担保和保证竞存

【详解】《民法典》第423条规定，有下列情形之一的，抵押权人的债权确定：（1）约定的债权确定期间届满；（2）没有约定债权确定期间或者约定不明确，抵押权人或者抵押人自最高额抵押权设立之日起满2年后请求确定债权；（3）新的债权不可能发生；（4）抵押权人知道或者应当知道抵押财产被查封、扣押；（5）债务人、抵押人被宣告破产或者被解散；（6）法律规定债权确定的其他情形。根据该规定，A项正确，当选。《民法典》第392条规定，被担保的债权既有物的担保又有人的担保，债务人不履行到期债务或者发生当事人约定的实现担保物权的情形，债权人应当按照约定实现债权；没有约定或者约定不明确，债务人自己提供物的担保的，债权人应当先就该物的担保实现债权；第三人提供物的担保的，债权人可以就物的担保实现债权，也可以请求保证人承担保证责任。提供担保的第三人承担担保责任后，有权向债务人追偿。根据该规定，B项正确，当选；C项错误，不选。人民法院受理债务人破产案件

后，债权人未申报债权的，保证人可以参加破产财产分配，预先行使追偿权。D项正确，当选。

2017年

1.【答案】D

【考点】民法的基本原则

【详解】民法基本原则是效力贯穿民法始终，对各项民法制度和民法规范起统率和指导作用的基本原则，对民事立法、民事行为和司法均有指导意义。根据《民法典》第4~7条的规定，平等原则是指民事主体在民事活动中的法律地位一律平等。自愿原则是指民事主体从事民事活动，应当按照自己的意思设立、变更、终止民事法律关系。公平原则是指民事主体从事民事活动，应当合理确定各方的权利和义务。诚信原则是指民事主体从事民事活动，应当遵循秉持诚实、恪守承诺，不得滥用民事权利。本题中，乙因琐事与甲多次争吵而郁闷难解，便沿二人宅基地的边界线靠己方一侧建起高5米围墙，使甲在自家院内却有身处监牢之感。这属于违反诚信原则的行为，故D项正确。

2.【答案】B

【考点】民事行为能力及不同行为能力从事行为的效力判断

【详解】根据《民法典》第18条第2款的规定，16周岁以上的未成年人，以自己的劳动收入为主要生活来源的，视为完全民事行为能力人。本题中，肖特16岁便不再上学，但其以演出收入为主要生活来源，应被视为完全民事行为能力人，而A项表述太过绝对，排除。根据《民法典》第20条第1款的规定，不满8周岁的未成年人为无民事行为能力人，由其法定代理人代理实施民事法律行为。故本题中，肖特7岁时为无民事行为能力人。根据《民法典》第144条的规定，无民事行为能力人实施的民事法律行为无效。故肖特7岁时受赠口琴1个的行为属于无效民事法律行为。由此，B项正确。根据《民法典》第19条的规定，8周岁以上的未成年人为限制民事行为能力人，实施民事法律行为由其法定代理人代理或者经其法定代理人同意、追认；但是，可以独立实施纯获利益的民事法律行为或者与其年龄、智力相适应的民事法律行为。所以肖特在9岁时和15岁时均属于限制行为能力人。根据《民法典》第145条第1款的规定，限制民事行为能力人实施的纯获利益的民事法律行为或者与其年龄、智力、精神健康状况相适应的民事法律行为有效；实施的其他民事法律行为经法定代理人同意或者追认后有效。本题中，肖特9岁时受赠钢琴1架，15岁时受赠名贵小提琴1把，均属于限制民事行为能力人实施的纯获利益的民事法律行为，故均为有效。由此可知，本题CD项错误，不选。

3.【答案】B

【考点】欺诈行为的效力判断和撤销权的行使

【详解】根据《民法典》第 149 条的规定，第三人实施欺诈行为，使一方在违背真实意思的情况下实施的民事法律行为，对方知道或者应当知道该欺诈行为的，受欺诈方有权请求人民法院或者仲裁机构予以撤销。本题中，甲对乙实施欺诈，使得乙信以为真，以 5000 元买下齐某的石雕，故受欺诈方乙可向合同的另一方当事人齐某主张撤销其购买行为。故 A 项错误，而 B 项正确。根据《民法典》第 148 条的规定，一方以欺诈手段，使对方在违背真实意思的情况下实施的民事法律行为，受欺诈方有权请求人民法院或者仲裁机构予以撤销。本题中，甲曾因为被齐某欺诈以 5000 元从齐某处买过一尊石雕，发现被骗后即和齐某交涉，故受欺诈方甲可向其合同的另一方当事人齐某主张撤销其购买行为。故 C 项错误。根据《民法典》第 152 条的规定，当事人自知道或者应当知道受欺诈之日起 1 年内可以行使撤销权，故 D 项错误。

4.【答案】A

【考点】诉讼时效

【详解】根据《民法典》第 192 条第 2 款的规定，诉讼时效期间届满后，义务人同意履行的，不得以诉讼时效期间届满为由抗辩；义务人已经自愿履行的，不得请求返还。本题中，诉讼时效期间届满后，乙公司组织工人到甲公司讨要，作为甲公司新录用的法务小王，擅自以公司名义签署了同意履行付款义务的承诺函，该承诺函构成无权代理，甲公司可主张诉讼时效抗辩。故 A 项正确，而 D 项错误。诉讼时效中断必须发生在诉讼时效进行期间，在诉讼时效届满后，就不再会发生中断，故 B 项错误。根据《民法典》第 193 条的规定，人民法院不得主动适用诉讼时效的规定。由此可知 C 项错误。

5.【答案】D

【考点】简易交付和占有改定

【详解】根据《民法典》第 226 条的规定，动产物权设立和转让前，权利人已经占有该动产的，物权自民事法律行为生效时发生效力。此所谓简易交付。本题中，庞某有 1 辆名牌自行车借给黄某，在借给黄某使用期间，又与黄某达成转让协议，黄某以 8000 元的价格购买该自行车，即在该自行车所有权转让给黄某前，黄某已经依借用合同占有该车，所以自行车所有权自庞某与黄某达成转让协议时庞某完成交付，黄某取得该自行车的所有权，当然黄某此时对该自行车也取得处分权。由此可知，AB 项说法均错误。《民法典》第 228 条规定，动产物权转让时，当事人又约定由出让人继续占有该动产的，物权自该约定生效时发生效力。此所谓占有改定。本题中，黄某取得该自行车的所有权后，又将该自行车以 9000 元的价格转卖给了洪某，但约定由黄某继续使用 1 个月，即该自行车所有权由黄某转移至洪某后，双方又约定由出让人黄某继续占有该车，但自行车的所有权自双方约定生效时就发生移转。由此可知，C 项错误。综上，因为黄某将自行车转让给洪某是有权处分，而洪某由此也自黄某处取得该自行车的所有权，所以庞某既不能向黄某，也不能向洪某主张原物返还请求权。D 项正确。

6.【答案】B

【考点】遗失物拾得后的权利、义务及责任承担

【详解】根据《民法典》第 314 条规定，拾得遗失物，应当返还权利人。《民法典》第 316 条规定，拾得人在遗失物送交有关部门前，有关部门在遗失物被领取前，应当妥善保管遗失物。因故意或者重大过失致使遗失物毁损、灭失的，应当承担民事责任。《民法典》第 317 条第 2 款规定，权利人悬赏寻找遗失物的，领取遗失物时应当按照承诺履行义务。本题中，甲遗失手链 1 条，被乙拾得，甲知道后要求乙返还，乙有义务返还，但与此同时，返还前乙应当妥善保管手链，而乙却没有尽到保管义务，以致在桥边玩耍时手链掉入河中被冲走，故乙应承担赔偿责任。由此可知，本题中 CD 项均错误。根据《民法典》第 317 条第 3 款的规定，拾得人侵占遗失物的，无权请求保管遗失物等支出的费用，也无权请求权利人按照承诺履行义务。即拾得人构成侵占的，丧失报酬请求权。本题中，甲承诺给付报酬，但要求乙返还手链时乙却不同意给付，在双方数次交涉无果的情况下乙仍然继续占有手链，乙的行为虽有不妥，但尚不构成侵占，因而乙并不因此而丧失请求支付报酬的权利。但是，该项链于乙在桥边玩耍时掉入河中被河水冲走，即最终乙并没有归还甲手链，即没有完成甲悬赏广告中指定的行为，因而也无权索要报酬。故本题中 A 项错误，B 项正确。

7.【答案】B

【考点】农村土地承包经营权的设立和转让

【详解】根据《民法典》第 333 条的规定，土地承包经营权自土地承包经营权合同生效时设立。登记机构应当向土地承包经营权人发放土地承包经营权证、林权证等证书，并登记造册，确认土地承包经营权。由该规定可知，未办理确权登记不影响土地承包经营权的设立。同时，立法并未禁止处分未经登记的土地承包经营权。由此，本题中，尽管村民胡某与集体订立的土地承包经营权合同未办理确权登记，土地承包经营权也自土地承包经营权合同生效时设立，且取得土地承包经营权后即可以处分。故本题中 B 项正确，A 项错误。根据《民法典》第 335 条的规定，土地承包经营权互换、转让的，当事人可以向登记机构申请登记；未经登记，不得对抗善意第三人。由该规定可知，土地承包经营权的转让也是自转让合同生效

后发生权利移转，登记只是一个对抗善意第三人的要件。本题中，胡某与同村村民周某订立的土地承包经营权转让合同虽然未办理变更登记，但其转让合同生效和权利的移转均不因登记而受影响。故本题中 CD 项均错误。

8.【答案】C

【考点】抵押物出租后的权利冲突及效力

【详解】《民法典》第 405 条规定："抵押权设立前，抵押财产已经出租并转移占有的，原租赁关系不受该抵押权的影响。"根据该规定，抵押权设立后出租抵押财产并不必然导致租赁合同无效，故 A 项错误。《城镇房屋租赁合同解释》第 14 条规定："租赁房屋在承租人按照租赁合同占有期限内发生所有权变动，承租人请求房屋受让人继续履行原租赁合同的，人民法院应予支持。但租赁房屋具有下列情形或者当事人另有约定的除外：（一）房屋在出租前已设立抵押权，因抵押权人实现抵押权发生所有权变动的；（二）房屋在出租前已被人民法院依法查封的。"本题中，在乙银行请求法院委托拍卖实现抵押权而由丁竞买取得所有权，发生所有权变动后，丙无权再要求丁继续履行租赁合同，相反，丁有权请求丙腾退商铺，丙有权要求甲退还剩余租金。综上，BD 项错误，C 项正确。

9.【答案】C

【考点】第三人代为清偿；免责的债务承担；并存的债务承担以及无因管理的区别

【详解】第三人代为清偿有两种表现方式，一是第三人单方表示代替债务人清偿债务，即在没有法定和约定义务的情况下，第三人自愿做出向债权人履行债务的行为；二是第三人与债务人达成代其清偿债务的协议，即订立债务履行承担合同，依该合同承担人对债务人负有履行债务人债务的义务。无论是哪种形式，第三人都不具有合同法律关系债务人的主体地位。本题中，乙公司与丙商议，由乙公司和丙以欠款人的身份向债权人甲出具欠条，丙直接成为合同债务人之一，故 A 项错误。《民法典》第 551 条规定，债务人将债务的全部或者部分转移给第三人的，应当经债权人同意。债务人或者第三人可以催告债权人在合理期限内予以同意，债权人未作表示的，视为不同意。债务承担，是指在不改变合同内容的前提下，债权人或者债务人通过与第三人订立转让债务的协议，将债务全部或部分地转移给第三人承担的现象。以原债务人是否免责为标准，可以将债务承担分为免责的债务承担和并存的债务承担：在免责的债务承担中，由第三人取代原债务人的地位承担全部债务，原债务人脱离债务关系；在并存的债务承担中，原债务人不脱离债务关系，而由第三人加入债的关系中，与债务人作为合同当事人共同承担债务。本题中，乙公司与丙商议，由乙公司和丙以欠款人的身份向甲出具欠

条，此时丙成为合同债务人之一，而原债务人乙公司也没有脱离债务关系，故丙在欠条上签名的行为构成并存的债务承担。由此，B 项错误，C 项正确。无因管理是指没有法定的或者约定的义务，为避免他人利益受损失而进行管理。本题中，丙公司是与乙公司商议，由乙公司和丙以欠款人的身份向甲出具欠条的，所以丙在欠条上签名的行为不属于没有法定的或者约定的义务而进行管理，故 D 项错误。

10.【答案】D

【考点】导致合同可撤销的事由及撤销权的行使

【详解】根据《民法典》第 147 条、第 148 条以及第 151 条的规定，基于重大误解实施的民事法律行为，行为人有权请求人民法院或者仲裁机构予以撤销；以欺诈手段，使对方在违背真实意思的情况下实施的民事法律行为，受欺诈方有权请求人民法院或者仲裁机构予以撤销；一方利用对方处于危困状态、缺乏判断能力等情形，致使民事法律行为成立时显失公平的，受损害方有权请求人民法院或者仲裁机构予以撤销。本题中，陈老伯在考察楼盘时，销售经理介绍周边有"轨道交通 19 号线"，并未表述为"地铁"，不构成欺诈；陈老伯误以为轨道交通 19 号线属于地铁，是误解，但这不属于对购买房屋这个买卖行为的误解，不构成可以撤销合同事由中的认识错误；此外，尽管铁路房的升值空间小于地铁房，但题面并未提供销售方利用陈老伯缺乏判断能力的情形，所以也不构成显失公平。综上，本题中 ABC 项均错误，D 项正确。

11.【答案】B

【考点】格式条款合同及合同的解除

【详解】根据《民法典》第 497 条的规定，有下列情形之一的，该格式条款无效：（1）具有本法第一编第六章第三节和本法第 506 条规定的无效情形；（2）提供格式条款一方不合理地免除或者减轻其责任、加重对方责任、限制对方主要权利；（3）提供格式条款一方排除对方主要权利。本题中，乙公司提供的协议格式条款中载明"如甲单方放弃服务，余款不退"（并注明该条款不得更改），仅对孙某权利进行了约束，而从题面看不出对是否需达到何种服务效果、美容公司在无法达到服务效果时是否应承担责任、美容公司在不能提供相应服务时应承担何种责任等问题有规定。从协议来看，作为消费者的孙某在预付了服务期内的所有费用后，即使对服务效果不满意，亦无法放弃接受服务。显然，提供格式条款的美容公司并未遵循公平的原则来确定双方之间的权利和义务，故这属于提供格式条款一方排除对方主要权利的条款，应归于无效，但该条款无效不等于该美容服务协议无效。由此，A 项错误，B 项正确。本题中，甲与乙公司订立美容服务协议，约定服务期为半年，服务费预收后逐次计扣，而在协议订立后，甲依约支

付5万元服务费，在接受服务1个月并发生费用8000元后，甲感觉美容效果不明显，单方放弃服务并要求退款。在经营者并无违约或过错行为的情形下，孙某单方提出终止消费，是否需要承担违约责任，需要综合服务协议的履行程度、美容公司提供服务的比例、孙某单方放弃服务的过错程度、约定的计价方式等因素，进行综合考量，而CD项太过绝对。

12.【答案】B

【考点】缔约过失责任

【详解】根据《民法典》第500条的规定，当事人在订立合同过程中有下列情形之一，造成对方损失的，应当承担赔偿责任：（1）假借订立合同，恶意进行磋商；（2）故意隐瞒与订立合同有关的重要事实或者提供虚假情况；（3）有其他违背诚信原则的行为。本题中，德凯公司在无真实交易意图的情况下，佯装感兴趣并屡次向真诚公司表达将签署合同的意愿，但均在最后一刻托辞拒签，这一行为明显属于假借订立合同，恶意进行磋商。而真诚公司安排授权代表往返十余次，每次都准备了详尽可操作的合作方案，最终没有签署合同，真诚公司因此受到损失。而德凯公司虽然在此过程中也付出了大量的工作成本，但其损失是自己造成的。由此，AD项错误，B项正确。根据《民法典》第501条的规定，当事人在订立合同过程中知悉的商业秘密或者其他应当保密的信息，无论合同是否成立，不得泄露或者不正当地使用；泄露、不正当地使用该商业秘密或者信息，造成对方损失的，应当承担赔偿责任。本题中，双方当事人虽然未订立合同，德凯公司也不应将缔约过程中知悉的真诚公司的部分商业秘密不当泄露，故C项错误。

13.【答案】D

【考点】承揽合同与买卖合同的认定及合同的效力

【详解】根据《民法典》第770条第1款的规定，承揽合同是承揽人按照定作人的要求完成工作，交付工作成果，定作人支付报酬的合同。本题中，甲、乙公司的协议中关于出售设备的内容是在研发之后的买卖合同中确定，所以本协议内容不包括交付工作成果，本协议也不属于买卖合同，故AB项均错误。本题中，乙公司完成研发生产后，作为设备的所有人，和丙公司签订设备买卖合同，不存在导致合同无效的事由。不过，根据《民法典》第577条规定，当事人一方不履行合同义务或者履行合同义务不符合约定的，应当承担继续履行、采取补救措施或者赔偿损失等违约责任。乙公司完成某专用设备的研发生产后没有依据其和甲公司的协议订立买卖合同，将该设备出售于丙公司，而是卖于丙公司，故应向甲公司承担违约责任。由此，C项错误，D项正确。

14.【答案】D

【考点】无效婚姻与可撤销婚姻的认定

【详解】根据《民法典》第1051条规定，有下列情形之一的，婚姻无效：（1）重婚；（2）有禁止结婚的亲属关系；（3）未到法定婚龄。本题中，陈小美以其双胞胎妹妹陈小丽的名义与高甲登记结婚，虽然有姓名欺诈，但该婚姻有效，故A项错误。根据《民法典》第1052条规定，因胁迫结婚的，受胁迫的一方可以向人民法院请求撤销婚姻。请求撤销婚姻的，应当自胁迫行为终止之日起1年内提出。被非法限制人身自由的当事人请求撤销婚姻的，应当自恢复人身自由之日起1年内提出。本题中，高甲并非受胁迫而与陈小美结婚，所以B项错误。根据《民法典》第1015条规定，自然人应当随父姓或者母姓，但是有下列情形之一的，可以在父姓和母姓之外选取姓氏：（1）选取其他直系长辈血亲的姓氏；（2）因由法定扶养人以外的人扶养而选取扶养人姓氏；（3）有不违背公序良俗的其他正当理由。少数民族自然人的姓氏可以遵从本民族的文化传统和风俗习惯。本题中，陈小美将一直由其抚养的高小甲户口迁往自己原籍，并将高小甲改名为陈龙，陈小美为高小甲改名的行为并未侵害高甲的合法权益，故C项错误，D项正确。

15.【答案】C

【考点】彩礼的返还条件

【详解】《民法典》第1076条规定："夫妻双方自愿离婚的，应当签订书面离婚协议，并亲自到婚姻登记机关申请离婚登记。离婚协议应当载明双方自愿离婚的意思表示和对子女抚养、财产以及债务处理等事项协商一致的意见。"《婚姻家庭编解释（一）》第5条规定："当事人请求返还按照习俗给付的彩礼的，如果查明属于以下情形，人民法院应当予以支持：（一）双方未办理结婚登记手续；（二）双方办理结婚登记手续但确未共同生活；（三）婚前给付并导致给付人生活困难。适用前款第二项、第三项的规定，应当以双方离婚为条件。"本题中，刘男按当地习俗向戴女交付了结婚彩礼现金10万元及金银首饰数件，婚后不久刘男即主张离婚，故ABD项错误，只有C项正确，当选。

16.【答案】CD（原答案为C）

【考点】收养的条件和限制

【详解】根据《民法典》第1093条的规定，下列未成年人，可以被收养：（1）丧失父母的孤儿；（2）查找不到生父母的未成年人；（3）生父母有特殊困难无力抚养的子女。依《民法典》第1094条的规定，下列个人、组织可以作送养人：（1）孤儿的监护人；（2）儿童福利机构；（3）有特殊困难无力抚养子女的生父母。根据该两条的规定，生父母有特殊困难无力抚养子女时，才可以将子女送养，但根据《民法典》第1099条第1款的规定，收养三代以内旁系同辈血亲的子女，可以不受本法第1093条第3项、第1094条第3项和第1102条规定的限制。本题中，徐某的姐姐要求收养小强即可以不受《民法典》第1093条规定的限制。故本题中A项错误。根据《民法典》第1098条的规定，收养人应当同时具备下列条件：（1）无子女或者只有一名子女；（2）有抚养、教育和保护被收养人的能力；（3）未患有在医学上认为不应当收养子女的疾病；（4）无不利于被收养人健康成长的违法犯罪记录；（5）年满30周岁。根据《民法典》第1099条第2款的规定，华侨收养三代以内旁系同辈血亲的子女，还可以不受本法第1098条第1项规定的限制。本题中，徐某的姐姐要求收养，其系华侨富商，虽已育有一子，但如果收养三代以内旁系同辈血亲的子女，可以不受收养人无子女的限制。故B项错误。根据《民法典》第1108条的规定，配偶一方死亡，另一方送养未成年子女的，死亡一方的父母有优先抚养的权利。本题中，谭某父母为退休教师，也要求抚养小强，故谭某父母有优先抚养的权利，C项正确。根据《民法典》第1104条的规定，收养人收养与送养人送养，应当双方自愿。收养8周岁以上未成年人的，应当征得被收养人的同意。本题中，小强现年9周岁，所以收养应当征得小强同意。故D项正确。

17.【答案】C

【考点】侵害个人信息权

【详解】身份权是民事主体基于某种特定的身份享有的民事权利，当民事主体从事某种行为或因婚姻、家庭关系而取得某种身份时享有。本题中张某出售孙某的姓名、身份证号码、家庭住址等信息并不会导致孙某身份权受到损害。故A项错误。名誉权，是人们依法享有的对自己所获得的客观社会评价、排除他人侵害的权利。本题中张某出售孙某的姓名、身份证号码、家庭住址等信息的行为并不会导致孙某的名誉权受到损害。故B项错误。《民法典》第1034条规定，自然人的个人信息受法律保护。个人信息是以电子或者其他方式记录的能够单独或者与其他信息结合识别特定自然人的各种信息，包括自然人的姓名、出生日期、身份证件号码、生物识别信息、住址、电话号码、电子邮箱、健康信息、行踪信息等。个人信息中的私密信息，适用有关隐私权的规定；没有规定的，适用有关个人信息保护的规定。本题中，张某因出售公民个人信息被判刑，孙某的姓名、身份证号码、家庭住址等信息也在其中，买方是某公司，故张某和某公司均侵害了孙某对其个人信息享有的民事权益，需要承担民事责任。由此可知，D项错误，C项正确。

18.【答案】B

【考点】肖像权；身体权；著作权

【详解】《民法典》第1018条规定，自然人享有肖像权，有权依法制作、使用、公开或者许可他人使用自己的肖像。肖像是通过影像、雕塑、绘画

等方式在一定载体上所反映的特定自然人可以被识别的外部形象。《民法典》第1019条规定，任何组织或者个人不得以丑化、污损，或者利用信息技术手段伪造等方式侵害他人的肖像权。未经肖像权人同意，不得制作、使用、公开肖像权人的肖像，但是法律另有规定的除外。未经肖像权人同意，肖像作品权利人不得以发表、复制、发行、出租、展览等方式使用或者公开肖像权人的肖像。据此，肖像权就是自然人所享有的以自己的肖像上所体现的人格利益为内容的一种人格权。肖像权人对自己的肖像享有专有权，肖像权人既可以对自己的肖像权利进行自由处分，又有权禁止他人在未经其同意的情况下，擅自使用其专有的肖像。本题中，蔡某在社交媒体群中看到丁某的照片后，擅自将该组照片上传于某营利性摄影网站，获得报酬若干，其行为侵害了丁某的肖像权。著作权是著作权人对其作品所享有的权利。未经著作权人同意，又无法律上的依据，使用他人作品或行使著作权人专有权的行为，属于侵害著作权的行为。本题中，李某为好友丁某拍摄了一组生活照后，李某享有对这些照片的著作权。蔡某的行为侵害了李某的著作权。身体权，是指自然人保持其身体组织完整并支配其肢体、器官和其他身体组织并保护自己的身体不受他人违法侵犯的权利。蔡某的行为并未侵害丁某的身体权。综上可知，ACD项错误，B项正确。

19.【答案】C

【考点】违约责任的构成与侵权损害赔偿

【详解】违约责任是合同法律关系中，违约方应当向守约方承担的责任。本题中，姚某旅游途中，前往某玉石市场参观，在唐某经营的摊位上拿起一只翡翠手镯，经唐某同意后试戴并问价，在唐某报价18万元后姚某感觉价格太高就急忙取下，双方并未订立合同，不可能承担违约责任。故A项错误。《民法典》第1184条规定，侵害他人财产的，财产损失按照损失发生时的市场价格或者其他合理方式计算。本题中，姚某不慎将手镯摔断，侵害了他人的合法财产，应按照财产的市场价格赔偿他人的损失，现手镯的市场价为9万元，故姚某应赔偿唐某9万元损失。故C项正确，BD项错误。

20.【答案】D

【考点】意外事件致损

【详解】根据《民法典》第1165条规定，行为人因过错侵害他人民事权益造成损害的，应当承担侵权责任。对于类似于本案的案件，最高人民法院曾经认为，法律应当鼓励民事主体积极地展开社会交往，未成年人间无明显安全隐患的食物分享行为不能认定有过错。因此，整个事件中，各方均无过错，属于意外事件，不产生相关人员的过错责任。由此可知，本题中ABC项错误，D项正确。

21.【答案】D

【考点】饲养动物致人损害的责任承担

【详解】根据《民法典》第 1245 条的规定，饲养的动物造成他人损害的，动物饲养人或者管理人应当承担侵权责任；但是，能够证明损害是因被侵权人故意或者重大过失造成的，可以不承担或者减轻责任。本题中，在戴某代看管饲养宠物狗期间，张某偷狗，被狗咬伤。张某对于自己的损害有重大过失，故而可以减轻饲养人或者管理人的责任。由此可知，本题 ABC 项均错误，D 项正确。

22.【答案】ABC

【考点】未成年人监护人的确定

【详解】根据《民法典》第 29 条的规定，被监护人的父母担任监护人的，可以通过遗嘱指定监护人。故余某可通过遗嘱指定其父亲在其身故后担任小翠的监护人，A 项正确。根据《民法典》第 33 条的规定，具有完全民事行为能力的成年人，可以与其近亲属、其他愿意担任监护人的个人或者组织事先协商，以书面形式确定自己的监护人，在自己丧失或者部分丧失民事行为能力时，由该监护人履行监护职责。由此可知，C 项正确。根据《民法典》第 27 条的规定，父母是未成年子女的监护人。未成年人的父母已经死亡或者没有监护能力的，由下列有监护能力的人按顺序担任监护人：（1）祖父母、外祖父母；（2）兄、姐；（3）其他愿意担任监护人的个人或者组织，但是须经未成年人住所地的居民委员会、村民委员会或者民政部门同意。《民法典》第 30 条规定，依法具有监护资格的人之间可以协议确定监护人。协议确定监护人应当尊重被监护人的真实意愿。本题中，余某与其妻婚后不育，依法收养了孤儿小翠，形成法律意义上的父母子女关系，该关系不因夫妻离婚而受影响。余某前妻作为小翠的养母，具有对小翠的监护资格，可以与余某协议确定监护人，由此可知，B 项正确。但是，在小翠的养母有监护能力且未丧失监护能力的情形下，余某的父母无权监护，故本题 D 项说法错误。

23.【答案】ABC

【考点】宣告死亡及死亡宣告撤销后的法律效力

【详解】根据《民法典》第 51 条的规定，被宣告死亡的人的婚姻关系，自死亡宣告之日起消除。死亡宣告被撤销的，婚姻关系自撤销死亡宣告之日起自行恢复。但是，其配偶再婚或者向婚姻登记机关书面声明不愿意恢复的除外。本题中，甲被宣告死亡后，其妻乙未再婚且未向婚姻登记机关书面声明不愿意恢复婚姻关系，甲乙之间的婚姻关系自撤销死亡宣告之日起自行恢复。由此可知本题 A 项正确。在甲经其妻乙请求被 K 县法院宣告死亡后，因乙是甲唯一的继承人，所以乙可以继承甲的财产，故乙在继承财产后有权对财产进行处分，由此 B 项正确。根据《民

法典》第 53 条的规定，被撤销死亡宣告的人有权请求依照本法第六编（继承编——编者注）取得其财产的民事主体返还财产；无法返还的，应当给予适当补偿。本题中，乙将家里的一辆轿车赠送给了弟弟丙，交付并办理了过户登记。由于丙取得该轿车非依《民法典》继承编取得，故甲无权要求丙返还轿车。由此，C 项正确。根据《民法典》第 49 条的规定，自然人被宣告死亡但是并未死亡的，不影响该自然人在被宣告死亡期间实施的民事法律行为的效力。本题中，经商失败的甲返回 K 县，为还债将登记于自己名下的一套夫妻共有住房私自卖给知情的丁，该行为属于无权处分，无权处分的行为效力未定，题面中也未给出判断该行为有效或者无效的信息，故 D 项说法太过绝对，不选。

24.【答案】BCD

【考点】法人设立人行为的效力

【详解】依《民法典》第 75 条的规定，设立人为设立法人从事的民事活动，其法律后果由法人承受；法人未成立的，其法律后果由设立人承受，设立人为二人以上的，享有连带债权，承担连带债务。设立人为设立法人以自己的名义从事民事活动产生的民事责任，第三人有权选择请求法人或者设立人承担。本题中，如果黄金黄研究会未成立，则某科技园的租赁债权应由设立人黄逢、黄现和金耘共同承受，承担连带责任。如果黄金黄研究会成立，则债权人印刷厂就租赁债权，既可向黄金黄研究会主张，也可向金耘主张。由此可知，本题 A 项错误，BCD 项正确。

25.【答案】BC

【考点】按份共有人处分共有份额的效力

【详解】《物权编解释（一）》第 13 条规定，按份共有人之间转让共有份额，其他按份共有人主张依据《民法典》第 305 条规定优先购买的，不予支持，但按份共有人之间另有约定的除外。本题中，甲、乙、丙、丁按份共有某商铺，各自份额均为 25%。甲与丙商定将其份额以 100 万元转让给丙，此为共有人之间转让共有份额，题面也并未有按份共有人之间另有约定的信息，所以乙、丁对甲的份额不享有优先购买权，据此，A 项错误。而乙与第三人戊约定将其份额以 120 万元转让给戊，属于将共有份额转让给共有人之外的人，所以其他共有人甲、丙、丁对乙的份额享有优先购买权。据此，B 项正确。《民法典》第 306 条第 2 款规定，两个以上其他共有人主张行使优先购买权的，协商确定各自的购买比例；协商不成的，按照转让时各自的共有份额比例行使优先购买权。所以，如甲、丙均对乙的份额主张优先购买权，双方可协商确定各自购买的份额。据此，C 项正确。《民法典》第 305 条规定，按份共有人可以转让其享有的共有的不动产或者动产份额。其他共有人在同等条件下享有优先购买的权利。由此，立法并不禁止按

份共有人将份额转让。本题中，乙与第三人戊约定将其份额以 120 万元转让给戊，虽然没有通知甲、丙、丁，但乙戊之间的份额转让合同并不因此而无效，故丙、丁不可仅请求认定乙与戊之间的份额转让合同无效。故 D 项错误。

26.【答案】ACD

【考点】建设工程合同及抵押权的效力

【详解】《民法典》第 397 条规定，以建筑物抵押的，该建筑物占用范围内的建设用地使用权一并抵押。以建设用地使用权抵押的，该土地上的建筑物一并抵押。抵押人未依据前款规定一并抵押的，未抵押的财产视为一并抵押。《民法典》第 417 条规定，建设用地使用权抵押后，该土地上新增的建筑物不属于抵押财产。该建设用地使用权实现抵押权时，应当将该土地上新增的建筑物与建设用地使用权一并处分。但是，新增建筑物所得的价款，抵押权人无权优先受偿。本题中，甲公司以一地块的建设用地使用权作抵押向乙银行借款 3000 万元，办理了抵押登记，因为当时地上没有建筑物，所以，乙银行对建设用地使用权拍卖所得价款享有优先受偿权，但乙银行对该住宅楼拍卖所得价款不享有优先受偿权。由此可知本题 A 项正确，B 项错误。《民法典》第 807 条规定，发包人未按照约定支付价款的，承包人可以催告发包人在合理期限内支付价款。发包人逾期不支付的，除根据建设工程的性质不宜折价、拍卖外，承包人可以与发包人协议将该工程折价，也可以请求人民法院将该工程依法拍卖。建设工程的价款就该工程折价或者拍卖的价款优先受偿。本题中，住宅楼已竣工验收，但甲公司欠付丙公司工程款 1500 万元，故而丙公司可以与发包人协议将该工程折价，也可以申请人民法院将该工程依法拍卖；建设工程的价款就该工程折价或者拍卖的价款优先受偿。《最高人民法院关于审理建设工程施工合同纠纷案件适用法律问题的解释（一）》第 36 条规定，承包人根据《民法典》第 807 条规定享有的建设工程价款优先受偿权优于抵押权和其他债权。但是本题中，丁作为购房者，已经支付了 80% 的价款，承包人就该商品房享有的工程价款优先受偿权不得对抗买受人。故 CD 项正确。

27.【答案】BCD

【考点】动产质押权的效力及连带责任保证

【详解】根据《民法典》第 429、430 条的规定，质权自出质人交付质押财产时设立。质权人有权收取质押财产的孳息，但是合同另有约定的除外；前款规定的孳息应当先充抵收取孳息的费用。本题中，借款当日，甲将自己饲养的市值 5 万元的名贵宠物鹦鹉质押交付给乙，作为债务到期不履行的担保，因此乙有权收取鹦鹉的孳息。由此可知本题 A 项错误。根据《民法典》第 432 条第 1 款的规定，质权人负有妥善保管质押财产的义务；因保管不善致使质押财产毁

损、灭失的，应当承担赔偿责任。本题中，乙作为质权人应妥善照管鹦鹉，因乙照管不善致使鹦鹉死亡，乙需承担赔偿责任。由此可知本题 B 项正确。根据《民法典》第 437 条第 1 款的规定，出质人可以请求质权人在债务履行期限届满后及时行使质权；质权人不行使的，出质人可以请求人民法院拍卖、变卖质押财产。由此可知本题中 C 项正确。根据《民法典》第 435 条的规定，质权人可以放弃质权。债务人以自己的财产出质，质权人放弃该质权的，其他担保人在质权人丧失优先受偿权益的范围内免除担保责任，但是其他担保人承诺仍然提供担保的除外。由此可知本题中 D 项正确。

28.【答案】ABC

【考点】机动车的买卖及所有权移转

【详解】《民法典》第 224 条规定，动产物权的设立和转让，自交付时发生效力，但是法律另有规定的除外。《民法典》第 225 条规定，船舶、航空器和机动车等的物权的设立、变更、转让和消灭，未经登记，不得对抗善意第三人。本题中，2016 年底朱雀公司依约向玄武公司交付了该小客车，虽然未同时交付机动车销售统一发票、合格证等有关单证资料，致使玄武公司无法办理车辆所有权登记和牌照，但此时小客车的所有权已经移转于玄武公司。由此可知本题 A 项正确。《民法典》第 599 条规定，出卖人应当按照约定或者交易习惯向买受人交付提取标的物单证以外的有关单证和资料。故玄武公司有权要求朱雀公司交付有关单证资料。由此可知本题 B 项正确。《民法典》第 563 条规定，有下列情形之一的，当事人可以解除合同：（1）因不可抗力致使不能实现合同目的；（2）在履行期限届满前，当事人一方明确表示或者以自己的行为表明不履行主要债务；（3）当事人一方迟延履行主要债务，经催告后在合理期限内仍未履行；（4）当事人一方迟延履行债务或者有其他违约行为致使不能实现合同目的；（5）法律规定的其他情形。以持续履行的债务为内容的不定期合同，当事人可以随时解除合同，但是应当在合理期限之前通知对方。本题中，交付有关单证资料属于朱雀公司的从给付义务，如果朱雀公司一直拒绝交付有关单证资料，属于从给付义务的违反，但因此致使玄武公司无法办理车辆所有权登记和牌照，即不能实现合同目的，故玄武公司可主张购车合同解除。由此可知本题中 D 项错误，C 项正确。

29.【答案】BD

【考点】债权人撤销权

【详解】《民法典》第 538 条规定，债务人以放弃其债权、放弃债权担保、无偿转让财产等方式无偿处分财产权益，或者恶意延长其到期债权的履行期限，影响债权人的债权实现的，债权人可以请求人民法院撤销债务人的行为。《民法典》第 539 条规定，

债务人以明显不合理的低价转让财产、以明显不合理的高价受让他人财产或为他人的债务提供担保，影响债权人的债权实现，债务人的相对人知道或者应当知道该情形的，债权人可以请求人民法院撤销债务人的行为。本题中，甲欠乙30万元到期后，乙多次催要未果。甲与丙结婚数日后即办理离婚手续，在《离婚协议书》中约定将甲婚前的一处住房赠与知悉甲欠乙债务的丙，并办理了所有权变更登记。如果因为甲的赠与致使甲履行不了其对乙的债务，乙可以行使撤销权，请求人民法院撤销甲的赠与行为；依法撤销的，该赠与行为（条款）自始无效，而非整个《离婚协议书》无效；如果甲证明自己有稳定工资收入及汽车等财产可供还债，法院应驳回乙的诉讼请求。故A项错误，B项正确。在撤销权中，债务人为被告，债务人的相对人（次债务人）为诉讼中的第三人，不存在共同被告的问题。本题中，如乙仅以甲为被告，法院可以追加丙为被告，而非应当追加丙为被告。由此可知本题C项错误。《民法典》第540条规定，撤销权的行使范围以债权人的债权为限。债权人行使撤销权的必要费用，由债务人负担。因律师代理费属于必要费用，故如果法院认定乙的撤销权成立，应一并支持乙提出的由甲承担律师代理费的请求。D项正确。

30.【答案】ABC
【考点】 商品房买卖合同解除
【详解】《商品房销售管理办法》第20条规定："按套内建筑面积或者建筑面积计价的，当事人应当在合同中载明合同约定面积与产权登记面积发生误差的处理方式。合同未作约定的，按以下原则处理：（一）面积误差比绝对值在3%以内（含3%）的，据实结算房价款；（二）面积误差比绝对值超出3%时，买受人有权退房。买受人退房的，房地产开发企业应当在买受人提出退房之日起30日内将买受人已付房价款退还给买受人，同时支付已付房价款利息。买受人不退房的，产权登记面积大于合同约定面积时，面积误差比在3%以内（含3%）部分的房价款由买受人补足；超出3%部分的房价款由房地产开发企业承担，产权归买受人。产权登记面积小于合同约定面积时，面积误差比绝对值在3%以内（含3%）部分的房价款由房地产开发企业返还买受人；绝对值超出3%部分的房价款由房地产开发企业双倍返还买受人。因本办法第二十四条规定的规划设计变更造成面积差异，当事人不解除合同的，应当签署补充协议。"故A项正确。《民法典》第563条第1款第4项规定，当事人一方的违约行为致使不能实现合同目的，当事人可以解除合同。因此，商品房买卖合同订立后，出卖人未告知买受人又将该房屋抵押给第三人，导致商品房买卖合同目的不能实现的，无法取得房屋的买受人可以请求解除合同。故B项正确。《商品房买卖合

同解释》第9条规定，因房屋主体结构质量不合格不能交付使用，或者房屋交付使用后，房屋主体结构质量经核验确属不合格，买受人请求解除合同和赔偿损失的，应予支持。故C项正确。《商品房买卖合同解释》第10条规定，因房屋质量问题严重影响正常居住使用，买受人请求解除合同和赔偿损失的，应予支持。交付使用的房屋存在质量问题，在保修期内，出卖人应当承担修复责任；出卖人拒绝修复或者在合理期限内拖延修复的，买受人可以自行或者委托他人修复。修复费用及修复期间造成的其他损失由出卖人承担。故D项错误。

31.【答案】BCD
【考点】 房屋租赁合同的效力
【详解】《城镇房屋租赁合同解释》第3条第2款规定，租赁期限超过临时建筑的使用期限，超过部分无效。但在一审法庭辩论终结前经主管部门批准延长使用期限的，人民法院应当认定延长使用期限内的租赁期间有效。据此，本题中，甲乙之间的合同有效，甲丙之间的合同无效，甲无权将该房继续出租给丙，故A项错误，BC项正确。《城镇房屋租赁合同解释》第4条第1款规定，房屋租赁合同无效，当事人请求参照合同约定的租金标准支付房屋占有使用费的，人民法院一般应予支持。故D项正确。

32.【答案】BD
【考点】 融资租赁合同的认定及效力；民间借贷利率规制
【详解】《最高人民法院关于审理融资租赁合同纠纷案件适用法律问题的解释》第2条规定，承租人将其自有物出卖给出租人，再通过融资租赁合同将租赁物从出租人处租回的，人民法院不应仅以承租人和出卖人系同一人为由认定不构成融资租赁法律关系。本题中，甲融资租赁公司与乙公司签订融资租赁合同，约定乙公司向甲公司转让一套生产设备，转让价为评估机构评估的市场价200万元，再租给乙公司使用2年，乙公司向甲公司支付租金300万元。据此，A项错误，B项正确。《民间借贷规定》第25条规定，出借人请求借款人按照合同约定利率支付利息的，人民法院应予支持，但是双方约定的利率超过合同成立时一年期贷款市场报价利率4倍的除外。前款所称"一年期贷款市场报价利率"，是指中国人民银行授权全国银行间同业拆借中心自2019年8月20日起每月发布的一年期贷款市场报价利率。据此，C项错误。《民法典》第757条规定，出租人和承租人可以约定租赁期限届满租赁物的归属；对租赁物的归属没有约定或者约定不明确，依照本法第510条规定仍不能确定的，租赁物的所有权归出租人。由此可知本题D项正确。

33.【答案】A（原答案为ACD）
【考点】 建设工程合同的效力

【详解】承包人未取得建筑施工企业资质的，建设工程合同应认定为无效，A 项正确，B 项错误。如果该项目主体工程经竣工验收合格，则可以参照合同关于工程价款的约定折价补偿承包人。该选项所使用的"支付工程价款"的表述，是过去的法律里采用的，《民法典》第 793 条已经将其修改为"折价补偿"，因为支付工程价款应以建设工程合同有效为前提，而本案中建设工程合同是无效的。故按照现有司法解释规定，C 项错误。该项目主体工程经竣工验收不合格，经修复后仍不合格的，承包人无权请求参照合同关于工程价款的约定折价补偿。该选项所使用的"工程价款"的表述，同样是过去法律里采用的，按照《民法典》的规定，D 项错误。

34.【答案】AD

【考点】离婚损害赔偿

【详解】《民法典》第 1091 条规定，有下列情形之一，导致离婚的，无过错方有权请求损害赔偿：（1）重婚；（2）与他人同居；（3）实施家庭暴力；（4）虐待、遗弃家庭成员；（5）有其他重大过错。本题中，甲男发现乙女因不愿生育曾数次擅自中止妊娠，为此甲男多次殴打乙女且致乙女住院，属于家庭暴力。由此可知，A 项正确。《婚姻家庭编解释（一）》第 23 条规定，夫以妻擅自中止妊娠侵犯其生育权为由请求损害赔偿的，人民法院不予支持；夫妻双方因是否生育发生纠纷，致使感情确已破裂，一方请求离婚的，人民法院经调解无效，应依照《民法典》第 1097 条第 3 款第 5 项的规定处理。本题中，乙女擅自中止妊娠既不侵害甲男的生育权，也不侵害甲男的人格尊严。由此可知 BC 项错误，D 项正确。

35.【答案】ABCD

【考点】遗嘱的效力；继承房屋的处分；股权的继承

【详解】根据《民法典》第 1142 条规定，遗嘱人可以撤回、变更自己所立的遗嘱。立遗嘱后，遗嘱人实施与遗嘱内容相反的民事法律行为的，视为对遗嘱相关内容的撤回。立有数份遗嘱，内容相抵触的，以最后的遗嘱为准。本题中，韩某在 2014 年所立第一份自书遗嘱中表示全部遗产由其长子韩大继承。在 2015 年所立第二份自书遗嘱中，韩某表示其死后公司股权和名人字画留给 7 岁的外孙女婷婷，第二份自书遗嘱部分撤销了第一份遗嘱的内容。由此可知 AB 项均错误，当选。根据《民法典》第 230 条的规定，因继承取得物权的，自继承开始时发生效力。同时结合《民法典》第 232 条，因继承享有不动产物权的，处分该物权时，依照法律规定需要办理登记的，未经登记，不发生物权效力。《民法典》第 215 条规定，当事人之间订立有关设立、变更、转让和消灭不动产物权的合同，除法律另有规定或者当事人另有约定外，自合同成立时生效；未办理物权登记的，不影响

合同效力。综上可知，C 项错误，当选。根据《公司法》第 90 条的规定，自然人股东死亡后，其合法继承人可以继承股东资格；但是，公司章程另有规定的除外。由此可知，婷婷能否取得某有限责任公司股东资格，不能一刀切，而本题中 D 项说法太过绝对，当选。

36.【答案】CD

【考点】共同侵权及饲养动物致害的责任承担

【详解】《民法典》第 1245 条规定，饲养的动物造成他人损害的，动物饲养人或者管理人应当承担侵权责任；但是，能够证明损害是因被侵权人故意或者重大过失造成的，可以不承担或者减轻责任。由此可知，丙的损害应该由甲、乙两人承担，且甲、乙不能通过证明已尽到管理职责而免责。由此可知 A 项错误。《民法典》第 1168 条规定，二人以上共同实施侵权行为，造成他人损害的，应当承担连带责任。《民法典》第 1171 条规定，二人以上分别实施侵权行为造成同一损害，每个人的侵权行为都足以造成全部损害的，行为人承担连带责任。《民法典》第 1172 条规定，二人以上分别实施侵权行为造成同一损害，能够确定责任大小的，各自承担相应的责任；难以确定责任大小的，平均承担赔偿责任。本题中，甲、乙分别饲养山羊各一只，二羊走脱将丙辛苦栽培的珍稀药材悉数啃光，非属于共同致害，故 B 项错误，而 CD 项正确。

37.【答案】C

【考点】车位的归属

【详解】《民法典》第 275 条规定，建筑区划内，规划用于停放汽车的车位、车库的归属，由当事人通过出售、附赠或者出租等方式约定。占用业主共有的道路或者其他场地用于停放汽车的车位，属于业主共有。《民法典》第 276 条规定，建筑区划内，规划用于停放汽车的车位、车库应当首先满足业主的需要。本题中，小区地下停车场设有的 500 个车位，非占用业主共有的道路或者其他场地用于停放汽车的车位，不属于业主共有，而是由开发商通过出售、附赠或者出租等方式确定。由此可知，A 项错误，C 项正确。《民法典》第 273 条规定，业主对建筑物专有部分以外的共有部分，享有权利，承担义务；不得以放弃权利为由不履行义务。业主转让建筑物内的住宅、经营性用房，其对共有部分享有的共有和共同管理的权利一并转让。我国相关法律并未规定在小区其他业主出售车位时，无车位的业主在同等条件下享有优先购买权，也未规定小区业主如出售房屋，其所购车位应一同转让。所以，BD 项错误。

38.【答案】ABC

【考点】住宅改经营性用房的限制

【详解】《民法典》第 279 条规定，业主不得违反法律、法规以及管理规约，将住宅改变为经营性用

房。业主将住宅改变为经营性用房的，除遵守法律、法规以及管理规约外，应当经有利害关系的业主一致同意。《最高人民法院关于审理建筑物区分所有权纠纷案件适用法律若干问题的解释》第 11 条规定，业主将住宅改变为经营性用房，本栋建筑物内的其他业主，应当认定为《民法典》第 279 条所称"有利害关系的业主"。建筑区划内，本栋建筑物之外的业主，主张与自己有利害关系的，应证明其房屋价值、生活质量受到或者可能受到不利影响。依上述规定，本题中，小区业主田某将其位于一楼的住宅用于开办茶馆，除遵守法律、法规以及管理规约外，应当经本栋建筑物内的其他业主同意；本栋建筑物之外的业主，主张与田某住宅用途的改变有利害关系的，应证明其房屋价值、生活质量受到或者可能受到不利影响。故 ABC 项正确，D 项错误。

39.【答案】D

【考点】业主可提起诉讼的行为

【详解】《民法典》第 286 条规定，业主应当遵守法律、法规以及管理规约，相关行为应当符合节约资源、保护生态环境的要求。对于物业服务企业或者其他管理人执行政府依法实施的应急处置措施和其他管理措施，业主应当依法予以配合。业主大会或者业主委员会，对任意弃置垃圾、排放污染物或者噪声、违反规定饲养动物、违章搭建、侵占通道、拒付物业费等损害他人合法权益的行为，有权依照法律、法规以及管理规约，请求行为人停止侵害、排除妨碍、消除危险、恢复原状、赔偿损失。业主或者其他行为人拒不履行相关义务的，有关当事人可以向有关行政主管部门报告或者投诉，有关行政主管部门应当依法处理。由此可知，本题中 ABC 项均属于业主大会和业主委员会有权依照法律、法规以及管理规约，要求行为人停止侵害、消除危险、排除妨害、赔偿损失的行为，而不属于业主有权提起诉讼的行为，业主只能对侵害自己合法权益的行为，依法向人民法院提起诉讼。故本题中 ABC 项错误，D 项正确。

40.【答案】BD

【考点】浮动抵押和最高额抵押

【详解】《民法典》第 396 条规定，企业、个体工商户、农业生产经营者可以将现有的以及将有的生产设备、原材料、半成品、产品抵押，债务人不履行到期债务或者发生当事人约定的实现抵押权的情形，债权人有权就抵押财产确定时的动产优先受偿。此为对浮动抵押的规定。《民法典》第 420 条第 1 款规定，为担保债务的履行，债务人或者第三人对一定期间内将要连续发生的债权提供担保财产的，债务人不履行到期债务或者发生当事人约定的实现抵押权的情形，抵押权人有权在最高债权额限度内就该担保财产优先受偿。此为对最高额抵押的规定。本题中，甲服装公司与乙银行订立合同，约定甲公司向乙银行借款

300 万元，用于购买进口面料。同时，双方订立抵押合同，约定甲公司以其现有的以及将有的生产设备、原材料、产品为前述借款设立抵押。显然这一抵押属于浮动抵押。故本题中 A 项错误。《民法典》第 404 条规定，以动产抵押的，不得对抗正常经营活动中已经支付合理价款并取得抵押财产的买受人。由此可知，乙银行自抵押合同生效时取得抵押权，但乙银行的抵押权不得对抗在正常经营活动中已支付合理价款并取得抵押财产的买受人。故 BD 项正确，C 项错误。

41.【答案】ABC

【考点】借款合同

【详解】根据《民法典》第 673 条规定，借款人未按照约定的借款用途使用借款的，贷款人可以停止发放借款、提前收回借款或者解除合同。故在甲公司违反合同约定将借款用于购买办公用房时，乙银行有权提前收回借款或者解除合同。题面中并未给出双方是否有约定违约金的条款，如果有，乙银行也有权请求甲公司按合同约定支付违约金。由此可知 ABC 项均正确。对于甲公司违反合同约定将借款用于购买的办公用房，乙银行并不享有抵押权，故对甲公司所购办公用房，乙银行并不享有优先受偿权。由此可知 D 项错误。

42.【答案】A

【考点】混合担保的实现顺位

【详解】根据《民法典》第 392 条的规定，被担保的债权既有物的担保又有人的担保的，债务人不履行到期债务或者发生当事人约定的实现担保物权的情形，债权人应当按照约定实现债权；没有约定或者约定不明确，债务人自己提供物的担保的，债权人应当先就该物的担保实现债权；第三人提供物的担保的，债权人可以就物的担保实现债权，也可以请求保证人承担保证责任。提供担保的第三人承担担保责任后，有权向债务人追偿。由此可知，在甲公司未按期还款时，在当事人未就担保实现顺位进行约定的情形下，乙银行欲行使担保权利，应先就甲公司的抵押实现债权，之后乙银行可选择就丁的质押或丙的保证实现债权。由此可知，本题中 A 项正确，BCD 项错误。

2018 年

1.【答案】A

【考点】戏谑行为

【详解】法律意义上的"意思表示"，是指表意人将内心意欲发生一定私法效果的内心意思，以一定的方式表达于外部的行为，包括意思和表示两大要素。其中，意思（内部/主观）包括目的意思（权利义务的内容）和效果意思（受法律约束的意思）两个要素；而表示（外部/客观）即表示行为一个要

素。戏谑行为，又称缺乏真意的表示，指行为人作出的意思表示并非出于真意，并且期待对方会立即了解其表示并非出于真意。戏谑行为的表意人没有成立民事法律关系的意图。合同（意定之债）和悬赏广告（单方允诺之债）均以成立意思表示为基础和前提。本题中，甲的行为因意思的缺乏而不能成立合同或悬赏广告的法律效果，而是成立戏谑行为，故 A 项正确。

2.【答案】D
【考点】自然人民事法律行为的效力
【详解】甲 6 周岁时系无民事行为能力人，为保护甲的利益，其独立实施的受赠名画的双方民事法律行为一律无效且无效的原因并非母亲的反对。故 AB 项错误。甲 8 周岁时系限制民事行为能力人，其所实施的受赠手表的民事法律行为因纯获法律上之利益而有效。故 C 项错误，D 项正确。

3.【答案】ABCD
【考点】监护人资格的撤销与恢复
【详解】《民法典》第 36 条规定："监护人有下列情形之一的，人民法院根据有关个人或者组织的申请，撤销其监护人资格，安排必要的临时监护措施，并按照最有利于被监护人的原则依法指定监护人：（一）实施严重损害被监护人身心健康的行为；……前款规定的个人和民政部门以外的组织未及时向人民法院申请撤销监护人资格的，民政部门应当向人民法院申请。"民政部门不得直接撤销，须申请人民法院撤销，故 A 项错误。《民法典》第 37 条规定："依法负担被监护人抚养费、赡养费、扶养费的父母、子女、配偶等，被人民法院撤销监护人资格后，应当继续履行负担的义务。"故 B 项错误。《民法典》第 38 条规定："被监护人的父母或者子女被人民法院撤销监护人资格后，除对被监护人实施故意犯罪的外，确有悔改表现的，经其申请，人民法院可以在尊重被监护人真实意愿的前提下，视情况恢复其监护人资格，人民法院指定的监护人与被监护人的监护关系同时终止。"甲属于故意犯罪，不得恢复，故 C 项错误。《民法典》第 191 条规定："未成年人遭受性侵害的损害赔偿请求权的诉讼时效期间，自受害人年满十八周岁之日起计算。"故 D 项错误。

4.【答案】BC
【考点】民事法律行为的效力；个人信息保护
【详解】《民法典》第 154 条规定："行为人与相对人恶意串通，损害他人合法权益的民事法律行为无效。"甲乙约定强行向不特定公众发送商业广告，违反网络信息保护规定，侵害不特定公众的利益，应属无效。甲也不得请求乙给付违法所得的 1 万元，A 项正确，BC 项错误。《民法典》第 111 条规定："自然人的个人信息受法律保护。任何组织或者个人需要获取他人个人信息的，应当依法取得并确保信息安全，

不得非法收集、使用、加工、传输他人个人信息，不得非法买卖、提供或者公开他人个人信息。"故 D 项正确。

5.【答案】ABCD
【考点】诉讼时效的适用范围
【详解】《民法典》第 196 条规定："下列请求权不适用诉讼时效的规定：（一）请求停止侵害、排除妨碍、消除危险；（二）不动产物权和登记的动产物权的权利人请求返还财产；（三）请求支付抚养费、赡养费或者扶养费；（四）依法不适用诉讼时效的其他请求权。"A 项为排除妨碍请求权，BC 项为返还原物请求权，D 项为抚养费给付请求权，均不适用诉讼时效。

6.【答案】AC
【考点】建筑物区分所有权
【详解】《最高人民法院关于审理建筑物区分所有权纠纷案件适用法律若干问题的解释》第 3 条规定："除法律、行政法规规定的共有部分外，建筑区划内的以下部分，也应当认定为民法典第二编第六章所称的共有部分：（一）建筑物的基础、承重结构、外墙、屋顶等基本结构部分，通道、楼梯、大堂等公共通行部分，消防、公共照明等附属设施、设备，避难层、设备层或者设备间等结构部分；（二）其他不属于业主专有部分，也不属于市政公用部分或者其他权利人所有的场所及设施等。建筑区划内的土地，依法由业主共同享有建设用地使用权，但属于业主专有的整栋建筑物的规划占地或者城镇公共道路、绿地占地除外。"A 项正确。《最高人民法院关于审理建筑物区分所有权纠纷案件适用法律若干问题的解释》第 4 条规定："业主基于对住宅、经营性用房等专有部分特定使用功能的合理需要，无偿利用屋顶以及与其专有部分相对应的外墙面等共有部分的，不应认定为侵权。但违反法律、法规、管理规约，损害他人合法权益的除外。"甲属于合理使用，故 BD 项错误，C 项正确。

7.【答案】ACD
【考点】见义勇为；无因管理
【详解】《民法典》第 979 条第 1 款规定："管理人没有法定的或者约定的义务，为避免他人利益受损失而管理他人事务的，可以请求受益人偿还因管理事务而支出的必要费用；管理人因管理事务受到损失的，可以请求受益人给予适当补偿。"丙没有对甲的救助义务，其积极的救助行为属于无因管理，因此其医疗费支出属于管理产生的损失，可以请求受益人甲进行补偿，因此 AC 项正确、B 项错误。《民法典》第 1245 条规定："饲养的动物造成他人损害的，动物饲养人或者管理人应当承担侵权责任；但是，能够证明损害是因被侵权人故意或者重大过失造成的，可以不承担或者减轻责任。"乙作为宠物狗的主人，在宠

物狗咬人的情况下，应当承担赔偿责任，因此 D 项正确。

8.【答案】B

【考点】附条件的民事法律行为

【详解】一般情况下，民事法律行为自成立时生效，但当事人可以附加条件，用于决定民事法律行为的效力。《民法典》第 158 条规定，民事法律行为可以附条件，但是根据其性质不得附条件的除外。附生效条件的民事法律行为，自条件成就时生效。附解除条件的民事法律行为，自条件成就时失效。甲、乙在合同中约定"合同在行政机关备案后生效"，属于附生效条件（延缓条件）的民事法律行为，该租赁合同只有在行政机关备案后方生效。因为甲、乙双方一直没有办理备案手续，故该合同一直未生效，因此，B 项正确，AD 项错误。由于合同未生效，甲目前尚无权要求使用该房屋，故 C 项错误。

9.【答案】C

【考点】先占制度

【详解】先占在我国现行法中并没有明文规定，但司法实践和理论上均认可。根据通说，先占应符合如下条件：（1）先占的标的物必须是无主物；（2）先占的标的物必须是动产；（3）先占人基于所有的意思而占有。符合先占要件的，先占人取得无主物的所有权。本题中，天外陨石属于无主物，且属于动产，应由先占人潘某取得其所有权，故 C 项正确，其他选项错误。本题可能引起争议的是，陨石落入肖某家菜地，肖某是否属于先占人？陨石是否应归国家所有？首先，陨石落入肖某家菜地，此时肖某尚未以所有的意思而占有该陨石，故肖某不符合先占的条件。其次，《民法典》第 250 条规定，森林、山岭、草原、荒地、滩涂等自然资源，属于国家所有，但是法律规定属于集体所有的除外。该条涉及的物应为自然资源，且在属性上均为不动产，不能直接适用该条的规定将陨石认定为归国家所有。

10.【答案】BC

【考点】留置权

【详解】《民法典》第 447 条第 1 款规定，债务人不履行到期债务，债权人可以留置已经合法占有的债务人的动产，并有权就该动产优先受偿。《民法典》第 448 条规定，债权人留置的动产，应当与债权属于同一法律关系，但是企业之间留置的除外。所谓同一法律关系，是指债权人占有动产是基于与其债权发生的同一法律关系发生，动产与债权发生具有紧密联系。劳动合同的基本法律关系为劳动者承担向用人单位提供劳动和接受用人单位管理的义务，并有权要求用人单位依约支付劳动报酬。卢某被甲公司安排在管理岗位，分管行政事务、财务以及人事工作，故卢某所扣留车辆仅系甲公司为公司高管出行提供的便利，并非双方建立的劳动关系的标的物，甲公司可随

时收回车辆亦并不影响原有劳动关系履行，甲公司基于所有权而非基于劳动关系要求卢某返还车辆，卢某占有车辆与其主张的工资、社保金等劳动债权并非基于同一法律关系。因此，卢某不得留置该汽车，C 项正确，D 项错误。卢某虽然已经申请仲裁，但甲公司系基于所有权而直接向法院提起诉讼，并非属于劳动纠纷范畴，故可以直接向法院提起诉讼，A 项错误。卢某被甲公司依法辞退后，双方劳动关系已解除，卢某作为甲公司高管所享受的便利即合法占有、使用该车的条件已不存在，因此，卢某在被辞退后仍然使用该汽车，应向甲公司支付使用费，B 项正确。

11.【答案】B

【考点】清偿抵充和代为清偿

【详解】《民法典》第 560 条规定，债务人对同一债权人负担的数项债务种类相同，债务人的给付不足以清偿全部债务的，除当事人另有约定外，由债务人在清偿时指定其履行的债务。债务人未作指定的，应当优先履行已经到期的债务；数项债务均到期的，优先履行对债权人缺乏担保或者担保最少的债务；均无担保或者担保相等的，优先履行债务人负担较重的债务；负担相同的，按照债务到期的先后顺序履行；到期时间相同的，按照债务比例履行。本题中，两笔债务均已经到期，但 A 项债务有担保，B 项债务没有担保，故应适用上述"数项债务均到期的，优先履行对债权人缺乏担保或者担保最少的债务"的规定，应认定为清偿了 B 债务。因此，B 项正确，A 项错误。第三人代为清偿，并不需要经过债权人的同意，债权人接受第三人清偿，系以其债权为依据，不属于不当得利，第三人不能主张返还，因此，CD 项均错误。

12.【答案】B

【考点】夫妻财产关系

【详解】《民法典》第 1062 条规定，夫妻在婚姻关系存续期间所得的下列财产，为夫妻的共同财产，归夫妻共同所有：（1）工资、奖金、劳务报酬；（2）生产、经营、投资的收益；（3）知识产权的收益；（4）继承或者受赠的财产，但是本法第 1063 条第 3 项规定的除外；（5）其他应当归共同所有的财产。夫妻对共同财产，有平等的处理权。老谭婚后领取的 10 万元退休金，应属于夫妻共同财产，此时，与其有合法婚姻关系的为赵某而不是郭某。因此，该 10 万元退休金应属于老谭和赵某共有。老谭以该钱款该买的房屋虽然登记在老谭名下，但也应认定为老谭和赵某共有；出卖该房屋所得的价款，亦应属于两人共有。据此，B 项正确，其他选项错误。

2019 年

1.【答案】A

【考点】民法的基本原则

【详解】公序良俗原则是指民事主体在从事民事活动时不能违反公序良俗。公序良俗是公共秩序和善良风俗的合称。本案中，约定对方不得再生育子女，而生育子女属于人的自然属性，不能通过约定剥夺这种生育机会，故该约定违反了公序良俗原则。A项正确。平等原则是指当事人在民事活动中的地位平等，包括平等地享有权利、其权利受到侵害时平等地受到法律保护。违反平等原则，通常表现为一方因优势地位而获得法律的优先保护。本案中，甲、乙之间并没有发生此类情形，故也没有违反平等原则。B项错误。自愿原则也称意思自治原则，指当事人可以根据自己的意愿从事民事活动，国家一般不干预当事人的自由意志，充分尊重当事人的选择。违反自愿原则，通常表现为当事人受到欺诈、胁迫等导致意思表示不真实。本案中，甲、乙的约定是双方真实意思表示，题目中并未提到欺诈、胁迫等情节，故二人的约定没有违反自愿原则。C项错误。公平原则是指在民事主体之间发生利益纠纷时，以权利义务是否均衡来平衡双方的利益，即双方当事人之间的权利义务要是对等的。违反公平原则，主要表现为双方之间出现了一方权利过多、义务过少，同时对方权利过少、义务过多的局面。本案中，甲、乙之间的约定只是限制了乙的再生育，并没有由此就同时导致甲男因此而获得了更多的权利，没有出现双方权利义务失衡的局面，故也没有违反公平原则。D项错误。

2.【答案】A

【考点】协议监护

【详解】甲、乙之间关于"当甲丧失行为能力时，由乙负责照顾甲"的约定，实际上属于协议监护的约定。具有完全民事行为能力的成年人，可以与其近亲属、其他愿意担任监护人的个人或者有关组织事先协商，并签订书面协议，约定待自己由于年老、智力衰退等原因导致成为非完全民事行为能力人时，由自己选定的人或组织担任监护人。因此，该协议监护的约定是有效的。同时甲处分个人财产，是甲真实的意思表示，并不侵犯甲的子女的权利。D项错误。在协议监护中，作为具有完全民事行为能力的成年人，有权为自己在未来成为非完全民事行为能力人时选择监护人。A项正确。甲有权处分其个人财产，其行为应认定为有效。B项错误。协议监护，在双方签订之后即应发生效力。如果待甲死亡后方发生效力，则该协议对甲就没有任何法律意义了。C项错误。

3.【答案】A

【考点】法人的责任；无权代理（表见代理）

【详解】由于乙公司提供保证已超出公司章程对分公司的授权，故张某加盖乙公司的公章，属于无权代理。A项正确。表见代理必须同时满足如下条件：（1）行为人必须是无权代理；（2）第三人是善意的

（不知代理人为无权代理）；（3）客观上存在外表授权（表见事由）。本案中，李某明知张某无代理权仍然要求张某加盖乙公司公章，属于恶意，不构成表见代理。B项错误。乙公司是甲公司的分公司，分公司在法律上属于法人的分支机构。关于法人对其分支机构的责任，应按如下规则处理：分支机构以自己的名义从事民事活动，产生的民事责任由法人承担；也可以先以该分支机构管理的财产承担，不足以承担的，由法人承担。本案中，张某是以个人名义从李某处借款，故应由张某个人承担责任，而不应由乙公司或甲公司承担责任，故CD项均错误。

4.【答案】ABCD

【考点】胎儿利益的保护；附生效条件的民事法律行为；赠与合同中的任意撤销权

【详解】《民法典》第16条规定："涉及遗产继承、接受赠与等胎儿利益保护的，胎儿视为具有民事权利能力。但是，胎儿娩出时为死体的，其民事权利能力自始不存在。"A项正确。当乙表示赠与胎儿10万元时，胎儿能否活体娩出是不确定的事实（发生与否不确定），该赠与合同系附生效条件的赠与合同，在胎儿娩出前，该赠与合同成立但未生效。故B项正确。孩子顺利出生，即条件已成就，附生效条件的赠与合同成立并生效。故C项正确。《民法典》第658条规定："赠与人在赠与财产的权利转移之前可以撤销赠与。经过公证的赠与合同或者依法不得撤销的具有救灾、扶贫、助残等公益、道德义务性质的赠与合同，不适用前款规定。"乙的赠与不属于前述法条规定的情形，可任意撤销，故D项正确。

5.【答案】A

【考点】死者人格利益的保护；精神损害赔偿

【详解】《民法典》第994条规定："死者的姓名、肖像、名誉、荣誉、隐私、遗体等受到侵害的，其配偶、子女、父母有权依法请求行为人承担民事责任；死者没有配偶、子女且父母已经死亡的，其他近亲属有权依法请求行为人承担民事责任。"本题中，甲并非乙的近亲属，并非适格的原告。因此，法院依法应当不予受理。故A项正确。

6.【答案】D

【考点】监护人资格的撤销与恢复；监护人的职责；诉讼时效

【详解】小甲9周岁，系限制民事行为能力人，小甲的祖父母赠与其玉佩系纯获法律上利益的民事法律行为，合法有效。因此，玉佩归小甲所有。甲非为小甲的利益处分其财产，依法应对小甲承担赔偿责任。故A项正确。甲经常殴打小甲，系实施严重侵害被监护人身心健康的行为，根据《民法典》第36条的规定，乙依法有权向法院起诉撤销甲的监护人资格。故B项正确。根据《民法典》第196条第3项的规定，请求支付抚养费、赡养费或者扶养费，不适

用诉讼时效的规定。C项正确。《民法典》第190条规定："无民事行为能力人或者限制民事行为能力人对其法定代理人的请求权的诉讼时效期间，自该法定代理终止之日起计算。"D项错误。

7.【答案】A

【考点】物权变动；区分原则；合同的效力认定

【详解】不动产抵押实行形式主义，即同时符合抵押合同生效、完成抵押登记这两项条件，债权人方能取得抵押权。由于甲公司、乙公司之间未办理抵押登记，故乙公司不享有抵押权。A项正确。民事法律行为的成立条件包括当事人、意思表示和行为内容。甲公司、乙公司之间签订抵押合同，符合这三项条件，抵押合同成立。B项错误。乙公司对相关情况十分了解，可以认定为恶意，但恶意不等于恶意串通，甲公司、乙公司的合同有效。C项错误。可撤销的民事法律行为的理由包括欺诈、胁迫、重大误解和显失公平。本案中，甲公司、乙公司之间的抵押合同是双方真实的意思表示，没有出现以上四种情况。D项错误。

8.【答案】C

【考点】一物二抵；抵押人处分抵押物；物权与合同的效力区分原则

【详解】现行法律中并未禁止一物二抵，本题中甲先后将房屋抵押给乙、丙并均办理了登记，故两人均享有抵押权。现抵押人甲未经抵押权人乙、丙的同意即将抵押的房屋出卖给丁，根据《民法典》的立场，抵押人出卖抵押财产，仅通知抵押权人即可，而不再需要经过抵押权人的同意，但抵押权不会因此受到影响，即抵押权继续存在。因此，AB项错误，C项正确。抵押人转让抵押物不需要抵押权人同意，故抵押人与第三人之间签订的房屋买卖合同肯定是有效的。D项错误。

9.【答案】D

【考点】一房数租

【详解】柳某先后与郭某、韩某签订了两份租赁合同，当事人均为完全民事行为能力人，意思表示真实，内容也合法，故两份合同本身均应认定为有效。A项错误。一房数租中，在合同均有效的情况下，承租人均主张履行合同的，按照下列顺序确定承租人：（1）已经合法占有租赁房屋的；（2）已经办理登记备案手续的；（3）合同成立在先的。结合本案，韩某已经入住该房屋，应确定韩某为房屋的承租人。因此，D项正确，BC项错误。

10.【答案】AC

【考点】建设工程合同的效力认定及其法律后果

【详解】洪某以昊天建筑公司的名义与丙签订合作协议，约定把该工程全部转由丙建设，实质上是转包合同，转包合同应认定为无效。A项正确。缺乏资质的单位或者个人借用有资质的建筑施工企业名义签

订建设工程施工合同，出借方与借用方对建设工程质量不合格等因出借资质造成的损失承担连带赔偿责任。据此，恒达公司可以要求洪某赔偿，也可以要求昊天公司赔偿。B项错误。第三人就其完成的工作成果与承包人向发包人承担连带责任。因此，发包人恒达公司有权要求丙承担连带责任。C项正确。招标人和中标人另行签订的建设工程施工合同约定的工程范围、建设工期、工程质量、工程价款等实质性内容，与中标合同不一致的，按照中标合同确定当事人的权利义务。本案中，如果工程质量合格，恒达公司和洪某之间应按照中标合同结算工程款。D项错误。

11.【答案】BD

【考点】运输合同；不当得利

【详解】所谓显失公平，是指一方利用对方处于危困状态、缺乏判断能力等情形，致使民事法律行为在成立时明显失去公平。显失公平的成立，必须要以"利用"为条件，且显失公平在民事法律行为成立时即已出现。本案中，多付款系甲自己手误造成，不符合显失公平的认定标准。A项错误。该运输合同成立时，当事人均为完全民事行为能力人，意思表示真实，内容合法。同时，该合同不存在无效事由。B项正确。甲将数字输入错误，但明显其并没有将多余的钱赠与司机的意思。C项将其认定为"赠与"，显然不成立。C项错误。甲多支付的8000元，对司机而言构成不当得利，应返还给甲。D项正确。

12.【答案】C

【考点】婚姻的效力；赠与合同的效力

【详解】赠与合同无效的原因，《民法典》未明确规定，应适用民事法律行为无效的原因：（1）无民事行为能力人实施的民事法律行为；（2）恶意串通，损害他人合法权益的民事法律行为；（3）违背公序良俗的民事法律行为；（4）违反强制性规定的民事法律行为；（5）行为人与相对人以虚假的意思表示实施的民事法律行为。本案中，张某和余某之间不存在上述事由。A项错误。婚姻的无效事由包括：（1）一方或者双方没有达到法定婚龄；（2）一方或者双方重婚；（3）双方有法律规定的禁止结婚的亲属关系。本案中，张某、余某之间并未出现上述情形。B项错误。撤销赠与合同，赠与人的撤销有两种情形，一种是任意撤销，适用于赠与财产的权利转移之前。本案中，张某已按约定将赠与的房屋过户到余某名下，因此，张某不享有任意撤销权。另一种是法定撤销，在赠与财产的权利转移前后均可以适用，因此，本案有可能适用这一法定撤销制度。赠与人主张法定撤销权的几个事由：（1）受赠人严重侵害赠与人或其近亲属；（2）受赠人对赠与人有扶养义务而不履行；（3）受赠人不履行赠与合同约定的义务。本案中，双方在赠与合同中约定，在张某生活不能自理时，由余某承担扶养义务（事实上，根据法律规

定，夫妻之间本来也有扶养义务），现余某不履行扶养义务，符合上述法定撤销权的行使条件，故张某可以主张撤销赠与合同。C项正确。可撤销婚姻的事由包括：（1）受胁迫成立的婚姻；（2）一方隐瞒重大疾病成立的婚姻。本案中，张某、余某之间也并未出现上述情形。D项错误。

13.【答案】A

【考点】代位继承；转继承；遗产分配

【详解】由于本案中小丁是田某的子女，故分析小丁对老姚的继承问题，要先从田某与老姚的继承关系入手开始分析。根据案情，田某属于对公婆尽了主要赡养义务的丧偶儿媳，丧偶儿媳对公、婆尽了主要赡养义务的，应作为第一顺序继承人。因此，田某是老姚的第一顺序继承人。转继承指继承开始后，继承人没有表示放弃继承，并于遗产分割前死亡的，其继承遗产的权利转移给他的合法继承人。本案中，田某虽然是老姚的继承人，但其先于老姚死亡，故不会发生转继承问题。B项错误。代位继承一般发生的场合是被继承人的子女先于被继承人死亡的，由被继承人的子女的晚辈直系血亲代位继承，常见的情形就是祖孙三代之间的代位继承。本案中，虽然田某先于老姚死亡，但由于其不是老姚的子女，故不可能发生代位继承。C项错误。分得适当遗产，具有特定的适用范围：（1）继承人以外的，依靠被继承人扶养的人，可以适当分得遗产；（2）继承人以外的，对被继承人扶养较多的人，可以适当分得遗产。本案中，小丁不符合这两种情况，故无权主张分得适当遗产。D项错误。继承人包括如下两类人：第一顺序：配偶、子女、父母、对公婆或岳父母尽了主要赡养义务的丧偶儿媳或丧偶女婿；第二顺序：兄弟姐妹、祖父母、外祖父母。小丁不在前列，也不符合代位继承、转继承的适用条件，故小丁对老姚的遗产无继承权。A项正确。

14.【答案】D

【考点】受害人过错

【详解】受害人过错，是指受害人对损害的发生或扩大具有过错。如果损害是因受害人故意造成的，侵权人的责任免除；如果损害是因受害人过失造成的，侵权人的责任减轻，这一制度称之为过错相抵。本案中，受害人自身的体质问题，不应属于受害人过错，侵权人的责任不应减轻，故D项正确，ABC项错误。

2020 年

1.【答案】D

【考点】当然监护

【详解】当然监护，是指父母是未成年子女的当然监护人。小勇12岁，其监护人应当为其父母。陆某已经与孟某离婚，但父母的婚姻状况如何并不影响

父母担任当然监护人。陆某目前在监狱服刑，丧失人身自由，表明陆某难以履行监护职责，但也不能由此剥夺陆某的监护人地位。小勇实际上是由陆某父母抚养，但抚养并不是产生监护的原因，抚养人与监护人显然是不能画等号的。综上，陆某、孟某为小勇的监护人，D项正确，ABC项错误。

2.【答案】CD

【考点】物权的保护；诉讼时效

【详解】不适用诉讼时效的请求权包括：（1）请求停止侵害、排除妨碍、消除危险；（2）不动产物权和登记的动产物权的权利人请求返还财产；（3）请求支付抚养费、赡养费或者扶养费；（4）人格权受到侵害，受害人主张的消除影响、恢复名誉、赔礼道歉请求权。苗某将其平日里作业用的大型油罐车停在了陈某家的院子里，陈某可以向其主张停止侵害，此种请求权不适用诉讼时效，A项错误。大型油罐车停在私人院子里，具有一定的危险性，陈某有权主张消除危险，此种请求权不适用诉讼时效，B项错误。苗某骑走了陈某家未上锁的自行车，陈某有权主张返还原物，自行车既不属于不动产，也不属于登记的动产，其返还应当适用诉讼时效。当陈某3年后主张该权利时，苗某可以抗辩，C项正确。陈某向苗某主张损害赔偿，不在上述不适用诉讼时效的范围之内，即应当适用诉讼时效。当陈某3年后主张该权利时，苗某可以抗辩，D项正确。

3.【答案】CD

【考点】抵押权的设立；流押条款

【详解】虚假行为是双方当事人之间发生了虚假的意思表示，本案中，甲、乙之间都是真实的意思表示，AB项错误。双方关于如果甲到期不能偿还借款时乙可以取得房屋所有权的约定，属于流押条款，根据《民法典》的立场，流押条款应被认定为无效，即当事人不能基于流押条款而主张对抵押物享有抵押权。C项正确。流押条款无效，不影响抵押合同中其他条款的效力；同时，本案中的房屋抵押也已经办理了登记，这表明乙对房屋享有抵押权。虽然抵押条款无效，但不妨碍抵押权人行使抵押权，甲不能偿还债务，乙可以请求拍卖房屋并就价款主张优先受偿。D项正确。

4.【答案】AD

【考点】合伙合同

【详解】合伙人对合伙债务承担连带责任。丁在执行合伙事务的过程中，因经营方法问题，对外欠戊10万元债务，就该10万元债务，合伙人甲、乙、丙、丁应承担连带责任。AD项正确，C项错误。用人单位必须是单位的一种，如公司、合伙企业等。本案中，甲、乙、丙、丁四人签订一份合伙合同，共同从事某合伙事业，但四人并未登记为合伙企业，四人之间的法律关系适用的是合伙合同的规定，不存在所

谓"用人单位"，B 项错误。

5.【答案】ACD

【考点】不当得利的法律后果

【详解】乙误将快递员丁送的丙的电脑当成甲赠送的礼物，乙构成不当得利，但乙是善意的，因此，乙仅负返还现存利益之义务（即返还烧坏的电脑），而不负任何的赔偿责任。故 A 项错误，B 项正确。如果让乙交付同种型号、同样配置的电脑，乙的义务即为返还原物而非返还现存利益，与善意不当得利人所负义务不符，C 项错误。本案不当得利问题与甲无关，D 项错误。

6.【答案】A

【考点】不当得利的认定及其法律后果；缔约过失责任

【详解】缔约过失责任，是指在订立合同过程中，一方因违背其依据诚信原则所应尽的义务而致另一方信赖利益的损失，依法应承担的民事责任。本案中，甲、乙之间根本不存在缔约的问题，因此，就不可能发生缔约过失责任。A 项错误。乙擅自将自己的轿车停放在甲的停车位上，属于无正当权利而使用他人之物，因此，在无权使用人乙与权利人甲之间成立不当得利。B 项正确。C 项，乙擅自将自己的轿车停放在甲的停车位上，乙显然是恶意的获利人。由于其占有了甲的车位，导致甲只好致电拖车公司把乙的车拖走，并由此支付拖车费 300 元，从而给甲造成了损失，恶意的得利人乙应就此进行赔偿。C 项正确。甲对停车位享有所有权，乙擅自将自己的轿车停放在甲的停车位上，侵犯了甲对其车位的所有权。D 项正确。

7.【答案】BC

【考点】人格权侵权；不当得利

【详解】侵犯姓名权的行为，表现为干涉、盗用、假冒等。所谓干涉，就是对他人决定、使用、变更或许可他人使用姓名的行为进行干预；所谓盗用，就是未经姓名权人的同意而使用其姓名，其实质是利用被盗用人的名气来提高自己的身价或者品牌名气等利益；所谓假冒，就是冒充他人姓名进行活动，其实质是把自己假扮成被冒用人来获得利益。本案中，乙伪造甲的身份证，并持该身份证到有关机关签字冒领奖金，属于假冒行为，侵犯了甲的姓名权。A 项正确。侵犯荣誉权的行为，表现为非法剥夺他人的荣誉称号或诋毁、贬损其荣誉等。本案中，乙只是冒充甲领取奖金，并没有剥夺甲的荣誉称号或诋毁、贬损其荣誉，因此，并未侵害甲的荣誉权。B 项错误。侵犯名誉权的行为，表现为侮辱、捏造虚假事实（诽谤）等。本案中，乙并没有对甲实施任何的侮辱或诽谤的行为，因此，并没有侵犯甲的名誉权。C 项错误。乙在侵犯甲的姓名权的过程中获得了利益，属于侵权过程中发生的不当得利。D 项正确。

8.【答案】A

【考点】归责原则；一般侵权行为

【详解】对于本案的侵权现象，因《民法典》中没有明确规定，故也只能考虑一般侵权行为，即从一般过错责任原则角度考虑。一般侵权行为适用一般过错责任原则，是指在追究行为人的责任时，必须以行为人的过错为条件。本案中，小区物业公司对于小军的损害没有任何过错，因此，不承担侵权责任。BC 项错误。小军损害的发生，是由于流浪狗闻着王大妈所散落的垃圾而引起的，王大妈在垃圾散落之后，并未进行清扫，表明其存在过错。因此，其应当对小军的损害承担责任。A 项正确。本案适用一般侵权责任原则，而不是意外事件。D 项错误。

9.【答案】A

【考点】机动车交通事故侵权责任、监护人的侵权责任

【详解】未经允许驾驶他人机动车而发生交通事故造成损害的责任承担，应由机动车使用人承担赔偿责任；机动车所有人、管理人对损害的发生有过错的，承担相应的赔偿责任。小西、小北属于机动车的使用人，故应对受害人小中承担赔偿责任。同时，小西、小北分别为 15 岁、13 岁，属于限制民事行为能力人，其所造成的损害，应当由各自的监护人承担赔偿责任。同时，本案中机动车的所有人为小东，其对小中的损害的发生没有任何的过错；机动车的管理人目前是小南，其停车时并未熄火，也未关车门，表明其存在过错，故应承担与其过错相应的赔偿责任。综上，A 项错误，BCD 项正确。

10.【答案】CD

【考点】合伙合同；借款合同

【详解】《民法典》第 967 条规定："合伙合同是两个以上合伙人为了共同的事业目的，订立的共享利益、共担风险的协议。"题干中的合同载明戴某不承担任何风险，据此该合伙协议并非合伙合同，A 项错误。《民法典》第 153 条规定："违反法律、行政法规的强制性规定的民事法律行为无效。但是，该强制性规定不导致该民事法律行为无效的除外。违背公序良俗的民事法律行为无效。"《民法典》第 154 条规定："行为人与相对人恶意串通，损害他人合法权益的民事法律行为无效。"该协议主体和内容均不存在无效情形，因此该合伙协议有效，故 B 项错误。《民法典》第 667 条规定："借款合同是借款人向贷款人借款，到期返还借款并支付利息的合同。"根据题干，合伙协议的内容实质为肖某向戴某借款 100 万元。3 年到期后还本付息共 110 万元，因此该合伙协议实质为借款合同，且不存在无效事由，故 CD 项正确。

11.【答案】C

【考点】请求权竞合；胎儿利益保护；用工责任

【详解】乙医院的医生因重大过失开错药，致甲身体受损，医院的行为既构成违约（违反医疗服务合同），又构成侵权（侵犯了甲的身体权或健康权）。因此，甲可以选择追究乙医院（医疗机构）的违约责任或侵权责任。涉及遗产继承、接受赠与等胎儿利益的保护，胎儿视为具有民事权利能力。胎儿娩出前，第三人实施侵害行为导致胎儿利益受损害的，胎儿视为具有民事权利能力（视为已出生），享有侵权损害赔偿请求权。甲和小甲均可要求医院承担损害赔偿责任。AB 项错误，C 项正确。用人单位的工作人员因执行工作任务造成他人损害的，由用人单位承担侵权责任。用人单位承担侵权责任后，可以向有故意或者重大过失的工作人员追偿。故 D 项错误。

2021 年

1.【答案】B

【考点】限制民事行为能力人实施的民事法律行为的效力

【详解】甲与乙之间的赠与合同属于附义务的赠与合同。10 岁的乙系限制民事行为能力人，100 万元超出其意思能力，不能独立判断。附义务的赠与合同亦非纯获法律上之利益。限制民事行为能力人所实施的与其意思能力不相适应的双方民事法律行为效力待定。乙的父母知悉后，明确表示拒绝。因此，该赠与合同自始无效。B 项正确，当选。

2.【答案】AC

【考点】代理权滥用

【详解】甲委托乙找买家出售红木，乙系有权处分，合同当然无效。行为人与相对人恶意串通，损害他人合法权益的民事法律行为无效。代理人乙为了拿回扣，与相对人丁恶意串通损害被代理人甲的利益。代理人和相对人恶意串通，损害被代理人合法权益的，代理人和相对人应当承担连带责任。故 AC 项错误，当选。

3.【答案】ABD

【考点】按份共有人对共有物的处分

【详解】按份共有人对外转让共有份额时，其他按份共有人在同等条件下享有优先购买权。丙将玉石卖给甲的行为系处分共有物而非共有物的份额。因此，其他按份共有人甲和乙均不享有优先购买权。故 ABD 项错误。除按份共有人之间另有约定外，按份共有人处分共有物应当经 2/3 以上份额的按份共有人同意。丙和甲的份额共占 1/3 份额，在未经乙同意的情况下，丙构成无权处分。故 C 项正确。

4.【答案】BD

【考点】通谋虚假意思表示；恶意串通；担保合同的从属性

【详解】行为人与相对人以虚假的意思表示实施的民事法律行为无效。在房屋不存在的情况下，甲与乙签订的租赁合同和房屋买卖合同均系双方通谋虚假意思表示，无效。甲和乙签订售后回租合同（先出卖再租赁）的真实意思表示系乙向甲借款，该隐藏行为借款合同合法有效，二者行为的本质系名为租赁合同，实为借款合同。A 项正确，B 项错误。基于担保合同效力的从属性，主合同无效，担保合同无效。加之丙不知情，亦可以认为系债权人和债务人恶意串通损害担保人的利益，保证合同亦无效。C 项正确，D 项错误。

5.【答案】CD

【考点】动产抵押权的设立；动产交付之占有改定；留置权的善意取得

【详解】动产抵押权自合同生效时设立，未经登记不得对抗善意第三人。因此，合法有效的动产抵押合同即能设立动产抵押权，产生内部效力。未经登记，只是不产生外部对抗效力，但不影响抵押权的取得。故 A 项正确。动产物权变动依交付，交付包括现实交付和观念交付两类。观念交付又包括简易交付、指示交付和占有改定。甲先将车出卖给丙后又从丙处有偿租回，依占有改定规则，自租赁合同生效时，物权发生变动，汽车的所有权归丙所有。故 B 项正确。合法占有人甲将所有权人丙的汽车交由承揽人丁修理，修理完毕后，如甲和丙均不支付修理费。丁依法可以行使民事留置权，与标的物的价值大小无关。故 CD 项均错误。

6.【答案】C

【考点】一房数租

【详解】《城镇房屋租赁合同解释》第 5 条规定："出租人就同一房屋订立数份租赁合同，在合同均有效的情况下，承租人均主张履行合同的，人民法院按照下列顺序确定履行合同的承租人：（一）已经合法占有租赁房屋的；（二）已经办理登记备案手续的；（三）合同成立在先的。不能取得租赁房屋的承租人请求解除合同、赔偿损失的，依照民法典的有关规定处理。"据此，一房数租的，租赁合同都是有效的。关于多份租赁合同的履行顺序，交付＞登记＞成立。故 C 项正确。

7.【答案】BD

【考点】隐私权；名誉权；侵害人格权的责任承担

【详解】《民法典》第 1032 条规定："自然人享有隐私权。任何组织或者个人不得以刺探、侵扰、泄露、公开等方式侵害他人的隐私权。隐私是自然人的私人生活安宁和不愿为他人知晓的私密空间、私密活动、私密信息。"《民法典》第 1024 条规定："民事主体享有名誉权。任何组织或者个人不得以侮辱、诽谤等方式侵害他人的名誉权。名誉是对民事主体的品德、声望、才能、信用等的社会评价。"甲的行为侵犯了乙的隐私权，而非名誉权，故 AC 项正确，D 项错误。《民法典》第 1167 条规定："侵权行为危及他人人身、财产安全的，被侵权人有权请求侵权人承担停止侵害、排除妨碍、消除危险等侵权责任。"一般认为，认定行为人承担侵害隐私权的民事责任，应当考虑行为人和受害人的职业、影响范围过错程度，以及行为的目的、方式、后果等因素。本题中，乙的隐私权受到侵害后，依法有权请求侵害人甲停止侵害、排除妨碍。但是，要求拆除摄像头的请求已经超过了必要限度，调整拍摄范围即可。故 B 项错误。

8.【答案】A

【考点】 民事行为能力；监护；继承

【详解】 乙是限制民事行为能力人，其监护人目前是甲。限制民事行为能力人有能力自己处理的事项，其监护人不应当干涉。乙作为 80 多岁的老人，提出想去养老院住 1 年，属于其自身能够独立决定的事项，因此甲不能干涉。A 项正确。监护并不等同于赡养，监护的目的是照顾被监护人；赡养是子女对父母的法定义务。不论丙是否是乙的监护人，都应当对乙尽赡养义务。B 项错误。甲虽然是乙的监护人，但监护人与继承人显然也是不同的法律制度。第一顺序继承人包括：配偶、父母、子女、对公婆或岳父母尽了主要赡养义务的丧偶儿媳或丧偶女婿；第二顺序继承人包括：兄弟姐妹、祖父母、外祖父母。甲是乙的外甥，不在法定继承人范围之列，因此，乙对甲的遗产不享有继承权。C 项错误。丙是乙的儿子，属于第一顺序继承人，对乙的遗产有继承权。D 项错误。

9.【答案】A

【考点】 居住权

【详解】 设立居住权，当事人之间必须存在居住权合同。居住权自登记时设立。按照法律规定，居住权合同必须采用书面形式，其属于要式行为。BC 项错误。居住权带有一定的身份属性，不能继承。乙死亡后，居住权消灭，而不发生继承的结果。A 项正确。基于居住权的身份属性，其不能转让给他人。D 项错误。

10.【答案】ABCD

【考点】 物业服务合同

【详解】 建设单位依法与物业服务人订立的前期物业服务合同，对业主具有法律约束力。本案中某房地产开发商与甲物业服务公司签订的前期物业服务合同对业主具有法律约束力。A 项错误。无权代理指代理人没有代理权，但仍然以被代理人的名义与他人签订合同。本案中，前期物业服务合同是房地产开发商与物业服务公司之间签订的，房地产开发商并不是以乙的名义签订合同的，不属于代理。B 项错误。业主违反约定逾期不支付物业费的，物业服务公司可以催告其在合理期限内支付，但物业服务公司不得采取停止供电、供水、供热、供燃气等方式催交物业费。因此，C 项错误。业主有按照约定向物业服务公司支付

物业费的义务，当物业服务公司已经按照约定和有关规定提供服务，业主不得以未接受或者无需接受相关物业服务为由拒绝支付物业费。因此，D 项错误。

2022 年

1.【答案】AD

【考点】 抵押合同；房地一并抵押

【详解】 甲开发商对 A 小区的物业管理处享有独立产权，这意味着甲开发商是物业管理处的所有权人，有权将物业管理处抵押融资，并且本题中也不存在其他关于抵押合同的效力瑕疵点，因此甲开发商与乙银行之间的抵押合同有效。A 项正确，B 项错误。《民法典》第 397 条规定："以建筑物抵押的，该建筑物占用范围内的建设用地使用权一并抵押。以建设用地使用权抵押的，该土地上的建筑物一并抵押。抵押人未依据前款规定一并抵押的，未抵押的财产视为一并抵押。"物业管理处占用范围内的建设用地使用权一并抵押，这体现的正是"地随房走"规则。D 项正确。但并不存在"房随房走"，因此新建的会所属于新增建筑物，无法纳入抵押财产。且该新建会所未取得规划许可，属于违法建筑，依据《担保制度解释》第 49 条，其上不能设立有效的抵押权。C 项错误。

2.【答案】B

【考点】 定金责任；债的特征

【详解】《民法典》第 586 条规定，定金的数额不得超过主合同标的额的 20%，超过部分不产生定金效力。甲与乙的合同中，约定定金 5000 元超出法律规定的上限，超过部分不产生定金效力，A 项错误。甲与丙的合同中，约定定金 1 万元符合法律规定，B 项正确。丙与乙之间并无合同关系，根据合同相对性，丙无权请求乙赔偿损失。C 项错误。《民法典》未设置针对定金的司法调整规则，因此定金不能像违约金那样申请减少或申请增加，D 项错误。

2023 年

【答案】C

【考点】 违约责任的形式；合同解除；可撤销的民事法律行为

【详解】 李某向王某交付的手机却并非新手机，而是翻新机，不符合合同的约定，属于不完全履行的违约情形。《民法典》第 582 条规定："履行不符合约定的，应当按照当事人的约定承担违约责任。对违约责任没有约定或者约定不明，依据本法第五百一十条的规定仍不能确定的，受损害方根据标的的性质以及损失的大小，可以合理选择请求对方承担修理、重作、更换、退货、减少价款或者报酬等

违约责任。"据此,王某有权向李某主张减少价款,由于王某已经支付了全部的手机款,因此王某有权请求李某返还部分手机款。A项正确。《民法典》第563条第1款规定:"有下列情形之一的,当事人可以解除合同:……(四)当事人一方迟延履行债务或者有其他违约行为致使不能实现合同目的……"

李某向王某交付翻新机的行为构成违约,且导致手机买卖合同的目的无法实现,王某享有法定解除权,有权解除手机买卖合同。B项正确。李某明知其售卖的手机属于翻新机,构成欺诈,王某有权基于欺诈撤销手机买卖合同。王某与李某之间并不存在显失公平的情形。C项错误当选,D项正确。

知识产权法

2014 年

1.【答案】C

【考点】专利申请权转让的生效时间

【详解】《专利法》第 10 条规定，专利申请权和专利权可以转让。中国单位或者个人向外国人、外国企业或者外国其他组织转让专利申请权或者专利权的，应当依照有关法律、行政法规的规定办理手续。转让专利申请权或者专利权的，当事人应当订立书面合同，并向国务院专利行政部门登记，由国务院专利行政部门予以公告。专利申请权或者专利权的转让自登记之日起生效。因此 C 项正确，B 项错误。实际上，一般情况下，专利权和专利申请权转让的合同在转让方与受让方订立书面合同后就生效了，这与一般的合同的生效并无不同。但权利的转移则非如此，权利的转移就如物权上的不动产所有权转移一样需要登记，这是因为专利权或者专利申请权的客体是技术方案，具有无形性，并且可复制，非经登记无法公示其权利的转移，也不足以对权利进行保护，因此 A 项错误。专利申请权的转让不是专利权的转让，转让的专利申请权并不保证必然能够申请到专利权，因此 D 项错误。

2.【答案】D

【考点】侵犯著作权；著作权的合理使用

【详解】《著作权法》第 53 条规定，有下列侵权行为的，应当根据情况，承担本法第 52 条规定的民事责任；侵权行为同时损害公共利益的，由主管著作权的部门责令停止侵权行为，予以警告，没收违法所得，没收、无害化销毁处理侵权复制品以及主要用于制作侵权复制品的材料、工具、设备等，违法经营额 5 万元以上的，可以并处违法经营额 1 倍以上 5 倍以下的罚款；没有违法经营额、违法经营额难以计算或者不足 5 万元的，可以并处 25 万元以下的罚款；构成犯罪的，依法追究刑事责任：（1）未经著作权人许可，复制、发行、表演、放映、广播、汇编、通过信息网络向公众传播其作品的，本法另有规定的除外；……题目中 ABC 三项的行为均为未经许可复制著作权人的作品，符合前述法条中的第（1）项，侵犯了著作权人的著作权，不选。《著作权法》第 24 条规定，在下列情况下使用作品，可以不经著作权人许可，不向其支付报酬，但应当指明作者姓名或者名称、作

品名称，并且不得影响该作品的正常使用，也不得不合理地损害著作权人的合法权益：……（10）对设置或者陈列在公共场所的艺术作品进行临摹、绘画、摄影、录像；……据此，D 项行为不属于侵犯著作权的行为，因此当选。

3.【答案】C

【考点】著作权的客体；表演者权；广播组织权

【详解】《著作权法》第 3 条规定，本法所称的作品，是指文学、艺术和科学领域内具有独创性并能以一定形式表现的智力成果，包括：（1）文字作品；（2）口述作品；（3）音乐、戏剧、曲艺、舞蹈、杂技艺术作品；（4）美术、建筑作品；（5）摄影作品；（6）视听作品；（7）工程设计图、产品设计图、地图、示意图等图形作品和模型作品；（8）计算机软件；（9）符合作品特征的其他智力成果。故篮球比赛本身不是作品，不能成为著作权的客体，因此也就无所谓侵犯了哪一主体的著作权，A 项错误。《著作权法》第 38 条规定，使用他人作品演出，表演者应当取得著作权人许可，并支付报酬。演出组织者组织演出，由该组织者取得著作权人许可，并支付报酬。由此可见，表演应该是表演者以自己的表演活动将他人的作品再现的过程，篮球比赛并没有事先编好的剧本，也不是将事先编好的作品进行再现，因此篮球比赛的运动员不是著作权法中规定的表演者，B 项错误。C 项，《著作权法》第 39 条规定，表演者对其表演享有下列权利：（1）表明表演者身份；（2）保护表演形象不受歪曲；（3）许可他人从现场直播和公开传送其现场表演，并获得报酬；（4）许可他人录音录像，并获得报酬；（5）许可他人复制、发行、出租录有其表演的录音录像制品，并获得报酬；（6）许可他人通过信息网络向公众传播其表演，并获得报酬。被许可人以前款第（3）项至第（6）项规定的方式使用作品，还应当取得著作权人许可，并支付报酬。由本法条第（3）项可以看出，表演者有许可他人从现场直播和公开传送其现场表演，并获得报酬的权利，因此乙电视台侵犯了舞蹈演员的表演者权，C 项正确。《著作权法》第 47 条规定，广播电台、电视台有权禁止未经其许可的下列行为：（1）将其播放的广播、电视以有线或者无线方式转播；（2）将其播放的广播、电视录制以及复制；（3）将其播放的广播、电视通过信息网络向公众传播。广播电台、电视台行使前款规定的权利，不得影响、限制或者侵害他人行使著作

权或者与著作权有关的权利。本条第 1 款规定的权利的保护期为 50 年，截止于该广播、电视首次播放后第 50 年的 12 月 31 日。由此可见，乙电视台的行为侵犯了甲电视台的广播组织权，主办方没有广播组织权，故 D 项错误。

4.【答案】D

【考点】 商标侵权行为

【详解】 本案中乙公司的行为显然是侵犯他人商标权的行为。《商标法》第 57 条规定，有下列行为之一的，均属侵犯注册商标专用权：（1）未经商标注册人的许可，在同一种商品上使用与其注册商标相同的商标的；（2）未经商标注册人的许可，在同一种商品上使用与其注册商标近似的商标，或者在类似商品上使用与其注册商标相同或者近似的商标，容易导致混淆的；（3）销售侵犯注册商标专用权的商品的；（4）伪造、擅自制造他人注册商标标识或者销售伪造、擅自制造的注册商标标识的；（5）未经商标注册人同意，更换其注册商标并将该更换商标的商品又投入市场的；（6）故意为侵犯他人商标专用权行为提供便利条件，帮助他人实施侵犯商标专用权行为的；（7）给他人的注册商标专用权造成其他损害的。因此，乙公司的行为符合本条第（1）项或者第（2）项的规定，而丙公司符合本条第（3）项规定。这种行为称为假冒他人注册商标的行为。而 A 项的仿冒注册商标是指行为人将自己没有注册的商标冒称为经过注册的商标的行为，此种行为并没有侵犯他人的注册商标，它损害的是国家的商标管理制度，因此 A 项不选。本题的真正考点在于，在不知情的情况下销售侵犯注册商标专用权的商品，此种行为应该如何处理。首先，上述法条已经将此种行为定性为商标侵权行为，因此在性质上已经不存在争议。其次，在对其进行处理，或者说，这类侵权者承担法律责任（例如行政责任、民事责任）方面是否会有所不同？《商标法》第 60 条第 2 款规定，工商行政管理部门处理时，认定侵权行为成立的，责令立即停止侵权行为，没收、销毁侵权商品和主要用于制造侵权商品、伪造注册商标标识的工具，违法经营额 5 万元以上的，可以处违法经营额 5 倍以下的罚款，没有违法经营额或者违法经营额不足 5 万元的，可以处 25 万元以下的罚款。对 5 年内实施 2 次以上商标侵权行为或者有其他严重情节的，应当从重处罚。销售不知道是侵犯注册商标专用权的商品，能证明该商品是自己合法取得并说明提供者的，由工商行政管理部门责令停止销售。由此可见，在承担行政责任方面，其主要的责任承担方式是停止销售，但是不会被罚款，因此 B 项错误，D 项正确。又因为《商标法》第 64 条第 2 款规定，销售不知道是侵犯注册商标专用权的商品，能证明该商品是自己合法取得并说明提供者的，不承担赔偿责任。因此 D 项正确。

5.【答案】AD

【考点】 著作权侵权；邻接权侵权

【详解】《著作权法》第 53 条规定，有下列侵权行为的，应当根据情况，承担本法第 52 条规定的民事责任；侵权行为同时损害公共利益的，由主管著作权的部门责令停止侵权行为，予以警告，没收违法所得，没收、无害化销毁处理侵权复制品以及主要用于制作侵权复制品的材料、工具、设备等，违法经营额 5 万元以上的，可以并处违法经营额 1 倍以上 5 倍以下的罚款；没有违法经营额、违法经营额难以计算或者不足 5 万元的，可以并处 25 万元以下的罚款；构成犯罪的，依法追究刑事责任：（1）未经著作权人许可，复制、发行、表演、放映、广播、汇编、通过信息网络向公众传播其作品的，本法另有规定的除外；（2）出版他人享有专有出版权的图书的；（3）未经表演者许可，复制、发行录有其表演的录音录像制品，或者通过信息网络向公众传播其表演的，本法另有规定的除外；（4）未经录音录像制作者许可，复制、发行、通过信息网络向公众传播其制作的录音录像制品的，本法另有规定的除外；（5）未经许可，播放、复制或者通过信息网络向公众传播广播、电视的，本法另有规定的除外；（6）未经著作权人或者与著作权有关的权利人许可，故意避开或者破坏技术措施的，故意制造、进口或者向他人提供主要用于避开、破坏技术措施的装置或者部件的，或者故意为他人避开或者破坏技术措施提供技术服务的，法律、行政法规另有规定的除外；（7）未经著作权人或者与著作权有关的权利人许可，故意删除或者改变作品、版式设计、表演、录音录像制品或者广播、电视上的权利管理信息的，知道或者应当知道作品、版式设计、表演、录音录像制品或者广播、电视上的权利管理信息未经许可被删除或者改变，仍然向公众提供的，法律、行政法规另有规定的除外；（8）制作、出售假冒他人署名的作品的。《著作权法》第 42 条规定，录音录像制作者使用他人作品制作录音录像制品，应当取得著作权人许可，并支付报酬。录音制作者使用他人已经合法录制为录音制品的音乐作品制作录音制品，可以不经著作权人许可，但应当按照规定支付报酬；著作权人声明不许使用的不得使用。《著作权法》第 44 条规定，录音录像制作者对其制作的录音录像制品，享有许可他人复制、发行、出租、通过信息网络向公众传播并获得报酬的权利；权利的保护期为 50 年，截止于该制品首次制作完成后第 50 年的 12 月 31 日。被许可人复制、发行、通过信息网络向公众传播录音录像制品，应当同时取得著作权人、表演者许可，并支付报酬；被许可人出租录音录像制品，还应当取得表演者许可，并支付报酬。由此可见，除了《著作权法》第 24 条规定的合理使用以及录音制作者使用他人已经合法录制为录音制品的音乐作品制作录音制品外，他人使用著作权人的作品均需经过许可且支付报酬，未经许可且未支付报酬的为侵犯著作权人的著作权的行为。A 项，某公司的行为系复制行为，未经许可，侵犯了甲的著作权。《著作权法》第 39 条规定，表演者对其表演享有下列权利：（1）表明表演者身份；（2）保护表演形象不受歪曲；（3）许可他人从现场直播和公开传送其现场表演，并获得报酬；（4）许可他人录音录像，并获得报酬；（5）许可他人复制、发行、出租录有其表演的录音录像制品，并获得报酬；（6）许可他人通过信息网络向公众传播其表演，并获得报酬。由此可见，A 项，某公司的行为也侵犯了表演者丙的表演者权。又由上述所引《著作权法》第 44 条可知，A 项，某公司的行为同样也侵犯了乙公司的录音录像制作者权。因此，A 项当选。通过前述第 42 条法律规定可知，B 项，某公司未侵犯甲的著作权。因此，B 项不当选。C 项，某商场没有侵犯甲的著作权，C 项不当选。而 D 项，某电影公司违反了前述第 44 条规定，构成侵权行为。因此，D 项当选。

6.【答案】BD

【考点】专利实施许可

【详解】《专利法》第 12 条规定，任何单位或者个人实施他人专利的，应当与专利权人订立实施许可合同，向专利权人支付专利使用费。被许可人无权允许合同规定以外的任何单位或者个人实施该专利。由此可见，本题中乙的行为构成违约，应向甲承担违约责任，A 项错误，B 项正确。《专利法》第 11 条第 1 款规定，发明和实用新型专利权被授予后，除本法另有规定的以外，任何单位或者个人未经专利权人许可，都不得实施其专利，即不得为生产经营目的的制造、使用、许诺销售、销售、进口其专利产品，或者使用其专利方法以及使用、许诺销售、销售、进口依照该专利方法直接获得的产品。因此 D 项正确。C 项，基于合同的相对性，乙公司的专利独占实施权是针对专利权人甲公司而言的，是一种相对权。所以，戊公司的行为侵犯了甲公司的专利权，但是没有侵犯乙公司的专利独占实施权，C 项错误。

7.【答案】BCD

【考点】商标注册程序；驰名商标

【详解】A 项，《商标法》第 18 条第 2 款规定，外国人或者外国企业在中国申请商标注册和办理其他商标事宜的，应当委托依法设立的商标代理机构办理。因此其表述正确，不选。B 项，《商标法》第 22 条规定，商标注册申请人应当按规定的商品分类表填报使用商标的商品类别和商品名称，提出注册申请。商标注册申请人可以通过一份申请就多个类别的商品申请注册同一商标。商标注册申请等有关文件，可以以书面方式或者数据电文方式提出。因此 B 项错误。C 项，《商标法》第 25 条第 1 款规定，商标注册申

人自其商标在外国第一次提出商标注册申请之日起 6 个月内，又在中国就相同商品以同一商标提出商标注册申请的，依照该外国同中国签订的协议或者共同参加的国际条约，或者按照相互承认优先权的原则，可以享有优先权。据此 C 项错误。D 项，《商标法》第 14 条第 5 款规定，生产、经营者不得将"驰名商标"字样用于商品、商品包装或者容器上，或者用于广告宣传、展览以及其他商业活动中。据此 D 项错误。

2015 年

1.【答案】C

【考点】合作作品著作权的行使；信息网络传播权

【详解】本题中，甲乙合作创作的作品为合作作品。依《著作权法》第 14 条第 2 款的规定，合作作品的著作权由合作作者通过协商一致行使；不能协商一致，又无正当理由的，任何一方不得阻止他方行使除转让、许可他人专有使用、出质以外的其他权利，但是所得收益应当合理分配给所有合作作者。所以，无论是甲把小说上传至自己博客并保留了乙的署名，还是经甲同意后的戊出版社的将小说出版，均不侵害乙的著作权，故 AD 项错误。依《信息网络传播权保护条例》和《最高人民法院关于审理侵害信息网络传播权民事纠纷案件适用法律若干问题的规定》的规定，仅提供网络链接不侵害著作权，但明知被链接的网页是侵权网页而提供链接的，则构成侵权。由此可知丙的行为不构成侵权，但丁的行为构成侵权。故 C 项正确，B 项错误。

2.【答案】B

【考点】著作权人的出租权；录音制品制作者的权利；表演者的权利

【详解】A 项的临摹作品属于复制，是比较直接的侵权行为。B 项图书作者的著作权中没有出租权，故不侵犯著作权。依《著作权法》第 52 条的规定，除《著作权法》另有规定外，未经视听作品、计算机软件、录音录像制品的著作权人、表演者或者录音录像制作者许可，出租其作品或者录音录像制品的原件或者复制件的，以及未经表演者许可，从现场直播或者公开传送其现场表演，或者录制其表演的，均属于侵权行为，但前者侵犯的是著作邻接权，后者侵犯的是著作权人的机械表演权。综上，本题 B 项正确。

3.【答案】C

【考点】专利侵权

【详解】《专利法》第 74 条规定，侵犯专利权的诉讼时效为 3 年，自专利权人或者利害关系人知道或者应当知道侵权行为以及侵权人之日起计算。发明专利申请公布后至专利权授予前使用该发明未支付适当使用费的，专利权人要求支付使用费的诉讼时效为 3 年，自专利权人知道或者应当知道他人使用其发明之

日起计算，但是，专利权人于专利权授予之日前即已知道或者应当知道的，自专利权授予之日起计算。所以，甲公司要求乙公司支付适当费用的诉讼时效未届满，故 C 项正确，AB 项错误。《专利法》第 77 条规定，为生产经营目的使用、许诺销售或者销售不知道是未经专利权人许可而制造并售出的专利侵权产品，构成侵权，但能证明该产品合法来源的，不承担赔偿责任。据此，D 项错误。

4.【答案】D

【考点】注册商标侵权行为的认定

【详解】根据《商标法》第 57 条以及《商标法实施条例》第 75 条、第 76 条的规定，本题中 ABC 项均为合法正常的销售行为，不属于侵犯注册商标专用权，但 D 项丁的行为属于侵犯注册商标专用权的行为。故 D 项当选。

5.【答案】ABC

【考点】著作人身权中的修改权、署名权、保护作品完整权

【详解】修改权是指著作权人修改或者授权他人修改作品的权利。出版社对内容的修改必须征得作者的同意，而本题中出版社擅自将狗熊改写成四只腿的动物，侵犯了作者的修改权。故 A 项正确。保护作品完整权是指著作权人保护作品不受歪曲、篡改的权利。歪曲含有贬义，一般是指故意改变事物的本来面目或对事物作不正确的反映；篡改是指用作伪的手段对经典、理论、政策等进行改动或曲解。在司法认定中，侵害保护作品完整权一般要求行为人基于主观故意而曲解作品，使作品所表达之意与作者所想表达之意大相径庭，凡未引起作者社会评价降低的改动作品的行为，通常不认定为侵害保护作品完整权。本题中出版社对作品所作的改动会造成读者对作品以及作者思想观点的误认、误读以及作者社会评价的降低，B 项正确。署名权是指著作权人表明作者身份，在作品上署名的权利。本题中直接将"吹雪"改为"崔雪"，擅自改变作者署名的方式，侵犯了作者的署名权。故 C 项正确。发行权适用"一次用尽"理论，故书店不可能再侵犯著作权人的发行权，故 D 项错误。

6.【答案】ABCD

【考点】专利实施许可；专利无效宣告

【详解】本题中，甲公司将智能手机显示屏的发明专利权在中国大陆以独占许可方式许可给乙公司实施，依我国《专利法》和《专利法实施细则》的规定，不同类型的许可合同中被许可人享有本题的诉讼地位，独占被许可人可以作为当事人单独起诉，故 A 项错误。《专利法》第 47 条规定，宣告无效的专利权视为自始即不存在，但宣告专利权无效的决定，对在宣告专利权无效前人民法院作出并已执行的专利侵权的判决、调解书，已经履行或者强制执行的专利侵权纠纷处理决定，以及已经履行的专利实施许可合同

和专利权转让合同，不具有追溯力。但是因专利权人的恶意给他人造成的损失，应当给予赔偿。依照前款规定不返还专利侵权赔偿金、专利使用费、专利权转让费，明显违反公平原则的，应当全部或者部分返还。据此，C 项错误。对于法律未予以明确规定，但在实务中有不同做法，新近的做法多倾向于驳回原告的诉讼请求，即在专利无效宣告前，不认为丙公司侵犯了专利实施权中的销售权，故 B 项错误。《最高人民法院关于审理专利纠纷案件适用法律问题的若干规定》第 7 条规定，人民法院受理的侵犯发明专利权纠纷案件或经国务院专利行政部门审查维持专利权的侵犯实用新型、外观设计专利权纠纷案件，被告在答辩期间内请求宣告该项专利权无效的，人民法院可以不中止诉讼。故 D 项错误。本题为选非题，故 ABCD 项均当选。

7.【答案】AD

【考点】集体商标；证明商标；商标注册的条件；商标侵权

【详解】集体商标是指以团体、协会或者其他组织名义注册，供该组织成员在商事活动中使用，以表明使用者在该组织中的成员资格的标志。证明商标，又称保证商标，是指由对某种商品或者服务具有监督能力的组织所控制，而由该组织以外的单位或者个人使用于其商品或者服务，用以证明该商品或者服务的原产地、原料、制造方法、质量或者其他特定品质的标志。本题中"河川"符合上面集体商标的含义，但不符合证明商标的含义。此外，虽然"河川"商标使用了县级以上行政区划名称，但因为属于集体商标，立法作为例外许可。故 A 项正确；BC 项错误。超市在销售该批荔枝时，在荔枝包装上还加贴了自己的注册商标"盛联"，这属于服务商标，不构成侵权。故 D 项正确。

2016 年

1.【答案】A

【考点】专利权的内容及侵权责任的承担

【详解】《专利法》第 11 条第 1 款规定，发明和实用新型专利权被授予后，除本法另有规定的以外，任何单位或者个人未经专利权人许可，都不得实施其专利，即不得为生产经营目的制造、使用、许诺销售、销售、进口其专利产品，或者使用其专利方法以及使用、许诺销售、销售、进口依照该专利方法直接获得的产品。依此规定，本题中，乙公司侵权属实，故尽管甲公司并不知情，但未经许可使用侵权设备，也构成侵犯专利权。再依《专利法》第 77 条的规定："为生产经营目的使用、许诺销售或者销售不知道是未经专利权人许可而制造并售出的专利侵权产品，能证明该产品合法来源的，不承担赔偿责任。"以及依

《最高人民法院关于审理侵犯专利权纠纷案件应用法律若干问题的解释（二）》第 25 条第 1 款的规定："为生产经营目的的使用、许诺销售或者销售不知道是未经专利权人许可而制造并售出的专利侵权产品，且举证证明该产品合法来源的，对于权利人请求停止上述使用、许诺销售、销售行为的主张，人民法院应予支持，但被诉侵权产品的使用者举证证明其已支付该产品的合理对价的除外。"本题中，甲公司与乙公司签订买卖合同，甲以市场价格购买乙公司生产的设备一台，甲公司并不知情乙公司侵权，这些事实意味着甲已经已支付该产品的合理对价，所以对于丙提出的要求甲公司停止使用专利产品的主张，人民法院不应再予以支持。综上，BCD 项均错误，只有 A 项正确。

2.【答案】A

【考点】专利侵权行为；商标侵权行为

【详解】《专利法》第 11 条第 2 款规定："外观设计专利权被授予后，任何单位或者个人未经专利权人许可，都不得实施其专利，即不得为生产经营目的制造、许诺销售、销售、进口其外观设计专利产品。"由该规定观之，实施外观设计专利的行为中不包含使用行为。本题中，奔马公司就其生产的一款高档轿车造型和颜色组合获得了外观设计专利权，某车行应车主陶某请求，将陶某低价位的旧车改装成该高档轿车的造型和颜色，其中，车行的行为属于为生产经营目的而制造，陶某则属于使用，所以，陶某的行为未侵犯奔马公司的专利权，而车行的行为则侵犯了奔马公司的专利权。由此可知本题 A 项错误，B 项正确。《商标法》第 57 条规定："有下列行为之一的，均属侵犯注册商标专用权：（一）未经商标注册人的许可，在同一种商品上使用与其注册商标相同的商标的；（二）未经商标注册人的许可，在同一种商品上使用与其注册商标近似的商标，或者在类似商品上使用与其注册商标相同或者近似的商标，容易导致混淆的；（三）销售侵犯注册商标专用权的商品的；（四）伪造、擅自制造他人注册商标标识或者销售伪造、擅自制造的注册商标标识的；（五）未经商标注册人同意，更换其注册商标并将该更换商标的商品又投入市场的；（六）故意为侵犯他人商标专用权行为提供便利条件，帮助他人实施侵犯商标专用权行为的；（七）给他人的注册商标专用权造成其他损害的。"本题中，车行从报废的轿车上拆下"飞天神马"标志安装在改装车上，属于故意为侵犯他人商标专用权行为提供便利条件，帮助他人实施侵犯商标专用权的行为；陶某使用该改装车提供专车服务，属于未经商标注册人的许可，在同一种商品上使用与其注册商标相同的商标的行为。所以，陶某的行为和车行的行为均侵犯了奔马公司的商标权。由此，本题 CD 项正确。

3.【答案】C

【考点】专利权侵权；不视为专利侵权的行为

【详解】根据《专利法》第 11 条第 1 款规定："发明和实用新型专利权被授予后，除本法另有规定的以外，任何单位或者个人未经专利权人许可，都不得实施其专利，即不得为生产经营目的的制造、使用、许诺销售、销售、进口其专利产品，或者使用其专利方法以及使用、许诺销售、销售、进口依照该专利方法直接获得的产品。"《专利法》第 75 条规定："有下列情形之一的，不视为侵犯专利权：（一）专利产品或者依照专利方法直接获得的产品，由专利权人或者经其许可的单位、个人售出后，使用、许诺销售、销售、进口该产品的；（二）在专利申请日前已经制造相同产品、使用相同方法或者已经作好制造、使用的必要准备，并且仅在原有范围内继续制造、使用的；（三）临时通过中国领陆、领水、领空的外国运输工具，依照其所属国同中国签订的协议或者共同参加的国际条约，或者依照互惠原则，为运输工具自身需要而在其装置和设备中使用有关专利的；（四）专为科学研究和实验而使用有关专利的；（五）为提供行政审批所需要的信息，制造、使用、进口专利药品或者专利医疗器械的，以及专门为其制造、进口专利药品或者专利医疗器械的。"本题中，A 项"在 L 国购买由乙公司制造销售的该发动机，进口至我国销售"以及 B 项"在我国购买由甲公司制造销售的该发动机，将发动机改进性能后销售"，均属于上述规定第 1 项规定的因"专利权用尽"而不构成侵犯专利权的情形，AB 项不选。C 项"在我国未经甲公司许可制造该发动机，用于各种新型汽车的碰撞实验，以测试车身的防撞性能"虽然属于上述规定第 4 项进行科学研究和实验，但该规定中未经专利权人许可只有为科学研究和实验"使用"有关专利才不构成侵犯专利权，而本表达是属于"制造"，所以仍然构成侵犯专利权，C 项当选。D 项"在 L 国未经乙公司许可制造该发动机，安装在 L 国客运公司汽车上，该客车曾临时通过我国境内"属于上述规定第 3 项不构成侵犯专利权的情形。

4.【答案】A

【考点】未注册商标的保护；对于注册商标标识的限制；商标代理机构的行为限制

【详解】《商标法》第 15 条规定："未经授权，代理人或者代表人以自己的名义将被代理人或者被代表人的商标进行注册，被代理人或者被代表人提出异议的，不予注册并禁止使用。就同一种商品或者类似商品申请注册的商标与他人在先使用的未注册商标相同或者近似，申请人与该他人具有前款规定以外的合同、业务往来关系或者其他关系而明知该他人商标存在，该他人提出异议的，不予注册。"第 19 条规定："商标代理机构应当遵循诚实信用原则，遵守法律、行政法规，按照被代理人的委托办理商标注册申请或者其他商标事宜；对在代理过程中知悉的被代理人的商业秘密，负有保密义务。委托人申请注册的商标可能存在本法规定不得注册情形的，商标代理机构应当明确告知委托人。商标代理机构知道或者应当知道委托人申请注册的商标属于本法第四条、第十五条和第三十二条规定情形的，不得接受其委托。商标代理机构除对其代理服务申请商标注册外，不得申请注册其他商标。"第32条规定："申请商标注册不得损害他人现有的在先权利，也不得以不正当手段抢先注册他人已经使用并有一定影响的商标。"根据上述规定，A项"乙公司委托注册'实耐'商标"属于以不正当手段抢先注册他人已经使用并有一定影响的商标，违反第32条的规定，所以该商标代理机构不得接受委托，A项正确；D项"该商标代理机构自行注册'捷驰'商标，用于转让给经营汽车轮胎的企业"属于商标代理机构不得申请注册的范围，违反第19条的规定，行为不正确，应排除该项。《商标法》第11条第1款规定："下列标志不得作为商标注册：（一）仅有本商品的通用名称、图形、型号的；（二）仅直接表示商品的质量、主要原料、功能、用途、重量、数量及其他特点的；（三）其他缺乏显著特征的。"《商标法》第12条规定："以三维标志申请注册商标的，仅由商品自身的性质产生的形状、为获得技术效果而需有的商品形状或者使商品具有实质性价值的形状，不得注册。"《商标法》第16条规定："商标中有商品的地理标志，而该商品并非来源于该标志所标示的地区，误导公众的，不予注册并禁止使用；但是，已经善意取得注册的继续有效。前款所称地理标志，是指标示某商品来源于某地区，该商品的特定质量、信誉或者其他特征，主要由该地区的自然因素或者人文因素所决定的标志。"再依上述《商标法》第19条的规定可知，B项"乙公司委托注册'营盘轮胎'商标"以及C项"乙公司委托注册普通的汽车轮胎图形作为商标"，均属于委托人申请注册的商标可能存在上述规定不得注册情形的，商标代理机构应当明确告知委托人，而非"商标代理机构不得接受委托"，故BC项表达不正确，应排除该两个项。

5.【答案】ACD

【考点】 信息网络传播权

【详解】《信息网络传播权保护条例》第14条规定："对提供信息存储空间或者提供搜索、链接服务的网络服务提供者，权利人认为其服务所涉及的作品、表演、录音录像制品，侵犯自己的信息网络传播权或者被删除、改变了自己的权利管理电子信息的，可以向该网络服务提供者提交书面通知，要求网络服务提供者删除该作品、表演、录音录像制品，或者断开与该作品、表演、录音录像制品的链接。通知书应当包含下列内容：（一）权利人的姓名（名称）、联系方式和地址；（二）要求删除或者断

开链接的侵权作品、表演、录音录像制品的名称和网络地址；（三）构成侵权的初步证明材料。权利人应当对通知书的真实性负责。"依该规定，本题中A项正确。《信息网络传播权保护条例》第15条规定："网络服务提供者接到权利人的通知书后，应当立即删除涉嫌侵权的作品、表演、录音录像制品，或者断开与涉嫌侵权的作品、表演、录音录像制品的链接，并同时将通知书转送提供作品、表演、录音录像制品的服务对象；服务对象网络地址不明、无法转送的，应当将通知书的内容同时在信息网络上公告。"依该规定，本题中B项错误，不选。《信息网络传播权保护条例》第16条规定："服务对象接到网络服务提供者转送的通知书后，认为其提供的作品、表演、录音录像制品未侵犯他人权利的，可以向网络服务提供者提交书面说明，要求恢复被删除的作品、表演、录音录像制品，或者恢复与被断开的作品、表演、录音录像制品的链接。书面说明应当包含下列内容：（一）服务对象的姓名（名称）、联系方式和地址；（二）要求恢复的作品、表演、录音录像制品的名称和网络地址；（三）不构成侵权的初步证明材料。服务对象应当对书面说明的真实性负责。"依该规定，本题中C项正确。《信息网络传播权保护条例》第17条规定："网络服务提供者接到服务对象的书面说明后，应当立即恢复被删除的作品、表演、录音录像制品，或者可以恢复与被断开的作品、表演、录音录像制品的链接，同时将服务对象的书面说明转送权利人。权利人不得再通知网络服务提供者删除该作品、表演、录音录像制品，或者断开与该作品、表演、录音录像制品的链接。"依该规定，本题中D项正确。

6.【答案】AC

【考点】 合作作品著作权的归属与行使

【详解】《著作权法》第14条规定："两人以上合作创作的作品，著作权由合作作者共同享有。没有参加创作的人，不能成为合作作者。合作作品的著作权由合作作者通过协商一致行使；不能协商一致，又无正当理由的，任何一方不得阻止他方行使除转让、许可他人专有使用、出质以外的其他权利，但是所得收益应当合理分配给所有合作作者。合作作品可以分割使用的，作者对各自创作的部分可以单独享有著作权，但行使著作权时不得侵犯合作作品整体的著作权。"依该规定，《春风来》的著作权由甲、乙共同享有，为不可分割使用的作品；在甲、乙就著作权的行使不能协商一致的情形下，乙无正当理由的，不得阻止甲行使除转让、许可他人专有使用、出质以外的其他权利。同时，鉴于题涉10万元报酬相关的作品《秋风起》，是由甲原作曲和自己重新填词后与丙签订许可使用合同获得，与乙无关，故该利益无须分配给乙。由此可知，本题AC项正确；BD项错误，不选。

7.【答案】BD

【考点】商标无效宣告；商品注册申请；商标在先使用抗辩

【详解】《商标法》第 15 条规定："未经授权，代理人或者代表人以自己的名义将被代理人或者被代表人的商标进行注册，被代理人或者被代表人提出异议的，不予注册并禁止使用。就同一种商品或者类似商品申请注册的商标与他人在先使用的未注册商标相同或者近似，申请人与该他人具有前款规定以外的合同、业务往来关系或者其他关系而明知该他人商标存在，该他人提出异议的，不予注册。"第 45 条第 1 款规定："已经注册的商标，违反本法第十三条第二款和第三款、第十五条、第十六条第一款、第三十条、第三十一条、第三十二条规定的，自商标注册之日起五年内，在先权利人或者利害关系人可以请求商标评审委员会宣告该注册商标无效。对恶意注册的，驰名商标所有人不受五年的时间限制。"依该两条规定，本题中，甲可自商标注册之日起五年内，请求宣告乙注册的果汁类"香香"商标无效。由此可知，本题 A 项，"甲可随时请求宣告乙注册的果汁类'香香'商标无效"的表达错误，不选。《商标法》第 42 条第 2 款规定："转让注册商标的，商标注册人对其在同一种商品上注册的近似的商标，或者在类似商品上注册的相同或者近似的商标，应当一并转让。"依该规定，本题 B 项，"乙应将注册在果汁和碳酸饮料上的'香香'商标一并转让给丙"的表达正确，当选。《商标法》第 22 条规定，商标注册申请人应当按规定的商品分类表填报使用商标的商品类别和商品名称，提出注册申请。商标注册申请人可以通过一份申请就多个类别的商品申请注册同一商标。依该规定，本题 C 项，"乙就果汁和碳酸饮料两类商品注册商标必须分别提出注册申请"的表达错误，不选。《商标法》第 59 条第 3 款规定："商标注册人申请商标注册前，他人已经在同一种商品或者类似商品上先于商标注册人使用与注册商标相同或者近似并有一定影响的商标的，注册商标专用权人无权禁止该使用人在原使用范围内继续使用该商标，但可以要求其附加适当区别标识。"依该规定，本题 D 项，"甲可在果汁产品上附加区别标识，并在原有范围内继续使用'香香'商标"的表达正确，当选。

2017 年

1.【答案】B

【考点】委托作品；电影作品的著作权归属；法定许可；著作权与邻接权

【详解】根据《著作权法》第 19 条的规定，受委托创作的作品，著作权的归属由委托人和受托人通过合同约定。合同未作明确约定或者没有订立合同

的，著作权属于受托人。本题中，某电影公司委托王某创作电影剧本，但未约定该剧本著作权的归属，故剧本的著作权归属于受托人王某。根据《著作权法》第 17 条的规定，视听作品中的电影作品、电视剧作品的著作权由制作者享有，故电影公司拍摄成电影后，电影作品的著作权属于制片人电影公司。根据《著作权法》第 10 条的规定，著作权包括发表权、署名权、修改权、保护作品完整权、复制权、发行权、出租权、展览权、表演权、放映权、广播权、信息网络传播权、摄制权、改编权、翻译权、汇编权以及应当由著作权人享有的其他权利。根据《著作权法》第 42 条的规定，录音录像制作者使用他人作品制作录音录像制品，应当取得著作权人许可，并支付报酬。录音制作者使用他人已经合法录制为录音制品的音乐作品制作录音制品，可以不经著作权人许可，但应当按照规定支付报酬；著作权人声明不许使用的不得使用。本题 A 项，某音像出版社制作并出版该电影的 DVD，属于使用电影公司的电影作品制作录音录像制品，应当取得电影作品著作权人许可，故音像出版社侵犯电影公司的著作权，但不侵犯王某的著作权。故 A 项不选。B 项，某动漫公司根据该电影的情节和画面绘制一整套漫画，并在网络上传播，同时侵犯了电影公司和王某的著作权。故 B 项当选。根据《著作权法》第 44 条的规定，录音录像制作者对其制作的录音录像制品，享有许可他人复制、发行、出租、通过信息网络向公众传播并获得报酬的权利。被许可人复制、发行、通过信息网络向公众传播录音录像制品，应当同时取得著作权人、表演者许可，并支付报酬；被许可人出租录音录像制品，还应当取得表演者许可，并支付报酬。本题 C 项，某学生将该电影中的对话用方言配音，产生滑稽效果，并将配音后的电影上传网络，侵犯王某的著作权，侵犯电影公司的邻接权，但不侵犯电影公司的著作权。故 C 项不选。根据《著作权法》第 46 条的规定，广播电台、电视台播放他人未发表的作品，应当取得著作权人许可，并支付报酬。广播电台、电视台播放他人已发表的作品，可以不经著作权人许可，但应当按照规定支付报酬。本题 D 项，某电视台在"电影经典对话"专题片中播放 30 分钟该部电影中带有经典对话的画面，属于著作权法定许可范畴。故 D 项不选。

2.【答案】D

【考点】专利权的取得及限制

【详解】根据《专利法》第 25 条的规定："对下列各项，不授予专利权：（一）科学发现；（二）智力活动的规则和方法；（三）疾病的诊断和治疗方法；（四）动物和植物品种；（五）原子核变换方法以及用原子核变换方法获得的物质；（六）对平面印刷品的图案、色彩或者二者的结合作出的主要起标识作用的设计。对前款第（四）项所列产品的生产方

法，可以依照本法规定授予专利权。"根据该规定，本题 A 项，甲设计的新交通规则，能缓解道路拥堵，但属于智力活动的规则和方法，不可以被授予专利权；本题 B 项，乙设计的新型医用心脏起搏器，能迅速使心脏重新跳动，该起搏器属于医疗器械，非疾病的诊断和治疗方法，可以被授予专利权，故 B 项错误；从出题人的角度出发，C 项应考查的是细菌的生产方法，根据上述规定，该生产方法应授予专利权，故 C 项错误。C 项的语言不严谨，很容易造成歧义，这是值得关注的事情。根据《专利法》第 2 条的规定，实用新型，是指对产品的形状、构造或者其结合所提出的适于实用的新的技术方案。外观设计，是指对产品的形状、图案或者其结合以及色彩与形状、图案的结合所作出的富有美感并适于工业应用的新设计。实用新型解决的是技术问题，外观设计是对产品的形状、图案（以及色彩）及其组合的设计。本题 D 项，丁设计的儿童水杯，其新颖而独特的造型既富美感，又能防止杯子滑落，所以丁既可以申请实用新型专利权，也可以申请外观设计专利权。故 D 项正确。

3.【答案】B

【考点】商标非法抢注的规制

【详解】根据《商标法》第 7 条的规定，申请注册和使用商标，应当遵循诚实信用原则。依《商标法》第 15 条的规定，就同一种商品或者类似商品申请注册的商标与他人在先使用的未注册商标相同或者近似，申请人与该他人具有前款规定以外的合同、业务往来关系或者其他关系而明知他人商标存在，该他人提出异议的，不予注册。《商标法》第 32 条还规定，申请商标注册不得损害他人现有的在先权利，也不得以不正当手段抢先注册他人已经使用并有一定影响的商标。这些规定的目的即主要在于防止将他人已经在先使用的商标抢先进行注册，更加有效地遏制频发的商标抢注现象。本题中，韦某开设了"韦老四"煎饼店，在当地颇有名气，肖某就餐饮服务注册了"韦老四"商标，显然是违反上述规定的非法商标抢注行为，如肖某注册"韦老四"商标后立即起诉韦某侵权，韦某并不需要承担赔偿责任。故 A 项错误，B 项正确。根据《商标法》第 44 条的规定，已经注册的商标，如果是以欺骗手段或者其他不正当手段取得注册的，由商标局宣告该注册商标无效；其他单位或者个人可以请求商标评审委员会宣告该注册商标无效。再依《商标法》第 45 条的规定，已经注册的商标，违反《商标法》第 32 条规定的，自商标注册之日起 5 年内，在先权利人或者利害关系人可以请求商标评审委员会宣告该注册商标无效；对恶意注册的，驰名商标所有人不受 5 年的时间限制。由此可知，本题中 CD 项错误。

4.【答案】BD

【考点】著作权的客体

【详解】根据《著作权法》第 3 条的规定，美术作品受著作权法的保护。再依《著作权法实施条例》第 4 条的规定，美术作品，是指绘画、书法、雕塑等以线条、色彩或者其他方式构成的有审美意义的平面或者立体的造型艺术作品。本题中，牛博朗研习书法绘画 30 年，研究出汉字的独特写法牛氏"润金体"。"润金体"借鉴了"瘦金体"，但在布局、线条、勾画、落笔以及比例上自成体系，多出三分圆润，审美价值很高，具有独创性，构成美术作品。由此可知 AC 项错误，BD 项正确。

5.【答案】CD

【考点】专利权的取得及专利侵权的认定

【详解】如果甲公司的专利有效，则丙公司于 2014 年 12 月至 2015 年 11 月使用甲公司的发明虽然不构成侵权，但应当支付发明专利申请公布后至专利权授予前使用该发明的适当使用费。由此，A 项错误。《最高人民法院关于审理专利纠纷案件适用法律问题的若干规定》第 5 条规定："人民法院受理的侵犯实用新型、外观设计专利权纠纷案件，被告在答辩期间内请求宣告该项专利权无效的，人民法院应当中止诉讼，但具备下列情形之一的，可以不中止诉讼：（一）原告出具的检索报告或者专利权评价报告未发现导致实用新型或者外观设计专利权无效的事由的；（二）被告提供的证据足以证明其使用的技术已经公知的；（三）被告请求宣告该项专利权无效所提供的证据或者依据的理由明显不充分的；（四）人民法院认为不应当中止诉讼的其他情形。"据此，本题中，如乙公司在答辩期内请求专利复审委员会宣告甲公司的专利权无效，因本领域技术人员通过拆解分析该洗衣机，即可了解其节水的全部技术特征，属于上述规定中"被告提供的证据足以证明其使用的技术已经公知"的情形，故法院可以不中止诉讼。故 B 项错误。《专利法》第 75 条规定，在专利申请日前已经制造相同产品、使用相同方法或者已经作好制造、使用的必要准备，并且仅在原有范围内继续制造、使用的，不视为侵犯专利权。本题中，甲公司于 2013 年 6 月申请发明专利权，专利局于 2014 年 12 月公布其申请文件，并于 2015 年 12 月授予发明专利权。乙公司于 2013 年 5 月开始销售该种洗衣机。因此，乙公司如能证明自己在甲公司的专利申请日之前就已制造相同的洗衣机，且仅在原有制造能力范围内继续制造，则不构成侵权。据此，C 项正确。《专利法》第 22 条规定，授予专利权的发明和实用新型，应当具备新颖性、创造性和实用性。新颖性，是指该发明或者实用新型不属于现有技术；也没有任何单位或者个人就同样的发明或者实用新型在申请日以前向国务院专利行政部门提出过申请，并记载在申请日以后公布的专利申请文件或者公告的专利文件中。创造性，是指与现有技术相比，该发明具有突出的实质性特点和显著的进步，该实用新型具有实质性特点和进步。实用性，是指该发明或者实用新型能够制造或者使用，并且能够产生积极效果。本法所称现有技术，是指申请日以前在国内外为公众所知的技术。《专利法》第67条规定，在专利侵权纠纷中，被控侵权人有证据证明其实施的技术或者设计属于现有技术或者现有设计的，不构成侵犯专利权。本题中，甲公司和乙公司的技术完全相同，因此，丙公司如能证明自己制造销售的洗衣机在技术上与乙公司于2013年5月开始销售的洗衣机完全相同，法院即应认定丙公司的行为不侵权。据此，D项正确。

2018 年

1.【答案】A

【考点】表演权；表演者权；法定许可

【详解】《著作权法》第38条规定，使用他人作品演出，表演者应当取得著作权人许可，并支付报酬，A项正确。《著作权法》第42条规定，录音录像制作者使用他人作品制作录音录像制品，应当取得著作权人的许可，并支付报酬，B项错误。《著作权法》第10条规定，表演权包括用各种手段公开播送作品的表演的权利，即机械表演权，著作权人可以许可他人行使机械表演权，并获得报酬，C项错误。《著作权法》第46条规定，广播电台、电视台播放已经出版的录音制品，可以不经著作权人许可，但应当支付报酬，D项错误。

2.【答案】ACD

【考点】申请商标注册

【详解】《商标法》第8条规定，声音可以作为商标申请注册，A项正确。《商标法》第22条规定，商标注册申请人可以通过一份申请就多个类别的商品申请注册同一商标，B项错误。《商标法》第10条规定，同中央国家机关的名称、标志、所在地特定地点的名称或者标志性建筑物的名称、图形相同的，不得作为商标使用，C项正确。《商标法》第14条规定，生产、经营者不得将驰名商标字样用于商品、商品包装或者容器上，或者用于广告宣传、展览以及其他商业活动中，D项正确。

3.【答案】C

【考点】著作权侵权

【详解】《著作权法》第11条第1款规定："著作权属于作者，本法另有规定的除外。"《著作权法实施条例》第3条规定："著作权法所称创作，是指直接产生文学、艺术和科学作品的智力活动。为他人创作进行组织工作，提供咨询意见、物质条件，或者进行其他辅助工作，均不视为创作。"本题中，丁提供的创作上的建议属于辅助性工作，依法不视为创作作品，因此丁也不应当被视为作者。故A项错误。《著作权法》第10条规定："著作权包括下列人身权

和财产权：……（二）署名权，即表明作者身份，在作品上署名的权利……"只有实际参与作品创作的作者才享有署名权。丁不是该作品的作者，依法没有署名权，因此三人的约定因违反法律而无效。故B项错误。《著作权法实施条例》第9条规定："合作作品不可以分割使用的，其著作权由各合作作者共同享有，通过协商一致行使；不能协商一致，又无正当理由的，任何一方不得阻止他方行使除转让以外的其他权利，但是所得收益应当合理分配给所有合作作者。"在无法达成一致的情况下，乙把该画发表是行使发表权的体现，行使发表权没有侵犯其他合作作者的权利，C项正确。《著作权法》第20条规定："作品原件所有权的转移，不改变作品著作权的归属，但美术、摄影作品原件的展览权由原件所有人享有。作者将未发表的美术、摄影作品的原件所有权转让给他人，受让人展览该原件不构成对作者发表权的侵犯。"《著作权法》第10条规定："著作权包括下列人身权和财产权：……（十二）信息网络传播权，即以有线或者无线方式向公众提供，使公众可以在其选定的时间和地点获得作品的权利……"戊将美术作品拍照并在微博上进行发布的行为，是行使信息网络传播权的表现。戊并非该美术作品的著作权人，行使信息网络传播权侵犯了甲乙丙的著作权，故D项错误。

4.【答案】CD

【考点】专利权侵权

【详解】《专利法》第34条规定："国务院专利行政部门收到发明专利申请后，经初步审查认为符合本法要求的，自申请日起满十八个月，即行公布。国务院专利行政部门可以根据申请人的请求早日公布其申请。"《专利法》第35条第1款规定："发明专利申请自申请日起三年内，国务院专利行政部门可以根据申请人随时提出的请求，对其申请进行实质审查；申请人无正当理由逾期不请求实质审查的，该申请即被视为撤回。"《专利法》第39条规定："发明专利申请经实质审查没有发现驳回理由的，由国务院专利行政部门作出授予发明专利权的决定，发给发明专利证书，同时予以登记和公告。发明专利权自公告之日起生效。"可知，专利权生效依次经过申请、初审、实质审查，专利权经过实质审查没有发现驳回理由的，由国务院专利行政部门作出授予发明专利权的决定，并进行登记与公告，自公告时生效。第三人未经同意实施该技术的行为发生在发明专利权申请公布后、专利局公告授权之前，此时专利权尚未生效，因此第三人的行为并不构成侵权，故A项不当选。《专利法》第75条规定："有下列情形之一的，不视为侵犯专利权：（一）专利产品或者依照专利方法直接获得的产品，由专利权人或者经其许可的单位、个人售出后，使用、许诺销售、销售、进口该产品的……"专利权人制造的专利产品售出后，使用该产品的行为符合上述第1项的情形，依法不视为侵权，故

B 项不当选。《专利法》第 75 条规定："有下列情形之一的，不视为侵犯专利权：……（四）专为科学研究和实验而使用有关专利的……"故 C 项当选。《专利法》第 77 条规定："为生产经营目的的使用、许诺销售或者销售不知道是未经专利权人许可而制造并售出的专利侵权产品，能证明该产品合法来源的，不承担赔偿责任。"故 D 项当选。

2019 年

1.【答案】ABCD

【考点】名誉权侵权；著作权侵权

【详解】《民法典》第 185 条规定："侵害英雄烈士等的姓名、肖像、名誉、荣誉，损害社会公共利益的，应当承担民事责任。"AB 正确。《著作权法实施条例》第 2 条规定："著作权法所称作品，是指文学、艺术和科学领域内具有独创性并能以某种有形形式复制的智力成果。"可知，著作权的客体是具有独创性的作品。故侵权作品也应当受《著作权法》调整和保护。因此，甲依法享有对小说的著作权。《著作权法》第 10 条规定："著作权包括下列人身权和财产权：……（十三）摄制权，即以摄制视听作品的方法将作品固定在载体上的权利；（十四）改编权，即改变作品，创作出具有独创性的新作品的权利……"丙侵犯了甲的摄制权；乙侵犯了甲的改编权。故 CD 项当选。

2.【答案】AC

【考点】信息网络传播权；复制权；合理使用

【详解】《著作权法》第 10 条规定："著作权包括下列人身权和财产权：……（五）复制权，即以印刷、复印、拓印、录音、录像、翻录、翻拍、数字化等方式将作品制作一份或者多份的权利；……（十二）信息网络传播权，即以有线或者无线方式向公众提供，使公众可以在其选定的时间和地点获得作品的权利；……"乙侵犯了作者的信息网络传播权，丁侵犯了作者的复制权，AC 项正确。《信息网络传播权保护条例》第 22 条规定："网络服务提供者为服务对象提供信息存储空间，供服务对象通过信息网络向公众提供作品、表演、录音录像制品，并具备下列条件的，不承担赔偿责任：（一）明确标示该信息存储空间是为服务对象所提供，并公开网络服务提供者的名称、联系人、网络地址；（二）未改变服务对象所提供的作品、表演、录音录像制品；（三）不知道也没有合理的理由应当知道服务对象提供的作品、表演、录音录像制品侵权；（四）未从服务对象提供作品、表演、录音录像制品中直接获得经济利益；（五）在接到权利人的通知书后，根据本条例规定删除权利人认为侵权的作品、表演、录音录像制品。"M 论坛对侵权不知情，B 项错误。《著作权法》第 24 条规定："在下列情况下使用作品，可以不经著作权人

许可，不向其支付报酬，但应当指明作者姓名或者名称、作品名称，并且不得影响该作品的正常使用，也不得不合理地损害著作权人的合法权益：……（九）免费表演已经发表的作品，该表演未向公众收取费用，也未向表演者支付报酬，且不以营利为目的……"戊属于合理使用，D 项错误。

3.【答案】A

【考点】著作权侵权

【详解】杂志收录的每一篇文章的作者享有著作权。同时，杂志属于汇编作品，杂志社作为汇编者也独立享有著作权。《著作权法》第 35 条第 2 款的规定："作品刊登后，除著作权人声明不得转载、摘编的外，其他报刊可以转载或者作为文摘、资料刊登，但应当按照规定向著作权人支付报酬。"甲网站并非报纸、期刊，不适用上述法定许可。甲网站未经许可的转载行为，既侵犯了文章作者的著作权，也侵犯了汇编人杂志社的著作权，故 A 项正确，BC 项错误。杂志属于汇编作品，该类作品需要对汇编内容的选择或者编排体现独创性。虽然杂志社未经作者同意收录其文章，杂志社侵犯原作品的著作权，需要对原作者承担赔偿责任。但杂志作为独立的作品类型，汇编人享有完整的著作权。所以甲网站未经许可的转载，仍侵犯了杂志社的汇编者权，故 D 项错误。

4.【答案】C

【考点】在先权利；无效宣告

【详解】《商标法》第 45 条第 1 款规定："已经注册的商标，违反本法第十三条第二款和第三款、第十五条、第十六条第一款、第三十条、第三十一条、第三十二条规定的，自商标注册之日起五年内，在先权利人或者利害关系人可以请求商标评审委员会宣告该注册商标无效。对恶意注册的，驰名商标所有人不受五年的时间限制。"C 项正确。

2020 年

1.【答案】D

【考点】委托作品

【详解】《著作权法》第 19 条规定："受委托创作的作品，著作权的归属由委托人和受托人通过合同约定。合同未作明确约定或者没有订立合同的，著作权属于受托人。"本题有多次委托，除甲中学委托乙美术学院时对著作权归属有约定外，其他历次委托对著作权归属均没有约定，所以该美术作品的著作权应当由受托人（创造人）戊享有。综上，D 项正确。

2.【答案】ABCD

【考点】著作权的内容

【详解】《著作权法》第 21 条第 1 款规定："著作权属于自然人的，自然人死亡后，其本法第十条第一款第五项至第十七项规定的权利在本法规定的保护期内，依法转移。"可知，著作权的继受主体可以继

受著作财产权，而不能继受著作人身权，因为著作人身权不能转让，但是著作权的继受主体可以对已逝作者的著作权人身权加以保护。甲对黑白照片享有著作权。在甲去世后，甲的继承人可以依法享有该照片的著作财产权，并对甲的著作人身权加以保护。《著作权法》第10条规定："著作权包括下列人身权和财产权：……（二）署名权，即表明作者身份，在作品上署名的权利；（三）修改权，即修改或者授权他人修改作品的权利；……（五）复制权，即以印刷、复印、拓印、录音、录像、翻录、翻拍、数字化等方式将作品制作一份或者多份的权利；……（八）展览权，即公开陈列美术作品、摄影作品的原件或者复制件的权利；……（十二）信息网络传播权，即以有线或者无线方式向公众提供，使公众可以在其选定的时间和地点获得作品的权利；……"A项属于以数字化方式复制，侵犯甲的复制权；B项侵犯甲的署名权；C项侵犯甲的复制权和展览权；D项侵犯甲的修改权。

3.【答案】BD

【考点】 邻接权

【详解】 根据《著作权法实施条例》第4条，口述作品，是指即兴的演说、授课、法庭辩论等以口头语言形式表现的作品。乙在电视讲座节目中讲解养生之道，具有独创性，属于以即兴演说的方式表现的作品，即口述作品，乙为该口述作品的作者。甲电视台经乙许可，制作电视节目，属于录像制作者。《著作权法》第48条规定："电视台播放他人的视听作品、录像制品，应当取得视听作品著作权人或者录像制作者许可，并支付报酬；播放他人的录像制品，还应当取得著作权人许可，并支付报酬。"可知，丙电视台播放甲电视台的节目录像光盘，需取得著作权人乙以及录像制作者甲电视台的许可，在未经乙以及甲电视台许可的情形下播放节目录像光盘，侵犯乙著作权中的广播权、甲电视台录像制作权中的许可电视台播放权。另外，根据《著作权法实施条例》第5条第6项，表演者，是指演员、演出单位或者其他表演文学、艺术作品的人。故乙是作者，而非表演者。因此，BD项正确，C项错误。《著作权法》第47条第1款规定："广播电台、电视台有权禁止未经其许可的下列行为：（一）将其播放的广播、电视以有线或者无线方式转播；（二）将其播放的广播、电视录制以及复制；（三）将其播放的广播、电视通过信息网络向公众传播。"广播组织权的客体是广播组织播放的节目信号，但是本题中，丙电视台并未转播甲电视台的讲座节目，也并未录制甲电视台的讲座节目，而是购买并播放甲电视台制作的节目录像光盘，因此不侵犯甲电视台的广播组织权。因此，A项错误。

4.【答案】AC

【考点】 专利侵权的判断原则

【详解】《专利法》第2条规定："本法所称的发明创造是指发明、实用新型和外观设计。发明，是指对产品、方法或者其改进所提出的新的技术方案。实用新型，是指对产品的形状、构造或者其结合所提出的适于实用的新的技术方案。外观设计，是指对产品的整体或者局部的形状、图案或者其结合以及色彩与形状、图案的结合所作出的富有美感并适于工业应用的新设计。"本题中涉及的专利是一种技术方案，属于发明或者实用新型专利。我国发明或者实用新型专利采取全面覆盖原则和等同原则的侵权判断原则。全面覆盖原则是指如果专利产品的必要技术特征都被侵权产品覆盖，都在侵权产品中得到体现，就满足全面覆盖原则，构成专利侵权。等同侵权是指侵权产品的技术特征为他人专利产品必要技术特征的等同替换，"等同特征"是指与所记载的技术特征以基本相同的手段，实现基本相同的功能，达到基本相同的效果，并且本领域普通技术人员在被诉侵权行为发生时无须经过创造性劳动就能够联想到的特征。本题中，乙享有专利权的技术方案是A+B+C项，甲的技术方案是A+B项，乙的技术方案中全部包含甲的技术特征，因此其实施专利需取得甲的许可，A项正确。丙公司生产口罩的技术特征为A+C项，乙技术方案中的技术特征为A+B+C项，因此丙公司的技术方案比乙公司的技术方案少一个技术特征，不满足全面覆盖原则，丙公司若要生产A+C项口罩，不需要经过乙的同意。B项错误。丙公司生产A+B+C+D项口罩，技术特征全面覆盖甲和乙技术方案中的技术特征，因此，丙公司既需要经过甲的同意，也需要经过乙的同意。C项正确，D项错误。

5.【答案】ABC

【考点】 商标无效宣告；商标侵权抗辩事由；商标撤销

【详解】《商标法》第15条第1款规定："未经授权，代理人或者代表人以自己的名义将被代理人或者被代表人的商标进行注册，被代理人或者被代表人提出异议的，不予注册并禁止使用。"可知，代理人未经被代理人许可擅自注册被代理人的商标，违反诚实信用原则，侵害被代理人的合法权益，该规定旨在禁止代理人的恶意抢注行为。根据《商标审查及审理指南》的规定，《商标法》第15条第1款中的"代理人"不仅包括《民法典》中的代理人，也包括基于商事业务往来而可以知悉被代理人商标的经销商。《商标法》第45条第1款规定："已经注册的商标，违反本法第十三条第二款和第三款、第十五条、第十六条第一款、第三十条、第三十一条、第三十二条规定的，自商标注册之日起五年内，在先权利人或者利害关系人可以请求商标评审委员会宣告该注册商标无效。对恶意注册的，驰名商标所有人不受五年的时间限制。"故奔兔公司可以请求商标局宣告甲的"奔兔"商标无效，由于"奔兔"未构成驰名商标，故受到5年时间限制。因此，A项正确。

《商标法》第64条第1款规定："注册商标专用

权人请求赔偿，被控侵权人以注册商标专用权人未使用注册商标提出抗辩的，人民法院可以要求注册商标专用权人提供此前三年内实际使用该注册商标的证据。注册商标专用权人不能证明此前三年内实际使用过该注册商标，也不能证明因侵权行为受到其他损失的，被控侵权人不承担赔偿责任。"B 项正确。《商标法》第 59 条第 3 款规定："商标注册人申请商标注册前，他人已经在同一种商品或者类似商品上先于商标注册人使用与注册商标相同或者近似并有一定影响的商标的，注册商标专用权人无权禁止该使用人在原使用范围内继续使用该商标，但可以要求其附加适当区别标识。"C 项正确。《商标法》第 49 条第 2 款规定："注册商标成为其核定使用的商品的通用名称或者没有正当理由连续三年不使用的，任何单位或者个人可以向商标局申请撤销该注册商标。商标局应当自收到申请之日起九个月内做出决定。有特殊情况需要延长的，经国务院工商行政管理部门批准，可以延长三个月。"D 项错误。

2021 年

1.【答案】ACD

【考点】著作权的归属

【详解】题涉作品为自传体作品。自传体作品的著作权归属，有约定的从其约定，无约定的，著作权归该特定人物享有，执笔人或者整理人可以要求获得适当报酬。自然人死亡后，著作权属于自然人的，著作权中的人身权由作者的继承人或者受遗赠人享有；著作权中的财产权在《著作权法》规定的保护期内依法转移。因乙是执笔人，有权要求获得适当报酬，乙去世后，其子仍可主张该项权利。A 项正确。由于该书是以甲口述的人生经历为素材创作的自传体小说，甲享有著作权。出版属于著作权中的财产权，甲死亡后，该权利在保护期内依法转移至其合法继承人丁。B 项错误，D 项正确。原著手稿系动产，丙实际占有该手稿，在无相反证据证明丙为非法持有人的情况下，丙应认定为涉案手稿的合法所有人。C 项正确。

2.【答案】AB

【考点】专利侵权行为（侵犯专利方法）

【详解】《专利法》第 11 条规定："发明和实用新型专利权被授予后，除本法另有规定的以外，任何单位或者个人未经专利权人许可，都不得实施其专利，即不得为生产经营目的的制造、使用、许诺销售、销售、进口其专利产品，或者使用其专利方法以及使用、许诺销售、销售、进口依照该专利方法直接获得的产品。外观设计专利权被授予后，任何单位或者个人未经专利权人许可，都不得实施其专利，即不得为生产经营目的的制造、许诺销售、销售、进口其外观设计专利产品。"乙公司未经允许使用甲公司的

专利方法生产对虾，构成侵权。丙公司使用了该种虾制作虾酱，丙公司的行为属于使用直接品（对虾）获得虾酱，丙公司构成侵犯甲公司专利方法。丁超市从丙公司处购买并出售该虾酱，丁超市不构成侵权。专为科学研究和实验而使用有关专利的，不视为侵犯专利权。戊研究所不构成侵权。故 AB 项正确，CD 项错误。

3.【答案】AC

【考点】商标的无效宣告

【详解】《商标法》第 47 条第 2 款规定："宣告注册商标无效的决定或者裁定，对宣告无效前人民法院做出并已执行的商标侵权案件的判决、裁定、调解书和工商行政管理部门做出并已执行的商标侵权案件的处理决定以及已经履行的商标转让或者使用许可合同不具有追溯力。但是，因商标注册人的恶意给他人造成的损失，应当给予赔偿。"故 A 项正确。《商标法》第 45 条第 1 款规定："已经注册的商标，违反本法第十三条第二款和第三款、第十五条、第十六条第一款、第三十条、第三十一条、第三十二条规定的，自商标注册之日起五年内，在先权利人或者利害关系人可以请求商标评审委员会宣告该注册商标无效。对恶意注册的，驰名商标所有人不受五年的时间限制。"故尚未过时效，B 项错误。《商标法》第 45 条第 3 款规定："商标评审委员会在依照前款规定对无效宣告请求进行审查的过程中，所涉及的在先权利的确定必须以人民法院正在审理或者行政机关正在处理的另一案件的结果为依据的，可以中止审查。中止原因消除后，应当恢复审查程序。"故 C 项正确。自创作完成之日起，作者即享有著作权，版权登记仅具有对抗效力，不得以此否认实际权利人的权利，所以 D 项错误。

2022 年

1.【答案】AD

【考点】委托作品的著作权人；著作权的内容；著作权侵权行为；表演者权

【详解】《著作权法》第 19 条规定："受委托创作的作品，著作权的归属由委托人和受托人通过合同约定。合同未作明确约定或者没有订立合同的，著作权属于受托人。"据此，舞蹈团委托甲设计了一支舞蹈，由于双方并未约定著作权的归属，该舞蹈作品的著作权归属于受托人甲。《著作权法》第 10 条规定，信息网络传播权是指以有线或者无线方式向公众提供，使公众可以在其选定的时间和地点获得作品的权利。本题中，丙在晚会现场录制了乙的舞蹈表演并上传到短视频平台供用户观看下载，侵犯了甲的信息网络传播权。故 A 项正确，B 项错误。《著作权法》第 40 条规定："演员为完成本演出单位的演出任务进行

的表演为职务表演，演员享有表明身份和保护表演形象不受歪曲的权利，其他权利归属由当事人约定。当事人没有约定或者约定不明确的，职务表演的权利由演出单位享有。职务表演的权利由演员享有的，演出单位可以在其业务范围内免费使用该表演。"据此，乙属于舞蹈团的成员，其在晚会上领舞并表演甲设计的舞蹈，属于职务表演。对该舞蹈表演，乙享有表明身份和保护表演形象不受歪曲的权利，其他表演者权由舞蹈团享有。《著作权法》第39条第1款规定："表演者对其表演享有下列权利：（一）表明表演者身份；（二）保护表演形象不受歪曲；（三）许可他人从现场直播和公开传送其现场表演，并获得报酬；（四）许可他人录音录像，并获得报酬；（五）许可他人复制、发行、出租录有其表演的录音录像制品，并获得报酬；（六）许可他人通过信息网络向公众传播其表演，并获得报酬。"丙在晚会现场录制了乙的舞蹈表演并上传到短视频平台供用户观看下载，侵犯了舞蹈团的首次录制权与信息网络传播权。故C项错误，D项正确。

2.【答案】ABD

【考点】驰名商标

【详解】申请宣告注册商标无效的路径为：先向国家知识产权局申请宣告无效，对国家知识产权局的决定不服的，再向法院起诉。A项错误。《商标法》第63条规定的民事赔偿责任是针对侵犯商标专用权

的行为。而本题中，佳嘉咖啡店并未就"佳嘉"获得注册，不享有商标专用权，其有权禁止他人在相同或类似商标上使用，但无权要求乙开设的餐饮店赔偿。B项错误，C项正确。申请宣告注册商标无效包括两种情形：（1）注册商标存在不予注册的绝对理由，任何单位和个人均可申请；（2）注册商标存在不予注册的相对理由，在先权利人或利害关系人申请宣告无效。本题中，乙开设的餐饮店在餐饮注册类别上注册并使用"佳嘉"商标，侵犯了佳嘉咖啡店的在先权利，只有佳嘉咖啡店才有权向国家知识产权局申请宣告无效。D项错误。

2023年

【答案】A

【考点】肖像权；著作权；邻接权

【详解】李某未经周某同意，将周某的头像替换成自己的头像，并将修改后的视频加以传播利用，侵犯了周某的肖像权。A项正确。李某并未冒用周某的姓名。B项错误。李某并未给周某的名誉造成消极影响。C项错误。周某所拍摄的视频内容是自己制作美食的过程，内容创作性低。视频应当认定为录像制品，而非视听作品。周某作为录像制作者，享有邻接权，而非著作权。D项错误。

商 法

2014 年

1.【答案】D

【考点】 分公司与子公司

【详解】《公司法》第 13 条第 2 款规定，公司可以设立分公司。分公司不具有法人资格，其民事责任由公司承担。无论是在北京还是在外地设立分公司，都必须进行工商登记，领取营业执照，故 A 项错误。分公司不具备法人资格，不能独立承担民事责任，故 B 项错误。关于分公司的负责人，现行法律并无特别的规制。自事理而言，公司投资者（股东）与公司经营层可以分开，股东之外的人担任公司经理并非罕见，股东之外的人担任公司分支机构负责人更是常态。所以，无论在北京还是外地设立分公司，其负责人均可以是股东之外的人，故 C 项错误。《公司法》第 13 条第 1 款规定，公司可以设立子公司。子公司具有法人资格，依法独立承担民事责任。无论在北京还是外地，子公司均具备独立法人资格，独立承担责任，故 D 项正确。

2.【答案】B

【考点】 股东资格的继承

【详解】《公司法》第 90 条规定，自然人股东死亡后，其合法继承人可以继承股东资格；但是，公司章程另有规定的除外。据此，公司章程可以对股东资格的继承作出特别规定，若无特别规定，则由已故股东的继承人继承股东资格。据此，ACD 三项正确。需要说明的是，股东资格的继承不是普通的继承问题，而是公司法问题，而且属于公司自治的范畴，可以由公司章程对此进行特别的规范。因为股权不仅包含财产权内容，而且包含非财产权内容如表决权等，事关公司治理，股东资格的变动对股东人数不多的有限责任公司影响尤其重大，所以《公司法》特别对有限责任公司的股权转让作出特别规范，并授权公司章程对股东资格的继承进行规范。鉴于有限责任公司的人合性质，公司章程可以规定在自然人股东死亡之后，公司其他股东可以出资购买已故股东的股权份额或者通过减资程序返还已故股东的出资现值。即便公司章程认可股东资格的继承，已故股东的继承人也不能当然取得股东资格，还需要公司重新签发出资证明书、修改公司章程与股东名册，并且要变更工商登记。所以，股权的继承与一般财产权的继承不同，类似于合伙企业份额的继承。《公司法》第 68 条第 2 款规定，董事会设董事长一人，可以设副董事长。董事长、副董事长的产生办法由公司章程规定。因为董事长是公司机关中的重要职位，并非财产权，不产生继承问题，故 B 项错误，当选。

3.【答案】B

【考点】 出资证明书

【详解】《公司法》第 55 条第 1 款规定，有限责任公司成立后，应当向股东签发出资证明书，记载下列事项：（1）公司名称；（2）公司成立日期；（3）公司注册资本；（4）股东的姓名或者名称、认缴和实缴的出资额、出资方式和出资日期；（5）出资证明书的编号和核发日期。可见，公司在成立之后才能向股东签发出资证明书，不可能在个别股东认缴出资之后当即向其签发出资证明书，故 A 项错误。严某的出资证明书上只需要记载严某的姓名与出资额，不需要记载其他股东的姓名与出资额，股东名册上才需要记载所有股东的姓名与出资额，故 C 项错误。《公司法》第 56 条第 2 款规定，记载于股东名册的股东，可以依股东名册主张行使股东权利。据此，公司股东名册是股东资格的法定证明文件。相比之下，出资证明书只是认定股东资格的证明文件之一，并非法定证明文件，更非唯一文件，所以出资证明书遗失通常不影响股东资格的认定，更不会导致股东资格丧失，故 B 项正确。关于有价证券，我国现行法律并未给出法律上的定义，通说认为有价证券包括票据、股票、债券、证券投资基金券，其中并不包括有限责任公司的股东出资证明书。有价证券自身代表着一定的财产权利，可以自由流通。而有限责任公司的股东出资证明书仅仅是证明股东资格的众多文件之一，自身并无财产价值，也无法通过转让出资证明书来转让相应的股权。就此，《公司法》第 87 条规定，依照本法转让股权后，公司应当及时注销原股东的出资证明书，向新股东签发出资证明书，并相应修改公司章程和股东名册中有关股东及其出资额的记载。对公司章程的该项修改不需再由股东会表决。可见，股东的出资证明书并无有价证券表彰权利、交易流通的功能，因而并非有价证券，故 D 项错误。

4.【答案】B

【考点】 公司的司法解散

【详解】 关于申请公司强制司法解散的条件，《公司法》第 231 条规定，公司经营管理发生严重困难，继续存续会使股东利益受到重大损失，通过其他途径不能解决的，持有公司百分之十以上表决权的股东，可以请求人民法院解散公司。《公司法解释（二）》第 1 条第 1 款进一步规定，单独或者合计持有公司全部股东表决权 10% 以上的股东，以下列事由之一提起解散公司诉讼，并符合《公司法》第 231 条规定的，人民法院应予受理：（1）公司持续 2 年以上无法召开股东会或者股东大会，公司经营管理发生严重困难的；（2）股东表决时无法达到法定或者公司章程规定的比例，持续 2 年以上不能做出有效的股东会或者股东大会决议，公司经营管理发生严重困难的；（3）公司董事长期冲突，且无法通过股东会或者股东大会解决，公司经营管理发生严重困难的；（4）经营管理发生其他严重困难，公司继续存续会使股东利益受到重大损失的情形。本题情形符合上述第 3 项情形，故股东张某可以提起解散公司诉讼。《公司法解释（二）》第 2 条规定，股东提起解散公司诉讼，同时又申请人民法院对公司进行清算的，人民法院对其提出的清算申请不予受理。人民法院可以告知原告，在人民法院判决解散公司后，依据《民法典》第 70 条、《公司法》第 231 条和本规定第 7 条的规定，自行组织清算或者另行申请人民法院对公司进行清算。据此，A 项错误。《公司法解释（二）》第 3 条规定，股东提起解散公司诉讼时，向人民法院申请财产保全或者证据保全的，在股东提供担保且不影响公司正常经营的情形下，人民法院可予以保全。据此，B 项正确。《公司法解释（二）》第 4 条第 1、2 款规定，股东提起解散公司诉讼应当以公司为被告。原告以其他股东为被告一并提起诉讼的，人民法院应当告知原告将其他股东变更为第三人；原告坚持不予变更的，人民法院应当驳回原告对其他股东的起诉。据此，C 项错误。《公司法解释（二）》第 6 条第 1 款规定，人民法院关于解散公司诉讼作出的判决，对公司全体股东具有法律约束力。据此，D 项错误。

5.【答案】A

【考点】股东抽逃出资

【详解】《最高人民法院关于适用〈中华人民共和国公司法〉若干问题的规定（三）》［以下简称《公司法解释（三）》］第 12 条规定，公司成立后，公司、股东或者公司债权人以相关股东的行为符合下列情形之一且损害公司权益为由，请求认定该股东抽逃出资的，人民法院应予支持：（1）制作虚假财务会计报表虚增利润进行分配；（2）通过虚构债权债务关系将其出资转出；（3）利用关联交易将出资转出；（4）其他未经法定程序将出资抽回的行为。据此，将出资款项转入公司账户验资后又转出不属于抽逃出资的行为，故 A 项当选。

6.【答案】D

【考点】合伙人退伙

【详解】《合伙企业法》第 46 条规定，合伙协议未约定合伙期限的，合伙人在不给合伙企业事务执行造成不利影响的情况下，可以退伙，但应当提前 30 日通知其他合伙人。据此，合伙人退伙的，应当提前 30 日通知其他合伙人而不能随意退伙，故 A 项错误。《合伙企业法》第 51 条规定，合伙人退伙，其他合伙人应当与该退伙人按照退伙时的合伙企业财产状况进行结算，退还退伙人的财产份额。退伙人对给合伙企业造成的损失负有赔偿责任的，相应扣减其应当赔偿的数额。退伙时有未了结的合伙企业事务的，待该事务了结后进行结算。据此，合伙人退伙的，其他合伙人应当与退伙人结算而不是对合伙企业进行清算。《合伙企业法》第 86 条第 1 款规定，合伙企业解散，应当由清算人进行清算。据此，个别合伙人退伙不会导致合伙企业解散，从而也不需要进行清算，故 B 项错误。《合伙企业法》第 52 条规定，退伙人在合伙企业中财产份额的退还办法，由合伙协议约定或者由全体合伙人决定，可以退还货币，也可以退还实物。据此，合伙企业可以将贾某的房屋退还给贾某，也可以退还相应货币，具体方法由合伙协议或者全体合伙人决定，并非一定要退还给贾某房屋不可。所以，贾某并不享有要求合伙企业退还房屋的权利，故 C 项错误。《合伙企业法》第 53 条规定，退伙人对基于其退伙前的原因发生的合伙企业债务，承担无限连带责任。据此，D 项正确。

7.【答案】B

【考点】取回权

【详解】关于取回权，《企业破产法》第 38 条规定，人民法院受理破产申请后，债务人占有的不属于债务人的财产，该财产的权利人可以通过管理人取回。但是，本法另有规定的除外。《最高人民法院关于适用〈中华人民共和国企业破产法〉若干问题的规定（二）》［以下简称《企业破产法解释（二）》］第 26 条进一步规定，权利人依据《企业破产法》第 38 条的规定行使取回权，应当在破产财产变价方案或者和解协议、重整计划草案提交债权人会议表决前向管理人提出。权利人在上述期限后主张取回相关财产的，应当承担延迟行使取回权增加的相关费用。据此，A 项正确。根据上述规定，如果乙公司未在规定期限内行使取回权，其取回权并不会灭失，但由此增加的费用需要由乙公司承担，故 B 项错误。《企业破产法解释（二）》第 27 条第 1 款规定，权利人依据《企业破产法》第 38 条的规定向管理人主张取回相关财产，管理人不予认可，权利人以债务人为被告向人民法院提起诉讼请求行使取回权的，人民法院应予受理。据此，C 项正确。《企业破产法解释（二）》第 28 条规定，权利人行使取回权时未依法向管理人支付相关的加工费、保管费、托运费、委托费、代销费等费用，管理人拒绝其取回相关财产的，人民法院应予支持。据此，D 项正确。

8.【答案】D

【考点】票据的特征

【详解】票据具有设权性，票据属于设权证券。票据权利的产生，必须先做成证券。没有票据，就没有票据权利，A 项正确。票据具有流通性，票据通常能够转让，本票、汇票、支票都是如此。就此而言，可以说"任何类型的票据"都能够进行转让，故 B 项正确。但需要注意的是，并非所有的票据都能够转让，《票据法》第 27 条第 2 款规定，出票人在汇票上记载"不得转让"字样的，汇票不得转让。从这个角度来看，B 项表述过于绝对，有欠妥当。票据是无因证券。票据法律关系是一种单纯的金钱支付关系，不受基础关系是否存在及其效力的影响。即便票据行为的原因行为不成立、无效或者被撤销，票据效力也不受影响，故 C 项正确。票据是要式证券，各种票据行为如出票、背书、承兑、保证都必须严格按照《票据法》规定的程序与方式进行，否则会导致票据行为无效，甚至导致票据无效。如《票据法》第 9 条第 2 款规定，票据金额、日期、收款人名称不得更改，更改的票据无效。《票据法》第 22 条规定，汇票必须记载下列事项：（1）表明"汇票"的字样；（2）无条件支付的委托；（3）确定的金额；（4）付款人名称；（5）收款人名称；（6）出票日期；（7）出票人签章。汇票上未记载前款规定事项之一的，汇票无效。据此，D 项错误，当选。

9.【答案】A

【考点】船舶所有权

【详解】《海商法》第 9 条第 1 款规定，船舶所有权的取得、转让和消灭，应当向船舶登记机关登记；未经登记的，不得对抗第三人。在此，法律确认船舶所有权的变动采登记对抗主义，其所有权转移应按照《民法典》的一般规则，采取交付转移所有权主义。就此，《民法典》第 224 条规定，动产物权的设立和转让，自交付时发生效力，但是法律另有规定的除外。故 A 项正确。基于建造的事实行为取得船舶所有权，无须登记即可以取得所有权，B 项表述缺乏法律依据和法理依据，故 B 项错误。《海商法》第 10 条规定，船舶由两个以上的法人或者个人共有的，应当向船舶登记机关登记；未经登记的，不得对抗第三人。据此，船舶与其他物一样，都能成为共同共有的客体，故 C 项错误。船舶作为物，当然也可以按照《民法典》的规定进行继承，故 D 项错误。

10.【答案】C

【考点】保险合同的成立

【详解】《最高人民法院关于适用〈中华人民共和国保险法〉若干问题的解释（二）》［以下简称《保险法解释（二）》］第 3 条第 1 款规定，投保人或者投保人的代理人订立保险合同时没有亲自签字或者盖章，而由保险人或者保险人的代理人代为签字或者盖章的，对投保人不生效。但投保人已经交纳保险费的，视为其对代签字或者盖章行为的追认。本题中，甲公司代理人谢某代替投保人何某签字，对投保人不生效。但投保人何某交纳了保险费，说明其认可保险合同，故保险合同成立并且生效。《保险法》第 14 条规定，保险合同成立后，投保人按照约定交付保险费，保险人按照约定的时间开始承担保险责任。据此，保险事故发生后，应当由甲公司承担责任，C 项正确。本题中，保险合同有效成立，谢某及甲公司都无缔约过失，不存在缔约过失责任问题，故 ABD 项均错误。

11.【答案】ABD

【考点】公司的注册资本与出资

【详解】《公司法》第 47 条规定，有限责任公司的注册资本为在公司登记机关登记的全体股东认缴的出资额。全体股东认缴的出资额由股东按照公司章程的规定自公司成立之日起 5 年内缴足。法律、行政法规以及国务院决定对有限责任公司注册资本实缴、注册资本最低限额、股东出资期限另有规定的，从其规定。2013 年《公司法》对公司资本制度改革之后，对于普通公司取消了最低注册资本的限制，理论上公司的注册资本可以是 1 元，实践中也出现了一些 1 元公司，故 A 项正确。《公司法》第 46 条第 1 款规定，有限责任公司章程应当载明下列事项：（1）公司名称和住所；（2）公司经营范围；（3）公司注册资本；（4）股东的姓名或者名称；（5）股东的出资额、出资方式和出资日期；（6）公司的机构及其产生办法、职权、议事规则；（7）公司法定代表人的产生、变更办法；（8）股东会认为需要规定的其他事项。据此，公司注册资本属于公司章程的绝对记载事项，故 B 项正确。《公司法》第 33 条第 2 款规定，公司营业执照应当载明公司的名称、住所、注册资本、经营范围、法定代表人姓名等事项。据此，公司注册资本属于公司营业执照的法定记载事项，故 C 项错误。2013 年《公司法》对公司资本制度改革之后，取消了对有限责任公司股东出资时的验资要求，但公司章程可以规定股东出资必须经过验资，这属于公司自治的范畴，故 D 项正确。

12.【答案】AC

【考点】股东名册

【详解】《公司法》第 56 条第 1 款规定，有限责任公司应当置备股东名册，记载下列事项：（1）股东的姓名或者名称及住所；（2）股东认缴和实缴的出资额、出资方式和出资日期；（3）出资证明书编号；（4）取得和丧失股东资格的日期。据此，置备股东名册属于公司的法定义务，故 A 项正确。《公司法》第 32 条第 1 款规定，公司登记事项包括：（1）名称；

（2）住所；（3）注册资本；（4）经营范围；（5）法定代表人的姓名；（6）有限责任公司股东、股份有限公司发起人的姓名或者名称。据此，前述规定仅要求公司向公司登记机关提交股东的姓名或者名称，并未要求提交股东名册，故 B 项错误。《公司法》第 56条第 2 款规定，记载于股东名册的股东，可以依股东名册主张行使股东权利。据此，C 项正确。关于股东名册与公司登记的效力问题，应当区分情况考虑。就股东事项，如果股东与公司、其他股东之外的第三人发生纠纷，为了维护交易安全，应当以公司登记为准；如果股东与公司或者其他股东发生纠纷，则应当以股东名册为准，毕竟股东名册属于股东资格的法定证明文件。故 D 项错误。

13.【答案】ABCD

【考点】公司清算

【详解】《公司法》第 232 条第 1 款规定，公司因本法第 229 条第 1 款第 1 项、第 2 项、第 4 项、第 5 项规定而解散的，应当清算。董事为公司清算义务人，应当在解散事由出现之日起 15 日内组成清算组进行清算。《公司法》第 233 条第 1 款规定，公司依照前条第 1 款的规定应当清算，逾期不成立清算组进行清算或者成立清算组后不清算的，利害关系人可以申请人民法院指定有关人员组成清算组进行清算。人民法院应当受理该申请，并及时组织清算组进行清算。据此，在公司逾期不成立清算组时，债权人可以申请法院指定有关人员组成清算组进行清算，公司股东无此权利，故 A 项错误，当选。《公司法》第 234条规定，清算组在清算期间行使下列职权：……（7）代表公司参与民事诉讼活动。但清算组本身是一个多人组成的组合，不太方便代表公司，所以《公司法解释（二）》第 10 条第 2 款进一步规定，公司成立清算组的，由清算组负责人代表公司参加诉讼；尚未成立清算组的，由原法定代表人代表公司参加诉讼。据此，应当由清算组负责人而不是由清算组代表公司参加诉讼，故 B 项错误。《公司法》第 235条第 1 款规定，清算组应当自成立之日起 10 日内通知债权人，并于 60 日内在报纸上或者国家企业信用信息公示系统公告。债权人应当自接到通知之日起 30 日内，未接到通知的自公告之日起 45 日内，向清算组申报其债权。《公司法解释（二）》第 13 条规定，债权人在规定的期限内未申报债权，在公司清算程序终结前补充申报的，清算组应予登记。公司清算程序终结，是指清算报告经股东会、股东大会或者人民法院确认完毕。据此，债权人可以在公司清算程序终结前补充申报，故 C 项错误，当选。《公司法》第 236 第 1 款规定，清算组在清理公司财产、编制资产负债表和财产清单后，应当制订清算方案，并报股东会或者人民法院确认。《公司法解释（二）》第 15条第 1 款规定，公司自行清算的，清算方案应当报股

东会或者股东大会决议确认；人民法院组织清算的，清算方案应当报人民法院确认。未经确认的清算方案，清算组不得执行。据此，法院组织清算时，清算方案应当报法院确认而不是备案，故 D 项错误，当选。

14.【答案】BCD（原答案为 BD）

【考点】公司财务会计报告；公积金

【详解】《公司法》第 208 条第 1 款规定，公司应当在每一会计年度终了时编制财务会计报告，并依法经会计师事务所审计。据此，公司对自身的年度财务会计报告不能自我审计，而必须聘请会计师事务所进行外审，以保证审计的客观、真实，故 A 项错误。《公司法》第 210 条第 2 款规定，公司的法定公积金不足以弥补以前年度亏损的，在依照前款规定提取法定公积金之前，应当先用当年利润弥补亏损。公司资本维持是公司资本制度的核心要求，只有弥补亏损之后，才能提取法定公积金；只有提取法定公积金之后，才能向股东分配利润。据此，B 项正确。关于资本公积金的范围，《公司法》第 213 条规定，公司以超过股票票面金额的发行价格发行股份所得的溢价款、发行无面额股所得股款未计入注册资本的金额以及国务院财政部门规定列入资本公积金的其他项目，应当列为公司资本公积金。关于资本公积金的用途，《公司法》第 214 条第 2 款规定，公积金弥补公司亏损，应当先使用任意公积金和法定公积金；仍不能弥补的，可以按照规定使用资本公积金。据此，根据 2023 年《公司法》，资本公积金在特定情形下可以用于弥补亏损，C 项正确。《公司法》第 214 条第 3 款规定，法定公积金转为增加注册资本时，所留存的该项公积金不得少于转增前公司注册资本的 25%。据此，D 项正确。

15.【答案】AC

【考点】股份有限公司的公开募集程序

【详解】《公司法》第 155 条规定："公司向社会公开募集股份，应当由依法设立的证券公司承销，签订承销协议。"据此，A 项正确。《公司法》第 156条第 1 款规定："公司向社会公开募集股份，应当同银行签订代收股款协议。"据此，应当由公司而不是证券公司与银行签订代收股款协议，故 B 项错误。《公司法》第 101 条规定："向社会公开募集股份的股款缴足后，应当经依法设立的验资机构验资并出具证明。"据此，C 项正确。《公司法》第 104 条第 1 款规定："公司成立大会行使下列职权：（一）审议发起人关于公司筹办情况的报告；（二）通过公司章程；（三）选举董事、监事；（四）对公司的设立费用进行审核；（五）对发起人非货币财产出资的作价进行审核；（六）发生不可抗力或者经营条件发生重大变化直接影响公司设立的，可以作出不设立公司的决议。"据此，公司成立大会可以选举董事、监事，

但公司总经理并非由选举产生，而是由董事会决定聘任或者解聘，D 项错误。

16.【答案】BD

【考点】合伙企业的事务执行

【详解】《合伙企业法》第 27 条规定，依照本法第 26 条第 2 款规定委托一个或者数个合伙人执行合伙事务的，其他合伙人不再执行合伙事务。不执行合伙事务的合伙人有权监督执行事务合伙人执行合伙事务的情况。据此，并不执行合伙企业事务的孙某、李某、周某三人不能执行合伙企业事务，对外签订合同，但可以对合伙企业负责人进行监督，故 A 项错误，B 项正确。《合伙企业法》第 29 条第 1 款规定，合伙人分别执行合伙事务的，执行事务合伙人可以对其他合伙人执行的事务提出异议。提出异议时，应当暂停该项事务的执行。如果发生争议，依照本法第 30 条规定作出决定。据此，只有执行合伙事务的合伙人才享有异议权，故周某没有异议权，钱某享有异议权，C 项错误，D 项正确。

17.【答案】CD

【考点】破产法上的撤销权

【详解】《企业破产法》第 32 条规定，人民法院受理破产申请前 6 个月内，债务人有本法第 2 条第 1 款规定的情形，仍对个别债权人进行清偿的，管理人有权请求人民法院予以撤销。但是，个别清偿使债务人财产受益的除外。《企业破产法解释（二）》第 14 条进一步规定，债务人对以自有财产设定担保物权的债权进行的个别清偿，管理人依据《企业破产法》第 32 条的规定请求撤销的，人民法院不予支持。但是，债务清偿时担保财产的价值低于债权额的除外。据此，A 项错误。《企业破产法解释（二）》第 15 条规定，债务人经诉讼、仲裁、执行程序对债权人进行的个别清偿，管理人依据《企业破产法》第 32 条的规定请求撤销的，人民法院不予支持。但是，债务人与债权人恶意串通损害其他债权人利益的除外。据此，B 项错误。《企业破产法解释（二）》第 16 条规定，债务人对债权人进行的以下个别清偿，管理人依据《企业破产法》第 32 条的规定请求撤销的，人民法院不予支持：（1）债务人为维系基本生产需要而支付水费、电费等的；（2）债务人支付劳动报酬、人身损害赔偿金的；（3）使债务人财产受益的其他个别清偿。据此，CD 两项正确。

18.【答案】BC

【考点】票据的挂失止付

【详解】《票据法》第 15 条第 1 款规定，票据丧失，失票人可以及时通知票据的付款人挂失止付，但是，未记载付款人或者无法确定付款人及其代理付款人的票据除外。据此，票据丢失之后，失票人可以通过挂失止付并申请公示催告来救济自己的票据权利，故 A 项错误。本题中，丙银行已经对汇票进行了承

兑，确定地负有票据义务，故乙可以起诉要求丙银行付款，B 项正确。《票据法》第 15 条第 2 款规定，收到挂失止付通知的付款人，应当暂停支付。本题中，乙在丢失票据后立即办理了挂失止付，如果丙银行向丁支付票款，则应当向乙承担责任，故 C 项正确。《票据法》第 15 条第 3 款规定，失票人应当在通知挂失止付后 3 日内，也可以在票据丧失后，依法向人民法院申请公示催告，或者向人民法院提起诉讼。据此，乙应当在挂失止付后 3 日内申请公示催告，故 D 项错误。

19.【答案】AD

【考点】投保人的告知义务

【详解】《保险法解释（二）》第 6 条第 1 款规定，投保人的告知义务限于保险人询问的范围和内容。当事人对询问范围及内容有争议的，保险人负举证责任。据此，A 项正确，B 项错误。《保险法解释（二）》第 6 条第 2 款规定，保险人以投保人违反了对投保单询问表中所列概括性条款的如实告知义务为由请求解除合同的，人民法院不予支持。但该概括性条款有具体内容的除外。据此，C 项错误。《保险法解释（二）》第 7 条规定，保险人在保险合同成立后知道或者应当知道投保人未履行如实告知义务，仍然收取保险费，又依照《保险法》第 16 条第 2 款的规定主张解除合同的，人民法院不予支持。据此，D 项正确。

20.【答案】CD

【考点】合伙人决议

【详解】《合伙企业法》第 26 条规定，合伙人对执行合伙事务享有同等的权利。按照合伙协议的约定或者经全体合伙人决定，可以委托一个或者数个合伙人对外代表合伙企业，执行合伙事务。作为合伙人的法人、其他组织执行合伙事务的，由其委派的代表行。《合伙企业法》第 27 条第 1 款规定，依照本法第 26 条第 2 款规定委托一个或者数个合伙人执行合伙事务的，其他合伙人不再执行合伙事务。据此，合伙人会议有权决定王某不享有对外签约的权利，而且这样的决定不会给王某造成经济损失，故 AB 项错误。《合伙企业法》第 37 条规定，合伙企业对合伙人执行合伙事务以及对外代表合伙企业权利的限制，不得对抗善意第三人。据此，D 项正确。同时需要注意，合伙企业对合伙人的代表权限限制在合伙企业内部具有拘束力，张某必须遵从合伙人会议决定，故 C 项正确。

21.【答案】BD

【考点】合伙事务执行；合伙人对外责任

【详解】合伙企业对田某的对外代表权限并无特别规定，不因数额较大而需要征得朱某同意，故 A 项错误。《合伙企业法》第 29 条第 1 款规定，合伙人分别执行合伙事务的，执行事务合伙人可以对其他合

伙人执行的事务提出异议。提出异议时，应当暂停该项事务的执行。如果发生争议，依照本法第 30 条规定作出决定。从合伙企业事务的执行来看，事务执行人提出异议，相关事务应当暂停执行。但田某对外签约是以合伙企业的名义，完全合法有效，故异议不影响合同的效力，B 项正确。《合伙企业法》第 38 条规定，合伙企业对其债务，应先以其全部财产进行清偿。《合伙企业法》第 39 条规定，合伙企业不能清偿到期债务的，合伙人承担无限连带责任。本题中的合伙企业属于普通合伙企业，所有的合伙人对外都要承担无限连带责任，而不论是否承担合伙企业事务，故 C 项错误，D 项正确。

22.【答案】BC

【考点】 合伙人债务的执行

【详解】《合伙企业法》第 42 条第 1 款规定，合伙人的自有财产不足清偿其与合伙企业无关的债务的，该合伙人可以其从合伙企业中分取的收益用于清偿；债权人也可以依法请求人民法院强制执行该合伙人在合伙企业中的财产份额用于清偿。据此，BC 项正确。根据《民法典》规定，只有金钱债务才能够被代位，合伙人在合伙企业中的权利不能被代位，故 A 项错误。《合伙企业法》第 25 条规定，合伙人以其在合伙企业中的财产份额出质的，须经其他合伙人一致同意；未经其他合伙人一致同意，其行为无效，由此给善意第三人造成损失的，由行为人依法承担赔偿责任。本题中，朱某并未将其在合伙企业中的财产份额依法出质给刘某，故刘某不享有优先受偿权，D 项错误。

2015 年

1.【答案】A

【考点】 公司的设立

【详解】《公司法》第 29 条规定："设立公司，应当依法向公司登记机关申请设立登记。法律、行政法规规定设立公司必须报经批准的，应当在公司登记前依法办理批准手续。"《公司法》第 30 条第 1 款规定："申请设立公司，应当提交设立登记申请书、公司章程等文件，提交的相关材料应当真实、合法和有效。"据此，公司章程是公司设立的必备条件，非公司股东投资协议所能替代，故 A 项错误。《公司法》第 47 条规定："有限责任公司的注册资本为在公司登记机关登记的全体股东认缴的出资额。全体股东认缴的出资额由股东按公司章程的规定自公司成立之日起五年内缴足。法律、行政法规以及国务院决定对有限责任公司注册资本实缴、注册资本最低限额、股东出资期限另有规定的，从其规定。"2013 年《公司法》修改之后，取消了一般公司的最低注册资本限额，故张某和潘某可以将公司注册资本数额约定为

50 元人民币，B 项正确。关于公司名称，《公司法》并无特别要求，同时，使用张某的姓名也不存在违反法律法规强制性规定或者公序良俗的情形，C 项正确。《公司法》对公司住所并无特别要求。只要公司对潘某的住所享有使用权，就可以将潘某的住所作为公司住所，故 D 项正确。

2.【答案】C

【考点】 有限责任公司的经理

【详解】《公司法》第 74 条第 1 款规定："有限责任公司可以设经理，由董事会决定聘任或者解聘。"据此，有权聘任公司总经理的是董事会而非董事长，A 项错误。对于公司而言，享有代表公司对外签订合同的法定代理权的主体只能是公司的法定代表人。关于法定代表人，《公司法》第 10 条第 1 款规定："公司的法定代表人按照公司章程的规定，由代表公司执行公司事务的董事或者经理担任。"据此，公司法定代表人不一定是经理，B 项错误。《公司法》第 74 条规定："有限责任公司可以设经理，由董事会决定聘任或者解聘。经理对董事会负责，根据公司章程的规定或者董事会的授权行使职权。经理列席董事会会议。"公司劳动纪律制度属于公司的具体规章，故公司的总经理有权制定，而不仅仅是拟定，故 C 项正确。《公司法》第 67 条第 2 款规定："董事会行使下列职权……（八）决定聘任或者解聘公司经理及其报酬事项，并根据经理的提名决定聘任或者解聘公司副经理、财务负责人及其报酬事项……"据此，聘任公司财务负责人是公司董事会的权限，公司总经理是有权提请董事会聘任，故 D 项错误。

3.【答案】D

【考点】 股东派生诉讼；公司强制解散

【详解】本题中，公司董事之间矛盾不断，可能是对公司的发展方向或者经营策略存在争执，未必违反对公司的忠实义务，公司股东不一定有权提起股东派生诉讼。即便股东有权提起股东派生诉讼，也应当按照《公司法》第 189 条规定的程序进行，先要求公司的监事会或者监事采取行动，在公司监事会或者监事不作为时，公司股东才有权提起股东派生诉讼，故 A 项错误。《公司法》第 231 条规定："公司经营管理发生严重困难，继续存续会使股东利益受到重大损失，通过其他途径不能解决的，持有公司百分之十以上表决权的股东，可以请求人民法院解散公司。"《公司法解释（二）》第 1 条第 1 款规定："单独或者合计持有公司全部股东表决权百分之十以上的股东，以下列事由之一提起解散公司诉讼，并符合公司法第一百八十二条规定的，人民法院应予受理：……（三）公司董事长期冲突，且无法通过股东会或者股东大会解决，公司经营管理发生严重困难的……"本题中，公司董事之间矛盾不断，且连续两年多无法解决，导致公司经营严重困难，李桃持有公司 14% 的

股份，有权提起解散公司之诉。《公司法解释（二）》第2条规定："股东提起解散公司诉讼，同时又申请人民法院对公司进行清算的，人民法院对其提出的清算申请不予受理。人民法院可以告知原告，在人民法院判决解散公司后，依据民法典第七十条、公司法第一百八十三条和本规定第七条规定，自行组织清算或者另行申请人民法院对公司进行清算。"据此，B项错误。《公司法解释（二）》第3条规定："股东提起解散公司诉讼时，向人民法院申请财产保全或者证据保全的，在股东提供担保且不影响公司正常经营的情形下，人民法院可予以保全。"据此，股东如果要求财产保全，必须向法院提供担保且不影响公司正常经营，而不能"直接"要求法院采取保全措施，故C项错误。《公司法解释（二）》第4条第1款规定："股东提起解散公司诉讼应当以公司为被告。"据此，D项正确。

4.【答案】A

【考点】 上市公司独立董事制度

【详解】《公司法》第136条第1款规定："上市公司设独立董事，具体管理办法由国务院证券监督管理机构规定。"我国关于上市公司独立董事制度的主要规范性文件是2023年中国证券监督管理委员会所发布的《上市公司独立董事管理办法》。根据《上市公司独立董事管理办法》第5条第1款规定："上市公司独立董事占董事会成员的比例不得低于三分之一，且至少包括一名会计专业人士。"故A项正确。在独立董事中，会计专业人士必不可少，法律专业人士则可有可无，故B项错误。根据《上市公司独立董事管理办法》第8条规定："独立董事原则上最多在三家境内上市公司担任独立董事，并应当确保有足够的时间和精力有效地履行独立董事的职责。"故C项错误。《上市公司独立董事管理办法》第6条第1款规定："独立董事必须保持独立性。下列人员不得担任独立董事……（二）直接或者间接持有上市公司已发行股份百分之一以上或者是上市公司前十名股东中的自然人股东及其配偶、父母、子女；（三）在直接或者间接持有上市公司已发行股份百分之五以上的股东或者在上市公司前五名股东任职的人员及其配偶、父母、子女……"据此，现有规定并未绝对禁止上市公司独立董事持有本公司股份，只是进行了数额限制，故D项错误。

5.【答案】B

【考点】 合伙企业的经营管理人员

【详解】《合伙企业法》第31条规定："除合伙协议另有约定外，合伙企业的下列事项应当经全体合伙人一致同意：……（六）聘任合伙人以外的人担任合伙企业的经营管理人员。"从该条款逻辑分析，既然合伙企业有权聘任"合伙人以外的人"担任合伙企业的经营管理人员，合伙企业也有权利聘任

"合伙人"担任合伙企业的经营管理人员。如果陈东是某合伙企业的合伙人，陈东也可以被聘任为合伙企业的经营管理人员，这就如同公司股东可以被聘任为公司经理一样。所以，陈东可以是合伙企业的合伙人，同时担任合伙企业的经营管理人，就此而言，A项正确。官方公布答案认为A项错误，可能是基于一种误读，即认为陈东因为被聘任为合伙企业的经营管理人，于是具有了合伙企业合伙人的身份，如果这样理解，A项错误。此外，根据上述第31条第6项的规定，聘请合伙人以外的人担任合伙企业的经营管理人员才需要全体合伙人一致同意。如果陈东属于合伙人，则聘请陈东担任合伙企业的经营管理人员不需要全体合伙人一致同意。就此而言，B项错误。官方公布答案假定陈东是合伙人之外的人，聘任陈东担任合伙企业的经营管理人，自然需要全体合伙人一致同意，就此认为B项正确。《合伙企业法》第26条第2款规定："按照合伙协议的约定或者经全体合伙人决定，可以委托一个或者数个合伙人对外代表合伙企业，执行合伙事务。"合伙企业中执行合伙事务的合伙人相当于公司中的董事长或者执行董事一类的角色，有权对外代表合伙企业。而合伙企业的经营管理人相当于公司经理，通常并无对外代表合伙企业的权限，只有经过合伙企业授权才能对外代表合伙企业。就此，《合伙企业法》第35条第1款规定："被聘任的合伙企业的经营管理人员应当在合伙企业授权范围内履行职务。"本题中，陈东被聘为合伙企业的经营管理人，负责合伙企业的内部管理与市场开拓，当其进行市场开拓时，通常需要在合伙企业的授权范围内以合伙企业名义对外签订合同。C项的问题在于表述过于简单，让人误以为经营管理人当然有权代表合伙企业对外签约而不需要合伙企业的特别授权，以此而论，则C项错误。《合伙企业法》第37条规定："合伙企业对合伙人执行合伙事务以及对外代表合伙企业权利的限制，不得对抗善意第三人。"有权"代表"合伙企业的主体只能是合伙企业中执行合伙事务的合伙人，而非合伙企业的经营管理人员。经营管理人员只有在经过合伙企业（通过执行合伙事务的合伙人）授权之后，才有权在授权范围内对外"代表"合伙企业。因为合伙企业的执行合伙事务的合伙人通常可以对外代表合伙企业，享有一般代表权，所以内部限制不得对抗善意第三人。而合伙企业的经营管理人只有经过特别授权后才有权代表合伙企业，没有授权就没有代表权，自然不存在内部限制不得对抗善意第三人的问题。而且D项表述中连"善意"二字都被抹去，只是"第三人"而已，可谓错上加错。

6.【答案】A

【考点】 有限合伙人

【详解】《合伙企业法》第77条规定："新入伙的有限合伙人对入伙前有限合伙企业的债务，以其认

缴的出资额为限承担责任。"李军以20万元加入某有限合伙企业，仅以20万元为限承担有限责任，故A项正确。《合伙企业法》第78条规定："有限合伙人有本法第四十八条第一款第一项、第三项至第五项所列情形之一的，当然退伙。"《合伙企业法》第48条第1款规定："合伙人有下列情形之一的，当然退伙：（一）作为合伙人的自然人死亡或者被依法宣告死亡；（二）个人丧失偿债能力；（三）作为合伙人的法人或者其他组织依法被吊销营业执照、责令关闭、撤销，或者被宣告破产；（四）法律规定或者合伙协议约定合伙人必须具有相关资格而丧失该资格；（五）合伙人在合伙企业中的全部财产份额被人民法院强制执行。"由此可见，丧失偿债能力并非有限合伙人的退伙原因。因为有限合伙人仅以出资为限承担有限责任，在李军履行其对某合伙企业的出资义务20万元之后，李军仅在此20万元的范围内承担责任，其后李军丧失偿债能力并不会影响李军在20万元的范围内承担责任。所以，李军丧失偿债能力不影响其有限合伙人资格，故B项错误。《合伙企业法》第79条规定："作为有限合伙人的自然人在有限合伙企业存续期间丧失民事行为能力的，其他合伙人不得因此要求其退伙。"有限合伙人并不参与合伙企业经营，不需要具有行为能力，不能因为李军成为植物人而要求其退伙，故C项错误。《合伙企业法》第75条规定："有限合伙企业仅剩有限合伙人的，应当解散；有限合伙企业仅剩普通合伙人的，转为普通合伙企业。"因为李军丧失行为能力并未影响其有限合伙人资格，不会影响有限合伙企业的存续，故D项错误。

7.【答案】C

【考点】破产重整

【详解】《企业破产法》第70条规定："债务人或者债权人可以依照本法规定，直接向人民法院申请对债务人进行重整。债权人申请对债务人进行破产清算的，在人民法院受理破产申请后、宣告债务人破产前，债务人或者出资额占债务人注册资本十分之一以上的出资人，可以向人民法院申请重整。"据此，债务人或者债权人可以不经过申请破产程序而直接申请破产重整，故A项错误。《企业破产法》第72条规定："自人民法院裁定债务人重整之日起至重整程序终止，为重整期间。"《企业破产法》第88条规定："重整计划草案未获得通过且未依照本法第八十七条的规定获得批准，或者已通过的重整计划未获得批准的，人民法院应当裁定终止重整程序，并宣告债务人破产。"据此，重整计划可能根本无法获得债权人会议通过或者法院批准，此时重整程序终止。《企业破产法》第93条第1款规定："债务人不能执行或者不执行重整计划的，人民法院经管理人或者利害关系人请求，应当裁定终止重整计划的执行，并宣告债务人破产。"据此，重整计划可能被执行，也可能不被执

行，如果重整计划不被执行，重整程序也要终止。所以，破产重整期间的终点为重整程序终止之时而非重整计划执行完毕之时，故B项错误。《企业破产法》第89条规定："重整计划由债务人负责执行。人民法院裁定批准重整计划后，已接管财产和营业事务的管理人应当向债务人移交财产和营业事务。"《企业破产法》第90条规定："自人民法院裁定批准重整计划之日起，在重整计划规定的监督期内，由管理人监督重整计划的执行。在监督期内，债务人应当向管理人报告重整计划执行情况和债务人财务状况。"据此，重整计划由债务人在管理人的监督下负责执行，故C项正确。D项没有正当理由。《民法典》第733条规定："租赁期限届满，承租人应当返还租赁物。返还的租赁物应当符合按照约定或者根据租赁物的性质使用后的状态。"无论是在破产重整期间还是破产清算期间，只要租赁合同到期，出租人都有权利要求承租人返还租赁物。就此，《企业破产法》第38条规定："人民法院受理破产申请后，债务人占有的不属于债务人的财产，该财产的权利人可以通过管理人取回。但是，本法另有规定的除外。"就出租人的取回权而言，破产重整与破产清算程序并无区别，法律并未特别限制出租人的取回权，故D项错误。

8.【答案】B

【考点】票据保证

【详解】《票据法》第48条规定："保证不得附有条件；附有条件的，不影响对汇票的保证责任。"据此，A项错误。《票据法》第46条规定："保证人必须在汇票或者粘单上记载下列事项：（一）表明'保证'的字样；（二）保证人名称和住所；（三）被保证人的名称；（四）保证日期；（五）保证人签章。"《票据法》第47条第2款规定："保证人在汇票或者粘单上未记载前条第（四）项的，出票日期为保证日期。"据此，保证人未记载保证日期的，以出票日期为保证日期，B项正确。《票据法》第50条规定："被保证的汇票，保证人应当与被保证人对持票人承担连带责任。汇票到期后得不到付款的，持票人有权向保证人请求付款，保证人应当足额付款。"据此，票据保证人与被保证人承担连带责任，持票人戊在银行拒绝承兑后，可以向前手丙追索，也可以直接要求丁承担保证责任，故C项错误。《票据法》第52条规定："保证人清偿汇票债务后，可以行使持票人对被保证人及其前手的追索权。"据此，丁可以向被保证人丙及其前手甲、乙进行追索，故D项错误。

9.【答案】B

【考点】投保人的告知义务

【详解】《保险法》第16条第1款规定："订立保险合同，保险人就保险标的或者被保险人的有关情况提出询问的，投保人应当如实告知。"本题中，甲在填写投保单以及回答保险公司相关询问时，未如实

说明自己两年前曾做过心脏搭桥手术，违反了投保人的告知义务。在投保人违反告知义务时，《保险法》给予保险人的救济措施是保险人可以解除保险合同或者不承担赔偿责任之类，并不涉及追究投保人的违约责任问题，故 A 项错误。《保险法》第 16 条第 2 款规定："投保人故意或者因重大过失未履行前款规定的如实告知义务，足以影响保险人决定是否同意承保或者提高保险费率的，保险人有权解除合同。"本题中，投保人甲故意或者因重大过失而未履行告知义务，保险公司可以解除保险合同，B 项正确。《保险法》第 16 条第 4 款规定："投保人故意不履行如实告知义务的，保险人对于合同解除前发生的保险事故，不承担赔偿或者给付保险金的责任，并不退还保险费。"《保险法》第 16 条第 5 款规定："投保人因重大过失未履行如实告知义务，对保险事故的发生有严重影响的，保险人对于合同解除前发生的保险事故，不承担赔偿或者给付保险金的责任，但应当退还保险费。"本题中，投保人甲或者是故意违反告知义务，或者构成因重大过失而未履行告知义务，保险公司对保险合同解除前发生的保险事故都不承担保险责任，就此而言，C 项应该是正确的。但 C 项"不解除保险合同"的说法不够妥当，容易引发误解。命题人可能据此认为 C 项错误。根据《保险法》第 16 条第 5 款规定，只有在投保人因为重大过失而未履行告知义务时，保险公司才需要退还保险费。本题中，难以确定投保人甲属于因重大过失而未履行告知义务，更多的可能反而是故意违反告知义务，故 D 项错误。

10.【答案】AB

【考点】公司董事、监事的报酬事项

【详解】从公司的薪酬体系来看，公司董事、监事的报酬由公司股东会决定，公司经理的报酬由公司董事会决定，公司员工的报酬由公司经理层决定。股东会决定公司董事、监事报酬的目的在于对董事、监事的监督与约束，防止董事、监事为自己设定过高的报酬从而损害公司利益。由此立意出发，需要由公司股东会决定的报酬事项应当属于比较重大的事项，如董事年薪、商业保险之类，故 AB 两项正确。至于一般的差旅费，按照公司财务制度办理即可，如果事事都由股东会决定，也不具有现实的可行性，故 C 不当选。董事、监事的社会保险通常由公司人力资源部门按照员工社会保险的一般流程办理，并不需要由公司股东会特别决议，故 D 也不选。

【陷阱提示】公司董事、监事的报酬事项属于公司法中比较生僻的考点，而考查报酬事项的具体认定，其实务性、可操作性过强，与法考的定位与风格不符。本题正属于法考中所谓的"偏、难、怪"题，考生只能根据自己对公司法的基本理解与生活经验进行分析。此类题目不代表法考的整体情况，不具有典型性，考生了解即可，不必在意。

11.【答案】AD

【考点】公司合并

【详解】《公司法》第 66 条第 3 款规定："股东会作出修改公司章程、增加或者减少注册资本的决议，以及公司合并、分立、解散或者变更公司形式的决议，应当经代表三分之二以上表决权的股东通过。"张某只持有甲公司 65%的股权，未达到 2/3 以上的多数，故甲公司作出公司合并的决议时，必须有李某的同意方可，故 A 项正确。《公司法》第 220 条第 2 句规定："公司应当自作出合并决议之日起十日内通知债权人，并于三十日内在报纸上或者国家企业信用信息公示系统公告。"据此，甲公司应当在合并决议作出之日起 10 日内通知其债权人，故 B 项错误。《公司法》第 220 条第 3 句规定："债权人自接到通知之日起三十日内，未接到通知的自公告之日起四十五日内，可以要求公司清偿债务或者提供相应的担保。"据此，债权人有权要求甲公司清偿债务或者提供担保，但无权对甲公司的合并行为提出异议，故 C 项错误。《公司法》第 221 条规定："公司合并时，合并各方的债权、债务，应当由合并后存续的公司或者新设的公司承继。"在甲公司吸收合并乙公司的情形，甲公司继续存在，而乙公司解散，故原乙公司的债务应当由合并后的甲公司承担，故 D 项正确。

12.【答案】BD（原答案为 ABD）

【考点】有限责任公司的股权转让

【详解】《公司法》第 84 条第 1、2 款规定："有限责任公司的股东之间可以相互转让其全部或者部分股权。股东向股东以外的人转让股权的，应当将股权转让的数量、价格、支付方式和期限等事项书面通知其他股东，其他股东在同等条件下有优先购买权。股东自接到书面通知之日起三十日内未答复的，视为放弃优先购买权。两个以上股东行使优先购买权的，协商确定各自的购买比例；协商不成的，按照转让时各自的出资比例行使优先购买权。"根据 2023 年《公司法》，股东对外转让股权无须其他股东同意，故 A 项正确。《公司法》第 84 条第 3 款规定："公司章程对股权转让另有规定的，从其规定。"《公司法》第 59 条规定："股东会行使下列职权：……（八）修改公司章程……"据此，修改公司章程的主体是股东会而非个别股东，甲无权直接修改公司章程，而应当召开股东会修改公司章程。故 B 项错误。根据前述《公司法》第 84 条第 1 款，在股东之间转让股权时，转让股权的股东受到的限制很少，甲可以自由决定将股权分别转让给乙、丙，故 C 项正确。股东"对外转让"股权分为两种情形，可能是转让给其他股东，也可能是转让给股东之外的人。如果股东将股权转让给某个股东，则其他股东并不享有优先购买权。比如，甲将股权转让给乙，则丙并无优先购买权。在股东将股权转让给股东以外的人时，其他股东行使优先

商
法

购买权的前提是"在同等条件下"。如果甲要转让其"全部"股份，乙、丙不能对甲所转让的"一部分"股权行使优先购买权，故 D 项错误。

13.【答案】AB

【考点】合伙人的个人债务清偿

【详解】《合伙企业法》第 42 条第 1 款规定："合伙人的自有财产不足清偿其与合伙企业无关的债务的，该合伙人可以以其从合伙企业中分取的收益用于清偿；债权人也可以依法请求人民法院强制执行该合伙人在合伙企业中的财产份额用于清偿。"据此，AB 两项都正确。《合伙企业法》第 42 条第 2 款规定："人民法院强制执行合伙人的财产份额时，应当通知全体合伙人，其他合伙人有优先购买权；其他合伙人未购买，又不同意将该财产份额转让给他人的，依照本法第五十一条的规定为该合伙人办理退伙结算，或者办理削减该合伙人相应财产份额的结算。"据此，对刘璋的合伙份额进行强制执行时，其他合伙人享有优先购买权，故 C 项错误。相比合伙份额转让，合伙人退伙会给合伙企业造成更大的不良影响，根据《合伙企业法》第 42 条第 2 款规定，只有在合伙人的合伙份额无法转让给其他人时，才能办理退伙结算，故 D 项错误。

14.【答案】AB

【考点】特殊的普通合伙企业

【详解】《合伙企业法》第 57 条第 1 款规定："一个合伙人或者数个合伙人在执业活动中因故意或者重大过失造成合伙企业债务的，应当承担无限责任或者无限连带责任，其他合伙人以其在合伙企业中的财产份额为限承担责任。"本题中，因为曾君、郭昌的重大过失致人损害，应当由曾君、郭昌对客户的损失承担无限连带责任，而其他合伙人仅以其在合伙企业中的财产份额为限承担责任。据此，B 项正确，CD 两项错误。《合伙企业法》第 58 条规定："合伙人执业活动中因故意或者重大过失造成的合伙企业债务，以合伙企业财产对外承担责任后，该合伙人应当按照合伙协议的约定对给合伙企业造成的损失承担赔偿责任。"就君昌成律师事务所而言，其应当以律所的全部财产对合伙人给客户造成的损失承担责任，所以客户可以要求该所承担全部赔偿责任，故 A 项正确。

15.【答案】AC

【考点】破产债权申报

【详解】《企业破产法》第 46 条规定："未到期的债权，在破产申请受理时视为到期。附利息的债权自破产申请受理时起停止计息。"据此，甲对 A 公司的未到期债权可以申报，A 项正确。《企业破产法》第 47 条规定："附条件、附期限的债权和诉讼、仲裁未决的债权，债权人可以申报。"据此，B 项错误，C 项正确。《企业破产法》第 48 条第 2 款规定："债务人所欠职工的工资和医疗、伤残补助、抚恤费用，

所欠的应当划入职工个人账户的基本养老保险、基本医疗保险费用，以及法律、行政法规规定应当支付给职工的补偿金，不必申报，由管理人调查后列出清单并予以公示。职工对清单记载有异议的，可以要求管理人更正；管理人不予更正的，职工可以向人民法院提起诉讼。"据此，职工丁对 A 公司的伤残补助请求权不必申报，故 D 项错误。

16.【答案】BC

【考点】支票

【详解】《票据法》第 83 条第 1 款规定："支票可以支取现金，也可以转账，用于转账时，应当在支票正面注明。"据此，一般支票既可以支取现金，也可以转让。《票据法》第 83 条第 2 款规定："支票中专门用于支取现金的，可以另行制作现金支票，现金支票只能用于支取现金。"据此，专门用于支取现金的现金支票不得用于转账，故 A 项错误。《票据法》第 87 条第 1 款规定："支票的出票人所签发的支票金额不得超过其付款时在付款人处实有的存款金额。"据此，B 项正确。要求票据基础关系的真实性是我国《票据法》的基本理念，禁止签发"空头支票"，此之谓也。《票据法》第 90 条规定："支票限于见票即付，不得另行记载付款日期。另行记载付款日期的，该记载无效。"据此，C 项正确。《票据法》第 84 条规定："支票必须记载下列事项：（一）表明'支票'的字样；（二）无条件支付的委托；（三）确定的金额；（四）付款人名称；（五）出票日期；（六）出票人签章。支票上未记载前款规定事项之一的，支票无效。"据此，收款人名称并非支票的必要记载事项，支票上未记载收款人名称的并不会导致支票无效。《票据法》第 86 条第 1 款规定："支票上未记载收款人名称的，经出票人授权，可以补记。"据此，D 项错误。

17.【答案】ABD

【考点】证券投资基金份额持有人的权利

【详解】《证券投资基金法》第 46 条第 1 款规定："基金份额持有人享有下列权利：（一）分享基金财产收益；（二）参与分配清算后的剩余基金财产；（三）依法转让或者申请赎回其持有的基金份额；（四）按照规定要求召开基金份额持有人大会或者召集基金份额持有人大会；（五）对基金份额持有人大会审议事项行使表决权；（六）对基金管理人、基金托管人、基金服务机构损害其合法权益的行为依法提起诉讼；（七）基金合同约定的其他权利。"据此，AB 两项正确，分别对应上述法条中的第 1 项与第 2 项。C 项显然错误，转让基金份额属于基金份额持有人的基本权利，C 项表述与上述条文第 3 项不符。根据《证券投资基金法》第 46 条第 1 款第 4 项规定，基金份额持有人可以召开基金份额持有人大会。《证券投资基金法》第 47 条规定："基金份额持有人大会由全

体基金份额持有人组成，行使下列职权：……（三）决定更换基金管理人、基金托管人……"据此，基金份额持有人可以通过基金份额持有人大会来更换基金管理人，D项正确。

18.【答案】BD

【考点】财产保险

【详解】《保险法》第55条第4款规定："保险金额低于保险价值的，除合同另有约定外，保险人按照保险金额与保险价值的比例承担赔偿保险金的责任。"本题中，潘某就自己的古玩所投保险为不足额保险，甲保险公司只需按照保险金额与保险价值的比例赔偿潘某的部分损失，而不需要赔偿潘某的全部损失，故A项错误。《保险法》第60条第2款规定："前款规定的保险事故发生后，被保险人已经从第三者取得损害赔偿的，保险人赔偿保险金时，可以相应扣减被保险人从第三者已取得的赔偿金额。"据此，如果刘某已经对潘某进行了全部赔偿，则保险公司可以拒绝向潘某支付保险金，故B项正确。《保险法》第60条第1款规定："因第三者对保险标的的损害而造成保险事故的，保险人自向被保险人赔偿保险金之日起，在赔偿金额范围内代位行使被保险人对第三者请求赔偿的权利。"《保险法解释（二）》第16条第1款规定："保险人应以自己的名义行使保险代位求偿权。"据此，C项错误。《保险法》第60条第3款规定："保险人依照本条第一款规定行使代位请求赔偿的权利，不影响被保险人就未取得赔偿的部分向第三者请求赔偿的权利。"据此，D项正确。

19.【答案】C

【考点】合伙企业财产

【详解】《合伙企业法》第31条规定："除合伙协议另有约定外，合伙企业的下列事项应当经全体合伙人一致同意：（一）改变合伙企业的名称；（二）改变合伙企业的经营范围、主要经营场所的地点；（三）处分合伙企业的不动产；（四）转让或者处分合伙企业的知识产权和其他财产权利；（五）以合伙企业名义为他人提供担保；（六）聘任合伙人以外的人担任合伙企业的经营管理人员。"本题中，甲、乙决定将合伙企业的400万元现金用于股市投资，不属于应当由全体合伙人一致同意的情形，按照合伙企业事务执行的一般决议程序办理即可。《合伙企业法》第30条第1款规定："合伙人对合伙企业有关事项作出决议，按照合伙协议约定的表决办法办理。合伙协议未约定或者约定不明确的，实行合伙人一人一票并经全体合伙人过半数通过的表决办法。"本题中，甲、乙决定将合伙企业的400万元现金用于股市投资，因为表决人数已经超过了全体合伙人的半数，故甲、乙有权决定将400万元现金用于股市投资，所以，甲、乙的行为属于有权处分。尽管甲、乙在丙不知情的情况下将400万元现金用于股市投资，不太符合规范的表决程序，

但纵然甲、乙通知了丙，甲、乙依然有权在丙反对的情况下决议将400万元现金用于股市投资。而且，合伙企业形式灵活，《合伙企业法》对合伙人的决议程序和形式并无特别要求，甲、乙将400万元现金用于股市投资的表决纵然有程序瑕疵，也不会影响表决的效力。综上，应当认定甲、乙将400万元资金委托投资股市的行为属于有权处分，故A项错误。B项属于定性错误，甲、乙二人只是临时动用合伙企业资金炒股，并不涉及改变合伙企业经营范围的问题，故B项错误。甲、乙二人违反合伙企业表决程序，擅自动用合伙企业财产炒股，给合伙企业造成损失，就委托投资失败应当承担连带责任，故C项正确。就委托投资失败，题目中并未说明受托的投资机构存在过错或者违反委托合同约定，故该受托的投资机构无须承担责任，D项错误。

20.【答案】BD

【考点】合伙企业财产

【详解】《合伙企业法》第21条规定："合伙人在合伙企业清算前，不得请求分割合伙企业的财产；但是，本法另有规定的除外。合伙人在合伙企业清算前私自转移或者处分合伙企业财产的，合伙企业不得以此对抗善意第三人。"乙以其房屋使用权作为出资，并未将房屋所有权转移给合伙企业，其对房屋仍然享有处分权，故乙将房屋卖给丁属于有权处分，A项错误。但对合伙企业而言，乙按照合伙协议约定将房屋使用权作为对合伙企业的出资，其擅自转卖房屋给丁违反了合伙协议，应当对合伙企业承担违约责任，故D项正确。乙将房屋出卖给丁，并且办理了过户登记，丁获得房屋所有权，有权要求合伙企业搬出该房屋，故B项正确，C项错误。

21.【答案】ABCD

【考点】普通合伙企业

【详解】《合伙企业法》第50条第1款规定："合伙人死亡或者被依法宣告死亡的，对该合伙人在合伙企业中的财产份额享有合法继承权的继承人，按照合伙协议的约定或者经全体合伙人一致同意，从继承开始之日起，取得该合伙企业的合伙人资格。"据此，戊要成为继承人，需要符合合伙协议约定或者经全体合伙人一致同意，并不能当然取得合伙人资格，故A项错误。《合伙企业法》第85条规定："合伙企业有下列情形之一的，应当解散：（一）合伙期限届满，合伙人决定不再经营；（二）合伙协议约定的解散事由出现；（三）全体合伙人决定解散；（四）合伙人已不具备法定人数满三十天；（五）合伙协议约定的合伙目的已经实现或者无法实现；（六）依法被吊销营业执照、责令关闭或者被撤销；（七）法律、行政法规规定的其他原因。"合伙企业亏损并非合伙企业解散的法定事由，而戊作为丙的继承人根本没有权利要求解散合伙企业，故B项错误。《合伙企业

法》第 97 条规定："合伙人对本法规定或者合伙协议约定必须经全体合伙人一致同意始得执行的事务擅自处理，给合伙企业或者其他合伙人造成损失的，依法承担赔偿责任。"甲、乙擅自将合伙企业的 400 万元资金用于炒股，虽然在表决权限上属于有权处分，但这种行为显然违反了合伙人对合伙企业的忠实勤勉义务，并且给合伙企业造成损失，应当对合伙企业或者其他合伙人承担责任。但戊作为丙的继承人，并不能当然成为合伙人，所以不能直接向甲主张赔偿，故 C 项错误。《合伙企业法》第 96 条规定："合伙人执行合伙事务，或者合伙企业从业人员利用职务上的便利，将应当归合伙企业的利益据为己有的，或者采取其他手段侵占合伙企业财产的，应当将该利益和财产退还合伙企业；给合伙企业或者其他合伙人造成损失的，依法承担赔偿责任。"乙擅自转卖房屋，给合伙企业造成损失，应当对合伙企业或者其他合伙人承担责任。但戊作为丙的继承人，并不能当然成为合伙人，所以不能直接向乙主张赔偿，故 D 项错误。

2016 年

1.【答案】A

【考点】发起人责任与公司责任

【详解】《公司法》第 44 条规定："有限责任公司设立时的股东为设立公司从事的民事活动，其法律后果由公司承受。公司未成立的，其法律后果由公司设立时的股东承受；设立时的股东为二人以上的，享有连带债权，承担连带债务。设立时的股东为设立公司以自己的名义从事民事活动产生的民事责任，第三人有权选择请求公司或者公司设立时的股东承担。设立时的股东因履行公司设立职责造成他人损害的，公司或者无过错的股东承担赔偿责任后，可以向有过错的股东追偿。"据此，在发起人以自己名义对外签约的情形下，由具体对外签约的发起人承担合同责任。发起人李某以自己名义对外签约，其目的在于满足设立公司的需要，由此产生的债务应当由发起人李某和王某共同承担，故 A 项正确，B 项错误。在发起人的内部责任分担上，李某、王某应当按照约定的出资比例分担，但对外责任则属于连带责任，故 CD 项错误。

2.【答案】D

【考点】股东的会计账簿查阅权

【详解】《公司法》第 57 条第 2 款规定："股东可以要求查阅公司会计账簿、会计凭证。股东要求查阅公司会计账簿、会计凭证的，应当向公司提出书面请求，说明目的。公司有合理根据认为股东查阅会计账簿、会计凭证有不正当目的，可能损害公司合法利益的，可以拒绝提供查阅，并应当自股东提出书面请

求之日起十五日内书面答复股东并说明理由。公司拒绝提供查阅的，股东可以向人民法院提起诉讼。"据此，张某要求查阅公司会计账簿时，应当以书面方式提出请求，故 A 项错误。股东要求查阅公司会计账簿，通常是向公司经营层提出，C 没有法律依据，错误。根据前述《公司法》第 57 条第 2 款，股东是否有权查阅公司会计账簿的关键在于股东查阅会计账簿是否有"正当目的"。一方面，股东对公司的财务状况享有知情权；另一方面，公司享有保护自身商业秘密（其中包括公司财务信息）的权利，公司法需要在两者之间进行平衡。就本题而言，一方面，红叶公司多年未分红，张某对红叶公司会计账簿存有疑惑，其查阅公司会计账簿具有正当目的；另一方面，张某又是红叶公司竞争对手枫林公司的董事，其查阅红叶公司会计账簿可能具有获取红叶公司商业秘密的不正当目的。根据前述《公司法》第 57 条第 2 款，只要公司有合理根据认为股东查阅公司会计账簿可能存在不正当目的，即可以拒绝其查阅公司会计账簿，故 D 项正确。《公司法》第 62 条规定："股东会会议分为定期会议和临时会议。定期会议应当按照公司章程的规定按时召开。代表十分之一以上表决权的股东、三分之一以上的董事或者监事会提议召开临时会议的，应当召开临时会议。"本题中，股东张某持有红叶公司 5% 的股权，没有权利提议召开临时股东会会议，故 B 项错误。

3.【答案】A

【考点】公司法人人格否认

【详解】《公司法》第 23 条第 1 款规定："公司股东滥用公司法人独立地位和股东有限责任，逃避债务，严重损害公司债权人利益的，应当对公司债务承担连带责任。"本题中，零盛公司控股股东甲公司将零盛公司的资产全部用于甲公司的其他项目，事实上掏空了零盛公司的资产，使零盛公司空壳化，构成否定零盛公司法人资格的理由，甲公司应当对零盛公司的债务承担连带责任，故 A 项正确，D 项错误。本题中，零盛公司的股东乙公司并不存在滥用公司法人资格以损害债权人利益的行为，故对零盛公司的债务不承担责任，BC 项错误。

4.【答案】D

【考点】公司董事；高管自我交易

【详解】《民法典》第 170 条规定："执行法人或者非法人组织工作任务的人员，就其职权范围内的事项，以法人或者非法人组织的名义实施的民事法律行为，对法人或者非法人组织发生效力。法人或者非法人组织对执行其工作任务的人员职权范围的限制，不得对抗善意相对人。"烽源公司的章程对蔡某的约束属于内部约束，由于租赁合同并不存在无效情形，因此该租赁合同有效，A 项错误。《公司法》第 178 条第 3 款规定："董事、监事、高级管理人员在任职期

间出现本条第一款所列情形的，公司应当解除其职务。"《公司法》第178条第1款规定："有下列情形之一的，不得担任公司的董事、监事、高级管理人员：（一）无民事行为能力或者限制民事行为能力；（二）因贪污、贿赂、侵占财产、挪用财产或者破坏社会主义市场经济秩序，被判处刑罚，或者因犯罪被剥夺政治权利，执行期满未逾五年，被宣告缓刑的，自缓刑考验期满之日起未逾二年；（三）担任破产清算的公司、企业的董事或者厂长、经理，对该公司、企业的破产负有个人责任的，自该公司、企业破产清算完结之日起未逾三年；（四）担任因违法被吊销营业执照、责令关闭的公司、企业的法定代表人，并负有个人责任的，自该公司、企业被吊销营业执照、责令关闭之日起未逾三年；（五）个人因所负数额较大债务到期未清偿被人民法院列为失信被执行人。"本题中，公司总经理蔡某只是从事自我交易，并不存在《公司法》第178条第1款规定的情形，除非烽源公司特别规定公司高管自我交易构成解聘高管的事由，否则烽源公司股东会不能解聘蔡某，故B项错误。《公司法》第5条规定："设立公司应当依法制定公司章程。公司章程对公司、股东、董事、监事、高级管理人员具有约束力。"《公司法》第265条第1项规定，"高级管理人员，是指公司的经理、副经理、财务负责人，上市公司董事会秘书和公司章程规定的其他人员"。本题中，蔡某为烽源公司的总经理，属于公司高管，公司章程对蔡某具有约束力，故C项错误。《公司法》第183条规定："董事、监事、高级管理人员，不得利用职务便利为自己或者他人谋取属于公司的商业机会。但是，有下列情形之一的除外：（一）向董事会或者股东会报告，并按照公司章程的规定经董事会或者股东会决议通过；（二）根据法律、行政法规或者公司章程的规定，公司不能利用该商业机会。"《公司法》第186条规定："董事、监事、高级管理人员违反本法第一百八十一条至第一百八十四条规定所得的收入应当归公司所有。"据此，在公司高管与公司之间存在自我交易行为时，公司对于高管所得的收入享有归入权，故公司不必向蔡某支付租金，D项正确。

5.【答案】**B**

【考点】股份公司的股份转让

【详解】《公司法》第162条第1款规定："公司不得收购本公司股份。但是，有下列情形之一的除外：（一）减少公司注册资本；（二）与持有本公司股份的其他公司合并；（三）将股份用于员工持股计划或者股权激励；（四）股东因对股东会作出的公司合并、分立决议持异议，要求公司收购其股份；（五）将股份用于转换公司发行的可转换为股票的公司债券；（六）上市公司为维护公司价值及股东权益所必需。"本题中并不存在股东要求公司回购股份的

情形，故唐宁不得要求沃运公司收购其股权，A项错误。《公司法》第157条规定："股份有限公司的股东持有的股份可以向其他股东转让，也可以向股东以外的人转让；公司章程对股份转让有限制的，其转让按照公司章程的规定进行。"其中并未规定股份公司股东转让股权需要经过其他股东同意，故B项正确。针对股份公司的股权转让，《公司法》第160条规定："公司公开发行股份前已发行的股份，自公司股票在证券交易所上市交易之日起一年内不得转让。法律、行政法规或者国务院证券监督管理机构对上市公司的股东、实际控制人转让其所持有的本公司股份另有规定的，从其规定。公司董事、监事、高级管理人员应当向公司申报所持有的本公司的股份及其变动情况，在就任时确定的任职期间每年转让的股份不得超过其所持有本公司股份总数的百分之二十五；所持本公司股份自公司股票上市交易之日起一年内不得转让。上述人员离职后半年内，不得转让其所持有的本公司股份。公司章程可以对公司董事、监事、高级管理人员转让其所持有的本公司股份作出其他限制性规定。股份在法律、行政法规规定的限制转让期限内出质的，质权人不得在限制转让期限内行使质权。"据此，转让股权属于公司发起人的基本权利，公司章程可以"限制"发起人转让股权，但不能"禁止"发起人转让股权。如果存在章程条款禁止发起人转让股权，这样的章程条款也会因为违反法律规定而无效，唐宁可以转让其股权，故C项错误。《公司法》第84条第2款规定，有限责任公司股东向股东以外的人转让股权时，其他股东在同等条件下享有优先购买权。在股份有限公司股东转让股权时，《公司法》中并无类似规定，故在唐宁转让股权时，其他发起人不享有优先购买权，D项错误。

6.【答案】**B**

【考点】合伙企业事务执行

【详解】《合伙企业法》第26条第1、2款规定："合伙人对执行合伙事务享有同等的权利。按照合伙协议的约定或者经全体合伙人决定，可以委托一个或者数个合伙人对外代表合伙企业，执行合伙事务。"《合伙企业法》第27条第1款规定："依照本法第二十六条第二款规定委托一个或者数个合伙人执行合伙事务的，其他合伙人不再执行合伙事务。"本题中，合伙协议约定罗飞是合伙事务执行人，王曼原本不能代表合伙企业对外签约。但合伙协议关于合伙事务执行人的约定，外人通常难以知晓，第三人有理由相信王曼可以代表合伙企业签约，故A项错误。《合伙企业法》第38条规定："合伙企业对其债务，应先以其全部财产进行清偿。"王曼以合伙企业名义向陈阳借款20万元，应当由合伙企业对外承担责任，故B项正确。《合伙企业法》第39条规定："合伙企业不能清偿到期债务的，合伙人承担无限连带责任。"合

伙协议中关于罗飞承担全部亏损的约定违反合伙企业合伙人共享利益、共担风险的原则，因而无效。罗飞、王曼对合伙企业债务都要承担无限连带责任，故C项错误。D项表述不够准确，合伙企业债务先由合伙企业对外承担责任，无力清偿的，再由合伙人对外承担连带责任，并非合伙企业与合伙人一起承担连带责任，故D项错误。

7.【答案】D

【考点】破产管理人的职权

【详解】《企业破产法》第25条第1款规定："管理人履行下列职责：（一）接管债务人的财产、印章和账簿、文书等资料；（二）调查债务人财产状况，制作财产状况报告；（三）决定债务人的内部管理事务；（四）决定债务人的日常开支和其他必要开支；（五）在第一次债权人会议召开之前，决定继续或者停止债务人的营业；（六）管理和处分债务人的财产；（七）代表债务人参加诉讼、仲裁或者其他法律程序；（八）提议召开债权人会议；（九）人民法院认为管理人应当履行的其他职责。"据此，破产管理人有权管理和处分债务人的财产。需要注意的是，《企业破产法》第69条第1款规定："管理人实施下列行为，应当及时报告债权人委员会：（一）涉及土地、房屋等不动产权益的转让；（二）探矿权、采矿权、知识产权等财产权的转让；（三）全部库存或者营业的转让；（四）借款；（五）设定财产担保；（六）债权和有价证券的转让；（七）履行债务人和对方当事人均未履行完毕的合同；（八）放弃权利；（九）担保物的取回；（十）对债权人利益有重大影响的其他财产处分行为。"据此，在破产管理人决定处分债务人的财产时，应当及时报告债权人委员会，故D项正确。破产管理人属于破产程序中的法定机构，并非债务人的法定代表人，更多时候反而是代表债权人，破产管理人作出处分债务人财产的决定并非代表债务人，故A项错误。法院并不决定破产人的资产转让事宜，故B项错误。《企业破产法》第61条第1款规定："债权人会议行使下列职权：（一）核查债权；（二）申请人民法院更换管理人，审查管理人的费用和报酬；（三）监督管理人；（四）选任和更换债权人委员会成员；（五）决定继续或者停止债务人的营业；（六）通过重整计划；（七）通过和解协议；（八）通过债务人财产的管理方案；（九）通过破产财产的变价方案；（十）通过破产财产的分配方案；（十一）人民法院认为应当由债权人会议行使的其他职权。"据此，债权人会议的职责中并不包含处分债务人财产的内容，处分债务人财产事宜由破产管理人决定，故C项错误。

8.【答案】D

【考点】票据权利；票据抗辩

【详解】《票据法》第22条规定："汇票必须记载

下列事项：（一）表明'汇票'的字样；（二）无条件支付的委托；（三）确定的金额；（四）付款人名称；（五）收款人名称；（六）出票日期；（七）出票人签章。汇票上未记载前款规定事项之一的，汇票无效。"票据讲究形式性，票据无效的事由通常是票据不满足法定形式。本题中，票据形式合法，而且签发汇票也不存在非法交易的情形，不存在任何无效事由，故A项错误。《票据法》第13条规定："票据债务人不得以自己与出票人或者与持票人的前手之间的抗辩事由，对抗持票人。但是，持票人明知存在抗辩事由而取得票据的除外。票据债务人可以对不履行约定义务的与自己有直接债权债务关系的持票人，进行抗辩。本法所称抗辩，是指票据债务人根据本法规定对票据债权人拒绝履行义务的行为。"据此，票据抗辩虽然受到限制，但直接前后手之间可以主张票据抗辩，故甲公司可以拒绝乙公司的票据权利请求，B项错误。《票据法》第11条规定："因税收、继承、赠与可以依法无偿取得票据的，不受给付对价的限制。但是，所享有的票据权利不得优于其前手的权利。前手是指在票据签章人或者持票人之前签章的其他票据债务人。"因为丙是通过从乙公司接受赠与而获得票据，其享有的票据权利不能优于乙公司，所以甲公司可以拒绝丙的票据权利请求，据此，C项错误。《票据法》第44条规定："付款人承兑汇票后，应当承担到期付款的责任。"据此，D项正确。

9.【答案】C

【考点】非公开募集基金

【详解】《证券投资基金法》第87条第1款规定："非公开募集基金应当向合格投资者募集，合格投资者累计不得超过二百人。"据此，A项错误。《证券投资基金法》第91条规定："非公开募集基金，不得向合格投资者之外的单位和个人募集资金，不得通过报刊、电台、电视台、互联网等公众传播媒体或者讲座、报告会、分析会等方式向不特定对象宣传推介。"据此，B项错误。《证券投资基金法》第94条第2款规定："非公开募集基金财产的证券投资，包括买卖公开发行的股份有限公司股票、债券、基金份额，以及国务院证券监督管理机构规定的其他证券及其衍生品种。"据此，C项正确。《证券投资基金法》第94条第1款规定："非公开募集基金募集完毕，基金管理人应当向基金行业协会备案。对募集的资金总额或者基金份额持有人的人数达到规定标准的基金，基金行业协会应当向国务院证券监督管理机构报告。"据此，非公开募集基金应当向基金业协会备案，故D项错误。

10.【答案】B

【考点】人身保险合同

【详解】《保险法》第44条第1款规定："以被保险人死亡为给付保险金条件的合同，自合同成立或者合同效力恢复之日起二年内，被保险人自杀的，保险人不承担给付保险金的责任，但被保险人自杀时为无民事行为能力人的除外。"据此，如果王某在合同成立2年后自杀，保险公司应当支付保险金，故A项错误。《保险法》第34条第1款规定："以死亡为给付保险金条件的合同，未经被保险人同意并认可保险金额的，合同无效。"据此，《保险法》强调的是被保险人同意并认可保险金额，被保险人既可以自己签字，也可以授权他人签字，故B项正确。《保险法》第34条第2款规定："按照以死亡为给付保险金条件的合同所签发的保险单，未经被保险人书面同意，不得转让或者质押。"据此，C项错误。《保险法》第34条第3款规定："父母为其未成年子女投保的人身保险，不受本条第一款规定限制。"据此，死亡保险必须经过被保险人同意的例外只有父母为未成年人子女购买保险这一项，投保人为配偶购买死亡保险仍然要经过被保险人的同意，故D项错误。

11.【答案】AB
【考点】有限公司的组织机构
【详解】《公司法》第64条第1款规定："召开股东会会议，应当于会议召开十五日前通知全体股东；但是，公司章程另有规定或者全体股东另有约定的除外。"据此，公司章程可以对股东会会议召开的通知时间另外作出规定，故A项正确。《公司法》第66条第3款规定："股东会作出修改公司章程、增加或者减少注册资本的决议，以及公司合并、分立、解散或者变更公司形式的决议，应当经代表三分之二以上表决权的股东通过。"据此规定，公司重大事项应当坚持资本多数决，防止大股东压榨小股东，问题是："应当经代表三分之二以上表决权"该如何理解？2/3究竟是可以超越的最低标准还是不能改动的绝对标准？从字面意思来看，可以认为2/3是最低标准，公司章程可以约定公司解散需要全体股东一致同意。尽管全体股东一致同意的约定容易造成公司治理僵局，但也可以充分彰显股东自治与章程自治，并不违反法律规定，故B项正确。《公司法》第73条第1款规定："董事会的议事方式和表决程序，除本法有规定的外，由公司章程规定。"《公司法》第73条第3款规定："董事会决议的表决，实行一人一票。"在此，《公司法》特别将董事的表决机制确立为一人一票，属于强制性法律规定，不容许公司章程规定董事表决权按所代表股东的出资比例行使，故C项错误。《公司法》第76条第2款规定："监事会成员为三人以上。监事会成员应当包括股东代表和适当比例的公司职工代表，其中职工代表的比例不得低于三分之一，具体比例由公司章程规定。监事会中的职工代表由公司职工通过职工代表大会、职工大会或者其他形式民主选举产生。"据此，如果科鼎有限公司设监事会，则公司监事应当包括适当比例的公司职工代表，而

不能全由公司股东代表组成，就此而言，D项错误。但是，如果科鼎有限公司股东较少，公司决定不设监事会，则公司监事可以由公司股东担任，D项又属于正确选项。总体而言，因为D项表述存在错误的可能，故不能选。

12.【答案】BCD
【考点】监事会的职权
【详解】《公司法》第78条规定："监事会行使下列职权：（一）检查公司财务；（二）对董事、高级管理人员执行职务的行为进行监督，对违反法律、行政法规、公司章程或者股东会决议的董事、高级管理人员提出解任的建议；（三）当董事、高级管理人员的行为损害公司的利益时，要求董事、高级管理人员予以纠正；（四）提议召开临时股东会会议，在董事会不履行本法规定的召集和主持股东会会议职责时召集和主持股东会会议；（五）向股东会会议提出提案；（六）依照本法第一百八十九条的规定，对董事、高级管理人员提起诉讼；（七）公司章程规定的其他职权。"据此，监事会有权提议召开股东会会议，无权提议召开董事会会议，故A项错误，B项正确；监事会有权提议罢免董事狄某，C项正确。《公司法》第79条第2款规定："监事会发现公司经营情况异常，可以进行调查；必要时，可以聘请会计师事务所等协助其工作，费用由公司承担。"据此，监事会可以聘请"会计师事务所等"协助调查，其中应该包括聘请律师事务所协助调查，故D项正确。

13.【答案】AD
【考点】股份公司创立大会的职权
【详解】《公司法》第104条第1款规定："公司成立大会行使下列职权：（一）审议发起人关于公司筹办情况的报告；（二）通过公司章程；（三）选举董事、监事；（四）对公司的设立费用进行审核；（五）对发起人非货币财产出资的作价进行审核；（六）发生不可抗力或者经营条件发生重大变化直接影响公司设立的，可以作出不设立公司的决议。"据此，厚亿公司的章程应当在公司成立大会（2023年《公司法》将"创立大会"改为"公司成立大会"——编者注）上通过，A项正确。设立厚亿公司的各种费用应由公司成立大会审核，D项正确。发起人非货币出资的作价应当由公司成立大会审核，但发起人出资的验资证明不需要由公司成立大会审核，故B项错误。《公司法》并未要求公司的经营方针在公司成立大会上决定，故C项错误。

14.【答案】AC
【考点】上市公司董事的表决回避
【详解】《公司法》第139条规定："上市公司董事与董事会会议决议事项所涉及的企业或者个人有关联关系的，该董事应当及时向董事会书面报告。有关联关系的董事不得对该项决议行使表决权，也不得代

理其他董事行使表决权。该董事会会议由过半数的无关联关系董事出席即可举行，董事会会议所作决议须经无关联关系董事过半数通过。出席董事会会议的无关联关系董事人数不足三人的，应当将该事项提交上市公司股东会审议。"关于"关联关系"的界定，《公司法》第 265 条第 4 项规定："关联关系，是指公司控股股东、实际控制人、董事、监事、高级管理人员与其直接或者间接控制的企业之间的关系，以及可能导致公司利益转移的其他关系。但是，国家控股的企业之间不仅因为同受国家控股而具有关联关系。"本题中，董事梁某的妻子在坤诚公司任副董事长，应当认为董事梁某与坤诚公司之间存在关联关系，所以针对星煌公司向坤诚公司的投资之事，梁某需要回避表决，故 A 项正确。既然梁某需要回避表决，其他人自然不能代理梁某进行表决，故 B 项错误。题目中"参加董事会人数不足"的含义不是很清晰，可以将其理解为"出席董事会会议的无关联关系董事人数不足三人"，若如此，则应提交股东会（2023 年《公司法》删去"股东大会"表述——编者注）审议，故 C 项正确。星煌公司能否投资于坤诚公司，应当由星煌公司董事会或股东会决定，不能一概而论，故 D 项错误。

15.【答案】BC

【考点】有限合伙人的权利

【详解】《合伙企业法》第 64 条规定："有限合伙人可以用货币、实物、知识产权、土地使用权或者其他财产权利作价出资。有限合伙人不得以劳务出资。"本题中，甲公司为灏德投资的有限合伙人，不能以劳务出资，故合伙协议不能约定甲公司以劳务出资，A 项错误。《合伙企业法》第 71 条规定："有限合伙人可以自营或者同他人合作经营与本有限合伙企业相竞争的业务；但是，合伙协议另有约定的除外。"据此，合伙协议可以约定甲公司的竞业禁止义务，故 B 项正确。《合伙企业法》第 72 条规定："有限合伙人可以将其在有限合伙企业中的财产份额出质；但是，合伙协议另有约定的除外。"据此，合伙协议可以排除甲公司对合伙份额的出质权，故 C 项正确。《合伙企业法》第 73 条规定："有限合伙人可以按照合伙协议的约定向合伙人以外的人转让其在有限合伙企业中的财产份额，但应当提前三十日通知其他合伙人。"据此，转让合伙企业份额是有限合伙人不可剥夺的权利，合伙协议不能禁止合伙份额转让，故 D 项错误。

16.【答案】BC

【考点】破产债务

【详解】《企业破产法》第 109 条规定："对破产人的特定财产享有担保权的权利人，对该特定财产享有优先受偿的权利。"据此，债务人破产之后，债权人享有的担保物权不受影响，破产法上称之为别除

权。需要注意的是，别除权的行使受到破产程序的限制，至少要进行债权申报和债权确认之后，方能行使别除权。就此，《企业破产法》第 48 条第 1 款规定："债权人应当在人民法院确定的债权申报期限内向管理人申报债权。"《企业破产法》第 49 条规定："债权人申报债权时，应当书面说明债权的数额和有无财产担保，并提交有关证据。申报的债权是连带债权的，应当说明。"本题中，翰扬公司就其享有抵押权的债权可以行使抵押权，但必须经过破产债权申报和确认之后方能行使，而非在破产受理后直接行使，故而 A 项错误。《企业破产法》第 18 条第 1 款规定："人民法院受理破产申请后，管理人对破产申请受理前成立而债务人和对方当事人均未履行完毕的合同有权决定解除或者继续履行，并通知对方当事人。管理人自破产申请受理之日起二个月内未通知对方当事人，或者自收到对方当事人催告之日起三十日内未答复的，视为解除合同。"据此，B 项正确。《企业破产法》第 38 条规定："人民法院受理破产申请后，债务人占有的不属于债务人的财产，该财产的权利人可以通过管理人取回。但是，本法另有规定的除外。"在此，取回权的客体是特定的动产或者不动产，但货币本身具有占有即所有的特征，对货币不能行使取回权，而应当将该不当得利返还请求权作为破产债权进行申报，故 C 项正确。《企业破产法》第 40 条规定："债权人在破产申请受理前对债务人负有债务的，可以向管理人主张抵销。但是，有下列情形之一的，不得抵销：（一）债务人的债务人在破产申请受理后取得他人对债务人的债权的……"据此，债务人的债务人在破产受理之后取得的债权不能与其对债务人的债务进行抵销，故 D 项错误。

17.【答案】ABD

【考点】票据伪造

【详解】《票据法》第 26 条规定："出票人签发汇票后，即承担保证该汇票承兑和付款的责任。出票人在汇票得不到承兑或者付款时，应当向持票人清偿本法第七十条、第七十一条规定的金额和费用。"本题中，甲公司签发的票据合法有效，甲公司应当承担票据责任，故 A 项正确。《票据法》第 14 条第 1 款规定："票据上的记载事项应当真实，不得伪造、变造。伪造、变造票据上的签章和其他记载事项，应当承担法律责任。"在伪造票据的情形下，因为被假冒人李某并未在票据上签章，所以李某不承担票据责任，故 B 项正确。伪造人王某因为没有在票据上签章，所以王某不承担票据责任，尽管王某需要承担其他民事责任乃至刑事责任，故 C 项错误。《票据法》第 14 条第 2、3 款规定："票据上有伪造、变造的签章的，不影响票据上其他真实签章的效力。票据上其他记载事项被变造的，在变造之前签章的人，对原记载事项负责；在变造之后签章的人，对变造之后的记

载事项负责；不能辨别是在票据被变造之前或者之后签章的，视同在变造之前签章。"丙公司作为票据的合法持有人，享有票据权利，故 D 项正确。

18.【答案】BC

【考点】 上市公司并购

【详解】《证券法》第 74 条第 1 款规定："收购期限届满，被收购公司股权分布不符合证券交易所规定的上市交易要求的，该上市公司的股票应当由证券交易所依法终止上市交易；其余仍持有被收购公司股票的股东，有权向收购人以收购要约的同等条件出售其股票，收购人应当收购。"据此，收购完成后，如果被收购公司股权分布符合上市条件的，可以继续上市交易，故 A 项错误。《证券法》并未禁止收购失败者继续购买目标公司股票，故 B 项正确。《证券法》第 62 条规定："投资者可以采取要约收购、协议收购及其他合法方式收购上市公司。"《证券法》第 65 条第 1 款规定："通过证券交易所的证券交易，投资者持有或者通过协议、其他安排与他人共同持有一个上市公司已发行的有表决权股份达到百分之三十时，继续进行收购的，应当依法向该上市公司所有股东发出收购上市公司全部或者部分股份的要约。"据此，要约收购本身要求向所有股东进行收购，不能再与大股东进行协议收购，故 C 项正确。需要注意的是在收购人持股达到 30% 以后，如果收购人要继续收购，应当采用要约收购方式而不能再采用协议收购方式，但收购人在持股 30% 以后并没有继续收购的义务，故 D 项错误。

19.【答案】AB

【考点】 夸大保险损失

【详解】《保险法》第 27 条第 3 款规定："保险事故发生后，投保人、被保险人或者受益人以伪造、变造的有关证明、资料或者其他证据，编造虚假的事故原因或者夸大损失程度的，保险人对其虚报的部分不承担赔偿或者给付保险金的责任。"据此，在投保人等夸大损失的情形，保险人对于夸大的部分不支付保险金，对于实际损失则需要按照约定支付保险金，故 A 项正确，C 项错误。《保险法》第 27 条第 4 款规定："投保人、被保险人或者受益人有前三款规定行为之一，致使保险人支付保险金或者支出费用的，应当退回或者赔偿。"据此，B 项正确。投保人等夸大保险损失并非解除保险合同的理由，故 D 项错误。

20.【答案】AD

【考点】 临时股东会的召集

【详解】《公司法》第 63 条第 2 款规定："董事会不能履行或者不履行召集股东会会议职责的，由监事会召集和主持；监事会不召集和主持的，代表十分之一以上表决权的股东可以自行召集和主持。"本题中，甲持有源圣公司 25% 的股权，有权自行召集和主持股东会，故 A 项正确。而乙、丙所持股份都不足

10%，不能召集和主持股东会，故 BC 两项错误。既然甲单方即可召开临时股东会，甲联合乙、丙更可以召开临时股东会，故 D 项正确。

21.【答案】ABC

【考点】 股东抽逃出资的法律后果

【详解】《公司法》第 53 条第 1 款规定："公司成立后，股东不得抽逃出资。"《公司法解释（三）》第 12 条规定："公司成立后，公司、股东或者公司债权人以相关股东的行为符合下列情形之一且损害公司权益为由，请求认定该股东抽逃出资的，人民法院应予支持：（一）制作虚假财务会计报表虚增利润进行分配；（二）通过虚构债权债务关系将其出资转出；（三）利用关联交易将出资转出；（四）其他未经法定程序将出资抽回的行为。"本题中，源圣公司董事长陈某利用关联交易将出资转出，属于抽逃出资的行为。《公司法》第 53 条第 2 款规定："违反前款规定的，股东应当返还抽逃的出资；给公司造成损失的，负有责任的董事、监事、高级管理人员应当与该股东承担连带赔偿责任。"本题中，源圣公司董事长陈某帮助股东霓美公司抽逃出资，应当对返还出资承担连带责任，故 A 项正确。同时，股东霓美公司需要向源圣公司返还出资的相应利息，故 B 项正确。《公司法解释（三）》第 16 条规定："股东未履行或者未全面履行出资义务或者抽逃出资，公司根据公司章程或者股东会决议对其利润分配请求权、新股优先认购权、剩余财产分配请求权等股东权利作出相应的合理限制，该股东请求认定该限制无效的，人民法院不予支持。"本题中，股东霓美公司抽逃出资，源圣公司可以通过股东会决议限制霓美公司的利润分配请求权，故 C 项正确。《公司法解释（三）》第 17 条第 1 款规定："有限责任公司的股东未履行出资义务或者抽逃全部出资，经公司催告缴纳或者返还，其在合理期间内仍未缴纳或者返还出资，公司以股东会决议解除该股东的股东资格，该股东请求确认该解除行为无效的，人民法院不予支持。"据此，公司在解除抽逃出资股东的股东资格之前，需要先催告其返还出资，而不能直接解除其股东资格，故 D 项错误。

22.【答案】AD

【考点】 股东派生诉讼

【详解】《公司法》第 22 条规定："公司的控股股东、实际控制人、董事、监事、高级管理人员不得利用关联关系损害公司利益。违反前款规定，给公司造成损失的，应当承担赔偿责任。"《公司法》第 188 条规定："董事、监事、高级管理人员执行职务违反法律、行政法规或者公司章程的规定，给公司造成损失的，应当承担赔偿责任。"《公司法》第 189 条第 1 款规定："董事、高级管理人员有前条规定的情形的，有限责任公司的股东、股份有限公司连续一百八十日以上单独或者合计持有公司百分之一以上股份的

股东，可以书面请求监事会向人民法院提起诉讼；监事有前条规定的情形的，前述股东可以书面请求董事会向人民法院提起诉讼。"本题中，源圣公司控股股东霓美公司授意陈某损害源圣公司的利益，甲、乙、丙作为持股 1% 以上的股东，有权提起股东派生诉讼，故 A 项正确，B 项错误。股东派生诉讼是股东为了维护公司利益而起诉，所得赔偿应当归属公司而不是起诉的股东，故 C 项错误，D 项正确。

2017 年

1.【答案】D

【考点】分公司

【详解】《公司法》第 13 条第 1 款规定："公司可以设立子公司。子公司具有法人资格，依法独立承担民事责任。公司可以设立分公司。分公司不具有法人资格，其民事责任由公司承担。"据此，分公司是公司的一个组成部分，可以以公司名义从事民事活动，其法律责任由公司承担。《民法典》第 170 条第 1 款规定："执行法人或者非法人组织工作任务的人员，就其职权范围内的事项，以法人或者非法人组织的名义实施民事法律行为，对法人或者非法人组织发生效力。"据此，分公司的负责人有权以公司名义对外签约，如果事事都需要公司授权，分公司事实上无法运转，故 A 项正确。《公司法》第 3 条第 1 款规定："公司是企业法人，有独立的法人财产，享有法人财产权。公司以其全部财产对公司的债务承担责任。"分公司是公司的组成部分，分公司的债务就是公司的债务，应当以（总）公司及其所有分公司的财产清偿。据此，BC 两项正确，D 项错误。

2.【答案】B

【考点】董事会任期与董事会职责；股东代表诉讼

【详解】《公司法》第 70 条 2 款规定："董事任期届满未及时改选，或者董事在任期内辞任导致董事会成员低于法定人数的，在改选出的董事就任前，原董事仍应当依照法律、行政法规和公司章程的规定，履行董事职务。"《公司法》第 120 条第 2 款规定："本法第六十七条、第六十八条第一款、第七十条、第七十一条的规定，适用于股份有限公司。"虽然任期届满，但在董事会改选出新的董事长之前，彭兵仍然是公司的董事长，故 A 项错误。因为新的董事会成员尚未产生，原董事会成员仍须履行董事职责，B 项正确。《公司法》第 188 条规定："董事、监事、高级管理人员执行职务违反法律、行政法规或者公司章程的规定，给公司造成损失的，应当承担赔偿责任。"本题中，公司董事长彭兵消极怠工，给公司造成损失，应当承担赔偿责任，但投资失败并非彭兵一个人的问题，不能由彭兵承担全部赔偿责任，故 C 项错误。根据《公司法》第 189 条规定，当公司高管有违反公司忠实义务的行为时，公司股东可以请求公司监事会提起诉讼，在监事消极不作为时才能提起股东代表诉讼，故 D 项错误。

3.【答案】C

【考点】股东的出资义务；以其他公司股权出资

【详解】《公司法解释（三）》第 11 条第 1 款规定："出资人以其他公司股权出资，符合下列条件的，人民法院应当认定出资人已履行出资义务：（一）出资的股权由出资人合法持有并依法可以转让；（二）出资的股权无权利瑕疵或者权利负担；（三）出资人已履行关于股权转让的法定手续；（四）出资的股权已依法进行了价值评估。"本题中，虽然文某对甲公司的出资义务尚未实际履行完毕，但其出资义务按照甲公司章程规定在 2017 年 5 月缴足即可。因而在 2015 年 12 月，文某以其对甲公司享有的股权对乙公司出资完全合法，并不存在权利瑕疵，故 A 项错误。《公司法解释（三）》第 15 条规定："出资人以符合法定条件的非货币财产出资后，因市场变化或者其他客观因素导致出资财产贬值，公司、其他股东或者公司债权人请求该出资人承担补足出资责任的，人民法院不予支持。但是，当事人另有约定的除外。"本题中，文某以其对甲公司享有的合法股权对乙公司出资，其出资因为客观因素而发生贬值，文某不承担补足出资的责任，故 B 项错误。《公司法解释（三）》第 13 条第 1、2 款规定："股东未履行或者未全面履行出资义务，公司或者其他股东请求其向公司依法全面履行出资义务的，人民法院应予支持。公司债权人请求未履行或者未全面履行出资义务的股东在未出资本息范围内对公司债务不能清偿的部分承担补充赔偿责任的，人民法院应予支持；未履行或者未全面履行出资义务的股东已经承担上述责任，其他债权人提出相同请求的，人民法院不予支持。"据此，如果文某不履行其对甲公司的出资义务，甲公司有权要求其履行，故 C 项正确。乙公司既不是甲公司的股东，也不是甲公司的债权人，无权要求文某履行其对甲公司的出资义务，故 D 项错误。

4.【答案】C

【考点】强制执行公司股权

【详解】《公司法》第 85 条规定："人民法院依照法律规定的强制执行程序转让股东的股权时，应当通知公司及全体股东，其他股东在同等条件下有优先购买权。其他股东自人民法院通知之日起满二十日不行使优先购买权的，视为放弃优先购买权。"据此，在强制执行公司股权时，应当由法院通知其他股东而不是由债权人通知其他股东，故 A 项错误。其他股东行使优先购买权的时间是 20 天而不是 1 个月，故 B 项错误。公司股权在数额上可以分割，如果汪某所持股权的 50% 在价值上即可清偿债务，则永平公司不得强制执行其全部股权。故 C 项正确。《公司法》第

32 条第 1 款规定："公司登记事项包括：……（六）有限责任公司股东、股份有限公司发起人的姓名或者名称。"《公司法》第 34 条规定："公司登记事项发生变更的，应当依法办理变更登记。公司登记事项未经登记或者未经变更登记，不得对抗善意相对人。"据此，工商变更登记仅是股权变动的对抗要件，而不是生效要件。在股权强制拍卖的情况下，因为法院事先已经通知了公司及其他股东，只要法院作出股权拍卖的裁定，即发生股权变动的效果，故 D 项错误。

5.【答案】C

【考点】合伙事务执行；共同代理

【详解】《合伙企业法》第 26 条第 2 款规定："按照合伙协议的约定或者经全体合伙人决定，可以委托一个或者数个合伙人对外代表合伙企业，执行合伙事务。"《民法典》第 166 条规定："数人为同一代理事项的代理人的，应当共同行使代理权，但是当事人另有约定的除外。"本题中，赵、钱共同担任合伙事务执行人，应当共同执行合伙事务，故 A 项错误。孙单独以合伙企业名义对外签约属于无权代理，其所签合同效力待定而非无效，故 B 项错误。C 项完全符合合伙协议的约定，正确。《合伙企业法》第 37 条规定："合伙企业对合伙人执行合伙事务以及对外代表合伙企业权利的限制，不得对抗善意第三人。"D 项，赵、钱违反合伙协议约定对外签约，其所签合同未必无效；如果相对人善意，则有效，故 D 项错误。

6.【答案】C

【考点】个人独资企业

【详解】《个人独资企业法》第 18 条规定："个人独资企业投资人在申请企业设立登记时明确以其家庭共有财产作为个人出资的，应当依法以家庭共有财产对企业债务承担无限责任。"在此，以家庭共有财产对企业债务承担无限责任，并不表明家庭成员全部成为合伙人，李甲所设立的企业依然是个人独资企业，故 A 项错误。《个人独资企业法》第 19 条第 1 款规定："个人独资企业投资人可以自行管理企业事务，也可以委托或者聘用其他具有民事行为能力的人负责企业的事务管理。"据此，李甲可以委托他人（包括自己的儿子李乙）管理个人独资企业事务，不能因此认定李甲是以家庭共有财产出资，故 B 项错误。《个人独资企业法》第 28 条规定："个人独资企业解散后，原投资人对个人独资企业存续期间的债务仍应承担偿还责任，但债权人在五年内未向债务人提出偿债请求的，该责任消灭。"据此，个人独资企业出资人对企业债务承担无限责任的期限为企业依法解散后 5 年内，故 C 项正确。《个人独资企业法》第 26 条规定："个人独资企业有下列情形之一时，应当解散：（一）投资人决定解散；（二）投资人死亡或者被宣告死亡，无继承人或者继承人决定放弃继承；（三）被依法吊销营业执照；（四）法律、行政法规

规定的其他情形。"据此，在投资人死亡后，如果有人继承，个人独资企业可以继续存在，故 D 项错误。

7.【答案】D

【考点】重整程序

【详解】《企业破产法》第 70 条第 1 款规定："债务人或者债权人可以依照本法规定，直接向人民法院申请对债务人进行重整。"《企业破产法》第 71 条规定："人民法院经审查认为重整申请符合本法规定的，应当裁定债务人重整，并予以公告。"据此，甲申请重整，不需要提供乙公司的投资承诺，故 A 项错误。同时，法院可以独立裁断是否启动重整程序，不需要债权人同意，故 B 项错误。《企业破产法》第 73 条第 1 款规定："在重整期间，经债务人申请，人民法院批准，债务人可以在管理人的监督下自行管理财产和营业事务。"据此，重整期间，管理人继续履行管理职责，故 C 项错误。《企业破产法》第 86 条第 2 款规定："自重整计划通过之日起十日内，债务人或者管理人应当向人民法院提出批准重整计划的申请。人民法院经审查认为符合本法规定的，应当自收到申请之日起三十日内裁定批准，终止重整程序，并予以公告。"据此，在法院批准重整计划后，重整程序即终止，D 项正确。

8.【答案】C

【考点】公示催告；除权判决

【详解】《票据法》第 44 条规定："付款人承兑汇票后，应当承担到期付款的责任。"据此，承兑银行应当承担票据责任，A 项错误。《票据法》第 15 条规定："票据丧失，失票人可以及时通知票据的付款人挂失止付，但是，未记载付款人或者无法确定付款人及其代理付款人的票据除外。收到挂失止付通知的付款人，应当暂停支付。失票人应当在通知挂失止付后三日内，也可以在票据丧失后，依法向人民法院申请公示催告，或者向人民法院提起诉讼。"据此，当事人申请公示催告的原因是票据遗失，本题中五悦公司在将票据背书转让给他人之后申请公示催告，属于伪报票据丧失的违法行为，不受法律保护，故 B 项错误，C 项正确。本案中，法院应当查明真相，保护亿凡公司的合法权益而不是作出除权判决，故 D 项错误。

9.【答案】B

【考点】基金运作方式的转换；基金信息公开

【详解】《证券投资基金法》第 78 条规定："按照基金合同的约定或者基金份额持有人大会的决议，基金可以转换运作方式或者与其他基金合并。"《证券投资基金法》第 79 条规定："封闭式基金扩募或者延长基金合同期限，应当符合下列条件，并报国务院证券监督管理机构备案：（一）基金运营业绩良好；（二）基金管理人最近二年内没有因违法违规行为受过行政处罚或者刑事处罚；（三）基金份额持有

人大会决议通过；（四）本法规定的其他条件。"据此，转换基金的运作方式，需要报证监会备案而不是经证监会核准，故 A 项错误。《证券投资基金法》第 68 条规定："开放式基金应当保持足够的现金或者政府债券，以备支付基金份额持有人的赎回款项。基金财产中应当保持的现金或者政府债券的具体比例，由国务院证券监督管理机构规定。"据此，"基金利达"由封闭式基金转换为开放式基金后，应当保持一定比例的现金或政府债券，故 B 项正确。《证券投资基金法》第 86 条第 3 款规定："基金份额持有人大会就审议事项作出决定，应当经参加大会的基金份额持有人所持表决权的二分之一以上通过；但是，转换基金的运作方式、更换基金管理人或者基金托管人、提前终止基金合同、与其他基金合并，应当经参加大会的基金份额持有人所持表决权的三分之二以上通过。"据此，转换基金运作方式应当由 2/3 以上的表决权通过而不是 1/2 以上的表决权通过，故 C 项错误。D 项没有法律根据。《证券投资基金法》第 76 条规定了基金的信息披露义务，包括公开财务状况与财务报表，但基金份额持有人并无查阅或复制基金会计账簿等财务资料的权利，故 D 项错误。

10.【答案】C

【考点】保险标的危险程度增加的通知义务

【详解】《保险法》第 52 条第 1 款规定："在合同有效期内，保险标的的危险程度显著增加的，被保险人应当按照合同约定及时通知保险人，保险人可以按照合同约定增加保险费或者解除合同。保险人解除合同的，应当将已收取的保险费，按照合同约定扣除自保险责任开始之日起至合同解除之日止应收的部分后，退还投保人。"据此，被保险人违反了保险标的危险程度增加的通知义务，保险公司有权解除合同，但不影响保险合同的效力，故 A 项错误。保险公司解除保险合同时，应当将超过保险合同期限部分的保险费退还给投保人，故 D 项错误。《保险法》第 52 条第 2 款规定："被保险人未履行前款规定的通知义务的，因保险标的的危险程度显著增加而发生的保险事故，保险人不承担赔偿保险金的责任。"本题中，姜某因为夜晚载客，与人发生碰撞而导致车损，该保险事故的发生应当属于"因保险标的的危险程度显著增加而发生的保险事故"，故保险公司不承担赔偿责任，故 B 项错误，C 项正确。

11.【答案】AB

【考点】公司增资

【详解】《公司法》第 227 条规定："有限责任公司增加注册资本时，股东在同等条件下有权优先按照实缴的出资比例认缴出资。但是，全体股东约定不按照出资比例优先认缴出资的除外。股份有限公司为增加注册资本发行新股时，股东不享有优先认购权，公司章程另有规定或者股东会决议决定股东享有优先认

购权的除外。"据此，湘星公司的三位股东可以决定不按照出资比例认缴出资，A 项正确。《公司法》第 47 条第 1 款规定："有限责任公司的注册资本为在公司登记机关登记的全体股东认缴的出资额。全体股东认缴的出资额由股东按照公司章程的规定自公司成立之日起五年内缴足。"B 项正确。《公司法》第 46 条第 1 款第 3 项规定，公司章程中应当载明公司注册资本，公司增资会引发公司注册资本变化，当然需要修订公司章程，故 C 项错误。《公司法》第 32 条第 1 款规定："公司登记事项包括：……（三）注册资本……"《公司法》第 34 条规定："公司登记事项发生变更的，应当依法办理变更登记。公司登记事项未经登记或者未经变更登记，不得对抗善意相对人。"故 D 项错误。

12.【答案】ABC

【考点】冒名股东

【详解】《公司法解释（三）》第 28 条规定："冒用他人名义出资并将该他人作为股东在公司登记机关登记的，冒名登记行为人应当承担相应责任；公司、其他股东或者公司债权人以未履行出资义务为由，请求被冒名登记为股东的承担补足出资责任或者对公司债务不能清偿部分的赔偿责任的，人民法院不予支持。"据此，其他股东可以要求冒名出资的胡铭履行出资义务，D 项正确。冒名股东与股份代持不同，在冒用他人名义出资的情形，冒名者是负有出资义务的股东，而被冒名者与公司没有任何关系。因为姚顺并非股东，不享有股东的任何权利，既不能向贝达公司主张分配利润，也不能参与贝达公司股东会，故 AB 两项错误。因为姚顺并非公司股东，所以不负有出资义务，贝达公司的债权人不能向其主张任何权利，故 C 项错误。

13.【答案】AC（原答案为 ABC）

【考点】抽逃出资

【详解】《公司法解释（三）》第 12 条规定："公司成立后，公司、股东或者公司债权人以相关股东的行为符合下列情形之一且损害公司权益为由，请求认定该股东抽逃出资的，人民法院应予支持：（一）制作虚假财务会计报表虚增利润进行分配；（二）通过虚构债权债务关系将其出资转出；（三）利用关联交易将出资转出；（四）其他未经法定程序将出资抽回的行为。"本题中，夏某将出资设法转出，已经构成抽逃出资的行为。《公司法解释（三）》第 14 条第 1 款规定："股东抽逃出资，公司或者其他股东请求其向公司返还出资本息、协助抽逃出资的其他股东、董事、高级管理人员或者实际控制人对此承担连带责任的，人民法院应予支持。"本题中，夏某抽逃出资，公司及公司其他股东可以要求夏某补足出资，故 AC 两项正确。关于 B 项，官方公布答案认为 B 项正确，其理由是：马某帮助夏某实施抽逃出资的行为，

需要对夏某补足出资承担连带责任，故 B 项正确。问题在于马某并非《公司法解释（三）》第 14 条第 1 款所规定的公司股东、实际控制人或者高管，其行为无法实际适用《公司法解释（三）》第 14 条第 1 款，认为 B 项正确，乃是类推适用《公司法解释（三）》第 14 条第 1 款，实际上认为一切帮助股东抽逃出资的人都要对股东补足出资承担连带责任，此种见解是否妥当，还有待研究。《公司法》第 53 条规定："公司成立后，股东不得抽逃出资。违反前款规定的，股东应当返还抽逃的出资；给公司造成损失的，负有责任的董事、监事、高级管理人员应当与该股东承担连带赔偿责任。"据此，榴风公司的债权人可以要求夏某在抽逃出资的范围内对其债权不能获得公司清偿的部分承担补充责任，但债权人无权要求夏某补足出资，故 D 项错误。

14.【答案】AB

【考点】公司总经理的选聘与职权

【详解】《公司法》第 74 条第 1 款规定："有限责任公司可以设经理，由董事会决定聘任或者解聘。"《公司法》第 126 条第 1 款规定："股份有限公司设经理，由董事会决定聘任或者解聘。"《公司法》第 67 条和第 120 条规定，董事会的职责之一是"决定聘任或者解聘公司经理及其报酬事项，并根据经理的提名决定聘任或者解聘公司副经理、财务负责人及其报酬事项"。据此，公司董事会可以决定总经理的聘任、解聘及其薪酬，而非股东会。王某受聘为总经理后，无权决定财务总监的人选，只能提请公司董事会任命其提名的人选，故 A 项正确，CD 项错误。《民法典》第 170 条第 1 款规定："执行法人或者非法人组织工作任务的人员，就其职权范围内的事项，以法人或者非法人组织的名义实施的民事法律行为，对法人或者非法人组织发生效力。"据此，王某作为公司总经理，有权以茂森公司名义对外签订合同，B 项正确。

15.【答案】ABCD

【考点】有限合伙企业

【详解】《合伙企业法》第 60 条规定："有限合伙企业及其合伙人适用本章规定；本章未作规定的，适用本法第二章第一节至第五节关于普通合伙企业及其合伙人的规定。"《合伙企业法》对有限合伙人的入伙、退伙并无特别规定，适用一般规定。《合伙企业法》第 43 条第 1 款规定："新合伙人入伙，除合伙协议另有约定外，应当经全体合伙人一致同意，并依法订立书面入伙协议。"据此，在合伙协议没有特别约定的情况下，有限合伙人的入伙需要经过其他全体合伙人的一致同意，而不仅仅是普通合伙人的同意，故 A 项错误。《合伙企业法》第 77 条规定："新入伙的有限合伙人对入伙前有限合伙企业的债务，以其认缴的出资额为限承担责任。"据此，三江公司应当以

认缴的出资额而不是实缴的出资额为限承担责任，故 B 项错误。《合伙企业法》第 28 条第 2 款规定："合伙人为了解合伙企业的经营状况和财务状况，有权查阅合伙企业会计账簿等财务资料。"同时，根据《合伙企业法》第 68 条第 2 款规定，有限合伙人"对涉及自身利益的情况，查阅有限合伙企业财务会计账簿等财务资料"不视为执行合伙企业事务。从这些规定可以看出，有限合伙人查阅合伙企业财务会计账簿的权利是受到限制的，即只有在涉及自身利益的情况下才能够查阅，而不能随意查阅合伙企业财务会计账簿，故 C 项错误。《合伙企业法》第 71 条规定："有限合伙人可以自营或者同他人合作经营与本有限合伙企业相竞争的业务；但是，合伙协议另有约定的除外。"据此，D 项错误。

16.【答案】BC

【考点】重整程序；共益债务

【详解】企业重整期间发生的债务为共益债务，从债务人的财产中随时清偿，而不是列为破产债权，故 A 项错误，B 项正确。齐某与舜泰公司约定，如借款 1 年内还清就不计利息，说明超过 1 年还清则要计算逾期利息。《民法典》第 676 条规定："借款人未按照约定的期限返还借款的，应当按照约定或者国家有关规定支付逾期利息。"《民间借贷规定》第 28 条特别规定了逾期利率的标准。据此，舜泰公司逾期还款之后，应当支付逾期利息。本案的特殊之处在于，舜泰公司逾期还款之时恰恰是其被宣告破产之时，逾期利息刚要开始计算，舜泰公司就被宣告破产了，相关的逾期利息事实上并未产生，所以齐某不能要求舜泰公司支付逾期利息，故 C 项正确，D 项错误。

17.【答案】CD

【考点】支票记载事项

【详解】《票据法》第 84 条第 1 款规定："支票必须记载下列事项：（一）表明'支票'的字样；（二）无条件支付的委托；（三）确定的金额；（四）付款人名称；（五）出票日期；（六）出票人签章。支票上未记载前款规定事项之一的，支票无效。"同时，《票据法》第 85 条规定："支票上的金额可以由出票人授权补记，未补记前的支票，不得使用。"据此，欠缺票据金额并不会导致支票无效，只要在使用支票前补记金额即可。本题中，出票人因为疏忽，未记载票据金额的中文大写，使用之前补记中文大写即可，不影响支票的效力，故 AB 两项错误，CD 两项正确。

18.【答案】BD

【考点】上市公司收购

【详解】《证券法》第 63 条第 1 款规定："通过证券交易所的证券交易，投资者持有或者通过协议、其他安排与他人共同持有一个上市公司已发行的有表决权股份达到百分之五时，应当在该事实发生之日起

三日内，向国务院证券监督管理机构、证券交易所作出书面报告，通知该上市公司，并予公告，在上述期限内不得再行买卖该上市公司的股票，但国务院证券监督管理机构规定的情形除外。"据此，持有某家上市公司股份达到5%的股东，应当向证监会、交易所报告，并且发布公告，甲违反了信息披露义务，应该受到证监会处罚。《证券法》第196条规定："收购人未按照本法规定履行上市公司收购的公告、发出收购要约义务的，责令改正，给予警告，并处以五十万元以上五百万元以下的罚款。对直接负责的主管人员和其他直接责任人员给予警告，并处以二十万元以上二百万元以下的罚款。收购人及其控股股东、实际控制人利用上市公司收购，给被收购公司及其股东造成损失的，应当依法承担赔偿责任。"该规定只是对违反信息披露义务的收购人进行行政处罚，但并未禁止其继续购买目标公司股票，故A项错误。C项同样错误，收购人违反披露义务，并不影响其股票买卖的效力。《证券法》第65条第1款规定："通过证券交易所的证券交易，投资者持有或者通过协议、其他安排与他人共同持有一个上市公司已发行的有表决权股份达到百分之三十时，继续进行收购的，应当依法向该上市公司所有股东发出收购上市公司全部或者部分股份的要约。"据此，持股30%以上的股东有强制要约收购的义务。本题中，甲持股6%，并无强制要约收购义务，乙可以邀请其他公司对力扬公司展开要约收购，故B项正确。《证券法》第71条第1款规定："采取协议收购方式的，收购人可以依照法律、行政法规的规定同被收购公司的股东以协议方式进行股份转让。"本题中，因为甲对上市公司持股6%，不负有强制要约收购的义务，所以甲可以采取协议收购的方式进行收购，丁可以将其所持股份全部转让给甲，故D项正确。

19.【答案】BD

【考点】以死亡为支付条件的保险合同；宣告死亡

【详解】《保险法》第39条第1款规定："人身保险的受益人由被保险人或者投保人指定。"李某作为完全行为能力人，有权指定其妻子为保险受益人，保险合同合法有效，故A项错误。《最高人民法院关于适用〈中华人民共和国保险法〉若干问题的解释（三）》［以下简称《保险法解释（三）》］第24条规定："投保人为被保险人订立以死亡为给付保险金条件的保险合同，被保险人被宣告死亡后，当事人要求保险人按照保险合同约定给付保险金的，人民法院应予支持。被保险人被宣告死亡之日在保险责任期间之外，但有证据证明下落不明之日在保险责任期间之内，当事人要求保险人按照保险合同约定给付保险金的，人民法院应予支持。"在此，宣告死亡是人民法院依据法律规定所作的死亡认定判决，判决的生效

时间并不是下落不明人的确切死亡时间。如果有证据证明李某在保险期间下落不明，则保险公司应当承担赔偿责任，故BD两项正确，C项错误。

20.【答案】ACD

【考点】公积金的提取

【详解】《公司法》第210条第1、2款规定："公司分配当年税后利润时，应当提取利润的百分之十列入公司法定公积金。公司法定公积金累计额为公司注册资本的百分之五十以上的，可以不再提取。公司的法定公积金不足以弥补以前年度亏损的，在依照前款规定提取法定公积金之前，应当先用当年利润弥补亏损。"根据上述规定，结合会计规则与实务，在公司存在往年亏损的情况下，公司应当是先用当年利润弥补亏损，然后再按照弥补往年亏损之后的剩余利润计提法定公积金，而不是按照当年税后利润计提法定公积金。紫霞公司2016年税后利润7000万元，减去弥补往年亏损的3000万元，还有剩余利润4000万元，计提10%的法定公积金，即400万元。故公司应提取的法定公积金数额为400万元，A项正确。《公司法》第210条第3款规定："公司从税后利润中提取法定公积金后，经股东会决议，还可以从税后利润中提取任意公积金。"法定公积金即公司法强制要求公司提取的公积金数额为税后利润的10%，超过该数额之外的公积金为任意公积金。至于累计提取的法定公积金数额，如果超过公司注册资本的50%（2500万元），可以不再提取法定公积金，但是不存在提取法定公积金的数额不超过税后利润的50%这样的规定，故B项错误。因为公司法对任意公积金的提取数额没有要求或者限制，公司可以提取任意公积金1000万元，C项正确。《公司法》第210条第4款规定："公司弥补亏损和提取公积金后所余税后利润，有限责任公司按照股东实缴的出资比例分配利润，全体股东约定不按照出资比例分配利润的除外；股份有限公司按照股东所持有的股份比例分配利润，公司章程另有规定的除外。"据此，公司在分配2016年税后利润7000万元之前，应当先弥补往年亏损3000万元，再计提400万元的法定公积金，如此还剩下3600万元利润可供分配。同时，《公司法》第214条第1款规定："公司的公积金用于弥补公司的亏损、扩大公司生产经营或者转为增加公司注册资本。"公司2016年底的公积金余额为5万元，如果以该5万元公积金弥补往年亏损，则公司2016年税后利润中用来弥补亏损2995万元即可，如此弥补亏损加上计提法定公积金之后的剩余利润为3605万元。所以，公司向股东可分配利润的上限为3605万元，D项正确。

21.【答案】BC

【考点】公积金的用途

【详解】《公司法》第214条第1款规定："公司的公积金用于弥补公司的亏损、扩大公司生产经营或

者转为增加公司注册资本。"据此，公司公积金可以用于弥补公司日后经营中的亏损，但是不可能用于弥补公司当年的亏损，因为只有在弥补了 2016 年当年的亏损之后，才有公司利润可言，才可能提取公积金，不可能再用公积金去弥补当年的亏损，故 A 项错误。公积金可以用于扩大生产，故 B 项正确。公积金可以用于转增资本，故 C 项正确。《公司法》第168 条第 3 款规定："法定公积金转为增加注册资本时，所留存的该项公积金不得少于转增前公司注册资本的百分之二十五。"本题中，转增前公司注册资本为 5000 万元，公司转增注册资本后其法定公积金留存不得少于 1250 万元。因为公司 2016 年的法定公积金数额只有 405 万元，少于转增前公司注册资本的 25%，故不能用于转增注册资本，D 项错误。

22.【答案】ACD（原答案为 D）

【考点】股份回购；股权激励

【详解】《公司法》第 162 条规定："公司不得收购本公司股份。但是，有下列情形之一的除外：……（三）将股份用于员工持股计划或者股权激励……属于第三项、第五项、第六项情形的，公司合计持有的本公司股份数不得超过本公司已发行股份总数的百分之十，并应当在三年内转让或者注销……"故 AC 项正确。《公司法》第 214 条第 1 款规定："公司的公积金用于弥补公司的亏损、扩大公司生产经营或者转为增加公司注册资本。"故 B 项错误。《公司法》第210 条第 5 款规定："公司持有的本公司股份不得分配利润。"故 D 项正确。

2018 年

1.【答案】D

【考点】一人公司和独资企业的特别规定

【详解】《公司法》并未禁止一个自然人同时设立一人公司和个人独资企业。A 项错误。《公司法》第 3 条第 1 款规定："公司是企业法人，有独立的法人财产，享有法人财产权。公司以其全部财产对公司的债务承担责任。"按照这一规定，一般情况下，股东并不对公司债务承担连带责任。《公司法》第 23 条第 3 款规定："只有一个股东的公司，股东不能证明公司财产独立于股东自己的财产的，应当对公司债务承担连带责任。"按照本条规定，只有在一人有限责任公司的股东不能证明财产独立时，才适用法人人格否认制度。因此，B 项错误。《公司法》第 15 条规定："公司向其他企业投资或者为他人提供担保，按照公司章程的规定，由董事会或者股东会决议；公司章程对投资或者担保的总额及单项投资或者担保的数额有限额规定的，不得超过规定的限额。公司为公司股东或者实际控制人提供担保的，应当经股东会决议。前款规定的股东或者受前款规定的实际控制人支

配的股东，不得参加前款规定事项的表决。该项表决由出席会议的其他股东所持表决权的过半数通过。"按照这一规定，对股东的担保必须由股东会作出决议，且相关股东不能参与表决，由于一人公司只有一个股东，而该股东又不能参与表决，因此，一人公司不能为股东债务提供担保，C 项错误。《公司法》并未禁止一人公司与其他主体共同设立新的公司的行为，D 项正确。

2.【答案】C

【考点】管理人的撤销权和债权人的债权

【详解】《企业破产法》第 32 条规定，人民法院受理破产申请前 6 个月内，债务人有本法第 2 条第 1款规定的情形，仍对个别债权人进行清偿的，管理人有权请求人民法院予以撤销。但是，个别清偿使债务人财产受益的除外。《企业破产法解释（二）》第 16条规定，债务人对债权人进行的以下个别清偿，管理人依据《企业破产法》第 32 条的规定请求撤销的，人民法院不予支持：……（2）债务人支付劳动报酬、人身损害赔偿金的……据此，甲公司支付给刘某的医药费、误工费等都属于人身损害赔偿金，不能撤销，AB 项错误。《企业破产法》第 82 条规定，下列各类债权的债权人参加讨论重整计划草案的债权人会议，依照下列债权分类，分组对重整计划草案进行表决：……（2）债务人所欠职工的工资和医疗、伤残补助、抚恤费用，所欠的应当划入职工个人账户的基本养老保险、基本医疗保险费用，以及法律、行政法规规定应当支付给职工的补偿金……这一规定表明，刘某作为职工，是有表决权的，C 项正确。《企业破产法》第 48 条第 2 款规定，债务人所欠职工的工资和医疗、伤残补助、抚恤费用，所欠的应当划入职工个人账户的基本养老保险、基本医疗保险费用，以及法律、行政法规规定应当支付给职工的补偿金，不必申报，由管理人调查后列出清单并予以公示。职工对清单记载有异议的，可以要求管理人更正；管理人不予更正的，职工可以向人民法院提起诉讼。因此，刘某所享有的工资债权是无须申报的，D 项错误。需要注意的是，无须申报的职工债权不包括因工伤而产生的伤残赔偿金等。因此，就伤残赔偿金等债权，刘某应该进行申报。

3.【答案】D

【考点】撤销决议

【详解】根据《公司法》第 26 条第 1 款规定，公司股东会、董事会的会议召集程序、表决方式违反法律、行政法规或者公司章程，或者决议内容违反公司章程的，股东自决议作出之日起 60 日内，可以请求人民法院撤销。但是，股东会、董事会的会议召集程序或者表决方式仅有轻微瑕疵，对决议未产生实质影响的除外。A 项错误。根据《公司法》第 89 条规定，对股东会合并决议投反对票的股东可以请求公司

按照合理的价格收购其股权，但本案中李某并未对该决议投反对票，B 项错误。根据《最高人民法院关于适用〈中华人民共和国公司法〉若干问题的规定（四）》［以下简称《公司法解释（四）》］第 4 条规定，股东请求撤销股东会决议，但会议召集程序仅有轻微瑕疵，且对决议未产生实质影响的，人民法院不予支持，C 项错误。根据《公司法解释（四）》第 3 条规定，原告请求撤销股东会决议的案件，应当列公司为被告。对决议涉及的其他利害关系人，可以依法列为第三人，D 项正确。

4.【答案】C

【考点】股东权利；查阅公司会计账簿

【详解】根据《公司法解释（四）》第 9 条规定，公司章程实质性剥夺股东查阅或者复制公司文件材料的权利，公司以此为由拒绝股东查阅或者复制的，人民法院不予支持。AB 项错误，股东甲、丙有权查阅公司会计账簿。赵某作为实际出资人，并不是公司的股东，不享有查账权，C 项正确。根据《公司法》第 57 条第 2 款规定，股东可以要求查阅公司会计账簿。D 项错误。

5.【答案】AC

【考点】股权变动效力；优先购买权

【详解】根据《公司法解释（四）》第 21 条规定，有限责任公司的股东向股东以外的人转让股权，以欺诈、恶意串通等手段，损害其他股东优先购买权，其他股东主张按照同等条件购买该转让股权的，人民法院应当予以支持，但其他股东仅提出确认股权转让合同及股权变动效力等请求，未同时主张按照同等条件购买转让股权的，人民法院不予支持。AC 项正确，BD 项错误。

6.【答案】C

【考点】普通合伙人个人债务清偿

【详解】根据《合伙企业法》第 42 条第 1 款规定，合伙人的自有财产不足清偿其与合伙企业无关的债务的，该合伙人可以以其从合伙企业中分取的收益用于清偿，A 项错误。根据《合伙企业法》第 42 条第 2 款规定，人民法院强制执行合伙人的财产份额时，应当通知全体合伙人，其他合伙人有优先购买权，B 项错误。法律并未限制其他合伙人协商代为清偿，C 项正确。根据《合伙企业法》第 42 条第 2 款规定，其他合伙人未购买，又不同意将该财产份额转让给他人的，应当依法办理退伙结算或削减其相应的财产份额，D 项错误。

7.【答案】BD

【考点】未申报债权清偿规则

【详解】根据《企业破产法》第 92 条第 2 款规定，债权人未依照规定申报债权的，在重整计划执行期间不得行使权利；在重整计划执行完毕后，可以按照重整计划规定的同类债权的清偿条件行使权利。

AC 项错误，B 项正确。根据《企业破产法》第 92 条第 1 款规定，经人民法院裁定批准的重整计划，对债务人和全体债权人均有约束力。D 项正确。

8.【答案】A

【考点】票据权利补救

【详解】根据《票据法》第 15 条规定，失票人应当在通知挂失止付后 3 日内，也可以在票据丧失后，依法向人民法院申请公示催告，或者向人民法院提起诉讼。针对复印件，丙银行、甲公司、乙公司均有权拒付，法理依据为对物抗辩，A 项正确，BCD 项错误。

9.【答案】C

【考点】死亡险追认规则及推定规则

【详解】根据《保险法》第 42 条规定，受益人与被保险人在同一事件中死亡，且不能确定死亡先后顺序的，推定受益人死亡在先，保险金作为被保险人的遗产，由保险人依照《民法典》的规定履行给付保险金的义务，AB 项错误，C 项正确。根据《保险法解释（三）》第 1 条第 1 款规定，当事人订立以死亡为给付保险金条件的合同，"被保险人同意并认可保险金额"可以在合同订立后追认，D 项错误。

2019 年

1.【答案】C

【考点】股权回购

【详解】《公司法》第 89 条第 1 款规定："有下列情形之一的，对股东会该项决议投反对票的股东可以请求公司按照合理的价格收购其股权：（一）公司连续五年不向股东分配利润，而公司该五年连续盈利，并且符合本法规定的分配利润条件；（二）公司合并、分立、转让主要财产；（三）公司章程规定的营业期限届满或者章程规定的其他解散事由出现，股东会通过决议修改章程使公司存续。"C 项正确。

2.【答案】BD

【考点】股东资格；出资瑕疵责任

【详解】《公司法》第 56 条第 2 款规定："记载于股东名册的股东，可以依股东名册主张行使股东权利。"可见，股东名册是股东身份或资格的法定证明文件。由于未办理相关股东名册和登记信息变更，所以甲仍然是公司股东，对于 2018 年 5 月后的公司收益，丙公司应当向甲分配，而不应向乙直接分配。因此，A 项正确，B 项错误。《公司法解释（三）》第 23 条规定："当当事人依法履行出资义务或者依法继受取得股权后，公司未根据公司法第三十一条、第三十二条的规定签发出资证明书、记载于股东名册并办理公司登记机关登记，当事人请求公司履行上述义务的，人民法院应予支持。"因此，C 项正确。《公司法解释（三）》第 17 条规定："有限责任公司的股东未履行出资义务或者抽逃全部出资，经公司催告缴纳或者返还，其在合理期间内仍未缴纳或者返还出资，公司以股东会决议解除该股东的股东资格，该股东请求确认该解除行为无效的，人民法院不予支持。在前款规定的情形下，人民法院在判决时应当释明，公司应当及时办理法定减资程序或者由其他股东或者第三人缴纳相应的出资。在办理法定减资程序或者其他股东或者第三人缴纳相应的出资之前，公司债权人依照本规定第十三条或者第十四条请求相关当事人承担相应责任的，人民法院应予支持。"因此，D项错误。

3.【答案】AC

【考点】股东出资期限

【详解】甲、乙在《出资协议》上签字确认，视为对公司章程原有出资期限的修改，各股东的出资时间应以2019年为准，故AC项正确。

4.【答案】AD

【考点】有限合伙人

【详解】《合伙企业法》第78条规定："有限合伙人有本法第四十八条第一款第一项、第三项至第五项所列情形之一的，当然退伙。"《合伙企业法》第48条规定："合伙人有下列情形之一的，当然退伙：……（三）作为合伙人的法人或者其他组织依法被吊销营业执照、责令关闭、撤销，或者被宣告破产……"甲公司并非自重整开始之日退伙，A项错误。《合伙企业法》第80条规定："作为有限合伙人的自然人死亡、被依法宣告死亡或者作为有限合伙人的法人及其他组织终止时，其继承人或者权利承受人可以依法取得该有限合伙人在有限合伙企业中的资格。"因此，B项正确。《合伙企业法》第72条规定："有限合伙人可以将其在有限合伙企业中的财产份额出质；但是，合伙协议另有约定的除外。"因此，C项正确。《合伙企业法》第68条第2款规定："有限合伙人的下列行为，不视为执行合伙事务：……（五）对涉及自身利益的情况，查阅有限合伙企业财务会计账簿等财务资料……"甲公司的管理人只有在涉及甲公司利益的情况下，才能查阅乙合伙企业的会计账簿，且不能复制。D项错误。

5.【答案】CD

【考点】合伙企业增资

【详解】《合伙企业法》第34条规定："合伙人按照合伙协议的约定或者经全体合伙人决定，可以增加或者减少对合伙企业的出资。"因此，CD项正确。

6.【答案】ABD

【考点】合伙份额的继承、转让和强制执行

【详解】《合伙企业法》第50条第1款规定："合伙人死亡或者被依法宣告死亡的，对该合伙人在合伙企业中的财产份额享有合法继承权的继承人，按照合伙协议的约定或者经全体合伙人一致同意，从继承开始之日起，取得该合伙企业的合伙人资格。"因

此，A项错误。《合伙企业法》第73条规定："有限合伙人可以按照合伙协议的约定向合伙人以外的人转让其在有限合伙企业中的财产份额，但应当提前三十日通知其他合伙人。"因此，BD项错误。《合伙企业法》第74条第2款规定："人民法院强制执行有限合伙人的财产份额时，应当通知全体合伙人。在同等条件下，其他合伙人有优先购买权。"因此，C项正确。

7.【答案】ACD

【考点】债权人会议和债权人委员会

【详解】《企业破产法》第67条第1款规定："债权人会议可以决定设立债权人委员会。债权人委员会由债权人会议选任的债权人代表和一名债务人的职工代表或者工会代表组成。债权人委员会成员不得超过九人。"因此，A项错误。《企业破产法解释（三）》第15条第1、2款规定："管理人处分企业破产法第六十九条规定的债务人重大财产的，应当事先制作财产管理或者变价方案并提交债权人会议进行表决，债权人会议表决未通过的，管理人不得处分。管理人实施处分前，应当根据企业破产法第六十九条的规定，提前十日书面报告债权人委员会或者人民法院。债权人委员会可以依照企业破产法第六十八条第二款的规定，要求管理人对处分行为作出相应说明或者提供有关文件依据。"题中处分破产债务人不动产的行为属于处分重大财产，需要经过债权人会议表决通过，只是管理人实施处分前提前10日书面报告债权人委员会。因此，B项正确，C项错误。《企业破产法解释（三）》第13条规定："债权人会议可以依照企业破产法第六十八条第一款第四项的规定，委托债权人委员会行使企业破产法第六十一条第一款第二、三、五项规定的债权人会议职权。债权人会议不得作出概括性授权，委托其行使债权人会议所有职权。"因此，只有对于以下三项债权人会议可以委托债权人委员会行使：申请人民法院更换管理人；审查管理人的费用和报酬；监督管理人；决定继续或者停止债务人的营业。D项错误。

8.【答案】A

【考点】公示催告

【详解】《民事诉讼法》第233条规定："没有人申报的，人民法院应当根据申请人的申请，作出判决，宣告票据无效。判决应当公告，并通知支付人。自判决公告之日起，申请人有权向支付人请求支付。"除权判决作出之日，票据无效，无论是付款请求权还是追索权都不能得到支持，银行可以拒付，A项正确。

9.【答案】D

【考点】受益人

【详解】《保险法解释（二）》第7条规定："保险人在保险合同成立后知道或者应当知道投保人未履行如实告知义务，仍然收取保险费，又依照

保险法第十六条第二款的规定主张解除合同的，人民法院不予支持。"保险人在明知被保险人甲未履行如实告知义务的情况下，仍为其办理保险，不能主张解除合同从而拒赔。保险合同中指定的受益人有效，按照《民法典》的规定，应由妻子和儿子平分。因此，D 项正确。

2020 年

1.【答案】B

【考点】股东资格继承

【详解】《公司法》第 90 条规定："自然人股东死亡后，其合法继承人可以继承股东资格；但是，公司章程另有规定的除外。"A 项正确，B 项错误。《公司法解释（四）》第 16 条规定："有限责任公司的自然人股东因继承发生变化时，其他股东主张依据公司法第七十一条第三款规定行使优先购买权的，人民法院不予支持，但公司章程另有规定或者全体股东另有约定的除外。"CD 项正确。

2.【答案】AB

【考点】普通合伙人财产份额出质

【详解】《合伙企业法》第 25 条规定："合伙人以其在合伙企业中的财产份额出质的，须经其他合伙人一致同意；未经其他合伙人一致同意，其行为无效，由此给善意第三人造成损失的，由行为人依法承担赔偿责任。"AB 项正确，CD 项错误。

3.【答案】ACD

【考点】有限合伙人

【详解】《合伙企业法》第 77 条规定："新入伙的有限合伙人对入伙前有限合伙企业的债务，以其认缴的出资额为限承担责任。"因此 A 项错误，B 项正确。《合伙企业法》第 79 条规定："作为有限合伙人的自然人在有限合伙企业存续期间丧失民事行为能力的，其他合伙人不得因此要求其退伙。"因此 C 项错误，该合伙企业无权要求其退伙；D 项错误，该有限合伙企业无须转为普通合伙企业。

4.【答案】BD

【考点】负面清单

【详解】《外商投资法》第 28 条第 1 款规定："外商投资准入负面清单规定禁止投资的领域，外国投资者不得投资。"A 项正确。《外商投资法》第 28 条第 2 款规定："外商投资准入负面清单规定限制投资的领域，外国投资者进行投资应当符合负面清单规定的条件。"B 项错误，C 项正确。《外商投资法》第 28 条第 3 款规定："外商投资准入负面清单以外的领域，按照内外资一致的原则实施管理。"D 项错误。

5.【答案】AB

【考点】保证人破产

【详解】《企业破产法解释（三）》第 4 条第 1

款规定："保证人被裁定进入破产程序的，债权人有权申报其对保证人的保证债权。"A 项正确。《企业破产法解释（三）》第 4 条第 2 款规定："主债务未到期的，保证债权在保证人破产申请受理时视为到期。一般保证的保证人主张行使先诉抗辩权的，人民法院不予支持，但债权人在一般保证人破产程序中的分配额应予提存，待一般保证人应承担的保证责任确定后再按照破产清偿比例予以分配。"B 项正确，C 项错误。《企业破产法解释（三）》第 4 条第 3 款规定："保证人被确定应当承担保证责任的，保证人的管理人可以就保证人实际承担的清偿额向主债务人或其他债务人行使求偿权。"D 项错误。

6.【答案】C

【考点】首次公开发行新股

【详解】《证券法》第 12 条第 1 款规定："公司首次公开发行新股，应当符合下列条件：（一）具备健全且运行良好的组织机构；（二）具有持续经营能力；（三）最近三年财务会计报告被出具无保留意见审计报告；（四）发行人及其控股股东、实际控制人最近三年不存在贪污、贿赂、侵占财产、挪用财产或者破坏社会主义市场经济秩序的刑事犯罪；（五）经国务院批准的国务院证券监督管理机构规定的其他条件。"C 项错误。

2021 年

1.【答案】AB

【考点】冒名股东

【详解】甲冒用乙的名义并将乙作为股东在公司登记机关登记，二人构成冒名法律关系。《公司法解释（三）》第 28 条规定："冒用他人名义出资并将该他人作为股东在公司登记机关登记的，冒名登记行为人应当承担相应责任；公司、其他股东或者公司债权人以未履行出资义务为由，请求被冒名登记为股东的承担补足出资责任或者对公司债务不能清偿部分的赔偿责任的，人民法院不予支持。"甲是冒名登记行为人，他实际享有股东权利，也要承担相应的责任。故 AB 项正确。乙是被冒名登记为股东的，和公司无关，所以无权无责。故 CD 项错误。

2.【答案】BCD

【考点】异议股东请求回购权；利润分配请求权

【详解】有限责任公司章程对本公司利润分配事项作出约定，符合有限责任公司封闭性和人合性的特点，是公司自治原则的体现，不违反公司法的禁止性规定。所以甲公司章程约定前 3 年不分红是合法有效的。A 项错误。《公司法》第 89 条第 1 款规定："有下列情形之一的，对股东会该项决议投反对票的股东可以请求公司按照合理的价格收购其股权：（一）公司连续五年不向股东分配利润，而公司该五年连续盈利，并且符合本法规定的分配利润条件……"公司章程前3年不分红的约定虽然有效，但至第5年仍不分红，已经超出了章程约定范畴，应当适用异议股东回购请求权的规则。故B项正确。理论上，利润分配请求权属于自益权，是指股东专为自己利益行使的权利，该项权利具有财产权属性。但该项权利能否单独转让，目前法律尚无明确规定。通说认为，如果公司作出分配利润决议，股东享有的是具体利润分配请求权，该权利虽然产生于作为成员权的抽象利润分配请求权，但具体利润分配请求权在性质上与普通债权无异，故股东可以在不转让股权的情况下，将公司利润分配决议已经确定分配的利润转让给他人。故C项正确。根据《公司法》第59条规定，股东会有权审议批准公司的利润分配方案和弥补亏损方案。所以公司是否分红均需股东会形成决议。故D项正确。

3.【答案】CD

【考点】 破产债权；保证债权

【详解】《企业破产法解释（三）》第4条第1、2款规定："保证人被裁定进入破产程序的，债权人有权申报其对保证人的保证债权。主债务未到期的，保证债权在保证人破产申请受理时视为到期。一般保证的保证人主张行使先诉抗辩权的，人民法院不予支持，但债权人在一般保证人破产程序中的分配额应予提存，待一般保证人应承担的保证责任确定后再按照破产清偿比例予以分配。"A项错误。《企业破产法》第51条第2款规定，债务人的保证人或者其他连带债务人尚未代替债务人清偿债务的，以其对债务人的将来求偿权申报债权。但是，债权人已经向管理人申报全部债权的除外。B项错误。《企业破产法解释（三）》第5条第1款规定，债务人、保证人均被裁定进入破产程序的，债权人有权向债务人、保证人分别申报债权。C项正确。《担保制度解释》第22条规定，人民法院受理债务人破产案件后，债权人请求担保人承担担保责任，担保人主张担保债务自人民法院受理破产申请之日起停止计息的，人民法院对担保人的主张应予支持。D项正确。

2022 年

1.【答案】CD

【考点】 对赌协议；新股优先认购权；公司担保

【详解】《公司法》第227条第1款规定，有限责任公司增加注册资本时，股东在同等条件下有权优先按照实缴的出资比例认缴出资。但是，全体股东约定不按照出资比例优先认缴出资的除外。在本题的事实中，乙公司在签署协议时并未经过全体股东的一致同意，损害其他股东新股优先认购权的协议条款，因违法而无效。A项正确。《公司法》第15条第2

款规定："公司为公司股东或者实际控制人提供担保的，应当经股东会决议。"B项正确。《全国法院民商事审判工作会议纪要》（法〔2019〕254号）指出，实践中俗称的"对赌协议"，又称估值调整协议，是指投资方与融资方在达成股权性融资协议时，为解决交易双方对目标公司未来发展的不确定性、信息不对称以及代理成本而设计的包含了股权回购、金钱补偿等对未来目标公司的估值进行调整的协议。根据《全国民商事审判工作会议纪要》的规定，投资方与目标公司的对赌协议并不当然无效，即一般有效。对于本题的对赌协议中约定的"如果未能完成上市，则需要补偿给投资方当年全部利润"是否违反了公司法所规定的利润分配原则，该约定并不当然无效。这是因为：第一，公司与投资方约定以当年的全部利润进行补偿，可以视为对补偿金额的确定，因此该约定本身是有效的；第二，只是在投资方向公司请求补偿时，需要满足利润分配的原则，即在符合利润分配原则的情况下可以补偿，否则法院应当予以驳回，待公司有利润时由投资方再行起诉，即利润分配原则仅影响协议的履行。所以，C项错误。D项认为前述约定因为违反资本维持原则而无效，该选项实际上考查该约定是否构成抽逃出资。公司约定了一个不确定数额的现金补偿，该现金补偿并不当然构成抽逃出资，该约定依然有效。只是公司在履行该约定的过程中，不能未经法定程序即向投资方支付现金并损害公司利益，否则可能构成抽逃出资。因此，D项错误。

2.【答案】C

【考点】 代表诉讼

【详解】《公司法》第189条第1、2款规定："董事、高级管理人员有前条规定的情形的，有限责任公司的股东、股份有限公司连续一百八十日以上单独或者合计持有公司百分之一以上股份的股东，可以书面请求监事会向人民法院提起诉讼；监事有前条规定的情形的，前述股东可以书面请求董事会向人民法院提起诉讼。监事会或者董事会收到前款规定的股东书面请求后拒绝提起诉讼，或者自收到请求之日起三十日内未提起诉讼，或者情况紧急、不立即提起诉讼将会使公司利益受到难以弥补的损害的，前款规定的股东有权为公司利益以自己的名义直接向人民法院提起诉讼。"苏齐食品公司是一家股份公司，乙满足持股比例和持股时间的要求。A项正确。丙已经将其股份转让，故2021年4月后其不具有股东资格，无权提起代表诉讼。C项错误。丁于2021年4月受让股份，至2022年5月，丁持股时间已经超过180天，且持股比例为50%，是代表诉讼的适格原告。D项正确。代表诉讼中，公司既不是原告也不是被告，但该诉讼的目的是维护公司利益，故公司应列为第三人。B项正确。

2023 年

【答案】B

【考点】公司决议的效力

【详解】《公司法》第 73 条规定："董事会的议事方式和表决程序，除本法有规定的外，由公司章程规定。董事会会议应当有过半数的董事出席方可举行。董事会作出决议，应当经全体董事的过半数通过。董事会决议的表决，应当一人一票。董事会应当对所议事项的决定作成会议记录，出席会议的董事应当在会议记录上签名。"据此，董事会作出决议应当经全体董事的过半数通过，题述决议通过比例为 4/9，未超过 1/2，故决议不成立。B 项正确。

经济法

2014 年

1.【答案】D

【考点】虚假宣传行为；诋毁商誉行为

【详解】本题的关键点有两个方面：第一个方面是，红心地板公司宣传自己的地板是"原装进口实木地板"而实际情况是"该公司生产的实木地板是用进口木材在国内加工而成"，其宣传行为容易让消费者误认为该地板是国外生产的，因而属于违反《反不正当竞争法》第 8 条的规定，是对商品的产地、生产者作引人误解的虚假宣传的行为；第二个方面是，该公司在广告中宣称"强化木地板甲醛高、不耐用"，并且造成了当地市场上强化木地板销量锐减的情况，该行为对当地所有生产"强化木地板"的生产企业的商业信用带来了不利影响，违反《反不正当竞争法》第 11 条的规定。故本题的正确答案为 D 项，其行为既构成虚假宣传行为，又构成诋毁商誉行为。

2.【答案】C

【考点】贷款法律制度

【详解】根据《商业银行法》第 46 条的规定，同业拆借，应当遵守中国人民银行的规定。禁止利用拆入资金发放固定资产贷款或者用于投资。拆出资金限于交足存款准备金、留足备付金和归还中国人民银行到期贷款之后的闲置资金。拆入资金用于弥补票据结算、联行汇差头寸的不足和解决临时性周转资金的需要。故 C 项当选。

【陷阱提示】出题人试图通过"有担保"以及"短期"等字眼，让考生产生该类资金用途风险小、安全的感觉，使得记忆不清晰的考生产生错误。考生需要牢牢掌握同业拆借资金所禁止用途的关键字眼"固定资产"，不要受到其他限定用词的干扰，才能作出正确选择。

3.【答案】B

【考点】税款征收

【详解】根据《税收征收管理法》第 45 条的规定，税务机关征收税款，税收优先于无担保债权，法律另有规定的除外；纳税人欠缴的税款发生在纳税人以其财产设定抵押、质押或者纳税人的财产被留置之前的，税收应当先于抵押权、质权、留置权执行。纳税人欠缴税款，同时又被行政机关决定处以罚款、没收违法所得的，税收优先于罚款、没收违法所得。根据该条规定，税款与银行贷款、罚款的清偿顺序应当是：发生在抵押权、质权、留置权之前的欠缴税款——抵押权、质权、留置权——发生在抵押权、质权、留置权之后的欠缴税款——一般民事赔偿及债权——行政罚款。由于本题开头就说明了该企业由于流动资金匮乏，一直拖欠缴纳税款，因而可以推论其欠缴税款发生于抵押贷款之前，故 B 项正确。

4.【答案】D

【考点】违反土地法的法律责任；城乡规划的法律责任

【详解】根据《土地管理法》第 77 条第 2 款的规定，超过批准的数量占用土地，多占的土地以非法占用土地论处。据此，房地产公司实际占用土地的面积超出其依法获得的出让土地使用权面积的行为属于非法占用土地的行为，土地行政主管部门可以对其进行行政处罚。根据《城乡规划法》第 64 条的规定，未取得建设工程规划许可证或者未按照建设工程规划许可证的规定进行建设的，由县级以上地方人民政府城乡规划主管部门责令停止建设；尚可采取改正措施消除对规划实施的影响的，限期改正，处建设工程造价 5% 以上 10% 以下的罚款；无法采取改正措施消除影响的，限期拆除，不能拆除的，没收实物或者违法收入，可以并处建设工程造价 10% 以下的罚款。可见，题中房地产公司实际建筑面积超过建设工程规划许可证规定的面积的行为属于"未按照建设工程规划许可证的规定进行建设的行为"。在实践中，多占土地与实际建筑面积超标并不是两种有必然联系的行为，房地产公司完全可以在不多占土地的情况下实现实际建筑面积超标的行为，这实际上是两种不同的违法行为，不适用"一事不再罚原则"。故本题的正确答案为 D。

5.【答案】ABC

【考点】垄断协议；行业协会组织垄断

【详解】《反垄断法》第 56 条规定："经营者违反本法规定，达成并实施垄断协议的，由反垄断执法机构责令停止违法行为，没收违法所得，并处上一年度销售额百分之一以上百分之十以下的罚款，上一年度没有销售额的，处五百万元以下的罚款；尚未实施所达成的垄断协议的，可以处三百万元以下的罚款。经营者的法定代表人、主要负责人和直接责任人员对达成垄断协议负有个人责任的，可以处一百万元以下的罚款。经营者组织其他经营者达成垄断协议或者为其他经营者达成垄断协议提供实质性帮助的，适用前款规定。经营者主动向反垄断执法机构报告达成垄断协议的有关情况并提供重要证据的，反垄断执法机构可以酌情减轻或者免除对该经营者的处罚。行业协会违反本法规定，组织本行业的经营者达成垄断协议的，由反垄断执法机构责令改正，可以处三百万元以下的罚款；情节严重的，社会团体登记管理机关可以依法撤销登记。"旅游协会的行为不构成行业自律行为，AB项错误。本题中提到旅游协会只是"召集当地旅行社商定"，经营者之间尚未达成且未实施相关垄断协议，故不满足处罚旅游协会的法定条件，故C项错误。由于甲旅行社主动向反垄断执法机构报告达成垄断协议的有关情况并提供重要证据，故D项正确。

6.【答案】ABD

【考点】混淆行为

【详解】根据《反不正当竞争法》第6条的规定："经营者不得实施下列混淆行为，引人误认为是他人商品或者与他人存在特定联系：（一）擅自使用与他人有一定影响的商品名称、包装、装潢等相同或者近似的标识；（二）擅自使用他人有一定影响的企业名称（包括简称、字号等）、社会组织名称（包括简称等）、姓名（包括笔名、艺名、译名等）；（三）擅自使用他人有一定影响的域名主体部分、网站名称、网页等；（四）其他足以引人误认为是他人商品或者与他人存在特定联系的混淆行为。"由此可以看出，混淆行为并不要求被仿冒的知名商品取得外观设计专利，A项错误；混淆的要素不仅限于厂名、厂址和商标，图案、色彩等因素也可能成为混淆的对象，故B项错误；一般的消费者能够分辨二者的区别，不会导致"混淆"的结果，就不会构成混淆行为，因而C项正确，D项错误。

7.【答案】ABD

【考点】网购无理由退货

【详解】根据本题的案例描述，可以确认张某从某网店购买的汽车坐垫并不存在质量问题，因而不适用《消费者权益保护法》第24条有关质量问题引起的退换货的规定。根据《消费者权益保护法》第25条的规定，经营者采用网络、电视、电话、邮购等方式销售商品，消费者有权自收到商品之日起7日内退货，且无需说明理由，但下列商品除外：（1）消费者定作的；（2）鲜活易腐的；（3）在线下载或者消费者拆封的音像制品、计算机软件等数字化商品；（4）交付的报纸、期刊。除前款所列商品外，其他根据商品性质并经消费者在购买时确认不宜退货的商品，不适用无理由退货。消费者退货的商品应当完好。经营者应当自收到退回商品之日起7日内返还消费者支付的商品价款。退回商品的运费由消费者承

担；经营者和消费者另有约定的，按照约定。故A项错误，汽车坐垫不属于音像制品、计算机软件等数字化商品，不能以拆封作为拒绝退换的理由。B项错误，网店7日内退货不需要理由。C项正确。D项错误，经营者应当自收到退回商品之日起7日内返还消费者支付的商品价款。

8.【答案】ACD

【考点】食品损害赔偿

【详解】根据《食品安全法》第54条的规定，食品经营者应当按照保证食品安全的要求贮存食品，定期检查库存食品，及时清理变质或者超过保质期的食品。故A项正确，B项错误。根据《消费者权益保护法》第49条的规定，经营者提供商品或者服务，造成消费者或者其他受害人身伤害的，应当赔偿医疗费、护理费、交通费等为治疗和康复支出的合理费用，以及因误工减少的收入。造成残疾的，还应当赔偿残疾生活辅助具费和残疾赔偿金。造成死亡的，还应当赔偿丧葬费和死亡赔偿金。根据《消费者权益保护法》第55条第2款的规定，经营者明知商品或者服务存在缺陷，仍然向消费者提供，造成消费者或者其他受害人死亡或者健康严重损害的，受害人有权要求经营者依照本法第49条、第51条等法律规定赔偿损失，并有权要求所受损失2倍以下的惩罚性赔偿。根据《消费者权益保护法》第52条的规定，经营者提供商品或者服务，造成消费者财产损害的，应当依照法律规定或者当事人约定承担修理、重作、更换、退货、补足商品数量、退还货款和服务费用或者赔偿损失等民事责任。故C项正确，D项正确。

9.【答案】ABCD

【考点】消费者权益保护；侵犯商业秘密的行为

【详解】彦某已经委托甲、乙两家中介公司出售，该信息并不属于甲公司的商业秘密，钱某通过正当途径在不同的中介公司了解到房源信息，并自主选择价格低、服务好的中介公司属于合法行为，因而CD项错误。单纯看防"跳单"条款本身不是违法的，也不属于限制消费者自主选择权的行为，而甲公司根据彦某的委托发布房源的价格信息本身也并未侵害消费者的公平交易权，故AB项错误。

10.【答案】AC

【考点】商业银行行使抵押权取得的财产的处分

【详解】根据《商业银行法》第42条第2款的规定，借款人到期不归还担保贷款的，商业银行依法享有要求保证人归还贷款本金和利息或者就该担保物优先受偿的权利。商业银行因行使抵押权、质权而取得的不动产或者股权，应当自取得之日起2年内予以处分。故A项合法，B项超过了2年内予以处分的规定，不合法。根据《商业银行法》第43条的规定，商业银行在中华人民共和国境内不得从事信托投资和证券经营业务，不得向非自用不动产投资或者向非银

行金融机构和企业投资，但国家另有规定的除外。故 C 项合法，D 项不合法。

11.【答案】ABC

【考点】税款征收

【详解】根据《税收征收管理法》第 52 条第 2 款的规定，因纳税人、扣缴义务人计算错误等失误，未缴或者少缴税款的，税务机关在 3 年内可以追征税款、滞纳金；有特殊情况的，追征期可以延长到 5 年。故正确选项为 ABC。

12.【答案】ABCD

【考点】个人所得税的基本内容

【详解】首先，约翰 2012 年来到中国，迄今为止一直居住在北京，其在中国境内居住已经满 183 天，根据《个人所得税法》第 1 条的规定："在中国境内有住所，或者无住所而一个纳税年度内在中国境内居住累计满一百八十三天的个人，为居民个人。居民个人从中国境内和境外取得的所得，依照本法规定缴纳个人所得税。在中国境内无住所又不居住，或者无住所而一个纳税年度内在中国境内居住累计不满一百八十三天的个人，为非居民个人。非居民个人从中国境内取得的所得，依照本法规定缴纳个人所得税。纳税年度，自公历一月一日起至十二月三十一日止。"其次，约翰从合资企业领取的薪金属于个人所得税"工资、薪金所得"，出租其在华期间购买的房屋获得的租金属于个人所得税"财产租赁所得"，属于个人所得税"劳务报酬所得"，在美国杂志上发表文章获得的稿酬属于个人所得税"稿酬所得"。故本题正确答案为 ABCD。

【陷阱提示】本题涉及的纳税主体为外国人，因而考生很容易将其境外所得作为不用在中国缴纳个人所得税的收入，从而漏选 D 项。但是考生应当注意题目中有关该外国人在中国居住时间的条件，从而判断其是否为"居民个人"。

13.【答案】ABC

【考点】土地纠纷及其解决途径

【详解】根据《城市房地产管理法》第 26 条的规定，以出让方式取得土地使用权进行房地产开发的，必须按照土地使用权出让合同约定的土地用途、动工开发期限开发土地。超过出让合同约定的动工开发日期满 1 年未动工开发的，可以征收相当于土地使用权出让金 20% 以下的土地闲置费；满 2 年未动工开发的，可以无偿收回土地使用权；但是，因不可抗力或者政府、政府有关部门的行为或者动工开发必需的前期工作造成动工开发迟延的除外。根据《土地管理法》第 14 条的规定，土地所有权和使用权争议，由当事人协商解决；协商不成的，由人民政府处理。单位之间的争议，由县级以上人民政府处理；个人之间、个人与单位之间的争议，由乡级人民政府或者县级以上人民政府处理。当事人对有关人民政府的处理

决定不服的，可以自接到处理决定通知之日起 30 日内，向人民法院起诉。本题中市政府决定收回该土地使用权的行为属于行政行为，因而相关的争议属于行政争议，而政府迟迟不依照"国有土地出让合同"的约定交付土地，则属于违约的民事争议。对于土地使用权类型的行政争议应当首先由县级以上政府处理，对政府处理决定不服才能提起诉讼，而对于违反土地出让合同的违约行为，则没有政府处理的前置要求，可以直接提起诉讼。故本题的正确答案为 ABC。

2015 年

1.【答案】B

【考点】消费者的权利与经营者的义务

【详解】根据《消费者权益保护法》第 7 条的规定："消费者在购买、使用商品和接受服务时享有人身、财产安全不受损害的权利。消费者有权要求经营者提供的商品和服务，符合保障人身、财产安全的要求。"自动取款机是银行为客户提供服务的一种延伸手段和设施，银行有义务确保消费者在尽到合理注意义务前提下的存取款的安全。在题述案例中，银行有义务确保其自动取款机的安全性，且甲对其银行卡和密码一直妥善保管，因而银行有义务承担由于其自动取款机未能排除犯罪团伙的不良装置而导致的损失。故 B 项正确。

2.【答案】B

【考点】审计机关的职责和权限

【详解】《审计法》第 22 条第 1 款规定："审计机关对国有企业、国有金融机构和国有资本占控股地位或者主导地位的企业、金融机构的资产、负债、损益以及其他财务收支情况，进行审计监督。"题述某市出资设立的某高速公路投资公司应当属于审计监督的范围，故 A 项错误。《审计法》第 42 条第 1 款规定："审计机关根据经批准的审计项目计划确定的审计事项组成审计组，并应当在实施审计三日前，向被审计单位送达审计通知书；遇有特殊情况，经县级以上人民政府审计机关负责人批准，可以直接持审计通知书实施审计。"故 B 项正确。《审计法》第 37 条第 2 款规定："审计机关经县级以上人民政府审计机关负责人批准，有权查询被审计单位在金融机构的账户。"故 C 项错误。《审计法》第 34 条规定："审计机关有权要求被审计单位按照审计机关的规定提供财务、会计资料以及与财政收支、财务收支有关的业务、管理等资料，包括电子数据和有关文档。被审计单位不得拒绝、拖延、谎报。被审计单位负责人应当对本单位提供资料的及时性、真实性和完整性负责。审计机关对取得的电子数据等资料进行综合分析，需要向被审计单位核实有关情况的，被审计单位应当予以配合。"《审计法》第 36 条规定："审计机关进行

审计时，有权检查被审计单位的财务、会计资料以及与财政收支、财务收支有关的业务、管理等资料和资产，有权检查被审计单位信息系统的安全性、可靠性、经济性，被审计单位不得拒绝。"由此可见，审计局可以要求该公司直接提供与财政收支有关的资料和资产，不需要委托税务局检查。故 D 项错误。

3. 【答案】C

【考点】 不动产登记程序

【详解】 根据《不动产登记暂行条例》第 14 条的规定："因买卖、设定抵押权等申请不动产登记的，应当由当事人双方共同申请。属于下列情形之一的，可以由当事人单方申请：（一）尚未登记的不动产首次申请登记的；（二）继承、接受遗赠取得不动产权利的；（三）人民法院、仲裁委员会生效的法律文书或者人民政府生效的决定等设立、变更、转让、消灭不动产权利的；（四）权利人姓名、名称或者自然状况发生变化，申请变更登记的；（五）不动产灭失或者权利人放弃不动产权利，申请注销登记的；（六）申请更正登记或者异议登记的；（七）法律、行政法规规定可以由当事人单方申请的其他情形。"故 C 项正确。

4. 【答案】ABC

【考点】 违反《反垄断法》的法律责任

【详解】 根据《反垄断法》第 56 条第 1、2 款的规定："经营者违反本法规定，达成并实施垄断协议的，由反垄断执法机构责令停止违法行为，没收违法所得，并处上一年度销售额百分之一以上百分之十以下的罚款，上一年度没有销售额的，处五百万元以下的罚款；尚未实施所达成的垄断协议的，可以处三百万元以下的罚款。经营者的法定代表人、主要负责人和直接责任人员对达成垄断协议负有个人责任的，可以处一百万元以下的罚款。经营者组织其他经营者达成垄断协议或者为其他经营者达成垄断协议提供实质性帮助的，适用前款规定。"故 AB 项正确。根据《反垄断法》第 60 条第 1 款的规定："经营者实施垄断行为，给他人造成损失的，依法承担民事责任。"故 C 项正确。只有针对不配合反垄断执法机构审查和调查，构成犯罪的会导致刑事责任，此外反垄断执法机构工作人员滥用职权、玩忽职守、徇私舞弊或者泄露执法过程中知悉的商业秘密，构成犯罪，依法追究刑事责任。题述案例未提及不配合审查和调查的情形，故 D 项错误。

5. 【答案】ABC

【考点】 不正当竞争行为

【详解】 根据《商标法》第 57 条第 7 项及《最高人民法院关于审理商标民事纠纷案件适用法律若干问题的解释》第 1 条第 1 项的规定，将与他人注册商标相同或者相近似的文字作为企业的字号在相同或者类似商品上突出使用，容易使相关公众产生误认的，

构成侵犯商标权的行为。故 A 项正确。与此同时，根据《反不正当竞争法》第 6 条的规定："经营者不得实施下列混淆行为，引人误认为是他人商品或者与他人存在特定联系：（一）擅自使用与他人有一定影响的商品名称、包装、装潢等相同或者近似的标识；（二）擅自使用他人有一定影响的企业名称（包括简称、字号等）、社会组织名称（包括简称等）、姓名（包括笔名、艺名、译名等）；（三）擅自使用他人有一定影响的域名主体部分、网站名称、网页等；（四）其他足以引人误认为是他人商品或者与他人存在特定联系的混淆行为。"故乙公司的行为会使得他人误认为是甲公司的酱油产品，造成混淆，属于不正当竞争行为。故 B 项正确。根据《反不正当竞争法》第 17 条规定："经营者违反本法规定，给他人造成损害的，应当依法承担民事责任。经营者的合法权益受到不正当竞争行为损害的，可以向人民法院提起诉讼。因不正当竞争行为受到损害的经营者的赔偿数额，按照其因被侵权所受到的实际损失确定；实际损失难以计算的，按照侵权人因侵权所获得的利益确定。经营者恶意实施侵犯商业秘密行为，情节严重的，可以在按照上述方法确定数额的一倍以上五倍以下确定赔偿数额。赔偿数额还应当包括经营者为制止侵权行为所支付的合理开支。经营者违反本法第六条、第九条规定，权利人因被侵权所受到的实际损失、侵权人因侵权所获得的利益难以确定的，由人民法院根据侵权行为的情节判决给予权利人五百万元以下的赔偿。"故 C 项正确。从乙公司的使用与甲公司注册商标字样同样的商号，并在广告、企业厂牌、商品上突出使用的行为，可以看出乙公司有意造成他人的混淆的故意，从而起到搭便车的效果，故乙公司不仅应当停止在广告、企业厂牌、商品上突出使用相关字样的行为，也应该变更企业名称，不再使他人造成误认。故 D 项错误。

6. 【答案】C（原答案为 CD）

【考点】《个人所得税法》

【详解】 个人所得税属于所得税，不属于财产税。故 A 项错误。根据《个人所得税法》第 1 条的规定："在中国境内有住所，或者无住所而一个纳税年度内在中国境内居住累计满一百八十三天的个人，为居民个人。居民个人从中国境内和境外取得的所得，依照本法规定缴纳个人所得税。在中国境内无住所又不居住，或者无住所而一个纳税年度内在中国境内居住累计不满一百八十三天的个人，为非居民个人。非居民个人从中国境内取得的所得，依照本法规定缴纳个人所得税。纳税年度，自公历一月一日起至十二月三十一日止。"因而，是否为居民纳税人的判断标准不是国籍，而是以在中国是否拥有住所、在中国境内居住时间为依据的。故 B 项错误，C 项正确。根据 2018 年修正之前的《个人所得税法》第 3 条的

规定，劳务报酬所得，适用比例税率，税率为20%。对劳务报酬所得一次收入畸高的，可以实行加成征收，具体办法由国务院规定。目前的《个人所得税法》无此规定。故D项错误。

7.【答案】ABC

【考点】房地产转让

【详解】根据《城市房地产管理法》第40条的规定："以划拨方式取得土地使用权的，转让房地产时，应当按照国务院规定，报有批准权的人民政府审批。有批准权的人民政府准予转让的，应当由受让方办理土地使用权出让手续，并依照国家有关规定缴纳土地使用权出让金。以划拨方式取得土地使用权的，转让房地产报批时，有批准权的人民政府按照国务院规定决定可以不办理土地使用权出让手续的，转让方应当按照国务院规定将转让房地产所获收益中的土地收益上缴国家或者作其他处理。"故A项正确。根据《城市房地产管理法》第39条的规定："以出让方式取得土地使用权的，转让房地产时，应当符合下列条件：（一）按照出让合同约定已经支付全部土地使用权出让金，并取得土地使用权证书；（二）按照出让合同约定进行投资开发，属于房屋建设工程的，完成开发投资总额的百分之二十五以上，属于成片开发土地的，形成工业用地或者其他建设用地条件。转让房地产时房屋已经建成的，还应当持有房屋所有权证书。"故B项正确。根据《城市房地产管理法》第44条规定："以出让方式取得土地使用权的，转让房地产后，受让人改变原土地使用权出让合同约定的土地用途的，必须取得原出让方和市、县人民政府城市规划行政主管部门的同意，签订土地使用权出让合同变更协议或者重新签订土地使用权出让合同，相应调整土地使用权出让金。"故C项正确。根据《城市房地产管理法》第43条的规定："以出让方式取得土地使用权的，转让房地产后，其土地使用权的使用年限为原土地使用权出让合同约定的使用年限减去原土地使用者已经使用年限后的剩余年限。"故D项错误。

8.【答案】ABC

【考点】产品质量责任

【详解】根据《消费者权益保护法》第18条第2款的规定："宾馆、商场、餐馆、银行、机场、车站、港口、影剧院等经营场所的经营者，应当对消费者尽到安全保障义务。"故王某、栗某作为消费者有权要求商场承担赔偿责任。故A项正确。根据《产品质量法》第43条的规定："因产品存在缺陷造成人身、他人财产损害的，受害人可以向产品的生产者要求赔偿，也可以向产品的销售者要求赔偿。属于产品的生产者的责任，产品的销售者赔偿的，产品的销售者有权向产品的生产者追偿。属于产品的销售者的责任，产品的生产者赔偿的，产品的生产者有权向产

品的销售者追偿。"故BC项正确。本题案例中产品缺陷是电梯厂造成的，因而即使亚林公司被要求赔偿后，其也可以向电梯厂追偿，且法律依据均为《产品质量法》，根据《消费者权益保护法》商场有义务保障消费者的安全，但题述案例并未提到商场在对电梯运营管理过程中存在过错，因而商场不承担赔偿责任。故D项错误。

9.【答案】ABCD

【考点】产品责任；消费者的权利和经营者的义务

【详解】《消费者权益保护法》第49条规定："经营者提供商品或者服务，造成消费者或者其他受害人人身伤害的，应当赔偿医疗费、护理费、交通费等为治疗和康复支出的合理费用，以及因误工减少的收入。造成残疾的，还应当赔偿残疾生活辅助具费和残疾赔偿金。造成死亡的，还应当赔偿丧葬费和死亡赔偿金。"故AB项正确。《最高人民法院关于确定民事侵权精神损害赔偿责任若干问题的解释》第1条规定，因人身权益或者具有人身意义的特定物受到侵害，自然人或者其近亲属向人民法院提起诉讼请求精神损害赔偿的，人民法院应当依法予以受理。故C项正确。《消费者权益保护法》第55条第2款的规定："经营者明知商品或者服务存在缺陷，仍然向消费者提供，造成消费者或者其他受害人死亡或者健康严重损害的，受害人有权要求经营者依照本法第四十九条、第五十一条等法律规定赔偿损失，并有权要求所受损失二倍以下的惩罚性赔偿。"故D项正确。

2016 年

1.【答案】A

【考点】滥用市场支配地位

【详解】根据《反垄断法》第22条的规定，禁止具有市场支配地位的经营者从事下列滥用市场支配地位的行为：……（5）没有正当理由搭售商品，或者在交易时附加其他不合理的交易条件……题述案例燃气公司的行为涉嫌"在交易时附加其他不合理的交易条件"，但执法过程中认定该违法行为的前提，同样需要先认定该公司具有市场支配地位。要认定公司具有市场支配地位，首先就要界定公司所涉的相关市场，再根据市场中竞争格局和竞争态势来判断其是否具有市场支配地位，不能想当然地看到是燃气公司，就认定其具有市场支配地位。故本题的正确答案为A。

【陷阱提示】由于题述案例用的是燃气公司的例子，考生可能会想当然地认为它就是一个垄断经营的主体，天然具有市场支配地位，而且大多数情况下燃气公司确实属于当地唯一一家具有经营燃气业务牌照

的公司，因而具有对当地市场的支配地位。但是法律讲究逻辑严密，论证和推理要有章法，不能想当然。认定滥用市场支配地位，必须先认定是否具有市场支配地位，而认定是否有市场支配地位必须先划分清楚相关市场。故 A 项正确、B 项错误。C 项错误，上游气源企业向其收取预付款不是其向客户收取预付气费款的正当理由。D 项错误，政府规定"一个地域只能有一家燃气供应企业"只能说明其自身经营资格的合法性，并不能说明其所有经营行为的合法性，具有合法的市场支配地位并不意味着它可以滥用这种市场支配地位。

2.【答案】B

【考点】 个人所得税法

【详解】 对于偶然所得，《个人所得税法》没有关于加成征收的规定，故 A 项错误。根据《个人所得税法》第 17 条的规定，对扣缴义务人按照所扣缴的税款，付给 2% 的手续费。故 B 项正确。C 项错误，根据《个人所得税法》第 4 条的规定，下列各项个人所得，免征个人所得税：……（5）保险赔款……故在中国境内无住所又不居住的个人（非居民纳税人）虽然保险赔款收入来自中国境内，但是由于是保险赔款，属于免税范畴。D 项错误，我国尚未实施以家庭为单位的所得税制，每个纳税人应当单独计算工资薪金收入及其起征点。

3.【答案】A

【考点】 城乡规划的制定、实施

【详解】 根据《城乡规划法》第 17 条第 2 款的规定，规划区范围、规划区内建设用地规模、基础设施和公共服务设施用地、水源地和水系、基本农田和绿化用地、环境保护、自然与历史文化遗产保护以及防灾减灾等内容，应当作为城市总体规划、镇总体规划的强制性内容。故 A 项正确。根据《城乡规划法》第 30 条第 2 款规定，在城市总体规划、镇总体规划确定的建设用地范围以外，不得设立各类开发区和城市新区。故 B 项错误。根据《城乡规划法》第 16 条第 2 款的规定，镇人民政府组织编制的镇总体规划，在报上一级人民政府审批前，应当先经镇人民代表大会审议，代表的审议意见交由本级人民政府研究处理。故 C 项错误。根据《城乡规划法》第 36 条的规定，按照国家规定需要有关部门批准或者核准的建设项目，以划拨方式提供国有土地使用权的，建设单位在报送有关部门批准或者核准前，应当向城乡规划主管部门申请核发选址意见书。前款规定以外的建设项目不需要申请选址意见书。故 D 项错误。

4.【答案】AD

【考点】 垄断协议

【详解】 根据《反垄断法》第 16 条的规定，本法所称垄断协议，是指排除、限制竞争的协议、决定或者其他协同行为。根据《反垄断法》第 17 条的规定，禁止具有竞争关系的经营者达成下列垄断协议：（1）固定或者变更商品价格；（2）限制商品的生产数量或者销售数量；（3）分割销售市场或者原材料采购市场；（4）限制购买新技术、新设备或者限制开发新技术、新产品；（5）联合抵制交易；（6）国务院反垄断执法机构认定的其他垄断协议。题述案例就是在会计师行业自律委员会组织下达成的排除、限制竞争的协议，这将使得当地的会计师事务所的竞争格局得以保持不变，让当地会计师失去竞争的动力。故 A 项正确，B 项错误。根据《反垄断法》第 56 条第 4 款的规定，行业协会违反本法规定，组织本行业的经营者达成垄断协议的，由反垄断执法机构责令改正，可以处 300 万元以下的罚款；情节严重的，社会团体登记管理机关可以依法撤销登记。故 C 项错误。根据《反垄断法》第 56 条第 1 款的规定，经营者违反本法规定，达成并实施垄断协议的，由反垄断执法机构责令停止违法行为，没收违法所得，并处上一年度销售额 1% 以上 10% 以下的罚款，上一年度没有销售额的，处 500 万元以下的罚款；尚未实施所达成的垄断协议的，可以处 300 万元以下的罚款。经营者的法定代表人、主要负责人和直接责任人员对达成垄断协议负有个人责任的，可以处 100 万元以下的罚款。故 D 项正确。

5.【答案】AD

【考点】 虚假宣传行为

【详解】 根据《反不正当竞争法》第 2 条的规定，经营者在生产经营活动中，应当遵循自愿、平等、公平、诚信的原则，遵守法律和商业道德。乙县善福公司并未因为自身的经营，而使得善福公司本身成为知名商品的商号，而陈某是通过继承祖业的方式获得老字号及商业标识，进而在不同地区注册同一商号的公司，并未侵犯他人的权益，符合诚实信用原则，故 A 项正确。B 项错误，乙公司登载善福铺历史及标注字样的行为并未诋毁善福铺的商誉（编造不实内容打击对手）。C 项错误，善福公司作为商号与"善福 100"商标并不存在冲突。D 项正确，根据《反不正当竞争法》第 8 条的规定："经营者不得对其商品的性能、功能、质量、销售状况、用户评价、曾获荣誉等作虚假或者引人误解的商业宣传，欺骗、误导消费者。经营者不得通过组织虚假交易等方式，帮助其他经营者进行虚假或者引人误解的商业宣传。"乙公司登载善福铺历史及标注字样的行为会让消费者误认为其生产者为善福铺，从而购买其商品，故构成虚假宣传行为。

6.【答案】AB

【考点】 消费者的权利与经营者的义务

【详解】 根据《消费者权益保护法》第 8 条的规定，消费者享有知悉其购买、使用的商品或者接受的服务的真实情况的权利。消费者有权根据商品或者服务的不同情况，要求经营者提供商品的价格、产地、生产者、用途、性能、规格、等级、主要成分、生产日期、有效期限、检验合格证明、使用方法说明书、售后服务，或者服务的内容、规格、费用等有关情况。乙公司在甲办理手机通信服务时未能全面说明有关业务的重要规定，导致甲未能获知与服务有关的重要规定，属于侵犯消费者知情权的情形，乙公司理应在甲方办理业务时说明有关暂停服务等情形的特别规定。故 AB 项正确。根据《消费者权益保护法》第53 条的规定，经营者以预收款方式提供商品或者服务的，应当按照约定提供。未按照约定提供的，应当按照消费者的要求履行约定或者退回预付款；并应当承担预付款的利息、消费者必须支付的合理费用。本案例中乙公司提供了服务，只是没有提醒甲有关暂停服务的特殊规定，故 C 项错误。乙公司在交易过程中并没有欺诈行为，因而不适用惩罚性赔偿的规定，故 D 项错误。

7. 【答案】AB

【考点】产品质量法

【详解】根据《产品质量法》第 13 条的规定，可能危及人体健康和人身、财产安全的工业产品，必须符合保障人体健康和人身、财产安全的国家标准、行业标准；未制定国家标准、行业标准的，必须符合保障人体健康和人身、财产安全的要求。故 A 项正确。根据《产品质量法》第 27 条第 1 款第 5 项的规定，使用不当，容易造成产品本身损坏或者可能危及人身、财产安全的产品，应当有警示标志或者中文警示说明。故 B 项正确。根据《产品质量法》第 15 条第 3 款的规定，根据监督抽查的需要，可以对产品进行检验。检验抽取样品的数量不得超过检验的合理需要，并不得向被检查人收取检验费用。监督抽查所需检验费用按照国务院规定列支。故 C 项错误。由于并不是产品本身存在缺陷，而是安装方法有特定的要求，所以不应该召回，也不应当由经营者承担相关费用，故 D 项错误。

8. 【答案】BCD

【考点】食品安全标准及法律责任

【详解】根据《农产品质量安全法》第 2 条第 1 款的规定，本法所称农产品，是指来源于种植业、林业、畜牧业和渔业等的初级产品，即在农业活动中获得的植物、动物、微生物及其产品。由于食用油不属于初级加工产品，故 A 项错误。根据《食品安全法》第 67 条的规定，预包装食品的包装上应当有标签。标签应当标明下列事项：（1）名称、规格、净含量、生产日期；（2）成分或者配料表……故 B 项正确，应当标明橄榄油添加量。根据《食品安全法》第 148条的规定，消费者因不符合食品安全标准的食品受到损害的，可以向经营者要求赔偿损失，也可以向生产者要求赔偿损失。接到消费者赔偿要求的生产经营

者，应当实行首负责任制，先行赔付，不得推诿；属于生产者责任的，经营者赔偿后有权向生产者追偿；属于经营者责任的，生产者赔偿后有权向经营者追偿。故 C 项正确。根据《最高人民法院关于审理食品药品纠纷案件适用法律若干问题的规定》第 3 条的规定，因食品、药品质量问题发生纠纷，购买者向生产者、销售者主张权利，生产者、销售者以购买者明知食品、药品存在质量问题而仍然购买为由进行抗辩的，人民法院不予支持。故 D 项正确。

9. 【答案】ABD

【考点】银行业监督管理法监督管理措施

【详解】根据《银行业监督管理法》第 2 条第 3款的规定，对在中华人民共和国境内设立的金融资产管理公司、信托投资公司、财务公司、金融租赁公司以及经国务院银行业监督管理机构批准设立的其他金融机构的监督管理，适用本法对银行业金融机构监督管理的规定。故信托公司应当适用《银行业监督管理法》的有关金融机构监督管理的规定。根据《银行业监督管理法》第 21 条的规定，银行业金融机构的审慎经营规则，由法律、行政法规规定，也可以由国务院银行业监督管理机构依照法律、行政法规制定。前款规定的审慎经营规则，包括风险管理、内部控制、资本充足率、资产质量、损失准备金、风险集中、关联交易、资产流动性等内容。银行业金融机构应当严格遵守审慎经营规则。据此，该信托公司未按照金融企业会计制度和公司财务规则严格管理和审核资金使用属于违反审慎经营规则的表现，故 A 项正确。根据《银行业监督管理法》第 46 条的规定，银行业金融机构有下列情形之一，由国务院银行业监督管理机构责令改正，并处 20 万元以上 50 万元以下罚款；情节特别严重或者逾期不改正的，可以责令停业整顿或者吊销其经营许可证；构成犯罪的，依法追究刑事责任：……（5）严重违反审慎经营规则的……故 B 项正确，C 项错误（金融许可证由银监机构吊销）。根据《银行业金融机构董事（理事）和高级管理人员任职资格管理办法》第 29 条的规定，金融机构有下列情形之一，监管机构可视情节轻重及其后果，取消直接负责的董事（理事）和高级管理人员 10年以上直至终身的任职资格：（1）违法违规经营，情节特别严重或造成损失数额特别巨大的；（2）内部管理与控制制度不健全或执行监督不力，造成损失数额特别巨大或引发特别重大金融犯罪案件的；（3）严重违反审慎经营规则，造成损失数额特别巨大或引发特别重大金融犯罪案件的……故 D 项正确。

10. 【答案】BC

【考点】消费税、车船税、企业所得税、增值税的免征规定

【详解】根据《消费税暂行条例》第 1 条的规定，在中华人民共和国境内生产、委托加工和进口本

条例规定的消费品的单位和个人，以及国务院确定的销售本条例规定的消费品的其他单位和个人，为消费税的纳税人，应当依照本条例缴纳消费税。因而个人同样属于消费税的纳税人，只要不是在税法所规定的合理自用范围以内，同样需要交纳消费税，A 项错误。根据《车船税法》第 3 条的规定，下列车船免征车船税：……（2）军队、武装警察部队专用的车船……因此 B 项正确。根据《企业所得税法》第 27 条的规定，企业的下列所得，可以免征、减征企业所得税：（1）从事农、林、牧、渔业项目的所得；（2）从事国家重点扶持的公共基础设施项目投资经营的所得；（3）从事符合条件的环境保护、节能节水项目的所得；（4）符合条件的技术转让所得；（5）本法第 3 条第 3 款规定的所得。故 C 项正确。根据《增值税暂行条例》第 15 条的规定，下列项目免征增值税：（1）农业生产者销售的自产农产品……故 D 项错误，农民张某销售的不是自产的农产品。

【陷阱提示】考生在记忆一些重要法条时一定要关注特殊的限定词语，本题中 D 项针对有关增值税免税的规定，特意设计出非自产农产品的措辞，从而使得只记忆"农产品"免税的考生产生错误认识。

11.【答案】AD

【考点】审计机关的职责和权限

【详解】《审计法》第 23 条规定："审计机关对政府投资和以政府投资为主的建设项目的预算执行情况和决算，对其他关系国家利益和公共利益的重大公共工程项目的资金管理使用和建设运营情况，进行审计监督。"故 A 项正确。《审计法》第 38 条规定第 1、2 款规定："审计机关进行审计时，被审计单位不得转移、隐匿、篡改、毁弃财务、会计资料以及与财政收支、财务收支有关的业务、管理等资料，不得转移、隐匿、故意毁损所持有的违反国家规定取得的资产。审计机关对被审计单位违反前款规定的行为，有权予以制止；必要时，经县级以上人民政府审计机关负责人批准，有权封存有关资料和违反国家规定取得的资产；对其中在金融机构的有关存款需要予以冻结的，应当向人民法院提出申请。"故 B 项错误。《审计法》第 44 条规定："审计组对审计事项实施审计后，应当向审计机关提出审计组的审计报告。审计组的审计报告报送审计机关前，应当征求被审计单位的意见。被审计单位应当自接到审计组的审计报告之日起十日内，将其书面意见送交审计组。审计组应当将被审计单位的书面意见一并报送审计机关。"故 C 项错误。《审计法》第 46 条规定："上级审计机关认为下级审计机关作出的审计决定违反国家有关规定的，可以责成下级审计机关予以变更或者撤销，必要时也可以直接作出变更或者撤销的决定。"故 D 项正确。

1.【答案】D

【考点】垄断协议

【详解】根据《反垄断法》第 17 条的规定："禁止具有竞争关系的经营者达成下列垄断协议：（一）固定或者变更商品价格；（二）限制商品的生产数量或者销售数量；（三）分割销售市场或者原材料采购市场；（四）限制购买新技术、新设备或者限制开发新技术、新产品；（五）联合抵制交易；（六）国务院反垄断执法机构认定的其他垄断协议。"根据《反垄断法》第 20 条的规定："经营者能够证明所达成的协议属于下列情形之一的，不适用本法第十七条、第十八条第一款、第十九条的规定：（一）为改进技术、研究开发新产品的；（二）为提高产品质量、降低成本、增进效率，统一产品规格、标准或者实行专业化分工的；（三）为提高中小经营者经营效率，增强中小经营者竞争力的；（四）为实现节约能源、保护环境、救灾救助等社会公共利益的；（五）因经济不景气，为缓解销售量严重下降或者生产明显过剩的；（六）为保障对外贸易和对外经济合作中的正当利益的；（七）法律和国务院规定的其他情形。属于前款第一项至第五项情形，不适用本法第十七条、第十八条第一款、第十九条规定的，经营者还应当证明所达成的协议不会严重限制相关市场的竞争，并且能够使消费者分享由此产生的利益。"根据上述规定，AB 项过于绝对，对于符合《反垄断法》第 20 条规定的行为，可以不适用前述第 17 条规定。C 项错误，即使符合第 20 条第 1 款第 2 项的规定，也还需要经营者"证明所达成的协议不会严重限制相关市场的竞争，并且能够使消费者分享由此产生的利益"。因而只有 D 项符合垄断协议构成要件的落脚点，即排除、限制竞争的效果。

【陷阱提示】关于垄断协议行为排除适用的情形大家一定要牢记《反垄断法》第 20 条第 2 款的规定，除了"为保障对外贸易和对外经济合作中的正当利益的"的情形以外，其他情形都需要经营者论证达成的协议不会严重限制相关市场的竞争，并且能够使消费者分享由此产生的利益，否则依然要适用《反垄断法》。

2.【答案】C

【考点】不正当竞争行为

【详解】根据《反不正当竞争法》第 6 条规定："经营者不得实施下列混淆行为，引人误认为是他人商品或者与他人存在特定联系：（一）擅自使用与他人有一定影响的商品名称、包装、装潢等相同或者近似的标识；（二）擅自使用他人有一定影响的企业名称（包括简称、字号等）、社会组织名称（包括简称等)、姓名(包括笔名、艺名、译名等);(三)擅自使用他人有一定影响的域名主体部分、网站名称、网页等;(四)其他足以引人误认为是他人商品或者与他人存在特定联系的混淆行为。"根据上述规定,混淆行为需要造成消费者对实际生产者、服务者的误认,故 B 项错误。根据《反不正当竞争法》第 7 条的规定,经营者不得采用财物或者其他手段贿赂单位或者个人,以谋取交易机会或竞争优势。题述案例并不是针对交易对方单位或有影响力的个人的贿赂行为,故 D 项错误。题述案例经营者雇人排队抢购的行为营销了一种销售火爆的虚假信息,并通过媒体进行宣传,这符合《反不正当竞争法》第 8 条有关虚假宣传行为的构成要件,即经营者对商品的销售状况作假或者引人误解的商业宣传,欺骗、误导消费者。故 C 项正确。

3.【答案】A

【考点】 消费者权益保护

【详解】 根据《消费者权益保护法》第 40 条第 1、2 款规定:"消费者在购买、使用商品时,其合法权益受到损害的,可以向销售者要求赔偿。销售者赔偿后,属于生产者的责任或者属于向销售者提供商品的其他销售者的责任的,销售者有权向生产者或者其他销售者追偿。消费者或者其他受害人因商品缺陷造成人身、财产损害的,可以向销售者要求赔偿,也可以向生产者要求赔偿。属于生产者责任的,销售者赔偿后,有权向生产者追偿。属于销售者责任的,生产者赔偿后,有权向销售者追偿。"另外,《消费者权益保护法》第 48 条规定:"经营者提供商品或者服务有下列情形之一的,除本法另有规定外,应当依照其他有关法律、法规的规定,承担民事责任:……(四)不符合商品说明、实物样品等方式表明的质量状况的……"因而 A 项正确,霍某与靓顺公司存在机动车的买卖合同,且车载气囊电脑存在质量问题,因而可以要求其承担违约责任。B 项错误,虽然气囊电脑的质量问题不是销售者造成的,但是根据《消费者权益保护法》的前述规定,霍某可以向销售者靓顺公司主张维修、更换。C 项错误,产品侵权责任成立的前提是消费者遭受了人身或财产损失。D 项错误,销售者和生产者并不是连带责任,销售者有先行承担赔付责任的义务,如果是生产者的责任,则接下来由销售者向生产者追责。

4.【答案】C

【考点】 审计法

【详解】《审计法》第 19 条规定:"审计署在国务院总理领导下,对中央预算执行情况、决算草案以及其他财政收支情况进行审计监督,向国务院总理提出审计结果报告。地方各级审计机关分别在省长、自治区主席、市长、州长、县长、区长和上一级审计机关的领导下,对本级预算执行情况、决算草案以及其

他财政收支情况进行审计监督,向本级人民政府和上一级审计机关提出审计结果报告。"《审计法》第 22 条第 1 款规定:"审计机关对国有企业、国有金融机构和国有资本占控股地位或者主导地位的企业、金融机构的资产、负债、损益以及其他财务收支情况,进行审计监督。"地方审计机关可以对国有金融机构进行审计监督,且不需要被审计对象的行业主管部门同意,故 AB 项错误。《审计法》第 37 条第 2 款规定:"审计机关经县级以上人民政府审计机关负责人批准,有权查询被审计单位在金融机构的账户。"事实上只需要经该县审计局局长批准即可,上一级的副职领导当然也属于负责人,故 C 项正确。虽然该企业不是国有企业,但由于其接受和使用了财政资金,因而依法应当接受审计机关审计监督,故 D 项错误。

5.【答案】AD

【考点】 食品安全法

【详解】 苦茶属于食品因而应当适用《食品安全法》的相关规定。根据《食品安全法》第 148 条第 2 款的规定,生产不符合食品安全标准的食品或者经营明知是不符合食品安全标准的食品,消费者除要求赔偿损失外,还可以向生产者或者经营者要求支付价款 10 倍或者损失 3 倍的赔偿金;增加赔偿的金额不足 1000 元的,为 1000 元。但是,食品的标签、说明书存在不影响食品安全且不会对消费者造成误导的瑕疵的除外。由于题述苦茶不符合食品安全标准,因而李某可以主张 10 倍价款赔偿,A 项正确。根据《食品安全法》第 27 条第 1 款的规定,食品安全国家标准由国务院卫生行政部门会同国务院食品安全监督管理部门制定、公布,国务院标准化行政部门提供国家标准编号。因而苦茶的国家标准编号应当是由国家标准化行政部门提供,B 项错误。根据《食品安全法》第 29 条的规定,对地方特色食品,没有食品安全国家标准的,省、自治区、直辖市人民政府卫生行政部门可以制定并公布食品安全地方标准,报国务院卫生行政部门备案。食品安全国家标准制定后,该地方标准即行废止。故 C 项错误。根据《食品安全法》第 30 条的规定,国家鼓励食品生产企业制定严于食品安全国家标准或者地方标准的企业标准,在本企业适用,并报省、自治区、直辖市人民政府卫生行政部门备案。故 D 项正确。

6.【答案】BCD

【考点】 商业银行贷款业务

【详解】 根据《商业银行法》第 3 条第 1 款规定,商业银行可以经营"发放短期、中期和长期贷款"的业务。但根据该条第 2 款的规定,经营范围由商业银行章程规定,报国务院银行业监督管理机构批准。"校园贷"属于贷款的一种,因而,商业银行从事"校园贷"等贷款业务需要经国务院银监机构审批或备案,A 项正确。根据《商业银行法》第 36 条

规定，商业银行贷款，借款人应当提供担保。商业银行应当对保证人的偿还能力，抵押物、质物的权属和价值以及实现抵押权、质权的可行性进行严格审查。经商业银行审查、评估，确认借款人资信良好，确能偿还贷款的，可以不提供担保。因而 B 项错误。根据《商业银行法》第 35 条的规定，商业银行贷款，应当对借款人的借款用途、偿还能力、还款方式等情况进行严格审查。商业银行贷款，应当实行审贷分离、分级审批的制度。对于与借款人还款能力无关的内容不应当在贷款审查的范围，并且审贷必须分离，因而审查人员和放贷人员不可同为一人，故 CD 项错误。

7.【答案】AB

【考点】 税收征收管理法；增值税法；消费税法；车船税法

【详解】 A 项正确，税收法定原则禁止类推适用方法。根据《增值税暂行条例》第 12 条的规定，小规模纳税人增值税征收率为 3%，故 B 项正确。C 项错误，根据《消费税暂行条例》，木制一次性筷子和实木地板是消费税的征税对象，竹制一次性筷子和复合地板不是消费税的征税对象。根据《车船税法》第 8 条的规定，车船税纳税义务发生时间为取得车船所有权或者管理权的当月，故 D 项错误。

8.【答案】ABCD

【考点】 企业所得税法；非居民企业

【详解】 根据《企业所得税法》第 2 条的规定，本法所称居民企业，是指依法在中国境内成立，或者依照外国（地区）法律成立但实际管理机构在中国境内的企业。本法所称非居民企业，是指依照外国（地区）法律成立且实际管理机构不在中国境内，但在中国境内设立机构、场所的，或者在中国境内未设立机构、场所，但有来源于中国境内所得的企业。A 基金注册在境外某群岛并在当地设置总部，实际管理机构不在中国境内，因而系非居民企业。D 公司是注册在中国境内的，因而系居民企业。AB 项正确。由于 A 基金转让 F 公司股权实质上是转让 D 公司股权，因而应当向我国税务机关进行纳税申报，故 C 项正确。根据《企业所得税法》第 47 条的规定，企业实施其他不具有合理商业目的的安排而减少其应纳税收入或者所得额的，税务机关有权按照合理方法调整。题述案例通过转让海外空壳公司股权的方式来实质转让境内公司的权益，当其适用的税率较低时，可以判定其不具有合理的商业目的，对其进行纳税调整，故 D 项正确。

9.【答案】ACD

【考点】 税收征收管理法

【详解】 根据《税收征收管理法》第 14 条的规定，本法所称税务机关是指各级税务局、税务分局、税务所和按照国务院规定设立的并向社会公告的税务

机构。另根据《税收征收管理法实施细则》第 9 条第 1 款的规定，税收征管法第 14 条所称按照国务院规定设立的并向社会公告的税务机构，是指省以下税务局的稽查局。稽查局专司偷税、逃避追缴欠税、骗税、抗税案件的查处。因而 A 项正确。根据《税收征收管理法》第 35 条第 1 款规定："纳税人有下列情形之一的，税务机关有权核定其应纳税额：……（六）纳税人申报的计税依据明显偏低，又无正当理由的。"根据题述案例的说明，该公司所涉拍卖行为合法有效，也不存在逃税、骗税等行为，因而税务机关没有理由核定其应纳税额，故 B 项错误。由于昌昌公司没有逃税、骗税的行为，因而税务机关也没有理由加收其滞纳金，故 C 项正确。根据《税收征收管理法》第 88 条第 1、2 款的规定，纳税人、扣缴义务人、纳税担保人同税务机关在纳税上发生争议时，必须先依照税务机关的纳税决定缴纳或者解缴税款及滞纳金或者提供相应的担保，然后可以依法申请行政复议；对行政复议决定不服的，可以依法向人民法院起诉。当事人对税务机关的处罚决定、强制执行措施或者税收保全措施不服的，可以依法申请行政复议，也可以依法向人民法院起诉。由于题述稽查局作出的税务处理决定不属于行政处罚、强制执行措施或税收保全措施，因而必须先经过行政复议方可行政诉讼。故 D 项正确。

10.【答案】ABD

【考点】 土地管理法；城市房地产管理法

【详解】 根据《土地管理法》第 4 条第 1、2 款的规定，国家实行土地用途管制制度。国家编制土地利用总体规划，规定土地用途，将土地分为农用地、建设用地和未利用地。严格限制农用地转为建设用地，控制建设用地总量，对耕地实行特殊保护。故 A 项做法需要纠正。根据《城市房地产管理法》第 10 条的规定，土地使用权出让，必须符合土地利用总体规划、城市规划和年度建设用地计划。故 B 项做法需要纠正。根据《城市房地产管理法》第 45 条的规定："商品房预售，应当符合下列条件：（一）已交付全部土地使用权出让金，取得土地使用权证书；（二）持有建设工程规划许可证；（三）按提供预售的商品房计算，投入开发建设的资金达到工程建设总投资的百分之二十五以上，并已经确定施工进度和竣工交付日期；（四）向县级以上人民政府房产管理部门办理预售登记，取得商品房预售许可证明。商品房预售人应当按照国家有关规定将预售合同报县级以上人民政府房产管理部门和土地管理部门登记备案。商品房预售所得款项，必须用于有关的工程建设。"故 C 项做法正确。D 项做法错误，土地用途在出让时就已经明确，不得随意改变用途。

11.【答案】B

【考点】 城乡规划法

【详解】根据《城乡规划法》第 44 条的规定："在城市、镇规划区内进行临时建设的，应当经城市、县人民政府城乡规划主管部门批准。临时建设影响近期建设规划或者控制性详细规划的实施以及交通、市容、安全等的，不得批准。临时建设应当在批准的使用期限内自行拆除。临时建设和临时用地规划管理的具体办法，由省、自治区、直辖市人民政府制定。"临时使用土地的使用者应当按照临时使用土地合同约定的用途使用土地，并不得修建永久性建筑物。临时使用土地期限一般不超过 2 年。故 A 项错误，B 项正确。根据《城乡规划法》第 66 条的规定："建设单位或者个人有下列行为之一的，由所在地城市、县人民政府城乡规划主管部门责令限期拆除，可以并处临时建设工程造价一倍以下的罚款：（一）未经批准进行临时建设的；（二）未按照批准内容进行临时建设的；（三）临时建筑物、构筑物超过批准期限不拆除的。"故 C 项错误。根据《城乡规划法》第 68 条的规定："城乡规划主管部门作出责令停止建设或者限期拆除的决定后，当事人不停止建设或者逾期不拆除的，建设工程所在地县级以上地方人民政府可以责成有关部门采取查封施工现场、强制拆除等措施。"故 D 项错误。

2018 年

1.【答案】A
【考点】行政垄断
【详解】《反垄断法》第 39 条规定，行政机关和法律、法规授权的具有管理公共事务职能的组织不得滥用行政权力，限定或者变相限定单位或者个人经营、购买、使用其指定的经营者提供的商品。本案中，公安局要求相关公安部门和公司都将印章移交印章协会的做法构成行政机关限定交易行为，属于行政垄断。《反垄断法》第 61 条规定，行政机关和法律、法规授权的具有管理公共事务职能的组织滥用行政权力，实施排除、限制竞争行为的，由上级机关责令改正；对直接负责的主管人员和其他直接责任人员依法给予处分。反垄断执法机构可以向有关上级机关提出依法处理的建议。按照这一规定，对于行政垄断行为，反垄断执法机构只有建议权，没有直接处罚权，A 项正确，B 项错误。《反垄断法》第 56 条第 4 款规定，行业协会违反本法规定，组织本行业的经营者达成垄断协议的，由反垄断执法机构责令改正，可以处 300 万元以下的罚款；情节严重的，社会团体登记管理机关可以依法撤销登记。本案中，印章协会并没有"垄断协议"行为，不能认定该协会的垄断行为，不应该处罚该协会，CD 项错误。

2.【答案】B
【考点】商业银行法

【详解】《商业银行法》第 47 条规定，商业银行不得违反规定提高或者降低利率以及采用其他不正当手段，吸收存款，发放贷款。本案中，银行的贴息和支付酬金的做法本质上改变了利率水平，属于以不正当手段吸收存款。另外，按照《反不正当竞争法》第 7 条规定，经营者不得采用财物或者其他手段贿赂下列单位或者个人，以谋取交易机会或者竞争优势：……（3）利用职权或者影响力影响交易的单位或者个人……商业银行通过允许甲在其经营场所开展柜员业务的方式，让甲介绍存款业务，这一经营手段容易让客户信赖甲具有银行柜员的身份，从而影响客户判断，因此，可以认定银行的这一行为构成商业贿赂行为，应予以改正，A 项错误。《商业银行法》第 9 条规定，商业银行开展业务，应当遵守公平竞争的原则，不得从事不正当竞争。甲为商业银行提供业务和商业银行支付酬金，应该遵循这一规定，B 项正确。《商业银行法》第 4 条第 1 款规定，商业银行以安全性、流动性、效益性为经营原则，实行自主经营，自担风险，自负盈亏，自我约束。按照这一规定，商业银行经营原则有三项，C 项错误。《商业银行法》第 4 条第 2 款规定，商业银行依法开展业务，不受任何单位和个人的干涉。《商业银行法》第 10 条规定，商业银行依法接受国务院银行业监督管理机构的监督管理……商业银行不受"干涉"，但应该接受"监督"，D 项错误。

3.【答案】A
【考点】网络不正当竞争行为
【详解】根据《反不正当竞争法》第 12 条规定，经营者不得利用技术手段，未经其他经营者同意，在其合法提供的网络产品或者服务中，插入链接、强制进行目标跳转，A 项正确，BCD 项错误。

4.【答案】A
【考点】产品责任
【详解】产品责任是指因产品存在缺陷造成人身损害、缺陷产品以外的其他财产损害的，生产者或者销售者所应承担的赔偿责任，性质上属于侵权责任。根据《产品质量法》第 43 条规定，因产品存在缺陷造成人身、他人财产损害的，受害人可以向产品的生产者要求赔偿，也可以向产品的销售者要求赔偿。张三、李四、王五均为受害人，均有权要求生产者、销售者赔偿。A 项正确，BCD 项错误。

5.【答案】BD
【考点】商业银行资产负债比例管理；拨付各分支机构营运资金额；同业拆借；处分抵押物
【详解】根据《商业银行法》第 39 条规定，流动性资产余额与流动性负债余额的比例不得低于 25%，该行规定了更严格的比例，A 项合法。根据《商业银行法》第 19 条规定，拨付各分支机构营运资金额的总和，不得超过总行资本金总额的 60%，B

项违法。根据《商业银行法》第 42 条规定，商业银行因行使抵押权、质权而取得的不动产或者股权，应当自取得之日起 2 年内予以处分，C 项合法。根据《商业银行法》第 46 条规定，禁止利用拆入资金发放固定资产贷款或者用于投资，D 项违法。

6.【答案】BC

【考点】企业所得税；免税收入

【详解】根据《企业所得税法》第 26 条规定："企业的下列收入为免税收入：（一）国债利息收入；（二）符合条件的居民企业之间的股息、红利等权益性投资收益；（三）在中国境内设立机构、场所的非居民企业从居民企业取得与该机构、场所有实际联系的股息、红利等权益性投资收益；（四）符合条件的非营利组织的收入。"BC 项正确。销售货物的收入为应税收入，A 项错误。财政拨款属于不征税收入，D 项错误。

7.【答案】CD

【考点】食品安全召回制度；食品安全法律责任

【详解】根据《食品安全法》第 63 条第 1~3 款规定："国家建立食品召回制度。食品生产者发现其生产的食品不符合食品安全标准或者有证据证明可能危害人体健康的，应当立即停止生产，召回已经上市销售的食品，通知相关生产经营者和消费者，并记录召回和通知情况。食品经营者发现其经营的食品有前款规定情形的，应当立即停止经营，通知相关生产经营者和消费者，并记录停止经营和通知情况。食品生产者认为应当召回的，应当立即召回。由于食品经营者的原因造成其经营的食品有前款规定情形的，食品经营者应当召回。食品生产经营者应当对召回的食品采取无害化处理、销毁等措施，防止其再次流入市场。但是，对因标签、标志或者说明书不符合食品安全标准而被召回的食品，食品生产者在采取补救措施且能保证食品安全的情况下可以继续销售；销售时应当向消费者明示补救措施。"题干中，土特产超市并非食品生产者，仅为食品销售者，根据上述食品召回制度，只有因为食品经营者的原因造成其经营的食品有问题的才由经营者召回，否则应由食品生产者决定直接召回问题食品，经营者只有停止经营、通知等义务，所以土特产超市没有召回的义务，A 项错误。《食品安全法》第 148 条规定："消费者因不符合食品安全标准的食品受到损害的，可以向经营者要求赔偿损失，也可以向生产者要求赔偿损失。接到消费者赔偿要求的生产经营者，应当实行首负责任制，先行赔付，不得推诿；属于生产者责任的，经营者赔偿后有权向生产者追偿；属于经营者责任的，生产者赔偿后有权向经营者追偿。生产不符合食品安全标准的食品或者经营明知是不符合食品安全标准的食品，消费者除要求赔偿损失外，还可以向生产者或者经营者要求支付价款十倍或者损失三倍的赔偿金；增加赔偿的

金额不足一千元的，为一千元。但是，食品的标签、说明书存在不影响食品安全且不会对消费者造成误导的瑕疵的除外。"消费者因不符合食品安全标准的食品受到损害的，可以向经营者要求赔偿损失，也可以向生产者要求赔偿损失。土特产超市作为经营者无权以无过错为由拒绝赔偿，B 项错误。根据上述法律规定，如果曹某主张损失 3 倍的赔偿，而曹某因为医疗费损失 5000 元，则可以最多要求得到 1.5 万元，C 项正确。根据《食品安全法》第 147 条规定："违反本法规定，造成人身、财产或者其他损害的，依法承担赔偿责任。生产经营者财产不足以同时承担民事赔偿责任和缴纳罚款、罚金时，先承担民事赔偿责任。"因此 D 项正确。

2019 年

1.【答案】C

【考点】纵向垄断；滥用市场支配地位

【详解】瑞玛公司的行为构成纵向垄断协议，AB 项错误。《反垄断法》第 46 条规定："反垄断执法机构依法对涉嫌垄断行为进行调查。对涉嫌垄断行为，任何单位和个人有权向反垄断执法机构举报。反垄断执法机构应当为举报人保密。举报采用书面形式并提供相关事实和证据的，反垄断执法机构应当进行必要的调查。"C 项正确。尚未实施所达成的垄断协议的，亦可处罚，D 项错误。

2.【答案】B

【考点】虚假宣传

【详解】《反不正当竞争法》第 8 条第 1 款规定："经营者不得对其商品的性能、功能、质量、销售状况、用户评价、曾获荣誉等作虚假或者引人误解的商业宣传，欺骗、误导消费者。"网店利用互联网刷单，对自己的用户评价作虚假宣传，属于互联网虚假宣传行为。B 项正确。

3.【答案】B

【考点】经营者集中

【详解】《反垄断法》第 25 条规定："经营者集中是指下列情形：（一）经营者合并；（二）经营者通过取得股权或者资产的方式取得对其他经营者的控制权；（三）经营者通过合同等方式取得对其他经营者的控制权或者能够对其他经营者施加决定性影响。"共建研发中心不属于经营者集中情形，无须申报，A 项错误。《反垄断法》第 28 条规定："经营者向国务院反垄断执法机构申报集中，应当提交下列文件、资料：……（二）集中对相关市场竞争状况影响的说明……"B 项正确。《反垄断法》第 27 条规定："经营者集中有下列情形之一的，可以不向国务院反垄断执法机构申报：（一）参与集中的一个经营者拥有其他每个经营者百分之五十以上有表决权的股

份或者资产的；（二）参与集中的每个经营者百分之五十以上有表决权的股份或者资产被同一个未参与集中的经营者拥有的。"CD 项无须申报，不当选。

4.【答案】A

【考点】食品安全责任承担

【详解】《最高人民法院关于审理食品药品纠纷案件适用法律若干问题的规定》第 4 条规定："食品、药品生产者、销售者提供给消费者的食品或者药品的赠品发生质量安全问题，造成消费者损害，消费者主张权利，生产者、销售者以消费者未对赠品支付对价为由进行免责抗辩的，人民法院不予支持。"A 项错误。《最高人民法院关于审理食品药品纠纷案件适用法律若干问题的规定》第 2 条第 1 款规定："因食品、药品存在质量问题造成消费者损害，消费者可以分别起诉或者同时起诉销售者和生产者。"因此，BCD 项正确。

5.【答案】ABC

【考点】产品质量责任

【详解】《消费者权益保护法》第 42 条规定："使用他人营业执照的违法经营者提供商品或者服务，损害消费者合法权益的，消费者可以向其要求赔偿，也可以向营业执照的持有人要求赔偿。"《消费者权益保护法》第 43 条规定："消费者在展销会、租赁柜台购买商品或者接受服务，其合法权益受到损害的，可以向销售者或者服务者要求赔偿。展销会结束或者柜台租赁期满后，也可以向展销会的举办者、柜台的出租者要求赔偿。展销会的举办者、柜台的出租者赔偿后，有权向销售者或者服务者追偿。"ABC 项正确。《产品质量法》第 40 条第 1、2 款规定："售出的产品有下列情形之一的，销售者应当负责修理、更换、退货；给购买产品的消费者造成损失的，销售者应当赔偿损失：（一）不具备产品应当具备的使用性能而事先未作说明的；（二）不符合在产品或者其包装上注明采用的产品标准的；（三）不符合以产品说明、实物样品等方式表明的质量状况的。销售者依照前款规定负责修理、更换、退货、赔偿损失后，属于生产者的责任或者属于向销售者提供产品的其他销售者（以下简称供货者）的责任的，销售者有权向生产者、供货者追偿。"C 项，商品存在轻微瑕疵，不属于产品存在缺陷造成人身、缺陷产品以外的其他财产损害的情形。因此，不能直接要求生产者丁公司进行赔偿。D 项错误。

6.【答案】ACD

【考点】个人所得税

【详解】《个人所得税法》第 4 条规定："下列各项个人所得，免征个人所得税：（一）省级人民政府、国务院部委和中国人民解放军军以上单位，以及外国组织、国际组织颁发的科学、教育、技术、文化、卫生、体育、环境保护等方面的奖金……"因此，A 项错误。学校的科研奖金不属于上述类型，需要缴纳个人所得税。《个人所得税法》第 2 条规定："下列各项个人所得，应当缴纳个人所得税：（一）工资、薪金所得；（二）劳务报酬所得；（三）稿酬所得；（四）特许权使用费所得；（五）经营所得；（六）利息、股息、红利所得；（七）财产租赁所得；（八）财产转让所得；（九）偶然所得。居民个人取得前款第一项至第四项所得（以下称综合所得），按纳税年度合并计算个人所得税；非居民个人取得前款第一项至第四项所得，按月或者按次分项计算个人所得税。纳税人取得前款第五项至第九项所得，依照本法规定分别计算个人所得税。"因此，B 项正确，稿酬和监考费（劳务报酬）是合并计税。C 项错误，C 项应按照工资薪金，而不是按照意外所得纳税。《个人所得税法》第 3 条规定："个人所得税的税率：（一）综合所得，适用百分之三至百分之四十五的超额累进税率（税率表附后）；（二）经营所得，适用百分之五至百分之三十五的超额累进税率（税率表附后）；（三）利息、股息、红利所得，财产租赁所得，财产转让所得和偶然所得，适用比例税率，税率为百分之二十。"因此，D 项错误，彩票收入属于偶然所得，适用 20% 的比例税率。

2020 年

1.【答案】BC

【考点】不正当竞争行为

【详解】根据《反不正当竞争法》第 8 条："经营者不得对其商品的性能、功能、质量、销售状况、用户评价、曾获荣誉等作虚假或者引人误解的商业宣传，欺骗、误导消费者。经营者不得通过组织虚假交易等方式，帮助其他经营者进行虚假或者引人误解的商业宣传。"BC 项正确。

2.【答案】D

【考点】经营者义务

【详解】《消费者权益保护法》第 19 条规定："经营者发现其提供的商品或者服务存在缺陷，有危及人身、财产安全危险的，应当立即向有关行政部门报告和告知消费者，并采取停止销售、警示、召回、无害化处理、销毁、停止生产或者服务等措施。采取召回措施的，经营者应当承担消费者因商品被召回支出的必要费用。"A 项错误。《消费者权益保护法》第 23 条第 3 款规定："经营者提供的机动车、计算机、电视机、电冰箱、空调器、洗衣机等耐用商品或者装饰装修等服务，消费者自接受商品或者服务之日起六个月内发现瑕疵，发生争议的，由经营者承担有关瑕疵的举证责任。"B 项错误。《消费者权益保护法》第 29 条第 2 款规定："经营者及其工作人员对收集的消费者个人信息必须严格保密，不得泄露、出售或者非法向他人提供。经营者应当采取技术措施和其他必要措施，确保信息安全，防止消费者个人信息泄露、丢失。在发生或者可能发生信息泄露、丢失的情况时，应当立即采取补救措施。"C项错误。《消费者权益保护法》第55条第1款规定："经营者提供商品或者服务有欺诈行为的，应当按照消费者的要求增加赔偿其受到的损失，增加赔偿的金额为消费者购买商品的价款或者接受服务的费用的三倍；增加赔偿的金额不足五百元的，为五百元。法律另有规定的，依照其规定。"D项正确。

3.【答案】A

【考点】商业银行的设立和组织机构

【详解】《商业银行法》第13条第1款规定："设立全国性商业银行的注册资本最低限额为十亿元人民币。设立城市商业银行的注册资本最低限额为一亿元人民币，设立农村商业银行的注册资本最低限额为五千万元人民币。注册资本应当是实缴资本。"A项错误，应是"实缴"，而不是"认缴"。《商业银行法》第19条规定："商业银行根据业务需要可以在中华人民共和国境内外设立分支机构。设立分支机构必须经国务院银行业监督管理机构审查批准。在中华人民共和国境内的分支机构，不按行政区划设立。商业银行在中华人民共和国境内设立分支机构，应当按照规定拨付与其经营规模相适应的营运资金额。拨付各分支机构营运资金额的总和，不得超过总行资本金总额的百分之六十。"B项正确。《商业银行法》第20条规定："设立商业银行分支机构，申请人应当向国务院银行业监督管理机构提交下列文件、资料：（一）申请书，申请书应当载明拟设立的分支机构的名称、营运资金额、业务范围、总行及分支机构所在地等；（二）申请人最近二年的财务会计报告；（三）拟任职的高级管理人员的资格证明；（四）经营方针和计划；（五）营业场所、安全防范措施和与业务有关的其他设施的资料；（六）国务院银行业监督管理机构规定的其他文件、资料。"C项正确。《商业银行法》第24条规定："商业银行有下列变更事项之一的，应当经国务院银行业监督管理机构批准：（一）变更名称；（二）变更注册资本；（三）变更总行或者分支行所在地；（四）调整业务范围；（五）变更持有资本总额或者股份总额百分之五以上的股东；（六）修改章程；（七）国务院银行业监督管理机构规定的其他变更事项。更换董事、高级管理人员时，应当报经国务院银行业监督管理机构审查其任职资格。"D项正确。

4.【答案】C

【考点】纵向垄断协议

【详解】《反垄断法》第18条第1款规定："禁止经营者与交易相对人达成下列垄断协议：（一）固定向第三人转售商品的价格；（二）限定向第三人转售商品的最低价格；（三）国务院反垄断执法机构认定的其他垄断协议。"飞快汽车生产公司为经营者，好迪4S店为其交易相对人，双方属于同一产业中不同阶段且存在买卖关系的企业，其行为应当符合《反垄断法》纵向垄断协议的有关规定。A项飞快汽车禁止好迪4S店销售其他汽车公司生产的汽车，不属于纵向垄断协议的价格垄断条件，纵向垄断协议禁止的是要求交易相对方对产品价格的限定或固定，而非禁售产品；但是若飞快汽车具有市场支配者地位的，则可能构成滥用市场支配地位，故A项不构成垄断协议。BD项就提供汽车保养服务固定或限定最高价格，飞快汽车生产公司的主要产品为汽车而非汽车服务，其与好迪4S店之间的交易标的物也是汽车，商品或服务不同一，不满足上述规定中"转售商品"这一条件，故不构成垄断协议。C项飞快汽车要求好迪4S店转售其产品轮胎限定最低价格，符合上述规定第2项纵向垄断协议类型的构成要件，故C项构成垄断协议。

5.【答案】A

【考点】消费者权益保护

【详解】《消费者权益保护法》第44条第1款规定："消费者通过网络交易平台购买商品或者接受服务，其合法权益受到损害的，可以向销售者或者服务者要求赔偿。网络交易平台提供者不能提供销售者或者服务者的真实名称、地址和有效联系方式的，消费者也可以向网络交易平台提供者要求赔偿；网络交易平台提供者作出更有利于消费者的承诺的，应当履行承诺。网络交易平台提供者赔偿后，有权向销售者或者服务者追偿。"据此，老孟通过好吃网购买丽树餐厅外卖，合法权益遭受损害的，可以向好吃网或丽树餐厅要求赔偿。《食品安全法》第148条第2款规定："生产不符合食品安全标准的食品或者经营明知是不符合食品安全标准的食品，消费者除要求赔偿损失外，还可以向生产者或者经营者要求支付价款十倍或者损失三倍的赔偿金；增加赔偿的金额不足一千元的，为一千元。但是，食品的标签、说明书存在不影响食品安全且不会对消费者造成误导的瑕疵的除外。"《消费者权益保护法》第55条规定："经营者提供商品或者服务有欺诈行为的，应当按照消费者的要求增加赔偿其受到的损失，增加赔偿的金额为消费者购买商品的价款或者接受服务的费用的三倍；增加赔偿的金额不足五百元的，为五百元。法律另有规定的，依照其规定。经营者明知商品或者服务存在缺陷，仍然向消费者提供，造成消费者或者其他受害人死亡或者健康严重损害的，受害人有权要求经营者依照本法第四十九条、第五十一条等法律规定赔偿损失，并有权要求所受损失二倍以下的惩罚性赔偿。"根据题干，丽树餐厅并不存在故意虚构、隐瞒真实信息欺诈消费者的情形并且已及时退款，因此不应承担上述欺诈赔偿责任。故老孟可以要求好吃网或丽树餐厅承担餐费退赔的责任，但由于不存在食品不符合安全标准的情形，故不得要求食品价格的 10 倍赔偿，可就其所受损失即外卖价格要求赔偿，因此，老孟可就其用餐的 50 元向好吃网或者丽树餐厅请求赔偿，故 BCD 项错误，A 项正确。

6.【答案】CD

【考点】经营者的特殊民事责任

【详解】《消费者权益保护法》第 40 条第 2 款规定："消费者或者其他受害人因商品缺陷造成人身、财产损害的，可以向销售者要求赔偿，也可以向生产者要求赔偿。属于生产者责任的，销售者赔偿后，有权向生产者追偿。属于销售者责任的，生产者赔偿后，有权向销售者追偿。"丙受到电动车质量缺陷造成的人身损害，有权向生产者甲公司和销售者乙公司要求赔偿，故 A 项错误。《消费者权益保护法》第 44 条第 1 款规定："消费者通过网络交易平台购买商品或者接受服务，其合法权益受到损害的，可以向销售者或者服务者要求赔偿。网络交易平台提供者不能提供销售者或者服务者的真实名称、地址和有效联系方式的，消费者也可以向网络交易平台提供者要求赔偿；网络交易平台提供者作出更有利于消费者的承诺的，应当履行承诺。网络交易平台提供者赔偿后，有权向销售者或者服务者追偿。"故应承担连带责任，B 项错误。《消费者权益保护法》第 49 条规定："经营者提供商品或者服务，造成消费者或者其他受害人人身伤害的，应当赔偿医疗费、护理费、交通费等为治疗和康复支出的合理费用，以及因误工减少的收入。造成残疾的，还应当赔偿残疾生活辅助具费和残疾赔偿金。造成死亡的，还应当赔偿丧葬费和死亡赔偿金。"丙因电动车质量缺陷受到人身伤害并致残，可以向甲公司请求赔偿医疗费、护理费、交通费等为治疗和康复支出的合理费用、误工费、残疾生活辅助具费和残疾赔偿金。因此，C 项正确。《消费者权益保护法》第 33 条规定："有关行政部门在各自的职责范围内，应当定期或者不定期对经营者提供的商品和服务进行抽查检验，并及时向社会公布抽查检验结果。有关行政部门发现并认定经营者提供的商品或者服务存在缺陷，有危及人身、财产安全危险的，应当立即责令经营者采取停止销售、警示、召回、无害化处理、销毁、停止生产或者服务等措施。"故 D 项正确。

7.【答案】BCD

【考点】食品安全事故

【详解】《食品安全法》第 105 条规定："县级以上人民政府食品安全监督管理部门接到食品安全事故的报告后，应当立即会同同级卫生行政、农业行政等部门进行调查处理，并采取下列措施，防止或者减轻社会危害：（一）开展应急救援工作，组织救治因食品安全事故导致人身伤害的人员；（二）封存可能导致食品安全事故的食品及其原料，并立即进行检验；

对确认属于被污染的食品及其原料，责令食品生产经营者依照本法第六十三条的规定召回或者停止经营；（三）封存被污染的食品相关产品，并责令进行清洗消毒；（四）做好信息发布工作，依法对食品安全事故及其处理情况进行发布，并对可能产生的危害加以解释、说明。发生食品安全事故需要启动应急预案的，县级以上人民政府应当立即成立事故处置指挥机构，启动应急预案，依照前款和应急预案的规定进行处置。发生食品安全事故，县级以上疾病预防控制机构应当对事故现场进行卫生处理，并对与事故有关的因素开展流行病学调查，有关部门应当予以协助。县级以上疾病预防控制机构应当向同级食品安全监督管理、卫生行政部门提交流行病学调查报告。"A 项正确，B 项错误。根据上述规定，提交流行病学调查报告的主体为县级以上疾病预防控制机构，尽管卫健委下设疾病预防控制机构，但二者属不同的职责主体，因此 C 项错误。根据上述规定，处置食品安全事故的主体为事故处置指挥机构而非卫健委，故 D 项错误。

2021 年

1.【答案】C

【考点】特殊食品

【详解】《食品安全法》第 82 条规定："保健食品、特殊医学用途配方食品、婴幼儿配方乳粉的注册人或者备案人应当对其提交材料的真实性负责。省级以上人民政府食品安全监督管理部门应当及时公布注册或者备案的保健食品、特殊医学用途配方食品、婴幼儿配方乳粉目录，并对注册或者备案中获知的企业商业秘密予以保密。保健食品、特殊医学用途配方食品、婴幼儿配方乳粉生产企业应当按照注册或者备案的产品配方、生产工艺等技术要求组织生产。"据此，A 项错误，C 项正确。《食品安全法》第 80 条规定："特殊医学用途配方食品应当经国务院食品安全监督管理部门注册。注册时，应当提交产品配方、生产工艺、标签、说明书以及表明产品安全性、营养充足性和特殊医学用途临床效果的材料。特殊医学用途配方食品广告适用《中华人民共和国广告法》和其他法律、行政法规关于药品广告管理的规定。"故 B 项错误。《广告法》第 18 条第 2 款规定："保健食品广告应当显著标明'本品不能代替药物'。"题涉产品属于特殊医学用途配方食品，并非保健品。D 项错误。

2.【答案】D

【考点】个人所得税纳税主体；税收抵免

【详解】甲属于被境内单位派往境外工作，所以甲仍属于居民个人。虽然由 F 公司代扣代缴，但毕竟甲才是纳税人，甲应当向扣缴义务人提供纳税人识别号。A 项错误。《个人所得税法》第 13 条第 5 款规定："纳税人因移居境外注销中国户籍的，应当在注销中国户籍前办理税款清算。"甲为工作外派，并不需要注销中国国籍，故无须办理清税，B 项错误。甲因外派至 A 国工作并在 A 国定居，就会出现双重纳税的情况，《个人所得税法》第 7 条规定："居民个人从中国境外取得的所得，可以从其应纳税额中抵免已在境外缴纳的个人所得税税额，但抵免不得超过该纳税人境外所得依照本法规定计算的应纳税额。"税款抵免并非以薪金的一半（5000 元）作为应纳税收入额的计算基数，C 项错误。甲是居民个人且薪金属于综合所得项，《个人所得税法》第 11 条第 1 款规定："居民个人取得综合所得，按年计算个人所得税；有扣缴义务人的，由扣缴义务人按月或者按次预扣预缴税款；需要办理汇算清缴的，应当在取得所得的次年三月一日至六月三十日内办理汇算清缴。预扣预缴办法由国务院税务主管部门制定。"故 D 项正确。

3.【答案】A

【考点】经营者集中的事先申报

【详解】《反垄断法》第 26 条第 1 款规定："经营者集中达到国务院规定的申报标准的，经营者应当事先向国务院反垄断执法机构申报，未申报的不得实施集中。"《反垄断法》第 58 条规定："经营者违反本法规定实施集中，且具有或者可能具有排除、限制竞争效果的，由国务院反垄断执法机构责令停止实施集中、限期处分股份或者资产、限期转让营业以及采取其他必要措施恢复到集中前的状态，处上一年度销售额百分之十以下的罚款；不具有排除、限制竞争效果的，处五百万元以下的罚款。"因此，进行经营者集中的主体只要达到申报标准的，应该事先申报，除非有免于申报的例外情况。本题中应申报的主体是甲、乙公司，不是丙公司。因此，应对甲、乙公司进行处罚。

2022 年

1.【答案】C

【考点】混淆行为

【详解】消费者通过网络交易平台购买商品或者接受服务，其合法权益受到损害的，可以向销售者或者服务者要求赔偿。网络交易平台提供者不能提供销售者或者服务者的真实名称、地址和有效联系方式的，消费者也可以向网络交易平台提供者要求赔偿。本题中，快迪平台已经向消费者刘某提供了销售者的

真实信息，其不应承担赔偿责任。A 项错误。圆源公司在大豆产品宣传材料上印了廖某头像并使用"廖公大豆"的名称，构成混淆行为。陈某销售带有导致混淆标识的商品，也构成混淆行为。故圆源公司和陈某均为侵犯廖某权利的责任人。B 项错误，C 项正确。圆源公司是大豆产品的生产者，陈某是销售者，合同关系建立在陈某和刘某之间，故刘某若主张违约责任，只能向陈某主张。D 项错误。

2.【答案】BCD

【考点】个人所得税的征税对象；税收减免；企业所得税的应税所得

【详解】《个人所得税法》第 4 条规定："下列各项个人所得，免征个人所得税：（一）省级人民政府、国务院部委和中国人民解放军军以上单位，以及外国组织、国际组织颁发的科学、教育、技术、文化、卫生、体育、环境保护等方面的奖金……"故 A 项错误。《个人所得税法》第 2 条规定："下列各项个人所得，应当缴纳个人所得税：（一）工资、薪金所得……"企业所发的奖金属于工资、薪金所得，故 B 项正确。个人所得的形式包括现金、实物、有价证券和其他形式的经济利益，商品房属于个人所得，根据上述规定，由于并非省级以上政府发放，不得免税，故 C 项正确。《企业所得税法》第 8 条规定："企业实际发生的与取得收入有关的、合理的支出，包括成本、费用、税金、损失和其他支出，准予在计算应纳税所得额时扣除。"故 D 项正确。

2023 年

【答案】D

【考点】混淆行为；虚假宣传

【详解】虚假宣传是指经营者对其商品的性能、功能、质量、销售状况、用户评价、曾获荣誉等作虚假或者引人误解的商业宣传，欺骗、误导消费者。题目中甲公司没有对该套课程做虚假或者引人误解的宣传行为，A 项错误。经营者实施足以引人误认为是他人商品或者与他人存在特定联系的混淆行为，构成不正当竞争。本题中，"金硕"是金硕巅峰公司有一定影响的商品名称和企业字号，甲公司擅自使用，使人误认为是金硕巅峰公司的课程，构成混淆，D 项正确，BC 项错误。

环境资源法

2014 年

1.【答案】D

【考点】 环境影响评价制度

【详解】《环境影响评价法》第 23 条第 3 款的规定，建设项目可能造成跨行政区域的不良环境影响，有关生态环境主管部门对该项目的环境影响评价结论有争议的，其环境影响评价文件由共同的上一级生态环境主管部门审批。在本题中，A 市和 B 市处于同一河流的上下游，使得农药厂可能存在跨区域的环境影响问题，而 B 市生态环境主管部门对 A 市建农药厂的环境影响评价结论有异议，则该项目环境影响评价文件应当由 A 市、B 市共同的上一级生态环境主管部门审批，即由省生态环境主管部门审批。故本题的正确答案为 D。

2.【答案】ABC

【考点】 环境标准制度

【详解】 根据《环境保护法》第 16 条的规定，国务院环境保护主管部门根据国家环境质量标准和国家经济、技术条件，制定国家污染物排放标准。省、自治区、直辖市人民政府对国家污染物排放标准中未作规定的项目，可以制定地方污染物排放标准；对国家污染物排放标准中已作规定的项目，可以制定严于国家污染物排放标准的地方污染物排放标准。地方污染物排放标准应当报国务院环境保护主管部门备案。故 ABC 项正确，D 项错误。

2015 年

1.【答案】C

【考点】 环境法律责任

【详解】 根据《环境保护法》第 58 条规定："对污染环境、破坏生态，损害社会公共利益的行为，符合下列条件的社会组织可以向人民法院提起诉讼：（一）依法在设区的市级以上人民政府民政部门登记；（二）专门从事环境保护公益活动连续五年以上且无违法记录。符合前款规定的社会组织向人民法院提起诉讼，人民法院应当依法受理。提起诉讼的社会组织不得通过诉讼牟取经济利益。"《最高人民法院关于审理环境民事公益诉讼案件适用法律若干问题的解释》第 2 条规定："依照法律、法规的规定，在设

区的市级以上人民政府民政部门登记的社会团体、基金会以及社会服务机构等，可以认定为环境保护法第五十八条规定的社会组织。"第 3 条规定："设区的市、自治州、盟、地区，不设区的地级市，直辖市的区以上人民政府民政部门，可以认定为环境保护法第五十八条规定的'设区的市级以上人民政府民政部门'。"第 4 条规定："社会组织章程确定的宗旨和主要业务范围是维护社会公共利益，且从事环境保护公益活动的，可以认定为环境保护法第五十八条规定的'专门从事环境保护公益活动'。社会组织提起的诉讼所涉及的社会公共利益，应与其宗旨和业务范围具有关联性。"第 5 条规定："社会组织在提起诉讼前五年内未因从事业务活动违反法律、法规的规定受过行政、刑事处罚的，可以认定为环境保护法第五十八条规定的'无违法记录'。"A 项系自然人不属于社会组织，B 项登记的民政部门级别不够，D 项不属于在我国设立登记的社会组织。故只有 C 项正确。

2.【答案】C

【考点】 环境生态保护制度

【详解】 根据《环境保护法》第 29 条第 1 款的规定："国家在重点生态功能区、生态环境敏感区和脆弱区等区域划定生态保护红线，实行严格保护。"故 A 项错误。根据《环境保护法》第 30 条的规定："开发利用自然资源，应当合理开发，保护生物多样性，保障生态安全，依法制定有关生态保护和恢复治理方案并予以实施。引进外来物种以及研究、开发和利用生物技术，应当采取措施，防止对生物多样性的破坏。"故 B 项错误。根据《环境保护法》第 31 条规定："国家建立、健全生态保护补偿制度。国家加大对生态保护地区的财政转移支付力度。有关地方人民政府应当落实生态保护补偿资金，确保其用于生态保护补偿。国家指导受益地区和生态保护地区人民政府通过协商或者按照市场规则进行生态保护补偿。"故 C 项正确，D 项错误。

3.【答案】AB

【考点】 重点污染物排放总量控制制度

【详解】 根据《环境保护法》第 44 条的规定："国家实行重点污染物排放总量控制制度。重点污染物排放总量控制指标由国务院下达，省、自治区、直辖市人民政府分解落实。企业事业单位在执行国家和地方污染物排放标准的同时，应当遵守分解落实到

本单位的重点污染物排放总量控制指标。对超过国家重点污染物排放总量控制指标或者未完成国家确定的环境质量目标的地区，省级以上人民政府环境保护主管部门应当暂停审批其新增重点污染物排放总量的建设项目环境影响评价文件。"故 AB 项正确，CD 项错误。

4.【答案】ABC

【考点】环境法律责任

【详解】根据《环境保护法》第 65 条的规定："环境影响评价机构、环境监测机构以及从事环境监测设备和防治污染设施维护、运营的机构，在有关环境服务活动中弄虚作假，对造成的环境污染和生态破坏负有责任的，除依照有关法律法规规定予以处罚外，还应当与造成环境污染和生态破坏的其他责任者承担连带责任。"故本题的正确答案为 ABC。

2016 年

【答案】A

【考点】环境影响评价制度

【详解】根据《环境影响评价法》第 24 条的规定，建设项目的环境影响评价文件经批准后，建设项目的性质、规模、地点、采用的生产工艺或者防治污染、防止生态破坏的措施发生重大变动的，建设单位应当重新报批建设项目的环境影响评价文件。故 A 项正确，BC 项错误。根据《环境保护法》第 66 条的规定，提起环境损害赔偿诉讼的时效期间为 3 年，从当事人知道或者应当知道其受到损害时起计算。需要注意的是适用诉讼时效期间 3 年的是"环境损害赔偿"，对于停止侵害、排除妨碍、消除危险等侵权责任只要侵害行为在持续，随时可以主张要求停止侵害。故 D 项错误。

2017 年

【答案】A

【考点】环境影响评价制度；环境保护法的法律责任

【详解】根据《环境影响评价法》第 31 条第 1、2 款的规定："建设单位未依法报批建设项目环境影响报告书、报告表，或者未依照本法第二十四条的规定重新报批或者报请重新审核环境影响报告书、报告表，擅自开工建设的，由县级以上生态环境主管部门责令停止建设，根据违法情节和危害后果，处建设项目总投资额百分之一以上百分之五以下的罚款，并可以责令恢复原状；对建设单位直接负责的主管人员和其他直接责任人员，依法给予行政处分。建设项目环境影响报告书、报告表未经批准或者未经原审批部门重新审核同意，建设单位擅自开工建设的，依照前款

的规定处罚、处分。"故《环境影响评价法》并未许可建设单位在被处罚后重新提交环评文件，而是要求责令恢复原状，因而 A 项正确。根据《环境保护法》第 41 条的规定："建设项目中防治污染的设施，应当与主体工程同时设计、同时施工、同时投产使用。防治污染的设施应当符合经批准的环境影响评价文件的要求，不得擅自拆除或者闲置。"因而，即使是试生产也必须同时使用环保设施，故 B 项错误。根据《环境保护法》第 59 条的规定："企业事业单位和其他生产经营者违法排放污染物，受到罚款处罚，被责令改正，拒不改正的，依法作出处罚决定的行政机关可以自责令改正之日的次日起，按照原处罚数额按日连续处罚。前款规定的罚款处罚，依照有关法律法规按照防治污染设施的运行成本、违法行为造成的直接损失或者违法所得等因素确定的规定执行。地方性法规可以根据环境保护的实际需要，增加第一款规定的按日连续处罚的违法行为的种类。"根据规定是从"责令改正之日的次日起"，而不是"处罚之日的次日起"，故 C 项错误。根据《环境保护法》第 63 条的规定："企业事业单位和其他生产经营者有下列行为之一，尚不构成犯罪的，除依照有关法律法规规定予以处罚外，由县级以上人民政府环境保护主管部门或者其他有关部门将案件移送公安机关，对其直接负责的主管人员和其他直接责任人员，处十日以上十五日以下拘留；情节较轻的，处五日以上十日以下拘留；……（三）通过暗管、渗井、渗坑、灌注或者篡改、伪造监测数据，或者不正常运行防治污染设施等逃避监管的方式违法排放污染物的……"故 D 项错误，正确做法是先移送公安机关，由公安机关依法对责任人进行拘留。

2018 年

1.【答案】D

【考点】对环境质量负责的主体

【详解】《环境保护法》第 6 条第 2 款规定，地方各级人民政府应当对本行政区域的环境质量负责。因此 D 项正确。

2.【答案】AB

【考点】探矿权转让；优先开采

【详解】《矿产资源法》第 6 条规定，探矿权人有权在划定的勘查作业区内进行规定的勘查作业，有权优先取得勘查作业区内矿产资源的采矿权，B 项正确。探矿权人在完成规定的最低勘查投入后，经依法批准，可以将探矿权转让他人，A 项正确。《矿产资源法》第 11 条规定，国务院地质矿产主管部门主管全国矿产资源勘查、开采的监督管理工作。省、自治区、直辖市人民政府地质矿产主管部门主管本行政区域内矿产资源勘查、开采的监督管理工作。《矿产资

源法》第 3 条规定，矿产资源属于国家所有，由国务院行使国家对矿产资源的所有权，C 项错误。地表或者地下的矿产资源的国家所有权，不因其所依附的土地的所有权或者使用权的不同而改变，D 项错误。

3.【答案】 BCD

【考点】 环境规划、环境评价制度

【详解】《环境影响评价法》第 8 条规定："国务院有关部门、设区的市级以上地方人民政府及其有关部门，对其组织编制的工业、农业、畜牧业、林业、能源、水利、交通、城市建设、旅游、自然资源开发的有关专项规划（以下简称专项规划），应当在该专项规划草案上报审批前，组织进行环境影响评价，并向审批该专项规划的机关提出环境影响报告书。前款所列专项规划中的指导性规划，按照本法第七条的规定进行环境影响评价。"林业发展规划也需要进行环境影响评价，故 A 项错误，B 项正确。《森林法》第 16 条规定："国家所有的林地和林地上的森林、林木可以依法确定给林业经营者使用。林业经营者依法取得的国有林地和林地上的森林、林木的使用权，经批准可以转让、出租、作价出资等。具体办法由国务院制定。林业经营者应当履行保护、培育森林资源的义务，保证国有森林资源稳定增长，提高森林生态功能。"故 C 项正确。《环境影响评价法》第 7 条第 1 款规定："国务院有关部门、设区的市级以上地方人民政府及其有关部门，对其组织编制的土地利用的有关规划，区域、流域、海域的建设、开发利用规划，应当在规划编制过程中组织进行环境影响评价，编写该规划有关环境影响的篇章或者说明。"故 D 项正确。

2019 年

1.【答案】 A

【考点】 环境影响报告书

【详解】《环境影响评价法》第 17 条规定："建设项目的环境影响报告书应当包括下列内容：（一）建设项目概况；（二）建设项目周围环境现状；（三）建设项目对环境可能造成影响的分析、预测和评估；（四）建设项目环境保护措施及其技术、经济论证；（五）建设项目对环境影响的经济损益分析；（六）对建设项目实施环境监测的建议；（七）环境影响评价的结论。环境影响报告表和环境影响登记表的内容和格式，由国务院生态环境主管部门制定。"A 项正确。

2.【答案】 D

【考点】 建设项目跨区域环境影响评价

【详解】《环境影响评价法》第 23 条规定："国务院生态环境主管部门负责审批下列建设项目的环境影响评价文件：（一）核设施、绝密工程等特殊性质的建设项目；（二）跨省、自治区、直辖市行政区域

的建设项目；（三）由国务院审批的或者由国务院授权有关部门审批的建设项目。前款规定以外的建设项目的环境影响评价文件的审批权限，由省、自治区、直辖市人民政府规定。建设项目可能造成跨行政区域的不良环境影响，有关生态环境主管部门对该项目的环境影响评价结论有争议的，其环境影响评价文件由共同的上一级生态环境主管部门审批。"根据该规定，跨省建设项目应当由国务院生态环境部门负责审批，因此 B 项错误。同时由于项目由原本省内高速公路修建变为跨省项目，审批主体发生变化，程序也不应当按照原有程序进行，因此 A 项错误。《环境影响评价法》第 18 条规定："建设项目的环境影响评价，应当避免与规划的环境影响评价相重复。作为一项整体建设项目的规划，按照建设项目进行环境影响评价，不进行规划的环境影响评价。已经进行了环境影响评价的规划包含具体建设项目的，规划的环境影响评价结论应当作为建设项目环境影响评价的重要依据，建设项目环境影响评价的内容应当根据规划的环境影响评价审查意见予以简化。"因此，有建设环境影响评价的，应尽量避免与规划环境影响评价重复，C 项重复出具环境影响评价错误。《环境影响评价法》第 25 条规定："建设项目的环境影响评价文件未依法经审批部门审查或者审查后未予批准的，建设单位不得开工建设。"D 项符合规定，因此正确。

3.【答案】 C

【考点】 自然资源权属制度

【详解】《森林法》第 14 条规定："森林资源属于国家所有，由法律规定属于集体所有的除外。国家所有的森林资源的所有权由国务院代表国家行使。国务院可以授权国务院自然资源主管部门统一履行国有森林资源所有者职责。"故 A 项错误。《森林法》第 16 条第 1 款规定："国家所有的林地和林地上的森林、林木可以依法确定给林业经营者使用。林业经营者依法取得的国有林地和林地上的森林、林木的使用权，经批准可以转让、出租、作价出资等。具体办法由国务院制定。"《森林法》第 36 条规定："国家保护林地，严格控制林地转为非林地，实行占用林地总量控制，确保林地保有量不减少。各类建设项目占用林地不得超过本行政区域的占用林地总量控制指标。""不得"说法过于绝对，故 B 项错误。《森林法》第 20 条第 2、3 款规定："农村居民在房前屋后、自留地、自留山种植的林木，归个人所有。城镇居民在自有房屋的庭院内种植的林木，归个人所有。集体或者个人承包国家所有和集体所有的宜林荒山荒地荒滩营造的林木，归承包的集体或者个人所有；合同另有约定的从其约定。"故 C 项正确。"房前屋后"与"自有房屋"并非同一含义，D 项错误。

4.【答案】 BD

【考点】 环境侵权责任

【详解】《环境保护法》第 66 条规定："提起环境损害赔偿诉讼的时效期间为三年，从当事人知道或者应当知道其受到损害时起计算。"A 项错误。《环境保护法》第 58 条第 3 款规定："提起诉讼的社会组织不得通过诉讼牟取经济利益。"B 项正确。《最高人民法院关于审理环境侵权责任纠纷案件适用法律若干问题的解释》第 1 条第 1、2 款规定："因污染环境、破坏生态造成他人损害，不论侵权人有无过错，侵权人应当承担侵权责任。侵权人以排污符合国家或者地方污染物排放标准为由主张不承担责任的，人民法院不予支持。"C 项错误。《水污染防治法》第 96 条第 3 款规定："水污染损害是由受害人故意造成的，排污方不承担赔偿责任。水污染损害是由受害人重大过失造成的，可以减轻排污方的赔偿责任。"D 项正确。

2020 年

1.【答案】C
【考点】环境标准制度；排污标准
【详解】环境标准分为国家环境标准、地方环境标准、行业环境标准。《环境保护法》第 16 条规定："国务院环境保护主管部门根据国家环境质量标准和国家经济、技术条件，制定国家污染物排放标准。省、自治区、直辖市人民政府对国家污染物排放标准中未作规定的项目，可以制定地方污染物排放标准；对国家污染物排放标准中已作规定的项目，可以制定严于国家污染物排放标准的地方污染物排放标准。地方污染物排放标准应当报国务院环境保护主管部门备案。"故环境地方标准是由省级人民政府制定，并非由省级生态环境主管部门制定，C 项错误。

2.【答案】ABC
【考点】突发环境事件应急处置
【详解】《环境保护法》第 47 条规定："各级人民政府及其有关部门和企业事业单位，应当依照《中华人民共和国突发事件应对法》的规定，做好突发环境事件的风险控制、应急准备、应急处置和事后恢复等工作。县级以上人民政府应当建立环境污染公共监测预警机制，组织制定预警方案；环境受到污染，可能影响公众健康和环境安全时，依法及时公布预警信息，启动应急措施。企业事业单位应当按照国家有关规定制定突发环境事件应急预案，报环境保护主管部门和有关部门备案。在发生或者可能发生突发环境事件时，企业事业单位应当立即采取措施处理，及时通报可能受到危害的单位和居民，并向环境保护主管部门和有关部门报告。突发环境事件应急处置工作结束后，有关人民政府应当立即组织评估事件造成的环境影响和损失，并及时将评估结果向社会公布。"D 项错在没有及时将评估结果向社会公布。

ABC 项正确。

3.【答案】ABC
【考点】林地权属争议的处理
【详解】《森林法》第 22 条规定："单位之间发生的林木、林地所有权和使用权争议，由县级以上人民政府依法处理。个人之间、个人与单位之间发生的林木所有权和林地使用权争议，由乡镇人民政府或者县级以上人民政府依法处理。当事人对有关人民政府的处理决定不服的，可以自接到处理决定通知之日起三十日内，向人民法院起诉。在林木、林地权属争议解决前，除因森林防火、林业有害生物防治、国家重大基础设施建设等需要外，当事人任何一方不得砍伐有争议的林木或者改变林地现状。"故 D 项错误，ABC 项正确。

2021 年

【答案】BC
【考点】矿产资源勘查的登记和开采的审批
【详解】《矿产资源法》第 16 条规定："开采下列矿产资源的，由国务院地质矿产主管部门审批，并颁发采矿许可证：（一）国家规划矿区和对国民经济具有重要价值的矿区内的矿产资源；（二）前项规定区域以外可供开采的矿产储量规模在大型以上的矿产资源；（三）国家规定实行保护性开采的特定矿种；（四）领海及中国管辖的其他海域的矿产资源；（五）国务院规定的其他矿产资源。开采石油、天然气、放射性矿产等特定矿种的，可以由国务院授权的有关主管部门审批，并颁发采矿许可证。开采第一款、第二款规定以外的矿产资源，其可供开采的矿产的储量规模为中型的，由省、自治区、直辖市人民政府地质矿产主管部门审批和颁发采矿许可证。开采第一款、第二款和第三款规定以外的矿产资源的管理办法，由省、自治区、直辖市人民代表大会常务委员会依法制定。依照第三款、第四款的规定审批和颁发采矿许可证的，由省、自治区、直辖市人民政府地质矿产主管部门汇总向国务院地质矿产主管部门备案。矿产储量规模的大型、中型的划分标准，由国务院矿产储量审批机构规定。"故 BC 项正确。

2022 年

【答案】ABC
【考点】森林经营管理
【详解】《森林法》第 55 条规定："采伐森林、林木应当遵守下列规定：（一）公益林只能进行抚育、更新和低质低效林改造性质的采伐。但是，因科研或者实验、防治林业有害生物、建设护林防火设施、营造生物防火隔离带、遭受自然灾害等需要采伐的除外。（二）商品林应当根据不同情况，采取不同采伐方式，严格控制皆伐面积，伐育同步规划实施。（三）自然保护区的林木，禁止采伐。但是，因防治林业有害生物、森林防火、维护主要保护对象生存环境、遭受自然灾害等特殊情况必须采伐的和实验区的竹林除外。省级以上人民政府林业主管部门应当根据前款规定，按照森林分类经营管理、保护优先、注重效率和效益等原则，制定相应的林木采伐技术规程。"故 ABC 项正确，D 项错误。

2023 年

【答案】BC

【考点】环境影响评价；临时使用林地

【详解】《环境影响评价法》第 18 条规定："建设项目的环境影响评价，应当避免与规划的环境影响评价相重复。作为一项整体建设项目的规划，按照建设项目进行环境影响评价，不进行规划的环境影响评价。已经进行了环境影响评价的规划包含具体建设项目的，规划的环境影响评价结论应当作为建设项目环境影响评价的重要依据，建设项目环境影响评价的内容应当根据规划的环境影响评价审查意见予以简化。"地下停车场是整个项目不可分割的组成部分，故 A 项错误。《森林法》第 38 条规定："需要临时使用林地的，应当经县级以上人民政府林业主管部门批准；临时使用林地的期限一般不超过二年，并不得在临时使用的林地上修建永久性建筑物。临时使用林地期满后一年内，用地单位或者个人应当恢复植被和林业生产条件。"甲公司临时占用的林地最长期限为 2年，加上期满恢复过程的 1 年，B 项正确。《环境影响评价法》第 27 条规定："在项目建设、运行过程中产生不符合经审批的环境影响评价文件的情形的，建设单位应当组织环境影响的后评价，采取改进措施，并报原环境影响评价文件审批部门和建设项目审批部门备案；原环境影响评价文件审批部门也可以责成建设单位进行环境影响的后评价，采取改进措施。"故 C 项正确，D 项错误。

劳动与社会保障法

2014 年

1.【答案】BCD

【考点】 劳动争议的处理程序

【详解】 根据《劳动争议调解仲裁法》第 21 条的规定，劳动争议仲裁委员会负责管辖本区域内发生的劳动争议。劳动争议由劳动合同履行地或者用人单位所在地的劳动争议仲裁委员会管辖。双方当事人分别向劳动合同履行地和用人单位所在地的劳动争议仲裁委员会申请仲裁的，由劳动合同履行地的劳动争议仲裁委员会管辖。故 A 项错误。根据《劳动争议调解仲裁法》第 28 条第 3 款的规定，申请人申请仲裁应当提交书面仲裁申请，书写仲裁申请确有困难的，可以口头申请，由劳动争议仲裁委员会记入笔录，并告知对方当事人。故 B 项正确。根据《劳动争议调解仲裁法》第 6 条的规定，发生劳动争议，当事人对自己提出的主张，有责任提供证据。与争议事项有关的证据属于用人单位掌握管理的，用人单位应当提供；用人单位不提供的，应当承担不利后果。本题中乙公司是根据公司绩效考核制度中"末位淘汰"的规定与李某解除劳动合同的，因而乙公司掌握了公司绩效考核制度及其考核情况，负有对终止劳动合同主张的负举证责任，C 项正确。根据《劳动争议调解仲裁法》第 29 条的规定，劳动争议仲裁委员会收到仲裁申请之日起 5 日内，认为符合受理条件的，应当受理，并通知申请人；认为不符合受理条件的，应当书面通知申请人不予受理，并说明理由。对劳动争议仲裁委员会不予受理或者逾期未作出决定的，申请人可以就该劳动争议事项向人民法院提起诉讼。故 D 项正确。

2.【答案】ABCD

【考点】《劳动合同法》

【详解】 根据《劳动合同法》第 34 条的规定，用人单位发生合并或者分立等情况，原劳动合同继续有效，劳动合同由承继其权利和义务的用人单位继续履行，故 A 项正确。根据《劳动合同法实施条例》第 10 条的规定，劳动者非因本人原因从原用人单位被安排到新用人单位工作的，劳动者在原用人单位的工作年限合并计算为新用人单位的工作年限。原用人单位已经向劳动者支付经济补偿的，新用人单位在依法解除、终止劳动合同计算支付经济补偿的工作年限

时，不再计算劳动者在原用人单位的工作年限。故，BD 项正确。根据《劳动合同法》第 18 条的规定，劳动合同可以由双方协商一致解除，因而 C 项正确。

3.【答案】BD

【考点】《劳动合同法》

【详解】 根据《劳动合同法》第 82 条第 1 款的规定，用人单位自用工之日起超过 1 个月不满 1 年未与劳动者订立书面劳动合同的，应当向劳动者每月支付 2 倍的工资。劳动合同到期后应当尽快签订新的劳动合同，不签订的应当适用前述规定，李某有权请求支付 2 倍工资，故 A 项错误，B 项正确。根据《劳动争议调解仲裁法》第 27 条的规定，劳动争议申请仲裁的时效期间为 1 年。仲裁时效期间从当事人知道或者应当知道其权利被侵害之日起计算。前款规定的仲裁时效，因当事人一方向对方当事人主张权利，或者向有关部门请求权利救济，或者对方当事人同意履行义务而中断。从中断时起，仲裁时效期间重新计算。因不可抗力或者有其他正当理由，当事人不能在本条第 1 款规定的仲裁时效期间申请仲裁的，仲裁时效中止。从中止时效的原因消除之日起，仲裁时效期间继续计算。劳动关系存续期间因拖欠劳动报酬发生争议的，劳动者申请仲裁不受本条第 1 款规定的仲裁时效期间的限制；但是，劳动关系终止的，应当自劳动关系终止之日起 1 年内提出。李某的请求属于拖欠劳动报酬的争议，且在劳动关系终止之日起 1 年内提出，因而没有超过诉讼时效，D 项正确。

4.【答案】BD

【考点】《劳动合同法》

【详解】 李某属于全日制的不定时工作制，公司无权对其随时终止用工，故 A 项错误，B 项正确；公司绩效考核制度中"末位淘汰"的规定并不属于《劳动合同法》中有关单位可以单方面解除劳动合同的情形，如果李某经绩效考核被认定为不能胜任工作，则只有在公司对其经过培训或者调整工作岗位，仍不能胜任工作的，才能主张解除劳动合同。故 C 项错误，D 项正确。

5.【答案】ABD

【考点】 解除劳动合同的经济补偿

【详解】 根据《劳动合同法》第 38 条规定，用人单位的规章制度违反法律、法规的规定，损害劳动者权益的，劳动者可以解除劳动合同。而《劳动合同法》第 46 条则规定了若干用人单位、劳动者依法

主张终止劳动合同的情况下，劳动者可以要求经济补偿，其中包括因用人单位的规章制度违反法律、法规的规定，损害劳动者权益的，劳动者主张解除合同的情形。因而 AB 项都是正确的。根据《劳动合同法》第 87 条的规定，用人单位违反本法规定解除或者终止劳动合同的，应当依照本法第 47 条规定的经济补偿标准的 2 倍向劳动者支付赔偿金。因而 D 项也是正确的。C 项错误，因为违法终止劳动合同的赔偿金和即时辞职的经济补偿金不能兼得。故 ABD 项正确。

【陷阱提示】从《劳动合同法》第 46 条有关经济补偿的情形界定，可以看出来该条是针对劳动者、用人单位"依法"解除劳动合同的情形下，用人单位向劳动者支付经济补偿的情形。而第 87 条规定的则是"违法"终止劳动合同时，用人单位向劳动者支付的赔偿，劳动者不能同时获得经济补偿和经济赔偿，只能主张其一。

2015 年

1.【答案】ABC

【考点】劳动合同的解除

【详解】根据《劳动合同法》第 43 条的规定，用人单位单方解除劳动合同，应当事先将理由通知工会。故 A 项正确。根据《劳动合同法》第 39 条的规定，劳动者严重违反用人单位的规章制度的，用人单位可以解除劳动合同。田某未请假就连续旷工确实属于严重违反单位规章制度的行为。故 B 项正确。《劳动合同法》第 39 条用人单位单方面解除劳动合同的情形的，不能以《劳动合同法》第 42 条的规定进行抗辩，即不得解除劳动合同的情形"患病或者非因工负伤，在规定的医疗期内的"不适用于劳动者发生重大过错导致被解除劳动合同的情形。此外，《劳动合同法》第 46 条规定的应当支付经济补偿金的情形也不适用于《劳动合同法》第 39 条的情形，故 C 项正确。根据《劳动合同法》第 48 条的规定："用人单位违反本法规定解除或者终止劳动合同，劳动者要求继续履行劳动合同的，用人单位应当继续履行；劳动者不要求继续履行劳动合同或者劳动合同已经不能继续履行的，用人单位应当依照本法第八十七条规定支付赔偿金。"可见，继续履行与支付赔偿金不能并行。故 D 项错误。

2.【答案】AC

【考点】劳动争议处理程序

【详解】根据《劳动争议调解仲裁法》第 6 条的规定："发生劳动争议，当事人对自己提出的主张，有责任提供证据。与争议事项有关的证据属于用人单位掌握管理的，用人单位应当提供；用人单位不提供的，应当承担不利后果。"故 A 项正确。根据《劳动争议调解仲裁法》第 5 条的规定："发生劳动争议，

当事人不愿协商、协商不成或者达成和解协议后不履行的，可以向调解组织申请调解；不愿调解、调解不成或者达成调解协议后不履行的，可以向劳动争议仲裁委员会申请仲裁；对仲裁裁决不服的，除本法另有规定的外，可以向人民法院提起诉讼。"另根据《劳动争议调解仲裁法》第 47 条的规定："下列劳动争议，除本法另有规定的外，仲裁裁决为终局裁决，裁决书自作出之日起发生法律效力：（一）追索劳动报酬、工伤医疗费、经济补偿或者赔偿金，不超过当地月最低工资标准十二个月金额的争议；（二）因执行国家的劳动标准在工作时间、休息休假、社会保险等方面发生的争议。"本案是追索劳动报酬的情形，故属于仲裁裁决为终局裁决，只有劳动者对该裁决不服的才能提起诉讼。故 B 项错误。根据《劳动争议调解仲裁法》第 21 条规定："劳动争议仲裁委员会负责管辖本区域内发生的劳动争议。劳动争议由劳动合同履行地或者用人单位所在地的劳动争议仲裁委员会管辖。双方当事人分别向劳动合同履行地和用人单位所在地的劳动争议仲裁委员会申请仲裁的，由劳动合同履行地的劳动争议仲裁委员会管辖。"另根据《劳动合同法》第 58 条的规定，劳务派遣单位是本法所称用人单位，应当履行用人单位对劳动者的义务。故题述案例的劳动合同履行地为乙区，而用人单位所在地为甲区。C 项正确。根据《劳动合同法》第 92 条第 2 款的规定，用工单位给被派遣劳动者造成损害的，劳务派遣单位与用工单位承担连带赔偿责任。由于题述案例给被派遣劳动者造成损害的是劳务派遣单位，不是用工单位，所以不存在连带责任的情形。D 项错误。

3.【答案】BC

【考点】工伤保险待遇

【详解】根据《社会保险法》第 41 条第 1 款的规定："职工所在用人单位未依法缴纳工伤保险费，发生工伤事故的，由用人单位支付工伤保险待遇。用人单位不支付的，从工伤保险基金中先行支付。"《社会保险法》并未明确规定职工可以要求支付工伤保险待遇和承担民事人身损害赔偿责任进行选择的权利。故 A 项错误，B 项正确。根据《社会保险法》第 39 条的规定："因工伤发生的下列费用，按照国家规定由用人单位支付：（一）治疗工伤期间的工资福利；（二）五级、六级伤残职工按月领取的伤残津贴；（三）终止或者解除劳动合同时，应当享受的一次性伤残就业补助金。"职工薛某被认定为工伤且被鉴定为六级伤残，故 C 项正确。根据《社会保险法》第 42 条的规定："由于第三人的原因造成工伤，第三人不支付工伤医疗费用或者无法确定第三人的，由工伤保险基金先行支付。工伤保险基金先行支付后，有权向第三人追偿。"故，如果电梯厂已支付工伤医疗费，则薛某不能主张工伤保险基金支付的工伤医疗费。故 D 项错误。

2016 年

1.【答案】 B

【考点】 女职工特殊保护

【详解】 根据《劳动法》第 65 条的规定，用人单位应当对未成年工定期进行健康检查。故 A 项错误。根据《劳动法》第 60 条的规定，不得安排女职工在经期从事高处、低温、冷水作业和国家规定的第三级体力劳动强度的劳动。故 B 项正确。根据《劳动法》第 61 条的规定，不得安排女职工在怀孕期间从事国家规定的第三级体力劳动强度的劳动和孕期禁忌从事的劳动。对怀孕七个月以上的女职工，不得安排其延长工作时间和夜班劳动。故 C 项错误。根据《劳动法》第 63 条的规定，不得安排女职工在哺乳未满一周岁的婴儿期间从事国家规定的第三级体力劳动强度的劳动和哺乳期禁忌从事的其他劳动，不得安排其延长工作时间和夜班劳动。本题 D 的描述未明确是否为未满一周岁的婴儿，故 D 项错误。

2.【答案】 D

【考点】 劳动合同的订立；劳动合同的解除

【详解】 根据《劳动合同法》第 14 条的规定，用人单位自用工之日起满 1 年不与劳动者订立书面劳动合同的，视为用人单位与劳动者已订立无固定期限劳动合同。由于王某用工时间不满 1 年，故 A 项错误。根据《劳动合同法》第 19 条第 4 款的规定，试用期包含在劳动合同期限内。劳动合同仅约定试用期的，试用期不成立，该期限为劳动合同期限。故 B 项错误，劳动合同期限自 2012 年 2 月 1 日起算。由于是劳动者主动辞职，且单位不存在过错，该公司不需要支付经济补偿金，故 C 项错误。根据《劳动合同法》第 40 条的规定，有下列情形之一的，用人单位提前 30 日以书面形式通知劳动者本人或者额外支付劳动者 1 个月工资后，可以解除劳动合同：……（2）劳动者不能胜任工作，经过培训或者调整工作岗位，仍不能胜任工作的；故 D 项正确。

3.【答案】 ABD

【考点】 劳动争议处理程序

【详解】 根据《劳动争议调解仲裁法》第 5 条的规定，发生劳动争议，当事人不愿协商、协商不成或者达成和解协议后不履行的，可以向调解组织申请调解；不愿调解、调解不成或者达成调解协议后不履行的，可以向劳动争议仲裁委员会申请仲裁；对仲裁裁决不服的，除本法另有规定的外，可以向人民法院提起诉讼。因而，王某可以直接向劳动争议仲裁委申请仲裁，A 项正确。根据《劳动争议调解仲裁法》第 48、49 条的规定，劳动者对本法第 47 条规定的仲裁裁决不服的，可以自收到仲裁裁决书之日起 15 日内向人民法院提起诉讼。用人单位有证据证明本法第

47 条规定的仲裁裁决有下列情形之一，可以自收到仲裁裁决书之日起 30 日内向劳动争议仲裁委员会所在地的中级人民法院申请撤销裁决：（1）适用法律、法规确有错误的；（2）劳动争议仲裁委员会无管辖权的；（3）违反法定程序的；（4）裁决所根据的证据是伪造的；（5）对方当事人隐瞒了足以影响公正裁决的证据的；（6）仲裁员在仲裁该案时有索贿受贿、徇私舞弊、枉法裁决行为的。人民法院经组成合议庭审查核实裁决有前款规定情形之一的，应当裁定撤销。仲裁裁决被人民法院裁定撤销的，当事人可以自收到裁定书之日起 15 日内就该劳动争议事项向人民法院提起诉讼。故 BD 项正确，C 项错误。

2017 年

1.【答案】 ABD

【考点】 劳动合同法；社会保险法

【详解】 根据《劳动合同法》第 7 条的规定，用人单位自用工之日起即与劳动者建立劳动关系。用人单位应当建立职工名册备查。故 A 项正确。根据《劳动合同法》第 82 条第 1 款的规定，用人单位自用工之日起超过 1 个月不满 1 年未与劳动者订立书面劳动合同的，应当向劳动者每月支付 2 倍的工资。根据《劳动合同法实施条例》第 6 条第 2 款规定，用人单位向劳动者每月支付两倍工资的起算时间为用工之日起满 1 个月的次日，截止时间为补订书面劳动合同的前一日。故 B 项正确。C 项错误，根据《劳动合同法》的规定，为劳动者缴纳社会保险是用人单位的基本义务，用人单位不履行该义务时，劳动者可以主张解除劳动合同。根据《劳动合同法》第 74 条的规定："县级以上地方人民政府劳动行政部门依法对下列实施劳动合同制度的情况进行监督检查：……（六）用人单位参加各项社会保险和缴纳社会保险费的情况；……"另根据《社会保险法》第 83 条第 3 款的规定，个人与所在用人单位发生社会保险争议的，可以依法申请调解、仲裁，提起诉讼。用人单位侵害个人社会保险权益的，个人也可以要求社会保险行政部门或者社会保险费征收机构依法处理。因而社保行政部门或社保费征收机构都具有处理养老保险纠纷的权力。故 D 项正确。

2.【答案】 CD

【考点】 集体合同

【详解】 根据《劳动合同法》第 51 条第 2 款的规定，集体合同由工会代表企业职工一方与用人单位订立；尚未建立工会的用人单位，由上级工会指导劳动者推举的代表与用人单位订立。故 A 项错误。根据《劳动合同法》第 53 条规定，在县级以下区域内，建筑业、采矿业、餐饮服务业等行业可以由工会与企业方面代表订立行业性集体合同，或者订立区域

性集体合同。根据《劳动合同法》第 54 条的规定，集体合同订立后，应当报送劳动行政部门；劳动行政部门自收到集体合同文本之日起 15 日内未提出异议的，集体合同即行生效。依法订立的集体合同对用人单位和劳动者具有约束力。行业性、区域性集体合同对当地本行业、本区域的用人单位和劳动者具有约束力。故 B 项错误，C 项正确。根据《劳动合同法》第 56 条的规定，用人单位违反集体合同，侵犯职工劳动权益的，工会可以依法要求用人单位承担责任；因履行集体合同发生争议，经协商解决不成的，工会可以依法申请仲裁、提起诉讼。故 D 项正确。

3. 【答案】BD

【考点】经济补偿金；经济性裁员

【详解】根据《劳动合同法》第 46 条的规定："有下列情形之一的，用人单位应当向劳动者支付经济补偿：……（四）用人单位依照本法第四十一条第一款规定（即经济性裁员）解除劳动合同的……"故 A 项错误。根据《劳动合同法》第 41 条第 2、3 款的规定："裁减人员时，应当优先留用下列人员：（一）与本单位订立较长期限的固定期限劳动合同的；（二）与本单位订立无固定期限劳动合同的；（三）家庭无其他就业人员，有需要扶养的老人或者未成年人的。用人单位依照本条第一款规定裁减人员，在六个月内重新招用人员的，应当通知被裁减的人员，并在同等条件下优先招用被裁减的人员。"另根据《劳动合同法》第 42 条的规定："劳动者有下列情形之一的，用人单位不得依照本法第四十条、第四十一条的规定解除劳动合同：（一）从事接触职业病危害作业的劳动者未进行离岗前职业健康检查，或者疑似职业病病人在诊断或者医学观察期间的；（二）在本单位患职业病或者因工负伤并被确认丧失或者部分丧失劳动能力的；（三）患病或者非因工负伤，在规定的医疗期内的；（四）女职工在孕期、产期、哺乳期的；（五）在本单位连续工作满十五年，且距法定退休年龄不足五年的；（六）法律、行政法规规定的其他情形。"故 BD 项正确，C 项并未说明该女职工距离退休的年龄，故该说法错误。

2018 年

1. 【答案】ACD

【考点】劳务派遣；职务侵权赔偿

【详解】《劳动合同法》第 58 条第 1 款规定，劳务派遣单位是用人单位，应当履行用人单位对劳动者的义务。《社会保险法》第 33 条规定，用人单位缴纳工伤保险费，本题中乙劳务派遣公司为用人单位，应当履行为劳动者缴纳工伤保险费的义务，AC 项错误，B 项正确。《民法典》第 1191 条第 2 款规定，劳务派遣期间，被派遣的工作人员因执行工作任务造成

他人损害的，由接受劳务派遣的用工单位承担侵权责任；劳务派遣单位有过错的，承担相应的补充责任，D 项错误。

2. 【答案】ABCD

【考点】军人保险法律制度

【详解】《军人保险法》第 5 条规定，中国人民解放军军人保险主管部门负责全军的军人保险工作，A 项正确。《军人保险法》第 30 条规定，军人保险基金包括军人伤亡保险基金、军人退役养老保险基金、军人退役医疗保险基金和随军未就业的军人配偶保险基金，B 项正确。《军人保险法》第 31 条规定，军人保险基金由个人缴费、中央财政负担的军人保险资金以及利息收入等资金构成，C 项正确。《军人保险法》第 23 条规定，军人服现役年限视同职工基本医疗保险缴费年限，与入伍前和退出现役后参加职工基本医疗保险的缴费年限合并计算，D 项正确。

3. 【答案】B

【考点】劳动合同的订立；留置权

【详解】《民法典》第 448 条规定："债权人留置的动产，应当与债权属于同一法律关系，但是企业之间留置的除外。"甲与乙公司一直没有签订书面劳动合同，但实质上已经建立了劳动关系。劳动者以用人单位拖欠劳动报酬为由，主张对用人单位供其使用的工具、物品等动产行使留置权，不属于上述《民法典》规定中的同一法律关系，因此，劳动者并没有留置权。本题中甲无权留置该车辆。A 项错误，B 项正确。《劳动合同法》第 82 条规定："用人单位自用工之日起超过一个月不满一年未与劳动者订立书面劳动合同的，应当向劳动者每月支付二倍的工资。用人单位违反本法规定不与劳动者订立无固定期限劳动合同的，自应当订立无固定期限劳动合同之日起向劳动者每月支付二倍的工资。"《劳动合同法实施条例》第 7 条规定："用人单位自用工之日起满一年未与劳动者订立书面劳动合同的，自用工之日起满一个月的次日至满一年的前一日应当依照劳动合同法第八十二条的规定向劳动者每月支付两倍的工资，并视为自用工之日起满一年的当日已经与劳动者订立无固定期限劳动合同，应当立即与劳动者补订书面劳动合同。"《劳动合同法》第 14 条第 3 款规定："用人单位自用工之日起满一年不与劳动者订立书面劳动合同的，视为用人单位与劳动者已订立无固定期限劳动合同。"本题中，乙公司向甲支付双倍工资的时间为自用工之日起满一个月的次日至满一年的前一日，并非至离职之日，并且视为自用工之日起满一年的当日已经与劳动者签订无固定期限劳动合同。故 C 项错误。《劳动法》第 79 条规定："劳动争议发生后，当事人可以向本单位劳动争议调解委员会申请调解；调解不成，当事人一方要求仲裁的，可以向劳动争议仲裁委员会申请仲裁。当事人一方也可以直接向劳动争议仲裁委

员会申请仲裁。对仲裁裁决不服的，可以向人民法院提起诉讼。"劳动争议解决实行仲裁前置的程序，甲不可以直接向法院主张要求公司支付双倍工资。D项错误。

4.【答案】ABD

【考点】劳动争议解决

【详解】《劳动争议调解仲裁法》第6条规定："发生劳动争议，当事人对自己提出的主张，有责任提供证据。与争议事项有关的证据属于用人单位掌握管理的，用人单位应当提供；用人单位不提供的，应当承担不利后果。"题干中，由于与争议有关的证据是甲公司掌握的，因此应该甲公司提供相关证据，未提供的由甲公司承担不利后果，所以AB项错误，C项正确。根据前述规定，在诉讼中应由甲公司对解除劳动合同的时间承担举证责任，与其是否为小微企业无关。故D项错误。

2019 年

1.【答案】A

【考点】非全日制用工

【详解】根据甲应聘工作的性质，可以推断甲是非全日制工。《劳动合同法》第69条第2款规定："从事非全日制用工的劳动者可以与一个或者一个以上用人单位订立劳动合同；但是，后订立的劳动合同不得影响先订立的劳动合同的履行。"故A项正确。《劳动合同法》第70条规定："非全日制用工双方当事人不得约定试用期。"故B项错误。《劳动合同法》第72条第2款规定："非全日制用工劳动报酬结算支付周期最长不得超过十五日。"故C项错误。《劳动合同法》第68条规定："非全日制用工，是指以小时计酬为主，劳动者在同一用人单位一般平均每日工作时间不超过四小时，每周工作时间累计不超过二十四小时的用工形式。""不超过"根据推定应不包括本数，故D项错误。

2.【答案】D

【考点】军人保险

【详解】《军人保险法》第10条规定："军人因下列情形之一死亡或者致残的，不享受军人伤亡保险待遇：（一）故意犯罪的；（二）醉酒或者吸毒的；（三）自残或者自杀的；（四）法律、行政法规和军事法规规定的其他情形。"故ABC项正确，D项错误。

3.【答案】B

【考点】军人保险和基本社保的衔接

【详解】因甲退伍，现在已经不是现役军人，故无法享受军人伤亡保险待遇。A项错误。《社会保险法》第39条规定："因工伤发生的下列费用，按照国家规定由用人单位支付：……（二）五级、六级伤残职工按月领取的伤残津贴……"B项正确。《军

人保险法》第13条规定："军人退出现役参加基本养老保险的，国家给予退役养老保险补助。"所以，军人的退役补助是退役时支付，本题旧伤复发是发生在退役后，不再额外给予补偿。C项错误。《军人保险法》第11条规定："已经评定残疾等级的因战、因公致残的军人退出现役参加工作后旧伤复发的，依法享受相应的工伤待遇。"D项错误。

2020 年

1.【答案】C

【考点】法律责任

【详解】ABD项符合《劳动合同法》的规定；C项错误，只有逾期不支付的，才责令用人单位按应付金额50%以上100%以下的标准向劳动者加付赔偿金。

2.【答案】B

【考点】工伤保险基金支付

【详解】《社会保险法》第38条规定："因工伤发生的下列费用，按照国家规定从工伤保险基金中支付：（一）治疗工伤的医疗费用和康复费用；（二）住院伙食补助费；（三）到统筹地区以外就医的交通食宿费；（四）安装配置伤残辅助器具所需费用；（五）生活不能自理的，经劳动能力鉴定委员会确认的生活护理费；（六）一次性伤残补助金和一至四级伤残职工按月领取的伤残津贴；（七）终止或者解除劳动合同时，应当享受的一次性医疗补助金；（八）因工死亡的，其遗属领取的丧葬补助金、供养亲属抚恤金和因工死亡补助金；（九）劳动能力鉴定费。"B项正确。

3.【答案】B

【考点】劳动合同订立

【详解】《劳动合同法实施条例》第6条第1款规定："用人单位自用工之日起超过一个月不满一年未与劳动者订立书面劳动合同的，应当依照劳动合同法第八十二条的规定向劳动者每月支付两倍的工资，并与劳动者补订书面劳动合同；劳动者不与用人单位订立书面劳动合同的，用人单位应当书面通知劳动者终止劳动关系，并依照劳动合同法第四十七条的规定支付经济补偿。"根据题干，甲2018年1月5日进入乙公司工作，2019年1月2日离职，用工时间超过一个月但不满一年。由于甲不与乙公司签订劳动合同，乙公司应当书面通知甲终止劳动关系，并按规定支付经济补偿。尽管乙公司未书面通知解除劳动关系，但在一年内劳动关系已经终止，符合上述法律规定，故乙公司须依据《劳动合同法》第47条支付经济补偿，但无须另行支付2倍工资。B项正确。

4.【答案】ABC

【考点】劳动合同解除

【详解】《劳动合同法》第 41 条规定："有下列情形之一，需要裁减人员二十人以上或者裁减不足二十人但占企业职工总数百分之十以上的，用人单位提前三十日向工会或者全体职工说明情况，听取工会或者职工的意见后，裁减人员方案经向劳动行政部门报告，可以裁减人员：（一）依照企业破产法规定进行重整的；（二）生产经营发生严重困难的；（三）企业转产、重大技术革新或者经营方式调整，经变更劳动合同后，仍需裁减人员的；（四）其他因劳动合同订立时所依据的客观经济情况发生重大变化，致使劳动合同无法履行的。裁减人员时，应当优先留用下列人员：（一）与本单位订立较长期限的固定期限劳动合同的；（二）与本单位订立无固定期限劳动合同的；（三）家庭无其他就业人员，有需要扶养的老人或者未成年人的。用人单位依照本条第一款规定裁减人员，在六个月内重新招用人员的，应当通知被裁减的人员，并在同等条件下优先招用被裁减的人员。"故 AC 项正确，D 项错误。《劳动合同法》第 46 条规定："有下列情形之一的，用人单位应当向劳动者支付经济补偿：（一）劳动者依照本法第三十八条规定解除劳动合同的；（二）用人单位依照本法第三十六条规定向劳动者提出解除劳动合同并与劳动者协商一致解除劳动合同的；（三）用人单位依照本法第四十条规定解除劳动合同的；（四）用人单位依照本法第四十一条第一款规定解除劳动合同的；（五）除用人单位维持或者提高劳动合同约定条件续订劳动合同，劳动者不同意续订的情形外，依照本法第四十四条第一项规定终止固定期限劳动合同的；（六）依照本法第四十四条第四项、第五项规定终止劳动合同的；（七）法律、行政法规规定的其他情形。"《劳动合同法》第 47 条规定："经济补偿按劳动者在本单位工作的年限，每满一年支付一个月工资的标准向劳动者支付。六个月以上不满一年的，按一年计算；不满六个月的，向劳动者支付半个月工资的经济补偿。劳动者月工资高于用人单位所在直辖市、设区的市级人民政府公布的本地区上年度职工月平均工资三倍的，向其支付经济补偿的标准按职工月平均工资三倍的数额支付，向其支付经济补偿的年限最高不超过十二年。本条所称月工资是指劳动者在劳动合同解除或者终止前十二个月的平均工资。"陆某在甲公司工作 3 年零 8 个月，由于满 6 个月以上的按一年计算，故甲公司应当 3 年按 3 个月工资、8 个月按 1 个月工资的标准计算经济补偿费用，向陆某支付 4 个月工资的经济补偿，故 B 项正确。

5.【答案】C

【考点】服务期

【详解】《劳动合同法》第 22 条规定："用人单位为劳动者提供专项培训费用，对其进行专业技术培训的，可以与该劳动者订立协议，约定服务期。劳动

者违反服务期约定的，应当按照约定向用人单位支付违约金。违约金的数额不得超过用人单位提供的培训费用。用人单位要求劳动者支付的违约金不得超过服务期尚未履行部分所应分摊的培训费用。用人单位与劳动者约定服务期的，不影响按照正常的工资调整机制提高劳动者在服务期期间的劳动报酬。"乙公司开支的培训费用为 15 万元，乙公司要求甲支付的违约金不得超过 15 万元，故 B 项错误。根据上述规定，若甲 2016 年辞职，5 年产生 15 万元培训费，分摊每年 3 万元培训费，剩余 4 年服务期尚未履行，则乙公司要求甲支付的违约金不超过 12 万元，故 A 项错误。《劳动合同法》第 36 条规定："用人单位与劳动者协商一致，可以解除劳动合同。"变更劳动合同，应当采用书面形式。变更后的劳动合同文本由用人单位和劳动者各执一份。因此，甲只要与乙公司达成一致约定即可进行岗位调整，故 D 项错误。《劳动合同法》第 38 条规定："用人单位有下列情形之一的，劳动者可以解除劳动合同：（一）未按照劳动合同约定提供劳动保护或者劳动条件的；（二）未及时足额支付劳动报酬的……"若乙公司未及时足额支付劳动报酬，甲享有法定解除权，其行使解除权的行为不属于违约，无须支付违约金，故 C 项正确。

6.【答案】D

【考点】劳务派遣

【详解】《劳动合同法》第 64 条规定："被派遣劳动者有权在劳务派遣单位或者用工单位依法参加或者组织工会，维护自身的合法权益。"题干中，甲公司为劳务派遣单位，丙公司为用工单位，乙有权在甲公司或丙公司单位依法参加工会。故 A 项正确。《劳动合同法》第 60 条规定："劳务派遣单位应当将劳务派遣协议的内容告知被派遣劳动者。劳务派遣单位不得克扣用工单位按照劳务派遣协议支付给被派遣劳动者的劳动报酬。劳务派遣单位和用工单位不得向被派遣劳动者收取费用。"可知，甲公司应当将劳务派遣协议的内容告知乙，故 B 项正确。根据《劳动合同法》第 63 条，被派遣劳动者享有与用工单位的劳动者同工同酬的权利，故 C 项正确。《劳动合同法》第 62 条第 2 款规定，用工单位不得将被派遣劳动者再派遣到其他用人单位。故 D 项错误。

2021 年

【答案】AC

【考点】劳动安全卫生；对女职工的特殊保护

【详解】《劳动法》第 54 条规定："用人单位必须为劳动者提供符合国家规定的劳动安全卫生条件和必要的劳动防护用品，对从事有职业危害作业的劳动者应当定期进行健康检查。"A 项错误，当选，B 项正确。《劳动法》第 59 条规定："禁止安排女职工从

事矿山井下、国家规定的第四级体力劳动强度的劳动和其他禁忌从事的劳动。"C 项错误，当选。《劳动法》第 53 条规定："劳动安全卫生设施必须符合国家规定的标准。新建、改建、扩建工程的劳动安全卫生设施必须与主体工程同时设计、同时施工、同时投入生产和使用。"D 项正确。

2022 年

1.【答案】C

【考点】劳动合同终止

【详解】《劳动合同法》第 42 条规定："劳动者有下列情形之一的，用人单位不得依照本法第四十条、第四十一条的规定解除劳动合同：……（三）患病或者非因工负伤，在规定的医疗期内的……"《劳动合同法》第 45 条规定："劳动合同期满，有本法第四十二条规定情形之一的，劳动合同应当续延至相应的情形消失时终止。但是，本法第四十二条第二项规定丧失或者部分丧失劳动能力劳动者的劳动合同的终止，按照国家有关工伤保险的规定执行。"因此，乙非因工负伤期间，即使劳动合同期满也不得终止，劳动合同应当续延至医疗期结束之日，故 C 项正确。另外，劳动合同与劳动关系并不完全同步，所以就算劳动者此前一直在提供劳动，双方之间存在劳动关系或事实劳动关系，也非劳动合同延期至此时。

2.【答案】AD

【考点】协商解除劳动合同

【详解】因单位原因未与劳动者签订书面劳动合同的，自用工之日起 2 个月至满 1 年，单位应当每个月向劳动者支付两倍的工资。A 项正确。西川文化传播有限公司与北京分公司之间是总分公司关系，而非两个独立主体在劳务派遣关系中，B 项错误。北京分公司与陈某解除劳动合同属于协议解除，因是用人单位提出的，故单位应当向劳动者支付经济补偿金。C 项错误。经济补偿金标准为：工作每满 1 年，支付一个月的工资；不满 6 个月的，支付半个月工资。本题中，陈某在西川文化传播公司工作期间为 2021 年 5 月 10 日至 2022 年 8 月 10 日，总计 1 年 3 个月。D 项正确。

2023 年

【答案】B

【考点】劳务派遣；工伤保险

【详解】《劳动合同法》第 58 条第 1 款规定："劳务派遣单位是本法所称用人单位，应当履行用人单位对劳动者的义务。劳务派遣单位与被派遣劳动者订立的劳动合同，除应当载明本法第十七条规定的事项外，还应当载明被派遣劳动者的用工单位以及派遣期限、工作岗位等情况。"《工伤保险条例》第 10 条第 1 款规定："用人单位应当按时缴纳工伤保险费。职工个人不缴纳工伤保险费。"据此，被派遣劳动者在用工单位因工作遭受事故伤害时，劳务派遣单位应当依法申请工伤认定，承担工伤保险责任。《社会保险法》第 41 条第 1 款规定："职工所在用人单位未依法缴纳工伤保险费，发生工伤事故的，由用人单位支付工伤保险待遇。用人单位不支付的，从工伤保险基金中先行支付。"本题中，甲公司是劳务派遣单位，应由其申请工伤认定并承担工伤保险责任，故 B 项正确，ACD 项错误。

劳动与社会保障法

国际私法

2014 年

1.【答案】 A

【考点】 法人权利能力和行为能力的法律适用

【详解】《涉外民事关系法律适用法》第 14 条规定，法人及其分支机构的民事权利能力、民事行为能力、组织机构、股东权利义务等事项，适用登记地法律。法人的主营业地与登记地不一致的，可以适用主营业地法律。法人的经常居所地，为其主营业地。由于合资公司是在中国登记设立的，所以，有关合资公司股东权利事项问题，适用登记地法律，即中国法。所以，A 项正确。BCD 项错误。

2.【答案】 A

【考点】 自然人权利能力的法律适用

【详解】《涉外民事关系法律适用法》第 13 条规定，宣告失踪或者宣告死亡，适用自然人经常居所地法律。由于英国公民迈克的经常居所地在中国，所以，宣告死亡的问题应该适用中国法。所以，A 项正确。BCD 项错误。

3.【答案】 B

【考点】 收养的法律适用

【详解】《外国人在中华人民共和国收养子女登记办法》第 8 条规定，外国人来华收养子女，应当亲自来华办理登记手续。夫妻共同收养的，应当共同来华办理收养手续；一方因故不能来华的，应当书面委托另一方。委托书应当经所在国公证和认证。所以，A 项错误。《外国人在中华人民共和国收养子女登记办法》第 9 条规定，外国人来华收养子女，应当与送养人订立书面收养协议。协议一式三份，收养人、送养人各执一份，办理收养登记手续时收养登记机关存一份。书面协议订立后，收养关系当事人应当共同到被收养人常住户口所在地的省、自治区、直辖市人民政府民政部门办理收养登记。所以，B 项正确。《涉外民事关系法律适用法》第 28 条规定，收养的条件和手续，适用收养人和被收养人经常居所地法律。收养的效力，适用收养时收养人经常居所地法律。收养关系的解除，适用收养时被收养人经常居所地法律或者法院地法律。甲和乙的经常居所地在英国，被收养人的经常居所地在中国，所以收养的条件应重叠适用中国法和英国法。所以，C 项错误。涉外收养的效力，是指涉外收养有效成立后被收养人与送

养人或收养人之间具有什么样的身份及权利义务关系。《外国人在中华人民共和国收养子女登记办法》第 3 条规定，外国人在华收养子女，应当符合中国有关收养法律的规定，并应当符合收养人所在国有关收养法律的规定；因收养人所在国法律的规定与中国法律的规定不一致而产生的问题，由两国政府有关部门协商处理。所以，D 项错误。

4.【答案】 D

【考点】 合同的法律适用

【详解】《涉外民事关系法律适用法》第 43 条规定，劳动合同，适用劳动者工作地法律；难以确定劳动者工作地的，适用用人单位主营业地法律。大卫的工作地难以确认，在东亚地区巡回进行售后服务，所以要适用用人单位主营业地法，即丙国法。所以，D 项正确，ABC 项错误。

5.【答案】 A

【考点】 国际司法协助

【详解】《关于从国外调取民事或商事证据的公约》和全国人民代表大会常务委员会关于我国加入《关于从国外调取民事或商事证据的公约》的决定，指定中华人民共和国司法部为负责接收来自另一缔约国司法机关的请求书，并将其转交给执行请求的主管机关的中央机关。故 A 项正确。《关于从国外调取民事或商事证据的公约》第 12 条规定，执行国不能仅因其国内法已对该项诉讼标的规定专属管辖权或不承认对该事项提起诉讼的权利为理由，拒绝执行请求。故 B 项错误。《关于从国外调取民事或商事证据的公约》第 15 条规定，在民事或商事案件中，每一缔约国的外交官员或领事代表在另一缔约国境内其执行职务的区域内，可以向他所代表的国家的国民在不采取强制措施的情况下调取证据，以协助在其代表的国家的法院中进行的诉讼。缔约国可以声明，外交官员或领事代表只有在自己或其代表向声明国指定的适当机关递交了申请并获得允许后才能调取证据。第 16 条规定，在符合下列条件的情况下，每一缔约国的外交官员或领事代表在另一缔约国境内其执行职务的区域内，亦可以向他执行职务地所在国或第三国国民在不采取强制措施的情况下调取证据，以协助在其代表的国家的法院中进行的诉讼：（1）他执行职务地所在国指定的主管机关已给予一般性或对特定案件的许可，并且（2）他遵守主管机关在许可中设定的条件。缔约国可以声明，无须取得事先许可即可依本条

进行取证。此外,《民事诉讼法》第294条规定,请求和提供司法协助,应当依照中华人民共和国缔结或者参加的国际条约所规定的途径进行;没有条约关系的,通过外交途径进行。外国驻中华人民共和国的使领馆可以向该国公民送达文书和调查取证,但不得违反中华人民共和国的法律,并不得采取强制措施。除前款规定的情况外,未经中华人民共和国主管机关准许,任何外国机关或者个人不得在中华人民共和国领域内送达文书、调查取证。也就是说通过本国驻他国领事或外交人员在驻在国直接调查取证,一般是向本国国民取证,不得违反当地的法律,不得采取强制措施。故C项错误。对于当事人自行取证,《民事诉讼法》第294条第3款规定,除前款规定的情况外,未经中华人民共和国主管机关准许,任何外国机关或者个人不得在中华人民共和国领域内送达文书、调查取证。可见,外国当事人或其诉讼代理人都不得在中国境内自行取证。我国在1997年7月3日决定加入《海牙取证公约》时作了以下保留声明:根据公约第23条,对于普通法国家旨在进行审判前文件调查的请求书,我国仅仅执行请求书列明的、与本案密切相关的文件调查请求,也即我国原则上不允许当事人自行取证。这是捍卫我国司法主权的正确做法。故D项错误。

6.【答案】 AD

【考点】 合同的法律适用

【详解】《涉外民事关系法律适用法》第41条规定,当事人可以协议选择合同适用的法律。当事人没有选择的,适用履行义务最能体现该合同特征的一方当事人经常居所地法律或者其他与该合同有最密切联系的法律。故A项正确。《涉外民事关系法律适用法解释(一)》第6条第1款规定,当事人在一审法庭辩论终结前协议选择或者变更选择适用的法律的,人民法院应予准许。故B项错误。《涉外民事关系法律适用法》第7条规定,诉讼时效,适用相关涉外民事关系应当适用的法律。故C项错误。《涉外民事关系法律适用法解释(一)》第8条规定,有下列情形之一,涉及中华人民共和国社会公共利益、当事人不能通过约定排除适用、无需通过冲突规范指引而直接适用于涉外民事关系的法律、行政法规的规定,人民法院应当认定为《涉外民事关系法律适用法》第4条规定的强制性规定:(1)涉及劳动者权益保护的;(2)涉及食品或公共卫生安全的;(3)涉及环境安全的;(4)涉及外汇管制等金融安全的;(5)涉及反垄断、反倾销的;(6)应当认定为强制性规定的其他情形。故D项正确。

7.【答案】 AC

【考点】 知识产权归属的法律适用;知识产权转让的法律适用;知识产权侵权的法律适用

【详解】《涉外民事关系法律适用法》第8条规定,涉外民事关系的定性,适用法院地法律。所以,A项正确。《涉外民事关系法律适用法》第48条规定,知识产权的归属和内容,适用被请求保护地法律。即专利权的取得以及专利权的内容和效力,适用专利申请地的法律,专利申请地在英国,被请求保护地是英国,所以C项正确,B项错误。《涉外民事关系法律适用法》第50条规定,知识产权的侵权责任,适用被请求保护地法律,当事人也可以在侵权行为发生后协议选择适用法院地法律。故D项错误。

8.【答案】 ABC

【考点】 仲裁协议

【详解】《仲裁法》第20条规定,当事人对仲裁协议的效力有异议的,可以请求仲裁委员会作出决定或者请求人民法院作出裁定。一方请求仲裁委员会作出决定,另一方请求人民法院作出裁定的,由人民法院裁定。当事人对仲裁协议的效力有异议,应当在仲裁庭首次开庭前提出。所以,A项正确。《最高人民法院关于适用〈中华人民共和国仲裁法〉若干问题的解释》第16条规定,对涉外仲裁协议的效力审查,适用当事人约定的法律;当事人没有约定适用的法律但约定了仲裁地的,适用仲裁地法律;没有约定适用的法律也没有约定仲裁地或者仲裁地约定不明的,适用法院地法律。甲、乙公司未约定仲裁协议效力的法律,但约定了仲裁地,所以适用仲裁地法,即中国法。B项正确。《中国国际经济贸易仲裁委员会仲裁规则》第4条规定,规则的适用(1)本规则统一适用于仲裁委员会及其分会/仲裁中心。(2)当事人约定将争议提交仲裁委员会仲裁的,视为同意按照本规则进行仲裁。(3)当事人约定将争议提交仲裁委员会仲裁但对本规则有关内容进行变更或约定适用其他仲裁规则的,从其约定,但其约定无法实施或与仲裁程序适用法强制性规定相抵触者除外。当事人约定适用其他仲裁规则的,由仲裁委员会履行相应的管理职责。(4)当事人约定按照本规则进行仲裁但未约定仲裁机构的,视为同意将争议提交仲裁委员会仲裁。(5)当事人约定适用仲裁委员会专业仲裁规则的,从其约定,但其争议不属于该专业仲裁规则适用范围的,适用本规则。所以,C项正确。《中国国际经济贸易仲裁委员会仲裁规则》第17条规定,申请人可以申请对其仲裁请求进行变更,被申请人也可以申请对其反请求进行变更;但是仲裁庭认为其提出变更的时间过迟而影响仲裁程序正常进行的,可以拒绝其变更请求。所以,D项错误。

9.【答案】 AB

【考点】 外国法的查明和解释

【详解】《涉外民事关系法律适用法》第10条规定,涉外民事关系适用的外国法律,由人民法院、仲裁机构或者行政机关查明。当事人选择适用外国法律的,应当提供该国法律。不能查明外国法律或者该国法律没有规定的，适用中华人民共和国法律。所以，A项正确。《涉外民事关系法律适用法》第4条规定，中华人民共和国法律对涉外民事关系有强制性规定的，直接适用该强制性规定。所以，B项正确。《涉外民事关系法律适用法》第5条规定，外国法律的适用将损害中华人民共和国社会公共利益的，适用中华人民共和国法律。所以，C项错误。《涉外民事关系法律适用法》第9条规定，涉外民事关系适用的外国法律，不包括该国的法律适用法。所以，D项错误。

2015 年

1.【答案】B

【考点】 涉外劳动合同关系的法律适用

【详解】《涉外民事关系法律适用法》第4条规定："中华人民共和国法律对涉外民事关系有强制性规定的，直接适用该强制性规定。"《涉外民事关系法律适用法解释（一）》第8条规定："有下列情形之一，涉及中华人民共和国社会公共利益、当事人不能通过约定排除适用、无需通过冲突规范指引而直接适用于涉外民事关系的法律、行政法规的规定，人民法院应当认定为涉外民事关系法律适用法第四条规定的强制性规定：（一）涉及劳动者权益保护的；（二）涉及食品或公共卫生安全的；（三）涉及环境安全的；（四）涉及外汇管制等金融安全的；（五）涉及反垄断、反倾销的；（六）应当认定为强制性规定的其他情形。"故B项正确。

2.【答案】D

【考点】 赃物能否善意取得

【详解】《涉外民事关系法律适用法》第37条规定："当事人可以协议选择动产物权适用的法律。当事人没有选择的，适用法律事实发生时动产所在地法律。"我国司法实践中，承认善意购买者可以取得对其购买的、依法可以转让的财产的所有权。陈某与李某没有选择适用的法律，则适用法律事实发生时动产所在地法即甲国法。因此D项正确。

3.【答案】B

【考点】 涉外侵权行为的法律适用

【详解】《涉外民事关系法律适用法》第44条规定："侵权责任，适用侵权行为地法律，但当事人有共同经常居所地的，适用共同经常居所地法律。侵权行为发生后，当事人协议选择适用法律的，按照其协议。"因此B项正确。

4.【答案】C

【考点】 仲裁裁决的承认和执行

【详解】《民事诉讼法》第304条规定："在中华人民共和国领域外作出的发生法律效力的仲裁裁决，需要人民法院承认和执行的，当事人可以直接向被执

行人住所地或者其财产所在地的中级人民法院申请。被执行人住所地或者其财产不在中华人民共和国领域内的，当事人可以向申请人住所地或者与裁决的纠纷有适当联系的地点的中级人民法院申请。人民法院应当依照中华人民共和国缔结或者参加的国际条约，或者按照互惠原则办理。"因此杰夫应直接向被执行人住所地或者其财产所在地的中级人民法院提出申请，A项错误。《民诉解释》第543条规定，对临时仲裁庭在中华人民共和国领域外作出的仲裁裁决，一方当事人向人民法院申请承认和执行的，人民法院应当依照《民事诉讼法》第304条规定处理。据此，B项错误。《民诉解释》第542条规定，当事人向中华人民共和国有管辖权的中级人民法院申请承认和执行外国法院作出的发生法律效力的判决、裁定的，承认和执行申请被裁定驳回的，当事人可以向人民法院起诉。故C项正确。《民诉解释》第544条规定，对外国法院作出的发生法律效力的判决、裁定或者外国仲裁裁决，需要中华人民共和国法院执行的，当事人应当先向人民法院申请承认。人民法院经审查，裁定承认后，再根据《民事诉讼法》第三编的规定予以执行。当事人仅申请承认而未同时申请执行的，人民法院仅对应否承认进行审查并作出裁定。故D项错误。

5.【答案】C

【考点】 涉外诉讼程序

【详解】《民诉解释》第525条规定："当事人向人民法院提交的书面材料是外文的，应当同时向人民法院提交中文翻译件。当事人对中文翻译件有异议的，应当共同委托翻译机构提供翻译文本；当事人对翻译机构的选择不能达成一致的，由人民法院确定。"因此A项错误。《民诉解释》第526条规定："涉外民事诉讼中的外籍当事人，可以委托本国人为诉讼代理人，也可以委托本国律师以非律师身份担任诉讼代理人；外国驻华使领馆官员，受本国公民的委托，可以以个人名义担任诉讼代理人，但在诉讼中不享有外交或者领事特权和豁免。"英国出庭律师可以通过事务律师为委托人提供法律咨询和辩护。当事人不能直接委托出庭律师，而必须通过事务律师作为中介人。当事人的所有请求和意见均要通过事务律师向出庭律师转交。出庭律师既不会见委托人，也不直接调取证据，他所依据的是事务律师为其提供的诉讼文书和有关材料。因此B项错误。《民诉解释》第527条规定："涉外民事诉讼中，外国驻华使领馆授权本馆官员，在作为当事人的本国国民不在中华人民共和国领域内的情况下，可以以外交代表身份为其本国国民在中华人民共和国聘请中华人民共和国律师或者中华人民共和国公民代理民事诉讼。"因此C项正确。《民诉解释》第528条规定："涉外民事诉讼中，经调解双方达成协议，应当制发调解书。当事人要求发给判决书的，可以依协议的内容制作判决书送达当

事人。"因此 D 项错误。

6.【答案】AC

【考点】涉外合同纠纷的法律适用

【详解】《涉外民事关系法律适用法》第 9 条规定:"涉外民事关系适用的外国法律,不包括该国的法律适用法。"故 A 项正确。《涉外民事关系法律适用法》第 6 条规定:"涉外民事关系适用外国法律,该国不同区域实施不同法律的,适用与该涉外民事关系有最密切联系区域的法律。"故 B 项错误。《涉外民事关系法律适用法解释(一)》第 5 条规定:"一方当事人以双方协议选择的法律与系争的涉外民事关系没有实际联系为由主张选择无效的,人民法院不予支持。"故 C 项正确。《涉外民事关系法律适用法解释(一)》第 6 条第 1 款规定:"当事人在一审法庭辩论终结前协议选择或者变更选择适用的法律的,人民法院应予准许。"故 D 项错误。

7.【答案】ABCD

【考点】涉外财产关系和离婚的法律适用

【详解】《涉外民事关系法律适用法》第 27 条规定:"诉讼离婚,适用法院地法律。"《涉外民事关系法律适用法》第 26 条规定:"协议离婚,当事人可以协议选择适用一方当事人经常居所地法律或者国籍国法律。当事人没有选择的,适用共同经常居所地法律;没有共同经常居所地的,适用共同国籍国法律;没有共同国籍的,适用办理离婚手续机构所在地法律。"故 ABCD 项均正确。

8.【答案】ABD

【考点】申请认可台湾地区民事判决

【详解】《最高人民法院关于认可和执行台湾地区法院民事判决的规定》第 14 条第 1 款规定:"人民法院受理认可台湾地区法院民事判决的申请后,应当在立案之日起六个月内审结。有特殊情况需要延长的,报请上一级人民法院批准。"故 A 项正确。《最高人民法院关于认可和执行台湾地区法院民事判决的规定》第 13 条规定:"人民法院受理认可台湾地区法院民事判决的申请后,作出裁定前,申请人请求撤回申请的,可以裁定准许。"故 B 项正确。《最高人民法院关于认可和执行台湾地区法院民事判决的规定》第 19 条规定:"对人民法院裁定不予认可的台湾地区法院民事判决,申请人再次提出申请的,人民法院不予受理,但申请人可以就同一争议向人民法院起诉。"故 C 项错误。《最高人民法院关于认可和执行台湾地区法院民事判决的规定》第 9 条规定:"申请人申请认可台湾地区法院民事判决,应当提供相关证明文件,以证明该判决真实并且已经生效。申请人可以申请人民法院通过海峡两岸调查取证司法互助途径查明台湾地区法院民事判决的真实性和是否生效以及当事人得到合法传唤的证明文件;人民法院认为必要时,也可以就有关事项依职权通过

海峡两岸司法互助途径向台湾地区请求调查取证。"故 D 项正确。

2016 年

1.【答案】A

【考点】涉外宣告失踪的法律适用

【详解】《涉外民事关系法律适用法》第 13 条规定:"宣告失踪或者宣告死亡,适用自然人经常居所地法律。"越南公民阮某与中国公民李某的经常居所同在上海,因此二人的宣告失踪均应适用中国法。故 A 项正确。

2.【答案】B

【考点】涉外债权关系的法律适用

【详解】《涉外民事关系法律适用法》第 41 条规定:"当事人可以协议选择合同适用的法律。当事人没有选择的,适用履行义务最能体现该合同特征的一方当事人经常居所地法律或者其他与该合同有最密切联系的法律。"《涉外民事关系法律适用法》第 47 条规定:"不当得利、无因管理,适用当事人协议选择适用的法律。当事人没有选择的,适用当事人共同经常居所地法律;没有共同经常居所地的,适用不当得利、无因管理发生地法律。"本题属于不当得利法律关系,当事人可以协议选择适用的法律。故 B 项正确。

3.【答案】A

【考点】涉外婚姻关系的法律适用

【详解】《涉外民事关系法律适用法》第 21 条规定:"结婚条件,适用当事人共同经常居所地法律;没有共同经常居所地的,适用共同国籍国法律;没有共同国籍,在一方当事人经常居所地或者国籍国缔结婚姻的,适用婚姻缔结地法律。"故 D 项错误。《涉外民事关系法律适用法》第 22 条规定:"结婚手续,符合婚姻缔结地法律、一方当事人经常居所地法律或者国籍国法律的,均为有效。"故 BC 项错误。

4.【答案】B

【考点】涉外合同关系的法律适用

【详解】《涉外民事关系法律适用法》第 41 条规定:"当事人可以协议选择合同适用的法律。当事人没有选择的,适用履行义务最能体现该合同特征的一方当事人经常居所地法律或者其他与该合同有最密切联系的法律。"本案的合同的签订地和标的物所在地都在中国,因此根据最密切联系原则韩某可在该套设备所在地或合同签订地法院起诉,该合同可以适用中国法。故 B 项正确。

5.【答案】A

【考点】涉外民事诉讼中诉讼文书送达方式的法律规定

【详解】《民事诉讼法》第 294 条第 1 款规定:"请求和提供司法协助,应当依照中华人民共和国

缔结或者参加的国际条约所规定的途径进行，没有条约关系的，通过外交途径进行。"外交途径包括：已建立外交关系国家的法院之间通过外交途径相互委托向对方公民或在对方境内的第三国或无国籍当事人（包括个人和法人）送达民、商事司法文书或调查取证，一般是通过本国外交部指示驻被委托国使馆将有关文书送给该国的外交部转交该国的管辖法院执行送达。通过外交途径转递司法文书或调查取证，一般根据互惠原则并按程序和要求办理。故A项正确。

6.【答案】AD
【考点】法人涉外法律关系的适用法
【详解】《涉外民事关系法律适用法》第14条规定："法人及其分支机构的民事权利能力、民事行为能力、组织机构、股东权利义务等事项，适用登记地法律。法人的主营业地与登记地不一致的，可以适用主营业地法律。法人的经常居所地，为其主营业地。"故AD项正确。

7.【答案】ABCD
【考点】涉外继承法律关系的法律适用
【详解】《涉外民事关系法律适用法》第31条规定："法定继承，适用被继承人死亡时经常居所地法律，但不动产法定继承，适用不动产所在地法律。"故ABCD项正确。

8.【答案】AD
【考点】涉外知识产权侵权关系的法律适用
【详解】《涉外民事关系法律适用法》第44条规定："侵权责任，适用侵权行为地法律，但当事人有共同经常居所地的，适用共同经常居所地法律。侵权行为发生后，当事人协议选择适用法律的，按照其协议。"《涉外民事关系法律适用法》第50条规定："知识产权的侵权责任，适用被请求保护地法律，当事人也可以在侵权行为发生后协议选择适用法院地法律。"故AD项正确。

2017年

1.【答案】B
【考点】侵权的法律适用
【详解】《涉外民事关系法律适用法》第46条规定："通过网络或者采用其他方式侵害姓名权、肖像权、名誉权、隐私权等人格权的，适用被侵权人经常居所地法律。"本题被侵权人王某经常居所地为新加坡，应适用新加坡法。故B项正确。

2.【答案】A
【考点】票据的法律适用
【详解】《票据法》第96条规定："票据债务人的民事行为能力，适用其本国法律。票据债务人的民事行为能力，依照其本国法律为无民事行为能力或者

为限制民事行为能力而依照行为地法律为完全民事行为能力，适用行为地法律。"《涉外民事关系法律适用法》第12条规定："自然人的民事行为能力，适用经常居所地法律。自然人从事民事活动，依照经常居所地法律为无民事行为能力，依照行为地法律为有民事行为能力的，适用行为地法律，但涉及婚姻家庭、继承的除外。"故A项正确。《票据法》第98条规定："票据的背书、承兑、付款和保证行为，适用行为地法律。"故B项错误。《票据法》第99条规定："票据追索权的行使期限，适用出票地法律。"故C项错误。《票据法》第101条规定："票据丧失时，失票人请求保全票据权利的程序，适用付款地法律。"故D项错误。

3.【答案】D
【考点】《海商法》；船舶碰撞的损害赔偿
【详解】《海商法》第273条第3款规定："同一国籍的船舶，不论碰撞发生于何地，碰撞船舶之间的损害赔偿适用船旗国法律。"本题中，东方号与货轮船旗国均为巴拿马，不论碰撞发生于何地，两船碰撞的损害赔偿应适用巴拿马法。故ABC项错误。《海商法》第271条第2款规定："船舶在光船租赁以前或者光船租赁期间，设立船舶抵押权的，适用原船舶登记国的法律。"故D项正确。

4.【答案】A
【考点】外国仲裁裁决的承认与执行
【详解】承认和执行外国法院作出的发生法律效力的判决、裁定或外国仲裁裁决的案件，人民法院应当组成合议庭进行审查。故A项正确。《民诉解释》第543条规定："对临时仲裁庭在中华人民共和国领域外作出的仲裁裁决，一方当事人向人民法院申请承认和执行的，人民法院应当依照民事诉讼法第二百九十条规定处理。"故B项错误。《最高人民法院关于人民法院处理与涉外仲裁及外国仲裁事项有关问题的通知》规定："……人民法院……在裁定不予执行或者拒绝承认和执行之前，必须请示本辖区所属高级人民法院进行审查；如果高级人民法院同意不予执行或者拒绝承认和执行，应将其审查意见报最高人民法院。待最高人民法院答复后，方可裁定不予执行或者拒绝承认和执行。"故C项错误。乙公司申请执行该裁决的期间应适用《民事诉讼法》的规定，故D项错误。

5.【答案】B
【考点】内地与香港特别行政区相互认可和执行民商事判决
【详解】《最高人民法院关于内地与香港特别行政区法院相互认可和执行当事人协议管辖的民商事案件判决的安排》（以下简称《安排》）第3条第3款规定："本条所称'书面形式'是指合同书、信件和数据电文（包括电报、电传、传真、电子数据交换

和电子邮件）等可以有形地表现所载内容、可以调取以备日后查用的形式。"故 A 项错误。《安排》第 5 条第 1 款规定："被申请人住所地、经常居住地或者财产所在地在内地不同的中级人民法院辖区的，申请人应当选择向其中一个人民法院提出认可和执行的申请，不得分别向两个或者两个以上人民法院提出申请。"故 B 项正确。《安排》第 5 条第 2 款规定："被申请人的住所地、经常居住地或者财产所在地，既在内地又在香港特别行政区的，申请人可以同时分别向两地法院提出申请，两地法院分别执行判决的总额，不得超过判决确定的数额。已经部分或者全部执行判决的法院应当根据对方法院的要求提供已执行判决的情况。"故 C 项错误。《安排》第 12 条规定："当事人对认可和执行与否的裁定不服的，在内地可以向上一级人民法院申请复议，在香港特别行政区可以根据其法律规定提出上诉。"故 D 项错误。

6.【答案】ABC

【考点】信托的法律适用

【详解】《涉外民事关系法律适用法》第 17 条规定："当事人可以协议选择信托适用的法律。当事人没有选择的，适用信托财产所在地法律或者信托关系发生地法律。"故 ABC 项正确，D 项错误。

7.【答案】ABC

【考点】离婚的法律适用

【详解】《涉外民事关系法律适用法》第 27 条规定："诉讼离婚，适用法院地法律。"故 A 项正确。《涉外民事关系法律适用法》第 24 条规定："夫妻财产关系，当事人可以协议选择适用一方当事人经常居所地法律、国籍国法律或者主要财产所在地法律。当事人没有选择的，适用共同经常居所地法律；没有共同经常居所地的，适用共同国籍国法律。"故 B 项正确，D 项错误。《涉外民事关系法律适用法》第 30 条规定："监护，适用一方当事人经常居所地法律或者国籍国法律中有利于保护被监护人权益的法律。"故 C 项正确，D 项错误。

【陷阱提示】考生不要简单地认为诉讼离婚事项适用中国法即意味着离婚过程中所有的法律关系均适用中国法。《涉外民事关系法律适用法》第 27 条中的"诉讼离婚"是指离婚程序、离婚条件等，而财产关系、收养、抚养、监护等适用各自的准据法。

8.【答案】BC

【考点】合同的法律适用；当事人意思自治原则

【详解】《涉外民事关系法律适用法》第 7 条规定："诉讼时效，适用相关涉外民事关系应当适用的法律。"《涉外民事关系法律适用法》第 41 条规定，当事人可以协议选择合同适用的法律。本题中，中国甲公司与英国乙公司约定合同纠纷适用英国法，因此该案的诉讼时效与实体问题均应适用英国法。故 BC 项正确，AD 项错误。

2018 年

1.【答案】C

【考点】物权的法律适用

【详解】行为人的行为能力适用经常居所地法，即中国法，A 项错误。当事人协议选择准据法时，不需要和案件有实际联系，B 项错误。当事人没有对动产物权的准据法进行选择的，适用法律事实发生时动产所在地的法律，在本案中就是韩国法，C 项正确，D 项错误。

2.【答案】CD

【考点】投资合同的法律适用

【详解】在我国履行的中外合资合同只能适用我国法律，A 项错误。在我国履行的中外合资合同只能选择中国法院，B 项错误。即便是在中国履行的中外合资合同也可以选择在国外进行仲裁，CD 项正确。

3.【答案】A

【考点】签证制度以及劳动合同纠纷等法律适用

【详解】金某拿的是留学签证，当然不能打工，因此我国公安机关可以对用人单位进行行政处罚，A 项正确。劳动合同双方当事人不能选择法律，B 项错误。劳动合同纠纷应当适用劳动者工作地法律，工作地不确定的适用用人单位主营业地法律。本案中应该适用中国的法律，C 项错误。该案与我国法院有实际联系，又不属于不方便法院，我国法院当然有管辖权，D 项错误。

4.【答案】AC

【考点】《最高人民法院关于设立国际商事法庭若干问题的规定》

【详解】《最高人民法院关于设立国际商事法庭若干问题的规定》（以下简称《规定》）第 1 条规定："最高人民法院设立国际商事法庭。国际商事法庭是最高人民法院的常设审判机构。"A 项正确。《规定》第 2 条规定："国际商事法庭受理下列案件：（一）当事人依照民事诉讼法第三十四条的规定协议选择最高人民法院管辖标的额为人民币 3 亿元以上的第一审国际商事案件……"B 项错误。《规定》第 8 条第 1 款规定："国际商事法庭审理案件应当适用域外法律时，可以通过下列途径查明：……（三）由法律查明服务机构提供……"C 项正确。《规定》第 9 条第 1 款规定："当事人向国际商事法庭提交的证据材料系在中华人民共和国领域外形成的，不论是否已办理公证、认证或者其他证明手续，均应当在法庭上质证。"D 项错误。

2019 年

【答案】BC

【考点】涉外不当得利、无因管理之债的法律适用

【详解】《涉外民事关系法律适用法》第49条规定,当事人可以协议选择知识产权转让和许可使用适用的法律。当事人没有选择的,适用本法对合同的有关规定。本题中,双方协议约定适用日本法,所以应适用日本法,故A项错误,B项正确。《涉外民事关系法律适用法》第50条规定,知识产权的侵权责任,适用被请求保护地法律,当事人也可以在侵权行为发生后协议选择适用法院地法律。故C项正确,D项错误。

2020 年

1.【答案】B

【考点】自然人人格权的法律适用

【详解】《涉外民事关系法律适用法》第15条规定,人格权的内容,适用权利人经常居所地法律。故B项正确。

2.【答案】A

【考点】涉外动产物权的法律适用

【详解】《涉外民事关系法律适用法》第37条规定,当事人可以协议选择动产物权适用的法律。当事人没有选择的,适用法律事实发生时动产所在地法律。本题中,法律事实发生时是指王某将欢欢卖给甲国公民琳达时,该买卖关系发生在中国,所以如果当事人没有协议选择适用法律的,应适用中国法。故A项正确,BC项错误。D项错在因果关系的认定上。

2021 年

1.【答案】C

【考点】区际法律冲突下准据法的确定;意思自治原则;诉讼时效的法律适用

【详解】《涉外民事关系法律适用法》第6条规定:"涉外民事关系适用外国法律,该国不同区域实施不同法律的,适用与该涉外民事关系最密切联系区域的法律。"据此,A项错误。诉讼时效的法律适用与其冲突规范指向的准据法一致,本案中冲突规范指向的准据法是英国法,则诉讼时效也应适用英国法。据此,BD项错误。根据《涉外民事关系法律适用法》及相关司法解释关于意思自治原则的规定,意思自治的最晚时间为"一审法庭辩论终结前"。据此,C项正确。

2.【答案】C

【考点】自然人国籍产生积极冲突时的法律适用;涉外侵权的法律适用

【详解】虽然我国不承认双重国籍,但并不代表双重国籍人在我国法院不可以作为原告来提起诉讼,A项错误。《涉外民事关系法律适用法》第19条规定:"依照本法适用国籍国法律,自然人具有两个以上国籍的,适用有经常居所的国籍国法律;在所有国籍国均无经常居所的,适用与其有最密切联系的国籍国法律。自然人无国籍或者国籍不明的,适用其经常居所地法律。"故C项正确。《涉外民事关系法律适用法》第44条规定:"侵权责任,适用侵权行为地法律,但当事人有共同经常居所地的,适用共同经常居所地法律。侵权行为发生后,当事人协议选择适用法律的,按照其协议。"故B项错误,D项正确。

3.【答案】AB

【考点】自然人宣告死亡的法律适用;外国法查明

【详解】《涉外民事关系法律适用法》第10条规定:"涉外民事关系适用的外国法律,由人民法院、仲裁机构或者行政机关查明。当事人选择适用外国法律的,应当提供该国法律。不能查明外国法律或者该国法律没有规定的,适用中华人民共和国法律。"据此,A项正确。《涉外民事关系法律适用法》第13条规定:"宣告失踪或者宣告死亡,适用自然人经常居所地法律。"据此,B项正确,CD项错误。

2022 年

1.【答案】BC

【考点】涉外劳动合同法律适用;外国人在中国的民事诉讼地位

【详解】《涉外民事关系法律适用法》第43条规定:"劳动合同,适用劳动者工作地法律;难以确定劳动者工作地的,适用用人单位主营业地法律。劳务派遣,可以适用劳务派出地法律。"本案因劳务地在阿联酋,可适用阿联酋法律。BC项正确,A项错误。扎古可以请求刚果驻沪领事担任诉讼代理人,但只能以个人名义,并且在诉讼活动中不享有相关特权和豁免。D项错误。

2.【答案】B

【考点】票据的法律适用;不当得利的法律适用

【详解】《票据法》第98条规定:"票据的背书、承兑、付款和保证行为,适用行为地法律。"本题中,巴西乙公司在里约热内卢将汇票背书转让给了巴西丙公司,应适用巴西法。故A项错误。《票据法》第99条规定:"票据追索权的行使期限,适用出票地法律。"本题中,法国甲公司在深圳向巴西乙公司出具汇票,出票地在中国,适用中国法。故B项正确。《票据法》第101条规定:"票据丧失时,失票人请求保全票据权利的程序,适用付款地法律。"本题中,汇票付款人为法国甲公司在深圳的分支机构,付款地为深圳,应适用中国法。故C项错误。《涉外民

事关系法律适用法》第 47 条规定："不当得利、无因管理，适用当事人协议选择适用的法律。当事人没有选择的，适用当事人共同经常居所地法律；没有共同经常居所地的，适用不当得利、无因管理发生地法律。"本题中的不当得利双方当事人为巴西丙公司和广州的谢某，应优先适用双方协议选择的法律，若没有协议，因为没有共同经常居所地，应适用不当得利发生地法即中国法。故 D 项错误。

2023 年

【答案】C
【考点】法人权利能力和行为能力的法律适用

【详解】《涉外民事关系法律适用法》第 14 条规定："法人及其分支机构的民事权利能力、民事行为能力、组织机构、股东权利义务等事项，适用登记地法律。法人的主营业地与登记地不一致的，可以适用主营业地法律。法人的经常居所地，为其主营业地。"本案是因股东权利义务事项发生的纠纷，甲公司的主营业地（中国上海）和登记地不一致（开曼群岛），既可以适用主营业地中国法，也可以适用登记地开曼群岛法，故 C 项当选。

国际经济法

2014 年

1.【答案】C

【考点】国际货物买卖合同的概念；格式合同；国际贸易术语

【详解】《联合国国际货物销售合同公约》第 6 条规定，双方当事人可以不适用本公约，或在第 12 条的条件下，减损本公约的任何规定或改变其效力。第 12 条规定，本公约第 11 条、第 29 条或第二部分准许销售合同或其更改或根据协议终止，或者任何发价、接受或其他意旨表示得以书面以外任何形式做出的任何规定不适用，如果任何一方当事人的营业地是在已按照本公约第 96 条作出了声明的一个缔约国内，各当事人不得减损本条或改变其效力。所以，A 项错误。在国际贸易中常常使用某个国际民间组织或国际行业性协会拟定的空白的标准合同，这种空白合同并不是合同，它只是根据买卖合同应具备的基本内容所拟定的详细而固定的条文，印成固定的格式，所以称为格式合同。格式合同具有针对性和简化性的作用。格式合同可以起到简化谈判过程的作用。它可以向谈判的当事人提供建议性的条文，作为合同条件的基础，这样可以缩短当事人之间协商的时间，为争取商业机会创造条件。从性质上讲，格式合同既不是法律，在双方签字以前也不是真正的合同。格式合同只是贸易谈判的一方给另一方提供的建议性的文本，在当事人签字前不具有约束力。经双方当事人的协商，可以对格式合同中的条文内容进行修改、删节或补充，只有经过双方当事人同意，填写了空白的项目并签字后，才能成为当事人之间订立的一个有效的合同。所以，B 项错误，C 项正确。国际贸易术语，又称价格术语。在国际贸易中，买卖双方所承担的义务，会影响到商品的价格。在长期的国际贸易实践中，逐渐形成了把某些和价格密切相关的贸易条件与价格直接联系在一起，形成了若干种报价的模式。每一模式都规定了买卖双方在某些贸易条件中所承担的义务。用来说明这种义务的术语，称之为贸易术语。如双方在合同中选择了贸易术语，可以再适用公约，所以，D 项错误。

2.【答案】A

【考点】国际贸易术语；CFR；国际货物运输保险

【详解】CFR（Cost and Freight），指在装运港船上交货，卖方需支付将货物运至指定目的地港所需的费用。但货物的风险是在装运港船上交货时转移。卖方义务主要是：（1）自负风险和费用，取得出口许可证或其他官方批准的证件，在需要办理海关手续时，办理货物出口所需的一切海关手续。（2）签订从指定装运港承运货物运往指定目的港的运输合同；在买卖合同规定的时间和港口，将货物装上船并支付至目的港的运费；装船后及时通知买方。（3）承担货物在装运港装上船为止的一切风险。（4）向买方提供通常的运输单据，如买卖双方约定采用电子通讯，则所有单据均可被同等效力的电子数据交换（EDI）信息所代替。买方义务主要是：（1）自负风险和费用，取得进口许可证或其他官方批准的证件，在需要办理海关手续时，办理货物进口以及必要时经由另一国过境的一切海关手续，并支付有关费用及过境费。（2）承担货物在装运港装上船以后的一切风险。（3）接受卖方提供的有关单据，受领货物，并按合同规定支付货款。（4）支付除通常运费以外的有关货物在运输途中所产生的各项费用以及包括驳运费和码头费在内的卸货费。在 CFR 术语下，卖方负责安排运输，而买方自行办理保险，因此在货物装上船前，即风险转移至买方前，买方及时向保险公司办妥保险，是 CFR 中一个至关重要的问题。因此《国际贸易术语解释通则》强调卖方必须毫不迟延地通知买方货物已装上船。否则，卖方要承担违约责任。所以，A 项正确，B 项错误。CFR 术语中，买方乙公司并没有办理保险，原因之一是卖方未对其进行通知。所以，甲公司应该承担违约责任，CD 项错误。

3.【答案】A

【考点】反倾销措施

【详解】《反倾销条例》第 42 条规定，反倾销税税额不超过终裁决定确定的倾销幅度。所以，A 项正确。《反倾销条例》第 40 条规定，反倾销税的纳税人为倾销进口产品的进口经营者。所以，B 项错误。《反倾销条例》第 31 条规定，倾销进口产品的出口经营者在反倾销调查期间，可以向商务部作出改变价格或者停止以倾销价格出口的价格承诺。商务部可以向出口经营者提出价格承诺的建议。商务部不得强迫出口经营者作出价格承诺。所以，C 项错误。《反倾销条例》第 9 条规定，倾销进口产品来自两个以上国家（地区），并且同时满足下列条件的，可以就倾销进口产品对国内产业造成的影响进行累积评估：（1）来自每一国家（地区）的倾销进口产品的倾销幅度不小于2%，并且其进口量不属于可忽略不计的；（2）根据倾销进口产品之间以及倾销进口产品与国内同类产品之间的竞争条件，进行累积评估是适当的。可忽略不计，是指来自一个国家（地区）的倾销进口产品的数量占同类产品总进口量的比例低于3%；但是，低于3%的若干国家（地区）的总进口量超过同类产品总进口量7%的除外。所以，D项错误。

4.【答案】C

【考点】保护知识产权的国际公约；有关知识产权国际保护的原则

【详解】《保护文学艺术作品伯尔尼公约》第5条规定，1. 根据本公约得到保护作品的作者，在除作品起源国外的本联盟各成员国，就其作品享受各该国法律现今给予或今后将给予其国民的权利，以及本公约特别授予的权利。2. 享受和行使这类权利不需履行任何手续，也不管作品起源国是否存在有关保护的规定。因此，除本公约条款外，只有向之提出保护要求的国家的法律方得规定保护范围及向作者提供的保护其权利的补救方法。3. 起源国的保护由该国本国法律作出规定。即使作者并非作品起源国的国民，但他就其作品根据本公约受到保护，他在该国仍享有同该国公民作者相同的权利。所以，AB项错误。《保护文学艺术作品伯尔尼公约》第10条之二规定，1. 对在报纸或期刊上已发表的经济、政治和宗教问题的时事性文章，或无线电已转播的同样性质的作品，本联盟成员国法律有权准许在报刊上转载，或向公众作无线或有线广播，如果对这种转载、广播或转播的权利未作直接保留的话。但任何时候均应明确指出出处；不履行该项义务的后果由向之提出保护要求的国家以法律规定。2. 本联盟成员国法律也有权规定，在何种条件下，对在时事事件过程中出现或公开的文学和艺术作品，在为报导目的正当需要范围内，可予以复制，或者以摄影或电影手段或通过无线电或有线广播向公众作时事新闻报道。所以，C项正确。《保护文学艺术作品伯尔尼公约》第19条规定，本公约的规定不妨碍要求本联盟某一成员国法律可能提供的更广泛的保护。《保护文学艺术作品伯尔尼公约》第20条规定，本联盟各成员国政府有权在它们之间签订特别协议，以给予作者比本公约所规定的更多的权利，或者包括不违反本公约的其他条款。凡符合上述条件的现有协议的条款仍然适用。所以，D项错误。

5.【答案】B

【考点】国家税收管辖权及其表现形式；居民税收管辖权和居民身份的确认标准；所得来源地税收管辖权和所得来源地的认定；国际双重征税及其解决

【详解】居民税收管辖权是以国家主权国籍原则为依据行使的一种税收管辖权。这一管辖权确认：纳税人的所得不论其来源于境内或境外，只要他是本国居民，他的所在国有权对其征税。所以，A项错误。各国在解决彼此间居民税收管辖权冲突问题时，一般采取在双边协定中确定某种所能共同接受的冲突规范。所以，B项正确。国际重叠征税又称"国际双层征税"，是指两个以上的国家对不同的纳税人就同一课税对象或同一税源在同一期间内课征相同或类似性质的税收。所以，C项错误。所得来源地税收管辖权，是征税国基于有关收益或所得来源于境内的法律事实，针对非居民行使的征税权，是按照属地原则确立的税收管辖权。所以，D项错误。

6.【答案】AC

【考点】国际货物买卖合同双方的义务；信用证

【详解】根据《联合国国际销售合同公约》，货物买卖中，卖方的基本义务是按照合同和公约的规定交付货物，移交一切与货物有关的单据，并移转货物的所有权。在甲公司自行改装一级红枣后，应及时通知乙公司，否则，要承担交货不符责任。所以，A项正确。

要做到单证一致，银行必须合理小心地审核一切单据，保证受益人提交的单据的种类、内容和份数，甚至文字措辞等都必须与信用证的规定完全一致，即使实际装运的货物或者合同和确认函电内容与信用证规定矛盾，也必须以信用证为准，因此，如果银行议付的单据表面上与信用证相符而货物不符，因银行无从知悉故不承担任何责任；反之，实际货物无误而单据表面上与信用证规定不符，银行就需承担责任，开证申请人即可据此拒绝赎单付款。在通过信用证方式付款时，银行仅审查单据，并不看货物的真实等级，所以，B项错误。

单证一致出口方所提供的所有单据要严格符合进口方开证银行所开信用证的要求，或者说出口方制作和提供的所有与本项货物买卖有关的单据，与进口方申请开立的信用证对单据的要求完全吻合，没有矛盾。如果发票跟信用证不符，银行可以拒绝收单付款。所以，C项正确。

银行本身对单据记载的发货人并不负有责任，所以，D项错误。

7.【答案】AB

【考点】国际货物运输保险

【详解】《海商法》第51条规定，在责任期间货物发生的灭失或者损坏是由于下列原因之一造成的，承运人不负赔偿责任：（1）船长、船员、引航员或者承运人的其他受雇人在驾驶船舶或者管理船舶中的过失；（2）火灾，但是由于承运人本人的过失所造成的除外；（3）天灾，海上或者其他可航水域的危险或者意外事故；（4）战争或者武装冲突；（5）政府或者主管部门的行为、检疫限制或者司法扣押；（6）罢工、停工或者劳动受到限制；（7）在海上救助或者企图救助人命或者财产；（8）托运人、货物所有人或者他们的代理人的行为；（9）货物的自然特性或者固有缺陷；（10）货物包装不良或者标志欠缺、不清；（11）经谨慎处理仍未发现的船舶潜在缺陷；（12）非由于承运人或者承运人的受雇人、代理人的过失造成的其他原因。从这12项免责可看出，承运人对货物在责任期间所发生的灭失或损坏是否负责，依其本人、船长、船员、其他受雇人或代理人有无过失而定，有过失便应负责，无过失便可免责；但作为例外，如果货物的灭失或损坏系船长、船员、其他受雇人或代理人在驾驶船舶或管理船舶中的过失所致，或者由于他们的过失所引起的火灾所致，承运人仍可免责。所以，A项正确。平安险是指单独海损不负责赔偿。根据国际保险界对单独海损的解释，它是指保险标的物在海上运输途中遭受保险范围内的风险直接造成的船舶或货物的灭失或损害。由于运输工具遭搁浅、触礁、沉没、互撞，与流域一其他物体碰撞以及失火、爆炸等意外事故造成被保险货物的全部或部分损失。所以，B项正确。《最高人民法院关于审理无正本提单交付货物案件适用法律若干问题的规定》第2条规定："承运人违反法律规定，无正本提单交付货物，损害正本提单持有人提单权利的，正本提单持有人可以要求承运人承担由此造成损失的民事责任。"《最高人民法院关于审理无正本提单交付货物案件适用法律若干问题的规定》第3条规定："承运人因无正本提单交付货物造成正本提单持有人损失的，正本提单持有人可以要求承运人承担违约责任，或者承担侵权责任。正本提单持有人要求承运人承担无正本提单交付货物民事责任的，适用海商法规定；海商法没有规定的，适用其他法律规定。"《最高人民法院关于审理无正本提单交付货物案件适用法律若干问题的规定》第4条规定："承运人因无正本提单交付货物承担民事责任的，不适用海商法第五十六条关于限制赔偿责任的规定。"故C项错误。《最高人民法院关于审理无正本提单交付货物案件适用法律若干问题的规定》第6条规定："承运人因无正本提单交付货物造成正本提单持有人损失的赔偿额，按照货物装船时的价值加运费和保险费计算。"故D项错误。

8.【答案】BCD

【考点】《反补贴条例》

【详解】《反补贴条例》第3条规定，补贴，是指出口国（地区）政府或者其任何公共机构提供的并为接受者带来利益的财政资助以及任何形式的收入或者价格支持。出口国（地区）政府或者其任何公共机构，以下统称出口国（地区）政府。本条第1款所称财政资助，包括：（1）出口国（地区）政府以拨款、贷款、资本注入等形式直接提供资金，或者以贷款担保等形式潜在地直接转让资金或者债务；（2）出口国（地区）政府放弃或者不收缴应收收入；

（3）出口国（地区）政府提供除一般基础设施以外的货物、服务，或者由出口国（地区）政府购买货物；（4）出口国（地区）政府通过向筹资机构付款，或者委托、指令私营机构履行上述职能。所以，A项错误，BCD项正确。

9.【答案】BCD

【考点】《多边投资担保机构公约》

【详解】根据《多边投资担保机构公约》第11条关于货币汇兑的规定，东道国政府采取新的措施，限制其货币兑换成可自由使用货币或被保险人可接受的另一种货币及汇出东道国境外，包括东道国政府未能在合理的时间内对该被保险人提出的此类汇兑申请作出行动。所以，A项错误，B项正确。根据《多边投资担保机构公约》第14条关于合格的东道国的规定，机构只对在发展中国家会员国境内所作的投资予以担保。所以，C项正确。机构享有代位求偿权，即一经投保人支付或同意支付赔偿，便可代位取得投保人对东道国或其他债务人所拥有的有关已投保投资的各种权力或索赔权。所以，D项正确。

10.【答案】D

【考点】最惠国待遇

【详解】《关税及贸易总协定》要求适用最惠国待遇，缔约国之间对于进出口货物及有关的关税规费征收方法、规章制度、销售和运输等方面，一律适用无条件最惠国待遇原则。但关税同盟、自由贸易区以及对发展中国家的优惠安排都作为最惠国待遇的例外。WTO体制的最惠国待遇原则规定于GATT文本的第1条中，其中表述"……每一成员对来自或运往其他国家的产品所给予的利益、优待、特权或豁免，应当立即无条件地给予来自或运往其他成员的相同产品"。所以，A项在不同产品间适用不同的关税，没有违反最惠国待遇，不当选。BC项未违反最惠国待遇，不当选。D项违反了最惠国待遇，当选。

2015 年

1.【答案】D

【考点】《联合国国际货物销售合同公约》；CIF

【详解】《联合国国际货物销售合同公约》第9条规定，（1）双方当事人业已同意的任何惯例和他们之间确立的任何习惯做法，对双方当事人均有约束力。（2）除非另有协议，双方当事人应视为已默示地同意对他们的合同或合同的订立适用双方当事人已知道或理应知道的惯例，而这种惯例，在国际贸易上，已为有关特定贸易所涉同类合同的当事人所广泛知道并为他们所经常遵守。因此公约与贸易术语可以同时适用，A项错误。2010年《国际贸易术语解释通则》规定，CIF（成本、保险费加运费）是指卖方以在指定装运港将货物装上买方指定的船舶或通过取得已交付至船上货物的方式交货。货物灭失或损坏的风险在货物交到船上时转移，买方承担自那时起的一切费用。卖方办理出口清关手续，但无义务办理进口清关、支付任何进口税或办理任何进口海关手续。因此BC项均错误。在CIF条件下，卖方负责对货物查对、包装、标记，卖方必须支付交货所需进行的查对费用（如核对货物品质、丈量、过磅、点数的费用）。卖方必须自付费用，提供符合其安排的运输所要求的包装（除非按照相关行业惯例该合同所描述货物无需包装发运）。包装应作适当标记。因此D项正确。

2.【答案】D

【考点】《海牙规则》；一切险

【详解】《海牙规则》第4条第2款规定，不论承运人或船舶，对由于下列原因引起或造成的灭失或损坏，都不负责：（a）船长、船员、引水员或承运人的雇佣人员，在驾驶船舶或管理船舶中的行为、疏忽或不履行义务；（b）火灾，但由于承运人的实际过失或私谋所引起的除外；（c）海上或其他可航水域的灾难、危险和意外事故；（d）天灾；（e）战争行为；（f）公敌行为；（g）君主、当权者或人民的扣留或管制，或依法扣押；（h）检疫限制；（i）托运人或货主、其代理人或代表的行为或不行为；（j）不论由于任何原因所引起的局部或全面罢工、关厂停止或限制工作；（k）暴动和骚乱；（l）救助或企图救助海上人命或财产；（m）由于货物的固有缺点、质量或缺陷引起的体积或重量亏损，或任何其他灭失或损坏；（n）包装不充分；（o）标志不清或不当；（p）虽克尽职责亦不能发现的潜在缺点；（q）非由于承运人的实际过失或私谋，或者承运人的代理人，或雇佣人员的过失或疏忽所引起的其他任何原因；但是要求引用这条免责利益的人应负责举证，证明有关的灭失或损坏既非由于承运人的实际过失或私谋，亦非承运人的代理人或雇佣人员的过失或疏忽所造成。因此，对于货物生产过程中的固有缺陷，承运人和保险人可以免责。A项错误，D项正确。一切险的责任范围除包括"平安险"和"水渍险"的所有责任外，还包括货物在运输过程中，因各种外来原因所造成保险货物的损失。投保一切险是投保人因附加险的种类繁多，为避免遗漏，保障货物安全而投保的一种安全性较大的险别。通常是在所发运货物容易发生碰损破碎、受潮受热、雨淋发霉、渗漏短少、串味、沾污以及混杂污染等情况下投保一切险。因此，货物生产过程中的固有缺陷不属于一切险的承保范围，保险人可以免责。B项错误。指示提单，是指提单上收货人一栏内载明"凭指示"或"凭某人指示"字样的提单。前者称为不记名指示提单，承运人应按托运人的指示交付货物；后者叫记名指示提单，承运人按记名的指示人的指示交付货物。指示提单必须经过背书转让，可以是空白背书，也可以是记名背书。因此C项错误。

3.【答案】A

【考点】《最高人民法院关于审理信用证纠纷案件若干问题的规定》

【详解】《最高人民法院关于审理信用证纠纷案件若干问题的规定》第10条规定："人民法院认定存在信用证欺诈的，应当裁定中止支付或者判决终止支付信用证项下款项，但有下列情形之一的除外：（一）开证行的指定人、授权人已按照开证行的指令善意地进行了付款；（二）开证行或者其指定人、授权人已对信用证项下票据善意地作出了承兑；（三）保兑行善意地履行了付款义务；（四）议付行善意地进行了议付。"因此A项正确。

4.【答案】B

【考点】反倾销；保障措施

【详解】《反倾销条例》第8条规定，在确定倾销对国内产业造成的损害时，应当审查"倾销进口产品的数量，包括倾销进口产品的绝对数量或者相对于国内同类产品生产或者消费的数量是否大量增加，或者倾销进口产品大量增加的可能性"。本题中该类化工产品两年进口总量持平，因此A项错误。《保障措施条例》第3条规定："与国内产业有关的自然人、法人或者其他组织（以下统称申请人），可以依照本条例的规定，向商务部提出采取保障措施的书面申请。商务部应当及时对申请人的申请进行审查，决定立案调查或者不立案调查。"第7条规定："进口产品数量增加，是指进口产品数量的绝对增加或者与国内生产相比的相对增加。"第8条第1款规定："在确定进口产品数量增加对国内产业造成的损害时，应当审查下列相关因素：（一）进口产品的绝对和相对增长率与增长量；（二）增加的进口产品在国内市场中所占的份额；（三）进口产品对国内产业的影响，包括对国内产业在产量、销售水平、市场份额、生产率、设备利用率、利润与亏损、就业等方面的影响；（四）造成国内产业损害的其他因素。"两年的进口数量虽然持平，但市场份额有较大增加，可以申请保障措施，故B项正确、C项错误。价格承诺不能避免保障措施，D项错误。

5.【答案】A

【考点】《与贸易有关的投资措施协议》

【详解】《与贸易有关的投资措施协议》附件1解释性清单规定，与1994年关贸总协定第3条第4款规定的国际待遇义务不相符的投资措施包括那些在国内法或行政命令下强制或可强制执行的措施，或为取得优势地位而必须服从的措施，以及有下列要求的措施：（1）企业购买或使用国内原产品或来源于国内任何渠道的产品，无论对特定产品、产品的数量或价值，或其数量或价值在当地生产中所占的比重是否有具体说明；（2）将企业购买或使用进口产品限制在与该企业出口当地产品的数量或价值相关的数量上。由此可知 A 项正确。

6.【答案】AC

【考点】《WTO 关于争端解决的规则与程序的谅解》

【详解】国民待遇，又称平等待遇，是指所在国应给予外国人与本国公民享有的同等的民事权利地位。国民待遇的适用范围通常包括国内税，运输、转口过境，船舶在港口的待遇，船舶遇难施救，商标注册，申请发明权、专利权、著作权、民事诉讼权等；不包括领海捕鱼、购买土地、零售贸易等。故 A 项正确。《WTO 关于争端解决的规则与程序的谅解》（DSU）第 22 条第 6 款规定，若发生上面第 22 条第 2 款所述的情况，争端解决机构一接到请求，即应在合理期限到期后的 30 天内，授权中止这些减让或其他义务，除非争端解决机构一致决定拒绝该项请求。然而，若该有关成员方反对拟议中的中止程度，或声称在投诉当事方依照第 22 条第 3 款第（2）或第（3）子款提出中止减让或其他义务的授权请求的情况下，第 22 条第 3 款中所述之各项原则和各项程序未得到遵循，则该问题应诉诸仲裁。此类仲裁在能请到原有成员的情况下应由原来的专家小组执行，或由总干事任命的仲裁员执行，并应在合理期限到期后的 60 天内完成，在仲裁过程中，不应中止各项减让或其他义务。因此 B 项错误，C 项正确。DSU 第 22 条第 3 款规定，在考虑中止哪些减让或其他义务时，上诉当事方应运用以下原则和程序：（1）总原则是上诉当事方应首先谋求涉及专家小组或受理上诉机构在其中发现有违反或其他取消或损害情况部门的中止减让或其他各项义务。（2）若该当事方认为中止涉及这一部门的减让或其他各项义务并不切实可行或有效，则它可以谋求中止同一协议其他部门中的减让或其他各项义务。（3）若该当事方认为中止涉及同一协议其他部门中减让或其他义务并不切实可行或有效，且情况十分严重，则它可以谋求中止另一有关协议中的减让或其他各项义务。由此可见，争端解决机制规定报复的行业或部门必须是自有争议和遭受损害的同一部门进行；报复应限于相当于利益丧失或损害的程度。如果受害一方认为仅报复一个行业或部门无效或不能达到平衡，则可在其他的部门进行交叉报复。DSU 还规定，在情况非常严重的时候，报复可以针对 WTO 的另外一个协议，实施跨协议报复。因此 D 项错误。

7.【答案】BC

【考点】《与贸易有关的知识产权协议》

【详解】《与贸易有关的知识产权协议》第 22 条规定，对地理标志的保护：1. 本协议所称的地理标志是识别一种原产于一成员方境内或境内某一区域或某一地区的商品的标志，而该商品特定的质量、声誉或其他特性基本上可归因于它的地理来源。2. 在地理标志方面，各成员方应向各利益方提供法律手段以

阻止：（1）使用任何手段，在商品的设计和外观上，以在商品地理标志上误导公众的方式标示或暗示该商品原产于并非其真正原产地的某个地理区域；（2）作任何在 1967 年《巴黎公约》第 10 条之二范围内构成一种不公平竞争行为的使用。3. 若某种商品不产自于某个地理标志所指的地域，而其商标又包含了该地理标志或由其组成，如果该商品商标中的该标志具有在商品原产地方面误导公众的性质，则成员方在其法律许可的条件下或应利益方之请求应拒绝或注销该商标的注册。4. 上述第 1、2、3 款规定的保护应适用于下述地理标志：该地理标志虽然所表示的商品原产地域、地区或所在地字面上无误，但却向公众错误地表明商品是原产于另一地域。《与贸易有关的知识产权协议》第 23 条规定，对葡萄酒和烈性酒地理标志的额外保护：1. 每一成员方应为各利益方提供法律手段，以阻止不产自于某一地理标志所指地方的葡萄酒或烈性酒使用该地理标志，即使在标明了商品真正原产地或在翻译中使用了该地理标志或伴以"种类""类型""风味""仿制"等字样的情况下也不例外。2. 对于不产自于由一地理标志所指的原产地而又含有该产地地理标志的葡萄酒或烈性酒，如果一成员方的立法允许或应某一利益方之请求，应拒绝或注销其商标注册。3. 如果不同的葡萄酒使用了同名的地理标志，则根据上述第 22 条第 4 款规定，每一种标志均受到保护。每一成员方应确定使同名地理标志能够相互区别开来的现实条件，同时应考虑到确保有关的生产者受到公正待遇并不致使消费者产生误解混淆。4. 为了便于对葡萄酒地理标志进行保护，应在与贸易有关的知识产权理事会内就建立对参加体系的那些成员方有资格受到保护的葡萄酒地理标志进行通报与注册的多边体系进行谈判。因此 BC 项正确，AD 项错误。

8.【答案】BD

【考点】国际税收

【详解】《个人所得税法实施条例》第 3 条规定："除国务院财政、税务主管部门另有规定外，下列所得，不论支付地点是否在中国境内，均为来源于中国境内的所得：（一）因任职、受雇、履约等在中国境内提供劳务取得的所得；（二）将财产出租给承租人在中国境内使用而取得的所得；（三）许可各种特许权在中国境内使用而取得的所得；（四）转让中国境内的不动产等财产或者在中国境内转让其他财产取得的所得；（五）从中国境内企业、事业单位、其他组织以及居民个人取得的利息、股息、红利所得。"故 A 项错误。个人非居民劳务所得包括个人独立劳务所得和非个人独立劳务所得。（1）个人独立劳务所得指个人独立从事独立性的专业活动所取得的收入。如医生、律师、会计师、工程师等从事独立活动取得的收入。确定独立劳务所得来源地的方式一般采用"固定基地原则"和"183 天规则"。前者指个人从事专业性活动

的场所，如诊所、事务所等。后者指在境内停留的时间，即应以提供劳务的非居民某一会计年度在境内连续或累计停留达 183 天或在境内设有经营从事独立活动的固定基地为征税的前提条件。对独立的个人劳务所得，应仅由居住国行使征税权。但如取得独立劳务所得的个人在来源国设有固定基地或者连续或累计停留超过 183 天者，则应由来源国征税。（2）非个人独立劳务所得，即非居民受雇于他人的所得，一般由收入来源国一方从源征税。因此 B 项正确。无限纳税义务亦称"全面纳税义务"，是"有限纳税义务"的对称，指纳税人就其来源于全球范围内的所得或财产对其所在国负有纳税义务。无限纳税义务只适用于本国居民（公民）。因此 C 项错误，D 项正确。

2016 年

1.【答案】B

【考点】《联合国国际货物销售合同公约》的适用范围；不安抗辩权

【详解】《联合国国际货物销售合同公约》第 5 条规定："本公约不适用于卖方对于货物对任何人所造成的死亡或伤害的责任。"故 A 项错误。《联合国国际货物销售合同公约》第 71 条规定："（1）如果订立合同后，另一方当事人由于下列原因显然将不履行其大部分重要义务，一方当事人可以中止履行义务：（a）他履行义务的能力或他的信用有严重缺陷；或（b）他在准备履行合同或履行合同中的行为显示他将不履行其主要义务。（2）如果卖方在上一款所述的理由明显化以前已将货物发运，他可以阻止将货物交给买方，即使买方持有其有权获得货物的单据。本款规定只与买方和卖方间对货物的权利有关。（3）中止履行义务的一方当事人不论是在货物发运前还是发运后，都必须立即通知另一方当事人，如经另一方当事人对履行义务提供充分保证，则他必须继续履行义务。"《国际货物销售合同公约》第 72 条规定："（1）如果在履行合同日期之前，明显看出一方当事人将根本违反合同，另一方当事人可以宣告合同无效。（2）如果时间许可，打算宣告合同无效的一方当事人必须向另一方当事人发出合理的通知，使他可以对履行义务提供充分保证。（3）如果另一方当事人已声明他将不履行其义务，则上一款的规定不适用。"故 B 项正确，CD 项错误。

2.【答案】C

【考点】信用证；平安险的承保范围

【详解】遭遇台风属于自然灾害，根据《海牙规则》，对于自然灾害造成的损失，承运人可以免责。故 A 项错误。根据 UCP600 号第 4 条所确立的信用证独立原则，就性质而言，信用证与可能作为其依据的销售合同或其他合同是相互独立的交易，不允许银行

以买方与卖方之间对有关基础合同履行的争议，作为不付款、少付款或延期付款的理由；也不允许买方以其与卖方之间的合同履行方面的争议为理由，限制银行向受益人付款。故 B 项错误。本题中，货物投保的是平安险，在平安险下，自然灾害造成的全部损失属于保险公司的承保范围。故 C 项正确。保兑信用证，指经另一家银行加以保证兑付的信用证。在保兑信用证下，保兑行的责任相当于本身开证，无论开证行发生什么变化、是否承担兑付责任，保兑行都不得单方面撤销其保兑。故 D 项错误。

3.【答案】B

【考点】《反倾销条例》

【详解】《反倾销条例》第 20 条规定："商务部可以采用问卷、抽样、听证会、现场核查等方式向利害关系方了解情况，进行调查。商务部应当为有关利害关系方提供陈述意见和论据的机会。商务部认为必要时，可以派出工作人员赴有关国家（地区）进行调查；但是，有关国家（地区）提出异议的除外。"故 A 项错误。《反倾销条例》第 42 条规定："反倾销税税额不超过终裁决定确定的倾销幅度。"故 B 项正确。《反倾销条例》第 31 条规定："倾销进口产品的出口经营者在反倾销调查期间，可以向商务部作出改变价格或者停止以倾销价格出口的价格承诺。商务部可以向出口经营者提出价格承诺的建议。商务部不得强迫出口经营者作出价格承诺。"故 C 项错误。《反倾销条例》第 48 条规定："反倾销税的征收期限和价格承诺的履行期限不超过 5 年；但是，经复审确定终止征收反倾销税有可能导致倾销和损害的继续或者再度发生的，反倾销税的征收期限可以适当延长。"故 D 项错误。

4.【答案】A

【考点】独占专利许可合同

【详解】独占专利许可合同，是指受让人在规定的范围内享有对合同规定的专利技术的使用权，让与人或任何第三方都不得同时在该范围内具有对该项专利技术的使用权。按照这一合同，专利权人允许被许可人在一定的期限和地域范围内享有独占使用其专利的权利，被许可人按照约定的数额支付给专利权人使用费。这种合同要求专利权人在规定的时间和地域范围内，不但不能许可第三者使用该专利而且自己也不得使用。故 A 项正确。

5.【答案】D

【考点】《多边投资担保机构公约》的担保范围

【详解】《多边投资担保机构公约》第 11 条规定："承保险别：一、本机构在不违反下列第二和三款规定的前提下，可为合格的投资就因以下一种或几种风险而产生的损失作担保：（一）货币汇兑。东道国政府采取新的措施，限制其货币兑换成可自由使用货币或被保险人可接受的另一种货币，及汇出东道国

境外，包括东道国政府未能在合理的时间内对该被保险人提出的此类汇兑申请做出行动；"故 A 项错误。"（二）征收和类似的措施。东道国政府采取立法或行政措施，或懈怠行为，实际上剥夺了被保险人对其投资的所有权或控制权，或其应从该投资中得到的大量收益。但政府为管理其境内的经济活动而通常采取的普遍适用的非歧视性措施不在此列；"故 C 项错误。"（三）违约。东道国政府不履行或违反与被保险人签订的合同，并且 1. 被保险人无法求助于司法或仲裁机关对其提出的有关诉讼作出裁决，或 2. 该司法或仲裁机关未能在担保合同根据机构的条例规定的合理期限内作出裁决，或 3. 虽有这样的裁决但未能执行；"故 D 项正确。"（四）战争和内乱。依照第六十六条本公约适用的东道国境内任何地区的任何军事行动或内乱。"故 B 项错误。"二、应投资者与东道国的联合申请，董事会经特别多数票通过，可将本公约的担保范围扩大到上述第一款中提及的风险以外的其他的非商业性风险。但在任何情况下都不包括货币的贬值或降值。"也可得出 A 项错误。

6.【答案】CD

【考点】 DAP 贸易术语；国际铁路货物运输

【详解】《国际铁路货物联运协定》第 21 条规定，按运单承运货物的铁路，应负责完成货物的全程运输，直到在到达站交付货物时为止；每一继续运输货物的铁路，自接收附有运单的货物时起，即参加这项运输合同，并承担因此而发生的义务。可见，按运单承运货物的铁路部门应对货物负连带责任。故 A 项错误，D 项正确。铁路运单，是由铁路承运人签发的，证明铁路货物运输合同和货物已由承运人接管，以及承运人保证将货物交给指定收货人的单证。铁路运单是运输合同的证明，是铁路收取货物、承运货物的凭证，也是铁路在终点向收货人核收有关费用和交付货物的依据；但与提单不同，铁路运单不是物权凭证，不能转让。故 B 项错误。DAP，Delivered at Place（目的地交货），指当卖方在指定目的地将仍处于运输工具上，且已做好卸载准备的货物交由买方处置时，即完成交货。故 C 项正确。

7.【答案】CD

【考点】 备用信用证

【详解】 备用信用证，简称 SBLC（standby letters of credit），又称担保信用证，是指不以清偿商品交易的价款为目的，而以贷款融资，或担保债务偿还为目的所开立的信用证。开证行保证在开证申请人未能履行其应履行的义务时，受益人只要按照备用信用证的规定向开证行开具汇票，并随附开证申请人未履行义务的声明或证明文件，即可得到开证行的偿付。备用信用证目前只适用《ICC 跟单信用证统一惯例》（UCP600）的部分条款。故 B 项错误。备用信用证具有以下特征：（1）不可撤销性。除非在备用证中

另有规定，或经对方当事人同意，开证人不得修改或撤销其在该备用证下之义务。故 A 项错误。（2）独立性。备用证下开证人义务的履行并不取决于：①开证人从申请人那里获得偿付的权利和能力。②受益人从申请人那里获得付款的权利。③备用证中对任何偿付协议或基础交易的援引。④开证人对任何偿付协议或基础交易的履约或违约的了解与否。故 C 项正确。（3）跟单性。开证人的义务要取决于单据的提示，以及对所要求单据的表面审查。（4）强制性。备用证在开立后即具有约束力，无论申请人是否授权开立，开证人是否收取了费用，或受益人是否收到或因信赖备用证或修改而采取了行动，它对开证人都是有强制性的。故 D 项正确。

8.【答案】AB

【考点】《服务贸易总协定》及相关税法规则

【详解】 商业存在（Commercial Presence），是 GATS 中最重要的一种服务提供方式，一成员的服务提供者在任何其他成员境内建立商业机构（附属企业或分支机构），为所在国和其他成员的服务消费者提供服务，以获取报酬，包括通过设立分支机构或代理，提供服务等。故 A 项正确。无限纳税义务亦称"全面纳税义务"，是"有限纳税义务"的对称。指纳税人就其来源于全球范围内的所得或财产对其所在国负有纳税义务。无限纳税义务只适用于本国居民（公民）。故 B 项正确。国际重叠征税又称"国际双层征税"，是指两个以上的国家对不同的纳税人就同一课税对象或同一税源在同一期间内课征相同或类似性质的税收。故 CD 项错误。

2017 年

1.【答案】A

【考点】《联合国国际货物销售合同公约》；《国际铁路货物联运协定》

【详解】《联合国国际货物销售合同公约》第 42 条第 1 款规定："卖方所交付的货物，必须是第三方不能根据工业产权或其他知识产权主张任何权利或要求的货物，但以卖方在订立合同时已知道或不可能不知道的权利或要求为限，而且这种权利或要求根据以下国家的法律规定是以工业产权或其他知识产权为基础的：（A）如果双方当事人在订立合同时预期货物将在某一国境内转售或做其他使用，则根据货物将在其境内转售或做其他使用的国家的法律；或者（B）在任何其他情况下，根据买方营业地所在国家的法律。"本题中，中国伟业公司与甲国利德公司订立合同时，伟业公司不知道利德公司会将该批货物转卖至乙国，不承担该批货物在乙国的知识产权担保义务。故 A 项正确。《联合国国际货物销售合同公约》第 67 条第 1 款规定："如果销售合同涉及货物的运输，但

卖方没有义务在某一特定地点交付货物，自货物按照销售合同交付给第一承运人以转交给买方时起，风险就移转到买方承担。"《联合国国际货物销售合同公约》第68条规定："对于在运输途中销售的货物，从订立合同时起，风险就移转到买方承担。"本题中，没有涉及伟业公司与利德公司关于交付货物地点的信息，该批货物的风险应于货交第一承运人时由伟业公司转移给利德公司。故 B 项错误。需要注意的是，风险于订立合同时转移的情况较为特殊，即销售运输途中的货物，订立合同时风险转移。《国际铁路货物联运协定》规定，承运人的责任期间是承运货物时起，至交付货物时为止，而不以货物装上或卸下为责任期间的节点。故 C 项错误。《国际铁路货物联运协定》规定，不同运输区段的承运人之间的责任清算规则是：如损失是由于一个承运人的过失造成，则该承运人负完全责任；如损失是由于参加运送的数个承运人的过失造成，则每一承运人各自对其造成的损失负责；如不能证明损失是因一个或数个承运人过失所造成，则承运人应商定责任分担办法，如承运人不能商定责任分担办法，则承运人间的责任按该批货物在各承运人进行运送时实际行经的运价公里比例分担，但能够证明损失不是由其过失所造成的承运人除外。故 D 项错误。

2. 【答案】C

【考点】提单的种类；《海牙公约》；水渍险

【详解】本题中，收货人一栏写明"凭指示"的字样的提单为指示提单，此类提单经背书可以转让。故 A 项错误。《海牙规则》规定，对17项原因引起或造成的货物灭失或损害，承运人不承担责任：(a) 船长、船员、引水员或承运人的雇佣人员，在驾驶船舶或管理船舶中的行为、疏忽或不履行义务；(b) 火灾，但由于承运人的实际过失或私谋所引起的除外；(c) 海上或其他可航水域的灾难、危险和意外事故；(d) 天灾；(e) 战争行为；(f) 公敌行为；(g) 君主、当权者或人民的扣留或管制，或依法扣押；(h) 检疫限制；(i) 托运人或货主、其代理人或代表的行为或不行为；(j) 不论由于任何原因所引起的局部或全面罢工、关厂停止或限制工作；(k) 暴动和骚乱；(l) 救助或企图救助海上人命或财产；(m) 由于货物的固有缺点、质量或缺陷引起的体积或重量亏损，或任何其他灭失或损坏；(n) 包装不充分；(o) 标志不清或不当；(p) 虽克尽职责亦不能发现的潜在缺点；(q) 非由于承运人的实际过失或私谋，或者承运人的代理人，或雇佣人员的过失或疏忽所引起的其他任何原因；但是要求引用这条免责利益的人应负责举证，证明有关的灭失或损害既非由于承运人的实际过失或私谋，亦非承运人的代理人或雇佣人员的过失或疏忽所造成。本题中，因船方过失致货轮与他船相撞属于第1项免责事由，承运人不承担责任。故 B 项错误。本

题中，仪器受损的损失属于"由于运输工具遭受搁浅、触礁、沉没、互撞、与流冰或其他物体碰撞以及失火、爆炸等意外事故造成货物的全部或部分损失"，在水渍险的保险范围之内。故 C 项正确。《海牙规则》规定，承运人的责任期间是从货物装上船起至卸完船为止。故 D 项错误。

3. 【答案】D

【考点】无单放货；信用证

【详解】《最高人民法院关于审理无正本提单交付货物案件适用法律若干问题的规定》第6条规定："承运人因无正本提单交付货物造成正本提单持有人损失的赔偿额，按照货物装船时的价值加运费和保险费计算。"赔偿额不包含利润损失，故 A 项错误。一切险的保险范围不包括承运人无单放货造成的损失。故 B 项错误。《最高人民法院关于审理信用证纠纷案件若干问题的规定》第5条规定："开证行在作出付款、承兑或者履行信用证项下其他义务的承诺后，只要单据与信用证条款、单据与单据之间在表面上相符，开证行应当履行在信用证规定的期限内付款的义务。当事人以开证申请人与受益人之间的基础交易提出抗辩的，人民法院不予支持。具有本规定第八条的情形除外。"故 C 项错误，D 项正确。

4. 【答案】A

【考点】反倾销

【详解】《反倾销条例》第17条规定："在表示支持申请或者反对申请的国内产业中，支持者的产量占支持者和反对者的总产量的50%以上的，应当认定申请是由国内产业或者代表国内产业提出，可以启动反倾销调查；但是，表示支持申请的国内生产者的产量不足国内同类产品总产量的25%的，不得启动反倾销调查。"故 A 项正确。《反倾销条例》第32条规定："出口经营者不作出价格承诺或者不接受价格承诺的建议的，不妨碍对反倾销案件的调查和确定。出口经营者继续倾销进口产品的，商务部有权确定损害威胁更有可能出现。"故 B 项错误。《反倾销条例》第48条规定："反倾销税的征收期限和价格承诺的履行期限不超过5年；但是，经复审确定终止征收反倾销税有可能导致倾销和损害的继续或者再度发生，反倾销税的征收期限可以适当延长。"故 C 项错误。《反倾销条例》第43条第3款规定："终裁决定确定的反倾销税，高于已付或者应付的临时反倾销税或者为担保目的而估计的金额的，差额部分不予收取；低于已付或者应付的临时反倾销税或者为担保目的而估计的金额的，差额部分应当根据具体情况予以退还或者重新计算税额。"故 D 项错误。

5. 【答案】B

【考点】国际知识产权保护基本原则

【详解】《保护文学和艺术作品伯尔尼公约》规定，一个作品在首次出版后30天内在两个或两个以

上国家内出版，则该作品应视为同时在几个国家内出版。本题中，迈克的著作《希望之路》在甲国和乙国出版时间间隔为 25 天，应视为同时出版。《保护文学和艺术作品伯尔尼公约》确立了文学艺术作品保护的基本原则：国民待遇原则、自动保护原则、独立保护原则和最低保护原则。国民待遇原则又称为"双国籍国民待遇"，即作者国籍是公约缔约国，或作者是在缔约国有惯常居所的非缔约国国民，或非公约缔约国国民的作品在任一个缔约国出版，或在一个缔约国和一个非缔约国同时出版，均在一切缔约国中享有国民待遇。本题中迈克的作品一经在乙国出版，便在缔约国中享有国民待遇。故 A 项错误。自动保护原则是指享有和行使依成员国法律和公约所规定的权利，不需要履行任何手续，也不论作品在起源国是否受到保护。保护国法律对文学艺术作品自动保护。独立保护原则是指享有和行使文学艺术作品的权利，不依赖于在起源国是否受到保护。故 CD 项错误。《保护文学和艺术作品伯尔尼公约》规定，在非缔约国和缔约国同时发表的作品，后者为作品国籍国。故 B 项正确。（注：《伯尔尼公约》中的原文为起源国，起源国系其所使用的特有概念，《世界版权公约》则采用"首次出版"和"国籍"的说法）

6.【答案】CD

【考点】 WTO 争端解决机制；最惠国待遇

【详解】 最惠国待遇是 WTO 多边贸易制度中最重要的基本原则和义务。WTO 的任何成员，都可以享有其他成员给予任何国家的待遇。WTO 争端解决机制的主体是国家。故 A 项错误。磋商是争端解决的必经程序，提出磋商请求日起 60 天内没有解决争端时，申诉方才可以申请成立专家组。但磋商事项以及磋商的充分性，与设立专家组的申请及专家组将作出的裁定没有关系。故 B 项错误。与关税与贸易总协定的争端解决机制相比，WTO 争端解决机构在通过专家组和上诉机构报告的程序上有所突破，将关税与贸易总协定的"协商一致原则"改为"反向协商一致原则"，即除非争端解决机构一致不通过相关争端解决报告，该报告即得以通过。该通过实际上是一种一票通过制，是一种准自动通过方式。故 C 项正确。被裁定违反了有关协议的一方，应当在合理时间内履行争端解决机构的裁定和建议。如果被诉方在合理期限内没有履行裁定和建议，原申诉方可以经争端解决机构授权交叉报复，对被诉方中止减让或中止其他义务。故 D 项正确。

7.【答案】AB

【考点】 临时保护原则；《华盛顿公约》；国际投资争端解决

【详解】 临时保护原则是《巴黎公约》的基本原则之一，是指缔约国应对在任何一个成员国内举办的或经官方承认的国际展览会上展出的商品中可以取得

专利的发明、实用新型、外观设计和可以注册的商标给予临时保护。故 A 项正确。ICSID 受理的争端限于一缔约国（东道国）与另一缔约国国民（外国投资者）的争端，此外，在争端双方均同意的情况下，也受理东道国和受外国投资者控制的东道国法人之间的争端，而不是任何与投资有关的争端。故 C 项错误。ICSID 的管辖权具有排他的效力，一旦当事人同意中心仲裁，有关争端便属于中心专属管辖，而不再属于作为争端一方的缔约国国内法管辖的范围。ICSID 裁决对争端各方均具有约束力，不得进行任何上诉或采取任何其他除《华盛顿公约》规定外的补救办法；每一缔约国都应承认裁决对其有约束力，并在其领土内履行该裁决所裁定的财政义务，并赋予该裁决等同于其国内法院终审判决的效力。故 B 项正确，D 项错误。

8.【答案】CD

【考点】 见索即付保函

【详解】《国际商会见索即付保函统一规则》规定，本规则适用于一切明确表明适用本规则的见索即付保函，除非见索即付保函对本规则的内容进行了修改或排除，本规则对见索即付保函的所有当事人均具有约束力。因此，《国际商会见索即付保函统一规则》允许见索即付保函对其进行修改或排除，故 A 项错误。《最高人民法院关于审理独立保函纠纷案件若干问题的规定》（以下简称《独立保函纠纷规定》）第 3 条第 2、3 款规定："当事人以独立保函记载了对应的基础交易为由，主张该保函性质为一般保证或连带保证的，人民法院不予支持。当事人主张独立保函适用民法典关于一般保证或连带保证规定的，人民法院不予支持。"故 B 项错误。《独立保函纠纷规定》第 1 条第 1 款规定："本规定所称的独立保函，是指银行或非银行金融机构作为开立人，以书面形式向受益人出具的，同意在受益人请求付款并提交符合保函要求的单据时，向其支付特定款项或在保函最高金额内付款的承诺。"《独立保函纠纷规定》第 6 条第 1 款规定："受益人提交的单据与独立保函条款之间、单据与单据之间表面相符，受益人请求开立人依据独立保函承担付款责任的，人民法院应予支持。"故 C 项正确。《独立保函纠纷规定》第 7 条第 2 款规定："单据与独立保函条款之间、单据与单据之间表面上不完全一致，但并不导致相互之间产生歧义的，人民法院应当认定构成表面相符。"故 D 项正确。

2018 年

1.【答案】D

【考点】 见索即付保函

【详解】 即便工程承包公司是政府独资的企业，

它也是法人，不享有国家豁免特权。因此仍然要承担保函义务，A 项错误。见索即付的含义是只要受益人提出索赔，担保人就必须立刻支付款项。其与担保法的一般原则完全不同，没有先诉抗辩的问题，B 项错误。见索即付只进行书面审查，不进行实质审查，C 项错误。综上，D 项正确。

2.【答案】B

【考点】国际海上运输与保险的规则

【详解】DPU 术语中卖方没有投保义务，A 项错误。信用证付款的根本特征就是信用证交易和基础交易相互分离，即便货物毁损，只要瑞景公司向银行提交了符合信用证要求的单据，银行即必须付款，B 项正确，C 项错误。该货物的毁损灭失是不可归因于承运人的不可抗力，承运人无过错，所以无须承担责任，D 项错误。

3.【答案】ACD

【考点】FCA 术语

【详解】FCA 适用于任何运输方式，A 项正确，B 项错误。FCA 术语货交第一承运人完成交货，C 项正确。FCA 术语货交承运人风险转移，D 项正确。

4.【答案】AC

【考点】WTO 争端解决以及贸易管制的救济

【详解】出口国企业可以在进口国国内法院对政府提起行政诉讼来救济，A 项正确。不能直接提起外交保护，要用尽当地救济，B 项错误。甲国政府可以提起 WTO 诉讼，C 项正确。即便败诉 WTO 也无权要求乙国修改国内法，乙国只需要承担相应的报复即可，D 项错误。

5.【答案】AD

【考点】MIGA 的相关投资制度

【详解】乙国政府单方撕毁合同，属于政府违约行为，A 项正确。与征收相比，增加环保税尚未达到事实上排除投资者对投资所有权的程度，B 项错误。乙国有权要求用尽当地救济，也可以不作此要求，题目未提及即无此要求，C 项错误。MIGA 进行理赔后代位取得对东道国的求偿权，D 项正确。

2019 年

1.【答案】C

【考点】CIF 贸易术语

【详解】CIF 贸易术语下的风险转移时间是装运港船上，因此目的地的风险应由买方乙公司承担。故 A 项错误。贸易术语下，如未在合同中约定保险的险别，则卖方甲公司只有义务投保海运最低险即平安险。故 C 项正确，B 项错误。CIF 贸易术语下的运输由卖方中国甲公司承担。故 D 项错误。

2.【答案】C

【考点】FOB 贸易术语

【详解】FOB 贸易术语仅适用于水运。在 FOB 贸易术语下，卖方承担装货义务，即卖方应在装运港将货物装上买方指定的船舶并通知买方。故 C 项正确，ABD 项错误。

3.【答案】A

【考点】《华沙公约》

【详解】《统一国际航空运输某些规则的公约》（以下简称《华沙公约》）规定，在没有相反的证据时，航空货运单是订立合同、接受货物和承运条件的证明。但并非物权凭证。故 A 项错误，B 项正确。《华沙公约》规定，在运输已登记的行李和货物时，承运人对行李或货物的责任以每公斤 250 法郎为限，除非托运人在交货时，曾特别声明行李或货物运到后的价值，并缴付必要的附加费。在这种情况下，承运人所负责任不超过声明的金额，除非承运人证明托运人声明的金额高于行李或货物运到后的实际价值。故 C 项正确。《华沙公约》规定，诉讼应该在航空器到达目的地之日起，或应该到达之日起，或从运输停止之日起两年内提出，否则就丧失追诉权。故 D 项正确。

2020 年

1.【答案】C

【考点】2020 年《国际贸易术语解释通则》对 2010 年《国际贸易术语解释通则》的主要修改；2020 年《国际贸易术语解释通则》DPU 贸易术语

【详解】DPU 为到运合同，所以运输途中的风险由卖方承担，一般情况下由卖方购买保险，但购买保险并非卖方的强制性义务。故 A 项错误，C 项正确。2020 年《国际贸易术语解释通则》的 DPU 贸易术语强调目的地可以是任何地方，而不仅仅是"运输终端"，卖方必须确保其打算交货的地点是能够卸货的地点。故 B 项错误。DPU 贸易术语由卖方安排运输，本题中乙国丙公司为卖方，应负责安排货物运输。故 D 项错误。

2.【答案】BD

【考点】临时反倾销措施

【详解】《反倾销条例》第 28 条第 1 款规定："初裁决定确定倾销成立，并由此对国内产业造成损害的，可以采取下列临时反倾销措施：（一）征收临时反倾销税；（二）要求提供保证金、保函或者其他形式的担保。"故 A 项正确。《反倾销条例》第 30 条第 2 款规定："自反倾销立案调查决定公告之日起 60 天内，不得采取临时反倾销措施。"故 B 项错误。《反倾销条例》第 28 条第 2 款规定："临时反倾销税税额或者提供的保证金、保函或者其他形式担保的金额，应当不超过初裁决定确定的倾销幅度。"故 C 项正确。根据"多退少不补原则"，终裁确定的反倾销税税额高于临时反倾销税的数额的，差额部分不予收取。故 D 项错误。

2021 年

1.【答案】B

【考点】《海牙规则》承运人责任；水渍险的承保范围；CIF 贸易术语

【详解】根据《海牙规则》，由于船长、船员、引航员或承运人的雇用人在航行或管理船舶中的行为、疏忽或过失所引起的货物灭失或损坏，承运人可以免除赔偿责任。据此，海上强热带风暴属于自然灾害，承运人没有过失，不承担责任。A 项错误。水渍险承保的范围为"海上风险造成的金部损失和部分损失"，据此 B 项正确，D 项错误。2020 年《国际贸易术语解释通则》中 CIF 贸易术语并无变动，仍然是平安险。据此，C 项错误。

2.【答案】ACD

【考点】《ICC 跟单信用证统一惯例》

【详解】根据《ICC 跟单信用证统一惯例》规定，明确证或单单不符时，银行可以自行联系开证申请人，如接到开证申请人放弃不符点的通知，银行可以释放单据，并不必须承担付款责任。故 A 项错误。乙公司所发货物无价值，构成信用证欺诈，B 项正确。《最高人民法院关于审理信用证纠纷案件若干问题的规定》第 10 条规定："人民法院认定存在信用证欺诈的，应当裁定中止支付或者判令终止支付信用证项下款项，但有下列情形之一的除外：（一）开证行的指定人、授权人已按照开证行的指令善意地进行了付款；（二）开证行或者其指定人、授权人已对信用证项下票据善意地作出了承兑；（三）保兑行善意地履行了付款义务；（四）议付行善意地进行了议付。"本题中，丁银行已经善意付款，所以法院不应当裁定丙银行中止支付。故 C 项错误。单证不符或单单不符时，银行可以自行联系开证申请人，没有义务联系甲公司征询是否接受不符点。故 D 项错误。

3.【答案】C

【考点】《对外贸易法》；《出口管制法》

【详解】《对外贸易法》第 8 条规定："本法所称对外贸易经营者，是指依法办理工商登记或者其他执业手续，依照本法和其他有关法律、行政法规的规定从事对外贸易经营活动的法人、其他组织或者个人。"外贸经营权的获得采取备案登记制，无须审批。据此，AB 项均错误。《出口管制法》第 12 条第 1、2 款规定："国家对管制物项的出口实行许可制度。出口管制清单所列管制物项或者临时管制物项，出口经营者应当向国家出口管制管理部门申请许可。"据此，C 项正确。《出口管制法》第 16 条第 1 款规定："管制物项的最终用户应当承诺，未经国家出口管制

管理部门允许，不得擅自改变相关管制物项的最终用途或者向任何第三方转让。"据此，D 项错误。

4.【答案】C

【考点】《反补贴条例》；WTO 争端解决机制

【详解】《反补贴条例》第 4 条规定："依照本条例进行调查、采取反补贴措施的补贴，必须具有专向性。"据此，A 项正确。《最高人民法院关于审理反补贴行政案件应用法律若干问题的规定》第 7 条第 2 款规定："人民法院依据被告的案卷记录审查被诉反补贴行政行为的合法性。被告在作出被诉反补贴行政行为时没有记入案卷的事实材料，不能作为认定该行为合法的根据。"据此，B 项正确。WTO 争端解决机制只能解决 WTO 成员方之间的争端，而甲国出口商不是适格的诉讼主体。C 项错误。《反补贴条例》第 52 条规定："对依照本条例第二十六条作出的终裁决定不服的，对依照本条例第四章作出的是否征收反补贴税的决定以及追溯征收的决定不服的，或者对依照本条例第五章作出的复审决定不服的，可以依法申请行政复议，也可以依法向人民法院提起诉讼。"故 D 项正确。

2022 年

1.【答案】AB

【考点】《反倾销条例》

【详解】商务部可以就甲乙两国倾销进口产品对国内产业造成的影响分别调查评估，满足一定条件可累计评估。A 项正确。《反倾销条例》第 53 条规定："对依照本条例第二十五条作出的终裁决定不服的，对依照本条例第四章作出的是否征收反倾销税的决定以及追溯征收、退税、对新出口经营者征税的决定不服的，或者对依照本条例第五章作出的复审决定不服的，可以依法申请行政复议，也可以依法向人民法院提起诉讼。"B 项正确。WTO 争端解决机制是处理 WTO 成员之间的贸易争端的。国内企业并非 WTO 成员，无权启动 WTO 争端解决程序。C 项错误。《反倾销条例》第 41 条规定："反倾销税应当根据不同出口经营者的倾销幅度，分别确定。对未包括在审查范围内的出口经营者的倾销进口产品，需要征收反倾销税的，应当按照合理的方式确定对其适用的反倾销税。"D 项错误。

2.【答案】D

【考点】国际投资争端的解决

【详解】行使外交保护的前提是已经用尽当地救济。因此，M 公司只有在乙国用尽行政或司法等各种救济方式仍不能解决纠纷，才可请求甲国行使外交保护，故 A 项错误。中心仲裁庭应依争端双方同意的法律规则对争端作出裁决。如果双方没有就法律规则达成协议，则仲裁庭应适用作为争端一方的缔约国的

国内法（包括其冲突法规则）以及可适用的国际法规则。仲裁庭不得借口没有明确的法律规定或者法律规定含义不清而暂不作出裁决。此外，仲裁庭在争端双方同意时，可根据公平和善意原则对争端作出裁决。故 B 项错误。关于何为"投资"和"法律争端"，《解决国家和他国公民间投资争端公约》本身并没有规定；何为"投资"可以由争端当事人自主决定。故 C 项错误。争端双方可以不用尽当地救济即可在书面同意的基础上将争端提交仲裁，除非缔约国明确要求以用尽当地救济作为同意交付中心仲裁的条件。故 D 项正确。

2023 年

【答案】ABCD

【考点】国际贸易术语；国际货物运输保险

【详解】FCA 适用于各种运输方式，包括多式联运。A 项错误。FCA 术语下，买方没有办理保险的义务。B 项错误。委付是一种转让保险标的的权利的做法，是指在保险标的出现推定全损时，若被保险人选择按全部损失求偿，可由被保险人将保险标的转让给保险人，而由保险人赔付全部的保险金额。对于委付，保险人可以接受，也可以不接受。C 项错误。FCA 术语意为"货交承运人（指定交货地点）"，货物的风险在指定地点交货时发生转移。本题中，甲公司已经在指定地点货交承运人，因此风险已经转移给乙公司，货物损失应当由乙公司承担，不能免于支付货款。D 项错误。

民事诉讼法与仲裁制度

1.【答案】C

【考点】当事人诉讼权利平等原则

【详解】《民事诉讼法》第 8 条规定，民事诉讼当事人有平等的诉讼权利。人民法院审理民事案件，应当保障和便利当事人行使诉讼权利，对当事人在适用法律上一律平等。可见，诉讼权利平等原则是法律面前人人平等原则在民事诉讼中的具体体现，因此 C 项当选。《民事诉讼法》第 14 条规定的检察监督原则的含义是人民检察院监督民事诉讼活动，《民事诉讼法》第 13 条规定的诚信原则是为了约束民事诉讼参与人的诉讼行为，而《民事诉讼法》第 5 条规定的同等原则和对等原则是涉外民事诉讼中的一项基本原则，因此 ABD 项均不符合本题要求。

2.【答案】C

【考点】多元化纠纷解决机制

【详解】《民事诉讼法》第 209 条规定，各级人民法院院长对本院已经发生法律效力的判决、裁定、调解书，发现确有错误，认为需要再审的，应当提交审判委员会讨论决定。最高人民法院对地方各级人民法院已经发生法律效力的判决、裁定、调解书，上级人民法院对下级人民法院已经发生法律效力的判决、裁定、调解书，发现确有错误的，有权提审或者指令下级人民法院再审。因此 A 项不违反法律规定。民商事纠纷实行多元化纠纷解决制度，民事诉讼、仲裁、人民调解、行政调解、和解均可以解决民商事纠纷，因此 BD 项不违反法律规定。根据《民事诉讼法》的规定，民事诉讼代理人只有法定代理人与委托代理人两种，无指定代理人，因此 C 项违反法律规定，当选。

3.【答案】C

【考点】民事诉讼诚实信用原则

【详解】《民事诉讼法》第 13 条第 1 款规定，民事诉讼应当遵循诚信原则。这就意味着参与民事诉讼的各种主体均应当本着诚实善意的理念行使诉讼权利，实施民事诉讼行为，而不得滥用其诉讼权利。具体而言，诚实信用原则禁止当事人以欺骗性的方法形成不正当诉讼状态，禁止证人提供虚假证言，因此 AB 项违反诚实信用原则。此外，诚实信用原则要求法院依法决定证据的取舍，而不得任意进行证据的取

舍与否定，因此 D 项违反诚实信用原则。《民事诉讼法》第 68 条规定，法院可以根据案件审理情况决定对当事人提供的证据是否采信，因此 C 项符合诚信原则，当选。

4.【答案】BC（原答案为 C）

【考点】专家辅助人以及回避适用的对象

【详解】《民事诉讼法》第 47 条规定，回避适用于审判人员、法官助理、书记员、司法技术人员、翻译人员、鉴定人、勘验人，而专家辅助人不适用回避制度，因此 A 项错误。《民诉解释》第 122 条第 2 款规定，具有专门知识的人在法庭上就专业问题提出的意见，视为当事人的陈述。当事人陈述属于法定的证据种类。所以，B 项正确。《民事诉讼法》第 82 条规定，当事人可以申请人民法院通知有专门知识的人出庭，就鉴定人作出的鉴定意见或者专业问题提出意见。因此，其他当事人有权对专家辅助人提问，C 项正确。此外，根据民事诉讼理论，专家辅助人是当事人为维护其自身利益而聘请的专业人士，因此专家辅助人出庭的费用应当由当事人自行承担，故 D 项错误。

5.【答案】C

【考点】专门法院管辖；专属管辖；级别管辖；管辖恒定制度

【详解】《民诉解释》第 11 条规定，双方当事人均为军人或者军队单位的民事案件由军事法院管辖。因此，A 项错误。《民事诉讼法》第 279 条第 3 项规定，因在中华人民共和国领域内履行中外合资经营企业合同、中外合作经营企业合同、中外合作勘探开发自然资源合同发生纠纷提起的诉讼专属于中国法院管辖，而 B 项是中外合资企业与外国公司之间的合同纠纷，不属于专属管辖的案件，因此 B 项错误。根据民事诉讼理论，确定级别管辖应考虑各级人民法院之间的职能分工，因此 C 项正确。根据民事诉讼理论，管辖恒定制度是指人民法院的管辖权不受确定管辖因素变化的影响，D 项属于专属管辖制度，而不是管辖恒定制度，因此 D 项错误。

6.【答案】B

【考点】小额诉讼程序

【详解】根据民事诉讼理论，小额诉讼程序应注重法院调解的适用，因此 A 项正确。《民事诉讼法》第 165 条规定，小额诉讼程序属于第一审简易程序的简化形式，应当开庭审理，当事人无权选择书面审

理，因此 B 项错误。《民事诉讼法》未对适用小额诉讼程序审理案件的宣判方式作出具体规定，应适用司法解释关于简易程序宣判方式的规定，即应当当庭宣判，故 C 项正确。小额诉讼程序实行一审终审制度，因此 D 项正确。

7.【答案】D

【考点】第三人撤销之诉

【详解】《民诉解释》第 297 条规定，受理第三人撤销之诉案件后，原告提供相应担保，请求中止执行的，人民法院可以准许。本条中，"可以"二字，表明第三人撤销之诉引起的第一审程序，不必然产生中止原判决执行的法律效力，故 A 项错误。根据民事诉讼理论，第三人撤销之诉是通过撤销生效法律文书从而改变被生效法律文书所确定的权利义务关系，因此属于变更之诉，而不是确认之诉，故 B 项错误。《民事诉讼法》第 59 条规定，第三人撤销之诉应向作出生效判决、裁定、调解书的人民法院提起，因此 C 项错误。第三人撤销之诉是第三人认为生效的民事判决、裁定、调解书的内容错误，损害其民事权益，从而起诉主张改变或撤销原判决、裁定、调解书的诉讼，故 D 项正确。

8.【答案】A

【考点】电子送达

【详解】《民事诉讼法》第 90 条第 1 款规定，经受送达人同意，人民法院可以采用能够确认其收悉的电子方式送达诉讼文书。通过电子方式送达的判决书、裁定书、调解书，受送达人提出需要纸质文书的，人民法院应当提供。在本案中，法院无法与海斯联系，就意味着法院无法就电子送达取得海斯的同意，因此 C 项是不合法的，而 A 项是合法的。电子送达不得适用于判决书的送达，因此 BD 项是不合法的。

9.【答案】B

【考点】反诉

【详解】根据民事诉讼理论，反诉是指在本诉的进行过程中，本诉的被告针对本诉的原告提出的与本诉具有牵连性、目的在于抵消或者否并本诉请求的独立的反请求。可见，反诉就其性质而言是一种独立的诉，因此 B 项符合本题要求。A 项与 D 项是被告曹某提出的一种对原告主张的反驳，其目的在于使原告的主张不成立。而 C 项只是被告曹某陈述的一种事实，既不是反诉，也不是反驳。

10.【答案】D

【考点】担保物权的实现

【详解】《民事诉讼法》第 207 条规定，申请实现担保物权，由担保物权人以及其他有权请求实现担保物权的人依照《民法典》等法律，向担保财产所在地或者担保物权登记地基层人民法院提出。因此，A 项错误。根据民事诉讼理论，适用特别程序实现担保物权无须被申请人。因此，B 项错误。《民事诉讼法》第 208 条规定，人民法院受理申请后，经审查，符合法律规定的，裁定拍卖、变卖担保财产，当事人依据该裁定可以向人民法院申请执行；不符合法律规定的，裁定驳回申请，当事人可以向人民法院提起诉讼。因此，C 项错误，而 D 项正确。

11.【答案】C

【考点】证据证明力；委托代理人的授权委托书；证明责任的概念

【详解】证明力的比较只能适用于证据的不同立法种类之间，或者适用于证据不同理论分类之间，而在证据立法种类与理论分类之间是无法进行证明力比较的。因此，A 项错误。根据民事诉讼理论，经验法则是进行事实推定应遵循的原则，根据经验法则推定出来的事实无须当事人证明，而并不是说，经过经验法则可验证的事实无须证明。因此，B 项错误。《民事诉讼法》第 275 条规定，在中华人民共和国领域内没有住所的外国人、无国籍人、外国企业和组织委托中华人民共和国律师或者其他人代理诉讼，从中华人民共和国领域外寄交或者托交的授权委托书，应当经所在国公证机关证明，并经中华人民共和国驻该国使领馆认证，或者履行中华人民共和国与该所在国订立的有关条约中规定的证明手续后，才具有效力。因此，C 项正确。根据民事诉讼理论，证明责任的结果责任在当事人之间是不发生转移的。因此，D 项错误。

12.【答案】D

【考点】支付令的送达；支付令异议及其法律后果

【详解】《民诉解释》第 429 条规定，向债务人本人送达支付令，债务人拒绝接收的，人民法院可以留置送达。因此，A 项错误。《民事诉讼法》第 227 条第 2 款规定，债务人应当自收到支付令之日起 15 日内清偿债务，或者向人民法院提出书面异议。因此，B 项错误。《民诉解释》第 436 条规定，债务人对债务本身没有异议，只是提出缺乏清偿能力、延缓债务清偿期限、变更债务清偿方式等异议的，不影响支付令的效力。而本题中，陈某提出已经归还借款，意味着债务已经消灭，因此陈某的主张构成异议，故 C 项错误。《民事诉讼法》第 228 条规定，人民法院收到债务人提出的书面异议后，经审查，异议成立的，应当裁定终结督促程序，支付令自行失效。支付令失效，转入诉讼程序，但申请支付令的一方当事人不同意提起诉讼的除外。因此，D 项正确。

13.【答案】D

【考点】发回重审合议庭的组成；发回重审的适用

【详解】《民诉解释》第 162 条第 1 款规定，第二审人民法院裁定对第一审人民法院采取的保全措施予以续保或者采取新的保全措施的，可以自行实施，也可以委托第一审人民法院实施。因为二审发回重审时，尚未作出新的生效裁判，所以一审中采取的保全措施不应随意解除。A 项错误。《最高人民法院关于适用〈关于民事诉讼证据的若干规定〉中有关举证时限规定的通知》第9条规定，发回重审的案件，第一审人民法院在重新审理时，可以结合案件的具体情况和发回重审的原因等情况，酌情确定举证期限。如果案件是因违反法定程序被发回重审的，人民法院在征求当事人的意见后，可以不再指定举证期限或者酌情指定举证期限。但案件因遗漏当事人被发回重审的，按照本通知第5条处理。如果案件是因认定事实不清、证据不足发回重审的，人民法院可以要求当事人协商确定举证期限，或者酌情指定举证期限。B项"必须重新指定举证时限"显然是错误的。《民事诉讼法》第41条第3款规定，发回重审的案件，原审人民法院应当按照第一审程序另行组成合议庭。因此，C项错误。《民事诉讼法》第177条第2款规定，原审人民法院对发回重审的案件作出判决后，当事人提起上诉的，第二审人民法院不得再次发回重审。因此，D项正确。

14.【答案】 D

【考点】 证据的种类

【详解】 根据民事诉讼证据理论，书证是以文字、符号、图形所反映的思想内容证明案件事实。鉴定意见是具有资质的专业人员运用专业知识与技能对民事诉讼中的专业性问题出具的专业性意见。勘验笔录是指审判人员对与案件有关的现场、物品进行勘察、检验后制作的笔录。电子数据是指以电子邮件、网上聊天记录、电子签名、网络访问记录等电子形式记载的内容证明案件事实的证据。《民诉解释》第116条第3款规定，存储在电子介质中的录音资料和影像资料，适用电子数据的规定。因此，本案中的数码照片，应属于电子数据。D项当选。

15.【答案】 B

【考点】 当事人、利害关系人对执行行为的异议

【详解】 本题中，乙作为被执行人，认为法院的扣押行为错误而提出异议，属于当事人对执行行为的异议。《民事诉讼法》第236条规定，当事人、利害关系人认为执行行为违反法律规定的，可以向负责执行的人民法院提出书面异议。当事人、利害关系人提出书面异议的，人民法院应当自收到书面异议之日起15日内审查，理由成立的，裁定撤销或者改正；理由不成立的，裁定驳回。当事人、利害关系人对裁定不服的，可以自裁定送达之日起10日内向上一级人民法院申请复议。因此，B项正确。

16.【答案】 D

【考点】 再审程序

【详解】 根据《民事诉讼法》第218条，如果发生法律效力的判决、裁定是由第二审法院作出的，就按照第二审程序进行再审。因此，本题中的再审应该适用二审程序。《民诉解释》第408条第1款规定，一审原告在再审审理程序中申请撤回起诉，经其他当

事人同意，且不损害国家利益、社会公共利益、他人合法权益的，人民法院可以准许。裁定准许撤诉的，应当一并撤销原判决。据此，按照一审程序进行再审时，原告可以撤回起诉；按照二审程序进行再审时，原告不得撤回起诉。故A项错误。撤回再审申请的主体只能是再审申请人，被申请人不可撤回再审申请，吴某并未撤回申请，故B项错误。《民事诉讼法》第153条第1款第4项规定，一方当事人因不可抗拒的事由，不能参加诉讼的，适用诉讼中止。本题中，万某未出庭并未说明理由，法院不应裁定诉讼中止，故C项错误。万某属于原诉中的原告，此时按照二审进行再审，如前所述，不能适用撤诉。《民事诉讼法》第148条第2款规定，人民法院裁定不准许撤诉的，原告经传票传唤，无正当理由拒不到庭的，可以缺席判决。因此，法院可以适用缺席判决，D项正确。

17.【答案】 AC

【考点】 仲裁证据保全

【详解】 《民事诉讼法》第84条第2款规定，因情况紧急，在证据可能灭失或者以后难以取得的情况下，利害关系人可以在提起诉讼或者申请仲裁前向证据所在地、被申请人住所地或者对案件有管辖权的人民法院申请保全证据。本题中的甲县是被申请人住所地，因此，A项正确。《仲裁法》第46条规定，在证据可能灭失或者以后难以取得的情况下，当事人可以申请证据保全。当事人申请证据保全的，仲裁委员会应当将当事人的申请提交证据所在地的基层人民法院。可见，仲裁中的证据保全，当事人只能向仲裁委员会提出申请，因此，BD项错误。此外，《民事诉讼法》第84条第3款规定，证据保全的其他程序，参照适用保全的有关规定。此外，《民事诉讼法》第103条第2款规定，人民法院采取保全措施，可以责令申请人提供担保，申请人不提供担保的，裁定驳回申请。因此，C项正确。

18.【答案】 ABC

【考点】 管辖恒定；移送管辖；侵权纠纷的管辖；合同纠纷的管辖；起诉的处理

【详解】 《民诉解释》第37条规定，案件受理后，受诉人民法院的管辖权不受当事人住所地、经常居住地变更的影响。此外，《民事诉讼法》第37条规定，人民法院发现受理的案件不属于本院管辖的，应当移送有管辖权的人民法院，受移送的人民法院应当受理。因此，A项的做法是违法的。B项虽然被告黄玫的住所地不在乙市B区，而在乙市C区，但是，本题是侵权纠纷案件，《民事诉讼法》第29条规定，因侵权行为提起的诉讼，由侵权行为地或者被告住所地人民法院管辖。乙市B区法院作为侵权行为地法院有管辖权，因此，B项的做法是违法的。根据C项的信息，丙省E市中院对一起标的额为5005万元的案件是没有一审管辖权的，其受理后向丙省高院报请审理

该案,《民事诉讼法》第 37 条关于移送管辖的规定,C 项的做法是违法的。《民诉解释》第 18 条规定,合同没有实际履行,当事人双方住所地又都不在合同约定的履行地的,由被告住所地人民法院管辖。因此,D 项案件应由被告赵山的居住地丁市 G 区管辖,故 D 项的做法不违法。根据题干要求,本题当选 ABC。

19.【答案】ABCD

【考点】当事人的程序选择权

【详解】A 项当事人的约定违反了法律的强制性规定,约定无效,法院应按法律规定分配证明责任。A 项错误。《民诉解释》第 214 条规定,原告撤诉或者人民法院按撤诉处理后,原告以同一诉讼请求再次起诉的,人民法院应予受理。B 项约定违反法律规定,无效,法院可以再次受理原告的起诉。B 项错误。《民事诉讼法》第 136 条规定:"人民法院对受理的案件,分别情形,予以处理:……(三)根据案件情况,确定适用简易程序或者普通程序……"《民事诉讼法》第 160 条规定:"基层人民法院和它派出的法庭审理事实清楚、权利义务关系明确、争议不大的简单的民事案件,适用本章规定。基层人民法院和它派出的法庭审理前款规定以外的民事案件,当事人双方也可以约定适用简易程序。"根据上述规定,对于普通程序的适用,只能由法院决定,对于简易程序的适用,法院可以确定,当事人也可以约定。当事人只能约定简易程序的适用,不能约定普通程序的适用。因此法院可以根据情况确定适用普通程序或简易程序。C 项错误。《民诉解释》第 174 条第 1 款规定:"民事诉讼法第一百一十二条规定的必须到庭的被告,是指负有赡养、抚育、扶养义务和不到庭就无法查清案情的被告。"必须到庭的被告范围由法律规定,只有对必须到庭的被告才能适用限制其人身自由的强制措施——拘传。D 项当事人约定违反法律规定,无效,被告不到庭,如其属于法定应当到庭的被告范围,法院可以拘传,不属于必须到庭的被告则可以缺席判决。D 项错误。

20.【答案】CD

【考点】检察建议

【详解】《民事诉讼法》第 220 条规定,有下列情形之一的,当事人可以向人民检察院申请检察建议或者抗诉:(1)人民法院驳回再审申请的;(2)人民法院逾期未对再审申请作出裁定的;(3)再审判决、裁定有明显错误的。人民检察院对当事人的申请应当在 3 个月内进行审查,作出提出或者不予提出检察建议或者抗诉的决定。当事人不得再次向人民检察院申请检察建议或者抗诉。因此,AB 项错误。《民事诉讼法》第 221 条规定,人民检察院因履行法律监督职责提出检察建议或者抗诉的需要,可以向当事人或者案外人调查核实有关情况。因此,CD 项正确。

21.【答案】BCD

【考点】当事人的诉讼权利能力

【详解】《民诉解释》第 64 条规定,企业法人解散的,依法清算并注销前,以该企业法人为当事人;未依法清算即被注销的,以该企业法人的股东、发起人或者出资人为当事人。从中可知,法人解散涉诉时,清算组不能成为诉讼主体。因此,A 项错误。公民的诉讼权利能力始于出生,终于死亡,因此,B 项正确。《民事诉讼法》第 51 条规定,公民、法人和其他组织可以作为民事诉讼的当事人。因此,C 项正确。《消费者权益保护法》第 47 条规定,对侵害众多消费者合法权益的行为,中国消费者协会以及在省、自治区、直辖市设立的消费者协会,可以向人民法院提起诉讼。因此,D 项正确。

22.【答案】AB

【考点】裁判文书的适用;允许上诉的裁判文书

【详解】根据民事诉讼理论,判决是人民法院行使审判权对于实体性问题进行审理后作出的职务判断,而裁定则是人民法院对于程序性问题进行处理所作出的,但少数裁定,如先予执行的裁定则涉及实体义务的履行。因此,A 项正确。判决应当采用书面判决书的形式作出,而裁定则可以采取书面形式,也可以采取口头形式,因此,B 项正确。《民事诉讼法》第 21 条和第 171 条规定,最高人民法院可以管辖第一审民事案件,其作出的判决不得上诉。此外,《民事诉讼法》第 157 条规定,只有部分裁定可以上诉。因此,C 项错误。根据民事诉讼理论,具有给付内容的生效判决具有执行力,而财产案件的生效判决不一定都具有给付内容;而裁定只有少数涉及给付内容的才具有执行力,因此,D 项错误。

23.【答案】BD

【考点】第二审程序的启动;第二审审理范围与审理方式;法院调解的适用

【详解】《民事诉讼法》第 171 条规定,当事人不服地方人民法院第一审判决的,有权在判决书送达之日起 15 日内向上一级人民法院提起上诉。当事人不服地方人民法院第一审裁定的,有权在裁定书送达之日起 10 日内向上一级人民法院提起上诉。可见,民事诉讼第二审程序只能基于当事人的上诉而发生。因此,A 项错误。《民事诉讼法》第 175 条规定,第二审人民法院应当对上诉请求的有关事实和适用法律进行审查。因此,B 项正确。《民事诉讼法》第 179 条规定,调解书送达后,原审人民法院的判决即视为撤销。因此,C 项错误。《民事诉讼法》第 176 条规定,第二审人民法院对上诉案件应当开庭审理。经过阅卷、调查和询问当事人,对没有提出新的事实、证据或者理由,人民法院认为不需要开庭审理的,可以不开庭审理。第二审人民法院审理上诉案件,可以在本院进行,也可以到案件发生地或者原审人民法院所在地进行。因此，D项正确。

24.【答案】BD

【考点】涉外民事诉讼程序的特别规定

【详解】《民事诉讼法》第287条规定，人民法院审理涉外民事案件的期间，不受《民事诉讼法》第152条、第183条规定的限制。因此，A项错误。根据《民事诉讼法》第283条，涉外民事诉讼中的特殊送达方式适用于在中国领域内没有住所的当事人，琼斯与李虹结婚后住在甲市B区，不属于在中国领域内没有住所的当事人，所以不适用第283条规定，采取的送达方式应和李虹的相同。因此，B项正确。《民事诉讼法》第171条第1款规定，当事人不服地方人民法院第一审判决的，有权在判决书送达之日起15日内向上一级人民法院提起上诉。《民事诉讼法》第286条规定，在中华人民共和国领域内没有住所的当事人，不服第一审人民法院判决、裁定的，有权在判决书、裁定书送达之日起30日内提起上诉。同上，因琼斯不属于在中国领域内没有住所的当事人，不适用第286条涉外民事诉讼中关于上诉期的规定，因此，C项错误。《民事诉讼法》第274条规定，外国人、无国籍人、外国企业和组织在人民法院起诉、应诉，需要委托律师代理诉讼的，必须委托中华人民共和国的律师。《民诉解释》第526条也规定，涉外民事诉讼中的外籍当事人，可以委托本国人为诉讼代理人，也可以委托本国律师以非律师身份担任诉讼代理人；外国驻华使领馆官员，受本国公民的委托，可以以个人名义担任诉讼代理人，但在诉讼中不享有外交或者领事特权和豁免。因此，D项正确。

25.【答案】AD

【考点】执行和解

【详解】根据民事诉讼理论，法院调解是法院行使审判权解决纠纷的一种方式，法院调解不得适用于执行程序，因此，A项正确。《民事诉讼法》第241条第1款规定，在执行中，双方当事人自行和解达成协议，执行员应当将协议内容记入笔录，由双方当事人签名或者盖章。因此，B项错误。《最高人民法院关于执行和解若干问题的规定》第8条规定，执行和解协议履行完毕的，人民法院作执行结案处理。因此，C项错误。本案中，甲发现此玉石为赝品，价值不足千元，因此，该案中的执行和解协议是甲在被欺诈情况下达成的。《民事诉讼法》第241条第2款规定，申请执行人因受欺诈、胁迫与被执行人达成和解协议，或者当事人不履行和解协议的，人民法院可以根据当事人的申请，恢复对原生效法律文书的执行。因此，D项正确。

26.【答案】A

【考点】当事人的诉讼地位

【详解】本案是云峰公司的两个股东许某与葛某就云峰公司是否解散发生的争议，根据《公司解

释（二）》第4条的规定，股东就公司解散提起诉讼的，应以公司为被告。因此，许某是本案的原告，云峰公司是本案的被告。故A项正确，BCD项错误。

27.【答案】C

【考点】公司纠纷诉讼的管辖

【详解】《民事诉讼法》第27条规定，因公司设立、确认股东资格、分配利润、解散等纠纷提起的诉讼，由公司住所地人民法院管辖，因此，丙县法院对本案有管辖权，C项正确。

28.【答案】CD

【考点】财产保全

【详解】根据民事诉讼诉的种类的相关理论，给付之诉是当事人向法院提出请求责令义务人履行义务，以实现其权利的诉。而变更之诉则是当事人向法院提出的请求变更或者消灭法律关系的诉。许某提出公司解散的诉讼实际上是要消灭公司股东之间的法律关系，因此，属于变更之诉，而非给付之诉。故A项错误。根据《公司法解释（二）》第3条的规定，股东提起解散公司诉讼时，向人民法院申请财产保全或者证据保全的，在股东提供担保且不影响公司正常经营的情形下，人民法院可予以保全。因此，B项错误在后半句，法院是可以作出保全决定的。许某应当提供担保且采取的保全措施不应当影响公司正常经营，CD项正确。

29.【答案】ABCD

【考点】仲裁庭的组成

【详解】根据《仲裁法》第31条第1款的规定，当事人约定由3名仲裁员组成仲裁庭的，应当各自选定或者各自委托仲裁委员会主任指定1名仲裁员。第三名仲裁员由当事人共同选定或者共同委托仲裁委员会主任指定。第三名仲裁员是首席仲裁员。此外，《仲裁法》第32条规定，当事人没有在仲裁规则规定的期限内选定仲裁员的，由仲裁委员会主任指定。因此，ABCD项均是正确的。

30.【答案】AD

【考点】仲裁裁决的作出及效力

【详解】根据《仲裁法》第53条的规定，裁决应当按照多数仲裁员的意见作出，少数仲裁员的不同意见可以记入笔录。仲裁庭不能形成多数意见时，裁决应当按照首席仲裁员的意见作出。因此，A项正确，B项错误。根据《仲裁法》第54条的规定，裁决书应当由仲裁员签名，加盖仲裁委员会印章。对裁决持不同意见的仲裁员，可以签名，也可以不签名。因此，C项错误。根据《仲裁法》第57条的规定，裁决书自作出之日起发生法律效力。因此，D项正确。

31.【答案】A

【考点】仲裁裁决的撤销

【详解】根据《仲裁法》第58条的规定，当事人提出证据证明裁决有法定撤销情形，可以向仲裁委

员会所在地的中级人民法院申请撤销裁决，因此，A 项正确。根据《仲裁法》第 61 条的规定，人民法院受理撤销裁决的申请后，应适用撤销程序审查，而非普通程序。除了《仲裁法》第 61 条明确规定适用撤销程序之外，《仲裁法》第 60 条的规定"人民法院应当在受理撤销裁决申请之日起两个月内作出撤销裁决或者驳回申请的裁定"也可佐证。如果是普通程序，适用的是 6 个月的审理期限，而非 2 个月。因此，申请撤销仲裁裁决适用的是独立的撤销程序，而非诉讼上的简易或普通程序。因此，B 项错误。根据《仲裁法》第 58 条的规定，当事人申请撤销仲裁裁决应提出证据证明裁决有下列情形之一：（1）没有仲裁协议的；（2）裁决的事项不属于仲裁协议的范围或者仲裁委员会无权仲裁的；（3）仲裁庭的组成或者仲裁的程序违反法定程序的；（4）裁决所根据的证据是伪造的；（5）对方当事人隐瞒了足以影响公正裁决的证据的；（6）仲裁员在仲裁该案时有索贿受贿、徇私舞弊、枉法裁决行为的。C 项法律适用错误不属于《仲裁法》第 58 条规定的申请撤销仲裁裁决的法定情形，因此，C 项错误。根据《仲裁法》第 42 条的规定，被申请人经仲裁庭书面通知后，无正当理由不到庭或者未经仲裁庭许可中途退庭的，仲裁庭可以缺席裁决，因此，本题中的缺席裁决并未违反仲裁法的规定，故 D 项错误。

【陷阱提示】 本题的 B 项，考生很容易联想到申请撤销仲裁裁决由中院受理，并组成合议庭审查，而只有基层人民法院和派出法庭审理案件能适用简易程序，所以显然不能再适用简易程序，理所当然认为应当适用普通程序，故认为 B 项正确。而撤销仲裁实际上适用的是特殊的撤销程序，而非诉讼的普通程序。

2015 年

1.【答案】A

【考点】 公益诉讼的地域管辖；撤诉；和解；公益诉讼与私益诉讼的关系

【详解】《民诉解释》第 283 条规定，公益诉讼案件由侵权行为地或者被告住所地中级人民法院管辖，但法律、司法解释另有规定的除外。故 A 项正确。《民诉解释》第 288 条规定，公益诉讼案件的原告在法庭辩论终结后申请撤诉的，人民法院不予准许。故 B 项错误。《民诉解释》第 287 条规定，对公益诉讼案件，当事人可以和解，人民法院可以调解。故 C 项错误。《民诉解释》第 286 条规定，人民法院受理公益诉讼案件，不影响同一侵权行为的受害人根据《民事诉讼法》第 122 条规定提起诉讼。故 D 项错误。

2.【答案】A

【考点】 回避的适用情形；决定权；当事人对回避决定的权利

【详解】《民诉解释》第 43 条规定，审判人员是本案当事人近亲属的，当事人有权申请其回避；此外，《民事诉讼法》第 48 条第 1 款规定，当事人提出回避申请，应当说明理由，在案件开始审理时提出；回避事由在案件开始审理后知道的，也可以在法庭辩论终结前提出。因此，A 项正确。《民事诉讼法》第 48 条第 2 款规定，被申请回避的人员在人民法院作出是否回避的决定前，应当暂停参与本案的工作，但案件需要采取紧急措施的除外。因此，B 项错误。《民事诉讼法》第 49 条规定，审判人员的回避，由院长决定。因此，C 项错误。《民事诉讼法》第 50 条规定，申请人对回避决定不服的，可以在接到决定时申请复议一次。因此，D 项错误。

3.【答案】D

【考点】 诉的要素与诉的种类

【详解】 该案中刘某与李某发生争议请求人民法院裁判的民事法律关系始终是侵权关系，只是刘某的诉讼请求由"要求李某将车修好"变更为"赔偿损失并赔礼道歉"，因此，该案的诉讼标的未发生变化，故 A 项错误。《民事诉讼法》第 54 条规定，原告可以变更诉讼请求。因此，B 项错误。该案刘某起诉是请求人民法院责令李某基于侵权关系履行义务以实现自身的民事权益，属于给付之诉，即使刘某在诉讼中变更请求，其请求内容的性质并未变化，仍属于给付之诉，因此，C 项错误，而 D 项正确。

4.【答案】D

【考点】 必要共同诉讼人；有独立请求权第三人与无独立请求权第三人的确定

【详解】 该题考查考生对必要共同诉讼人、有独立请求权第三人和无独立请求权第三人基本概念的理解。在本案中，商铺系赵某与刘某共同共有，刘某瞒着赵某将商铺卖给承租人陈某的行为损害了赵某的合法权益。在刘某与陈某的诉讼中，赵某既反对原告刘某，也反对被告陈某，其主张独立的实体权利，系有独立请求权的第三人，故 D 项正确。

5.【答案】B

【考点】 必要共同诉讼人的确定

【详解】 在诉讼中，个体工商户以营业执照上登记的经营者当事人。有字号的，以营业执照上登记的字号为当事人，但应同时注明该字号经营者的基本信息。因此，B 项正确，ACD 项错误。

6.【答案】A

【考点】 诉讼自认及其效力

【详解】 根据《民诉解释》第 92 条第 1 款的规定，一方当事人在答辩状中，对于己不利的事实明确表示承认的，另一方当事人无需举证证明。因此，A 项当选。根据《民诉解释》第 107 条的规定，在诉讼中，当事人为达成调解协议作出妥协而认可的事实，不得在后续的诉讼中作为对其不利的根据，但法律另有规定或者当事人均同意的除外。因此，B项不当选。根据《民诉解释》第92条第2款的规定，对于涉及身份关系的事实，不适用自认的规定。因此，C项不当选。根据《民诉解释》第92条第3款的规定，自认的事实与查明的事实不符的，人民法院不予确认。因此，D项不当选。

7.【答案】C

【考点】期间的顺延

【详解】《民事诉讼法》第86条规定，当事人因不可抗拒的事由或者其他正当理由耽误期限的，在障碍消除后的10日内，可以申请顺延期限，是否准许，由人民法院决定。因此，C项正确，ABD项错误。

8.【答案】A

【考点】无需制作调解书的法定情形；当事人申请再审的范围；人民检察院对调解书的监督方式；执行和解协议的效力

【详解】《民事诉讼法》第101条规定，调解维持收养关系的案件，人民法院可以不制作调解书。因此，A项正确。《民事诉讼法》第213条规定，当事人对已经发生法律效力的解除婚姻关系的判决、调解书，不得申请再审。因此，B项错误。《民事诉讼法》第219条规定，最高人民检察院或者上级人民检察院发现调解书损害国家利益、社会公共利益，应当提出抗诉，如果是地方各级人民检察院发现同级人民法院的调解书损害国家利益、社会公共利益的，可以向同级人民法院提出检察建议，并报上级人民检察院备案，也可以提请上级人民检察院向同级人民法院提出抗诉。因此，C项错误。《民事诉讼法》第241条规定，在执行中，双方当事人自行和解达成协议，执行员应当将协议内容记入笔录，由双方当事人签名或者盖章。因此，D项错误。

9.【答案】C

【考点】诉讼中止的法定情形

【详解】结合本案，《民事诉讼法》第153条关于诉讼中止的法定情形的规定包括：本案必须要以另一案的审理结果为依据，而另一案尚未审结的；一方当事人死亡，需要等待继承人表明是否参加诉讼。本案诉讼的进行需要以两个事实为基础：一是乙县法院是否宣告成某死亡；二是如果乙县法院判决宣告成某死亡，还需要等待成某的继承人表示是否参加诉讼。因此，C项正确，ABD项错误。

10.【答案】A

【考点】二审中的特殊调解

【详解】根据《民诉解释》第324条的规定，对当事人在第一审程序中已经提出的诉讼请求，原审人民法院未作审理、判决的，第二审人民法院可以根据当事人自愿的原则进行调解；调解不成的，发回重审。因此，A项正确。根据《民诉解释》第326条的

规定，在第二审程序中，原审原告增加独立的诉讼请求或者原审被告提出反诉的，第二审人民法院可以根据当事人自愿的原则就新增加的诉讼请求或者反诉进行调解；调解不成的，告知当事人另行起诉。双方当事人同意由第二审人民法院一并审理的，第二审人民法院可以一并裁判。因此，BCD项错误。

11.【答案】D

【考点】调解协议的司法确认；法院不予受理的法定情形

【详解】《民事诉讼法》第205条规定，经依法设立的调解组织调解达成调解协议，申请司法确认的，由双方当事人自调解协议生效之日起30日内，共同向下列人民法院提出：（1）人民法院邀请调解组织开展先行调解的，向作出邀请的人民法院提出；（2）调解组织自行开展调解的，向当事人住所地、标的物所在地、调解组织所在地的基层人民法院提出；调解协议所涉纠纷应当由中级人民法院管辖的，向相应的中级人民法院提出。因此，ABC项错误。《民诉解释》第355条规定，当事人申请司法确认调解协议，人民法院裁定不予受理的情形之一是调解协议内容涉及物权、知识产权确权的。因此，D项正确。

12.【答案】B

【考点】简易程序的传唤方式；申请再审的法定事由；申请再审的管辖；裁定再审的效力

【详解】《民诉解释》第261条第1、2款规定，适用简易程序审理案件，人民法院可以依照《民事诉讼法》第90条、第162条的规定采取捎口信、电话、短信、传真、电子邮件等简便方式传唤双方当事人、通知证人和送达诉讼文书。以简便方式送达的开庭通知，未经当事人确认或者没有其他证据证明当事人已经收到的，人民法院不得缺席判决。因此，A项错误。《民事诉讼法》第211条规定，未经传票传唤，缺席判决的，当事人可以申请再审。因此，B项正确。对于题中未交代本案是否经过二审；而且《民事诉讼法》第210条规定，当事人一方人数众多或者当事人双方为公民的案件，可以向上一级人民法院申请再审，也可以向原审人民法院申请再审。因此，C项错误。《民事诉讼法》第217条规定，按照审判监督程序决定再审的案件，裁定中止原判决、裁定、调解书的执行，但追索赡养费、扶养费、抚育费、抚恤金、医疗费用、劳动报酬等案件，可以不中止执行。因此，D项错误。

13.【答案】C

【考点】支付令异议及其效力

【详解】根据《民诉解释》第431条的规定，债务人在收到支付令后，未在法定期间提出书面异议，而向其他人民法院起诉的，不影响支付令的效力。因此，AB项错误，C项正确。根据《民诉解释》第434条的规定，对设有担保的债务的主债务人发出的

支付令,对担保人没有拘束力。因此,D 项错误。

14.【答案】B

【考点】裁定驳回起诉的适用

【详解】《民事诉讼法》第 122 条规定,原告起诉的条件之一是有明确的被告,该案王旭已于张丽起诉前死亡,因此,张丽起诉离婚不符合《民事诉讼法》规定的条件,法院在受理案件后发现此事实,应裁定驳回原告的起诉。因此,B 项正确。

15.【答案】CD(原答案为 D)

【考点】执行终结;执行和解协议的效力

【详解】《民事诉讼法》第 268 条规定,申请人撤销申请的,人民法院裁定终结执行。因此,A 项错误。《民事诉讼法》第 241 条第 2 款规定,当事人不履行和解协议的,人民法院可以根据当事人的申请,恢复对原生效法律文书的执行。《最高人民法院关于执行和解若干问题的规定》第 9 条规定,被执行人一方不履行执行和解协议的,申请执行人可以申请恢复执行原生效法律文书,也可以就履行执行和解协议向执行法院提起诉讼。因此,CD 项正确,B 项错误。

16.【答案】C

【考点】仲裁协议效力的确认;仲裁协议的独立性

【详解】根据《仲裁法》第 20 条的规定,当事人对仲裁协议的效力有异议的,可以请求仲裁委员会作出决定或者请求人民法院作出裁定。一方请求仲裁委员会作出决定,另一方请求人民法院作出裁定的,由人民法院裁定。因此,AD 项错误,而 C 项正确。根据《仲裁法》第 19 条的规定,仲裁协议独立存在,合同的变更、解除、终止或者无效,不影响仲裁协议的效力。因此,B 项错误。

17.【答案】ACD

【考点】专利纠纷案件的管辖

【详解】根据《民诉解释》第 2 条的规定,专利纠纷案件由知识产权法院、最高人民法院确定的中级人民法院和基层人民法院管辖,因此,ACD 项的法院有管辖权,B 项不正确。

18.【答案】BCD

【考点】委托诉讼代理人应提交的材料

【详解】根据《民诉解释》第 88 条的规定,委托律师作为诉讼代理人除根据《民事诉讼法》第 62 条规定提交授权委托书外,还应当提交律师执业证、律师事务所证明材料。因此,BCD 项符合本题要求,而 A 项不符合本题要求。

19.【答案】ABCD

【考点】证人证言及证人出庭作证

【详解】根据《民诉解释》第 117 条第 1 款的规定,当事人申请证人出庭作证的,应当在举证期限届满前提出。因此,A 项做法合法。根据《民诉解释》第 119 条的规定,人民法院在证人出庭作证前应当告知其如实作证的义务以及作伪证的法律后果,并责令

其签署保证书,但无民事行为能力人和限制民事行为能力人除外。因此,B 项做法合法。根据《民诉解释》第 120 条的规定,证人拒绝签署保证书的,不得作证,并自行承担相关费用。因此,CD 项做法合法。

20.【答案】ABC

【考点】财产保全措施

【详解】根据《民诉解释》第 157 条的规定,人民法院对抵押物、质押物、留置物可以采取财产保全措施,但不影响抵押权人、质权人、留置权人的优先受偿权。因此,BC 项错误,而 D 项正确。根据《民诉解释》第 154 条第 2 款的规定,查封、扣押、冻结担保物权人占有的担保财产,一般由担保物权人保管。因此,A 项错误。

21.【答案】ABC

【考点】诉前保全

【详解】《民事诉讼法》第 104 条规定,利害关系人因情况紧急,不立即申请保全将会使其合法权益受到难以弥补的损害的,可以在提起诉讼或者申请仲裁前向被保全财产所在地、被申请人住所地或者对案件有管辖权的人民法院申请采取保全措施。申请人应当提供担保,不提供担保的,裁定驳回申请。人民法院接受申请后,必须在 48 小时内作出裁定;裁定采取保全措施的,应当立即开始执行。申请人在人民法院采取保全措施后 30 日内不依法提起诉讼或者申请仲裁的,人民法院应当解除财产保全。因此,ABC 项正确,而 D 项错误。

22.【答案】BC

【考点】简易程序的适用;管辖权异议的时间;发回重审时当事人增加诉讼请求与反诉的处理

【详解】《民诉解释》第 257 条规定,发回重审的案件不适用简易程序,因此,A 项错误。《民诉解释》第 39 条第 2 款规定,人民法院发回重审或者按照第一审程序再审的案件,当事人提出管辖权异议的,人民法院不予审查。因此,B 项正确。《民诉解释》第 251 条规定,二审裁定撤销一审判决发回重审的案件,当事人申请变更、增加诉讼请求或者提出反诉,第三人提出与本案有关的诉讼请求的,依照《民事诉讼法》第 143 条规定可以合并审理,因此,C 项正确,D 项错误。

23.【答案】CD

【考点】简易程序的适用、送达方式

【详解】《民事诉讼法》第 160 条规定,基层人民法院和它派出的法庭审理事实清楚、权利义务关系明确、争议不大的简单的民事案件,适用简易程序。基层人民法院和它派出的法庭审理前款规定以外的民事案件,当事人双方也可以约定适用简易程序。因此,A 项合法。《民诉解释》第 261 条第 1、2 款规定,适用简易程序审理案件,人民法院可以依照《民事诉讼法》第 90 条、第 162 条的规定采取捎口

信、电话、短信、传真、电子邮件等简便方式传唤双方当事人、通知证人和送达诉讼文书。以简便方式送达的开庭通知，未经当事人确认或者没有其他证据证明当事人已经收到的，人民法院不得缺席判决。因此，B项合法，C项违法。《民诉解释》第140条规定，适用简易程序的案件，不适用公告送达。因此，D项违法。

24.【答案】AD

【考点】公示催告程序的相关规定

【详解】《民事诉讼法》第231条规定，支付人收到人民法院停止支付的通知，应当停止支付，至公示催告程序终结。公示催告期间，转让票据权利的行为无效。因此，A项正确，B项错误。《民事诉讼法》第233条规定，没有人申报的，人民法院应当根据申请人的申请，作出判决，宣告票据无效。因此，C项错误。《民诉解释》第452条规定，适用公示催告程序审理案件，可由审判员一人独任审理；判决宣告票据无效的，应当组成合议庭。因此，D项正确。

25.【答案】AC

【考点】协议管辖

【详解】《民事诉讼法》第35条规定，合同或者其他财产权益纠纷的当事人可以书面协议选择被告住所地、合同履行地、合同签订地、原告住所地、标的物所在地等与争议有实际联系的地点的人民法院管辖，但不得违反本法对级别管辖和专属管辖的规定。此外，《民诉解释》第30条第2款规定，管辖协议约定两个以上与争议有实际联系的地点的人民法院管辖，原告可以向其中一个人民法院起诉。因此，A县法院作为原告住所地法院有管辖权，C县法院作为合同签订地法院有管辖权，故AC项正确。

26.【答案】AC

【考点】证明责任的分担

【详解】根据《民诉解释》第91条的规定，人民法院应当依照下列原则确定举证证明责任的承担，但法律另有规定的除外：第一，主张法律关系存在的当事人，应当对产生该法律关系的基本事实承担举证证明责任；第二，主张法律关系变更、消灭或者权利受到妨碍的当事人，应当对该法律关系变更、消灭或者权利受到妨碍的基本事实承担举证证明责任。在本案中，被告四海公司应当就消灭原告的权利，即自己已经履行付款义务承担举证责任，因此，ABC项的事实构成被告四海公司合理履行付款义务的事实。但是，在本案诉讼中，五环公司承认付某是其业务员，因此，根据《民诉解释》第92条关于"一方当事人在法庭审理中，或者在起诉状、答辩状、代理词等书面材料中，对于己不利的事实明确表示承认的，另一方当事人无需举证证明"的规定，四海公司就该事实无需承担举证责任，因此，AC项的事实应当由被告四海公司承担证明责任。

27.【答案】D

【考点】诉讼参与人的地位判断

【详解】在本案中，付某作为五环公司的业务员，根据五环公司的授权代为接受四海公司支付的货款，付某与本案不存在法律上的民事权利义务关系，其只是了解案件的情况，因此，付某应当是本案的证人。D项正确。

28.【答案】AC

【考点】案外人执行异议的处理

【详解】《民事诉讼法》第238条规定，执行过程中，案外人对执行标的提出书面异议的，人民法院应当自收到书面异议之日起15日内审查，理由成立的，裁定中止对该标的的执行；理由不成立的，裁定驳回。因此，AC项正确，BD项错误。

29.【答案】D

【考点】申请执行人异议之诉的当事人

【详解】根据《民诉解释》第306条的规定，申请执行人提起执行异议之诉的，以案外人为被告。被执行人反对申请执行人主张的，以案外人和被执行人作为共同被告；被执行人不反对申请执行人主张的，可以列被执行人为第三人。因此，D项正确。

30.【答案】BC

【考点】申请执行人异议之诉的管辖、审理、举证责任分担以及对被执行人提出执行异议之诉的处理

【详解】《民诉解释》第302条规定，根据《民事诉讼法》第238条规定，案外人、当事人对执行异议裁定不服，自裁定送达之日起15日内向人民法院提起执行异议之诉的，由执行法院管辖。因此，林海应向乙法院提起执行异议之诉。A项是不成立的。《民诉解释》第308条规定，人民法院审理执行异议之诉案件，适用普通程序。因此，B项是成立的。《民诉解释》第309条规定，案外人或者申请执行人提起执行异议之诉的，案外人应当就其对执行标的享有足以排除强制执行的民事权益承担举证证明责任。因此，C项是成立的。《民诉解释》第307条规定，申请执行人对中止执行的裁定未提起执行异议之诉，被执行人提起执行异议之诉的，人民法院告知其另行起诉。因此，D项是不成立的。

2016 年

1.【答案】D

【考点】审判组织

【详解】《民事诉讼法》第41条第3款规定，发回重审的案件，原审人民法院应当按照第一审程序另行组成合议庭。因此A项错误。《民事诉讼法》第41条第4款规定，审理再审案件，原来是第一审的，按照第一审程序另行组成合议庭；原来是第二审的或者是上级人民法院提审的，按照第二审程序另行

组成合议庭，简而言之，再审案件应组成合议庭进行审理。因此 B 项错误。《民事诉讼法》第 160 条和《民诉解释》第 264 条规定，适用普通程序审理的案件，当事人可以合意选择适用简易程序，人民法院根据当事人申请适用简易程序，无需上级法院批准。因此 C 项错误。《民事诉讼法》第 185 条规定，选民资格案件由审判员组成合议庭进行审理，因此 D 项正确。

2.【答案】D

【考点】共同诉讼人

【详解】根据《民诉解释》第 67 条的规定，无民事行为能力人、限制民事行为能力人造成他人损害的，无民事行为能力人、限制民事行为能力人和其监护人为共同被告。患有精神病的姜某将小明打伤，给小明造成损害，姜某和作为姜某监护人的朱某应为共同被告。根据《民法典》第 1201 条规定，无民事行为能力人或者限制民事行为能力人在幼儿园、学校或者其他教育机构学习、生活期间，受到幼儿园、学校或者其他教育机构以外的第三人人身损害的，由第三人承担侵权责任；幼儿园、学校或者其他教育机构未尽到管理职责的，承担相应的补充责任。幼儿园、学校或者其他教育机构承担补充责任后，可以向第三人追偿。补充责任是一个侵权责任承担顺序的问题，原则上要求权利人一并起诉姜某和向阳幼儿园，否则案情查不清。因此，姜某、朱某、向阳幼儿园是共同被告，D 项正确。

3.【答案】C

【考点】共同诉讼人

【详解】根据《民诉解释》第 57、58 条的规定，提供劳务一方因劳务造成他人损害，受害人提起诉讼的，以接受劳务一方为被告。在劳务派遣期间，被派遣的工作人员因执行工作任务造成他人损害的，以接受劳务派遣的用工单位为当事人。当事人主张劳务派遣单位承担责任的，该劳务派遣单位为共同被告。在本案中，接受劳务派遣的用工单位苏拉公司为本案当事人。在原告以苏拉公司为被告时，法院不应追加劳务派遣单位菲特公司为被告，故 A 项错误。当事人起诉劳务派遣公司菲特公司时，应追加接受劳务派遣的用工单位苏拉公司为共同被告，C 项正确。

4.【答案】B

【考点】有独立请求权第三人

【详解】在法院审理原告丁一诉丁二继承纠纷一案中，丁爽针对原告丁一、被告丁二争议的继承权，提起独立的诉讼请求，在原诉之外，形成一个独立的诉，丁爽为有独立请求权第三人。开庭审理前，原告丁一撤回起诉，根据《民诉解释》第 237 条规定，有独立请求权的第三人参加诉讼后，原告申请撤诉，人民法院在准许原告撤诉后，有独立请求权的第三人作为另案原告，原案原告、被告作为另案被告，诉讼

继续进行。故丁爽为另案原告，丁一、丁二为另案被告，诉讼继续进行，因此 B 项正确。

5.【答案】B

【考点】证据的种类和分类

【详解】书证是指以文字、符号、图案等表示的内容来证明案件待证事实的书面材料，银行转账凭证以其文字内容证明待证事实，属于书证。区分直接证据和间接证据的标准是该证据能否单独证明案件事实。该银行转账凭证并不能单独证明战某已经"向牟某借款 5 万元"，因此属于间接证据，A 项错误。根据《民诉解释》第 116 条的规定，手机短信属于电子数据，该短信并不能单独证明战某已经"向牟某借款 5 万元"，因此属于间接证据，B 项正确。存储在电子介质中的录音资料和影像资料属于电子数据，该录音不能单独证明战某已经"向牟某借款 5 万元"，因此属于间接证据，C 项错误。提出方是否承担证明责任是区分本证和反证的标准，战某主张牟某向其借款 10 万元的事实，战某对此负有证明责任，因此战某提出的借条复印件属于战某主张牟某向其借款这一事实的本证，而非牟某主张战某借款事实的反证，D 项错误。

6.【答案】B

【考点】证明责任

【详解】本题答案有争议，本题属于产品缺陷造成他人损害的侵权案件。《民法典》第 1202 条规定，因产品存在缺陷造成他人损害的，生产者应当承担侵权责任。缺陷产品侵权，适用无过错责任归责原则，因果关系的结果意义上的证明责任并没有倒置，仍然应由刘月承担因果关系的证明责任。从根本上而言，对待证事实的结果意义上的证明责任——败诉风险的承担责任并没有在双方当事人之间转移。但刘月向法院提供了本村吴某起诉甲公司损害赔偿案件的判决书，生效判决书证明了因果关系的存在，该因果关系对于刘月而言就属于免证事实，除非甲公司能够提出相反的证据证明不存在因果关系，这时行为意义上的证明责任——提供证据的责任属于甲公司。从命题者的命题角度而言，题目所考查的不是完整意义上的证明责任，而仅仅考查行为意义上的证明责任。因此，因果关系已经被生效判决所确认，对于刘月而言为免证事实，甲公司只能提出反证来推翻生效判决所认定的事实，也即由甲公司负担无因果关系的证明责任——行为意义上的证明责任。因此 B 项正确。

7.【答案】B

【考点】逾期提供证据

【详解】《民诉解释》第 102 条规定，当事人因故意或者重大过失逾期提供的证据，人民法院不予采纳。但该证据与案件基本事实有关的，人民法院应当采纳，并依照《民事诉讼法》第 68 条、第 118 条第 1 款的规定予以训诫、罚款。当事人非因故意或者重大过失逾期提供的证据，人民法院应当采纳，并对当

事人予以训诫。王某由于一审期间没有找到收条而逾期提交收条，其对逾期提供收条无故意或者重大过失，人民法院应当采纳，并对王某予以训诫。因此，B项正确。

8.【答案】A

【考点】调解协议

【详解】《最高人民法院关于人民法院民事调解工作若干问题的规定》（以下简称《民事调解规定》）第7条规定，调解协议内容超出诉讼请求的，人民法院可以准许。本案中所涉调解协议虽然超出诉讼请求，约定了利息，但这是合法的，因此A项正确。《民诉解释》第133条规定，调解书应当直接送达当事人本人，不适用留置送达。当事人本人因故不能签收的，可由其指定的代收人签收，因此B项错误。《民事调解规定》第9条规定，调解协议约定一方提供担保或者案外人同意为当事人提供担保的，人民法院应当准许。案外人提供担保的，人民法院制作调解书应当列明担保人，并将调解书送交担保人。担保人不签收调解书的，不影响调解书生效。当事人或者案外人提供的担保符合《民法典》规定的条件时生效。据此，丙公司反悔，不影响调解书对其产生法律效力，因此CD项错误。

9.【答案】C

【考点】诉讼后保全

【详解】根据《民诉解释》第163条的规定，法律文书生效后，进入执行程序前，债权人因对方当事人转移财产等紧急情况，不申请保全将可能导致生效法律文书不能执行或者难以执行的，可以向执行法院申请采取保全措施。债权人在法律文书指定的履行期间届满后5日内不申请执行的，人民法院应当解除保全。据此，债权人在法律文书生效后，进入执行程序前，可以向执行法院申请保全，因此A项错误。诉讼后保全只能向执行法院申请执行，《民事诉讼法》第235条规定，发生法律效力的民事判决、裁定，以及刑事判决、裁定中的财产部分，由第一审人民法院或者与第一审人民法院同级的被执行的财产所在地人民法院执行。本案中，第一审人民法院为M区法院，N区法院为与第一审人民法院同级的财产所在地法院，故可向甲市M区法院或甲市N区法院申请保全。因此C项正确，B项错误。债权人李某若在法律文书指定的履行期间届满后5日内不申请执行的，人民法院应当解除保全，此处所指的期间是5日，而不是15日，因此D项错误。

10.【答案】D

【考点】上诉案件中当事人的地位

【详解】根据《民诉解释》第317条的规定，必要共同诉讼人的一人或者部分人提起上诉的，按下列情形分别处理：（1）上诉仅对与对方当事人之间权利义务分担有意见，不涉及其他共同诉讼人利益的，对方当事人为被上诉人，未上诉的同一方当事人依原审诉讼地位列明；（2）上诉仅对共同诉讼人之间权利义务分担有意见，不涉及对方当事人利益的，未上诉的同一方当事人为被上诉人，对方当事人依原审诉讼地位列明；（3）上诉对双方当事人之间以及共同诉讼人之间权利义务承担有意见的，未提起上诉的其他当事人均为被上诉人。在本案中，上诉人甲认为分配给丙和丁的遗产份额过多，对乙的权利义务分担并无异议，因此应当将丙、丁列为被上诉人，将乙依原审诉讼地位列为原审原告，因此D项正确。

11.【答案】A

【考点】二审中的撤诉

【详解】根据《民诉解释》第336条、第337条的规定，在第二审程序中，原审原告申请撤回起诉，经其他当事人同意，且不损害国家利益、社会公共利益、他人合法权益的，人民法院可以准许。准许撤诉的，应当一并裁定撤销一审裁判。当事人在第二审程序中达成和解协议的，人民法院可以根据当事人的请求，对双方达成的和解协议进行审查并制作调解书送达当事人；因和解而申请撤诉，经审查符合撤诉条件的，人民法院应予准许。甲公司与乙公司在二审中达成和解协议，并约定双方均将提起之诉予以撤回，人民法院应准许，并应当一并裁定撤销一审裁判，因此A项正确。

12.【答案】C

【考点】民事裁判的笔误

【详解】《民事诉讼法》第157条规定，裁定适用于不予受理、对管辖权有异议的、驳回起诉、保全和先予执行、准许或者不准许撤诉、中止或者终结诉讼、补正判决书中的笔误、中止或者终结执行等。《民诉解释》第245条规定，《民事诉讼法》第157条第1款第7项规定的笔误是指法律文书误写、误算，诉讼费用漏写、误算和其他笔误。题中，二审法院发现死亡赔偿金计算错误（数学上的错误），导致总金额少了7万余元，这属于判决书中的笔误，该法院应作出裁定书予以补正，因此C项正确。需要注意的是，判决存在实质错误和判决存在笔误的处理方式不同，一审宣判后，原审人民法院发现判决有（实质性）错误，当事人在上诉期内提出上诉的，原审人民法院可以提出原判决有错误的意见，报送第二审人民法院，由第二审人民法院按照第二审程序进行审理；当事人不上诉的，按照审判监督程序处理。

13.【答案】C

【考点】和解的效力

【详解】根据《民诉解释》第337条的规定，当事人在第二审程序中达成和解协议的，人民法院可以根据当事人的请求，对双方达成的和解协议进行审查并制作调解书送达当事人；因和解而申请撤诉，经审查符合撤诉条件的，人民法院应予准许。赵某在二审期间撤回上诉，人民法院予以准许，撤回上诉的法律后果就是，一审的判决发生法律效力。撤回上诉后，赵某反悔并不履行和解协议，此时王某为了实现其债权，应该依据已经生效的一审判决对赵某向法院申请强制执行。王某、赵某和李某在二审期间达成的和解协议不具有强制执行力，王某不能据此向法院申请执行。

14.【答案】D

【考点】参与分配的异议

【详解】根据《民诉解释》第 509 条的规定，多个债权人对执行财产申请参与分配的，执行法院应当制作财产分配方案，并送达各债权人和被执行人。债权人或者被执行人对分配方案有异议的，应当自收到分配方案之日起 15 日内向执行法院提出书面异议。根据《民诉解释》第 510 条的规定，债权人或者被执行人对分配方案提出书面异议的，执行法院应当通知未提出异议的债权人、被执行人。未提出异议的债权人、被执行人自收到通知之日起 15 日内未提出反对意见的，执行法院依异议人的意见对分配方案审查修正后进行分配；提出反对意见的，应当通知异议人。异议人可以自收到通知之日起 15 日内，以提出反对意见的债权人、被执行人为被告，向执行法院提起诉讼；异议人逾期未提起诉讼的，执行法院按照原分配方案进行分配。因此，异议人甲、乙应以丙、丁为被告向执行法院提起诉讼，D 项正确。

15.【答案】C

【考点】执行中变更当事人

【详解】根据《民诉解释》第 473 条的规定，作为被执行人的公民死亡，其遗产继承人没有放弃继承的，人民法院可以裁定变更被执行人，由该继承人在遗产的范围内偿还债务。继承人放弃继承的，人民法院可以直接执行被执行人的遗产。本案中，被执行人甲的继承人中只有乙表示继承遗产，其他继承人均表示放弃继承，因此，人民法院应裁定变更乙为被执行人，C 项正确。对于该案执行，法院应变更被执行人，而不是延期执行，A 项错误。甲的继承人乙表示继承遗产，因此法院不能直接执行被执行人甲的遗产，B 项错误。因为除乙之外的其他继承人均表示不继承，法院不能将放弃继承的继承人变更为被执行人，因此法院不能变更甲的全部继承人为被执行人，D 项错误。

【陷阱提示】执行中继承当事人的变更和继承诉讼中追加当事人的情形应区分开来。作为被执行人的公民死亡，若某一继承人放弃继承，则法院不得变更其为被执行人。在继承遗产的诉讼中，部分继承人起诉的，人民法院应通知其他继承人作为共同原告参加诉讼；被通知的继承人不愿意参加诉讼又未明确表示放弃实体权利的，人民法院仍应将其列为共同原告。

16.【答案】D

【考点】仲裁的回避制度

【详解】根据《仲裁法》第 36 条的规定，仲裁员是否回避，由仲裁委员会主任决定；仲裁委员会主任担任仲裁员时，由仲裁委员会集体决定。本案中并未说明苏某是否为仲裁委员会主任，因此，对于苏某的回避，可能是由仲裁委员会主任决定，也可能是由仲裁委员会集体决定，因此 A 项错误。根据《仲裁法》第 37 条第 1 款的规定，仲裁员因回避或者其他原因不能履行职责的，应当依照本法规定重新选定或者指定仲裁员。苏某回避后，只需重新选定或者指定仲裁员，无需重新组成合议庭，B 项错误。根据《仲裁法》第 37 条第 2 款的规定，因回避而重新选定或者指定仲裁员后，当事人可以请求已进行的仲裁程序重新进行，是否准许，由仲裁庭决定；仲裁庭也可以自行决定已进行的仲裁程序是否重新进行。因此 D 项正确，C 项错误。

17.【答案】AB

【考点】一般地域管辖；移送管辖

【详解】《民诉解释》第 12 条规定，夫妻一方离开住所地超过 1 年，另一方起诉离婚的案件，可以由原告住所地人民法院管辖。夫妻双方离开住所地超过 1 年，一方起诉离婚的案件，由被告经常居住地人民法院管辖；没有经常居住地的，由原告起诉时被告居住地人民法院管辖。本题中，朱某住所地为 A 市东区，婚后一直居住在 A 市东区。刘某住所地为 A 市西县，婚后离开住所地住 A 市东区，后又工作于 A 市南县，起诉前其经常居住地为 A 市南县。《民事诉讼法》第 22 条规定，对公民提起的民事诉讼，由被告住所地人民法院管辖；被告住所地与经常居住地不一致的，由经常居住地人民法院管辖。原告朱某起诉离婚，可以由原告住所地即 A 市东区人民法院管辖，A 项正确；也可由被告住所地管辖，由于被告住所地与经常居住地不一致，因此应当由经常居住地人民法院，即南县人民法院管辖，B 项正确，C 项错误。《民事诉讼法》第 37 条规定，人民法院发现受理的案件不属于本院管辖的，应当移送有管辖权的人民法院，受移送的人民法院应当受理。受移送的人民法院认为受移送的案件依照规定不属于本院管辖的，应当报请上级人民法院指定管辖，不得再自行移送。西县法院为受移送的人民法院，认为受移送的案件不属于本院管辖的，应当报请上级人民法院指定管辖，不得再自行移送。D 项错误。

18.【答案】AC

【考点】管辖权异议；管辖权异议申请被驳回的救济

【详解】《民事诉讼法》第 130 条规定，人民法院受理案件后，当事人对管辖权有异议的，应当在提交答辩状期间提出。人民法院对当事人提出的异议，应当审查。异议成立的，裁定将案件移送有管辖权的人民法院；异议不成立的，裁定驳回。当事人未提出管辖异议，并应诉答辩或者提出反诉的，视为受诉人民法院有管辖权，但违反级别管辖和专属管辖规定的除外。故当事人申请管辖权异议应当向受诉法院提出，人民法院应当对当事人的申请进行审查。A 项正确。受诉法院的上级人民法院无权受理当事人提出的管辖权异议申请，B 项错误。《民事诉讼法》第 157 条规定："裁定适用于下列范围：（一）不予受理；（二）对管辖权有异议的；（三）驳回起诉；（四）保全和先予执行……对前款第一项至第三项裁定，可以上诉……"故当事人可以在管辖权异议被驳回的情况下，对该裁定上诉。C 项正确。根据《民事诉讼法》第 211 条，管辖权异议不属于法定的申请再审的理由，D 项错误。

19.【答案】ABCD

【考点】当事人变更

【详解】根据《民诉解释》第 249 条的规定，在诉讼中，争议的民事权利义务转移的，不影响当事人的诉讼主体资格和诉讼地位。人民法院作出的发生法律效力的判决、裁定对受让人具有拘束力。受让人申请以无独立请求权的第三人身份参加诉讼的，人民法院可予准许。受让人申请替代当事人承担诉讼的，人民法院可以根据案件的具体情况决定是否准许；不予准许的，可以追加其为无独立请求权的第三人。本案中程某将其所有的债权转让给谢某，并不影响程某作为原告的主体资格和原告的诉讼地位。故程某撤诉，是原告的权利，法院可以准许其撤诉，A 项正确。本案中的受让人谢某，如申请以无独立请求权第三人身份参加诉讼的，人民法院可予准许，B 项正确。谢某申请替代程某诉讼地位的，法院可以根据具体情况决定是否准许，C 项正确。如谢某申请替代程某诉讼地位法院不予准许的，可以追加谢某为无独立请求权第三人，D 项正确。

20.【答案】AC

【考点】民事证据书证

【详解】《民事诉讼法》第 73 条规定，书证应当提交原件。物证应当提交原物。提交原件或者原物确有困难的，可以提交复制品、照片、副本、节录本。提交外文书证，必须附有中文译本。《民诉解释》第 112 条规定，书证在对方当事人控制之下的，承担举证证明责任的当事人可以在举证期限届满前书面申请人民法院责令对方当事人提交。申请理由成立的，人民法院应当责令对方当事人提交，因提交书证所产生的费用，由申请人负担。对方当事人无正当理由拒不提交的，人民法院可以认定申请人所主张的书证内容为真实。本题中，王文向法院提交的遗嘱复印件为书证，且可得知遗嘱原件在被告王武的控制之下。王武经过法院通知后，无正当理由拒不提交。故可以认定

王文可以只向法院提交遗嘱的复印件，A 项正确。并且法院可以认定所提交的遗嘱复印件所证明的事实为真实，C 项正确。《民诉解释》第 113 条规定，持有书证的当事人以妨碍对方当事人使用为目的，毁灭有关书证或者实施其他致使书证不能使用行为的，人民法院可以依照《民事诉讼法》第 114 条规定，对其处以罚款、拘留。本案中，王武并无该法条规定的情形，因此，不应予以罚款、拘留，B 项错误。本案中，王武的行为仅仅能证明王文提交的遗嘱复印件主张的内容为真实，法院应当支持遗嘱所记载的内容。但是题干中并未明确说明王文的诉讼请求，因此无从得知王文的诉讼请求是否仅仅要求执行遗嘱所记载的内容。故 D 项，法院可根据王武的行为而判决支持王文的各项诉讼请求的做法不合法，D 项错误。

21.【答案】BC

【考点】小额诉讼案件再审

【详解】《民诉解释》第 424 条规定，对小额诉讼案件的判决、裁定，当事人以《民事诉讼法》第 211 条规定的事由向原审人民法院申请再审的，人民法院应当受理。申请再审事由成立的，应当裁定再审，组成合议庭进行审理。作出的再审判决、裁定，当事人不得上诉。当事人以不应按小额诉讼案件审理为由向原审人民法院申请再审的，人民法院应当受理。理由成立的，应当裁定再审，组成合议庭审理。作出的再审判决、裁定，当事人可以上诉。本题中，谭某应当向原审人民法院申请再审，A 项错误。法院应当组成合议庭进行审理。B 项正确。对作出的再审判决、裁定，当事人可以上诉，C 项正确，D 项错误。

22.【答案】AB

【考点】督促程序

【详解】根据《民诉解释》第 429 条的规定，向债务人本人送达支付令，债务人拒绝接收的，人民法院可以留置送达。A 项，卢某拒绝签收支付令，留置送达是正确的，A 项正确。根据《民诉解释》第 431 条的规定，债务人在收到支付令后，未在法定期间提出书面异议，而向其他人民法院起诉的，不影响支付令的效力。M 法院留置送达了支付令，债务人卢某并未在法定异议时间 15 天内提起书面异议，于 20 日后向 N 法院起诉，支付令已生效，单某可以依生效的支付令向人民法院申请强制执行，B 项正确。卢某向 N 法院提起诉讼，支付令并未失效，C 项错误。根据《民诉解释》第 430 条的规定，有下列情形之一的，人民法院应当裁定终结督促程序，已发出支付令的，支付令自行失效：（1）人民法院受理支付令申请后，债权人就同一债权债务关系又提起诉讼的；（2）人民法院发出支付令之日起 30 日内无法送达债务人的；（3）债务人收到支付令前，债权人撤回申请的。卢某向 N 法院提起诉讼，不属于以上规定人民法院应当裁定终结督促程序的法定情形，D 项错误。

23. 【答案】AC

【考点】公示催告程序

【详解】根据《民诉解释》第449 条的规定，利害关系人申报权利，人民法院应当通知其向法院出示票据，并通知公示催告申请人在指定的期间查看该票据。公示催告申请人申请公示催告的票据与利害关系人出示的票据不一致的，应当裁定驳回利害关系人的申报。本案中，利害关系人盘堂公司向法院出示票据，法院应当通知公示催告人大界公司在指定的期间查看该票据，A 项正确。若盘堂公司出具的汇票与大界公司申请公示的汇票一致，应裁定终结公示催告程序，申请人或权利人可以向人民法院起诉，B 项错误。若盘堂公司出具的汇票与大界公司申请公示的汇票不一致，应当裁定驳回利害关系人盘堂公司的申报，C 项正确。无论盘堂公司出示的汇票与大界公司申请公示的汇票是否一致，法院均没有法律依据责令盘堂公司提供证明其对出示的汇票享有所有权的证据，D 项错误。

24. 【答案】AC

【考点】执行措施

【详解】根据《民诉解释》第505 条的规定，被执行人未按判决、裁定和其他法律文书指定的期间履行非金钱给付义务的，无论是否给申请执行人造成损失，都应当支付迟延履行金。已经造成损失的，双倍补偿申请执行人已经受到的损失；没有造成损失的，迟延履行金可以由人民法院根据具体案件情况决定。本题中，田某拒不履行法院令其迁出钟某房屋的判决，使钟某无法履行与他人签订的租房合同，遭受损失。法院可责令田某双倍补偿钟某所受到的损失，C 项正确。根据《民诉解释》第503 条的规定，被执行人不履行法律文书指定的行为，且该项行为只能由被执行人完成，人民法院可以依照《民事诉讼法》第114 条第1 款第6 项规定处理，即对其进行罚款，A 项正确。赔礼道歉一般适用于人身侵权类的案件，故B 项错误。支付同期银行利息针对的案件是负有金钱给付义务的，本案不是给付金钱义务，故D 项错误。

25. 【答案】ABC

【考点】调解书生效；涉外调解书

【详解】根据《民诉解释》第528 条的规定，涉外民事诉讼中，经调解双方达成协议，应当制发调解书。当事人要求发给判决书的，可以依协议的内容制作判决书送达当事人。本案中，原告为达善公司，被告为美国芙泽公司，具有涉外因素，适用涉外民事诉讼程序。经调解，双方达成协议的，应当制作调解书，A 项正确。当事人要求发给判决书的，可以依协议内容制作判决书送达当事人，C 项正确。根据《民诉解释》第149 条的规定，调解书需经当事人签收后才发生法律效力的，应当以最后收到调解书的当事人签收的日期为调解书生效日期。所以，经过有效的送

达，调解书即产生法律效力，B 项正确。根据《民诉解释》第151 条的规定，当事人各方同意在调解协议上签名或者盖章后即发生法律效力的，经人民法院审查确认后，应当记入笔录或者将调解协议附卷，并由当事人、审判人员、书记员签名或者盖章后即具有法律效力。据此，仅双方签字，而无审判人员、书记员签名或者盖章，并不发生法律效力。D 项错误。

26. 【答案】ABC

【考点】仲裁协议效力的确定机构

【详解】根据《仲裁法》第16 条的规定，仲裁协议包括合同中订立的仲裁条款和以其他书面方式在纠纷发生前或者纠纷发生后达成的请求仲裁的协议。因此本案当事人签订的钢材买卖合同中的仲裁条款为仲裁协议。根据《仲裁法》第20 条的规定，当事人对仲裁协议的效力有异议的，可以请求仲裁委员会作出决定或者请求人民法院作出裁定。一方请求仲裁委员会作出决定，另一方请求人民法院作出裁定的，由人民法院裁定。因此，乙公司可以请求位于B 市的两个仲裁机构，即丙仲裁委员会和丁仲裁委员会确认仲裁协议。根据《仲裁法解释》第12 条的规定，当事人向人民法院申请确认仲裁协议效力的案件，由仲裁协议约定的仲裁机构所在地的中级人民法院管辖。因此，乙公司也可以请求B 市中级法院作出裁定，ABC 项正确。

27. 【答案】ABCD

【考点】协议管辖

【详解】《民事诉讼法》第35 条规定，合同或者其他财产权益纠纷的当事人可以书面协议选择被告住所地、合同履行地、合同签订地、原告住所地、标的物所在地等与争议有实际联系的地点的人民法院管辖，但不得违反本法对级别管辖和专属管辖的规定。甲公司的住所地在H 省K 市L 区，乙公司的住所地在F 省E 市D 区，甲乙双方签订合同的地点在B 市C 区，合同履行地为W 省Z 市Y 区，这四个地点均为与本案争议有实际联系的地点，因此这四个区所在的法院均可以成为甲乙双方协议选择管辖的对象。而且对这些法院的选择并不违反级别管辖和专属管辖的规定。因此ABCD 项正确。

28. 【答案】BC

【考点】合同案件管辖权的确定

【详解】若该仲裁条款被确认无效，甲公司与乙公司又无法达成新的协议。甲公司欲向法院起诉乙公司，因为甲公司和乙公司之间的纠纷为合同纠纷，所以应按照合同纠纷管辖法院的确定来确定管辖法院。因为双方当事人之间的纠纷为钢材买卖合同，属于一般的合同。《民事诉讼法》第24 条规定，因合同纠纷提起的诉讼，由被告住所地或者合同履行地人民法院管辖。本案的被告为乙公司，其住所地为F 省E 市D 区，本案合同履行地为W 省Z 市Y 区。从级别管

辖来看，《民事诉讼法》第 18 条规定，基层人民法院管辖第一审民事案件，但本法另有规定的除外。本案中不属于例外情形，因此本案应由基层人民法院管辖。因此 BC 项正确，AD 项错误。

29.【答案】BD

【考点】仲裁协议的效力

【详解】根据《仲裁法》第 20 条的规定，当事人对仲裁协议的效力有异议的，可以请求仲裁委员会作出决定或者请求人民法院作出裁定。在进行仲裁协议的效力认定之前，当事人可以自由选择请求仲裁委员会或者人民法院认定仲裁协议的效力。根据《仲裁法解释》第 13 条的规定，仲裁机构对仲裁协议的效力作出决定后，当事人向人民法院申请确认仲裁协议效力或者申请撤销仲裁机构的决定的，人民法院不予受理。因此丙市中级法院应对大亿公司的请求不予受理，B 项正确。仲裁庭应继续开庭审理，无需中止仲裁程序，因此 D 项正确。

30.【答案】AD

【考点】仲裁中的调解

【详解】根据《仲裁法》第 51 条的规定，仲裁庭在作出裁决前，可以先行调解。当事人自愿调解的，仲裁庭应当调解。调解不成的，应当及时作出裁决。调解达成协议的，仲裁庭应当制作调解书或者根据协议的结果制作裁决书。调解书与裁决书具有同等法律效力。因此，对于双方当事人在仲裁过程中达成调解协议的，仲裁庭有两种处理方式：一种是根据调解协议制作调解书，另一种是根据调解协议的结果制作裁决书，因此 AD 项正确。仲裁庭的处理方式有两种，不是只有依据调解协议制作裁决书这一种，B 项错误。仲裁庭不能以调解协议的方式结案，C 项错误。

31.【答案】A

【考点】仲裁裁决的不予执行

【详解】《民事诉讼法》第 248 条规定，对依法设立的仲裁机构的裁决，一方当事人不履行的，对方当事人可以向有管辖权的人民法院申请执行。受申请的人民法院应当执行。被申请人提出证据证明仲裁裁决有下列情形之一的，经人民法院组成合议庭审查核实，裁定不予执行：（1）当事人在合同中没有订有仲裁条款或者事后没有达成书面仲裁协议的；（2）裁决的事项不属于仲裁协议的范围或者仲裁机构无权仲裁的；（3）仲裁庭的组成或者仲裁的程序违反法定程序的；（4）裁决所根据的证据是伪造的；（5）对方当事人向仲裁机构隐瞒了足以影响公正裁决的证据的；（6）仲裁员在仲裁该案时有贪污受贿，徇私舞弊，枉法裁决行为的。人民法院认定执行该裁决违背社会公共利益的，裁定不予执行。裁定书应当送达双方当事人和仲裁机构。仲裁裁决被人民法院裁定不予执行的，当事人可以根据双方达成的书面仲裁协议重新申

请仲裁，也可以向人民法院起诉。本案中，当事人以调解协议超出仲裁请求范围为由，请求法院不予执行仲裁裁决，不属于以上不予执行的理由，故人民法院应当不支持，继续执行。故 A 项正确。

2017 年

1.【答案】D

【考点】仲裁协议；专属管辖

【详解】《仲裁法》第 18 条规定，仲裁协议对仲裁事项或者仲裁委员会没有约定或者约定不明确的，当事人可以补充协议；达不成补充协议的，仲裁协议无效。据此，旭日公司与世新公司所签订协议中约定的仲裁委不明确且无法达成一致，仲裁条款无效。因此北京仲裁委员会与中国国际经济贸易仲裁委员会对该案均不享有管辖权，所以 AB 项错误。《民事诉讼法》第 34 条规定，下列案件，由本条规定的人民法院专属管辖：（1）因不动产纠纷提起的诉讼，由不动产所在地人民法院管辖；（2）因港口作业中发生纠纷提起的诉讼，由港口所在地人民法院管辖；（3）因继承遗产纠纷提起的诉讼，由被继承人死亡时住所地或者主要遗产所在地人民法院管辖。《民诉解释》第 28 条规定，不动产纠纷是指因不动产的权利确认、分割、相邻关系等引起的物权纠纷。农村土地承包经营合同纠纷、房屋租赁合同纠纷、建设工程施工合同纠纷、政策性房屋买卖合同纠纷，按照不动产纠纷确定管辖。不动产已登记的，以不动产登记簿记载的所在地为不动产所在地；不动产未登记的，以不动产实际所在地为不动产所在地。本案纠纷为建设工程施工合同纠纷，应由工程地 M 省丙县法院管辖，因此 C 项错误，D 项正确。

2.【答案】B

【考点】合同纠纷管辖；管辖权异议；应诉管辖

【详解】《民诉解释》第 18 条规定，合同约定履行地点的，以约定的履行地点为合同履行地。……合同没有实际履行，当事人双方住所地都不在合同约定的履行地的，由被告住所地人民法院管辖。本案中，甲公司与乙公司虽然约定履行地在 D 县，但是合同并未实际履行，且双方住所地都不在约定履行地，因此 D 县法院无管辖权，故 A 项错误。《民事诉讼法》第 130 条规定，人民法院受理案件后，当事人对管辖权有异议的，应当在提交答辩状期间提出。人民法院对当事人提出的异议，应当审查。异议成立的，裁定将案件移送有管辖权的人民法院；异议不成立的，裁定驳回。当事人未提出管辖异议，并应诉答辩或者提出反诉的，视为受诉人民法院有管辖权，但违反级别管辖和专属管辖规定的除外。因此，二审期间原则上不能提出管辖权异议，但如果因级别管辖和专属管辖而提出异议，则属例外情况。本案为买卖合同纠纷，

当事人在提交答辩状期间未对管辖权提出异议，在未违反级别管辖和专属管辖的前提下，D县法院基于应诉管辖取得应诉管辖权且作出判决。因此二审法院对上诉人提出的管辖权异议不予审查，裁定驳回其异议，故B项正确。

3.【答案】B

【考点】劳动争议仲裁

【详解】根据《劳动争议调解仲裁法》第22条规定，发生劳动争议的劳动者和用人单位为劳动争议仲裁案件的双方当事人。劳务派遣单位或者用工单位与劳动者发生劳动争议的，劳务派遣单位和用工单位为共同当事人。本案中，劳动者马迪被用人单位阳光劳务公司派遣到用工单位五湖公司，由于加班费问题与五湖公司发生争议，向劳动争议仲裁委员会申请仲裁。故马迪是申请人，五湖公司和阳光劳务公司为被申请人，故B项正确。

4.【答案】C

【考点】第三人撤销之诉；再审

【详解】《民事诉讼法》第41条第4款规定，审理再审案件，原来是第一审的，按照第一审程序另行组成合议庭；原来是第二审的或者是上级人民法院提审的，按照第二审程序另行组成合议庭。《民诉解释》第300条规定，第三人诉讼请求并入再审程序审理的，按照下列情形分别处理：（1）按照第一审程序审理的，人民法院应当对第三人的诉讼请求一并审理，所作的判决可以上诉；（2）按照第二审程序审理的，人民法院可以调解，调解达不成协议的，应当裁定撤销原判决、裁定、调解书，发回一审法院重审，重审时应当列明第三人。本案中，A市中级法院提审，适用二审程序审理，因此，法院可以调解，调解不成的，裁定撤销原判，发回重审。故C项正确，ABD项错误。

5.【答案】C

【考点】证明责任；自认；证据的理论分类

【详解】《民诉解释》第91条规定，人民法院应当依照下列原则确定举证证明责任的承担，但法律另有规定的除外：（1）主张法律关系存在的当事人，应当对产生该法律关系的基本事实承担举证证明责任；（2）主张法律关系变更、消灭或者权利受到妨害的当事人，应当对该法律关系变更、消灭或者权利受到妨害的基本事实承担举证证明责任。本案中，借款的事实是由王某提出，应由其承担借款事实存在的证明责任，故A项正确，不选。《民诉解释》第92条规定，一方当事人在法庭审理中，或者在起诉状、答辩状、代理词等书面材料中，对于己不利的事实明确表示承认的，另一方当事人无需举证证明。对于涉及身份关系、国家利益、社会公共利益等应当由人民法院依职权调查的事实，不适用前款自认的规定。自认的事实与查明的事实不符的，人民法院不予确认。

钱某提交证据证明其已返还借款的行为，构成对借款事实的自认，故B项正确，不选。依据与证明责任承担的关系，证据可分为本证和反证。承担证明责任的人提供的证据是本证，不承担证明责任的人提供的证据是反证。本案中，钱某应承担其已还款事实的证明责任，所以其提供的证明其已还款事实的证据，为案涉还款事实的本证。故D项正确，不选；C项错误。

6.【答案】D

【考点】适格当事人；证明责任

【详解】《民诉解释》第57条规定，提供劳务一方因劳务造成他人损害，受害人提起诉讼的，以接受劳务一方为被告。本案中，应由接受劳务一方即薛某作被告，受害人乔某应起诉薛某，而不应起诉提供劳务的杨某，故AB项错误。在侵权关系中，主观过错的证明责任只发生在行为人与受害人之间，薛某不是侵权行为发生的行为人，其主观过错不应成为本案的证明对象，故C项错误，D项正确。

7.【答案】B

【考点】执行异议之诉；证明责任

【详解】《民诉解释》第309条规定，案外人或者申请执行人提起执行异议之诉的，案外人应当就其对执行标的享有足以排除强制执行的民事权益承担举证证明责任。本案中，易某为申请执行人，谢某为案外人，执行过程中，谢某提出执行异议，法院裁定中止执行，申请人易某提起异议之诉时，由谢某承担其对执行标的享有民事权益的举证证明责任，故B项正确，A项错误。王某为被执行人，无权提起异议之诉，故CD项错误。

8.【答案】B

【考点】重复起诉

【详解】《民诉解释》第247条规定，当事人就已经提起诉讼的事项在诉讼过程中或者裁判生效后再次起诉，同时符合下列条件的，构成重复起诉：（1）后诉与前诉的当事人相同；（2）后诉与前诉的诉讼标的相同；（3）后诉与前诉的诉讼请求相同，或者后诉的诉讼请求实质上否定前诉裁判结果。当事人重复起诉的，裁定不予受理；已经受理的，裁定驳回起诉，但法律、司法解释另有规定的除外。本案中，乙公司向法院提起要求确认买卖合同无效的诉（后诉）和甲公司与乙公司支付违约金的诉（前诉），当事人相同，诉讼标的相同，后诉的诉讼请求实质上否定了前诉的裁判结果，构成重复起诉，此时法院尚未受理，因此应裁定不予受理。故B项正确，ACD项错误。

9.【答案】D

【考点】简易程序

【详解】根据《最高人民法院关于适用简易程序审理民事案件的若干规定》第8条规定，人民法院按照原告提供的被告的送达地址或者其他联系方式无法通知被告应诉的，应当按以下情况分别处理：（1）原告提供了被告准确的送达地址，但人民法院无法向被告直接送达或者留置送达应诉通知书的，应当将案件转入普通程序审理；（2）原告不能提供被告准确的送达地址，人民法院经查证后仍不能确定被告送达地址的，可以被告不明确为由裁定驳回原告起诉。本案中，原告未能提供被告准确的送达地址，人民法院经多方了解和查证也无法确定准确地址，属于该条的第二种情况，应当裁定驳回原告起诉，故 D 项正确。

10.【答案】A

【考点】 必要共同诉讼；当事人

【详解】《民诉解释》第 317 条规定，必要共同诉讼人的一人或者部分人提起上诉的，按下列情形分别处理：（1）上诉仅对与对方当事人之间权利义务分担有意见，不涉及其他共同诉讼人利益的，对方当事人为被上诉人，未上诉的同一方当事人依原审诉讼地位列明；（2）上诉仅对共同诉讼人之间权利义务分担有意见，不涉及对方当事人利益的，未上诉的同一方当事人为被上诉人，对方当事人依原审诉讼地位列明；（3）上诉对双方当事人之间以及共同诉讼人之间权利义务承担有意见的，未提起上诉的其他当事人均为被上诉人。首先本案是必要共同诉讼，甲仅对共同诉讼人丙的赔偿数额有意见，不涉及对方当事人利益，因此甲为上诉人，丙为被上诉人；未上诉的同一方当事人依原审诉讼地位列明，即乙为原审被告；对方当事人依原审诉讼地位列明，即丁为原审原告。故 A 项正确，BCD 项错误，不选。

11.【答案】B

【考点】 撤回上诉；撤回起诉

【详解】 根据《民诉解释》第 336 条规定，在第二审程序中，原审原告申请撤回起诉，经其他当事人同意，且不损害国家利益、社会公共利益、他人合法权益的，人民法院可以准许。准许撤诉的，应当一并裁定撤销一审裁判。据此，当事人可以在二审中撤回起诉，故 A 项错误。根据《民诉解释》第 335 条规定，在第二审程序中，当事人申请撤回上诉，人民法院经审查认为一审判决确有错误，或者当事人之间恶意串通损害国家利益、社会公共利益、他人合法权益的，不应准许。据此，二审双方当事人可以撤回上诉，是否准许由二审法院裁定。本案中，双方当事人在二审中达成协议申请撤回上诉，二审人民法院可以允许当事人撤回上诉，故 B 项正确。

12.【答案】B

【考点】 和解协议；撤回上诉

【详解】 和解协议是在当事人之间产生，只在当事人之间产生拘束力，不具有强制执行力，不可作为执行依据申请强制执行，故 A 项错误。撤回上诉的法律效果在于一审判决生效，所以当事人可以申请执行一审判决，故 B 项正确。同时，基于一事不再理

原则，一审判决已经生效，不得再另行起诉，故 C 项错误。在《民事诉讼法》中，只有调解协议可以申请司法确认，故 D 项错误。

13.【答案】B

【考点】 宣告失踪；变更财产代管人

【详解】《民事诉讼法》第 190 条第 1 款规定，公民下落不明满 2 年，利害关系人申请宣告其失踪的，向下落不明人住所地基层人民法院提出。本案中李某与刘某有债权债务关系，为利害关系人，故有权申请宣告刘某失踪。故 A 项错误，不当选。《民诉解释》第 342 条规定，失踪人的财产代管人经人民法院指定后，代管人申请变更代管的，比照《民事诉讼法》特别程序的有关规定进行审理。申请理由成立的，裁定撤销申请人的代管人身份，同时另行指定财产代管人；申请理由不成立的，裁定驳回申请。失踪人的其他利害关系人申请变更代管的，人民法院应当告知其以原指定的代管人为被告起诉，并按普通程序进行审理。本案中法院指定刘某妻子为财产代管人，刘某父亲为失踪人刘某的其他利害关系人，故刘某父亲提起诉讼，申请变更代管的，应当以原指定的代管人刘某妻子为被告提起诉讼，按普通程序审理。故 B 项正确。

14.【答案】C

【考点】 公示催告程序

【详解】《民诉解释》第 448 条规定，在申报期届满后、判决作出之前，利害关系人申报权利的，应当适用《民事诉讼法》第 232 条第 2 款、第 3 款规定处理。《民事诉讼法》第 232 条第 2、3 款规定，人民法院收到利害关系人的申报后，应当裁定终结公示催告程序，并通知申请人和支付人。申请人或者申报人可以向人民法院起诉。本案中，申请人家佳公司申报的时间在法院作出除权判决之前，故家佳公司向法院申报权利后，法院应当裁定终结公示催告程序。C 项正确。

15.【答案】D

【考点】 民事执行中追加当事人

【详解】 根据《最高人民法院关于民事执行中变更、追加当事人若干问题的规定》第 14 条规定，作为被执行人的合伙企业，不能清偿生效法律文书确定的债务，申请执行人申请变更、追加普通合伙人为被执行人的，人民法院应予支持。作为被执行人的有限合伙企业，财产不足以清偿生效法律文书确定的债务，申请执行人申请变更、追加未按期足额缴纳出资的有限合伙人为被执行人，在未足额缴纳出资的范围内承担责任的，人民法院应予支持。本案中，"好安逸"饭店为甲、乙、丙三人合伙开设的饭店，其财产不足以清偿法院判决支付给钱某的医疗费，故应当裁定追加合伙人甲、乙、丙为被执行人，执行其财产。故 D 项正确。

16.【答案】D

【考点】仲裁协议

【详解】本题中，两江公司与百向公司在合同中约定了合同纠纷可向 W 市的仲裁委员会申请仲裁，W 市有两个仲裁委员会，在仲裁协议中双方并未一致选定具体的仲裁机构，应认为仲裁协议约定的仲裁机构不明确。在一方当事人两江公司向其中一个仲裁委员会申请并被受理后，另一方当事人向法院申请确认仲裁协议无效。根据《仲裁法解释》第 12 条规定，当事人向人民法院申请确认仲裁协议效力的案件，由仲裁协议约定的仲裁机构所在地的中级人民法院管辖；仲裁协议约定的仲裁机构不明确的，由仲裁协议签订地或者被申请人住所地的中级人民法院管辖。本案属于仲裁机构约定不明确，故应当由仲裁协议签订地 H 市中级人民法院或者被申请人两江公司住所地 A 市中级人民法院管辖。故 D 项正确。

17.【答案】AD

【考点】有独立请求权第三人

【详解】《民事诉讼法》第 59 条第 1 款规定，对当事人双方的诉讼标的，第三人认为有独立请求权的，有权提起诉讼。本案中王强主张对该财产的部分产权，可以作为有独立请求权第三人提起诉讼，A 项正确。必要共同诉讼指当事人一方或者双方为两人以上，诉讼标的同一，法院必须合并审理并且在裁判中对诉讼标的合一确定。王强既非共同原告，也非共同被告，而是反对李立和陈山两个人，所以不是必要共同诉讼人，B 项错误。《民诉解释》第 237 条规定，有独立请求权的第三人参加诉讼后，原告申请撤诉，人民法院在准许原告撤诉后，有独立请求权的第三人作为另案原告，原案原告、被告作为另案被告，诉讼继续进行。所以，李立经法院同意撤回起诉后，法院应以王强为原告、李立和陈山为被告另案处理，诉讼继续进行，故 C 项错误，D 项正确。

18.【答案】ABC

【考点】证人证言

【详解】《民事诉讼法》第 75 条规定，凡是知道案件情况的单位和个人都有义务出庭作证。有关单位的负责人应当支持证人作证。不能正确表达意思的人，不能作证。据此，未成年人能否作证人主要看其是否能够正确表达意思，能够正确表达意思的未成年人，即使无诉讼行为能力也可以作证人，故 A 项错误。证人不适用回避，B 项错误。未成年人作为证人提供的与其年龄、智力不相当的证言只是证明力相对较小，而非都不具有证明力，C 项错误。未成年人所作的证人证言能否单独作为认定案件事实的根据，关键看证言内容与其内容、智力是否相符，与当事人存在利害关系的人所作的证人证言不能单独作为定案根据，故 D 项正确，不选。

19.【答案】ABCD

【考点】证据的理论分类；文书提出命令

【详解】根据证据的理论分类，证据可以分为原始证据和传来证据，传来证据指不直接来源于案件事实，而是通过转抄、转述、复制后所获得的证据，因此本案中的复印件应属于传来证据，故 B 项正确。《民诉解释》第 112 条规定，书证在对方当事人控制之下的，承担举证证明责任的当事人可以在举证期限届满前书面申请人民法院责令对方当事人提交。申请理由成立的，人民法院应当责令对方当事人提交，因提交书证所产生的费用，由申请人负担。对方当事人无正当理由拒不提交的，人民法院可以认定申请人所主张的书证内容为真实。因此在汪某拒不提供借条原件时，法院可根据叶某提交的复印件认定其主张的借款内容为真实，故 AC 项正确。同时《民诉解释》第 113 条规定，持有书证的当事人以妨碍对方当事人使用为目的，毁灭有关书证或者实施其他致使书证不能使用行为的，人民法院可以依照《民事诉讼法》第 114 条规定，对其处以罚款、拘留。因此 D 项正确。

20.【答案】BD

【考点】离婚诉讼

【详解】《民事诉讼法》第 154 条规定，有下列情形之一的，终结诉讼：（1）原告死亡，没有继承人，或者继承人放弃诉讼权利的；（2）被告死亡，没有遗产，也没有应当承担义务的人的；（3）离婚案件一方当事人死亡的；（4）追索赡养费、扶养费、抚养费以及解除收养关系案件的一方当事人死亡的。本案中，审理离婚诉讼法院于 2017 年 7 月 3 日作出判决，刘女作为离婚诉讼中一方当事人于 2017 年 7 月 10 日死亡，符合该条第 3 项规定，应裁定诉讼终结，故 A 项错误。B 项正确。一审判决上诉期未满，李某作为刘女的法定代表人拟提起上诉，但尚未提起上诉，因此一审判决尚未生效，故 C 项错误。因判决尚未生效，夫妻关系依然存在。婚姻关系存续期间，夫妻一方死亡，应按照法定继承，张男与李某作为第一顺位法定继承人，对遗产享有继承权。故 D 项正确。

21.【答案】AC

【考点】二审审理范围

【详解】《民事诉讼法》第 175 条规定，第二审人民法院应当对上诉请求的有关事实和适用法律进行审查。本案中，上诉人力胜公司对支付 5 万元的违约金不服提起上诉，故应当围绕不服违约金判决的请求，对该上诉请求所涉及的事实认定和法律适用进行审理。故 AC 项正确。尽管二审法院认为房屋有质量问题，事实不清，证据不足，但受二审审理范围的限制，也不得自行查清事实后改判，故 B 项错误。民事诉讼中二审围绕当事人上诉请求进行，不适用全面审理，故 D 项错误。

22. 【答案】AC

【考点】督促程序

【详解】《民诉解释》第 429 条规定，向债务人本人送达支付令，债务人拒绝接收的，人民法院可以留置送达。故 A 项正确。根据《民诉解释》第 430 条规定，有下列情形之一的，人民法院应当裁定终结督促程序，已发出支付令的，支付令自行失效：（1）人民法院受理支付令申请后，债权人就同一债权债务关系又提起诉讼的……《民诉解释》第 431 条规定，债务人在收到支付令后，未在法定期间提出书面异议，而向其他人民法院起诉的，不影响支付令的效力。本案中，甲公司未在法定期间内提出书面异议，也未向发出支付令的法院，即 A 市 B 县法院提起诉讼，而是向 A 市 C 区法院提起诉讼，并不影响支付令的效力，因此 B 项错误。《民诉解释》第 434 条规定，对设有担保的债务的主债务人发出的支付令，对担保人没有拘束力。乙公司申请法院向甲公司发出支付令，该支付令对丙公司并没有拘束力。《民事诉讼法》第 227 条规定，人民法院受理申请后，经审查债权人提供的事实、证据，对债权债务关系明确、合法的，应当在受理之日起 15 日内向债务人发出支付令；申请不成立的，裁定予以驳回。债务人应当自收到支付令之日起 15 日内清偿债务，或者向人民法院提出书面异议。债务人在前款规定的期间不提出异议又不履行支付令的，债权人可以向人民法院申请执行。故 C 项正确，D 项错误。

23. 【答案】BCD

【考点】案外人对执行标的的异议；析产诉讼；执行财产

【详解】《民诉解释》第 463 条规定，案外人对执行标的的提出的异议，经审查，按照下列情形分别处理：（1）案外人对执行标的不享有足以排除强制执行的权益的，裁定驳回其异议；（2）案外人对执行标的享有足以排除强制执行的权益的，裁定中止执行。本案中，车辆虽为共有，但郝辉还是对该车辆享有部分利益，不享有足以排除强制执行的权益，故应当驳回其异议。法院可以将车辆变现后，以郝辉享有的部分权益向龙前铭清偿。《民事诉讼法》第 238 条规定，执行过程中，案外人对执行标的的提出书面异议的，人民法院应当自收到书面异议之日起 15 日内审查，理由成立的，裁定中止对该标的的执行。故利害关系人应当以书面方式向法院提出异议，法院不应当直接裁定中止执行。故 A 项错误，不选。《最高人民法院关于人民法院民事执行中查封、扣押、冻结财产的规定》第 12 条规定，对被执行人与其他人共有的财产，人民法院可以查封、扣押、冻结，并及时通知共有人。共有人协议分割共有财产，并经债权人认可的，人民法院可以认定有效。查封、扣押、冻结的效力及于协议分割后被执行人享有份额内的财产；对其

他共有人享有份额内的财产的查封、扣押、冻结，人民法院应当裁定予以解除。共有人提起析产诉讼或者申请执行人代位提起析产诉讼的，人民法院应当准许。诉讼期间中止对该财产的执行。依据本条规定，法院可以查扣该共有财产，申请执行人龙前铭可对共有财产提起析产诉讼，故 BCD 项正确。

24. 【答案】BC

【考点】仲裁协议

【详解】《仲裁法解释》第 7 条规定，当事人约定争议可以向仲裁机构申请仲裁也可以向人民法院起诉的，仲裁协议无效。但一方向仲裁机构申请仲裁，另一方未在《仲裁法》第 20 条第 2 款规定期间内提出异议的除外。本案中，双方当事人约定合同履行发生争议由仲裁委仲裁或向法院起诉的条款无效，故 A 项错误。《仲裁法》第 20 条规定，当事人对仲裁协议的效力有异议的，可以请求仲裁委员会作出决定或者请求人民法院作出裁定。一方请求仲裁委员会作出决定，另一方请求人民法院作出裁定的，由人民法院裁定。当事人对仲裁协议的效力有异议，应当在仲裁庭首次开庭前提出。可见，有权对仲裁协议的效力作出决定的机构是仲裁委员会而不是仲裁庭，仲裁庭作决定须有仲裁委员会的授权，故 B 项正确。此时已处于答辩阶段，仲裁庭对乙公司的申请应予以驳回，继续审理案件，故 C 项正确。《仲裁法解释》第 12 条规定，当事人向人民法院申请确认仲裁协议效力的案件，由仲裁协议约定的仲裁机构所在地的中级人民法院管辖。首先，乙公司提出确认仲裁协议效力的时间不符合规定；其次，确认仲裁协议效力需向仲裁协议约定仲裁机构所在地的中院，约定仲裁地在北京，不在天津，乙公司向天津市中院申请认定仲裁协议效力的说法不正确，故 D 项错误。

25. 【答案】ABD

【考点】人民调解

【详解】人民调解是指人民调解委员会通过说服、疏导等方法，促使当事人在平等协商基础上自愿达成调解协议，解决民间纠纷的活动。根据《人民调解法》第 26 条规定，人民调解员调解纠纷，调解不成的，应当终止调解，并依据有关法律、法规的规定，告知当事人可以依法通过仲裁、行政、司法等途径维护自己的权利。故 B 项正确。本案中，当事人在合同中约定了仲裁条款，然而当事人选择人民调解方式解决纠纷，不可再依据借款合同中约定的仲裁条款申请仲裁，而应当重新达成仲裁协议，再申请仲裁。故 C 项错误，不选。调解不成，可以告知当事人通过司法途径维护自己的权利，故 D 项正确。《民事诉讼法》第 53 条规定，双方当事人可以自行和解。发生纠纷后，当事人可以以和解方式解决，故 A 项正确。

26. 【答案】B

【考点】调解协议

【详解】《民诉解释》第61条规定，当事人之间的纠纷经人民调解委员会或者其他依法设立的调解组织调解达成协议后，一方当事人不履行调解协议，另一方当事人向人民法院提起诉讼的，应以对方当事人为被告。本案中，双方当事人在调解委员会的主持下最终达成调解协议，钟阳未按时履行协议时，林剑欲向法院提起诉讼，应当以对方当事人，即钟阳为被告，不应以调解委员会为被告，A项错误。调解委员会和钟阳非共同被告，调解委员会也不是无独立请求权第三人，故CD项错误。因此本题B项正确。

27.【答案】BC

【考点】确认调解协议案件

【详解】《民事诉讼法》第205条规定，经依法设立的调解组织调解达成调解协议，申请司法确认的，由双方当事人自调解协议生效之日起30日内，共同向下列人民法院提出：(1)人民法院邀请调解组织开展先行调解的，向作出邀请的人民法院提出；(2)调解组织自行开展调解的，向当事人住所地、标的物所在地、调解组织所在地的基层人民法院提出；调解协议所涉纠纷应当由中级人民法院管辖的，向相应的中级人民法院提出。因此，应当自调解协议生效之日起30日内，由林剑、钟阳共同向法院申请确认调解协议。故A项错误，B项正确。《民诉解释》第353条规定，当事人申请司法确认调解协议，可以采用书面形式或者口头形式。当事人口头申请的，人民法院应当记入笔录，并由当事人签名、捺印或者盖章。因此，C项正确。申请确认调解协议，应当由调解组织所在地基层法院，即正和钢铁厂人民调解委员会所在地B市北城区基层法院管辖，故D项错误。

28.【答案】D

【考点】公益诉讼

【详解】《民诉解释》第285条规定，人民法院受理公益诉讼案件后，依法可以提起诉讼的其他机关和有关组织，可以在开庭前向人民法院申请参加诉讼。人民法院准许参加诉讼的，列为共同原告。因此，在法院受理后，公益环保组织乙也向法院提起诉讼时，应当允许其参加诉讼，与甲组织列为共同原告，故ABC项错误，D项正确。

29.【答案】BCD

【考点】公益诉讼

【详解】《最高人民法院关于审理环境民事公益诉讼案件适用法律若干问题的解释》第25条规定，环境民事公益诉讼当事人达成调解协议或者自行达成和解协议后，人民法院应当将协议内容公告，公告期间不少于30日。公告期满后，人民法院审查认为调解协议或者和解协议的内容不损害社会公共利益的，应当出具调解书。当事人以达成和解协议为由申请撤诉的，不予准许。《民诉解释》第287条也对此作出了相同规定。因此A项错误。公益诉讼中，当事人

达成和解协议后，因涉及公共利益，法院应当将和解协议内容予以公告，公告期满经法院审查，不违反社会公共利益的，应当根据和解协议内容制作调解书，故CD项正确。《最高人民法院关于审理环境民事公益诉讼案件适用法律若干问题的解释》第26条规定，负有环境保护监督管理职责的部门依法履行监管职责而使原告诉讼请求全部实现，原告申请撤诉的，人民法院应予准许。据此，在提起公益诉讼后，若相关行政部门履行职责而使原告诉讼请求全部实现，原告申请撤诉的，法院应当准许。本案中，并未提及原告的诉讼请求是否已经实现，不应当准许撤诉，故B项正确。

30.【答案】D

【考点】公益诉讼

【详解】《民诉解释》第286条规定，人民法院受理公益诉讼案件，不影响同一侵权行为的受害人根据《民事诉讼法》第122条规定提起诉讼。因此，公益组织提起诉讼后不影响同一侵权行为的受害人梁某就该侵权行为向法院提起诉讼，故D项正确。

2018年

1.【答案】AD

【考点】回避

【详解】唐某为人民陪审员，属于审判人员，因此唐某的回避应由院长决定。故A项正确。申请人对申请回避的决议不服的，可以申请复议一次，而被申请人即法院决定的相关人员不能申请复议。因此唐某不能申请复议，故B项错误。唐某作为审判人员，当事人对唐某的回避申请是向合议庭提出的，只不过审判人员的回避是由院长决定的。当事人不可能向院长提出对审判人员的回避决定。因此C项错误。当事人申请回避需要说明理由，D项正确。

2.【答案】C

【考点】证据能力

【详解】手机录音是存储在电子介质中的信息，属于电子数据。但是乙不能提供原件，且录音经过剪辑，并不能单独直接地证明待证事实，它不属于直接证据，而是间接证据，因此该录音不能单独作为认定事实的依据，需要与其他证据结合才能证明待证事实，故C项正确，ABD项错误。

3.【答案】A

【考点】送达

【详解】A项，留置送达中包括法院通知当事人到法院领取诉讼文书的情形，若当事人到达法院拒绝签署送达回证的，视为送达。审判人员、书记员应当在送达回证上注明送达情况并签名。同时，人民法院直接送达文书，受送达人或者与之同住的成年家属拒绝在送达回证上签字的，可以邀请有关基层组织或者所在单位代表在场，说明情况，在送达回证上记明情

况，由送达人、见证人签名后视为送达，也可以用拍照录像等方式记录送达过程，即视为送达。题中送达方式即为留置送达，因此 A 项正确。直接送达是指直接送交受送达人或者与之同住的成年家属；法人、其他组织的法定代表人、主要负责人；诉讼代理人、受送达人指定的代收人。因此 B 项错误。判决书不能电子送达，因此 C 项错误。委托送达必须委托其他人民法院代为送达，因此 D 项错误。

4.【答案】B

【考点】自认

【详解】自认是指一方当事人在法庭审理中或起诉状、答辩状、代理词等书面材料中，对于己不利的事实明确表示承认的，另一方当事人无需举证。但是，在诉讼中，当事人为达成调解协议或和解目的所作出的妥协所涉及对案件事实的认可，不得在其后的诉讼中作为对其不利的证据，但法律另有规定或当事人均同意的除外。因此 B 项正确，ACD 项错误。

5.【答案】BCD

【考点】裁判文书错误的补正

【详解】法官如果在裁判文书宣告或者送达后发现文字差错，对一般文字差错或者病句，应当及时向当事人说明情况并收回裁判文书，以校对章补正或者重新制作裁判文书；对重要文字差错或者病句，能立即收回的，当场及时收回并重新制作；无法立即收回的，应当制作裁定予以补正（《法官行为规范》第 54 条）。本题中，法院的错误属于调解书中的重要文字差错，应用裁定文书补正，故 A 项做法正确，BCD 项做法错误，应选。

6.【答案】B

【考点】对执行标的的异议

【详解】本题中，第三人对执行标的的异议被法院驳回，因此只能提起再审，不能再提起第三人撤销之诉。之后，在再审中，认为该物是第三人和原审原告共同所有，因此之前强制执行该物的判决是错误的，法院应裁定撤销原判，发回重审，故 B 项正确，ACD 项错误。

7.【答案】BD

【考点】民事诉讼中的证据和证明

【详解】《民诉解释》第 92 条第 1 款规定："一方当事人在法庭审理中，或者在起诉状、答辩状、代理词等书面材料中，对于己不利的事实明确表示承认的，另一方当事人无需举证证明。"诉讼之前在对账单上的承认不构成自认。只有在起诉状、答辩状、代理词等书面材料中，对于己不利的事实明确表示承认的，才构成自认，因此 A 项错误。证据是产生于案件发生过程中的事实，对账单由天河公司提供，由宝华公司签字盖章确认，产生于合同履行过程中，所以可以作为证明拖欠货款金额的证据。B 项正确。案件中的事实，可能会有多个证据可以证明。拖欠货款的金

额，可能会有多个证据证明，对账单只是其中一个证据，如果有其他证据和对账单内容相左，则拖欠货款的金额就不能确定是 450 万元。故 C 项错误，D 项正确。

2019 年

1.【答案】A

【考点】调解书的送达；调解和判决的关系

【详解】调解书必须经双方当事人签收才能生效，本案中杨某没有签收调解书，所以调解书没有生效，当事人之间的婚姻关系没有解除，法院应该作出判决。所以 A 项正确，B 项错误。两人的婚姻关系仍然存在的原因是杨某没有签收调解书，而不是朱某的反悔有效。朱某签收调解书后，如果杨某也签收了调解书，那么朱某即使反悔也无效。C 项错误。可以不制作调解书的情形，限于调解维持婚姻关系、收养关系的案件，本案属于调解解除婚姻关系的案件，应该制作调解书，杨某不签收调解书，影响了调解书的生效。D 项错误。

2.【答案】ABC

【考点】公开审判；保全的适用范围；先予执行的适用范围

【详解】人身损害赔偿的案件，不属于不公开审理的案件，所以要求公开审理是可以的。A 项正确。人身损害赔偿的案件，属于要求给付医疗费的情形，当事人可以申请先予执行。B 项正确。人身损害的案件，当事人担心对方转移财产，生效法律文书作出后不能实现文书的内容，比如人身损害赔偿费用，符合申请财产保全的条件。C 项正确。民事案件审理过程中，生效法律文书还没有作出，不能申请强制执行。D 项错误。

3.【答案】A

【考点】重复起诉

【详解】《民诉解释》第 247 条规定："当事人就已经提起诉讼的事项在诉讼过程中或者裁判生效后再次起诉，同时符合下列条件的，构成重复起诉：（一）后诉与前诉的当事人相同；（二）后诉与前诉的诉讼标的相同；（三）后诉与前诉的诉讼请求相同，或者后诉的诉讼请求实质上否定前诉裁判结果。当事人重复起诉的，裁定不予受理；已经受理的，裁定驳回起诉，但法律、司法解释另有规定的除外。"本案中，甲对乙的债权已经通过诉讼获得了胜诉判决。甲又想对乙的债务人丙提起代位诉讼，实际上是再次行使了对乙的债权的请求权。属于前后两诉的请求相同，构成重复起诉。A 项正确，B 项错误。如果甲没有起诉乙，直接对丙提起代位诉讼，则应当追加债务人乙为无独立请求权的第三人。但本案中法院不应受理代位诉讼。C 项错误。法院发现重复起诉，受

理前应当裁定不予受理，受理后才是裁定驳回起诉。本案尚未受理，不能裁定驳回起诉。D项错误。

4.【答案】B

【考点】第三人撤销之诉

【详解】《民诉解释》第296条规定，第三人提起撤销之诉，人民法院应当将该第三人列为原告，生效判决、裁定、调解书的当事人列为被告，但生效判决、裁定、调解书中没有承担责任的无独立请求权的第三人列为第三人。丁提起第三人撤销之诉，其是第三人撤销之诉的原告，甲不是第三人撤销之诉的原告，C项错误。丁是对甲和乙的和解协议不服，甲和乙是生效的法律文书中的双方当事人，故为第三人撤销之诉的被告。丙是和解协议的第三人，而且和解协议里没有涉及丙要承担义务，所以丙作为生效法律文书中没有承担责任的无独立请求权的第三人，在第三人撤销之诉中列为第三人。但这个第三人是无独立请求权的第三人，因为案件的处理结果和丙有法律上的利害关系，但其对第三人撤销之诉没有独立的请求权。所以B项正确，ACD项错误。

5.【答案】BC

【考点】案外人执行异议；执行异议之诉

【详解】乙的父亲认为房子是他的，是对执行标的提出了异议，是和执行申请人甲争夺执行标的物的所有权归属，不是对执行法院的执行行为有异议，故B项正确，D项错误。乙的父亲可以提出执行异议之诉，但不能直接提出，必须在提出对执行标的的异议，法院作出裁定后，才能提出执行异议之诉。A项错误。法院判决支持乙的父亲的请求后，乙不能用不属于自己财产的房屋来偿还甲的债务，执行法院应该解除对该房屋的查封措施。C项正确。

6.【答案】BD

【考点】上诉的条件

【详解】《民诉解释》第318条规定，一审宣判时或者判决书、裁定书送达时，当事人口头表示上诉的，人民法院应告知其必须在法定上诉期间内递交上诉状。未在法定上诉期间内递交上诉状的，视为未提起上诉。虽递交上诉状，但未在指定的期限内交纳上诉费的，按自动撤回上诉处理。本案中，当事人没有交纳诉讼费用，视为撤回上诉。D项正确，AC项错误。同时，一审法院的利息计算错误，属于实体错误，如果当事人上诉，在二审中纠正；当事人不上诉，一审判决生效，只能由一审法院通过再审程序纠正。B项正确。

7.【答案】C

【考点】再审的审查；执行和解协议

【详解】《民诉解释》第400条规定，再审申请审查期间，有下列情形之一的，裁定终结审查：……（3）当事人达成和解协议且已履行完毕，但当事人在和解协议中声明不放弃申请再审权利的除外……

本案中，当事人的执行和解协议已经履行完毕，当事人在和解协议中没有声明不放弃申请再审的权利。所以当事人申请再审的，人民法院应当裁定终结审查，驳回再审申请。故C项正确。ABD项错误。

8.【答案】C

【考点】生效法律文书的救济

【详解】《民事调解规定》第13条规定，当事人以民事调解书与调解协议的原意不一致为由提出异议，人民法院审查后认为异议成立的，应当根据调解协议裁定补正民事调解书的相关内容。C项正确。

9.【答案】B

【考点】确认调解协议裁定的法律效力

【详解】确认调解协议程序属于特别程序，特别程序的案件不能再审。A项错误。确认调解协议的案件，法院确认调解协议有效后，当事人之间的民事纠纷已经有生效法律文书解决，除非有新的损害发生，当事人可以就新的损害另行起诉，否则当事人不能就同一纠纷向法院起诉。本案中，甲做了伤残鉴定，认为1万元赔偿不足以弥补损失，不是新的损害，只是对之前的赔偿的反悔。所以法院应裁定不予受理。B项正确。特别程序的案件已经结案，不能再审，也不能重新起诉或重新启动特别程序。CD项错误。

10.【答案】AD

【考点】支付令的效力

【详解】《民诉解释》第434条规定，对设有担保的债务的主债务人发出的支付令，对担保人没有拘束力。债权人就担保关系单独提起诉讼的，支付令自人民法院受理案件之日起失效。债权人乙对债务人甲发出的支付令，对担保人丙没有拘束力。A项正确，B项错误。如果乙起诉担保人丙，则对甲发出的支付令效力失效，而不是效力不受影响。D项正确，C项错误。

2020 年

1.【答案】ABCD

【考点】纠纷解决方式

【详解】民事纠纷的解决包括协商解决、调解解决、诉讼解决、仲裁解决。调解解决是指在有关组织（如人民调解委员会）或中间人的主持下，在平等、自愿、合法的基础上分清是非、明确责任，并通过摆事实、讲道理，促使双方当事人自主达成协议，从而解决纠纷。由此可知，马里奥可以向区调解委员会申请调解。故A项正确。《劳动合同法》第30条规定，用人单位应当按照劳动合同约定和国家规定，向劳动者及时足额支付劳动报酬。用人单位拖欠或者未足额支付劳动报酬的，劳动者可以依法向当地人民法院申请支付令，人民法院应当依法发出支付令。《民诉解释》第427条规定，基层人民法院受理申请支付令案件，不受债权金额的限制。由此可知，马里奥和公司之间的工资纠纷符合支付令的申请条件，并且基层人民法院受理申请支付令案件不受金额的限制，即使超过了基层法院的审理范围依然可以申请，故 B 项正确。中级人民法院管辖的案件是标的额为 1000 万元以上的，因此马里奥和公司的纠纷属于中级法院管辖，故 C 项正确。《劳动争议调解仲裁法》第 5 条规定，发生劳动争议，当事人不愿协商、协商不成或者达成和解协议后不履行的，可以向调解组织申请调解；不愿调解、调解不成或者达成调解协议后不履行的，可以向劳动争议仲裁委员会申请仲裁；对仲裁裁决不服的，除本法另有规定的外，可以向人民法院提起诉讼。由此可知，马里奥可以向劳动争议仲裁委员会申请仲裁。故 D 项正确。

2.【答案】A

【考点】 侵权案件的管辖

【详解】《民事诉讼法》第 29 条规定，因侵权行为提起的诉讼，由侵权行为地或者被告住所地人民法院管辖。《民诉解释》第 24 条规定，《民事诉讼法》第 29 条规定的侵权行为地，包括侵权行为实施地、侵权结果发生地。本题中，潘某和钱某之间是侵权纠纷，钱某擅自出卖玉石的行为侵犯了潘某的所有权，行为发生地和结果发生地均在丙市，因此丙市法院具有管辖权。另外，被告住所地钱某所在的乙市法院也有管辖权。故 A 项正确，BCD 项错误。

3.【答案】D

【考点】 应诉管辖；移送管辖

【详解】《最高人民法院关于审理民事级别管辖异议案件若干问题的规定》第 3 条规定，提交答辩状期间届满后，原告增加诉讼请求金额致使案件标的额超过受诉人民法院级别管辖标准，被告提出管辖权异议，请求由上级人民法院管辖的，人民法院应当按照本规定第 1 条审查并作出裁定。《最高人民法院关于审理民事级别管辖异议案件若干问题的规定》第 1 条规定："被告在提交答辩状期间提出管辖权异议，认为受诉人民法院违反级别管辖规定，案件应当由上级人民法院或者下级人民法院管辖的，受诉人民法院应当审查，并在受理异议之日起十五日内作出裁定：（一）异议不成立的，裁定驳回；（二）异议成立的，裁定移送有管辖权的人民法院。"本案中开庭后原告增加诉讼请求的金额 290 万元，使得案件的金额超过了基层法院的受案范围，因此基层法院应当移送给有管辖权的中级人民法院。D 项正确。《民诉解释》第 39 条规定，人民法院对管辖异议审查后确定有管辖权的，不因当事人提起反诉、增加或者变更诉讼请求等改变管辖，但违反级别管辖、专属管辖规定的除外。据此，管辖恒定不能违反级别管辖和专属管辖的规定。因此区基层法院不能对案件继续审理。B 项错误。人民法院在法庭辩论终结前，都允许当事人增加、变更诉讼请求和提起反诉，因此，对甲增加的诉讼请求不能不予受理，也不能不允许甲增加诉讼请求。AC 项错误。

4.【答案】C

【考点】 反诉和抗辩

【详解】《民法典》第 563 条第 1 款规定："有下列情形之一的，当事人可以解除合同：（一）因不可抗力致使不能实现合同目的；（二）在履行期限届满前，当事人一方明确表示或者以自己的行为表明不履行主要债务；（三）当事人一方迟延履行主要债务，经催告后在合理期限内仍未履行；（四）当事人一方迟延履行债务或者有其他违约行为致使不能实现合同目的；（五）法律规定的其他情形。"《民法典》第 564 条规定："法律规定或者当事人约定解除权行使期限，期限届满当事人不行使的，该权利消灭。法律没有规定或者当事人没有约定解除权行使期限，自解除权人知道或者应当知道解除事由之日起一年内不行使，或者经对方催告后在合理期限内不行使的，该权利消灭。"由此可知，合同的法定解除权属于形成权，一方当事人发出解除合同的通知到达对方当事人时起，合同解除。在本题中，甲公司已经通知乙公司解除合同，合同解除，甲不需要再在诉讼过程中以诉讼的方式提出，仅以合同解除提出抗辩即可。因此，本题 BD 项错误。甲公司以抗辩方式主张合同解除，法院如果在生效文书中对该事实进行确认，法院的判决对解除合同会产生既判力，即法院确认当事人解除合同的行为是有效的，该判决对解除合同产生既判力。A 项错误。C 项正确。

5.【答案】A

【考点】 个体工商户涉诉的当事人确定

【详解】《民诉解释》第 59 条规定，在诉讼中，个体工商户以营业执照上登记的经营者为当事人。有字号的，以营业执照上登记的字号为当事人，但应同时注明该字号经营者的基本信息。营业执照上登记的经营者与实际经营者不一致的，以登记的经营者和实际经营者为共同诉讼人。本案中是个体工商户涉诉，不能告其字号"刘大厨私家菜"，工商户登记在张某名下，但实际经营者是刘某，经营者与实际经营者不一致的，应当将张某和刘某作为共同被告。A 项正确。

6.【答案】D

【考点】 搁置物侵权的当事人确定

【详解】《民法典》第 1253 条规定，建筑物、构筑物或者其他设施及其搁置物、悬挂物发生脱落、坠落造成他人损害，所有人、管理人或者使用人不能证明自己没有过错的，应当承担侵权责任。所有人、管理人或者使用人赔偿后，有其他责任人的，有权向其他责任人追偿。本案中应以所有人房东、管理人物业公司、使用人租客作为共同被告，但是物业公司提醒租客收回花盘，租客没有收，说明物业公司已经尽到了管理义务，没有过错，因此，房东和租客为适格的被告。D 项正确。

7.【答案】B

【考点】诉讼代表人的权限

【详解】《民事诉讼法》第 57 条规定，诉讼标的是同一种类、当事人一方人数众多在起诉时人数尚未确定的，人民法院可以发出公告，说明案件情况和诉讼请求，通知权利人在一定期间向人民法院登记。向人民法院登记的权利人可以推选代表人进行诉讼；推选不出代表人的，人民法院可以与参加登记的权利人商定代表人。代表人的诉讼行为对其所代表的当事人发生效力，但代表人变更、放弃诉讼请求或者承认对方当事人的诉讼请求，进行和解，必须经被代表的当事人同意。本案是人数不确定的代表人诉讼，代表人进行和解，必须经被代表人同意，杨某不同意该调解协议，则该协议对杨某和其他人都不生效。法院审理案件，调解不成的，应当及时判决。故 B 项正确。

8.【答案】AD

【考点】法定诉讼代理人、适格当事人

【详解】17 岁的丁作为未成年人，享有诉讼权利能力，可以以自己的名义独立进行诉讼，所以丁可以独立参加诉讼，只是不能以自己的行为完成诉讼。A 项正确。《民事诉讼法》第 60 条规定，无诉讼行为能力人由他的监护人作为法定代理人代为诉讼。法定代理人之间互相推诿代理责任的，由人民法院指定其中一人代为诉讼。本案为继承纠纷，丁作为未成年人，其父母和成年兄弟姐妹可以作为其监护人，但其父母均死亡，甲、乙、丙作为继承人和丁有利害关系，不能担任丁的法定诉讼代理人，也不能作委托诉讼代理人。故 C 项错误，D 项正确。《民诉解释》第 84 条规定，无民事行为能力人、限制民事行为能力人以及其他依法不能作为诉讼代理人的，当事人不得委托其作为诉讼代理人。丙作为继承人，和丁有利益冲突，故不能作为委托代理人参加诉讼。B 项错误。

9.【答案】C

【考点】书证

【详解】《民诉解释》第 90 条规定，当事人对自己提出的诉讼请求所依据的事实或者反驳对方诉讼请求所依据的事实，应当提供证据加以证明，但法律另有规定的除外。在作出判决前，当事人未能提供证据或者证据不足以证明其事实主张的，由负有举证证明责任的当事人承担不利的后果。甲主张乙借款 18 万元，虽然乙承认了借款 8 万元，但是没有证据证明，因此法院不能认定甲主张的借款事实是真实的，故 A 项错误。《民诉解释》第 107 条规定，在诉讼中，当事人为达成调解协议或者和解协议作出妥协而认可的事实，不得在后续的诉讼中作为对其不利的根据，但法律另有规定或者当事人均同意的除外。乙是在调解中作出的自认，不能适用后续的案件审理当中，法院

同样无法认定甲主张的事实是真实的，故 B 项错误。《最高人民法院关于民事诉讼证据的若干规定》（以下简称《民诉证据规定》）第 48 条第 2 款规定，控制书证的当事人存在《民诉解释》第 113 条规定情形的，人民法院可以认定对方当事人主张以该书证证明的事实为真实。《民诉解释》第 113 条规定，持有书证的当事人以妨碍对方当事人使用为目的，毁灭有关书证或者实施其他致使书证不能使用行为的，人民法院可以依照《民事诉讼法》第 114 条规定，对其处以罚款、拘留。本题中，乙以妨碍对方当事人使用为目的，毁灭书证，法院应当认定该书证所要证明的事实为真实，故 C 项正确。《民诉证据规定》第 90 条规定："下列证据不能单独作为认定案件事实的根据：（一）当事人的陈述；（二）无民事行为能力人或者限制民事行为能力人所作的与其年龄、智力状况或者精神健康状况不相当的证言；（三）与一方当事人或者其代理人有利害关系的证人陈述的证言；（四）存有疑点的视听资料、电子数据；（五）无法与原件、原物核对的复制件、复制品。"本案中，甲提供借条复印件，乙承认复印件内容，构成自认，但无法与原件核对，故只有复印件，不得单独作为认定案件事实的依据，也就是不能认定借条成立。故 D 项错误。

10.【答案】BC

【考点】自认

【详解】《民诉证据规定》第 3 条规定，在诉讼过程中，一方当事人陈述的于己不利的事实，或者对于己不利的事实明确表示承认的，另一方当事人无需举证证明。在证据交换、询问、调查过程中，或者在起诉状、答辩状、代理词等书面材料中，当事人明确承认于己不利的事实，适用前款规定。据此，自认必须是在诉讼过程中，当事人对法院所做的对事实的认可。A 项不是在诉讼过程中对法院所作的对事实的承认，不构成自认，最多可以作为证据适用。A 项不构成自认。《民诉证据规定》第 4 条规定，一方当事人对于另一方当事人主张的于己不利的事实既不承认也不否认，经审判人员说明并询问后，其仍然不明确表示肯定或者否定的，视为对该事实的承认。B 项中，法官再三询问，乙仍然不明确表示肯定或否定，构成默示的自认。B 项构成自认。《民诉证据规定》第 7 条规定，一方当事人对于另一方当事人主张的于己不利的事实有所限制或者附加条件予以承认的，由人民法院综合案件情况决定是否构成自认。在庭前证据交换的过程中，乙承认了向甲借款 5 万元的事实，根据《民诉证据规定》第 3 条的规定，已经构成自认。随后在诉讼中乙是附条件地进行了自认。根据案情可以确定乙对借款事实构成了自认。C 项构成自认。D 项中甲出示了一份乙在诉前签下的借据，也不是在诉讼过程中向法院作出的，不构成自认，可以作

为证据使用。D 项不构成自认。

11.【答案】ABD

【考点】本证；反证；证明责任

【详解】对待证事实承担证明责任的当事人提供的支持该事实成立的证据为本证，对待证事实不承担证明责任的当事人提供的反对该事实成立的证据为反证。乙对借款事实不承担证明责任，其提供转账凭条是为了反对 325 万元的借款事实存在，是借款事实的反证。A 项正确。本案属于借款纠纷，由原告甲对借款事实承担证明责任，证明责任就是案件事实真伪不明时败诉风险的责任承担，故甲向法院申请鉴定借条真伪，否则承担诉讼的不利结果。B 项正确，C 项错误。甲对借款事实承担证明责任，其提供的借条是为了支持借款事实成立，为本证，D 项正确。

12.【答案】B

【考点】环境污染案件的证明责任

【详解】《民法典》第 1230 条规定，因污染环境、破坏生态发生纠纷，行为人应当就法律规定的不承担责任或者减轻责任的情形及其行为与损害之间不存在因果关系承担举证责任。本案中，喷洒农药造成甲的损失，属于环境污染造成的损害，因果关系的证明责任由被告丙公司承担。A 项错误，B 项正确。环境污染案件适用无过错责任归责原则，原、被告都不用证明被告有无过错。CD 项错误。

13.【答案】A

【考点】先予执行

【详解】《民事诉讼法》第 109 条规定："人民法院对下列案件，根据当事人的申请，可以裁定先予执行：（一）追索赡养费、扶养费、抚养费、抚恤金、医疗费用的；（二）追索劳动报酬的；（三）因情况紧急需要先予执行的。"《民事诉讼法》第 110 条第 1 款规定："人民法院裁定先予执行的，应当符合下列条件：（一）当事人之间权利义务关系明确，不先予执行将严重影响申请人的生活或者生产经营的；（二）被申请人有履行能力。"在本题中，王某提出自己结婚在即的理由，不属于上述法条规定的紧急情形，不能申请先予执行，故 A 项正确，BCD 项错误。

14.【答案】B

【考点】重复起诉

【详解】《民诉解释》第 247 条第 1 款规定："当事人就已经提起诉讼的事项在诉讼过程中或者裁判生效后再次起诉，同时符合下列条件的，构成重复起诉：（一）后诉与前诉的当事人相同；（二）后诉与前诉的诉讼标的相同；（三）后诉与前诉的诉讼请求相同，或者后诉的诉讼请求实质上否定前诉裁判结果。"由此可知，钱某可以针对违约金事宜另行起诉赵某，并不属于重复起诉的范围，因为前诉和后诉的诉讼请求不同。另外，该法院已经作出了退还 100 万元的生效判决，执行过程中，钱某主张支付 50 万元

违约金属于另一个诉讼请求，法院没有经过审理，也没有作出判决，因此法院不需要执行，只需执行生效的 100 万元即可，并且赵某已经退还 100 万元，执行完毕，法院应当终结执行程序，告知违约金由钱某另行起诉。故 B 项正确，ACD 项错误。

15.【答案】C

【考点】重复起诉

【详解】《民诉解释》第 247 条第 1 款规定："当事人就已经提起诉讼的事项在诉讼过程中或者裁判生效后再次起诉，同时符合下列条件的，构成重复起诉：（一）后诉与前诉的当事人相同；（二）后诉与前诉的诉讼标的相同；（三）后诉与前诉的诉讼请求相同，或者后诉的诉讼请求实质上否定前诉裁判结果。"甲公司前后的诉讼请求均是交付货物，并且当事人也完全一样，属于上述法条规定的重复起诉情形，故 C 项正确，ABD 项错误。

16.【答案】A

【考点】诉讼中止；当事人

【详解】《民事诉讼法》第 153 条规定，有下列情形之一的，中止诉讼：……（5）本案必须以另一案的审理结果为依据，而另一案尚未审结的……本题中，张某与安某之间的借款合同是否有效需要以张某是否构成集资诈骗罪为依据，如果张某的行为构成犯罪，那么张某与安某之间签订的借款合同因违反法律的强制性规定而归于无效，因此法院应当中止审理，故 A 项正确，D 项错误。《民诉解释》第 66 条规定，因保证合同纠纷提起的诉讼，债权人向保证人和被保证人一并主张权利的，人民法院应当将保证人和被保证人列为共同被告。保证合同约定为一般保证，债权人仅起诉保证人的，人民法院应当通知被保证人作为共同被告参加诉讼；债权人仅起诉被保证人的，可以只列被保证人为被告。由此可知，在一般保证中，不能只列保证人为被告，连带保证是可以根据原告的起诉列明当事人的，即连带保证中，债权人可以只起诉保证人，故 BC 项错误。

17.【答案】AD

【考点】第三人撤销之诉

【详解】《民诉解释》第 290 条规定："第三人对已经发生法律效力的判决、裁定、调解书提起撤销之诉的，应当自知道或者应当知道其民事权益受到损害之日起六个月内，向作出生效判决、裁定、调解书的人民法院提出，并应当提供存在下列情形的证据材料：（一）因不能归责于本人的事由未参加诉讼；（二）发生法律效力的判决、裁定、调解书的全部或者部分内容错误；（三）发生法律效力的判决、裁定、调解书内容错误损害其民事权益。"由此可知，第三人提起撤销之诉，需要对自己权益受到损害的事实进行举证证明，如果无法证明，说明不符合起诉条件，法院应当裁定驳回起诉。故 A 项正确，B 项错

误。《民事诉讼法》第 209 条第 1 款规定，各级人民法院院长对本院已经发生法律效力的判决、裁定、调解书，发现确有错误，认为需要再审的，应当提交审判委员会讨论决定。《民诉解释》第 405 条规定，人民法院经再审审理认为，原判决、裁定认定事实清楚、适用法律正确的，应予维持；原判决、裁定认定事实、适用法律虽有瑕疵，但裁判结果正确的，应当在再审判决、裁定中纠正瑕疵后予以维持。原判决、裁定认定事实、适用法律错误，导致裁判结果错误的，应当依法改判、撤销或者变更。由此可知，本题中，法院发现原审的证据是伪造的，应当自行启动再审。原判决事实不清、证据不足的，应当撤销原判，依法作出判决。故 C 项错误，D 项正确。

18.【答案】BC

【考点】 小额诉讼程序

【详解】《民事诉讼程序繁简分流改革试点实施办法》第 9 条规定，适用小额诉讼程序审理的案件，可以比照简易程序进一步简化裁判文书，主要记载当事人基本信息、诉讼请求、答辩意见、主要事实、简要裁判理由、裁判依据、裁判主文和一审终审的告知等内容。对于案情简单、法律适用明确的案件，法官可以当庭作出裁判并说明裁判理由。对于当庭裁判的案件，裁判过程经庭审录音录像或者庭审笔录完整记录的，人民法院在制作裁判文书时可以不再载明裁判理由。所以适用小额诉讼程序审理的案件可以不载明审判理由，但不是以当事人同意为前提。A 项错误。《民诉解释》第 271 条规定，人民法院审理小额诉讼案件，适用《民事诉讼法》第 165 条的规定，实行一审终审。《民事诉讼法》第 165 条第 1 款规定，基层人民法院和它派出的法庭审理事实清楚、权利义务关系明确、争议不大的简单金钱给付民事案件，标的额为各省、自治区、直辖市上年度就业人员年平均工资 50% 以下的，适用小额诉讼的程序审理，实行一审终审。本题中，当事人之间的争议标的额为 3000 元，适用于一审终审。故 B 项正确。《民诉解释》第 259 条规定，当事人双方可就开庭方式向人民法院提出申请，由人民法院决定是否准许。经当事人双方同意，可以采用视听传输技术等方式开庭。由此可知，C 项正确。民事纠纷一审一律开庭审理，没有例外，因此 D 项错误。

19.【答案】D

【考点】 二审调解

【详解】《民事诉讼法》第 177 条第 2 款规定，原审人民法院对发回重审的案件作出判决后，当事人提起上诉的，第二审人民法院不得再次发回重审。由此可知，发回重审只能发回一次，中级人民法院再次接到上诉案件后，只能依法作出裁判，不能再次发回重审。二审法院也不能直接判决，否则就财产问题和子女抚养问题，会损害当事人两审终审的审级利益，故 BC 项错误。一审法院判不离的离婚案件，二审法

院发回重审后不得再次发回重审，二审法院可以对离婚这个身份问题直接裁判，但对财产分割问题，如果直接判决会损害当事人的两审终审的审级利益，而离婚案件中，财产分割问题本身就是可以和身份问题分离出来另外起诉解决的。所以对财产分割问题，调解不成的，告知另行起诉。D 项正确，A 项错误。

20.【答案】AB

【考点】 二审审理范围；二审调解

【详解】《民诉解释》第 324 条规定，对当事人在第一审程序中已经提出的诉讼请求，原审人民法院未作审理、判决的，第二审人民法院可以根据当事人自愿的原则进行调解；调解不成的，发回重审。A 项正确。《民诉解释》第 321 条规定，第二审人民法院应当围绕当事人的上诉请求进行审理。当事人没有提出请求的，不予审理，但一审判决违反法律禁止性规定，或者损害国家利益、社会公共利益、他人合法权益的除外。由此可知，二审人民法院只能审理当事人的上诉请求，对当事人没有上诉的诉讼请求，二审法院不予审查。故 B 项正确。C 项错误在于，对于遗漏的诉讼请求，应该先行调解，不能直接"裁定撤销原判决，发回重审"。二审以上诉请求为限进行审理，但是遗漏诉讼请求，属于一审法院的错误，二审是可以调解的，调解不成，撤销原判，发回重审，D 项错误。

21.【答案】D

【考点】 二审变更诉讼请求

【详解】《民诉解释》第 321 条规定，第二审人民法院应当围绕当事人的上诉请求进行审理。当事人没有提出请求的，不予审理，但一审判决违反法律禁止性规定，或者损害国家利益、社会公共利益、他人合法权益的除外。由此可知，二审法院只审理当事人上诉的诉讼请求。另外，二审法院也只审理一审法院审理过的内容，当事人不能在上诉的过程中变更诉讼请求。由此可知，辛男在二审中变更诉讼请求为解除婚姻关系，二审法院是不予受理的，依然针对上诉的撤销婚姻进行审理。《民法典》第 1052 条、第 1053 条分别规定了可撤销婚姻的事由：胁迫结婚、婚前隐瞒重大疾病。在本题中，杨女仅以怀孕为由，让辛男和其结婚，虽说有如果不结婚就去其单位告知怀孕之事，但并不是《民法典》规定的胁迫情形，也难以认定达到了胁迫程度，辛男也没有处在不能表达自己意愿的地位，因此不属于可撤销婚姻情形。故二审法院应维持原判，驳回辛男的诉讼请求。故 D 项正确。

22.【答案】B

【考点】 当事人申请再审的法院

【详解】《民诉解释》第 377 条规定，当事人一方人数众多或者当事人双方为公民的案件，当事人分别向原审人民法院和上一级人民法院申请再审且不能协商一致的，由原审人民法院受理。由此可知，甲乙的再审申请，应当由原审法院区法院受理。故 B 项正

确，ACD 项错误。

23.【答案】A

【考点】支付令的异议

【详解】《民诉解释》第 431 条规定，债务人在收到支付令后，未在法定期间提出书面异议，而向其他人民法院起诉的，不影响支付令的效力。债务人超过法定期间提出异议的，视为未提出异议。本题中，安宇公司是向 B 法院提起的诉讼，并不影响支付令的效力，故 A 项正确，BCD 项错误。

24.【答案】C

【考点】执行异议

【详解】《最高人民法院关于人民法院办理执行异议和复议案件若干问题的规定》第 2 条规定，执行异议符合《民事诉讼法》第 232 条（现为第 236 条）或者第 234 条（现为第 238 条）规定条件的，人民法院应当在 3 日内立案，并在立案后 3 日内通知异议人和相关当事人。不符合受理条件的，裁定不予受理；立案后发现不符合受理条件的，裁定驳回申请。异议人对不予受理或者驳回申请裁定不服的，可以自裁定送达之日起 10 日内向上一级人民法院申请复议。上一级人民法院审查后认为符合受理条件的，应当裁定撤销原裁定，指令执行法院立案或者对执行异议进行审查。乙提出申请追加被执行人，法院裁定驳回申请，乙如果不满，是对"驳回申请的裁定"这个执行行为不满，其救济途径是向上一级法院复议，而不是提出异议。A 项错误。《最高人民法院关于民事执行中变更、追加当事人若干问题的规定》第 13 条规定，作为被执行人的个人独资企业，不能清偿生效法律文书确定的债务，申请执行人申请变更、追加其投资人为被执行人的，人民法院应予支持。个人独资企业投资人作为被执行人的，人民法院可以直接执行该个人独资企业的财产。《最高人民法院关于民事执行中变更、追加当事人若干问题的规定》第 30 条规定，被申请人、申请人或其他执行当事人对执行法院作出的变更、追加裁定或驳回申请裁定不服的，可以自裁定书送达之日起 10 日内向上一级人民法院申请复议，但依据本规定第 32 条的规定应当提起诉讼的除外。根据上述规定，申请执行人乙要求追加该公司为被执行人，是对执行行为提出了异议，法院应作裁定，对该裁定不服，不属于第 32 条规定的应当提起执行异议之诉的情形，可以申请复议。故 BD 两项错误，C 项正确。

25.【答案】BC

【考点】执行和解协议

【详解】《最高人民法院关于执行和解若干问题的规定》第 9 条规定，被执行人一方不履行执行和解协议的，申请执行人可以申请恢复执行原生效法律文书，也可以就履行执行和解协议向执行法院提起诉讼。当事人达成执行和解后不履行，申请执行人

可以选择向法院申请执行，也可以就履行执行和解协议向执行法院 D 区法院起诉。BC 两项正确。AD 两项的管辖法院错误。

26.【答案】A

【考点】不动产专属管辖；仲裁裁决的撤销

【详解】仲裁裁决被撤销或者不予执行的，当事人之间可以重新达成仲裁协议申请仲裁，或者向法院起诉。《民事诉讼法》第 34 条规定："下列案件，由本条规定的人民法院专属管辖：（一）因不动产纠纷提起的诉讼，由不动产所在地人民法院管辖……"《民诉解释》第 28 条规定，《民事诉讼法》第 34 条第 1 项规定的不动产纠纷是指因不动产的权利确认、分割、相邻关系等引起的物权纠纷。农村土地承包经营合同纠纷、房屋租赁合同纠纷、建设工程施工合同纠纷、政策性房屋买卖合同纠纷，按照不动产纠纷确定管辖。由此可知，王某可以向丁县法院起诉，主张支付租金。故 A 项正确，BCD 项错误。

2021 年

1.【答案】D

【考点】协议管辖

【详解】《民诉解释》第 33 条规定，合同转让的，合同的管辖协议对合同受让人有效，但转让时受让人不知道有管辖协议，或者转让协议另有约定且原合同相对人同意的除外。本案中主合同转让，管辖协议原则上对受让人有效。但丙对补充协议，也就是管辖协议不知情，所以约定 C 区法院管辖的协议管辖对丙没有效力。C 区法院没有管辖权。乙、丙约定由 D 区法院管辖是有效的，乙、丙之间的纠纷应由 D 区法院管辖。C 项错误，D 项正确。A 区和 B 区法院作为甲和乙住所地的法院，对该案没有管辖权。AB 两项错误。

2.【答案】A

【考点】协议管辖；主合同和担保合同当事人的确定

【详解】因借款合同产生纠纷，是主合同纠纷，应当起诉借款合同的相对人，即债务人甲，而不能起诉担保人丙。BD 两项错误。主合同纠纷当事人约定由雨花区法院管辖，不能向担保合同约定的天虹区法院起诉。A 项正确，C 项错误。

3.【答案】D

【考点】协议管辖；担保合同当事人的确定

【详解】因担保合同发生纠纷，没有约定担保人丙承担连带责任还是一般保证责任，则视为承担一般保证责任，丙享有先执行抗辩权，应将主债务人甲和丙一并作为共同被告。AC 两项错误。担保合同当事人约定由天虹区法院管辖，不能向主合同约定的雨花区法院起诉。B 项错误。

4.【答案】BD

【考点】既判力；重复起诉

【详解】甲乙之间存在一个咨询合同法律关系，只能就同一纠纷起诉一次，享有一次诉权，当事人不能就同一法律关系引起的同一纠纷，分开多次起诉，否则构成重复起诉。既判力是生效法律文书的约束力，只能对判决中涉及的权利义务关系具有约束力，对文书主文中未涉及的内容不具有约束力。如果法院就2万元部分作出了判决，对2万元的既判力客观上仅及于2万元，对判决中未涉及的18万元部分不具有约束力。A项错误，B项正确。当事人仅主张2万元，法院判决20万元，判决的内容超出了当事人的诉讼请求范围，违反了处分原则。C项错误。就一个完整不可分的20万元债权，当事人仅主张2万元，法院应当行使释明权，告知当事人明确诉讼请求，如果对剩余的18万元不再主张，视为放弃诉讼请求；如果对剩余的18万元继续主张，则当事人变更诉讼请求后一并审理。避免当事人仅主张2万元，再就18万元另行起诉时构成重复起诉，从而损害当事人实体权利和诉权。故法院可以经过当事人同意后就18万元一并审理。D项正确。

5.【答案】A

【考点】上诉的处理

【详解】当事人超过上诉期间上诉，法院应当驳回上诉。此时应当是二审法院驳回，而不是一审法院驳回，因为上诉是向二审法院提出的。一审法院可以接受上诉状，但不得处理上诉的程序和实体审理问题。所以A项正确，B项错误。超过上诉期间，法院也必须接收当事人的上诉状，然后作程序问题的处理。不接收上诉状是错误的。C项错误。当事人上诉期已过，二审法院不会进行实体性审理，所以不用向A市中级法院移送案卷。D项错误。

6.【答案】C

【考点】执行和解协议

【详解】《最高人民法院关于执行和解若干问题的规定》第16条规定，当事人、利害关系人认为执行和解协议无效或者应予撤销的，可以向执行法院提起诉讼。执行和解协议被确认无效或者撤销后，申请执行人可以据此申请恢复执行。被执行人以执行和解协议无效或者应予撤销为由提起诉讼的，不影响申请执行人申请恢复执行。本案中，执行和解协议不具有强制执行效力，当事人没有就60万元的执行和解协议起诉，法院不能执行乙60万元的财产，缺乏执行依据。A项错误。执行中达成和解协议，但被执行人乙不履行和解协议，申请执行人可以申请恢复对青花瓷花瓶的执行，也可以就履行60万元的执行和解协议向法院起诉。但甲选择了恢复执行原判决，法院应尊重当事人的选择。不能按和解协议另行起诉处理。B项错误。但原来的青花瓷花瓶已经被打碎，不具有

执行的可能性，法院只能终结执行。C项正确。生效法律文书判决的是归还50万元的特定物——青花瓷花瓶，法院在执行中不能随意执行等价的金钱等其他财产。D项错误。

2022 年

1.【答案】D

【考点】免于证明的事实

【详解】《最高人民法院关于民事诉讼证据的若干规定》第3条规定："在诉讼过程中，一方当事人陈述的于己不利的事实，或者对于己不利的事实明确表示承认的，另一方当事人无需举证证明。在证据交换、询问、调查过程中，或者在起诉状、答辩状、代理词等书面材料中，当事人明确承认于己不利的事实的，适用前款规定。"据此，虽然乙公司主张答辩状所作陈述是之前聘请的律师笔误所致，但答辩状是以答辩人的名义制作，乙公司答辩状中承认该批方便面质量不达标构成自认。A项正确。《最高人民法院关于民事诉讼证据的若干规定》第6条规定："普通共同诉讼中，共同诉讼人中一人或者数人作出的自认，对作出自认的当事人发生效力。必要共同诉讼中，共同诉讼人中一人或者数人作出自认而其他共同诉讼人予以否认的，不发生自认的效力。其他共同诉讼人既不承认也不否认，经审判人员说明并询问后仍然不明确表示意见的，视为全体共同诉讼人的自认。"据此，乙公司的自认对甲超市是否发生效力，关键在于对本案共同诉讼类型的判断。本案中产品生产者和销售者承担的是不真正连带责任，根据学界观点，存在类似必要共同诉讼和普通共同诉讼等争议观点。若认定甲超市和乙公司为类似必要共同诉讼人，因甲超市对乙公司承认的方便面质量不合格事实不予认可，则该事实对甲超市和乙公司均不产生自认的效力，此时无从作答；若认定甲超市和乙公司是普通共同诉讼人，乙公司的自认对甲超市不发生效力。B项正确。《最高人民法院关于民事诉讼证据的若干规定》第9条第1款规定："有下列情形之一，当事人在法庭辩论终结前撤销自认的，人民法院应当准许：（一）经对方当事人同意的；（二）自认是在受胁迫或者重大误解情况下作出的。"据此，乙公司撤销自认不符合法定情形，法院不应准许。C项正确。甲超市所作陈述属于"不知陈述"，对于并非当事人亲历的事实，当事人陈述"不知"的，不能认定为拟制自认；如确系当事人亲历或者明知的事实，其陈述"不知"，则可适用拟制自认。根据案情表述，方便面是否质量不达标、乙公司自认是否是律师笔误所致等事实，甲超市并非事件亲历者，其不发表意见，不能认定为拟制自认。D项错误，应选。

2.【答案】C

【考点】 先予执行

【详解】《劳动争议调解仲裁法》第 44 条第 1 款规定，仲裁庭对追索劳动报酬、工伤医疗费、经济补偿或者赔偿金的案件，根据当事人的申请，可以裁决先予执行，移送人民法院执行。据此，在劳动仲裁中的先予执行，由仲裁庭裁决，由法院负责执行。故 C 项正确。

2023 年

【答案】AD

【考点】 民事纠纷的解决方式

【详解】《劳动争议调解仲裁法》第 5 条规定："发生劳动争议，当事人不愿协商、协商不成或者达成和解协议后不履行的，可以向调解组织申请调解；不愿调解、调解不成或者达成调解协议后不履行的，可以向劳动争议仲裁委员会申请仲裁；对仲裁裁决不服的，除本法另有规定的外，可以向人民法院提起诉讼。"本题中，甲公司不履行调解协议，黄某可以向劳动争议仲裁委员会申请仲裁，故 A 项正确。对仲裁裁决不服的，才可向法院起诉，故 B 项错误。《人民调解法》第 33 条第 1、2 款规定："经人民调解委员会调解达成调解协议后，双方当事人认为有必要的，可以自调解协议生效之日起三十日内共同向人民法院申请司法确认，人民法院应当及时对调解协议进行审查，依法确认调解协议的效力。人民法院依法确认调解协议有效，一方当事人拒绝履行或者未全部履行的，对方当事人可以向人民法院申请强制执行。"经过司法确认的调解协议才具有强制执行效力，本题中的调解协议并未经过司法确认，故 C 项错误。《劳动争议调解仲裁法》第 16 条规定："因支付拖欠劳动报酬、工伤医疗费、经济补偿或者赔偿金事项达成调解协议，用人单位在协议约定期限内不履行的，劳动者可以持调解协议书依法向人民法院申请支付令。人民法院应当依法发出支付令。"本题属于拖欠劳动报酬案件，黄某可向法院申请支付令，故 D 项正确。